# 现代女性生活百科全书

珍藏版

吕长青 | 编著

化妆 美容 服饰 居家 保健 美食 恋爱 婚姻 家庭
心理 交际 礼仪 孕期 育儿 职场
安全 投资 理财

（上卷）

XIANDAI NÜXING
SHENGHUO BAIKE
QUANSHU

北京工业大学出版社

图书在版编目（CIP）数据

现代女性生活百科全书：全2册/吕长青编著．—北京：北京工业大学出版社，2016.9
ISBN 978-7-5639-4770-6

Ⅰ.①现… Ⅱ.①吕… Ⅲ.①女性—生活—知识 Ⅳ.①Z228.4

中国版本图书馆CIP数据核字（2016）第161235号

## 现代女性生活百科全书（上卷）

| | |
|---|---|
| 编　　著： | 吕长青 |
| 责任编辑： | 杜曼丽 |
| 封面设计： | 书心瞬意 |
| 出版发行： | 北京工业大学出版社 |
| | （北京市朝阳区平乐园100号　邮编：100124） |
| | 010-67391722（传真）　bgdcbs@sina.com |
| 出版人： | 郝　勇 |
| 经销单位： | 全国各地新华书店 |
| 承印单位： | 大厂回族自治县正兴印务有限公司 |
| 开　　本： | 787毫米×1092毫米　1/16 |
| 印　　张： | 26 |
| 字　　数： | 463千字 |
| 版　　次： | 2016年9月第1版 |
| 印　　次： | 2016年9月第1次印刷 |
| 标准书号： | ISBN 978-7-5639-4770-6 |
| 定　　价： | 88.00元（上、下卷） |

版权所有　翻印必究

（如发现印装质量问题，请寄回本社发行部调换 010-67391106）

# 前言

现代女性在追求外表美丽的同时，也会努力使自己成为一个有气质、有内涵、有魅力的时尚女性；在积极主动地追求爱情、追求婚姻幸福、追求家庭和谐的同时，也会追求知识、追求工作和事业的成功；与男性平等地在工作和事业中拼搏，不断地进行自我完善，体现自身的价值。

现代女性在个性与经济上相对独立，因此不再把物质享受当成自己唯一的根本的追求，不再把金钱、物质作为衡量人生价值的唯一标准，而是形成新的自我定位，注重展示自己的个性风采、知识水平、智慧和自身价值，对良好的心态、快乐的心境，表现得更为关注和倾心。现代女性更加青睐和追求高品质的精神生活，着力营造健康的生存空间，把这些当成自己生活的组成部分，使自己在生活中永远保持完美的姿态。

同时，现代社会的物质条件和精神生活的丰富，使女性有了更广阔的自我塑造空间，女性在不懈的追求中变得更理性、更成熟，在对个人目标的奋斗过程中，也为自己不断开辟出一个无比广阔的生活空间。

现代女性在自我完善的同时，还会把一部分精力倾注在身体的保养方面，反映出现代女性对健康和生活品质的一种追求。

从这些可以看出，现代女性正使自己逐步成为适应社会发展需要、素质全面提高的新型女性。现代女性不仅需要美丽、健康，还需要知识、事业、爱情和幸福。

当然，在这个追求健康与美、追求个性、追求时尚和幸福的年代里，现代女性完全有理由也有条件不断完善自己，从而实现自己所期望的目标。

本书是一部综合性的女性生活宝典，阐述了现代女性如何拥有健康的心理、良好的心态，使自己在喧闹纷繁的现代生活中，显得淡定和宁静；如何装扮自己的仪容，使自己仪态万方；如何进行身体保健，使自己始终精力充沛，健康长寿；如何创造工作的业绩，拥有事业的辉煌；如何在社交中游刃有余，呼风唤雨；如何处理好恋爱、婚姻、家庭的关系，做一个有爱有情有理性的幸福女人。

书中收集了女性生活的各个方面内容，涵盖女性的心理健康、生理变化、身心保健、饮食营养、居家整理、孕产育儿、养生防病、瘦身健美、化妆美容、服饰搭配、恋爱婚姻、交际处世、投资理财等各个方面，对女性经期、孕产期、更年期等几个特殊时期的心理、保健提供特别的关怀和帮助，帮助解决女性的生活难题，提高女性生活质量，是一部全方位指导女性生活的实用指南。

本书内容全面、实用，知识涵盖面广，通俗易懂，实用性强，是一部适合各年龄层次的现代女性阅读的生活枕边书。

# 目录

## 第一章 身体各部位的健康保养 …… 2
- 皮肤所需要的营养成分 ………… 2
- 解决肌肤出现的问题 …………… 4
- 保持肌肤弹性的方法 …………… 6
- 各类皮肤的清洁和护理 ………… 8
- 应对问题皮肤的方法 …………… 13
- 如何敷面膜 ……………………… 20
- 女性要重视对乳房的护理 ……… 30
- 女性的乳房如何健美 …………… 32
- 产妇和老年女性如何丰乳 ……… 38
- 怎样丰乳和乳房自检 …………… 40
- 如何保护好眼睛和牙齿等 ……… 42
- 如何按摩面部 …………………… 46
- 怎样呵护卵巢 …………………… 48
- 手术美容和饮食美容要注意什么 …… 50
- 更年期女性如何调节健康 ……… 61
- 如何应对绝经后的生理心理问题 …… 63
- 自我按摩保健 …………………… 67
- 提高睡眠质量的方法 …………… 75
- 内衣和女性用品选择不当有损健康 …… 76
- 女性如何应对流产 ……………… 79
- 长期不良体位如何保健 ………… 82

## 第二章 重视对疾病的预防 ……… 86
- 女性如何自我保健 ……………… 86
- 女性要定期进行体检 …………… 87
- 妇科病是怎么得的 ……………… 89
- 如何预防常见妇科疾病 ………… 93
- 女性怎样预防易患的疾病 ……… 94
- 操作电脑的女性怎样自我保健 …… 96
- 如何应对"电脑脖"和"鼠标手" …… 97
- 如何防止乳房下垂 ……………… 99
- 如何预防乳腺疾病 ……………… 101
- 如何预防妇科肿瘤 ……………… 103
- 什么是痛经 ……………………… 104
- 如何解除痛经的困扰 …………… 105
- 非正常闭经如何预防 …………… 106
- 各类阴道炎如何预防和保健 …… 106
- 子宫颈炎、盆腔炎如何保健 …… 108
- 不孕症的症状和原因 …………… 110

## 第三章 重视心理、性格健康和运动保健 …… 111
- 女性心理健康标准 ……………… 111
- 影响女性心理健康的原因 ……… 114
- 女性青春期心理健康 …………… 117
- 中年女性心理问题不可忽视 …… 122
- 老年女性心理健康评价 ………… 124
- 老年女性心理障碍的影响因素 … 127

女性月经期心理健康 …………… 133
女性健康性格的培养 …………… 136
要有宽容的性格 ………………… 139
培养自信的性格 ………………… 140
铸造独立的性格 ………………… 141
具备快乐的性格 ………………… 142
运动使职业女性身心更健康 …… 142
女性要进行"有氧运动" ………… 147
如何练出健美的腹肌和肩颈曲线……
……………………………………… 148
减掉手臂、腰部赘肉的运动 …… 150
其他部位的运动方法 …………… 151
运动可以减肥、保健 …………… 155
女性不同年龄段的运动 ………… 157

## 第四章 性爱和避孕中要注重健康……
……………………………………… 160

女性如何正确对待性生活 ……… 160
老年女性如何对待性生活 ……… 164
夫妻如何享受自己的性福 ……… 166
正确避孕可以后顾无忧 ………… 168
如何应对蜜月病和孕中期性生活……
……………………………………… 169
性爱中要注意哪些 ……………… 170
产后性生活要注意哪些 ………… 172
女性如何应对性骚扰 …………… 173
女性如何应对性侵害 …………… 178
如何使用男用避孕套 …………… 182
如何使用女用避孕囊 …………… 183
如何使用子宫颈帽 ……………… 185
如何使用阴道隔膜避孕 ………… 186
女用阴道套如何使用 …………… 188
外用杀精剂如何使用 …………… 190

如何使用避孕海绵避孕 ………… 192
女性如何进行自然避孕 ………… 194
测量基础体温进行避孕 ………… 196

## 第五章 优生要掌握哪些知识 …… 198

不宜怀孕的女性和孕前体检 …… 198
如何进行排卵期预测 …………… 199
什么是最佳受孕时机 …………… 201
孕前要注意哪些方面 …………… 202
女性孕期如何检查身体 ………… 203
如何预防胎儿发育不良及畸形胎……
……………………………………… 204
孕妇如何进行胎教 ……………… 205
孕后生理和情绪有哪些变化 …… 208
孕期要特别注重心理健康 ……… 210
怎样改变环境和空气的不利影响……
……………………………………… 217
孕妇如何全面进行调养 ………… 220
哪些营养素最易被孕妇忽视 …… 224
忌吃的食物和有利于排毒的食物……
……………………………………… 227
孕中期如何调养身体 …………… 228
孕妇最需要哪些营养 …………… 230
女性孕期营养食谱 ……………… 232
怎样给胎儿补脑 ………………… 234
孕期要注意什么 ………………… 235
孕期如何注意个人起居和卫生 … 238
在孕期适当地做家务活 ………… 242
孕期需要注意哪些方面的安全 … 243
孕妇要远离微波炉、少用手机 … 245
孕期能否吃药、运动和旅行 …… 247
女性在孕期如何美颈 …………… 250

## 第六章 婴幼儿护理和喂养 ……… 253
如何护理新生儿 ……………… 253
新生儿的身体如何清洁 ……… 255
如何给宝宝洗澡 ……………… 256
如何给新生儿洗脸洗手 ……… 258
怎样抱放新生儿 ……………… 259
母乳喂养很重要 ……………… 260
母乳喂养的次数、时间和姿势 … 261
如何人工喂养宝宝 …………… 263
怎么挑选婴儿奶粉 …………… 265
如何安排混合喂养 …………… 266
如何给半岁的宝宝洗头 ……… 267
给宝宝准备枕头、衣物 ……… 268
给宝宝选双合适的鞋 ………… 270
如何给宝宝剪指甲、抹口水 … 270
戒除宝宝吮指的习惯 ………… 272
经常让宝宝呼吸新鲜空气 …… 274
怎样给宝宝做襁褓和穿衣 …… 275
怎样给宝宝换尿布 …………… 276
婴儿生病怎么办 ……………… 277
如何提高宝宝的睡眠质量 …… 279
如何帮助宝宝独自站立 ……… 281
如何帮助宝宝走路 …………… 283
宝宝不敢往前迈步怎么办 …… 284
如何预防宝宝出现畸形脚、腿 … 285
怎样应对宝宝生活中的问题 … 287
如何应对宝宝各类疾病 ……… 295
接种疫苗 ……………………… 303

## 第七章 健康食品的选购和烹调 … 305
家庭烹饪中如何发面、煮饭 … 305
怎样包饺子 …………………… 306
女性如何采用饮食排毒 ……… 307
如何制作不同年龄段的美食 … 308
好吃又营养的家庭食谱 ……… 312
如何选择补脑和防癌食品 …… 313
如何选择提高记忆力的食材 … 315
如何制作防感冒和提高免疫力的食物
……………………………… 316
如何选择更年期女性的食材 … 317
哪些饮料应该每日必喝 ……… 320
烹调中怎么使用调味品 ……… 323
如何选购大米 ………………… 324
如何选购面粉 ………………… 325
食用油的选购和保存 ………… 326
如何选购副食品 ……………… 328
如何选购干鲜食材和保存新鲜蔬菜…
……………………………… 330
怎么挑选燕窝 ………………… 331
怎样挑选水果 ………………… 332
如何选购抗衰老蔬果 ………… 333
如何选购食盐和酱油 ………… 334
如何选购各种酒 ……………… 335
怎样挑选牛奶和奶粉 ………… 336

## 第八章 日常起居生活健康料理 … 338
哪些衣物不适宜用洗衣机洗涤 … 338
厨具清理、食物存放及物品摆放……
……………………………… 339
客厅如何整理 ………………… 341
卧室如何整理 ………………… 343
卫生间如何整理 ……………… 344
如何清洁居室的地面 ………… 345
如何去除厨房内的油污 ……… 346
如何去除水垢和蚊虫 ………… 347
居室及物品等如何防潮 ……… 348

怎样清洁和保养木质家具 ……… 350
如何让居室显得宽敞 ………… 351
怎样选择合适的壁纸 ………… 352
怎样装饰居室的墙面和阳台 …… 353
怎样运用居室美化的技巧 …… 355
装修居室有哪些窍门 ………… 357
居室内如何充分采光 ………… 358
怎样预防居室装修污染 ……… 359
怎样设计装修客厅和卧室 …… 361
怎样布置儿童房间 …………… 366
怎样摆放家具和电器 ………… 368

## 第九章 居家用品的选购和保养 … 370
怎样挑选家具 ………………… 370
怎样挑选地毯 ………………… 371
如何挑选窗帘 ………………… 372
如何挑选窗纱、毛巾 ………… 374

怎样挑选实木地板 …………… 375
怎样挑选塑钢门窗和窗帘轨道 … 376
如何挑选淋浴房和水龙头 …… 376
如何选购坐便器 ……………… 377
如何选购卫浴用品和瓷砖 …… 378
怎样选购枕头 ………………… 380
怎样选购被子和床垫 ………… 381
如何选购橱柜 ………………… 382
如何选购、使用和维护电冰箱 … 383
怎样选购、使用和维护空调 … 387
如何选购、使用和维护洗衣机 … 390
怎样选购、使用和维护家用热水器…
……………………………… 392
如何选购微波炉和电磁炉 …… 395
如何选购、使用和维护抽油烟机等电器
……………………………… 398
家用电器使用常识 …………… 402

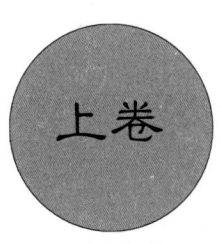

上卷

　　幸福的女人一定是健康美丽的,而健康美丽是靠女性一手打造出来的。女性在平时要懂得呵护自己,从身体各部位的保养入手;在饮食起居上要讲究科学、合理;学会选购和搭配衣服;孕期善于照顾自己;坚持运动锻炼……这样的女性一定是健康的、幸福的、美丽的!

# 第一章　身体各部位的健康保养

保健是女性一辈子的工作。为了让自己青春常驻，永葆健康，为了能更加健美迷人，不同年龄段的女性，应该使用不同的方法进行保健，并且要持之以恒，循序渐进，以延缓各器官衰老，增强对生活的信心，这样才能保持精神愉快和旺盛的精力。

## 皮肤所需要的营养成分

从现代科学知识来看，人的皮肤的细腻和光洁程度，与真皮中透明质酸酶含量有密切关系，而透明质酸酶又与雌激素分泌量有密切关系。卵巢分泌雌激素增加时，雌激素在真皮内与某些特异受体相结合，从而促进透明质酸酶的形成。这种酶能促进皮肤对水、矿物质、维生素等的吸收，从而使皮肤细腻光滑。

因此，女性要想拥有好的肌肤，在日常饮食中要注意补充营养，这些营养成分来源于水、矿物质和维生素。

水对皮肤的作用是防止皮肤干燥，如果人体水分减少，皮脂腺的分泌也会减少，从而使皮肤干燥，失去弹性，甚至出现皱纹；维生素有防止皮肤衰老和保持皮肤细腻滋润的作用。

维生素 E 能够清除自由基，从而对皮肤抗衰老有重要作用，并可防止脂褐素，即老年斑在皮肤上沉着。含维生素 E 多的食物有卷心菜、葵花子油、菜籽油及花生、芝麻、核桃仁等。

1. 女性皮肤缺乏营养会怎样

（1）缺乏维生素 A 时

女性皮肤维生素 A 缺乏时，皮肤则变得干燥、口唇皮肤干裂、脱屑及色素沉着。富含维生素 A 的食物有动物肝脏、鱼肝油、牛奶、禽蛋及橙红色的蔬菜和水果。

（2）缺乏 B 族维生素时

女性皮肤缺乏 B 族维生素时，容易发生口角炎及口角开裂，还会发生脂溢性皮炎、睑缘炎、角膜炎等。富含 B 族维生素的食物有动物肝、燕麦、玉米等五谷杂粮，以及蛋、牛奶等。

2. 女性皮肤营养充足时会怎样

（1）铁的成分充足时

铁可以生血，人体血液充足，皮肤就会光泽红润。含铁丰富的食物有猪肝、

蛋黄、海带、紫菜、大豆、芹菜、黑木耳、芝麻酱等。

（2）铜的成分充足时

铜能维护正常生理功能，对骨骼、皮肤、血管均有保护作用；铜能帮助人体运送铁和利用铁。含铜丰富的食物有动物肝、牡蛎、蟹、口蘑、杂粮、米面、花生仁等。

（3）锌的成分充足时

锌是100多种酶的组成材料，有利于人体骨骼的生长发育，促进食欲，并可使皮肤健美。牛奶、猪肉、牛肉、羊肉、动物肝脏、牡蛎、虾、鱼等都含锌丰富。

（4）碘的成分充足时

碘是甲状腺素的主要成分，能促进机体的生长发育。含碘多的食物有海带、紫菜、蚶、蛤、蛏、淡菜、海参、海蜇等。

（5）胶原蛋白的成分充足时

胶原蛋白能使细胞变得丰满，从而使肌肤充盈，皱纹减少，胶原蛋白可使皮肤弹性增强，从而使皮肤光滑而富有弹性。富含胶原蛋白的食物有猪蹄、猪皮、动物筋腱等。

3. 食用使皮肤细腻、洁白的食物

日常生活中所食用的鱼类、肉类、蛋类及粮谷等均为酸性食物，会使体液和血液中乳酸、尿酸含量增高，当有机酸不能及时排出体外时，就会侵蚀敏感的表皮细胞，使皮肤失去细腻和弹性。为了中和体内酸性成分，平时应注意吃些碱性食物。

碱性的食物包括蔬菜类，比如胡萝卜、土豆、黄瓜、菠菜、卷心菜、萝卜、芦笋、豆腐、豌豆等；水果类，比如猕猴桃、柿子、无花果，等等。

鸡蛋的蛋清里含有大量蛋白质和矿物质等，蛋黄中含有蛋白质、脂肪、钙、铁、磷、B族维生素等。女性常吃鸡蛋，有使皮肤洁白细腻的作用。如果用鸡蛋清外涂皮肤，也有美肤护肤作用。

4. 含有各类营养素的食物

（1）银鱼

银鱼有抗衰老、抗癌及改善皮肤弹性等作用，因其含有B族维生素、优质蛋白质、脂肪、碳水化合物等，有宽中健胃、丰肌润肤之功效。

（2）枸杞子

枸杞子具有多种保健功效，是药食两用食物，适量食用不仅有益健康，而且可以悦颜泽肤。枸杞子含有胡萝卜素、B族维生素、维生素C、烟酸、优质蛋白质、碳水化合物、纤维素、铁、钙等营养素。

（3）丝瓜

丝瓜可防止许多皮肤病，如神经性皮炎、毛囊炎等，因其含有皂苷、瓜氨酸、优质蛋白质、碳水化合物、铁、钙等营养物质。丝瓜有悦颜泽肤、清热解毒等作用。

（4）红薯

红薯含有大量胡萝卜素、维生素C及蛋白质、脂肪、碳水化合物、钙、铁、纤维素等，有滋肝养肾、悦颜泽肤等功效。现代医学研究证明，由于红薯含有丰富的维生素C，有抗氧化作用；含多种维生素及赖氨酸等，能降低血液中胆固醇的含量，改善血管功能，促进皮肤内血液循环，使皮肤保持充分的营养与良好的弹性。

（5）橘子

橘子富含维生素C、铁、胡萝卜素、维生素$B_2$、烟酸、微量元素、蛋白质、纤维素等，有生津止渴、润肤祛燥、降低毛细血管的脆性等功效。

（6）蜂蜜

蜂蜜的主要成分是果糖和葡萄糖，其他成分是优质蛋白质、钾、钠、镁、钙、乳酸、苹果酸、淀粉酶、B族维生素、维生素D、维生素E等营养素，有补中益气、丰肌泽肤的功效。现代医学研究认为，蜂蜜因含有多种营养素及活性酶等，有美肤养颜的作用，可使皮肤光滑白嫩、面容红润。

（7）樱桃

樱桃含有大量葡萄糖、蛋白质、铁、维生素、花青素、果糖、柠檬酸等营养素，有温中益气、悦颜泽肤等功效。樱桃含铁量比苹果、橘子高，能促进血红蛋白的生成，故能补血，使颜面红润。

（8）芝麻

芝麻含有芝麻素、芝麻酚、蛋白质、维生素E、叶酸、烟酸、植物甾醇、蔗糖、卵磷脂、钙等，是著名的"黑色美颜佳品"。

（9）黑米

黑米含有蛋白质、多种维生素，尤其是B族维生素，以及铁、硒、锌等微量元素、碳水化合物、植物甾醇等，是"黑色美肤佳品"。黑米有补肝益肾、丰肌泽颜之功效。

（10）黑豆

黑豆含有优质蛋白质、不饱和脂肪酸、碳水化合物、胡萝卜素、B族维生素、大豆异黄酮类物质、植物固醇等营养成分。黑豆有补肾益精、活血泽肤等功效。中医学认为，黑豆有助于长筋骨，悦颜面，乌须发。

## 解决肌肤出现的问题

无论是在烈日炎炎、紫外线肆虐的夏季，还是在寒风凛冽、大雪纷飞的冬季，这些不利的外在条件足够让人的毛孔变大，使黑斑、皱纹滋生，正因如此，女性才慢慢衰老。

下面，就困惑女性的问题，找出原因以及解决的方法。

问题一：

皮肤冒痘痘或出油，尤其是T字部位油脂分泌过盛。

出现原因：

可能是晚上涂的化妆品太滋润，也

可能是头发造型品碰到皮肤所致，也可能由于气温过高，使得毛孔扩张进而刺激皮脂腺分泌，十分容易长出黑头和痘痘。

解决办法：

主要的解决方法是进行皮肤深层净化。具体做法是用小毛巾包裹冰块，以此减轻痘痘红肿的现象。另外，也可选用一些含有水杨酸、活性炭等成分的洁面产品，重点清洁前额、鼻头以及下巴等部位。

根本的办法则是不刺激皮肤，不要在太阳下暴晒，不要使用油质的产品，要选用水质、质地清爽的保养品，并且使头发和寝具随时保持干净。在使用磨砂膏或者具有去角质功效的化妆品做好肌肤清洁和去角质之后，一定要使用具有补水、收敛功效的爽肤水。女性每周至少做一次深层清洁，可选用类似火山泥等具有清洁、收敛毛孔功效的面膜产品。

问题二：

肌肤毫无血色、没有光泽。

出现原因：

当人们在睡觉的时候血液会缓慢地流向脸部，醒来时皮肤可能比较苍白。还有是因为采用高蛋白节食法，以至于身体里缺乏B族维生素，导致皮肤显得暗沉，也可能是由于面部肌肤严重缺水所致。

解决办法：

室内温度应控制在22℃～26℃左右，这是最适合人体皮肤休息的温度，既不会刺激肌肤，也不会因为到室外时由于温差太大，而使皮肤过敏不适。或者暂停使用所有保养品，避免直晒太阳，可使用天然皮肤理疗用矿泉喷雾。不通过节食的办法减肥。

问题三：

脸上细纹横陈。

出现原因：

汗水过多加重肌肤新陈代谢负担。此外，睡觉时长时间把脸压在枕头上，导致脸上的细纹明显。同时，压力也是造成肌肤干燥有细纹的原因。

解决办法：

当条条皱纹跃然脸上时，女性青春的风采自然会消失。所以想美丽依旧，最好的办法是加大保湿力度。拥有一台加湿器，它是女性美容的好帮手，女性可以蒸几分钟，通过热蒸汽的作用来消除脸上的小细纹，或者用保湿霜按摩脸部肌肤，也可以让干燥、有细纹的肌肤得到缓解。

问题四：

头发干枯、没型。

出现原因：

由于睡觉姿势不当而引起，也可能是自身发质的问题。头发凌乱不但影响外表，连心情都会跟着低落。

解决办法：

女性不妨将头发保养、造型双管齐下。可以把头发分成六股，均匀抹上修护精华，再裹一层保鲜膜，戴上护发帽后，利用沐浴时的蒸汽帮助吸收，洗完澡再冲掉，使头发得到养护。女性可以像做面膜一样，一周使用一次，或者连续敷四天，密集修护，以改善发质、保持发型。

问题五：

有黑眼圈，眼袋很大。

出现原因：睡眠不充足，睡眠质量不好、失眠，或常常熬夜，都容易有黑眼圈。女性在25～30岁之间就会生出眼袋。这多半是脂肪堆积的结果。

解决办法：

美容觉的黄金时间是晚上十一点到凌晨三点，女性长期坚持，熊猫眼就会神奇地自动消失。通过敷眼膜、搽眼霜，也能改善女性的黑眼圈，但是这种外在的保养，只能暂时减轻症状，拥有充足的睡眠才是最有效的方法。此外，使用睫毛膏可以使眼睛有神。

问题六：

眼中有红血丝。

出现原因：

用眼过度，睡眠不足。

解决办法：

当长时间看书或对着电脑时，不妨抽出几分钟时间来转动眼球，做个眼保健操。多给眼睛做运动会让眼睛看起来比较灵活，黑白分明。运动方式很简单，就是上下左右绕圈。

## 保持肌肤弹性的方法

肌肤是女性富有魅力的外在表现，一个有着娇美肌肤的女性，不管有多大年龄，看上去都会给人以漂亮、愉悦的感觉。除了肌肤的白皙和柔润外，丰腴、细腻而富有弹性的肌肤使女性平添了几分美感，"肤若凝脂"、"冰肌雪肤"是对女性美丽肌肤的最高赞誉。如果女性想让青春和美丽驻足，那么，就要想一些办法来让肌肤保持年轻、保持弹性。

1. 学会洗脸

女性洗脸是要讲究的，在洗脸时一定要用洗面乳。洗脸前先将双手洗净，然后待洗面乳发泡后涂于面部，轻轻按摩，不要用力，否则会使皮肤的角质层受伤。洗完脸后，要用毛巾吸水，切不可让它自然干，因为水分在蒸发的过程之中，也会带走肌肤中的水分。之后，涂上化妆水，间隔的时间不宜过长。

2. 保持充足的睡眠

女性长期失眠或睡眠不足，会对肌肤会造成很大的伤害，随之而来的就是肤质变差，因此，要想使肌肤嫩白，就要有充足的睡眠。

3. 要多吃营养丰富的食物

维生素对于防止肌肤衰老，保持肌肤细腻滋润起着重要作用；蛋白质则能使细胞变得丰满，从而使松弛的肌肤变得充盈而光滑。富含维生素的食物主要有：牛奶、动物内脏、新鲜蔬菜和水果等。富含蛋白质的食物主要有：牛奶、鸡蛋、猪蹄、猪皮和动物筋腱等。

在夏日里，要少吃感光食物，包括木瓜、胡萝卜、香菜和芹菜等。这类食物吃多了之后，遇到阳光皮肤会被晒得偏红或是偏黄。香菜和芹菜里都含有铜等元素，吃了它们之后皮肤容易被晒黑。

4. 多泡浴

泡浴不单是为了洁净身体，它还是一种有效地缓解身心疲惫的最佳方式，适当的水温可以让体内的血管扩张，达到消除疲劳、身心舒缓、净化心灵的作用。同时，女性多洗温水澡还可刺激卵巢，使内分泌保持平衡，增加肌肤与毛发的光泽，使肌肤纹理更细腻光滑。还可滴几滴精油，多呼吸它散发的香气，让身体直接吸收，有助于释解压力，使身心放松。

5. 脸部运动

每天早晚各一次，每次5分钟，先由左向右、再由右向左转动下巴，连做10次；之后大张嘴，放落下巴，再紧闭嘴，连做10次。用掌心由内向外呈圆周形按摩脸部，可促进血液循环和新陈代谢。通过脸部运动，可以保持肌肉的坚实与柔软，可以减缓肌肉的松弛老化程度。

6. 防晒

女性要注意防晒，它是重要的抗衰老的方法。因为阳光直射会促使黑色素活泼，导致黑斑、雀斑，从而令肌肤过早衰老。所以，女性每天出门前应该擦上防晒霜。此外，女性还应该定期去除角质，消除肌肤表面的粗糙和硬化现象，可以让肌肤更光滑。

7. 给肌肤补水

皮肤干燥多是人体缺水所致，使得皮脂腺分泌减少，导致皮肤失去弹性，甚至出现皱纹。所以，要给肌肤"喝足"水，女性应每日饮水8杯，每杯200毫升左右。

人体和水果一样，都需要充足的水分来保证肌肤的水嫩光滑。新鲜的水果表皮滋润，颜色光鲜，放置一段时间后，表皮就会变得暗淡，甚至起皱。女性的肌肤与水果相同，水分充足，肌肤就会光亮润滑，肌肤缺水，就会出现丑陋的斑痕和皱纹，衰老就会出现。

（1）肌肤补水应注意哪些

俗话说，女人是水做的。水对女性来说尤其重要，身体水分充足，不但皮肤会水嫩有光泽，而且还能保持身体的活力。缺水的身体，皮肤会干燥起屑，还可能会便秘，长痘。每天都要补充水分，需要分时间段进行。

①早起一杯水。

人从睡眠状态清醒过来，已经足有8小时未能补充水分，因此起床之后喝一杯温开水是最恰当的。需要注意的是，这一杯水不能用早餐中的牛奶或豆浆或果汁或肉汤等替代。只有温开水最适合降低血液黏稠度，取得润肠通便的效果。

②每餐之间补水。

三餐通常在固定时间进食，三餐之

间有较长的一段时间人体没有摄入固体食物。每餐之间要补水，供肌体所需。在三餐之前先喝一小杯温热的牛奶、豆浆、果汁、茶水、开胃汤等，有润滑食道、刺激食欲的作用，对肠胃也有极好的保养效果。

③多吃含水的食物。

含有丰富水分的米饭、蔬菜、水果每天都需要保证数量。此外能帮助排水的食物也需要多吃，以保持人体水分快速循环，带走人体新陈代谢产生的有害物质。蔬菜、水果中除了水分之外，还含有协助排毒的膳食纤维等营养物质。

④有些水不能喝。

不是所有的水都能帮助人体保持水平衡，隔夜的茶水、开水都不宜饮用。果汁饮料、碳酸饮料多喝对人体有害无益。

（2）如何给肌肤补水

①肌肤补水由外而内。

女性经常处在污染严重的环境中，比如，办公室、厨房等，肌肤受到灰尘、辐射、暖气、油烟等重重伤害。因此，要保持肌肤水嫩，还得重视从外补水。

②早中晚都要给肌肤补水。

每天早上，肌肤经过一晚的休整，总会排出一些油脂，因此需要用补水的洗面奶清洁面部，再使用补水乳液，最后涂上保湿的面霜。

女性到了办公室，在电脑前摆上一杯热水能保护眼部皮肤少受电脑辐射的伤害。准备小瓶的补水喷雾，每隔一小时左右往脸上补水一次。

中午休息的时间也不能错过，在化妆棉上倒一些化妆水，将化妆棉贴在容易缺水的脸颊、额头和下巴部位，做一个5分钟的补水面膜，效果很不错。

下班回家，不要急着休息，先仔细地清洁面部，洗掉在路上沾染的灰尘，然后再做一个简单的DIY补水面膜，每周1~2次，能让女性的肌肤更年轻。做好面膜再使用补水乳液和补水精华霜，就可以安心地睡到天亮。

每天坚持，女性的肌肤就始终处于严密的保护之下，这样的女性将成为内外兼修的"水美人"。

## 各类皮肤的清洁和护理

皮肤是人体的第一道防线，能保护躯体，抵御病菌、化学物质的入侵与伤害，以及减少外界温度、湿度变化对人体的影响，并能保持人体内环境的稳定，避免体液蒸发与外流。

皮肤能调节体温，协助排泄废物。皮肤还有感觉作用，能协同大脑实现体内外环境的动态平衡。女性健康的肤色均匀红润,皮肤水分含量充足,水油分泌平衡,肤质细腻有光泽,光滑、柔软而富有弹性;皮肤表面无明显色斑,面部皱纹随年龄增长出现,与年龄相当。

1. 皮肤的类型

人的皮肤除了有肤色的不同之外,还有干性、油性、中性、敏感性之分,女性也一样。

(1) 干性皮肤

干性皮肤的皮脂腺分泌的皮脂少而均匀,皮肤颜色较浅,毛孔不明显,给人以白嫩细腻的感觉,但比较娇嫩,经不起情绪变化和环境变迁的刺激,容易变得衰老。干性皮肤缺少水分,非常脆弱,对刺激敏感。

女性在洗脸时,宜用对皮肤刺激小的有滋润效果的洁肤产品。要经常保持周围环境的湿度,避免水分从真皮渗透到表皮,不要经常生活在过热的干燥环境中,冬天夜间睡觉最好用加湿器,保持卧室空气潮湿。应选用滋润补水类护肤用品。

宜多吃豆类如黑豆、黄豆等,可多吃蔬菜、水果、海藻类等碱性食物,少吃酸性食物,适时补水。

(2) 油性皮肤

油性皮肤皮脂分泌较多,看上去油光发亮,皮肤颜色较深,毛孔明显。皮肤抵抗力较强,经得起风吹日晒和各种刺激,不易产生皱纹,也不容易衰老,却比较容易长粉刺。

油性皮肤较干性皮肤能经受各种外界刺激,不怕风吹日晒,不容易老化,出现皱纹相对较晚。保养时应该用中性或稍偏碱性的洁肤产品,每天用温水洗脸三四次,以除去皮屑、皮脂和尘土,使皮肤保持光洁美观,减少毛孔阻塞。

女性有油性皮肤不宜过多使用化妆品,特别是油性化妆品更不宜用,以免加重皮肤的油腻感和毛孔的阻塞,最好选用含水分较多的护肤品。

饮食应选择具有凉性、平性的食物,如冬瓜、丝瓜、黄瓜、白萝卜、胡萝卜、竹笋、大白菜、小白菜、卷心菜、西红柿、藕、黄花菜、荸荠、西瓜、柚子、椰子、银鱼、鸡肉、兔肉等。少吃辛辣、温热性及油脂多的食物,如奶油、奶酪、奶油制品、蜜饯、肥肉、羊肉、狗肉、花生、核桃、桂圆、荔枝、巧克力、可可、咖喱,等等。

(3) 中性皮肤

人的皮肤除干性和油性外,还有一种介于干性与油性之间的中性皮肤,既不细腻,也不粗糙,又不太敏感,耐受性大。不过,中性皮肤往往有不同程度的偏向干性或油性,女性要据此进行相应的皮肤护理和选用适当的化妆品。

(4) 敏感性皮肤

敏感性皮肤是指皮肤受刺激后容易

出现红斑、疱疹、脱皮、红肿等不适的一种肤质。干性、中性、油性肤质均可是敏感性皮肤。由于皮肤敏感，女性在保养过程中，要特别加以注意。

2. 女性要经常清洗皮肤

人的皮肤，尤其是脸面上的皮肤是人体接触外界的部分，而且还终日暴露在外，直接与外界环境接触，常常会沾上灰尘。灰尘和皮肤上的汗液、皮脂、脱落的皮屑等混杂在一起形成污垢，如果不及时清洗，会刺激皮肤，影响皮肤的正常代谢；污垢还会促使细菌、真菌繁殖，堵塞毛囊口而诱发痤疮、毛囊炎等皮肤病。

女性清洗皮肤是从洗脸开始的。

女性每天洗脸次数多少才合适，要因人而异。一般不是油性皮肤的女性，早、晚各洗1次即可；如果女性是油性皮肤，每天需要洗脸3~4次，才能防止皮肤表面过于油腻。早晨起床后洗脸，可使人干净，精神饱满地迎接新的一天；晚上睡前洗脸能除去面部黏附的灰尘和化妆品，使皮肤轻松、舒适，有利于睡眠。

早、晚洗脸是女性必须做到的，除此之外，女性从公共场所或外出归来，面部灰尘较多，也要及时清洗；参加运动锻炼、劳动或夏季出汗较多时，也要及时洗脸；看完电视及操作电脑后也需要洗脸。所以，女性应该根据各种情况确定每天洗脸的数次。

清洁皮肤的用品主要包括香皂、洁面膏、卸妆油等，女性可根据皮肤的性质和需要来选用。

①水是最好的清洗剂。

水能清除人体皮肤上的灰尘、汗渍和污垢。那么，用什么水洗脸更有利于清洁皮肤呢？

干性皮肤和中性皮肤的女性，可以根据自己的习惯，选用凉水或温水洗脸，但是用温水洗脸会洗得更干净，凉水去污垢的作用差些。油性皮肤的女性，要用温水洗脸，可除去面部的大量油垢。夏天大量出汗时，也要用温水洗脸，因为用凉水刺激出汗的皮肤，汗腺口关闭，汗液排不出，容易生痱子。

②洁面膏去除尘垢。

洁面膏能溶解油污，去除尘垢，洗脸后在皮肤表面形成一层脂膜，可起到保护、滑润皮肤的作用。其优点是对皮肤基本无刺激，可在卸妆后使用，常用对皮肤有保健作用，可改善皮肤的性质。

洁面膏含有油脂载体，可将面部的污垢、油脂、皮屑、灰尘等一同溶于其中，污垢随洁面膏被洗去，皮肤即达到清洁的目的。洁面膏含油量相对较小，pH值为弱酸性，对皮肤、眼睛无刺激性，并可彻底清洁毛孔污垢，性质温和，对肌肤绝对无刺激，用后可使皮肤柔软、滋润。

洁面膏多为白色柔软膏状，取少量放在手心揉搓起泡沫后使用。洁面膏在清洁皮肤的同时，还有滋润肌肤及保湿的功能，适用于任何类型的皮肤。

③卸妆油的洁面效果好。

化彩妆的女性要使用卸妆油来卸妆，

卸妆油可与脸上的彩妆融合，再通过水乳化的方式，用水冲洗时可将脸上的污垢带走。卸妆油必须用40℃左右的温水才能清洗干净，冷水会使油脂残留在皮肤上，引发粉刺。使用卸妆油之后，最好再用洁面膏清洗1次，以便彻底清除残留。

④磨砂膏可以清洁皮肤。

磨砂膏中添加了细微颗粒，可以达到清洁、保护、美容皮肤的功效，是香皂、洁面膏所无法比拟的。这是因为磨砂膏不仅能清除皮肤表面的污垢和堵塞毛孔的污垢，而且能将尚未脱落的角质化细胞有效地清除掉。其中的微细颗粒的按摩与摩擦，还能促进皮肤表面血液循环和新陈代谢，达到消除皱纹和预防粉刺出现的目的。

磨砂膏可改善皮肤肤质，使皮肤柔软、光滑、白嫩。女性在使用磨砂膏之前，应先将脸洗净，再将少量磨砂膏涂于面部，按一定方向轻轻按摩，约10分钟后，用清水洗净擦干，再涂其他护肤品。按摩过程中切勿过度用力，以免造成皮肤不舒适感。摩砂膏每周使用1次即可。

⑤肥皂和香皂的清洁滋润效果。

肥皂的材料主要是动、植物油脂及碱类。

香皂是皂类的一种，是常用的皮肤清洁用品之一。香皂的碱性比肥皂低、脱脂力弱，对皮肤的刺激性相对来说要小一些。香皂泡沫呈乳状，使用后会使皮肤感觉良好，有滋润、滑爽的感觉。香皂有一定的去污力，还带有令人惬意的芳香，是一种良好的清洁用品。

⑥洗澡用沐浴露。

沐浴露是洗澡时使用的洁肤用品，其功效类似于香皂。

3. 如何用面膜护理皮肤

面膜是女性美容保养品的一种载体，女性用其敷贴在脸上10~15分钟，暂时隔离外界的空气与污染，提高皮肤温度，扩张毛孔，促进皮肤新陈代谢，排出皮肤内的代谢废物，吸收面膜中的水分和营养成分，能够达到美肤的效果。

（1）家用面膜的种类和功效

①泥膏类。

泥膏膜清洁、保湿效果好，主要是通过升高表皮温度促进血液循环和新陈代谢，能软化阻塞的毛孔，深度清洁毛孔。不含特殊吸油成分的适用于中、干性皮肤，含吸油成分的适用于油性皮肤。此类面膜矿物质含量较高，敏感性皮肤慎用。

②冻胶类。

质地透明的冻胶型面膜只含有水溶性的护肤成分，适合油性皮肤。不透明质地的所含成分较多，干性皮肤也可以使用。涂抹此类面膜时要有一定的厚度，盖住毛孔才能更好地发挥作用。

③撕剥类。

清洁原理与泥膏型相同。在取面膜时要注意，由上而下撕剥，并避开眼周、唇周等较薄嫩的肌肤。其不含保湿剂，干性皮肤不宜用，敏感性皮肤也不宜用。

④乳霜类。

乳霜的质地和护肤霜相似，含有多

种营养成分,具有美白、保湿、舒缓等效果。可不用清洗,敷完后擦拭干净即可。此类面膜质地温和,敏感性皮肤也可使用。

⑤纸类。

纸类面膜是浸润着营养液的面膜纸,其营养成分含量高,能提高护肤成分对皮肤的渗透性及深度,能迅速增加皮肤的含水量。

(2) 使用面膜的方法

女性在使用面膜前,应将面部清洗干净,可用蒸汽或热毛巾热敷面部5分钟,使毛孔充分扩张。敷面膜最好在沐浴后进行。面膜使用时,除有营养功效面膜外,其他面膜应避开眼周及唇角皮肤薄嫩处。

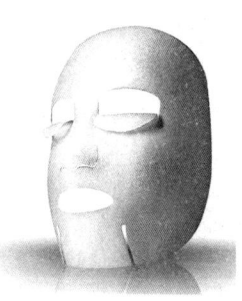

取下面膜后,应用清水洗净脸,并擦干,然后涂上营养霜,再轻轻按摩一会儿即可。

(3) 使用面膜的次数

①具有清洁功效的面膜,建议每周1~2次。

②营养型面膜可根据需要选择:一般油性皮肤者,可以每周做1~2次。

③中、干性皮肤者,每周可做3~4次,甚至更多。

4. 如何使用食物美容面膜

食物美容面膜,是利用食物的有效营养成分及酵素的作用,来达到美容的目的。食物面膜更方便、更有益,无化学品的毒害,价格也比较低。使用食物面膜的时间最好是沐浴后和晚上洗脸后,因为此时毛细血管处于扩张状态,可增加美容效果。下面介绍几种常用的自制食物美容面膜。

以面粉或藕粉做基剂,在基剂中加入蜂蜜、牛奶、营养粉、蔬菜水果汁等,可去除皮肤污垢,清洁皮肤,起到护肤美容的作用。

面膜一:

取鸡蛋黄1个,加入一小勺牛奶搅匀,用纱布过滤,再加入一小勺橄榄油,边搅边加入少许面粉,调成膏状即可。

面膜二:

取水果汁1大勺,蜂蜜1小勺,橄榄油半勺,面粉3大勺,一起搅拌均匀敷面。适用于干性皮肤。

面膜三:

取葡萄适量,挤成汁,取汁1大勺半,加入蜂蜜1小勺,边搅拌边加入少许面粉即成。适用于油性皮肤。

面膜四:

柚子取汁,或用黄瓜捣烂取汁,取1勺半,加橄榄油1小勺,面粉2大勺,边搅拌边加入面粉,调成膏状即可。适用于晒黑的皮肤。

面膜五:

蛋黄1个,蜂蜜1小勺,玉米油1

小勺，柠檬汁3~4滴。脸部先用热毛巾热敷一会儿，使毛细血管张开，将调好的面膜涂在面部和颈部，然后静卧10~20分钟，用清水洗净。此面膜对于干性皮肤可起到营养及滋润作用。

面膜六：

黄瓜1根，去皮捣碎取汁，加入半勺与柠檬汁，加入1个鸡蛋清混合调匀敷面即可。有美白与润肤作用。

面膜七：

将黄瓜捣碎取汁，放于消毒纱布上，敷于面部，15~20分钟后取下，将脸洗净。黄瓜切片，直接贴在脸上，贴15分钟后取下，再轻轻按摩一会儿，洗净面部即可。对舒展皮肤皱纹效果极佳，并可使面部皮肤光洁、红润、细腻。油性皮肤使用效果更好。

面膜八：

将胡萝卜捣碎取汁，再把消毒纱布浸在胡萝卜汁中浸透后，敷在面部15~20分钟，取下洗净面部即可。将胡萝卜切成片贴在面部15分钟后取下，用清水清洗面部后，搽上营养霜即可。用两根胡萝卜捣碎，取1大勺土豆粉和1个鸡蛋黄，搅匀，敷于面部15~20分钟后取下，洗净面部即可。

面膜九：

将西红柿切片，贴在面部和颈部，15~20分钟后取下，洗净即可。

面膜十：

取香蕉半只，或梨，或杏捣碎，掺入适量牛奶，调成糊状，涂在面部保留10分钟，然后用清水洗净。

面膜十一：

把酸奶与奶油各适量调匀，敷于面部，约20分钟后洗掉。对皮肤有收敛作用，可使皮肤清爽滑润。

女性初次使用食物面膜，建议先选取局部皮肤进行试用，检测是否对这款面膜过敏。使用面膜后，如发现皮肤红肿或出现其他过敏反应，如发痒、疼痛，应马上停用；如果情况严重，可请医生进行抗过敏治疗。

## 应对问题皮肤的方法

女性随着年龄的增长，皮肤的代谢功能随之降低，皮肤的水分及皮下脂肪减少，就会失去光泽、弹性，甚至还会出现各种毛病，成为"问题皮肤"，比如：黄褐斑、皮炎、皱纹，等等。

1. 出现黄褐斑或脂溢性皮炎怎么办

黄褐斑是在女性的面颊部、鼻梁、口唇周围出现的黄褐色或淡黑色的斑块，形状、大小不等，表面光滑，不突起，不痛不痒，无自觉症状，呈对称性分布，状如蝴蝶。而雀斑是圆形或椭圆形、浅褐色或暗褐色的斑点。两者都是比较常见的色素性皮肤病，是由于皮肤黑色素细胞分泌黑色素增加引起的，影响美观。两者的致病原因基本相同，防治方法也基本相同。

女性要尽量避免阳光直接照射皮肤，在户外工作、活动时或夏季外出时，要戴上草帽或打遮阳伞，以防暴晒，每天要涂防晒霜。

当脸部已出现斑点时，可每天洗脸时在水中加入1~2汤匙的食醋，可以减少色素的沉着。将胡萝卜洗净，研碎挤汁，取10~30毫升，每天早、晚洗完脸后用鲜胡萝卜汁搽脸，待干后，用涂有植物油的手帕轻擦面部，擦5~8分钟后，将脸洗净。

黑色素是经过一连串的化学反应形成的，与多种原因有关，比如，紫外线照射、精神压力、过氧化脂质、内分泌失调，等等。维生素C是强抗氧化剂，因此，要多吃富含维生素C的食物，如枣、西红柿、柠檬、酸枣、新鲜的绿叶蔬菜等，可以发挥其抗氧化的作用。此外，女性要根据具体原因采取相应的对策。

维生素A可影响黏膜细胞中糖蛋白的生物合成，而糖蛋白是结缔组织中胶原纤维的主要组成成分。因此，维生素A能维护上皮细胞组织的健全和完整，如果人体缺乏维生素A，则可引起一系列上皮细胞受损的病变。

维生素E在人体内是最主要的抗氧化剂之一，可抑制人体细胞内的脂褐素的氧化，从而有效地降低脂褐素在皮肤的沉积，使皮肤保持白皙。

人体中不可缺少蛋白质，皮肤也同样需要蛋白质的供给才能使血液流通，防止黑色素的沉积。

水是人体细胞的主要成分。如果缺少水分，皮肤就会失去光泽，面色发暗，皱纹也会出现。只有每天保证充足的水分摄入，才能使皮肤光滑、润泽、白皙。

有的女性，特别是油性皮肤的女性，容易发生脂溢性皮炎。它多发生在皮脂腺分布较多的部位，如头皮、前额、眼睑、鼻及两旁、耳后、颈、前胸及上背部肩胛间区、腋窝、腹股沟等。典型损害是黄色斑片、斑丘疹，表面覆有鳞屑，界线明显，发痒，严重时可有渗液。

有上述问题的女性，要多吃蔬菜、水果，限制油脂及糖的摄入，忌吃辛辣、油炸、熏烤制品，应忌饮酒。此外，生活要有规律，睡眠要充足，保持大便通畅。

2. 去雀斑的方法

东方人种偏黄的皮肤对紫外线的抵抗能力适中，不像黑色人种那样完全不惧怕紫外线，也不像白色人种那样容易因照射紫外线引起色素沉着。同种肤色中，相对白皙的女性产生雀斑的可能性更大，那些出现在鼻翼两侧的小斑点，在年幼时还能用可爱来形容，等到年长之后，就会成为挥之不去的烦恼。以下的食谱或面膜可以祛除雀斑。

（1）芹菜面膜

制作方法：

将芹菜叶打成碎末，与适量酸奶混合。

使用方法：

将制作的面膜静置两小时左右，用芹菜汁涂抹在面部雀斑处，每天早晚各敷一次，每次15分钟左右。

功效：

可有效祛除雀斑，保持肌肤白净。

（2）蒲公英水

制作方法：

新鲜或晒干的蒲公英，用沸水泡开，

待水凉后，装入瓶中冷藏。

使用方法：

每天早晚用蒲公英水洗脸，可以保持面部清洁，清火杀菌，消除雀斑。

功效：

蒲公英是一种清热解毒的草药，也可食用。晒干的蒲公英煎水饮用，有清火排毒的功效。此外，冬瓜藤煎水，金盏花叶片捣汁用来擦脸，也有很好的美白淡斑作用。

（3）胡萝卜汁

制作方法：

新鲜胡萝卜榨汁。

使用方法：

每天洁面后取胡萝卜汁敷脸，待干透后再用少许橄榄油按摩。

功效：

胡萝卜中富含维生素A，可以润滑肌肤，消除皮肤上的细纹和斑痕。此外，还可在胡萝卜中加檬汁或番茄汁敷面，淡斑效果更好。

需要注意的是，爱长雀斑的女性一定要注意防晒，外出最好选择防晒指数高的防晒霜，否则祛斑不易达到效果。

（4）番茄汁

制作方法：

以番茄榨汁。

使用方法：

每天洁面后取番茄汁敷脸，待干透后再按摩。

功效：

番茄富含维生素C，维生素C以通过抑制皮肤中酪氨酸酶的活性，来减少面部黑色素的生成，以保持皮肤净白红润，消除雀斑。

（5）蜂蜜柠檬茶

制作方法：

将新鲜柠檬洗净，晾干水分后切成小块，放入玻璃坛，按一层柠檬一层冰糖的方式放好，柠檬与冰糖的比例保持在1∶1上。密封玻璃坛一个月左右，直到冰糖溶化。

使用方法：

每次取2~3茶匙柠檬汁混合蜂蜜食用。

功效：

柠檬中丰富的维生素C与钙、磷、铁等微量元素能防止皮肤血管老化，消除面部瘀积的色斑，保持皮肤白嫩光滑。如果没时间准备柠檬汁，就用柠檬切片与蜂蜜、冰糖调匀亦可，不过口味上可能会较酸涩。

（6）红枣银耳汤

制作方法：

取红枣50克，银耳50克，与枸杞子20克一起放入砂锅炖煮，中火烧开后小火炖1小时左右即可，关火前放入少许冰糖，冰糖溶化即可关火。

使用方法：

每天早晚服用，有养颜淡斑、润肤美

白的功效。炖煮的时间可随个人口味调整。

功效：

红枣银耳汤具有美白的功效。

3. 出现皱纹怎么办

女性年龄增大，或因为心理原因，或因为护理不当等，皮肤的表皮渐渐松弛而形成皱纹。

女性皮肤出现皱纹，除了生理、心理等方面的原因外，也与外部环境有关。因此，预防皮肤皱纹也要在改善环境条件上多下功夫，可以延缓皱纹的出现，甚至可以减少或消除皱纹。

（1）哪些原因使女性皮肤出现皱纹

①化妆原因。

有的女性为了掩盖面部的雀斑和色素沉着，在化妆时涂抹过多的粉底、遮瑕膏等，这样会使皮肤干燥、皱纹加深。这是由于化妆品吸收了皮肤中的水分而引起的。

②热水洗脸。

长期用热水洗脸，女性的皮肤就会因为温度升高而引起水分的散发，导致皮肤水分的丢失，使皮肤粗糙，并易产生皱纹。

③生活中的不良习惯。

有些女性在不自觉中养成了一些不良习惯，如皱眉、眯眼、撇嘴、眨眼等，这些都是不良的面部表情。面部皮肤特别娇嫩敏感，这些表情动作经常化，就会导致皮肤产生鱼尾纹等。

（2）怎样才能少出皱纹

①克服不良的生活习惯。

女性应少做易产生皱纹的面部表情。平时尽量化淡妆，不可过多地使用粉底；晚上一定要卸妆，给皮肤休息和呼吸的机会。

②经常冷水洗脸。

经常冷水洗脸可在清洁皮肤的同时，增强皮肤的抵抗力，也有预防皱纹出现的效果。这是因为，冷水作用于面部皮肤后，可使皮肤血管先收缩而后舒展，使面部皮肤的血液循环通畅，可改变皮肤组织细胞的营养代谢，从而提高皮肤的功能和弹性，防止皮肤老化。

③注意平衡饮食。

只有体内营养充足而适宜，才能有利于保持皮肤中的水分，避免皮肤组织弹性降低。胶质蛋白能增加皮肤弹性，延缓皮肤衰老。所以，应常吃猪皮、猪蹄等食物。另外，多吃水果、蔬菜，多饮水，能增加皮肤中的水分。还要限制油脂及糖的摄入，少食用辛辣、油炸、熏烤制品，应忌饮酒。

④皮肤按摩。

按摩能增加皮肤与肌肉的弹性，改善局部血液循环，增加皮肤光泽，使皱纹平展。将皮肤彻底洗净，涂一层营养霜，用一只手支持住太阳穴，另一只手沿下眼睑由眼尾向眼角方向做螺旋形按摩，双眼交替进行。每天做2次，每次5遍。本法预防鱼尾纹。注意按摩手法要轻，不可用力牵扯皮肤。

⑤保持乐观情绪和充足的睡眠。

愉快的心理状态和充足的睡眠是预防皱纹过早出现的内在因素。如果经常忧思抑郁，则会伤害肝脾，并使气耗血虚，皮肤血液瘀滞，细胞缺乏营养，久而久之可使皮肤过早衰老而出现皱纹。

（3）自制抗皱膏

女性皮肤出现皱纹后，可取白蜡、蜂蜜、洋葱汁、百合各30克，一起放入瓷缸里，用文火加热到蜂蜜、白蜡熔化后，用筷子搅匀，冷却成膏。每天早、晚洗脸后用此膏按摩，然后用细软纱布或面纸轻轻擦掉。经常使用，无皱纹者可防止皱纹产生，已有皱纹者可减轻或使其消失。

水是人体细胞的主要成分，女性皮肤中如果缺少水分，就会失去光泽，面色发暗，皱纹也会出现。只有每天保证充足的水分摄入，才能使皮肤光滑、润泽和白皙。

4. 怎样防治酒渣鼻

酒渣鼻是一种影响女性脸部美观的皮肤病，主要发生在鼻部，也涉及面部和颈部。起初鼻尖和鼻翼皮肤潮红、出油，受热时更加明显。接着红斑上出现散在性丘疹及脓疱，鼻尖上有红丝缠绕，且高低不平。此时如不及时治疗，丘疹增大，皮肤变厚，鼻尖呈球形紫红色，成为酒渣鼻。酒渣鼻多发病于青年，男女都可发生。

酒渣鼻的罪魁祸首是寄生的螨虫，它主要寄生于人的面部，尤其是鼻部的毛囊和皮脂腺中。女患者应首先去医院诊断治疗，但在日常生活中也要注意配合。

①使用温和的护肤品，减轻对皮肤的刺激；避免暴晒和过冷过热的刺激；避免精神紧张，保持情绪稳定、愉快；保证生活起居规律。

②不要吃辛辣刺激性食物，如辣椒、生葱、生蒜、酒、咖啡等。

③少吃油腻食物，如动物油、肥肉、油炸食品、糕点等，以减少皮脂的分泌。

④保持大便通畅，防止便秘。

⑤忌烟酒。

⑥用鲜冬瓜瓤适量，捣烂成汁，搽患处，每天数次，连搽数天。

用银杏，去外壳，砸取浆液，涂于面部患处，可以减轻酒渣鼻、面部黑斑，去皱纹。

⑦女性可煮山楂粥。

干山楂30克，鲜山楂加倍，粳米60克，同煮成粥，每天吃1次，连续7天。

⑧根据情况到医院治疗。

5. 如何应对青春痘

女性脸上长了青春痘，是一件很烦恼的事情，尽管已经反复提醒自己不要用手去触碰，但每次照镜子的时候，总会不自觉地伸手。特别是痘痘发白、灌脓的时候，更是忍不住要用手挤去脓浆。从表面上看，挤去脓浆让痘痘变小甚至消失。实际上，却破坏了皮肤的自愈能力，对长痘的皮肤造成永久性的损伤。

（1）青春痘是怎么生成的

女性脸上长出青春痘，是由于人体发育期中体内激素分泌不正常，皮脂分泌过多，又不能正常排出，导致毛孔堵塞引起的。油性皮肤很容易出现皮脂分泌过多，毛孔堵塞长痘的状况。一般而言，女性会在青春期的一段时间里出现皮脂分泌过旺，脸上长青春痘的情况，这个时期，只要注意饮食清淡，保持良好的个人卫生，那么青春痘就不足为患，会自然消退。

女性如果属于油性皮肤，可能会在青春期之后持续长青春痘，这个时候就要特别注意不要食用辣椒、花椒、酒等辛辣刺激的食物，尽量多喝白开水或绿茶、菊花茶等清凉降火的饮料，食物以汤品、炖品为主，保证身体有充足的水分。

同时，女性注意使用深层清洁、控油的洁面乳，涂抹补水润肤的乳液，保持皮肤清洁，不要长期使用遮瑕膏或上浓妆。调理一段时间后，青春痘就会很快消退。

（2）保持平和的心态

有的女性在长了青春痘之后，就会异常紧张或焦虑暴躁，马上使用多种治痘的化妆品在脸上又涂又抹，各种偏方齐上阵，其实，青春痘的发作是因为毛孔中聚集的油脂、细菌、灰尘等污物与有杀菌效果的白细胞发生冲突，血液中的白细胞围住毛孔中的污物和细菌进行大战，皮肤表层就会出现一个个小红疙瘩，表现出发炎的征兆。

有的女性看到自己脸上的青春痘发白灌脓，就赶紧用手指去挤出脓浆。这样看似让青春痘尽快消肿，却容易让手指上的病菌对皮肤造成二次污染，可能让皮肤中的血液瘀积，造成难以消退的痘痕，还可能让脓浆滞留在毛孔中，加重炎症。

如果女性不干涉这场"战争"，那么白细胞会在3~4天内取得胜利，青春痘会渐渐消退，不留一点痕迹。有时候，细菌太多，青春痘就会灌脓，等待脓浆排出，青春痘也会不药而愈。

因此，女性只需要保持平和的心态，因为心理紧张或精神紧绷，也会影响痘痘的消退，同时要特别注意个人卫生，勤洗澡，勤洗脸，保持衣物、被褥干净，不对皮肤造成二次污染。还应使用清爽的化妆品，保证充足的睡眠和水分，安心等待青春痘自然消退即可。

（3）应对脸部青春痘的方法

①苹果祛痘法。

在吃苹果的时候削下薄薄的一片，略带酸味、口感爽脆的苹果最好，用开水浸泡至苹果片变软，然后捞起来冷却2分钟，即可均匀地贴在长青春痘的部位，等待15分钟左右取下即可，然后用清水洁面。

苹果贴片简单方便，脸上刚冒出小青春痘的时候就赶紧来一片，能有效消炎去肿，还能防止痘痕的产生。削苹果的时候，如果果皮较厚，也可用沸水烫软后使用。苹果酸和维生素C是帮助青春痘收缩的重要营养物质。一般人都能够使用苹果贴片，几乎没有过敏的现象。

②土豆祛痘法。

土豆也能祛痘，尤其对刚生出的青春痘，确实有不错的效果。土豆切成薄片，要尽可能的薄，不能切得太厚，不然很难均匀地接触到脸部肌肤，也很难在脸上贴稳。把土豆薄片贴在脸上，15分钟左右即可去掉土豆薄片，清洗面部。

土豆中丰富的淀粉对美白肌肤有不错的效果。需要注意的是，发青的土豆不能食用，也不能用于贴面部。

③胡萝卜祛痘法。

新鲜的胡萝卜洗净打成胡萝卜泥，均匀涂抹在脸部即可。或是用胡萝卜榨汁，喝胡萝卜汁，将剩余的胡萝卜残渣用于做面膜。如果脸部青春痘红肿发痒，还可将胡萝卜泥与细绿豆粉拌匀后涂抹在面部，有很好的消炎效果。

胡萝卜中的维生素 A、维生素 E 含量丰富，能防止皮肤黑色素的堆积，用来做面膜有祛痘、淡斑、提高肌肤抗氧化能力、保持肌肤年轻活力的效果。多吃煮熟的胡萝卜，能够帮助身体调理内分泌，排除毒素。

④番茄草莓祛痘法。

番茄和草莓都是极好的润肤美白水果。取番茄汁与草莓一同捣碎后，均匀地涂抹在脸上。如果面膜较轻，可将面膜涂在面膜纸上，再覆盖于面部。20分钟左右洗净面部即可。面膜中的维生素C与胡萝卜素有消炎清热的功效，还能灭杀面部细菌，一周可使用两三次，能有效改善皮肤上的青春痘和痘痕，达到美白嫩肤的效果。

6. 出现接触性皮炎怎么办

接触性皮炎，是皮肤黏膜接触外界某种物质后，在接触部位发生的炎症反应性皮肤病。皮损轻者，局部呈红斑、丘疹，并有肿胀；重者则发生水疱、大疱、糜烂以及坏死等，常有剧痒或烧灼胀痛感。由于搔抓、摩擦或处理不当，可发生渗出、糜烂、溃疡及继发感染等。长期反复接触某些致敏物质时，患部有浸润、肥厚、苔藓化等改变。如果皮疹广泛出现，可伴有发热、畏寒、恶心、头痛等全身症状。

由于皮炎接触部位多为手、臂、面部等处，因此影响女性的皮肤美观，应积极防治。

（1）远离过敏源

积极寻找引起接触过敏的物质，远离过敏源，是从根本上预防接触性皮炎的措施。必要时可用防护用具，不要服用可以引起过敏的药物。

（2）禁食辛辣发性食物

禁食辛辣发性食物，可控制皮炎发展。

（3）避免搔抓

避免搔抓及用热水和肥皂洗烫解痒，

因为不良刺激会加重病情，甚至恶化。

（4）冷敷避免受凉

女性在做冷敷时，应注意避免受凉。每20分钟换敷料1次。

（5）避免化妆品的伤害

避免化妆品，尤其是劣质化妆品的伤害。皮肤敏感者，最好选用不含香料、纯天然的护肤品。化妆品应以护肤、清洁、营养为主，尽量不用或少用美容性化妆品，尤其是彩妆化妆品，如底粉、胭脂等。

（6）及时就医

女性应根据具体情况及时就医，以尽快得到诊治，避免接触性皮炎严重。

# 如何敷面膜

女性敷面膜是保养自己面部肌肤最有效的一种方法，如果方法得当，女性就能获得事半功倍的效果，但如果方法不当，面膜不但不能实现保养效果，反而会造成皮肤损伤。那么，女性怎样敷面膜才能恰到好处，完美实现保养面部肌肤的效果呢？

1. 敷面膜的步骤

敷面膜首先要关注的是，面膜的材质是否会对皮肤造成刺激，引起红肿瘙痒等过敏症状。因此，测试面膜的安全性，是敷面膜前应该做的第一步。

彻底地清洁面部，保证面膜能近距离地亲近肌肤。最好用温水清洗，再用热水敷面，让毛孔处于张开状态，方便面膜中营养成分的进入。

敷面膜一般按照从下往上的顺序进行，涂好面膜后，保持面部表情不变，一般15～20分钟即可洗掉面膜。用温水更易清洗。

面膜洗净之后，再用凉水扑面，让扩展的毛孔收缩起来，避免杂质进入肌肤深层。

2. 女性敷面膜须知

（1）敷面膜的目的

敷面膜的目的：补水、美白、祛痘、去角质、去黑头，等等。

（2）面膜的类型

针对不同的敷面膜目的，有不同类型的面膜可供选择。

①祛痘面膜。

祛痘面膜一般含有少量酒精，以达到杀菌的效果，因此敏感性的肌肤需要慎重选择，敷面膜的时间也不宜过长，最好是在长痘的局部敷面膜，以免损伤其他部位的皮肤。

②去角质和去黑头的面膜。

去角质和去黑头的面膜一般都含有胶质，胶质会粘住皮肤上难以清洗的杂质，然后以撕扯的方式把杂质从脸上分离开来。尽管这种面膜黏性越强效果越好，但不适宜经常使用，因为当面膜撕离面部的时候，多少会强制扩张毛孔，引起皮肤粗糙、毛孔粗大等问题。

③美白面膜。

这类面膜有多种类型，不过需要注意的是，女性最好在临睡前做美白面膜，确保做完之后不会再接受紫外线的照射，以免影响美白效果。

④补水面膜。

这是最常规的一种,也是应用最广泛的一种。一般而言,即使敏感肌肤,也不会对补水面膜产生不良反应,因为它的主要成分就是含水丰富的各种营养物质。质地薄透、亲水性好的护肤品都可充当补水面膜。如果用贴式面膜,注意在15~20分钟就取下面膜纸,以免面膜纸反向吸收皮肤中的水分。

3. 女性自制面膜

女性必须掌握正确的涂面膜的顺序,这样才能发挥面膜的最大功效。正确的步骤有以下几点。

(1) 过敏测试

尽管自制面膜有很大的针对性,也更加方便实用,可是如果女性是过敏体质的话,那就需要特别慎重地对待这一步。因为自制面膜中含有大量天然物质,皮肤敏感的人可能会产生刺痒、刺痛感,严重者还会损伤面部肌肤。

女性在使用面膜前,先将调制好的面膜涂抹少量在手背上。半小时后洗去,无红肿刺痒等过敏反应,再涂抹到面部。这个步骤看起来麻烦,却能避免因过敏造成不适,最好不要省略。

(2) 清洁面部

在涂敷面膜之前,还需彻底地清洁面部。卸掉化妆品,使用去角质的洗面奶按摩面部,再用温水洁净面部。做好清洁工作,可以让面膜中的水分和营养成分尽快地进入肌肤深层,同时也避免面部附着的污垢、灰尘堵塞毛孔,造成不必要的黑头。

(3) 涂敷面膜

在涂敷面膜前,确保毛孔张开很重要。要用热毛巾盖在面部,轻轻拍打脸颊、额头和下巴,反复几次,直到感觉脸部发热、湿润为止。毛孔张开,才会方便面部吸收面膜营养。

在涂抹面膜的时候,尽量避开眉毛和眼唇部位,眼、唇部位皮肤更敏感、娇嫩,使用专门的面膜更加适合。如果不方便避开,就先在眉毛、眼、唇的边缘位置点上一些橄榄油,以免面膜粘在这些部位,妨碍清洗。

涂敷面膜的顺序应当是从下往上,从颈部到下巴,从脸颊到鼻头,最后才是额头部位。如果面膜较黏稠,可用柔软的面膜刷涂抹,避免涂抹得厚薄不均。

(4) 除去面膜

涂抹面膜15~20分钟,就该准备清除面膜了,用手指触摸面膜表层,感觉不黏手就可动手揭除。如果不是膜状面膜,在脸部感觉紧绷的时候,就该马上用温水洗去。

涂自制面膜的时间最长不宜超过20分钟,否则面膜中的水分流失,面膜就会变干,干掉的面膜会倒过来从面部吸收水分,使面部紧缩,容易生出皱纹。

除去面膜后,一般无须再使用洗面奶清洗,用温水清洗即可。洗净之后,用毛巾冷敷,让毛孔收缩复原,再涂上润肤乳。

需要注意的是,自制面膜最好现做现用,存放过久会让自制面膜变干,还会滋生细菌,不利于皮肤保养。

4. 自制面膜类型

（1）绿豆面膜

夏天常备食品绿豆的功效很好。喝绿豆汤可以清热去火，吃绿豆芽可以美白养颜，但绿豆的妙用还远不止这些。绿豆还可以做面膜。绿豆面膜的制作方法很简单。

材料：

绿豆粉，可在超市购买，也可以用打豆浆过滤后剩下的绿豆渣。

做法一：

绿豆粉加清水拌匀成糊状。过敏测试后，用面膜刷从下往上，均匀地涂抹在脖子和面部。20分钟左右，扑上清水，用指腹轻轻画圈，揉按面部，绿豆粉中的微小颗粒可以适度摩擦脸部，去除角质。T区等角质厚重的地方可反复以打圈方式按摩。按摩3~5分钟后，用清水洗净即可。

做法二：

绿豆渣加蛋清拌匀后涂抹在面部，其余做法相同。

做法三：

绿豆粉加蛋清加牛奶拌匀后涂抹在面部，其余做法相同。

功效：

绿豆有去毒消火的功效，本身既可清洁面部，去除角质，还可以消炎美白。绿豆渣或绿豆粉和蛋清、牛奶合用后，美白润肤的效果更好。需要注意的是，尽管去角质面膜能让肌肤感觉更滑嫩，更易吸收润肤品中的营养，但是去角质面膜的使用次数仍然不能太过频繁，脸部皮肤磨得过薄之后，容易过敏和产生红血丝。偶尔一次即可达到去除角质、嫩滑肌肤的效果。

（2）红豆面膜

如果女性想找一款能完美替代绿豆面膜的替补品，那么红豆面膜当仁不让。同样是豆，绿豆能清火，而红豆的润肤效果更好。

材料：

红豆粉。

制作方法：

红豆粉适量，用纯酸奶拌匀。这个过程不太容易，要细心更要耐心，让红豆粉和酸奶充分混合，然后均匀地涂抹在面部，等待10分钟左右，皮肤感觉紧绷即可。再用温水边清洗，边按摩，最后洗净即可。

功效：

红豆粉中的细微颗粒同样可以清除污垢和角质，保持肌肤白净。酸奶中的营养物质能保持皮肤滋润有光泽，还能促进肌肤焕发新颜。

（3）豆腐面膜

豆腐同样可以成为面膜的材料。黄豆中含有丰富的大豆异黄酮，在黄豆制成的豆腐、豆浆中，同样含有丰富的大豆异黄酮。大豆异黄酮能够延缓女性衰老，滋润卵巢，美容祛斑，让肌肤保持白皙亮泽。经常吃豆腐、喝豆浆，可以由内而外地调理女性肌肤健康。吃豆腐时，顺便留一点做面膜，简单方便，何乐而不为呢？

材料：

2~3匙黄豆制成的豆腐。

制作方法：

细细碾碎后均匀涂抹在脸上即可。

功效：

豆腐面膜能让脸部皮肤光洁白皙，增强抗氧化的活性，还能为缺水的肌肤补充足够的水分，保持肌肤水润有弹性。

（4）豆腐强化面膜

在豆腐中加入其他材料，还能产生不同的效果。

①豆腐＋酵母粉。

材料：

豆腐、酵母粉各1匙。

制作方法：

搅拌。

功效：

这款面膜可以更有效地美白肌肤，消除暗沉肤色，保持肌肤水嫩光滑。干性皮肤还可以加入半匙橄榄油，可以更好地达到润肤锁水的效果。

②豆腐＋绿豆粉。

材料：

豆腐1匙，绿豆粉1/4匙。

制作方法：

混合拌匀即可。

功效：

这款面膜适用于油性肌肤，能充分清洁肌肤，去除角质，对发炎长痘的肌肤有一定的清理消炎效果。一周使用一次即可。

③豆腐＋绿茶粉。

豆腐1匙，绿茶粉1/4匙，混合拌匀即可。绿茶抗氧化功能突出。这款面膜非常适合经常使用电脑的女性，绿茶和豆腐的抗氧化成分强强联合，能有效去除辐射造成的肌肤暗黄、无光泽等不良状况，让肌肤重新水嫩光滑，紧致有弹性。

④豆腐＋薏仁粉。

材料：

豆腐1匙，薏仁粉1/3匙。

制作方法：

混合拌匀即可。

功效：

薏仁粉的嫩白效果同样明显，与豆腐合用可以提亮肤色，让肌肤白皙透亮，细腻光滑，同时，薏仁粉还能起到收细毛孔的作用。

在繁忙的工作时间之后，女性一边享受美食，一边呵护受损肌肤，懂得生活的女性应该这样爱护自己。

（5）西瓜蜂蜜面膜

女性在炎热的夏季晒伤后，不妨制作西瓜蜂蜜面膜敷在伤处。西瓜是极好

的清凉食物，它的水分充足，有清热解毒的功效。吃掉西瓜瓤后，瓜皮经常被我们随手丢进了垃圾桶。事实上，西瓜皮的清热解毒功效并不比西瓜瓤差。

材料：

西瓜皮。

制作方法：

去掉瓜皮上的红色果肉，洗净后打成泥，与蜂蜜混合均匀，就是一款简单有效的治晒伤面膜。

使用方法：

将面膜均匀涂抹在面部，晒伤的皮肤会感觉到丝丝清凉。

功效：

西瓜和蜂蜜都有极好的清热解毒功效，敷面20分钟左右清洗面部即可。如果感觉晒伤的部位刺痛严重，可以早晚各敷一次，能补水润肤、缓解疼痛。

（6）薰衣草精油面膜

薰衣草精油一经提取出来，就被发现能减轻烫伤的危害，还有良好的美白去疤功效。

材料：

薰衣草精油、酸奶。

制作方法：

薰衣草精油3滴与酸奶充分混合。

使用方法：

均匀地将混合物涂抹在面部，20分钟左右洗净即可。最好在晚上临睡前使用这款面膜，这样薰衣草精华便能充分修补损伤细胞，效果更持久，恢复速度更快。

功效：

薰衣草精油温和无刺激，有消炎、镇痛、润肤的效果，且适用的人群较为广泛。酸奶可以帮助晒伤的肌肤补水消炎，恢复光滑细致。

（7）桃子等水果面膜

材料：

去皮、去核的桃子等水果。

制作方法：

新鲜的桃子等水果去皮、去核打成糊状。

使用方法：

将水果糊均匀涂抹在面部，20分钟左右洗净即可。

功效：

桃花、桃叶都可入药，有清火祛毒的功效，实际上，桃子也有清火祛毒的效果。桃子和杏子中含有丰富的维生素C，可以帮助修复晒伤的细胞，为肌肤提供足够的水分，改善肌肤红肿状况。敏感性皮肤也可以使用这款面膜。

晒伤后经常使用，可以解毒润肤，紧肤除皱，帮助肌肤恢复光泽到红润有弹性的良好状态。

（8）柠檬蛋清面膜

材料：

新鲜柠檬半只榨汁备用，新鲜鸡蛋一个，花粉半匙。

制作方法：

取蛋清备用，花粉半匙与柠檬汁、蛋清一起拌匀。

使用方法：

均匀涂抹在面部、颈部，待面部感觉紧绷后清洗即可。

新鲜柠檬富含维生素C，对滋润肌

肤，保持肌肤弹性，刺激细胞活力有较好效果。蛋清也有润肤美白、减轻灼痛的作用。花粉对烧烫伤有很好的治疗效果。

需要注意的是，这款面膜需要大力搅拌，蛋清微微起白色泡沫效果更好。

功效：

有效祛斑祛疤、保持面部肌肤柔滑白嫩。

(9) 绿茶面膜

茶叶一直都是保养的佳品，各种茶叶制品都能看到绿色健康的标志。茶叶在美容上的运用也卓有成效。绿茶粉抗氧化和控油的效果非常突出，还有去火消炎的功效。在深层洁肤的天然品中，有着不可取代的地位。

材料：

绿茶粉一茶匙、螺旋藻粉一茶匙、珍珠粉半茶匙加蜂蜜。

制作方法：

将绿茶粉、螺旋藻粉、珍珠粉和蜂蜜调匀。

使用方法：

敷面 20 分钟左右，清洗即可。

功效：

珍珠粉的美白效果不可忽视，螺旋藻粉有助于细胞恢复活力，保持皮肤光泽有弹性，抗氧化效果突出。蜂蜜的润肤作用也不可少。一周一到两次，有助面部皮肤保持清爽滋润。

(10) 菠萝面膜

材料：

菠萝榨汁、橄榄油、酸奶。

制作方法：

将菠萝汁、橄榄油和酸奶拌匀。

使用方法：

敷面 15 分钟左右，清洗即可。

功效：

菠萝中含有丰富的 B 族维生素和维生素 C，能有效清理皮肤上多余的皮脂与老化的角质层。橄榄油和酸奶可以润肤补水，保持肌肤白皙润泽。

菠萝中的果酸较多，对皮肤有些微刺激，因此一周使用一次即可达到深层清理的效果。

(11) 香蕉面膜

材料：

去皮香蕉、牛奶。

制作方法：

把香蕉打成糊状，与牛奶拌匀。

使用方法：

敷面 20 分钟左右，清洗即可。

香蕉中含有丰富的维生素 C 和维生素 E，还有钙、磷、钾等微量元素。香蕉温和无刺激性，干性皮肤和敏感性皮肤都可以放心使用。牛奶也有助于美白润肤。

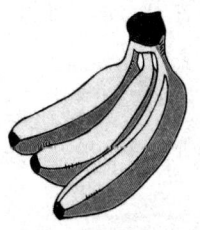

功效：

这款面膜有助于保持脸部皮肤的细嫩、白皙，对清理面部痘痕、斑痕有较好的效果。一周一次即可软化角质，长期使用能调理皮肤敏感度，保持皮肤清爽润滑。

（12）番茄栗子面膜

材料：

新鲜番茄四分之一个、栗子粉一茶匙、蜂蜜半茶匙。

制作方法：

将番茄打成糊状，与栗子粉、蜂蜜调匀。

使用方法：

敷面20分钟左右，清洗即可。

功效：

红色水果不仅能提亮肤色、祛除暗沉，而且对恢复细胞活力也有效果。番茄富含水分和维生素，蜂蜜滋润养颜，是调和面膜的重要帮手。

功效：

使用这款面膜，女性能感觉到肌肤紧致有弹性，长期使用抗皱效果更明显。

（13）橘子面膜

材料：

橘子、酒精、蜂蜜。

橘子中的维生素C含量最为丰富，能促进细胞活力，延缓肌肤衰老。

制作方法：

橘子连皮打碎，倒入适量酒精，再加入蜂蜜拌匀，放入冰箱内封存。

使用方法：

封存一周左右，即可用于敷面。

功效：

需要注意的是，面部有创口的时候，不能使用这款面膜，面膜中的酒精会使伤口愈合后出现疤痕。在脸上有痘、红肿发炎时可以使用，有较好的消炎杀菌作用。女性一周使用一次，可以有效保持肌肤润泽，抚平微小皱纹。

（14）红酒面膜

材料：

红酒一茶匙，蜂蜜一茶匙，珍珠粉半茶匙。

制作方法：

调和均匀。

使用方法：

敷面，10分钟左右即可清洗。酒精的挥发性大，时间久了会让皮肤干燥缺水，因此感觉皮肤紧绷即可清洗。

功效：

这款面膜有美白洁肤、去皱抗衰老的功效，是抗衰老的保养佳品，每天一小杯红酒能延缓女性器官衰老，保持内循环的活力。红酒面膜同样有抵抗肌肤衰老、祛除皱纹和死皮的效果。

（15）银耳面膜

材料：

银耳浓汁一茶匙，蜂蜜一茶匙，珍珠粉半茶匙。

制作方法：

将银耳汁、蜂蜜和珍珠粉拌匀。

使用方法：

敷面15分钟左右，清洗即可。

功效：

这款面膜温和无副作用，不过敏的人可以天天使用，有极好的润肤美白、去皱养颜的效果。如果稍微冷冻后再敷面，效果更好。

银耳作为滋阴养颜的佳品,可以做成多种女性保养的汤饮。在喝银耳汤的同时,取少许浓汁做面膜,可以由内而外地保养肌肤,一举两得。

(16) 黄瓜面膜

材料:

黄瓜、酸奶。

制作方法:

黄瓜洗净,切成小薄片。在吃完黄瓜后留一点,吃完酸奶后留一点,即可完成这个面膜。

使用方法:

将黄瓜片均匀地贴在脸上,再涂上一层酸奶保湿。简单的黄瓜面膜就这样完成了。需要注意的是,不能让黄瓜片在脸上待太久。最多半个小时,就该拿下黄瓜片,清洁面部。千万不要在敷了黄瓜片后直接入睡,这样完全达不到补水效果。变干的黄瓜片会吸收皮肤中的水分,让肌肤出现缺水细纹。一时的懒惰,可能造成严重的后果。

功效:

能够达到补水效果。

(17) 升级版黄瓜面膜

材料:

黄瓜、酸奶。

制作方法:

黄瓜洗净去皮,打成糊状,与酸奶拌匀。

使用方法:

敷面 20 分钟左右,清洗即可。黄瓜打碎之后也并不影响它的补水效果。如果觉得和酸奶混合后太清,可以涂在面膜纸上使用。虽然稍微麻烦了一点,但确实能够全方位地补水,效果更突出。

功效:

黄瓜面膜简单无副作用,只要感觉皮肤干燥紧绷,就可以立即用这款面膜补救,长期使用,能让肌肤更加白嫩润泽,而且还会减少皱纹产生。

(18) 精油面膜

纯植物萃取的精油因提取不易,价格非常昂贵。我们在市面上看到的纯植物精油一般都加入基础油进行稀释。根据稀释比例不同,精油的价格也不尽相同。

在选购精油之前,女性需要做足功课,对精油的名字有相当的了解更好。一般而言,顶级精油大多来自法国和澳大利亚。不同种类的精油因原材料的质量、产地等有不同的价格。女性还需要分辨人工合成精油、化学合成精油与天然植物精油之间的区别。只有天然植物精油才对皮肤有疗效。人工合成精油一般只有香气,而化学合成的精油对皮肤的伤害较重,都不适合用做面膜。

精油因取自不同的植物,产生的疗效也各不相同。对娇嫩的面部皮肤来说,只有那些温和无刺激性的精油,如玫瑰、薰衣草、茉莉、银杏、茶树等，才能用作面膜。

材料：

纯精油、荷荷巴油。

制作方法：

纯精油需要用基础油稀释后才能涂抹在面部。一般用荷荷巴油做基础油，也可以用橄榄油替代。稀释的比例一般为荷荷巴油10毫升滴入5滴纯精油。敏感性肌肤可适量减少纯精油滴数。精油的保存需用避光的玻璃瓶，以防止精油中的化学物质感光变化和芳香分子的挥发。

使用方法：

将精油涂抹在面部，稍加按摩帮助皮肤吸收，每天早晚使用。做完面膜后1小时最好不要接触紫外线。皮肤干燥的人还可以在精油中加入一颗维生素E。处于孕期的女性如果使用精油面膜最好先咨询医生，不少精油不适合孕妇使用。

玫瑰精油是一种使用广泛的基础精油，它的美白效果极佳，能有效抵抗肌肤衰老、松弛。长期使用能有效美白淡斑，保持肌肤活力。玫瑰精油以保加利亚玫瑰中提取的精油最珍贵。

薰衣草精油对烫伤、晒伤的肌肤有积极的保养作用，能帮助受损皮肤自我修复，促进伤口愈合，消除疤痕。薰衣草精油温和无刺激，能调理皮脂分泌，使肌肤保持清爽，适用于各种肤质各种人群。

（19）补水精油面膜

材料：

基础油10毫升，加入补水润肤的茉莉精油3滴，美白抗氧化的薰衣草精油2滴，抗皱补水的檀香精油2滴，活血淡斑、紧致肌肤的天竺葵精油2滴和一颗维生素E。

制作方法：

将基础油和精油混合均匀。

使用方法：

每天取5滴左右敷面，并按摩帮助吸收。

功效：

有美白润肤、补水紧肤的功效。

（20）祛痘精油面膜

材料：

基础油荷荷巴油10毫升，再加入有控油调脂作用的茶树精油3滴，有消炎去疤作用的薰衣草精油3滴，有抗过敏作用的洋甘菊精油2滴和抗菌去油的杜松精油1滴，加入一颗维生素E。

制作方法：

将基础油荷荷巴油及各种精油充分混合后密封备用。

使用方法：

这款面膜使用时只需涂抹在长痘的局部，以免茶树精油与杜松精油刺激脸部皮肤，每天3次。

功效：

可达到消炎褪肿、收敛痘痘的效果。

（21）蛋清蜂蜜面膜

材料：

取半个鸡蛋的蛋清，加入适量蜂蜜。

制作方法：

将鸡蛋清和蜂蜜调匀。

使用方法：

敷面15分钟后清洗即可。

功效：

经常使用能使面部皮肤变得紧致光滑，减少皮肤皱纹，让皮肤恢复青春活力。蜂蜜中含有大量抗氧化物质，蛋清能帮助皮肤恢复紧致光滑。经常使用效果更好。

此外，晚上洁面之后，取少许蜂蜜放在手心，搓热后贴在面部，用打圈的方式进行按摩，按摩两三分钟后用清水洗净，再涂上护肤品。每晚坚持用蜂蜜按摩，坚持一段时间后，就能感觉到肌肤变得光滑柔嫩，还能减少眼部、唇角的细纹。

（22）牛奶洁面面膜

材料：

牛奶、面膜纸。

制作方法：

将30毫升牛奶煮沸后倒入盘子放凉，用温水洁面后，取面膜纸放入牛奶盘，面膜纸完全浸湿。

使用方法：

将面膜纸取出敷面，一次10分钟，反复3次，直到用完全部30毫升牛奶。坚持使用一个月。

功效：

这款面膜能使面部变得洁白滋润，牛奶中的营养元素给面部细胞提供充足的营养。长期坚持，还能改善面部色斑沉着等问题。

除了敷面膜外，女性还可以试一试"鸡蛋美白法"。

材料：

鸡蛋、白醋。

制作方法：

选取新鲜鸡蛋一个，洗净后放入500毫升的优质白醋中浸泡，浸泡的时间约为一个月，直到蛋壳完全溶解在白醋中为止。

使用方法：

每次取一茶匙溶液，放入沸水中拌匀后食用，每天早晚各一杯。

功效：

女性长期服用，可以保持肌肤光滑柔嫩，还能改善面部黑色素沉着的状况，达到美白效果。这个秘方需要一段时间的准备，有耐心的美女可加以尝试。

5. 晒伤修复面膜

夏季天气炎热，阳光强烈，稍不注意，就会晒伤皮肤。尤其是女性，由于皮肤细嫩，很容易晒伤。防止皮肤晒伤应从预防着手，比如阳光强烈时不宜外出；外出则应做好防晒准备，可戴太阳帽、涂防晒霜等。一旦皮肤晒伤，应积极治疗。

女性如果皮肤出现轻微的发红发烫，可用棉片蘸冰水敷足够长的时间，直到皮肤恢复本来的颜色和温度，然后可用温和的洁面乳清洁，最后涂保湿护肤品补充水分。

如果出现皮肤疼痛红肿，说明皮肤晒伤较为严重。此时可先用冰水冷敷，还可以用天然芦荟胶轻轻涂在皮肤上镇痛消炎；然后涂晒后修复化妆品。若皮肤出现水疱，应尽量避免摩擦，以防水疱破裂，造成感染，即便使用冰水冷敷也要十分小心。皮肤晒伤后，要避免皮肤再次受到强烈阳光的伤害。

皮肤被晒伤后,女性可采取以下方法。

(1) 黄瓜汁外敷

皮肤晒伤后,用黄瓜汁敷在疼痛的皮肤上10分钟,可减轻疼痛,促进受伤皮肤的修复。这是因为黄瓜汁水分丰富,还含有丰富的维生素C,能增强皮肤的再生能力,既可补充皮肤因晒伤失去的水分,又可减轻脱皮。敷后要把皮肤冲洗干净。

(2) 西瓜皮汁外敷

西瓜皮汁含水和丰富的维生素C,有滋润皮肤和清热的效果。皮肤晒伤后,可用西瓜皮捣汁,掺入一些蜂蜜外敷15~30分钟,之后用清水洗净即可。

(3) 鸡蛋清外敷

鸡蛋清含有丰富的蛋白质,可协助皮肤生长,修复受损组织。

(4) 蜂蜜外敷

蜂蜜含有丰富的维生素、葡萄糖等,能滋润、美白皮肤,蜂蜜还有杀菌消毒的功效,可使皮肤损伤早愈合,皮肤恢复光泽。

## 女性要重视对乳房的护理

乳房的最初发育是在青春期,但很多处在这个时期的女性,其实都缺乏足够的有关乳房保健的知识,她们不但没有给予乳房良好的呵护,反而加以伤害,为以后留下不可改变的隐患。所以,青春期的女性应该提前做好乳房保健工作,为自己的一生提前打下良好基础。

1. 女性青春期如何护理乳房

(1) 不要马上戴胸罩

在乳房发育的初期,女性可以不必着急马上戴胸罩,过早戴胸罩会对处于发育隆起的乳房不利并影响以后的乳汁分泌。建议等到乳房充分地发育后才开始戴,要根据乳房发育的速度和大小来定。这样便能够给乳房以足够的发育空间。

当开始穿胸罩的时候,一定要注意松紧适当,有很多女孩子因为身体的改变而感到羞涩,非但不去选择适合的胸罩,反而想要通过束胸来掩饰自己这种"女性化"的改变,但束胸对乳房发育的影响是非常大的。

在乳房的发育过程当中,会出现胀痛感,这个时候女性也需要注意,不要用手去捏挤乳房,轻微的不适忍耐一下就会过去。要注意的是不要给正在成长的乳房造成伤害。

(2) 注意姿势和运动方法

女性走路的姿势也要注意,不要含胸驼背地走,坐的时候也同样,要挺胸抬头,收腹夹臀。因为女性的背部本身就与乳房的健美有着密切的关系,腰背挺直的时候,乳房会自然地挺起。

青春期的女性在进行体育运动的时候,一定要注意乳房的保护,避免无意的撞击或者挤压对乳房造成伤害。

在女性第二性征发育的过程中,不仅乳房会发育,身体各处的脂肪也会变多,特别是臀部会变得丰满,但有的女性却盲目地追求以瘦为美，想通过节食、偏食的方式来干扰自然规律，这样会阻碍乳房的正常发育。所以，青春期的女性千万不要盲目地减肥。

女性每天清晨起床，可以做几次深呼吸，这样有助于胸部的发育。

可以多进行诸如游泳等运动，因为游泳对于乳房的健美是很有好处的，通过水对乳房的按摩，能够使胸肌发育均匀并且发达，这样乳房看起来就更加富有弹性。

2. 不要盲目隆胸丰乳

有些女性总是嫌自己的乳房小、胸部平，往往被市场上各类隆胸丰乳的广告所惑，很想去给自己"隆"出一对丰满的乳房，但实际效果却没有想象的那么尽善尽美。

（1）不开刀隆胸的真相

目前市面上流行的不开刀隆胸术大致有三种，分别是"活细胞隆胸"、"注射式隆胸"及"营养素隆胸"。

活细胞隆胸的真相是，将体内其他地方多余的脂肪细胞抽出来，然后通过一些特定的方式打入乳房当中。

这种方式的感染率非常高，因为脂肪细胞本身就容易感染，而且非常难控制。当发生感染的时候，结果往往难以预料，当然也很难处理。

活细胞隆胸还存在一个问题就是，打入乳房里的脂肪细胞容易被自身吸收，也就是说过一段时间之后隆起的乳房又会萎缩。一般的医院都不使用这种方法。

而注射式隆胸则一直存在争议，这种方法又被誉为"无退路的手术"，它的真相是通过注射，将一些能够丰胸的物质直接注入乳房里面。

一些医院或美容机构使用材料名称不同，但其真正的成分基本相同，都是一种叫作"聚丙烯醛胺凝胶"的化学物质。

国家批准它的时候是作为软组织填充产品来使用的，但是否能够填充胸部，却存在很大的争议。因为这个东西一旦注射到乳房当中，即使出现问题，也不能取出来进行补救，而且很多女性在使用之后确实出现了不良反应，所以这种隆胸方式逐渐被取缔了。

而所谓的营养素隆胸则完全就是噱头了，因为目前的科技水平尚未研究出通过注射一些营养物质就达到隆胸目的的方法，所以也就不存在什么营养素隆胸。

（2）要慎重对待隆胸

真相揭秘以后就会发现，并不是所有的隆胸术都是安全的，甚至可以说大部分都存在着隐患。而很多广告和一些美容机构缺乏有效的管理，造成很多产品和质量都不过关。所以女性要知晓，美丽是重要的，但为了美丽而盲目地去选择隆胸则没有必要。

女性应该正确看待自己的乳房，要相信天生的是最美的，尽量不要去隆胸。

女性不要轻易地相信任何隆胸广告。据调查，目前我国已知的超过两万例的美容投诉，有75%以上都是有关注射式隆胸的投诉。

所以，广告的吹捧远不可靠，女性如果真的要进行隆胸，就应该选择正规的医院，听从专家的意见，而且应该注意一些禁忌，比如心脏病、慢性肝炎以及乳腺疾病的患者都不能够进行隆胸。

胸部并非越大越美，很多女性却存在这样的认识误区，觉得只有做傲然挺立的"波霸"才最能吸引人。其实协调和自然才是最美的。就算是因为一些原因需要隆胸，尺寸也应该到位就好，而不是盲目地追求大。太多非自身生长的物质填充在胸部，很容易引起胸部下坠变形，对身体健康也很不利。

## 女性的乳房如何健美

拥有一对健美的乳房，是所有爱美女性的梦想。那么，什么是健美乳房的标准呢？乳房位于女性第2~6肋之间，为半球形，富有弹性，但由于体型、遗传、营养等多种因素的影响，女性的乳房形态各异。当丰满而富有弹性的乳房耸立在胸前时，才能构成女性流畅、圆润、优美的身体曲线，体现出女性的自信。

乳房脂肪含量的多少，决定乳房丰满和富有弹性的程度。西方女性的乳房普遍发育良好，优质蛋白、脂肪类食物摄取充足是其中一个重要因素。所以，女性应有意识地适当多食可以促使肌肉发达，以及皮下脂肪丰满的动物性蛋白及含脂肪的食物。

1. 乳房下垂是怎么回事

女性乳房下垂，可以说是最让人烦恼的了。因为它不但会影响到女性整体的美观，而且会让女性产生自卑的心理，影响情绪和生活。乳房下垂有先天和后天之分，但是先天性的很少见到，多半下垂都是因为后天的影响。引起乳房下垂的原因不外乎以下几种。

（1）年龄的影响

随着年龄的增长，身体各项机能都处于减退的状态，身体循环和内分泌的机能也在下降，雌性激素分泌不足，皮肤、脂肪和支撑乳房的组织都在逐渐地萎缩，所以乳房也开始出现干瘪的状况，没有足够的支撑，再加上地心引力的作用，很容易出现下垂。

（2）哺乳的影响

女性在整个孕期，雌性激素分泌量是很高的，使得整个乳房都处于膨胀的状态，这也是为宝宝能够获得足够的乳汁而做准备。当哺乳期结束，雌性激素量大幅下降，脂肪和乳腺组织都会迅速减少，之前被乳汁占满的乳房便松垮下来，形成下垂的状况。

（3）减肥的影响

一些女性为追求苗条，视脂肪为"天敌"，在通过药物或者过度运动进行减肥的过程中，身体内的脂肪会大量消耗，而脂肪并不会因为它存在于哪里就有选择地离开或者是留下，也就是说乳房里的脂肪也可能因为减肥过度而失去，给女性留下的便是一对下垂的乳房，而且皮肤也会相应地松弛下来。所以，减肥需谨慎。

（4）胸罩的影响

女性在青春期的习惯对一生都会造成影响。根据不同的年龄段和胸部大小选择适合自己的胸罩才是女性爱自己的最好方式。有的女性甚至根本不知道自己应该穿多大的胸罩，穿着的时候也不注意合适的松紧度，这些不好的习惯都可能造成胸部提前下垂。

关爱乳房健康和美丽，应该是女性一生的功课，了解乳房下垂的原因，能够帮助我们更好地去预防，或者做出补救。

2. 防止乳房下垂的按摩法

每个女性都希望一直拥有坚挺迷人的乳房，但是随着年龄的增长和许多不良生活习惯的影响，乳房下垂却成了难以避免的噩梦。如何给予乳房更加细心的呵护，让它衰老的时间延缓一些，推迟一些呢？

女性其实不用什么药物，只需养成一个小小的按摩习惯并且坚持下去，就能够有效地延缓乳房下垂，让女性拥有更多的自信和骄傲。

按摩能够促进胸部的血液流动，同时让乳房更加丰满圆润。按摩还能保证胸部经络的通畅，让肌肤保持年轻。

女性在每天晚上入睡前，花上几分钟，就可以有效地缓解乳房压力，提升乳房组织的活力，改善乳房下垂的不良状况。

①准备工作。

平躺在床上，袒露胸部，给乳房进行一次认真的清洁。

②开始的姿势。

先将双手搓热，然后虎口张开，大拇指和其余四个指头分置两边，放在同侧乳房上。

③从乳房的外侧向乳房中央斜上方用力，轻推，反复30次。

④两手手掌托住同侧乳房，做"顶起—放下"的动作，重复30次。

⑤两手交叉，从乳房的下侧向腋下做轻抚提升的动作。反复20次。

⑥双手交叉，除拇指外的四指并拢，从异侧乳房的外部画圈推拿，动作要轻柔，推拿部位应该到达腋下的淋巴处，这样有助于排出堆积在淋巴内的废物，能够有效地提升乳房。

⑦用中指和无名指在双乳中间做8字形的推拿，注意指部力量，不要向下压迫乳房。

⑧用拇指和食指提拉乳头，但注意力量，没有痛楚感为宜，这样做能够有效促进乳腺的通络，避免乳房的下垂。

同时，安排一些扩胸运动，锻炼胸部肌肉，也是防止乳房下垂的好方法。

3. 不可用香皂洗乳房

因为乳房上分布了大量的皮脂腺和汗腺，所以很多女性都会感觉乳房比较容易出汗，特别是在夏天的时候，于是非常注意乳房的清洗。可是清洗也是有误区的，有的女性习惯用香皂清洗乳房，觉得香皂比起沐浴乳的清洁力更强。但是这种观念是错误的。

（1）香皂使皮肤的表皮层肿胀

大部分的香皂都是碱性化学品，经常使用的话，香皂便会通过一些化学作用将皮肤表面的角化层细胞洗去，进而促进细胞的分裂增生。但是，这些角化层细胞如果频繁地遭到清洗，那么皮肤表面的保护层就会受到破坏，致使皮肤的表皮层肿胀。

此外，香皂还会洗去乳房表面的油脂，这些油脂实际上是局部皮肤的润滑剂。失去润滑剂的保护，皮肤会变得干燥，并且还会排出更多的油脂来润滑皮肤。这并不一定是女性想要的结果。

（2）孕期女性不能用香皂

处在孕期的女性更不能用香皂清洁乳房。孕期女性的乳房变化很明显，皮脂腺的分泌增加，使得乳晕上分布的汗腺也跟着变得肥大，油脂分泌增加；此外乳头为哺乳做准备，也会变得很柔软。

此时，汗腺和皮脂腺的分泌物呈酸性，会将皮肤表面酸化，那些老旧的角质层就被软化了。如果经常用碱性的香皂去清洗乳房表面的话，对乳房的保健其实有害。因为这样反而促进了乳房表面酸碱度的变化，使得局部酸化变得困难，让胸部皮肤变得脆弱，容易过敏。

因此，女性在清洗乳房的时候，切不可为了所谓的干净而选择用香皂清洗，温水其实就能够达到洁净的目的。

4 不要用力挤压乳房

女性爱美是天性，而挺立的乳房仿佛给女性的美更添加了性感的色彩，然而很多女性只知道享受乳房美丽这个天然资源，却缺乏足够的保护意识，使得乳房不小心就受到伤害。

在乳房的护养环节当中，避免用力挤压乳房是很重要的，因为乳房的构造包括了脂肪和腺体，如果用力挤压或者碰撞，就很容易引起不良后果。

那么，女性应该怎样来避免乳房受到挤压呢？

（1）睡姿要正确

睡姿的正确与否直接影响着女性的身体健康，特别是乳房的健康。一些人有趴着睡的习惯，觉得那样才能够睡着，但这样的睡姿对乳房是非常不利的，尤其是发育中的女性。趴着睡，未给前凸的乳房留出足够空间，那么乳房就很可能"横向发展"，长期趴着睡，乳房遭受过度挤压，就很容易长成扁平状。

适合女性的睡姿应该是仰卧。如果是侧卧的话，应该两个方向换着睡，尽量不要长期地向一个方向侧卧，因为那样不仅容易挤压到乳房，而且很可能造成两边乳房发育不均的状况。仰卧的话就能够很好地避免这种情况发生。

（2）性爱的时候要注意

在激情时刻也应该有所注意，男方应该多一些温柔的呵护，而不是用力去挤压女性的乳房，那样很容易造成内部疾患。而且，在体位上也应该有所注意，不要总是选择一些"高难度"的动作，这样也很容易挤压到乳房，使其受伤。

（3）选择胸罩要注意

胸罩是双乳的保护伞，所以女性一定要穿着合适的胸罩。在正规的内衣销售店里都有关于胸罩型号选择以及穿戴方式的详细说明，女性应该根据说明对自己的胸型以及合适的型号进行了解，选择最适合自己的胸罩。

在戴胸罩的时候，松紧度也应该有所注意，不要为了托出乳沟就很勉强地将胸罩扣得很紧，这样对乳房的伤害是很大的，而且会连带伤害到背部肌肉。

有的女性很讨厌穿着胸罩的束缚感，所以经常不穿胸罩，特别是在冬天。然而不穿胸罩很容易引起胸部下垂，而且将乳房置于无保护状态，就容易让它受到伤害，比如，剧烈的碰撞挤压，或者擦伤，等等。

乳房是女性很娇贵的宝贝，一定要认真呵护，才能确保它的健康。

5. 怎样应对经前胸胀

很多女性在经前都会出现胸胀，有的情况稍微轻一些，只是感觉发胀，但还没有疼痛难忍，但有的情况却很严重，连穿衣服触碰到，或者走路的时候有震动，都会感到胀痛难忍，那么经前胸胀到底是身体出现毛病，还是正常的表现呢？

（1）经前胸胀的原因

在女性快要来例假的时候，体内雌激素水平会明显地增高，这个时候的乳腺会增生，各组织也会产生水肿，所以女性会感到胸部胀痛，而且胸似乎也变大了。这个情况其实是正常的，几乎所有女性在经前都会有胸部的不适感。这种感觉通过一些自我调节就能够改善了。

但是如果情况严重的话，就要考虑去做检查了，因为这可能是一些乳腺疾病以及其他疾病的征兆。因为严重的胀痛很可能是因为内分泌严重失调所引起的，而激素水平的失调，就意味着除了雌激素之外的其他激素也可能不在正常范围内活动，所以造成了一些隐患。

此外，一些女性在平时就属于暴躁易怒型的，情绪波动很大，而且不容易控制自己的脾气。这些人在经前的几天，可能胸胀的情况也会很严重，而胸胀会增加她们的暴躁程度，过度的暴躁又会恶性循环地影响到她们的身体，加重她们的不适。

那么，该怎样做，才能够减轻一些经前胸胀的烦恼呢？

（2）自我调节

①在饮食方面，女性应该注意在快来月经的时候，少吃油腻、不易消化的食物，多吃一些纤维素丰富的水果、蔬菜以及谷物等。在平时，还应该少吃一些高脂肪高热量的食物，多吃一些粗粮。这样不但能够促进女性的血液循环

和排毒能力，还能够缓解焦虑的情绪。应该注意维生素及微量元素的摄入，多吃些富含维生素C以及B族维生素的食物。

②应该经常按摩乳房。

前面说过经前胸胀的原因是组织水肿以及乳腺增生，也就是说因为乳房内组织液的路不通了，才会造成堵塞和胀痛。轻轻按摩乳房能够使过量的体液参与到淋巴循环当中，疏通堵塞的道路，减轻痛楚。

③应该少吃那些盐分过高的食物。

多余的盐分也会加重水肿，使得乳房胀大。从排卵期过后，就应该吃得清淡一些，避免高盐食物。

在经前乳房胀痛的时候，可以尝试用热敷来缓解这种疼痛。或者使用冷热交替的办法来进行，效果会更好。

④应该穿适合自己的稳固的胸罩。

这样不但能够防止乳房因胀大而下垂，并且能够有效保护乳房，防止已经受到压迫的神经遭受更加严重的压迫。

### 6. 乳房不大如何丰乳

乳房是女性美的象征，而且也是女性独特的体征，每个女性都希望自己能有一对丰满的乳房，可是由于遗传基因和发育时候的生活习惯，使得不同女性的乳房有着很大的区别，有的人长得丰满圆润，但有的人却是接近于"平坦"。

因此有的女性在乳房发育完成之后，由于自己的乳房发育得不如其他女性那样丰满而感到自卑和烦恼，甚至自主地使用激素想要达到丰乳的目的，但不科学的丰乳方法很可能产生严重的后果。那么，那些乳房发育不良的女性，该怎样科学健康地进行丰乳呢？

（1）运动锻炼

不管女性的胸部挺拔与否，首先应该保持健康的体魄。因为乳房也是身体的一部分，只有保证了身体健康强壮，才可能拥有健美的乳房。所以，锻炼身体是必不可少的。通过锻炼，不仅能够提高免疫力，还能够有针对性地锻炼胸部肌肉。当乳房下面的肌肉发达了，乳房看起来就会更加挺拔丰满。

①推举杠铃。

仰卧在卧推架上，先慢慢向下屈臂放杠铃至胸前，充分拉长胸大肌；稍停，随即两臂向上用力推举。动作过程中，要使头、背、臀部紧贴卧推架面，同时保持挺胸姿势。

仰卧在长凳上，两手心相对持哑铃，两臂向上伸直与身体呈垂直状；随即两臂向两侧慢慢分开下降直至肘部低于体侧，这时胸部要高高挺起，然后胸大肌用力收缩，两臂由下向上循原路恢复原位。两臂侧分及向上内收时吸气，臂接近伸直时呼气。

②持哑铃锻炼。

两脚开立，两手持哑铃于体侧，两手分别向侧、向上、向内、向下做直臂绕环动作，两手要连续交替进行。

③做扩胸操。

双腿分开与肩同宽，双臂垂直贴身；弯腰，双手手指尽量摸地，不要屈膝；直腰挺身，双臂上举伸直，尽量将胸挺出；双臂自然向外下展开成侧平举，同时跨左腿向前呈弓箭步，再次将胸部前挺；重复上述动作，可改为右腿呈弓箭步。

(2) 按摩法丰乳

①直推乳房。

首先用右手掌在左侧锁骨下用柔和而均匀的腕力向下推乳房根部；然后手掌轻轻包裹住乳房，沿原路线推回，重复推20~30次。然后再换左手按同法推右侧乳房。

②侧推法。

用右手掌从胸部中央着力，横推左侧乳房至腋前，返回时，用手掌轻轻包裹住乳房向内按摩，反复推20~30次，再换左手按摩右侧乳房。

③抚摸法。

用左手轻轻抚摸右侧乳房，再用右手轻轻抚摸左侧乳房，共做3分钟。抚摸可以是旋转的，也可以是纵向的，或者是横向的，3种形式可以交替进行，也可以是无线路的任意抚摸。每天可以抚摸数次。

④进行乳房的自我按摩。

女性想要乳房变得丰满好看，不是一日就能够达成所愿的，按摩应该有所坚持。对乳房进行按摩不仅能够促进血液循环，还能够促进胸部肌肉群的活动，进而刺激乳腺的发育，使乳房得到丰满。

(3) 其他方法

①保持良好的姿势。

女性除了锻炼身体之外，无论是坐姿还是站姿，以及走路的姿势，都要正确。如果总是喜欢含胸驼背、弯腰耸肩的话，久而久之，就会影响到脊柱的功能以及胸部的正常发育。挺胸抬头，使得背部和胸部肌肉得到良好的伸展，也能够调整发育不良的胸型。

②胸罩的选择和穿着都应该保持正确。

选择适合自己的胸罩，在穿着方面，注意不要太松或者太紧。如果太松，胸罩就会失去对乳房的保护功能，而太紧的话则容易压迫乳房，甚至引起乳头内陷。

(4) 如何应对不对称乳房

在通常情况下，女性在第二性征发育完全之后，双乳应该是基本对称的，不管是形状还是大小。虽然通过一些精密的测量会发现双乳其实大小有别，一般都是右边要略微大于左边，但是这个细小的差别用肉眼是看不出来的。不过有的女性两侧乳房却是明显的不对称，这样不但影响美观，而且会干扰到她们的心情，影响她们的自信和情绪，甚至对生活造成影响。

①产生不对称乳房的原因。

出现双侧乳房不对称的原因一般有两方面。一方面是在青春期乳房发育的时候，双乳对雌激素和孕激素的反应灵敏度不同，较为敏感的一侧生长得比较快，并且长得大一些，而较为迟钝的一边就会发育迟缓，也比较小。

另一方面是因为在发育时期，女性不良的坐姿或者写字姿势，以及运动习惯造成的。用右手写字，坐姿又不正确，或者喜欢运动，并且总是用单手来进行运动的话，也可能造成双侧乳房发育不均衡，看起来不对称。

②自我矫正的方法。

一般来说，如果双侧乳房区别不是特别明显的话，可以通过自我矫正来进行调整。比如右边乳房略小的话，可以选择用扩胸器进行锻炼，多增加右手的伸展次数，在平时的生活当中，有意识地增加右手的活动机会，这样能够锻炼到右侧的胸肌，增大右边的乳房。

另外，哺乳期也是一个调整双侧乳房不对称的绝好机会。在喂宝宝的时候，多让他吸食较小的那侧乳房，乳房中的乳汁被吸完，然后身体自身又将其填满，这就是一个重塑乳房的过程。如果方法得当，在哺乳期之后女性就会惊喜地发现，原先不对称的乳房变得对称了。

以上只是自我调整的方法，但如果双侧乳房大小悬殊的话，应该考虑去医院进行手术矫正。

## 产妇和老年女性如何丰乳

对于爱美的女性来说，产后其实是一个关键的时期，可是很多妈妈却发现，当喂完宝宝之后，乳房竟然变得越来越小，而且形状像袋子一样出现明显的下垂。那么，如何在产后让胸部持续坚挺呢？

1. 产后让胸部持续坚挺的方法

（1）母乳喂养的姿势要正确

乳房的结构很特殊，由脂肪和腺体组成，没有更坚硬的支撑物了。当女性进入哺乳期，构成乳房的腺体以及结缔组织就会增生，乳房随之变大，以保证给宝宝提供充足的乳汁。在这以后，结缔组织又会萎缩，所以乳房就变小了，而且由于缺乏支撑物，只得无力地下垂。

产后想要让乳房保持坚挺其实不难，只要注意以下细节，给乳房更多、更细心的呵护，使身材又好又漂亮，其实很简单。

女性在哺乳期里，一定要注意正确的喂奶方式，因为这是女性调整胸型以及治疗乳腺增生最好的机会。正确的方式是要双乳交替来喂奶，不要让宝宝单独吸一边的乳房。如果宝宝在吸完一边之后就已经饱了，那么要注意用吸奶器吸出另一边的乳汁，这样才能够保证左右乳房的大小一致。

在宝宝吃奶的时候也要注意，不要让宝宝牵拉妈妈的乳头，同时要避免乳腺炎的发生。

（2）哺乳期一结束就要戴胸罩

很多女性为了方便，在哺乳期的时候不戴胸罩，这样其实很不好。因为哺乳期的乳房本来就处于极度膨胀的状态，如果没有外力的提拉，就很可能下垂，特别是在走动的时候，下垂就更厉害了。

正确佩戴胸罩，乳房得到支撑，血液循环也会进行得很顺畅，这样更有助于乳汁的分泌。而且，还能够避免乳头被擦伤。胸罩应该选择有钢托的款式，质地以纯棉的为最佳。

（3）平时要按摩乳房

女性最好在每天临睡前以及早晨起

床的时候,进行一下乳房的按摩,按摩手法以乳头为中心,食指、中指、无名指用力,以大圈方式按摩乳房,可以从外缘向里来进行,这样能够促进乳房的血液循环。

(4) 借助水流按摩乳房

在沐浴的时候,也可以借助喷头的水流来对乳房进行按摩,正确方式是用喷头对乳房周围顺时针或者逆时针地喷水,水温要冷热交替,这样能够刺激乳房,有助于增强胸部肌肤的张力。

(5) 减肥要适当和正确

有些女性看到自己变形严重的身材会觉得接受不了,于是急着通过节食来减肥,但她们往往忽略了一个问题,即乳房组织里也包含脂肪,而当脂肪燃烧的时候其实是不会有选择性的,并不会通过节食小腹瘦了,而胸部依然坚挺,一般而言乳房也随之变小。

(6) 吃一些能够美胸的食物

当雌激素分泌增多的时候,可以让女性变得更美丽,包括乳房的坚挺,以及皮肤的光滑。富含维生素 E 和 B 族维生素的食物就有这样的作用。

(7) 进行合理的运动

女性应该为自己的生活安排一些健胸、美胸的运动,这样能够让自己的乳房看起来更坚挺,而且也能够有效地避免一些疾病,保证身体健康。

2. 老年妇女不要忽视对乳房的护理

乳房是女性最性感的部位,乳汁也是她们哺育宝宝的源泉。一般在中青年时期,女性都非常注重乳房的保养和护理,但当渐入老年,绝经之后,乳房也出现了明显的衰老,很多女性就开始忽略乳房的护理。其实,老年女性不仅应该而且更需要注意乳房的健康。

岁月不饶人,随着年龄的增长,女性朋友的卵巢开始萎缩,很多功能随之丧失,体内的激素平衡被打破,这个时候她们的乳房腺体就出现退化,乳房就会逐渐萎缩,再加上皮肤的松弛,整个乳房就下垂了。

不过,有的女性步入老年之后,乳房看起来非但没有萎缩,反而变大了。这种情况通常出现在体型偏胖的女性身上。其实她们的乳房增大,是由于脂肪聚集在那里的缘故,但乳房内原本的腺体已经退化了。

但是由于一些老年女性激素的分泌异常,很可能导致乳腺退化不全,而引起囊性病变,以及脂肪积聚。而乳腺癌则是发生在乳房的乳腺组织退化但脂肪组织增加的部位中,所以老年女性绝不能忽视乳房的保健,这样才能够有效预防乳腺癌。

(1) 老年妇女应注意的细节

①在选择保健品的时候要注意。

现在市面上的保健品鱼龙混杂,很多广告都将其产品吹得神乎其神。但是老年女性在挑选的时候应该咨询医生的意见。因为这个时候的女性卵巢功能虽然已经退化了,但是肾上腺以及其他组织还会分泌少量的雌激素,所以不能够盲目地服用保健品,以免刺激到乳房内残留的腺体,使其发生改变,引起乳房的胀痛。

②在饮食上也应该注意调理。

有句话叫作"千金难买老来瘦",就是说人到老年,肥胖对身体是毫无益处的,但也不是越瘦越好。所以,在饮食上应该有所控制和调整,尽量避免食用高脂肪的肉类和动物内脏,多吃一些五谷杂粮以及富含粗纤维的食物。

(2)乳房自检以及定期检查

老年女性也应该坚持进行乳房自检以及定期检查,尤其是那些身材较胖的女性更应该每半年就做一次体检,以防止乳房出现病变。

## 怎样丰乳和乳房自检

女性在日常生活中,有很多简易的方法给自己丰乳,比如,有些食物可以帮助女性丰乳,使女性拥有一对丰满健美的乳房。此外,还有沐浴按摩等方法,既能够使女性身体健康,又能够丰乳,真是一举两得。女性要想拥有健美的乳房,还必须经常进行乳房自检。

1. 可以丰乳的食物

(1)含维生素 E 的食物

含维生素 E 的食物,是重要的调节雌激素分泌的物质,女性多吃这些食物,能够使自己的乳房发育良好。这类食物包括香蕉、牡蛎、蜂蜜、牛奶、莴笋、西红柿、鲜橘、胡萝卜、鸡蛋、花生、麦芽、牛肝、猪肉、牛肉、羊肉,等等。

(2)含 B 族维生素的食物

这些食物是女性身体合成雌激素不可缺少的成分。含 B 族维生素的食物有谷物、菠菜、油菜、土豆、茄子、南瓜、黄瓜、莲藕、香蕉、动物肝脏、鲢鱼、草鱼、鲫鱼等,可根据女性的嗜好选择。

(3)含亚麻酸的食物

这些食物有牛奶、鸡蛋、肉类、花生、麦类、核桃,等等。

(4)含维生素 C 的食物

这些食物有黄瓜、萝卜叶、香菜、小白菜、西红柿、辣椒、菜花、苦瓜、橙子、柠檬、山楂、柑橘,等等。

(5)含微量元素锌和铬的食物

微量元素锌和铬都有丰乳隆胸的作用。锌元素具有促进乳房发育,提升性功能的作用;铬可促进葡萄糖的吸收并使其转化为脂肪,从而使乳房、臀部丰满起来。含锌和铬较多的食物主要有瘦肉、蛋类及牛奶等富含优质蛋白的食物。

2. 家庭香薰丰胸美乳法

女性要选择自己喜欢的沐浴用品,将身体洗净。接着,将浴缸中的水温调至 38℃~39℃,按方法调配精油,并洒入浴缸中,再将洗净的身体浸泡于浴缸中。

(1)选择精油

天竺葵精油、茴香精油、橙花精油。

(2)调材料法

5 毫升的基底油,天竺葵精油 2 滴、

茴香精油 2 滴、橙花精油 5 滴，混合均匀后洒于浴缸中。

（3）按摩方法

女性按摩乳房时要由乳房外围向内环形按摩至乳头中心。

（4）功效原理

天竺葵精油能强化人体的循环系统，使苍白的皮肤红润有活力，还可改善经前症候群，促进乳房血液循环及刺激胸部发育等。

茴香精油能刺激乳腺分泌、乳房发育及产后妇女通乳哺育，并可调节性腺雌激素分泌，改善生殖器官功能、肠胃功能，还具有紧肤、除细纹等多种美容功效。

橙花精油能使人精神愉快，有安抚心灵、舒缓压力及催眠的功效。

3. 保持正确的姿势

女性在日常生活中，写字、看书、吃饭、活动、休息时的各种姿势必须正确。姿势不正确不仅姿态不美，容易造成驼背、含胸等，年轻女性还会妨碍两侧胸肌的发育，从而影响乳房的发育。

4. 乳房自检

乳房是女性最美丽也是最骄傲的部位，除了让女性充满自信之外，它同时也是女性养育新生命的关键。所以，乳房的健康与否，是女性终身都不能够忽略的问题，随时进行有效的自检，是尽早发现问题的关键。

一般女性在家进行的乳房自检，有两种方法，即观察和触摸。

（1）乳头有无异常的凹陷

站在家中的大镜子前，在做好室内保暖措施的前提下，脱去全部上衣，仔细观察镜中自己的乳房。

首先是外观。从正面和侧面分别观察乳房是否有不正常的突起、褶皱，是否有两边大小不一的状况，以及突然的下垂或者膨胀。从侧面观察的时候应该将同侧手臂举过头顶，这样更有助于观察仔细。

其次是对乳头的观察。乳头的颜色是不是有一些不正常的变化，比如突然变深，或者乳头出现凹陷，甚至出现溢出血液或者分泌物的情况。

在观察的过程中，身体可以由直立改变为前倾，这个时候更能看出乳房是不是有细小的皱褶形成，以及乳头有没有出现轻微凹陷状况。

（2）乳房有无局部皱缩

将双臂自下向上举起时，观察乳房能否自然随之运动，有无局部皱缩。

（3）乳房是否变形

双手并拢贴放于两侧，身体尽量站直；再将手环抱于头部后方，两肘尽量向前伸靠；再以双手紧压臀部，双肩和手肘向前延伸，观察乳房是否变形。

（4）乳房有无肿块

①触摸乳房自检。

触摸乳房，检查有无肿块，检查腋下、锁骨区淋巴结有无肿大。四指并拢，自乳房上方开始，按顺时针或逆时针方向移动，完成一圈后，依次移向乳房中心做同样检查，最后到达乳头处。左手检查右侧乳房，右手检查左侧乳房。

②轻压乳房自检。

用拇指与四指分别置于乳晕两旁，

轻压乳房，观察是否有乳汁、血性分泌物或黄色液体自乳头流出。一旦发现肿块应该立即就医。

很多女性可能会觉得眼睛不一定能够看出问题所在，许多隐藏着的细微征兆并不容易一下子看出来，这时候双手就应该来帮忙了。

用手指的指尖轻柔地触摸乳房，为了便于发现问题，可以在乳房上涂一些爽身粉，为的是让手指能够更自然地滑动，在滑动的过程中，注意感觉乳房内是否出现了小的颗粒或者肿块，一般的肿块容易出现在乳房的外侧上部，当发现这种情况存在的时候，一定要迅速就医以便确诊。

除了环绕着触摸乳房之外，手指的触摸自检应该到达腋窝和锁骨的位置，很多肿块也可能停留在这些地方。

如果摸到有硬物并且怀疑是肿块的时候，首先要平复紧张的情绪，去咨询医生。

乳房自检可以说是女性自己为身体健康所设下的一道关卡，乳房自检的时间应该安排在月经来潮后的第9天至第11天，这个时候的结果最为准确。

## 如何保护好眼睛和牙齿等

女性除了在饮食上进行眼睛防护以外，还要在用眼时保护好自己的眼睛，比如避免眼睛受强烈光线的刺激，在夏天的阳光下和冬天的雪地上，都应戴太阳镜；看书报时灯光不宜过强。看电视不要离电视荧屏太近，人和电视机的距离是荧屏对角线的5～7倍。

1. 学会用眼和保护眼睛

（1）看电视时

女性在看电视时，最好同时开一盏光线较暗的灯，否则光线对比鲜明，刺激眼睛；读书、写字时的光线一定要充足，但又不能太刺眼，亮度在50～100勒克斯比较适宜，光线最好从左前方投射过来。女性在看电视40～50分钟时，就要休息一会儿。

（2）读书、写字、用电脑时

读书、写字、用电脑一般50分钟就要休息10分钟。休息的方法是闭目养神，或眺望室外远方，也可以看着室内天花板等，使眼肌松弛一下，消除疲劳。

读书、写字一定要端坐，不要趴在桌子上，更不要躺在床上，乘车、乘船时不要看书，车船颠簸，视线距离不固定，会加重眼睛负担，形成近视眼。

（3）每天晚上洗脸时

每天晚上洗脸时，应另用一小杯干净水专门洗眼睛；养成每天洗脸时洗眼的习惯。这样不仅可保持眼睛的清洁卫生，而且可以使眼睛消除疲劳，这是日常保护眼睛健康的措施之一。

除了每天洗眼外，还要做到不用脏手和脏手帕揉眼、擦眼。不同别人合用脸盆、毛巾，最好用流水洗脸、洗眼。脸盆毛巾要定期消毒，保持干净卫生。接触公共物品后应彻底洗手。在游泳时最好戴上泳镜，游泳后最好点些眼药水进行消毒。

定期检查视力和眼睛内部，发现眼疾及时治疗，近视或老花眼者及时佩戴眼镜。

### 2. 如何避免眼病

女性在进行眼部和面部化妆时，要防止导致化妆性眼病。有些眼病与化妆品异物对眼睛的刺激有关，因此称"化妆性眼病。"

（1）角膜真菌病

有研究发现，睫毛膏中常发现有病菌污染，使用后的睫毛膏其污染率急剧上升，可达未使用时的几十倍。这种病菌极易引起角膜真菌病，严重者可导致双目失明。因此，睫毛膏要保持清洁卫生，用完后保存好。

（2）结膜炎

化妆品在使用中稍不留神，就会使其粉尘颗粒落入眼内，这样就有可能引起眼睛发炎、红肿、疼痛、畏光流泪，而且极有可能发生过敏性结膜炎。

（3）结膜染色

对一些有颜色的化妆品，如胭脂、口红、眉笔、香水等，在使用时，千万不可粗心大意，切勿让这些化妆品进入眼中，否则很可能将眼睛的结膜染成黄色或形成色素沉着。

### 3. 化妆时要注意保护眼睛

女性在美化自己的双眼、面部以及头发时，一定要防止化妆品污染。化妆用的小刷子、眼线笔等不宜长期置于化妆盒中，应另行放置并保持容器的清洁，还要定期用酒精棉球轻轻擦拭消毒保养。女性在化妆时要轻轻闭合双眼，以防粉末落入眼内。

如果不慎将化妆品溅入眼内，应立即用自来水反复冲洗眼睛，将异物完全冲洗掉。如果感觉不适或疼痛，就要去医院治疗。

### 4. 扎耳眼注意别感染

（1）不宜扎耳眼的女性

容易留瘢痕的女性不宜扎耳眼，如果非要扎耳眼不可，应去正规医院，以防感染。

（2）扎耳眼后注意耳部的清洁

女性扎耳眼后要注意耳部的清洁，10天内要特别注意保持耳垂的卫生，保持干燥，避免感染。

### 5. 女性如何保护唇部

唇部皮肤较薄，没有皮脂腺，对外界刺激较敏感，抵抗能力差。因此，女性对唇部的保护显得十分重要。

（1）洁面时，使用唇部卸妆液卸除唇妆

用卸妆棉蘸卸妆液，轻压在唇部几分钟，然后轻轻擦拭。唇部褶纹中的残妆，可用棉棒清除。

（2）清洁完毕后

女性每晚面部清洁完毕，应该涂上

一层有滋润功能的护唇霜。

（3）随身携带润唇膏

如果嘴唇容易干燥，女性可随身携带含有滋润成分的润唇膏，夏季可选用具有防晒功能的润唇膏。

（4）用热毛巾湿敷

如果嘴唇脱皮、干裂，女性可用热毛巾湿敷几分钟，用软刷轻轻刷去死皮，涂上润唇膏。可选择含有甘菊精华成分的润唇膏。

（5）养成良好的习惯

女性不要经常舔唇部，不要用手撕死皮；多吃含B族维生素的食物，少吃辛辣食物。

6. 女性如何保护牙齿

口腔健康不仅是女性身体健康的一部分，而且也是女性美容的重要部位，当女性说话或微笑时露出牙齿，洁白整齐的牙齿更能展现女性的魅力。如果女性的牙齿不美观，就会给美好的容颜大打折扣。因此，女性要特别注意保护牙齿。

此外，由于牙齿是消化系统中第一个咀嚼食物的器官，牙齿的健康与否，直接影响营养吸收。

（1）定期检查牙齿

无论是青年女性还是老年女性，最好每年检查牙齿1~2次，发现问题要及时治疗，同时也可以得到牙齿的保健指导。牙齿不齐及时矫正，及时补好龋齿。

（2）去正规医院洗牙

有些爱美的女性嫌自己的牙齿不白，经常去洗牙。由于洗牙是一种严格的医疗行为，从业人员必须具备口腔医学的专门知识，使用专门的器械。器械必须经过严格消毒，否则极易引起经血液传播感染的疾病。而且，操作人员如不经过专门训练，洗牙过程中很容易损伤牙齿，使珐琅质受损，破坏了牙的坚固性，影响了牙齿健康。因此，需要洗牙者，应到正规医院。

（3）经常饰牙好吗

有的女性牙齿发生不整齐或损坏，就赶紧去补牙、饰牙。其实，经常饰牙也是不可取的。

饰牙分两种情况：

①补牙。

牙齿不整齐或损坏，修补缺失部分，以利咀嚼和美观，这是必要的，但要到正规医院去做。

②饰牙。

有的女性在本来健康的牙齿上，镶上水钻、水晶、珠宝之类的饰物。在牙齿上镶装饰品，就要在牙齿上钻孔，这会破坏牙齿的健康结构，为牙齿损伤留下隐患。

（4）不要轻易拔牙

有些女性患了牙病，疼痛难忍，就想把坏牙拔掉。拔牙后解决了疼痛的问题，但却影响食物的嚼碎，不利于食物消化。因此，不是十分必要，不可轻易拔牙。拔牙后，要及时补牙，否则会使缺牙口两旁的牙齿松动，影响牙齿的功能和美观，甚至会使嘴巴变形，影响面部的整体美感。

（5）口腔卫生应注意什么

口腔卫生应包括刷牙、漱口，保持口腔和牙齿的卫生。

①每天应早、晚刷牙两次。

②刷牙要讲究科学。

要竖刷，每一部位重复5~6次。

③饭后，包括吃水果、零食以后应漱口，及时清除口腔内、牙齿间的残留食物。

（6）不要吃过酸、过热、过冷食物

①吃过酸食物的影响。

酸性会刺激牙齿，破坏牙齿的钙化，容易使牙齿破损，牙齿的坚固性受损。

②吃过热、过冷的食物的影响。

过热、过冷的食物会刺激牙龈，伤害牙神经，使牙齿早落。

常吃酸性或过热、过冷食物，还会引起牙痛，影响咀嚼，妨碍人体对营养的消化与吸收。

（7）不要用牙齿咬坚硬的东西

有些女人喜欢用牙齿嗑核桃，甚至用牙齿咬启瓶盖，这样会损坏牙釉质，甚至造成牙齿劈裂、松动和掉牙。

（8）不吸烟、

吸烟可使女性的牙齿变黄、变黑，影响美观。

（9）不多吃糖及甜食

女性多吃糖和甜食，就会增加口中酸性，伤害自己的牙齿。

7. 用运动的方法护齿

（1）按摩牙龈

经常按摩牙龈，可促进局部血液循环，使牙龈上皮增厚，耐食物摩擦，增强抵抗力，减少牙周病的发生。可在洗净双手后，用拇指或食指指腹直接按摩牙龈，早晚各1次，每次2~3分钟。

（2）叩齿

女性可每天早、晚各进行1次叩齿小运动。运动时，要轻捷快速地上下叩击牙齿，每次3分钟左右，长期坚持不懈，可使牙齿坚固。

（3）鼓腮

女性每日做一两次鼓腮的漱口动作，同时舌左右转动。此法可使口腔唾液分泌增多，使牙面、牙齿和口腔黏膜受到一次较好的冲洗，从而增加口腔的自洁作用，提高牙齿的抗病能力。可在每次饭后漱口时进行。

8. 选择合适的牙膏

牙膏可起到洁齿和防病的作用，女性在正确选择合适的牙膏之前，首先要了解牙膏的主要成分。

（1）牙膏的主要成分

①摩擦剂。

摩擦剂是牙膏的主要成分，能增加刷牙时的摩擦力，起到机械性的去污作用。

②洁净剂。

洁净剂可以穿透并松解牙面沉积物，

乳化软垢，起到类似肥皂的作用。

③芳香剂。

芳香剂可以使口腔清爽舒适，减轻异味。

④药物成分。

为了达到美白、坚固牙齿，预防牙龈出血，抗菌消炎，抗过敏等功效，牙膏中增加了一些药物成分，出现如中草药牙膏、防过敏牙膏、美白牙膏等。

女性应在充分了解牙膏中的这些成分后，根据自身需要选择合适的牙膏。

（2）正确使用牙刷

①如何正确使用牙刷。

牙刷在每次使用后要用清水洗净牙膏沫，并甩去水分，毛朝上放在牙缸内，放于通风的地方。

②换牙刷的时间。

一般3个月左右换一次牙刷。

③牙缸。

牙缸也要注意卫生，每次刷完牙后，要用流水将缸内外冲洗干净，隔几天用开水消毒一次。

（3）正确使用牙线

使用牙线是洁牙的一种方法，牙线能容易地抵达牙刷无法清洁到的牙缝，通过在牙表面及牙缝中上下摩擦，可有效地去除牙缝间的食物残渣、牙菌斑及牙垢，达到深入清洁、保护牙齿的目的。牙线和刷牙配合能够彻底清洁牙齿，而且不损害牙龈，从而更有效地预防及减少牙病。

使用牙线应按照以下的步骤进行：

①取25厘米长的一段牙线，牙线两端分别缠绕在两手的食指第一节上，中间留出5厘米。

②拉直牙线，引导牙线沿牙齿侧面缓和地滑进牙缝内，同时带出食物残渣。

③将牙线贴紧牙齿的邻接牙面并略成C形，以增加接触面积，上下左右缓和地移动押位，这样可以清洁牙齿的表面、侧面以及牙缝。

④换一节干净的牙线清洁所有牙缝。

⑤漱口两次，带出所有刮下的残渣。

## 如何按摩面部

洗净脸和双手后，双手自然并拢搓热，从鼻翼两侧开始上推，推至前额，然后两手分开，在面颊做环形按摩，重复做50次，自觉面部微红发热为度。此法可以使面部皮肤血流通畅，温度升高，代谢旺盛，皮脂腺和汗腺的功能增强，增加皮肤光泽，对推迟和防止皱纹的出现有良好作用。

按摩面部可以按以下步骤进行。

1. 按摩前额

两大拇指分别按住太阳穴，用中指的指腹从眉毛中间向上按摩至发际线，然后顺着发际线滑揉至太阳穴上。

2. 按摩眼部

用大拇指抵住下颌角，用中指的指腹在上下眼睑轻柔地做环状按摩。

3. 按摩鼻部

用大拇指抵住下颌角，用中指的指腹从鼻翼两侧向上按摩至鼻根处，再分别向眉头斜行按摩，在眉弓处逐渐停止。

4. 按摩面颊

用中指和无名指的指腹从鼻唇沟开始，沿着颊窝轻柔地斜向颧弓方向按摩，至耳前止。

5. 按摩嘴部

用中指或食指的指腹在嘴唇周围做环形按摩。

6. 按摩下颏

将食指、中指、无名指并拢，从下颏尖开始，沿着下颏边缘慢慢向两边按摩至下颏角转而向上，自然停止。四指并拢，两手交替从脖子的下部向上按摩。

7. 结束后放松

用食指的指腹，在脸上轻弹，节奏要快，动作要轻，以达到肌肉放松的目的。

8. 其他按摩方法和功效

（1）锻炼腮部肌肉

每一个部位做多少次，可根据个人特点而定。以每天按摩2次为宜，早晨洗脸时或化妆前按摩1次，晚上闭住口唇，向外吹气，使腮部鼓起来，用一手的拇指或其他四指，轻轻摩擦腮部，直到腮部发热为度；或口中含一大口水，在口内来回流动，使腮鼓起，往返数十次。这两种方法主要是锻炼腮部肌肉，使其强健有力，更富有弹性，对防止面部皱纹和两腮凹陷有一定的作用。

（2）明目操

端坐闭目，眼球向内眦方向转动7次，然后再向外眦方向转动7次；两手相互搓热，四指并拢，指腹分别置于双眼的上眼睑，由内向外，由上而下做环形摩动20~30次。

两手紧握拳，拇指屈曲，用屈曲的拇指关节分别按揉睛明、四白、太阳穴等穴位，按揉20~30次。双手食指屈曲，以其第二节的桡侧面轻刮眼眶周围，使眼眶周围的攒竹、鱼腰、丝竹空、瞳子髎等穴位得到按摩，可做20~30次。

明目操具有益神悦目、预防眼疾的作用，通过锻炼眼外斜肌，能促进房水循环，防止斜视，并能加强睫状肌对晶状体的调节，防止视力疲劳，可预防近视和远视；而对眼部周围的推揉能够增强眼睛的气血流通，使眼周围的肌肉弹性增强，以防止眼帘下垂，并能预防头痛、头昏等病症。

（3）舒鼻操

两手拇指微屈，其余4指握拳，先将屈曲的拇指关节互相搓摩至微热，然后自两侧鼻翼开始向上沿鼻梁搓至目内眦下，来回摩擦20~30次。

用屈曲的拇指关节，分别在鼻翼两侧的迎香穴按揉20~30次。

用拇指与食指或中指的指腹揉捏两侧鼻翼至鼻梁根，一直到鼻梁的低凹处，3~5次。

用食指、中指的指腹置两鼻子下缘做上下揉动20~30次；用拇指甲掐按鼻中隔和人中穴各3~5次。

舒鼻操可通鼻窍、宣肺理气，能防治感冒、鼻塞不通，增强机体免疫功能，防止鼻、唇周围皮肤的老化，消除鼻唇周围的皱纹，预防鼻部痤疮，有助于防治面神经麻痹。

# 怎样呵护卵巢

卵巢可谓女性的生殖器官，虽然表面看不见它是怎样的情景，但却可以通过多种表象得以体现。当女性不断出现皮肤粗糙、月经失调、情绪暴躁、身材走形、性生活困难等状况时，就已经出现预警了，如果再不注意，就可能出现麻烦了。

卵巢位于子宫的两侧，因为它的独特功能，给女性带来了大半辈子的月经烦恼，但正因为有了它，女性才获得了魅力、青春和健康。所以，卵巢的保养对女性来说尤为重要。保养得好，女性的皮肤就会细腻光滑，皱纹出现得晚；保养得好，女性机体的各项功能就会保持良好循环，远离早衰。

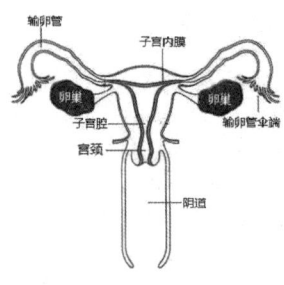

卵巢深藏于体内，保养并不像脸部皮肤那样清洁到位再加上深度补水就能够进行，更多的保养是从生活方式上去注意，防患于未然。

1. 卵巢如何保养

（1）产后坚持母乳喂养

哺乳期几乎是每个母亲都要经历的过程，没有任何东西能够代替母乳来给予宝宝最温暖的呵护，所以，如果没有特殊情况，女性在产后应该坚持母乳喂养，只有这样，雌激素的分泌才能够达到新的平衡，女性也才能在产后保持新的美丽。

条件允许的话，尽量将哺乳时间延长，但要注意，哺乳期间不应该有间断，也就是说在宝宝断奶之后，就不要再重新喂母乳了。

（2）注重饮食

饮食方面，女性应该养成喝牛奶的好习惯，多摄入诸如鱼、虾之类的食物。

女性应该在年轻的时候就养成锻炼身体的好习惯，因为这是一项终身的功课，女性年轻时的锻炼，将为今后的身体健康打下良好的基础。

（3）养成良好习惯

有研究显示，相比较而言，女性比男性更容易受到香烟的侵害，因为香烟中的有害物质很容易让她们提前绝经而步入衰老，不管是主动吸烟还是被动地吸二手烟。所以，女性首先不应该吸烟，再次，应该尽量避免吸入二手烟。

（4）保持良好的情绪

当人的情绪保持轻松愉快的时候，脉搏、血压和身体内循环都处在一个平衡的状态，这个时候的免疫力最强，活性物质也分泌得比较多。

不良情绪却是一个"隐形杀手"，它能够引起高血压、冠心病、溃疡甚至癌症的发生，但这一切都不是在表面进行的，很容易被人们忽视。

那些善于控制情绪、调节内心冲突的女性看上去往往显得年轻而睿智，那便是情绪对女性影响的最好注解。

(5) 运动保养

现在很多女性开始越来越青睐瑜伽运动。在卵巢保养方面,瑜伽主要是通过特殊的动作,配合呼吸,以及凝神静气来疏通身体内的气血循环。它可以使得全身舒畅,可以说,通过瑜伽来进行卵巢保养,是最健康的方式。

2. 输卵管必须畅通

输卵管,顾名思义,就是输送卵子的管道。输卵管位于女性的盆腔之内,正常女性拥有两条输卵管,分别在子宫两侧,它们从子宫底的外侧角开始延伸,到达卵巢。

当卵子从卵巢排出后,就会被输卵管吸入,然后到达它的壶腹部,在这里等待精子的到来,如果一切正常的话,一个小小的受精卵就会在这里诞生。倘若输卵管有炎症的话,那么就会形成局部堵塞,造成不孕不育或者宫外孕。医学临床上称为输卵管堵塞。

3. 输卵管堵塞分类

根据程度的不同,输卵管堵塞可以大致分为以下几种。

①输卵管出现通而不畅。

输卵管通而不畅产生的原因可能是输卵管本身就纤细且弯曲,或者由于一些管内的碎屑、脱落的细胞或者血块没有得到排出而瘀积在管道内,这些物质没有完全地将输卵管堵死,但是也给其"交通"造成了拥堵。还有一种原因可能是输卵管和邻近的器官粘连在一起,活动范围受到了牵拉,或者形成了一些后天的弯曲,阻塞了通路。

②输卵管局部闭塞不通,但损坏程度还比较轻。

这种情况如果发现得早,治疗起来并非很困难,手术治愈率较高。

③输卵管完全不通,而且损坏程度严重。

这种情况的发生一般是由于病症初期没有引起女性足够的重视而延误治疗,或者是输卵管结核感染导致的。这种情况,输卵管已经遭到了破坏,即使疏通之后也是很难受孕的。

4. 要通不要堵

近年来,输卵管堵塞的发病率越来越高,影响了很多夫妇的生育大计,让人十分头痛。输卵管堵塞频发的原因除了女性本身的构造和输卵管位置特殊之外,与现代女性的一些不良生活习惯也有很大的关系。

不适当的流产是输卵管堵塞的原因之一,此外,不洁的性生活引发生殖器感染,会直接影响到输卵管的安全。性生活不节制也可能引起输卵管堵塞,包括放置宫内节育环之后频繁的性生活,以及流产后不按医生嘱咐而提前进行性生活,都是引起输卵管堵塞的原因。

为了安全而高质量地孕育下一代,女性在生活当中一定要注意,不可忽视输卵管的保护。女性要做到以下三点:

(1) 注重锻炼

女性应该注意身体健康,适当锻炼,生活规律,不要总是昼夜颠倒,泡夜店,饮酒过度,等等。

(2) 不可有过多的性伴侣

有过多的性伴侣很容易发生交叉感染。性生活的时候一定要注意使用避孕套等，不可图一时畅快而忽略了身体健康。

(3) 遵医嘱忌房事

经期、流产后以及放置节育环之后，都应该遵医嘱忌房事。

## 手术美容和饮食美容要注意什么

现在有不少女性做美容手术，有的甚至去国外做美容手术，但做美容手术有一定的风险，因此，一定要找有资质的正规的医院，否则会有美容不成反而因此毁了容的风险。

1. 做美容手术要注意哪些事项

(1) 隆胸手术

隆胸手术是在乳房内植入假体以改善乳房外形。隆胸手术因各种原因有可能引起感染，出现红、肿、热、痛等表现，可发生在术后不久或术后任何时期。如果经恰当治疗后症状不消退，要取出假体。隆胸手术也可能出现双侧乳房不对称或下垂、假体破裂、血肿，都应考虑取出假体，这给女性造成很大的痛苦。

(2) 脂肪抽吸术

脂肪抽吸术通过微小的皮肤创口，利用负压吸引或辅以超声波、高频电场等手段，去除人体的部分皮下脂肪，以达到局部瘦身美体的效果。脂肪抽吸术最常见的并发症是手术部位不平整和皮肤松弛，使皮肤更显臃肿。此种情况要再进行皮肤部分切除才能纠正。脂肪抽吸术只能实现局部减肥，不是肥胖者减肥的首选。只有通过运动锻炼和科学饮食，才既能达到减肥目的，又能强健身体。

(3) 隆鼻手术

隆鼻手术是指通过在鼻部填充自体、异体组织或组织代用品以垫高鼻子，达到改善鼻部容貌的手术。手术多采用鼻腔内切口，术后看不到痕迹，其植入体应采用与人体组织相容性良好的材料，排斥反应极少，也容易雕刻塑形。

但是，隆鼻术只能部分地改变鼻梁和鼻尖形状，并不能随心所欲地创造出期望的鼻形。许多人想把鼻子垫得高一些，但这样会增加鼻部皮下组织的体积，鼻部的皮肤能否顺应这个变化，能够顺应多大的变化，都会影响手术的效果。如稍有不慎，就可能出现一些并发症。其中最严重的是鼻部皮肤溃破，这是由于植入体对皮肤持续施加过大的压力而造成的。

如果手术后发现鼻尖局部皮肤发红或变白，就说明不能顺应或存在问题，必须及早复诊，进行修整手术，情况严重时还要把植入体去除，否则会留下皮肤瘢痕。有的还会出现感染、对植入体的排斥反应、伤口愈合不良和鼻孔缘畸形等，会造成毁容。因此，隆鼻手术有一定的危险，不可轻易去做。

(4) 双眼皮手术

双眼皮手术简单，但做好也不容易，真正形成自然美观的双眼皮也是很难的，往往会留有明显的痕迹。双眼皮手术的学名叫重睑成形术，就是在上睑形成重睑皱褶，将单眼皮变成双眼皮。

目前重睑成形术的方法很多，如缝线法和切开法。缝线法适合人群较少，并常见并发症，即线结外露、感染和手术失败。切开法可以适当去除肥厚的肌肉组织，但也会出现并发症，如重睑设计过宽、皮肤和皮下组织切除过多，甚至出现瘢痕或假双眼皮等现象。无论采取何种做法，都难免出现两眼皮不对称的现象。

2. 不宜做美容手术的人群

（1）患有传染性疾病者

患有传染性疾病者，如患有乙肝、艾滋病等的女性不宜进行美容手术。

（2）有血液疾病者

有血液性疾病的女性，在做美容手术时可能会出现流血不止的情况，有很高的风险。

（3）过敏体质者

过敏体质者会对手术中所使用的药物、植入体内的材料产生过敏反应，严重者有生命危险。

（4）瘢痕体质者

属于瘢痕体质者，美容手术后也许会留下更为明显的瘢痕。

（5）患有严重脏器疾病者

这类女性进行任何手术都有风险，甚至可能危及生命。

（6）有精神疾病者

有精神疾病的女性更不宜做美容手术。

3. 如何通过饮食美容

女性的形体美是由骨骼、肌肉、脂肪和身体各部分的恰当比例形成曲线几个因素共同作用的结果。女性身体健康，身材匀称，曲线优美是美丽的表现。形体与遗传因素有关，但更需要后天的营养和运动加以维持、改善。

女性通过科学、合理的饮食，既能达到身体健康的目的，又能达到美容、美体的效果，这比手术、药疗等方法显然要好得多。虽然饮食美容、美容的效果比较缓慢，但从长远的角度来看，采用这种方法还是值得的。

在现实中，美丽的容颜都是相对而言的，十全十美的美女是不存在的，可以说，每一个女性的五官某一部分都不尽如人意。不过，这没有关系，不妨采用饮食的方法，来弥补脸部的缺陷，达到美化容颜的效果。

（1）拥有一对黑亮眼睛的饮食方法

食物对眼睛很重要，有许多食物所含的营养素可保护和健美眼睛。

①维生素A。

维生素A又称视黄醇。补充维生素A可以维持正常视觉，负责参与眼球内视紫红质的合成或再生，防止发生夜盲症。女性的机体一旦缺乏维生素A，轻者可致角膜干燥、怕光、流泪，重者可使眼结膜变厚、软化，导致夜盲或失明。富含维生素A的食物有牛肝、羊肝、猪肝、鸡肝、鸡蛋黄、黄油、奶粉、河蟹等。

②胡萝卜素。

胡萝卜素能在女性的体内转变为维

生素A，通常称维生素A原，在女性的机体内起到维生素A的作用。富含胡萝卜素的食物主要是蔬菜，如胡萝卜、油菜、菠菜、卷心菜、韭菜、芹菜叶、香菜、雪里蕻、小萝卜、苋菜、芥菜、南瓜、红薯、莴笋叶等。

③维生素$B_3$。

女性身体如果缺乏维生素$B_3$，就会出现眼球震颤、视觉迟钝等症状。富含维生素$B_3$的食物有小麦、玉米、小米、鱼、动物肝脏、花生、大豆、豌豆、蛋黄、酵母等。

④维生素$B_2$。

维生素$B_2$能保证视网膜和角膜的正常代谢。人体如果缺乏维生素$B_2$，眼睛就会怕光、流泪、发红、发痒、易疲劳等。富含维生素$B_2$的食物有动物肝、心、牛奶、瘦肉、蛋类、豆类、绿叶蔬菜等。

⑤钙和维生素D。

钙有益于消除眼睛疲劳，维生素D是人体吸收钙所必需的成分。富含钙的食物有奶类、虾皮、银耳、海带、瘦肉、蛋黄、核桃仁、豌豆、大豆及米、面等。含维生素D多的食物有鱼肝油、奶类、蛋黄、动物肝脏等。

（2）女性如何拥有白嫩的皮肤

①蛋白质。

蛋白质是生命的基础，皮肤的营养成分是以蛋白质为中心的。蛋白质能够促进生长发育，修补组织，如果蛋白质长期供应不足，不仅会引起女性生长发育迟缓、体重减轻、肌肉萎缩，而且使女性的皮肤功能减退、创伤难以愈合、皮肤弹性降低，导致老化起皱。

蛋类、禽类、猪肉、牛肉、鱼、大豆、牛奶都含有丰富的蛋白质。动物蛋白质为完全蛋白质，又称优质蛋白质，其所含人体所必需的氨基酸种类齐全、数量足、比例适宜，模式接近人体组织蛋白质，易于吸收。大豆蛋白质也是完全蛋白质。各类食物蛋白质互相补充，会使营养得到合理利用。

②维生素。

维生素是女性身体不可缺少的营养素。维生素C能促进骨骼的生长，对防治雀斑十分有效。维生素A能保护视力，使眼睛明亮有神；可使皮肤柔软细嫩，有防皱除皱的功效。维生素$B_2$能改善精神状况，使人精神焕发。维生素$B_6$促进发育和细胞再生，促使皮肤、指甲、毛发的正常生长，有助于消除口腔、唇、舌的炎症。维生素E能促进性腺发育，消除自由基，延缓衰老，与维生素C合用，还有美白的功效。

维生素大部分来自蔬菜和水果。胡萝卜、菠菜、韭菜等含胡萝卜素较多；玉米、小米、标准粉、豆类、芹菜含B族维生素较多；辣椒、新鲜蔬菜、水果，特别是山楂、鲜枣、西红柿含有大量维生素C；几乎所有绿叶蔬菜中都含有维生素E，植物油是维生素E的最好来源。

③钙、磷。

矿物质中的钙、磷参与骨骼、牙齿和神经细胞形成，谷物类、坚果、奶、豆制品等含有比较丰富的钙磷。

④铁。

铁是组成血红蛋白的必要成分，青年女性每次月经要失血30～100毫升，虽然女性的机体会自动补充丢失的血量，但如果没有充足的铁，血液的生成就会受阻，导致缺铁性贫血。贫血会使女性面色苍白、憔悴，身体机能下降。

因此，铁对爱美的女性非常重要。芝麻酱、黑木耳、菠菜、面粉、动物肝脏、蛋黄、小米、大豆、芹菜、白菜都含有较多的铁。

⑤锌。

锌对身体生长发育有重要作用，它参与皮肤、毛发、口腔黏膜等位置的修复。动物肝脏和海产品中含锌丰富。

⑥水。

水是人的机体的重要组成部分，是良好的溶剂，机体需要的多种营养物质和各种代谢产物都能溶于水中。水对人体内化学反应有促进作用，加速体内化学反应，有利于营养物质的消化、吸收、运转和代谢产物的排泄。尿液、汗液、呼吸都是通过水的携带排出一些代谢产物，甚至是毒素。

人体有足够的水分，可使血液循环正常，并能调节血管的舒张和收缩功能，从而降低心脑血管疾病的发生；可以刺激胃肠，促进消化，防止便秘；可以加速脂肪代谢，延缓皮肤衰老和肌肉松弛，使皮肤相对保持润湿柔嫩。

生活中，很多女性只知道喝水解渴，却不知道水与美容关系密切。如果缺水，胃液会减少，胃肠蠕动减慢，消化功能衰退；如果缺水，会导致脂肪代谢减慢，造成脂肪堆积，使人发胖；如果缺水，还会使皮肤失去弹性，导致皮肤干燥、面色憔悴出现皱纹。

女性每天至少摄入2000毫升的水，才能满足身体的需要。最好早晨起床后喝1杯温开水，以清理肠胃，防止便秘；晚上睡前1小时也要喝杯开水。白天要根据需要适时喝水。喝水不要等到渴了再喝，渴了说明体内已经比较缺水了。喝水不是为了解渴，喝水是为了防渴，要养成每日喝适量开水的习惯。

纯净水经过多层过滤，一般除去了水中杂质和致病细菌，但同时也丢失了微量元素、矿物质，虽然比较清洁卫生，但营养价值不高。建议喝自来水或矿泉水。这些水经过烧沸消毒后，仍含有许多微量元素和矿物质成分，如钙、锌、铁、镁等，对人体有益。

⑦茶。

女性多喝茶，能够美容，因为茶叶中主要成分是茶多酚，能抗氧化、抗辐射、抗衰老、抗菌、调节免疫等。茶还含有生物碱、黄酮类、麦角醇、芳香油、多种氨基酸、碳水化合物、维生素A、B族维生素、维生素C、维生素E以及微量元素铁、锰、铜等。

### （3）谷类和豆类食物有利于女性美容

碳水化合物和脂肪是人体热量的重要来源，适量地摄入对女性身体组织器官、细胞的发育成长有重要作用。人们经常食用的谷类食物是稻米和小麦，其次是被称为杂粮的玉米、小米、高粱米等。

谷类在我们日常的膳食中占有十分重要的地位，我们几乎每日都在吃米饭和面食，杂粮也经常出现在餐桌上。谷类是我国居民最主要的热量来源，对维护人体健康、美丽具有重要作用。

谷类食物中含有多种营养成分，但以碳水化合物的含量最为丰富。谷类食物的碳水化合物主要形式是淀粉，易于人体消化吸收，是机体最理想而且经济的热量来源。

谷类作为"主食"，人体从谷类中摄取的蛋白质也比较多，所以谷类蛋白质也是机体蛋白质的主要来源。谷类蛋白质不是优质蛋白质，其蛋白质中的必需氨基酸组成和数量不理想，特别是机体生长所必需的赖氨酸的含量很低，完全不能满足机体的需要。

为了弥补谷类蛋白质的不足之处，应提倡多种食物混合食用，使谷类食物蛋白质中不足氨基酸的含量得到补充，如谷类和豆类、肉类一起食用，可增加优质蛋白质的摄入。

谷类食物脂肪含量低，适于肥胖人减肥食用，但对机体吸收脂溶性维生素A、维生素D、维生素E及维生素K不利，因为脂肪是这些维生素的载体，如果饮食中缺乏脂肪，这些营养素的吸收就会减少，不利于女性的健美。

总体来说，谷类食物含维生素D、维生素C、维生素A及胡萝卜素很少，所含的磷、铁等，不易被人体吸收，钙的含量也很少。因此，谷类食物的营养是很不全面的。

此外，谷类食品在加工过程中，由于去皮和研磨，其内皮所含的B族维生素会有损失，越是加工精细的大米、白面，其营养成分损失越大。因此，不要常吃加工多的精米、精面。

要吃标准米面，以利于女性机体营养的吸收。

①大米。

大米以碳水化合物的含量最高，其蛋白质含量很低，质量也不高，所含的氨基酸中的赖氨酸不足，是非优质蛋白。所以常吃大米的人应与其他食物如豆类、肉类等含赖氨酸较高的食物混合起来食用，这样可提高其利用率。

②小麦。

和大米一样，小麦也缺少赖氨酸。因此，吃面食也要注意和豆类、肉类食物混合食用。

③玉米。

玉米含有丰富的赖氨酸，一般粗磨的玉米面或玉米糁其赖氨酸的含量更高。玉米还含有较多的木质素，对促进肠蠕动和排便有利。

④小米。

小米又称粟米，其具有较高的营养

价值。中医认为小米有滋养肾气，健脾胃，清虚热等医疗功效。此外，小米还是健脑食品。

⑤高粱米。

高粱米有补气，健脾，养胃，止泻的功效。高粱米所含的烟酸，容易被人体吸收，有利于皮肤健美。

⑥黑芝麻。

黑芝麻含有芝麻素、芝麻酚、蛋白质、烟酸、卵磷脂、维生素E、叶酸、钙等，是著名的黑色养颜补品，有养血润燥、益肝补肾、乌发养颜之功效。

⑦黑米。

黑米含维生素A、维生素E、蛋白质、镁、钙、苹果酸、B族维生素、铁、柠檬酸等。

⑧豆类。

豆类包括大豆、豌豆、绿豆、小豆等，是良好的蛋白质来源。其中，大豆所含的人体必需的氨基酸丰富，是优质蛋白质的来源，因此，大豆制品有"植物肉"之称。

在豆类食物中，不饱和脂肪酸含量丰富，特别是机体所需的必需脂肪酸即亚油酸含量高，且易于消化吸收，对维持机体生长发育和皮肤健美有重要作用。豆类的脂肪中还含有丰富的磷脂，是细胞生长的重要物质，尤其是神经细胞的生长必须要有足够的磷脂，才能保证其正常生理功能。

豆类食物中的碳水化合物含量也较高，其中纤维素的含量较多，可以防治便秘和防止身体发胖。

豆类食物富含维生素、矿物质，其脂溶性维生素E和B族维生素含量较高，这些都是女性身体必需的营养素。豆类食物含有钙、磷、铁、锌、锰等矿物质，对维护女性机体健美有良好的作用。

大豆还可以制成豆浆、豆腐、腐竹、豆芽等豆制品。豆浆可提高蛋白质的吸收率。同时溶于水中的铁、钙及维生素等营养素也变得容易被机体吸收。豆腐的营养价值很高。豆腐及豆制品中不含有胆固醇。

（4）肉类食物有利于女性美容

肉类食物是日常膳食的重要组成部分，为机体蛋白质的主要来源。肉类食物的蛋白质为优质蛋白质，且易于机体消化吸收。

①猪肉。

猪肉是日常生活中食用较多的一种肉类，其蛋白质是优质蛋白质的良好来源。动物内脏含有丰富的维生素，包括B族维生素和维生素A及维生素D等，是机体维生素的重要来源。

猪皮、猪蹄含有丰富的胶原蛋白，具有滋润肌肤、亮泽头发的作用。中医学认为，猪皮、猪爪对肌肤的健美有重要作用。女性不妨多吃些猪皮、猪蹄。

②牛肉。

牛肉蛋白质含量较高，与人体蛋白质非常接近，是优质蛋白质的良好来源。牛肉还含有脂肪，以及铁、磷、铜、锌等矿物质。牛肉也含有维生素A、B族维生素、烟酸等丰富的营养元素。女性多吃牛肉,对健身、美容都有好处。

③鸡肉。

鸡肉肉质细嫩,味道鲜美,其蛋白质含量高,氨基酸种类齐全,比例合适,是机体优质蛋白质的良好来源。其脂肪含量低于猪肉、牛肉,且含有不饱和脂肪酸,对机体的健美大有好处。鸡肉中磷、铁、锌、铜等矿物质的含量也很丰富,维生素的含量也很丰富。鸡肉是大补食物之一,有益五脏、补虚损、健脾胃、强筋骨、活血调经等功效。

④兔肉。

兔肉肉质细嫩,风味独特,营养价值高,有"保健食品"、"美容食品"的美称。兔肉优质蛋白质含量高,且易消化吸收。兔肉含脂肪少,大大低于猪肉、牛肉、鸡肉。兔肉中维生素、矿物质含量并不低于其他肉类。担心摄入过量脂肪的女性,不妨选择吃兔肉,既增加营养,又能健身美容。

⑤鹌鹑肉。

鹌鹑肉鲜美可口,含有蛋白质、脂肪、矿物质及维生素等成分,其蛋白质含量比鸡肉高出数倍。鹌鹑肉适宜于营养不良、体虚乏力、贫血头晕、肥胖者食用,因其含脂肪较其他肉类少,是减肥和补充蛋白质的食品。另外,鹌鹑肉含有丰富的卵磷脂,具有健脑作用。

⑥控制肥肉的摄入。

肉类食物和其他种类食物相比,含脂肪较高,特别是肥肉,饱和脂肪酸含量更高,女性如果大量摄入就会发胖,对女性的健康和身材苗条都不利。肉类是机体脂肪的主要来源,但要注意控制肥肉的摄入,以防机体内脂肪堆积。

(5)乳类食物及制品

乳类及其制品营养成分含量丰富,并容易消化吸收,是维护机体健美的理想食物。

①乳类食物。

乳类食物的蛋白质总量虽然不多,但其生理价值很高,容易为机体所利用,尤其是赖氨酸和蛋氨酸的含量较高,而这些氨基酸正是谷类食物所欠缺的成分。多吃乳类食品,可以提高女性对各类蛋白质的利用率。

乳类食物的碳水化合物的成分主要是乳糖,对促进胃酸等消化液的分泌及胃肠蠕动有调节作用,容易被人体吸收。

乳类食物还是人体必需脂肪酸和脂溶性维生素的来源,对促进机体的健美有良好的作用。乳类含有丰富的矿物质,如钾、镁、钠、钙、磷、锌、铜等。其中钙的含量最高,特别是牛奶,是机体补钙的首选食物。牛奶味甘,性平,具有补虚养身、益肺润肤及生津润肠通便等功效。

②乳制品。

乳制品主要包括奶油、奶粉、酸奶、奶酪等。其中酸奶是用鲜牛奶加乳酸菌发酵而成的。酸奶使乳蛋白形成凝乳，易于消化吸收；还能刺激胃液的分泌，增加消化功能，促进钙、磷、铁的吸收，有利于维生素的保存和维持肠道的菌群平衡。有些人喝鲜牛奶可能不适应，可喝酸奶代替，这是酸奶的一大优点。

（6）蛋类食物

蛋类食物主要有鸭蛋、鹅蛋、鸡蛋、鹌鹑蛋等，蛋类食物的营养价值很高，蛋白质含量丰富。其所含的必需氨基酸数量和比例与人体的组织蛋白相近，可完全地被机体消化吸收和利用，其中有维持生命和促进生长发育所需要的全部必需氨基酸。

①鸡蛋。

鸡蛋中的脂肪主要集中在蛋黄，其中含有人体必需的氨基酸和丰富的磷脂，容易被人体所吸收利用。鸡蛋中钙、铁、磷的含量也较高，还含有较多的维生素A、维生素B、维生素D、维生素E等。

②鹌鹑蛋。

鹌鹑蛋比鸡蛋、鸭蛋小，但营养价值却超过鸡蛋，其蛋白质、铁、B族维生素的含量都远高于鸡蛋。鹌鹑蛋的胆固醇含量比鸡蛋低，还含有较多的卵磷脂及赖氨酸、胱氨酸、蛋氨酸等，都是机体不可缺少的物质。

（7）海产品

海产品是一类营养价值很高的食物，其中鱼肉中氨基酸的含量及其相互之间的比例和人体相似，易于吸收和利用，是机体必需优质蛋白质的来源。

鱼肉与畜肉、禽肉相比，肌肉组织中的肌纤维细而短，肉质蛋白含量少，并且水分含量较高，因此，鱼肉柔软细嫩而更易被人体消化吸收，利用率极高。

①海产品所含营养素的特点。

一是脂肪含量较低。海产品的脂肪是以不饱和脂肪酸为主，尤其是海鱼中不饱和脂肪酸的含量更高。有"脑黄金"之称的DHA（不饱和脂肪酸的一种）就是从海鱼中提取的。

二是各类营养丰富。海产品含有丰富的维生素A及维生素D，钙、磷、钾等矿物质含量也高于畜肉、禽肉。海鱼中还含有丰富的碘。

②银鱼。

银鱼含有丰富的优质蛋白质、脂肪、B族维生素、烟酸、糖类等，有养生益寿、宽中健胃、丰肌泽肤之功效。女性多吃银鱼，有抗衰老、抗癌及改善皮肤弹性等作用。

③海参。

海参含蛋白质、脂肪、碘、钙、铁、钾、硫酸软骨素等，其中微量元素铁，在人体中的功能主要是参与血红蛋白的形成而促进造血；硫酸软骨素为珍贵的抗衰老、美肤物质。女性多吃海参，有美肤作用，还有养血润肤、增强体质等功效。

（8）蔬菜

蔬菜是日常生活中的重要食物。从蔬菜类食物中，可以摄取到大量维生素、矿物质和纤维素，这些营养素对健身和美容都有很大的益处。

蔬菜含有丰富的维生素，其中最多的是维生素C及维生素B和胡萝卜素，女性身体所需的维生素A和维生素C，几乎全部或绝大部分来自蔬菜。

此外，蔬菜类食物中含有大量水分，特别是绿叶类、瓜茄类蔬菜，含水量非常高，是机体水分的有益补充。另外，蔬菜类食物都含有丰富的矿物质，是女性身体所需铁、钙、磷、钾、镁、锰的良好来源。

在蔬菜类食物中，根茎类碳水化合物的含量也较高，其蛋白质、脂肪的含量大部分较低，因此蔬菜供给机体的热量较低。加之蔬菜含纤维素较多，是女性减肥很好的食品，女性肥胖者宜多吃一些蔬菜。

①白菜。

白菜是绿叶蔬菜的主要代表，其含水量高，热量低，还含有大量纤维素，是减肥佳品。白菜还含有机体所需维生素C及胡萝卜素、钙、磷、钾等。白菜味甘，性温，有利肠胃、除胸闷、通便等功效。

②菠菜。

菠菜中的蛋白质含量比其他绿叶蔬菜稍高。菠菜中含有较多的胡萝卜素，维生素C、B族维生素及泛酸的含量也不低，其矿物质以铁、镁、钙、钾、锌的含量较高。菠菜是低磷食物，与蛋、鱼、肉、豆类等一起食用，可使机体保持合适的钙、磷比例，对机体的骨骼健康有良好的作用。

菠菜含有大量草酸，在体内易形成草酸盐沉淀，这不利于机体对钙、铁等矿物质的吸收。过多的草酸盐还会在体内形成结石，严重危害机体健康。所以，在吃菠菜时，应先将菠菜焯水后再烹调，这样可使大部分草酸溶于水中而去除，就不会妨碍营养素的吸收和利用了。

③萝卜。

萝卜有"小人参"之称，这是因为萝卜营养丰富且有很好的药用价值。萝卜的水分含量极高，热量低，有减肥作用。萝卜含有维生素C，以及钙、磷、烟酸等机体必需营养素。萝卜的药用价值很高，含有多种酶及芥子油等挥发油，可促进胃肠蠕动，增进食欲，帮助消化，预防便秘的发生；还可顺气化痰，除燥生津，散瘀解毒。

④胡萝卜。

胡萝卜富含胡萝卜素，是蔬菜中含维生素A原丰富的食物，对保护眼睛和维持皮肤的健美具有重要的作用。

⑤土豆。

土豆有"第二面包"之称，其营养丰富齐全，碳水化合物含量较高，蛋白质中赖氨酸含量很高。此外，土豆还含有较多的铁、磷、维生素C、纤维素等成分。

⑥黄瓜。

黄瓜是减肥、美容佳品，其含水量极高，还含有较丰富的铁、钾、胡萝卜素和维生素C，脂肪含量较低。新鲜黄瓜中还含有丙醇二酸，可抑制机体中的糖转化为脂肪。

⑦西红柿。

西红柿含有大量水分，是一种低热量的食物。西红柿富含胡萝卜素、维生素C和钙、磷、铁等矿物质，可基本满足机体对维生素和矿物质的需要。

(9) 菌藻类食物

菌藻类食物包括菌类蘑菇、香菇、黑木耳、白木耳、藻类海带、紫菜等。

菌藻类食物具有独特的营养价值，菌类食物主要含水分，还含有蛋白质、碳水化合物、维生素和矿物质，脂肪含量不多。藻类食物含蛋白质较多，如螺旋藻的蛋白质含量比牛肉高3倍。菌藻类食物均含有较多的钙、铁、磷和B族维生素。

菌藻类食物中的碳水化合物以多糖为主，纤维素的含量也较高，所以产生的热量较少，是较理想的减肥食物。

菌藻类食物中的脂肪，富含人体必需的不饱和脂肪；菌类食物大多具有降血脂的功能；藻类食物还含有丰富的碘。

①香菇。

香菇是一种优质的食用菌，有"山珍"之称，含有丰富的蛋白质、碳水化合物、维生素、矿物质和纤维素，还含有胡萝卜素、B族维生素、烟酸及钙、铁、磷等营养素等。香菇味道鲜美，对女性身体健康大有裨益。

②海带。

海带含碘丰富，还含有较多的铁、钾、纤维素、钙、磷、胡萝卜素、粗蛋白及褐藻胶等营养素。海带热量低，又由于有较多的纤维和藻胶，对减肥很有帮助。

③黑木耳。

黑木耳含胡萝卜素、B族维生素、铁、烟酸、卵磷脂、脑磷脂、蛋白质、纤维素等，有补气益智、润肤祛燥、活血养胃等功效。黑木耳还有养肤、美肤作用，对于女性养颜很有好处。

(10) 水果类食物

水果类食物是机体维生素、矿物质和果胶的重要来源，与蔬菜类食物的营养素非常相似。

水果类食物的维生素含量相当丰富，尤其维生素C的含量最为突出，以鲜枣、柠檬、橘子、柚子、沙棘等为代表。

水果中还富含黄酮类物质，在机体内产生抗氧化作用，并对体内的维生素C、维生素A、维生素E和硒等容易被氧化的必需营养素具有保护作用。水果类食物中矿物质的含量也相当高，其中以钙、磷、钾、铁等必需矿物质含量最多，水果中还含有丰富的纤维素和果胶；水分的含量也较高，热量比较低，有减肥效果……这些对女性的美容、健身都很有好处。

①苹果。

苹果中含有多种维生素，以维生素C、B族维生素较多；苹果也含有较多的钾、铁、磷、钙等矿物质。最重要的是，苹果含有苹果酸、鞣酸、柠檬酸、酒石酸等有机酸及丰富的果胶、纤维素等物质，能吸收肠道中的细菌和毒素，有止泻通便的作用。

苹果中所含的大量维生素和苹果酸，能使积存于体内的脂肪分解，因此，女性如果经常吃苹果，可有效地防止身体肥胖。

②香蕉。

香蕉含有多种营养素，碳水化合物含量较高，所以其热量也较高。香蕉是钾和胡萝卜素的良好来源。此外，香蕉还含有维生素C，维生素E，果胶，B族维生素，矿物质钙、磷、铁等。香蕉味甘，性寒，有止泻、润肺滑肠、通血脉等功效，对便秘、发热皮肤生疮有缓解作用。

③西瓜。

西瓜中的水分含量较高，以单糖为主，如葡萄糖、果糖等，易于机体吸收利用。西瓜中胡萝卜素含量较高，还含有维生素C、B族维生素以及钙、磷、铁等矿物质，还有纤维素、番茄红素、游离氨基酸、苹果酸、酶类等。

④樱桃。

樱桃含有大量的铁、葡萄糖、蛋白质、维生素、果糖、柠檬酸等，有调中益气、悦颜泽肤之功效。樱桃含铁丰富，铁能补血，使颜面红润。

(11) 坚果类食物

坚果类食物中营养成分丰富，含有大量脂肪，女性身体所必需的不饱和脂肪酸，即亚油酸含量也很丰富。亚油酸是人体生长发育及维持机体皮肤健美的重要物质。

坚果类食物的蛋白质含量，大约是谷类食物的2倍多，其氨基酸的种类可以与谷类互补，当谷类蛋白质摄入量不足时，可利用坚果中的蛋白质进行补充。坚果类食物中的维生素含量也比较高，是女性身体内维生素E和B族维生素的主要来源。

此外，坚果中还含有铬、锰、硒等机体健美必需的矿物质。因此，女性多吃坚果类食物，对身体的健美很有好处。

①核桃。

核桃又名胡桃，具有强身壮体，延年益寿的功效，有"长寿果"之称。核桃营养价值相当高，脂肪含量高达59%之多，人体必需脂肪酸的含量也很丰富。蛋白质含量略低于花生，属于优质蛋白质。此外，核桃还富含胡萝卜素、B族维生素、维生素E，以及钙、磷、铁等矿物质。核桃是美容佳品，女性多吃核桃，对皮肤、头发的美观都有好处。

②花生。

花生是一种营养价值很高的食物，被称为"长生果"。花生蛋白质含量约为25%，其中所含的人体必需氨基酸比较平衡。花生是女性身体中优质蛋白质的良好来源之一。花生的最大特点是脂肪含量高，而且其中富含人体必需的不饱和脂肪酸高达80%，亚油酸含量高，容易为人体所吸收利用，对机体细胞的生长、肌肤的健美具有重要作用。花生还富含脂溶性维生素 E、维生素 K、胡萝卜素、水溶性 B 族维生素，以及铁等多种矿物质。

# 更年期女性如何调节健康

每一位女性都会有更年期，这是一个生理现象，女性到了更年期，意味着老年的到来。从生理上看，所谓更年期，就是生育期向老年期的过渡时期，也是女性生殖功能旺盛状态到完全衰退的一个过渡阶段。

女性进入更年期后，随着卵巢功能逐渐衰退、体内雌激素水平的下降，女性会出现一系列的生理和心理变化，如月经变化、生殖器官萎缩，生殖泌尿系统容易出现炎症、骨骼疏松、高血脂、阵发性潮热以及精神上的改变，如情绪不稳定，再加上这一年龄段往往会有一些工作和社会环境的变化，加重身体和精神上的负担，出现一系列以自主神经紊乱为主的症候群，称为更年期综合征。

据统计，更年期综合征发病率达80%以上。女性更年期的年龄段大致为40～60岁，这段时间约占人生的1/4，更年期又是中年迈向老年的关键时期。在更年期，大约80%的女性都会被一系列或重或轻的症状所困扰，有10%的女性会出现比较严重的低雌激素症状，需要补充雌激素。

1. 更年期症状

（1）卵巢功能衰退及雌激素水平降低

女性由于卵巢功能衰退及雌激素水平降低而出现更年期症状，早期有月经不规律、闭经、老年性阴道炎、潮热伴出汗、血压增高；晚期有外阴、阴道萎缩、干燥、性交痛、外阴痛痒、膀胱及尿道出现尿浊、尿急、尿失禁，子宫盆底松弛，子宫及阴道脱垂，皮肤、毛发及黏膜干燥失去弹性，出现心绞痛、冠心病，易发生骨折、腰痛，乳房松弛、下垂，等等。

（2）新陈代谢性障碍

有些女性在更年期身体肥胖，体重增加，脂肪堆积部位多在腹部、臀部、乳房、颔下及上肢等处。有些女性则有关节痛、骨质疏松，常累及脊椎，因此常有腰背痛。

（3）精神、神经症状

有些女性在更年期容易激动、忧虑、抑郁、疲倦、头痛、头晕、易失眠、思想不集中或情感淡漠、紧张或不安、情绪波动。

女性进入更年期之前一般都有某些症状，如胸部、颈部及脸部突然有一阵热浪扩展的感觉，同时上述部位的皮肤发红，并往往伴有出汗。又如平时月经较准，经前也无特殊不适，而突然在某次月经前发生乳房胀痛、情绪不稳定、失眠多梦、头痛等。

2. 健康调节

更年期是女性一生中必经的生理时

期，有时出现一系列不适症状是不可避免的，女性应努力学习保健知识，保持乐观情绪，以平和的心态去面对。为此，女性要走出家门，结交朋友，热心于社会活动，以获得家人和社会的关心、理解、安慰和帮助，顺利度过这一非常时期。

此外，要定期进行妇科健康检查，做到有病早治，无病早防。为预防骨质疏松，中老年女性应坚持体育锻炼，增加日晒时间，摄入足量蛋白质及含钙丰富的食物，并补充钙剂。

（1）坚持适度的性生活。

女性月经停止，只表示生殖功能停止，性功能减退，但仍会有正常的性反射。因此，更年期女性可以坚持适度的性生活，性生活的时间和频率可根据双方的体质和习惯决定。学会重新安排生活，思想上不要钻牛角尖。

凡事往好处想，微笑对待一切，才能适应生理上的变化。良好的情绪可以提高和协调大脑皮层和神经系统的兴奋性，充分发挥身体潜能，使人精神饱满、食欲增强、睡眠安稳、生活充满活力。女性这样做对提高抗病能力、促进健康、适应更年期的变化大有益处。此外，女性要参加适度的体育锻炼。

（2）更年期女性要注意合理饮食

更年期女性除了注意精神心理卫生外，也要注意合理膳食，适当进补一些营养素。

①复合维生素B。

复合维生素B对维护神经功能，促进消化，预防头痛、头晕，保持记忆力等大有裨益。小米、麦片、玉米等粗粮及蘑菇、香菇等食物中含较丰富的维生素B，更年期妇女应适当多吃这些食物。

②少盐少糖。

更年期女性水盐代谢紊乱，容易发生水钠滞留，引起水肿，并进一步引起血压升高。所以，应限制食盐，用盐量宜为中青年时的一半。更年期女性的糖代谢、脂肪代谢也常紊乱，容易发生血糖升高，血脂升高，体趋肥胖，以及糖尿病、动脉粥样硬化。所以，更年期女性要少吃甜食、动物脂肪和动物内脏，多吃些粗粮。

③限制主食进食量。

随着女性年龄增长，基础代谢能力降低，容易发生能量过剩。所以，肥胖的女性应限制主食进食量。在膳食上应保证蛋白质供应，可多吃些瘦肉、鸡、鱼、蛋、乳制品及豆制品。

一般植物油中不饱和脂肪酸含量较高，如豆油、菜籽油、玉米油、麻油、葵花油都含高热量，过多食用会发生能量过剩。

④补充营养素。

不少更年期女性月经紊乱，经血量多，经期延长，周期缩短，常可导致贫血。对此，首先要积极治疗月经紊乱，同时注意补充蛋白质、铁、维生素A、维生素C、B族维生素，多吃动物肝脏、瘦肉、鸡鸭血及新鲜蔬菜，水果、红枣、赤豆、桂圆、糯米也有健脾益气补血作用。

⑤补充钙。

更年期女性钙磷代谢紊乱,容易发生骨质脱钙,骨质疏松,因此应补充钙。可多吃一些鱼、虾皮、芝麻、豆制品等含钙丰富的食品。牛奶中钙含量多且易吸收,是理想的补钙佳品。

⑥酸枣、红枣等具有安神健脾作用,可经常食用。

(3)不要吸烟和饮酒

更年期女性不要吸烟和饮酒、咖啡、浓茶等刺激性饮料。

(4)注意心理卫生

更年期女性应注意心理卫生,保持良好的心态,这样不仅能安然度过更年期,而且许多不适之症可不治而愈。

## 如何应对绝经后的生理心理问题

雌激素分泌的不断减少导致女性绝经,是女性中年时期一个最显著的生理事件,并由此引发女性诸多的生理问题和心理问题。

绝经,是指女性月经期的终止满一年。大多数女性绝经发生在45~55岁之间,平均年龄是51岁。绝经的发生是由于卵泡数量的减少导致雌激素和孕激素水平降低。绝经开始前的时间被称为前绝经期,其特征是月经周期变得无规律和经血数量的变化。一般说来,第一次月经来潮较早的女性,绝经期的到来较晚;而初次月经晚的女性,进入绝经期的年龄反而会更早些。生育次数多的女性绝经比较晚;而未生育过的女性绝经会比较早。随着生活水平的不断提高和体质的增强,女性绝经期出现了向后延迟的趋势。

绝经带来的不适症状的严重性,在女性中会有很大的不同。最普遍的症状是潮热,即全身突然有一种热的感觉,且经常伴随着出汗。一些调查报告显示,任何地区都有50%~80%的绝经女性经历了潮热。有些女性潮热现象将持续几个月,甚至更长时间,虽然晚间的潮热会干扰睡眠,但多数女性觉得潮热对自己仅有少许影响。

雌激素的减少和丧失,也会引起女性阴道变窄和阴道润滑度下降。这些变化会导致性交疼痛,也会使阴道更易感染。也有人会出现诸如头痛、疲劳、关节肌肉疼痛等症状。吸烟和平日缺乏体育锻炼的女性,会有更多的各种类型的症状。

绝经所导致的直接后果,是有可能引发部分女性患上骨质疏松症和更年期综合征,出现各种生理和心理问题。

1. 骨质疏松症

骨质疏松症,是指骨组织中矿物质的过度流失,导致骨质变得越来越疏松、多孔和脆性增加。有报告说,骨质疏松症危害了许多人,其中80%以上是女性。骨密度到30岁的时候便不再增加,此时骨质开始逐渐流失。

女性绝经后的5~7年内,随着雌激素的下降,骨质流失的速度飞快增加。美国每年都有130万以上的与骨质疏松症有关的骨裂事件发生。1/3的65岁以上的女性将出现脊骨骨裂，极度高龄的女性中有1/3的人将经受髋骨骨裂。女性患髋骨骨裂的概率，等于患乳腺癌、子宫癌、卵巢癌危险性的总和。骨裂能致人伤残，也能引起永久性的行动能力丧失。

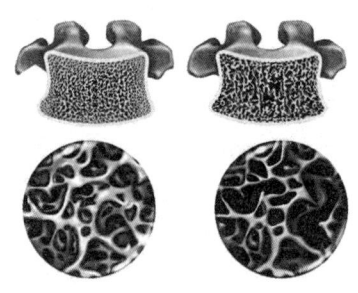

（1）骨质疏松的危险性

骨质疏松症的第一个信号是骨裂。直到骨头内的矿物质含量有1/4或更多的流失时，普通的X射线才能查出骨质疏松症。现在，医疗成像技术可以准确确定骨质疏松症的位置。因此，那些通过食物摄入钙质和维生素D较少的、食盐过多的、缺乏身体锻炼的、过多使用咖啡因和酒精的、身材纤瘦的、年龄超过40岁的、有骨质疏松症和高血压家族史等危险因素的女性，更应及早地采取有助于防止或延缓骨质受损的措施，特别是在年轻时，因为那时骨头仍在生长。

（2）骨质疏松的防治

通过了解上述导致骨质疏松症的相关危险因素，女性可以采用有效措施来预防和治疗骨质疏松症，以减少其对健康的危害。

①补钙。

例如，在儿童时期就增加钙的摄入。青少年和青年期是强壮骨密度的最佳时期，为了抵制骨质疏松，美国国家健康委员会建议18～25岁的女性每天摄入1200～1500毫克的钙；25～50岁的女性每天1000毫克；绝经后的女性每天1200毫克。

低脂和脱脂的牛奶以及乳制品都是钙的良好来源。大多数女性通常仅摄入需求钙量的一半，因此钙补充剂可作为钙的补充来源，但人的身体一般每次仅能吸收600毫克的钙，如果一个人每天摄入1000～1200毫克的钙补充剂，应该分两次服用才会达到应有的效果。

此外，特别应该注意的是，如果没有维生素D，钙就不能被充分吸收。因此，每天摄入800个国际单位的维生素D，会明显降低骨质疏松症和骨裂产生的可能性。晒太阳和服用加维生素D的牛奶，是两个较好的补充维生素D的来源。每天只需在阳光下待上15分钟就有助于身体产生维生素D。当然，如果戒烟、减少酒精和咖啡因的摄入，不仅有助于强壮骨骼，而且还很有益于健康。

②加强锻炼。

青春期和青少年时期的锻炼，不仅能增加骨密度，而且也能减缓绝经后的骨质疏松。锻炼可以是承受重量型的，还可以是非承受重量型的，比如举重，比如游泳。更年期女性要选择适合自己的锻炼，比如跳舞、打太极拳、打扫房间、和孩子一起做游戏等，都是非常有益的。

③补充雌激素。

雌激素有助于强健和保持强壮的骨骼。在育龄期间服用避孕药、维持雌激素能够减缓骨质疏松的概率。有研究发现，服用避孕药的女性比从来没有服用避孕药的女性骨密度更大。

还可以采用激素代偿疗法。目的是提高女性绝经后的雌激素的水平，除了减缓骨质疏松，它实际上还能增大骨密度，即使是那些60岁才开始服用的女性也是一样。任何事物总是一分为二的，在获得益处的同时，也可能会带来某些弊端。虽然激素代偿疗法可以带来诸如减轻阴道干涩、结束潮热、增加骨密度、延迟骨质疏松、降低心脏病和结肠癌的危险性、防止老年痴呆症等益处，但同时也可能会引起某些女性的胸部疼痛、增加胆囊手术和子宫癌的危险性，若长期使用，还有增加乳腺癌的危险性。因此，在使用激素代偿疗法时务必权衡利弊，遵医嘱用药。

2. 更年期综合征

更年期的女性，都有着一些共同或类似的生理反应。更年期是人生阶段中的必然过程，也是生命周期从中年向老年过渡的重要阶段。女性更年期的主要标志就是月经停止，又称为绝经。更年期综合征，就是女性在这个过渡阶段因卵巢功能减退，月经逐渐停止，生殖能力丧失，生殖器官趋于萎缩退化，而出现的各种躯体自觉症状和情绪波动等表现，如失眠、多梦、遇事缺少主见、优柔寡断、对外界事物缺乏兴趣、沉闷孤僻、性欲低下，等等。

（1）女性更年期综合征的生理基础

女性更年期综合征的生理基础是卵巢功能减退，引起月经紊乱与绝经等变化。在此阶段，卵巢逐渐萎缩，月经逐渐停止，乳房萎缩，腋毛、阴毛脱落，卵巢雌二醇分泌量减少，黄体功能消失。这些变化会影响与大脑皮层、下丘脑活动有密切关系的垂体前叶、肾上腺、甲状腺等内分泌系统的功能，从而使神经系统活动不稳定，对外界适应能力降低并导致交感神经的应激性增加，极易引起其心理上的不适应，并构成更年期心理异常的基础。

（2）女性更年期综合征的心理基础

更年期综合征多与精神因素有关，如长期精神紧张或精神创伤，更年期综合征的心理基础则是生活危机、事业失败、安全威胁、家庭矛盾等精神刺激。患更年期综合征的女性多有沉默寡言、敏感拘谨、爱生闷气、心胸狭窄、紧张多疑、犹豫不决等性格特征。

（3）更年期综合征的症状

更年期综合征的医学临床症状分为精神症状和躯体症状。精神症状主要表现为心烦易怒、忧郁失望、精神紧张、注意力涣散、健忘失眠、记忆力下降等。这些症状不但与症状发生时的处境无关，而且也难以控制，情绪显得极不稳定。

躯体症状则可表现为面部潮红、心悸、盗汗、头痛、头晕、耳鸣、口干、腹部胀痛、食欲不振、血压波动和体虚乏力、感到浑身刺痛等自主神经症状。

（4）更年期综合征发生时间

更年期综合征通常发生于女性绝经期，即中年向老年过渡的时期，一般多在47~52岁开始至绝经后2~3年。情绪不稳等精神症状和面部潮热等躯体症状多而集中，且与各种心理疾病和器质性病变无关联。

（5）与其他疾病的相似处

各种心血管疾病和精神疾病也会出现类似更年期综合征的各种症状，但这些症状即使出现在更年期，也能经检查发现引起类似症状的原发疾病。更年期综合征出现的各种症状则与心血管疾病与精神疾患无关，且体检可发现血液中促卵泡生长激素水平明显升高，而血液中雌二醇处于低水平。

此外，还需与卵巢切除或放射线治疗后所致的类似更年期综合征的表现相鉴别。一般可根据是否进行过卵巢切除，或用放射线治疗过某种疾病来予以鉴别，同时卵巢切除或放射线治疗后出现的类似症状也明显要比更年期综合征的症状更严重。

（6）更年期综合征的应对措施

处于更年期的女性，应合理安排作息时间，工作、学习、生活不要过于紧张和劳累，适当地参加体育锻炼和文娱活动，增强体质，消除顾虑，以积极的情绪和乐观的心态，去应对更年期的不适反应。

女性要理解更年期是生命的必然过程，是不以人的意志为转移的自然规律。每个女性在更年期都会出现相应的反应和症状，只是有时间长短和程度轻重的差别而已。这些反应及其症状属于功能性的变化，而不是器质性病变，经过一段时间这些反应和变化即可逐步消失，即使更年期综合征的症状比较突出，也要正确对待，泰然处之。

女性要努力提高自我控制能力，有意识地去控制各种症状，对于症状带来的苦恼要善于自我宽解，适当调理，切忌过分担忧和疑虑。因为心烦意乱、抑郁沮丧只能削弱机体的免疫机能和器官的整体机能，从而导致症状更加严重，并对心理健康造成不良后果。对存在严重焦虑、烦躁、紧张情绪的女性，可采用放松的方法。具体做法：

①以舒适的姿势闭眼静坐。

②缓慢而自然地呼吸。

③挑选一个在信念中深深扎根的词或短语。

④与此同时，随着呼气重复默念自己所集中注意的那个单词或短语。

⑤放松全身肌肉。

⑥采取被动的态度，不必担心自己放松得如何。当杂念进入思想时，可以自言自语道"嗯"、"啊"，然后再回到刚才的注意中去。连续放松10~20分钟。

⑦做完后不要立即站起，继续静坐1分钟左右，让其他思想恢复。然后，睁开双眼，再坐1分钟后站起。

女性应逐步掌握训练程序，每日进行2次练习，每次15~20分钟，只要坚持不懈，认真练习，就会取得较好的效果。

对存在家庭问题的女性，也可由家庭成员协同度过这段生理期。家庭成员，尤其是丈夫，要了解更年期女性的心理特点及易出现的神经精神症状，促进家庭成员之间相互了解、支持和沟通，要以容忍和宽慰的态度对待日常生活中的小矛盾，对女性的急躁、易怒、多疑的表现，应耐心引导和劝慰，避免刺激和激惹后加重症状。

如果症状确实比较严重，女性应到医院就诊，辅以药物治疗。

3. 绝经期的性生活

由于女性在进入绝经期后身体上会发生较大的变化，因此对绝经期的性生活问题，也应引起足够的重视。由于卵巢功能逐渐衰退，体内雌激素水平低下，致使其外生殖器萎缩，阴道壁变薄且弹性减弱，更易引起性交困难、疼痛或出血。因此，有些女性可能会对性生活产生厌烦、淡漠或无性要求。

此外，原来阴道的正常酸性环境改变，增加了患阴道炎的可能性，阴道炎也会引起烧灼感、瘙痒和性交疼痛。阴蒂、阴唇和乳房等性唤醒标志，也会由原先的充血膨胀和乳头挺起，变得缺少紧张感而导致性唤起减慢。尽管性兴奋感减弱，但大多数的绝经女性在主观唤醒上很少或没有改变。

研究发现，大约有1/5的女性对非生殖器的性表达的渴望有所提高，例如拥抱、亲吻，等等。性生理和激素水平并不是决定更年期女性性活动的唯一因素。更年期女性性活动的程度，受到过去性经验的强烈影响。年轻时性表达得到很好满足的女性，到更年期时会继续享受性活动所带来的愉悦。而年轻时性渴望就不是很强的女性，到更年期阶段对于性活动的兴趣就会早早消失。另外，有些女性的性快感不仅未降，反而升高了。她们不用再担心怀孕了。除此之外，女性和男性的性唤醒时间都在延长，无疑也会延长双方性活动的快感。

因此，绝经期的女性应对此阶段的性生理和心理变化有正确的认识，解除思想顾虑，调节性生活频率和性抚慰的时间。要逐渐认识到适度而和谐的性生活有利于身心健康和减轻绝经期女性的精神症状。

## 自我按摩保健

女性要了解按摩的内容和技法。

1. 常用的按摩术语

（1）按

按，顾名思义，就是用手指或者手掌，对适当的部位进行给力的刺激，有节奏地一起一落。又叫按法。一般按法分为单手按法和双手按法。单手按法又包括单手加压按法，也就是左手在下，右手压在左手手背上用力的一种方法。

（2）摩

所谓摩，含有抚摸的意思，比按法的力道要稍微轻一些。动作要领是用手指或手掌轻轻地在适当的部位按摩，摩法主要用作配合，辅以按法或者是推法，摩法也同样分为单手摩法和双手摩法，双手摩法主要用于胸部的按摩。

（3）拿

拿，就是拿起来的意思，针对身体的适当部位，手指用力向上的按摩方法。

按摩一般作用于肌肉丰厚的部位，比如出现胸闷或者憋气的情况时，就可以在锁骨上方连接肩背的肌肉上采用拿法，拿起放下，重复20次左右，则可让胸中瘀气散开。

（4）推

推法分为单手推法和双手推法，意指用力向前推。一般配合摩法共同使用，动作要领是用拇指与食指夹住肌肉，单手推摩。但由于手指面积小，通常使用的是双手推摩，也就是双手拇指和食指相对，然后集中推摩。

（5）揉

揉法是用手做轻微的旋转动作的按摩方法，也同样可分为单手揉法和双手揉法。一般小面积的穴位采用单手揉法，比如太阳穴等，而背部那样大面积的地方，则采用双手揉法。揉法在于手掌施力，具有去瘀散结的作用，针对局部的痛点非常有效。

（6）捏

捏和拿，有一定的相似之处，都是用手指将皮肤和肌肉提起来，但是拿法需要用手上的全力，捏法的力道则着重于手指上，比拿法的力要轻一些。捏法常常配合揉法共同使用，能够有效改善血液和淋巴循环，适合排毒按摩治疗。

（7）叩击

叩击法，非常讲究力道的使用，力道得当，对身体有良好的功效，如果不得当，则适得其反。

叩击法又分为侧掌切击法、平掌拍击法、竖拳叩击法和横拳叩击法。

侧掌切击法的动作要领是，两个手掌侧立，掌心相对，叩击时，两手小指为接触身体部位，其余指头在抬起时稍微分开，扣下时手指合拢，两手一起一落地进行击打。

平掌拍击法的动作要领是，两手掌平放，手心向下，前后交替地对肌肉进行拍打。

竖拳叩击法需要两手握拳，拳心相对，交替敲击身体肌肉。拳头不能够握得太紧，手指和手掌之间要留有空隙。

横拳叩击法也同样要双手握拳，拳心统一向下，手背朝上，两拳交替向下作用，拳头不要握太紧。

（8）颤

颤是一种震颤而抖动的按摩手法，要求每秒钟颤动10次左右为宜。颤法讲究动作迅速、短促、均匀。通常使用手指来进行按摩，拇指单独作用，或者拇指和食指、食指和中指结合使用，针对穴位或痛点进行，手指着力，手腕用力地颤动，能够有效缓解诸如头痛等症状。

这些按摩法可谓按摩的精髓，提倡交替使用，在力道很大的叩击或者颤法之后，要辅以动作温和的推摩等，常常进行按摩，能够让女性美丽常驻。

现在很多年轻女性从事办公室工作，当这些女性每天俯首案桌，敲击着电脑键盘，感觉腰酸背痛之后，尽管她们无比渴望去美容院、疗养会所放松身心，但是却没有那么多时间。在这个时候，女性不妨选择在家自我按摩，这同样可以达到放松身心、缓解疲劳的效果。

2. 肩部和腰部按摩

女性工作中的大部分时间都端坐在座位前，一天下来，腰酸背痛自然难免。身体疲惫也会加重心理负担，这时，就需要做一点简单的"舒展＋按摩"运动。具体做法如下：

踮起脚尖，向上伸直手臂，把身体绷直成一条直线，保持一段时间，然后缓缓放下，反复几次，就会觉得很轻松。慢慢移动手臂，将肘部置于脑后，然后头用力后仰，可以达到放松肩部的效果。

反手用力揉捏肩颈，感觉略有点疼痛就停止，然后捏住背部肌肉，缓慢捏按至腰部，然后放松背部和双手。

俯卧床上，双手背后捏住背部肌肉，缓慢捏住腰部按摩；然后坐起，沿小腿往上双手交替按摩，可以放松。

先双手从后面捏住脚踝下方，然后沿小腿往上，双手按压力腰部，慢慢按摩，既简单有效，又不会花费太多时间，这些简单的按摩可以在泡澡或晚上看电视的时候进行。

3. 睡眠按摩操

女性的睡眠质量如何？是否长期处于精神紧张、难以入睡的状态？是否经常躺在床上辗转反侧，迟迟不能入眠？是否每晚都会醒来两三次，醒来之后半小时才能再次进入梦乡？是否一躺在床上就梦境连连，直到早晨都无法解脱？如果女性出现以上情况，那么，睡眠质量已经出现问题了。与睡眠时间相比，睡眠的质量更重要。怎样才能保持深度睡眠呢？让我们学学睡眠按摩操。

我们体内有一个经脉系统，经脉上有很多穴位。刺激不同的穴位，可以产生预期的效果。位于足底的涌泉穴和位于腿部的足三里穴，就是帮助我们安然入睡的。

足底是人体穴位分布最多的地方之一，涌泉穴是其中的穴位之一，它位于足底凹陷处中部，也是整个足底的中央位置。每晚入睡前，用热水泡脚，然后用绕圈的方式，交替按摩双足涌泉穴，力度适中，感觉胀痛即可。

拍打足三里穴，能起一定作用。足三里穴在膝盖骨外侧10厘米处，轻轻拍打有酸麻胀感既可。

睡眠是身体的自我放松方式，睡前简单的身体按摩，有助于身体快速放松，提升睡眠质量。身体的哪个部位感觉不适，就针对这个部位进行简单按摩即可。

头部发胀，可揉按睛明穴，然后沿眉骨至太阳穴，揉按3分钟为宜。头部也是穴位密集的地方，女性可以披散头发，用深齿木梳从额前梳理到颈后，注意力度轻柔，然后从颈后梳理到额前，充分刺激头部要穴，可达到放松效果，进入安眠。

位于眉尾的太阳穴同样能缓解脑部疲劳。从眉头处的攒竹穴开始，用揉按的手法缓缓按压眉骨部位，直至太阳穴，然后再从太阳穴开始，沿眼睑部位按压眼睑正下方的承泣穴和四白穴，到睛明穴为止。每处穴位按摩 5 秒即可，反复十次。只有长时间的睡眠，才能缓解疲劳、促进新陈代谢，保证身体健康。

4. 肩、腿、肘、手部按摩

肩部僵硬，可揉按肩膀中部的肩井穴，揉捏颈部和肩部的肌肉群，再揉捏腋下数十次，可缓解肩部酸痛。

腿部胀痛，可双手握拳，轻敲双腿两侧，沿膝盖按压，再揉捏小腿至脚踝。

这两种按摩方法都简单易作，可操作性很强，赶快动手试试吧。

对久坐的职场女性来说，肩部和腰部是最容易感觉疲劳，也是经常出现病痛的部位。作为女性，只有保证身体健康，才能更好地工作。因操作电脑引起的肩部酸痛、手指麻痹、腰背酸胀等不适，都可以经由自我保健按摩得到改善。

按摩位于肩部正中的肩井穴，可以缓解颈部、肩部僵硬酸痛以及肩周炎、颈椎病引起的种种不适。女性先挺直脊背，肩膀放平，两手微微用力，交替按压肩井穴，拇指在前，四指并拢在后，揉捏从颈根到肩臂处的肌肉，直到感觉肌肉不再紧绷为止；然后双手向后，沿脖颈正后方的大椎穴缓慢揉捏至肩井穴，按摩 3 分钟左右即可。

手臂前举，掌心向上，沿手臂内侧往下，在大臂根部，手肘外侧的凹陷处，即为曲池穴，揉按曲池穴，可以舒活上肢血气，改善肢端麻痹症状。从腋窝开始，缓慢揉捏上臂肌肉，至曲池穴为止，双手交替按摩，来回 5 次即可。

手掌和手指部位也有很多穴位。伸直手掌，从掌心开始，微微用力拉扯手指，力道沿掌骨直至指尖。双手交替进行，直到小指指尖微微发热，产生麻痒感为止。按摩手指可以保持手指血液流畅，避免出现"鼠标肘"和"键盘手"。

5. 腰背按摩

腰背部的穴位是沿着脊柱位置分布的。挺直脊背，双手叉腰，拇指在前，手指放置在脊柱位置，然后缓缓向上移动手指，中指指尖放置在背心正中，手指用力，按压脊柱，并揉捏脊柱两旁肌肉最厚实的部位。从上而下，一直揉捏到臀部尾椎骨的位置。反复数十次，直到腰背感觉发热为止。

揉捏腰背肌肉能改善因久坐引起的腰背酸痛。每天端坐一两小时后，简单地按摩 5 分钟，就可以保护女性的腰椎免受腰椎间盘突出等腰部疾病的困扰。

尽管按摩能达到很好的保健效果，不过女性要知道，按摩并不能代替运动，想要身体健康，运动是必不可少的，按摩只是帮助身体恢复的一个辅助手段。此外，摄入过多酸性食物会加重肌肉酸痛，想要保持身体酸碱平衡，还需要多吃碱性食物。否则，按摩也不能达到最佳效果。

6. 泡脚和足底按摩

足底是人体穴位分布最多的部位之一，虽然足底离心脏的距离最远，但足部穴位的作用不可小觑。热水泡脚再辅以足底按摩，能够有效促进全身血液循环，保证下肢经脉畅通，不但保健效果极好，还有一定的治疗作用。爱穿高跟鞋的女性在逛街之后，去足疗店做一做足底按摩，既可以让足部得到休息，又能减缓足部酸痛。

足疗分为泡脚和足底按摩两部分。泡脚有清洁足部、放松足部肌肉的功效，如果把握好热水的温度，泡脚同样可以起到保健养生的作用。在足疗店里泡脚，除了有放松足部的精油之外，还有一些舒经活络的中草药汤可供选择。药物泡脚能够让药性随着热气进入人体，从而更好地发挥泡脚的保健养生作用。

不过需要注意的是，足疗店中的药物，多数是现成的中药配制在一起的，主要有活血化瘀、缓解疲劳的功效。如果按照个人体质调配药物进行足浴，更能起到不错的效果。

皮肤过敏、心脑血管疾病、患有足部炎症或皮肤病、热感迟钝的女性需要谨慎选择足浴，孕妇不要使用药物。

足底的穴位对应着人体内部器官，不过通过按摩足底，判断一个人身体健康与否并不是一般的按摩师能做到的。只有对人体经脉、穴位、解剖、内科、外科的医学知识都非常熟悉，且按摩经验丰富的医生才能做到。

适度且恰当的足底按摩能够缓解身体不适，减轻下肢疲劳，但不能代替药物治疗身体疾病。按摩不到位，对穴位进行错误刺激，反而会加重病情。因此，患有心脏病、胃溃疡、骨质疏松症、皮肤病的女性最好不要进行足底按摩，以免加重身体不适。

做足疗的好处较多，但不是任何时候都有利健康。冬天天气寒冷，不少身体虚寒的女性喜欢去足疗店泡脚，做按摩缓解足部寒冷。这种做法恰恰是错误的。冬天泡脚很好，但做足底按摩却不合适。冬天是身体修养的时间，身体各个器官都进入缓慢休整状态。这时候按摩脚底，会刺激身体机能，中断器官的休养，是一种杀鸡取卵的做法。

7. 眼周按摩

当我们绷紧神经的时候，我们的大脑处于一种强制性的兴奋状态，这种兴奋状态会让我们的眼睛非常专注，一眨不眨。我们会发现，我们很难将注意力从某个重要文档上移开，即使身体已经发出疲劳信号。

这时候，不妨闭上双眼，做做眼周按摩，强制放松紧绷的神经。眼睛是我们接收外部信息的第一反应源，闭上双眼，就等于阻隔脑部接收更多外部信息。按照眼保健操的节奏与手法，揉按睛明穴、太阳穴、四白穴、天应穴等四个穴位，能有效缓解眼部不适，减轻精神紧张的症状。将手掌弯成勺状，覆盖在眼部，间隔5秒后移开，反复3分钟左右，也能缓解眼部不适，调整精神状态。

8. 缓解紧张情绪的按摩

有些女性心情紧张的时候，呼吸系统会不自觉地处于屏息状态，而另一些女性可能出现心跳加快、呼吸急促的状况。两种反应看起来截然不同，但都是内脏在紧张情绪下的自然反应。

此时，女性需要站直身体，让胸腹部位得以舒展，然后深深吸气，再缓缓吐出，反复几次，直到呼吸变得正常。

胸腹部沿身体正中，即肋骨相对的空隙处分布着一串可以控制内脏反应的穴位，将掌心贴靠在这些穴位上，从上往下，反复按压数次，可以调整呼吸节奏，缓解紧张情绪对内脏的影响，减少紧张带来的负面效应。

有些女性感觉精神紧张，主要还是一种情绪变化。因此，女性想要彻底消除紧张对身体的影响，最关键的是要保持情绪平和，让心情处于一种放松状态，这样身体才能更好地放松。

如果女性确实因为某些烦心事精神紧张，那么不妨站起身来，呼吸新鲜空气；移动脚步，四处走走，转换一下心情；或是喝一杯热茶之类的饮料，让心情镇定下来；或是干脆放下这件事，先完成其他的工作。这样，将身体按摩与精神按摩相结合，能更快地达到放松的目的。

9. 按摩脑部，改善不良症状

脑部分布着诸多人体重要穴位。这些穴位能够刺激有效的脑部反应，改善脑部的不适。位于头顶最高点的百会穴，是人体任脉和督脉的汇合点，也是人体阳气的汇集之处。按摩百会穴，可以改善健忘失眠、精力不振、头晕目眩等不良症状。

头部穴位掌控大脑和五官的活力，按压头部穴位，能促进脑部血液循环，保持头脑活力。

按压位于眼尾两指处的太阳穴，能缓解头痛，减轻脑部疲劳。按摩位于脑后枕骨之下，颈部肌肉外侧凹陷处的风池穴，能改善头晕目眩、脖颈僵直、脑部昏沉等不良症状。按摩这两个穴位时，要注意用力轻柔。

披散头发，十指成梳状，从发际线开始，从前往后轻轻梳理头发，按摩头皮，重复五十次左右，以促进脑部血液循环，这种按摩方式也能缓解头部的不良症状。

按摩位于眉头连线正中央的印堂穴，有明目开窍、提神醒脑的功效。按摩印堂穴与发际线之间的神庭穴，也能缓解神经系统的不适。用手指点按这两个穴位，然后再用揉动。

按压头部穴位需要特别小心，食指和中指并拢，微微用力，以打圈的方式按压穴位，每次按压30秒，反复5次即可。对经常伏案工作的女性来说，按压头部穴位效果更好，能有效改善脑部反应迟钝、昏昏欲睡的状况。

10. 身体取暖的按摩法

到了冬天，爱美的女性不能容忍把自己包裹得像一个雪球，可是衣着单薄，在寒风中瑟瑟发抖也绝不是美女的风姿。有的女性即使穿得很多，也难以保持手脚温度。尽管睡前坚持用热水烫脚，但半夜还会手脚冰冷。难道就只能依靠电热毯和暖气过冬吗？其实，女性还可以试一试抗寒穴位按摩。

（1）按摩手指穴位

阳池穴意为阳气蓄积的穴位，它位于上肢主管热量的经脉——三焦的汇集点。伸出手掌，掌心向下，在手腕部位，即腕背横纹上,前对中指和无名指指缝,轻轻按压感觉有一处凹陷的地方,即为阳池穴。刺激阳池穴能够激活上焦和中焦中的热量,生发阳气,让人体快速回暖。

交替用手指按压阳池穴,或两手手背相对,摩擦阳池穴,就能赶走体内的寒气,让身体暖和起来。临睡前按摩数分钟,即可温暖地睡到天亮。刺激阳池穴还能减轻鼠标手的不良症状。

此外,按摩虎口位置的合谷穴亦能驱赶寒气,缓解因天气寒冷引发的关节炎、肩周炎等不适。轻轻揉捏合谷穴,每分钟30次左右,坚持数分钟,直到穴位出现酸胀感为止。不过孕妇不要按摩合谷穴。

(2)按摩脚底穴位

刺激涌泉穴能够改善肾阳不足的状况,让身体阳气充盈。每晚睡前用热水泡脚,注意不要等到水温变冷才中止。在双脚感觉温热的时候擦干水,用打圈的方式轻轻按压涌泉穴,直到感觉脚心发热,然后再揉捏脚趾数分钟。

此外,按摩位于脚踝内侧下方凹陷处的照海穴也能刺激肾经,提升阳气。同样用打圈的方式按摩照海穴,再扩展到脚踝位置,直到感觉脚踝部位发热为止。

(3)按摩腰腹穴位

腰腹部位也是女性容易感觉寒冷的部位。中医认为,人体精气神都储存在丹田当中,而位于腰腹的人体重要穴位关元、阴交、气海和石门都被称为丹田。刺激这几个穴位,能让人体更具活力,精力充沛。

这四个穴位呈直线分布在肚脐三寸以内的位置。将掌心搓热之后覆盖在腹中缝的位置,微微用力,上下滑动,直至腹部发热为止。按摩腰腹穴位,有固本培元、益气壮神的功效,是改变畏寒体质的根本。

11. 通过运动改善身体状况

当女性长时间端坐在办公桌前,身体始终保持着固定的姿势,身体的血液流动不畅,脑部的供血情况会越来越差,供血不足,自然就会感觉精神倦怠、萎靡不振。此时,活动头部、肩颈部的肌肉,能改善大脑供血不足的情况,让感觉沉滞的大脑恢复活力。

(1)肩部运动

抱紧双臂,两肩尽力向前靠拢,坚持5秒,再缓缓放松。两臂后推,挺起胸部,两肩尽力向后扩展,坚持5秒后还原。挺直脊背,两肩放平,再用力向上耸肩,保持5秒,再慢慢放下。将三个动作重复10次,可以放松肩部肌肉,改善大脑供血,达到提神醒脑的效果。

(2)颈部运动

双手交握,护在脑后,深呼吸,慢慢低头,缓缓吐气,头向后仰。端正头部,缓缓转头向右,眼睛尽量看向身后,缓缓还原,再向左转。这两组动作各重复10次,也能达到放松肩颈肌肉、改善脑部供血的效果。

12. 按摩面部放松心情

女性结束一天的紧张工作之后,不要一回家就躺在沙发上,这样是不会使自己真正得到放松的，想要得到真正的放松，女性首先需要从放松心情开始。内心焦急紧张，身体始终处于紧张的状态，根本达不到放松的效果。

这时，女性不妨打开音响，放一些轻缓轻松的自然音乐；点起香，让自己沐浴在芬芳之中，抛开工作的烦恼，放松自己。

一个人的疲劳总是最先从脸部表现出来的，一个女人的衰老也总是最先从脸部开始。女性可在洁面之后，将手心搓热，放在脸颊两侧，由内而外地轻轻打圈，直至脸颊发红发热，这样有助于促进脸部血液循环。眼部的按摩可以按着化妆的步骤，以手代笔，轻轻按压，感觉发热即可。刷牙之前，上下牙齿轻叩数十次，可以达到保健牙齿的功效。

**13. 注意按摩的误区**

颈椎不舒服，去按一按；腰椎不舒服，去按一按；疲劳了，去按一按；没力气了，去按一按。按摩仿佛成为都市女性的万能贴，女性一面在享受着这个不可多得的轻松方式，一面在感慨幸好世间还有按摩这种方式，能够让身体得到片刻的放松。但是，按摩真的就是有百益而无一害的灵丹妙药吗？

任何事情都有双面性，按摩的确是一种非常有效的放松和养生方法，但如果使用不得当的话，同样会对身体造成很大伤害。

（1）美容院按摩需谨慎

女性长期伏案工作，肩颈、腰背酸痛难忍，无法缓解。不少女性会在去美容院做皮肤保养的时候，顺便请按摩师按摩酸痛僵硬的肌肉。泰式按摩、盲人按摩、中医按摩等，看似专业的按摩手法，头头是道的穴位解说，可不见得都那么可靠。

按摩的历史悠久，建立在中医经脉穴位理论之上。经过长时间的检验，证明按摩对舒活经脉、缓解肌肉酸痛、治疗肩颈脊椎病症疗效甚佳。按摩有保健作用，也有治疗作用。我们一般很少选择去医院做专业的按摩，都觉得那是治病。如果只是为了舒活筋骨，去美容院、按摩馆做简单按摩就行了。

有人觉得，即使按摩不到位，没有治疗的效果，也不会损害健康。而事实是按摩不当，不但会加重身体不适，还可能导致关节脱臼、脊柱错位等严重后果。

一位专业的按摩师，需要对人体经脉非常熟悉，必须具备中医、西医、内科、外科等医学知识，还得进行一段时间的实习，才能出师。而美容院所谓的按摩师，几乎没有医学功底，靠的就是师徒之间的传授，往往简单地学了几个月，就号称"专业按摩师"走马上任，女性把自己的身体交给这样的按摩师，是不会放心的。

（2）自我按摩要注意什么

①按摩的力道不宜过重。

按摩的力道轻，即使达不到按摩效果，也不会对人体造成无可挽回的伤害。女性平时在家自己按摩的时候，就需要注意手法由轻到重，不要一开始就对自己"下狠手"。

②重视按摩器具的卫生。

按摩器具直接作用于人体皮肤，如果卫生不过关，就可能让人感染上各种致病菌，引起皮炎。特别是到美容院等人员繁杂的地方做按摩，更需要注意器具卫生，不仅需要表面干净，还得保证经过高温杀菌。

## 提高睡眠质量的方法

有的女性常常说，自己今天睡了12个小时，但是注意观察她的脸色，就会发现她的黑眼圈照样严重，精神状态依然萎靡。充足的睡眠，不仅包括充足的睡眠时间，还包括足够的睡眠深度。怎样才能保质保量地享受睡眠呢？学学这些高招吧，它们都经受过时间的考验。

1. 远离噪声和光线的方法

乘坐火车的人都有这样的体会，即使是在舒适度最高的软卧车厢，我们依然不能得到充足的睡眠。整个夜晚，光线和火车的轰响让我们时醒时睡，即使睡够了十几个小时，下了火车我们依然觉得疲惫。

光线和噪声是大多数人都难以跨越的睡眠障碍。研究发现，控制人体睡眠的是大脑内的松果体。它分泌出褪黑素，褪黑素的多少控制我们睡眠时间的长短。在光线照射下，褪黑素分泌会减少，妨碍我们深度睡眠。因此，到了睡觉的时间，女性需要拉上窗帘，戴上眼罩。安静黑暗的环境能帮助人尽快进入深睡眠。

2. 运动助眠

在激烈的运动之后，我们的身体大量出汗，精神从兴奋转为疲惫，身体消耗的能量需要从睡眠中得到补充。因此每天运动的人躺在床上时，更容易快速进入深睡眠状态。

运动之后的疲惫是正常的，身体各部位得到有效放松，体内毒素更易排出，大脑也会从工作、生活的烦恼中解脱出来，心无旁骛地进入梦乡。

需要注意的是，睡前最好不要做剧烈运动，以免精神过度兴奋，妨碍入眠。女性可做一些放松的肢体运动，如柔软体操等，助眠效果更佳。

3. 睡前沐浴

我们在泡温泉的时候很容易感到疲倦。当热水流过身体，会对身体表面的穴位和皮肤产生温和刺激，皮肤表面的毛细血管得到扩张，皮肤表层供血增加，大脑供血相对减少，因此会觉得疲惫、困倦。

睡前沐浴，能刺激体表皮肤，放松肢体。沐浴还能清洁皮肤表层的附着物，让皮肤呼吸顺畅，使人心情愉悦，很快入眠。

需要注意的是，女性沐浴时要注意通风透气，泡澡需调节温度。时间过长的泡澡，可能引起晕眩。

4. 音乐助眠

心事重重、心情压抑都不利于睡眠，因此睡前放松心情也很重要。睡前两个小时，选择舒缓柔和的轻音乐，轻音乐、小提琴曲或丝竹曲等都是不错的选择，摇滚等比较激烈的乐曲最好放弃。

音量要调低，在相对独立且安静的环境中，闭上双眼仔细倾听，让大脑伴随音乐尽情地想象。随着时间的推移，人的情绪渐渐平稳，心情开始放松，睡意随之而来。

5. 睡前泡脚

当女性拖着疲惫的双腿回家后，需要放松紧绷的双腿双脚，以提升睡眠的质量。冬天到来，经常感到手脚发冷的女性需要为手脚提供热量，帮助睡眠。睡前泡脚，能够有助于入睡。

脚部是距离心脏最远的部位，支撑着人体的行走。作为最受压迫的肢体，足部很容易出现疲劳等不良状况。特别是随着气温的下降，末梢血液循环变慢，体寒的女性更容易出现双脚冰凉、僵硬麻木等现象。

而热水泡脚能促进足部血液循环，放松紧张的足部肌肉，消除下肢的僵硬，脚暖和之后，身体也会微微发热，这有助于舒缓全身的疲劳，使女性安然入睡。

在热水中加入一勺粗盐，用盐水泡脚可以杀菌。在热水中加入白醋，用醋泡脚不仅可以润肤美白，在春秋流感多发季节还能有效抵抗感冒侵袭。

脚冻僵时，先用度数高的白酒搓揉片刻，直到脚感觉发热发烫，然后在热水中加入一小杯酒泡脚，可以促进血液循环，快速回暖，防止冻伤。老姜切片放入热水中泡脚，可以防寒去湿，还能减轻生冻疮的不适。不过患有脚气、心脑血管疾病的女性需慎用以上方法。

## 内衣和女性用品选择不当有损健康

女性都要穿内衣，但是，如果内衣选择不当，也会影响女性的身体健康，导致发育不良，或罹患各种疾病。

有些不爱运动、身体微胖的女性为了掩盖身材缺陷，或是发育中的少女为了胸部的美型，选择塑身内衣。因此，塑身内衣大加流行。塑身内衣一般由高弹面料制成，有些女性穿上之后，确实能让自己的胸部线条更加明显，腰部更加纤细。但是，塑身内衣紧紧束缚女性的身体，带来的结果可能使这些爱美的女性得不偿失。

1. 内衣选择有禁忌

（1）少女不宜穿哪些内衣

少女在青春期中，面临第二性征的发育。在这个时间里，卵巢逐渐发育成熟，雌激素大量分泌促进乳房发育。有些少女并不重视这个发育过程，随随便便地选择一件内衣，不管是不是贴合胸部曲线，穿着过松的内衣，可能造成乳房外扩或下垂等影响身体曲线美的不良状况。有些少女为胸部发育感到羞耻，试图穿着过紧的内衣来束缚胸部发育，这比穿着松弛的内衣更糟糕，不仅会妨碍乳房血液循环，造成乳房胀痛不适，妨碍乳房正常发育，甚至会造成乳头内陷等问题，还会影响正常呼吸。乳房发育不良，不仅影响美观，还会影响以后的哺乳。因此，少女应根据身体的发育状况，选择适合自己的内衣，保证至少半年更换一次内衣型号。

（2）成年女性不宜穿哪些内衣

成年女性身体臃肿，乳房松弛下垂，有的女性为了使自己的乳房变得高挺起来，就选择穿着紧身内衣。其实，成年女性也同样不适宜穿着紧身内衣。无论是从身体健康来考虑，还是为了保身材美观，成年女性穿紧身内衣都是不可取的。

紧身内衣其实并不能让身体变得更苗条，或让胸部更丰满，它只是调整脂肪的位置，让身体看起来更美观。紧身内衣让乳房侧面和下方的脂肪堆积到胸部，使胸部处于血液流动不畅、呼吸不畅的状态，是乳腺疾病产生的根源。

束腹裤将腰部和腹部的赘肉强行挤压到身体内部，不仅会压迫内脏，还会挤压子宫、卵巢，长期穿着束腹裤，会让卵巢丧失活力，影响生育功能，还可能引起卵巢病变。

内衣确实能让女性的身材更美好，但是穿着不当的内衣，会给女性带来更多的难以预料的灾难。女性切不可盲目追求身材美观，而让身体遭受灭顶之灾。

2. 最好不要戴隐形文胸

在炎热的夏季，女性穿着各种颜色绚丽、质地轻薄的衣裙，尽情展现身体曲线，但又不得不忍受在大热天里穿着文胸，汗流浃背的痛苦。有些女性选择穿戴隐形文胸，以此解决这些小麻烦。不过，追求省事或美丽总需要付出一定代价。

（1）什么是隐形文胸

隐形文胸的出现，可以说是内衣界的一场革命，有了它，女性可以更多展现美丽的选择。最初的隐形文胸是由高分子材料制成的，它可以与人体肌肤完美贴合，让胸部显得更丰满，但透气效果不佳的现状，限制了这类文胸的发展。

隐形文胸一般分为内层和外层，内层直接接触皮肤，涂有可反复使用的胶质。外层起到定型、衬托的效果，除了有硅胶外层，最近还出现了布料外层。硅胶的定型文胸效果更好，不过偏重，丰满的女性不宜使用。布料外层的文胸很轻，但布料的定型效果不太好，有可能让内层不能完全贴在胸部皮肤上。

（2）隐形文胸不宜长时间穿戴

隐形文胸固然有其优点，但不适合长时间穿着。它不具备支撑胸部的作用，丰满的女性长期使用可能导致胸部下垂。胸部下垂明显的女性穿着隐形文胸会显得下垂更严重。普通文胸有调整胸型的效果，但隐形文胸只能通过调整贴片的高度来达到调整的作用，如果粘贴不当，还会影响胸型的美观，长期使用可能造成胸部变形等不良状况。

此外，胸部皮肤非常娇嫩，长时间和胶质接触，会对皮肤造成一定伤害，比如可能引起红疹等过敏性皮炎。隐形文胸受胶质内层影响，透气性与普通文胸相差较多。在气温较高的夏季，肌肤出汗较多，会妨碍隐形文胸的稳固性，可能造成隐形文胸脱落等尴尬意外。隐形文胸的不透气性会妨碍汗水的排出，给皮肤造成损伤。

隐形文胸一般是前扣式搭扣，极易因受力不均或剧烈运动而损坏。隐形文胸内层的胶质也会受微尘影响，减少使用寿命。

因此，隐形文胸不宜长时间穿着，如果一定要穿，最好能将时间控制在4小时以内。

3. 要勤换卫生巾

女性穿着内裤时，有时还要在内裤里放卫生巾，这是女性月经时期必须用的东西。女性使用卫生巾要注意一些方法，来保证内裤的洁净，从而保证身体的健康。

（1）保证清洁

保证清洁除了卫生巾本身必须是干净且包装严整外，还包括女性在使用卫生巾的过程中，所遇到的清洁问题。在现实中，很多女性出于有备无患的心理，习惯地在手提包里放一片卫生巾备用。尽管手提包的夹层看起来较为干净，但即使是独立包装的卫生巾，在手提包中也难免会被挤压变形，被细菌污染。因此，放入独立小包装前，最好给卫生巾加一个外包装。

在卫生巾的使用过程中，手指会触碰到卫生巾的表层，表层直接接触外阴皮肤，很容易使手指上携带的细菌感染阴部。在生理期，女性的抵抗力降低，不洁的卫生巾可能引起严重的妇科疾病。因此，使用卫生巾前也需做好手部清洁。

（2）勤换卫生巾

在生理期，女性维护健康的重要步骤就是勤换卫生巾。不过因为在生理期内月经血量各有不同，量大的时候，大多数女性都会立即更换，但是量小的时候，有些女性就会一整天使用同一片卫生巾。有的女性为了免去经常更换卫生巾的麻烦，会选用吸收量大的卫生巾。

这些不良的使用习惯，都会危害女性健康。一整天不更换卫生巾，卫生巾中的棉垫层也会起球、变形，吸收能力变差，还可能会在女性不注意的时候，在外裤上沾染血迹。

女性在生理期，每2～4小时更换一片卫生巾是最合适的。女性下腹部本来就体温偏高，带血的卫生巾长时间接触阴部，为细菌繁衍提供了充足的温度与营养，可能引起阴道炎症与外阴瘙痒等不良症状。

（3）选择合适的卫生巾

卫生巾作为日用品，它的保质期问题往往会被不少女性忽视。不要以为没有拆封的卫生巾就是安全可靠的，不要看到超市卫生巾打折就去抢购。在购买前，先认真确认它的保质期，不要选择那些即将到期的卫生巾。

过薄的卫生巾和过厚的卫生巾都需慎用。带有香味或有药物的卫生巾更需慎用，芳香分子和药物分子都可能引起过敏，造成阴部瘙痒。女人应该懂得爱护自己，懂得正确使用卫生巾的方法，只有这样，才能保证生理期安全度过。

4. 正确使用护垫

除了在生理期使用卫生巾之外，女性还因为分泌白带沾染内裤而使用护垫，以保持内裤的洁净、卫生。

可是，有些女性在忙起来的时候，就忘记更换护垫了，使内裤变得脏污不堪。女性使用护垫，本来可以保持内裤和下体洁净，但如果忘记更换护垫，就可能造成下体被病菌侵袭的烦恼。怎样合理使用护垫，才能避免损害健康呢？

（1）天气炎热时不宜使用

护垫小巧便利，不少女性习惯在经期以外的日子里每天使用。健康的女性使用护垫不会出现太多问题，不过，护垫底层被塑料纸紧紧封住，基本不能透气。

天气炎热的时候，阴部出汗增多，使用护垫会让热气和汗液堆积在阴部，为细菌繁殖提供场所和条件。在分泌物较多的时候，护垫会使阴部温度和湿度增加，同样容易滋生细菌。

如果不及时更换，还会破坏阴部酸碱度，降低阴道本身的杀菌作用，引起阴道炎症。因此天气炎热的时候，最好不使用护垫。穿着紧身裤或束腹裤的时候，也尽量不要使用护垫，以免造成阴部温度升高，破坏阴道正常的酸碱度。

特别是患有妇科疾病的女性，使用护垫更易导致病症加重。如果患有阴道炎症，最好不要使用透气性差的护垫，坚持穿着全棉内裤，并且勤加更换才对治疗有好处。如果阴道分泌物过多，最好不要用护垫，直接去做妇科检查，才是对身体健康负责的表现。

（2）护垫不宜长期使用

长期使用护垫，又穿着贴身或紧身的裤子，护垫与阴部摩擦，还可能造成局部皮肤损伤，引起外阴毛囊炎等疾病。护垫一般粘贴在内裤上，如果经常使用，护垫上的胶带可能会遗留在内裤上，不仅不易清洗，还会粘连一些衣物纤维，成为细菌的繁衍地，危害阴部健康。因此最好只在月经量少的时候使用护垫，并穿着月经期间专用的内裤。

使用护垫时，无论量多量少，女性都要坚持每2～4小时更换一次，防止病菌滋生。

# 女性如何应对流产

女性流产的原因多种多样，除了遗传原因、生理性原因以外，还有的女性因为没有避孕，却在一次偶然的情况下意外怀孕，自己又不想要孩子，只好做人工流产手术。

1. 服用流产药

有些女性害怕手术流产，担心自己受不了疼痛，担心手术器械对自己生殖器官的伤害，这些女性宁愿使用药物流产，在药物流产后，护理也变得简单，遭遇的心理压力也不大。

与传统的人工流产手术相比，服用流产药给女性确实带来了便利，这也是不少女性选择药物流产的原因。但是也要辨证看待。

(1) 药物流产的弊端

其实，药物流产也有它的弊端。服用流产药之后的3~4天内，女性会感觉腹痛、恶心，然后子宫剧烈收缩，排出孕囊。在这个过程中，孕囊中的一部分可能滞留在子宫中，引起子宫内膜炎症，妨碍子宫内膜的恢复，造成阴道持续出血，或因子宫内膜受创，引起大出血。药物对子宫的刺激不会因流产而完全消失，还可能引起月经不调等后遗症，甚至引起不孕的恶果。反复用药物流产，刺激子宫，可能引起习惯性流产或不孕。如果孕期过长，还可能造成药物流产失败，最终也只能采用人工流产。

(2) 药物流产适用范围

女性药物流产虽然操作简单，但绝不能在没有医生指导下随意进行，并不是所有的妊娠都能通过药流中止。

最早出现的流产药，又被称为"催经止孕药"，就是在月经该来却没来的时候，服用此种药物中止可能进行的妊娠，恢复正常的月经周期。所以，药物流产适用的时间非常短暂，只对子宫内的孕囊有效，因此药流最好是在怀孕2个月内进行。

服用药物之前，必须去医院检查，确认孕囊大小，只有孕囊直径在1~2.5厘米的时候，才能服用流产药。服药流产之后，还需去医院做后续检查，确保孕囊组织已经完全排出体外。

此外，患有青光眼、哮喘病、心肺功能不佳、疑似宫外孕的女性不宜选择药物流产。

2. 女性流产后的注意事项

女性无论是药物流产，还是手术流产，在流产后都要注意卫生和保健，否则会留下后遗症，终身都会为之痛苦。

(1) 要保证流产后的卫生

女性流产后，需做好个人卫生，每天用温水清洁外阴，勤换卫生巾、内裤等贴身物品，以免造成感染。在身体出血期间和出血干净之后的一周，最好都不要坐浴，以免阴道感染。手术之后的一个月内不应有性生活，以免妨碍伤口愈合或引起盆腔炎症导致不孕。

(2) 流产后的禁忌

女性流产后，不能触碰生冷寒凉的物品，也不能用冷水做家务，如冷水洗菜、洗衣等，以免引起寒气入侵，诱发关节炎、关节痛。

此外，还需做好腰腹部位的保暖，不穿紧身衣、露脐装，以免引起妇科疾病，也不能进食生冷寒凉的食品，如冷饮、冬瓜、苦瓜等凉性蔬菜，番茄、葡萄柚等凉性水果，以免妨碍体内正常的新陈代谢，造成各种疾病。

3. 流产后的食疗保健

女性流产之后，还需要从饮食上进行调养，这样对身体的恢复更有帮助。

(1) 姜汁牛奶

生姜打汁，与牛奶一同加热，然后

放入白糖调味即可食用。姜汁牛奶作为"小月子"中的饮品，能帮助女性恢复身体，有益健康。

（2）红糖山药红枣糯米粥

山药去皮切成小块，与糯米、红枣一同熬粥。待粥熟之后，再放入少许红糖，熬煮五分钟之后即可出锅食用。需要注意的是，糯米、山药的黏性大，煮粥的时候要不时搅拌，以免粘锅。放入红糖后，不宜熬煮过久，以免红糖焦化，出现焦糊味。熬粥所用的食材都有温补收敛的效果，对恢复气血助益良多。消化不良的女性可以粳米代替糯米，不影响疗效。

4. 人工流产的术后护理

女性流产说到底是一次身体的创伤，但同时也会给心理留下些许影响。很多女性在人工流产之后会有很长一段时间处于焦虑和沮丧当中，既有缺失感，又害怕对自己的身体以及今后的生育造成影响。焦虑的存在会影响女性自信心的恢复，也会间接地影响到体质的恢复。

所以，女性在人工流产后的调养很重要。首先需要强调的是，如果是一次人工流产，只要保养得好，对身体不会造成多么大的影响，但要是反复做人工流产，而且间隔很短的话，对身体的伤害是巨大的。人工流产手术之后，应该从以下几个方面着手进行护理。

（1）注意饮食

人工流产后身体比较虚弱，肠胃的消化能力可能受到相应的影响。不要盲目地吃一些大补且不易消化的东西。人工流产术后的前两天，应该选择一些富含营养并且容易消化的食物，富含膳食纤维的食物能够帮助消化。

（2）注意休息

很多女性并不在意流产对身体造成的伤害，觉得既然没有疼痛也没有流多少血，就没有什么大问题，再加上工作任务重，摆脱不开，或许就会忽略休息，但这样对身体的恢复是非常不利的，特别是那些需要从事高强度体力工作的女性，如果做了流产，一定要注意休息，避免久站。

（3）注意保暖

人工流产术后的保暖是非常重要的，受伤的子宫需要时间才能愈合。在伤口的愈合期，子宫等受创部位特别容易感染，也容易因受凉留下隐患。因此此时的女性要特别做好腰部的保暖。另外，人工流产术后，人的抵抗力明显下降，各种风寒和病菌容易入侵，所以要避免吹风，特别是头部，不管天气多热，人工流产后也不要轻易地喝冷饮。

（4）注意心情

当胎儿在母亲身体中开始孕育的那一刻，孕妇就和胎儿建立了密不可分的关系。与胎儿一起呼吸的孕妇参与胎儿成长的每一步，一旦流产，缺失感会让女性时常感到沮丧，所以人工流产术后一定要注意调节心情，不要太过悲伤或者抱怨，要有既来之则安之、眼光朝前看的心态，乐观积极一些，这样有助于女性尽快地恢复健康。

## 5. 人工流产术后的调养

人工流产对每个女性的影响都是不一样的，有的人身体素质好一些，术后可能稍微休息调养一下就能够恢复健康，但有的女性由于身体虚弱，再加上心理压力比较大，很可能出现贫血或者眩晕的状况。

所以，根据不同女性的不同体质来进行人工流产术后的调养是非常必要的，女性只有认真对待自己的身体，才有可能保持健康。人工流产术后除了好好休息之外，还需要依靠饮食来调节身体，以期尽快地恢复身体健康。

（1）需要补充的营养物质

人工流产后，女性既要保证身体健康，又要防止进补过度，引起发胖，如何进行饮食调养就成最大问题。不过把握调养原则，就能让女性快速恢复健康。

①补充抗氧化的维生素。

人工流产后，身体受到创伤，体内可能引起衰老的自由基增加，要消除这些自由基，就必须为身体补充胡萝卜素、维生素E和维生素C。合理摄入蔬菜水果，是保持身体年轻态所必需的营养。维生素C还能帮助人体提高铁元素吸收率，有效帮助身体恢复。此外，有促进细胞恢复、抗击外界感染功效的维生素A也是帮助身体恢复必不可少的营养。

②补充蛋白质。

优质蛋白质同样能够预防身体感染，提高身体免疫力。因此应摄入适量的豆制品、蛋、奶、瘦肉等调理身体所需的重要营养。

③补充铁元素。

女性在人工流产之后身体受损，补充铁元素是身体恢复的关键。因此摄入含铁丰富的菠菜、动物肝脏等食物对身体恢复大有裨益。此外，红枣、阿胶、红糖等能帮助身体补气补血的食材也可多吃。

（2）术后饮食调养的原则

有些女性认为在人工流产之后不需要为胎儿补充营养，并发现自己在终止妊娠之后开始发胖，就为保持身材盲目减肥，结果身材是变苗条了，身体却变虚弱了。女性会为妊娠自动储备养分，妊娠终止后，消耗的养分比储藏的养分少，人体就会发胖。

妊娠过程本身会引起雌激素分泌波动变化，造成女性生理机能的改变。流产会强行终止身体机能的改变过程，并会对子宫造成严重损伤。

此外，血气的流失也会让女性变得虚弱。如果不好好调理，甚至可能损害子宫的生育机能，引起多种妇科疾病。

人工流产后调养，除了饮食补充之外，还需注意调节心情，防止出现抑郁等心理病症。适当运动，合理摄入巧克力等能保持心情愉悦的食物，对人工流产后的调养也有积极作用。

# 长期不良体位如何保健

人的个别器官和系统的过度紧张，均可对健康造成损害。在从事不同职业的劳动过程中，女性往往需要长时间持续采取一种体位、姿势进行工作，即所谓强制体位。

1. 接触行业和作业

女性较多的纺织工业，如纺织细纱工和缝纫工、制鞋工、乘车作业以及服务行业的女服务员、售货员等，会因腰背肌高度紧张而引起脊柱弯曲。

2. 对人体的健康危害

女性长时间立位作业时，由于重力引起的流体静力学作用影响静脉血回流，下半身血流瘀滞，子宫等盆腔脏器充血，因此痛经的患病率较高，且下肢易出现水肿，工作后下腿围增加者较普遍，较坐位作业者的腿围变化明显。

3. 对女性的生理影响

长期立位作业，容易发生痛经。长期从事立位作业的职业女性，还容易发生扁平足及下肢静脉曲张、子宫位置异常，即后倾或下垂等病症。

女性长期坐位工作也影响下肢静脉血回流，易使器官充血，容易发生痛经及使盆腔炎症加剧。

长期坐位又缺乏锻炼，女性的骨盆底组织松弛、无力，易引起便秘和痛经，分娩时也易引起宫缩无力，会阴破裂。为此，应根据工种特点，适当调配劳动时间、劳动体位、休息制度、工间休息等，要做工间操。强制的劳动体位对青年女性的生长发育更为有害，可能造成骨盆发育畸形和性器官位置异常，因而更应引起注意。

应采用以下的方式和对策：

①女性连续作业时间不宜过长，应增加工间休息。休息时应采取积极的活动的休息方式如做工间操等，以促进下肢的血液循环。尤其长时间坐位工作时，更为必要。

②工作后洗热水澡促进血液循环，改善下肢血液回流不好的状态。

③睡眠时应将小腿部适当抬高。

④对孕妇应缩短其立位作业时间，增加工间休息，休息时最好能有条件进行短时间的侧卧或将腿部抬高，妊娠后期应调整工作。

⑤立位作业，工作时不宜穿高跟鞋。

4. 久坐的女性如何保健

有些女性上班时需要坐着工作，比如在生产流水线工作的女性，还有在办公室工作的女性，她们每天都要坐那里操作，或不停地敲打键盘。

这些女性很容易患上腕管综合征，主要症状是中指的麻木和疼痛，并常常感觉大拇指笨拙无力，拇指、食指、中指感觉迟钝和异常，而小指和无名指内半侧完全正常，如果女性患者将两手搁在桌子上，前臂与桌面垂直，两手腕自然屈掌下垂，大约一分钟即可出现食指和中指的麻木。

主要原因是女性长期从事电脑打字工作敲击键盘所致。长时间使用鼠标时，总是反复机械地集中活动一两个手指，而配合这种单调轻微的活动，还会拉伤手腕的韧带，导致周围神经损伤或受压迫。

为了改变这种情况，女性要从以下几方面去做：

①调整显示器的桌面，将电脑屏幕中心位置安装在与操作者胸部同一水平线上，视线应保持水平向下约30度。

②室内光线要适宜，并避免光线直射在屏幕而产生炫光等干扰光线。

③如果空调房间比较干燥，可以在附近放一盆水，每过一段时间用清水湿润一下脸部，包括眼眶周围，每当注视屏幕一小时，就应闭眼休息或远眺数分钟，或做眼球转动。

④每工作一小时就要起身活动一下身体，做一些握拳、捏指等放松的动作。使用电脑时，电脑桌上的键盘和鼠标的高度，最好低于坐着时的肘部高度，使用鼠标时，手臂不悬空，移动鼠标时不要用腕力而尽量靠臂力做，不要过于用力敲打键盘及鼠标的按键。此外，鼠标最好选用弧度大、接触面宽的，有助于力的分散。将腕部垫起，避免悬腕操作。

5. 容易产生的心理问题

在办公室工作的职业女性，由于工作节奏日趋加快，精神上容易产生巨大压力，精神上和身体上的超负荷状态对健康是非常不利的。如果不注意休息和调节，中枢神经系统持续处于紧张状态会引起心理过激反应，久而久之可导致交感神经兴奋增强，内分泌功能紊乱，产生各种身心疾病。作为职业女性，需要兼顾工作与生活，一些女性以下的常见生理、心理问题可能更为突出。

（1）经前紧张

诸如兴趣改变、情绪波动、注意力集中困难、睡眠障碍、疲劳感等。其中情绪不稳、易激怒、焦虑、抑郁等是最常见的经前症状。这些症状可以影响女性的工作效率、夫妻关系和生活质量。这些问题多数女性在行经时或行经后会自然缓解。

（2）产后抑郁

多数女性在产后曾有过情绪低落的症状。

（3）更年期精神卫生

多年在办公室工作的女性，如技术绘图员、资料员等，当她们工作到快要退休时，恰好也到了更年期，这时，有些女性会出现更年期综合征，或出现更年期抑郁症、更年期精神病等症状。

当出现这些症状时，往往表现为经常焦虑、爱疑心、爱出汗、爱脸红、爱唠叨、容易发脾气。因此，这些人应保证睡眠，加强锻炼，防止精神创伤，预防躯体疾病。有更年期精神病症状的女性，应及时到医院检查治疗。

职业女性在工作和生活中面临较大的心理压力，她们在感受压力的过程中，身体各脏器会相应地反馈，继而导致亚健康或疾病。

她们在情绪方面主要表现为焦虑、迷惑、憎恶及沮丧等，自觉精神疲劳，注意力分散，缺乏自发性和创造性，自信心不足。在肺脏压力大的情况下，哮喘患者的病情常会恶化。心脏在压力大的情况下常会出现心绞痛、心律失常等症状。人在压力大的情况下，各种轻微的肌肉震颤现象会变得更明显。

胃炎、胃及十二指肠溃疡、溃疡性结肠炎及过敏性结肠炎等消化道疾病有的是由于压力所造成的，有的会由于压力大而更加恶化。生殖系统疾病与压力有关联的问题包括月经周期紊乱等。许多人的膀胱在压力大的情况下的反应是尿意频繁。有些人在压力大的情况下会发生斑秃、湿疹及牛皮癣等皮肤病，口腔溃疡、口腔扁平苔藓等疾病反复发作。

女性办公室职业病主要还有慢性疲劳综合征、胃肠功能紊乱、肌肉关节慢性损伤、贫血，尤其是脑供血不足、隐性更年期、心理障碍等。

其中，慢性疲劳综合征的典型症状就是浑身感觉有气无力、特别懒散、肌肉酸痛、四肢乏力，感觉什么事都不想做。如果上述症状一直持续毫无减轻的迹象，或出外放松休息数日，仍然如此。在这种情况下，应该考虑是否患了慢性疲劳综合征。然而，由于工作繁忙，很多在办公室工作的职业女性，都以为该病是由于感冒引起的，或周期性的疲劳感觉，实际上这是由于女性体内失调引起的，如果不引起重视，就会造成严重的后果。因此，在办公室工作的女性一旦发现自己的症状后，就应该立即到医院咨询医生，根据医生的建议进行心理治疗或药物治疗。

（4）保持良好的心态

女性的健康包括生理健康和心理健康，而要心理健康就必须保持良好的心态，正确对待压力。女性首先需要加强自身修养，遇到压力不惊慌，冷静思考，理智处理，在压力面前要勇于挑战，经得起挫折和失败。其次要学会剖析压力的来源、性质、程度、危害与利弊等，制定相应的减负方法。最后要特别注意强制自己劳逸结合，节制应酬。

（5）制定合理的膳食结构

膳食结构的合理性应当包括食物营养的种类要齐全，营养素和热能的数量要合理，食物的营养素的比例要恰当，三餐的比例要适合，尤其是早餐。对于女性来说，应当特别注意健脑饮食、减肥降脂饮食、四期（经期、孕期、哺乳期、更年期）饮食的调整，蛋白质、铁、钙等摄入要充足。

# 第二章 重视对疾病的预防

一个经常生病的女性，肯定是不美丽的。女性要想使自己美丽，就要预防疾病，少生疾病，或不生疾病。当然，在生活中，女性患一些小疾病，也不足为奇。为了避免常见病的发生，女性应该学习和掌握一些预防措施。

## 女性如何自我保健

健康不是与生自来的，需要女性在日常生活中进行必要的保健，养成良好的饮食和生活习惯。

1. 睡眠充足

女性要做到每晚按时睡觉，最好的睡眠是每天都有规律地睡7~8个小时。充足的夜间睡眠不但能恢复精力和体力，还有助于皮肤组织的呼吸与营养吸收。睡觉时应穿着宽松的睡衣，过于紧绷的衣服不能缓解疲劳。

2. 补充维生素

维生素有抗病、抗氧化作用，有助于预防疾病。它可以令女性免去后顾之忧，它在通便、排毒、降血脂、预防肥胖等方面功效卓著。

维生素来源丰富，各种鱼肉、蔬菜、水果都含有维生素。比如，鲱鱼、金枪鱼、瘦牛排、鸡胸肉、香蕉、土豆。猕猴桃富含维生素C，可消除雀斑等斑点，可干扰黑色素生成，预防色素沉着，保持皮肤白皙，有助于消除皮肤上已有的雀斑。维生素E，来源于花生酱、葵花油、红花油、榛子、葵花子。

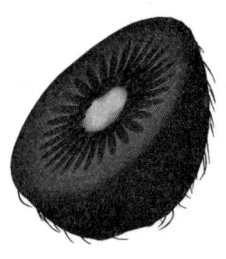

3. 补充叶酸

有关部门通过对329名女性的调查发现，患有宫颈癌或有癌变前兆的女性的叶酸水平比健康女性的叶酸水平低30%。怀孕、生育，都会让女性营养缺乏，叶酸是B族维生素中的一员，为人体细胞生长和分裂所必需的物质之一，可以缓解营养缺乏症，可降低婴儿患潜在致命缺陷的危险。

4. 每天吃早餐

吃早餐能有效地促进新陈代谢，保持血管和免疫系统年轻。早餐最好包括谷类食物、水果、奶制品。

5. 测试甲状腺功能

女性在准备怀孕前一定要进行此项测试，因为即使是轻微无症状的甲状腺功能低下，也会导致婴儿智商的巨大缺陷。甲状腺功能紊乱会引起诸多症状，如体重增加、心情烦躁、焦虑不安、身体疲乏等。

6. 享受阳光

在阳光下漫步不仅可以享受大自然的美景，而且有益于身体中维生素D的生成。维生素D是人体吸收钙必不可少的物质。

7. 不吸烟或尽早戒烟

耶鲁大学医学院的研究发现，39%的女性因吸烟而导致不孕、宫颈癌、宫外孕、流产和早产。很多试图戒烟的烟民常常是戒了又吸，吸了又戒，反复数次，最终仍旧无法彻底摆脱香烟的诱惑，给身体健康造成极大危害。

8. 乳房自检

调查显示，女性通过定期乳房自检可发现疾病症状，以便及早到医院进行病治。

9. 抽时间做有氧运动

女性要抽时间做有氧运动，有氧运动可以增加心肺血管活力。女性可每天步行一小时，做增强力量和柔韧性的锻炼，如练拉力器、瑜伽。这些训练能保持骨密度，防止骨骼老化。此外，无论是打扫房间，在办公桌旁边穿行，或是逛街、郊游，每天坚持有5个小时处于活动状态的女性，患乳腺癌的概率比整日缺乏运动、久坐不动的女性低很多。

10. 保持稳定的理想的体重

女性在饭后休息半小时，然后运动15分钟，这是简单有效的保持体重稳定的方法。此外不要久坐，久坐会使体重增加，对心脏和血管也没有好处。

11. 补钙

专家证实，女性在28岁以后，身体中的钙每年以0.1%~0.5%的速度减少。这个时期女性每日至少要摄取1000毫克钙；若在怀孕、哺乳期，则加至1500毫克。钙的最佳来源：脱脂奶、酸奶、奶酪、沙丁鱼等。

## 女性要定期进行体检

随着生活水平及文化素质的不断提高，我们越来越关注生活质量，而身体健康与否，则直接影响着我们生活质量的高低。怎样了解身体健康与否呢？

这就需要女性经常进行健康体检，要知道预防比治疗更重要。健康女性首先就要学会保护自己，而定期的体检，就是一张握在手中的护身符。

一般的常规体检包括：胸透检查肺部及胸膜是否存在疾患；超声波检查腹部实质性脏器的大小、形态、是否有占位等；血生化检查血脂、血糖、肝功能、肾功能等项目；心电图检查心脏供血等情况。下面，具体介绍体检流程。

1. 体检前

①体检需避开月经期，不要穿带金属纽扣内衣、不要佩戴首饰，以免影响

放射检查。

②体检前一天清淡饮食，不要饮酒食荤素、不要劳累。体检当天请空腹、禁食、不要饮水，不要吃对肝、肾功能有损害的药物，但降压药、降糖药除外。要注意休息，避免剧烈运动和情绪激动，保证充足睡眠，以免影响体检结果。

③如实填写体检表格，体检过程中有问题及时与体检医生联系，应积极配合医生的各项检查，不要因为害羞而自动放弃某些体检项目。体检过程中不要擅自更改体检项目，也不要遗漏任何一项检查。

2. 体检之中

①怀孕及准备受孕的女性要预先告知医护人员，将不安排你做放射检查。

②体检化验要求早上7：30~8：30采空腹血，最迟不宜超过9：00。

③需空腹检查的项目为抽血、腹部B超。

④在做盆腔B超检查前一小时，要先饮水6~8杯，即400~500毫升，使膀胱充盈，以保证检查结果的准确。

⑤不要忽略对病史尤其是重要疾病病史的陈述，对于病史陈述要力争做到客观、准确，重要疾病不可遗漏，这是体检医生判定受检者健康现状的重要参考依据。

3. 重点检查项目

在众多检查之中，应对以下四项进行重点检查。

（1）乳房B超和临床乳房检查

女性从20岁时就要开始检查，在例行检查的时候医生应该会用手来检查一下乳房。到40岁时，应该每年做一次乳房B超。在月经结束后乳房最柔软的时候立即去做B超检查，这是最佳时机，也是预防患乳腺癌的最佳办法。

（2）心脏健康检查

如果有过胸口痛、呼吸急促，容易疲劳，做一下血压检查和心电图，来帮助确定心脏是否健康，有一些女性死于突然性的心脏病发作，之前没有任何的征兆。女性从20岁开始要每年进行一次心脏检查，特别是有高血压家族病史和先天性心脏病的女性更应按时进行检查。

（3）肿块检查

女性到30岁，应该开始做每年一次的皮肤检查。如果有很多肿块、雀斑，那么以后要每年检查两次。这是及早发现皮肤癌的方法。

（4）宫颈TCT检查

TCT检查是采用液基薄层细胞检测系统检测宫颈细胞并进行细胞学分类诊断，它是目前国际上较先进的一种宫颈癌细胞学检测技术。有性生活的女性应每年进行此项检查，这是及早发现宫颈癌的方法，以便能够及时有效地进行治疗。

4. 重视体检结果

有些女性对体检过程较为重视，却忽视了体检结论，没有仔细阅读和认真实施，使健康体检失去了意义。因而，女性要认真听取医生的建议，及时复查、随诊或进一步检查治疗。

如果一次检查身体状况良好，女性

要保持良好的生活习惯，并且定期做一次全面检查。

女性要保存好体检结果，以便和下次体检结果作对照，也可作为就医时的资料。

女性健康体检的目的就是拥有健康、促进健康，更好地提高生活质量和工作效率，保持健康状态。健康体检，是预防疾病的有效手段之一。通过健康体检，女性可以了解自身健康状况，发现一些不易察觉的早期疾病，以便及时干预、终止疾病的发生、发展，收到事半功倍的效果。女性要珍视自己的健康，定期为自己做全面的健康体检。

## 妇科病是怎么得的

在医院的妇科诊疗室，常常会看见一些女性因为妇科病来就医，而且不少女性对于自己所患的妇科病显得不明原因。所谓妇科疾病，是女性生殖系统常见的一系列疾病的总称，一般分为阴道疾病、外阴疾病、子宫疾病、卵巢疾病、输卵管疾病等，绝大多数女性都会在不同的时期或多或少地患上妇科疾病，可见，妇科疾病具有常见和多发的特征。

妇科病虽然很常见，但产生的原因却不一定相同。了解引起妇科病的原因，有助于更准确地对症下药。

1. 妇科病的原因

（1）大小便后的不良习惯

女性的生殖器是非常特殊的一个结构，阴道口紧挨着尿道口和肛门，很容易受到尿液或者粪便的侵袭而造成感染，而细菌则很容易地顺着阴道口进入阴道。因此，女性在大小便后的注意不要污染阴道口，防止导致妇科疾病。

（2）月经、妊娠的原因

女性有月经以及妊娠的过程，这些时候都是分泌物较多并且刺激性较强的时候，子宫颈就长期处于这种强分泌物的浸泡当中，容易产生褶皱，而这样的褶皱便成了病原体滋生的温床。

（3）不注意保养

一些女性选择的避孕方式是放置宫内节育环，在这个操作过程中，如果方法不当，也会引起感染。另外，生产或者流产之后，女性身体的激素和体液平衡被破坏，病菌最容易乘虚而入，如果这些时候不注意保养和个人卫生的话，就增加了自身患上妇科疾病的概率。

（4）不运动的原因

在工作中需要久坐的女性也是发生妇科病的高危人群。因为久坐不动，会阴部得不到很好的透气，一些分泌物就会堆积下来，因为无法透气而变质，那些瘀积下来的有害物质最终会导致妇科疾病。

（5）性生活不洁

性伴侣是一个重要的感染源。如果女性的性伴侣刚好包皮过长或者本身就带有疾病的话，在无保护措施的性爱过程中，便会将一些病菌带入女性的体内，直接感染到宫颈，所以，安全性爱很重要。

（6）不合理用药

不合理用药也是导致妇科病的原因

之一。有的女性开始可能只是轻微的阴道炎，但自身并不注意，或者自行买一些广告上常见的药物来治疗，很少有人能够主动地去寻求医生的帮助和指导。其实这样的处理方式是错误的，不针对病情合理地用药非但没有缓解的作用，反而容易让生殖系统各个组织受到药物的侵害，给细菌以可乘之机。

（7）常用卫生护垫感染病菌

市场上各类卫生护垫层出不穷，款式也各种各样，无味的，或者各种花香的，宣传方面也把透气性放在第一位，这使得很多女性都相信只有使用卫生护垫才是最卫生的做法，于是不管是经期前后还是平时，都习惯性地使用卫生护垫，但是，这样的方式很容易导致感染病菌，进而引起妇科病。

①容易滋生病菌。

卫生护垫其实与卫生巾无异，只是形状上存在差别，多数的卫生护垫在底部都有一层塑料膜，使得卫生护垫的透气性整体变差，如果长期使用，会造成阴部不透气，出汗后增加潮湿度，使得病菌容易滋生。

大部分女性只习惯于更换卫生巾，使用卫生护垫的时候，尤其是在非经期，看上去没有什么东西，就会忘记更换，经常是一整天只使用一片卫生护垫，这样的习惯是非常不好的，不但透气性不能够得到保证，而且阴道分泌物淤积在护垫里，滋生各种病菌，并且会交叉感染。

另外，长期使用卫生护垫，对会阴部产生较大的摩擦，很可能破坏那里柔嫩的肌肤，使得毛囊发炎，进而引起妇科疾病。

妇科疾病来袭时，最初的反映并不是哪里疼痛或者不适，而是体现在阴道的分泌物上。很多妇科疾病都是通过观察白带来进行最初的诊断，但很多女性会因为讨厌过多的或者有异味的分泌物，而使用卫生护垫来掩饰这种尴尬，殊不知，这正好阻碍了对妇科疾病先兆的观察。

女性在患有妇科疾病的同时还坚持使用卫生护垫的话，不但不能够保证起码的卫生，还会加重妇科疾病的程度。

②容易增加细菌感染的概率。

女性想要保持阴部的卫生，并不是用护垫承接住分泌物那么简单。其实阴部的肌肤和我们的嘴唇最为类似，既不喜欢太干燥的环境，也受不了过度的湿润。

阴部的健康需要一个透气性的环境。卫生护垫的存在，只会增加湿度，滋生各式细菌，增加感染的概率。

当然，这并不代表卫生护垫就是恶魔，完全不可以使用。

③护垫的使用需要注意细节。

经前和经后是使用护垫最频繁的时期，考虑到厚长的卫生巾的确非常不透气，小巧的护垫好处便凸显出来了，在还未行经或者经血量较少的月经后期，护垫无异于最佳选择。女性在挑选护垫时，需要注意的是它的生产日期以及质地。棉质的护垫更加适合久坐不动的女性。

在使用护垫的时候,不要因为看上去不脏,就不更换,细菌是用肉眼看不见的,当女性发现感染的时候,往往已经迟了。所以,不如从细节做起。在使用护垫的时候,特别是在多汗的夏天,更要勤于更换。

另外,护垫并不适合天天使用,月经彻底结束后,女性应该穿纯棉的内裤暂时不用护垫。

2. 如何清洗私处

在很多女性的意识里面,只有天天清洗私处,才是最健康的方式,认为这样能够减少阴道周围细菌的生存,有效避免妇科疾病的发生。特别是在性生活之后,有的女性更是清洗得相当到位,连阴道内都清洗了。

殊不知,频繁的清洗反而会破坏阴道内细菌的平衡,从而成为一些妇科疾病的诱因。

(1) 正确清洗

鉴于女性特殊的生理结构,外阴处同时分布有阴道口、尿道口和肛门,非常容易交义感染,所以注意卫生,定时清洗是非常重要的。但是洗的时候一定要注意该洗哪里,该怎么清洗。

阴道内部是一个非常复杂的环境,各种有益有害的细菌真菌类都能够生存,有的真菌本身对身体是毫无坏处的,但是如果所处的环境发生变化,就很有可能自我改变,变成对身体有伤害的致病菌。女性身体本身是具备对阴道自洁能力的,各种微生物在其中和睦共处,身体就能保持健康,但如果过度在意阴道内部环境的清洁度,经常进行阴道内冲洗,反而会破坏了阴道本身的平衡,给细菌以可乘之机。

所以,私处天天洗并非不可,但只限于外阴部分,一些分泌物在这里淤积,晚上睡前对外阴部进行适当的清洁,只是为了洗去这些分泌物,防止它们堆积在阴道口对身体产生不良影响,没有必要非常在意地去清洗阴道内部。

(2) 不宜过度清洗

过度清洗,反而是阴道干涩的罪魁祸首,特别是使用洗液,并且在不适合的条件下使用洗液,就更增加了阴道干涩以及阴道炎的发生率。

现在市面上推出了众多品牌的清洗液,电视上也常出现那句"洗洗更健康"的广告语。很多人现在有了一个观念:要保证私处的健康,一定要注意卫生,进行清洗。但是也有很多人进入了一个误区:要用清洗液进行冲洗,才能够保持私处卫生。

女性最好以清水来清洗身体的私处,因为人体的私处每天都有大量的汗液和分泌物。即使每次上厕所都用卫生纸擦干净,还是会有很多分泌物滞留在私处。

(3) 不可乱用清洗液

有的人认为,下体每天都有很多分泌物,就有很多细菌。要保证私处的卫生就要坚持用清洗液每天冲洗,天天除味。其实有时候乱用清洗液不仅不能起到保持卫生的作用,反而会导致患阴道炎的概率更高。

正常情况下,健康女性的阴道内存

在着一些有益菌,其中主要是乳酸杆菌,它使阴道保持的酸性环境,有效防止了有害菌的生长,这就是阴道的自洁能力。如果乱使用清洗液,将会破坏阴道的生态平衡,杀死有益菌,等于破坏了人体的自洁作用,很容易导致妇科炎症,这种人感染细菌性阴道炎的风险比一般女性高出很多。

(4) 适度使用清洗液

女性阴道是酸性的,具有自洁功能,能抵抗细菌,为了避免使用清洗液而伤害阴道内的有益菌,破坏阴道的自洁能力,一般都建议用清水清洗私处。在某些特殊时候,比如性生活后。抵抗力下降时,私处更容易受到感染,可以适当地使用清洗液。尤其是患了妇科病的女性,最好遵医嘱进行清洗。

很多女性都直接使用香皂、普通沐浴露等对私处进行清洗,但是这些清洗液大多呈碱性,容易破坏阴道内的生态环境,削弱阴道的自洁能力。因此,私处清洁可以适当地选择一些弱酸性的女性专用洗涤用品。

如果没有疾病,女性可每天一次用清水洗涤。水温也是需要注意的问题,有的女性喜欢用温度较高的水来清洗外阴部,觉得那样很舒服,烫烫的水似乎具有更强的清洁能力。其实不然,外阴部的清洗,还是用温水最适合。水温过高,会引起阴部充血,导致下半身产生膨胀感,而且充血的阴部也很容易引发妇科疾病。

可见,私处的清洗是门功课,不是女性想什么时候洗、想怎么洗就能够随性所为的,弄清楚私处真正的需要,才是保证健康的前提。

3. 有白带不等于有炎症

白带是女性生殖系统发育完善之后的伴生品。月经初潮之后,女性阴部会自然分泌出一些乳白色或无色的黏液,统称白带。从白带产生的多少、颜色、气味还能判断女性生殖系统的健康与否。一些女性仅仅因为白带增多就认为身体出现异常,其实不然。白带的分泌,与雌激素的变化大有关系。

(1) 白带分泌的规律

白带由女性的前庭大腺、宫颈黏液、阴道分泌物、脱落的阴道上皮细胞等混合而成,白带中含有抑制细菌生长的乳酸杆菌、溶菌酶等物质,对阴部健康有保护作用。白带一般为乳白色黏液,有时是无色黏液。有的女性认为出现白带就是生殖器官出现炎症,这种判断是错误的。

白带的分泌与炎症关系不大,主要受雌激素的影响。生殖器官发育成熟之后,白带才开始出现。女性的排卵期是雌激素分泌的高峰期,雌激素会刺激子宫腺体分泌更多的黏液,这时候白带量多,颜色为无色,黏性较强。排卵期后,雌激素减少,白带随之减少。经期前后,有较多的阴道上皮细胞脱落,白带也会有所增加,颜色为混浊的白色。妊娠期和蜜月期的女性也会分泌较多白带。绝经后的女性雌激素分泌减退,白带也会渐渐消失。

(2) 白带病变的特征

白带的量多量少有一定的规律，但颜色和气味改变，或分泌量不规律可以看成是病变的征兆。健康女性分泌的白带一般为白色或无色的黏液，没有气味或略带腥味，而病变的白带则不然。

无色白带量突然增多，可能是卵巢功能失调等疾病。白带颜色灰黄，或带有腥臭味，并伴有外阴瘙痒，可能是真菌引起的阴道炎症。白带颜色黄绿，呈脓样，则能是宫颈或阴道出现病变。白带中带有红血丝，可能是宫颈息肉。

生殖器官的病变都会引起白带颜色、气味的改变，如果不在症状出现的初期就加以治疗，很可能引起生殖器官的病变加重。因此，出现病变，及时就诊才是解决问题的正确途径。

## 如何预防常见妇科疾病

妇科疾病种类较多，女性要想避免患上这类疾病，就要了解并早预防。

1. 常见妇科疾病

(1) 阴道炎

外阴瘙痒，局部糜烂、溃疡，伴尿频、尿痛及性交疼痛。

(2) 盆腔炎

急性下腹疼痛，白带增多，呈脓性、有臭味，体温高、周身不适、失眠等。

(3) 非淋菌性尿道炎

尿道刺痒、烧灼感和排尿疼痛，阴道分泌物增多，有浆液性或脓性分泌物。

(4) 病毒传染疣

病毒传染疣初期为肉色或粉红色小丘疹，逐渐变大增多，呈扁平状、乳头状、菜花状或鸡冠状。

(5) 不孕症

夫妇同居两年以上，未避孕，性生活正常而未受孕者，女性需就诊查明原因。

(6) 子宫肌瘤

子宫肌瘤是女性生殖器官中最常见的良性肿瘤，多见于30～50岁女性。临床表现为月经异常、下腹部可摸及包块、白带增多、腰酸、下腹坠胀、腹痛、尿频等症状。

(7) 卵巢囊肿

卵巢囊肿是一种常见的卵巢良性肿物，通常下腹内有一个坚实而无痛的肿块，有时性交会发生疼痛。当出现以下情况时应予足够重视：痛经，以前不痛经者开始痛经或痛经持续加重；月经失调，以前规则的月经变得没有规律；不孕；等等。卵巢囊肿是导致不孕症的一个病因，这与囊肿的大小并无直接关系，原因还有待查明。

2. 预防措施

妇科疾病的预防，早期检查是关键，如果发现不良症状应及早到医院检查。

(1) 保持外阴部清洁

女性预防妇科疾病，平时要保持外阴部清洁，坚持使用专用盆具、毛巾，内裤与袜子不同盆清洗。注意女性特殊时期的卫生保健。宜穿浅色棉布内裤，以便及时发现白带异常。外阴出现瘙痒切忌搔抓，不要用热水洗烫，忌用肥皂

（2）注意性生活卫生

女性要注意性生活卫生，避免不洁性生活。用药物避孕的女性如果反复发生阴道炎症，应停用避孕药，改用其他方法避孕。

（3）做好普查普治

女性有病时不要滥用抗生素，应及时去医院就诊，只有及时医治，才能尽早病去体愈。

（4）应避免过多的人流

人流和生育次数过多是诱发妇科病的原因之一。因此，应避免过多的人流刮宫和生育次数。

（5）要定期进行妇科病普查

在一般情况下，有性生活史的女性要每年检查一次，以便及早发现妇科病，及时治疗。

（6）月经期、流产后30天内禁止同房

女性在月经期、流产后过早同房，容易引起盆腔感染及血倒流引起子宫内膜异位症，甚至引起不孕等。

## 女性怎样预防易患的疾病

很多女性每天的工作基本上是坐在电脑前，由于久坐、看电脑荧屏、在键盘上打字等缘故，会引起身体相关部位的疾病。有些女性由于工作压力大，还导致心理方面的疾病，因此，女性要重视这些疾病，要及早预防。

### 1. 预防颈椎病

很多女性患有颈椎病，尤其是终年伏案工作的办公室女性。不过，一些长时间在电脑上玩游戏、看电视的女性也最容易患上颈椎病。女性长时间一个姿势待着，颈部肌肉紧张，颈椎最容易产生增生和变形。

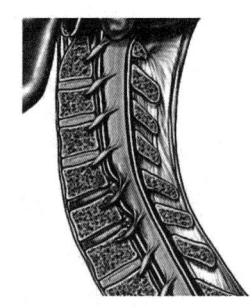

颈椎病通常发生在久坐、不运动的女性身上，她们的颈、肩、背、手臂常常出现酸痛、脖子僵硬、颈肩酸痛的现象，这些都是颈椎病的主要症状，然而这些现象，往往会被一些人所忽视。为了尽量避免这种疾病的产生，在这里介绍一些可以预防颈椎病的颈部保健操，帮助女性远离这种疾病。

久坐的女性，要特别注意克服不良的坐姿，因为不良坐姿是造成肌肉酸痛的主要原因。另外，常需要伸手取物或弯腰取物的女性，不可坐在椅子上取物，因为坐在转动的椅子上会伤背，不如站离座位去取。

合适的椅子让女性坐上去脚底触地时膝盖恰好成为90度，小腿要往前伸五六厘米，如果双腿长时间往内收，会造成血液循环不顺畅。专家认为，不要坐得笔直，身体稍微往后靠，使脊椎自然弯曲，腰背部有椅背靠可减少酸痛。

坐姿颈部保健操可以按照以下方式做。

坐在凳子上，两腿平放，双手自然下垂。

①探仰头式。

身体放松，脖子向前探，并且尽量使下巴靠近胸部，保持姿势不变5秒钟左右，然后把头缓缓后仰，达到最大限度后，同样保持5秒钟，随后恢复正常姿势，连续做2~6次。头部前后左右轻轻摇晃，时间10秒为宜。

②转动肩关节式。

肩关节由前至后连续做画圆动作，然后反方向由后至前连续做画圆动作，重复4~6次，注意速度不要太快。

③旋转头部式。

从左到右旋转头部，然后反方向旋转，重复2~6次。

④左右偏转头部式。头向左偏，努力接近左肩，然后换方向，重复4~6次。

⑤摸耳式。

将左手侧向上举，越过头顶去摸右耳，再用右手以同样姿势去摸左耳，连续4次。

⑥仿自由泳式。

手臂伸直，以肩关节为轴，大臂向前绕环6次，然后再向后绕环6次。

⑦仿蛙泳式。

双手向身体前方伸出，脸正对手背，接着手朝两边伸展开去，最后于胸前合拢，重复6次。

另外一种办法，是首先将手掌置于额头前按压额头，向后用力，额头同时用力向前顶手掌；将手掌置于后脑勺，用力按压后脑勺，后脑勺用力向前顶手掌，尽量将双肩下压，而头向上伸，肌肉收缩，使脊柱得到拉伸。每个动作4~6次，每次10~15秒钟。在平时，利用每天的空闲时间就可以进行这项简单的练习，如上下班、排队等，以摆脱颈部不适。

2. 预防空调病

女性长时间在空调房工作，尤其夏天在空调房时间太长，很容易受寒，加上一直不出汗，会使人头痛、头闷、恶心，还会出现食欲低下、拉肚子等症状。如果再加上吃冷食太多，就很容易患病，这两种病症里外夹攻，使人表里受寒。

（1）喝生姜茶预防

生姜具有温中散寒、发汗解表的作用，喝用生姜泡的茶对预防和治疗"空调病"、"冰箱病"都非常有效。值得一提的是，饮生姜茶毫无禁忌，任何体质的人都适合。每次取生姜3~5片，大约5~10克，用沸水沏开即可。

如果想要生姜的效力发挥得更强一些，可以在沸水中煮5分钟，或者在微波炉里高火加热3分钟。生姜茶一定要趁热喝，因为"空调病"或"冰箱病"都是因为身体受寒，一定要喝热姜茶才能驱散体内的寒气，帮助身体出汗，有效排毒，并增强免疫力。如果肚子明显不舒服，可在生姜茶中加一点藿香，就能很好地祛除体内的湿气，或者加一些荷叶、薄荷，效果也很好。

（2）饮用健康饮料预防

①绿豆薏仁汤。

绿豆可以清热解毒、利尿消肿，薏仁则可以健脾止泻，轻身益气，对于经常需要熬夜工作的女性，或是心烦气躁、口干舌燥、便秘的女性，除了多吃蔬菜水果与补充水分外，把绿豆薏仁汤当点心食用，对于消暑除烦非常有帮助。

②绿茶。

绿茶是最为人们所津津乐道的养生饮品，因为其中含强效的抗氧化剂儿茶酚以及维生素C，可以清除体内的自由基，绿茶中所含的少量咖啡因也可以刺激中枢神经，提振精神，最好在白天饮用以免影响睡眠。

③枸杞茶。

枸杞子含有丰富的胡萝卜素，B族维生素、维生素C、钙、铁，具有补肝、益肾、明目的作用，因为本身就具有甜味，不管是泡茶或是像葡萄干一样当零食来吃，对计算机族女性缓解眼睛酸涩、疲劳、视力下降的问题都有很大的帮助。

## 操作电脑的女性怎样自我保健

如今都实行电脑化办公，女性每天坐在电脑前工作，有时加班还超过8小时。由于缺少运动，加上电脑的辐射，女性的健康会受到很大的影响。从眼睛到脖颈、脊椎、皮肤等，都会受到一定程度的伤害。那么，如何减缓和避免职业带给女性身体健康的不利影响呢？

1. 眼睛的保健方法

很多女性工作久了，视力逐渐下降，可以说，电脑已成为女性视力下降的主要原因。女性长时间专注电脑屏幕，眨眼的次数减少，眼球就会干燥发涩，导致视力下降。要改变视力下降的现状，不妨采取以下的方法。

（1）放一盆绿色植物

在电脑旁放上一盆绿色植物，绿色会使女性的眼睛感觉舒适，工作累了，看一会儿绿色植物，眼睛就会得到短暂的休息。

（2）放一杯热水

为了防止眼干，女性可以在电脑旁放一杯热水，热水中的水汽散布在空气中，能缓解眼部干涩。

（3）常喝菊花茶或枸杞茶

女性要常喝菊花茶或枸杞茶，菊花和枸杞都是保护视力的食物，能减轻眼部不适，缓解疲劳，防止视力下降。

（4）改变不良用眼习惯

如果说电脑是视力下降的诱因，那么不良用眼习惯就是视力下降的内因。近距离、长时间的用眼，昏暗的光线下用眼，歪坐着用眼，这些不良习惯都会导致视力持续下降。

眼睛和电脑屏幕之间至少保持30厘

米的距离，用眼40分钟后，最好休息几分钟。不在黑暗中或刺眼的灯光下用眼，不躺在床上斜眼看书。戴隐形眼镜之前，进行彻底的清洗，保持隐形眼镜的柔软，并且不长时间戴隐形眼镜看电脑。如果长时间看电脑，最好用框架眼镜。

（5）化妆时要注意

爱美的女性会在眼部涂上浓墨重彩，靠近眼球的眼线、睫毛膏等化妆品，如果使用不当，就都会对眼睛造成极大损害，刺激性的杂质进入眼睛后，很难取出。此外，爱美的女性最好不要在长时间对着电脑时化浓妆。

（6）不吸烟也不要被动吸烟

女性如果长期处于吸烟的办公室，或者自己吸烟，烟雾也会对眼睛造成伤害。

2. 面部的保健方法

女性由于工作的需要，不得不在电脑前端坐一整天，在这么长的一段时间里，电脑不断散发出来的辐射，正在侵蚀女性的皮肤。无数细小的微尘附着在女性的面部，水分从面部细胞中流失，皮肤开始发黄粗糙。

研究发现，在对着电脑一段时间后，就会感觉面部皮肤变得干燥紧绷。在电脑前工作八小时，相当于在太阳下接受八小时的照射。因此，女性做好防辐射工作是非常必要的。

仙人掌科植物对辐射的吸收作用已经得到公认，因此在电脑旁摆上一盆仙人掌是不错的选择。此外，女性在办公室里放置一些绿色植物，能起到净化空气、保护皮肤的作用。

3. 女重视补水和清洁

①女性几乎天天使用电脑，因此需要补充大量水分，女性每天至少需要摄入2000毫升的水分。

②每次使用电脑之后，最好清洗一下自己的面部和手部，保持皮肤洁净。

③每天上班的时候，用湿抹布清洗电脑屏幕、桌面和键盘，减少附着的灰尘，也能起到一定的保护作用。

④每周使用一到两次的补水面膜，也是保护皮肤的有效措施。每周花一点时间做一次面部深层清洁，去除毛孔中可能存留的杂物，然后为皮肤补充营养和水分。只要女性有坚定的意志和决心，就不难拥有白皙细腻的皮肤。

尽管电脑辐射危害很大，但只要使用得当，其实并不会产生大问题。如果女性坚持做好面部防护保养，相信女性一定能够保持皮肤的白皙润泽，远离辐射和灰尘的伤害。

# 如何应对"电脑脖"和"鼠标手"

在办公室工作的女性，上班时几乎一整天保持坐姿，维持同一种姿势，精神高度集中，全神贯注地注视电脑屏幕上的内容，而且并不会感觉到身体的不适。直到完成工作，想要换一个姿势时，女性才会觉得脖颈酸痛，浑身僵硬，因而导致"电脑脖"和"鼠标手"。

1. "电脑脖"是怎样形成的

人体的主要支柱就是脊椎，颈椎作

为脊椎最活跃的部位，往上连接着重要的头部，往下支撑着我们的躯干，颈椎中更包含重要的血管和神经，是人体的重要的部位，如果发生病变，将会给我们造成难以预计的麻烦。

女性一整天都会保持一种低头弯腰的姿势，坐在电脑前，长期保持一种姿势的后果就是，颈部肌肉僵化，丧失灵活性，而颈椎则会出现关节活动受限，神经系统受损以及骨质增生等不良情况。

颈椎病变的初期，女性可能只会觉得颈部肌肉僵硬，偶尔会有刺痛感，往往会认为休息一下就好了。实际上，不恰当的休息也不能让颈部恢复正常。久而久之，脖子就变成"电脑脖"，不但刺痛难当，而且活动不便。

2. 预防"电脑脖"的方法

"电脑脖"产生的原因，无非是长时间的低头工作，因此，女性要在工作中加以防护。

（1）保持正确的工作姿势

一种良好的坐姿对颈椎和腰椎来说，就是一种极好的保护。让脊椎保持直立，这种状态能最大限度地保持脊椎健康。当然，长时间保持直立会让女性感觉疲劳，一旦感觉疲劳，女性就应马上站起身来，稍加活动，劳逸结合，才能最大限度地减小弯腰低头得颈椎病的可能。

（2）工作间隙进行颈部运动

每隔两三个小时，不妨活动一下四肢，同时按上下左右、顺时针旋转、逆时针旋转的顺序活动颈部。站直身体，头向后仰，做伸懒腰的姿势，也能极好地放松脊椎。

如果活动之后，仍然感觉颈部酸痛不适，那么晚上睡觉的时候，就用圆柱形的颈枕垫在脖子后方，让头部自然垂落。如果用颈枕休息之后，还不能缓解酸痛，就需要积极前往医院就诊，听听医生的建议。

平时做好保健活动，身体发出酸痛信号后，要加以重视，积极治疗，这样才是预防"电脑脖"的最佳办法。

3. 如何预防"鼠标手"

长期操作电脑的女性，手部使用不均匀，已造成一些伤害。医学界把因操作电脑引起的手指、手腕、手肘、手臂的损伤，统称为"鼠标手"。

（1）"鼠标手"的危害

女性长时间操作鼠标，手指处于一种僵直状态，如果长此以往，会让手指失去协同工作的灵活性，还会造成腕骨、指骨的酸痛。女性在这种不健康的操作方式下，手臂和肩部也会僵直、酸痛无力。

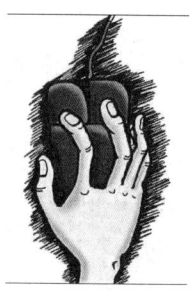

鼠标不像键盘，有一个固定的位置，它被我们放置在靠近电脑的地方。医生发现，鼠标放置的位置越高，手腕长期处于向上绷紧的状态，对手腕造成的损

伤越大。而鼠标离身体越远，手臂不得不长期处于伸直状态，关节和手臂肌肉处于紧绷状态，对肩部的损伤越大。

肩部关节带动肘部关节，肘部关节带动腕部关节，手腕再指挥手指，即使是手指的微小动作，同样需要肩、肘、腕的全面配合。手指长期处于一种姿势，肩、肘、腕也不得不长期保持一种姿势，相关肌肉与神经系统会因长期使用产生功能性疲劳，进而妨碍手部关节的灵活性。

（2）如何预防"鼠标手"

女性只有在工作中保持正确的操作姿势和经常做手部保健操，才会对防治"鼠标手"有积极的意义。

①正确的操作姿势。

手臂自然下垂，上臂和前臂之间的夹角尽量大于90度，手肘和手腕应尽量平放在桌面上，上臂靠拢身体。鼠标与键盘位于同一直线上，尽量保持离桌子边缘10厘米的距离。

②手部保健操。

手指连续工作一小时，就需要暂停下来，变换姿势进行休息。十指不断屈伸，直到手指感觉柔软，能有效调节手指僵直。双手握拳，用肩部关节带动肘部关节，转动手腕，可以放松紧张的关节和肌肉。

手指搭在肩部，向前向后做360度绕圈，能舒缓肩部酸痛。每两三个小时的工作之后，花三五分钟时间稍微放松，即可有效避免"鼠标手"。

如果"鼠标手"症状严重，手指麻痹，不能正常屈伸，就需要尽快就医，以免延误治疗时间。

# 如何防止乳房下垂

每天坐着工作的女性，比如办公室女性、在生产流水线上工作的女性。她们每天端坐在办公桌前，或坐在操作台前，保持坐姿，长期下去变得弯腰驼背、乳房下垂，不仅有损健康，还为女性的美丽大打折扣。女性年轻的身体不但要有细腻白皙的皮肤，还需要有挺拔优美的身体曲线。

女性高挺的胸部，也是美丽的一种表现，然而，对久坐的女性来说，保持胸部的健美似乎已经遭遇障碍。胸部是乳腺和脂肪的组合，一旦长成，就会长期定型。不良的坐姿导致女性胸部下垂。

1. 各种不良坐姿

（1）胸部紧贴桌面的不良姿势

当女性的脊椎因久坐感觉疲乏时，身体会自然前倾，当胸部紧靠在桌面边缘，为自己提供一个支撑点的时候，或许感觉轻松不少。以胸部为支撑点的后果就是胸部遭受不正常压迫，支撑乳腺的脂肪就会向两腋移动，缺乏脂肪支撑，胸部就会下垂，胸型也会变得扁平分散。

正确的坐姿是背部挺直，胸部距离桌面应该有一拳的距离。女性要时时提醒自己与桌面保持正确的距离。如果总是无意识地向桌面靠近，那就戴上一串长项链，用实物来提醒自己。

（2）东倒西歪的不良姿势

尽管我们时常下意识地保持脊椎直立，但在无外力帮助的情况下，做到绝对直立的可能性很小，在大多数时候，我们的脊椎都会有些微小的斜度。不过身体一直保持直立的状态会让我们感觉疲惫，这时候，我们就会左倾或是右倾，让紧绷的肌肉得到休息。但是如果左倾或右倾变成一种习惯，长此以往，脊柱就会习惯性地弯曲，胸部也会因为肩部倾斜变得一边高一边低，让人感觉一侧胸部下垂。

东倒西歪的坐姿会让肌肉长期处于扭曲状态，肌肉过度紧绷会造成身体酸痛不适。正确的坐姿应该是身体直立，与腿部形成90度直角，在端坐一小时后，起身放松脊柱肌肉，伸懒腰就是不错的放松姿势。

（3）勾腰驼背的不良姿势

当女性保持坐姿的时候，确实弯着腰会感觉轻松不少，于是在感觉疲惫的时候，不少女性习惯保持腰部弯曲，肩部前耸的姿势。但是，肩部前耸使胸部自然内陷，背部弯曲又让胸前肌肉呈松弛状态，久而久之，胸部就会因肌肉松弛而下垂，更会因肩部前耸形成含胸驼背的畸形体态，严重影响身材曲线。

勾腰驼背的姿势不仅会影响体态的美观，还会造成腰部压力过大，引起腰椎间盘突出等多种病症。对抗这种不良姿势，必须要坚持背部挺直，肩部成直线。端坐一小时左右就站起身来，做一做简单的扩胸运动，放松肩背肌肉，防止胸部下垂。

2. 做体操进行塑身

有些女性坐在电脑前就不想动弹，如果劝其锻炼，她们就借口说没有时间，其实有些运动所需要的时间很短，而且场所也不拘泥。在办公室里就可以做这些运动，只要抓住短短30秒时间，就可以锻炼。放松身心，保持身体健康。

（1）伸展运动

双足并拢，腹部吸气，手臂紧贴双耳上举，手指相对，踮起脚尖，头部尽力上仰，用力伸展到所能达到的最高处，保持3秒呼气，手臂绕弧慢慢回落至双腿边，放松脚尖。第二次手臂上举时，十指交叉，掌心向下，用力上举，然后呼气向下，双手向后抱住双腿，让头部尽量靠近膝盖。

重复数十次，能极好地舒展身体，拉紧前胸后背的肌肉，放松脊柱和手臂、腿部肌肉，保持脊柱直立和体型纤细，能有效缓解久坐造成的腰部肌肉酸痛。

（2）收腹运动

双脚并拢，脚尖分开90度。手臂平举，收拢在胸前，保持上身直立，肩部平直，然后向左向右扭动腰部。扭动的时候，注意保持肩部平直，上身和下身静止不动，用腰部力量带动身躯转动。

每天坚持数十次，能有效收紧腹部，减少因久坐产生的腹部赘肉堆积，还能缓解腰部脊柱的压力，保持纤细柔韧的腰部。

（3）提臀运动

双手握拳，手臂向后，拳心向上，紧贴于腰部。绷直腿部，用力向后踢腿，踢腿的同时，双臂用力向后拉伸。双腿交替后踢，重复数十次。

看起来很简单的一组动作，实际上带动了腿部、臀部、腹部、背部、手臂的肌肉群，既能放松手臂和腿部，又能拉伸僵直的肌肉与关节，保持后背与臀部肌肉的流畅优美，有极好的提臀效果。

（4）舒臂运动

双脚分立与肩同宽，双手侧平举，竖起掌心，然后掌心相对。注意手臂绕圈时，尽量划出最大的圆弧。击掌后还原侧平举。

手臂用力上举，在头顶击掌，然后用力下伸，在臀部后方击掌在身体前后击手臂划圈同样尽力画出最大的圆弧。击掌后还原侧平举。身体尽量往下，手臂平伸成一条直线，用右手轻触左脚，然后还原侧平举，再用左手轻触右脚，身体再还原成直立状态。

简单的办公室运动和工作间隙的运动，并不需要多大的场地和多久的时间，只要女性愿意站起来，动一动，30秒的时间，足够保证久坐后的放松。

## 如何预防乳腺疾病

妇科疾病的种类很多，常见的妇科疾病包括各类乳腺疾病、阴道及子宫的炎症及囊肿或肿瘤等。其中女性生殖系统的疾病，即为外阴疾病、阴道疾病、子宫疾病、输卵管疾病、卵巢疾病等。

妇科疾病是女性常见病、多发病，由于发病率很高，各类妇科疾病是困扰女性正常工作和生活的大敌。由于许多人对妇科疾病缺乏应有的认识，缺乏对身体的保健，加之各种不良生活习惯等，使生理健康每况愈下，导致一些女性疾病缠身，且久治不愈，给正常的生活、工作带来极大的不便。

乳腺疾病是严重危害女性健康的常见病、多发病，常见的乳腺疾病有：乳腺炎、乳腺结核、乳腺增生、乳腺纤维瘤、乳腺导管内乳头状瘤、乳腺癌等。据调查发现，全国约25.8%的女性患有乳腺疾病。乳腺增生症的发病率已达育龄女性的60%以上。女性乳腺肿瘤发病率近年增加了39%，发病年龄提前了10岁。

乳腺癌位于女性常见肿瘤的第一位，严重威胁着女性的生命和健康，是夺取女性生命的"第一号杀手"。

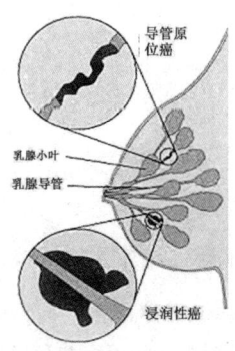

1. 我国女性乳腺癌发病的特点

①发病年龄比西方发达国家提前10~15年。

②中晚期病例占35%，比美国高出15%~20%。

2. 常见的乳腺病症状

①乳房疼痛；

②乳房肿块；

③乳房皮肤的改变；

④乳头内陷；

⑤乳头溢液。

3. 乳腺疾病的产生原因

（1）雌激素增多

乳腺是雌激素的靶器官，受内分泌环境的影响而成周期性变化。在雌激素增多而黄体酮相对减少后，最终导致乳腺疾病的发生。

（2）体内雌激素水平失去平衡

女性长期使用含雌激素的面霜，或经常服用含有雌激素的药物，使体内雌激素水平失去平衡，久之可诱发本病。

（3）压力增加，情绪波动

随着社会的发展，女性的竞争意识不断增强，情绪经常出现波动，甚至情绪波动，或性情急躁、暴怒伤肝、忧郁伤脾，以致肝气郁结，肝胃不和或冲脉任脉失调，气滞血瘀，而导致发生了本病。

（4）其他原因

女性未婚、未育、乳房发育小、哺乳少，均可能促发乳腺疾病。

4. 乳腺炎及其预防

乳腺炎是指由化脓性细菌侵入乳腺而引起的急慢性乳腺炎、乳腺脓肿。急性乳腺炎是产后哺乳期女性常见疾病，主要是乳管不通畅，使乳汁瘀积，继发细菌感染。预防乳腺炎的主要措施是防止乳汁瘀积和细菌感染。

（1）防止乳汁瘀积

对于产妇来说，产后应尽早哺乳，哺乳前热敷乳房以促进乳汁通畅。如果感到乳房胀痛要及时热敷，热敷后用手按揉乳房，提拔乳头。婴儿吸吮能力不足或婴儿食量小而乳汁分泌多者，可用吸奶器吸尽乳汁。

女性要保持乳房清洁，防止细菌感染。产前清洗乳房，哺乳前要清洗乳头，尤其是乳头已有破裂者；避免对乳房的挤压，要穿宽松衣服。

（2）常做自我按摩

产妇要养成自我按摩乳房的习惯。

按摩方法：

①一手用热毛巾托住乳房，另一手放在乳房的上侧，以顺时针方向按摩。如果乳房感到胀痛，或者乳房有肿块时，需要医院就诊。

②在自我按摩的同时，可稍用力挤压乳房，把乳汁从乳头挤出，反复几次后，乳腺管就通畅了。一般每天按摩1次，每次15~20分钟。

（3）少吃有刺激性的食物

刺激性食物，如葱、姜、蒜、辣椒等，均属于热性食物，少吃热性食物，以免助火生疮。海带有软坚散结作用，可以常吃。

5. 乳腺增生及其预防

乳腺增生是乳腺组织的良性增生性疾病，既不是炎症也不是肿瘤，而是乳腺组织正常结构的一种紊乱，包括单纯性乳腺增生、乳腺腺病、乳腺囊性增生病等。

①青春期不要束胸。

在青春期应佩戴合适的胸罩，不要束胸，以利乳房的正常发育。

②保持精神舒畅和情绪稳定。

现代医学证实，情绪不稳定会抑制卵巢的排卵功能，使雌激素水平增高，导致乳腺增生。

③避免使用含有雌激素的面霜和药物。

为治疗更年期综合征需要补充外源性雌激素时，应保持最小剂量、最短疗程，否则会使体内激素水平失去平衡而导致乳腺增生。

④妊娠、哺乳对乳腺功能是一种生理调节。

女性适时婚育、哺乳对乳腺有好处，30岁以上仍未婚、未育或哺乳少的女性易患乳腺增生。

⑤保持家庭和睦及性生活和谐，对预防乳腺增生十分重要。性乱或性冷淡、性生活不协调均可引起内分泌紊乱，从而导致乳腺增生的发生。

⑥积极防治妇科疾病。

研究资料表明，半数以上的妇科病人患有乳腺疾病，最常见于月经周期紊乱和附件炎患者，患子宫肌瘤的女性乳腺增生的发病率也很高。

## 如何预防妇科肿瘤

女性患妇科肿瘤的并不少见，尤其是中老年女性，患此病的占很大的比率。女性要想保持身体健康，就要在早期进行预防。首先要了解妇科肿瘤方面的知识，然后从各个方面积极进行预防。

1. 妇科肿瘤的种类

妇科肿瘤分为良性和恶性，妇科癌症就是恶性肿瘤。根据不同的部位可以分为：外阴癌、阴道癌、子宫颈癌、子宫体癌、卵巢癌和输卵管癌等。宫颈癌、宫体癌、卵巢癌是发病率位列前三位的妇科恶性肿瘤。

2. 妇科肿瘤的发病原因

根据对大量病例的观察证明，妇科肿瘤的发病原因可能与以下因素有关。

（1）年龄因素

良性肿瘤多发生于生育阶段的女性，恶性肿瘤多发生于中老年女性，少部分特殊类型的肿瘤好发于青春期及幼年女性。

（2）生育因素

部分妇科肿瘤的发生与生育有关，其发病与早婚、早育、密产、多产等生育因素有关，如宫颈癌。子宫内膜癌又常与少生、不生有关。

（3）性卫生因素

不洁的性生活可引起女性生殖器官感染，如：阴道炎、宫颈炎、宫颈糜烂、盆腔炎、输卵管炎症等。它们成为外阴癌、阴道癌、宫颈癌及输卵管癌的重要发病因素。另外，经常经期性交、产期性交等均是宫颈癌发病的重要因素。

（4）内分泌因素

女性生殖器官肿瘤的发生与内分泌密切相关，卵巢功能减退引起的外阴萎缩是外阴癌发病的一个因素。母亲在妊娠期间用雌激素是青少年女性阴道透明细胞癌患者发病的重要诱因。子宫内膜癌、卵巢癌的发生与女性体内激素水平密切相关。

不经医生指导，私自服用含有雌激素的药物、补品及一些美容美肤用品，会在不知不觉中提高体内雌激素水平，而长期高水平雌激素的刺激是子宫内膜癌和卵巢癌的发病因素之一。

（5）遗传因素

遗传研究证明，母亲或姐妹中有人患卵巢癌、乳腺癌的女性，其卵巢癌发病率比一般人明显增加。

（6）不良生活方式的因素

吸烟尤其是大量吸烟，可能是诱发宫颈癌的重要原因之一。据流行病学调查，吸烟女性患宫颈癌的风险较不吸烟女性增加两倍。另外，高脂肪饮食不仅会使人发胖，还会诱发子宫内膜癌。

（7）性生活早的因素

性生活早的女性易患宫颈炎或宫颈癌。研究证明，过早发生性行为和性伴侣过多，是近年来女性子宫颈癌的发病人群出现年轻化趋势的罪魁祸首。

3. 妇科肿瘤的防治

防治癌症要做到"三早"，即早期发现、早期诊断、早期治疗。癌症的发生、发展和其他任何事物一样，都有一个过程，肿瘤不是一下子就形成或长得很大，或一下子就转移了。如宫颈癌，开始往往是炎症，发展到鳞状上皮分生，然后到不典型增生，不典型增生又有轻度、中度、重度的发展过程，然后是原位癌、浸润性癌，再往下肿块一点点长大，最后才发生转移。

4. 妇科肿瘤的几个关键性的问题

（1）早发现早治疗

早期癌症病变治疗效果非常好，有很多癌症治愈的可能性很大，甚至可以做到完全治愈。

（2）早治疗容易治愈

对于早期发现的癌症，病变本身并不复杂，病灶较小。没有转移，没有其他并发症，在治疗方法上相对单一，对技术要求也不是非常高，治疗费用相对较少。

（3）晚治疗难度大

病人如果得到早期治疗，承受的痛苦并不大，如果到了晚期，病情复杂，出现各种并发症，转移病灶也有了，治疗难度增加，治疗花费也大大增加，病人所受的痛苦也就更大了。

# 什么是痛经

女性在经期前后或在行经期间，发生腹痛或其他不适，以致影响生活和工作者称为痛经。痛经又分为原发性痛经和继发性痛经，原发性痛经指生殖器官无明显器质性病变的月经疼痛，又称功能性痛经，常发生在月经初潮或初潮后不久，多见于未婚或未孕妇女，往往经生育后痛经便可缓解或消失。继发性痛经指生殖器官有器质性病变如子宫内膜异位症、盆腔炎和子宫黏膜下肌瘤等引起的月经疼痛。

痛经大多发生在月经前1~2日或月经来潮时，常为下腹部阵发性绞痛，有时也放射至阴道、肛门及腰部，可同时伴有恶心、呕吐、尿频、便秘或腹泻等症状。

腹痛可持续较长时间，偶可长达1~2日，经血排出通畅时疼痛消失。疼痛剧烈时可发生面色苍白、手足冰凉、出冷汗，甚至昏厥。膜样痛经的患者，一般在月经的第3~4日时疼痛最剧烈，膜状物排出后疼痛消失。

## 如何解除痛经的困扰

不少女性在每次来月经前，往往有下腹阵阵疼痛、乳房胀痛、易疲劳、忧郁、全身倦怠乏力等不适感，这就是令人特别苦恼的痛经。经期出现这类症状，主要是青春期女性的子宫颈比较细长，或未发育完好，经血流经处刺激子宫肌收缩而造成的。女性在月经周期中，随着内分泌的变化，生理和心理上也会发生较大的变化。

女性在经期前后，可通过膳食来调节，以助减轻疼痛。在月经前、中、后的时期，如果摄取适合当时身体状态之饮食，可调节女性生理心理上种种不适，也是使皮肤细嫩油滑的美容良机。

1. 经前饮食

月经前吃些清淡、易消化、富含营养的食物。

女性月经前烦躁不安、便秘、腰痛者，宜大量摄食促进肠蠕动及代谢之物，如青菜、豆腐等，以调节身体的不适状态。

在女性月经来潮的前一周，应吃些清淡、易消化、富含营养的食物，忌食过咸食物。因为咸食会使体内的盐分与水分增多，出现水肿、头痛的现象。女性可以多吃豆类、鱼类等高蛋白食物，多食用绿叶蔬菜、水果以及全谷类、全麦面包、糙米燕麦等含有较多纤维的食物，可促进动情激素排出，增加血液中镁的含量，有调整月经及镇静神经的作用。此外要多饮水，防止便秘，减少骨盆充血。

2. 多吃一些开胃、易消化的食物

月经初期，为减轻腰腹痛和增加食欲，女性不妨多吃一些开胃、易消化的食物，如枣、面条、薏米粥等。要少喝碳酸饮料，这类饮料中大多含有磷酸盐，它与体内铁元素产生化学反应，使铁元素难以吸收。此外，多饮汽水还会影响食欲。

3. 吃一些动物肝脏

月经期为促进子宫收缩，可摄食动物肝脏等，以维持体内热量。要吃营养丰富、容易消化的食物，不要吃刺激性食物和辣椒之类，还要少吃肥肉、动物油和甜食。吃饭前要按摩耳朵祛除疲劳，内心不要有不安和紧张。

4. 多补充含蛋白质

月经期女性会损失一部分血液，因此，月经后期需要多补充含蛋白质及铁、钾、钠、钙、镁的食物，如肉、动物肝、蛋、奶等。月经后容易眩晕、贫血者，在经前可摄取姜、葱、辛香料等；在经后宜多吃小鱼以及多筋的肉类、猪牛肚等，以增强食欲，恢复体力。烟酒等刺激性物质对月经也会有一定影响，女性如果不注意避免这些不良刺激，长此以往，会发生痛经或月经紊乱。

5. 多吃香蕉、牛奶加蜂蜜

香蕉和牛奶都富含钾，它对于神经冲动的传导、血液的凝固过程以及人体所有细胞的机能都极为重要，能缓和情绪、抑制疼痛、防止感染，并减少经期失血量。蜂蜜是产镁的"富矿"，能帮助大脑中神经冲动传导、具有神经激素作用的活性物质维持在正常水平。在月经后期，镁元素还能起到心理调节作用，有助于身体放松，消除紧张心理，减轻压力。

6. 多补 B 族维生素

B 族维生素对减缓经前紧张症具有显著疗效，B 族维生素中又以维生素 $B_6$ 最为重要，此种维生素能够稳定情绪，帮助睡眠，使人精力充沛，并能减轻腹部疼痛，香蕉中含量较多，痛经女性不妨多吃一些。

7. 多喝大麦茶、薄荷茶

咖啡、茶等饮料会增加焦虑、不安的情绪，可改喝大麦茶、薄荷茶。避免吃太热、太凉、温度变化太大的食物。有大失血情形的女性，应到医院就诊，防止因贫血给身体带来损害。

## 非正常闭经如何预防

闭经即不来月经，是女性常见的一种症状。女性超过 18 岁仍不来月经叫原发性闭经；已经建立了正常月经周期后，连续 3 个月以上不来月经叫继发性闭经。青春期前、妊娠后、哺乳期及绝经期后的闭经是正常的，不属于病症。

子宫发育异常，如先天性无子宫、刮宫过深、子宫内膜结核，以及先天性无卵巢、放疗破坏了卵巢组织，或患有严重贫血、慢性肾炎、糖尿病、甲状腺及肾上腺功能亢进或减退，环境改变、惊吓、恐惧、过度紧张、劳累等原因均可引起闭经的发生。

对因环境改变、精神创伤引起的一时性闭经，可通过加强营养、增强体质、避免精神紧张及避免过度劳累等予以调整。有继发性闭经的女性应尽早到医院就诊，以诊治疾病、恢复月经周期。

## 各类阴道炎如何预防和保健

女性在各年龄段都可患上阴道炎，因而女性要了解并预防，避免其给生活和工作带来不便。

1. 真菌性阴道炎

女性阴道内细胞糖原增多时，可促

进白色念珠菌繁殖,因此孕妇、糖尿病患者,以及使用广谱抗生素及肾上腺皮质激素、严重传染病、消耗性疾病、B族维生素缺乏等都为白色念珠菌的大量繁殖提供了有利条件,而发生真菌性阴道炎。

真菌性阴道炎的最常见症状是白带增多、黏稠,呈白色豆腐渣样或像凝乳块一样。有时白带稀薄,含有白色片状物。另外,外阴、阴道瘙痒,搔抓后引起外阴、阴道灼痛,排尿时尤为明显,还可有尿频、性交痛。在小阴唇内侧及阴道黏膜附近有白色片状薄膜,擦除可见整个阴道黏膜红肿、糜烂或浅表溃疡。

2. 非特异性阴道炎

由葡萄球菌、链球菌、大肠杆菌及阴道嗜血杆菌等引起的阴道发炎,叫非特异性阴道炎。往往在阴道损伤、阴道内有子宫托或阴道塞、遗留棉球等异物以及涂抹腐蚀性药物,使用避孕用具或油膏和刺激性阴道冲洗等情况下,或因盆腔炎、附件炎、子宫内膜炎、流产及分娩后子宫分泌物增多,长期子宫出血或阴道手术损伤等原因,使阴道的正常防御功能遭到破坏,为病菌的生长繁殖创造了条件而发生非特异性阴道炎。

非特异性阴道炎的主要症状是阴道胀、灼热,同时伴有盆腔不适及全身乏力。阴道分泌物增多,为脓性或浆液性,严重时有臭味。分泌物刺激尿道口,可引起尿频、尿痛。阴道黏膜充血、有触痛。

3. 老年性阴道炎

老年性阴道炎是由于妇女绝经后,卵巢功能衰退、雌激素水平降低、阴道壁萎缩、黏膜变薄、上皮细胞内糖原含量减少、阴道内 pH 值改变、局部抵抗力降低,易受细菌感染而引起的炎症。常为一般病原菌感染,如葡萄球菌、链球菌、大肠杆菌或厌氧菌等。此外,阴道创伤、子宫内膜炎或盆腔炎更易诱发老年性阴道炎。

老年性阴道炎的主要症状是白带增多。白带多为黄水状。感染严重时,白带可呈脓性,有臭味。黏膜表面有浅表溃疡时,分泌物为血性,还可有点滴出血,同时伴有外阴瘙痒、灼热感,下腹坠胀不适。炎症常波及尿道而引起尿频、尿痛或尿失禁症状。检查老年妇女的阴道会发现皱襞消失、上皮菲薄、黏膜充血、弹性消失,阴道变得狭窄或引起粘连。

4. 滴虫性阴道炎

滴虫性阴道炎的滴虫存在于皱褶及宫颈的腺体中,同时还存在于尿道及肠道内,因此应该内外兼治。

5. 外阴瘙痒

外阴瘙痒是多种妇科疾病引起的一种症状,多发生在阴蒂或小阴唇附近,常为阵发性,也可呈持续性。月经期、夜间或使用刺激物后加重。一般无皮损,长期瘙痒者可引起溃破、红肿或继发感染,严重者瘙痒剧烈,坐卧不宁。久治不愈者可转变为苔藓样硬化。

外阴瘙痒的发生是由多种因素造成的,可分为全身性和局部性原因。前者多由于糖尿病、黄疸、白血病、精神因素、过度疲劳、条件反射等原因所致。

后者常因滴虫性或真菌性阴道炎、老年妇女外阴干燥、尿失禁、肛裂、肛瘘使外阴皮肤受尿粪浸渍，冲洗阴道时使用升汞等药物，阴道内使用避孕药等药物，穿化学纤维内裤，使用橡皮、塑料月经带，经期不注意清洁卫生，过多使用强碱性肥皂、蛲虫病、湿疹等因素，直接或间接刺激外阴皮肤所致。

患有阴道炎的女性要及时就医，并遵医嘱治疗和调整生活。

（1）用中药外阴洗剂坐浴

用中药外阴洗剂坐浴，切勿抓痒，以免外阴皮肤黏膜破损造成继发感染。女性要多吃含丰富维生素的食物，比如新鲜的蔬菜和水果。

（2）用温水熏洗

如果女性外阴有瘙痒或灼热感，可用温水熏洗外阴。

（3）停止性生活

女性在治疗期间应停止性生活，且丈夫应去男性科检查，如尿液中发现滴虫，应同时进行治疗。

阴道炎治疗以外治为主，主要症状表现为外阴及阴道瘙痒不适，有的可波及整个外阴，有的可局限于某部或单侧外阴，有时可累及肛周，常呈阵发性发作，也可为持续性，一般夜间加剧，痒痛难忍，坐卧不安，有的伴有白带带黄、质稠、有味。根据阴道炎的不同症状，医生会采用不同的方法进行治疗。女性对此必须十分重视。

6. 保健常识

为了避免阴道炎的发生，女性在日常生活中要做到以下几点：

①宜穿宽松棉质内裤。

②饮食以清淡为主，忌酒及辛辣刺激或过敏食物。

③患病后禁止盆浴，避免性生活，防止互相接触传染。

④若找到阴虱，即长在阴毛间的虱子，应剃除阴毛，煮洗内裤，用灭虫溶液涂擦外阴。

⑤平时保持外阴干燥、清洁，不要用手搔抓外阴，以防损害。

⑥不要用热水洗烫外阴，忌用肥皂清洁外阴。

## 子宫颈炎、盆腔炎如何保健

子宫颈炎是育龄期妇女的常见病之一，分为急性与慢性两种，医学临床上以慢性子宫颈炎多见，多无急性炎症过程表现。

1. 子宫颈炎

长期慢性机械性刺激是导致子宫颈炎的主要诱因，如性生活过频或流产、分娩及人流术等都可损伤宫颈，导致细菌侵袭而形成炎症，或是由于化脓菌直接感染，或是高浓度的酸性或碱性溶液冲洗阴道，或是阴道内放置或遗留异物感染所致。

（1）子宫颈炎的症状

①白带增多，多呈乳白色或淡黄色脓性黏液，有时带血丝或少量血液。

②下腹及腰骶部经常出现疼痛，且有坠胀感。月经期、排便或性生活时加重。

③炎症蔓延波及膀胱三角区及膀胱周围结缔组织，引起尿频、尿急及排尿困难，甚至引起肾盂肾炎及膀胱炎症状，还可导致不孕。

女性要注意多吃富含维生素C的新鲜蔬菜和水果，如菠菜、白菜、西红柿、胡萝卜、桃、杏、橘子、苹果等。

（2）注意事项

①保持外阴清洁，特别是在经期、产褥期、流产后更应注意卫生，防止感染。

②在子宫颈创面尚未愈合前，应避免盆浴、性交和阴道冲洗。

③尽量减少人工流产及其他妇科手术对宫颈的损伤，产后应及时修补子宫颈裂伤。

④定期做好妇科检查，发现子宫颈炎应给予积极治疗。治疗期间禁食鱼虾等发物及辛辣食物。

2. 盆腔炎

盆腔炎是指女性盆腔内生殖器官的炎症，包括子宫肌炎、子宫内膜炎、输卵管炎、卵巢炎、盆腔结缔组织炎，等等。一般分为急、慢性两种。

引起急性盆腔炎的主要原因是产后、流产后、宫腔内手术操作后感染，经期不洁，邻近器官的炎症蔓延。慢性盆腔炎临床上较为多见，常由急性盆腔炎治疗不彻底，引起炎症变化而使盆腔结缔组织增生，造成粘连成慢性病灶。此病也可引起急性发作，并且可导致不孕症。

急性盆腔炎症状可因炎症的轻重及范围大小而有所不同。常见的症状有高烧、咳嗽等，刺激泌尿道可出现排尿困难、尿频、尿痛的症状，如刺激直肠可出现腹泻和排便困难症状。

当女性抵抗力下降时，盆腔炎可急性发作。由于慢性炎症形成的疤痕、粘连及盆腔充血，可引起下腹部坠胀、疼痛及腰骶部酸痛，常在劳累、性交后、排便时及月经期前后加重。由于盆腔瘀血，女性出现月经和白带增多；卵巢功能受损时可有月经失调；输卵管阻塞可造成不孕。检查子宫的位置后倾，活动受限或粘连固定，在子宫一侧或两侧可摸到条索状增粗的输卵管并有轻度压痛。

（1）急性盆腔炎一般治疗方法

患急性盆腔炎的女性应尽快到医院治疗。女性应取半卧位以利炎症的局限化。补充液体和营养，高热时给予物理降温。凡有脓肿形成，或药物治疗无效，或突然腹痛加剧，伴有中毒性休克表现，怀疑有脓肿破裂者，均应立即剖腹手术治疗。

此外，物理疗法如短波、超短波、红外线、药物离子透入等，促进盆腔血液循环，有利于炎症的吸收，可选择应用。

女性应加强经期、产后、流产后的个人卫生，勤换内裤及卫生巾，避免受风寒，不宜过度劳累。

女性在患病期间应避免性生活，月经期忌房事，以免感染。卫生垫要注意清洁卫生，最好用消毒卫生巾。

（2）注意事项

①多喝水。

盆腔炎容易导致女性身体发热，所

以要注意多喝水以降低体温。

②多吃清淡的食物。

饮食应以清淡食物为主。女性应多食有营养的食物,如鸡蛋、豆腐、红小豆、菠菜等,忌食生、冷和刺激性的食物。

③避免不必要的妇科检查,以免扩大感染,引起炎症扩散。

## 不孕症的症状和原因

女性婚后两年,有规律的性生活、未采取承避措施未怀孕的,即为不孕症。

1. 不孕症的症状

除无法怀孕外,不孕症的症状有阴道不规则出血、阴道分泌物增多、月经量多、月经稀少、不排卵、月经失调,等等。

2. 不孕症的原因

引起不孕症的常见原因有以下几种:

(1) 卵巢病变

女性的卵巢病变,如卵巢发育不全、子宫内膜异位、腹膜炎使卵巢、输卵管粘连,均可导致不孕症。

(2) 妇科病变

女性患有各种妇科疾病,比如,各种阴道炎、子宫疾病、子宫肌瘤、输卵管发育不良、发炎,等等。

(3) 全身疾病

全身疾病,如多种慢性病、代谢病、内分泌疾病,免疫染色体疾病和精神因素、性知识缺乏,等等。

女性患有不孕不育症,应在医院就诊,进行积极的治疗。

# 第三章  重视心理、性格健康和运动保健

女性在任何时候，都要拥有健康的心理和性格，这样才可以勇敢地面对人生道路上各种挫折和失败，也才能使自己获得成功，并保持身体的健康。

除了注重性格的培养、心理调节以外，还可以通过运动锻炼来健身强体、磨炼意志，从而达到身心的健康。

## 女性心理健康标准

健康是人生的第一财富，尽管人人都希望拥有健康，但对健康究竟是什么，却未必有正确的认知。世界卫生组织对"健康"一词的定义，不仅包括人身体的健康，而且还包括人的精神、人际关系等方面的健康，即人的心理健康。一个健康的人既要有健康的身体又要有健康的心理。现代科学证明，人的生理健康和心理健康是相辅相成、相互依存的。生理健康是心理健康的基础，心理健康反过来又促进生理健康。

在现实生活中，有些女性在生病时往往会情绪低落、萎靡不振或烦躁不安，影响工作和学习。很多人也许并不知道，如果心理不健康，也会影响自己的情绪，进而诱发冠心病、高血压、糖尿病、溃疡病和癌症等严重疾病，而且还会使人的社会适应能力遭到破坏，甚至无法进行正常的家庭生活和社会生活。

心理学认为，心理健康大致可分为人格健全、心理机能正常和心理疾病或心理障碍三个层次。其中，人格健全属于高层次的心理健康，通常表现为有高尚的目标追求，能发展建设性的人际关系，从事具有社会价值的创造，渴望生活的挑战，寻求生活的充实与人生意义，等等。心理机能正常属于低层次的心理健康，以心理适应为基本特征，通常表现为能消除过度的紧张不安而达到内部平衡状态，对周围环境顺从，内心无冲突，而心理疾病或心理障碍则属于不健康的层次。

1948年第三届国际心理卫生大会曾将心理健康的标准拟定为"所谓心理健康，是指在身体、智能以及情感上与他们的心理健康不相矛盾的范围内，将个人心境发展成最佳状态"。具体标志为：身体、智力、情绪十分调和；适应环境，人际关系中能彼此谦让；有幸福感；在工作和生活中，能充分发挥自己的能力，

过有效率的生活。

心理健康并不是一个通用的、静止不变的概念，因为客观生活本身存在着文化的变迁。从某种程度上说，所谓心理健康是指合乎时宜。因此，考察心理是否健康必须动态地看。

1. 马斯洛和迈特尔曼提出的心理健康的标准

关于心理健康的定义和标准，国内外专家学者有过多种研究和论述。20世纪初，美国著名心理学家马斯洛和迈特尔曼提出了心理健康者的10条标准：

①有充分的自我安全感。

②能充分了解自己，并能恰当估计自己的能力。

③生活理想切合实际。

④不脱离周围现实环境。

⑤能保持人格的完整、和谐。

⑥善于从经验中学习。

⑦保持良好的人际关系。

⑧能适度地宣泄情绪和控制情绪。

⑨在符合团体要求的前提下，能有限度地发挥个性。

⑩在不违背社会规范的前提下，能适当地满足个人的基本需求。

2. 奥尔伯特提出的心理健康标准

美国心理学家奥尔伯特提出了心理健康6条标准：

①力争自我的成长。

②客观地看待自己。

③人生观的统一。

④与他人建立和睦关系的能力。

⑤人生所需的能力、知识和技能的获得。

⑥具有同情心，对生命充满爱。

其实，身体健康和心理健康是相辅相成的，从生理上看，健康的身体，尤其是健全的大脑，是心理健康的基础。只有具备健康的身体，个人的情感、意识、认知和行为才能正常运作。从心理上看，心理健康的人不仅各种心理功能系统正常，而且通常对自我持有肯定的态度，有自知之明，清楚自己的潜能、长处和缺点，并发展至我。现实中的自我既能顾及生理需求，又能适应社会道德要求，能面对现实问题积极调适，有良好的情绪感受和心理适应能力。

从社会行为上看，心理健康的人能较好地适应社会环境，妥善地处理人际关系，其行为符合社会环境的、文化的常规模式，角色扮演符合社会要求，与社会保持良好的接触，且能对社会有所贡献。

3. 女性心理健康的特征

女性心理健康有以下特征：

①认知完整。

②情绪适度。

③积极的自我观念。

④人际关系融洽。

⑤能面对现实，驾驭环境。

⑥有既定目标，热爱生活。

由此看来，心理健康的标准具有同一性，心理学家普遍把正常的智力、稳定的情绪、坚强的意志、良好的交往能力、正确的自我意识、适应环境的能力、抗挫折的耐受能力作为心理健康的标准。

此外，由于人的社会生活和遗传因素是多种多样的，人的社会背景和人体差异是多方面的，心理健康的表现形式也是多种多样的。所以，衡量人的心理健康标准也应是相对的和多样的。

4. 正确认识和理解心理发展标准

女性要重视在青春期心理的变化，对于这一阶段心理发展和不良倾向，不可掉以轻心，要及时予以诊断和矫治。就女性心理异常的诊断而言，女性青春期心理发展的标准是一个不可缺少的重要依据，如果不了解女性青春期的典型行为，就可能诊断不当甚至误诊。

现实生活中，有些女性在青春期与父母关系紧张，试图摆脱父母，这种表现就是心理的不良倾向，如果忽略了心理诊断，就可能会对女性的健康成长设置了障碍。

不过，女性青春期心理上有些变化是正常的，青春期心理的正常发展，是倾向于发挥更大的自主性，这对治疗的选择具有重要意义。因此，对年龄较大的女性来说，自控策略要比行为计划更为有益。因为在行为计划中，父母是作为行为改变的动因被利用的。还有，在不同的年龄阶段，可以教以解决问题的不同认知策略。

（1）制定预防措施

研究发现，那些面临多方面生活变化和过渡的青少年，如转学、发育变化、迁居，以及家庭解体等重大变故，女性往往具有顺应的困难。比如当女性刚刚转入一所新学校时，如果其父母也正在经历离婚抉择的话，那么女性在家中也许就得不到情感支持。

①预防措施的制定。

生活有时会发生变故，所以必须制定预防措施。对那些即将经历多种过渡的女性来说，有效的预防措施是必需的。这种预防措施的重点应当放在女性的应对策略上，让不同发展水平的女性学习不同的应对策略会对她们更加有益。

②措施与发展水平的变化结合。

预防措施的推行，也可以与发展水平的变化结合起来。这一概念同样适用于性教育。如果女性在认知上已经有所准备，那么就可以在青春前期，即在女性性成熟之前，为女性提供性和避孕等教育。这些都应该引起家长、教师和全社会的普遍关注。

（2）了解女性认知发展水平的局限性

认知发展水平作为心理异常治疗效果中介的重要性，早已为人们所熟知。有些人认为，治疗效果应依据女性的发展水平来调整。比如，处于不同认知发展水平的女性，对于同一件事情会有不同的理解。女性在理解主要生活事件方面，确实存在发展上的较大差异。

比如，在女性未婚先孕这个问题上，有关的干预计划很少考虑到女性的认知发展水平。即便提供避孕和性教育课程，女性中仍有许多人会因为持有"不该采用这种非理性的避孕措施"的观念而深感困惑。

在女性认知发展和避孕措施背后，

人们应思考这样的问题：那些认知上尚不成熟的女性，可能并不理解为什么应该采取避孕措施的道理，她们既不会预期将来一旦怀孕时所面临的各种困难，也不会正确评估怀孕的概率。在认知上尚不成熟的青少年，可能不会认真考虑一旦怀孕会带来多大的风险和后果。

（3）运用心理病理学知识解决心理异常问题

发展的心理病理学是一个涉及某些心理疾病连续和不连续的领域，许多心理障碍的性质和发生率，是随年龄而变化的。比如，注意缺陷的多动症是随年龄而变化的，这种障碍的各种症状，如注意力不集中和好动，在不同的年龄阶段会有不同程度的表现。

也就是说，注意力不集中和好动可以延续到青春期和成年期，而严重的运动失调可能在童年早期和中期达到高峰。又如抑郁症，青春期女性往往表现出畏缩不前的症状，而童年期女性则很少表现出这种症状。在其他一些既可内化也可外化的障碍，比如行为障碍和焦虑，也可表现出年龄差异。

如同某些障碍并不随年龄增长连续发作一样，还有许多障碍存在着连续发病的特点。大多数患抑郁症的成人、青少年和儿童，他们在认识自己的能力方面会产生歪曲，而且他们对内部的和整体的事件往往持有消极的归因。

因此，至少就抑郁症而言，可能存在着认知的连续性。一般来说，女性的心理障碍绝大多数是童年期障碍的延续。

比如，女性反社会行为的次数有所增加，但这类异常行为的人数并不见得增加。由于反社会行为的成人往往过去曾经是反社会的儿童，因此反社会行为也许是有连续性的。当然，童年期障碍与青春期障碍之间并不存在简单的连续关系。青春期新产生的障碍，如神经性厌食症似乎与童年期所发生的障碍截然不同。

在青春期，下列障碍的发生率会增加，它们与童年期的发生率有关：如抑郁症、双相情感障碍、轻生倾向、轻生、精神分裂等。另外，女性群体中广场恐惧症和社交恐惧症则比较常见。

因此，家长、教师和心理治疗师要用发展的观点来通盘进行思考，以便将发展心理学和临床治疗很好地结合起来，解决女性的心理异常问题，促进其青春期的心理健康。

（4）传统观念对女性心理的影响

在传统观念中，有些工作女性不适宜去做，如果女性从事被认为是男性常从事的有关工作时，女性在心理上就会产生消极情绪。因此，女性应该破除传统观念，对自己有积极的评价。

## 影响女性心理健康的原因

在心理健康方面，女性与男性之间存在着一些差异，要了解女性与男性心理健康的差异性，仅仅立足于心理因素还是不够的，还应该触及其出生前环境、生育过程，以及了解其整个成长过程。

由于只有心理健康才能对自身的行为施加影响，所以我们也只有在动态变化的层面上，才能够正确认识和把握各种因素是如何改变个体的行为的。

1. 生理因素的差异性

很多怀孕女性可能会忽略，或不太重视环境给胎儿脑组织结构带来的性别差异，导致心理健康问题。研究发现，目前女性中，神经症，即各种类型的抑郁症或焦虑症的发病率相当高，尤其是住在城市的、失业的、夫妻分居的、离婚的、丧偶的人群中。

大量的研究表明，女性与男性在健康状况上确实存在着差异。女性在身体健康方面虽然要比男性高出一筹，然而，如果要是考虑到男女在死亡率与发病率方面的差异时，情况就会变得较为复杂。有关资料显示，男婴的出生数是女婴出生数的1.25倍，但是出生后一年内的死亡数男婴要比女婴多27%。

事实上，在人生中的各个阶段，男性的死亡率都要比女性高，不管何种死因差不多都是如此。实际上无论哪一个民族，女性的预期寿命都比男性高。纵向的调查数据显示，截至1970年，男女性别的这种差异在逐渐增大，此后这种差异增大的速率开始减缓，因而女性在长寿方面的优势不再像以前那么明显了。

这种变化可能部分归因于许多危重疾病的流行状况发生了变化，女性中患心脏病的人数增加了，几乎与男性发病率相同。而且在1979年以前，妇女的癌症发病率明显上升，而这段时间中男性的癌症发病率开始迅速下降。例如，乳腺癌是导致美国妇女死亡和一系列健康问题的主要祸根。1997年，在美国女性新发生的全部癌变病例中，乳腺癌的发病率约占30%。乳腺癌是40~44岁女性致死的首要原因，并且是年龄超过50岁女性死亡的第二号杀手。

尽管女性的寿命大约要比男性长7年，但她们往往都诉说自己的健康状况不如男人。也就是说，女性与男性相比，会体验更多的疾病症状和苛刻的卫生条件，常常因病致残或丧失工作能力，以及遭受因疾病引起的更糟糕的不良后果。因此，从某种角度说，由于活得比男人长的缘故，老年女性更可能在贫困的生活条件下，长期受到行动不便和疾病的折磨。

2. 女性在生活中承受的压力要大

不论男性和女性，应激作为影响健康的一个重要因素已经显现出来，并且它可能是用来解释发病率和死亡率方面存在性别差异的另一个重要概念。从生物学和心理学的角度考虑应激的影响，是认识上的一种拓展，它不仅促使人们注意所遭遇的主要生活事件，诸如离婚、丧偶或被解雇的影响，而且扩大到这样一种理念，即一个人日常生活中所遇到的应激或持久的争执对其健康的影响非常之大，因而不可忽视。

当然，应激对健康的影响，不仅取决于当事人对该应激严重程度的评估和感知，同时也取决于当事人对该应激关乎自己生活的评估和认识。女性不仅在所经历的应激数量和类型方面可能与男性不同，而且评价应激事件的方式也可能与男性不同。研究发现，在诉说所发生的应激生活事件时，许多女性往往比男性更容易将家庭成员和朋友所遭遇的事件，看成像发生在自己身上一样。所以，女性体验应激时的表现与男性是截然不同的。

工作模式和家庭模式的转变，对女性来说，可能意味着她们关于婚姻角色含义的变化。由于这些角色特征发生新的变化，结果应激也将产生。例如，就业机会的增加和家务责任的减少，会使许多女性在经济上不再完全依靠男人。

女性在受益的同时，在那些存在性别歧视或限制的领域中，会给女性造成新的压力；有人认为，女性在社会上充当的角色，未必会对她们的身体带来不适或心理上增加烦恼。与之相反，女性充当多重角色，还会有利于她们身体健康，有利于提高她们对生活的期待值，同时也会使她们降低抑郁。

在处理应激时，女性也可能采取与男性迥然不同的方法。研究发现，压力的作用机制男女有别，工作压力过大、时间过长给女性造成的危害，远比对男性造成的危害严重。在压力之下，男性的胃、心脏和神经系统容易受损，但女性受到的伤害更严重，重压下的女性常大量吸烟、喝咖啡、失眠、焦虑、易怒等，更容易导致不孕及严重的妇科疾病。此外，重压还容易令女性下意识地将注意力转移到食物上，而食欲过盛很可能是神经机能恶化的征兆。

已有大量资料显示，心理应激的效应也反映在人的生理系统中。个体在应激情况下有关生理反应的观察显示，女性和男性对应激的敏感性和脆弱性是有差异的。比如，在一项关于心血管反应的研究中，男性被试者在面临一项应激时，表现为较高的收缩压，而女性则表现为较明显的心率增加。相似的研究表明，遭遇各种应激时，女性和男性的免疫系统反应也有所不同。

在一项以20~37岁女性年龄段为对象的研究中，让被试者在为时30分钟的讨论中，遭遇他人不友好的消极行为的刺激，结果使得被试者在免疫系统和内分泌系统功能上，都受到不利的影响。然而相比男性，女性以后在生理上变得更易兴奋，因为她在参与人际相互交往时内分泌功能和免疫功能会出现较大变化，且容易同消极的行为紧密相关。类似的发现也在对敌意和心血管机能相关性的研究中被观察到。

许多理论试图解释为什么相对于男性来说，女性存在更多的心理问题。一种理论认为，这些差异实际上没有这么大，只是女性更愿意袒露自己的不快，而男性则相对不愿宣泄。尽管这种理论没有得到证实，但在与被试者进行访谈时，询问他们是否存在精神疾病症状时，却得到一致的结果：在心理问题患病率上存在着性别差异。

其他理论提出的机制，是压力程度不同和压力承受能力不同。压力差异假设认为，在社会生活中，女性要比男性承受更多的压力，因而女性更易出现心理问题。有证据表明，在家庭角色和工作角色中，女性要比男性面临更多的艰辛。此外，由于家庭和工作对女性的要求都较高，因此会遇到更多的角色压力。即使同样是全职工作，女性仍比其配偶要做更多的家务，由此引发的压力会使女性更易产生心理问题。

研究发现，女性的压力激素水平在下班后还持续上升，特别当女性有了孩子后，这种影响更为显著。男性下班后压力激素水平则会下降，回到家之后似乎可以通过放松来补偿一天的紧张工作，而女性则仍需要继续处理各种家庭琐事。这种压力程度的差异会因女性缺少家庭或工作的支持、调节而变得更加悬殊。

相对于男性而言，女性在家中会遭受更多的身体攻击和其他创伤事件。尽管这些事情并不多见，但却会深深地影响受害者，导致女性总体水平上更高的焦虑和抑郁。

## 女性青春期心理健康

青春期是介于童年期和成年期之间的一个过渡时期，该时期除了发生一系列生理的变化之外，还会发生一系列心理的和社会角色的变化。对于生理的急剧变化，青少年自身能意识到这些变化，而且这些变化既可能是使人愉悦的，也可能是使人害怕。

青春期女性如果对发育和性方面的知识缺乏了解，就可能会引发烦恼情绪。此外，发育引起的变化，对大多数青春期女性来说，不一定会造成心理问题。发育变化产生的心理效应可能不是直接的，而是通过青少年的反应来传递的，或者是由其他人对这些变化所做出的反应来传递的。

一些人认为，女性在发育时身体的变化意味着心理的发展，把这一发展时期说成是充满张力的时期。比如，女性的叛逆、性行为早熟、同一性危机等。其中女性与父母的激烈冲突，还可能会导致青少年对同龄伙伴的重新定向。

1. 青春期认知的变化

青春期的认知发展有四个阶段。

（1）感觉运动阶段（2岁以内）

感觉运动阶段，包括一系列亚阶段，经由这些亚阶段，婴儿从"反射"开始，逐渐发展成为这样一个人：即能依靠一组由简单到复杂、结构有序的行为，用机体处置周围的世界。

（2）前运思阶段的儿童（2~6岁）

前运思阶段的儿童，能够运用心理表征来反映事件，但是与年龄更大的孩子相比，他们往往是高度"自我中心"的。在这些儿童看来，其他人有着与自己一样的观点，而且他们说话时也不会去考虑听者的反应。

（3）具体运思阶段的儿童（7~11岁）

这个时期的思维更加活跃，比如，将同量的水倒入不同形状的杯子中，这个阶段的孩子因掌握守恒概念，知道杯子的水量未变,仍保持其同一性。他们的思想与环境更趋于一致,逻辑性和可塑性也不断增加。

(4) 现实运思阶段的青少年（12~16岁）

在这个阶段,青少年的认知变化与身体变化一样活跃,是具有现实运算思维的时期,一旦青少年具有运算思维能力,他们便能更加复杂、抽象和假设性地进行思维了。他们能够按照可能性来进行思考,并能日益增强对未来的思考。

2. 社会角色的变化

在青春期,女性的社会地位随之发生了各种变化。这时的女性被看作成人了。这些变化表现在各个方面。比如在人际方面,家庭权力地位的变化;在政治方面,比如,有资格参加投票选举;在经济方面,比如,被准许工作;在法律方面,比如,如果犯罪即在成人法庭受审。此外,年龄较大的青春期女性离开家庭,重新界定自己的社会地位。

3. 家庭关系的变化

在青春期女性的社会化过程中,一些心理社会问题既受到青春期主要变化的影响,又受到青春期背景性质,即学校环境、家庭、同龄伙伴等的影响。

家庭不仅起着主要的作用,而且这种作用也存在着发展性的变化。研究发现,父母和兄弟姐妹在这一个过程中的作用重要而又独特。一项针对父母的温柔和控制的分析研究,提出了有关父母二维的管理分类框架,它包括:为人父母的独裁—专断、溺爱—放任、权威—互惠、忽视—冷漠等几种模式。

专断的父母与独裁的父母相似,他们都强调明确的标准和指导,差别在于前者可能更具一点人情味,并在设立规矩和实施规矩的过程中容许孩子发表意见。

放任、纵容的父母往往不能清楚地阐述或解释他们的规定,相反,往往无原则地顺从孩子的要求。就社会化而言,人们发现,独裁和专断的父母会对孩子分别产生负面的和正面的影响,具体包括孩子的社交能力、主动性、自发性、道德发展、运用智力的动机、自尊心和控制力等。放任、纵容的父母往往会培养出具有攻击性和冲动性的孩子。

青春期是家庭关系发生变化的时期,青少年依恋和自主方面的变化,以及父母生活环境的变化,都会对青少年及其家庭结构产生影响。一些孩子年龄较小的家庭比之那些孩子年龄较大的家庭,更有可能出现世俗问题的冲突;父母和女孩之间大致每隔 3 天就会发生一次冲突。

此外,大多数女孩在这一时期往往还没有与父母发生争执,便中断了与父母的联系。有一点很清楚,即在青春期初期,父母与女孩确实存在情感距离逐渐增大的倾向,尤其在女孩发育变化的高峰期更为明显。

4. 女孩对于友谊的需要

一般而言,只有到达青春期,女孩与他人的友谊才会变得亲密起来。亲密关系,通常可表现为信任、相互自我表露、忠诚以及乐于互相帮助等特征。在青春期，各种友谊开始变得较为情绪化，青春期女孩比儿童更有可能与同龄异性伙伴建立友谊。

青春期女孩的同性个体关系，比男孩的同性个体关系更加亲密。由于具有这种友谊的青春期女孩更可能高度自尊，因此亲密友谊对她来说是十分重要的。

在青春期，友谊发生变化是由于社会认知的变化。移情的能力以及在社会交往中采用各种观点的能力，会使友谊变得更加成熟和复杂。

在青春期，同龄伙伴对女孩来说是"必需品"而非"奢侈品"，这些关系对认知、社会认知、语言、性角色和道德发展均具有很大的影响。那些有着不良同龄伙伴关系的儿童和青春期女孩，在后来的生活中会面临许多个人的和社会的难题，如中途退学和犯罪等。

有人可能认为，与父母保持良好的关系，可以取代同龄伙伴关系，或者至少可以避免与问题少年结伴时产生的负面影响，然而研究结果表明，只有通过与同龄伙伴的相互交往，一个人才能真正学会合作和移情的技能。总之，同龄伙伴关系为青少年的顺应做出了独特的贡献。

毫无疑问，家庭和同龄伙伴对于一个人的发展和顺应是十分重要的。家庭为孩子探索同龄人的世界提供了安全的基础。良好的家庭关系对于发展良好的同龄伙伴关系是一个不可或缺的保障。研究发现，这主要是由于儿童和青少年通常会坚持其父母的价值观，即使在不断卷入同龄伙伴关系时期也是如此。由此可见，人们应当抱着谨慎的态度，不要把同龄伙伴的世界与家庭世界割裂开来处理，它们彼此发生影响，而且都对青春期的发展和顺应做出独特的贡献。

5. 环境对女孩心理的影响

就读学校的频繁更换，会对女孩的身心产生不利的影响。研究表明，女孩从小学升至中学，自尊心会出现明显下降，而对许多女孩子而言，恢复自尊心显然不是一件容易的事情。发生在女孩身上的这种顺应困难，部分是由于她们从一个相对受保护的环境，即小学转向了一个相对缺少人情味的环境，即初中和高中所造成的。

同时，学校环境也影响女孩心理的发展。比如，学校的物质环境、教学资源、教师奉行的哲学和价值观、教师的期望、课程的安排特点，以及师生之间的相互作用等，均与青少年所产生的一系列变化密切相关。

6. 同一性对女孩心理发展的影响

所谓同一性，是指一个完整、成熟的个体主观概念，即人格发展的一致感、连续感、统合感。同一性包括社会与个人的统合、个体的主体方面与客体方面的统合、个体对历史任务的认识与个体愿望的统合等。如性别角色同一性、民族或群体同一性等。同一性的发展，是女孩青春期的一个非常重要的问题。

同一性是青春期形成的自我意识和自我角色的统一感，是指个体对自己的本质、信仰及一生价值取向的一种相当一致的和比较完满的意识。它是个体心理或人格成熟的标志，包括自我同一性、个人同一性、社会同一性。此时，个体具有一种关于自己是谁、在社会中应占怎样的地位、将来准备成为怎样的人及怎样努力成为理想中的人等一系列问题的觉知。具有自我同一性的女孩具有以下方面的体验。

①所设想的自我与所觉察到的他人对自我的看法是一致的，并深信自我努力追求的目标及为达到目标所采取的手段是被社会承认的。

②感到自己是一个独立的、独特的、有个性的个体，虽也与别人一起活动，但可以与别人分离。

③自我本身是统一的，自我的需要、动机、反应模式是可以整合一致的，且在时间上，自我有一种发展的连续感和相同感。

个体一般约于18岁完成这一过程，有的会延迟到大学毕业时或更晚，也有的可能终生无法完成。因此，同一性的发展是个体在青春期的主要心理学任务之一。

女孩是通过角色探索和角色信奉这两个阶段而发展同一性的。一个人的同一性是多维的，涉及自我知觉和跨越多个领域。同一性的发展以不同速率通过每个领域。

对那些具有同一性成就的女孩来说，是经过一段时间的探索获得的。

7. 成就对女孩心理发展的影响

成就取决于各种因素，女孩在青春期所做出的决定，会对其今后的教育和事业产生重大的影响。比如，在现有的生活环境之下，绝大多数女孩会坚持完成自己的学业，直至中学毕业。有条件的则会上大学甚至读完研究生，但也有些女孩会受制于她们的生活状况和条件而中途辍学。

青春期也是成年期工作角色的准备时期，在此期间，职业训练也就开始了。女孩的认知变化使她们从中获益，这是该发展阶段的一个显著特点。那些已经具备这种能力的人，当她们开始做出受教育或选择职业的决定时，显然处于有利的地位。

有人曾这样认为，女孩在学校是否努力，既取决于她们稳定的人格特征中的成就动机水平，又要视她们对失败的焦虑和恐惧水平而定。这两种内驱力有可能发生冲突，前者使女孩参与那些与成就有关的活动，而后者则使女孩回避这类活动。

有些女孩将成功和失败归因于内部因素，比如，个人的智力等；有些女孩则将成功和失败归因于外部因素，比如，社会的公正与否等。就性别差异而言，男孩比女孩更容易接受如数学这样的理科科目，不论这些领域所要求的能力水平如何。

在这些学术领域，父母对男孩和女孩的支持程度是不同的，大多数父母认为女孩在数学科目上是不行的，因而更支持男孩在这些领域做出努力。一般而言，在失败的情况下，男孩比女孩更有可能归咎于内部因素。

8. 性教育对女孩心理发展的影响

女孩往往是在对性意识和性行为认识混乱的情况下成长为成熟女性的。父母和教师对这种日益增长的成熟持矛盾心态。许多因素与性行为的开始和保持有关。青春期的发育变化，对性行为既有直接的影响，又有间接的影响。

（1）青春期对性行为的影响

①激素的兴奋作用，对性兴趣和性行为产生直接的影响。

②女孩的第二性征作为社交刺激，会对青少年产生间接的影响。

③人格特征和社会因素，是决定青少年性行为发展的一个前提。

目前，性教育在我国仍是一个尚未成功解决的问题，即使有的学校或家庭通过一定的方式在对学生或孩子进行这方面的教育，但多数仍流于形式，无关痛痒，难以产生持久的影响，没有从根本上解决问题。

（2）未婚先孕对女孩造成的伤害

随着社会的进一步宽容和人们住房条件的改善，一些女孩在对避孕知识或性行为有可能产生的影响知之甚少或一无所知的情况下，无所顾忌地按自己的思维方式行事，未婚先孕的少女妈妈屡见不鲜。这不仅对她们的身体造成一定的损害，更重要的是，将会对其一生的心理健康造成无法痊愈的巨大创伤。

为此，学校和计划生育机构之间应当密切合作，在适当年龄的学生群体中增加节育方面的教育和服务，宣传安全避孕的方法，减少传媒关于青少年性行为的混乱信息，这将有助于推迟青少年性活动的开始时间，降低受孕率，预防高风险的性行为。毋庸讳言，青少年中性传播疾病的人数也在不断地增加，有不少成年艾滋病患者可能是在青少年时期就被感染，这些事实都提示青少年的性教育不仅是学生家长和学校老师的责任，更应该受到全社会的广泛关注。

9. 自主性对女孩心理发展的影响

青少年具有多种自主性，在这个意义上说，自主性是一种多维结构，至少具有三种类型：行为自主性、情绪自主性、价值自主性。

（1）行为自主性

当女孩能自主地把握自己的行为时，行为自主性便出现了。她们认为自己有能力做出决定，不再受制于他人的影响，而是更多地自我管理和自力更生。这种自主并不意味着女孩不再依靠他人的帮助。

相反，她们有能力分辨这样的情境：该自己做决定时就不求别人，需要与同龄伙伴或父母商量时就会接纳他们的建议。在青春期初期对同龄伙伴的易感性达到顶峰，部分原因在于青春初期来自同龄伙伴的压力在增加，部分原因在于对父母的易感性在降低。

（2）情绪自主性

情绪自主性，是指一个人放弃对父母孩童般的依赖。女孩开始不断降低对其父母的理想化，把父母看作人，而非是自己的"造物主"，这就有助于减弱她们对父母情感支持的依赖。在青春期，尽管女孩与父母之间情感的距离在拉大，但有研究表明，她们对独立自主的要求，并不是以牺牲自己与父母的关系为代价的。

（3）价值自主性

在青春期，价值观的自主性也出现了。女孩对于道德、政治、宗教等问题的看法更加复杂和抽象。她们能够产生自己的价值观，而不是内化父母或同龄伙伴的价值观。然而，正如前面已经指出的那样，价值观的共享在父母和她们之间是普遍的，大多数青少年倾向于选择与自己父母具有同样价值观的同龄伙伴为朋友。

不过现在有不少学生呈现"心理断乳期"延后的现象，自主管理能力低下的例子屡见不鲜。

造成这一状况的根本原因，在于"心理断乳期"的延后。一方面，如今女孩多为独生子女，家长对女孩有求必应。而家长头脑中"女孩考上大学，比学会处理日常生活重要得多"的想法，更是导致女孩在整个小学和中学阶段处于生活"真空"状态。进入大学后，父母距离相对远了，朝夕相处的辅导员自然成为新的依赖对象。

研究表明，女孩青春期的一个任务是获得不断提升的自主水平，而用不着牺牲她们在许多年前在婴儿和父母之间发展起来的那种依恋。就大多数青少年而言，父母的不赞同要比同龄伙伴的不赞同更令人心烦意乱。

在向青少年过渡时，父母和孩子之间关系的不连续性，往往是在关系连续性，它与父母和青少年之间的联结、温柔和内聚力水平相关的背景下发生的。在青春期，父母与青少年之间的依恋关系，开始从一种片面的权威转向互动和合作。

当然，也有部分身处青春期的女孩，不仅仍然摆脱不了对父母的依恋，有的甚至还会将这种依恋转嫁到学校的老师身上，这当然是不可取的。

## 中年女性心理问题不可忽视

女性大多身兼工作和生活的双重压力，在家庭中，尤其处于中年的女性已经感觉到了危机。孩子大了，自己老了，即将步入更年期，而此时正是丈夫的鼎盛时期。这个时候的女性已经将全部的精力放在了老人、孩子和丈夫的身上，留给自己的空间小了，所以她们来自家庭的对自己所产生的危机感十分强烈，唯恐丈夫出轨，唯恐孩子学坏。

对于中年女性来说，一旦心理有了问题，原始的解决方式一般是自己忍了，不管是来自生活中的问题，还是工作上的困难，一般都会为了整个家庭的稳定，为了工作和与同事的和谐，自己将所有的委屈、牢骚咽到肚子里，自己慢慢地消解掉。

随着经济的高速发展，生活节奏的不断加快，"太累"、"太疲劳"，已是人们日常生活中的口头禅。心理疲劳正在成为现代社会、现代人的隐形杀手。医学心理学研究表明,心理疲劳是由长期的精神紧张压力、反复的心理刺激及恶劣情绪影响逐渐形成的。

女性如果得不到及时疏导化解,长年累月,在心理上会造成心理障碍、心理失控甚至心理危机,在精神上会造成精神萎靡、精神恍惚甚至精神失常,引发多种心身疾患,如紧张不安、动作失调、记忆力减退、注意力涣散、失眠多梦、工作效率下降等,以及引起诸如偏头痛、荨麻疹、高血压、缺血性心脏病、消化性溃疡、支气管哮喘、月经失调、性欲减退等疾病。心理疲劳是不知不觉潜伏在女性身边的,它不会一朝一夕就置人于死地,而是到了一定的时间,达到一定的疲劳量,才会引发疾病,所以往往容易被女性忽视。

调查显示,近半个世纪以来,高血压、冠心病及肿瘤等已成为严重威胁人类健康的疾病。这些疾病的病因、病理较为复杂,但一般与精神心理、社会环境及生活方式等因素有密切关系。世界卫生组织在一份报告中称:"工作紧张是威胁许多在职人员健康的因素。"这一结论明确指出了过度劳累对现代社会人们健康的危害。

中年女性大都身兼工作和生活的双重压力,由于生理特点,又承受了诸多妇科疾病的痛苦。压力大的女性患病率高,所以,一方面处理好工作和生活的关系,积极从事体育运动,另一方面,中年女性还一定要注意心理健康调节。

1. 经常与人交流、沟通

现代都市人各忙各的事,少有三五知己聚在一起聊天谈心的时候,尤其是家庭主妇更是如此。其实,女性非常需要有朋友,倾诉生活、工作中开心或不开心的事情,俗话说:"一吐为快。"许多不愉快的事情,说出来了,心里会感到舒畅,达到了减少疾病的效果。

2. 提高工作和生活的热情

女性要对习以为常的事情尽量保持足够的兴趣。在日常生活中,有许多是我们每天要重复做的事情,注意培养对这些简单事物的欣赏和理解能力,于平常中寻找闪光点,使自己的生活变得丰富多彩,趣味无穷。

3. 热爱本职工作

当今社会,竞争已引入了各行各业,女性对于事业的要求越来越高。女性应该尽量以愉悦的心情对待现有的工作,培养对工作的感情,乐于工作,并能从工作中获得满足感。在工作中与他人建立和谐关系,且乐于与人交往,对自己所从事的工作有适当的了解,并乐观积极,对工作中的问题,能用实效之法谋求解决。

4. 保持良好心态

对于工作、生活中的一些琐事,只要没有原则之争,纵然不合心意,女性也要糊涂些、宽容些,不斤斤计较、积郁在心,不任意发怒、争吵不休,殊不知不良情绪会给身体造成隐患,还易使神经系统出现失调和紊乱。友善的心态,能使人体神经系统的兴奋水平处于最佳状态，可提高肌体的抗病能力。

通过营造有利于自己工作与生活的宽松环境，使自己始终保持心情舒畅的状态，以达到健康的目的。

5. 树立科学的养生观和疾病观

人食五谷杂粮，身体不适在所难免，关键在于日常生活中注重培养良好的生活方式，维护好自己的身体。女性若整日胡思乱想，疑神疑鬼，会给自己造成极大的心理压力，进而会贻害身体。

6. 培养幽默乐观的个性

风趣、幽默不仅能使人心胸开阔舒畅，把积郁的忧愁抛掷到脑后，还有助于搞好人际关系，营造良好融洽的氛围。

因此，女性要注意培养自己幽默乐观的个性。

## 老年女性心理健康评价

心理健康并不是仅仅指没有明显的心理症状，而且应该包括积极的心理活动功能。遗憾的是，不少老年女性除了对生活的满意度给予格外关注外，还没有对积极的心理健康引起足够的重视。

1. 对老年女性滥用药品的评价

老年女性由于身体状况差，患有多种疾病，经常要服用各类药物，有些药物，如抗焦虑药，是一些老年女性常常使用的。有些老年女性由于患有风湿性关节炎，需要服用药酒，导致饮酒上瘾。事实上，饮酒会影响老年女性对B族维生素的吸收，并与药物相互作用，而且使问题更为复杂的是，老年女性对这些药物的排除能力在下降。因此，女性随着年龄的增长，药物、饮酒都会对老年女性的健康带来很大的威胁，但老年女性往往意识不到这些东西会给她们带来很大的麻烦。

2. 对老年女性晚年生活的压力和应对措施的评价

老年女性同样存在着很多压力，比如生活方面、家庭方面、健康方面等，对于这些压力的评价方法有好几种，具体涉及生活中经历的困境、家庭压力，以及日常的应激和争吵。

一般来说，应激的类型和频率是随年龄而变化的，日常的一些应激是随年龄的增长而减弱的，这可能是因为随着年龄的增长，老年女性所扮演的社会角色在减少的缘故。比如，老年女性已经告别了养育孩子和工作的角色，而这两项任务是女性中年期面临压力最大、最繁重的。

如今，尽管伴随年龄增长而来的是老年女性身体的病痛和退休后的无所事事，但对大多数老年女性来说，这些问题带来的压力远没有工作和抚养孩子的压力大。

(1) 女性晚年生活压力的性质发生了变化

女性早期生活的压力,大多数是短期的,如孩子抚养和工作机遇等问题。然而,女性晚年生活的压力,大多数则是长期的。比如,同某种慢性疾病做斗争,照料一个长期患病的配偶。如果这些问题得到妥善的处理,就会好得多了。

(2) 应对问题的措施发生了变化

随着年龄的增长,女性在应对问题的措施方面,发生了一些变化。从某种意义上说,老年女性在处理问题时显得更加轻松,较少求助于那些逃避手段,如酗酒、吸毒、幻想。或者换句话说,能够活到老年的女性,原本就不太会使用这些逃避的手段。

然而,有些老年女性也可能会采取否认的方法,并以此作为一种应对措施。比如,对于严重的健康问题,否认也许是一种姑息的策略,但是只要采取积极的措施,比如积极配合治疗等,也不失为是两全其美的方法。老年女性不愿承认某些问题,是因为她们害怕被隔离,包括害怕与配偶或所爱的人分离,以及丧失对自身的随意控制。因此,她们会否认或隐藏某些问题,就连在家治疗的老年女性也是如此。

3. 把心理问题与生理问题放在一起进行评价

由于老年女性心理健康领域的问题也涉及躯体症状,因此,不少心理健康测试量表所包含的躯体症状条目,对于青年女性的心理健康问题可能是行之有效的,然而在老年女性中,慢性病发生率较高,目前采用的测量工具有可能导致误判。

此外,老年女性心理健康问题,经常会伴随着一些生理上的不适、身体上的疾病,反过来也会影响心理健康状态。显然,确定引发症状的主要原因,是正确诊断和治疗的关键。

有抑郁症状的老年女性,在自述报告中经常提到一些躯体上的不适,如疲倦、头痛、颈背部疼痛、便秘、睡眠不好等。尽管对年轻女性而言,这些症状可能暗示着抑郁,然而对于老年女性来说,这些症状是普遍存在的。此外,有资料显示,老年女性的抑郁也会表现为一些躯体上的症状。

老年女性寻求药物治疗的频率较高,可能是抑郁影响了机体的健康,因此要了解一下她们近期的生活事件或生活条件的变化,比如,老年女性心情抑郁,身体变得很差,是不是由于丧亲或社会性隔离因素所造成的,等等。

反过来看也是一样,老年女性身患多种疾病,往往伴有抑郁和焦虑等症状。比如,甲状腺机能衰退、心肺疾病等,这些病症都会引起疲倦、睡眠不好和其他症状。此外,还有一些病症,如心肌梗死、维生素缺乏、贫血、肺炎等,都会引起老年女性心情抑郁、情绪低落。

此外,许多开给老年人的药物,如镇静剂等,也会产生一些心理、精神上的症状。老年女性由于身体原因、心理原因和社会原因交织在一起，所以需要综合起来进行评价。

为此，一些心理学专家对老年女性的年龄效应、同层人效应、时期效应进行了区分。一般说来，年龄效应，是指仅仅由老年女性个体的实足年龄所产生的效应；同层人效应，是指老年女性个体的出生年代所反映的历史影响，或一群同龄人经历共同的事件所产生的效应；时期效应，则是指老年女性在就诊阶段受到的较大的社会影响。

一些抑郁的症状看上去很像是认知能力受损，在老年女性中表现得更加明显。特别需要指出的是，老年女性心理运动迟滞和记忆力丧失，通常被归入痴呆病程，然而事实上，它们可能反映了抑郁。假性痴呆的原因是多方面的，包括药物影响、营养缺乏、饮酒过量，以及外科手术实施不当等。因此，正确评价这类问题的发生率，对于那些认知能力受损的老年女性来说是非常重要的。要知道，痴呆表现为注意力难以集中，体力丧失，心理运动迟滞，甚至包括抑郁症状消失。

抑郁是突发性的，而痴呆则是逐渐发展的。此外，老年女性及家属对问题的认识也可能有差别，抑郁导致认知能力的衰退，比痴呆导致的问题更能引起他们的重视。抑郁症老年女性能够提供病情发展的陈述，也能讲述主观上的苦恼；而痴呆患者则只能表达一些模糊的、不确切的身体不适，并且更加倾向于掩饰认知能力的衰退。抑郁症老年女性典型的表现是主观动机缺乏，而且容易放弃任务；而痴呆老年女性强撑着也要完成任务。

此外，这两类老年女性在认知测验和神经功能检查方面，也显示出若干差异。例如，抑郁症老年女性典型表现为短期记忆和长期记忆都有问题，主要是注意力无法集中，而不是实际知识的丧失；而痴呆症老年女性则典型地表现为短期记忆不如长期记忆，主要问题是一般知识丧失，而不只是注意力集中较差。最后，抑郁症老年女性对一些特殊的神经功能测试反映正常；而痴呆症老年女性则明显地表现为运动障碍和失认症。

有些老年女性患上精神分裂症，尽管此病通常发作于青春期和青壮年期，但它也有可能发生在晚年。晚年发作的精神分裂症常被称作妄想痴呆，多发于那些曾经有异常经历，或者与世隔绝的人身上。当然，痴呆症老年女性也会产生幻觉和妄想。因此，正如抑郁症一样，区分精神分裂症和痴呆症这两种症状也是很重要的。

有些女性老年时期出现认知能力失常和情感障碍等症状，而且还引起行为障碍等并发症。这些障碍包括迷路、无法入睡、言语和行动的攻击性、幻觉、妄想等，它们给老年女性本人及其监护人的生活质量带来很大的影响。

具有上述症状的老年女性需要就诊，有规律地进行精神性药物治疗，借以控制她们的行为。但是，这样做更会给这些老年女性的认知能力、情感能力和机体功能，造成身体上各种不良的副作用。因此，应该按照有关规定，限制给老年女性使用这些精神性药物。

## 老年女性心理障碍的影响因素

老年女性心理障碍的影响因素从其特征方面来看，有年龄、经历、非常规等三方面的影响体系，这三方面的影响体系形成一个综合作用的网络，老年女性个体就在该网络中活动并做出反应。

1. 特征的划分

（1）年龄方面的影响体系特征

年龄方面的影响体系，是指绝大多数女性在一生的某段时间所遭遇的事件，比如，入学读书、退休，等等。

（2）经历方面的影响体系特征

经历方面的影响体系，是指某特定历史阶段的所有女性都体验过的那些事情，比如，战争，等等。

（3）非常规的影响体系特征

非常规的影响体系，是指那些女性个人特质性的因子，换句话说，并不一定每个女性都会遭遇，比如，失业或收入减少，彩票中大奖，离婚，以及配偶、家庭成员或朋友死亡，等等。

2. 影响因素体系的划分是相对的

影响因素的划分并不是一成不变的，比如上大学，对于20岁左右的许多青年女性，可用常规的年龄体系予以说明。但是上大学这一相同事件，对于某些中年女性和老年女性来说，或许就是一种非常规的事件。

而在社会某个时期属于非常规的事件，比如离婚，到了社会另一时期可能会变为年龄方面的影响事件。此外，女性在年轻时期属于非常规影响的事件，到了老年时期尤其是当人们把诸如守寡、躯体疾病或经济状况改变看成生活中的消极事件时，它就会归属为一种年龄影响体系。更有甚者，非常规和年龄方面的影响事件，又会受到发生时所处特定历史时期的影响。

女性在老年阶段，非常规和年龄方面的影响因素日益消极化，并对适应、健康快乐和生活幸福产生一种威胁。由于这些影响协同发生且为数不少，机体潜能和应变能力有可能变得不堪重负，因而老年女性处在越来越多的心理影响因素的包围之中，可能对心理健康产生重要作用。

3. 身体疾病和机能衰退的影响因素

伴随着年龄的增长，老年女性身体疾病的发生率越来越高，机能衰退也日益明显。身体疾病和机能衰退，不仅会给老年女性生活带来诸多不便，同时在心理上也会产生诸多影响。机能状态的低下，常常影响老年女性的心理健康，不管是独自生活还是有人护理，概莫能外。

与年龄增长相关的一些疾病，如癌症、心血管疾病、代谢紊乱和骨质疏松，常与晚年生活抑郁和患有痴呆症相联系。身体健康状况不佳和社会支持缺乏，现在已被作为65岁老年女性是否新患抑郁症的指标，心血管疾病往往跟疼痛障碍和痴呆联系在一起。

据专家的一项衰老问题研究，与心理病态呈正相关的衰老，完全可用机体病症予以说明：抑郁症与患者日常生活中活动量和体力活动次数的减少密切相关；痴呆症往往与患者有多种心血管疾病和感觉器官功能低下相伴随。这些资料也同样表明，它不支持心理病态完全起因于年龄因素的说法。

因此，对老年女性来说，患有身体疾病的同时出现心理上相关的障碍，是很正常的，而不应看作老年女性中的个别现象。这种联系可能起因于若干不同的作用机制：机体患病可以干扰心理活动，心理障碍也会使机体的疾病症状加重。这种机体疾患和心理障碍的交互作用，会使老年女性身体状况变得更加糟糕，或者心理社会因素可能使个体丧失对机体活动的调控。

除了因机体和心理的这种关联外，其实身体健康和心理健康彼此交织在一起，如果不关注彼此的影响则难以理出头绪来。

4. 药物副作用对心理健康的危害

老年女性由于身体健康状况等问题，常需要服用多种药物，各种各样的药物，将老年女性置于药物副作用和不同药物相互作用的风险之中。老年女性常因药物副作用而引起表现异常，包括抑郁、情绪波动、强制性被迫镇静以及各种机能上、认知上的障碍。由于药物治疗不当，将给老年女性的心理健康带来严重的负面影响，给身体健康状况的诊断增加复杂性和难度。

5. 主观幸福感与心理健康

借助客观的临床标准评估健康经常是"理想化的"，但无可否认，就老年女性幸福快乐而言，其主观上对健康的体验也是不可忽视的。领悟自己健康处在什么水平，确实不仅需要凭借客观的健康指标，而且主观的体验也是衡量病态、认知功能和幸福快乐程度的重要尺度。例如，主观的体验可对危及老年女性心理健康的风险因素做出另一种有益的解释。

6. 心理受社会因素的影响

除了身体机能上的原因外，种种心理社会因素也同样会使人产生健康问题。其中包括受教育水平低、经济收入低、独居、养老院的生活方式以及与社会隔离等。比如有研究认为，社会隔离和独居似乎与抑郁症关系特别密切。此外，受教育水平也与痴呆呈负相关。这并不是说受教育水平较高的人健康状况不会下降，不会患痴呆症，而是说，受过较高教育的老年女性比之教育程度较低的老年女性，能调动更多的潜能。

7. 增强老年恢复力的保护因素

在发展心理病理学的框架下，恢复力这个概念可广义地归结为这样一种情况，即在最恶劣糟糕的环境里成长的女孩子，也能变成"正常的"成年女性。尽管幼年阶段遭受不幸、历尽苦难，但这些女性并未患这样那样的心理疾病，或者导致犯罪。直到最近，恢复力这一概念才被引入老年女性医学文献中。老年女性具有恢复力，就一般情况而言，可以用来解释她们的社会满意度为何比年轻女性更高。

根据人的寿命观，恢复力是一种人的机能储备，一种能恢复如初的机体潜能，依靠各种保护因素和机制，老年女性能够维护良好的机能状态。因而其目标是三位一体的：

①使老年女性能够生活得满意。

②使老年女性能够通过自理的方式独立生活。

③使老年女性能够以自我负责和自主随意的方式生活。

其中有两方面的保护因素能使这些目标得以实现：一是行为方面的；二是社会情感方面的。比如，前者包括认知功能和日常活动，后者包括情感和自我管理、个人控制及社会整合。

老年女性具备什么样的素质，才能使自己活到"正常的"寿命？女性虽然比男性寿命长，但不是每一个女性都能够获得长寿。如果不是每个女性都能成功地实现长寿，那么能否顺利地活到80岁？心理学文献中有关这方面的机制已有大量的报道。比如，处理危机时的社会支持及其保护作用，在应对冲突和亲人丧失时的自我效能、个人控制及其保护作用，保护性人格特性和潜在性的自我保护观念，向社会底层比较的作用，以及保护性应对机制，等等。

8. 行为方面的保护因素

目前见诸老年医学文献的理解是，认知功能衰退是多方面和多因素造成的。就年龄和易变智力两者而言，虽然个体间存在极大的差异，但它们具有明显的负相关性。比如，年龄与解决问题的能力就属于这种情况。

不过，年龄与成形智力之间，就没有这种负相关性。也就是说，经验和文化积累可以补充个体机械操作方面的衰退，使老年人得以持续的发展。认知功能的各个方面存在着差异，这对老年人克服这样那样的心理病理问题具有重要的意义。

老年医学研究认为，平时的机能状态、日常活动与身体健康之间有着相互促进的关系，但某些研究者通过论证认为，其中关键的变量不是活动水平的高低，而是取决于参与活动的项目是不是自己选择的，从而比较深入地阐明了这种内在相关性。

在研究中，我们将日常活动界定为技巧和能力的一种妥善安排，以便切实、高效地处理好个人的日常需求，并认为日常活动的保护因素主要由两方面的因素组成。

基本的保护因素，包括生存所必需的全部活动，它完全是本能行为和例行的活动，比如，吃东西。拓展的保护因素，则包括彻底放松休闲等，比如，金融理财活动，它涉及个体偏爱、动机、技能和经验等许多方面。

这两种活动在个体健康、减缓衰老以及心理效应方面均起到积极的作用。与此相反，休息、躺在床上睡觉，以及可使自己愉悦的休闲娱乐方面的活动太少,则往往会导致较严重的抑郁。

### 9. 社会情感方面的保护因素

一般认为,诸如焦虑、恼怒和其他消极情感是人在应激情境中的指示物。老年女性的情感是相当丰富的,而且变得越来越善于处理情感上的问题。如果一个人的积极情感因素占支配地位,或者积极的情感因素与消极的情感因素两者正好平衡,那么就能较好地处理个人在生活中所遇到的一些问题。

(1) 社会交往会给老年女性带来好处

当然,这也牵涉社会交往的质量和数量,客观和主观上的支持,情境和情感方面的帮助,交往网络的种类、数量支持的可接受性和可领悟性,等等。毫无疑问,老年女性单独一个人过的时间比其他年龄阶段的人要长,但这并不意味着老年女性作为一个群体在社会中是寂寞或孤独的。

减少一个人的社会网络可能有保护作用,如果是这样的话,它对情感和自我调节反而有利。为了揭示这种关系,美国斯坦福大学心理学家卡斯滕森创建了社会情感选择理论。该理论认为,随着年龄的增长,情绪调节和一个人的自我保护,在控制社会性互动的社交驱动中的地位越来越突出。

当自己活动不太方便而受到限制时,一个人开始变得小心谨慎,避免不必要的社会交往,因为对他来说,机体潜能更加宝贵,而且情感丰富的经历要求仔细选择社交伙伴。按照这样的观点,较小范围的社交网络,反映了一种对外部社交世界的筛选,于是具有较多情感的社会关系得以维持,较少情感的社会关系则会被废弃。与此同时,情感关系较密切的交往有助于保护自己。自我概念的维持需要选择社交伙伴,这些社交伙伴将会提供一种自我证实而不是自我疑虑的效能。

(2) "控制"被认为是人类的一种基本需要

研究发现,人都具有促使自我控制的内在需要,处在控制过程中的时候感觉良好,丧失机体自我控制,则会使人消极、情绪低落和抑郁。控制似乎作为紧张和压力影响健康时的一种调节因素而发挥作用。

随着年龄的增长,人的机能逐渐衰退,机体处理应激的办法越来越少,而面临应激的类型却在变化。老年女性可以感受到许多不可避免的控制能力丧失,原来的手段处于穷于应付的状态之中,这就需要使用新的或者其他手段。比如,依靠他人帮助应对,或者采取迁就、适应的应对方法。

研究表明,比起使用新的手段,老年女性更加偏爱迁就、适应的应对方法。因此,对于承认自己处于不可避免和无法控制的衰退状态且需要康复调整的老年女性来说,应当尊重她们的选择,不要对她们采用迁就性的手段横加指责。

(3) 依靠他人代理

依靠他人代理,是指主动地委托他

人为自己料理生活，这是老年女性身体面临不可避免和难以逆转的衰退状态时，保持自我效能的一种办法。由他人代理也可能会逐渐发展到完全依赖他人才能生活，但当人在极度衰弱和机能丧失的时候，它不失为一种非常有效的方法。德国著名的发展心理学家巴尔特斯及其同事，利用一种社会学习框架学说证实：依赖，可作为一种工具性的调节手段。通过向他人显示种种依赖性行为，老年女性的控制能力在社会环境中完善，从而获得社会交往，不再孤独。

（4）依靠补偿的选择最优化

专家曾根据人的行为活动系统或结果取向活动，总结出了选择、补偿和最优化这三个过程。

①选择的过程。

选择，包括目标或结果的选择，它为人的行为及其发展指明了方向。选择可归结为：由于面临着新的要求或任务，或预料到个人或环境资源在丧失，因此将与己有关的事情限制在少数活动领域。选择意味着同时避开某个领域，或者意味着将要做的事情及其目标限制在一个领域内，包括将要做事情的数目加以限制。

比如，一个老年女性当其配偶处于疾病晚期时，会完全放弃对配偶的性方面的要求，或者限制自己的某些要求，包括限制自己适可而止地参与社交活动，但是休闲活动和在家庭里的日常活动仍旧如常。

当然，选择并非意味着仍坚持原先的目标和不放弃原来的领域，选择也可以是拓展新的领域和放弃原有的目标和领域。

选择意味着个人期望的重新调整和再评估，选择可以是主动的，也可能是一种反应。选择既涉及改变环境，如自己重新定位，也涉及主动地改变行为，如减少做冲动、不计后果的事情。此外，还包括被动地调整自己的行为，如不再爬楼梯等。从保护的角度看，别人可以监护老年女性的活动，预测将来的可能变化和不测。

当发生无法预料的或突如其来的变化时，选择往往是反应性的，它既要求当事人做出选择，也要求其他人对他做出选择。假如中风突然降临，损害一个人的正常功能时，可以考虑有哪几种自我照料方式，究竟该如何自我照料；自我康复有哪些类型，自己究竟该参加哪一种，以及如何打电话、呼叫；等等。

至于辅助性的控制和适应性的应对手段，被认为是个人机能降低和发生不可预料事件时的选择策略。在这两种情境下，老年人会改变自己的目标要求，以便使自己在个人能力和环境要求之间获得平衡。当面临困难和机能不可逆转地衰退时，用较低的标准要求自己，就会及时调整自己的悲观情绪，保持较为积极的态度。

这时，老年女性的相应任务，应该是留意并选择适合自己的领域、目标和需要优先考虑的事情。此外，还要关注如何同周围环境相适应，以及个人的动机、技能和能力,等等。

②补偿的过程。

补偿,作为便于控制机体潜能衰退的辅助性因素,是在一个人的某种行为机能或技能丧失,或降至适当功能水平之下时才发挥其作用的。补偿是机体遇到达到目标的能力下降时的应对。这时面临的问题是:是否有其他办法达到相同的目标、履行同样的职能?当情境和目标需要一系列活动和较高水平的行为状态时,一个人的某种行为机能下降的矛盾就会突然凸现出来。

女性在老年时期需要补偿,主要是由于个人因素或相关环境的改变,使得自己力不从心的缘故。由于女性衰老或进入一个新的生活环境,女性个体与环境的关系发生了变化,势必要求人的剩余机体潜能相应做出改变。

补偿的努力可以是自发的,也可以是有组织、有系统地进行的。当机体活动和可供选择的手段余地很大时,即使目标定得较高,个体应对或补偿行为欠缺也不会碰到太大的麻烦。如果某种行为欠缺所涉及的影响范围较大,或者所参与的领域和要求完成的任务只限一种或极少数几种活动,那么补偿就显得很困难。

补偿并不一定依靠本来已有的行为、手段和方法。补偿有时需要寻求新的技能或方法,而后者是个人原先所不具备的。例如,眼睛失明的读者,为了继续阅读需要学习盲文,或改为听"录音书籍"进行学习。

可见,补偿在指向、范围、任务或维持目标方面,与选择是有区别的,而且谋取新的手段以补偿某些行为上的欠缺,是为了保持原来的功能或者使以前的活动更加理想。补偿的要素包括心理和技术两个方面。心理上的补偿努力涉及使用新的帮助记忆的策略,或用外部装置帮助记忆。使用助听器就是依靠技术手段补偿听觉的一个例子。

女性伤残人群经常使用各种工具来补偿功能障碍,它或多或少能让使用者行动自如或生活方便。除了借助技术手段补偿机体功能外,人们的心理更需要得到补偿。如同走路不便时要借助拐杖,志趣相投的人也同样可以提供心理的补偿,使老年女性的生活尽可能完满幸福。

根据自我效能的理论研究发现,补偿能以他人代理的形式进行。委托他人被视为一种选择策略。它能保障老年人仍可维持原来的一些具体目标,但不是通过主动性行为来达到,而是老年人把主动性行为的任务委托给他人来完成的。

③最优化的过程。

最优化,即损失最小,获益最多,包括称心如意的结果或达到目标的可能性、水平和范围。因此,最优化的主题,涉及目标的制定,有关方法的产生、提炼和改进。最优化可与既定目标和企盼的发展相联系。它也可以反映出新的目标和新的企盼,以符合诸如接受自己将死亡时的发展任务。

毫无疑问,最优化的过程在很大程度上将随激励和环境状况的改善而变化。

因此，社会在提高促进人最优化的环境方面起关键的作用。事实上，相对简便的成功干预，意味着老年女性能经常生活在理解而不是苛求的世界中。最优化不能凭空进行，它依赖于通用的各种客观条件和机遇。除非老年人主动营造新的领域和范围。

研究表明，老年女性确实能从最优化的环境中获益，体育锻炼能改善人体功能，保持良好的生理状态；而认知方面的干预，则会进一步促进老年女性的心理状况的改善，为其增添快乐，有助于缓解日常生活中记忆力减退等对老年女性的消极影响；行为上的干预，可以改变长期的依赖性习惯行为，提高自主性。研究认为，经过行为干预，老年女性的活动能力、健康水平和生活满意度均有实质性的提高。

衰老使得老年女性处于一种两难的境地，衰老越严重，老年女性所承受的压力也就越大。这种情景不仅指每一个老年女性自身，而且也波及周围的人，如她的社会伙伴，以及她的照料者。依靠补偿的选择最优化模型表明，老年女性同她的社会伙伴一起参与活动，完全能够处理好这些应激，因而可维持较高水平的幸福感和心理健康，老一套陈旧的衰老观将随之被摈弃。

## 女性月经期心理健康

月经是由下丘脑、脑垂体、卵巢这三者的相互作用来调节的，这个生理周期包括卵泡期、排卵期、黄体期和行经期四个阶段，月经周期是女性特有的生理过程。一般而言，女孩初次来月经不会引起较大的情绪变化，月经前后即使出现轻微的情绪变化也是正常的。但是，有的女孩由于缺乏起码的卫生常识，认为月经是脏的、倒霉的，会对身体造成影响，因而产生紧张、害怕、厌恶的情绪，这种情绪反复作用于神经系统，就会影响卵巢的功能，造成排卵异常和月经周期紊乱。

在严重的精神应激因素作用下，还可能通过下丘脑—脑垂体—卵巢内分泌轴抑制排卵，导致停经。另外，经常的不良情绪也可以导致在月经前产生焦虑、紧张、急躁、易怒、情绪不稳定等神经或精神症状，甚至引发"功能性痛经"、"心因性闭经"、"经前期综合征"等症状。

1. 功能性痛经

功能性痛经，是一种主要由行经期精神过度紧张，对行经产生忧虑和恐惧或感觉过敏，或由其他痛经患者有意无意暗示形成行经必痛的条件反射，而引起的生殖器官无明显器质性病变的原发性行经疼痛。

此外，子宫颈口或子宫颈管狭窄、

子宫过于倾曲、子宫内膜整块脱落导致经血潴留，刺激子宫收缩，以及子宫内膜碎片和经血中前列腺素F2α含量异常增高，导致子宫肌和血管痉挛性收缩等，也能引起功能性痛经。

功能性痛经，常发生于青春发育期，多见于未婚、未孕的青年女子和少女。往往月经初潮即发生症状，也有初潮后1~2年才发生症状的，生育后，痛经常能缓解或消失。

（1）痛经特征

痛经的特征主要表现为患者下腹部阵发性绞痛，也可为胀痛、隐痛或钝痛，可放射至阴部和腰骶部，常伴有腰酸、恶心、呕吐或腹泻等症状。疼痛剧烈时，可出现脸色苍白、手足冰凉、出冷汗，甚至四肢抽搐和昏厥。痛经时常发作于行经时的第一二天，第三天后便逐渐缓解或消失；但也可发作于行经前一两天，至行经期即停止或加剧；少数人也可发作于行经后。

如果属于内膜性痛经，则于行经期第三四天疼痛最剧烈，待膜状物排出后疼痛缓解或消失。

（2）缓解方法

①避免精神紧张，消除焦虑和恐惧。

痛经的女性不妨采用"注意换位法"，转移对痛经的注意，用意志控制对行经的焦虑和恐惧，降低对行经的紧张感，然后把注意力主动转移到各种积极的、感兴趣的活动中去，切断行经刺激给心理带来的消极影响，使其精神内守，发挥自身固有的自愈能力。

②注意保暖。

痛经的女性要注意保暖，尤其是要保持腰部和足部的温暖。

③自我按摩。

痛经的女性通过自我按摩相关穴位，以活血行气，祛瘀止痛，如用掌根揉关元穴、用掌外侧摩擦尾骨穴、用虚掌叩击足三里穴、用掌根搓擦肾区、用拇指按揉三阴交穴等。

④中药疗法。

根据疼痛性质和全身症状辨证施治，如化膜汤、化瘀定痛汤、当归止痛汤、痛经饮等，但应严遵医嘱。

2. 心因性闭经

心因性闭经是一种因环境变化、寒冷刺激、剧烈运动和精神创伤等心理应激，而引起大脑皮层功能失调、卵巢功能减退所导致的继发性无月经现象。心因性闭经，是青春期月经周期建立后所出现的闭经现象。月经周期建立后又出现继发性闭经，而非青春期后从未有过月经的原发性闭经，非妊娠期、哺乳期、绝经期的生理性闭经，无月经现象至少持续3个月以上。

（1）闭经症状

闭经症状可有乏力、头晕、厌食、消瘦、腹胀、胸闷、心悸、面黄、失眠、嗜睡等，但这些症状有时并不明显。

（2）缓解方法

①保持心理平衡。

应防止各种强烈的、持续的精神刺激，凡事应看得开、想得远一些。如果精神刺激后消极情绪难以控制，则要通过各种渠道予以疏泄，以保持心理平衡。

②注意保暖和避免剧烈运动。

防止因寒冷和剧烈运动引起的体脂丢失和免疫力低下，由于体脂的量和免疫功能可以影响和促进性腺激素的分泌紊乱，因此要适当加强营养，以提高脂肪储备和免疫功能。

③应鉴别闭经的原因。

通过进行黄体酮和雌激素试验等，区分可能由何种原因引起闭经，以便对症采取有效的治疗措施。

④中医治疗。

我国传统医学将心因性闭经分为气血不足、肝肾不足、气滞血瘀、痰浊阻滞四种类型，可分别采用补气养血法、滋补肝肾法、理气活血法、化痰行滞法辨证施治，如补肾化痰方、通经方、理血系列方等，但必须严遵医嘱。

3. 经前期综合征

经前期综合征是指月经周期的同一时段反复出现相同的症候群，如癫痫、周期性偏头痛、慌乱或幻觉等，主要表现为焦虑、抑郁、易怒、烦躁、不安等。经前期综合征大多在月经来潮前4~5天内出现，也有在月经来潮前10~14天即出现者，通常在月经来潮前夕、来潮时或来潮后逐渐消失。如果出现行为障碍，则是经前期综合征加剧的表现。

该症候群的发作最短可能不到1天，而持续发作最长不会超过14天，并且持续至少三个月经周期。症候群的出现几乎会波及所有的器官，严重干扰女性的正常工作和生活。经前期综合征，通常被认为与应激相关。经前期综合征发病的心理学原因，是由于α-MSH（促黑激素）及β-内啡肽的异常释放或对其过敏，而这两种神经肽在黄体期可引发神经内分泌的变化。

（1）经前期综合征的症状

经前期综合征的临床表现主要是心理变化、躯体症状和行为障碍。在已经发现的150多种症状中，有33%属于心理问题。

心理变化主要包括焦虑、紧张，即抑郁、烦躁不安、情绪易变、哭喊吵闹、自伤，以及带有错觉、幻觉、偏执多疑等神经质、判断力受损及意识障碍等精神症状。

躯体症状一般表现为恶心、呕吐、食欲减退、头痛、头晕、胸闷、胁痛、乳房胀痛、气喘、鼻窦炎、癫痫、皮肤损伤、结膜炎，以及关节、肌肉疼痛、不同程度的周身水肿及全身不适等，通常症状随月经期的临近而加重。

行为症状通常表现为贪食、积极性降低、酒欲增强、孤僻、性欲增加、失眠或嗜睡、反应迟钝、健忘，严重时可出现轻生举动和犯罪行为，也可导致精神病发作。经前期综合征的典型病例是，患者出现多种症状，在月经前期会表现出几种以上的症状，而且这类症状跨越多个医学领域。

抑郁是经前期综合征的一个常见症状，但它与严重抑郁症不同。经前期综合征出现的抑郁的时间可以预知，并且较为短暂，绝不会超过14天，随后便完全恢复正常。

其特征表现为贪食而使体重增加，或有狂饮作乐行为，因此与典型的抑郁症患者所表现的体重减轻、胃纳减少，正好形成鲜明的对照。

经前期综合征的患者嗜睡，喜欢整天躺在床上，这与其他抑郁症患者早起、情绪不安定的现象不同。后者起床后，会在房间里走来走去，或忙于做家务；而前者在抑郁时则伴随易怒急躁和情绪波动，但到了卵泡期会完全消退。未生育过的妇女可能在月经前期会出现性欲增加，此症状也不同于性欲减退或丧失的一般抑郁症患者。

经前期综合征的症状与月经周期密切相关，每次都出现在月经来潮前期，且症状可在月经来潮前夕或来潮时逐渐消失。无原发性躯体疾病和其他心理疾病。

经前期综合征应与各种躯体疾病和心理疾病相鉴别。各种躯体疾病和心理疾病常有类似经前期综合征所表现出来的各种症状，但都有原发疾病的特殊原因、试验检查阳性指标和特异性症状，且与月经周期无关；而经前期综合征不存在导致类似经前期综合征症状的各种身体疾病和心理疾病，且与月经周期有关。

月经异常或绝经期综合征也会出现类似经前期综合征的某些症状，且与月经有关。月经异常可有闭经现象、过量出血或出血期明显延长等现象；绝经期综合征则有月经逐渐停止、生殖器官趋于萎缩退化现象，而经前期综合征不存在上述各种现象，表现为月经正常、生殖能力完好。

（2）预防和治疗方法

①应限制盐的摄入，防止便秘。

②应避免各种精神刺激，保持精神愉悦。

③应松弛紧张情绪。可用"吸气—屏气—呼气"法，即吸气时舌抵上腭，同时默念数字"1"，屏气时舌不动，默念数字"2"到"9"，呼气时舌落下，同时默念数字"10"。或用"吸气—呼气—屏气"法，即吸气时，吸气要深，舌抵上腭，同时默念数字"1"，呼气时，呼气要慢，舌落下，同时默念数字"2"，屏气时舌不动，默念数字"3"到"10"。

④必要时可用镇静剂和雌激素治疗，但要严格遵医嘱。

## 女性健康性格的培养

性格决定自己的人缘，甚至决定自己的人生成败。在现实生活中，很多女性不知道自己属于哪种性格类型，因此在与人交往时，任性而为，不该说的话也说，不该做的事也去做，结果得罪了不少人，也使学习、工作、事业受到很大的影响。

1. 怎样确定自己的性格类型

（1）根据自己的活动确定自己的性格类型

女性要根据自己的活动确定自己的

性格类型。比如，怎样对待工作上的困难；对待公益活动采取什么态度；在生活中遇到重大考验时，是镇定、勇敢，还是惊慌、怯懦……都可以根据自己的表现来确定自己的性格是意志型的还是懦弱型的。

（2）可以按照各类性格特征对照自己

①外向型性格。

开朗、热情、活泼、善交际，但却不拘小节、自我控制能力差。

②内向型性格。

谨慎、小心、沉着、冷静、不爱交际、自我控制能力强。

为了较为科学地确定自己的性格类型，可以利用心理学家所制定的性格检测表来进行测定，确定自己的性格类型。

（3）根据与别人的相互关系来看自己的性格特征

与别人的相互关系，既包括与家人的相互关系，也包括与同事、朋友相处的关系。比如，正直、诚实、谦虚、坦率、合群这些性格优点，是在与他人的关系中表现出来的，而虚伪、傲慢、粗暴等性格缺点也是在与他人的相处中反映出来的。

确定自己的性格类型后，要对照英雄人物、劳动模范、科学家、发明家以及优秀的青少年代表人物，用他们具有的优良性格特征，来发现自己的性格优点与缺点，激励自己努力培养、发展优良品格。

人的性格是多种多样的，世界上没有完全相同的两种性格。确定自己的性格类型，不是看一时一事的表现，而是要看他经常性的、习惯性的表现。在确定了自己的性格类型后，要善于发扬自己的性格优点，克服自己的性格缺点。

2. 血型与性格趋向

血型是人体的一种遗传性状，简单地说，它是指红细胞表面的抗原差异。红细胞上有 A 抗原的称 A 型，有 B 抗原的称 B 型，有 AB 两种抗原的称 AB 型，两种抗原成分都没有的称 O 型。

广义地说，血型是指人体各种细胞，即红细胞、白细胞、血小板、各种组织细胞和各种体液成分，即血浆、唾液、精液、尿液等的抗原差异。美国和中国香港科学家通过对人的性格的调查发现，血型与人的性格有一定的关系。

（1）A 型

A 型血的人倔强、较理智谨慎、责任心强、事业上获得成功的机会较多，但情绪易波动。

（2）B 型

B 型血的人乐观热情、脾气随和、待人亲切坦率、性格开朗爽快，能容忍别人的缺点，常结交知心好友。缺点是易产生畏难情绪。

(3) O 型

O 型血的人较自信、坚定、冷静，富于实干精神，工作勤恳，学习上进，勇于攀登，但较固执，有时不够虚心。

(4) AB 型

AB 型血的人比较孤僻，甚至孤独。

有关人员通过社会职业的调查发现，在有成绩的运动员和演员中，O 型血的人占绝大多数；科学家 A 型血的人占多数；外交家、政治家中 B 型血的人占多数；小学及幼儿园的老师 AB 型血的人占 80% 以上。当然，人的性格除与血型有关外，还与个人所处的环境条件、经历、教育等有关。

3. 女性性格的优化

性格，是人类所特有的一种秉性，是一个人内在气质的总体反映。它的形成与完善，受着社会大环境和周围小环境的制约。良好的性格可以为人增添魅力和风采。一般来说，人的青年时期是塑造和优化性格的关键时期，女性可根据以下几个原则，着手进行性格的塑造和锻炼。

(1) 循序渐进原则

英国著名戏剧家莎士比亚说："金字塔是用一块块石头堆砌而成的。"优良性格的形成需要一个长期渐进的过程。同样，不良性格的克服也需要长期不懈的努力。心理学研究表明，性格是一种相当稳定的个性特征，这种稳定性特点决定了性格的形成和转变只能是一个缓慢的渐进过程。

对于一个心急火燎、办事急躁、快手快脚的人而言，要她一下子变得稳重镇定、泰然自若，那是很困难的。同样，一个心胸狭窄、性格暴躁的人，要她马上变得雍容大度、豁达宽容，也是办不到的。因此，无论是克服不良性格也好，还是塑造优良性格也好，都必须坚持循序渐进。

(2) 渐变转化原则

人的情绪是性格的特征之一，它对性格的形成和转化具有诱导感染作用。比如，一个性格暴躁、个性很强的人，可以通过努力培养安定平静、从容不迫的情绪，使自己经常保持心平气和的状态，以促进暴躁性格的渐变转化。一个人要能经常地消除烦恼、愤怒、急躁等不良情绪，对克服急躁易怒的不良性格肯定是有帮助的。

积极的情绪鼓励愈经常愈持久，对良好性格的形成和培养也就愈有利。

(3) 以新代旧原则

要改变一种不良性格，可不是件容易的事。办法之一是从改变习惯入手，用新的习惯来克服和改变原有的性格弱点。习惯是性格形成的，一个人性格中的很大一部分，实际上是一种已经习惯化了的行为方式。

有什么性格，也就会有什么样的习惯，反之也如此。培养新的良好习惯，去取代旧的不良习惯，对于克服和改变原有的性格弱点是很有帮助的。比如，一个人向来好胜逞强，办任何事情都不甘示弱，因而经常使自己惴惴不安、精神紧张。

为此，女性就要有意识地改变自己，

培养起从大处着眼、从长处看问题、从小事做起的习惯。只要持之以恒，坚持不懈，不断以新的良好习惯去取代旧的不良习惯，那么优良的性格就能逐步形成并巩固下来。

（4）积累性原则

一个人的性格，一般都可以表现为临时性和稳定性两种不同状态。稳定性状态始终存在于个人的性格特征之中，而临时性状态仅存在于某一特定的环境和过程之中，一旦环境和条件发生变化，它便不复存在。

比如勇敢，在有些女性身上即表现为一种稳定性性格，不论什么情况，她都是勇敢的；而在有些女性身上则仅为一种临时性状态，即她只是在某地某时某事上才表现出勇敢。

当然，临时性状态是不巩固的，一旦环境、条件发生变化，它就会消失，但这并不是说，临时性状态和稳定性状态是互不相容、不能转化的。如果我们有意识地把临时性状态作为培养良好性格的起点，并使这种状态始终保持下来，积累起来，使之逐步成为稳定性状态，那么，就能达到优化性格的目的。

（5）自我修养原则

性格优化的过程，从根本上讲，就是一个人自我修养水平不断提高和强化的过程。两者是相辅相成、密切相关的。为此，女性必须要以坚强的意志，加强持久不懈的自我修养。要学会自我分析、自我控制、自我激励、自我监督、自我约束，要善于抑制旧习，克服不良欲望。

## 要有宽容的性格

一个能宽容别人的女性，不会为个人的得失而懊悔沮丧。宽容的女性，能够在任何时候都保持着平和的心态，不会为鸡毛蒜皮的小事计较不休，也不会为蝇头小利而烦恼，她们的内心是从容、达观的。因为宽容，生活变得顺畅；因为宽容，烦恼开始变淡；因为宽容，不再多心、不再怀疑。

在现实生活中，当我们在利益面前，或感觉自己被人欺负时，要做到宽容，实属不易。那么，如何培养自己宽容的性格呢？

1. 懂得吃亏是福

虽然很多女性都知道"吃亏是福"的道理，但是常人却无法认同，也很难做到。人的天性里自私的成分居多，所以，出于自私的心理，是没有人甘于吃亏的。女性要做到大智若愚、以宽容为怀，遇事大度，就能不断提升自己。

2. 小事不计较

很少有女性懂得不要让自己心累的道理，她们宁愿选择斤斤计较每一件小事，从而心累至极，也不愿选择与世无争、不断地磨炼自己的心性。

所以，女性应不让自己心累，做一个宽容的人，懂得宽容是一种智慧。在家庭、婚姻、交往中，女性都需要去宽容。在生活中，一个女性能够做到遇事不乱，小事不计较，大事豁达，就很容易获得幸福。

### 3. 明白宽容不等同于纵容

女性的宽容，并不等同于纵容，不是对错误行为不加制止，任其发展，不是无原则的宽大，而是建立在自信、助人和有益于社会基础上的襟怀宽大。

比如在婚姻之中，女性的宽容尤为重要。能与相爱的人在一起，本已不易，何必为了小事而落得劳燕分飞？切记，幸福就像一把沙，抓得越紧，漏得越快，学会适度放轻松，给彼此一个空间。不要等爱走到尽头时，才发现是因为自己缺少宽容之心。女性不要让人生留有遗憾，更不要给自己留下一身的疲倦与伤痕。

其实，生活的实质原本就是平淡。因为拥有宽容之心，所以很多困扰人的事情会不战自败；因为宽容，一切痛苦都如烟散去，伤不了自己，也伤不了别人。女性不妨对自己说，生活如此美好，为什么要烦恼呢？

## 培养自信的性格

性格中充满自信的女性，总是给人一种赏心悦目、如沐春风的感觉。她们昂首阔步地走路，脸上尽现沉着淡定的微笑；她们不会在做出选择时犹豫不定，即使说话都是十分肯定的语气，她们举手投足间散发着独特的魅力，即使在困难挫折面前，她们依然镇定自若，泰然处之。女性如何培养自信的性格呢？

### 1. 不自贬、不自卑

作为一个自信的女性，不管自己曾经遭受过多少次失败，都能告诉自己没有关系。人生哪有永远的常胜将军？况且自己也从中吸取了教训，为以后的成功做好了铺垫。

### 2. 自强、自爱

自信的女性，永远自强不息，永远自爱，把优点发挥到极致，做自己感兴趣的事情，不仅凭情感做事，更多地通过理性思考去做事、决策和思维。自信的女性，能够树立坚定的信念，不畏艰险，勇往直前，追求成功。

### 3. 脸上始终微笑

自信的女性，脸上始终微笑，即使在很辛苦很疲倦的时候，依然有办法在最短的时间内用最恰当的方式将工作处理妥当，在众人的期待与赞叹声中，给大家送去温暖和精神动力。

### 4. 刚柔并济

自信的女性，刚柔并济，有很强的亲和力，使人易于接近。刚强使她们变得豪爽，坦诚与爽朗使人们心悦诚服；柔弱使她变得惹人怜爱，使人们心甘情愿为她做事。无论男人女人都对她欣赏佩服，那便是源于女性的自信与洒脱。

### 5. 发挥主观能动性

自信的女性，她们的事业不一定辉煌，可是能够发挥主观能动性，让身处职场的自己挥洒自如，让领导与同事对自己心悦诚服。自信的女性能举重若轻，眼观大局，做事稳妥细致，是领导不可多得的助手。即使尚未进入职场的自信女性，也不会整天无所事事，相反，她们志向远大，对未来充满信心。

6. 善于经营家庭、爱情和友情

对于经营家庭，自信的女性能使一家人其乐融融，还会时常给家人带来一些惊喜，整个家庭幸福美满。对于经营爱情，自信的女性展现给丈夫的是温柔体贴、善解人意的一面，做好贤内助，相夫教子，这些能使丈夫在外奋战感到前所未有的放松，进而更加信任、爱护自己的妻子；对于经营友情，自信的女性总是在朋友最需要自己的时候出现，用自信与微笑为朋友扫去淡淡的忧愁，用真心的话语化解朋友心中的苦闷。

自信使女性内心丰盈，外表光彩照人。自信的女性神采飞扬、气度不凡。从现在起，做充满自信的女性吧！

## 铸造独立的性格

女性在生活、工作、事业、家庭等各个方面，都要有独立意识，而独立意识则是培养女性独立性格的前提。在现实生活中，那些有独立性格的女性，对独立意识都很认同。

1. 经济独立

现代女性的独立，直接表现在经济上的独立，这也是做一个独立女性的必要条件。如果女性在经济上不独立，就会永远处在劣势地位。

现在的男性面临着较大的社会竞争压力，如果男方失业后，女方也没有收入，那就会陷入家庭的经济危机中。长期内无法解决的话，不排除家庭分崩离析的可能。如果女方的经济独立，对于家庭来说，则起着相当的支撑作用。男方经济压力就会减轻不少。

2. 个性独立

个性独立是女性成功和幸福的首要条件，也是一种健康、积极向上的性格特征。

大凡喜爱外国文学作品的女性，都喜欢读夏洛蒂·勃朗特的《简·爱》，这本小说成功地塑造了英国文学史中一个对爱情、生活、社会以及宗教，都采取了独立自主的积极进取态度，以及敢于斗争、敢于争取自由平等地位的女性形象。小说之所以成为令人感动的经典之作，就是因为简·爱倔强独立的性格，这是她最令人心动的人格魅力。

3. 更新知识

一个有知识有内涵的女性会得到别人的尊重，不断更新知识，紧跟现代知识潮流，是女性独立的重要构成环节。知识型女性有自己的思想，对男性依赖性就会减少。

在企业之中，有些男性看不起女性，

认为她们只能做些日常性的琐事。女性若想平等地与男子相处，就必须有独当一面的能力，这时，女性本身的知识及见识就起到很关键的作用。

作为一名现代女性，应积极学文化、学经营、学管理，进一步提高业务水平和竞争能力，努力成为学习的女性、创业的女性、文明的女性，塑造出现代女性的崭新形象。只有独立的女性，才有独特的魅力。

## 具备快乐的性格

快乐是一种心态，也是一种性格特征。有的女性对一切都很悲观，遇事总是想到对自己不利的一面，从而放弃努力，这就是一种悲观的性格特征，这类女性要追求快乐就比较难；有的女性过于追求物质化，而快乐却很少……快乐还是一种过程，过程是美丽的，欣赏过程就是品味人生。性格开朗、快乐的女性，能够品味人生幸福。

当然，快乐的性格不是天生就拥有的，而是需要在后天的环境中一点一滴地进行培养。那么，女性如何塑造快乐的性格呢？不妨从身边平常的琐事做起。

1. 要快乐地过一天

女性早上起来第一件事，就是告诉自己："要快乐地过好这一天。"然后，对着镜子给自己一个微笑。

2. 不要为了等待而活

女性要把握好现在，如果一辈子都在等待，那么就根本无法把握现在，享受幸福的人生。

3. 不求完美

因为追求完美的人，会时时事事苛求自己，容易感到焦虑和沮丧。

4. 减轻压力

女性在百忙当中，应该学会偷闲，让自己放松，这样才能仔细品尝生活的乐趣。

5. 培养幽默感

幽默感可以让人放松、发笑，而这样是可以减轻痛苦、缓解疲劳的。

6. 知足常乐

要学会知足常乐，人的欲望是无止境的，不能满足时，便难以快乐，因此唯有节制各种欲望，珍惜所拥有的一切，才会拥有快乐。

7. 助人为乐

助人为快乐之本，帮助别人其实就是帮助自己，使自己从中获得快乐和满足，助人不一定要在物质上帮助，简单的举手之劳或关怀的话语，也能让别人快乐，自己也感受到快乐。

8. 经常默念自己的优点

女性要了解自己的优点，能够扬长避短，时间长了，自己的优点，真的会越来越多。

## 运动使职业女性身心更健康

职业女性工作压力大，在心理和性格方面，或多或少地会出现一些问题，加上长时间坐在办公室里，基本不活动，从而导致身体肥胖，不仅体态变得臃肿，穿什么衣裳都不好看，想时尚也时尚不起来，而且还容易罹患心脑血管疾病。因此，女性要想拥有健美的身材，拥有时尚，就要坚持各种形式的运动和锻炼。

1. 职业女性应进行适宜的运动

职业女性什么时候运动才是最合适的？有些职业女性会认为自己整天忙于工作，没有空闲时间参加运动，即使参加运动，时间也是随意的，不需要专门安排。的确，能在繁忙的工作中抽出时间运动已经很难得了，特别在晚睡时，还坚持早起做运动，更是职场女性少见的好习惯。

但是，人体有生物钟，下午4点左右时，绝大多数人的生物钟进入最活跃时间段，因此，下午4点到晚上8点是女性最适宜的运动时间。

此时，女性身体器官的各种机能都已经达到最高点，且已经充分适应周边的环境变化，神经反应也处于最佳状态。女性在这时运动，可以充分发挥人体的运动潜力，不会给身体造成过度负担。但是，并非所有人的生物钟都在下午4点左右最活跃。有些女性习惯昼夜颠倒，就得根据自己的作息时间，找出个人生物钟的最活跃的时间段，制定锻炼时间表。

空气什么时间最干净？都市的空气中不可避免地带有大量微尘，这些微尘会随着空气流动。当地表接受阳光照射，地面温度升高的时候，微尘就会随着温度上升。因此，一天当中温度最高的时候，就是下午2点到4点左右，空气最干净。

女性在运动的时候，需要综合考虑生物钟和空气情况，选出最适合自己的运动时间。

2. 不适宜在有雾的早晨锻炼

通常来说，职业女性都喜爱在早晨锻炼身体，其实，并不是每个人都适合在早上进行锻炼。

每一个人体内都有一个自带的生物钟，这个生物钟决定我们的身体在什么时候感觉困倦，什么时候感觉饥饿，什么时候精力饱满。如果我们按照生物钟安排我们的生活，那么我们就能很容易地保持身体状态与工作状态处于最佳点。

一段时间的休息，能让我们恢复活力。有人认为经过一个晚上的休整之后，我们的身体应该处于精力饱满的状态。其实不然：人体器官的各种机能在夜间逐渐降低，到了凌晨4点左右，体温和脉搏会降到最低，生物钟也处于最低潮。

大约从凌晨4点开始，人体开始缓慢恢复活力，直到下午4点，人体活力达到最高点。清晨锻炼，会扰乱人体生物钟的自然恢复，身体从极度放松状态快速进入极度紧张状态，就好比汽车速度在短时间里从0提高到200。这个加速过程，会极大地损害人体心脑血管和肌肉关节，容易导致身体疲劳、早衰。

此外，都市环境污染也会妨碍晨练的效果。夜间的温度降低，飘浮在空气中的微尘、病菌等会处于接近地面的位置。这些被污染的空气正好处于人体呼吸的空气层。此外，树木等也会在夜间排出二氧化碳,而植物还没能在早晨进行光合作用,空气中的氧含量也会相对较少,不利于运动。

3. 有的妇科病缘于运动不当

锻炼让人的身体更加健康,生命在于运动。运动的好处数不胜数,适量的运动不但有益身心健康,而且对提高生活质量大有裨益。不过并不是任何时候都适合做运动的,尤其是在职业女性的特殊生理周期。正确地选择适合自己的运动方式才能真正地"享受运动,保持健康"。女性一定要了解不正确的运动可能引发哪些妇科疾病。

(1) 剧烈运动导致卵巢破裂

职业女性平时很少运动,一旦进行剧烈运动,比如抓举重物、腹部挤压、碰撞等,都可引起卵巢破裂,从而出现下腹部疼痛,甚至波及全腹。而在月经周期的第20~26天这段时间,最容易发生卵巢破裂。卵巢受到外力或间接外力的影响,特别是月经前期充血时,很容易因大便用力、恶心呕吐、举重物等因素发生意外。

如果在月经中期或月经前发现有下腹突然剧痛,并持续性坠痛,还伴有恶心、呕吐等症状,都有可能是卵巢破裂。卵巢破裂属于妇科急症,有较大的危险性,因此女性一定要非常小心,应及时就医处理,不可自行滥用止痛药,以免掩盖症状,影响正常的诊断,发生不测。

(2) 运动不当导致月经异常

妇科专家指出,适量运动有助于女性的身体健康,但锻炼项目若选择不当,或运动量过大,就有可能引起月经的异常,甚至可能引发闭经。

在长短跑运动员中月经不正常的比例约占20%,在芭蕾舞练习者中可高达50%~75%。研究显示,不少运动员在严格、认真的训练过程中月经会变得不规则,有的甚至完全停止。运动导致她们身体中的脂肪减少,而女性正常的月经运作需要一定的脂肪量才能维持。

体重过轻或体内脂肪含量过少,都将影响体内雌性激素的分泌。体重低于正常值的10%~15%,或体内脂肪的比例不到体重的17%,都将影响雌激素的正常水平,干扰正常的月经,甚至导致停止月经。

4. 运动时一定要戴上胸罩

胸罩对职业女性的意义重大,它不仅仅让职业女性的体形更美丽,还承担了保护职业女性身体的作用。对胸罩了解越多的女性,对待胸罩的态度越谨慎,每天佩戴胸罩不超过八小时,下班之后,应立刻把胸罩摘下。但是,如果职业女性在下班之后还会进行一些跑步之类的运动,那就必须戴合适的胸罩。

(1) 职业妇女要选择运动胸罩

胸罩种类繁多,样式各异。作为职业女性最贴身的衣物,它必须要实用,但不能缺少美观。为了凸显胸部美丽,不少职业女性喜欢1/2罩杯的胸罩,或是有按摩珠、衬垫的胸罩。

这些胸罩会让女性胸部显得更丰满圆润,不过在运动中,可能造成胸部移位等尴尬情况。运动有其环境特殊性,因此，职业女性需要在运动前换上更合适的胸罩。

职业女性在运动中，身体会大量出汗，如果胸罩过厚或不透气，就可能造成皮肤过敏，或起红疹。此外，职业女性在运动中，胸罩与胸部、手臂之间会产生大量摩擦，因此布料过硬或带有蕾丝花边、珠子等点缀物的胸罩可能伤害手臂内侧、腋下等娇嫩的皮肤。

另外，职业女性身体在运动中，会不时有快速改变体位的动作，如果胸罩的弹力、定位力与承托力不够，胸部可能出现下垂或外扩等有损美观的状况。

（2）运动胸罩的特点

职业女性的运动胸罩与一般胸罩的区别在于，饰物更少，面料吸水透气性更好，弹力与承托力更佳，针对性更强。在面料的选择上，运动胸罩多为纯棉内衬，棉质内衬能最大限度地发挥吸汗作用。在罩杯外形上，运动胸罩一般都是3/4罩杯或全罩杯，能将胸部完全包裹在胸罩中，避免因剧烈运动导致胸部脱离固定位置。

此外，运动胸罩内层一般有小型衬垫，不但能保护胸部皮肤，还能让胸部线条更优美。

运动胸罩的肩带和背带比一般胸罩更宽，能够更好地达到辅助固定的效果，提高承托力。

5. 职业女性如何进行骨盆控制运动

女性的生殖系统包裹在骨盆内，骨盆和周边肌肉以及骨盆内的脂肪，承担着保护女性生殖系统的责任。随着年龄的增长，职业女性生殖器官的活力会随着雌激素的变化而变化。年龄越大，雌激素的分泌越少，生殖器官的活力消退越快。如果我们有意识地训练骨盆内外的肌肉，不仅可以提高生殖器官的活力，避免出现肛瘘、小便失禁等病症，还能提高女性性能力。

（1）骨盆旋转运动

骨盆的旋转包括上下旋转与左右旋转。

①先双手扶住腰部往下，髋骨突出的地方，然后保持上身不动，通过膝盖弯曲，向左向右顶髋；然后以臀部为支点，呈8字形扭动髋部，这就是左右旋转骨盆的运动。

②骨盆上下旋转的要点与左右旋转类似，并拢双腿，腰部下压，臀部向后翘起，然后挺直腰部，小腹带动骨盆向前顶。

骨盆的旋转运动主要依靠髋部与腰腹力量来实现，每天坚持30次旋转动作，不但可以收细腰部，还能减少小腹赘肉，同时达到训练骨盆的目的。骨盆运动训练生殖系统内部的肌肉活力，如果在性爱中有意识地辅以骨盆运动，还可以减轻阴道不适感，增强性爱快感。

（2）骨盆肌肉收缩运动

骨盆运动分为两个部分：

①骨盆内外肌肉运动。

②骨盆与脊椎、腿部的关节运动。

骨盆的肌肉群主要包括：阴道、肛门附近的收缩肌。它们有极强的收缩伸展能力，调节排泄与做爱时的肌肉运动。如果女性不知道怎么找出这部分肌肉，可以在小便中发出停止小便的命令，执行这个命令的肌肉群，就是需要训练的骨盆肌肉群。

③每天下意识地收紧这部分肌肉，然后再缓缓放松，就能达到训练的目的。

这组运动极为简单，在任何时候，无论坐姿还是站姿都不妨碍动作的开展。每天坚持30次左右，即可达到很好的效果。坚持一个月以后，可以适当减少运动次数，只需保持训练即可。

做好骨盆肌肉收缩训练，能够提高膀胱控制肌的能力，防止小便失禁。

6. 职场女性的相反运动法则

人体的关节和肌肉都具有一定的弹性，可以在固定的范围内拉伸，使我们能够完成各种肢体动作。如果我们长期使肌肉保持同一种拉伸的状态，那么肌肉就会感觉疲惫，最后变得僵硬失去活力。

因此，每天端坐在办公室里的职业女性，需要有针对性地加强部分肢体的训练，做一些与上班八小时固定姿势相反的运动，以便使肌肉保持活力。

（1）做爬行运动

运动方法：

职业女性每天临睡前，用四肢而不是脊柱支撑身体，做一做爬行运动，降低心脏的高度，让脊柱有机会得到休整。

直立行走是人类进化的一个标志，人类的双手从此解放出来，可以从事更灵巧的劳动，人的双眼可以看得更远，获得更多的信息。不过，从健康的角度来说，人类的直立行走，使脊柱的压力大大增加，心脏输送血液的难度也变大了，如果长时间地直立，其实不利于身体健康。

因此，在工作时间内保持长时间站立的职业女性，不妨每天运动三次，每次只需10分钟的爬行运动即可为脊柱和心脏减压。

（2）做投球运动

运动方法：

双手持球，左右脚交替向前迈步，然后伸直双臂，双脚跳起，向上投篮。

这个姿势简单易行，特别适合那些一整天端坐在办公桌前，或生产流水线上的女性。在工作时间里，我们的双臂一直保持一种下垂的姿势，双腿更是没机会伸直，整个身体处于一种下垂的状态。

在投球运动中，我们需要仰头看篮筐的位置，需要伸高手臂尽量靠近篮筐，还需要用力跃起，提升身体高度。这个姿势让身体处于一种竖直向上的状态，能够缓解颈椎、脊柱、腰椎和肩背肌肉的压力，给予身体活力。

每天反复投球30次左右，即可获得锻炼的效果。

（3）做后仰运动

运动方法：

双手向后高举过肩，以双手、双腿为支点，腰部向后弯曲，头部后仰，使人体呈现"拱桥状"。

一开始的时候，职业女性可能感觉手掌几乎不能靠近地面，女性可以背对床或桌子做这个动作，当女性感觉腰部无法弯曲的时候，就手臂向后，扶住桌沿或床沿支撑身体。循序渐进即可，千万不能勉强。腰部患有疾病的职业女性更需慎重，如果无法向后弯曲，就做伸懒腰的动作。每天坚持10次拱桥动作，每次停留5秒即可。

这个动作能够缓解职业女性长期端坐造成的腰部不适，能有效改善腰部肌肉酸痛的状况。长期坚持，还能预防腰椎间盘突出等疾病。

所谓相反运动，就是做与日常动作相反的动作。哪些部位的肌肉处于拉伸状态，就让它尽量收紧，哪些处于收紧状态，就让它尽量拉伸，以此消除身体不适，保持身体健康。

## 女性要进行"有氧运动"

女性在工作、家庭中都承担着繁重的事务，压力很大，可以通过有氧运动锻炼缓解这些压力，保持健康的身心，培养健康的性格。

1. 有氧运动对女性的身心健康大有裨益

有氧运动这个词经常出现在一些电视剧中，但很多女性却不知道这是什么样的运动，它与我们平时说的运动有什么区别。有氧运动是耐久性运动项目的一种，指人体在氧气充分供应的情况下进行的体育锻炼。

在有氧运动过程中，氧气供给充分，机体达到生理上的平衡状态，心肺耐力增强，这是保持身心健康最科学也是最有效的方式。

现在，有氧体操受到了女性的热爱，对缓解和释放女性的工作、生活压力很有帮助。此外，对肩周炎，颈椎病等疾病，也可以起到很好的辅助治疗作用。

2. 有氧运动十分简单

有氧运动可以说是最简单的，当然也是最好的健康减肥方法。其实，只要在运动过程中，人体吸入足够的氧气以满足需要时，我们就在做有氧运动了。有氧运动方便易行，而且容易坚持，并不是只有有氧体操这一种方式，在日常生活中，有很多都是有氧运动，比如，慢跑、骑自行车、游泳、快走、打太极拳等。

由于有氧运动是一个耐久运动，它要求坚持的时间长，大约运动1小时后，

我们就能将脂肪转化为运动所需的能量了。比如平时上班距离不是很远的情况下，可以选择步行或者骑自行车前往。这样既可以呼吸早上的新鲜空气，又能够做有氧运动，加强身体锻炼。所以，只要能够坚持去做这些简单的事情，女性就可以健康地拥有美好的身材。

3. 做有氧运动的注意事项

（1）多吃富含氨基酸的食物

平时多吃鸡腿菇、茶树菇等富含氨基酸的食物，因为在我们运动时，在脂肪燃烧的同时，肌肉也会紧收，从而变得酸痛。在运动前享用些富含氨基酸的食物，就能较好地缓解我们身体的不适。

（2）戴好胸罩

女性如果做有氧体操，一定要注意在做操时要戴好胸罩，保证承托力。

（3）月经期运动量不可过大

女性在经期可以适当运动，但运动量不可过大。

（4）孕期女性运动要遵医嘱

怀孕期间的女性，能够进行何种有氧运动，应遵循医生的建议。

（5）坚持运动

任何一块优美肌肉的成型都离不开大量运动，并且应该是小强度高频率的运动，想要通过突击的方式来获得优美腹肌是不可能的，一旦停止运动，脂肪就会快速地包裹肌肉，反而会影响腹部线条。做完高强度高频率的运动之后，最好积极地放松腹部肌肉，以免练成"男人婆"般块状腹肌。

（6）动作需正规

对腹肌训练来说，正确标准的动作能够造就出优美的肌肉，而不标准的动作往往会因为用力不均，造成肌肉块扭曲不成形。长期不正规的动作会影响腹肌的美观。

（7）时刻牢记收腹

行走坐卧之间，只要意识清醒，就一定要提醒自己，坚持收腹，保持腹部肌肉紧绷。只有这样，才能保证腹部运动的效果。

（8）少吃寒凉食物

对女性来说，腹部包括了重要的生育器官，即子宫。女性有保护子宫的功能。如果摄入大量冷食，身体就会主动蓄积脂肪，以保持子宫温度，因此减少寒凉食物的摄入对腹肌锻炼有积极意义。

## 如何练出健美的腹肌和肩颈曲线

女性也可以拥有健美性感的腹肌和肩颈曲线，瘦而有力的腰部线条和肩颈曲线，能为女性增加更多性感。当然，一般来说，女性不需要练出八块腹肌，因为这样就缺乏女性的柔美了，但女性进行腹肌的健美训练，可以消除过多的赘肉。此外，还可以进行肩颈的锻炼，训练出健美的曲线，使女性的身体既有美感，又增强了健康。

1. 腹肌的锻炼方法

（1）仰卧起坐与伏地挺身

仰卧起坐是大家都熟悉的锻炼腹肌

的运动，但是长期只做仰卧起坐对身体并没有好处，还容易造成肌肉板结。因此需要配合伏地挺身运动。伏地挺身是与仰卧起坐姿势相反，作用相似的运动。

俯卧在床上，手臂向前伸直，尽力用腹部力量抬高双手双腿。两组运动交替进行，每组每天坚持50个左右，运动时间为15分钟左右，能达到很好的锻炼腹肌的效果。

（2）垂并举腿

仰卧在垫子上，双手垂放在身体两侧，双腿并拢，用腹部力量缓缓抬起双腿，先抬起15度角，坚持2分钟左右，再抬高到30度角，坚持2分钟左右，每次增加15度，直到双腿与身体垂直。

如果不能一次性坚持，就每种角度保持2分钟后缓缓放下，休息片刻再抬高到下一个角度。这组运动能有效锻炼腹部与腿部肌肉，长期坚持能保持肌肉纵向发展，使腹肌平滑有力。

2. 肩颈的锻炼方法

天鹅般优雅修长的脖颈，是女性诱人之处，女性是否注意观察过自己的肩颈，它们是线条匀称、柔和动人还是堆积赘肉、缺少柔美？肩颈是办公室女性长期保持紧张的部位，又是运动中容易忽略的部分，怎样才能拥有天鹅般的美颈与剥壳鸡蛋般柔美的肩部？做一做这些运动吧，女性一定可以达成所愿。下面是运动方法。

方法一：

双脚分立，与肩同宽，保持脊背挺直，双臂上举，手腕自然弯曲，手指轻触肩部，然后用肩部力量带动手臂，顺时针方向画圈30次，再逆时针方向画圈30次。这套动作简单易行，且不占用场地，适合办公室久坐的职业女性使用，能放松肩部关节，活动肩背交接处的肌肉。

方法二：

双脚分立，手臂前平举，竖直手掌，掌心向前，做出向前推的动作，反复一个节拍；双臂侧平举，同样竖直手掌，做出向外推的动作，反复一个节拍；然后手掌向上推，再向下推。这套动作也能够活动肩部关节，收紧肩部肌肉。

方法三：

双脚开立，比肩略宽，双手交握，掌心向外，向下俯身，使身体与腿部弯曲成90度，用力前推，直到身体极限，缓慢移动腰部，向左向右转体，再回复直立放松状态，重复数次，可以活动肩部、背部、腰部肌肉。

方法四：

有效且简单地活动颈部，就是向前、向后、再向左向右转头，可以放松颈部肌肉，保持颈椎健康。

除了常规活动颈部的小运动之外，还有能够收紧下巴与颈部赘肉的运动，那就是维吾尔族舞蹈中的"动脖子"，这个动作的关键是保持肩部不动，通过活动颈椎来达到伸缩效果，不要把活动头部当作"动脖子"。即使女性不能做得很标准，也一样能起到锻炼颈部肌肉，收紧松弛的颈部皮肤的效果。

方法五：

俯卧在垫子上，双手撑在身体两侧，保持腹部紧贴垫子，用力抬起上半身，并尽量仰起脖子，保持这个姿势30秒，再慢慢转换成两膝着地，两手支撑身体，背部与腿部平行的姿势，低头并向上拱起背部，保持30秒，再仰头，尽力沉下腰部，坚持30秒，还原成俯卧姿势。这组动作能锻炼颈部、背部、腰部肌肉，保持身体肌肉线条流畅。

肩颈运动所需的时间都不多，但需要长期坚持才能起到很好的效果。上班的间歇，睡觉前的时间都可以充分利用起来。

## 减掉手臂、腰部赘肉的运动

粗粗的手臂不仅让女性的上半身显得很胖，还会影响穿衣的美观度。它的存在，让女性不得不挥泪告别清爽的无袖衫和妩媚的露肩小礼服，只能依靠泡泡袖来遮掩。

如果泡泡袖也不能遮掩粗手臂，那就会将弱点暴露人前，在那些纤细的女性面前自惭形秽，粗手臂让人从此与纤细无缘。

不需要使用任何道具，女性在办公室小憩的时候，就可以活动上肢，在不知不觉中减掉粗手臂。

1. 减掉手臂赘肉的运动

方法一：

双脚分立，与肩同宽，脊背挺直，双手侧平举，用上臂的力量带动手臂画圈，顺时针方向30次，再逆时针方向30次，画圈的力度适中，动作缓慢更好，尽量让手臂画出最大的圆圈，还可以随时间不同，做适当变动。

这套运动能够收紧上臂松弛的肌肉，保持手臂线条流畅，在放松的同时，还能达到减手臂赘肉的效果，能有效改善电脑一族手臂僵直的状况，是一举数得的简单运动，不过，需要长期坚持才能达到减肥的效果。

方法二：

作为徒手减臂操的升级版，在家里，女性可以这样锻炼：取一条干毛巾，双脚分立，左手握毛巾一端上举，手肘内侧贴近耳朵。右手从后背握住毛巾另一端，然后两手缓慢移动，手肘弯曲，向毛巾中段移动，当左手手肘位于脑部后方时，保持不动，头微微向后仰，让肩部和上臂肌肉保持紧绷状态，坚持30秒左右，然后还原，再换右手上举。

这套动作能有效舒缓肩臂关节僵硬紧绷的状况，同时还能收紧上臂内侧肌肉，达到减臂效果。每天左右交替做20次左右，长期坚持可以达到良好效果。

方法三：

女性要根据自己的臂力选择适当重量的哑铃，以双手举哑铃感觉较轻松的重量为宜，保持30秒，然后向下提哑铃，同样保持30秒。双臂上举哑铃，手肘内侧紧贴耳朵，然后尽力向后举哑铃，反复10次左右。还原后，双臂下垂，往后背方向挥臂，反复10次左右。

哑铃训练，能有效锻炼手臂肌肉群，

保持肌肉活力,消耗多余脂肪,每天坚持,能让手臂纤细有力。不过,不宜选择过重的哑铃,以免增加手臂肌肉。

2. 减掉腰部赘肉的运动

女性葫芦形的身体曲线,是女性性感与魅力的代名词,如果没有葫芦中间的凹陷,那么丰满的胸部与挺翘的臀部也不能完美展现女性魅力。可是,拥有纤纤细腰已经成为职场女性越来越不可奢望的梦想,久坐和缺乏运动,让女性在不知不觉间变成三围一致的水桶身材。怎样才能使腰部健美呢?只有通过运动的方法。

(1)保鲜膜 + 有氧运动

在腰部涂抹帮助燃烧脂肪的腹部按摩膏,再将从超市购买的保鲜膜仔细地裹在腰部,然后进行简单的有氧运动,如慢跑、健美操等。每天坚持半小时,即可很快看到减肥效果。

需要注意的是,尽管保鲜膜能达到快速消耗热量的作用,但是也会阻碍皮肤细胞的呼吸,如果包裹的时间过长,会出现红疹、过敏等不良状况,因此,运动半小时之后,应该马上去掉保鲜膜,及时清洁腰部皮肤上的汗水与按摩膏。

(2)呼啦圈运动

购买呼啦圈一个,然后在室内旋转即可。操作简单,无难度,需要注意的是,每天坚持一小时呼啦圈运动,但应分次进行,每次不超过20分钟。过重的呼啦圈长时间旋转会压迫内脏,过轻的呼啦圈起不到瘦腰的效果。建议最好每天适量增加运动时间和强度,让身体慢慢适应呼啦圈的力度。不宜快速转动呼啦圈,否则容易造成腰部瘀青。长期坚持可以达到不错的效果。

## 其他部位的运动方法

纤细的腿部线条会让女性看起来更加修长苗条,可是大腿根部的赘肉与板结的小腿肌肉破坏了女性的腿部曲线,使女性的双腿显得粗笨肥壮,更与修身的短裤、飘逸的短裙无缘。没有一双修长完美的腿,女性怎么能穿上那些展现女性魅力的短裤与短裙呢?爱健美的女性可以通过运动保持大腿的曲线。

1. 腿部运动方法

方法一:

双腿分立与肩同宽,手臂前平举,保持身体直立,弯曲膝盖,重心下移。刚开始的时候,人会感觉身体很难保持平衡,这时重心不用放得很低,在能保持平衡的位置就可以了,以后可以逐步放低重心。每天坚持三次,每次5分钟即可。蹲马步的前后,需适当做一些放松腿部的活动。

方法二：

双腿并拢，脚尖分开90度，双手垂落身体两侧，然后弯曲膝盖，保持背部直立，用指尖轻触脚侧。刚开始的时候，可以适当放慢动作，以后可以逐渐增加速度和次数。

方法三：

找一处台阶，双手叉腰，双腿交替上下台阶，每天坚持15分钟，能很好地锻炼腿部肌肉。

右脚向前伸直，左脚跳起，左手前举，轻触右脚脚尖，双腿和双手互相成90度，交替跳起，腿部肌肉绷直，能收紧大腿根部的赘肉。

双腿并拢，脚尖点地，双手叉腰，膝盖弯曲，左右跳跃。这组动作非常简单，适合在场地受限时做。每天坚持10分钟也能达到瘦腿效果。

方法四：

要保持腿部肌肉线条的完美，除了削减腿部赘肉，还需要拉伸腿部肌肉，防止腿部肌肉过度发达，造成小腿肚和大腿肌肉板结的状况。因此，在每次的腿部运动之后，女性还需要坚持做一组拉伸运动，让肌肉纵向拉伸而不是横向增长。

方法五：

左右弓步，双臂侧平举，保持脊背直立，膝盖弯曲成弓步，左腿弯曲保持90度，右腿弯曲，小腿与地面平行，坚持30秒，再换方向。反复数次，能保持腿部肌肉紧绷，纵向拉伸肌肉。

方法六：

躺在垫子上，抬起双腿，膝盖弯曲保持90度，然后双腿交替运动，类似骑自行车，坚持10分钟左右。

方法七：

身体直立，膝盖绷直，双臂抱住膝盖，尽力让身体靠近腿部，达到极限后坚持10秒，再往下压一点，再坚持，直到身体完全靠近膝盖为止。

长期坚持做这些运动，就能让腿部线条更加纤细完美。

2. 臀部运动方法

前凸后翘是对女性完美身材的评价，怎样才能拥有挺翘的臀部？每天8小时的坐姿会让职场女性的臀部变得扁平下坠，完全没有挺翘的美感，还会让上半身看起来更长，让腿部看起来短小，破坏身材正常比例。臀部也是容易囤积脂肪的部位，会因为久坐变得肥大难看。怎样才能拥有挺翘的臀部呢？女性不妨进行以下的运动。

方法一：

俯卧在垫子上，手臂弯曲，叠放在胸前，腹部紧贴垫子，头部微仰，向后抬腿，双腿交替抬起20次左右，每次都尽量抬到最高处，整个动作可随时间增加而提高速度，增加次数。长期坚持，能收紧腿部、臀部和腰部的肌肉，让后背线条更加紧实有力。

方法二：

身体右侧卧，用右手肘和左手支撑身体，臀部、腿部紧靠垫子，绷直左腿，缓缓上举，每增加30度停顿10秒，在升高的过程中，左腿不能有任何支撑。做完升高运动之后，将左脚轻轻搭在右腿上，同样保持左腿紧绷，休息30秒。

然后绷直脚尖，左腿向前向后画弧线，动作同样需要放缓，在最前面和最后面各保持10秒，反复三次，中间左腿悬空，不得有支撑物。再收回腿，将左脚搭在右脚上休息。

动作做完后，稍微休息30秒换左侧位重复同样的动作。

方法三：

右侧卧，左脚绷直，左腿悬空，左脚尖在右腿的前方点地三次，后方点地三次，交叉前后点地三次。

运动动作做完之后，稍微休息30秒，再换左侧卧重复同样的动作。

这组动作的要点是动作需缓慢，运动过程中注意调匀呼吸，每天坚持完成一两次，可以有效保持臀部肌肉紧绷，还能达到减腿效果。

方法四：

如果没有时间完成前三种方法的复杂动作，那么女性可以在等车乘车的时候或是起身休息之余试试第四种方法。

身体直立，双脚分立，与肩同宽，保持上身直立，然后用力向内收拢臀部，感觉臀部肌肉向中间靠拢即可。每次收臀30下，每天3~5次，长期坚持能让臀部肌肉线条更加完美挺翘。

3. 减掉肋部赘肉的运动

女性的肋骨部位也会积累赘肉，尽管肋骨部位确实是人体肌肉薄弱的部位。肋骨作为身体重要的骨架支撑，保护着身体的内脏器官。肋骨部位赘肉的根源也在这里，脂肪从内脏中蔓延出来，逐渐堆积在肋骨与皮肤之间，形成丰厚的皮下脂肪，也就是肋骨部位的赘肉。不过，女性也可以通过运动，减掉这部分赘肉。

方法一：

双脚分立，与肩同宽，左手叉腰，右手斜上举，然后身体左倾，再回复直立，反复一个节拍，换左手斜上举，向右倾，两组动作交替四个节拍，能使肋部得到锻炼。

双腿并拢，双手掌心相对上举，手肘内侧紧贴耳朵，保持脊柱直立，然后缓慢右倾，到达极限后停顿10秒，再缓慢还原，向左倾。这组动作每天反复10次，也能极好地锻炼肋部和手臂，达到减肥效果。

方法二：

女性因肋部脂肪的局限性，想要很好地削减肋部赘肉，最好选择瘦全身的运动进行锻炼。跳绳就是其中一种。这是非常简单且效果良好的全身运动，能有效锻炼腿部、手臂、肩部等大部分肢体，每天坚持30分钟，有收紧手臂、腿部与肋部的效果。

方法三：

如果女性觉得跳绳太枯燥，还可以选择游泳。在水中，躯体受到的阻力更大，因此瘦身效果更明显。在游泳时，最好采取能够最大限度挥动手臂的泳姿，如蝶泳。每周3次左右，每次30分钟以上，能更好地调整身体曲线，减少肋部赘肉。

方法四：

胸部主要由脂肪与乳腺构成，乳腺等同于骨架，脂肪就是骨架的填充物。支撑胸部的关键肌肉就是胸大肌，它能让胸部保持丰满挺翘。因此，锻炼胸大肌的运动对塑造胸型有极好的辅助作用。

4. 胸部运动方法

（1）运动前的准备

在进行胸部运动之前，做好准备对打造完美胸型有非常重要的作用。首要做的是女性选择一套合适的运动型内衣，在完全包裹住胸部的同时，又不会影响运动的开展。注意收拢肋下部位，让胸型向中间靠拢。千万不要觉得内衣妨碍运动，缺乏内衣的支撑，运动会让胸部下垂或外扩。

此外，做简单的扩胸运动也是必要的准备。手臂平举，弯曲手肘，双臂向后扩展，重复数次；然后伸直双臂，左手斜上举，右手斜下举，向外扩展数次，再反方向运动数次。做好准备能放松胸部肌肉，以便后面的锻炼。

（2）运动方法

方法一：

双腿弯曲，身体平躺在垫子上，双臂侧平举，各执一个哑铃，伸直手臂向上举，反复数十次。如果没有哑铃也可用小瓶矿泉水替代。如果在办公室，也可替换成直立状态进行。

方法二：

双脚分立，膝盖微曲，双臂侧平举，各执一个哑铃，然后手臂伸直上举，重复数十次。这个动作可以拉伸胸部肌肉，保持胸部肌肉的韧性。

方法三：

向前俯卧，手臂支撑身体，然后弯曲手臂，再伸直。重复20次左右。如果觉得俯卧撑难度太大，还可以用反向俯卧撑替代。手臂向后扶住桌子边缘，然后弯曲手肘，身体缓慢下蹲，反复20次左右。运动时注意桌子一定要稳固，否则容易摔倒。

方法四：

平时上下班走路或是散步的时候，向前向后摆臂也能达到锻炼胸部肌肉的效果。摆臂可以前后快速交替摆，还可以双手同时向前向后摆。

如果能将运动意识贯彻到生活中的每一个微小细节，并形成习惯，女性一定可以塑造出完美胸型。

方法五：

不少女性的胸围其实并不小，胸部看起来却不饱满。胸部外扩、下垂都是损害胸部美丽的杀手。内八字形的胸部，即使胸围尺寸不大，但深陷的乳沟为胸部加分。即使胸围丰满，但从视觉上看始终有些不协调。其实，聚拢胸部也可以依靠简单的运动。

身体直立，保持脊背挺直，双手合拢，掌心相对，手肘端平，然后双手用相同的力道推挤，在始终保持手掌放置胸前的同时，女性能够感觉到胸部正在向中间靠拢。坚持用力5秒，然后保持用力的状态，慢慢抬高手掌，一直上举超过头部，再坚持5秒，缓慢向下移动。每天3次，每次10回。

方法六：

双膝并拢，脚心向上，跪坐在垫子上，臀部放在腿上，腰部挺直。双手交叉，手肘夹紧胸部向内用力，坚持10秒，然后放下手臂，手腕向后握住脚腕，身体后仰，向上挺胸5次，再还原，从头开始。这组动作同样有防止胸部下垂，使胸部向内聚拢的作用。

方法七：

胸部外扩严重的女性，每天睡前可以坚持做一些胸部按摩。掌心搓热之后从侧下方托起胸部，微微用力，顺时针按摩10圈，再逆时针按摩10圈。以手心打圈的方式，配合手指揉捏。

一般的女性晚上休息时最好脱掉内衣让胸部解脱束缚，不过胸部外扩的女性在晚上休息时最好也佩戴上质地轻软、无钢圈、无海绵垫的棉质内衣，不必紧紧包裹胸部，只需要轻轻托住胸部即可，以避免胸部变形更加严重。

## 运动可以减肥、保健

运动可以培养女性的意志力，缓解心理压力，同时也可以强身健体、延缓衰老，保持身心健康。此外，运动更具有非常神奇的美体美容功效：能增加肌肉血液供应量，促进肌肉对营养物质的吸收与储存，使肌纤维增粗，肌肉结实有力而富有弹性。

有些女性不愿意运动，却热衷于吃药减肥，然而，过度且不当地减肥也会令全身受损，它会使女性的记忆力减退，头发频繁脱落、皮肤过早老化、内分泌紊乱、骨质疏松等。由此可见，女性科学地减肥，才能达到真正的强身健体的目标。

有些肥胖的女性是什么原因而发胖的呢？这些女性发胖的根本原因，就是吸收大于消耗。吃得太多，身体不需要那么多营养，就把它变成脂肪积存起来了。要使自己不发胖，必须坚持做到每天摄取的热量等于身体消耗的热量。

同样的道理，要想减肥，就必须做到每天消耗的热量大于摄取的热量，这就是减肥的原理。女性最健康、最理想的减肥方式就是运动，人们已经越来越清楚地认识到，运动既能减掉多余的脂肪，又能加强体质，可以说是两全其美。其实，只要细心留意一下，运动是无处不在的。

1. 早上醒来时

女性可以做伸懒腰的运动，把两手向头上伸直并伸展身体，可以达到加速血液循环、清醒头脑的目的。

2. 穿衣时

女性在双手在背后相握、伸直手的同时挺胸。这个动作，能起到扩胸、柔软背部的作用。

3. 穿鞋时

女性在穿鞋时屈膝，蹲下身体穿鞋系带。这个动作虽然小，却可以刺激小腿肚及脚踝处的运动，拉紧腿部肌肉。

4. 如厕时

女性在如厕时不要直接坐下去，离座盆几厘米并保持平衡，可以锻炼大腿肌肉。

5. 做家务时

使用吸尘器、擦窗户、洗浴缸等都可以锻炼肌肉。在擦地时，女性可以膝盖着地，一手扶地固定上半身，背部一定要伸直。然后另一只手拿着抹布，单手由外往身体方向擦拭，这种辛苦的擦地方式有明显的瘦腹部的效果。

6. 看电视时

女性在看电视时，可以利用广告时间做转动眼球的运动，以松弛眼肌，让疲劳得以缓解。

7. 洗澡时

女性在洗澡时，可一腿站立，另一腿屈膝，俯身屈侧腿，交替进行，腰、背、腿都能得到伸展锻炼。用海绵块擦身时，可用右手拿海绵块洗左肩，左手拿海绵块洗右肩，同时腰部做自然扭动，可促进腰、臂部的脂肪分解，使身体线条变美。

女性在晚上睡觉前，可先做个仰卧起坐，之后，每天增加一个，就可以在不知不觉中拥有迷人平坦的小腹。此外，在工作、出行时也要时常运动，长时间坐着时，一定别忘了甩手并拍打身体的各个部位。这样可以使全身经络放松，从而避免由于肢体僵硬和麻木造成的颈椎和腰椎病。

女性在工作闲暇时，将双脚着地收腹数十次，或者将背伸直，稍离开椅背，两臂后仰上抬、放下，反复做此动作能够防止腹部肌肉松弛，杜绝"水桶腰"的出现。

女性在出行时，走路时的姿势非常重要，挺胸、收小腹，臀部夹紧，千万不要弓腰驼背。要将走路作为一种减肥的运动，要适当加大步幅，同时将重心放在前脚，每跨出一步，前脚需按照后脚跟、脚心、脚尖的顺序着地，这样走路，才能运动大腿肌肉，使腿的肌肉紧实匀称。

8. 不易减肥的运动

尽管运动确实是最好的减肥手段，但并不是所有的运动都能达到减肥的效果。运动可以消耗身体储藏的脂肪和能量，也能增加肌肉的体积，让肌肉组织变得更结实。板结的肌肉块会让身材显得粗壮，还会增加体重，从某种角度来说，并不是减肥的好选择。所以，不易减肥的运动，女性得小心避开。

（1）强度高的运动

运动的强度是指运动中肌肉组织的活跃程度，强度高的运动一般是竞技性的剧烈运动。它要求人体在很短的时间内发挥出身体承载的极限，心脏跳动加快，对体型肥胖的人来说，会是一种极大的负担。

此外，组成肌肉的肌纤维主要有白肌纤维和红肌纤维。剧烈运动主要锻炼白肌纤维，它的横断面较粗，会使肌肉膨胀，变得粗壮。人体的重量反而会增加。

（2）运动量大的运动

有的女性认为通过一段时间加大运动量，就能达到减肥的效果。其实不然，运动量大固然会消耗身体储藏的脂肪，但细胞消耗的氧气和营养物质也相应增加，还有大量代谢产物需要排出，这些都要依靠身体血液循环来调整，因此大大增加了心脏负担。而心脏提供的氧气不能满足细胞对氧气的需求，那么身体就处于无氧运动状态。

无氧运动不会消耗身体中的脂肪，而是消耗身体的糖分，并分解出酸性物质。运动过量的时候，我们就会感觉身体某些部位酸痛难当，也降低了我们的运动欲望。

身体的糖分被消耗之后，人体的饥饿感就会放大，反而会刺激食欲增加，不利于减肥。而且，一旦减少运动量，体重就会快速反弹。

（3）每次时间低于半小时的运动

人体在运动时会消耗大量能量，不过能量的消耗却有着固定的规律。开始运动之后，身体中储藏的糖分是最先被消耗的，因为它能直接补充消耗掉的养分。运动半小时后，身体中的糖分消耗得差不多了，新摄入的脂肪开始渐渐转化成糖分，成为主要消耗的能量。运动一小时之后，身体中沉淀已久的脂肪才开始被分解消耗。

因此，每次运动时间少于半小时，身体几乎没有脂肪消耗，而人体还会感觉到饥饿，这个时候再补充食物，新摄入的营养会完全补充消耗掉的营养，甚至还会有剩余，减肥也不可能有效。

在减肥中，我们需要尽量避开运动量大、时间短、强度高的无氧运动，尽量延长运动时间，做一些健美操、慢跑等有氧运动。选择正确的运动，才能起到事半功倍的减肥效果。

## 女性不同年龄段的运动

在现实生活中，不少女性只有在退休后，闲下来才进行锻炼。其实，女性要想保持身心健康，就要终生锻炼。在不同年龄段，要有针对性地做适合自己的运动。

1. 二十多岁

此时的女性精力旺盛，可选择跑步、游泳等有氧运动。跑步有激发创意、训练自律力的优点，而游泳可以使全身都运动起来，从而使身材姣好。

下面就跑步来介绍几点注意事项：

（1）准备活动

女性在跑步前可先做摆臂、摆腿、弯腰、转体、下蹲及其他体操动作，特别要注意活动髋、膝、踝关节。全身达到发热，身体感觉轻快，心率达到85次/分以上，就可开始跑步。

（2）跑步

每天跑的运动量不是固定的，女性可根据本人身体状况稍有增减。如每周练习四次，运动量可采用大、中、小来调剂更好。运动量的增加一定要严格遵照循序渐进的原则，切不可操之过急。

（3）放松运动

女性在跑步结束后一定要做放松运动，使人体各器官从运动状态逐步恢复到相对安静状态。可先慢走一段距离，再做几个深呼吸，时间一般为3～5分钟。

适当节食加上适量运动，就是最健康持久的减肥方法。

2. 三十多岁

可选择攀岩、滑板运动、溜冰或者武术来健身。在身体上，除了减肥，还能增强肌肉弹性，也有助于改善人的平衡感、协调感和灵敏度。在心理上，攀岩能帮助人建立自信与策略思考力；溜冰令人愉悦、忘却不快；武术帮助人在冲突中保持冷静、自强与警觉心，同样能有效增进身心健康。

3. 四十多岁

这个年龄段的女性适合有氧运动，如快走、慢跑等运动。这些运动不但能增加体力，加强下半身肌肉，又很适合忙碌的城市上班族女性天天就近进行。

4. 五十多岁

建议选择游泳、重量训练、划船以及打高尔夫球。游泳能有效加强全身各部位的肌肉与弹性，而且由于有水的浮力支撑，不如陆上运动吃力，特别适合疗养的女性、孕妇、风湿病患者与年纪较大的女性。游泳兼具振奋与镇静的作用，专心地划水让人忘却杂务。

5. 六十岁以上

六十岁以上的女性多做散步、跳交谊舞、游泳等有氧运动。

这些都不算是激烈的运动，但是在健身之外，最大的好处是能使人精神抖擞，感觉有趣，并且有社交的作用，是让老年人保持年轻心态的一个好方法。

6. 适合各年龄段的时尚运动

不管在什么年龄段，爱锻炼的女性都可以进行一些时尚运动。这些时尚运动主要包括瑜伽、保龄球、拉丁舞、普拉提和舍宾。

（1）瑜伽

瑜伽源于古度。这种运动是通过模仿各种动物的姿势，配合呼吸运用到人体的。它不仅可以起到调整身姿、固本强身、舒筋活络、延年益寿等功效，还能给人一种来源于内心的力量。经过一段由内而外、由外而内的锻炼后，女性会惊奇地发现自己的心态变得平和、知足。

（2）保龄球

保龄球运动经过几千年的变迁，已从一种简单的游戏发展成为一种魅力无穷的时尚运动。保龄球的运动魅力不仅体现了健身作用，而且可以缓解现代人日益紧张的生活压力，当击倒的球瓶倒地时，那种喜悦使人精神焕发。保龄球不受年龄、天气、时令的限制，是男女老少都可进行的一项室内娱乐活动。

（3）拉丁舞

拉丁舞对动作的细节要求不高，只要能跟上节奏就好，它注重的是百分之百的情绪投入，强调能量消耗。在热烈奔放的节奏里，随着拍子扭动腰肢，放开所有牵绊，在音乐中释放压力。那蜿蜒的、剧烈的动作把整个人都点燃了，脂肪在燃烧，血液在燃烧，情绪在燃烧。

（4）普拉提

普拉提是19世纪德国人发明的一种舒缓全身肌肉及提高人体躯干控制能力的健身运动，有几分像瑜伽，既融入了西方人的"刚"，即注重身体肌肉和机能的训练；又融入了东方人的"柔"，即强调练习时的身心统一，每个姿势都要和呼吸协调。

普拉提不仅仅能够改善人体的外在形态，可以通过运动来改善人体肌肉功能，调解人体椎柱，让腰背疼痛有所缓解。这种运动既不受场地限制，拿块垫子在地板上就能练，也不受年龄的限制。做完动作后必须做些放松运动。

（5）舍宾

源自俄罗斯，风靡全球的舍宾，即英文"shaping"的音译，是一种新型的"形体运动"。它的独特之处在于：通过电脑测评分别制定出适合个体的营养+运动+医学+心理学不同的训练处方，提高个人根据自身形体条件着装、化妆和选择发型的能力，使女性的外形和内在气质等方面同时提高并达到最佳境界。

# 第四章 性爱和避孕要注重健康

性爱中的健康,包括性爱心理健康和性爱保健。不良的性爱不仅影响到夫妻双方的关系,而且会影响夫妻双方的身心健康。此外,女性避孕不当也会影响健康,避孕如果不讲究方法,就会对女性的身体造成伤害。

## 女性如何正确对待性生活

在现实生活中,女性对性行为所持的态度要比男性消极一些。通过大量的有关性态度和性行为的研究,人们可以发现,在偶然的婚前性行为的问题上,女性比男性持有更多的负面态度。当两个人已经结婚或者已经订婚,女性大多比男性更不赞成婚外性爱和婚前性爱。对于性,女性更容易感到紧张和内疚,也更易于屈从于双重标准,即通常多数人默许男性的婚前性行为,对女性则不然。

然而,在对待手淫的态度上,却并没有发现性别差异。一般来说,随着年龄的增长,对于性行为态度上的性别差异有所缩小。在一项社会调查中发现,人们的性行为和性态度有着相当大的一致性。而性态度和性行为之间的一致性,可能意味着人们按照自己的态度行事,也可能意味着人们通过权衡态度来使其行为合理化,还可能是二者兼而有之。

绝大多数的已婚者每周有 2~3 次性生活,平均每月 7 次。一般而言,年龄在 25~29 岁之间的女性性生活最活跃。随着年龄的增长,人们性生活的频次也会逐渐降低,50~59 岁群体的平均值是一个月 4~5 次。相对女性而言,男性有更高的性交频率、更多的连续性交、更早的初夜经历和更多的性交伙伴。相对而言,女性对婚内性生活的满意程度会比男性稍微低一些。

许多人因为性问题而深感苦恼,其实,性问题不是单方面的事情。研究表明,大多数性问题产生于伴侣之间彼此交流的方式。也就是说,生理因素和心理因素都有可能造成性问题。酒精和毒品可能干扰性功能的发挥,而担心怀孕或染上性病、对性生活持消极态度、两人的关系问题尚未解决,以及过去受过性虐待等,也有可能干扰性功能的发挥。

1. 哪些人易成为"无性"夫妻

(1) 都市白领

现今,都市"无性"夫妻正在不断

增加,其中九成以上是白领。比如,一家性医学专家会诊中心对近千名性障碍者进行了调查,发现其中约三成夫妻过上了无性婚姻生活,年龄集中在30~50岁之间。其主要原因是由心理障碍所导致的生理障碍,而最根本的因素则是缺少沟通和交流。

对这三成"无性"的性障碍者调查发现,他们大多有收入高、工作压力大、应酬多的特点。而这部分夫妻经常每天很早出门,很晚才回家,相互之间很少说话。长此以往,夫妻缺少交流不仅会影响夫妻感情,久而久之则男方易发生勃起功能障碍、早泄,女方易出现性冷淡等性功能衰退现象,而类似的现象在都市生活中有增加的趋势。

(2) 网游者

网络也成为夫妻缺少交流的重要原因,并已成为夫妻感情的"杀手"之一。在现实中,许多年轻夫妻迷恋网络,把多余的时间和精力向虚拟世界的人宣泄,自然对年轻夫妻感情的维系不再用心。

(3) 女性产后

女性产后将大部分精力分给孩子而冷落了丈夫,也是造成无性婚姻的原因之一。

(4) 性心理机能障碍

性心理机能障碍,是指由于心理因素造成的一系列问题。比如,工作压力大、焦虑情绪状态、担心性爱技巧差、婚姻不和谐、压抑、先前的性创伤等,或身体状况较差患糖尿病、心脏病、神经紊乱、药物过敏、或过度使用酒精和药物、严重吸烟等,所引发的诸如性渴望障碍、性唤起障碍、性高潮障碍和性交疼痛障碍等问题。性心理机能障碍主要表现在以下方面:

①难以放松。
②缺乏性交前戏。
③性交后缺乏温存。
④对性生活没有兴趣。
⑤性交时想到其他异性。
⑥想性交时恰逢伴侣不方便的时候。
⑦一方不想性交。
⑧对性交方式存在分歧。

(5) 性渴望障碍

性渴望是性反应的第一阶段。

女性中最常见的性问题就是对性活动缺少渴望,或者说对性渴望的抑制,近1/4的女性调查报告说明有这种问题。受这种问题困扰的人们常常被诊断为患有性心理机能障碍。那些对性兴趣很小,但不为其所困扰的女性,不能被认为患有此种障碍。

一般来说,有性渴望障碍的人不仅仅对性活动不感兴趣,甚至对性幻想也没有兴趣。但是,究竟是什么造成性欲低下,这得从年龄、性别和文化规范这些背景中来考虑确定。长期性渴望障碍中最常见的生理因素是疼痛、疾病等,这在女性中是最常见的一种性功能失调,可能仅次于激素分泌不足、更年期变化或药物影响生理因素。

至于心理因素,包括了抑郁、紧张、对性的矛盾心理和性关系中的冲突等。

毫不令人奇怪的是，性欲低下常常伴随其他反应阶段中的障碍，特别是女性的性唤起障碍和男性的勃起障碍。另一种性机能障碍是性厌恶障碍，表现出对性接触的焦虑。这种障碍通常是由紧张、抑郁、对性的负面态度或是经历过性创伤所引起的。

有性厌恶障碍的人，不仅对性爱不感兴趣，而且还对此怀有厌恶或恐惧的心理，并因此而主动地回避它。这种问题在女性身上比在男性身上要普遍得多。它经常是由某种性创伤所造成的，比如，曾被强奸，或在少年时期遭受过性虐待等。有时，它会在一段时间的性交困难或是性交疼痛后出现。大约有1/4的性厌恶障碍者同时患有惊恐障碍。

（6）性唤起障碍

性反应的第二阶段是"唤起"阶段，在这一阶段中性快感伴随着肌肉的紧张和血管的充血，或者血流加快。对男性来说，这就引起了勃起；对女性而言，则会引起生殖器官膨胀和阴道壁分泌润滑液体。

女性阴道润滑液体的分泌不足，最充分地表明了女性性唤起障碍的存在。很多女性在性生活中存在润滑不足的问题。这种障碍既可以由心理上的因素引起，如情绪上的低落，有过性创伤史和对性伙伴的不信任；也可能由医学或是生理问题所引起的，比如外科手术或者激素分泌不足。大多数有这种障碍的女性，也会同时存在性渴望和性高潮方面的问题。

究其原因，通常多数为心理上的。比如，焦虑、紧张、抑郁、潜在的性欲倒错、对亲密行为的回避、无性经验和对性伙伴有着未解决的不满。其中最常见的原因是表现焦虑，但这个问题通常和其他问题交织在一起。

（7）性高潮障碍

一旦性兴奋达到一个关键的点，那就进入了性反应的第三阶段，即性高潮阶段。男性和女性的性高潮都表现为生殖器官和内部性器官时间间隔0.8秒的肌肉收缩。对于男性来说，还伴随有精液从阴茎中射出。女性的性高潮障碍主要表现为性冷淡，男女相比，性高潮障碍在女性身上较为常见。

女性的性高潮障碍也可以分为主要性高潮障碍和次要性高潮障碍，主要性高潮障碍是无论通过何种形式的刺激，女性始终达不到性高潮；次要性高潮障碍是过去有过性高潮，但是目前无法达到性高潮。

当一位女性难以达到性高潮时，她就被认为患有女性性高潮障碍。在现实中，有些女性认为在达到性高潮方面一直存在问题。她们所共有的原因，包括其他的性问题，特别是性唤起障碍、性刺激不充分、对性爱表现得焦虑，或与性伙伴的关系出现问题。

造成性高潮障碍的主要原因有以下几种。

①药物的副作用。

当前，出现得越来越频繁的一个原因是抗抑郁药的使用。与男性相同，高血压、高胆固醇水平、糖尿病、心脏病、吸烟等，都与女性性功能失调相关。

②心理上的原因。

女性除了药物使用不当可能造成性高潮障碍外，性高潮障碍很少有生理上的原因，而主要是心理因素使然。重要的心理原因之一是对性生活抱消极的态度。认为性交是一种肮脏的行为，或者在性交过程中始终感到羞耻和内疚，诸如此类的感觉有可能压抑性的表示，削弱性的唤起，从而阻碍对性高潮的反应。

③夫妻关系恶化。

导致女性性高潮障碍的原因还在于夫妻关系恶化。同样是性高潮障碍，女方对男方缺乏真诚的感情，要比男方对女方缺乏真诚的感情更能削弱性的唤起。看来，当关系恶化时，往往更容易产生性高潮障碍。

④害怕和担心。

女性害怕怀孕，或者过度担心自己是否会达到性高潮。

⑤性交时间短。

女性觉得男方的性交时间太短，或者认为男方不关心她的需要和感受。

⑥缺乏前戏。

男女双方没有对性活动进行过探索，缺乏前戏，而仅仅以生殖器的接触来替代整个性生活的过程。

很多女性的性高潮障碍，都是源自她们对性生活所持的消极态度，因此重新建构性价值是解决问题的关键。干预的策略，是可以帮助女性消除性高潮障碍的。

女性要减少对性生活的消极态度。对于主要性高潮障碍，女性可以通过自身体验来达到高潮。多次体验后，女性就能在性交中达到高潮。对于次要性高潮障碍，诸如认为男方不亲近而导致的性高潮障碍，干预的策略可以更多地集中在夫妻或伴侣的关系问题上，而不是集中在性功能本身上，同时要努力改善男女双方的交流技能。需要指出的是，女性的性高潮障碍通常是在性交的背景下产生的，如果双方都不认为性高潮必须通过性交来获得，那么问题就比较容易解决。

（8）性交疼痛障碍

在现实生活中，有一些女性存在性交疼痛问题，性交疼痛和阴道痉挛这两种性功能失调形式，都属于性交疼痛障碍问题。

性交疼痛与心理因素相关，比如，对性的焦虑或以前的性创伤。当然，身体状况也是一种不容忽视的因素，比如，阴道感染、湿润度不够、性传播疾病或生理结构存在问题，等等。

这种疼痛通常是由于妇科炎症或泌尿系统问题引起的，但是它也可能是对性创伤的一种条件性反应，越来越多的证据表明，它常常是源于心理因素。

阴道痉挛也会导致性交疼痛，即会阴肌肉无意识地收缩，使性交不能进行。阴道痉挛是女性特有的一种问题。在这种情况下，当试图性交时，环绕在阴道外部的肌肉会自主地进行收缩，这使得性交不能进行或者很难进行且充满痛苦。

研究认为，家庭成长环境、对性的负面态度、孩童时代的手淫、曾遭强暴或有疼痛的性交史等，都是这类女性引发阴道痉挛的相关因素。

阴道痉挛常常与性唤起障碍或性交疼痛相重叠，也是一种性精神创伤所导致的后果。

这里需要指出的是，人群中的性心理机能障碍问题，并非仅出现在少数或个别人身上，而是相当普遍。有研究报告称，43%的女性存在上述问题，但许多病例也同样说明，只要性爱双方愿意共同努力解决问题，性心理机能障碍就能得到很好的矫治。

2. 如何改变无性状况

（1）通过心理辅导和生理治疗恢复正常

如果夫妻或者情侣双方出现了类似的性功能障碍，可以先向对方坦白自己的感受，通过心理辅导和生理治疗来恢复正常。

（2）通过表达爱意改变状况

如果男女双方或一方暂时没有兴趣，也可以通过甜蜜的情话、温柔的抚摸等方式表达爱意。比如夫妻可每天都向对方说句"我爱你"，这样便可以有效增进夫妻感情，并可预防和消除因交流不畅而引起的性功能障碍。

## 老年女性如何对待性生活

女性晚年的性生活，可能不逊于年轻时，但在现实中，人们总是对老年女性性生活产生误解。现今，仍然有不少老年女性对性生活的态度依然相对保守，许多老年女性受到的性教育是很传统的，认为女性到了绝经期就应该停止性生活。

所以，老年女性即使有性的需求，但在实际的性生活中却不活跃。而丧偶的老年男性，为了能过上性生活，也更倾向于选择年轻女性或那些看起来年轻的女性，作为他们的伴侣和配偶。老年女性的性生活应该怎样过，才是科学、健康的呢？

1. 老年女性应该主动要求"性"

心理学研究认为，性活动对老年人有身体的、心理的和情感的各方面的益处，不仅包括可以促进血液循环，维持四肢关节以及身体其他部位的运动，而且还可以适当控制体重。专家对60岁至91岁老年人的研究发现，性活动的其他身体益处还包括减少紧张和帮助睡眠。不仅如此，老年人的性活动还具有心理和情感方面的好处。它可以提高一个人的幸福感，增加生活满意度，提高女性的女性味和优越感，提供情感宣泄以及共同的愉悦体验。在晚年时，一些女性发现性更令人满意，她们对于性的态度更为肯定和开放。她们除充分享受性交活动带来的精神愉悦，还包括手刺激、爱抚等方法所产生的快感。

专家对60岁以上人群的研究发现，70%性活跃的女性说她们的性生活与40多岁时相比同样满意，甚至是更满意。一旦长大的孩子离开家，随着婚姻满意度的提高，夫妻可以体验到"第二次蜜月"。那些老年女性说:"在孩子小的时候我们没有选择时间的机会。现在我们白天有时间了,我们可以选择上午十点或下午两点,在任何我们感到兴奋的时间。"

2. 老年女性仍有性需求

对性活动的兴趣在成年人生活中一直保持很高,仅仅到晚年才逐渐下降。美国全国性研究中发现,一项对老年女性和男性的研究表明,有90%的70岁以上的人表示他们对性亲近的需求至少每周一次。有人在对60~94岁老年人的纵向研究中发现,80岁及以上的老年人中有50%报告仍有性需求。

一些老年人表示愿意在性上更加活跃,接近40%的老年女性和男性希望更多地进行性活动。这种兴趣和活动之间不一致的原因之一是缺少伴侣,特别是女性。例如,在该项研究中,75岁以上的老年人中,有79%的女性报告没有性伴侣,而存在同样问题的男性却只有42%。

由于缺乏性伴侣,24%的老年女性已经停止了性生活,最主要的原因是缺少男性伴侣,而男性只有14%因缺少性伴侣而停止性生活,男性更多的原因是健康问题。

3. 影响性行为的因素

毫无疑问,身体的和心理的因素是影响老年女性性行为的主要因素。

(1) 生理因素

随着老年女性雌激素水平的持续降低,中年开始的生殖系统的生理变化在晚年会更为复杂。一些专家认为,尽管身体变化、慢性疾病和治疗会影响晚年的性能力,但即使是最严重的情况也不应该使女性和男性停止从事满意的性活动。

(2) 疾病因素

心脏病会对性生活产生影响,特别是已有过一次心脏病发作史,会使许多老年人放弃性生活,因为他们害怕会引起另一次发作,但实际上这种危险是较低的,多数人可以在治疗后12~16周内恢复性生活。中风很少破坏性功能,性行为引起另一次中风也很少见。然而最常见的慢性疾病,即关节炎造成关节疼痛,却会对性生活产生限制。

(3) 药物因素

外科手术和药物虽能减少疼痛,但某些时候药物治疗会降低性需求。不过锻炼、休息、热水澡和改变性活动的姿势以及时间,都可能会使这些情况得到改善。抗抑郁药和镇静剂也会减少女性的性需求。但是,医生通常可以开减少或没有这种副作用的其他替代药物。

(4) 心理因素

一个人对与性相关的身体变化的态度是很重要的。因此,心理因素可能比实际的身体变化因素对性生活的妨碍更大。主要的心理社会限制,是那种认为老年的性需求不正常的观点。那些想实现性需求的老年人可能会为此而感到忧虑和内疚。

不过,现在已有越来越多的人认识到,不管在什么年龄,性表达都是正常生活的一部分。性活动对老年人是有益的。性心理咨询有助于消除老年人性行为的压抑。强调性关系的质量而不是表现，可以使老年人的性体验更为愉悦。子女或其他亲人应该考虑老年人的需要，给监护生活环境中的长者留有亲密接触的私人空间。健康护理专家应该给老人提供信息和咨询，包括正常身体变化和医疗措施对性功能的冲击。

## 夫妻如何享受自己的性福

在很多女性的性生活中，性爱似乎成为一件刻板的事情，什么时候开始，什么时候结束，频率怎样，地点在哪里，似乎都码上了条条框框，不容半点逾越。其实，性生活原本是充满爱意和激情的事情，却被格式化的规矩弄得没有了半点情趣，怪不得越来越多的人觉得性生活索然无味了。

女性应该尽快改变刻板的性生活观念，体验一场甜蜜的性爱，首先从改变晚上上床才能性爱的刻板时间开始。

1. 性爱不应有时间的规定

（1）早上性爱

研究发现，男性的睾酮水平在清晨的时候，达到一天当中的最高值，也就是说清晨是男性性欲最强的时候，而女性本身的欲望并没有明显的高潮和低谷之分，这样看来，如果让清晨的时光白白流走，是件不划算的事情。

在清晨的时候，人的性爱指数应该是最高的，女性在这个时候其实是最性感的，因为睡眠充足而红润的脸色，凌乱随意的发型，以及睡眼惺忪的媚态，为什么不在这个时候展示激情呢！

（2）午间也可以过性生活

到了中午十二点的时候，男性的欲望会迎来一个小高峰，尽管这个时候应该是肚子饿的时候了，但是，任何美味的食物应该都比不上秀色可餐的女性。而且，女性到了这个时间段，会非常渴望一种肌肤的亲昵之感，同爱人的温存，能够让女性体会到愉悦和安全感。

这个时间段，体力还没有达到被完全消耗的地步，而身心则因为上午的工作会略显疲惫，刚好和爱人的身体接触能够抚平这种疲惫之感。需要注意的是，午间的性爱不要安排在刚刚吃过午饭之后，不然很容易影响肠胃的工作。最好时间充裕到能够有半小时的午觉，不然很可能在激情过后的下午，打起瞌睡来。

（3）黄昏的性生活

女性在一整天工作结束后的17点至18点之间，身体可能处于疲劳状态，但是心灵却非常渴望得到滋润。而有些女性在进行了一天的忙碌工作之后，可能会由于没有达到的目标或者还未完成的工作而倍感压力，脆弱指数直线飙升。如果这个时候能够从爱人身上得到力量，则很容易让她们头脑变清醒而重拾自信。

要知道，女性在一场酣畅淋漓的性爱之后，并不会像男性那样迅速感到疲惫，女性的反应是兴奋，而且思维敏捷。在这个时间段，女性的嗅觉和想象力都达到高潮，男性身上那种特殊的味道非常容易引起她们的性欲，而且性行为方面会相对的大胆和放松，一些平时不会尝试的地方和体位，都能在这个时段进行尝试。可以说，在巨大的工作压力背后，激发出来的是女性最原始、最性感的美。

一场打破常规的性爱之后，女性的沮丧就会一扫而空，起身进厨房准备爱心晚餐，连食物里也会渗透女性美好的心情。

（4）晚餐后的性生活

女性吃过晚饭之后，时间完全属于自己和相爱之人，没有烦心的工作，没有在工作中不断催促的上司，一切都变得轻松起来。

坐在沙发上的两个人，可以重温恋爱时的美好和温情，这是属于一生的幸福回忆。女性在回忆的时候最容易充满温情，不妨就来爱一场吧，不需要剧烈的动作，只要温柔地体会弥漫在彼此之间那浓浓的爱意，这种爱意其实并未被时间冲淡。

这个时候的性爱不只是身体的满足，更重要的是一种心灵的交流，如果之前还有争吵和生闷气，也应该在这个时候完全地释然了。

需要注意的是，如果晚餐吃得太饱，就尽量不要马上开始性生活，这样会对肠胃造成负担。如果在看电视的时候来点小缠绵，要记得将电视调成静音，以免在激情时刻被突然蹦出的广告声打扰。

2. 选择最佳的性爱时机

（1）不要太疲劳

性生活虽然愉悦，但也要消耗很多的体力和精力。在身体很疲惫的时候，往往很难调动情绪，身体方面也难以达到最佳状态，如果进行"疲劳作战"，勉强地进行性生活，非但不能收到良好的效果，还很有可能半途撤下来，给双方带来一些不愉快。另外，在疲劳时过性生活，透支体力，对身体健康是很不利的。

（2）不要在生病的时候过性生活

女性不要在生病的时候过性生活，尤其是某些器质性病变会通过性交传染的疾病，更不能过性生活。

（3）要相互理解

"今天，他说他累了；明天，轮到我觉得很累；然后又迎来了一场谁也不想搭理谁的争吵结局。等到一切都调整过来，想要亲热一下的时候，发现自己已经来例假了，于是亲热那点事只能向后推了。"

这是一位女性的真实生活写照，在一些女性的性爱中，由于不能相互理解，所以不能达到性生活的和谐。

格式化的章程也许会让性爱失去神秘性和惊喜感，但是换个角度来看，预约一个日子，会让这此前的生活都充满着期待，而且夫妻之间也会因为这场预约而变得期待起来。一个眼神，一些小的亲昵的肢体接触，都能够让人重燃激情。

（4）经常进行肌肤的接触

夫妻之间肌肤的接触、亲吻和爱抚，比实际的性爱本身，更能够让人感到舒服和温情，这就是前戏的奥妙所在。

懂得这些的夫妻，会在亲吻和抚摸上做足功夫，让性爱变得水到渠成而且倍增满足感。如果感到双方的性生活已经不和谐也不如意了，女性不如从触摸上找找原因，让自己患上一场肌肤饥渴症吧，渴望爱人温柔的触摸，自己也同样温情地去爱抚爱人，重新找到性生活的美好。

## 正确避孕可以后顾无忧

对于经期规律的女性，最好采用安全期避孕的方法。

有些女性没有避孕，又担心会怀孕，因此不愿意在危险期性爱。对于这些女性，不妨使用口服避孕药，为自己免除后顾之忧。对发生意外性爱的女性来说，避孕药是不能缺少的后续保障。不过避孕药并不是所有女性的最佳选择。

在一定程度上，避孕药解除了那些不喜欢使用安全套的夫妻的困扰。不得不承认，大部分的男性在对待安全套的态度上，都有所保留，毕竟没有人喜欢做爱像是穿着衣服那样的感觉。而避孕药看起来就要方便得多，只要按时服用，就不会有什么大问题了。

激情来时，不管时间地点地爱一场，也不用神经质地因安全套未到位而不安了。然而，就像没有全世界公认的美女一样，避孕药也不是适合所有女性的神药。有些女性是不适合吃避孕药的。

其实几乎所有避孕药的成分都是大致相同的，都有雌激素和孕激素在里面。不同点只是在于这两种激素的搭配比例。身体正常的女性都可以服用避孕药，关键在于避孕药的选择。

当然，拥有下列情况之一的女性，都应该慎重地考虑是否要通过服用避孕药来避孕。

1. 患有急、慢性肾炎和肝炎的女性

因为肝脏是代谢的器官，服用的避孕药也需要在这里代谢，然后通过肾脏排出体外。如果肝脏或者肾脏有疾病，那么避孕药的使用只会加重它们的负担，所以这类女性最好不要使用药物来避孕。

2. 患有高血压的女性

避孕药的副作用之一就是在服用后可能会令血压升高，对于正常的女性来说或许没有什么影响，但如果是高血压患者，则可能承受不了。

3. 患有糖尿病或者有家族遗传糖尿病史的女性

服用避孕药后也会使得血糖短暂而轻度地升高，这样容易使隐性的糖尿病变成显性的，所以这类女性也不适合服用避孕药。

4. 患有心脏病或者心脏功能不全的女性

避孕药里有着大量的激素，服用后人体内的激素平衡将会被打乱，水、钠等物质可能会产生滞留，这样将加重心脏的负担。

5. 患有乳房肿瘤、子宫肌瘤的女性

因为避孕药里有大量的激素，这类女性服用之后可能会促进瘤体细胞的活动，对身体产生不良影响。

6. 月经量一直很少的女性

长期使用避孕药可能会促使子宫内膜呈现萎缩的状态,这样月经量就自然地减少了,如果之前月经量一直很少的话,服用避孕药很可能引起绝经。

## 如何应对蜜月病和孕中期性生活

新婚蜜月期,本来应该是人生当中最美妙的时光,但很多女性却在这个最幸福的时间,乐极生悲地发生了一些尴尬事件。医学临床上将女性在蜜月期出现的诸如小便疼痛、尿频、腰酸痛以及恶心呕吐、发热等症状统称为泌尿系统感染,也就是通常人们所说的蜜月病。

1. 如何应对蜜月病

在蜜月期最常出现的泌尿系统感染包括尿道炎、膀胱炎以及肾盂肾炎等。为什么女性在这个时候容易出现感染呢?

女性的尿道中本来就含有细菌,大部分集中在尿道前三分之二的地方。这些细菌当中有半数以上的都是尿路致病菌。但是有细菌不代表就一定会发生感染。因为人体有天然屏障在保护着自身。

可是,屏障也可能遭到破坏,因为女性的尿道同男性的大不相同,女性的尿道短而且平直。内腔也比较宽大,而且毗邻阴道口和肛门,同阴道一样,也容易受到感染。当尿道黏膜受到创伤之后,很可能会向上延伸而形成膀胱炎以及肾盂肾炎。

一般夫妇度蜜月的方式,都是选择出门旅游,再加上新婚的好奇、激情等因素,性生活往往会比较频繁。但是,需要注意的是,各方面的卫生条件并不尽如人意,比如毛巾、床单等,在性生活的时候就容易发生感染。

对于男性而言,包皮处的污染物是最多的,新婚期很可能由于比较冲动而不注意性生活前的清洁,这样就很容易将那些细菌带入到女性的体内,女性的感染率则大大增加。

再加上旅行的过程中往往会比较疲惫,休息不好,饮食也不均衡,人体的抵抗力本身就有所下降,这个时候对于疾病的防御能力也会降低,所以容易患上蜜月病。

2. 预防蜜月病的方法

(1)注意休息

在蜜月期一定要注意休息,至少保证充足的睡眠,饮食上也要注意,多补充维生素和其他营养素,以增强身体的抵抗力。

(2)性生活应该有所节制

尽管激情澎湃,但是新婚夫妇在性生活方面还是应该有所节制,纵欲过度不但容易造成感染,而且也非常伤身体。如果在蜜月期女方刚好赶上经期,那么一定要注意,切不可经期同房,这个时候女性的自身防御能力降到最低,除了泌尿系统感染之外,还有可能造成生殖系统感染。

(3)双方要清洗干净

在性生活之前,男女双方一定要清洗生殖器官,在事毕之后,也要清洗,女性最好排一次小便，以避免尿道感染。

（4）疲劳了就不要进行性生活

如果白天很疲惫的话，晚上就不要勉强进行性生活，这样对身体有害无益。

（5）旅途中要多喝水

在旅途中一定要多喝水，因为多喝水多排尿能够冲刷掉阴部淤积的一些细菌，降低感染的风险。

3. 孕中期性生活有益健康

女性怀孕3个月后，腹中的胎盘逐渐形成，妊娠进入稳定期。在雌性激素的作用下，孕妇的性欲会有所提高。同时，胎盘和羊水可以缓冲外界的刺激，有效地保护胎儿。因此，妊娠中期可以适当进行性生活。妊娠期的性生活应该建立在情绪胎教的基础上，夫妻双方要将爱心和性欲融为一体。研究表明，孕期的性生活能使孕妇心情愉快，情绪饱满，生下来的孩子语言发育早，反应灵敏而且身体健康。妊娠中期的性生活以每周1～2次为宜。

应该注意的是，性生活前丈夫必须除包皮垢。由于激素的影响，孕妇阴道内的糖原增多，此时阴道内的变化非常有利于细菌的生长和繁殖，如果在性生活时，丈夫没有将包皮垢及龟头冲洗干净，会使妻子的阴道遭受病原微生物的侵袭，易诱发宫内感染，危及胎儿的健康。

时间不宜过长，并注意不要直接强烈刺激女性的性器官，动作要轻柔，不宜过深，频率不宜太快，每次时间以不超过10分钟为度。结束后孕妇应立即排尿，并洗净外阴，以防引起泌尿系统感染和宫腔内感染。

女性孕期的最后两个月应避免性生活，否则，容易引起宫缩，导致早产。

女性在孕期，如果性生活过频，用力较大，或时间长，就会压迫腹部，使胎膜早破，胎儿因得不到营养和氧气，就会很快死亡，导致流产。即使胎膜不破，未流产，也可能使子宫感染，重者可致胎儿死亡，轻者胎儿身体和智力发育也会受到影响。

# 性爱中要注意哪些

性爱是件美好的事情，一场美妙的性爱不但能够缓解内心的压力，使不良情绪得到合理的释放，而且能够润滑女性的生殖器，调动一些激素的分泌，使得她们面色红润，肌肤光滑，但并不是任何时候都适合做爱。

1. 性爱的方式要新鲜

刻板的性爱体位缺乏新鲜感，也很难再有激情了。须知，形式多样的性生活其实更容易让人发挥到最佳状态，如果感觉来了，沙发上，浴室中，未尝不是新鲜的选择，改变一成不变的姿势，这个时候女性也许会发现，在这件事情上似乎又找到了新感觉。

夫妻之间的性爱，可不只是简单的器官摩擦获得快感的程序，当一个男人和一个女人结合的时候，他们的心情应该是愉悦的，心灵上应该是非常满足的。

有一些结婚时间很长的夫妻性爱，

安排好时间，安排好地点，像完成任务一样的刻板，既没有年轻时候的激情，也没有应该有的语言交流，这样的生活往往会成为婚姻危机的导火索。

其实，一场美妙的性爱应该是以感情交流为前提的。或者说，和谐融洽的感情交流能够为彼此的性爱加分。有调查显示，对于大部分的女性来说，性爱前后的感情交流更能让她们感受到被爱和安全感，而那些长期感受"直来直去"方式的女性，则很难将性事看作一件快乐的事情。

尽管女性更需要言语表达出来的爱意，但在性爱过程中，表达对丈夫的爱意同样能大大提升男性的满足感。

2. 心灵相通与水乳交融同样重要

（1）幽默式

讲一些幽默的事情，但是要注意不要那种引人哈哈大笑的笑话，要知道，不管女性准备得多好，一顿捧腹大笑可能会让双方完全丧失了对接下来要发生事情的兴趣。所以，只需要言语轻松幽默就可以了。这样有助于让男女双方情感和身体都达到放松的状态。

（2）回味式

追忆恋爱时候的往事，说说彼此从暗恋到相恋的经历，讲讲那些为爱追逐和付出的经过，这样有助于加深双方的感情，有助于彼此在性生活的时候有一种"合而为一"的神圣的幸福感。

（3）诉说式

女性同丈夫讲讲最近的困惑，生活中遇到的困难和解决的办法，总之，开心的不开心的都可以对他讲出来，在交流当中，体会双方结合，共同组成一个家庭的责任感和有依靠的幸福感。

人与人之间的交流、沟通除了语言之外，其实大部分还来自肢体动作。一些感情深厚、默契良好的夫妻之间，甚至不需要太多的语言，一举手一投足之间，就能够把意思表露无余，而对方也能心领神会。这种默契不只在平时生活当中，就连性爱中对方的一个小小动作，也只有最爱的那个人能明白，这是性爱的肢体语言。

3. 用眼神说话

有研究显示，在人与人交往的过程当中，注视对方脸的时间通常占整个交谈时间的30%~60%，这是一个正常交往的注视范围，既能够让对方感觉自己的尊重，又能够让自己明确谈话的内容而不至于走神。

但如果注视对方的时间超过了60%，那么这就不是对整场谈话感兴趣了，而是直接对这个人感兴趣。所以，凝神注视是夫妻间交流感情传达爱的信号的方式之一。

当一个人直视自己喜欢的对象之时，瞳孔会不自觉地放大，眼神专注，像是在说话。所以，当女性觉得无须再用语言来填充什么，但是又非常想要发生点浪漫的事情的话，不如直视着他的眼睛，用自己会说话的眼睛告诉他，自己想要来点什么，相信他一定能够读懂。

4. 用性感的身姿说话

很多夫妻由于相处时间很长，彼此

再熟悉不过，在性爱这件事情上也再找不出新鲜感了，往往会有像完成任务一样的尴尬，甚至出现逃避的状况。

如果双方都沉默的状况久久持续，会严重影响到彼此的感情。女性何不运用自己的性感，让他眼前一亮呢？

换掉那套洗得变形的纯棉睡衣吧，为自己挑选一条充满撩拨人心的半透明睡裙，把那蓬头垢面的形象彻底抛开，先把自己收拾得让自己都觉得惊艳。那么无须再说什么，只要出现在丈夫的面前，就一定会让他热血沸腾。

很多人都说男性是"下半身动物"，这句话其实并非讽刺，男性对于性的冲动，多半来自眼的感受，也就是说他看到性感的妻子，就有可能非常冲动，而不需过多的语言调情、爱抚刺激。

5. 用慢动作说话

平时洗脸，脱衣服，再到上床睡觉，很多女性都已经养成了一个超级快速的习惯。仿佛不能够浪费任何一分钟睡觉的时间。

但是，如果在睡前还想进行一场甜蜜的性爱呢？是不是也同样迅速地躺到床上，眼巴巴地等着丈夫自己明白过来？不如在行动中表现一下，主动暗示给他。

翻出衣柜里最喜欢的两三件衣服，一件件地试给他看，重要的不是衣服好不好看，而是在脱掉和穿上的过程中，将速度放慢，甚至可以麻烦他帮忙解一下自己够不到的扣子。在这样的慢动作当中，或许他已经读懂了你的语言。

6. 克服性洁癖

性洁癖虽然是一种心理疾病，但是对身体也会有一定的影响。对于想要孩子的夫妇来说，如果女性患有性洁癖，在性生活过后马上清洗阴部，则很可能干扰精子和卵子的结合，导致不孕。另外，有些女性习惯在性生活后马上用洗液来清洗阴部，长此以往，反而增加了患上妇科疾病的概率。

女性想要克服性洁癖，首先，应该树立正确的性观念。不要传统地认为，男人在性欲勃发的时候，就把女性当作泄欲的工具，而应该将其看作男女双方因相爱而结合，没有男尊女卑，彼此是平等的。

其次，应该多注意夫妻之间的沟通。解除心理障碍不是一天两天的事情，但是应该坦白地把自己的障碍、难堪告诉对方，以获得对方的理解，再通过双方沟通来解决这个障碍，而不是将所有问题闷在心里，用行动表示出抗拒，这样很容易伤害到夫妻感情。

另外，女性克服心理障碍也不要急于求成。男女双方可以一步步地来缓解，采取一些间接的措施，比如共同沐浴，相拥着裸睡等，进而慢慢克服性洁癖。

## 产后性生活要注意哪些

女性从怀孕到生产是一个漫长的过程，此期间的性生活可以说是少之又少，甚至有的女性是完全杜绝的。所以产后进行性生活，能够让人情绪高涨，精神饱满。另外，产后拥有和谐的性生活，能够促进女性性器官的恢复。可是有的女性产后身体非常虚弱，而且由于一些老的观念的影响，使得她们迟迟不敢开始性生活。

那么，产后的性生活究竟应该注意哪些方面呢？

1. 合适的时间

自然生产以及剖腹产的伤口一般都要在产后四周才会完全愈合，而子宫恢复的时间则要更长一些，通常需要六周。如果性生活开始的时间过早，很容易引起感染，而且会影响到伤口的愈合。从心理上来讲，妈妈们可能要经过两个月左右的调整，才能够完全地恢复过来，所以，产后性生活开始的合适时间，应该是在六到八周之后。

2. 做第一次时要注意

这一点，丈夫应该注意，虽然在生产六周后，女性的阴道壁薄弱以及敏感干涩的情况已经基本恢复了，伤口也已经愈合，但是在动作上也应该尽量轻缓，不要过于粗暴，否则很容易给妻子带来不适。

丈夫在前戏上应该下足功夫，充分调动语言的魅力和爱抚的温情，让妻子能够积极地调动情绪。总之，丈夫应该足够理解和体贴妻子。

从在妻子的角度来说，有了宝宝，女性很容易将所有的精力都投到孩子的身上，而忘记了与丈夫应有的沟通和交流。这一点也需要注意，应该腾出一些时间来给"二人世界"，多关心一下丈夫的感受。

3. 要做好避孕

一些错误的观点认为，只要还在母乳喂养就不会受孕，或者认为产后短时间内是不会再次受孕的，因而不采取任何防护措施。

其实现在很多女性在产后的两个月之内就已经恢复了排卵功能，如果这个时候进行无保护的性生活，就很有可能再次受孕。而且，产后再次怀孕对女性的健康会产生不良的影响，所以为了避免这种情况的发生，产后不要存有侥幸心理，应该严格地采取避孕措施，最好从产后的第一次性生活就开始。

4. 正确应对产后性冷淡

很多女性在产后都会出现性冷淡的状况，产生的原因不外乎生理和心理两方面。从生理上来说，是因为产妇的卵巢功能尚未完全恢复，雌激素的分泌还没有达到平衡状态所导致。

从心理上讲，对于分娩疼痛，以及有宝宝的喜悦的矛盾心理很可能让女性害怕性生活。女性把大部分精力放到了孩子身上，而根本没有时间来调动情绪。

如果出现产后性冷淡，女性首先应该从生活上进行调节，注意多休息，合理膳食。保持良好的心情也很重要，可以适当地安排一些运动，比如盆腔肌肉的锻炼，这样便能够找回性福感。

## 女性如何应对性骚扰

女性在不同场合遭到性骚扰，这是

对女性尊严的最大侮辱，因此，女性要严正拒绝。同时，还要积极预防。

1. 性骚扰行为多发地点

（1）公共场所

公共场所指的是公众聚集的场所，如商店、公交车、地铁、饭店等人多的场合。事实证明，人越多的地方，往往色狼越多，他们的可乘之机也越多，女性也越容易遭遇性骚扰。以公交车为例，上下班高峰时间，大家根本就不是坐公交车而是挤公交车，车里人挤人，别说坐了，连站的地方都不富余，许多人都是前心贴后背的，而车下人们还在不停地往车上挤。

在这样狭小拥挤的空间里，男女之间肌肤的零距离接触，会使一些心术不正的人想入非非，他们也以此为借口，装作被迫无奈的样子，在女性身前背后蹭来摸去。这类色狼的惯用伎俩有挤、摸、顶。

所谓挤，就是性骚扰者利用车辆的拥挤，做出一些故意的、不必要的身体接触。

所谓摸，就是性骚扰者不满足于一般的身体接触，伸出"咸猪手"，对女性实施骚扰。

所谓顶，就是性骚扰者利用车里人多拥挤，而且下身动作不易被察觉的特点，用下身对女性进行顶撞、摩擦。

对于公共场合的性骚扰，由于具有流动性，一般情况下不具有持续性，如在公交车上，女性可以移动位置或者提前下车。

（2）工作场所

发生在工作场所的性骚扰主要来自同事、上司或者是服务行业中的个别顾客。在工作场所遭遇的性骚扰主要来自上司，他们或假装关心或假装赏识，轻轻地拍拍女性的肩膀，或者开玩笑似的在没人的走廊、电梯里拍拍女性的屁股，或者总是以工作为名要求与女性单独外出，或者总是发些超出工作关系的暧昧短信。

在工作场合遇到上司性骚扰，由于他手中掌握权力，女性在反抗时首先会考虑到自己的饭碗。所以，在这种情况下，他们会更加肆无忌惮，而且具有持续性。在一些个体私营企业，企业主把打工妹当作工具使用，不但要求她们拼命干活，有时甚至对她们提出性要求。他们以对打工妹实行性侮辱作为惩罚，严重损害了打工妹的人身权益。

不少打工妹由于缺乏法律常识，没有反抗的勇气，缺乏保护自己的意识，面对这样的情况只能忍气吞声，任人宰割。遇到这种情况，女性要敢于反抗、保留证据、及时报警，给施暴者以惩罚。

(3) 私人场所

私人场所的性骚扰包括朋友、同学聚会时遭遇朋友、同学或者其他熟人的骚扰。比如在招待客户的场合，一般是以男性为主，酒桌上"黄段子"盛行，即使在座的有女性，往往也不会使他们有所收敛，反而可能会更加激发他们的表现欲、挑逗欲。一些人认为，能说"黄段子"，说明自己幽默、风趣、口才好，所以很引以为傲。

但是如果有女性在场的话，这些"黄段子"实际上是对她们的骚扰、挑逗甚至侮辱。更加过分的是，一些客户代表依仗自己手中的权势，在酒桌上对敬酒的女性动手动脚、纠缠不休，大占便宜，而被骚扰的女性由于不敢得罪，只得忍气吞声。

一方面，现在"黄段子"已登堂入室，越发盛行，其参与者的"档次"大大提高，颇有一批热心听众，段子越黄，他们越兴奋，义务传播者也越多，这使得一些不得不在场的女性相当难堪；另一方面，对于这种酒桌上的"黄段了"，目前还没有有效的方法禁止，而且因为"黄段子"向有关部门投诉或者向法院起诉的情况也很少。所以，女性要想避免这种尴尬，最好少出席类似的活动。

(4) 互联网

互联网上存在网友的言语、图片或者视频骚扰。女性遭遇性骚扰很大程度上与当时所处的环境、场合有关，有些环境、场合客观上为心怀不轨的人提供了方便，处于这种情况下的女性很容易成为性骚扰对象。

从实际情况来看，上述几种环境、场合中的女性最容易受到性骚扰。随着互联网的迅速普及，上网人群日益增多，由于现在多数论坛、社区没有实行实名制，因此在网上发表言论大多没有约束，不需要负责。正因为如此，一些道德底线模糊的人，就在网上或追香逐艳，或招蜂引蝶，网络也日益成为性骚扰的重灾区。

随着网络的普及，性骚扰问题如幽灵般通过QQ、微信、聊天室、论坛等形式蔓延至整个网络，以一种新的方式困扰着不少女性网民。

2. 性骚扰行为所采取的方式

(1) 口头表达型

口头表达型性骚扰主要表现为讲黄色笑话，对女性进行言语挑逗，或者总是说一些有关性的话题。

(2) 行动型

行动型性骚扰主要表现为找机会动手动脚，甚至强行拥抱、亲吻、抚摸，等等。

(3) 文字表达型

表达型性骚扰主要是指通过微信、短信、邮件、QQ等方式发送的黄色文字。

3. 什么样的女性更容易遭受性骚扰

(1) 举止轻浮的女性

在社交场合中，男性是通过女性的行为举止来决定交往方式的，面对一个端庄贤淑、落落大方的女性，绝大多数男性都会选择尊重，断不会有邪恶的念头。如果面对一个举止轻佻，站没站样、坐没坐相、东倒西歪，而且衣着艳丽、走路扭臀摆胯的女性，正直本分的人可能不会有什么想法，甚至会产生厌恶感，但是在一些心术不正的人眼里，这样的女性容易上手，他们往往对其产生邪念，并进一步采取更加放肆的举动。

（2）衣着暴露的女性

男人是视觉动物，女性衣着太薄、过紧或者打扮过于妖艳风骚，都可能会对男人产生性刺激，进而遭遇性骚扰。

此外，衣着是一个人的名片。一个人的审美追求、思想境界都会在一定程度上从衣着反映出来。一个正派端庄的女性衣着往往严谨素雅，不喜欢过分暴露；而一个开放虚荣的女性常常衣着时髦、新潮、暴露。有些男性正是通过衣着来判断女性的性格和追求，并采取不同的态度和交往方式。如果女性衣着暴露、妖艳风骚，则可能使心术不正的人认为这样的女性内心空虚、招蜂引蝶，他们觉得有机可乘，进而对其下手。

（3）贪财、物欲强烈、贪图享受的女性

贪财、物欲强烈、贪图享受的女性很容易被人抓住把柄，受人控制，进而受到伤害。

4. 女性如何预防范性骚扰

①女性要避免单独与男上司去外地出差，最好找个女同事一起去，就算是他欲行不轨，到时候也好有个照应。另外，不要同住一间房，必须开两个房间；深夜不要与男上司单独谈话，有事第二天再谈。

②在上班时间，女性应当着装得当、端庄矜持，尽量避免穿着过于暴露，如袒胸露背或者超短裙之类。作为视觉动物的男人，看着秀色可餐的女性说不定会萌发一些歪念头。

③牢记职场女性和男上司的关系是工作关系，即使是普通朋友关系，也不要有暧昧接触，或者用暧昧的言语沟通。

④有些男上司会以各种名义主动邀请女下属吃饭，集体聚会可以，但是尽量回绝单独约会，因为这很明显就是暧昧的开始。如果女性不想日后被他纠缠，那就最好直接扼杀开端。

⑤尽量不要和男上司去一些酒吧、歌舞厅等娱乐场所，即使推托不掉也不要单独去。

5. 遭遇性骚扰时应如何应对

如果不幸遭遇了性骚扰，女性要从实际情况出发，调动自己的全部智慧，审时度势，判断情况，思索对策，因人、因地、因时采取不同的措施和方法加以恰当处置，战胜性骚扰者，使自己免受伤害。但是，无论应对方式如何变化，有几个要点是共同的。

（1）明确表明拒绝态度

隐忍、模棱两可会让对方认为你是默许的，而且拒绝态度一定要前后一致，否则对方会认为你喜欢这样玩弄，只是半推半就而已。对待性骚扰不能轻视或者置之不理，因为忍耐或者逃避根本无法解决问题，但也不能过分敏感，反应过于激烈，这样不但自己心理压力巨大，而且还会激起对方的攻击欲望。

（2）学会使用语言和身体上的防卫方法

当对方的行为超过了女性的心理底线时，要明确地表达自己的反感，态度要坚决，语言要冷静、清楚，告诉对方让他自重自爱，如果对方进一步采取身体上的侵犯，那么就要采取适当的反制措施，利用高跟鞋底、发簪、雨伞等"武器"，配合踢、扎、戳等动作，给对方一点教训。

6. 遇到暴露狂的应对办法

女性受到暴露狂的性骚扰，固然会感到害怕，但是这种男人很少跟踪女性或展开其他类型的接触。他喜欢目睹女性看到他下体时的惊吓状，以确认他的"男人本性"，这是他性兴奋的来源。一般的暴露狂是在精神上或生理上有缺陷的，如性无能之类，所以当女性遇到此类情况时，不要太害怕，只要从容冷静地处理。

女性面对暴露狂时，不要露出恼怒的表情，而是要很淡定地把目光移开，面无表情，然后走开。

7. 在公交、地铁上遇到"咸猪手"怎么办

当女性乘坐公交、地铁非常拥挤时，性骚扰的主要方式有：故意用身体紧贴女性身体，左蹭右蹭；用手或肘触碰女性的敏感部位，俗称"咸猪手"；上下车时趁机摸臀或胸部；用下身触碰女性，甚至拉开裤链。面对色狼，首先打的是心理战，女性一定要镇定不能慌：只要勇敢反击，不管用什么手段，色狼往往很心虚。

（1）大声斥责

色狼都很猥琐胆小，所以女性要鼓起勇气，大声喊"把手拿开"、"离我远一点"等引起大家的注意，即使色狼不承认，至少他再也不敢对女性有所动作了。

（2）以暴制暴

女性可以利用车辆的晃动假装站不稳，用脚后跟对着色狼的脚或者小腿狠狠地来一下，或者甩手对着色狼的要害来一拳。这样做是明确地警告色狼，希望他有所收敛，如果他反咬一口，女性可以借口说是因为站不稳，这样他也无话可说。

（3）以物隔挡

当有人想对女性摸臀或者袭胸时，女性则将随身携带的手提包等物挡在自己和色狼的中间，隔开他，尽量挡住"咸猪手"。

8. 遇到色狼上司怎么办

（1）厉声拒绝

对待办公室性骚扰，最有效的办法就是勇敢地面对，女性要大胆地说"不"。如果领导趁机拉手、搂腰，或者摸头发，女性要立刻底气十足地说"打

住"、"领导，您这是干吗"等，态度一定要坚决，不容商量。

如果上司、同事对女性进行性骚扰，不要给对方接触的机会，不要理他，否则他会认为自己有机会。除了工作上必须交往外，其余时间离他远一点。

（2）注意保留证据

录音资料经过认定是可以作为证据使用的，所以女性要尽可能地保留证据，录下他进行性骚扰时的声音，保留他发来的短信、邮件等，以备日后投诉、诉讼时使用。

9. 遇到熟人性骚扰怎么办

来自我们最熟悉的亲人、邻居、朋友的性骚扰，让我们在愤怒的同时，却愈加难以启齿。这种伤痛比来自陌生人所带来的伤痛更加让人难以释怀，在感觉荒唐的同时，更多的却是一种无言的悲哀。应对这种情况，我们需要仔细斟酌，巧妙应对。

（1）点到为止

男人对女性的初次性骚扰都是试探性的，女性要静观其变，当根据他的行为判断其有所企图时，不妨侧面向他指出，点到为止。

如果没能终止他的性骚扰，那么就对他晓之以理、动之以情，力求达到既打消他的念头，又避免性骚扰的效果。

（2）把事情搞大

如果女性的委婉劝说没有达到效果的话，只能说明所遇到的是一个极端无耻、下流的人。这时女性应该认识到，对待这样的人忍耐绝不是出路，委曲求全只会让对方更加肆无忌惮。

这时，女性能做的就是无所顾忌，对他进行强烈反抗，告诉他会将他的行为向周围的人公布，让大家知道他这个人的本性，让他身败名裂。

有很多女性因为种种原因不能做到这一点，可能是利益问题，也可能是颜面问题。有一点女性必须清楚，要想成功地抵制性骚扰，维护自己的人格尊严，有些立场和原则是必须坚守的。

# 女性如何应对性侵害

一般认为，只要是一方通过言语的或形体的有关性内容的侵犯或暗示，从而给另一方造成心理上的反感、压抑和恐慌的，都可构成性骚扰；而性侵害是指加害者以权威、暴力、金钱或甜言蜜语，引诱胁迫他人与其发生性关系，并在性方面造成对受害人的伤害的行为，比如，猥亵、乱伦、强暴、性交易、介绍卖淫，等等。

1. 性骚扰和性侵害的区别

性骚扰和性侵害都是以性为内容所施加的行为，两者的不同点在于：从行为上看，性骚扰一般不是侵犯女性性器官，甚至不一定是身体接触，通常是骚扰者通过言语或者动作，想满足一下自己下流的欲望或者心理发泄使女性反感的一种行为。而性侵害一般是以发生性关系为目的，已经对女性造成性方面的伤害。由此可以看出，性骚扰的情节较轻，而性侵害的情节较重。

从法律上看，性骚扰行为一般属于民事纠纷，严重的则是违反我国《治安管理处罚法》的行为，情节特别恶劣的可能违反我国《刑法》。性侵害行为一般都触犯刑法，如强奸罪。

尽管在日常生活中，可能由于法律知识的缺乏，女性不能明确区分性骚扰和性侵害，这并不重要，重要的是只要自己的权益受到侵害，无论是心理上的还是身体上的，都要勇于反抗，维护自己的合法权益。

2. 性侵害的主要形式

（1）暴力型性侵害

暴力型性侵害，是指犯罪分子使用暴力和野蛮的手段，如携带凶器威胁、劫持女性，或以暴力威胁加之言语恐吓，从而对女性实施强奸、轮奸或调戏、猥亵等。暴力型性侵害的特点如下：

①行为无耻。

为达到侵害女性的目的，性犯罪者往往会厚颜无耻地不择手段，比野兽还疯狂地任意摧残凌辱受害者。

②手段残暴。

当性犯罪者进行性侵害时，必然受到被害者的本能抵抗，所以很多性犯罪者往往要施行暴力且手段野蛮和凶残，以此来达到自己的犯罪目的。

③容易诱发其他犯罪。

性犯罪者在性犯罪的同时又常会诱发其他犯罪，如财色兼收、杀人灭口、争风吃醋、聚众斗殴等恶性事件。

（2）胁迫型性侵害

胁迫型性侵害，是指利用自己的权势、地位、职务等便利，对有求于自己的受害人加以利诱或威胁，从而强迫受害人与其发生非暴力型的性行为。其特点如下：

①设置圈套。

性犯罪者引诱受害人上钩。

②要挟。

性犯罪者利用过错或隐私要挟受害人。

③胁迫就范。

性犯罪者利用职务之便或乘人之危而迫使受害人就范。

（3）社交型性侵害

社交型性侵害又被称为"熟人强奸"、"社交性强奸"、"沉默强奸"、"酒后强奸"等，是指女性在自己的生活圈子里受到的性侵害，加害人大多是熟人、同学、同乡，甚至是男朋友。受害人身心受到伤害以后，往往出于各种考虑而不敢加以揭发。

（4）诱惑型性侵害

诱惑型性侵害，是指利用受害人追求享乐、贪图钱财的心理，诱惑受害人而使其就范的性侵害。

3. 容易遭受性侵害的时间和场所

春末夏初，是女性容易遭受性侵害的季节。春末夏初气温逐步升高，女性夜生活时间延长，外出机会增多，而且大多衣着单薄，身体裸露部分较多，对异性的刺激增多。这个季节男性外出饮酒增多，更易产生性冲动，因此性侵害案件高发。

夜晚是女性容易遭受性侵害的时间，

夜间光线暗，犯罪分子作案时不容易被人发现。所以，在夜间女性应尽量减少外出。

僻静处所，是女性容易遭受性侵害的地方，如公园假山、树林深处、夹道小巷、楼顶晒台、没有路灯的街道楼边、尚未交付使用的新建筑物内、下班后的电梯内、无人居住的小屋或陋室、茅棚，等等。如果女性在僻静处所单独逗留，很容易遭受不法分子袭击。所以，女性最好不要单独行走或逗留在上述这些地方。

4. 女性容易受性侵害的人群分类

（1）打工妹

外出打工群体是性侵害案件的高发人群。性侵害大多数发生在打工的男女青年之间。性侵害的作案动机并不复杂，有的施暴者精神空虚，希望能通过异性来得到满足；有的是因为没有对象，性欲望得不到满足；还有的是因为醉酒后一时冲动，起了犯罪的念头，等等。

打工群体中的女性，往往防范意识差，抵御危险的能力不足，在与异性的交往中很容易轻信对方从而遭受侵害。

（2）在校学生

在校学生由于涉世未深，比较单纯，防范意识薄弱，对犯罪侵害的抵御能力不足，目前已成为易受性侵害的一类人群。校园性侵害使受害学生受到的伤害和影响巨大，除了身体和心理上的伤害，往往还面临着辍学、退学等问题。

校园性侵害的发生，与学校对于教职员工的管理和教育不足、法制意识淡薄、校园安全管理机制不健全有密切关系。

5. 女性采取何种措施防范性侵害

（1）为人举止端庄

女性的言谈举止要稳重大方，不可与异性过分亲昵、随便甚至暧昧。在强奸案件的受害人中，相当一部分都是有轻佻行为的。这些女性在与犯罪分子日常交往中不大注意，拉拉扯扯，不时有轻佻、挑逗行为，刺激犯罪分子，使其产生误解，诱使其犯罪。女性有意无意地挑逗、卖弄风骚可使自身陷入一种被害情境，将自己带入危险境地。

（2）避免单独外出

女性在夜间尽量避免单独外出，最好与人结伴而行，避免走没有照明设施的街巷，而且外出时着装尽量得体、大方，切忌暴露太多。过分暴露、性感的穿着会给犯罪分子以巨大的感官刺激，同时会让犯罪分子觉得这个女性虚荣、轻浮，易被选为目标，从而增加女性自身的危险性。

（3）避免独居

女性要尽量避免独居，可以和信任的人一起合住。某些犯罪分子正是摸清了一些女性独居的情况，找机会接近她们，伺机下手。如果确实因各种原因不可避免要独居的，如农村留守女性，平时要提高警惕性。晚上在家锁好门窗，不要轻易让他人进屋，特别是男性单独来访，即使是熟人，也要提高警惕，因为有调查显示，有超过一半的强奸是发生在相互认识的人之间。

(4) 不与陌生男子独处

女性不要轻易与陌生男子独处，不要与陌生人过多交谈，不要随便吃陌生人的东西，利用饮料迷晕女性后实施强奸是犯罪分子惯用的手段之一。

(5) 不授人以柄

女性如果自身发生过错，被人抓住把柄，切不可以性交为交换进行私了，因为根本无法私了，这是给自己平添伤害。

6. 面对性侵害应该如何应对

(1) 合理反抗

女性可以利用身上带的水果刀、小剪刀、钥匙、雨伞或钢笔等一切硬物、尖物当作自卫武器，不让坏人靠近，以求脱险，或用手戳其眼睛、喉咙，或用膝盖猛顶其裆部；如从后方被抱住，则用鞋后跟猛踩其脚背；如果力量悬殊，可一边呼喊一边蹲下，双手抱紧膝盖，全身蜷起不放手，使坏人不易得手。多反抗一分钟，就多一分钟获救的机会。

(2) 找机会逃离

女性要尽可能集中自己的注意力，找出现场可以保护自己的工具，或可能逃离的方式，一旦发现有逃离的机会，应当机立断。例如，发现有人经过即大声呼救；如被困在车上，要想办法按喇叭吸引注意；若在屋内，有机会挣脱可跑至另一个房间将门反锁。

(3) 保持冷静

性侵害类案件大多发生在有利于作案的环境，由于事发突然，难以预料，大部分女性都会陷入慌乱。犯罪分子由于高度的亢奋和犯罪的恐惧感交织在一起，从强奸到射精的过程，一般比正常情况下要短得多。当受害女性能够恢复相对平静时，可能犯罪活动已经完成了。因此当遭遇性侵害时，女性首先需要的是让自己尽快镇定下来，注意保全自己的性命。

(4) 重复呼救

女性在察觉到歹徒或对方欲侵害时，应立刻大声呼救。如果判断不至于因此而受到歹徒暴力攻击，就不断地重复大声呼救。因为，一方面旁人可能要听到几次呼救后，才会真的确定有紧急状况发生，而不是一般的恶作剧；另一方面，对于部分加害人而言，他只是想找一个容易下手的对象，若是女性不断呼救与反抗，他可能会觉得麻烦而放弃。

7. 面对性侵害的招数

(1) 做出种种假象

①假装自己染有性病；

②假装歇斯底里；

③假装呕吐；

④假装尿裤了。

女性做出这些假象，目的是使罪犯失去性兴奋，停止性侵犯。

(2) 保护自己的身体和生命

女性在遭遇性侵害时，如果无法脱身，不要死命抵抗，要尽力保护自己，以便将对自己可能造成的伤害降到最低程度，要保护自己的生命安全。

①主动报警，保存证据。

侵害一旦发生，女性需要克服恐惧心理，主动报案。由于许多人担心报案后有损自己的名誉，招致社会非议，害怕世俗观念和传统贞操观的非难和歧视，所以宁愿隐忍也不愿告发。这大大助长了犯罪分子的嚣张气焰，使更多的女性受害。

②记清歹徒的特征。

女性受到性侵害后，应记清歹徒的相貌、生理特征、衣着打扮、口音、携带物品、受伤情况及车辆特征等，以便事后为公安机关提供破案线索和依据。此外，被害人被污染的衣物不要扔掉或清洗，被害人也暂时不要洗澡，以免失去精液等一些重要的证据，应经法医检查鉴定后，再进行清洗。

女性一旦遭遇性侵害后，应拿起法律武器惩治罪犯。

# 如何使用男用避孕套

男用避孕套简称"避孕套"或"阴茎套"，又称"安全套"，是一种袋状避孕工具，性交时套在男性阴茎上，以此阻断精液进入阴道，起物理性屏障作用。

避孕套能避免性交双方外生殖器官及分泌物的相互接触，所以在一定程度上能预防性传播疾病，包括人类免疫缺陷病毒的传播。

1. 男用避孕套规格

我国避孕套有 4 种规格：大、中、小、特小号，直径分别为 35 毫米、33 毫米、31 毫米、29 毫米。20 世纪 80 年代以来，因制作工艺改进，市场化的乳胶避孕套具有全透明、质软、强度大、直感薄、使用无异物感等特点，且品种繁多，可适合不同的需要。

2. 男用避孕套类型

（1）按形状大致分类如下

男用避孕套按形状分类如下：

①普通型；

②尖端膨大型；

③龟头型；

④凹凸型；

⑤波纹型。

（2）按厚度分类

男用避孕套按厚度大致分类如下：

①普通型；

②薄型；

③超薄型。

（3）按是否含药物分类

男用避孕套按是否有药物分类如下：

①普通型；

②双保险型；

③保健型。

（4）按颜色分类

男用避孕套按颜色分类如下：

①普通型；

②彩色型。

（5）异型避孕套

异型男用避孕套，如水晶套等，以增加性感和满足不同人群的需要。

3. 使用方法

①撕开包装纸。

②将避孕套放在勃起的阴茎顶端，捏瘪避孕套顶端小囊，排出空气。

③将避孕套沿阴茎轻轻下推，至阴茎根部，便可过性生活。

④射精后，在阴茎尚未软缩前，按住套口与阴茎同时撤出。

4. 使用中的注意要点

①每次性交前就必须戴上，不要等到有射精感时才用，因为射精前常有少量精子随分泌物排出，会导致意外妊娠。

②每次都应使用新的避孕套，且必须在保质期内，使用前要检查避孕套的有效使用日期。

③避孕套包装一旦开封就要使用，即使不用，也要扔掉。因为避孕套暴露于空气、阳光下或在温热的作用下，强度很容易减弱。

④撕开包装前，要把避孕套轻轻挤向一边，避免撕开时把避孕套划破。避孕套的包装纸在使用过程中，也要注意避免被指甲或戒指无意中刮破。

⑤避孕套前小囊是贮藏精液用的，不要套在阴茎头上。

⑥因避孕套在包装时已加入润滑硅油，所以不需另加润滑剂。

⑦在使用避孕套前，女性要进行吹气实验，检查避孕套是否有漏气现象，漏气的避孕套不能使用。

5. 避孕套避孕的作用

国内外研究显示，避孕套是最有效的避孕方法之一。如果坚持并且正确地使用，每100对夫妇一年中，发生意外妊娠的不会超过3例；含杀精剂的双保险型避孕套，每100对夫妇一年中，发生意外妊娠的不会超过1例。

6. 避孕套使用失败的原因

避孕套有效使用会起到很好的避孕作用。在实际使用中，会因为使用不当，就会造成一些问题。20世纪80年代，上海市计划生育技术指导所对582对夫妇、使用期限为6个月至26年的调查，每100对夫妇一年的意外妊娠为6~7例。这些意外妊娠中约半数是没有坚持每次性交都使用，有些是在使用中存在失误。当然，在不易获得避孕知识和咨询指导的人群中，失败率还会高一些。

在未坚持使用避孕套者中，主要原因在男性。因男性无直接面临意外妊娠的危险，对性传播疾病的预防方面有较大的侥幸心理。在咨询中发现个别女性认为，在同房时男性精液不流入自己阴道觉得不够刺激。

7. 避孕套使用的失误现象

佩戴避孕套，往往在调情和激发性欲的前戏阶段。夫妇双方激情荡漾，取套时无意中被避孕套包装纸、指甲或戒指刮、划，使超薄型避孕套很容易破裂。

# 如何使用女用避孕囊

女用避孕囊，商品名百合避孕囊，又称避孕囊，是我国原创并拥有自主知识产权的一种阴道内屏障式避孕工具，由乳胶制作。避孕囊是一中空的囊状物，柔软而富有弹性。

避孕囊的外形部分，称为囊体，表面有三条凹凸的波纹状结构；底部有一凹陷，称为囊底；顶部有三片叶状突起，称为囊尖；囊尖向囊内反折，形似囊管，未过性生活时，囊管自行闭合，并折叠成三条相连的囊管纵沟；囊体内侧有囊腔。

避孕囊有四种规格，放置后的避孕囊的囊底覆盖于子宫颈；囊体贴于阴道壁上段；囊尖与囊管在性生活时接纳进入的阴茎；囊腔可封存性高潮时排出的精液。避孕囊能有效地阻止精液上行进入女性的子宫腔而达到避孕目的。

1. 使用技巧

①放置姿势如阴道隔膜。

②手持避孕囊，取2~3滴润滑剂，以中指匀涂囊管。

③中指第一关节伸入囊管，中指尖达囊腔中央，不要触及囊底，使两囊尖分展于中指背两侧；合拢示指、环指，托住两叶囊尖，并与中指共同挟持囊体，另一叶囊尖自然位于中指掌面。

④两拇指一起压扁囊体，在食指与环指辅助下，将中指背侧两叶囊尖及囊体部先后向中指腹侧处折成三叠。

⑤拇指将折叠的避孕囊压紧，不要使其松散，再在囊底处涂2滴润滑剂。另一手食指、中指分开阴唇，持囊手的掌侧向上，将折叠的避孕囊塞入阴道深处，中指退出。放置后的避孕囊会依本身的弹性展开，适合不同生理状况下高潮状态。

⑥性交后6小时，取放置位，女性向下屏气，可使避孕囊逼近阴道下段，然后探入中指，钩住囊管周缘，向外轻轻提拉、取出；也可用食指、中指夹住囊尖轻轻取出。

⑦避孕囊的置入与取出也可由配偶操作，方法同上。

⑧取出后，翻转囊体，弃去精液，用肥皂和清水洗净，拭干，以1~2滴润滑剂匀涂保护，置盒备用。

2. 使用中的注意事项

①每次放置时间不宜超过24小时；可在性交前数分钟前放置，性交后在起身前将其取出。

②放置时，伸入囊管的中指尖位于囊腔中央，不要触及囊底，保持避孕囊底柔软，便于沿阴道的弯曲顺利进入，减少可能的擦伤。

③取出时，可感到阴道深部有负压吸力，可能滑脱、回缩，这是避孕囊与阴道壁紧密相贴所致，是使用中的正常现象，可稍事休息再取。

④避孕囊的功效，主要取决于囊体的弹性。

检查功效是否完好的避孕囊，可用手指按其任何一处，松开后均立即可恢复原状。如发现弹性明显减弱，需立即更换一新避孕囊。通常一只避孕囊可连续使用半年；如两个避孕囊交替使用，则可一年后再更换新囊。

⑤避孕囊使用后，有时局部呈不透明白色，对功效无影响，晾干即可恢复原状。

3. 避孕囊有哪些特点

①独特的设计使囊底覆盖子宫颈，囊尖、囊管容纳阴茎，囊腔封存精液，囊体上波纹状结构对少量外溢精液有机械阻挡作用等，能有效阻断精液进入子宫颈管。

②囊体有弹性，性高潮女性阴道上段扩张时，可起充填作用；囊尖、囊管

容纳阴茎。因此，避孕囊具有促进夫妻间性快感效能。

③子宫脱垂和阴道前后壁轻度膨出患者，也能使用避孕囊，并具有子宫托的治疗作用。

4. 避孕囊的不足之处

避孕囊的不足之处是外形较大，初次接触女性会不太习惯；用后要清洗、保藏，因此，使用起来不甚便利。

5. 不宜使用者

有下列情况的女性不宜使用避孕囊。

①阴道畸形，如纵隔、横隔等。

②阴道、子宫颈或盆腔急性炎症尚未控制。

③对乳胶或杀精剂过敏。

④某些性功能障碍治愈前，如阴道痉挛、早泄。

⑤使用对象不能掌握放置和取出技术。

## 如何使用子宫颈帽

子宫颈帽是女性常用的女用避孕工具，简称宫颈帽，它是一种用硅胶制成的类似于小型阴道隔膜的避孕工具，其圆顶较高，周边较厚，质稍硬而又柔韧，能套在宫颈上产生吸力，将宫颈周围紧箍。宫颈帽与阴道隔膜是同一个祖先，即半个柠檬，也几乎同时诞生在一个半世纪前的西方国家。

1. 子宫颈帽的种类

子宫颈帽按其顶部结构不同，可分为闭式和阀式两类。闭式宫颈帽顶部呈封闭状，使用时子宫颈分泌物等不能流出，精子、精液等也不能上行进入女性子宫，每次放置时间为1~3小时。阀式子宫颈帽顶部有一单向阀门，可让子宫颈分泌物和经血可随时流，精液却不能进入，可留置宫颈20多天。阀式宫颈帽虽然放置的时间可大大延长，但目前世界上仍以使用闭式宫颈帽为主。

因子宫颈大小的个体差异，使用者需由妇产科医生帮助选配合适的宫颈帽。通常可用不同尺码的宫颈帽试放，选择帽边能紧贴子宫颈周围，并能产生一定负压的型号。

2. 子宫颈帽的使用技巧

①放置姿势如阴道隔膜。

②放置前可在帽中放些杀精剂，但不宜超过帽腔的1/2，以免影响放置时的负压形成。

③一手分开阴唇，另一手将子宫颈帽边捏拢，开口向子宫颈，沿阴道后壁向内推入，覆于子宫颈上；然后在子宫颈帽顶轻轻挤压，将子宫颈帽内空气挤出，产生负压。

④手指沿子宫颈帽周完整检查一周，以确定子宫颈被完全覆盖。

⑤性交后8~12小时，手指进入阴道，至子宫颈帽的沿下将吸力放掉。

⑥将子宫颈帽洗净、擦干、备用。

⑦将子宫颈帽边捏拢，置入阴道。

3. 使用中注意事项

①初次使用者在正式使用前应反复练习，直至操作熟练而有把握也可指导其配偶放置，有些夫妇觉得丈夫放置更

准确，也可在性交前半小时放置，通常不要超过24小时，国产S-117型可留置1~3天。

②性交过程中或性交后如发现子宫颈帽移动，应及时采取紧急避孕措施。

③女性分娩后要重新选配。

4. 用子宫颈帽避孕是否有效果

从理论上讲，子宫颈帽覆盖在子宫颈上，会阻止精子进入子宫，效果会更好一些。综合临床资料，曾有失败的案例。避孕失败的主要原因是不坚持使用或放置失误所致。如能坚持正确使用子宫颈帽，避孕效果应该很好。

5. 使用国产子宫颈帽避孕的独特之处

①使用国产宫颈帽避孕的独特之处，是放置时间比避孕套、阴道隔膜长，避免性交前后临时放而使避孕失败；避孕套必须在性交激发过程中使用，阴道隔膜必须在性欲激发前使用，而宫颈帽可在性激发前半小时预先放置。

②根据我国妇女子宫颈形状特点和大小设计，戴在子宫颈上顶部薄、软，不直接接触子宫颈组织，性交时无异物感。

③子宫的内腔有一定容量，可容纳分泌物；帽檐内圈光整，使用者子宫颈上无压痕；留置1~3天不产生异味。

④不易变形，可反复煮沸消毒，一只可使用2年以上。

⑤长期使用对子宫颈有一定保护作用，如可使慢性子宫颈炎好转。

6. 不宜使用子宫颈帽的情况

女性有以下情况的，不宜使用子宫颈帽避孕。

①阴道中隔，子宫颈过短或过长，子宫颈严重撕裂。

②急性阴道炎、子宫颈炎或盆腔感染治愈前。

③施行子宫颈活检或冷冻治疗6周内。

④对乳胶或杀精剂过敏。

⑤使用对象或其配偶不能掌握放置技术。

# 如何使用阴道隔膜避孕

现在，有不少女性在过性生活时，使用女用避孕工具，这样既简便，又安全。女性常用的女用避孕工具是阴道隔膜。阴道隔膜，又称子宫帽、避孕帽，是一弹簧圈上复一层乳胶制成的避孕工具，形如帽状。早在18世纪，西方性学家曾用半个柠檬挤压后，遮盖子宫颈。在19世纪，德国首先用硫化橡胶制成周围有一弹簧圈、状如圆顶帽的阴道隔膜。以后略加改进，形成现在的形状。

阴道隔膜依其弹簧圈外缘直径毫米数，分为7种规格，分别为：50、55、60、65、70、75、80，我国常用的是65、70、75号三种。放置后的阴道隔膜能遮盖住子宫颈，性交时让精子留在阴道里，阻止其上行与卵子相会。

由于女性生殖道大小的个体差异，使用者需由妇产科医生帮助选配合适的阴道隔膜。

1. 选配合适的阴道隔膜的方法

①避孕女性排空膀胱,做妇科检查。

②检查者用手指测量阴道后穹至耻骨联合后缘间距离。

③根据测量长短,选配直径相当的阴道隔膜,进行试放、调整,直至合适。

2. 使用阴道隔膜的技巧

①使用前将避孕药膏或胶冻、凝胶涂在隔膜两面及弹簧环周围。

②取蹲、坐、半卧或一足踩凳的站位,两腿分开。

③一手分开阴唇,另一手大拇指、食指和中指将隔膜弹簧环捏成狭长形,沿阴道后壁进入阴道内,使隔膜恰好嵌在阴道后穹与耻骨后面之间。

④探查子宫颈是否完全被隔膜覆盖。

⑤放置后便可性交。

⑥性交后 8~12 小时,手指进入阴道,在耻骨弓下钩住隔膜前缘,向下方轻轻提拉取出。

⑦用清水或肥皂洗净、擦干;检查有无破损,撒上滑石粉,置阴凉处保存、待用。通常一只阴道隔膜可反复使用两年。

3. 使用中的注意事项

①初次使用者在正式使用前,最好有一周左右时间进行反复练习。

②取出的时间在性交后 8~12 小时为宜,过早取出,通常少于 8 小时有可能受孕;过晚取出,通常大于 24 小时,可能对阴道壁有刺激。

③保持大便通畅,以免影响安放位置,因直肠与阴道仅一壁之隔。

④分娩后要重新配置。

4. 使用者是否有不适感

阴道隔膜放置后,只要尺码选择合适、放置正确,阴道隔膜放置也不会产生不适感。所谓配置合适,放置正确,是指放置后做蹲、起立、坐、行走等动作,无异物感,也不脱出。因此,如果配置合适、放置正确,阴道隔膜也不会因正常活动,如排尿、大便等发生位置变化的。如果放置后有不适,请向有关医生咨询,必要时重新配置。

5. 阴道隔膜的功效

阴道隔膜如能正确而又持续使用,是一种非常安全而又有效的避孕工具。

阴道隔膜还具有部分预防性传播疾病的功能,因为其盖住子宫颈,使精子不能进入子宫腔并在放置前涂有一些杀精剂。但是,阴道隔膜预防性传播疾病的功能,是不如男用避孕套完善的,因为其覆盖的范围有限。

6. 使用阴道隔膜避孕有哪些特点

①女性自己控制。

②不影响性交的自然发展过程。

③可事先放置,对子宫颈有一定程度的保护作用。

④以局部机械屏障为主,不影响月经周期,不影响泌乳,不影响代谢。

⑤相对而言,简便,经济。

7. 使用阴道隔膜有否不良反应

有的女性在使用阴道隔膜时,会产生不良反应,主要是身体不适应或使用不当所致。

①对乳胶或杀精剂过敏。

②阴道分泌物增多，主要是隔膜放置在阴道内过久之故。

③阴道炎症，主要是隔膜使用后未经清洗、揩干或保存不当引起。

④尿路感染、膀胱炎，可能是隔膜弹簧圈的压迫所致。

⑤男性在性交过程中可能会感觉到隔膜存在，多数是心理作用所致。

8. 不宜使用者

女性有以下的情况，一般不宜选用阴道隔膜进行避孕。

①阴道过紧，比如新婚阶段等，阴道中隔、阴道前壁过度松弛、子宫过度倾曲或脱垂。

②阴道或盆腔急性炎症尚未控制、子宫颈重度糜烂、泌尿道感染反复发作、习惯性便秘。

③对乳胶或杀精剂过敏。

④使用对象或其配偶不能掌握放置技术。

## 女用阴道套如何使用

阴道套，是由聚氨酯或乳胶制作的柔软、宽松袋状物，长15~17厘米。开口处连一直径为7厘米的柔韧环，称为"外环"，套内还游离一直径为6.5厘米的"内环"。在20世纪90年代初，这种避孕套就已被发明，它是一种新型的、由女性自己控制的女用避孕套，目前，国产的阴道套也已上市。

女性初次接触阴道套可能不习惯，就如以前人们初次接触男用避孕套一样。大多数女性在试用几次后，便会感觉舒适和易于接受。所以，首先要熟悉阴道套的形态和外观，以及各部分名称。放置后阴道套的外环是在阴道外部，女性在放置时，经几次练习，觉得放置舒适后，才能使用阴道套同房。

1. 女用阴道套的使用技巧

可在性交前数小时预先放置，但多数使用者在性交前几分钟放置。

①打开包装取出阴道套

②放置时，可取一足踏凳的立位，两腿分开的蹲位或膝跪位，或者是躺位。

③使内环位于套底，即封闭端，用拇指、食指、中指在套外侧握住内环，轻轻挤压，外环，即套的开放端自然下垂。

④另一手轻轻分开阴唇，将阴道套置入阴道，如滑脱，则可重新放置。

⑤用食指将内环和套推入阴道深处，要将内环置于耻骨上方，即进入阴道内6~10厘米。食指推内环时，有时内环会很容易滑入阴道深处，阴道套也会自然贴在阴道壁上。因此，不必担心内环是否会置入过深。相反，内环如未置至耻骨上方，同房时可能会感觉到有内环的存在。

⑥放置后，外环覆盖在外阴，即可行房事。

⑦同房时感觉到外环移动是正常现象。有时会感到阴道套上下滑动，这是正常现象，只要阴道套仍覆盖阴茎，就可继续性生活。

⑧如果感到阴道套的外环进入阴道，要停止性生活。此时，要取出阴道套，加些润滑剂，重新放置。

⑨在性生活后，握住阴道套的外环，旋转几下，使精液留在套内，轻轻拉出，丢在垃圾箱内。

2. 开始使用时可能出现的问题

（1）如何知道阴道套已置阴道深处

最好的方法是用食指抵住内环下缘，将阴道套置入到耻骨上方。食指进入阴道6厘米左右深时，做弧形移动可感觉到的骨头便是耻骨。

（2）性交开始时外环被挤入阴道

此时停止性生活，重新放置阴道套。在阴道口加些润滑剂也可在阴茎上加些润滑剂。

（3）外环为什么会进入阴道

可能是润滑不够，也可能是内环未放置在阴道套底部。

（4）阴道套是否会在阴道内打褶

如果放置时阴道套内润滑剂不够，或放置过程中手指将内环送入时发生旋转现象，则可能会发生打褶。此时应取出阴道套，加些润滑剂，重新放置。

（5）阴茎从外环外侧进入怎么办

撤出阴茎，使外环平复在外阴部位，再开始性生活。

（6）同房时会有阴道套明显存在的感觉吗

如果放置正确，夫妇双方均不会感觉得有阴道套。

（7）性交过程中，如果阴道套不在原位了怎么办

如果放置正确，在性交过程中阴道套应在原位。如果阴道套下移，引起不适，可将阴道套推上，或取出重放。

（8）使用阴道套时会不会撕裂或划破

从国内外使用情况看，阴道套不会撕裂、划破。如发生破裂，要立即取出，丢弃，另用新套。

（9）阴道套是否太长

阴道套是适合阴道放置的，同房时，阴茎在阴道套覆盖的阴道内移动，不能以阴茎的大小来衡量阴道套。

3. 在同房过程中，对外环有何感觉

多数使用过阴道套的夫妇认为，即使知道外环存在，也觉得很舒服。性生活时，他们往往已忘了有外环，一般也感觉不到有外环的存在。通常在放置后，阴道套如阴道一样温暖、湿润，夫妇双方均不会感到有阴道套存在。

4. 阴道套有哪些优点

①女性能自己使用。

②可在性生活前预先放置，不影响正常性反应过程。

③放置后即如阴道一样温暖、柔软，且很牢固。

④从理论上讲，避孕和预防性传播疾病的功能更为完善。因为避孕套只能覆盖到阴茎根部。在性生活中，男性阴茎根部与女性外阴性生活时的分泌物等，双方仍有较密切的接触。阴道套覆盖的范围比阴茎套大，性生活中黏液及分泌

物相互接触机会的可能性也就少些。

⑤使用阴道套，在阴道入口处滴些润滑剂，即使"举而不坚"，也很容易插入。一旦插入，更"如鱼得水"，性生活能顺利进行。

5. 有以下情况的，不宜使用女用阴道套

①阴道过紧、畸形或有肿瘤的女性。

②子宫脱垂、阴道前后壁膨出中度以上的女性。

③反复尿路感染的女性。

④阴道急性炎症尚未控制的女性。

⑤对阴道套过敏的女性。

⑥有些中、老年男性或轻度勃起障碍者，阴茎勃起不能处于持久状态。这些人在性生活时，如果没有充分调情，阴道内未充分湿润的情况下，往往很难插入。这些夫妇不能使用避孕套，因往往在佩戴避孕套时勃起消失，且在短时期内很难再次勃起。

## 外用杀精剂如何使用

外用杀精剂是女性在房事前置入阴道内，具有对精子灭活作用的一类化学避孕制剂。目前常用的外用杀精剂，其活性成分大多是一种化学名叫壬苯醇醚的表面活性剂。壬苯醇醚通过降低精子细胞膜表面活性，改变精子渗透压而杀死精子或致使精子不能游动。从而不能进入子宫颈口，无法使卵受精，因而具有避孕作用。

1. 外用杀精剂的类型

①避孕栓（栓剂）；

②避孕薄膜（膜剂）；

③避孕胶冻（胶冻剂）；

④避孕海绵；

⑤凝胶剂。

2. 栓剂的使用方法

①房事前右手中指套一薄膜小套，撕开包装后，用右手拇指和食指取出一粒避孕栓。

②取仰卧位，两腿屈膝，自然分开。

③将避孕栓放置至阴道口。

④用戴薄膜套的中指将避孕栓推入阴道深处，约一指深。

⑤放置后等待10分钟，便可行房事。

3. 片剂的使用方法

片剂的使用方法如栓剂。

4. 膜剂的使用方法

①房事前将手洗净擦干。

②撕开包装，取出一张薄膜，揉成团状。

③取仰卧位，姿势如放栓剂状。

④以食指和中指夹住薄膜团放入阴道口。

⑤再以中指将薄膜团推入阴道深处。

⑥也可将阴茎头潮湿后，把薄膜包贴在阴茎头上，推入阴道深处，再退出。

⑦放置后等待5分钟，便可行房事。

5. 胶冻剂的使用方法

避孕胶冻剂有一次性使用装、多次性使用装。

（1）一次性使用装

①房事前取出一支避孕胶冻管和一注射套管。

②旋下管盖，再将注射套管旋于管口上。

③取仰卧位，姿势如放栓剂状。

④将注射管缓缓插入阴道深处，稍稍往外拉一些，挤压管壁，将胶冻全部注入阴道内。

⑤取出注射套管即可性交。

（2）多次使用装

①房事前取出避孕胶冻管的注入器。

②将管盖旋去，把注入器旋接在管口上，再将避孕胶冻挤入注入器内，达一定刻度。

③取下注入器，然后将避孕胶冻注入阴道深处。

④房事后将注入器洗净、擦干，妥善保管、备用。

6. 使用中的注意要点

①每次性交均要使用，性交姿势宜取女性仰卧位，以免药量流失。

②栓剂、片剂和膜剂置入阴道后须待相应时间，溶解后才能起效，起效后即要性交，再次性交前须再次放置。

③胶冻剂注入后勿起床，以防药物流失，注入后立即性交。

④近绝经期妇女，阴道分泌物较少，胶冻剂作为首选，因为片剂和膜主要依靠阴道分泌物溶解。

⑤避孕药膜每次只能使用一张，如使用两张以上则难溶解，会影响避孕效果。

⑥外用避孕片为泡腾片，放置后会发泡，有发热感，为正常现象。

7. 使用者可能出现的问题

（1）采用避孕栓、避孕片或避孕薄膜避孕

采用避孕栓、避孕片或避孕薄膜避孕，放置后究竟要等待多久才能行房事？这是女性普遍关心的问题。避孕栓、避孕片或避孕薄膜放置后，要待其溶解后才能有避孕作用。目前市售外用杀精剂品牌甚多，其溶解的时间因惰性基质的不同而略有差异。因此，在使用前宜仔细阅读说明书。一般均在放置后5~10分钟内溶解，但需注意，阴道干涩的女性，如近绝经期，溶解的时间可能要长一些。这些妇女可使用避孕胶冻。

（2）采用避孕栓、片、薄膜或胶冻有时会失败

采用避孕栓、片、薄膜或胶冻最主要的失败原因，是未坚持每次同房使用或未正确使用。此外，还有其他常见的失败原因。

①放置后没有等到相应时间。

很多使用失败者自己认为放置后已有5~10分钟了，实际尚未达到。一般在性交前等待时，总觉得时间过得很慢。另一种情况常见于不愿在性激发过程中再有其他动作干扰，上床前已放置，性交时已超过30分钟。

②放置不当或错误放置。

无论是栓、片、膜、胶冻，放置过浅，易于失败。另外，避孕薄膜折叠过紧，或错将避孕薄膜间的隔离纸放置阴

道，胶冻剂注入后起床活动，导致药液流出体外，以及使用超过有效期的杀精剂等，均是失败的原因。

8. 外用杀精剂的避孕效果

据大量医学临床分析统计，外用杀精剂本身的有效率很高，正确使用的失败率每100妇女一年累积仅2～3次。但是，外用杀精剂使用失误也会发生。所以，采用外用杀精剂避孕的夫妇一定要坚持每次房事都要使用。

9. 采取外用杀精剂避孕的优点与不足

（1）优点

①局部使用，不干扰内分泌，不影响哺乳，安全性高。

②随时停用，即可妊娠。

（2）不足之处

①需要在性交前临时放置，并在一定时间内要完成。

②个别使用者对杀精剂局部有刺激现象或过敏，如瘙痒、局部刺痛。

③阴道分泌物增多。

④有时阴道分泌物有异味。

10. 外用杀精剂的其他有益作用

目前广泛使用的壬苯醇醚表面活性杀精剂，是一种去净剂，主要是损坏精子的生物膜系统，从而发挥避孕作用，如质膜脱失、顶体膜受损、线粒体肿胀或空泡变性等。大多数微生物，特别是病毒，表面均有一层脂质包膜，杀精剂同样能破坏其包膜，使之失去感染性。因此，杀精剂有一定的抗性传播疾病，包括对艾滋病的作用，如能灭活淋病双球菌、滴虫、疱疹病毒、衣原体等。国外报道，女性单独使用杀精剂或与阴道隔膜、阴茎套合用，慢性盆腔炎发生率可减少50%，淋病发生率减少约75%。

## 如何使用避孕海绵避孕

阴道避孕海绵，是由医用海绵（聚氨基甲酸酯）和杀精剂组成的外用避孕药具，目前，避孕海绵因所含杀精剂成分不同，有两个品种。一种是传统的，仅含壬苯醇醚，即壬苯醇醚海绵，简称NP－9海绵。F－5凝胶（F－5凝胶海绵，简称为F－5海绵）中有三种含量很低杀精成分：壬苯醇醚、胆酸钠和苯扎氯铵。

NP－9海绵为圆盘状，直径为5.5厘米，厚2.5厘米；一面中央有一直径为1.5厘米的凹陷用于盖住子宫颈，另一面微凸，一条丝带附于两侧。F－5海绵上没有凹凸，也不附丝带，仅有两道供放置和取出用的榨压裂缝。

1. NP－9避孕海绵使用方法

①性交前，取出NP－9海绵，将5毫升左右的冷开水倒入海绵凹陷内浸湿。

②放置姿势如阴道隔膜。

③手指将海绵捏扁，放入阴道口。

④将避孕海绵推入阴道内一食指深，使丝带朝外，凹面对着子宫颈。

⑤放置后即可性交，且可多次性交，末次性交后8小时，用食指钩住海绵丝带拉出，丢弃。最长放置时间不宜超过24小时。

2. F-5 避孕海绵使用方法

①从小盒内取出 F-5 海绵,用食指插入海绵的一条模压裂缝。

②放置姿势如阴道隔膜。

③将海绵放入阴道口。

④用食指将海绵推入阴道,深入达子宫颈处。

⑤放置后 15 分钟起效,在性交 6 小时后才能取出,最长放置时间不宜超过 12 小时。

⑥取出时的姿势和放置时一样。

⑦食指或中指同时进入阴道,钩住海绵模压裂缝,轻轻拉出;或者食指和中指同时进入阴道,用两指尖夹住海绵,稍稍挤压,再轻轻拉出。

3. 使用中的注意要点

①月经期不宜使用。

②放置后,不宜用水冲洗外阴。

③放置和取出避孕海绵时,如取两腿分开的躺卧位,可将两腿抬起,贴近胸前,则更易放、取。

④性交后取出避孕海绵时,如遇困难,可取蹲位,并向下屏气,让避孕海绵接近阴道口,就很容易取出。

⑤通常放置后的避孕海绵是不会脱落的。有时放置后排便,或有其他腹内压增加的活动时,可能会使避孕海绵位置下降,如有避孕海绵到达阴道口的感觉,可用手指将其推回。如果确实发生了避孕海绵脱落,宜立即置入一新的避孕海绵。

⑥使用过的避孕海绵应丢弃在垃圾箱里,不宜丢弃在排便器中用水冲去。

⑦NP-9 海绵放置后即可性交。但是,F-5 海绵放置后不宜立即同房,必须待 15 分钟起效后才能性交。

⑧F-5 海绵在放置时,如发现一面较干,另一面较湿,宜将湿的一面先向阴道内放置。

⑨两种避孕海绵起效后均可多次性交。NP-9 海绵取出时必须在末次性交后 8 小时。因其最长放置时间为 24 小时,因此,使用 NP-9 海绵的性交时段为放置后即刻至 16 小时。F-5 海绵取出时必须在末次性交后 6 小时。因其最长放置时间不宜超过 12 小时,因此,使用 F-5 海绵的性交时段为放置后的 15 分钟至 6 小时。

4. 阴道避孕海绵的特点

阴道避孕海绵与阴道隔膜和外用避孕栓(膜)比较,有哪些特点呢?

阴道避孕海绵实际上是阴道隔膜和外用避孕栓(膜)剂的发展。避孕海绵具有三维结构,放置要求比阴道隔膜低。海绵是弱酸性,能吸附精液,本身就有机械屏障作用和杀精作用,避孕效果更为可靠。医学临床和实验均证明,NP-9 海绵对淋病双球菌、衣原体、梅毒螺旋体以及艾滋病病毒等均有抑制作用。

阴道避孕海绵的使用方法:

①女性可事先放入,性交中男性并不知道自己的性伙伴已采用了避孕措施,既避孕又防病。

②一次放入,可多次性交,12~24 小时内有效。不像避孕栓、膜等每次性

交均需放一枚（一张），且放置30分钟后避孕效果下降。

③用后丢弃，不必像阴道隔膜那样需要清洗、保管。

5. 使用阴道避孕海绵有哪些不良反应或并发症

（1）变态反应

多数是对杀精剂过敏所致，可出现皮疹等。

（2）取出困难

使用NP-9海绵，曾有取出时把海绵拉碎的现象。

（3）阴道干燥

①由于海绵过多吸收分泌物所致。

②感染。由于放置过久所引起，迄今尚无发生中毒性休克或并发症的报道。

鉴于上述可能发生的情况，使用阴道海绵避孕，一定要遵循规定使用。

6. 取出避孕海绵后有异味怎么办

取出避孕海绵时，如有臭味，是否表示已有阴道感染？其实不必介意，因任何放入阴道的物质，一旦与阴道分泌物和精液接触，都会产生气味。但是，如果避孕海绵上沾有气味或阴道臭味持续存在，可能存在阴道感染，女性就要去医院诊治。

7. 出现症状后怎么办

出现症状后，应立即停用阴道海绵，并立即到医院就诊。如出现以下两个或两个以上的症状，应立即将阴道海绵从阴道取出，立即到医院就诊。

①发热；

②呕吐；

③红疹；

④眩晕；

⑤腹泻；

⑥疼痛。

8. F-5海绵有否外用杀精剂的刺激或过敏现象

F-5海绵虽然对阴道和子宫颈的刺激小，但尚不能完全避免刺激性过敏现象。女性在使用中如出现瘙痒、烧灼感，应到医院或计划生育服务点咨询。必要时，可换用其他避孕方式。

9. 不宜使用者

①对海绵（聚氨基甲酸酯）或杀精剂过敏者。

②阴道过紧不易放置者，如新婚的两至三个月。

## 女性如何进行自然避孕

目前，女性大多采用"供给避孕法"，俗称"人工避孕法"进行避孕，但也有采用自然避孕的方法进行避孕的。所谓自然避孕，就是不用任何药具，也不施行医疗手段，而是根据妇女月经周期避开排卵高峰时间，也就是避开排卵前后的易受孕期进行性生活，达到避孕目的。自然避孕法是当今世界上较为流行的一种节育的方法，已在100多个国家和地区里使用。

1. 采用自然避孕来调节生育的优点

①不用任何药具，不需任何医疗手段，也就无任何可能的不良反应。

②需夫妇双方密切配合，因此不存

在避孕问题上的性别歧视。

③如果希望生育，可有意识选择在易受孕期间同房，获取最高妊娠机会，因此具有避孕和受孕双重功能。

④不受社会、文化、宗教等背景的限制，能为广大育龄夫妇所接受。

自然避孕法是基于如下理论：女性一个月经周期中仅发生一次排卵；卵子排出后能受孕的期限是12~24小时；精子进入女性阴道后，如果在良好的子宫颈黏液的庇护下可存活3~5天。因此，在女性的一个月经周期中，易受孕仅4~6天。如果能明确确定排卵日，那么在排卵前5天至排卵后1天避免同房，即可达到避孕目的。

一个月经周期中禁欲几天，一般而言夫妇都能接受，问题是如何判断排卵日。

现在我们有很多方法可以间接判断排卵，如计算日期、测量基础体温、阴道涂片检查、子宫内膜活检、激素测定、B超检查、女性的自我感觉和自身变化等，但能用于自然避孕法的为计算日期、测量基础体温、女性的自我感觉和自身变化等。根据这些间接判断排卵的方法，人们就发展了各种不同的自然避孕法。

2. 日程表法

日程表法，又称"日历节律法"。这种方法成立的基本理论是月经规则，计算安全期的方法是日历节律法。根据以往6~12个月的月经周期记录，世界上出现了很多容易受孕期和不易受孕期，俗称"安全期"的公式；我国流行的安全期避孕可视为其中一种，但最流行的是改良的奥吉诺公式。

根据以往6~12个月的月经周期记录，用如下公式计算：

最短周期（天数）－21天，向前是前安全期。

最长周期（天数）－10天，向后是后安全期。

例如：一个妇女过去的6个月中，最短的月经周期为28天，最长为32天；28－21＝7，32－10＝22。那么，这个妇女月经第1~7天是前安全期，第8天是危险期的开始，第22天是危险期的结束，第22天以后至下次月经来潮为后安全期。

如果不知道自己最短周期的天数，开始时可以把月经周期的1~5天作为前安全期，6个月后再用公式计算。如果近年来所有的周期都超过28天，那就可比较有把握地认为，周期第1~7天是前安全期。

3. 安全期避孕法

①根据以往6~12个月的月经周期，确定平均周期天数，并预计下次月经来潮日。

②预计下次月经来潮日减14天，为假定排卵日。

③把假定排卵日的前5天和后4天（总共10天）作为危险期，要避免性交，其余几天则为安全期。

4. 使用安全期法注意要点

①女性需要注意的是，月经周期的天数，是从月经来潮的第1天起，一直到下次月经来潮的前一天为止；月经来

潮的第1天,为周期第1天。

②一旦发现计算失误,或未严格遵守禁欲规则,应立即向医生咨询,必要时采取紧急避孕措施。

③日程表法在人群中普遍使用时有效率为80%左右。

5. 日程表法有哪些主要的优缺点

日程表法简便易行,在群众中接受性强,但在使用中失败率偏高,并且禁欲期较长。

6. 使用日程表法失败的原因

使用日程表法失败主要有以下几个原因:

①计算失误。

②因禁欲时间较长,易产生侥幸心理,不严格遵守禁欲规则。

③影响排卵的因素较多,如疾病、情绪紧张、环境变化、药物等。此外,即使月经周期规则,可预计排卵发生在下次月经前14天左右,但常波动于10~16天。

7. 适用者和不宜使用者

①适用者。

月经周期基本有规则的女性适用自然避孕法。

②不宜使用者。

月经周期不规则或特殊时期的女性,如产后、哺乳期、流产后、初潮后不久等,不要用自然避孕法。

## 测量基础体温进行避孕

基础体温是指人体处于完全休息状态时的身体温度,又称"静息体温"。测量基础体温,一般在清晨醒来时进行。20世纪初,人们发现成年女性月经周期中基础体温呈双相型,即排卵前基础体温较低,为低温相;排卵后基础体温升高0.2℃以上,为高温相,一直维持到下次月经来潮。这种双相型变化,主要是排卵后激素变化的影响所致。

1. 使用基础体温法避孕规则

①基础体温处于升高水平3天后为安全期。

②如果基础体温逐步上升,那么基础体温连续3天都高于上升前6天的平均体温0.2℃以上后为安全期。

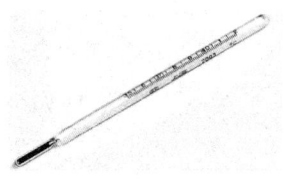

2. 使用中的注意要点

①每天早晨测量基础体温,或至少在熟睡3小时后测量。

②测量前不要翻身,不要吃喝,更不要起来小便;睡前把体温表甩好,置于床头柜或伸手可及处,避免测量前过多活动。

③测量基础体温宜置口腔舌下。

④要注意保持体温表清洁,可用75%医用酒精棉球擦拭,也可用干净棉球或柔软卫生纸和冷开水擦拭。

⑤每天测量的基础体温应在专门表格上记录,并保持整洁。这是女性了解自己的一个方法,几个月后便会感到很

有意义。

⑥如果身体不适，如发热等，可使基础体温呈假上升状态，应在基础体温表格上注明，并应禁欲至热退后 3 天，再根据基础体温测量结果，决定禁欲与否。

3. 基础体温法避孕有哪些优缺点

①使用基础体温法进行避孕比较可靠，但不如日程表法简便，因为使用者每天量体温并记录。

②单纯用基础体温法，在月经前半期基础体温上升前不宜性交，因无法确切知道体温何时上升，会有一定失败率。

③有些无排卵周期，整个周期体温都未上升，使一些夫妇禁欲。

4. 是否要每天进行体温的测量

女性必须每天测量基础体温，尤其在开始的几个月内。有些熟练使用者，从月经周期的第 6 天起，测量基础体温，待体温上升稳定后，后半周期可不必测量，一直到月经的下一个周期第 6 天再开始测量。

①月经周期在 25 天以上、25 天以下的女性要从月经周期的第 1 天测量。

②月经周期基本规律，周期之间变化不超过 3 天，要进行体温测量。

③对自然避孕法比较了解，已掌握了基础体温法的要领，也要进行体温测量。

# 第五章 优生要掌握哪些知识

优生不仅有利于孩子的健康,也有利于女性自身的健康。为此,夫妻双方要提前做好准备,避免一些不利于妊娠的不健康行为或是隐患,为健康生育打好基础,做到对孩子、对自己高度负责。

## 不宜怀孕的女性和孕前体检

在现实生活中,有些女性是不适宜怀孕或生育的,如果怀孕生育,不仅对孕妇的身体、生命产生危害和威胁,也会对孩子带来后患。

1. 高龄孕妇

35岁以上的孕妇属于高龄孕妇,高龄孕妇跟一般孕妇最大的差异是年龄比较大,容易生下染色体异常的孩子。因为年纪越大,发生内科疾病的概率就越高,患高血压、心脏病、肾病、糖尿病的概率就越高,所以高龄女性在怀孕时,产生的内科并发症就会比年轻的孕妇多。

2. 低龄孕妇

年龄小于18岁的孕妇属于低龄孕妇,低龄孕妇由于部分器官发育尚不完善,骨盆结构尚不稳定,心理认知尚不全面等,过早生育孩子,不仅对胎儿的生长发育存在一定的风险,对孕妇来说也存在一些高危因素,造成流产的可能性较大。

3. 有某些疾病的女性

女性患糖尿病、心脏病、贫血、高血压或甲状腺相关疾病的,一旦怀孕,将会对身体造成更大的负担,控制不好会危及胎儿的生命。

许多药物都会导致畸胎,因此长期服药的女性在怀孕前,就应该告知医生。一些会导致畸胎的药物,比如抗生素、抗癌剂等都会造成畸胎,女性不可掉以轻心。

患有某些疾病时,女性应等痊愈或病情稳定后再怀孕。如男方患有感冒发烧、传染病(肝炎、结核等)或过敏性疾病(支气管哮喘),女方患有子宫肌瘤、肾炎、甲亢、血液病等,均应认真听取医生意见后再做决定何时怀孕。做过放射线透视或拍片者,应在2~3个月后再怀孕。

4. 不宜怀孕的情况

新婚之夜应避免怀孕,因为新婚之夜疲惫、饮酒等,均可影响男性精子质量和女性受孕质量,极易造成胎儿发育不良或畸形。

5. 蜜月旅行期间暂缓怀孕

蜜月旅行期间生活欠规律，各地生活习惯和气候差异较大，夫妇身心健康易受影响，因而应暂缓怀孕。

6. 孕前体检的主要内容

孕前体检是为了给孩子提供一个健康的环境，以便能够生育一个健康的宝宝。即使女性每年都要做一次体检，并且每项检查指标都正常，孕前的体检也是必须要做的，并且夫妻双方都要做。随着优生意识的增强，越来越多的夫妻在准备孕育之前，会去医院进行相应的孕前检查。毋庸置疑，这是正确的，也是非常必要的。

（1）做 TORCH 检查

TORCH 检查就是检测女性是否感染了弓形虫、风疹病毒、巨细胞病毒、单纯疱疹病毒等病原微生物。如果发现 TORCH 抗体阳性，要在医生的指导下进行治疗和定期检测，抗体转阴后才能怀孕。

（2）做乙肝病毒的检查

乙肝病毒可以通过胎盘引起感染，如果不进行有效阻断，胎儿出生后可能会成为乙肝病毒携带者。

（3）女性孕前做一次妇科检查

一些生殖道致病微生物也有可能导致宫内感染，影响胎儿的生长发育。如果有感染的情况，应该进行治疗。

（4）做 B 超检查

女性孕前还应做一次 B 超检查，了解子宫、卵巢、输卵管等生殖器官的情况。

7. 孕前体检的最佳时间

一般来说，女性应在孕前 3~6 个月做检查。这样即使在孕前检查中发现有不适宜怀孕的情况，还可以及时在孕前进行治疗，因此孕前检查至少要提前 3~6 个月进行，并且是夫妻双方同时进行。

## 如何进行排卵期预测

女性通过预测排卵期，安排自己的受孕期。哪一天才是自己的排卵期呢？可以通过多种方法进行预测。

1. 如何预测

（1）通过对月经时间进行预测

如果女性月经周期是稳定的 28 天，从月经来潮的第一天算起，倒数 14 天就是排卵日，排卵日及其前 2 天和后 3 天加在一起称为排卵期。不过，此方法不适合月经不规律的女性使用。

对于月经不规律的女性，可以通过测量基础体温来找出排卵的日期。如何正确地测量自己的基础体温呢？

（2）通过对基础体温进行预测

方法是每天早晨睡醒后，不做任何活动，将体温计放在舌头下，测量 3~5 分钟。测完以后，把当天的体温数字记录在表格上。

（3）通过对宫颈黏液观察进行预测

女性在排卵期，体内的雌激素分泌达到高峰，宫颈黏液即白带量最多，常有细带状的白带流出，有时可拉长达十几厘米，即拉丝度，像鸡蛋清似的，此时外阴最潮湿。观察宫颈黏液每天需要数次，可利用起床后、洗澡前或小便前的机会用手指从阴道口取黏液检查，观察手指上的黏液外观、黏稠程度，以及用手指作拉丝反应等几方面检查。

这样经过 3 个以上月经周期的观察，就可以掌握自身的宫颈黏液分泌规律和排卵期。一旦发现外阴部有湿润感及黏液有变稀的趋势，黏液能拉丝达十几厘米时，就可认为处于排卵期。

2. 对受孕有影响的方面

女性受孕是很讲究科学的，女性在受孕之前，一定要掌握一些科学知识，避免生下畸形、智力低下、身体残疾的胎儿。对受孕有影响的方面有哪些呢？

（1）药物对受孕的影响

孕妇在整个孕期用药通常都很慎重，但孕前却不那么重视了，也更容易忽略孕前丈夫的用药。其实，很多药物是妨碍精子生存质量的，甚至会引起精子的畸形。

当含有药物的精液进入女性体内后，经过阴道黏膜吸收后可进入女性血液循环，从而影响受精卵，产生低体重儿及畸形儿。

（2）避免使用的药物

①吗啡、抗组胺药、抗癌药、咖啡因、类固醇、利尿药、壮阳药物，等等。

夫妻双方都要避免使用这些药物，如果使用这些药物，不仅可导致新生儿出生缺陷，还可导致婴儿发育迟缓、行为异常等。精子的成熟周期大约为 2 个月，这段时间里尽量不要服用此类药物。

②不要服用口服避孕药

如果长期使用药物避孕工具和口服避孕药物，应在停药后 6 个月再怀孕。

③不要服用激素类药物、某些抗生素、止吐药、抗癌药，等等。

因为这些药物都会对生殖细胞产生一定程度的影响。

（3）有服药史如何怀孕

有长期服药史的女性，一定要去咨询医生，以确定受孕时间。

（4）如何对待"孕妇禁服"药物

在计划怀孕期内需要自行服药的女性，一定要避免服用药物标识上有"孕妇禁服"字样的药物。

（5）服避孕药的女性

平时服用避孕药的女性如果想怀孕，最好在停服避孕药 6 个月后再怀孕。目前普遍认为，在停服避孕药后 6 个月内怀孕，有产生畸形儿的可能。所以，应该是在计划怀孕时间以前 6 个月停止服用避孕药，待体内存留的避孕药完全排出体外后再怀孕。此期间可采用避孕套进行避孕。

（6）对受孕有危害的职业

人们在从事工农业生产、科学技术活动及其他职业活动的过程中，常会接触各类职业性有害因素，或称职业危害，而某些职业有害因素对女性的健康，特别是生殖健康会有极大的不良影响。

现在已知有 90 种职业性有害因素可引起月经异常，常见的工业毒物如铅、汞、苯、甲苯、汽油等，物理因素中如强烈噪声、全身振动、电磁波等，都可引起月经异常,从而影响受孕及其质量。

长期接触有机溶剂、农药以及从事视屏作业的女性,不孕的概率更是非常高。怀孕期接触高浓度铅、苯、甲苯、麻醉剂气体、抗癌药等物质,会增加自然流产的发生率。

现在电脑已相当普及,电脑辐射对人体危害更是众所周知的。因此即将怀孕或已经怀孕的女性一定要避免长时间使用电脑,要有一定的防护措施。应每隔1~2小时到室外散散步,做做操,活动上下肢。

## 什么是最佳受孕时机

有关专家经过长时间的研究,得出了结论:我国女性最佳生育年龄在24~29岁之间,男性在30~35岁之间。女性在24~29岁时,生理已经趋向成熟,精力较为充沛,利于孕育胎儿,能较好地避免胎儿发育不良、妊娠并发症、流产、死胎或畸胎等情况的发生。

1. 生育最佳年龄

一些遗传学家通过研究得出结论,男人在30~35岁时生下的后代是最优秀的,因为男性在30岁时精子质量会达到最高峰,还能将这个高质量状态持续5年。生理学家认为24~29岁之间的女性发育完全成熟,卵子质量高,是生育的最佳年龄段。如果女性过早怀孕生育,其腹中的胎儿会与正在发育中的母亲争夺营养,对两者的健康和发育都有比较大的影响。

因此,从生育年龄上来看,夫妻之间相差6岁左右才是比较完美的。年龄较大的父亲智力更为成熟,能将更多的"密码"遗传给下一代。年轻的母亲生命力旺盛,就能为胎儿提供更好的孕育环境,以利于生育。

2. 受孕最佳时间

人的身体机能状态在一天24小时内一直在波动:从早上7点到中午13点,人的身体机能状态是呈现上升状态,晚上11点后又会急剧下降。因此,普遍认为晚上9点~10点是受孕的最佳时刻。另外,同房后女方保持长时间的平躺睡眠有利于精子运动。

3. 掌握最佳的受孕姿势

女下的姿势似乎有些乏味,但这确实是女性受孕的最佳体势。采取此种体位时,位于上方的男性在无形中帮助了精子更快运动,与卵子结合。

对女性而言,平躺仰卧的姿势更有助于精子运动,当宫颈的外口浸泡在精液中时,就为精子进入子宫创造了一条通道。

(1) 后位式姿势

后位式可以确保最大限度深入的角度,使精子接近子宫颈,有助于受精。

(2) 屈曲位姿势

屈曲位就是让女性的阴道与床成垂直角度,并使阴道口大开,而男性、女性之间保持不平行的姿势,尽量以垂直的方式做爱。

屈曲位的姿势虽然男女的结合程度高,但会降低女性的快感,不过也有其好处，即有利于受孕，所以对于想早些要宝宝的夫妻来说，这个姿势可说是最理想的姿势，是最佳的受孕体位。

## 孕前要注意哪些方面

男女双方应先接受婚前辅导，在做好心理准备和生理调适之后，再结婚。在结婚之后，注意日常饮食和作息，自婚后第二年，再开始准备怀孕。也可视个别情况，于怀孕的前3个月，依照医师的指导，通过中药及食疗法来滋补身体。

1. 调整身体体质要遵循的原则

①少吃生冷、辛辣、刺激性食物；三餐定时定量，营养均衡。

②保持正常的作息，切勿熬夜，以维持身体正常的新陈代谢。

③过逸过劳皆不利于身体保养，因此除了注意不要太过操劳之外，平日的固定运动也是必要的。

④注意性生活的频率及时间，切勿过度。建议夫妻正常的性生活频率为1~2天行房一次，需注意行房时间勿太久。

⑤在季节变换之时，注意自己衣物的添加。

⑥定期进行健康检查，随时了解自己的身体状况。

2. 孕前运动

女性如果在怀孕前有运动的习惯，则会让受孕和生产过程较为顺利。不过，对于上班族女性来说，每天要抽出1小时运动恐怕有些困难，但每天走一段路程，做一些简单的伸展运动，就会收到一定的效果。

夫妻双方在计划怀孕前的一段时间内，如果能进行适宜而有规律的体育锻炼，不仅可以促进女性体内激素的合理调配，确保受孕时女性体内激素的平衡，避免怀孕早期发生流产，而且可以促进胎儿的发育和日后宝宝身体的灵活程度，更可以减轻分娩时的难度和痛苦。

对于任何一对计划怀孕的夫妻而言，应该进行一定时期的有规律的运动后再怀孕。例如，夫妻双方计划怀孕前的3个月，共同进行适宜与合理的运动或相关的体育锻炼，如慢跑、柔软体操、游泳、太极拳等。

3. 孕前调整体重

体重是判断母体健康状况、是否影响胎儿生长发育的重要参考指标。孕前就把自己的体重调整至理想范围，能降低孕期疾病。

无论体形过胖或过瘦，在准备怀孕前，女性都应该积极进行体重调整，争取让体重处于正常状态，女性过胖或过瘦，内分泌功能都会受到影响，不仅不利于受孕，还会增加婴儿患病的概率。女性实际体重低于平均体重15%为过瘦，实际体重高于平均体重20%为过胖。

4. 调整作息规律

女性想要按照自己的期望去受孕，就应该养成有规律的作息习惯，晚上23：00点前必须就寝，将生理机能调整到最佳状态，提高受孕概率。已经习惯熬夜的女性，应提前到每天晚上10点钟左右就准备上床。这样，便可逐渐改掉夜半才入睡的不良习惯，建立起身体生物钟的正常节律。

5. 慎重选择化妆品

有些化妆品越是有美白效果，其含铅量就越多。如果女性体内含铅量过多，就会造成宝宝患贫血、多动、智力低下等各种疾病。所以，在孕前准备阶段，女性最好不用或少用这类化妆品，能够保持最基本的皮肤清洁就可以了。

6. 心理调整

如果孕前经常处于紧张状态，或压力太大，那么，即使怀孕了，也容易流产。所以在孕前就要保持良好的心态，可多做一些心理放松活动，家人也要适时地给予支持和鼓励。

7. 孕前调养身体的讲究

胚胎在妊娠早期所需要的营养，可以直接从子宫内膜储存的养料中取得，所以，女性孕前的营养准备是非常重要的。如果想在孕前调养好身体，女性就应该科学合理地调配膳食结构，多吃富含各种营养素的食物，诸如豆制品、肉类、蔬菜和水果、坚果，等等。

很多有害物质不仅会影响孕妇身体的健康，同时也会影响到胎儿的生长发育，是诱发胎儿畸形的重要因素。如果女性在怀孕之前接触过有害物质，诸如放射线、汞、镉、铅等，应该特别注重检查体内的有害物质是否超过正常标准，如果超标，就应该离开此类工作一段时间，待身体的各项指标值达到标准，再回到工作岗位上来。

## 女性孕期如何检查身体

女性在怀孕后，都想要看看自己肚中的宝宝是否生长得健健康康，可是，通过什么办法才能知道这一结果呢？

1. B超检查

B超是使用超声波来穿透物体，这种声波遇到不同的物体发生不同的反射，使用仪器将回声收集起来显示在屏幕上，就可以显现出物体的活动状况。基于这个工作原理，人们将其用于诊断和治疗人体疾病，利用B超可以帮助孕妇时刻跟踪自己腹中胎儿的情况。

有些孕妇听说B超可能会给胎儿带来危害，因此常会产生顾虑。B超检查有利有弊，医生利用B超检查，来确定胚胎的生长是否正常，还可以用来观察有没有宫外孕或葡萄胎等情况。相对来说，B超是最直接和可靠的，应该积极配合医生进行检查。

但是，在胚胎形成及组织分化的孕早期，如果接受过长时间的B超检查，可能会影响胎儿，使其胚胎细胞分裂与人脑成形发生异常，使胎儿骨骼发育不良，造成畸胎或死胎等后果。一般最危险的时候是在18周之内，此时做检查是有可能引起不良后果的。

2. 羊膜腔穿刺检查

羊膜腔穿刺是一种抽取羊水来检测胎儿染色体是否异常的一种检查，其准确率高达99%，为目前最常用的检查方法。羊水由孕早期孕妇的血清渗透液及胎儿尿液所形成,在孕10周时出现,后期逐渐增加。因为胎儿的姿势和羊水问题,从胎儿身上剥落下来的细胞就会悬浮在羊水中,这使得羊水具备了胎儿健康与发育情况的作用。

羊膜腔穿刺的主要目的,是检查胎儿各种染色体异常,包括唐氏症。此外,还有其他的诊断价值,比如,先天代谢遗传疾病的诊断、单基因遗传疾病的基因及开放性神经管缺损的诊断、胎儿成熟度的鉴定以及子宫内胎儿溶血的诊断,等等。

羊水检查一般是在怀孕的第16~22周进行,如果是35岁以上大龄孕妇,家庭有遗传病史的孕妇,可以及早发现胎儿是否有先天性疾病或遗传性疾病。如果发现胎儿有先天缺陷,可以通过现代医学技术治疗,如无法治疗,应该终止怀孕。

# 如何预防胎儿发育不良及畸形胎

怀孕后,孕妇都希望胎儿发育正常,那么,要想满足这一愿望,预防胎儿发育不良,可从以下几个方面进行。

1. 早期诊断先天畸形胎儿

①孕妇年龄大于35岁,或丈夫年龄大于45岁。

②有代谢性疾病,或曾生育过有染色体异常的胎儿。

③近亲中有先天愚型患者,或其他染色体异常患者。

④有性连锁遗传病家族史,或曾生育性连锁遗传病患儿。

⑤有反复流产、死胎死产者。

⑥近亲结婚者。

⑦已生过神经管缺陷、代谢异常病及血液病儿者。

女性有以上情况应做早期产前诊断,对可疑者可取绒毛或羊水培养观察,以及进行B超产前诊断。

2. 早期诊断胎儿宫内病菌感染

①做风疹病毒、巨细胞病毒及弓形虫感染等检查,若为阳性,必须注意有无胎儿宫内发育迟缓等现象。

②加强孕期并发症及并发症长时间防治,尤其是妊娠高血压综合征、心脏病及肝肾疾病。

③孕妇应多补充营养,多吃含蛋白质、维生素丰富的食物,尤其注意补充叶酸。

④酌情补充微量元素。研究发现,缺锌易使孕妇患缺铁性贫血;孕妇缺铜也可引起胎儿发育不良;缺碘易发生呆小病。可见,微量元素的缺乏与胎儿发育不良关系密切,早期检查头发或血中微量元素的含量很有必要。

3. 葡萄胎

(1) 葡萄胎的特征

葡萄胎是一个良性的疾病,它是一系列疾病的开始,此系列疾病称为妊娠性滋养层细胞疾病。它的特征是滋养层细胞的异常增生。葡萄胎的外观为成串的水囊,大小不一,形状类似葡萄,因而得名。

葡萄胎最常见的症状是停经2~3个月后，开始出现不规则阴道出血。通过妇科检查发现，子宫明显增大，如同5个月大，但听不到胎心，也没有胎动。通过B超检查发现子宫内不见胎儿，宫腔内充满小囊状回声，绒毛膜促性腺激素值明显增高。

（2）葡萄胎产生的原因

葡萄胎是因为女性贫血和感染所致，由于体内反复出血而未及时治疗，导致贫血及其相关症状，并由此导致感染发生。

4. 宫外孕的症状与预防

宫外孕女性一般会在妊娠6~12周后发生囊破裂，引起下面这些症状。

（1）停经

多数女性在发病前有短暂的停经史，大多在6周左右。

（2）下腹疼痛

女性的下腹一侧有撕裂样或阵发性疼痛，发生率在95%，常为突发性，并伴有恶心呕吐。

（3）腹泻

宫外孕女性会出现腹泻症状，有时会被认为是消化不良或肠道急症。

（4）阴道出血

阴道出血多为点滴状，深褐色，量少，不超过月经量。

（5）休克

宫外孕可引起头晕、面色苍白、脉细、血压下降、冷汗淋漓，从而发生昏厥与休克等现象。宫外孕引起的昏厥，也很容易被误认为是低血糖。

# 孕妇如何进行胎教

现代女性大多受过良好的教育，在怀孕时都很重视胎教。什么是胎教呢？所谓胎教，顾名思义就是在孕期对胎儿进行教育。

人体各器官的功能是动则盛、惰则衰。只有通过运动才能使人吸入新鲜的氧气，排出身体内的废物，以增强身体的抗病能力。对胎儿来说，"生命在于运动"这句话也仍然适用。运动胎教，就是指孕妇进行适宜的体育锻炼，促进胎儿大脑及肌肉的健康发育，同时也能帮助孕妇正常度过孕期及顺利分娩。

胎教理论主张适当适时地通过母体对胎儿进行运动刺激和训练。孕妇保持闲适的心情，在风和日丽的自然环境中散步，会带给胎儿良好的刺激。有资料显示，孕妇进行体育锻炼时腹中胎儿也随之运动，胎儿心率每1分钟可增加10~15次，表明胎儿对运动有适应性反应，且出生时的健康状况也比一般新生儿好。

胎儿的生活环境可分为内环境和外环境，优化环境，是胎教最重要的条件。

内环境包括孕妇的精神状态，思想意识活动，营养状况，内脏器官、内分泌系统的健康情况以及自身品格和修养等，内环境直接影响胎儿的发育。

外环境则是指母体所处的自然和社会环境，其中也包括丈夫的生活环境和影响，外环境通过影响孕妇的身心健康间接影响胎儿发育。

对于夫妻来说，在计划怀孕前，就要了解安全知识，以利于优化环境，安心养胎。孕妇要远离危害因素，控制不良影响，如外环境中职业和嗜好的影响、烟尘及噪声的影响等。内环境也是养胎的重点因素，母体的健康、情绪、饮食等都包含着胎教的意义。

在制订怀孕计划时，夫妻双方就要时常有意识地进行心理调节，让双方的心态都更加平和、愉悦，同时还要通过锻炼保持自己的身体健康。良好的心态、积极的情绪能促进胎儿的发育。

1. 胎教的益处

有人说胎教应从怀孕3个月时开始，也有人说从5个月时开始，其实，从准备怀孕时就要将胎教纳入其中。受过胎教的宝宝一般具有以下过人之处。

（1）更早地学会说话

受过良好胎教的宝宝在出生后的2~3天，便会用自己的小嘴张合，同大人"对话"；两个多月就可以认识自己的父母；3个多月时叫他的名字，他就能听懂了；9~10个月时，就会有目的地叫爸爸妈妈了，这样的孩子入学后成绩也会更优异一些。

（2）不那么爱哭

受过胎教的宝宝，他们的感音能力比较好，当听到妈妈的脚步声或是说话声后，就会停止啼哭。

（3）更早地学会发音

受过胎教的宝宝，能更早地理解大人的语言，更早地学会各种手势语，能更早地学会发音。

2. 胎教要遵循的原则

（1）坚持适度原则

年轻的夫妻进行胎教，往往出现操之过急、过度等情况，无论哪种胎教方法，都有适宜的刺激方法手和定时和定量的问题。比如做抚摸胎教时，如果胎儿以轻轻蠕动做出反应，可继续抚摸，如果胎儿用力挣脱或蹬腿，则应停止拍打抚摸。迄今为止，我国关于胎教失败的例子还极少见到。

但有些孕妇在孕期工作较忙，又不愿放弃胎教，每日抽时间将胎教仪器置于腹部。有时母亲因疲劳很快入睡了，胎教仪器仍不断刺激着胎儿，这就很难保证定时定量。这种操之过急的做法，有可能干扰胎儿的生物钟。

（2）科学胎教原则

音乐胎教时，胎教音乐的质量是至关重要的。胎教音乐一般要求乐曲要平稳、明朗，节奏接近人的正常心率，频率在500~1500赫兹左右，使人感到舒适、安静、愉快。

具体实施胎教时，还有些操作技术、技巧等问题，按摩的手法、按压的力度、所用的时间、胎儿的正常或异常反应等，还需在胎教专家、妇产科医生的指导下进行，以免发生意外。科学的方法是按自然的发展规律，按胎儿的月龄及每个胎儿的发育水平，进行相应的胎教。

要做到不放弃施教的时机，但也不过度人为干预，在自然和谐中有计划地进行胎教。

（3）全家参与原则

胎教不是孕妇一个人的事情，家人也要参与进来。比如丈夫在抚摸胎体时可与胎儿说话，使胎儿从小就能听到父亲的声音，在胎儿期就能感受到父爱，以利于日后与父亲建立起亲密关系。家人的参与、体贴、关怀，也会使孕妇心情愉悦，让胎儿健康发育。

3. 环境色彩与胎教的关系

一般说来，红色使人激动、兴奋，能鼓舞人心；黄色明快、灿烂，使人感到温暖；绿色清新、宁静，给人以希望；蓝色给人的感觉是明静、凉爽；白色显得干净、明快；粉红和嫩绿则预示着春天、爱人、充满活力。

因此，可以在胎教中让孕妇处于某些特殊的色彩环境里，来刺激孕妇情绪的发生变化，从而取得较好的胎教效果。

家是孕妇实施胎教的主要环境，因此，居室色彩设计就必须着重考虑，指导思想为安静、幽雅、舒适、整洁。孕妇在妊娠早期反应比较严重，会造成食欲不振、全身乏力，这个时期也容易引起孕妇心情烦躁，影响胎儿的健康发育，这时的居室主色调应该以冷色调为主，如浅蓝色、淡绿色等。

4. 如何选择胎教音乐

不同类型的音乐对人有不同的感染力。孕妇选胎教音乐最重要的一点是自己喜欢。如果别人说哪首乐曲对胎儿有多么好，但只要孕妇听了心烦，就不用强迫自己听。

孕妇在自己喜欢的音乐中还要进行再次挑选，去掉那些令人慷慨激昂或满腔愁绪的曲目，只留下那些优美、宁静的、如轻风般抚过心头的曲目。那样可使孕妇感到轻松愉快、情绪稳定。如果在听音乐时，突然冒出一段高亢的乐曲，使孕妇受到惊吓，可能会给胎儿带来强烈的刺激。

孕妇要注意乐曲的音乐质量和录制质量，杂音大、放音效果失真，都会降低音乐胎教的效果，甚至变成影响胎儿神经系统发育的噪声。

相比有复杂歌词的歌曲来说，胎儿更喜欢单纯、优美的旋律。因此，选择胎教音乐时，尽量多选一些短但旋律优美的乐曲，并且多听几遍，让胎儿熟悉起来。孕妇不要怕重复，胎儿更喜欢熟悉的东西，一次又一次，不厌其烦。也许有一天孕妇会发现这个秘密：当胎儿听到他熟悉的音乐时，会轻轻地蠕动着，这表示他非常享受这段美妙的音乐。

实际上，比音乐更有效果的，是妈妈的声音，这是让胎儿最喜欢、感觉最踏实的。妈妈的声音本身就对胎儿有一种吸引力。因此，孕妇可以随着胎教音乐轻声哼唱，也可以自己给胎儿唱，如儿歌、摇篮曲等。唱的声音不要太大，以免使胎儿感到不安。

除了小声哼唱外，在外散步的时候，孕妇把大自然中的各种声音，介绍给胎儿听，风吹树木的沙沙声、潺潺的流水声，胎儿都很喜欢。

孕妇听胎教音乐时，应根据胎儿的生活规律随时听，在胎动明显时效果最好。在欣赏音乐前，可轻声告诉胎儿："宝宝，我们要听音乐了。"在欣赏音乐时，自然而然地随乐曲产生美好的联想，对胎儿加以深切的期望和倾注全部的爱。

有目的地给胎儿听音乐的时间不宜过长，一般5～15分钟就可以。但如要想自己欣赏音乐，可以随时随地听，不过须注意音量更小一些。

我们会看到这样的现象，一些婴儿，即使不熟悉的女性逗他也会微笑，而父亲逗他则反而会哭，更别说其他的男性了。

这正是宝宝从在母胎里到出生后的一段时间里，对男性的声音不熟悉造成的。为了消除宝宝对男性包括对父亲的不信任感，所以在胎教中，准爸爸应该扮演一个非常重要的角色。

孕妇坐在宽大舒适的椅子上，然后由孕妇说："宝宝，爸爸就在旁边，你想听他对你说什么吗？"这时，丈夫应该坐在距离孕妇50厘米的位置上，用平静的语调开始说话，随着说话内容的展开，再逐渐提高声音，但不要一下子发出高音而惊吓着胎儿。

说话的内容最好事先构思好，先拟订一篇小小的讲话稿，稿子的内容可以是一段优美动人的小故事、一首纯真的儿歌、一首内容浅显的古诗，也可以谈自己的工作及对周围事物的认识。用诗一般的语言、童话一般的意境，告诉胎儿外面的这个美丽新世界，对胎儿做最初的心理教育。

过了14周后，胎儿会产生快乐、不快乐、不安、生气等感觉，大约至30周时，就逐渐有"心理"的雏形。在不幸福、不和谐的家庭中出生的宝宝，常出现烦躁不安，哭闹不止，睡眠差，消化功能不好等症状，严重时甚至危及生命。这类宝宝往往发育缓慢、胆小怯弱、生活能力差。

进入孕中期，孕妇会因生理变化而变得焦躁、易怒。当孕妇因为重体力劳动、长途跋涉以及繁重的家务等感觉极度疲劳，或者因种种原因造成强烈的烦恼、气愤和不安时，就要意识到，这些情绪也会传递给胎儿。消极情绪不仅会影响胎儿的生理发育，还会影响胎儿的心理发育。

因此，在每一天的活动中，孕妇都需要仔细捕捉胎儿的每一个信息，随时与胎儿进行交流，以一颗充满母爱的心浇灌萌芽中的小生命，这就是我们所提倡的最初的胎教教育。

## 孕后生理和情绪有哪些变化

女性怀孕后通常在身体上会产生一些变化，尤其在怀孕的晚期，腹部会隆起，走路不便。此外，孕妇在情绪、心理上也会产生一些变化。

1. 孕妇在生理上的变化

（1）停经

停经是怀孕初期最早、也是最重要的信号，凡是平时月经周期正常、稳定的已婚育龄女性，如果停经比正常的月经时间超过10天以上，就应考虑到怀孕的可能，如停经超过两周就需要到医院检查原因。

（2）早孕反应

多数怀孕的女性在月经过期1～2周的时候，胃口就开始发生改变。平常喜欢吃的东西，可能现在突然不爱吃了，吃过一次的食物第二次就不爱吃了。有些女性甚至产生轻微的厌食或者恶心症状，还有些人突然很想吃酸味食物。

女性在怀孕一个月的时候，可能出现头晕、乏力、嗜睡、唾液分泌增多、食欲不振以及恶心呕吐等现象，这些现象称为早孕反应。

早孕反应的持续时间和发生症状，会因人而异，但这些症状大多会在怀孕后第12周左右消失。在女性怀孕一个月的时候，许多孕妇都会感到精神不佳，容易疲惫，总是很想睡觉，不过，这个时期不会持续太长，很快就过去了。

（3）尿频

尿频是女性在怀孕一个月时经常出现的症状之一，有的女性甚至可达到一个小时排尿一次，这是一种很正常的现象，不用治疗。如果发现自己明显尿频，就可用早孕卡测试清晨第一次尿液，即可知道自己是否怀孕。

（4）孕吐反应

如果孕妇本身性格外向，心理和情绪变化大、不稳定，就会发生剧烈孕吐和其他反应。此外，社会因素和家庭因素也会影响孕妇的情绪，导致强烈的孕吐反应。比如单位是否有孕妇照顾政策、工作量大小、丈夫和公婆对孩子性别的期待等。

2. 孕妇在情绪上的变化

女性在怀孕后，常会涌现一些莫名的不良情绪，一般来说，有以下几种。

（1）神经质

严格说来，早孕反应是一种生理和心理因素共同作用而产生的症状，但医学家发现，孕期与心理因素有密切的关系，有些神经质的孕妇反应更为明显。

（2）厌恶怀孕

如果孕妇厌恶怀孕，则绝大多数会孕吐并伴随体重减轻，否则相反，这说明情绪与孕吐有密切关系。

（3）莫名其妙的担心

孕妇在孕期间常常会有一些莫名其妙的担心，比如，由于自己的疏忽可能会影响胎儿健康；做了在怀孕时不应该做的事情，比如服用药物、烫头发等，就一直耿耿于怀。其实大可不必，想想周围，是不是很多宝宝都很健康可爱。

有害的是孕妇的胡思乱想，只要放松心情，宝宝一定会健康出生。如果实在担心，不妨去咨询医生，由医生判断药物影响的程度。

孕妇经常会感到疲倦，或睡了很多觉仍会这样，到了晚上更是如此，这与刚刚怀孕身心还不能完全适应有关。

3. 怀孕后应注意哪些事项

①孕妇不必为自己经常疲倦而在意，最好每天中午睡一会儿，不要过度活动。

②家人多分担家务，尽量让孕妇多休息，并注意减轻孕妇的家务劳动量。

③孕妇要注意摄取足够的营养，特别是B族维生素含量丰富的食物、大豆、动物肝脏、白薯、山芋及不太精细的面粉、荞麦面等，以供神经细胞的营养。

④女性怀孕后一定要建立正常的生活秩序，不规律的生活是造成孕期疲倦的主要原因，因此孕妇每天晚上要按时睡眠，不要熬夜。

⑤孕后要注意保暖。寒冷，对女性的生理有很大的影响，尤其是在妊娠中，不仅会使孕妇常感尿急，而且是流产、早产的常见原因之一，所以，孕妇要特别注意身体的保温。

根据调查，人们发现在寒冷的办公室中，人除了皮肤温度降低以外，血液中的水分和盐分也会相应地减少。如果工作场所的温度低，要时时注意服装是否有保温的作用，不要只注重外观，要注意不要受寒。

孕妇在休息时间，要尽量接受目光的照射，或是到比较温暖的房间去休息。总而言之，在寒冷场所工作的孕妇，应尽可能地想办法保护自己，保持体温。

## 孕期要特别注重心理健康

女性排卵时期，在没有采取任何避孕措施的情况下与男性性交，男性射出的精液中有一个精子与一个卵子在输卵管里相遇，便形成了受精卵。受精卵在向子宫游动的3~4天过程中开始分裂，当它到达子宫后，就把自己植入子宫的内膜中开始发育。

于是，女性的孕期便开始了，孕期，又称作"妊娠"，一般持续40周，而且分为3个阶段，每个阶段为3个月。尽管新的测试技术可以在受孕10天内测出妊娠，但停经仍往往是第一个征兆。

孕期是女性生命历程中重要而独特的时期，它牵涉大量生理的、心理的和人际关系方面的变化。通常绝大多数女性都能很好地适应这些变化，并在没有不良情绪或其他心理方面并发症的情况下顺利完成妊娠。绝大多数女性在一生中至少有一次成婚并生育，这对于她们而言，是一生中最重要和最值得回忆的一次经历。

中国人常将女性怀孕称为"有喜了"。对于女性来说，怀孕确实是一件重要的事情，因为它使得女性的生活发生重大变化，这些变化会影响到女性情绪、情感、行为和思维。由于这些原因，女性怀孕不是一件孤立发生的事情，不能同其他方面割裂开来。毫无疑问，婚姻、经济、家庭或工作都能影响女性的孕期状况。

怀孕也会使女性在社会上所扮演的角色发生变化，一项对于女性生育后20年的调查结果显示，她们对自己的妊娠过程和生育有着特别清晰的记忆，并且有着强烈的情感。由此看来，不能将怀孕仅仅简单地当作一种生理过程，它会对女性心理健康产生一定的影响。

1. 女性怀孕要注意哪些事项

（1）孕期时间较长

孕期会持续一个相当长的时间，正常的孕期需40周左右。

（2）孕期可以预测

孕期有一个可预测的到期日，即临产日，虽然有15%～20%的妊娠女性会流产或人工流产以及提前终止妊娠，但正常妊娠的女性都可预测临产日。

（3）没有一次妊娠是相同的

许多女性经历的妊娠不止一次，无论从心理上还是从生理上说，没有一次妊娠是相同的。

（4）女性怀孕需要付出

女性怀孕会与幸福和欢乐相伴，但它也会给身体、情感、经济和人际关系带来沉重的负担。

（5）关系到新生儿

妊娠不仅关系到孕妇本人，还关系到新生儿的身体健康和心理健康与否。因此，对女性而言，生活中没有其他任何重要的事情能与怀孕相提并论。

一般而言，大部分孕妇都能以积极的、愉悦的心情期待和迎接未来小生命的诞生，但由于生理和心理的变化，孕妇往往情感会比较脆弱、易哭泣、好发脾气，也有部分孕妇还会担心胎儿发育是否正常，或害怕新生命诞生后会给家庭、工作、学习、生活带来问题等，从而引起焦虑、烦躁等情绪反应。

现代医学研究证实，孕妇情绪过分焦虑、紧张、恐惧或担心，会引起自主神经功能紊乱，出现血管痉挛、血压升高，甚至发生严重的妊娠毒血症，影响母体激素分泌和胎儿的血液循环。

此外，孕妇的焦虑情绪还可能引起子宫收缩而导致流产。有调查显示，孕妇中有61%害怕胎儿畸形；想生男孩者占79%；想生女孩者占6%；认为生男孩女孩均可者仅占15%。这表明孕妇受传统思想的影响仍比较严重。

2. 孕妇要调节好自己的心理

女性对于妊娠的心理反应，也是多种多样的。但毫无疑问，诸如孕妇的年龄、健康状况、教育状况、经济收入、职业、配偶的人品或家庭的环境等因素，都会影响女性在妊娠过程中的心理状态。

此外，第一次生孩子的初产妇和已生过孩子的经产妇之间，以及那些已经做好生育准备和没有做好生育准备的孕妇之间，心理反应也是有差异的。

差不多从怀孕开始，而且往往要延续到临产日，孕妇的身体会出现一系列不愉快的症状。3/4的孕妇要经历恶心和呕吐，这种情况在头五个月内更加普遍。大多数女性怀孕头三个月和第七至第九个月内感到疲劳。

除了这些不适感外，孕妇们诉说的最普遍症状还有：背痛、胃烧灼感、头痛、消化不良、手脚水肿、呼吸困难、腿痉挛、乳房胀痛、失眠、痔疮发作和尿频等。虽然这些症状在健康的孕妇中也会发生，但有时这些症状也可能是疾病的征兆，并且也可能会对妊娠女性的心理状态产生影响。

身体症状是不能预测的，而且往往也难以控制，虽然身体症状在女性妊娠头三个月是最突出的，但其症状可能在妊娠全程始终存在，或时而出现时而消失，这些症状发作的程度也可能每天都在变化。

因此，孕妇很难判断是否该用药治疗，还是只需要适应这些症状就行了。由身体症状导致孕妇对自己怀孕情况捉摸不定，便会引发一些苦恼。此外，为应对这些症状，还需要在心理上和生活方式上做出大量的适应性调整。有些孕妇发现自己在怀孕刚开始阶段必须避免闻到某些气味，有时甚至连看都不能看，因而给生活带来一些麻烦。

虽然许多孕妇在怀孕期间的某些时候会感到身体不适，但怀孕毕竟不是一种疾病，而且绝大多数孕妇并不把自己看成"病人"。在绝大多数情况下，孕妇会继续工作、照料自己的家庭和操持家务，但由于怀孕常伴有疲劳和身体不适，对情绪和心理也有不利的影响。因此，孕妇对剖腹产的忧虑和恐惧并不是无缘无故的。

**3. 预防孕期的抑郁和焦虑情绪**

电影和电视节目有时把怀孕女性描绘成情感容易异常起伏、往往控制不住自己情绪的形象。目前尚无系统的研究结果来描述怀孕期女性典型的情绪模式，大多数研究都集中在孕妇的焦虑和抑郁上。

当然，女性必须弄清妊娠期间特有的忧虑或担心，与一般的心境或情绪之间是有差别的。女性怀孕期间特有的担心在整个孕期通常都是变化着的，并且随着怀孕的进展，担心的内容和强烈程度会有所不同。

比如，在怀孕后期孕妇更多的是害怕阵痛和分娩，而怀孕中期相对于怀孕早期和晚期而言，孕妇在身体症状上的烦恼要少些。作为对照，心境或情绪属于一般的情感状态，它并不取决于怀孕期间的特定事件。

因此，问题不在于怀孕期间妇女的特有的担心是否会有变化，而在于孕妇的情绪是否稳定。研究发现，大多数孕妇在怀孕期间并不经历焦虑方面的波动，而且大部分孕妇在整个怀孕期间，其焦虑程度始终处于正常的范围内。然而，也有研究发现，女性在孕期即使会有焦虑，但在程度上是有很大的、独特的变化。

有少数女性在整个孕期都经历这种变化，有些偶尔还会变得极度焦虑。比如，某些研究发现，被调查者中有 2/3 的人在整个妊娠期伴有稳定而轻微的焦虑情绪；16% 的孕妇随着怀孕期的进展焦虑情绪不断加剧；8% 的孕妇焦虑在稳定地缓解；而 5% 的孕妇则是先加剧随后便落入焦虑深渊。

在此项研究和其他一些研究中，孕妇的焦虑模式与其年龄、受教育程度、种族背景、婚姻状况或个人特质无关。从目前看来，还没有一种简单的方法可以预先将那些在怀孕期间易变得焦虑的孕妇鉴别出来。

与怀孕焦虑的研究相比较，怀孕抑郁的研究相对较为欠缺，而且获得的结果也存在差异。其中较为深入的一项研究是评估孕妇在怀孕中期和后期的抑郁程度。在这项研究中，妊娠女性看来并不比对照组中的非妊娠女性有更多的临床性抑郁问题，这意味着她们的抑郁症状没有严重到需要治疗的程度。

不过，怀孕女性确实比非怀孕女性表现出更多的抑郁症状，如感到无助或悲哀。这项研究表明，当怀孕女性的情绪受损时，其程度不足以被认为是反常的。第二项研究发现，怀孕女性并非特别抑郁。而第三项研究中却发现，怀孕女性一般比非怀孕女性更抑郁。

根据这些相互矛盾的研究结果，我们不可能得出肯定的结论，即使大多数女性在怀孕期间容易表现出抑郁的症状，也不能鉴别发生这种症状的具体时间。不过，大多数研究认为，过去有无抑郁史是预测将来是否会患抑郁症的最可靠的根据之一，有抑郁史的人在压力增大时会引发抑郁。

因而，以前有过抑郁症状的女性，在怀孕期间可能最容易表现出抑郁症状，特别是原来就处于一定程度的压力情境下就更容易产生抑郁。

事实已经说明，怀孕女性在怀孕期间所感受到的焦虑和抑郁，是因人而异的。究其原因，在于焦虑和抑郁都是一个人对生活条件的情感反应，而生活条件在孕妇中非但各不相同，而且在整个怀孕期间也都在不断地变化。因此，把孕妇描绘成缺乏控制力、情绪剧烈波动的形象，显然并不合适。

4. 如何缓解孕期的压力和紧张情绪

大多数女性在孕期不至于极度焦虑或抑郁，但也有些孕妇表现为情绪异常，这主要是由于她们生活在压力和紧张的情境之下。因此，了解孕妇在孕期的压力和紧张状况，尤其要了解孕妇感受的这种压力和紧张情绪，是否会对胎儿有害或导致其他问题，就变得至关重要了。

（1）压力和紧张影响健康的作用机制

①直接生理途径。

直接生理途径，主要由自主神经系统、内分泌系统和免疫系统借助中枢和周围神经，对压力和紧张造成反应。

②非直接生理途径。

间接的行为途径，如吸烟、酗酒、吸毒等行为及意见分歧、争吵等其他方面而产生的影响。

压力和紧张通过这两类机制影响了人类健康，大量的研究调查了孕妇所受压力和紧张对生育结果的影响，如对新生儿体重的影响。许多科学研究发现，女性妊娠期间的压力和紧张与不良生育结果有关。比如，妊娠期间承受沉重压力和紧张的女性，较容易发生早产。

女性在孕37周以前生产就称为早产，早产儿体形偏小而且体重偏轻，因为他们在母亲的子宫里待的时间较短，还没有充分发育好。如果孕妇在怀孕期间经受了很大的压力和紧张，即使其妊娠期持续至40周，也比较容易产下低体重儿。任何重量少于2500克的新生儿，均定义为低体重儿。

新生儿体重低往往是导致婴儿死亡的最大原因，即使存活下来的早产儿和低体重儿，也容易患上神经发育方面和呼吸系统方面的并发症。某些研究表明，这样的孩童长大以后的智商偏低，在学校学习更容易遇到困难。

虽然并不是所有低体重儿和早产儿在以后的生活中都会有问题，但他们在出生后以及婴儿期会特别脆弱，而相应的医疗干预费用是非常昂贵的，这同样会对某些家庭造成极大的经济负担。

研究发现，孕妇感受到压力和紧张，会涉及以下压力情境方面的问题，如遭遇婚姻上、就业上或是经济上的问题。

（2）孕期压力的表现

①情感方面。

孕妇感到情感问题无法控制，不知所措，或是认为自己几乎无法活下去。

②应激方面。

应激方面包括情绪上的反应、行为上的反应、躯体上的反应和认知上的反应。

情绪上的反应，如焦虑或抑郁；行为上的反应，如号哭；躯体上的反应，如发抖；认知上的反应，如记忆障碍；认知上的反应，会涉及思维问题。

孕妇如果在这些方面都承受了很大的压力，那就意味着她处于较危险的境地。反之，在孕期面对困难情境的孕妇，如果感到能够处置自己的生活，并且不会受到消极情绪，如焦虑的影响，就不太可能招致很大的风险。

研究发现，孕妇对自己生活境况的负面感受有多少，则对其本人和婴儿健康的不良影响相应就有多大。换句话说，如果孕妇内心极度焦虑并感到生活压力大或不能控制，就会增加不良生育结果的风险性。关于孕妇经受紧张的研究也表明，长期的巨大压力可能比偶尔的阶段性压力更有害。

这意味着孕妇在怀孕期间经受一件或几件心烦意乱的事情，不至于有很大的风险，特别是假若她仍然保持有益健康的生活方式，同时在孕期能得到必要的照顾，以及不患有医学上的并发症，就相对安全多了，但如果孕妇始终处于很大的压力之下，其遭受不良生育结果的概率将会大大增加。

（3）压力对孕期可能导致的危害

无论何种文化背景，自古以来，都认为孕妇在怀孕期间情感状态会影响其胎儿的发育。女性在怀孕期间，心理紧张对胚胎发育过程的各个阶段都会产生不同程度的影响。比如，胎儿的生长发育情况，孕期时间的长短、婴儿出生时的体重以及新生儿的并发症，都将预示着孩子的认知、情感、行为以至于成年后的心理状况。

研究发现，女性怀孕期间大约有诸多因素会对孕妇产生影响，其中主要因素有以下几个。

①自然流产。

自然流产是最普遍的一种不良怀孕，

心理紧张会影响怀孕是人们普遍接受的一种观点，生活中不少剧烈、严重的应激事件极易导致自然流产。

②焦虑情绪

在20世纪60年代，就有研究表明，孕妇的焦虑情绪与胎儿的多动症、心动过速有关。近来一项相关的研究证明，孕妇的焦虑状态与胎儿的运动反应之间，存在一种显著的正相关。试验显示，处在高度焦虑状态的孕妇与很少有焦虑的孕妇相比，前者的胎儿对声音刺激会表现出明显的心率变化。孕妇产前紧张的试验记录中，研究人员获得了一种类似胎儿心率的应答图形。

③身体受到严重创伤。

曾有人对来自贫困山区的350名身体受到严重创伤的孕妇的研究发现，其中16%的孕妇由于受到虐待或身体受到损伤，胎儿死亡和新生儿并发症的可能性要提高3～4倍。

研究发现，胎儿的神经—行为成熟的特征标志：心跳较慢、心率变化增加、心率富有节奏感，运动活跃程度下降但更有力，且运动方式进入有规律的状态，而且随着怀孕月份的增加，心脏应答刺激的搏动反应增强。

④情绪紧张。

有研究者认为，测量孕妇长期的心理紧张程度是很重要的，它与胎儿的神经—行为成熟呈负相关，也就是说，孕妇心理压力越大，胎儿的心率变化就越少，同时，胎儿心率与机体活动之间的匹配程度也随之减弱。

早产儿即女性孕期不足37周的婴儿和新生儿体重偏轻（出生体重不到2500克），都会对新生儿短期和长期的发育乃至健康产生严重的影响。基于这些理由，孕期的长短和新生儿的体重，在与妊娠相关的研究中已成为普遍关注的研究项目。

在关于孕妇产前紧张的研究中，大约有65%包含了这两项研究项目或者其中一项。产前紧张往往根据孕妇生活中所经历的消极事件数量，偶尔根据消极事件的严重程度加以评定。首先，应弄清这些消极生活事件发生在怀孕之前还是在怀孕之后不久；其次，是测量孕妇的情感状态和鉴定长期存在哪些紧张因素。

大多数研究都采用标准的或经过修改的生活经历表，少数研究则诊察怀孕期间孕妇遭遇某些应激之后受到何种影响。这些应激包括配偶死亡、失业以及重大天灾人祸等。在研究孕妇情感方面，焦虑是最常被评估的一种情感，另外是抑郁情绪。

女性在怀孕期间如果情绪紧张或吸烟，其孩子表现为注意力缺陷障碍的比例会明显提高。在另一项病例对照的回顾研究中，让58名情感严重失调、年龄介于4～19岁之间的儿童、青少年参与调查，结果表明，这其中相当多的孩子生自非婚母亲，而且这些非婚母亲在怀孕期间与正常对照组的母亲相比，往往生活在相当不和睦的家庭环境中。她们不打算再次怀孕，因为怀孕后没有幸福感，家庭生活也不和睦。

（4）孕期压力的应对措施

在现实生活中，并非所有处在很大压力下的孕妇，都会产生不良的生育后果，即使是那些经受长期压力的也是这样。其中一个重要的原因就在于，很多孕妇从朋友、家庭和其他孕妇那里得到各种支持。

①物质支持。

物质支持包括：金钱、食物，或帮助办理需要办的事情。

②精神支持。

精神支持包括：沟通、倾听诉说和慰问，以及提供资料或忠告。

研究表明，上述社会支持可以缓解孕妇高压力可能给生育带来的负面作用。许多女性之所以能避免产前紧张不利影响的另一个原因是她们学会了如何巧妙地应对压力。这种应对，就是被心理学所定义的某个人为了减轻压力所做的任何事情，即使此目的并非完全能够达到。

③积极评价法。

缓解压力最有效的方法，是一种被称为"积极评价法"的应对方式。这种方式从积极的方面看待情境，或认为一个人可以从经受压力的过程中获得某些有价值的收益。女性在孕期采用这种积极评价法来应对，就可能感到自己身为女性并能体验怀孕过程是幸运的，也会感到有个孩子是其一生的美好目标或梦想。

④回避某种情境或某些人。

研究发现，孕妇会在整个怀孕期间都变得比较沮丧。而如果采用药物或酒精来应对这类问题，非但不能成功，反而更会加重孕妇在精神上的苦恼。由于母体内的胎儿对毒素极其敏感，因此大量使用药物和酒精在怀孕期间特别危险。

⑤把家务事重新分摊。

夫妻双方把家务事重新分摊，丈夫多承担一些，孕妇不仅获得了轻松，还获得了更多的空余时间，可以进行适度的运动和必要的体育锻炼，来提高保健的自觉性。

此外，适当的营养、休息、戒烟、戒酒和戒服麻醉药，以及定期的孕期保健，都能够缓解孕妇的压力。

⑥家庭和社会网络的支持。

对大多数人而言，家庭是最易保持心理健康的地方。如果家庭不复存在，那么孤独、绝望、自损行为、情绪处理的不良形式就会滋生蔓延。

心理健康与缺乏社会网络密切相关。当个体缺乏社会网络时，就会影响自己的心理健康。家庭是主要的社会网络单位，也是个体保持身心健康最为重要的场合。正是家庭生活使得女性增强了自己作为女儿、妻子和母亲的责任感。

家庭是一个亲近的、可靠的庇护所，因此，孕期承受高度压力和紧张的孕妇，可以寻求家庭成员和他人的帮助，其中包括亲属、朋友、保健人员、心理咨询师或其他任何能向自己提供帮助的人。

（5）提供帮助要适度

心理学研究证明，给孕妇提供数量上恰好符合她们需要的帮助是很重要的。

有一项研究发现，有的孕妇也会因其家庭成员提供了太多的帮助，整天养尊处优、无所事事，结果使得所生孩子的体重明显偏低。发生这种情况，可能是由于家属的过度介入，造成孕妇缺少个人的活动自由或自主权，结果反而使得其增加了压力和紧张。

因此，孕妇应该得到的帮助，无论在类型上还是在数量上都要适度，以避免由于过分给予的帮助而导致压力和紧张的增加。

## 怎样改变环境和空气的不利影响

现代社会经济高速发展，也带来了环境污染、生活习惯不健康等问题，孕妇在孕期要远离恶劣环境和空气的不利影响，保证自己的身体健康，这样才有利于胎儿的正常发育。

1. 大气污染对胎儿的影响

人从大气中直接吸入所需氧气，同时大气中的有害气体也不可避免地被吸入。孕妇在孕期内，对氧需求量增大，肺的通气量也在增加，这样吸入有害气体也就更多，所以大气污染直接影响孕妇与胎儿的健康。

现代医学的研究结果表明：人胚绒毛组织染色体数目和结构畸变率，与空气污染严重程度有关，胎盘对环境不良因素作用敏感，大气污染对胎盘形态和功能会产生影响。当大气污染严重时，会导致死产、死胎、自然流产、新生儿死亡和出生缺陷等情况发生。

大气的主要污染物有：磷、有机氯、二氧化硫、一氧化碳、铅、汞、氮氧化物、碳氢化合物、细菌、病毒，等等。

这些污染物主要来自现代工业生产过程中，所排放到大气中的有害气体和粉尘，以及生活中液化气及煤的燃烧、汽车尾气的排放，等等。目前，大气污染严重地区妊娠并发症发生率高，已经引起了广泛的重视。所以，怀孕期的女性要尽量避免去人多的地方，不要在工业区附近逗留，要多到环境清幽的地方散散步，这对胎儿和母体都有好处。

2. 手机、家用电器的辐射

女性怀孕后尽量少使用手机和电脑，科研人士进行的一项测试显示，手机在接通时，产生的辐射比通话时产生的辐射高20倍，因此当手机在接通阶段，使用者应避免将其贴近耳朵，这样能减少80%~90%的辐射量。

怀孕初期的女性，以尽量不使用手机为好，更不应将手机挂在胸前，以减低辐射对体内胎儿的影响。

电脑是办公室里不可或缺的办公用品，但是电脑产生的电磁辐射对细胞分裂有破坏作用，在怀孕早期可能会损伤胚胎的微细胞结构，从而导致胚胎异常，在孕早期尽量不要使用电脑。

3. 孕早期不宜进行的身体检查

X射线是一种放射线，对人体具有一定的危害，特别是对胎儿。女性怀孕3个月正是胚胎器官形成时期，照射X射线有很强的致畸作用，可使流产的发生率大大提高。

孕妇如果需要做 X 射线检查时，应避开腹部，只照需要检查的局部。如果必须做 X 射线检查时，最好做 X 射线摄片检查，摄片的 X 射线剂量远远小于透视。在孕早期做过大剂量 X 射线检查，特别是腹部检查的孕妇，可请医生做产前诊断，了解胎儿是否发生畸形。

CT 是利用电子计算机技术和横断层投照方式，将 X 射线穿透人体每个组织，它具有很高的密度分辨力，要比普通 X 射线强。所以，做一次 CT 检查受到的 X 射线照射量比 X 射线检查大得多，对人体的危害也大得多。

孕妇做 CT 检查会产生严重的不良后果。所以，如果不是病情需要，孕妇不要做 CT 检查。电脑、电视机、微波炉都有辐射，而经常被忽视的体积较小的电吹风，其副作用更大。如果孕妇在使用电吹风时，辐射源离头部较近，因此产生的辐射后果也较严重，特别是在开启和关闭时，辐射最强。

电吹风的功率越大辐射也越强，辐射会影响孕妇和胎儿的健康，严重者会导致胎儿畸形。

4. 远离噪声

噪声是胎儿畸形的诱发因素之一，在当今社会，由于科技的进步带来工业和交通事业的迅速发展，噪声污染由此也就变得严重了。通过对动物的实验，已证实了噪声会影响受精卵发育，造成胎儿畸形。

在接触强烈噪声的女性中，孕期剧吐的发生率和妊娠高血压综合征的发生率，都比其他女性高。接触强烈噪声不仅会对孕妇的健康产生危害，而且也会对胎儿产生许多不良的影响。

5. 重视二手烟的危害

二手烟对于孕妇的健康所产生的负面影响，是医学界所公认的。吸二手烟可以增加孕妇患胃病的概率，还会引起子宫动脉收缩，使母体不能顺利地给胎儿供氧，从而导致胎儿氧气不足，甚至引起胎儿畸形或导致孕妇流产。

因此，孕早期的孕妇，为了自身及胎儿的安全，一定要做好以下预防工作。

（1）请同事不要抽烟

女性要请吸烟的同事遵守国家控烟的相关规定，不要在工作地点吸烟。

（2）尽量不要去公共场所

公共场所里有人吸烟是无法避免的，实在没有办法避免就要待在空气流通的地方，尽量让自己呼吸到新鲜的空气，或者随身带一个活性炭的口罩，遇到这种情况就戴上口罩。

（3）家人不要在家里吸烟

孕妇家人应避免在家里吸烟，防止

孕妇受到影响，孕妇家人在家里吸烟时，孕妇应该加以阻止，此外，对于来家串门的客人，也劝其不要吸烟。

（4）采取净化空气的措施

如果办公室、会议室等经常有人不自觉地吸烟，也应该主动采取消除或减轻空气污染的措施，如开窗换气，摆放一些绿色植物、花卉等，或使用空气净化设备。

（5）外出应远离抽烟区域

孕妇在乘地铁或公交车上班时，尽量坐在车头等离汽车尾气较远的位置，避免吸入不良空气。

6. 清洁家中卫生死角

（1）清除家中的卫生隐患

家庭环境中会存在卫生死角，女性在准备怀孕时，就要抓紧时间和丈夫一起进行清扫。

（2）定期清洗空调

空调通风系统是室内空气污染的主要来源之一，要注意定期进行清洗。如果已连续使用3年，需由专业人员进行一次专业、系统的清洗维护。

（3）注意卫生间的各种清洁

卫生间是大量细菌的集居地，应使用消毒剂经常消毒。牙刷、毛巾放置要远离马桶。卫生间里的垃圾也要及时清除。

（4）时常清理布艺沙发

布艺沙发如果不常清洁，可能会滋生霉菌，污染居室环境。最好每周除一次尘，先用干毛巾拍打，除去浮尘，再用湿毛巾擦拭布面，隔段时间还应该把沙发布套拆下来清洗。

（5）重视厨房卫生死角

碗筷、筷筒、案板、切菜板往往会沾上细菌，最好用干净抹布擦干；筷筒还应定期进行消毒；案板要用消毒剂进行清洁。

（6）注意通风

自然空气是对房间最好的消毒方法，空气清新时，开窗通风半小时以上，是最好的除尘灭菌方法。

7. 孕妇要远离宠物

喜欢养宠物的女性一旦怀孕，就不要在家中养宠物了，不仅不能养宠物，最好也不要接近宠物。如果家中原本已经有宠物，最好将宠物寄养到朋友家，实在要养的，孕妇也要严格禁止和宠物亲密接触，以防止孕妇感染弓形虫。

女性怀孕3个月发生感染常致流产，6个月常致胎儿畸形或死胎。

女性在孕期感染弓形虫，胎儿出生后，主要表现为畸形、脑积水、小头、精神障碍等。猫的身上可能带有这种弓形虫。

猫是弓形虫的终宿主，会携带有这种病原体。所以，准备要当妈妈的女性不宜与宠物亲密接触，注意卫生并做好防护。

8. 厨房里的注意事项

在通常情况下，孕妇有严重的妊娠反应，对油烟味就会非常反感。在一般情况下，孕妇还是可以下厨房，去应付厨房里大小事宜的，如烹饪、洗碗、倒垃圾、清除灶台等。不过，为孕妇和胎儿的健康着想，有些事项要注意。

①厨房最好安装抽油烟机，因为油烟对孕妇尤为不利，也可危害腹中的胎儿。

②炒菜的油温不要过高。

③在烹饪过程中，注意不要使燃气灶直接挤压肚子，以保护腹中的胎儿。

④孕妇在拿物品时，最好不要让物品的重量超过身体一般负荷的程度。两肩不要有极为费力拉起的感觉，这样会因为使用腹部力量，而让肚子感到紧绷。

## 孕妇如何全面进行调养

女性孕育宝宝无疑是一件开心的事情，尤其对于初次怀孕的女性，孕育宝宝更显得是一个神秘的过程，怀孕期间的女性，作为一位孕妇，在生理上会发生巨大的改变，而生理的改变又会对心理产生种种影响。胎儿很重要，孕妇的心情也很重要。终于等到了期待已久的宝宝，孕妇的心情会怎样呢？在最初的喜悦之后，孕妇可能面对更多的情绪波动，因而，孕妇需要进行全面调养。

1. 保持健康的作息习惯

现代女性的消遣方式不像从前那么单一化了，上网、看电视、看小说，甚至去夜店享受都是司空见惯的事情。生活很不规律，有的女性在怀孕之后，仍不能完全调整过来。但是，养成好的作息习惯不仅个人受益，肚子里的胎儿也会因此而受益的。

所以怀孕的妇女一定要注意，应该彻底地放弃那些不良的生活习惯，每天早睡早起，保证八个小时的充足睡眠，起床之后应该适当地散散步，活动一下身体。中午也尽量安排一个小时的午休，要知道，只有孕妇生活规律了，将来胎儿出生了才会生活规律。而且，这样的生活也有助于保持良好的心情。

2. 不宜长时间看电视

有些女性喜欢看电视，在孕期又有大量的空闲时间，所以整天看电视。可是，孕妇是不适合长时间地看电视的，这对她们本身以及对腹中的胎儿都是有害而无益的，原因有以下三个方面。

（1）电视有辐射

当电视机工作的时候，会产生辐射，这种辐射我们的肉眼无法看到，但对于孕妇的影响却很大，因为它会导致胎儿畸形。所以，在看电视的时候人一定要保持足够的距离，至少要超过两米。

如果房间内长时间开着电视而不通风透气的话，待在里面的人就会感觉咽喉干燥、胸闷、咳嗽，甚至脉搏加快等，这些都严重影响着孕妇和胎儿的健康。

### (2) 久坐影响血液循环

电视节目越精彩，人的注意力就越容易被吸引，常常会因为太过专注地坐着不动而忘记了时间，但是久坐对于孕妇来说是非常不利的，严重影响到孕妇下半身的血液循环，使得本来就水肿的下肢肿得更厉害。这样会引起静脉曲张。

### (3) 节目内容影响孕妇的情绪

此外，太过吸引人的情节一般都是跌宕起伏的，孕妇在看的时候情绪也会跟着情节而起伏波动，这样的刺激一般被称为劣性刺激，对胎儿无益。长期看电视也会使孕妇作息不规律，影响健康。

所以，孕妇应该严格控制每天看电视的时间，最好不要超过三个小时，在看的时候不要一直坐着不动，可以起来走动着看。腿部水肿严重的孕妇，在坐的时候可以用小凳子将腿部垫高。孕妇看完电视之后要洗脸，以清除因为辐射而留在脸上的灰尘。长久地看电视，对孕妇的眼睛也不好。

### 3. 孕妇不要长久待在家里

女性当上准妈妈之后，会发现自己突然变成了小心轻放的"易碎品"，如果逛商场超市，担心超市人多，不小心碰到怎么办？商场的空气污浊，人来人往，病菌肯定很多，万一感冒了怎么办？逛公园，做运动，也是不行的，万一摔倒了怎么办？运动不慎，受伤了可不好。于是，这也不行，那也不行，孕妇只好待在家里不出门。

其实，孕妇是需要运动的，但运动的时间和类型很有讲究。怀孕的前三个月，正是胎儿发育的关键时期。这个时候，胎儿需要大量的营养来保证脑部发育。同时，各种病毒对胎儿的影响最大。因此，孕妇需要保证身体健康，防止过度劳累，也不能到人多气息杂乱的地方，以免感染病菌。

强烈的妊娠反应也会加重孕妇的不适感。因此，孕妇需要简单的运动来保持身心健康，要每天到空气清新的地方散步半小时即可。

度过了前三个月的危险期，在接下来的三个月中，孕妇的妊娠反应减少，胎儿基本稳定。身体状况良好的孕妇可以适度地增加运动量，做些步调简单、运动量小的如游泳、孕妇操、孕妇瑜伽、散步之类的运动，加强骨盆肌肉锻炼，为生产做准备。

如果身体健康良好，孕妇还可以在此时进行短期旅行。另外，此时需要避免进行跳跃运动、腹部运动等爆发力强或与他人身体有接触的运动。

到了孕期最后三个月，孕妇需要减少活动量，只做最简单的散步运动，避开人员流量大的地方，出行最好有人陪伴。此时，腹部重量增加，脊柱压力加大，孕妇容易感觉疲惫，因此需要减少活动时间，但仍然要保持散步的习惯。

孕妇如果缺少运动，会影响到胎儿的正常分娩，导致胎位不正、生产困难。胎儿依靠脐带获得营养，孕妇通过运动可以排出身体中的废物，让胎儿得到更多健康营养；孕妇的适度锻炼，可以保证体力，保持健康，孕妇的抵抗力越强，胎儿生长越健康。

### 4. 孕期不要养宠物

女性天生对毛茸茸的动物有好感，喜爱猫、狗等带毛动物，在家饲养多只宠物的女性不在少数。家有宠物，确实能够为职场女性带来很多欢乐，减轻因工作产生的烦躁感。不过，准备怀孕生子的职场女性，需要控制自己的喜好，更加谨慎地对待家中可爱的宠物。成年人能够抵御的病菌，对胎儿来说，可能是致命的。

（1）带毛宠物能带来危险

柔弱可爱的宠物，是我们忠实的朋友。喜爱小动物的女性，甚至会把家中宠物当成子女照顾。生活在都市中的宠物往往会受到主人的良好照顾，主人们不但会给它们按时清洗身体，还会为其打预防针，确保宠物不会对人体健康造成伤害。

动物身上携带的病菌、寄生虫等，很可能对动物本身没有太大的伤害，但传染给人类之后，对人类的伤害却是致命的，比如从猴子身上传染到人体的艾滋病毒，从禽类传染到人体的禽流感病毒等严重致命病毒以及狂犬病、猫抓病、弓形虫感染，等等。

成年人对可治愈病毒有一定的抗体，但还在孕妇身体中成长的胎儿却没有那么强的抵抗力。这些病菌、寄生虫，特别是弓形虫，可能引起胎儿畸形或导致妊娠中止，即使孩子健康出生，其患病的可能性也远远高于一般孩童。

（2）孕妇要避免病菌、寄生虫感染

有的女性认为，只要搞好宠物卫生，就能避免病菌、寄生虫感染。其实不然，宠物体内潜伏的病菌等可不是那么容易被杀死的。它们生命力极其顽强，拥有漫长的潜伏期。

病菌可能通过宠物的唾液传播，还可能通过宠物身上的寄生虫传播。不要觉得自己不靠近宠物就能避开各种威胁。只要宠物在家中生活，掉落的宠物毛就可能引起孕妇感染。孕妇因为怀孕，身体器官的负担加重，身体敏感度有一定程度的增加，宠物毛还可能引起孕妇的过敏症，而腹中的胎儿是无法抗拒各种感染的。

孕妇最好不要在家中养宠物，也不要去有宠物的家庭做客，更不要随便触碰流浪宠物。即使孩子出生，也不要放松警惕，幼儿的抵抗力并不高，必须防止病菌、寄生虫感染。

### 5. 孕妇忌大吃大补

很多女性在怀上胎儿之后，都希望在饮食上补充到位，以保证腹中胎儿的营养。然而，补营养的想法虽正确，但方式却不一定对，很多孕妇在补充营养的时候很容易陷入误区，结果就是积极的作用没有起到，反而给自己的身体带来了一些负面影响。

其实，孕妇是忌大吃大补的，盲目地食用一些传统意义上的补品并不一定适合每一个人。孕妇应该根据自己的体质来进补，才会给腹中胎儿增加适当的营养。

生活中，一些孕妇进补有哪些误区呢？

（1）盲目食用保健品

随着保健品的种类越来越多，市场上很多包装华丽的保健品过度地宣传自己的功效。一些生产厂家抓住孕妇一切为了胎儿的心理，把自己的产品吹嘘得神乎其神。因此，孕妇在挑选保健品的时候一定要有一个判断力，了解自己的身体缺少什么，再去补什么，而且很多时候保健品的功效未必有新鲜食物那么好，而且有的保健品根本不适合孕妇食用。因此，孕妇在选择保健品之前，最好咨询相关的医生，而不是盲目地进补。

（2）以为吃得越多越好

民间的说法就是，当女性怀孕之后就是双身子，那么吃东西的时候也应该一个人吃两人份，所以有的孕妇即使胃口不好也会逼迫自己多吃些东西，觉得只要自己多吃了，就会到达胎儿身上。其实，孕妇吃进去的东西能否被胎儿很好地吸收，是最重要的。

孕妇不在于吃了多少，而是吃什么，怎样搭配，营养才能够更好地被胎儿吸收。

（3）过多地吃有营养的东西

很多孕妇会认为，既然不知道东西应该怎样搭配，那么多吃些有营养的东西准没错。可是，营养叠加并不代表双重的营养，更不代表这些营养胎儿都能吸收。而高营养的食物往往会堆积在孕妇体内形成脂肪，这不仅会让身材更加臃肿，而且会让她们更懒得运动，导致生产的时候比较困难，甚至可能导致糖尿病等。

（4）认为补钙就要喝大骨头汤

老一辈的人通常会觉得大骨头是非常宝贵的东西，孕妇补钙就应该经常喝大骨头熬的汤。其实骨头汤的补钙能力远赶不上牛奶，因为骨头里的钙质很不容易溶解在汤中，而且，过多地喝骨头汤会感到很油腻，会影响到孕妇的胃口。

（5）认为食物都要吃精致的

因为有了胎儿，孕妇自己就变成了全家的宝贝，吃东西当然要选最精致的。其实这种观念存在误区，太过精细的食物已经丧失了其本身的营养。孕妇的饮食当中应该适当地搭配粗粮、粗纤维食物等，这样才有助于她们营养均衡、顺利地排便。

（6）相信未必可靠的传统观念

民间有一个说法：多吃龙眼，生出来的孩子眼睛才会又大又圆。这种说法没有任何科学依据，龙眼是热性水果，多食会导致上火。

此外，吃人参大补元气，孕妇能否食用要遵医嘱，盲目食用对身体是有伤害的。

6. 乱吃酸味食物

民间向来有"酸儿辣女"之说，而且很多女性在怀孕之后也喜欢吃酸味的食物。有人说喜吃酸就是怀了儿子，并没有什么科学根据。为了调节食物味道，孕妇可以适量地吃一些酸味食物。

（1）为何孕妇喜吃酸味食物

女性在怀孕之后，胎盘当中会分泌

出一种激素,名叫绒毛膜促性腺激素,这种激素会作用于胃酸,抑制其分泌,使得孕妇的食欲下降,并且产生恶心呕吐、四肢无力等症状。酸味的食物则能够刺激胃酸的分泌,使得消化酶的活性提高,孕妇便会产生食欲。所以,正常人吃酸味食物会觉得胃难受,而孕妇则刚好觉得对口味。

孕妇在怀孕两个月之后,胎儿的骨骼开始生长,这就需要大量的钙质,想要让身体内的游离钙形成钙盐沉积到骨骼中,就需要酸的参与。

另外,维生素 C 不仅能够增加母体的抵抗力,而且可以促进孕妇对铁的吸收。而许多酸性的水果都富含维生素 C。

所以,孕妇吃酸的食物刚好能够满足身体的需要。但是,喜欢吃酸味食物也是有禁忌的,并不是任何酸味食物都适合孕妇食用。

(2) 不可多吃腌制的酸菜、泡菜

很多腌制的酸菜、泡菜都酸味十足,有的孕妇就喜欢食用这类食品。但是,蔬菜经过腌制以后,已经基本丧失了其本身的维生素,尽管有一些矿物质含在里面,但也同时产生了很多亚硝酸盐。这类物质有致癌性,多食对胎儿影响严重。

与其选择那些腌菜泡菜,不如吃一些水果来调节。吃水果不但能够缓解妊娠反应带来的不适,还能够保证摄入足够的维生素。但是,水果当中,山楂虽然味道很酸,却不适合孕妇食用,因为山楂具有让子宫收缩的作用,孕妇如果食用了较多的山楂,很可能引起流产。

酸奶倒是个不错的选择,不但富含益生菌,而且能够促进人体的消化吸收,很适合孕妇食用。

## 哪些营养素最易被孕妇忽视

孕妇营养状况的好坏,直接影响胎儿的生长发育。孕妇应该去做生化检查,看是否存在营养不良的问题,然后有针对性地调整膳食并吃营养素补充剂。

1. 营养素补充剂的重要作用

营养素补充剂能够提供孕前优质的营养储备,孕前 3~6 个月是调整营养结构的最佳时期,为优孕优生做好充分的营养储备,是有效避免女性怀孕后发生营养失调的重要措施。

只有增强孕妇孕期体质,才能维护母婴健康。许多营养素都和人体免疫功能密切相关。适当增加多种营养素的摄入,除了能减轻妊娠期不适以外,更有助于减少孕妇怀孕间感冒发生的概率,预防流产、早产以及大大降低出生缺陷的发生。同时,对胎儿神经细胞与脑细胞的发育也有促进作用,令出生后的宝宝体格强健。

2. 需要补充不同营养素的孕妇

(1) 妊娠呕吐严重的孕妇

在孕期,有些孕妇呕吐现象比较严重,此时,为了保证母体及胎儿健康之需,就应补充营养剂。比如服一些 B 族维生素和维生素 C,还可以减轻妊娠反应的不适。

(2) 挑食、偏食的孕妇

每个人的饮食习惯不同，膳食结构也各有差异，孕妇要纠正挑食偏食的习惯，以保证胎儿正常发育。比如，有些人极不喜欢香菜、茴香的味道，总是避而远之，但是，这些蔬菜里含有丰富的类胡萝卜素，若长期偏食就会导致这种维生素缺乏，发生营养不良。因此，孕妇要纠正挑食偏食的习惯，以保证胎儿正常发育。

孕妇的能量都是从食物中获得的。绝大多数的食物都由 5 种基本的营养素组合而成：蛋白质、碳水化合物、脂肪、维生素和矿物质。随着人们生活水平的提高，饮食中蛋白质、碳水化合物和脂肪的摄入通常是比较充足的，因为大部分维生素和矿物质在人体中的含量都很低，需求量也较小，所以，在平时只要平衡膳食就足够了。

3. 孕妇最需要哪些营养素

有些维生素和矿物质，因为孕期的需求量比平时明显增加，孕妇如果不增加摄入量，就很可能会引起体内的含量较低，使胎儿的生长发育受到影响。

(1) 铁

女性从准备怀孕开始，就要注意补铁，随着怀孕时间的增加，孕妇对铁的需求量会不断地增长，如果得不到铁的补充，必然会影响到孕妇和胎儿的健康。

(2) 叶酸

叶酸是 B 族维生素中的一种水溶性维生素，对细胞代谢、生长都有很大的作用，特别是对维持胎儿神经细胞发育、减少先天异常等有着重要的作用。

叶酸最佳的补充时间是怀孕前 3 个月至孕早期，遵医嘱可以每天补充，以弥补食物中叶酸摄入的不足。

(3) 镁

补镁对孕妇及胎儿健康有很大的作用，孕妇镁的摄入量常常不足，即使孕期饮食较为合理，其他营养都能达到供给量标准，镁常常也仅能满足需要量的一部分。因此，孕妇应该重视补镁，多吃含镁丰富的食物。

镁离子主要的功能在于让受伤的细胞得以修复，此外，它也能让骨骼和牙齿生成更坚固、调节胆固醇以及促进胎儿的脑部发育。胎儿发育离不开镁元素。如果孕妇在妊娠期缺镁，有可能导致子宫胎盘系统的血管痉挛，可发生胎儿宫内发育迟缓。另外，孕期缺镁还可引起流产、早产和胎儿发育异常、胎儿精神及生理障碍。

在一般情况下，孕妇可以多吃富含镁的食物，从食物中就可获取所需的镁。香蕉、香菜、小麦、菠萝、花生、杏仁、扁豆、蜂蜜、绿叶蔬菜、黄豆、芝麻、核桃、玉米、苹果、麦芽、海带等食物中都含丰富的镁。

如果食物中镁的含量不足，就需要额外补充，应该咨询医生，医生会根据具体情况推荐含镁的药物给孕妇服用。切不可自行加量服用，如果孕妇体内镁的含量太高，就会形成镁中毒，严重者，还有可能抑制呼吸和心跳。所以，孕妇补镁要适量。

（4）钙

由于胎儿发育的需要，要从母体摄取大量的钙质，如果孕妇钙摄取不足，自己骨骼中的钙质便会分解，以补充血钙的不足来供给胎儿。孕妇血钙不足会导致小腿肌肉痉挛和抽筋，重则出现骨骼软化，甚至牙齿脱落。胎儿缺钙，易在出生后患颅骨软化、前囟门闭合异常以及肋骨串珠、鸡胸或漏斗脑等佝偻病。

孕妇还应多吃一些含钙丰富的食物、绿色蔬菜，如甘蓝、花椰菜等，小虾米皮含钙特别丰富；豆腐及豆干因在主产过程中加入了石膏（硫酸钙），因此含钙量远比豆类高。

孕妇在煨排骨汤时，不妨加些醋，以促进骨头中钙的溶出，也可作为膳食中钙的好来源；骨粉、蛋壳粉是良好的钙补充品。必要时孕妇遵医嘱还可补充钙剂，但钙剂的补充一定要合理、科学、规范。

此外，孕妇多晒太阳也可提高钙的吸收利用，因此孕妇要多晒太阳。

4. 多喝牛奶

牛奶含有钾、磷、碳水化合物等多种营养素，孕妇在孕期间每天饮用牛奶和不喝牛奶，生下的婴儿体重有很大差别。

根据中国营养学会制订的钙供应量标准，孕早期钙供给量为800毫克，孕中期为1000毫克，孕晚期为1500毫克。补钙最好从食物中获取：食物中钙的来源以奶和奶类制品最多，不但含量丰富，而且吸收率高，孕妇最好每天早、晚喝牛奶各250克，可补钙约600毫克。

据统计，孕妇每天多喝一杯牛奶，孩子出生时的体重平均会增加41克，同时，如果母亲在怀孕期间缺乏维生素D的摄入，孩子的骨骼发育将会受到影响，长大后也容易患骨骼疏松症和容易骨折。

酸奶是在消毒牛奶中加入适当的乳酸菌，经过发酵制成的，使牛奶的蛋白质发生凝固，结构松散，容易被人体内的蛋白酶消化。另外，牛奶中的乳糖经发酵，已分解成能被小肠吸收的半乳糖与葡萄糖。因此，可避免某些人喝牛奶后出现的腹胀、腹痛、稀便等症状。

由于乳酸能产生一些抗菌作用，因而酸奶对肠道中有害微生物的生长有一定的抑制作用。酸奶含有别具一格的丰富营养，对孕妇、产妇更为适宜。孕妇需要注意的是切不可把保存不当受到污染而腐败变酸的坏牛奶当作酸牛奶喝。

5. 适量吃粗粮

（1）粗粮营养价值高

红薯、玉米、糙米等粮食作物，虽然不如精米、白面等好吃，但是这些食物中的营养丰富、纤维素多，被人体吸收以后，不但能补充身体所需的营养，还能够刺激肠道蠕动，减少毒素的吸收，预防便秘和肠道肿瘤等疾病的发生。

孕妇比较合理的营养摄入为：每天选择多种粗粮，在此不是强调数量的多少，而关键是种类要丰富。可以多吃几种，如燕麦、玉米、红豆等，因为各种食物里面含有的营养成分不同，对胎儿的发育很重要。

（2）孕妇吃精粮的误区

将糙米碾成精米的过程中，丢失了很多营养素，如果孕妇长期吃精米，而不摄入其他含矿物质或维生素多的食物，就会引起磷和钙等微量元素以及烟酸、核黄素等摄入不足，导致多梦、气喘、骨质疏松、胸腹胀满、心跳增快、水肿、食欲不振、恶心、呕吐、健忘、烦躁不安、人体机能紊乱、精力不集中等多种不适，从而诱发神经炎、口角炎、角膜充血、睑缘炎、脂溢性皮炎等病症，对胎儿发育极为不利。

# 忌吃的食物和有利于排毒的食物

女性打算怀孕时，应在怀孕之前6个月起就开始注意饮食，多摄取有助于排毒的食物。此外，有些食物对孕妇有害，应忌食。

1. 孕前忌吃的食物

（1）忌食芦荟

芦荟能使女性骨盆处的内脏器官充血，促进子宫运动，孕妇食用，极易引发腹痛，导致严重出血或流产。

（2）忌食桂圆

桂圆性热，而女性怀孕后易阴虚引起内热，食用桂圆会热上加热，引起胎动不安，容易导致孕妇阴道出血、腹痛、流产或早产。除桂圆外，一切温热、大补之品，均不宜服用。

（3）忌食发芽和久储的土豆

发芽的土豆有毒，多数人已有警惕，但未发芽而久储存的土豆，孕妇也不可吃，因为食用这类土豆后，能使肠道分泌液减少，从而造成肠道干燥和便秘。

（4）忌食马齿苋

马齿苋汁对于子宫有明显的兴奋作用，能使子宫收缩次数增多、强度增大，易造成孕妇流产。

（5）忌食螃蟹

螃蟹味道鲜美，但其性寒凉，有活血祛瘀之功，因此对孕妇不利，尤其是蟹爪，有明显的堕胎作用。

（6）忌食甲鱼

甲鱼具有滋阴益肾之功，但是甲鱼性寒、味咸，有着较强的通血络、散瘀作用，因而易导致堕胎，尤其是鳖甲，其堕胎之力比鳖肉更强。

2. 孕前多吃有利于排毒的食物

（1）猪、鸭、鸡、鹅等动物血液

猪、鸭、鸡、鹅等动物血液中的血红蛋白被胃液分解后，可与侵入人体的烟尘和重金属发生反应，提高淋巴细胞的吞噬功效，此外，还有补血作用。猪血等富含氨基酸、铁、钙、磷、钾、铜、锌等人体必需的营养素，适宜贫血及体弱的女性食用。准备怀孕的女性每周应该吃1~2次畜禽血。

（2）黄豆芽、绿豆芽

无论黄豆、绿豆，发芽后含有多种维生素，都能够消除女性体内的致畸物质，并且促进性激素生成。

（3）海鱼

海鱼含多种不饱和脂肪酸，能阻断人体对香烟的反应，并能增强身体的免疫力。海鱼更是补脑佳品。

（4）春韭

春韭又称"起阳草"，富含挥发油、硫化物、蛋白质、纤维素等营养素。春韭温中益脾、壮阳固精，其纤维可帮助吸烟饮酒者排泄体内的毒素。女性在怀孕之前半年内可以食用，但怀孕后应慎食用。

（5）海带

海带含有丰富的营养成分，对放射性物质有特别的亲和力，其胶质能促使体内的放射性物质随大便排出，从而减少积累和减少诱发人体机能异常的物质。

（6）鲜果、鲜菜汁

鲜果、鲜菜汁能供给人体所需要的各种营养，清除体内堆积的毒素和废物将它们排出体外。

# 孕中期如何调养身体

随着早孕反应的各种不适慢慢减轻和消失，孕妇的身体也会随之好转，胃口大增。孕妇早孕反应停止后，此时应多提供高质量的饮食，以满足胎儿的需要。多摄入蛋白质、钙、维生素等营养物质。

1. 增加营养

此期孕妇和胎儿能量需求及代谢增加，孕妇需要增加热量和与能量。胎儿快速发育需要大量的蛋白质，孕妇每日摄入的蛋白质应不低于80~90克，并应注意合理搭配，可多食用肉类、鱼类、奶类、大豆等富含优质蛋白质的食物。妊娠中孕妇开始为分娩和哺乳储备能量，怀孕24周时胎儿也开始储备脂肪，使得脂肪需要量增加，应适量补充脂肪。同时要注意植物油和动物油的适当比例，植物油含必需的脂肪酸更丰富，不应忽略。

2. 少食多餐

怀孕中期，孕妇会食欲大振，每餐摄入量可能有所增加，但随着孕期进展，子宫在腹腔可能挤到胃，每餐后易出现胃部胀满感。孕妇可适当减少每餐摄入量，做到以适宜为度，除三餐之外，再安排加些辅食，每天吃5~6餐。

孕妇每天早晨起床前或刚起来时，最好先喝一杯开水，要少吃含糖多和含盐多的食品，怀孕因为糖过量会引起发胖，而盐分吸收太多，会引起水肿甚至妊娠中毒症。

3. 少量多次补钙

孕妇此时少量多次补钙，比一次大量补钙吸收的效果要好得多。吃钙片时，可选择剂量小的钙片，每天分两三次口服。同样的道理，500毫升的牛奶，假如分成两三次喝，补钙的效果明显要好于一次全部喝掉。

钙很容易和植酸、草酸等结合，从

而影响钙的吸收。所以补钙的最佳时间应是在睡觉前或两餐之间，因为血钙的浓度在后半夜和早晨最低，因此最好是在晚饭后休息半小时再补钙。

用1千克的肉骨头煮汤约2个小时，汤中的含钙量仅为20毫克左右，因此用肉骨头汤补钙是远远不能满足补钙的需要的。另外，肉骨头汤中的脂肪含量很高，喝汤的同时也摄入了脂肪，所以，孕期不要将此作为唯一的补钙方式。

维生素D能够促进钙的吸收并调节钙磷代谢，除服用维生素D以外，孕妇还可通过晒太阳的方式在体内合成。因此孕妇每天只要能够在阳光充足的室外晒一两个小时以上，就能够合成足够的维生素D。需要提醒的是，维生素D摄入过量，会引起食欲减退、恶心、呕吐、乏力以及心律不齐等副作用。

4. 科学搭配营养食物

进入孕中期，孕妇的食欲逐渐好转，这时，不少孕妇在家人的劝说及全力配合下，开始了大规模的营养补充计划。不仅要把前段时间的营养损失补回来，还要在孕晚期胃口变差之前，把营养储存个够。其实，孕妇在补充营养的时候，只要科学搭配，就能摄取自己所需要的营养。怎样搭配食物才更有营养价值呢？

①豆类蛋白质为优质植物蛋白质，营养价值较高，谷类中蛋白质营养价值较低。豆类与谷类混合食用，可起到"蛋白质互补"的作用。

②小米、燕麦、高粱、玉米等杂粮中的矿物质含量丰富，人体不能合成，只能靠从外界摄取，因此，孕妇不能只吃菜、肉，而忽视主食。

③酸性食物包括含硫、磷、氯等非金属元素较多的食物，如肉、蛋、禽、鱼虾、米、面等；碱性食物主要是含钙、钾、钠、镁等金属元素较多的食物，包括蔬菜、水果、豆类、牛奶、茶叶、菌类等。孕妇要均衡饮食，科学搭配。

5. 不宜多吃干食

孕妇只吃干食会影响肠胃吸收，容易形成便秘；而光吃稀食则容易造成维生素的缺乏，宜多吃蔬菜。绿色、红色、黄色的蔬菜，所含的胡萝卜素、铁、钙等优于浅色蔬菜。浅色蔬菜可用于调剂口味，但菜篮子里要以深色菜为主。

6. 吃一些零食

孕中期孕妇的食欲大增，吃些零食肯定是常有的事。可是如何吃零食，才能既满足孕妇的口腹之欲，又有利于胎儿的发育呢？下面就推荐一些既好吃又营养的零食。

（1）板栗

板栗营养丰富，有健脾养胃、补肾强筋等的功效。孕妇常吃板栗，不仅健身壮骨，还有利于骨盆的发育成熟，同时缓解孕期的疲劳。

（2）奶酪

奶酪是牛奶浓缩成的精华，含有丰富的蛋白质、B族维生素、钙和多种有利于孕妇吸收的微量营养成分。天然奶酪中的乳酸菌有助于肠胃对营养的吸收。

（3）葡萄干

葡萄干含铁量非常高，能补气血，可以预防孕期贫血和水肿，但身材偏胖或患有妊娠期糖尿病的孕妇要少吃。

（4）核桃仁

核桃仁含有丰富的维生素E、亚麻酸以及磷脂等，其中亚麻酸对促进胎儿的大脑发育有很重要的作用。核桃仁还有健胃润肠的效果，但孕妇要注意，核桃仁脂肪含量高，要适量吃。

（5）海苔

海苔含有多种微量元素和大量的矿物质，有助于维持人体内的酸碱平衡。而且海苔热量很低，纤维含量很高，对孕妇来说是很好的零食。

（6）酸奶

酸奶可以调理肠胃，并提供优质蛋白质。

（7）苹果

苹果酸甜爽口，可增进食欲、促进消化，可以减轻孕妇的妊娠反应，有助于胎儿发育。

（8）全麦面包

全麦面包营养丰富，还能增加孕妇体内的膳食纤维。

（9）大枣

大枣富含维生素C和铁，大枣做成的红枣粥，是孕妇的最佳补品。

## 孕妇最需要哪些营养

女性怀孕中期，胎儿发育迅速，孕妇身体不适和情绪明显好转，身心情况稳定，食欲旺盛，食量增大。这时应多摄入蛋白质、植物性脂肪、钙、维生素等营养物质含量丰富的食物。

1. **应多吃含铁的食物**

怀孕中期是最易发生生理性贫血的时期，应多吃含铁的食物，如动物肝脏、动物血及海藻、绿色蔬菜等。孕妇要避免每餐进食过多，不要太饥饿了才去吃东西，也不要一次喝入大量的水或饮料，尤其要避免喝浓茶、咖啡等，因为这些饮料可加重食道肌肉的松弛，加重"灼热"感。

2. **多吃含钙高的食物**

孕中期的女性进入补钙关键期，这时胎儿开始形成骨骼、牙齿、四肢，大脑也在持续发育。因此，对钙质的摄取就显得更为迫切了。在日常饮食中除了保证蛋白质、维生素、糖类、矿物质的基本供给外，还应特别注意补充含钙食物。

钙是构成牙齿和骨骼的重要材料，胎儿所需要的钙通过母体获得，如果母体供给不及时，胎儿可要不客气地从母体的骨骼中"抢"了，这很容易造成孕妇的腰酸背痛、腿抽筋。因此孕妇要注意多吃些鱼、虾皮、牛奶、奶制品、芝麻酱、鸡蛋、豆腐等含钙丰富的食品，同时多晒太阳，促进钙的吸收。

如果缺钙严重，就需要在医生的指

导下服用钙片，切不可自己盲目补钙，因为钙过量也会产生许多危害。

3. 宜吃豆类食品

豆类食品是健脑食品，孕妇适量吃豆制品，将对胎儿智力发育有益。大豆中含有相当多的氨基酸和钙，正好弥补米、面中营养的不足。谷氨酸、天冬氨酸、赖氨酸、精氨酸在大豆中的含量分别是米中的 6、6、12、10 倍，而这些营养物质都是脑部所需的重要营养物质，可见大豆是很好的健脑食品。

大豆中蛋白质含量占 40%，不仅含量高，而且是适合人体智力活动需要的植物蛋白。因此，从蛋白质角度看，大豆也是高级健脑品。

大豆脂肪含量也很高，约占 20%。在这些脂肪中，油酸、亚油酸、亚麻酸等优质多不饱和脂肪酸又占 80% 以上，这也说明大豆是高级健脑食品。

与大豆相比，黑豆的健脑作用更明显。而毛豆是灌浆后尚未成熟的大豆，含有较多的维生素 C，煮熟后食用，也是健脑的好食品。豆制品中，首先值得提倡的是发酵大豆，又称豆豉，含有丰富的 B 族维生素，其含量比一般大豆高约 1 倍。B 族维生素在谷氨酸代谢中起着非常重要的作用，而谷氨酸是脑部的重要营养物质，多吃可提高人的记忆力。

豆腐也是豆制品的一种，其蛋白质含量较高，因此，豆腐是非常好的食品。其他如油炸豆腐、冻豆腐、豆腐干、豆腐片、卤豆腐干等也都是营养丰富的食品，可搭配食用。

豆浆富含植物蛋白质，孕妇应经常喝豆浆。

4. 食欲不振的孕妇如何调养

孕妇在早孕时营养不良，就要设法提高食欲，在食物的选择、加工以及烹调过程中要多下功夫。

（1）调养方法

孕妇可以采用以下几种方法调养。

①食物外在形态要能够引起食欲。

食物外在形态要能够引起食欲，同时还要清淡爽口、富有营养。如番茄、黄瓜、柿子椒、茄子、胡萝卜、哈密瓜、苹果等，它们色彩鲜艳、营养丰富，很诱人的食欲。

②应该选择易消化、易吸收的食物。

孕妇要选择易消化、易吸收的食物，比如面包、饼干、大米或小米稀饭。面包、饼干能减轻恶心、呕吐症状，大米或小米稀饭易消化、吸收并能补充因恶心、呕吐失去的水分。

③在进食过程中应保持精神愉快。

孕妇在进食时听听轻松的音乐，在餐桌上放一些鲜花点缀一下，这样都能有效地减轻早孕呕吐所致的烦躁，从而增加食欲，让胎儿得到充足的营养。

（2）轻度妊娠呕吐的饮食纠正

①少食多餐替代三餐。

孕妇不要限制自己进食，要多吃含蛋白质和维生素的食物。

②吃流质、半流质的食物。

孕妇可吃流质和半流质的食物，如粥、面片汤。

③可吃凉食。

有的观点主张孕妇不吃凉食，但这种说法没有充分的医学依据。孕妇可适当吃凉食。

（3）重度妊娠呕吐的饮食纠正

孕妇首先要少吃油腻、过甜和辛辣的食物，多吃清淡食物。此外，营养价值比较高的食物也应多吃，如藕粉、豆浆、鸡蛋、牛奶，等等。

孕妇要按照自己的口味去吃，即使自己喜欢的食物营养价值不是很高，但只要能吃进去且对胎儿没有不良影响就好，这样比吃不进或吃了呕吐好。

早上起床就有呕吐的感觉，孕妇可以先吃点自己想吃的东西后再起床。不管是否呕吐，只要能吃进去就要大胆去吃。即使吐了再吃，也要不断地吃。

（4）可缓解孕吐又有营养的食物

①饮料类。

饮料类有柠檬汁、苏打水、纯果汁等。

②蔬菜水果类。

蔬菜水果类有各种新鲜蔬菜和水果等。

③谷类食物。

谷类食物有面包、麦片等。

④蛋白质类食物。

在烹调各种肉类时，最好使用水煮、水煎、清炖、清蒸、爆炒的烹饪方法，尽量不吃红烧、油炸、油煎、酱制等味道厚重的肉类。

⑤奶制品。

奶制品不但营养丰富，而且不占很大胃内空间，所以喝奶是很好的。如果不爱喝鲜奶，可喝酸奶，也可吃奶酪、奶片、黄油。

# 女性孕期营养食谱

女性在孕期内，一定要注意营养，只有摄入均衡的营养，腹中的胎儿才会茁壮成长。首先应注意养成良好的饮食习惯，不挑食，不偏食，保证全面、合理的营养，对于蛋类、碳水化合物、矿物质、维生素和水都应保证摄入量。

1. 孕妇为什么要注意饮食营养

女性在怀孕的第一个月，胎儿神经系统、血液循环系统和肝脏、脐带开始发育，要保证丰富的营养，才能保证胎儿脑细胞和神经系统健康发育，所以孕妇一定要注意饮食营养。

（1）孕妇所需要的日常营养食物

①粗粮、米饭、面食等主食。

早中晚三餐，三餐分布的比例为3:4:3；遵循"早餐吃好，中餐吃饱，晚餐吃少"的原则。

②孕妇每天要摄入150克左右动物性蛋白，50克左右的植物性蛋白。

③孕妇要食用动物的肝和肾、蛋黄、水果、蔬菜。

孕妇还要食用牛奶、奶粉、酸奶、豆类、豆制品、紫菜、海带、虾皮等。早期怀孕4个月以内不建议过多补钙。

孕妇在食用动物内脏、瘦肉、紫菜、海带等食物时,要避免与茶一起喝,以免影响铁元素的吸收,而且孕妇最好不要喝茶,更不宜喝浓茶。

④孕妇要食用富含纤维素的蔬菜、水果、干果,如苹果、杏、香蕉、柑橘、西红柿、土豆、芝麻、葵花子,等等。

2. 孕妇营养食谱

(1) 枣莲汤

材料:

大枣100克,莲子50克,冰糖20克,湿淀粉适量。

制作:

①将大枣洗净泡发,莲子用少量清水泡15分钟。

②锅中放清水700毫升,将大枣、莲子、冰糖放入,煮沸后改小火煮15分钟,将湿淀粉放入,用汤勺搅拌,大火煮沸即可。

功效:补血益气。

适合孕期食用,也可当作两餐间的饮品。

(2) 核桃饼

材料:

山药500克,面粉150克,核桃仁100克,果脯50克,蜂蜜、白糖、猪油和湿淀粉各少许。

制作:

①将山药放入锅中蒸至熟透,剥去外皮,放入面粉,揉成面团,做成圆饼状,放在平盘中,饼上面摆核桃仁果脯,上屉蒸3分钟。

②将白糖和猪油下锅,大火加热,加入蜂蜜和湿淀粉调匀,等到白糖溶化、汁变黏稠,淋在核桃饼上少许调味后便可食用。

功效:山药、核桃仁、蜂蜜都是对身体很有益的食物,孕妇食之,有利于优生。

(3) 黑木耳炒黄花菜

材料:

黑木耳20克,干黄花菜80克,葱1小段,素鲜汤100毫升,水淀粉1大匙,盐、植物油各适量,鸡精少许。

制作:

①将黑木耳用温水去蒂洗净,撕成小朵;将干黄花菜用冷水泡发,择洗干净,沥干水后备用。葱洗净,切末备用。

②锅内放植物油烧热,放入葱末爆香后放入木耳、黄花菜煸炒均匀。

③放入素鲜汤,烧至黄花菜熟后放入适量盐、鸡精,用水淀粉勾芡即可。

功效:这道菜味道可口,还可以补气强身、滋养益胃,适合贫血及有出血性疾病的孕妇食用。

(4) 鸡汤面片

材料:

鸡汤400毫升,面团1小块,番茄1个,鸡蛋1个,豌豆1大勺,鸡精、盐各适量。

制作：

①将番茄切块，鸡蛋打散，面团擀成薄片，切成两指宽的条。

②将豌豆放入鸡汤中烧开，把宽条面逐条抻长，下入汤锅，煮至面片呈半透明时放入番茄，再开锅时淋入打散的鸡蛋液，蛋花熟时可尝一下味道，加入盐和鸡精调味即可。

功效：面食比大米好消化，便于孕早期孕妇消化吸收。

3. 注意饮食安全

为了保证孕妇的健康，日常要避免饮用受污染的水。家庭饮水机应定期清洁，将内胆的残液倒掉。最好食用无污染的蔬菜和水果，避免食用受污染的食物或霉变食物。

如果孕妇怀孕之前有饮茶的习惯，从现在开始最好不要再饮浓茶。饮茶好处固然不少，但茶碱太多也有坏处，其中的咖啡因含量也不低。

另外，茶叶中还含有大量的鞣酸，它可与食物中的铁元素结合成为一种不能被身体吸收的复合物，影响机体对铁的吸收。

## 怎样给胎儿补脑

女性怀孕后，要吃一些有营养的食物，不仅对自己的身体有益，而且也能给胎儿补脑，这样胎儿出生之后才会很聪明。生个聪明伶俐的宝宝，是所有父母的心愿。

1. 什么食物才能够给胎补脑

（1）坚果做零食

科学证明，不饱和脂肪酸能维护人体心脑血管的健康。二十二碳六烯酸（DHA）是不饱和脂肪酸中对大脑影响最大的一种，它不仅能帮助胎儿大脑生长发育，还能保护胎儿的视力，促进胎儿器官机能的生长完善，因此，补充二十二碳六烯酸（DHA）是胎儿补脑最重要的一环。

坚果中含有大量的亚麻酸，亚麻酸可以在人体中转化成二十二碳六烯酸（DHA）。孕妇在孕期可以补充花生、核桃、夏威夷果、杏仁、腰果、松子、榛子、栗子、葵花子等坚果。它们不仅含有丰富的不饱和脂肪酸，还含有多种营养元素，能达到很好的补脑效果。不过，孕妇也不能因为它们有好处就多吃。

坚果的热量比较高，吃太多反而会导致体内脂肪过多，还可能加重孕妇便秘的症状。每天吃50克左右的坚果，即可起到给胎儿补脑的效果。能生吃的坚果如葵花子、花生等尽量生吃。

（2）多吃深海鱼

鱼富含DHA，其中深海鱼的含量最为丰富，比如三文鱼其他鱼视季节不同，含量有所变化。所以新鲜上市的鱼类是孕妇的好选择。吃鱼的时候，烹饪方式也很重要。清蒸鱼能最大限度地留住鱼类中的二十二碳六烯酸（DHA），确保消化吸收。油炸会破坏二十二碳六烯酸（DHA），妨碍营养的吸收。

补脑固然重要,但孕妇也必须坚持均衡饮食,做到不偏不倚,确保重点补脑的同时,也能全面补充其他营养。全面的营养补充,才能为胎儿营造一个良好的生长发育环境。

2. 哪些食品不利于胎儿大脑发育

(1) 过咸食物

过咸食物会影响脑组织的血液供应,造成脑细胞的缺血、缺氧,导致记忆力下降、智力迟钝。

(2) 白糖

孕妇不宜大量食用白糖,糖能够直接进入血液中,使血液不能畅通。糖进入脑细胞,可带进水分,使脑细胞呈"泥泞"状态,不仅有损大脑,还可导致脑溢血、脑血栓。孕妇吃白糖多,对胎儿大脑细胞的发育不利。

(3) 含脂肪过高的食物

脂肪容易滞留在血管壁上,妨碍血液流动。脑中为数众多的毛细血管输送脑细胞所需的营养,若是脂肪使毛细血管不畅,则会引起大脑缺乏营养,导致大脑正常发育受阻。

(4) 含过氧化脂质的食物

过氧化脂质会导致大脑早衰或痴呆,直接有损于大脑的发育,腊肉、熏鱼等曾在油温200℃以上煎炸或长时间暴晒的食物中,含有较多的过氧化脂质,孕妇应当少吃。

## 孕期要注意什么

当女性怀孕之后,身体会逐渐变得很笨重。很多人都不再喜欢运动,而是懒懒的宁坐不站,宁躺不坐。一些孕妇还会认为,运动具有危险性,不小心会伤到腹中的胎儿而引起流产。其实,适当的运动对于孕妇来说是有好处的,不但能够让腹中的胎儿更加健康地成长,而且能提高顺产的成功率,降低疼痛感。不过,孕妇毕竟和普通人不同,运动也是需要有讲究的,孕妇应该在怀孕的不同时期,安排不同的运动来满足身体的需要。

1. 孕妇如何进行运动锻炼

(1) 怀孕初期

怀孕初期的孕妇适合做一些有氧运动,以增加心肺功能,但又不能够太剧烈。这个时候,游泳是最好的选择。可以说游泳是一种极佳的运动,不要认为孕妇就不能够游泳,只要选择合适的地点,准备充分,孕妇同样可以带着未出世的宝宝一起进行游泳运动。

孕妇经常游泳的话,不但能够改善不良情绪,而且能够减轻怀孕反应及其带来的不适感,对胎儿而言,也有助于其神经系统的发育。不仅如此,大部分孕妇会出现的下肢肿胀的状况也可以通过游泳来改善,因为当人漂浮在水中的时候,关节的负荷将会大大降低。水的天然按摩作用对怀孕初期的女性来说，无疑是很有用的。

（2）怀孕中期

在怀孕4～7个月这段时间内，孕妇可以适当地增加运动量，因为这个时候可以说胎儿已经成型并发育了，流产的概率大大降低，而且这时候孕妇的肚子还没有大到行动不便，所以增加运动量是可以的。

对于在怀孕初期就开始游泳的孕妇，这段时期可以继续坚持。如果不会游泳，可以用散步来代替。早晨起来散步，晚上吃过饭也要适当地散步。走动一下能够促进胃肠的蠕动，而且还能够增强自身的耐力。其实，孕妇在走动的时候，肚子里的胎儿并不是安静不动的，也会高兴地跟着妈妈一起活动。

孕妇在散步的时候要注意速度，大概控制在4公里/小时。每次时间不超过四十分钟为宜，而且步伐也不需要太大。

（3）怀孕后期

怀孕后期，也就是孕期的最后两个月，这个时候胎儿的体型已经足够大了，因此是孕妇最笨重的时候。这个时期的运动主要以"慢"为主。而且要遵循不要让自己太累的原则。如果之前也坚持散步的话，此时可以把散步的时间稍微减少一些，充分休息，也可以安排一些慢动作的体操，但是动作一定要轻缓，做不到的动作千万不要勉强。

如果在运动中出现腹痛，一定要立即停止运动，并马上去医院检查。此时，任何的风吹草动都值得孕妇警惕。

2. 常和宝宝说说话

越来越多的准父母开始认识到胎教的重要性，胎儿在母体里的时候，虽然没有发育得足够完全，但是父母很多的轻言细语以及隔着肚皮教给他的道理，讲给他的故事，他是能够感觉到的，所以有的孕妇会说，当讲到好听的故事时，能够感觉肚子里的胎儿也会高兴得手舞足蹈。而且，正确的胎教可以教育出智商情商都高一些的孩子，甚至能够促进天才的形成。

（1）对话的心情

胎儿在母体中，就已经开始通过母体观察世界。孕妇的心情会在第一时间被胎儿感知，保持良好的心情，会让胎儿感觉安全舒适，能够更健康地成长。年轻的准父母在和胎儿讲话的时候，一定要注意语气、语调和语量，声音大小适中，语气温柔且充满期待，缓缓地呼唤胎儿的名字，将每个字的读音伴着准父母的爱意，清晰、准确地传递给胎儿，这会让胎儿心情愉悦，与准父母建立良好的沟通。

四个月大的胎儿，就已能够准确地从众多词语中分辨出自己的名字，所以年轻的准父母一定不要忘记给胎儿取一个好听的名字。

（2）对话的时间

胎儿的作息时间和孕妇的作息时间基本一致，不过胎儿需要更多的时间睡眠以保证在睡眠中成长。胎儿3～4个月的时候就已能够接受孕妇传递的信息。因此，孕妇呼唤胎儿的名字，在起床和入睡前与胎儿打招呼是不错的选择。

5~6个月大的胎儿已经可以和孕妇做游戏了，胎儿会用"拳打脚踢"来表达自己的心情。孕妇可以闭上眼睛，在胎儿活跃的时候告诉胎儿更多的信息。准爸爸也可以将头贴在准妈妈的下腹部，和胎儿愉快地交谈。

7~8个月大的胎儿听觉和视觉都发育得很快。这时候胎儿更喜欢听听音乐，因此，孕妇在轻音乐中和胎儿交谈，在天气好的时候到公园走走，会很愉快。

9~10个月大的胎儿能听懂更多的信息，孕妇还能分辨胎儿是醒着还是在睡觉。胎儿醒着的时候，给他讲讲童话故事、寓言故事，播放有节奏感的乐曲，描绘事物的颜色，都能得到胎儿的回应。

（3）对话的内容

孕妇和胎儿的对话应该从少到多，从简到繁。对话的时间也应该是由短到长，每天不应少于十五分钟。只有长时间地反复交谈，才能让胎儿从睡眠中渐渐苏醒，感受到准父母的爱意。最开始，可以呼唤胎儿的名字，对他说最简单的词语，然后可以逐渐把居住的生活环境描述给胎儿听，给他讲故事，陪他听音乐，等等。

孕妇还可以具体描绘胎儿的相貌，在头脑中清楚地一遍遍地想象，这些想象也会传递给胎儿，刺激他的成长发育。

交流会让胎儿更加信赖自己的父母，与父母建立良好的互动，还能更好地感受外界，更健康地成长。

3. 调整好自己的生物钟

每个人体内都有一个精确的生物钟，它会提醒我们当前身体处于哪种状态，需要为身体补充哪些能量。可是，当新生命在母体内发育时，母体会做出一系列的调整，这些调整可能表现为嗜睡、食欲增加或减少、口味突然改变，等等。怎样才能快速调整好自己的生物钟呢？

（1）养成良好的生活习惯

对孕妇来说，调整生物钟的第一步就是早睡早起。怀孕初期，胎儿的生长会消耗孕妇更多的能量，能量的缺乏也会让孕妇嗜睡。所以孕妇在感觉困倦的时候，不妨顺应身体的信号，小憩片刻。职场孕妇可能不方便小憩，那么午休就一定不能错过。充足的睡眠能保证胎儿的安全，也能尽快消除孕期的不适。晚上11点之前，孕妇就应该做好休息的准备。

嗜睡的症状会随着胎儿的健康成长逐渐消失，在怀孕15周的时候，胎儿基本稳定下来，孕妇的嗜睡大大减少，这时强烈的妊娠反应也逐渐减退，正是补充营养的时候。不过孕妇可不能按照自己的心意大吃大喝，清淡的饮食是孕妇应该调整的第二步。减少高盐、辛辣食物的摄入对孕妇来说非常重要，盐分可能加重怀孕后期的水肿，而辛辣食物可能加重孕妇内热，引起更严重的便秘。

孕妇要多吃清淡的食物，补充蔬菜和水果，少食多餐，这样孕妇会过得更舒适。

（2）安排合理的作息

孕妇积极调整生物钟，对胎儿来说

意义重大。同时,孕妇根据身体状况进行胎教,能达到更好的效果。

①上午的时间段。

孕妇可以安排自己的工作,这个时间里头脑清晰,思维活跃,只需保持良好的心情即可。

②中午12点前后。

此时是孕妇视力最好的时间,和胎儿一起欣赏优美的风景或图画是不错的选择。

③午饭后。

孕妇会因为血糖得到补充而产生困倦感,小睡片刻才能保证下午的精力。每天午休的时间不宜长于1小时,以半小时到1小时为宜。

④下午3点。

午睡后的孕妇精力充沛,运动细胞也处于最活跃的时期,正是出门的好时候。逛街、散步或去医院产检,都是不错的选择。

⑤下午5点。

孕妇会觉得肚子饿得很快,看来胎儿正努力地吸收营养呢,孕妇应该赶快吃几块点心补充一下。

⑥晚上8点到11点。

这个时间段对孕妇来说至关重要,因为胎儿在这个时候活泼好动,想要听准爸爸妈妈讲故事呢。在这段最佳胎教时间里,准妈妈和准爸爸可以陪着胎儿做游戏、讲故事、聊天、听音乐,有了准爸爸妈妈的陪伴,胎儿会开心成长。

了解生物钟之后,孕妇心里有了底,不会为生物钟的改变而担忧,顺其自然是最好的办法和最佳的心态。

**4. 练习腹式呼吸**

胎儿一天天长大,在母体中占据的位置越来越大,会挤占母体腹腔更大的空间。到了怀孕晚期,孕妇和胎儿需要更多的空气,但却没有足够的空间来储存,因此,孕妇常常会觉得喘气有些艰难。为了孕妇的健康成长,为了减轻自己的紧张不适感,孕妇需要学会腹式呼吸。

到了怀孕后期,胎儿在母体中飞速成长,几乎一天一个样。沉甸甸的肚子会让孕妇腰背酸痛,腿脚水肿,即将生产的紧张情绪也会加重孕妇的负担。

腹式呼吸能够稳定情绪,让孕妇从紧张中解脱出来,一张一弛,富有节奏感的呼吸会让孕妇心情平静,并将这种平静传递给胎儿,让胎儿也处于宁静状态。腹式呼吸还能有效锻炼腹部力量,为分娩做准备。最重要的是,腹式呼吸能为胎儿的发育提供充足的氧。

# 孕期如何注意个人起居和卫生

女性怀孕之后,汗和分泌物增多,易于疲劳。如果要缓解疲劳,应当经常洗澡。值得注意的是,怀孕初期孕妇的免疫力降低,感染疾病的危险性较高,应尽量避免到大众浴池洗澡。如果受条件所限,则应当尽量选择水质干净、客流量少的早晨时间。

**1. 孕期个人卫生及穿戴**

(1) 要勤洗头洗澡

孕期洗澡以淋浴为佳,不宜进入浴

池中。外阴出现瘙痒时，在洗澡时不要使用碱性大的肥皂清洗，应请医生指导护理并按医嘱去做。

洗头能保持头发清洁、光亮、柔软，每周最好洗头2次，洗后不要用热风吹干，最好不用卷发器卷发，未完全干时不要梳头。洗后发型任其自然，尽量不要过多地梳理和用过热的风来吹头发。

（2）选择合适的内衣裤

孕妇选择内衣有特别要求吗？女性怀孕后，乳房的尺寸会逐渐变大，平均增大5厘米，而内衣也要跟着选择较大一些的，这样才穿着舒适。

①胸罩的选择。

选择大一些的支撑性好的胸罩，罩杯较深的胸罩能够托住胀大的乳房，防止乳房下垂。此外，胸罩的两条肩带要长一点，以防双肩有紧绷感。孕妇胸罩应该在后面有几排可调的钩扣，以此适应乳房的胀大。

②内裤的选择。

孕妇选择内裤，需依怀孕时期腹围、臀围大小的改变来选购。前腹部分采用弹性材质，随怀孕不同阶段的体形自由伸缩变化，包容逐渐变大的腹部，并且能够伸缩自如，调整腰围的纽扣式内裤在怀孕全期都适用。

由于腹部日渐隆起，肚皮慢慢被撑大，所以孕妇常会觉得肚皮痒，加上阴道分泌物增多，所以在此非常时期，孕妇应该选择透气性好、吸水性强、触感柔软及保暖的纯棉质内裤。纯棉质内裤对皮肤无刺激，不会引发皮疹和瘙痒。

裤腰可覆盖肚脐以上部分，包裹肚子。

即使是怀孕初期，也不能妨碍血液循环。所以，孕妇不要选择三角紧身内裤、有收腹功能的内裤和腰部、大腿根相对较紧的内裤。

（3）乳房的清洗

女性孕期的乳房会不断增大，乳晕变黑，手上皮肤上也会出现很多清晰的静脉血管，特别是在乳房下方，这时，孕妇如果戴较大一些的胸罩，可以避免增大的乳房组织受到下垂的牵拉。此外，有些女性孕期洗澡时，喜欢用力搓澡，把乳房皮肤搓得通红，其实，孕妇千万不能这样洗澡，要轻柔地对待乳房，不可压迫乳房。

（4）选择合适的鞋子

孕妇最好穿软底布鞋或旅游鞋，因为这些鞋子比较柔软，穿着舒适，行走轻巧，可使孕妇的身体负担减轻，避免不安全故事的发生，如摔倒等。

很多女性在怀孕3个月左右，脚掌或脚趾会发生肿胀的现象，而到了临近分娩时，腿和脚的水肿会相当突出。胎儿在生长的过程中，孕妇体重也逐渐增加，使得孕妇的整个脚掌负重增加，走起路来更需要掌握身体的平衡。因此，为了避免摔倒，孕妇选择合适的鞋也是孕期保健的内容之一。

（5）不适宜佩戴的首饰

戒指的圈形大小一般都是固定的，平时戴在纤细的手指上，能为女性增色，但女性在孕期手指变粗，会因太紧而影响血液循环。如果水肿严重时，还可能会造成戒指太紧无法取下的后果。而女性由于肢体变粗，原先可以活动自如的玉镯勒住腕子，也会给孕妇在手术室待产带来许多不必要的麻烦，如妨碍输液等。

此外，夏天佩戴金属项链，由于汗渍等原因，容易造成皮肤受损。有些金属项链因材质采用带辐射的金属或矿石，虽然经过加工处理，正常人佩戴可能没有多大的影响，但胎儿是很敏感的，为了胎儿的健康，孕妇不要佩戴金属项链。

2. 孕期如何注意起居卫生

女性怀孕后，要注意自己的起居卫生，从一点一滴做起，这样有利于身体健康，也有利于腹中的胎儿健康成长。

（1）孕妇卧具的选择

①床铺。

孕妇最好不要睡太硬的床，床上应铺较厚的棉絮，避免由于床板过硬，缺乏对身体的缓冲力，从而转侧太频，多梦易醒。

②枕头。

孕妇用的枕头以9厘米平肩高为宜；枕头过高会迫使颈部前屈而压迫颈动脉。颈动脉是大脑供血的通路，受阻时会使大脑血流量降低从而引起脑缺氧。

③被子。

孕妇最理想的被褥是全棉布包裹棉絮，不宜使用化纤混纺织物做被套及床单。因为化纤布容易产生静电刺激皮肤，引起瘙痒。

④蚊帐。

蚊帐的作用不止于避蚊防风，还能够吸附空间飘浮的尘埃，以过滤空气。使用蚊帐有利于孕妇安然入眠。同时，还能够使睡眠加深。

⑤孕垫。

除了普通的枕头，当孕妇开始因为体重的增加而感到不舒服的时候，就应该开始使用专门的孕垫了。因为怀孕后，孕妇睡觉时不可以把大部分的支撑点作用于背上，这时就只好把大部分支撑点作用于两边了。

左侧卧位能够减轻增大的子宫对主动脉及髂动脉的压迫，维持正常子宫动脉的血流量，保证胎盘的血液供给，可以为胎儿提供生长发育所需要的营养物质。

如果有下肢水肿或腿部静脉曲张，在取左侧卧位的同时最好将腿部适当垫高，以利于血液回流，减轻下肢水肿。同时，怀孕后背部的压力也会变大，这样就需要用孕垫来缓和背部的压力。而且，怀孕会带来很多症状，如便秘、腿抽筋、急尿、焦虑、失眠等。而对于这些问题的缓解，最好的办法是使用孕垫。

（2）孕妇要讲究睡姿

女性怀孕以后，由于胎儿在母体中不断地生长发育，为了满足和适应胎儿生长发育的需要，孕妇全身生理功能和生理结构都会发生一些变化，以生殖系统中子宫的改变较为明显。子宫逐渐长大，子宫体由扁平梨状变成圆柱状，其容量可增大至3000～4000毫升，子宫本身重量也可增加到1000克左右。

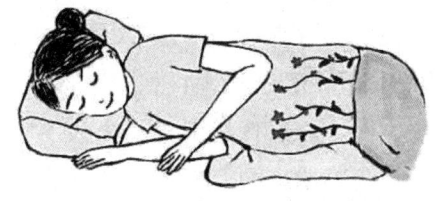

流经子宫的血流量，在足月的时候，每分钟可达500～700毫升。这么大一个子宫，必然对周围脏器，包括胃、心脏、肺、泌尿器官等产生压迫。

孕妇采取仰卧位时，增大的子宫可以压迫其后面的腹主动脉，影响子宫动脉的血量，造成胎盘供血不足，直接影响胎儿的生长发育。孕妇患有高血压及慢性肾炎等疾病，因供血不足而对胎儿的生长发育产生明显影响，并会进一步加重病情。

增大的子宫还可能压迫下腔静脉，使回流到心脏的血液量急剧减少，造成心搏出量减少，对全身各器官的供血量亦明显减少，产生胸闷、头晕、恶心、呕吐、血压下降等症状。心电图检查仅提示窦性心动过缓，如在心电图检查时，则无异常情况发现，这在医学临床上称为仰卧位综合征。仰卧位还能造成下肢及阴部静脉曲张、水肿，甚至出血。

（3）科学使用空调和电风扇

女性在怀孕期间新陈代谢比平时旺盛，皮肤散发的热量也增多，加上孕妇的基础体温比一般人高，因此，耐热力也比一般人差，夏天就会很怕热。

①孕妇如何使用空调、电风扇。

孕妇不宜长时间吹电风扇或空调，如果长时间离电风扇或者空调很近，就会使动脉血压暂时上升，增加心脏的负担。由于头部的血管比较丰富，对冷刺激比较敏感，长时间地吹空调和电风扇就会出现头痛头晕、疲倦无力等症状。

孕妇在使用电风扇时，应将电风扇调成摇头旋转，并且放在较远的地方，风量也不宜太大。开空调时，应该穿上长衣裤，晚上则要盖上空调被，不能将肚子裸露在外面对着吹。先将空调定时关机，再将电风扇定时开机，这样不但可以节省电能，也可以使得室内空气在接近黎明人体温度最低的时候保持最合适的温度，是节约能源和改善空气质量的一个有效办法。

②出汗时不能马上吹电风扇或空调。

孕妇在出汗较多时，全身皮肤的毛孔就会张开，如果此时马上吹电风扇或者空调，就会使得邪风进入人体内，轻者伤风感冒，重者高烧不退。

一般人可以通过打针吃药来治疗，可孕妇此时不能轻易打针吃药，因为一旦用药不慎，就会给胎儿的健康带来危害。所以，要避免在出汗多时吹电风扇或者空调，而要等到汗收了之后再吹电风扇和空调，以免引发疾病。

（4）孕期要注意的禁忌

①尽量少接触洗涤剂。

孕妇在孕期有时会用洗涤剂清洗厨房、洗衣等，在洗涤剂中所含的化学物质，可通过皮肤吸收，当孕妇体内的这种化学成分达到一定浓度时,易致流产。

洗衣粉是由烷基苯磺酸钠等化学物质合成的,加酶洗衣粉可水解衣服上的蛋白质以达到去污除垢的目的。如果皮肤清洗不干净,也会分解皮肤表面的蛋白质,甚至可能引起过敏性皮炎和湿疹;也可穿过皮肤损害造血系统和肝脏功能,还可能导致皮肤色素沉着,出现面部蝴蝶斑等问题。

②不要经常染发烫发。

孕妇最好不要染发烫发,如果追求时尚,要树立起健康和安全意识。市面上染发剂种类很多,有些染发剂会引起皮肤过敏反应,而孕妇皮肤敏感度高,头发也相对脆弱,在使用过程中易出现头皮发炎、红肿、掉发的症状。

染发剂、烫发剂中含有的氨有极强的挥发性和毒性。在孕期如果要染烫发,要把握一些原则。

染烫发最好等到怀孕3个月以后,因为孕早期胎儿正值器官发育期,最容易造成畸形。

确实想染发或烫发时,可以用植物染发剂代替合成的化学染发剂。染发时可以只处理头发中、尾段的部分,减少头皮对药物的吸收。同时,在孕期要尽量减少染发的次数,以免累积的药物对胎儿造成影响。染烫发后,适当使用护发剂,对于头发的修补及保护会有所帮助。

以前没有染过发的孕妇,最好不要在怀孕期间尝试,以免造成过敏。发质不好的人最好不要染烫头发。

③孕期最好不要佩戴隐形眼镜。

孕妇的角膜含水量比常人高,戴隐形眼镜容易使眼球缺氧导致角膜水肿,从而引发角膜发炎、溃疡,严重的还会导致失明。随着怀孕周期及个人体质的变化,角膜曲度会有所改变,从而使近视的度数或高或低。此时如果勉强戴隐形眼镜,会因镜片不适而造成眼球新生血管明显损伤,甚至导致角膜上皮剥落。

对于患妊娠合并糖尿病、妊娠高血压综合征的孕妇,更要杜绝戴隐形眼镜,以免加重眼底病变,万一不慎因眼部感染而用药,也会影响胎儿正常发育。

## 在孕期适当地做家务活

女性怀孕无疑是一生中的特殊时期,需要在生活、工作、劳动等方面给以特殊关照,孕妇虽然可以根据自己的身体状况适当做一些家务,但在具体的劳动时应注意以下要点。

1. 扫地

孕妇使用吸尘器或扫把,应是那种不需要弯腰、可以根据自己身高自由调节的。扫地时的姿势应略微屈膝以减轻腰部压力。

2. 擦地

平时喜欢长时间跪着或蹲着擦地的孕妇,在怀孕期间为了安全,应适当降低清洁标准。可以换用长柄拖把站着擦地。

3. 倒垃圾

从地上提取垃圾袋时不能直接弯腰,

应该屈膝后慢慢蹲下，之后再慢慢站起来，所提垃圾的重量也不能太重，以不感到费力为宜。

4. 买菜

孕妇可将外出买菜当成一次散步或者一项运动。孕妇要选择人较少的时间，和路程较近的超市或菜市场，买菜的时间不要太长，也不要一次买太多，最好有家人的陪伴。

5. 择菜

孕妇择菜时不要蹲着或弯腰，以免腹部受压，影响胎儿的血液循环，应尽量坐着，但不要坐在矮凳上。如果择菜的时间超过半小时，每隔几分钟还应动动脚趾、转动踝关节等以促进血液回流。

6. 炒菜

随着孕期的增加，孕妇炒菜时应特别注意自己凸出的肚子不要紧靠灶台，以免受到压迫而产生不良的后果。

7. 洗碗筷

冬季，孕妇最好不要使用冷水洗碗筷，应尽量使用温水，因为身体受凉后很容易导致流产。

8. 擦桌子

无论是擦长方桌、圆桌还是擦方桌，孕妇都应小范围地转着擦，不能将腹部紧靠桌边。

9. 洗衣

孕妇洗衣服时，应尽量使用洗衣机，如果用手洗，站姿要保持平稳，不要蹲着洗，以免压迫胎儿，每次洗衣服的数量不能太多，站立的时间也不宜太长。洗衣时不要用力过猛，如果使用搓板，不能用腹部顶着，避免胎儿受压。

10. 晾衣

晾衣服的时候，孕妇伸腰又踮脚，需要用很大的力气，这种姿势比较危险，因此孕妇最好使用安全又方便的升降晾衣架，晒衣绳应安置得低一些，晒衣服时动作应轻柔，身体不要用力向上伸。

11. 熨衣

如果站着熨衣服，孕妇都要低着头，弯着腰，这样可能会因此而导致腹中的胎儿血液供应不足，所以应该找一张高度合适的桌子熨衣服。

12. 叠衣服

叠衣服是相对比较简单安全的家务活，孕妇叠衣服时尽量站着即可。

13. 存取衣被

家中换季需要存取衣服、被褥等用品的时候，应把轻巧的东西放上面，重的东西放下面，也不要放得太高，这样孕妇收取的时候比较方便，收取棉被时应有家人的帮忙，或者完全交给家人去做。

14. 铺、叠被

一般家中的床都较低，给孕妇铺被、叠被造成很大的不便。这时，可以采取分开双脚与肩同宽并屈膝下蹲的姿势，重心适当后移，孕妇最好能和家人共同完成此类家务活。进入孕晚期以后，这项家务应完全交给家人去做。

## 孕期需要注意哪些方面的安全

孕妇在家里活动时，必须注意地面要防滑。有些人家在装修时，铺设了大理石或地砖，有的比较滑。女性怀孕后，有条件的话，可以在地板上加铺地毯。如果不加铺地毯，一定不能洒水在地上，因为这样很容易打滑，孕妇走在上面是很危险的。

孕妇每天都要进厨房、上卫生间，或去浴室洗澡，这些地方大多铺设了大理石或地砖，而且是用水较多的地方，地面经常有水，是家中最容易滑倒的地方，人一旦滑倒就会造成头部、尾椎及四肢受伤、骨折，非常危险。

对孕妇来说，跌倒更是危险，可能会造成流产或早产等不幸事件，所以，这些地方的安全防滑设备必须完善。

1. 注意防滑

①在地面铺上防滑垫，并定期清洗，以免有太多污垢。

②在孕妇经常走动的地方墙壁四周，设置稳固的扶手，以便可以随时抓握。

③洗脸面盆是不可忽视的部分，首先要结实，其次安装也要稳固。

④尽量减少杂物，以免绊倒，若需放置则靠边集中放好。

⑤买一个置物架集中放置所有浴室小用品，如洗发精、沐浴乳、香皂盒、梳子等，以免到处散落造成使用不便，甚至将人绊倒，增加危险。

2. 预防室内空气污染

冬季时，孕妇要防室内空气污染。冬季气候寒冷，孕妇通常很少进行户外活动，大部分时间是在有暖气或有炉子的屋里度过。如果门窗紧闭，不及时换气，再加上炉子里散发的一氧化碳、二氧化硫等气体，会使室内空气污浊。这不仅会使孕妇因缺氧而感到全身不适，还会对胎儿的生长发育，特别是对胎儿中枢神经系统的发育产生不良的影响。

所以，孕妇在冬季既要预防一氧化碳中毒，还要在中午天气暖和时到户外进行活动。多呼吸一些新鲜空气，以利于胎儿的发育。

3. 如何应对一些小麻烦

（1）孕妇健忘怎么办

女性怀孕7个月后，出现健忘状况，这一现象似乎已经成为孕妇这一时期的专利。不过，这种现象是可以被原谅的。此时，孕妇因为老想着怀孕与即将来临的分娩，常常会发呆或做白日梦，所以常常会忘记一些重要的事情，比如某人的生日或是和朋友的约会。孕妇也可能发现自己讲话讲到一半，突然接不下去了，因为忘了自己想讲的重点是什么。更让孕妇惊讶的是，自己似乎根本不在乎，这些并不那么重要。跟怀孕比起来，其他一切事情都显得微不足道。

虽然孕妇现在有上天赐予的最好借口，来解释为什么变得糊里糊涂，但不管怎么说，日子还是要过下去的，还要面对生活中其他必须做的事。虽然这些事好像不如生宝宝重要，但还是需要去关心的。

孕妇要每个小时查阅一下自己的出行日历，或是把便条纸贴在自己一眼就能看到的地方，如贴在自己车子的方向盘上、冰箱上或浴室的镜子上，以提醒自己还有其他事事情要做。

（2）蚊虫叮咬的应对方法

孕妇呼气量比非怀孕女性大，呼出的潮湿气体与二氧化碳对蚊子具有相当的吸引力。另外，孕妇腹部温度相对于非怀孕女性要高，皮肤表面所散发的挥发性物质较多，这种由皮肤细菌产生的化学信号就很容易被蚊子嗅到而成为叮咬的目标。女性而怀孕之前可以直接用药水灭蚊，现在不能使用灭蚊药了，那么，该怎么灭蚊，防止蚊虫叮咬呢？

①人工捕杀法。

每天天黑之前以及早晨起床后，蚊子喜欢粘在纱门与纱窗上，利用这一机会可以有效地捕杀蚊子。

②使用电蚊拍。

电蚊拍是通过电能在网面上形成一层电网，击中蚊子后电流通过蚊子身上，使蚊子烧死。

③挂蚊帐。

在孕妇卧室里挂蚊帐是最安全保险的方法。这样做既能避蚊又防风，还可吸附飘落的尘埃，过滤空气。

## 孕妇要远离微波炉、少用手机

在现代人的生活当中，微波炉是越来越普及的电器，既方便又快捷，而且操作简单，对于使用者来说是非常理想的烹饪工具。但是，微波炉也是众多家电当中电磁辐射最强的一种，甚至达到其他家电的几倍。对人体的伤害是很大的，尤其是怀孕女性。

那么让我们首先来认识一下，微波炉对人体的负面影响有哪些方面吧。

1. 微波炉的副作用

人们都知道，大脑信号的传播是依赖磁波来进行的。而如果长期食用那些经过微波炉里的微波烹制或者加热的食物，会中和大脑的脑磁波，使得脑功能退化，脑组织受损。不过这种影响不是一天两天就能够看到的，而是一种长期作用。

微波炉烹制的食物，其含有的维生素以及矿物质会变质，这样的食物营养价值大大降低了。另外还会产生一些对身体来说是废品、不能够吸收的物质，我们称其为副产品。可怕的是这些副产品一旦存留在人体内，并不会完全排出，而是长时间地残存在人体当中。

微波炉烹制的蔬菜，有些成分会变成对人体有破坏作用的自由基。

另外，食用过多的微波炉食物，还可能造成记忆退化，精神难以集中，睡眠质量差，情绪波动大等状况。

这些副作用在正常人身上都能体现，更不要说是怀有胎儿的孕妇了。微波炉中释放出来的低强度微波，能够影响到胎儿的发育。而高强度微波则可能直接导致胎儿畸形或者死胎。

## 2. 如何正确使用微波炉

孕妇一定要注意微波炉的正确使用方法。

应该尽量避免使用微波炉。

虽然微波炉的使用很方便，但考虑到它对孕妇影响很大，如果能够用其他器具代替的话，尽量使用其他的器具。

在微波炉工作的时候，孕妇应该站在远离微波炉至少一米的地方，而且要注意千万不要站在它的正前方。

微波炉工作结束之后，不要着急马上打开取东西，最好是稍微等上一会儿再去开启。

孕妇在使用微波炉时应该穿上防辐射服，而且在把东西放进去并且按动工作按钮之后，应该迅速地走开，不要守在微波炉前。平时不用的时候，可以给微波炉配上一个防护罩。

## 3. 孕妇要少用手机

如今，越来越便捷的通信设备以及越来越普及的电子产品，让人们的生活产生了严重的依赖，特别是取代了手写电话号码本，以及公用电话功能的手机。手机几乎人人都有，而且很多人甚至患上了手机焦虑症，一旦发现手机不在手边，便会觉得焦虑不安，他们甚至不敢想象没有手机的日子该怎样去度过。

（1）手机对人体的影响

虽然大家都知道手机有一定的辐射，应运而生的防辐射服，手机防辐射套都足以让那些孕妇们安心地一边怀着胎儿，一边机不离手。不过，防辐射的各种产品隔离效果真的就那么好吗？孕妇到底能不能安心地使用手机呢？让我们来全面地认识一下。

人的大脑、眼睛以及生殖器是对微波最敏感的部位，而手机的接收天线正好能够接收强有力的微波，这些微波当中有超过60%将会被大脑组织所吸收。微波对人的危害是长期而缓慢的。有调查发现，孕妇如果在怀孕的头3个月之内频繁使用手机的话，其胎儿可能受到很大的影响，容易造成畸形甚至死亡。

此外，手机的辐射还会使女性的内分泌紊乱，在哺乳期间还会影响到泌乳。具体的影响是，胚胎在孕妇腹中形成的时候，如果受到电磁辐射的影响，则可能直接导致自然流产。等到胎儿器官形成的时期，如果受到电磁辐射影响，则可能导致发育中的器官畸形。待到胎儿的中枢神经开始发育的时候，如果遭到辐射，那么胎儿很可能智力低下。

所以，在怀孕的头三个月，最好还是尽量避免使用一些辐射强的电器。不过孕妇也不要太过惊慌而产生焦虑，使用手机，又怕伤到宝宝，不用手机，又觉得无法生活和工作了。其实，只要使用方法得当，就能够将手机的影响控制在可接受的范围。

（2）用手机的方法

购买手机的时候，可以查看手机的SAR值，它是衡量手机辐射水平的指标。而数值越大则对人体的影响也越大。

孕妇在使用手机的时候，应尽量让手机远离身体，通话时可以选择用耳机。因为电磁辐射对人体的伤害同距离成反比。

在拨号的时候，手机正在发出信号，孕妇这时应该避免用耳朵贴着听筒，可以将手机放到一边，等到电话接通了再拿过来就行。在通话的时候，不要固定地使用一只耳朵，可以两边交替着使用，来分散电磁波的能量。

不要长篇大论地聊起来没完，捡重点的事情说，说完以后就马上挂断。这样就可以减少辐射的危害，从经济学的角度来说还能够节约话费。

（3）手机不要随时带在身上

尽管很多孕妇都会穿着防辐射服，但手机最好放在包里。晚上睡觉的时候不要将开着的手机放在床头，应该让它远离自己。

## 孕期能否吃药、运动和旅行

有些孕妇即使生病了也还是拒绝用药。她们固执地认为，无论服什么药都会给胎儿带来不好的影响。因此，尽管自己因生病而难受不已，还是坚决不肯吃药。

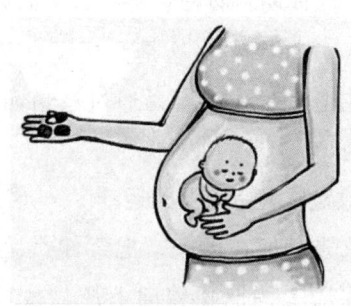

有些孕妇甚至在医生指导下也不敢尝试服药，其实有病不治对自身和胎儿都可能带来伤害。只要坚持在医生的指导下正确用药，不仅能确保孕妇和胎儿的安全，还能减少胎儿感染某些疾病的可能。

1. 孕妇用药应遵循的原则

①孕妇用药必须在医生的指导下服用。

②药物绝不多用，可用可不用的药物，则坚决不要用。

③服用药物时，注意包装上的"孕女忌用"、"禁用"的字样。

④必须用药时，要尽量选用对胎儿无损害的药物。

⑤根据治疗效果，尽量缩短用药时间。

⑥如果误服致畸或可能致畸的药物，应遵医嘱及时根据自己的妊娠时间、用药量及用药时间长短，结合自己的年龄及胎次等问题综合考虑是否要终止妊娠。

2. 居家运动要适度

很多孕妇在孕期不敢运动，认为这样会造成胎儿移位，甚至流产。其实，孕妇在妊娠期，应采取适度的运动方式，这样有利于孕妇身体的健康，有利于胎儿的正常生长。

不过，孕妇每天运动要适度。

（1）孕妇每天运动多长时间比较适当

孕妇每天做30分钟或更长一点时间的运动，比较适当。不过，孕妇在怀孕前的身体状况，决定运动时间的长短。对于身体素质好的孕妇，不妨把运动的时间拉长一点。

(2) 避免有可能失去平衡的练习或运动

比如在山地骑自行车，平时做这些运动女性都会感到吃力，而怀孕时的激素分泌会使骨盆的连接处松弛，更容易扭伤和跌倒。因此，孕妇应该避免做这类剧烈的运动。

女性怀孕时，每天大约需要多消耗300大卡热量，如果想要运动的话，特别要注意自己的饮食健康，多吃富含营养的食物。

(3) 运动后要饮用足够的水

孕妇在运动时，血液流动加速和新陈代谢的加快，会比平时热。此外，应该在比较通风的室内进行运动。如果在室外运动，应该尽量避免高温、潮湿以及雾霾的天气。

(4) 哪些运动比较适宜

①慢跑。

孕妇在孕早期可以每天进行缓步慢跑。缓步慢跑时应当注意穿着轻薄衣服，以及在气候清凉的时候进行。此外，还必须注意自己的脉搏，如果静止10分钟后，脉搏还没有恢复正常，就要立即中止。

②散步。

孕妇在路旁散步时，要躲避行人和车辆，防止被撞倒，引起流产、早产。除了散步之外，孕妇在怀孕前习惯进行的运动，孕期也仍然可以继续进行。在进行自己习惯的运动前，也应当向医生做一些咨询，征得同意并听取关于运动量的建议。

(5) 哪些运动不适宜

①不宜参加任何体育比赛。

②不宜做急速、猛力拉扯肢体的动作。

③不要做腹部运动及弹跳运动。

④在妊娠期，不要做挑战自身体能极限的运动。

⑤不要进行深水游泳活动。

运动时，以自身不感到太累、太疲乏为宜，太热、过多流汗都不宜。

运动时要注意穿着舒适一些，尤其是鞋子。

(6) 逐步进行孕产体操练习

过了容易流产的时期后，为了使生产能顺利进行，最好开始做相关运动。尚有流产征兆的孕妇，必须和医生商量后才能进行。随着胎儿成长，体重也一直增加，支撑体重的双脚，需要做肌肉锻炼的运动。

①坐在椅子上的运动。

孕妇坐在椅子上，双脚并拢，只用脚尖勾上来，呼吸一下，再回到原来的样子。接着，把腿交叉，将脚背伸直再弯曲。这样两只脚交替进行。一日数次，每次3分钟左右。这是为了扩张产道，使胎儿出生时能较容易通过产道而设计的运动。

②盘腿坐在床上的运动。

双腿盘坐在床上，把背伸直，两手放在膝盖上，把膝盖向下压做深呼吸，尽量使膝盖碰到床，然后还原，反复数次，做10分钟左右。这个运动同时具有锻炼支持背部和骨盆肌肉的功能。

③在地板上的运动。

在地板上，孕妇用两只手和膝盖支撑身体，背部保持圆弧的样子，把头放低。头向上举，臀部不动，背部稍向下凹，做1次深呼吸后恢复原来的样子。一日两次，每次5分钟。

④躺在地板上的运动。

平躺在地板上，左腿伸直，右膝盖弯曲，并向右外侧倒去，呼吸1次，再回到原处。然后，右腿伸直，换左腿。如此左右腿交替做10分钟左右。早上起床后或睡前做效果会更好。

3. 孕妇去人多的公共场所

孕妇去人多的公共场所，容易受到挤碰。此外，外出路上汽车穿行不停，孕妇通过时很危险。再说人多拥挤的地方空气污浊，人声嘈杂，这种噪声对胎儿的发育有不利的影响。

孕妇和胎儿的身体敏感，极易感染上病毒和细菌性疾病。公共场所中各种致病微生物的密度，远远高于其他地区，孕妇在这种地方会增加患病的概率。

4. 孕妇外出旅行

随着经济的发展生活水平的提高，人们大多在节假日选择外出旅游，可以说，休闲旅游已经成为现代人的一项重要生活内容，甚至成为一种时尚。那么，孕妇可以旅行吗？答案是肯定的，只要孕妇掌握一些技巧，事先做好准备，旅游对于健康的孕妇并不会产生伤害。

（1）外出前做好准备

孕妇外出要注意饮食营养及卫生，因为这关系到孕妇和胎儿的健康。在旅途中，营养不易平衡，特别是饮水、蔬菜往往无保证。因此，孕妇在外出前应做好充分准备。处处注意饮食卫生，不吃包装不严格或过期食品，不随便饮用无厂家、无商标的饮料。

（2）选择合适的时间

将旅行时间安排在女性怀孕的第4~6个月之间，这时最为安全妥当。因为此时怀孕初期的不适已渐渐消失，而后期的沉重、肿胀等现象尚未开始。此外，也避免了怀孕初期的易于流产以及后期的可能早产。

（3）选择合适的目的地

旅游目的地的选择，应以确保任何紧急意外状况发生时，孕妇都可获得妥善现代化的医疗服务为前提。

（4）携带必要的物品

除了宽松舒适的衣鞋之外，最好携带一个枕头或软垫，搭乘飞机或汽车时很管用。

（5）选择乘坐飞机

孕妇长途旅行，最好乘坐飞机，尽量减少长时间的颠簸，短途有条件的可以自驾车出游，避免拥挤碰撞孕妇的腹部。不论是在火车，汽车，还是在飞机上，最好能每15分钟站起来走动走动，以促进血液循环。

（6）旅行途中注意饮食健康

外出旅行途中，要多吃蔬菜、水果，保证充足的纤维。还要多喝水，防止出现脱水、便秘以及消化不良等现象。同时要注意饮食卫生，做到饭前便后洗手，不吃生冷不洁的食物,不喝生水,尤其不要乱吃车站、码头上那些小商贩的食物。

# 女性在孕期如何美颈

孕期的女性仍然爱美,女性通常对于颈部的保养和防护很看重,但如何保养和防护,并非每一个女性都能了解,以下介绍一些这方面的知识。

1. 日常保养注意事项

①注意颈部防晒,气候过冷、风过大时围护颈部,以免脸或颈部肌肤干燥缺水。

②每周做一次去死皮护理,助于皮肤更新。

③常做颈部按摩,预防颈部肌肉下垂。

④每次给脸涂护肤品时,别忘了给颈部也涂上,也可选用颈部专用护肤品。

⑤常做促进颈部血液循环的动作,避免颈部脂肪堆积。

⑥给颈部使用护肤品时,应配合中指及无指作适度按摩,以促进护肤品被吸收。

⑦每次做完面膜,可将多余或用过的面膜敷于颈部。

⑧25 岁后应特别注意防颈纹保养,以免颈纹加深。

2. 颈部护理的基本操作步骤

孕妇给颈部做针对性的护理,一般采用以下步骤。

(1) 清洁及去死皮

①清洁。颈部皮肤的清洁与面部一样,用洗面奶或用润肤霜洗一遍。

②去死皮。挑选颗粒细致的去死皮产品,以螺旋的方式由下往上搓揉。

③洗净。用温水洗净颈部。

(2) 敷颈膜

孕妇如果颈部皮肤偏干,可敷保湿面膜;如果颈部肤色灰暗,可敷美白面膜;如果颈部肌肤松弛,则可选择抗老化面膜。尽量不要使用深层清洁功效的面膜,易造成颈部肌肤干涩。

(3) 拍化妆水

用化妆棉蘸取适量具保湿效果的化妆水,轻拍于颈部,可使颈部肌肤更水润。

(4) 使用护颈霜或滋润型的护肤霜

往颈部涂抹适量的护颈霜,滋润型护肤霜也可,或涂抹按摩膏。护颈霜应早晚两次,根据颈部肌肤状况,可选保湿美容护肤,有紧肤等功效的产品。

(5) 按摩颈部

孕妇在做颈部按摩时,应用两手的中指及无名指由下往上按摩约 10 下。如果由上往下的滑抚按摩,则易使皮肤下垂,加速衰老。

①颈侧按摩:将两手手掌和指肚分别放在颈部两侧,托住颈部肌肤从锁骨向上轻拉至下巴,重复操作 10 次。

②颈后按摩:将两手中指及无名指指肚放于颈部附近,轻揉并作适度的斜向下按压约 10 次,注意不要牵动皮肤。

③在耳后附近斜着向下轻柔、力度适中地按压,这种从头后斜着向下方式的按摩,同颈静脉血流的方向一致,可促进血液循环,减轻甚至消除面部水肿和颈部的酸,防止皱纹。

### 3. 预防颈纹的方法

颈部皮脂和汗腺的数量仅相当于面部的三分之一，颈部油脂分泌较少，胶原蛋白含量也少，容易干燥进而产生皱纹。如果疏于保养或保养不当，会加速颈部的皮肤老化，造成颈纹加深。

（1）使用颈部保养霜配合巧妙按摩

颈部肌肤比较敏感，血液循环也较差，因此一定要使用颈部保养霜来护理颈部，特别是在晚上。

（2）涂抹保养霜的按摩法

①先取适量保养霜于掌心，两掌对搓温热后，抬起下巴，用手心接触颈部，由下往上作螺旋式按摩，两手可交替按摩约10次左右。

②用双手指腹在颈部两侧作由下往上的轻揉，按摩至耳后，反复操作10遍。

### 4. 颈部日常保健按摩操

孕妇在家可常按以下方法按摩颈部，起到保健的功效。在上班场所，工作之余都可以自我按摩。

（1）强健美颈操

身体坐直、放松，从鼻腔猛吸一口气，直到不能再吸的极限为止，憋住气，将头左转半圈，再大口地将空气吐出，并还原姿态；然后从鼻腔再次猛吸一口气，憋住气，将头慢慢往右转半圈，再大口地将空气吐出，并还原姿态；按此方法左右各3次，既可活络颈椎筋骨，又可维持颈形、紧致颈部肌肤。

（2）防久坐肩痛

①揉颈肌。

两手半握拳，分别置于颈肌处，将颈肌向上提起后放松，沿风池穴向下拿捏至大椎穴。反复提捏20~30次，可调和气血、缓解酸痛等。

②按揉肩井穴。

肩井穴位于大椎（大椎在背部正中线上）与肩峰连线中点，以左手按揉右边肩井穴10~20次，然后再换右手中指指腹，由轻到重按摩10~20次。按揉肩井穴可通经活络、缓解酸痛等。

### 5. 使用合适的寝具

枕头的高度不宜超过8厘米，过高的枕头易使颈纹产生，且应将枕头摆放在脖子的凹陷处。另外，柔软的床和褥子，睡上去很舒畅，可是人的臀部和脊背却会由于这种柔软呈W形下陷，成果导致脖颈骨前倾，影响颈部美观。

### 6. 防风吹日晒

紫外线过度照射会加速肌肤老化，应涂抹防晒用品。天气较冷、风沙较大时，应系上围巾或用衣物遮挡，防止肌肤风干。

### 7. 不用过热水冲洗颈部

用过热水冲洗颈部，易使颈部肌肤松弛，形成颈部皮肤过于松弛，可采用冷敷法护理。

### 8. 注意保持颈部血液循环

长期久坐的职场孕妇，应经常左右转动头部，以保持良好的血液循环，减少皱纹产生。颈肌疲劳时，可用热毛巾热敷，促进颈部肌肤血液循环，缓解疲劳症状。

### 9. 避免直接把香水喷于颈部

避免直接把香水喷于颈部肌肤上，以防酒精挥发将水分带走。

孕妇在给脸部卸妆时，不要忽略了

颈部的卸妆。在给颈部卸妆时，应稍稍拓宽一些，还应注意多观察颈部卸妆后的肌肤状态，如是否干燥、松弛等。

10. 注意饮食习惯

①孕妇要多吃清淡食物及新鲜蔬果，及时补充纤维和维生素。

②孕妇不要吸烟，因为香烟中的尼古丁等有害成分会使皮肤弹力表面的水脂化合物含量减少，导致皮肤弹力纤维变形，从而形成颈纹。此外，还会给孕妇和胎儿造成伤害。

# 第六章 婴幼儿护理和喂养

新生儿比较娇嫩，稍有不慎就会生病、出现不适，面对状况百出的宝宝，新妈妈照顾起来倍感头痛。不过，只要学会一些育儿常识，就能够轻松应对。

## 如何护理新生儿

新生儿的头顶前部开口较大部位叫前囟，形状近似菱形，面积约 2.5 厘米×2.5 厘米。前囟通常是平的，当宝宝哭闹时则略微凸起，如果宝宝的头发较稀疏，就能清晰地看到囟门处脉搏的跳动。新生儿头部后侧于枕部的另一开口叫后囟，较前囟小，呈三角形，直径约 1.2 厘米。这个囟门就是新生儿特别娇弱的部位。

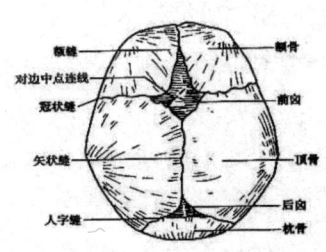

### 1. 新生儿的囟门护理很重要

新生儿渐渐长大后，头颅骨也不断地生长，在头颅骨的边缘不断生长新骨，囟门也不断缩小。绝大多数宝宝的前囟通常在 1~1 岁半时闭合；后囟在 3 个月以前就完全闭合。新妈妈触摸新生儿的囟门时，能了解其大小和闭合情况，医生也能通过检查囟门发现问题。

囟门是新生儿嗒颅的"窗户"，脑组织软，需要骨性的脑颅保护，初为父母的爸爸妈妈们会有这样那样的忌惮，因为对囟门不甚了解，不敢去碰、不敢清洗，以致污垢堆积。实际上这个"柔软的部分"比看起来要坚实得多，它是颅骨尚未长拢，而非少了一块骨头，外层的保护膜足以应付一般的触摸，洗头、理发都不会伤及宝宝大脑。

新妈妈如果不对囟门加以清洁，就很容易引起新生儿头皮感染，继而病原菌穿透没有骨结构的囟门而发生脑膜炎、脑炎，所以囟门的日常清洁护理非常重要。

（1）如何对新生儿的囟门进行日常护理

①保证家中家具和环境安全，防止尖锐的家具硬角弄伤新生儿头部。

②不宜给新生儿使用材质太硬的枕头。

③经常为新生儿翻身，保持一个睡姿容易引起偏头现象。

④如果新生儿擦破头皮，应立即用酒精棉球消毒以防止感染。

⑤在冬天外出应戴较厚的帽子，可以保护囟门，减少热量散失。

（2）如何清洁新生儿的囟门

①囟门清洗要用新生儿专用洗发液而不宜用强碱肥皂，以免刺激头皮诱发湿疹或加重湿疹。清洁囟门一般在洗澡时进行。

②如果囟门处有污垢不易洗掉，可以先用麻油或精制油蒸熟后润湿浸透2～3小时，待这些污垢变软后再用无菌棉球擦掉，注意要按照头发的生长方向擦，并在洗净后扑上婴儿粉。

（3）囟门发育不正常怎么办

有些新生儿囟门发育不正常，是由于各种疾病导致的。

①有的新生儿囟门关闭过早，而且头围小于正常值。

新生儿小头畸形、脑发育不良，会使囟门关闭过早。

②囟门关闭延迟，前囟超过18个月还未闭合。

有这种状况的新生儿一般存在骨骼发育及钙化障碍、佝偻病、甲状腺功能低下、严重营养不良、脑积水等问题。

③囟门明显凹陷。有的新生儿重度脱水、重度营养不良，造成囟门明显凹陷。

④囟门明显饱满、隆起。新生儿颅内压增高、有炎症，如脑炎、脑膜炎或中毒，就会出现这种状况。

如果新生儿出现这些情况，应及时就医。

2. 新生儿臀部如何护理

新生儿的臀部非常娇嫩，容易受到尿渍、粪渍的侵害，如果新生儿臀部护理不当，常易造成臀炎，表现为臀部皮肤潮红，有红色丘疹，严重的会有皮肤溃糜烂。所以要注意清洁和护理。方法如下：

①选用清洁柔软、吸水性强的尿布，如纯棉布或一次性尿片。

②尿布尿湿后应该立刻更换，每次便后要及时更换尿片，并立即用温度适中的清水清洁新生儿臀部残留的尿渍、粪渍，然后涂上婴儿护臀霜，也可涂上5%鞣酸软膏，以预防红臀。

③夜间或外出不便于用水清洁时，可选用刺激性小的湿纸巾。

④新生儿大便以后，臀部不光要清洗干净，可以稍稍涂点植物油。

⑤涂抹时用小棉棒在臀部皮肤上慢慢滚动，不要使用油布或塑料布直接包裹臀部。

⑥肛门周围皱褶较多，易残存粪便，清洗不当会对肛门周围皮肤产生不良刺激，所以一定要清除干净。

⑦注意尿布的清洁卫生，使用一次性尿片，注意要符合卫生标准。

⑧重复使用布尿片时，应及时将尿布用肥皂清洗并用开水烫洗，冲洗净肥皂后，在太阳下晒干后再用，在阴雨天，用熨斗烫干，避免病菌感染。

# 新生儿的身体如何清洁

新妈妈没有给新生儿清洁身体的经验，因此在清洁新生儿的身体时，不知道从哪里着手，反而显得确，有时不但没有把新生儿的身体清洁干净，反而会使新生儿感冒。

1. 如何清洁男婴儿的下体

（1）外生殖器周围的清洁

男婴儿在新生儿时多数为包茎，清洗时可将包皮向上轻推，随着年龄的增长包皮可逐渐上翻，这时应轻轻翻包皮清洗，去除藏在包皮内的尿垢。

（2）皱褶处的清洁与干燥

男婴儿的腹股沟、与阴囊相邻处的皮肤很容易藏污纳垢，应进行清洁，如不及时清洁和保持干燥，常会出现发炎、溃烂等症状。

每次便后要注意清洁，保证干燥，或者在臀部涂抹护臀霜，肛门周围涂擦鞣酸软膏，以预防尿布疹，但一定不要将爽身粉直接倒在这些部位，以免硬结，刺激皮肤。同时，新妈妈应尽量避免将粉末沾手、散布空气中，以防新生儿吸入影响肺部健康。

2. 如何清洁女婴儿的下体

女婴儿的尿道较短，易被肛门周围的细菌污染，如果女婴儿的外阴沾有粪便，应按照顺序及时用温水将粪渍冲掉，以免肛门的细菌污染阴道和尿道。不要用力擦洗阴唇黏膜，以免造成黏膜损伤。

有时候，女婴儿的外阴部会有少量白色粉末，一般是脱落的上皮或尿碱形成的，如果不多、周围皮肤黏膜也没有红肿的话，千万不要反复清洁。

3. 如何清洁新生儿的眼睛

新生儿眼屎太多，会感觉不舒服，而且，眼睛越眨分泌物越多，所以新妈妈必须进行适时的清洁。尤其当新生儿患了眼疾，更需要细心地照料和护理，才能使新生儿早日恢复一双明亮健康的眼睛。

（1）清洁眼睛的方法

①拿一支棒头比较粗的棉花棒，用生理食盐水把它蘸湿，或者用温水也行。

②按照由内眼睑向外眼睑的方向轻轻推，清洁眼睛的分泌物。

③棉花棒必须是一次性使用，用完即丢弃，否则容易滋长细菌。

（2）新生儿护眼健康操

用棒头粗的棉花棒分别在新生儿的上、下眼窝处轻轻按摩，一天3～4次，可以畅通宝宝的鼻泪管。

（3）如何应对新生儿眼疾

①点眼药膏。

在使用眼药膏前，新妈妈最好先将前端多余的部分挤掉，使用后段干净的药膏，避免细菌进入新生儿眼睛；接着用棒头比较细的棉花棒蘸上眼药膏。

将新生儿下眼睑翻开，按顺时针方向，轻轻地由内眼睑擦拭到外眼睑。注意尽量在新生儿眼睛睁开时擦拭，使药膏更容易进入眼睛，效果更佳。

注意不要在新生儿哭的时候擦药，因为药膏会随着泪水向外流，眼睛无法吸收。

②注意清洁。

新生儿患有眼疾时，眼睛的分泌物会比平常多，这时必须更加注意新生儿眼部状况，及时清洁，以减轻新生儿不适感。

4. 如何清洁新生儿的鼻子

鼻涕多不但容易堵塞呼吸道，变硬的鼻屎也会让鼻子感到很痛。尤其是对于易过敏、流鼻水的宝宝，及时清洁可以保证呼吸道的顺畅，更为重要。

# 如何给宝宝洗澡

新妈妈给宝宝每天洗澡，是新生儿护理工作中必不可少的一项，因为新生儿的新陈代谢旺盛，容易出汗，大小便次数多，因而新生儿娇嫩的皮肤很容易受到这些排泄物的刺激，并且积聚在皮肤上，如不及时清洗，就会成为病菌生长繁殖的地方，最终导致皮肤感染。因此，要经常给新生儿洗澡，以利于血液循环，帮助皮肤呼吸，并通过水的压力、温度等来锻炼身体，促使新生儿的生长发育。

1. 做好洗澡的准备工作

（1）准备好洗澡用的物品

洗澡所用物品包括小浴盆、洗澡和洗头用的小毛巾、无泪洗发精、沐浴液或婴儿皂、润肤露或爽身粉等。

新生儿的洗澡盆最好专用，洗澡前先将盆刷干净，有条件的话用热水烫洗洗澡盆以免留下细菌。洗澡后的用品也要事先准备好，如大浴巾、干净尿布、衣裤、包被，等等。

（2）调节好温度

将洗澡房间的温度调到 25℃～30℃，准备洗澡水，温度在 38℃ 左右为宜，应先放冷水再放热水，滴在大人的手背上感觉稍热而不烫手为宜，也可以将大人的肘部放入水中，不烫而有温热感觉就可以了。也可以使用专门的水温计测量水温。

浴室内的光线不要太刺眼，要柔和，以免刺激宝宝眼睛。

2. 洗澡的时间安排

给宝宝洗澡时间应尽量安排在喂奶前、排便后，如果是在喂奶后洗澡，宝宝可能会吐奶，如果宝宝睡眠不太好，可在晚上睡觉前洗澡，可以帮助宝宝睡觉。

3. 洗澡要注意的事项

大部分新生儿在出生 7 天内脐带还没有脱落，因此，不能将全身浸泡在水中洗澡，而是应当将上下身分开来洗。当脐带残端掉落并痊愈之后，就可以给宝宝用澡盆洗澡了。

4. 洗澡的程序

（1）在水中倒入沐浴液

把宝宝专用的沐浴液倒入水中，或全身涂抹沐浴液，脚开始，逐渐让宝宝滑进澡盆里，新妈妈使用一只手支撑宝宝的颈部和头部，使宝宝觉得安全舒适，用食指和拇指轻轻将宝宝耳朵向内盖住，防止水流入宝宝的耳朵。

（2）从头部开始

先洗脸再洗头，宝宝脸部清洗要由

内向外，用湿棉球或毛巾从宝宝眼角内侧向外侧轻轻擦洗，宝宝的眼皮非常嫩，所以新妈妈的动作一定要特别轻柔。接着由鼻梁向两边擦洗，从脸部中央向外侧洗涤。

（3）擦洗时要注意哪些

擦洗宝宝其他部位时，如果用沐浴液，应注意用手轻轻挡住宝宝的眼睛、鼻子和嘴巴，避免沐浴液泡沫飞溅进这些部位。给宝宝洗头时，可用左手托住宝宝的头部，同时要用左手拇指及中指捂住宝宝的耳朵，以免洗头水流进去。

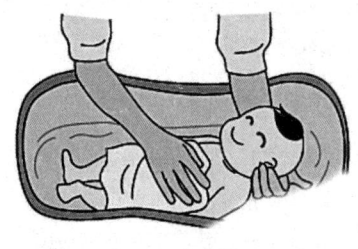

然后右手用小毛巾蘸水轻轻洗，洗头时一般不用肥皂，洗完后用专用毛巾轻轻擦干头上的水就可以了。如果不慎将水流进宝宝的耳朵，可用干净的棉签蘸干耳朵里的水。如果宝宝的头皮上有黄痂，也不要惊慌，这主要是皮脂溢出所致，洗头时不可硬擦，只需先用熬过的菜籽油轻轻涂擦使之软化，然后用清水洗去就可以了，如果黄痂比较厚，需要多次清洗才能洗净。

洗发水最好是对眼睛无刺激性的，以免流入眼睛中引起疼痛，使宝宝以后惧怕洗头或洗澡。洗完后一定要用清水冲洗干净，并用毛巾轻轻擦干头发。

（4）怎样洗宝宝身体部位

洗完脸部头部，再洗宝宝正面身体部位。让宝宝头枕在左臂上，头稍后仰，用水打湿上身，在小毛巾上滴少许沐浴露，分别清洗颈部、前胸、腋下、腹部、手臂和手掌，然后用清水将泡沫洗净。

洗臀部的小毛巾上滴少许沐浴露，将宝宝倒过来，使宝宝的头顶贴在妈妈的左胸前，用左手抓住宝宝的左大腿，右手用浸湿的小毛巾先洗会阴、腹股沟及臀部，女婴一定要从前向后洗，然后让宝宝趴在右手臂上，清洗背部、臀部、下肢和脚，洗时要注意皮肤皱褶处应洗净，洗完立即用大毛巾裹上宝宝，轻轻擦干。

新妈妈需要注意的是，宝宝皮肤娇嫩，不能用粗糙的或较大的毛巾给宝宝洗澡，以免擦伤皮肤，应用柔软的小毛巾。最好备用两条毛巾，一条洗脸部，一条擦洗身体其他部位。

宝宝洗澡时间不要超过5分钟，以避免感冒。

给宝宝洗澡擦干身体后，用宝宝专用的爽身粉涂抹宝宝身体，需要注意用手挡住脸部，不让爽身粉溅入宝宝的鼻子嘴巴。

洗澡完毕，新妈妈可以对宝宝身体进行抚触。手指竖起从宝宝的眉心到两边太阳穴轻揉一下，两手交叉轻抚宝宝的上身，避开乳房。再顺时针轻抚宝宝的肚子，一般抚触半小时左右，可以放一些柔和轻缓的音乐，使宝宝心情放松。

抚触能直接刺激宝宝，激活人体的免疫系统，对宝宝的神经和消化系统发育，有重要的促进作用。

5. 不宜过于频繁给宝宝洗澡

如果频繁给宝宝洗澡，或者水温过高，沐浴液用量过多，就会加剧皮肤干燥。室内温度过于干燥，尤其在秋季，宝宝嘴唇皮肤细嫩，容易起皮，增加病毒感染机会，甚至造成炎症。

洗澡时水温以39℃左右较好，而且不必每次都用沐浴液，以缓解宝宝皮肤干燥的症状。

保持室内湿度，干燥的空气环境容易引发宝宝嘴唇破皮，因此新妈妈可以在宝宝房间挂一个温湿计，掌控房间湿度。如果宝宝的房间干燥，新妈妈可以使用加湿器增加湿度，使宝宝房间湿度保持在55%左右。

新生儿嘴唇出现白色薄皮时，切忌用手去揭或用力擦，往往会导致出血或感染，给宝宝带来不必要的痛苦。

可用熟花生油涂在宝宝嘴唇上，每次吃完奶后涂擦1次，待其自然脱落。还可用消毒纱布在温开水内浸湿后覆盖在宝宝嘴唇上，待1小时后揭开纱布，用消毒的小毛巾轻轻擦拭。

## 如何给新生儿洗脸洗手

给新生儿洗脸是每天必不可少的，新妈妈没有给新生儿洗脸、洗手的经验，那么，如何给新生儿洗脸、洗手呢？

1. 洗脸的顺序

①将小毛巾或纱布在准备好的温水中浸湿，拧成半干，按照从内侧向外侧的程序擦拭眼睛，眼屎较多时要仔细擦洗，但不要过多擦洗，避免使宝宝眼睛睁不开。

②将小毛巾清洗新生儿鼻和眼周围的皮肤，然后沿外侧眼内侧及耳朵后面的皮肤擦洗，切忌将水弄进外耳道引起发炎。

需要注意的是，每擦完一个部位之后，都要重新清洗毛巾，防止感染。妈妈或爸爸可用左臂把宝宝抱在怀里，或直接让宝宝平卧在床上，右手用洗脸毛巾蘸水轻轻擦洗，也可两人协助，一个人抱住宝宝，另一个人给宝宝洗。洗完后要用洗脸毛巾轻轻蘸去宝宝脸上的水，不能用力擦。

2. 忌用乳汁洗脸

传统观念认为，给新生儿用母乳洗脸可以让宝宝皮肤长得又白又嫩。其实，这种方法对宝宝是有害的。因为母乳营养丰富，是细菌滋生的良好培养基。新生儿皮肤娇嫩，血管又丰富，若将母乳涂在面部，很容易使细菌在面部大量繁殖后进入皮肤的毛孔中，引起毛囊炎。若不及时治疗，可能导致败血症，危及宝宝的生命。

3. 给新生儿洗手

由于新生儿喜欢握紧拳头，因此洗手时妈妈或爸爸要先把宝宝的手轻轻扒开，手心手背都要洗到，洗干净后再用毛巾擦干。一般来讲，宝宝洗脸不用香皂，洗手时可以适当用一些婴儿香皂。

新生儿皮下血管丰富，而且皮肤细嫩，所以妈妈在给宝宝洗脸、洗手时，动作一定要轻柔，否则容易使宝宝的皮肤受到损伤甚至引起发炎。

给新生儿洗脸、洗手，一定要准备专用的小毛巾，专用的脸盆，在使用前一定要用开水烫一下。此外，洗脸、洗手的水温度不要太高，只要和宝宝的体温相近就行了。

洗脸前，新妈妈的手一定要先洗干净。洗脸毛巾最好放到太阳下晒干，可以借太阳光来消毒。

## 怎样抱放新生儿

有些新妈妈抱宝宝很随意，甚至把宝宝向高处扔着玩，这样是很不适宜的，而且也很危险。新妈妈在抱宝宝之前一定要洗手，尤其是给宝宝换过尿布之后，更不能直接抱宝宝，防止细菌侵入。

新妈妈在抱宝宝之前，先和宝宝对话。准备抱起宝宝时，要先和他说说话，宝宝听到熟悉的声音会有安全感，如果突然移动宝宝会引起他的不安和紧张，甚至哭闹。

1. 如何正确地抱新生儿

（1）用力支撑宝宝的颈部，扶住身体

因为宝宝的颈部尚未发育成熟，此时，在移动宝宝时，力气应该放在颈与背部，不要让宝宝的头向下耷拉，如果头向后仰，很容易受伤，也不要让四肢任意向下。

（2）坐立式抱放

新妈妈与宝宝面对面，将手掌张开，把宝宝的头部放在虎口的位置，让宝宝下半身贴近新妈妈的腹部，调整合适的距离。把宝宝抱在臂弯的姿势，将宝宝的头部放在肘弯处，下半身放在大腿上，这样可以更好地支撑宝宝的头部和肢体，宝宝会感到很舒适。或者也可以把宝宝搂在怀里，上半身重量放在胸前。

轻松一点的方法可以让宝宝坐在新妈妈的腿上，背靠在新妈妈的胸前，轻轻环住他即可。

（3）肩靠式抱放

新妈妈用手环住宝宝的头部轻轻托起，让宝宝靠着新妈妈的肩膀。一只手扶在宝宝的臀部，支持他的身体重量，另一只手扶住他的头，将宝宝抱直，抱时尽量靠近自己的身体。也可以将宝宝斜放在肘弯，贴近新妈妈的胸前，一手支持着他的上半身，一手环抱着他的下半身。

这样的抱姿稳定而且安全。宝宝若是挣扎，就顺着他的姿势，慢慢移动。避免直接放下宝宝，先放在肘弯，再轻轻放到床上，切忌掐住宝宝的脖子，造成瘀血。

2. 交换人抱姿要领

抱者用双手环住宝宝的身体，宝宝躺在抱者手肘上，用另一只手托在宝宝身下。交换的人也以同样的姿势承接宝宝的身体。一定要确保抱稳宝宝的身体之后，原抱者才可放手，然后用手扶住宝宝耳侧，并支撑他的头颈，另一手托住他的下半身。

在抱宝宝时要尽量避免触摸宝宝的

脸颊，或者做一些捏鼻子、拉耳朵、亲小嘴、弹额头之类的动作，以免引起不必要的伤害。不要突然把宝宝高高举起，这样容易引起宝宝不适。

## 母乳喂养很重要

新妈妈初次给宝宝喂养，难免有些紧张。一般新妈妈在产后12天内分泌的奶水，颜色偏黄，浓度较高，手感黏腻。初乳中含有丰富的蛋白质、碳水化合物和酶类，是其他人工奶粉所不能提供的。初乳具有低脂肪、高营养、好消化的优点，其中还含有提高宝宝免疫力的物质，能够附着在宝宝尚脆弱的肠道表面，防止宝宝肠胃被病毒细菌侵害。

初乳之所以含有大量的蛋白质，是因为免疫球蛋白的含量丰富，增加宝宝的抗病能力，降低患病率的作用，是宝宝最初吸取的天然免疫抗体。

1. 吃初乳有何好处

（1）促进排便

妈妈产后半小时就要进行初乳喂养，这样可以使初乳的营养充分地被宝宝吸收到，有助于加快宝宝的畅胃蠕动，促进排泄和粪便的排出。

（2）避免黄疸

初乳中含有丰富的氨基酸和营养物质，能够满足宝宝成长的各种营养需求，尤其是对早产宝宝来说，能够增加宝宝免疫力和抗病力，防止感染，降低发生黄疸的概率。

（3）防止体重下降

初乳中含有的各种有益营养物质，可以有效地避免宝宝出生后出现体重下降的情况。因此，新妈妈一定要利用好自己的初乳，不要错过初乳的喂养时机，给宝宝造成损失。

2. 母乳喂养很重要

（1）对妈妈的益处

①婴儿通过对乳头的吸吮，来促进母亲体内激素分泌，加快产后子宫的收缩恢复，使之从孕期到非孕期的成功过渡，使妈妈早日康复。

②母乳喂养可以帮助妈妈产后恢复体形。

③母乳喂养的妈妈患乳腺癌和卵巢癌的概率低。

④能减少妈妈产后出血。

（2）对宝宝的益处

①母乳营养丰富。

母乳中的钙磷比例为2:1，适宜宝宝对钙的吸收；脂肪酸和乳糖以及磷脂中所含的卵磷脂和鞘磷脂含量较多；另外在初乳中含有较高的微量元素，提供给宝宝必要的水分、蛋白质、糖、维生素、矿物质以及各种抗体，有利于促进宝宝的生长发育。

②宝宝不易感染疾病。

母乳喂养的宝宝不易感染疾病，母乳中含有的各种免疫球蛋白可以增强宝宝的体质，提高免疫力，使其抗病能力加强，能够避免一些呼吸系统疾病，比如百日咳、肺炎，还不易感染耳病、感冒、腹泻，减少胃部、胸腔、泌尿系统等的患病概率。在一般情况下，和人工喂养的宝宝相比，母乳喂养的宝宝更健康。

③母乳容易消化。

母乳中含有的蛋白质凝块和脂肪球小，且含有多种消化酶，母乳中含有的乳脂酶再加上宝宝在吸吮过程中吞咽分泌的舌脂酶，有利于宝宝对脂肪的消化和对营养物质的吸收。而配方奶粉无论怎么接近母乳成分，都无法代替母乳的营养。

④母乳喂养安全放心。

母乳不易引起宝宝对食物的过敏反应，母乳中几乎无菌，不易污染，而且温度适宜，宝宝可以随时放心食用。

⑤母乳喂养可以促进宝宝的牙齿发育。

⑥吸吮运动有助于宝宝面部的发育，且可预防龋齿。

⑦母乳喂养可防止宝宝在以后的儿童期出现肥胖症状。

⑧母乳喂养可以提高宝宝智商。

⑨母乳中含有的 DHA 等营养物质，有益于宝宝的大脑发育。

⑩在母乳喂养过程中，妈妈通过声音、心音、气味和肌肤的接触刺激宝宝大脑，促进宝宝早期的智力开发。

（3）母乳喂养满足宝宝的社会心理需求

在母乳喂养过程中，妈妈与宝宝的皮肤接触、交流，可以增强母子之间的感情，给宝宝带来安全感，促进宝宝心理与社会适应性的发育。

## 母乳喂养的次数、时间和姿势

新妈妈要跟宝宝住在一个屋子，宝宝出生一个小时后就要让他吸吮乳头，不能给宝宝喂养母乳以外的食物，宝宝一饿就要及时喂养，每天 8~12 次。新生儿晚上也吃奶，不要用奶瓶来喂。

1. 母乳喂养的原则

（1）早喂奶

宝宝断脐半小时之内，就要给宝宝喂奶了，及时地喂奶，不仅可以帮助新妈妈增强食欲，促进子宫收缩，而且还能降低妈妈产后抑郁的概率，加快宝宝的肠胃蠕动，让宝宝的胎粪排出。在宝宝出生 12 天之内要多让宝宝吸奶，因为这个阶段新妈妈分泌的初乳有增强宝宝免疫力的作用。多让宝宝吸奶，还能够对新妈妈的乳房形成刺激，从而增加乳汁的分泌，降低妈妈乳胀和便秘的概率。

（2）少用奶嘴

奶嘴跟妈妈的乳头不一样，有些奶孔比较大的奶嘴，宝宝吸吮很容易。一旦换成了妈妈的乳头，就有可能让宝宝因为吸食困难而放弃母乳。因此，如果没有特殊状况，尽量不要给宝宝吸食奶嘴。

2. 不同类型乳头的哺乳准备

（1）扁平乳头

乳头长度较短，约在 0.5 厘米以下。直径在标准范围内却不够突出。扁平乳头不容易被宝宝吸到口腔深处，不过只要多吸吮，转变成正常乳头的概率很高，宝宝也就能吸得轻松又顺利。

（2）小乳头

小乳头直径与长度都在0.5厘米以下，新妈妈哺乳时让宝宝连乳晕一起含住，持续喂母乳，乳头形状将会变得更加容易吸吮。

（3）巨大乳头

乳头直径在2.5厘米以上。宝宝刚开始吸奶时会感到困惑，不明白该如何吸吮，但是经过多次数的吸吮，宝宝会习惯妈妈的巨大乳头。

（4）凹陷乳头

乳头凹陷在乳晕中无法突出于外部。新妈妈用手指头刺激或乳头吸引器等方式都可以使乳头突出，要及早先做好护理工作。

另外，新妈妈要经常从乳房向乳头挤压，食指和中指以螺旋形向乳头方向按摩，要掌握好力度，避免乳头受伤。

3. 正确的哺乳方式

宝宝要横躺在妈妈怀里，整个身体对着妈妈的身体，睑对着妈妈的乳房。宝宝的头应该枕在妈妈的前臂或者肘窝里，妈妈的前臂托住宝宝的背，妈妈的手托住宝宝的屁股或者腿。注意不应该让宝宝扭转头和多喂、勤喂。

初乳富含蛋白质、免疫因子以及其他对新生儿有利的成分，对宝宝尤为重要。母乳的过渡时期在一周之内，成熟要在10~14天之后。

母乳喂养姿势与方法有几种，妈妈要掌握正确的喂养姿势和方法，让自己用最舒服的姿势喂奶，让宝宝用最舒服的姿势吃奶。

（1）交叉式

交叉式又称交叉摇篮式，宝宝的头部不是靠在妈妈的臂弯上，而是靠在妈妈的前臂上。如果妈妈用右侧乳房喂奶，就用左手和左臂抱住宝宝，使宝宝的胸腹部朝向妈妈。妈妈要用手指托住宝宝头部后侧及耳朵下方，引导宝宝找到乳头。

这种姿势适合新生儿和含乳头有困难的宝宝。

（2）摇篮式

这是一种经典的哺乳姿势，妈妈可以坐在有扶手的椅子上或靠在床上的枕头上，把脚放在矮一些的凳子上，不要让身体向宝宝倾斜。把宝宝放在大腿上，可以垫上一个枕头，让宝宝侧面躺在上面，睑、腹部和膝盖都直接朝向妈妈，妈妈要用臂弯托住宝宝的头部，把宝宝下面的胳膊放到妈妈胳膊下面。宝宝吃奶时，把他的头放在他吮吸乳房那一侧的臂弯里，把前臂和手伸到宝宝后背，托住他的颈部、脊柱和臀部。

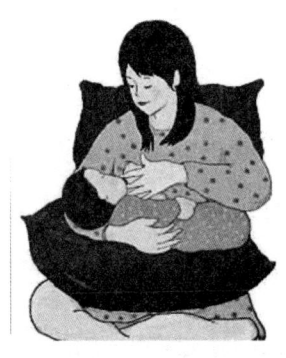

摇篮式适合顺产的足月宝宝。新生儿可能较难找到乳头，等到宝宝1个月左右颈部肌肉发展之后，适宜采用这个

姿势。剖腹产的妈妈不适宜使用这种姿势，因为对腹部的压力过大。

（3）橄榄球式

橄榄球式就是把宝宝夹在与哺乳乳房同一侧的胳膊下面。首先，把宝宝放在体侧的胳膊下方，让宝宝朝向妈妈，鼻子到妈妈乳头的高度，宝宝双脚伸在妈妈背后。把妈妈的胳膊放在大腿上或身体一侧的枕头上，用手托起宝宝的肩、颈和头部。另一只手呈 C 形托住乳房，引导宝宝找到乳头。注意，把宝宝推向胸部时要小心，用力过大宝宝向后仰头会顶住妈妈的手，要用妈妈的前臂撑住宝宝的上背部。

这种哺乳方式适合剖腹产的妈妈，橄榄球式可以避免宝宝压到妈妈腹部。另外，如果宝宝很小或含奶头比较困难，这种姿势有助于宝宝找到乳头。乳房较大、乳头扁平或双胞胎的妈妈也适合橄榄球式。

（4）侧卧式

这种姿势适合妈妈侧躺在床上喂奶。妈妈可以请爸爸在身后放几个枕头作为支撑，或者在头和肩膀下面垫个枕头，双膝之间也可夹一个枕头，使后背和臀部在一条直线上。让宝宝面朝妈妈，用身体下侧的胳膊搂住宝宝的头，抱住宝宝。可以用一个小枕头把宝宝的头垫高，使宝宝离妈妈乳房更近一些，让宝宝轻松够到妈妈的乳房。

剖腹产或难产的妈妈，选用侧卧式可以避免妈妈坐着时难受，另外，这个姿势适合在床上喂奶。

# 如何人工喂养宝宝

新妈妈的乳汁不够新生儿喝，那就要采取人工喂养的方法，使宝宝吃饱吃好。

人工喂养方便，不管父亲还是母亲或其他人，谁都可以喂宝宝。灵活性比较强，在妈妈有事情必须和宝宝短暂分离的时候，宝宝不用饿肚子。

奶嘴的孔不能开太大，不然容易使宝宝一下吸入过多的奶水而呛到。妈妈给宝宝喂奶时要将奶瓶后部始终略高于前部，使奶水能一直充满奶嘴，不致使宝宝吸入空气。不要让宝宝平躺在床上吸奶瓶，最好抱起宝宝，使其头略高于身体，这样不易发生奶水反流或吐奶。

1. 人工喂养的程序

妈妈给奶水试温时可用脸颊或手腕。

（1）脸颊试温

摇匀奶瓶，稍待会儿贴在脸颊上，以不感到冷或烫为准。

（2）手腕试温

将牛奶滴几滴在手腕上，以不冷不热或略微偏温为准。

2. 喝多少为宜

采用人工喂养的宝宝，喝多少奶粉以体重来算。

一般每天每千克体重需奶水用 1 份奶粉加 4 份水制成为 100~120 毫升，计算出总量以后，等分为 5~6 次喂奶。

由于每个宝宝的需要量不一，因此差异也较大。每日总量不要超过 1000 毫升，如果宝宝喂养的总量达到 1000 毫升仍不能吃饱，则说明应添加辅助食品或辅食添加不够。

3. 怎么选购奶粉

（1）从气味上看

好的奶粉应该有着淡淡的乳香味，如果奶粉有霉味、酸味或者腥臭味，则是变质奶粉。

（2）从颜色上看

好的奶粉应该是淡黄色或者白色。焦黄色或者颜色比较深的则是比较差的奶粉。

（3）从手感上看

好的奶粉用手捏应该是柔软松散的。用手一捏就碎的结块奶粉，尽量不要去买。

4. 奶瓶的使用和消毒奶瓶的选择原则

（1）奶瓶要具有很高的透明度

奶瓶不要有太多图案和色彩，方便妈妈看清楚奶的容量和状态，方便给宝宝喂奶，从而控制好喂奶量，还可以从奶粉形态确定奶粉的质量，避免给宝宝喝得太多，或者喝质量不好的奶。

（2）奶嘴的选择

选择符合妈妈乳头形状的奶嘴，这个阶段的宝宝以母乳喂养为主，已经习惯并适应了妈妈的乳头，所以奶嘴最好也要符合乳头的形状，不会让宝宝有太大的陌生感，否则会产生排斥。奶瓶的设计要科学合理，使宝宝在吮吸时不至于太吃力。

（3）奶瓶要有很高的硬度

要避免奶瓶遇到高温变形。在选择奶瓶时，妈妈可以用手捏一捏来感觉奶瓶的硬度。

①玻璃材质。

玻璃材质的奶瓶适合初生宝宝。

优点是安全无毒、耐热性佳，清洁方便、不容易有奶垢等。

缺点是重而且易碎，如果不小心摔掉容易烫到或者扎到宝宝，而且玻璃奶瓶容易过热，不方便拿。

②塑胶材质。

塑胶奶瓶适合较大宝宝。

优点是材质轻、不易破裂、适合外出时使用，宝宝可以自己捧着喝奶。

5. 奶瓶的使用期限

奶瓶要 6 个月左右更换一次，尤其是塑胶品质较不稳定，使用一段时间后，瓶身就会因为刷洗和氧化，出现模糊的雾状，奶垢更不易清除。如果奶瓶表面有破损及磨损现象时，就一定要换新。

奶嘴属于消耗品，宝宝长期使用会变硬、变质，爸爸妈妈清洗时，也会使奶嘴变大，导致宝宝喝奶时发生呛奶危险，因此要 3 个月左右更换一次。如有破损，马上更换。

6. 奶瓶的清洁

奶瓶清洁可以降低感染疾病的概率，如果清洁不到位，可能诱发宝宝急性肠胃炎。此外，宝宝的免疫系统尚未发育健全，外来的细菌和微生物容易入侵。宝宝喝完奶后，如果奶瓶清洁不彻底，容易滋长细菌，病毒经由口传入胃肠道，会造成宝宝肠胃不适。

如果奶瓶里有剩下的奶，先倒掉，

然后用清水冲净，再用奶瓶刷刷洗奶瓶内部，有奶垢的地方更要洗刷干净。仔细刷洗瓶口螺纹处，不要让细菌滋生。

奶嘴和奶嘴座需拆下分开，分别清洗，尤其注意奶嘴吸孔处有无奶垢堆积，这是宝宝直接用嘴接触的地方，一定要确保卫生无细菌。最好在宝宝喝完奶后马上清洗奶瓶，隔得时间长了，瓶上残留的牛奶的油脂、黏腻难清洗，不仅会加重爸爸妈妈的工作，还可能清洗不干净，引起细菌、病毒的污染。

7. 奶瓶的消毒

清洁完奶瓶之后，就要进行消毒了。一般婴儿奶瓶的消毒方式，可以分为煮沸消毒法及蒸汽锅消毒法。

（1）煮沸消毒法

准备一个不锈钢煮锅，这个锅不要再用来烹调食物，必须是宝宝奶瓶消毒专用锅，然后装上足以覆盖所有需要消毒的喂奶用具的冷水。

将玻璃材质的奶瓶与冷水一起放入锅中，等水烧开后5~10分钟再放入奶嘴、瓶盖等，盖上锅盖再煮3~5分钟后，关火；如果是塑胶的奶瓶，则要等水烧开之后，再将奶瓶、奶瓶盖一起放入锅中煮沸消毒即可。如果不耐高温的奶瓶最好不要煮沸，可用蒸汽锅消毒。

等到水稍凉后，再用消毒过的奶瓶夹取出奶嘴、瓶盖、奶瓶，置于干净通风处，倒扣沥干。干了之后，把奶嘴、瓶盖套回奶瓶上备用。

（2）蒸汽锅消毒法

选购功能齐备、质量好的电动蒸汽锅。使用蒸汽锅消毒前，也要先将所有的奶瓶、奶嘴、奶瓶盖等物品彻底清洗干净，然后再一起放入，按下开关，待其消毒完毕，会自动切断电源。

宝宝的奶瓶消毒完成后，应将留在瓶身内的水彻底倒净，之后倒扣沥干，并以消毒过的奶瓶夹将消毒过的奶瓶、奶嘴、奶瓶盖等放置通风、干净处放凉备用，并盖上纱布或盖子。

## 怎么挑选婴儿奶粉

国内著名大企业生产的配方奶粉，可以是最佳的选择，高价格并不等于高质量。

现在市场上的进口奶粉热销，其原因主要有四点：不少人认为进口奶粉质量好，高价格等于高质量；进口奶粉厂家为消费者提供了周到的服务，例如举办育儿知识讲座、开辟专家热线、赠送婴儿营养食谱、育儿手册等，使家长感到亲切、可信；进口奶粉的包装、口味、溶解性确实比国产的好；婴儿对第一口奶有很强的适应性，吃了第一次奶粉后会增加婴儿对该产品的依赖性。

其实，目前国产奶粉的质量也很高，许多方面已接近或达到进口奶粉水平。

1. 看清包装上标识的奶粉类别

要选择与宝宝年龄相符的奶粉，妈妈应在生产前后，向儿科医师咨询在母乳之外最适合自己宝宝的配方奶粉的种类。

2. 看清生产日期及保质期。

选择离生产日期近、距保质期越远的奶粉为最佳，袋装奶粉更应如此。

3. 为新生儿选择配方奶粉

一方面要注意看奶粉说明书，一般奶粉都有年龄段；另一方面还要注意宝宝食后的反应，当发现所食用的婴儿配方奶与宝宝的体质不合时，应立即停止使用，改用其他品牌的配方奶粉。

4. 购买时阅读营养成分

仔细看标识注意包装上是否明确标有营养成分，是否明确标有营养成分、营养分析、制造日期、保存期限、使用方法等，并注意钙、磷比值是否符合国家标准，不用过于迷信因标榜了特殊成分、功效而售价特别昂贵的配方奶粉，对于这种奶粉反而要特别小心，以免受骗。

如果有针对性需求，购买特殊成分的奶粉，最好请教儿科医师，不要轻信邻里亲朋的推荐。

## 如何安排混合喂养

很多新妈妈在喂养宝宝时，通常采取混合喂养，不过，在混合喂养时，要注意以下几个方面。

1. 混合喂养的原则

妈妈不要把母乳和牛奶混在一顿给宝宝吃，喂母乳就全部喂母乳，即使宝宝没吃饱，也不要马上喂牛奶，可以把下一次的喂奶时间提前。母乳不能攒着，如果把奶憋着了，乳汁的分泌就会减少，母乳吃得越空，分泌越多。因此，不要攒母乳，有了就喂，慢慢就够宝宝吃了。

2. 混合喂养的方法

妈妈要充分利用有限的母乳，尽量多喂宝宝。母乳喂养次数要均匀分开，不要很长一段时间都不喂母乳。在夜间最好是母乳喂养，如果母乳量确实太少，宝宝吃不饱，这时就要以奶粉为主了。每次调奶粉时，不要调得太多，尽量不让宝宝吃搁置时间过长的奶粉。冲调后奶粉的温度与人体的温度差不多，一般在36℃左右即可。

3. 混合喂养的安排

妈妈因工作需要，跟宝宝的吃奶时间不吻合，可以用配方奶粉或其他代乳品代替。如因母乳不足，可在每次母乳后以代乳品补足，以宝宝满足、不再吸食为度。先加少量奶粉，宝宝适应后再逐渐增加。以1~2次或数次代乳品代替母乳者。应按时用吸奶器吸空母乳，以保持母乳量不减，还可以预防乳疮。

4. 奶粉的选择

（1）母乳化奶粉

营养学家根据母乳的营养，重新搭配的奶粉，是最适合宝宝的奶粉。

（2）婴儿奶粉

比较适合宝宝的奶粉，它以主要牛奶为材料，增加了维生素D和铁剂。刚出生的宝宝，一周后才能喂全奶。

（3）甜奶粉

甜奶粉营养价值没有母乳高，虽然

保持牛奶的原有成分，但是容易造成宝宝依赖。

（4）配方奶粉

配方奶粉不太适合新生宝宝，因为不容易吸收，其中的酪蛋白含量过高。

（5）速溶奶粉

速溶奶粉的优点是冲泡快，选择标准是冲开后，没有不易溶解的杂质沉淀物。全奶的配制方法是：1平勺奶粉加4勺的水，奶粉恰好溶解成全奶。

# 如何给半岁的宝宝洗头

宝宝长到半岁时，需要特别关注宝宝的头发护理，不要以为头发无关紧要。其实，宝宝头发的护理，可比大人想象的要重要得多。在宝宝半岁左右时，要精心护理好宝宝的头发。

1. 如何给宝宝洗头发

洗发是使宝宝保持清洁的关键，有利于宝宝的头皮得到良性的刺激，促进头发健康生长。2~3个月的宝宝生长发育速度极快，新陈代谢也非常旺盛，头发容易脏，尤其是夏季，更容易出汗。因此，在6个月前，尽量每天给宝宝洗一次头发。6个月后，可改成2~3天一洗。

（1）水温要适宜，方法要得当

水温不能太热烫伤宝宝，也不能太凉，否则会引发受凉感冒头痛等症状，保持在37℃~38℃即可。

妈妈给宝宝洗头要用正确的方法，轻轻用手指肚按摩宝宝的头皮，不宜用指甲抓洗，也不可用力揉搓头发，注意不要让水进入宝宝的耳朵。

（2）使用清水清洗

使用清水即可，清水最安全，而且能起到清洁效果。洗发水可以选用无刺激性的婴儿洗发水，但不要频繁使用。

（3）避免形成乳痂

宝宝头部由于得不到及时清洗，头皮上的代谢物积聚在一起，时间长了形成一层厚痂，这就是乳痂。

乳痂的形成有以下几个因素：

①遗传因素，父母头屑特多或患有脂溢性皮炎，所生的子女易患乳痂。母亲怀孕后，期体内雄激素过多也会促使婴儿乳痂产生。

②饮食营养，妈妈的饮食营养、宝宝的喂养状况以及生物素等因素都会影响乳痂的产生。如果饮食中油脂含量高，就容易长乳痂。

③错误的生活习惯，不注重宝宝卫生清洁，不给宝宝洗澡洗头理发，使乳痂越积越厚。

乳痂藏污纳垢，易导致感染。乳痂掩盖了对囟门的观察，不能及时发现宝宝囟门传递的一些病症，以至影响诊治某些疾病。乳痂较硬，紧贴囟门，会限制囟门伸缩的缓冲功能，如果出现宝宝颅内压增高性脑病时，囟门就会丧失缓冲高压的作用。

2. 洗护步骤

①妈妈用一只手抱住宝宝的头，让宝宝背部靠在前臂上，把宝宝的腿放在肘部。

②妈妈用另一只手轻轻将水淋在宝宝头上,注意要避免将水溅到宝宝眼睛、耳朵里。

③将植物油或者婴儿油加热消毒、放凉,涂在乳痂表面,不要立即清洗,滞留数小时至乳痂被浸泡松软。

④软化后,薄的乳痂会自然脱落,至于大块的头垢用齿软而钝的宝宝专用梳子刷松,最后再用宝宝专用洗发水把头垢冲洗掉,可慢慢重复几次。

⑤将宝宝抱在膝上,用一条消过毒的毛巾将宝宝的头轻轻擦干。

3. 预防乳痂再生

(1) 坚持洗头

宝宝出生后,要坚持给宝宝洗头,重点清洗易生乳痂的头顶部,囟门也要进行清洗,不要担心会影响宝宝的智力,正常清洗是不会损伤大脑的。妈妈的动作要轻柔,不会给宝宝带来伤害。

(2) 调整母婴饮食

给宝宝补充维生素,维生素有减轻乳痂生成和促进细胞再生的作用。妈妈可以给宝宝添加果汁,这是供给宝宝生物素的最好办法。哺乳妈妈多吃富含维生素和生物素的食物,如肝脏、坚果、肾脏、蛋黄、酿酒的酵母、豆类、鱼类等。

4. 宝宝睡觉出汗如何护理

出汗是受交感神经支配的,宝宝交感神经兴奋性高,一般都比较爱出汗。因此,需要鉴别下述几种情况。

宝宝入睡后不久出汗,过一段时间就自行消退,这是因为宝宝从兴奋状态逐渐进入睡眠状态,全身血流较快而导致出汗,属正常现象。

在宝宝开始入睡时,不要把被子盖得过多,待熟睡后完全处于稳定状态,再将被子盖好,此外要注意室内的空气流通。

宝宝表现出与环境因素无关的多汗,以头部最为明显,出现摇头现象,可能会有枕秃。有时神经处于兴奋状态,如睡后突然惊醒、哭闹或者烦躁不安等,并且骨骼也会改变,如颅骨软化、肋骨外翻、前囟大、方颅等,这是佝偻病早期的症状,需要到医院治疗。

如果宝宝刚入睡时无汗,入睡一段时间后,特别是下半夜出现全身大汗,这种叫作盗汗。若宝宝还伴有面色苍白或苍黄、精神不振、胃口差、低热和咳嗽等症状,有可能是患病了,应去医院做检查。

## 给宝宝准备枕头、衣物

宝宝从第四个月开始,颈部脊柱开始向前弯曲,宝宝头与身体的比例逐渐趋于协调。尤其是学爬、学坐时,胸部脊柱开始向后弯曲,肩也开始增宽。为了让宝宝的生理弯曲在睡眠时保持舒适,这个阶段就可以给宝宝睡枕头了。

1. 准备合适的小枕头

(1) 枕头的高度

可酌情调节3～4个月的宝宝准备1～2厘米的枕头即可,6个月以后的宝宝需要高度大概为3～4厘米的枕头,宝宝的枕头切忌太高，常枕高枕头容易形成驼背，枕头的长度与宝宝两肩的宽度相等为宜。

（2）枕头的软硬度

宝宝的枕头软硬度也要合适，由于宝宝颅骨较软，囟门和颅骨缝还未完全闭合，过硬易造成偏头偏脸；而松软又大的枕头不能支撑宝宝躺上去的压力，可能使小宝宝特别是新生儿发生窒息危险。

（3）枕套枕芯的选择

宝宝专用的枕头可以用棉布做枕套，用谷子、小米或荞麦皮做枕芯，它们是枕芯的很好选择，不但软硬度合适，吸湿性、透气性也很强，而且还易清洗。

（4）枕头要常洗晒

宝宝容易溢奶、流口水或出汗、哭闹，所以枕头上会留下很多汗渍、奶渍或者眼泪、污垢，必须经常给宝宝洗晒枕套，枕芯一般不易清洗，所以要定期晾晒，最好每周晒一次，而且要经常活动枕芯，保持松软、均匀，最好每年更换一次枕芯，保持枕头的清洁、干爽、无异味，以免宝宝引发一些过敏性疾病或者皮肤病。

2. 宝宝衣物要穿着健康

半岁的宝宝生长发育迅速，活动量增大，所以宝宝衣服的设计原则是简单、大方、易穿、易脱、舒适、宽松。

（1）衣服的选择

宝宝的内衣要选择质地柔软、通透性能好、吸湿性强的棉织布料，不要用化纤面料，因为化纤面料中的化学成分会刺激宝宝的皮肤，引发皮炎、瘙痒等过敏症状。但由于化纤面料具有易洗、易干的特点，宝宝的外衣可适当地选用化纤面料。

妈妈选择宝宝服装时要特别注意，要保证宝宝的舒适，重要的一点是消除一切安全隐患。尤其是内衣，不要有纽扣、拉链、扣环、别针之类容易损伤宝宝皮肤的东西，如果使用布带代替纽扣，也要注意布带不要勒伤宝宝。

半岁左右的宝宝活动增加，上衣要比前几个月时的稍长些，和尚服也可以"退休"了。

给宝宝穿上下一体的衣服便于宝宝活动。注意尽量不要给宝宝穿得太厚，这样会使宝宝显得笨重，不易活动而且容易出汗。

到了5~6个月，宝宝控制自己活动的意识依然不强，所以服装的安全性还是非常重要的。这时宝宝能自己抓住东西往嘴里填，因此，给这个月龄的宝宝准备衣服时，最好不要钉扣子，如果被宝宝误食，后果不堪设想。此外，衣服上也尽量不要有装饰物。

还有一点很重要，宝宝的内衣裤上不要有脱下的线头，防止宝宝的小手被内衣的线头缠伤,或者小脚丫被勒伤,更严重的是,男宝宝的阴茎如果被内裤里的线头勒破、勒伤会引发感染。

(2) 袜子的选购

由于这个阶段的宝宝身体各个器官正在生长发育,肌体的各项功能都不健全,调节体温能力差,所以,宝宝不穿袜子很容易着凉。宝宝的活动范围在逐步扩大,在两只脚的踩蹬过程中如果不穿袜子,容易损伤皮肤或脚趾。袜子还可以保持宝宝脚部的清洁卫生,避免尘土、细菌等对宝宝皮肤造成伤害。

妈妈选宝宝袜时,要选择透气性能好的纯棉袜,不要选择化学纤维制成的袜子,不仅不吸汗,而且某些化学成分会引起宝宝脚部皮肤过敏。

注重袜子的款式和尺寸。款式要符合宝宝的脚型,尺寸大小要合适,太大不利于宝宝脚部的活动,太小会影响宝宝脚部的正常发育。

## 给宝宝选双合适的鞋

在宝宝处于学步期,爸爸妈妈要为宝宝选择一双合适的鞋,来帮助宝宝更好地学站、学走路。

1. 鞋的大小要适宜

太小的鞋会挤压宝宝的脚,影响血液循环,但是如果为了能多穿一段时间而把鞋买得太大,由于宝宝脚的支撑点和伸缩点与鞋的支撑点和伸缩点无法保持一致,对宝宝的脚也同样会有很大的损害。买鞋测大小具体方法是:夏天买鞋比较容易观察,所以可多看看宝宝穿上鞋的样子,恰到好处方可。冬天买鞋时,把手从后脚跟伸进宝宝穿着的鞋里,留下一个小手指的空间比较好,这样会有利于脚的生长。由于宝宝处于成长时期,宝宝脚长得特别快,通常2个月左右就需要换鞋了。爸爸妈妈要经常量一量宝宝脚的大小,及时为宝宝换上舒适合脚的鞋,使他能够方便活动。

2. 鞋型要合适

每个宝宝的脚型长得都不一样,有的宝宝脚面高,有的宝宝脚面低,所以宝宝应该选合适的鞋,而且鞋也有系带的、敞口的等不同类型,必须选择适合脚型的鞋才能让宝宝的脚健康成长。

3. 鞋底的厚度和软硬度要适当

鞋底厚度为5~10毫米,鞋跟高度在6~15毫米之间。鞋底可以弯曲,但弯折的部位应在脚前掌的跖趾关节处,这样可以使行走时与脚的弯折部位相符合。

宝宝鞋的后帮应硬挺、包脚,鞋面的头部不宜太软,以免硬物冲撞脚趾。脚背处的鞋面宜柔软些,以利于脚部的弯折。

夏天,宝宝不宜穿塑料凉鞋,这种凉鞋容易变形和传热,影响脚的健康。最好买后跟有带子的皮革或棉布制的凉鞋,宝宝穿这样的鞋子走路才会随脚。

这个阶段的宝宝,适宜穿软底布鞋或粗毛线编织的鞋,鞋帮稍稍硬一些,可以保护宝宝的踝关节。

## 如何给宝宝剪指甲、抹口水

由于宝宝新陈代谢旺盛,指甲长得

快，还经常流口水，这些影响宝宝个人卫生的方面，新妈妈尤其要注意，要定时予以护理，否则会导致一些不良后果。

1. 给宝宝剪指甲

宝宝指甲生长速度快，尤其是在宝宝很小的手指头上，几天就会超过指尖，宝宝的指甲又特别薄弱，皮肤也非常娇嫩。随着宝宝的生长发育，宝宝的活动欲望大大加强，尤其是对于爱动的宝宝，如果不及时修剪指甲，就可能会藏污纳垢，滋生细菌；如果宝宝有吮吸手指和直接用手抓东西的习惯，就更要给宝宝勤剪指甲。剪指甲修剪时，为了不把边角剪得过深，注意先剪中间再修两头，这样比较容易掌握修剪的长度。动作要轻要快，一次不要剪得太多太狠，以免产生疼痛。

（1）指甲的适宜长度

指甲的适宜长度，是指甲顶端与指顶齐平或稍短一些。

（2）修圆指甲

宝宝的指甲要剪得圆滑些，不要剪成带尖角的。剪完后妈妈要用自己的手抚摸一下，看看指甲断面是否光滑，如果不光滑，可用指甲剪上的小锉锉光滑，避免此尖角抓伤宝宝。

（3）肉刺处理

有时宝宝指甲边会出现肉刺，要及时发现并处理。切忌用手直接拔除，如果拉扯过多，会伤及周围皮肤组织。应该仔细用剪刀将肉刺根剪断。

清洁藏在指甲里的污垢，最好不要用坚硬物来挑，容易弄伤手指，要在修剪后用清洗的方式来处理。

（4）避免嵌甲

指甲两侧的角剪得太深，使长出来的指甲嵌入软组织内，就是嵌甲。嵌甲会损伤指甲周围的皮肤，造成皮下组织的化脓性感染，引发甲沟炎或其他炎症。所以妈妈在给宝宝剪指甲的时候，两侧的角一定不要剪得过深。

2. 宝宝流口水的护理

宝宝的唇和吞咽的动作不协调，神经系统控制唾液在口腔内流量的功能差，所以容易出现口水增多的现象，此种现象被称为生理性流涎。

生理性流涎不是大问题，但妈妈不要因为是成长时的必然现象便置之不理，如果因清洁不当，感染其他疾病，就得不偿失了。

妈妈做护理时要注意，宝宝经常受到涎水刺激的颈部和胸部的皮肤要保持干燥和清洁，防止发生糜烂。妈妈要随时用纸巾或质地柔软的棉布手帕为宝宝擦去口水，擦时不可用力，轻轻将口水拭干即可，以免损伤局部皮肤。

妈妈要常用温水洗净宝宝口水流淌处，然后涂上油脂，以保护下巴和颈部的皮肤。如果宝宝口水太多，并得不到适时清理，口水便会沿着嘴角流到下巴、脖子、前胸，造成湿疹和种种过敏反应。

平时可以让宝宝穿上防水的围兜或者戴个围嘴，系在宝宝的衣领处，以保护宝宝的颈部和胸部不被口水弄湿，减少更换衣服的频率，还能减少患病概率。妈妈要选择吸水性强的棉布或毛巾，注意不要选用塑料及橡胶制成的围嘴，这种围嘴虽然不怕湿，但会对宝宝的下巴和手产生不良影响。围兜或围嘴脏了要及时解下来清洗，用开水烫一下，在太阳下晒干备用。

如果宝宝口水流得特别严重，造成湿疹和种种过敏反应，需要带宝宝去医院治疗给宝宝抹药膏时，一定注意不要让宝宝误食，白天可先为宝宝擦掉嘴角、身上的口水，在晚上宝宝睡觉时，在患处擦上薄薄的一层药膏，作为肌肤的防护膜，加速其痊愈的时间。

宝宝流口水也不要只注意其嘴角，宝宝的手也不能忽视，这个阶段的宝宝双手有一定的活动力，常常会抓住东西乱咬，如果滴有口水的玩具沾上灰尘后，宝宝再抓着放进嘴里，会感染疾病。所以妈妈要勤替宝宝洗手，整理并清洁宝宝的活动环境，并且做到定时玩具清洁消毒。

生理性流涎随着牙齿的长齐、口腔深度的增加，以及吞咽功能的完善，会逐渐消失。

不能把流口水都当作理所当然，还有一种病理性流涎也会引发口水流不停，要引起注意。在宝宝流涎不止的情况下，妈妈应带宝宝去医院就诊。

## 戒除宝宝吮指的习惯

吮指是宝宝常见的行为，大约有一半的宝宝有过这种行为。在宝宝饥饿时，90%的婴儿会将自己的手指放在口中吸吮。不同的宝宝可能有不同的吮指方式。有的只是把手指塞在嘴里呦，有的宝宝抱着毛绒的玩具就要吮指，还有的宝宝吮食指、中指，甚至拳头。

有的宝宝醒着自己一个人无聊就吮，有的是在睡觉前才吮。

1. 吮指的原因

①不经意形成的习惯。宝宝在两个月左右可能就会"注意"自己的小手，偶尔会把手、手指很自然地碰到嘴边、伸到嘴里，给宝宝带来舒服感，所以，宝宝会经常这样做，从而形成习惯。

②妈妈喂奶方式不当。妈妈喂奶速度太快，不能满足宝宝吸吮的欲望。宝宝的肚子饱了却不能满足心理上的需求，便会以吸吮手指来代替。

③宝宝感到无聊时，会用吸手指来解闷。有些宝宝不爱整天睡觉，而妈妈忽略宝宝与外界交流的需要，宝宝会自然地玩弄自己的手指和吸吮手指来解闷。

2. 宝宝吮指是智力发展的一个象征

宝宝把手放在嘴巴里吸吮，证明宝宝的肌肉控制能力加强，是宝宝智力发展的一种信号。

宝宝在吮指的时候，触觉、嗅觉和味觉的刺激都会加强，促进神经功能发展。而且还能提高吸吮水平，吃起奶来变得有力，有利于生长发育。

宝宝吮指，说明宝宝手眼协调性开始加强。宝宝能准确地把手指放到嘴里，是一个进步，为以后的进食打下良好的基础，而且吮手指的过程能够锻炼宝宝手部的灵活性和手眼的协调性。

尽管如此，但是妈妈必须明了宝宝吮指所带来的影响，不要让宝宝因为过分吸手指而影响到日后的健康。

3. 吮指的危害

（1）导致牙齿生长不正常

在宝宝长牙的过程中，如果吮指，会使牙齿照着吮指所用力的方向不正确地生长，进而影响牙齿的排列、咬合，容易引发口腔问题。

（2）影响上下颌的正常生长

宝宝在吮指时，手指在口腔内会产生外力，逐渐形成上颌前突、下颌后缩、噘嘴畸形等，上下前牙不能正常接触，影响进食，还会影响宝宝颜面的美观。

（3）容易使宝宝的手指受伤

如果宝宝长期吮指，会影响到手指骨骼的生长，甚至出现变形。尤其是在宝宝长牙之后，可能造成手指脱皮、变肿等现象，严重时引发感染。

（4）容易引起细菌入侵

宝宝经常用手触摸一些东西，细菌肯定不可避免，把这些细菌吃进肚子里，很容易感染疾病，影响肠胃功能。

（5）造成宝宝语言障碍

吮指导致牙齿排列不整齐，造成讲话漏风或含糊不清。

（6）影响宝宝个性发展

宝宝一旦吮指就容易沉浸在自己的小世界里，满足于吮指的乐趣，拒绝和外界交流，不愿参加其他活动，影响智力和心理发育。

因此，妈妈在哺乳时，不仅要提供母乳，还要注意和宝宝的交流，心态要平和，让宝宝感到温暖和关心。使用奶瓶喂养要注意奶嘴的开口不可太大，造成流速过快，要充分满足宝宝吮吸的需要。

在宝宝手指上涂上有异味的东西，如苦味、辣味、咸味等，对刚形成吮指习惯的宝宝很有用，但要注意涂抹的东西，必须保证不对宝宝健康构成威胁。

4. 戒除吮指的方法

（1）宝宝睡醒后要抱起来

在宝宝刚有吮指的倾向时，妈妈可以拉长衣袖遮盖手指。宝宝睡醒后，要抱起来，一个人留在床上太久难免会感到无聊而把手放进嘴里，进而养成不好的习惯。

（2）多给宝宝玩具

宝宝如果有吮指倾向，要及时制止，用玩具或者其他东西转移宝宝的注意力，多让宝宝用手去拉扯玩具，例如悬吊玩具、手摇铃等，让宝宝明白手不是用来"吮"的，可以用来拿东西，这样不仅可以戒除吮指，还能提升宝宝的手部能力。

（3）提高宝宝的认知能力

爸爸妈妈要多陪宝宝，让宝宝接触各种不同类型的东西，比如看看花、树、车，利用空闲时间多和宝宝谈话、唱儿歌、做游戏等，这样宝宝接受周围事物的刺激多了，就会忘记吮指。

（4）对症下药

宝宝的吮指需要得到一定程度的满足，如此才不至于造成长大后的心理不平衡及缺乏安全感。当然，吮指也是必须要戒除的，在纠正或帮助宝宝戒除吮指的习惯时，应该循序渐进地对症下药，不能操之过急，因为太过紧张会导致宝宝产生心理压力，影响宝宝的健康成长。

5. 减轻宝宝出牙时的疼痛

出牙是指第一批20颗牙齿，称为乳齿或乳牙，从牙龈表面冒出的过程。通常，牙齿按如下顺序逐步萌发：6~12个月大时冒出分别位于上颌和下颌中间的中切牙；9~13个月时冒出侧切牙；16~22个月时冒出犬牙；13~19个月时冒出第一磨牙；25~33个月时冒出第二磨牙。大多数宝宝在3岁以前会长出所有乳牙。

这个时期，宝宝的牙齿"破龈而出"，牙龈开始发痒、肿胀，口水增多，肯定会非常疼痛，宝宝可能变得爱哭闹，心情烦躁，脾气暴躁，甚至拒绝进食，难以入睡。此外，一些宝宝还会因为唾液性质和数量产生变化而导致胃肠反应，引发呕吐和轻微腹泻。虽然宝宝出牙疼痛是正常现象，但是爸爸妈妈不会眼睁睁看着宝宝受苦，所以要做一些准备，帮助宝宝一起渡过这个难关。

## 经常让宝宝呼吸新鲜空气

让宝宝呼吸新鲜空气，可以提高神经和心血管系统反应的灵敏度，增强体温调节功能。由于室外空气温度比室内低，宝宝到户外受到冷空气刺激，可以不断锻炼皮肤和呼吸道黏膜，促进皮肤的呼吸作用，还能从外面新鲜的空气中吸入较多的氧气，增强对外界环境的适应能力和身体的抵抗力，减少疾病的发生。

1. 让宝宝呼吸新鲜空气的具体方法

妈妈要给宝宝穿上单薄、肥大、透气的衣服，到室外让皮肤广泛地接触空气。每次空气浴的时间，可从开始时的几分钟，循序渐进，逐渐延长，最长可达2~3小时。

当天气情况不允许带宝宝做室外活动时，也可以在室内进行裸体空气浴。做室内裸体空气浴以前，应该先开窗20分钟，排出屋里的废气，换上新鲜的空气，然后要等到室温升到25℃左右时才可进行。把宝宝的衣服全部脱掉，让宝宝躺在床上，或者在木质地板上铺上一块较厚的毯子，把宝宝放在上面。根据宝宝的喜好进行活动，如婴儿体操、抚触按摩等，没有固定模式，只要能活动全身就行。

2. 注意事项

春秋季节，只要室外的气温在18℃以上，没有大风时就可以打开窗户，给宝宝进行空气浴。

夏季天气闷热，要多打开门窗，流通空气，需要注意不要让对流风直接吹着宝宝。夏天最好选择去户外，但要避免高温强光直射。如果宝宝有面色苍白、嘴唇发紫等不适反应，要立即停止活动。

冬季在阳光灿烂的天气，隔一小时打开一次窗户换换空气。可选择中午时段气温较高的时候或者室内外温差较小的天气到室外去，将近半岁的宝宝，更要增加户外活动，除了特别寒冷的风雪天气，都可以到院子里进行锻炼。

一般情况下每次3～5分钟即可，一天可以出去1～2次，然后根据宝宝的耐受情况逐渐延长。

## 怎样给宝宝做襁褓和穿衣

新妈妈都要给宝宝做个襁褓，襁褓的作用就是把宝宝舒适地包裹起来，把宝宝包得漂亮又温暖，是新妈妈要掌握的一个技巧。

新生儿睡在襁褓里，能避免被外界的干扰而睡不好，帮助宝宝在受到刺激后恢复平静，给宝宝以温暖感、安全感。新生儿从妈妈的子宫里出来，还不适应外面的环境，需要感受子宫里那种被紧紧包裹的安全感，襁褓可以取代妈妈子宫的作用。

只有新生儿快满月时，就可以不给他用襁褓了，这时候宝宝已经长大一些，继续用襁褓可能会妨碍宝宝的活动和发育。宝宝如果在襁褓里睡得更安稳一些，睡觉时还是可以用襁褓的；但是如果宝宝用哭闹和踢蹬腿表示抗议，就说明他不愿意被束缚在襁褓里了。

1. 简易襁褓的制作方法

①把新生儿抱躺在一张事先折叠成三角形的婴儿床单或者是毯子上，但不要让宝宝感觉太热。新生儿的脖子应该在三角形最长边的中间，最长边相对的那个三角形的顶点应该在他的脚下。

②将宝宝的右胳膊平放在他的身旁。

③拉起床单包在宝宝的身上。

④把床单的一角轻轻地塞在宝宝左边的屁股底下。

⑤将宝宝的左胳膊平放在他的身旁。

⑥将床单的另一角提起，包住宝宝的身体，然后塞在他右边的屁股底下。

⑦如果床单的底部起了褶皱，将它拉直。

2. 新生儿适合穿旧衣裳

一般有经验的父母，都会给新生儿穿旧衣服，因为旧衣服不但柔软而且安全，不会像有些新衣服可能含有甲醛等有害物质，很适合宝宝穿。但是，要注意一定要清洁，把旧衣服用洗涤剂彻底清洗，然后放在太阳底下暴晒，消毒杀菌，就可以放心穿了。

（1）怎样给宝宝穿衣服

由于新生儿身体很软，头比较大而且挺不起来，再加上胖胖的手臂和始终弯曲的腿，而且不懂得配合穿衣，给宝宝穿衣服是一件令爸爸妈妈头疼的事，往往弄得手忙脚乱。所以给宝宝穿衣服一定要讲究技巧，否则不但自己麻烦，还有可能弄疼宝宝。

①穿上衣。

妈妈要将衣服平放在床上，再把宝

宝平放在上面。为宝宝穿衣服时，选择一个平坦的地方，并准备一些玩具或轻快的音乐，还要注意和宝宝的情感交流。

轻抬宝宝的一只胳膊，先向上再向外侧慢慢伸入袖子中，不要让身子下面的衣服褶皱，让宝宝感觉不舒服。抬起另一只胳膊，使肘关节稍稍弯曲，将小手伸向袖子中，慢慢拉出小手，再将衣服带子系好。

妈妈用手拉开领口，把衣服套到宝宝的头上，注意宝宝的耳朵和鼻子不要被衣领弄伤。套头时，宝宝可能会因被遮住视线而恐惧，可以和宝宝说话，分散宝宝的注意力，让宝宝感觉到妈妈的存在，给宝宝足够的安全感。

②穿裤子。

妈妈把手伸入裤管，拉住宝宝小脚，然后向上提裤子。动作要轻柔，不要弄疼宝宝。

③穿连体衣。

连体衣的好处：一是宝宝在里面活动自由，有利于宝宝的生长发育。二是方便换尿布。三是容易穿脱，而且让宝宝感觉舒适。四是温度适宜。

先把所有的扣子解开、放平，然后把宝宝平放在衣服上，脖子对准衣领的位置。先穿裤腿，妈妈的手从裤脚管中伸入，拉住小脚，将裤子向上提，即可将裤子穿上。尿布下面的扣子一定要扣好，不要让宝宝的腿伸出来。然后再穿上衣。脱的时候，把步骤反过来就可以了。

（2）洗新生儿的衣服要注意哪些

①忌用刺激性强的洗衣粉，可以用宝宝专用的洗衣液。

②大人和小孩的衣服要分开洗。

③要注意的是，新衣服买回去后，一定要先清洗一下，建议用白醋消毒，还可以使衣物更加柔软，最后要在太阳下晒干后再给宝宝穿。

## 怎样给宝宝换尿布

新妈妈每天都要给新生儿换尿布，因为新妈妈没有换尿布的经验，因此要学习这方面的知识和方法，使宝宝健康地成长。

1. 换尿布步骤

①将宝宝裤子脱下，主要是抓牢脚腕，把两腿轻轻抬起，使其臀部提高。

②用手托起宝宝的腰部，把宝宝的臀部放在尿布的中间位置，然后放下宝宝双腿。

③把尿布一端在肚脐下方折过来，再系住尿布。如果是纸尿裤，将纸尿裤防漏隔边向外拉一拉，以防侧漏。

2. 更换频率

每个纸尿裤使用时间不宜太长，因为宝宝的皮肤需要及时通风换气，更换的适当间隔为2~3个小时，一天约为10次。一旦宝宝纸尿裤脏了或者湿了，都应及时更换。宝宝年龄越小排尿的次数越多，这就要求纸尿裤中含有高分子吸收体，具有超强的吸收能力，保持宝宝的臀部干爽清洁。

### 3. 纸尿裤要柔软并含护肤成分

宝宝的皮肤发育还不完善，肤质很薄而且娇嫩，防摩擦的角质层很薄，真皮中的胶原纤维也少，皮肤缺乏弹性，如果受到摩擦，很容易损伤。此外，宝宝的免疫系统功能低，抵抗力较弱，稍有不慎，新生儿的臀部就会因穿不合适的纸尿裤从而引发皮肤过敏，所以纸尿裤一定要柔软舒适，另外，不要含有对臀部造成摩擦的刺激成分，最好含有一些护肤成分，比如芦荟等，有效隔断尿便对臀部的刺激，防止皮肤过敏。

### 4. 纸尿裤透气性要求高

宝宝的排汗量几乎和成人一样，但是皮肤汗腺排汗孔很小，仅有成人的一半，因此，在环境温度增高时，不能很好控制皮肤的温度。为了避免产生痱子和尿布疹，必须适当地透出湿气和热气，否则会使臀部红肿或发炎。另外，有透气性的纸尿裤本身也具有柔软的特点。

纸尿裤大小一定要适当

纸尿裤尺寸分为初生型、小型、中型、大型、加人型5种，妈妈一定要注意是否适合宝宝的体型，尤其注意腿部和腰部不能勒得过紧，以防弄伤宝宝的皮肤，阻碍宝宝正常的活动。纸尿裤要选用防漏设计，有尿湿显示。

选用有防漏设计的纸尿裤，有效地防止渗漏。选用加入遇尿液便会变色但无刺激性的化学物质的纸尿裤，便于妈妈及时发现和更换。

### 5. 纸尿裤的胶粘功能要好

粘贴要牢固、透气性好、防止掉落，但是不能粘宝贝的皮肤。妈妈要观察使用后的效果。

此外，要保证纸尿裤吸收了一定的液体后，纸尿裤表面能保持干爽，使宝宝感到舒适，还应能保持完整、均匀的形状，不变散、结团。

## 婴儿生病怎么办

婴儿体质虚弱，容易生病，如果生病了，妈妈如何应对，如何给以及时治疗，又如何护理呢？首先，婴儿生病要及时看医生，诊断出究竟患了什么疾病。其次，要遵医嘱对患病的婴儿进行护理。作为妈妈，还要掌握一些婴儿疾病类型，在治疗和护理时，就可以做到有的放矢。

### 1. 怎么判断婴儿生病

婴儿虽然不会说话，但在患病前，常会有一些征兆，新爸爸新妈妈要密切关注宝宝的日常生活，发现异常，及时带宝宝治疗，以免耽误病情。

（1）情绪的改变

健康的宝宝精神饱满，活泼好动，两眼有神，不哭不闹，如果宝宝出烦躁不安、面色发红、口唇干燥，是发烧的征兆；如果宝宝目光呆滞、两手握拳，是惊厥的先兆；若宝宝两腿屈曲，哭闹、翻滚，是腹痛的症状；若嗜睡、呕吐、脖子发硬，则有可能发生大脑的病变。

（2）饮食的改变

宝宝出现食欲不振、精神不佳，可能是发烧；宝宝不断打嗝儿、放屁，有酸臭气味，表明宝宝消化不良；如果宝宝拒食或吃饭后哭闹、流口水，可能是患了口腔疾病。

（3）睡眠的改变

从睡眠的改变，可以看出宝宝的健康状况。如果宝宝在睡觉之前烦躁，睡着后易被惊醒，面部较红，呼吸急促，是发烧的反应；睡后汗多，有可能患了佝偻病；入睡前用手抓肛门，可能是蛲虫病；睡后不断做咀嚼动作或磨牙，要提防蛔虫病；等等。

（4）呼吸的改变

宝宝呼吸变粗变快，而且脸部发红，是发烧的征兆；宝宝张开嘴呼吸说明鼻子不通气；如果呼吸急促，鼻翼扇动，嘴唇发红，要检查是咽喉水肿。

2. 怎样带宝宝看病

宝宝的抵抗力较成人弱，日常护理中稍有不注意，便容易患病，而宝宝自己没有能力表达清楚病情，因此，这就要求爸爸妈妈在医生给宝宝诊治时替宝宝讲清他的症状和感受。

（1）向医生详细叙述

妈妈要尽量准确地说出宝宝的发病时间、间隔时间和恶化时间，这对宝宝的治疗很重要，可以区别多种疾病，如果宝宝患的是急性病，超过一定时间，病情会有很大变化，治疗方法也不相同。

如果宝宝发热就医，妈妈先要准确无误地说出在家测过的体温状况，包括测量时间、测量次数、不同的记录，没有来得及测量的可以用有点热、烫手、滚烫等大概说明发热的程度，还要注意手心、脚心、手背的温度差别，然后要叙述一下宝宝发热有无规律性、周期性以及发烧时有无抽搐、身上有没有出疹子等其他症状。

要向医生叙述宝宝生病时的状态，包括是否哭闹、失眠、昏睡、烦躁不安，以及四肢的活动情况、咳嗽的剧烈程度、是否有痰、痰的颜色和稀稠性状、呕吐物的形态等。

对于腹痛、腹泻的宝宝，还要明确指出腹痛的准确部位、疼痛的起始时间及持续时间、疼痛的程度、疼痛的性质、什么情况下疼痛会更严重、宝宝吃了什么食物等情况。

许多病是由饮食不当引起的，所以妈妈应向医生说明宝宝有无吃不干净的食物等经历。还要说明宝宝生病之后饮食的增减情况、间隔次数的变化，以及宝宝的食欲情况，有无饥饿感、饱胀感、厌食、停食等，还要说明宝宝的喝水情况，是总要水或是不喝水，还是只有在口干舌燥时才喝。

对于腹泻的宝宝，妈妈要向医生详细描述宝宝大便的次数、大便的量、大便的性状，比如，稀水样、米汤样、蛋花汤样、黑便、黏液便、脓血便，以及粪便有无腥臭、恶臭或其他特殊气味。如果宝宝在腹痛、腹泻的同时，伴有发热、发冷、厌食、乏力、恶心、呕吐、鼻塞、流涕等症状，也要向医生讲清楚。

睡眠的变化也是必须向医生说明的，包括宝宝的睡眠时间、睡眠状态、睡眠质量，比如睡眠中有无惊叫、哭泣等现象。对于月龄小的宝宝，还要说明是否需要妈妈搂抱、抚爱才能入睡等信息。

此外，妈妈还要向医生叙述宝宝的病史，包括宝宝以前患什么病、治疗效果如何、有无后遗症、是否有药物过敏反应、宝宝是否患过慢性病或做过手术等，以及有无遗传病史、传染病史，如果宝宝接触了或者身边的人有类似疾病，也应说明。

（2）说明宝宝此次发病的可能诱因

妈妈要向医生说明宝宝生病的可能诱因，比如疲劳、受凉、过食及意外伤害等，如果此次就诊前还去过其他医院，也应说明，已服过什么药，药的剂量以免短期内重复用药引起不良后果。

（3）就医注意事项

宝宝就医期间，妈妈不要给宝宝乱吃食物以免影响疾病诊治，加重病情。宝宝的穿戴要适宜，应与季节、气候相适应，不要用大衣把宝宝嘴、鼻等捂起来，但也不能穿得太少，尤其是在夜间容易使宝宝着凉，加重病情甚至引发其他疾病。

宝宝生病，妈妈不要惊慌失措，过分紧张，使宝宝哭闹不休，掩盖真实病情，妨碍医生诊治疾病。

## 如何提高宝宝的睡眠质量

2～3岁的宝宝，每天晚上大概需要睡11个小时，白天需要睡一小觉，约1.5～2小时。这一年龄段的宝宝通常在晚上7～9点之间上床睡觉，在第二天早上6点半～8点之间起床。和大人比起来，宝宝仍然有更多时间处于快速眼动的浅睡眠中。这一年龄段的宝宝有两种最常见的睡眠问题：难以入睡以及夜间频繁地醒来。

1. 处理宝宝睡眠问题的几大技巧

宝宝的晚餐时间要固定。宝宝的晚饭时间建议为晚上5∶30～6∶00，这样吃完饭后，宝宝可以玩1个小时，7∶30就可以准备睡觉，8点钟左右正式上床睡觉，而晚餐过晚不仅会减少宝宝正常的睡眠时间，还会使宝宝到了睡觉时间依然消化不了食物而影响睡眠。

宝宝睡前不要让他过度兴奋。吃过晚饭以后，最好让宝宝做一些比较安静的活动或游戏，千万不要让他做剧烈的体育运动，或者看惊奇、恐怖的电视节目，导致睡前过度兴奋，难以入眠。

2. 宝宝不爱睡觉怎么办

10～12个月的宝宝晚上大约要睡11～12小时，白天要小睡2次，每次大概1.5～2小时。这个阶段应该持续培养好的睡眠习惯，制订固定的晚上上床睡觉时间和白天休息时间，确保宝宝有充足的睡眠，因为睡眠对于宝宝的生长发育至关重要。

这个阶段出现最大的问题是宝宝不爱睡觉了，综合大多数宝宝的个体情况，大概有以下几种原因。

（1）饮食不当

宝宝的消化肠道系统还未发育成熟，对食物的温度及质量要求较高，如果饮食不当，比如母乳不足，未及时添加配方奶，或辅食添加量不够导致宝宝饥饿，宝宝会在不睡的同时伴有哭泣，有意识寻找妈妈或奶嘴。如果喂食量过多，宝宝吃得过饱，也会使宝宝消化不良，腹胀不适，出现腹泻或便秘，使宝宝无法入睡。

宝宝肠胃发育未成熟，极易敏感，如果妈妈晚上给宝宝喝的奶过凉，在服用后可能会引起宝宝肠胃轻微痉挛，胃肠会感到不适，也容易使宝宝哭闹不睡觉。另外，食物配制不合理，比如宝宝食物中加了蜂蜜，就可能引起宝宝腹泻，身体不适，宝宝自然难以入睡。

（2）过度兴奋

宝宝随着月龄的增长，就要有一些标志性动作了，包括坐起、翻身，发育快的宝宝甚至还有爬行、抓着东西、站起来、进一步学习行走等行为。这一阶段，宝宝正在提高和发展这些技能，到了晚上可能还处在兴奋之中而无法入睡，甚至会在夜间醒来继续练习这些技能。妈妈这时更要注重对宝宝良好睡眠习惯的培养，睡前不要再做剧烈的或者过多的活动。

（3）噪声过大

电视过吵，音乐声音过大，或者隔壁有噪声，都会刺激宝宝的听觉细胞，使宝宝烦躁不安，从而使宝宝难以入睡。所以，在宝宝入睡之后，一定要保证房间的安静，不要制造噪声，而且宝宝睡觉的房间应有良好的隔音效果。

（4）房间的温度不适宜

室内空气过于干燥，会使宝宝鼻黏膜干燥，不利于呼吸，宝宝就不容易入睡。宝宝最佳的睡眠温度一般在24℃左右较为合适，湿度应当保持在55%～60%左右。

（5）光线太亮

室内光线太亮，影响宝宝入睡，这是妈妈最容易忽视的一个问题，当婴儿房的光线过亮时，会刺激宝宝的视觉神经，使其处于紧张和兴奋状态难以入睡。

3. 培养宝宝独立入睡

良好的睡眠习惯，不但包括按时睡、按时醒，而且还包括宝宝独立入睡的能力，不要让宝宝过分依赖妈妈。不仅要让宝宝养成良好的生活规律，还要培养一种自立精神，以便宝宝更好地成长。以下几点很重要，妈妈要特别注意。

（1）不要让宝宝含着乳头入睡

有的宝宝已经养成必须含着妈妈的乳头才能入睡的习惯，妈妈一旦将乳头从宝宝嘴里拽出来，宝宝就可能被惊醒，或者夜间醒来之后，必须含着乳头才能重新入睡，不然会引起哭闹，影响睡眠质量。

（2）不要哄着睡

有的妈妈怕宝宝睡不着，抱着宝宝连拍带摇，这样做的结果，虽然能使宝宝在妈妈怀里尽快入睡，但把宝宝放到床上后宝宝会睡不踏实,也就是浅睡眠,常常因一点响动或其他干扰就会醒来,如果要想让宝宝重新入睡就很困难。

(3) 不要强求宝宝去睡

如果宝宝暂时没有睡意,妈妈就不要强求,宝宝自己玩得感到疲倦就会自然入睡。

(4) 保持室内安静

妈妈可以让宝宝自己躺在床上,不要抱起来,更不要进行剧烈活动或玩太兴奋的游戏,保持室内安静,光线不要太强,制造一个睡觉的氛围,宝宝很快就会自己入睡。如果不能入睡,妈妈可以轻轻地哼首摇篮曲,使宝宝进入甜蜜的梦乡。

在这个阶段,妈妈要准备承受一些宝宝的哭声。要独自入睡,最重要的还是要靠宝宝自己。宝宝哭闹是一种正常现象,如果没人理他,慢慢就会停止哭闹,几个晚上之后,就会逐渐减弱、哭闹时间会越来越短,最终会完全消失。

宝宝成长到3岁,都要自己睡一个房间,醒来后,经常会找不到爸爸妈妈,所以会由于焦虑导致在半夜醒来的次数增多。这种情况下,爸爸妈妈要走进他的房间跟他打个招呼,让宝宝平静下来。

妈妈还可以适当给宝宝增添一些有助于睡眠的食物,但不要太多,比如一两块果汁饼干、半杯牛奶或者一片乳酪都可以,这些小点心不仅可取代宝宝原先的母乳,而且牛奶还有帮助入眠的效果。但要注意的是,吃完小点心妈妈一定要帮宝宝清洁口腔。

# 如何帮助宝宝独自站立

宝宝运动功能的发育是循序渐进的,它和肌肉的发育,特别是中枢神经系统的发育有着密切的关系。宝宝已经经历了抬头、翻身、坐、爬行等过程,之后就要慢慢过渡到要学习站立走路了。

宝宝腰部和下肢运动功能的发育是站立的基础。宝宝8个月后,腰已经能够较好地支撑身体,被搀扶时能站立片刻,抓着东西也能站立,背、臀部都能伸直了,宝宝最喜欢的就是牵着父母的手站立,到了9~10个月,宝宝就能独自站立了。

妈妈要抓住宝宝运动发育的机会,这个阶段帮助和训练宝宝站立。宝宝独自站立有助于视野的开阔,有助于宝宝尝试很多新奇的事物,对宝宝的成长发育有很大好处。练习站立是宝宝走路的前奏,等孩子站立很好以后,就可以在大人的扶持下练习向前走了。

1. 训练的方法

训练宝宝站立时,要由易到难逐渐进行,应先把宝宝两条小腿分开,使其后背部和小屁股贴着墙,脚跟离墙壁稍远一点,然后妈妈可以用玩具引逗宝宝,宝宝就会张开小手,想迈动脚步而导致身体晃动,这样宝宝腿部的力量和身体的平衡能力就会增强,对智力发展也大有好处。

等到宝宝逐渐适应了,也不害怕了,妈妈可以扶住宝宝的腋下帮助宝宝站稳,然后再轻轻地松开手,让宝宝尝试一下独站的感觉;还可以先扶住宝宝的腋下训练宝宝蹲下再站起的能力;逐渐地妈妈可以用手牵住宝宝,借助妈妈手部的牵拉力量,锻炼宝宝腿部力量,使宝宝站起来。

下一步是让宝宝自己拉住一个东西站起来,这时可以准备一个塑料圆环,让宝宝抓住圆环的一边,而妈妈抓住圆环的另一边,不要用力牵拉,要让宝宝自己抓住圆环并站起来,这样的站立完全要靠他自己来完成,宝宝必须使用上肢、下肢、腰、背、胸、腹部肌肉的全部力量才行。

经过这样的训练,宝宝扶着栏杆站立时常常会稍稍松手,以显示一下自己站立的能力,有时甚至能站得很稳,这时最好不要怕宝宝摔倒而去阻止,要及时给予鼓励和表扬。经过多次训练,一般到了11个月,宝贝就能够独站得比较稳了。

2. 训练时注意事项

宝宝由于刚学会站,还不够稳,这就需要继续加强训练,以提高站立的稳定性和持久性,为学习走路打下好的基础。

在宝宝站不稳时,妈妈要赶快扶住宝宝,以免宝宝受到惊吓而不愿继续接受训练。

不要让宝宝站立时间太长,学站时每次不应超过5分钟,因为相对体重而言,宝宝下肢的支撑能力是有限的,过早和过多地站立会影响下肢的形状,而且疲劳感也会使宝宝对学站失去兴趣。

在宝宝刚开始学站时,妈妈应给予保护,可以在宝宝的生活区安装小栏杆,同时要注意检查床栏,防止床栏松动发生摔伤或坠床等意外事件。

3. 宝宝学站立的误区

①有人认为宝宝站多了会成X形腿或O形腿,其实不然,形成X形腿或O形腿的最根本的原因还是因为维生素D和钙缺乏引起的佝偻病,判断真正的O形腿或X形腿,应看膝关节和踝关节能否同时并拢,而非长骨是否笔直,甚至不会走路的现象,这要经过医生的诊断。

②把宝宝束缚在狭小的学步车里,限制了宝宝自由活动的空间。

③过早使用学步车,剥夺宝宝的爬行能力。

俗话说,三翻六坐七滚八爬,宝宝一岁前的爬行对其身体各部分动作的协调起着至关重要的作用,而学步车阻碍了宝宝摔倒再爬起的锻炼过程。

4. 不宜经常使用学步车

依赖学步车影响宝宝的腿形发育,经常使用学步车,会造成宝宝下肢骨骼改变,形成X形腿或O形腿。

这是因为宝宝的骨骼中含胶质多、钙质少,骨骼柔软,而学步车的滑动速度过快,宝宝不得不两腿蹬地用力向前走,时间长了,容易使腿部骨骼变弯形成X形腿或O形腿。另外,学步车的坐垫较高,宝宝坐在上面只能用脚尖触地滑行,所以前行时基本是脚尖用力,这样也容易使宝宝足关节变形影响宝宝正常发育。

学步车忽视了宝宝成长发育的个体差异性,有许多宝宝不具备使用学步车的协调、反应能力,容易对身体造成损害。

学步车不能代替妈妈的搀扶。宝宝在学走路过程中,妈妈的鼓励和爱是十分重要的,妈妈的搀扶可以给宝宝带来安全感,宝宝冲入妈妈怀中会有自豪和喜悦感,这些都是学步车所不能替代的。

学步车客观上增加了宝宝学步的危险性,一些妈妈常将宝宝搁置在学步车中,容易发生撞伤或者接触危险物品等现象,使宝宝发生意外。

## 如何帮助宝宝走路

宝宝能够站立以后,学走路就是一个很自然的过程了,此时,走路就被提到日程上来。在宝宝已经学会扶着栏杆站立,并表现出往前移动时,这表示从现在开始,宝宝要开始走路了。不过,宝宝从扶走到独自走,这个过程还比较长。

1. 宝宝走路一般要经历以下阶段

10~11月的宝宝扶站已经很稳了,甚至能单独站一会儿了,这时就可以开始练习走路了。此阶段是宝宝开始学习行走的第一步,这时宝宝已经具备自主性的握拳和脚趾用力的能力。而12个月以上宝宝,就要加强平衡感的训练,这时宝宝腿部肌肉的力量,已经足以支撑自身的重量,可以扶着东西行走了,接下来就是训练让宝宝放开手也能走2~3步。

13个月左右的宝宝不仅要继续训练腿部的肌力、身体与眼睛的协调性,也要着重训练宝宝对不同地面的适应能力。

经过一段时期的训练,13~15个月的宝宝已经可以行走良好,已经能灵活地转移身体各部位的重心,并懂得运用四肢,身体各部分的协调也很好,对四周事物的探索逐渐增强,这时妈妈要满足宝宝的好奇心,促进其身心健康成长。

2. 协助宝宝学走要注意哪些

如果宝宝还没有到达学走路的年龄,而且本身也缺乏走路的意愿,那就不能强迫宝宝去学走路,否则很可能对肢体发育产生不良影响。

3. 如何协助宝宝学走路

(1) 仰卧起坐训练

让宝宝做仰卧起坐运动,可以练习宝宝的肌力。宝宝仰卧在床上,妈妈拉着宝宝的手重复练习坐起—站立—坐下—躺下等一系列动作。注意,不要过于用力拉宝宝的双手,以防用力不当造成宝宝的胳膊脱臼。

(2) 蹬腿弹跳动作训练

妈妈双手托在宝宝的腋下,托起宝

宝，协助他做蹬腿弹跳动作，练习宝宝腿部的伸展能力。

鼓励宝宝做攀爬运动站立是走的前提，将宝宝喜欢的玩具放在适合高度的茶几上或者拿在妈妈的手里，鼓励他扶着东西站起来抓取玩具。

（3）扶走训练

刚开始学走路，妈妈可以扶住宝宝的腋窝，让宝宝双脚踏在妈妈的脚背上，跟着妈妈一起走路来防止宝宝重心不稳。经过一段时间之后，可让宝宝的双脚踏在地上，由妈妈扶着他慢慢向前走，增加练习的机会。

妈妈也可以在宝宝身后保护宝宝，扶住宝宝的胳膊，带动他向前迈步走，通过这种手脚和身体的挪动配合，能够很好地训练宝宝的平衡感，但是不能牵拉或提起宝宝的前臂让他行走，这样容易造成宝宝脱臼。此外，还可以充分利用家中比较低矮的家具摆设，比如沙发、床、椅子等，让宝宝扶着慢慢移动身体挪步。

在宝宝的前方运用声音或具有吸引力的物品来引导宝宝是很好的方法。当宝宝扶着会走后，妈妈可以蹲在离宝宝几步远的前方，张开手臂做出欢迎的姿势，鼓励宝宝走过来，先是一两步，宝宝走稳后再一点点增加距离。等宝宝敢走以后，爸爸妈妈可以分别站在两头，让宝宝在中间来回走。

妈妈要保证宝宝有充分的营养储备，多给宝宝吃含钙食物，促进宝宝骨骼的正常发育，更有利于宝宝学习走路。

在宝宝开始学走路时，会有强烈的好奇心，喜欢四处探索新事物。为了让宝宝有一个安全的行走空间，妈妈一定要格外留意，对家中的环境进行彻底检查和处理，防止宝宝碰撞、跌倒或滑倒。

尽量维持地面的干净整洁，将电线、插线板、杂物等收拾好，以免宝宝不小心被绊倒，或是踩到尖锐的物品。

家中摆设的家具不要有尖锐处或棱角，可以在尖锐处或棱角上加装软垫。

保持地面的平整，但是不要过滑。在宝宝学走路时，不平整的地面会使宝宝因重心不稳而跌倒。因此应仔细检查地面，尽量消除高低不平。家中地面如果是比较光滑，可以加装地垫或软垫，以防宝宝在学走路的过程中不慎摔伤或滑倒。

将容易碎裂或损坏的贵重物品收起来，以免宝宝受到吸引去碰撞物品而受伤，另外，热水壶一定不要放在地上，要远离宝宝，以免烫伤宝宝。

## 宝宝不敢往前迈步怎么办

对宝宝来说，学走路是一段新的发展历程，充满了挑战性和刺激性，胆子小的宝宝开始可能会感到恐惧。为了使宝宝克服恐惧心理，让宝宝能勇敢地迈出第一步，妈妈应该多多鼓励宝宝。当宝宝害怕踏出脚步时，妈妈可以为宝宝加油鼓劲，让他感到关怀和爱，这样宝宝就有动力继续走下去。当宝宝走到目的地时，妈妈可以抱抱宝宝或为他鼓掌，让宝宝获得成就感。

1. 宝宝出现踮脚尖走路的现象时

一些宝宝在学步时，可能出现踮脚尖走路，妈妈可以通过观察宝宝踮脚尖走路的频率来判断是否有异常现象，如果宝宝不是一直用踮脚尖的方式走路，只是偶尔如此而且会恢复正常状态，则不必过于担忧。

2. 宝宝走路一瘸一拐时

许多刚学会走路的宝宝可能会扭伤，但由于宝宝表达能力差，容易被妈妈忽视，所以妈妈要密切注意宝宝的一举一动，也可压一压宝宝腿部各部位，看看宝宝是否会感到疼痛，如果宝宝疼痛，或者走路出现一瘸一拐的现象，宝宝可能是受伤了。

3. 宝宝走路摇摇晃晃时

大多数刚刚会走路的宝宝，走起路来都会摇摇晃晃的，一般情况下都是属于很正常的现象。因为宝宝在刚学会走路时，往往头重脚轻，重心不稳，另外，这个阶段宝宝的神经系统还没发育完善，大脑皮层兴奋容易泛化，腿部肌肉又缺乏力量，因此运动神经支配肌肉的运动能力也较弱。

所以，在最初学走路时，身体重心发生变化时宝宝不能及时调整姿态来保持身体平衡，往往以重心前移来带动身体移动，并需身体其他部位的协助，常常出现两条胳臂和两条腿交错摆动的动作，胳臂和腿配合不协调，而且两脚之间的距离比较宽，宝宝在这个阶段走路的节奏、步幅及速度都不均匀，表现出东倒西歪、摇摇晃晃，就像小鸭子一样的状况。但是，随着神经肌肉功能的逐渐增强，宝宝的步态会逐步变稳。

如果宝宝在1岁半后仍不能站立，或走路不稳、经常摔跤，或一开始走路正常之后逐渐出现行走困难，体内可能隐藏着某种疾病，如脑瘫、先天性髋关节脱位及进行性肌营养不良等。这时妈妈一定要带宝宝去医院就诊。

## 如何预防宝宝出现畸形脚、腿

有些新生儿出现了畸形脚、腿，妈妈为此十分烦恼，其实，只要懂得预防或善于护理，是完全能够矫正宝宝的畸形脚、腿的。

1. 如何预防和矫正"八字脚"

所谓"八字脚"，就是指在走路时两脚分开像"八字"。"八字脚"走路时步态难看，姿势不正，步态不稳，步子迈不开，给体力劳动和运动带来不便，也易使鞋走形、坏得快。"八字脚"包括"内八字脚"和"外八字脚"两种情况。"内八字脚"的人走路时足尖相对，足跟朝外；"外八字脚"的人走路时则相反。

（1）形成"外八字脚"的原因

①过早地站立、走路。

有些宝宝过早地站立、走路，由于宝宝腿部力量发育不足，在学站和学走时，为了使脚底面积加宽，站稳防止跌倒，双脚就自然地分开。长此以往，形成习惯，便产生双脚自然分开的姿势。

②穿鞋不当。

宝宝足部骨骼软，脚踝部力量弱，如果宝宝在学走路时，爸爸妈妈给他穿上皮鞋，尤其是硬质皮鞋，就会出现"带不动"鞋的现象，时间长了使步态扭曲。

③体内钙的含量不足。

宝宝骨骼含钙低时，脚部骨质较软，在行走和站立时因重力作用的结果，容易使双侧髋关节向外分，从而形成"外八字脚"。

（2）如何预防宝宝"八字脚"

①准备一双合适的鞋。

在宝宝学走路时，最好给宝宝穿布鞋或胶底鞋，不要给孩子过早地穿硬质皮鞋。另外，鞋的大小一定要合适，不能过大也不能过小。

②学习走路要循序渐进。

宝宝学习走路要循序渐进，不宜过早也不能急于求成。

③饮食要注意。

妈妈要给予宝宝充足的含蛋白质、钙质和维生素 D 丰富的食物。

④让宝宝多晒太阳。

（3）纠正练习方法

在地上画上一条较宽的直线，妈妈在宝宝背后，将两手放在宝宝的双腋下，让宝宝沿着直线行走。注意行走时使宝宝膝盖的方向要始终向前，宝宝的脚离开地面时重心在脚趾上，屈膝向前迈步时让两膝之间有一个轻微的碰擦过程。每天练习 2 次，便可纠正"八字脚"姿势。

2. 预防宝宝 O 形腿

O 形腿大多属于生理性的表现，在宝宝刚出生时，小腿多会向内弯。另外，在发育初期，大腿骨会偏向内旋，导致宝宝两腿与膝关节向外远离，形成 O 形腿。

在宝宝开始学站或学走路时，O 形腿的情形会更加明显，但会随着宝宝的成长而自然恢复正常，一般在 1 岁半以前就会恢复。如果 O 形腿现象持续到 2 岁以上，可能是因为腿部发育异常所导致，还会伴有其他不正常症状出现，例如宝宝走路时膝盖部位的稳定性不佳、走路时有疼痛的感觉等，这时要尽早就医诊断，必要时还要转诊到小儿骨科，做更详细的检查与治疗。

3. 预防宝宝扁平足

扁平足是指足部内侧脚弓在站立时消失的情形。在刚刚出生之后，宝宝双脚的脂肪一般都比较多，而且韧带松弛，因此几乎都有扁平足的现象。到了学走路的阶段，这种现象更加明显。不过，这种现象也会随着宝宝的成长加以好转，大多数宝宝的脚弓在长大后会自然出现，不需要特别治疗。如果宝宝 2 岁以后还有扁平足的现象，妈妈就要带宝宝到小儿科或小儿骨科检查。

此外，宝宝的平衡感及肌肉运动协调能力还没有发育完全，容易出现重心不稳，因而跌倒是不可避免的，妈妈不要过度紧张，这样会加剧宝宝对学步的恐惧，妈妈先要安抚宝宝，让他产生安全感，然后要鼓励宝宝自己站起来。只要宝宝跌倒的情形在逐渐改善,或是跌倒次数日益减少,那就表示宝宝一直在进步。

## 怎样应对宝宝生活中的问题

宝宝还很小,妈妈没有经验,因此要注意观察宝宝,看看宝宝有什么需求,并帮助宝宝做一些有趣的游戏,做一些简单的事情,比如训练宝宝刷牙、洗脸,等等。

1. 怎样训练宝宝刷牙

牙齿健康是身体健康的重要组成部分,关系到宝宝的一生。宝宝长出牙齿后,妈妈要培养宝宝自己刷牙的习惯,为宝宝有一口洁白健康的牙齿奠定基础。

(1) 准备儿童牙膏和牙刷

为了让宝宝在刚学刷牙的时候表现出比较浓厚的兴趣,妈妈给宝宝选购各种水果味道的儿童牙膏,选择刷头柔软、外形好看的儿童牙刷,培养宝宝的刷牙兴趣。

①最好不要使用含氟牙膏。

含氟牙膏是目前有效防治龋齿的牙膏,但使用不当,宝宝容易得氟牙症。氟的防龋作用与产生毒性之间的界限很小,再加上宝宝的吞咽控制能力还不够完善,很容易误吞含氟牙膏,导致摄入过量的氟,使牙齿产生一些斑点,严重时使牙齿变黄,牙面粗糙,容易造成缺损。因此,3岁以下的宝宝禁止使用含氟牙膏;4~6岁的宝宝应在大人指导下使用。

②循序渐进地培养宝宝刷牙。

妈妈可以用指套帮助其清洁牙齿,训练宝宝独立漱口的能力,让宝宝习惯让水进口而不吞咽的这个特殊程序。

2岁半左右,宝宝乳牙全部萌出后,妈妈应该认真而耐心地手把手教宝宝刷牙,让他养成饭后、睡前刷牙、吃过零食后漱口的好习惯。

由于在乳牙时期,宝宝的牙齿排列较稀疏,牙冠较短,容易造成食物残渣的嵌塞。因此,刷牙前要先检查宝宝的口腔,如有嵌塞,应先将残渣清除后再刷牙。

让宝宝掌握正确的刷牙方法,避免过多的拉锯式横刷法,这样不但不能把牙齿刷干净,还容易伤害牙齿,造成牙龈疼痛。

正确的刷牙顺序,是顺着牙缝由上而下、由下而上地竖刷。上下、内外都是顺着牙根向牙尖刷,牙合面可以横刷。这样,在轻轻刷牙的同时,牙刷毛能够刷进牙齿间的缝隙。

(2) 刷牙姿势

在刷牙时,要让宝宝感到舒适,妈妈要注意固定住宝宝的头,将他的头往左或右偏45度角,以防止口水哽在喉头。如果宝宝不喜欢坐着,靠住墙壁固定住头部就行了。如果宝宝尝试自己拿牙刷,记得刷面和牙龈成45度角,并沿着牙齿由前向后刷。

(3) 刷牙要领

①刷门牙。

门牙特别容易被虫蛀,尤其是上腭、

门牙与门牙之间的"危险地带",务必要使牙刷深入缝隙。门牙的内侧最难刷,要把牙刷竖起来刷,才能把污垢刷出来。刷门牙外侧时,牙刷与牙齿要成90度角,小幅度摩擦,2~3毫米为宜。

②刷臼齿。

刷臼齿要重点刷臼齿的凹凸咬合部位,其牙龈与牙床之间也要仔细地清洁。刷臼齿时,牙刷要与牙齿平行,从里向外的进行,把牙槽里的污垢刷出来。

刷臼齿的外侧时,要有意识地用牙刷毛尖端往齿缝里刷。刷臼齿的内侧时,也同样用牙刷毛尖去刷,然后将牙刷延伸到臼齿的前侧,左右来回刷几下,把臼齿的各个侧面刷干净。

③漱口。

妈妈要教宝宝刷完牙后要用清水将口腔内多漱几次口,努力将牙膏残液全部漱出。

(4)牙线的使用

嵌在牙缝里的污垢,如果牙刷的毛不好进去,可以用牙线去除,牙膏与牙线配合使用效果明显,但是使用牙线时要注意不要过度拽动损伤牙床。牙线穿入牙缝后,向内侧左右轻轻拽动,就能除去污垢了。

(5)刷牙的力度

带着宝宝刷牙时,不管是妈妈帮助宝宝刷,还是由宝宝自己刷,力度都一定要适中,用力过度,会损伤宝宝软弱的牙齿和牙床,将使宝宝因怕痛而逃避刷牙。妈妈要掌握使用牙刷的力度,可以把牙刷压在自己的手背上摩擦,如果牙刷毛扩张开了,那就是用力过度了,如果不觉得痛,那么就是适合的力度,不会伤害宝宝。

妈妈要把握刷牙时长,刷牙每次大约2~3分钟,要慢慢刷,不能急,太快容易使动作力度变大,伤到宝宝,而且不容易刷干净。

2. 怎样应对宝宝尿床

宝宝在1~1岁半时,通过对大小便的训练就已经能在夜间控制排尿了,尿床现象已大大减少。但是,不同的宝宝身体机能不同,对小便的控制程度不同,有些宝宝到了2岁之后,仍然会常常晚上尿床。其实,对于不到4岁的宝宝来说,偶尔尿床是一种正常现象,不要因为宝宝尿床了父母就以为患了遗尿症。

遗尿症是指宝宝5岁以后每周至少有一次遗尿现象,有一些疾病可导致宝宝患遗尿症,但对于大多数尿床的宝宝而言,尿床是一种机能性的问题。

(1)引起宝宝尿床的因素

①遗传因素导致宝宝尿床,这种现象多见于父母小时候均患遗尿的情况。

②宝宝的生理机能导致,膀胱容量小的宝宝尿床的次数比较多。

③宝宝入睡前剧烈运动导致玩得太累,看了刺激性的电视等导致精神兴奋过度,或者受到惊吓、斥责导致害怕都可能是引起尿床的原因。

④宝宝睡眠过深,导致大脑不能接收来自膀胱的尿意,因而发生尿床现象。

⑤妈妈给宝宝使用尿布的时间过长,照顾护理不周到,没有对宝宝进行及时

正确的排尿训练，使宝宝没有养成自己控制排尿的习惯。

⑥宝宝突然换了新环境或者气候骤冷，导致宝宝不适应所以发生尿床。

⑦宝宝在入睡前饮水过多，或者吃含水量多又有利尿作用的水果，比如西瓜等。

⑧一些疾病因素也会导致宝宝尿床，比如蛲虫症、尿路感染、肾脏疾患、尿道口局部炎症、脊柱裂、脊髓损伤、骶部神经功能障碍、癫痫、大脑发育不全、膀胱容积过小，等等。

如果宝宝经常尿床而不加纠正的话，往往会养成胆小、敏感、拘谨的个性。对待尿床的宝宝，妈妈不要给予过多的指责，更不能打骂和惩罚宝宝，那样只能适得其反。妈妈首先要保护宝宝的自尊心，培养他良好的性格。其次要注意护理，仔细分析引起宝宝尿床的因素，并加以着重解决。一旦宝宝尿床现象得到改善就要给予表扬和鼓励，培养宝宝良好的自信心。

（2）如何预防纠正宝宝尿床

①妈妈要加强宝宝的个人卫生，尤其是私处的卫生，要勤洗澡，尿湿后要及时更换内裤，内裤也要每天换洗。不要为了惩罚宝宝而让他穿着湿裤子，这样对宝宝生长发育不利。

②保证宝宝良好的睡眠环境，保持合适的温度和湿度，被子要干爽舒适。

③宝宝每天晚上入睡前要提醒他先排尿，如果宝宝有尿意，要及时排尿，不要让宝宝憋急了尿床。

④白天不要让宝宝活动量过大，以至于太过疲劳和兴奋，夜里睡眠过深导致尿床，睡觉前不要给宝宝看惊险的电视节目或讲恐怖故事，也不要因为宝宝做错事而训斥他，使他产生恐惧心理而尿床。

⑤如果宝宝经常尿床，晚饭不要吃得过晚，可选择清淡一些的食物，喝水不要太多，也不要在睡觉前吃含水量多的水果。

⑥如果宝宝经常尿床，要在夜间及时叫醒宝宝，夜间让宝宝排尿时，要尽量让宝宝保持清醒，否则尿不干净就会尿床。

3. 怎样给宝宝买衣裳

给宝宝穿衣是有讲究的，宝宝肌肤娇嫩，如果衣裳太硬，透气性不好，就会对宝宝的身体造成伤害。

（1）春秋季节的宝宝服装

宝宝的内衣要用柔软的纯棉织物。

外衣衣料要结实耐磨、吸湿性强、透气性好，而且要选择容易清洁的织物，如棉、涤棉混纺等。化纤面料虽然颜色鲜艳、结实、易洗、快干，可适当穿着。

（2）夏季的宝宝服装

基本原则是遮阳透气，穿着舒适，不影响宝宝的生理机能。最好选择浅色调的纯棉制品，这种面料不仅吸湿性好，而且对阳光有反射作用。化纤面料透气性差，会发生静电，宝宝在夏天穿着这类衣服后会感到闷热，易生痱子，甚至有过敏反应，最好不要使用。

(3) 冬季的宝宝服装

宝宝冬季的服装应以保暖、轻快为主。外衣布料以棉、涤棉混纺等为主，也可使用化纤面料。服装松紧要适度，以免影响宝宝正常活动。如果宝宝穿背带裤，臀部要宽松，背带不可过细，而且裤腰上的松紧带要与腰围相适合，不能过紧束缚宝宝的胸腹部，影响宝宝的肺活量及胸廓和肺脏的正常生长发育。

4. 宝宝的居室环境

宝宝体质弱，很难抵御外界细菌或病毒的侵扰，所以，生活环境的卫生与安全很重要。

(1) 房间内的温度要适宜

室温一般控制在25℃左右为宜，还要保持一定的湿度，避免过度干燥引起宝宝缺水，导致宝宝上火。

(2) 房间要保持阳光充足和空气新鲜

新鲜空气中所含有的氧气多，人体内有充分的氧气，才能促进新陈代谢；要防止煤气炉、液化石油气灶等对室内空气的污染，以免对宝宝的眼睛和呼吸道产生危害；宝宝的居室要远离厨房；不要在房间内存留污水、污物，尤其是在夏天的时候，要防止蚊子、苍蝇等造成疾病的传染。

(3) 宝宝的房间不宜装修

现代装潢材料如合成板材、油漆涂料等，均含有苯和甲醛之类，会使室内空气污浊，刺激呼吸道，并可能危及宝宝的皮肤、神经系统，降低宝宝免疫力，所以宝宝不宜生活在刚刚装修过的房间。

5. 怎样给宝宝挑选玩具

现在的宝宝都有玩具，妈妈应给宝宝精心挑选玩具。玩具能提升宝宝的审美观，这是一种美学教育，还可以刺激宝宝的感官发育和动手能力。

(1) 好的玩具能提供适当的感官刺激

妈妈可以选择有特别声响的、触感不同的、色彩丰富或者形状美观、可爱的玩具，用来刺激宝宝的视觉、听觉、嗅觉、触觉等器官，还可以提高宝宝的想象力。宝宝也可以借着玩具学到一些基本概念：大小、重量、颜色、平衡等。

(2) 好的玩具能适应宝宝的能力发展

妈妈要从玩具上标识的适用年龄及功能来了解它是否适合现阶段的宝宝，或有益于下一阶段的发展。要根据宝宝年龄及能力不同而有选用不同的玩具，因为宝宝能够把握的玩具才会让宝宝感兴趣，太难的会令宝宝有挫折感，太简单又使宝宝觉得无聊。适合的玩具要能促进和发展宝宝的基本动作协调能力。

(3) 玩具要具备一定的功能

宝宝在玩的过程中，能促进手眼协调能力的发展，还可以训练小肌肉，帮助宝宝更好地成长。妈妈在选购玩具时，要考虑玩具的功能，宝宝能从中学习哪些能力等，因此要选择具有多重功能、挑战性的玩具。

(4) 好的玩具能带给宝宝很大的成就感

宝宝的学习发展应是全方位的，具

有挑战性和鼓励性的玩具，能带给宝宝很大的成就感，他可从操作玩具中得到"控制"或"完成"的满足感，比如宝宝在搭积木桥的过程中，不管自己搭出来的是什么，都会为自己的"杰作"而感到骄傲。

（5）好的玩具能调动宝宝的主动性

宝宝若能主动地在玩耍中学习，并且从玩耍中产生成功的喜悦，便会获得一种成就感，如此一来，宝宝便会成为一个勇于追求挑战的人。所以，玩具应该充分调动宝宝的主动性，给宝宝提供解决问题的机会，让整个玩耍的过程变得更有趣，使宝宝感到快乐，能培养宝宝的好奇心，使宝宝更聪明。

6. 陪宝宝玩游戏

妈妈要经常抽出时间陪宝宝玩游戏，既娱乐了宝宝，又能培养宝宝的智力，更能提升亲子关系。适合宝宝玩的游戏有踢球、描写、倒水，等等。

（1）踢球游戏

让宝宝踢球或者用废纸做成的球状物体，让宝宝练习踢腿能力，鼓励他把球踢得越远越好，以增强宝宝腿部的肌肉。

（2）描写、抄写游戏

让宝宝描写、抄写各种简单的线条、图形、字母、数字等，练习宝宝的握笔和写字能力。

（3）倒水游戏

让宝宝练习把水倒入某一容器中，尽量不要把水撒出，以锻炼宝宝的手眼协调能力，注意不要用太烫的水，防止宝宝烫伤。

（4）跑圈子游戏

在地上用粉笔画上或者用小玩具排成一个"Z"字形的路，让宝宝尽可能快地围绕着路线跑，以提升宝宝身体的敏捷度和灵活性。

（5）角色游戏

角色游戏是一种有主题、有角色、有情节、有规则的创造性游戏。如玩商店、公共汽车、儿童医院、动物园、邮电局等游戏，适应宝宝爱模仿的心理特点，让宝宝在特定的角色中提高认知能力，锻炼自己的社会生活能力。

（6）打电话游戏

给宝宝备一个玩具电话，玩打电话的游戏，告诉宝宝爸爸或者妈妈的电话号码，让宝宝自己打过去，然后和宝宝在模拟电话里进行对话，锻炼宝宝的语言能力和认识数字的能力。

（7）搭积木游戏

大些的宝宝都能熟练地搭一些积木，喜欢用木片、砖瓦、空盒子、砂土等来堆积各种东西，宝宝可以用自己刚刚萌芽的想象力和手眼协调能力搭建出更高、更复杂的城堡。宝宝进行建筑游戏，认识能力、思维活动、身体动作、心理状态有一个从初级到高级发展的过程。建筑游戏是一种极其有利的益智活动，可以发展宝宝对于数量和图形的理解能力，培养创造性的构造能力，还能使体能和智能得到发展，对于宝宝的自我能力和自信心也是一种培养和激励。

（8）传球游戏

爸爸妈妈可以和宝宝一起分开站成

三角形，相距1~1.5米，相互传球、接球，训练宝宝手臂的肌肉及肩关节活动，以及手眼协调能力。

（9）穿珠子游戏

妈妈和宝宝一起进行穿珠子训练，选择不同颜色的珠子，可以用比赛的方式进行，看看谁穿得最多最漂亮，通过此活动锻炼宝宝手的小肌肉动作，发展思维能力，还能帮助宝宝识别不同的颜色。

7. 怎样除去宝宝手上的倒刺

有时，妈妈会发现，在宝宝娇嫩的手指甲边，长了一根倒刺，从指甲边上翘起来，引起宝宝对它又"咬"又"抓"，但就是下不去。

倒刺，在医学上称为"甲缘逆剥"。在正常情况下，指甲周围与皮肤是紧密相连的，没有一丝空隙，形成一道"天然屏障"，但有时指端表面近指甲根部的皮肤会裂开，形成翘起的三角形肉刺，这就是倒刺。

倒刺是一种浅表的皮肤损伤，不是什么大问题。父母不用过于担心。

宝宝贪玩好动，随着宝宝的一天天长大，小家伙越来越活泼好动，经常用手抓东西，或者啃咬指甲，当宝宝的小手与其他物体过多摩擦时，他们娇嫩的皮肤就可能长出倒刺。

（1）长出倒刺的具体原因

①宝宝的皮肤干燥。

由于护理不当，导致宝宝手部皮肤干燥粗糙，尤其是指甲下面的皮肤没有油脂的滋润，从而长出倒刺。

②宝宝缺乏必要的营养元素。

如果宝宝日常饮食中缺少维生素或其他微量元素，表现在皮肤上，很可能出现倒刺现象。

找出发生倒刺的原因，妈妈要在日常生活中有针对性地进行皮肤呵护，增加维生素的摄入。

（2）帮助宝宝除去倒刺

①按时护理宝宝的指甲。

要经常给宝宝剪指甲，洗手，保持指甲的卫生和手部的清洁。

②要多陪宝宝玩耍。

妈妈不要让宝宝觉得无聊而自己啃指甲玩，要通过劝说或者教育让他明白，啃指甲是不卫生不健康的行为，应该停止。

③要补充宝宝成长发育需要的营养。

让宝宝多喝水、多吃水果，补充维生素或其他微量元素。

④每天要给宝宝的小手涂上无刺激、含油脂的护肤霜，比如羊毛脂、维生素E霜等，橄榄油等，以防止倒刺的生成，妈妈要先把宝宝的小手洗干净，然后将橄榄油涂在小手上，并进行按摩，既可以防止倒刺的生成，又可以营养皮肤。

⑤帮助宝宝小心剪倒刺。

宝宝长了倒刺，不要让宝宝用手撕，妈妈要帮助宝宝小心修剪。长倒刺的宝宝会出于好奇或觉得难受碍事，用手去撕，这样反而会造成倒刺根部皮肤真层暴露，引起继发细菌感染，不仅会疼痛出血，严重时还可能导致甲沟炎。

所以千万不要硬撕，妈妈先用温水

浸泡宝宝有倒刺的手，等指甲及周围的皮肤变得柔软后，再用小剪刀将其剪掉，然后用含维生素E的营养油按摩指甲四周及指关节，或者把宝宝的手浸泡在加了果汁，如柠檬、苹果、西柚的温水中浸泡10~15分钟，去除倒刺，还宝宝水嫩的小手。

8. 保证宝宝的环境安全

宝宝渐渐长大后，由于视野和活动范围越来越大，加上宝宝有着强烈的好奇心，到处都想走一走、摸一摸、看一看，所以，妈妈在安全上一定要多加防范。要保持地板干净空荡，因为宝宝的步态很不稳定，走起来头重脚轻很容易摔倒。

（1）地面不能有水

如果地面上有水、不平整或地板上有玩具、鞋子和其他物体时，都有可能导致宝宝跌倒。所以妈妈应保证家中的地板上没有杂物，地上有水时要马上擦干。宝宝玩具不玩之后，不要散落在地上，要收拾到安全的地方。此外，在家中的浴缸和淋浴间内要装上扶手，并铺上防滑垫。

（2）家具的摆放要合理

妈妈必须保持室内房间通道畅通。如从门口到床边之间，最好不要摆放家具，如果宝宝要绕过家具才能到床边，容易在走路的过程中发生碰撞。要专门为宝宝准备一个空旷的地方玩耍，固定好周边的家具，以免宝宝拉、拽或攀爬时将其弄倒，砸伤宝宝。另外，尽量选择椭圆边的家具，避免尖锐角外露，如果有，要给尖角加上护套。

（3）家具要安全

宝宝床栏的高度要超过宝宝的胸部，玩耍的小桌子或吃饭的餐椅一定要稳固，避免翻倒使宝宝受伤。这时的宝宝看到桌椅底下的空隙就钻，妈妈一定要记得检查桌子底下是否有凸出或没钉好的钉子。

（4）让宝宝与窗户、阳台保持安全距离

随着宝宝的长大攀爬能力增强，一不留神便有可能爬到窗户边，还可能从窗户掉出去。因此妈妈一定要特别注意，在窗户边不要摆放宝宝可以攀爬的桌子、椅子等家具，还要在窗户和阳台上安装一定高度的栏杆，确保不会让宝宝爬出去的宽度。

（5）保证台阶和楼梯的安全

台阶对锻炼宝宝的技巧很有帮助，但是宝宝的身体处于生长阶段，平衡感还很差，尤其是在上下台阶时稍有不慎，容易导致跌伤。所以台阶的一侧要安装扶手，不要放置任何东西，尤其在晚上还应该保证有足够的照明。放有地毯的台阶，地毯要铺平且保证没有毛边。如果家中有楼梯，在楼梯口要安装栅栏，以免宝宝不小心跌落。

（6）避免意外伤害

妈妈要把插头或插座封好，电线也要提高收好，避免宝宝把手伸进去或者触摸到，引起触电；热水壶要放在宝宝拿不到的地方，比如，厨房要注意关好门，千万不能在宝宝活动区域放危险物品，如小刀等要收好，放在上锁的柜子里，或是宝宝拿不到的地方；家里的小物品要收好，以免宝宝误食；要给宝宝使用儿童餐具，不要使用刀叉及筷子。

9. 做好宝宝入幼儿园的准备

宝宝2～3岁时，出于成长发育的需要，加上妈妈工作的关系，宝宝就要开始上幼儿园了，这也是他们开始上学的最早预演，对宝宝来说这是人生的一个转折点，也是对父母和宝宝的双重考验，进入幼儿园时宝宝需要长期适应的过程，期间免不了会有宝宝的哭闹和不知所措。

怎样才能让宝宝尽快适应幼儿园的生活，顺利度过这个转折期呢？从父母提早做好准备到对宝宝进行训练，新手的妈妈要付出很多努力。

（1）宝宝的准备工作

①宝宝上幼儿园要做好心理准备。

妈妈要在入园前让宝宝在心理上产生对幼儿园的好感，多给宝宝灌输幼儿园生活很美好的思想，告诉他那里有好多的玩具、小朋友和老师，在那里不会感觉到无聊，但是也不要夸大其词，避免宝宝产生心理落差。在平时，妈妈要和宝宝一起，到幼儿园走一走，看一看幼儿园的玩具、花草，听听孩子们的唱歌声、欢笑声、让他尽快熟悉幼儿园的环境，产生进幼儿园的愿望。

②培养宝宝健康的心态。

妈妈要教育宝宝到幼儿园不能淘气，要听话，这样老师、小朋友才会喜欢他，但是千万不要用"老师会生气"来吓唬宝宝，让宝宝对老师产生畏惧心理。

③让宝宝尽快熟悉、适应环境。

宝宝进入幼儿园后，会有这样那样的不适应，因为在家中，会有爸爸妈妈爷爷奶奶看护宝宝，宝宝的生活被照顾得无微不至，而自立性还不强的宝宝在入园前的几个月里，就会感到孤单，产生分离焦虑症。所以，在宝宝入园之前，妈妈可以每天暂时性地离开宝宝一段时间，适当放手，培养宝宝"爸爸妈妈不在，我也会很安全很快乐"的意识。

④自理能力准备。

妈妈要培养宝宝自己动手吃饭的能力，因为虽然幼儿园老师可以给刚入园的宝宝喂饭，但是孩子多、老师少，难免会照顾不周，而且在这个阶段的宝宝，应该具备自己吃饭的能力，让宝宝知道什么该吃，什么不该吃，杜绝啃咬玩具。

（2）妈妈的准备工作

妈妈要向老师介绍宝宝的习惯与状况。在宝宝进入幼儿园之前，妈妈要与老师进行沟通，让老师知道宝宝吃喝拉撒睡的习惯，以尽早了解宝宝，如果宝宝有过敏体质、疾病等也要告诉老师，最好是连同宝宝的大名小名一起写下来。

①给宝宝准备合适的衣物。

妈妈在宝宝入幼儿园前要准备好被褥、洗漱用品和几套上幼儿园的服装，最好能给宝宝穿棉制、透气的衣服，尽量不要选择尼龙、闷热的衣服，裤子最好是松紧带的，方便宝宝穿脱，鞋子也要选择容易穿的，还要给宝宝准备两块手绢。

②给宝宝带上熟悉的玩具。

上了幼儿园，很多宝宝不适应新的

环境，很容易哭闹，而且不容易入睡，这时可以给宝宝带上一些平时喜欢的玩具，让宝宝感到熟悉和安慰。

③妈妈要学会放手和放心。

宝宝入园初期，妈妈尽量少去探望，避免宝宝产生依赖，妈妈要对老师放心，相信老师会照顾好自己的宝宝。可以在宝宝刚入园时，早点来接，缩短分离时间。

④在入园前给宝宝检查身体。

宝宝检查身体是很必要的，幼儿园里孩子多，如果宝宝有传染性疾病，很容易传染给别人。此外，还要给宝宝接种疫苗，预防疾病的发生。

## 如何应对宝宝各类疾病

宝宝体质弱，容易患一些疾病，当宝宝患病时，妈妈不要着急，要积极予以护理，如果病情严重，应立即送医院治疗。

1. 百日咳

百日咳是一种小儿急性呼吸道传染病，好发于冬春季节，5岁以下的小儿多见。因咳嗽症状可持续2~3个月以上，因此称为百日咳。百日咳初期类似于感冒，咳嗽、流涕，有时伴有低热。3~4天后，一般症状好转，但干咳加重，尤其是夜里咳嗽频繁。

1~2周后，患儿咳嗽变为痉挛性、阵发性发作，患儿连续咳嗽不止，头部浅静脉充血，面红耳赤。剧咳之后出现特殊的高调鸡鸣吼声，大量的黏液或浓痰由气管排出，有时会伴有呕吐。

如能提早给予恰当的治疗和护理，可使百日咳的病程缩短，并减轻并发症。首先要进行有效的抗菌治疗，疗程多为7~14天。其次是对症治疗，痉咳频繁且痰液黏稠不易咳出时，可用祛痰剂或雾化吸入；夜间咳嗽剧烈而影响睡眠者，可用镇静剂。上述药物均应在医生指导下使用。那么，如何预防百日咳呢？

（1）控制传染源

不要与百日咳患者接触。冬春季节百日咳流行期间，少带宝宝到公共场所去。与百日咳患者接触过的宝宝，要及时就医，以防感染。凡确诊的宝宝应立即隔离至病后40天，或隔离至痉咳后30天。对接触者应密切观察至少3周，若有前驱症状应及早进行抗生素治疗。

切断传播途径患儿擦鼻涕、唾液用过的手纸及吐出物要焚烧或深埋。手帕、毛巾、玩具要用2%~3%的来苏水浸泡消毒。衣服、被褥要在太阳底下暴晒，保持室内通风，对痰液及口鼻分泌物则应进行消毒处理。

（2）接种疫苗

百日咳、白喉、破伤风三联疫苗，对百日咳有预防作用。妈妈要带宝宝到医院或防疫站按时进行接种。

**（3）保持居室内空气新鲜，阳光充足**

居室内不要吸烟和炒菜，避免灰尘和不良气味刺激宝宝痉咳发作。要常带宝宝到户外呼吸新鲜空气，晒太阳，注意要穿戴包裹好，防止着凉。

**（4）给宝宝吃易消化且富有营养的食物**

妈妈要给宝宝吃容易消化、有营养的食物，如面条、蒸蛋、米粥等，含维生素多的水果和蔬菜也必不可少。同时，采用少量多餐的办法，喂食不可过急，食后少动，以免引起呕吐；饮食不可过凉或过热，以免刺激气管导致咳嗽或者呕吐；宝宝呕吐时要把头转向一侧，最好抱起来或让宝宝坐起，以免呛入气管，呕吐后要及时漱口；注意口腔卫生，经常用淡盐水擦拭口腔，以免发生口腔溃疡。

**（5）减少宝宝的哭闹和情绪波动**

妈妈对宝宝要有耐心，可以用讲故事、有趣的游戏、玩具哄逗等办法转移宝宝的注意力，减少痉咳的次数。

宝宝咳嗽时，将宝宝侧卧或让宝宝坐起，轻拍其背部，按压腹部或使用腹带包腹，以减轻因腹肌扩张所引起的腹痛，而且有助于痰液排出。

**（6）注意观察病情**

如果宝宝出现发热、气喘或头痛、烦躁不安、抽风、昏迷等症状时，可能是并发症，应送医院治疗。百日咳最常见的并发症是肺炎，表现为发热、喘憋、鼻翼翕动、脸色发青等；最严重的并发症为颅内出血。如患儿出现剧烈头痛、烦躁不安，婴儿出现尖叫哭闹，或抽风昏迷，可能颅内出血；如患儿出现神志不清、失语等症状，可能合并脑病，这些情况要立即去医院就诊。

**2. 缺铁性贫血**

婴儿时期是宝宝生长发育最旺盛的时期，这个阶段如果宝宝体内储存的铁被用尽，饮食中铁的含量少，导致消化道对铁的吸收不足以补充血容量和红细胞的增加，宝宝就会发生贫血。

**（1）缺铁性贫血的症状**

缺铁性贫血主要表现为皮肤、黏膜苍白。重度贫血时皮肤往往呈蜡黄色。病程较长的宝宝还易疲倦，伴有毛发干枯、营养低下、体格发育迟缓等症状。宝宝精神不振，注意力不集中，性情易激动，脑组织严重缺氧可出现昏厥现象。较大的宝宝还会有头痛、昏眩、眼前有黑点或耳鸣等症状。

宝宝出现食欲减退、恶心、腹胀或便秘等症状。有的宝宝会患舌炎、舌乳头萎缩等。

体格检查时宝宝心率加快，脉搏加强，动脉压增高，有时可见毛细血管搏动。到重度贫血代偿功能失调时，会出现心脏扩大、心前区收缩期杂音，甚至发生充血性心力衰竭。

**（2）缺铁性贫血的产生原因**

①宝宝在出生时体内铁储备不足。新生儿体内总铁量的75%以上在血红蛋白中，因此，新生儿体内铁的含量主要取决于血容量和血红蛋白的浓度，而血

容量与体重成正比，出生体重越低，体内铁的总量越少，所以早产儿或者双胞胎、多胞胎发生贫血的可能性很大。妈妈分娩中胎盘血管破裂也可能影响新生儿体内铁的含量，引起缺铁性贫血。

②铁的供应赶不上宝宝的生长速度。宝宝生长迅速，血容量增加速度变快，尤其对于早产儿来说，对铁的需要量远远超过正常宝宝，如果不及时供应足量的铁，就会发生贫血。

③饮食缺铁。宝宝以乳类食品为主，此类食品中铁的含量极低，而且宝宝如果没有足量的母乳喂养，配方奶粉中铁含量少，血红蛋白和储存铁不在正常范围内，则易发生贫血。

（3）如何预防

妈妈在孕期、哺乳期要多吃含铁、蛋白质丰富的食品，如动物肝脏、瘦肉、蛋类、豆制品、新鲜蔬菜和水果等，孕期内应定期测血红蛋白，如果发现贫血时应及时治疗，以免影响胎儿体内的储铁量。

坚持母乳喂养，因为母乳中铁的吸收率高，至少要喂养至4个月，最好延长到6~9个月。

非母乳喂养的宝宝在2个月时可酌情添加菜汁或水果汁。4个月添加辅食时，应增加含铁及蛋白质丰富又易于吸收的食品，包括蛋黄、菜泥、肝泥、肉泥、鱼肉等。同时可服用维生素C或添加水果泥，以增强铁的吸收。一般动物性食物所含血红素里的铁吸收好，且不受其他因素影响，而植物性食物中所含的草酸、磷酸等物质，会妨碍铁的溶解和吸收。

要培养宝宝不挑食、不厌食的良好饮食习惯。同时不应给宝宝喂茶水、咖啡，以免影响铁的吸收率。

对一些体弱多病或生长过快的宝宝，如早产儿，双胞胎，低体重出生儿，或肥胖的宝宝，应提倡科学喂养，合理安排膳食，饮食要粗细、荤素搭配以便提高铁的吸收率及蛋白质的互补作用。

妈妈要注意定期去医院测量血红蛋白，预防和及早发现宝宝贫血现象。

3. 反复呼吸道感染

宝宝反复呼吸道感染，是指在单位时间内，上、下呼吸道感染反复发作，超过常规次数的食物可能在某些情况下，会返回到食管中吐出，这称为胃食管反流。患这种病的宝宝常呕吐，喂食困难，由于食管中食物反流到咽喉部再呛入呼吸道，或反复刺激咽喉部，所以会发生反复呼吸道感染。

宝宝可采取俯卧位，上身抬高30度，以减少反流。饮食以稠为主，少吃多餐，睡觉前2小时不要进食。必要时应到医院进行治疗。

4. 先天性心脏病

这类疾病是宝宝出生时就有的心脏病，有几种先天性心脏病会引起肺部瘀血，如室间隔缺损、房间隔缺损、动脉导管未闭等，可引起小儿反复呼吸道感染。这些宝宝在哭闹、屏气后面色呈青紫，心脏检查有杂音，应到医院诊治，必要时手术治疗。

5. 支气管异物

有的宝宝在进食或喂药时哭闹，将

饭粒或药丸呛入气管，因为这些异物较小，宝宝在一阵咳嗽后无明显气急与面色青紫现象，容易被妈妈忽视，以后可能反复患呼吸道感染。所以有进食某物后突然呛咳的情况，妈妈应注意支气管异物的可能，及时到医院取出异物。

6. 鼻后滴流综合征

宝宝在患感冒或鼻炎平卧时，鼻腔中分泌物向后流，刺激喉部，引起慢性咽喉炎、慢性咳嗽与反复呼吸道感染。患儿可取侧卧位，应及时治疗鼻炎，可避免反复呼吸道感染。

7. 铅中毒

铅中毒会影响宝宝的消化、血液、神经系统。在患病早期，宝宝会有食欲不振、烦躁不安、无力等症状，以后会患上反复呼吸道感染，还可能会有腹痛、腹泻、贫血等症状。那么，如何防止宝宝铅中毒呢？

①要避免环境污染与食物的铅污染，饭前要洗手。

②在平时多吃富含维生素 C 多的水果，如橘子、西红柿、草莓，等等。

③多吃含钙、锌、锰、铁、果胶多的食物，以减少铅的吸收。

④吃含铁多的食物可减少铅在体内的蓄积，如动物血、肝脏、木耳、紫菜、芝麻，等等。

8. 体重过重

宝宝经常吃高热量、高脂肪的食物而且活动少会导致越来越胖，这类宝宝体内免疫球蛋白、淋巴细胞含量低，易发生反复呼吸道感染。妈妈要让宝宝多运动，少吃高热量、高脂肪的食物，不喝过于甜的饮料，多吃新鲜蔬菜水果。

可以通过适当的户外活动加强体格锻炼，多晒太阳以增加免疫力。

9. 食物过敏

（1）引起宝宝食物过敏的原因

①过早添加辅食。

宝宝在 4 个月前不宜添加辅食，4 个月内添加辅食的宝宝发生食物过敏的危险性是晚加辅食者的 1.35 倍。

②遗传因素所致。

父母有各种过敏性疾病的，宝宝食物过敏发病率高。妈妈也要提防曾让自己过敏的食物，以免让宝宝通过母乳间接食用过敏。

③变异缺陷，或功能的发育迟缓。

与宝宝体内某种蛋白质结构的变异缺陷，或功能的发育迟缓有关。

④食物添加剂。

食物添加剂也可引起宝宝过敏反应，如谷氨酸单钠能引起风疹、黄色食品可引起哮喘、苯甲酸酯可引起荨麻疹等。当然，每个宝宝对食物敏感的差异也很大。

（2）易引起过敏的食物

①蛋白质类食物。如鱼、虾、贝类、鸡、鸭、蛋、豆制品、牛奶等。

②淀粉类食物。如面粉或米类制作的食物、蚕豆等。

③蔬菜类食物。如苋菜、土豆、莴笋、蘑菇等。

④坚果、水果类。如各种坚果、菠萝。

通常过敏反应大部分为即时型和迟

发型两大类。大部分食物过敏都属于即时型反应，一般发生在进食后的几分钟至 1 小时之内，严重者可能会在 1 分钟内发生过敏性休克；而迟发型过敏反应，则需要几小时或 1 天以及 2~3 周后才会发生。也有些宝宝只有在过量进食某种食物时才出现过敏现象，而适量进食不产生过敏问题。

（3）宝宝食物过敏的预防

①坚持母乳喂养。

只有母乳喂养才能满足 6 个月以内宝宝所需要的全部营养，而且可大大降低过敏的发生率。因此，对有过敏体质的宝宝，都应将哺乳时间坚持到婴儿对食物过敏的自发消失期，即在 10~12 个月。

②科学添加辅食。

需特别强调的是，过量的糖、脂肪、化学添加剂、盐、味精对宝宝有害，通常牛奶中含钠较高，奶粉应进行脱钠处理才能喂宝宝。因此，宝宝辅食应尽量选用高钾低钠的食物作为必要的营养补充。动物性食物等固体食物的加入最好延迟到 6 个月之后，不要在宝宝食物中过早加入花生、大豆等。

10. 肠套叠

肠套叠是小儿常见的腹部急症之一，是指某段肠管凹陷入其远端的肠管，像收起单眼望远镜一样。5 个月~1 岁半的宝宝患此病的较多，尤以 5~9 个月大最常发生，男婴比女婴多。腹泻、便秘、服用药物、上呼吸道感染、肠胃过敏与结肠蠕动力增加都可能造成肠套叠的发生。

①肠套叠有以下症状：当肠道前后相套，造成部分阻塞时，宝宝会产生规律性阵发性的腹痛，伴有腹胀、呕吐等肠梗阻症状。当阵发性疼痛过后，宝宝会感到倦意，伴有脸色苍白、出冷汗的症状。

宝宝的大便带血，颜色多为红果酱样。这是因肠管套牢后，肠壁出血混着肠黏液所造成的血便，此时若再不及时送医，很容易造成肠坏死，甚至腹膜炎。

肠套叠 75% 的病例发生于回盲瓣附近，其次为小肠，单纯肠套叠发生时，凹入的肠段会使血管受压，使静脉血和淋巴液发生聚积，致使肠壁肿胀，甚至肠黏膜破裂，造成出血。如果套夹得更紧，则肠壁动脉也会阻塞，演变成肠子坏死、破裂，造成腹膜炎。

②尽早治疗。宝宝发生肠套叠后，妈妈应及早带宝宝去医院治疗，避免出现肠坏死。

11. 宝宝磨牙

宝宝如果只是偶尔发生一两次夜间磨牙，没有什么大碍，也不会影响健康。但是如果天天晚上牙齿磨动，则会有不小的危害，要引起重视。宝宝睡眠时有习惯性地磨牙，或清醒时有无意识地磨牙，被称为磨牙症。

宝宝的夜磨牙比较多见。夜间磨牙虽然暂时不会感到有什么痛苦，但是长期下去，会引起牙齿牙合面和邻面的严重磨损，引起牙本质过敏，遇到冷、热、酸、甜等刺激即发生疼痛；有时也会造成颞下颌关节功能紊乱症，表现为下颌关节处疼痛、关节弹响、张口受限等症状，会破坏牙合系统的形态和功能。

磨牙又可引起咀嚼肌功能异常，如咀嚼肌功能亢进、痉挛、疲乏、疼痛等。另外，牙周组织受到损害，易引起牙周病。夜间磨牙，面部肌肉特别是咀嚼肌不停地收缩，时间一久，咀嚼肌纤维增粗，脸型变方，影响宝宝面容的健美。此外，还会引起头面痛、失眠、记忆力减退等症状。

（1）宝宝磨牙的原因

宝宝磨牙，一般是由生理、病理、心理三大因素引起。宝宝有挑食、偏食等不良习惯容易导致缺乏钙和维生素，引起消化功能紊乱。

①消化功能紊乱。

宝宝三餐营养不均衡，不吃早餐，或晚餐吃得过多等，都会引起消化功能紊乱。比如晚餐过多或者吃得过晚，会使食物在宝宝睡觉时仍然积存在胃肠内，消化吸收要加重胃肠道的负担来完成，导致消化不良、胃肠部胀气而使肠胃道蠕动紊乱，从而引起面部咀嚼肌自发性的收缩，使得牙齿来回磨动，形成宝宝磨牙现象。

②口腔到肛门的疾病。

由于宝宝发育不完善，胃肠道功能不够好，容易出现贲门括约肌松弛的情况，导致胃食管反流，使得宝宝在睡梦中磨牙，对于早产儿来说尤其常见。

如果宝宝肚子里长有蛔虫，也会引起磨牙。蛔虫在宝宝的小肠内吸取各种营养物质，分泌毒素，上下乱窜，极不安宁，刺激肠管使之蠕动加快，引起消化不良、肚脐周围隐痛，使宝宝在睡眠中神经兴奋性不稳定，从而引起磨牙。

有蛲虫病的宝宝，每当睡觉后蛲虫常爬到肛门口产卵，引起肛门瘙痒，导致宝宝睡不安宁，也会发生夜磨牙现象。

③其他疾病。

1岁以内的宝宝，磨牙还可能是患了鹅口疮和肛周炎、尿布皮炎。对于稍微大一些的宝宝，患龋齿是磨牙的常见因素。患龋齿的宝宝，牙齿排列不好，加上炎症的刺激，都会引发磨牙。此外，佝偻病、神经衰弱、遗传因素等，都会引起夜磨牙。

磨牙还可能由心理紧张引起，如果宝宝具有焦虑、压抑、烦躁不安、过度紧张等不良情绪，也会导致宝宝夜间发生磨牙现象。

（2）磨牙的防治

①磨牙状况较轻时可不做处理，注意休息。白天避免让宝宝玩得过度兴奋，睡前要保证宝宝的精神松弛，不要看刺激性的电视节目或者听到动感很强的音乐。

②有蛔虫或蛲虫病的宝宝，应在医生的指导下驱虫。同时要养成良好的卫生习惯，不要让宝宝吃不洁的食物。

③帮助宝宝养成良好的饮食习惯，合理调节膳食，粗细、荤素要搭配合适，防止宝宝营养不良，防止并改善偏食、挑食的坏习惯。另外，晚餐不要过饱，睡前别吃难消化的食物，以免引起胃肠不适。

④对于患有佝偻病的宝宝要补充维生素 D 及钙剂，同时让宝宝进行适量的日光浴。

⑤父母应给宝宝创造一个舒适和谐、幸福快乐的生活环境，让宝宝的身心都健康成长。

⑥对于磨牙严重的宝宝，可以遵医嘱在睡前服用镇静药物来降低或消除神经系统的兴奋性，减少或防止夜间磨牙的状况。

12. 发烧

发烧是最为常见的症状，通常是由病毒、细菌感染或其他疾病所引起的，引起发热的原因很多，感冒、扁桃体炎，或者是肺炎、麻疹和脑膜炎等严重疾病都可能引起幼儿发烧，所以这也是妈妈最为担心的事情，但有时候发烧是机体的保护性反应，并没有想象中那么严重。只要妈妈根据宝宝发烧的不同原因、程度和症状采取相应的措施进行治疗和护理，就能让宝宝早日恢复健康。

宝宝的身体体温腋下达到 37.5℃ 以上或肛温、耳温达到 38℃ 以上时，就是发烧的表现，一般宝宝会脸色苍白或发红、流汗、流鼻涕、鼻塞、咳嗽、皮肤干热、声音沙哑、嗓子疼、倦怠无力、浑身酸痛有的宝宝还有头晕、头痛、呕吐、腹痛等症状；还有的会发生情绪上的变化，焦躁不安、注意力下降、嗜睡、活动力差、食欲不振、吵闹、不安、哭闹、呼吸异常，等等。

（1）宝宝低烧的护理

如果宝宝的腋温在 37.5℃ ~ 38.5℃ 时，以采用补水、物理降温的办法来缓解，夏季要注意室内的温度不要过高，可以把宝宝放在凉爽的地方，饮一些清凉的果汁，或者洗一个温水澡，水温在 28℃ ~ 32℃ 之间，不需要着急地服用退烧药。

让宝宝多饮水，帮助宝宝排汗，并防止脱水。水有调节温度的功能，可使体温下降并补充宝宝体内失去的水分。

冰敷或使用冰枕，宝宝发烧时可以把冰袋或冷水袋放在额头、两侧颈部，也可放在腋下及双侧腹股沟的部位，另外，让宝宝睡冰枕，也能帮助局部散热退烧。但是 6 个月以内的宝宝最好不要用冰枕，以免冻伤宝宝皮肤，稍大一些的宝宝也要在冰袋外面裹上"保护层"。

可以用温湿的大毛巾敷在宝宝的胸腹部，也可以把稍凉的毛巾拧成半干，放在宝宝的额部、颈部、腋下及大腿根部进行冷敷，注意更换，在这个过程中要注意室温以免宝宝着凉，加重病情。

可以使用退热贴，舒缓高烧所带来的不适，尤其是月龄小的宝宝。使用时需注意，避免滑落，如果掉到宝宝的口鼻部位，会造成婴幼儿窒息。

要让宝宝充分休息，注意水分及电解质的补充，以免小便过黄。

如果婴儿只是低烧，而食欲、生活方面没有其他影响的，家长不要过于担心。但如果宝宝发热不退，咳嗽严重，嗓子呼噜，喘气较粗，烦躁不安，爱哭闹，应立即带宝宝去医院，排除患气管炎、肺炎的可能。

### （2）宝宝高烧的护理

宝宝发烧39℃以上时，在利用物理降温帮宝宝散热的同时，也要适当辅以退烧药物。但是使用时要注意不要同时使用两种以上的退烧药，一天使用退烧药不要超过5次以上。

不宜在半夜叫醒宝宝服用退烧药，除非可能因发烧导致抽筋时。对于体温39℃～40℃的宝宝，可以选择给宝宝泡温水澡，让宝宝的身体浸泡在水温约36℃～37℃的水里，15分钟即可，一天可进行多次。可以同时用37℃的温湿毛巾在宝宝四肢和前胸后背上下均匀地搓揉，腋窝、腹股沟等血管丰富处擦拭时间要稍长些，使皮肤表面的血管扩张以促进热量的散发。

可以遵医嘱使用退热栓，从肛门塞入，由直肠吸收，效果比较快速。但要注意的是，退热栓退热作用强，容易退烧过度，导致体温陡降，而且药物反复刺激肛门后，还易造成宝宝腹泻。

宝宝发烧时，要以清淡、易于消化的饮食为主，多选用半流质，如米粥、有营养的汤等，另外，多吃一些含维生素C的蔬菜和水果。

宝宝发烧要减衣服，高热的宝宝不要通过多穿衣或多盖被"捂汗"降温，这样不仅不能降温，反而不利于热量的散发，增加脱水，加重病情，诱发惊厥。

要保持室内空气的清新，定时开窗通风，室温不要过高，不要让过堂风直吹宝宝。体温39℃以上的高烧容易引起惊厥等严重症状，而且6个月以下宝宝在发热时因病情变化快，这时妈妈要及时带宝宝治疗。

### 13. 流鼻血

气候干燥的季节，宝宝特别爱流鼻血，这主要是因为在干燥寒冷的天气下，为了提高鼻腔的温度和湿度，会有更多的血液流经鼻腔，从而导致鼻黏膜充血。除了季节因素外，现在多数宝宝偏食，只爱吃肉，不爱吃蔬菜，营养摄入不全面，以至于造成血管脆性增加也是重要的原因之一；还有的宝宝有不良习惯，如抠鼻孔导致鼻中小血管破裂；也有的和疾病有关，如血液病、发热、咳嗽等也可能导致流鼻血。

### （1）处理方法

让宝宝的头部保持稍微向前倾的姿势，这样可以使已经流出的血液顺利地排出鼻孔外，以避免鼻血留在鼻腔内干扰呼吸。如果宝宝头部后仰，则会使血液流进咽部，加剧宝宝的咳嗽，甚至引起呕吐。

妈妈直接用手捏住宝宝出血侧面鼻翼上方鼻子柔软处，压迫5～10分钟，也可以用干净的毛巾或纸巾轻轻紧捏住鼻子的前庭部位，坚持10分钟，直至不再出血为止。

给宝宝处理鼻血期间可以毛巾包裹冰块敷在鼻根及鼻头5～10分钟，以帮助鼻子血管收缩，达到止血的效果。

鼻血止住后，妈妈要带宝宝至耳鼻喉科查明出血的位置及原因。

### （2）如何护理

鼻血止住后几个小时内，妈妈应看管

好宝宝，不要让他做剧烈的运动，更不能抠挖、摩擦鼻子，避免引发再次流血。

(3) 预防措施

当宝宝鼻腔干燥时，可以用液态石蜡、甘油滴鼻，使用鼻腔喷雾加湿剂或者凡士林涂抹在鼻腔前庭部位，或用棉团蘸净水擦拭鼻腔，达到滋润鼻腔的目的。

给宝宝多喝开水以补充水分，还要让宝宝多吃蔬菜和水果及富含营养且清淡、易吸收的食物，防止维生素C的缺乏，少吃煎炸肥腻食物。平时不要给宝宝吃过多巧克力、曲奇饼、薯条等容易上火的零食，以免引起燥热性鼻出血。

太剧烈的活动会使鼻黏膜血管扩张，导致鼻腔发痒。所以要控制宝宝剧烈活动的时间和程度，避免鼻外伤。

要让宝宝养成良好的生活习惯，不要随意抠挖鼻孔，否则容易引起鼻出血。同时要注意为宝宝勤剪指甲，并将剪短后的甲边缘磨平。

带宝宝外出时，要给他戴上口罩，减少冷空气对鼻腔黏膜的刺激。

# 接种疫苗

宝宝出生后，应根据我国预防接种的相关规定，妈妈应带宝宝去进行预防接种，以保证宝宝健康成长。

(1) 接种种类

①出生4个月后，宝宝应接种百白破三联疫苗（第2针）、脊髓灰质炎疫苗（第3针）。

②出生5个月的宝宝应接种百日破疫苗（第3针）。

③出生6个月的宝宝应接种乙型肝炎疫苗（第3针），A群流脑疫苗（第1针）。

④A群流脑疫苗主要用于6个月~15周岁的儿童。

(2) 接种程序

A群流脑疫苗接种4针，6个月的宝宝接种第1针，第2针接种与第一针不能相隔3个月以上；第3、第4针次为加强免疫，3岁左右的宝宝接种第3针，注意与第2针间隔时间不少于1年；6岁时接种第4针，与第3针接种间隔不少于3年。

(3) 注意事项

①A群流脑疫苗使用后，宝宝可能会有短暂的低热症状，局部有压痛感，一般情况下可自行缓解。

②接种完毕后，留观15~30分钟。

(4) 没有及时接种怎么办

①乙脑、流脑疫苗多数地区属于季节性疫苗，每年在固定的月份接种。如果错过打乙脑、流脑的时间，可以等到第二年相应的月份再进行补打。

②流行性乙型脑炎疫苗（灭活疫苗）：视次接种，共2针。

③流行性乙型脑炎（乙脑）是由乙脑病毒，经蚊子传播的急性传染病，在人和畜间流行，严重者可丧失生命。

④患病后，大部分宝宝或多或少地留有不同程度的后遗症，轻者可能肢体瘫痪，重者会大脑瘫痪或智力低下。

（5）接种对象

①乙脑流行地区6个月~6周岁儿童。

②由非疫区进入疫区的人，不管是宝宝还是成人都要接种。

（6）接种方法

在宝宝的上臂外侧三角肌下缘进行皮下注射。

（7）接种反应

大多数宝宝没有什么不良反应，仅有个别特殊的宝宝在接种24小时后，注射部位出现红肿、疼痛和微热现象，均属于正常反应，经过1~2天即可自愈。极少数的宝宝可能出现过敏性皮疹。

（8）禁忌证（不适宜接种）

①宝宝有发热或者患有急性疾病不适宜接种。

②患有严重慢性病的宝宝要视为禁忌证。

③患有脑及神经系统疾病的宝宝不宜接种。

④对抗生素、疫苗有过敏史、患有过敏性疾病的宝宝接种要慎重。

# 第七章 健康食品的选购和烹调

食品的选购和烹调是关系到女性和家人健康的大事,从这个角度考虑,女性应该对食品选购、食品加工和美食烹调予以充分的重视,选购最适宜自己和家人食用的食物,烹调出自己和家人最喜爱吃的有营养的美食。

## 家庭烹饪中如何发面、煮饭

在我国北方家庭中,通常以面食为主,而在南方家庭则是以米饭为主食。不过,南方家庭中有时也会出现美味的面食,比如,饺子、面条,等等。有很多花样的面食,首先需要发面。所以,女性要先学会发面,再学习做其他花样的面食。

发面的过程就是培养酵母菌的过程,其机理就是通过繁殖酵母菌,而把少量的多糖分解成水和二氧化碳。面团中的这些二氧化碳小颗粒,在蒸或烤的时候就会膨胀,从而使面团变白变软。

1. 怎样发面

①一碗清水加一点点糖。
②加热至30℃~35℃。
③放入一平汤匙的活性干酵母。
④拌匀,使酵母溶解,样子有点像泥汤。
⑤用酵母溶液和面,揉至手感舒服且不黏手为止。
⑥放置温暖地方,不要超过70℃,否则活酵母要变死酵母。
⑦等15~20分钟。面发后用手指按一下看会不会有反弹。
⑧加少许干面调整手感。
⑨加工成所要的形状,比如,馒头、花卷,等等。

如果此时面继续发得速度太快可以考虑把它放到凉爽的地方,如窗户口。酵母菌在低温时停止生长,但不会死掉。

如果觉得面发得不够理想,可以在加工成型后再等二三十分钟,让酵母继续生长。

2. 怎样煮米饭

①米水基本比例是容积比为1∶1,即舀几碗干米,就加几碗水,也可用手

掌测试，锅中加水后，将手掌放在米平面上，水量以淹没手掌为适量。新米的含水量大，可适当少加些水。粳米、糯米吃水量较少，也要少加水。

②可用带细网眼的盆淘米，淘米时先用水冲洗一下，再用手搓洗两到三次。

③煮前最好把米浸泡1小时，煮时米粒内外可同步熟，更可口。而且浸过的米比生米烧煮时间节省30%～45%，燃料节省30%～40%。

④用开水煮饭，米中的B族维生素，可免受损失。

⑤电饭锅跳闸后不要立即切断电源，再多闷10分钟左右，然后用饭铲上下搅动米饭，让米香充分吸收片刻，即可食用。

⑥如果不小心把饭煮软了，可取一条干净的棉布敷在软饭上面，再用小火慢慢蒸煮一会儿，米饭即可由软变硬了。

⑦如果饭煮硬了，可用筷子在米饭上扎一些小孔。然后从孔眼中注入温开水，再用小火慢煮一会儿。

⑧饭烧煳了，取一根长4～6厘米的葱插入饭里，盖好锅盖过一会儿。

⑨米饭夹生，用锅铲将米饭铲散，加入2匙米酒、白酒或黄酒，用文火略煮一会儿即可。

⑩1g茶叶用1000g开水浸5分钟，用滤去茶渣的茶叶水焖制米饭，色、香、味、营养俱佳。每1500g米加2～3ml醋，米饭无酸味，饭香更浓。

⑪如果用陈米煮饭，淘洗干净后在清水中浸泡20分钟，捞出沥干，再放入锅中加热水和一二汤匙猪油或植物油，或半杯啤酒，煮出来的饭同新米一样爽口。

⑫如果用籼米煮饭，可在水中加一撮盐和几滴花生油，搅拌均匀，煮出的饭同粳米一样好吃。

# 怎样包饺子

饺子是传统美食，无论北方人或南方人都爱吃。女性想要吃自己亲手做出的饺子，就要学会包饺子。

## 1. 和面及拌馅

包饺子的第一步是和面，把适量的面粉放入瓷盆里，缓慢注入清水和匀，盖上盆盖醒面。鲜肉馅放入料酒，目的是让猪肉去腥提鲜。按顺时针搅拌，逐步放入小量水打馅，使肉馅鲜嫩，并依次放入拌过香油的葱花、姜末、盐及酱油等调味品。用筷子或勺等用具按顺时针的方向快速地搅拌。

把菜剁成末，放在容器中。撒盐，杀出菜中多余的水分。过一会儿，用手将菜末团起，使劲地挤压，要使菜末尽量脱水，之后将菜末放到肉馅中，搅拌均匀。一定要注意的是只能顺着一个方向搅拌，不然会把馅打散的。

## 2. 擀饺子皮

把已经揉好的面切成几块，分别揉成两指宽的粗面条，再用刀切成一个个小块，切一下滚一下，再切一下，向相反的方向滚一下，把切好的小块在干面粉中滚一下，按成一个个小小圆饼备用。

用一根两头细、中间粗的擀面棍擀皮儿。把小面饼放在擀面棍下，一手滚动擀面棍，另一只手拽着面饼转动，直到成为一个面片。双手用力要均匀，使面片成为中间厚、四周薄的圆片。

3. 包饺子

用宽竹片或筷子挑起适量的馅料，放在面片的中间。将面片对折，按实一小块，将它立在手心里，将两边没有合上的部分拿折儿、压实。这是包饺子的基本方法。

还有一种快速地挤饺子的方法，就是双手蜷曲相对，把饺子放在双手的食指与拇指之间，用力挤压即成，再放到盖帘儿上，防止相互粘连。

4. 煮饺子

把锅里的水烧开，放入包好的饺子。用汤勺按顺时针的方向搅动锅里的水，把饺子带着转动起来，以防止粘在锅底，露了馅儿。把火关小，盖上盖子。要记住一句俗话："焖煮馅，敞煮皮"，就是说，盖着盖子时馅容易熟，打开盖子时皮容易熟。

等开锅后，倒入一碗凉水，接着煮，再开锅，再倒一碗凉水，开锅后，看见饺子一个个都圆滚滚地浮在水面就可以出锅了。

## 女性如何采用饮食排毒

女性在家庭烹饪中，可以有针对性地学会制作排毒饮食，以利于自己和家人的体内排毒，保证身体健康。排毒靠合理的饮食来调节，哪些饮食有利于排毒呢？以下介绍一些有关饮食排毒的简便易行的方法。

1. 用海藻类制作菜肴

海带中含有一种叫硫酸多糖的物质，能清除附着在血管壁上的胆固醇，使胆固醇保持正常含量。海藻类食物亲近放射性物质，海带中的褐藻胶因含水率高，在肠内能形成凝胶状物质，有助于排除毒素物质，阻止人体吸收铅、镉等重金属，这不但使人体减少了放射性物质的吸收，同时也降低了放射性疾病的发生率。

海带中还含有大量的碘，可以刺激垂体，使女性体内雌激素水平降低、卵巢机能恢复正常，消除乳腺增生的隐患。海带、紫菜等均属于海藻类食物。

2. 食用豆类食物

豆类食物有助于人体内多种毒物的排泄，促进机体内的新陈代谢。此外，黄豆中含有植物雌激素，能适量补充雌激素，对女性美容养颜都有很好功效。人们常说的"绿豆可解百毒"，在中医上已得到论证。绿豆可解丹石毒、鼠药毒、酒毒、野菌毒、有机磷农药毒、铅毒等。多食用绿豆还有助于降血压、血脂等。

大豆中含有丰富的维生素 E，不仅能够破坏自由基的化学活性，从而抑制皮肤衰老，更能防止色素沉着于皮肤。

3. 用菌类制作菜肴

多食用菌类食物不但有助于保持身材健美，而且具有清洁血液和解毒的功能。菌类含有丰富的硒，既可降血压、降胆固醇，也可防止血管硬化，进而提高机体免疫功能。菌类食物具有补气活血、凉血滋润的作用，黑木耳中的植物胶质有较强的吸附力，可将残留在人体消化系统内的杂质排出体外，起到清胃涤肠的作用。

**4. 用大蒜做调味品**

大蒜中所含的大蒜素，可与铅结合成为无毒的化合物，能有效防治铅中毒。大蒜有助于提高肝脏的解毒功能，阻断亚硝胺致癌物质的合成。大蒜中含有的蒜辣素，其杀菌能力很强，可以起到预防流感、防止伤口感染、治疗感染性疾病和驱虫的作用。此外，大蒜还具有降血脂及预防冠心病和动脉硬化的作用，可防止血栓的形成。

**5. 用胡萝卜制作菜肴**

胡萝卜中所含的胡萝卜素可清除导致人体衰老的自由基。胡萝卜可保持皮肤润泽细嫩，它含有胡萝卜素有助于维持皮肤细胞组织正常机能、减少皮肤皱纹，刺激皮肤的新陈代谢、保持皮肤润泽细嫩。胡萝卜是有效的解毒食物，与体内的汞离子结合之后，能有效降低血液中汞离子的浓度，加速体内汞离子的排泄。胡萝卜中所含的琥珀酸钾，有助于防止血管硬化、降低胆固醇。此外，女性进食胡萝卜还可降低卵巢癌的发病率。

**6. 用南瓜制作菜肴**

南瓜中富含的果胶，可以延缓肠道对糖和脂质的吸收，还可以清除体内重金属和部分农药，故有防癌防毒的作用；多吃南瓜可以有效地防治高血压、胆结石、糖尿病以及其他肝肾病变，帮助肝、肾功能减弱患者提高细胞再生能力。此外，南瓜中富含的钴是合成胰岛素必需的微量元素。

南瓜中富含的果胶，可以延缓肠道对糖和脂质的吸收，还可以清除体内重金属和部分农药，故有防癌防毒的作用；多吃南瓜可以有效地防治高血压、胆结石、糖尿病以及其他肝肾病变，帮助肝、肾功能减弱患者提高细胞再生能力。此外，南瓜中富含的钴是合成胰岛素必需的微量元素。

**7. 用木耳、猪血、绿豆、蜂蜜制作饮食**

这些食品都是功效显著且最为廉价的解毒食物。

木耳因生长在背阴潮湿的环境中，有补气活血、凉血滋润的作用，能够消除血液中的热毒。此外，木耳、猪血因具有很强的滑肠作用，经常食用可将肠道内的大部分毒素带出体外。

## 如何制作不同年龄段的美食

在不同的年龄段，需要不同的营养，因此，女性在家庭烹饪中，要有针对性地选择营养饮食，做出美味又营养的食物。

**1. 针对儿童阶段的烹饪食品**

儿童阶段是儿童长身体、长知识的重要时，此期生长发育旺盛，身高、体重迅速增加，为了使儿童能健康地发育成长，除了要满足营养需求以外，还要注意培养良好的饮食习惯。

儿童机体器官尚未完全发育成熟，咀嚼和消化功能远不如成人。肠道对粗糙食物比较敏感，易发生消化不良，因此，食物应细软，易于消化，随着年龄的增长，逐渐增加食物的种类和数量。

（1）儿童需求特点

儿童活泼好动，肌肉系统发育较快，因此对热能和蛋白质的需要量较高。在蛋白质中，赖氨酸对生长发育更为重要，要供应充足的钙和磷，同时还应保证各种维生素的食入量，和铁、碘、锌、镁等元素的供给量。

（2）食品的品类

①主副、素荤要搭配合适，力争做到平衡膳食。

②膳食多样化。

③应注意粗细搭配，干稀合适，具有适宜的体积与饱腹感。

④培养良好的饮食习惯，避免偏食、择食。不吃零食。这些习惯要从小培养，还要养成细嚼慢咽及饥饱适度的好习惯，切忌狼吞虎咽与暴饮暴食。

（3）符合饮食习惯

我国的饮食习惯为一日三餐，但在热能分配上却存在一定问题。一般应该早餐30%，午餐35%~40%，晚餐35%~30%。

但由于不少女孩子早晨胃口不佳，食品质量不高，因此，早餐量少质差，热量不够，影响上午上课时集中精力。

因此应在上午10点左右增加一次课间餐，以补充早点不足。

（4）儿童应加强营养质和量

①多供给优良的蛋白质和脂肪，特别是卵磷脂和各种维生素，以补充在女孩在读书考试期间高度神经系统紧张活动时的特殊消耗。

②进食场所必须保证清洁卫生，防止肠道感染。

③应养成饭前便后洗手习惯，防止病从口入，食品本身及餐具、饮具也应保证清洁。

2. 针对青少年时期的烹饪食品

（1）青少年的饮食要求

青少年时期，是一生中长身体、长知识的黄金时期。这时期全身各部位、各器官逐渐发育成熟。而生长速度、性成熟程度、学习能力、劳动效率都与营养状况有极为密切的关系。为使青少年能健康地成长，妈妈在饮食中要注意如下特殊要求。

①保证热能。

青少年生长发育快，活动量大，因此对热能的需要量较多。

②保证足够的蛋白质。

青少年对蛋白质的需要量比成年人多，而且在质量上也比成年人要求高。

（2）不要过多摄入脂肪

一般来说，女性要控制总热量的摄入，减少脂肪摄入量，少吃油炸食品。如果脂肪摄入过多，则容易导致脂质过氧化物增加，使活动耐力降低，影响学习效率。

### （3）不要减少维生素的摄入

维生素是维持生理功能的重要成分，特别是与脑和神经代谢有关的维生素，尤其是B族维生素在糙米、全麦、苜蓿中含量较丰富，因此日常膳食中粮食不宜太精，同时，要保证各种蔬菜水果的需求。

### （4）重视抗氧化营养素的摄入

抗氧化营养素如胡萝卜素、维生素C、维生素E，有利于提高青少年的学习效率，各种新鲜蔬菜和水果中含量尤为丰富。

### （5）不可忽视矿物质的供给

女性在月经期，伴随着血红细胞的丢失还会丢失许多铁、钙和锌等矿物质。因此，在月经期和月经后，女性可多饮牛奶、豆奶或豆浆，食用瘦肉、动物肝脏及各种干果。

### （6）不要忽视氨基酸的供给

氨基酸有营养脑神经的作用，对青少年尤其重要。豆类、芝麻等应适当多吃。

### （7）补充最佳护脑食品

菠菜、韭菜、南瓜、葱、椰菜、菜椒、番茄、胡萝卜、小青菜、蒜苗、芹菜，以及核桃、花生、开心果、腰果、松子、杏仁等干果类食品。

### 3. 适合孕妇的食品

女性在怀孕期间，一方面要补充自身变化所需要的营养物质，另一方面要供应胎儿生长发育所需要的营养物质。因此，为了保证胎儿和母亲的健康，必须供给孕妇丰富的营养物质。

①怀孕中的前三个月，胎儿体重每日增加1g左右。此期孕妇在饮食中稍增加一些鸡蛋、瘦肉、猪肝及蔬菜水果即可。如有妊娠反应，宜进食清淡易消化、少油腻的食品。在不偏食的前提下，尽量供给孕妇喜好的食物。

②孕后4～7个月，胎儿生长较快，平均每日约增加10g，因此各种营养物质要随之增加。这时期要以增加副食为主，多供给营养丰富的食物，如蛋、奶、鱼、瘦肉、豆类及青菜、水果，并可增加干酵母，鱼肝油和钙片等。

孕妇必须每天摄入80～90g蛋白质，1.5mg钙和2.0mg磷，否则胎儿会发育不良，生后易患佝偻病。此期因子宫增大压迫肠道，容易引起便秘，所以应多喝水并供给富含纤维素和果胶的蔬菜、水果，如芹菜、韭菜、苹果、梨等，以利通便。

③怀孕中的最后两个月，胎儿生长最快，其体重的一半大约是在此期增加的。孕妇饮食中必须富有各种营养物质，以保证胎儿迅速生长的需要。这时应增加饮食品种，并进行合理搭配，做到食物多样化。孕妇如出现水肿，应选用低盐饮食，并供给充足的优质蛋白质。

据营养医生介绍，产后饮食有四大原则：精、杂、稀、软。

精是指量不宜过多。

产后过量的饮食，除了能让产妇在孕期体重增加的基础上进一步肥胖外，对于产后的恢复并无益处。如果女性是母乳喂养婴儿，奶水很多，食量可以比孕期稍增，最多增加 1/5 的量；如果女性的奶量正好够宝宝吃，则与孕期等量亦可；如果女性没有奶水或是不准备母乳喂养，食量和非孕期差不多就可以了。

杂是指食物品种多样化。

产后饮食虽有讲究，但忌口不宜过，荤素搭配还是很重要的。进食的品种越丰富，营养越平衡和全面越好。除了明确对身体无益的，和吃后可能会过敏的食物外，荤素菜的品种应尽量丰富多样。

稀是指水分要多一些。

乳汁的分泌是妈妈产后水的需要量增加的原因之一，此外，产妇大多出汗较多，体表的水分挥发也大于平时。因此，产妇饮食中的水分可以多一点，如多喝汤、牛奶、粥等。

软是指食物烧煮方式应以细软为主。

产妇的饭要煮得软一点，少吃油炸的食物，少吃坚硬的带壳的食物。因妈妈产后由于体力透支，很多人会有牙齿松动的情况，过硬的食物一方面对牙齿不好，另外一方面也不利于消化吸收。

4. 适合中年女性的食品

（1）蛋白质

对于中年女性来说，虽然对蛋白质的需要量比正处于生长发育期的青年要少，但中年女性生理机能逐渐减退，是面临健康挑战承受疾病压力最多的时期。随着年龄的增长，人体对食物中的蛋白质的利用率逐渐下降，只相当于年轻时的 60%～70%，而对蛋白质分解却比年轻时高。因此，中年女性的蛋白质供给应丰富、质优，供应量也应当高一些。

（2）脂肪

中年女性体内负担脂肪代谢的酶和胆酸逐渐减少，对脂肪消化吸收和分解的能力随年龄的增长日趋降低。另外，从防病健美的角度讲，过多摄入脂肪不利。因此，限止脂肪的摄入是有必要的，特别要限制食用动物脂肪，植物脂肪的量也不宜太多。

（3）热量

中国人热量的主要来源是来自粮食，如米、面、根茎块类食物等。中年女性每日主食只要能满足身体的标准需要量即可。另外，可多吃些蔬菜、水果，因为增加食物中的纤维素既可饱腹又可防止心血管病、肿瘤、便秘等疾病发生。

（4）维生素

维生素 A、B 族维生素、维生素 C、维生素 D、维生素 E 是人体新陈代谢所必需的物质，中年女性由于消化吸收功能减退，对各种维生素的利用率降低，常出现眼花、溃疡、皮皱、衰老等各种维生素缺乏的症状，因此应供给充足的维生素。

（5）无机盐和微量元素

锌、铜、硒等微量元素虽然占人体重量的万分之一，但它们是人体生理活动所必需的重要元素，参与体内酶及其他活性物的代谢。中年女性容易产生某些微量元素的相对不足。如中年女性对钙的吸收能力差，若加上钙的排出量增加，便容易发生骨质疏松，出现腰背痛、腿痛、肌肉抽搐等症状。

因此应注意补钙，可多喝些牛奶、多吃豆腐、芝麻酱等含钙丰富的食物，可预防骨质疏松。

（6）水

水参与体内的一切代谢活动，没有水就没有生命。中年女性应注意多喝水，这有利于消除体内代谢产物、美容及防止疾病发生。

## 好吃又营养的家庭食谱

女性要给家人安排好食谱，学会做各种菜肴。

1. 白斩鸡

材料：

鸡，最好是阉割过的公鸡、调料。

制作方法：鸡洗净，去内脏、头脚，再将鸡肉较厚的地方划上几刀。水烧开，将鸡投入，加料酒、葱、姜，盖上煮15~20分钟，取出放在预先准备好的冷盐水中，浸泡一小时，再取出切块装盘，上滴少量香油。

2. 炸春卷

材料：

春卷皮、鸡肉、绿豆芽、韭黄及料酒、盐、胡椒粉、湿淀粉等调料。

制作方法：

绿豆芽去根洗净，韭黄洗净切段。鸡肉切丝，加湿淀粉、料酒、适量盐拌匀。鸡肉入油锅炒熟，再顺次加入绿豆芽、韭黄及湿淀粉，起锅后撒上胡椒粉，冷却后即成春卷馅。包成春卷形，入油锅炸至金黄即可。

3. 美式炸薯条

材料：

植物油500g，实耗约50g，土豆2个，每个约170g，去皮，精盐适量。

制作方法：将土豆切成条，分两次将薯条炸至金黄色，用漏勺捞出，撒上盐，即可食用。

4. 西式肚冻

材料：

肚800g，胡萝卜20g，葱头20g，清汤500ml，大蒜6g，明胶20g，盐适量。

制作方法：

①将肚洗净，放沸水锅中煮熟，捞出切丝。

②将清汤放锅中，加入明胶，然后加热至明胶完全溶解。

③将胡萝卜、葱头洗净切成丝，大蒜切成末，连同肚丝一起放入汤中，加热煮熟。

④将煮熟的肚丝连同汤、菜一起分注在各种盛器中，冷却成型即可食用。

5. 炸葱圈

材料：

葱头2个，精面粉50g，精盐适量，小苏打7g，鸡蛋1个，脱脂奶20g，植物油500g，植物油50g，辣椒粉少许，胡椒粉少许。

制作方法：

①将葱头切成0.8cm厚的葱圈，用冷水浸1小时后沥干水分。

②大碗内放入精面粉、精盐、小苏打、鸡蛋液、脱脂奶和植物油各10g，搅匀后再加入辣椒粉、胡椒粉。

③将葱头圈分四次放入蛋糊中，轻轻搅拌，直到裹上，用夹子或长把叉子将葱头圈逐个从蛋糊中拖出，放入油锅中，稍炸后用筷子将葱头圈拨开，翻动一次，炸至金黄色捞出，趁热上桌。

6. 米兰式大米汤

材料：

圆粒米350g，葱头10g（切碎），牛骨髓40g，黄油75g，干白葡萄酒20ml，藏红花2g，热清汤150g，奶酪90g，盐和胡椒粉各适量。

制作方法：

把一半黄油放在锅里，将锅置小火上，油熔化后放入葱头和骨髓，炒到葱头变软、骨髓上色，倒入米炒几分钟，加入酒、藏红花，加汤煮到米变熟，放入剩下的黄油和奶酪，用盐和胡椒粉调好味即可。

## 如何选择补脑和防癌食品

女性和家人在学习、工作中需要用脑，如果能适当进食一些特殊营养食品，对补脑和防癌一定会有益处。那么，补脑和防癌食品有哪些呢？

1. 补脑食品

（1）牛奶

牛奶是优质蛋白质、核黄素、钾、钙、磷、维生素D的极佳来源，这些营养素可为大脑提供所需的多种营养。

（2）鸡蛋

鸡蛋的蛋白质是优质蛋白质，鸡蛋黄含有丰富的卵磷脂、大量的维生素和矿物质等，对神经的发育有重要作用，有增强记忆力、健脑益智的功效。

（3）南瓜

南瓜是胡萝卜素的极佳来源，南瓜中的维生素A含量胜过绿色蔬菜，而且富含维生素C、锌、钾和纤维素。南瓜性味甘平，有清心醒脑的功能，可治疗头晕、心烦、口渴等阴虚火旺等病症。因此，神经衰弱、记忆力减退的人，将南瓜做菜食用，每日1次，有较好的治疗效果。

（4）鱼

鱼是促进智力发育的首选食物之一，在鱼头中含有十分丰富的脑磷脂，是人脑中神经递质的重要来源，可增强人的记忆、思维和分析能力，并能控制脑细胞的退化，延缓衰老。鱼肉还是优质蛋白质和钙质的极佳来源，特别是含有大量的不饱和脂肪酸，对大脑和眼睛的正常发育尤为重要。

（5）核桃

核桃因其富含不饱和脂肪酸，被公认为是中国传统的健脑益智食品。每日1~2个核桃为宜。持之以恒，可起到营养大脑、增强记忆、消除脑疲劳等作用。但不能过食，过食会出现大便干燥、鼻出血等情况。

（6）葵花子

葵花子丰富的铁、锌、钾、镁等微量元素以及维生素E，使葵花子有一定的补脑健脑作用。实践证明：喜食葵花子的人，不仅皮肤红润、细嫩，而且大脑思维敏捷、记忆力强、言谈有条不紊。

（7）香蕉

香蕉营养丰富，含有丰富的矿物质，特别是钾离子的含量较高，可使过多的钠离子排出，使血压降低。香蕉还可以增强人体抗癌的免疫力，缓解郁闷，等等。

（8）海带

海带含有丰富的亚油酸、卵磷脂等营养成分，有健脑的功能，海带等海藻类食物中的碘类物质，更是大脑中不可缺少的。

（9）芝麻

将芝麻捣烂，加入少量白糖冲开水喝，或买芝麻糊、芝麻饼干、芝麻饴糖等制品，早晚各吃1次，吃一段时间后，可收到较好的健脑效果。

2. 防癌食品

生活中有很多食品有致癌作用，如熏腌制品、烧烤食物、油炸品、霉变物质、隔夜熟白菜与酸菜、槟榔以及反复烧开的水等。专家发现，在杜绝以上不良饮食前提下，合理膳食结构、保持良好营养是饮食防癌的良方，以下几类食物有防癌作用。

（1）洋葱类

洋葱类包括大蒜、洋葱、韭菜、芦笋、青葱等。

（2）十字花科

十字花科包括花椰菜、甘蓝、芥菜、萝卜等。

（3）坚果和种子

坚果和种子包括核桃、松子、开心果、芝麻、杏仁、胡桃、瓜子等。

（4）谷类

谷类包括玉米、燕麦、米、小麦等。

（5）荚豆类

荚豆类包括黄豆、青豆、豌豆等。

（6）水果

水果包括西瓜、柠檬、葡萄、葡萄柚、柳橙、橘子、山楂、苹果、哈密瓜、草莓、菠萝、柠檬、猕猴桃等。

（7）茄科

茄科包括茄子、番茄、马铃薯、辣椒。

（8）伞形科

伞形科包括胡萝卜、芹菜等。

（9）其他防癌食品

其他防癌食品包括红枣、乌梅、红薯、南瓜、苦瓜、蘑菇以及多种海产品。

需要注意的是，以上食物并非多多益善，富含维生素A、维生素C、维生素D、维生素E，硒、钙、碘、锌和膳食纤维素的食品都具有一定的防癌或抑癌作用，但同时要知道服用的剂量问题，大剂量的、过量的维生素A可引起肝脏和骨骼的损害，视觉模糊，甚至失明。

# 如何选择提高记忆力的食材

饮食不仅是维持生命的必需品，而且在大脑正常运转中也发挥着十分重要的作用。有些食物有助于发展人的智力，使人的思维更加敏捷，精力更加集中，甚至能够激发人的创造力和想象力。女性选择这些有针对性的食材，烹饪出美味的食物，不仅能为自己和家人增加能量，还有助于提高自己和家人的记忆力。

1. 以橘子做食材

橘子含有大量维生素，是典型的碱性食物，可以消除大量酸性食物对神经系统造成的危害。考试期间适量吃些橘子，能使人精力充沛。此外，柠檬、广柑、柚子等也有类似功效，可代替橘子。

2. 以玉米做食材

玉米胚芽中富含亚油酸等多种不饱和脂肪酸，有保护脑血管和降血脂作用。尤其是玉米中含水量谷氨酸较高，能帮助促进脑细胞代谢，常吃些玉米尤其是鲜玉米，具有健脑作用。

3. 以花生做食材

花生富含卵磷脂和脑磷脂，它是神经系统所需要的重要物质，能延缓脑功能衰退，抑制血小板凝集，防止脑血栓形成。实验证实，常食花生可改善血液循环、增强记忆、延缓衰老，是名副其实的"长生果"。

4. 以鱼类做食材

鱼类可向大脑提供优质蛋白质和钙，深水鱼所含的脂肪酸多为不饱和脂肪酸，不会引起血管硬化，对脑动脉血管无危害，相反，还能保护脑血管，对大脑细胞活动有促进作用。

5. 以菠萝做食材

菠萝含有很多维生素C和微量元素锰，而且热量少，常吃有生津、提神的作用，有人称菠萝是能够提高人记忆力的水果。菠萝是一些音乐家、歌星和演员最喜欢的水果，因为他们要背诵大量的乐谱、歌词和台词。

6. 以鸡蛋做食材

人的大脑的活动功能和记忆力强弱与大脑中乙酰胆碱含量密切相关。实验证明，吃鸡蛋的妙处在于：当蛋黄中所含丰富的卵磷脂被酶分解后，能产生出丰富的乙酰胆碱，进入血液又会很快到达脑组织中，可增强记忆力。国外研究证实，每天吃1~2只鸡蛋就可以向机体供给足够的胆碱，对保护大脑，提高记忆力大有好处。

7. 以牛奶做食材

牛奶是一种近乎完美的营养品。它富含蛋白质、钙及大脑所必需的氨基酸。牛奶中的钙最易被人体吸收，是脑代谢不可缺少的重要物质。此外，牛奶还含有对神经细胞十分有益的维生素等元素。如果用脑过度而失眠时，睡前一杯热牛奶有助入睡。

8. 以味精做调味品

味精主要成分是谷氨酸钠，它在胃酸的作用下可转化为谷氨酸。谷氨酸是参加人体脑代谢的唯一的氨基酸，能促进智力发育，维持和改选大随机能。常摄入些味精,对改善智力不足及记忆力障碍有帮助。由于味精会使脑内乙酰胆碱增加,因而,对神经衰弱症也有一定疗效。

9. 以小米做食材

小米是全谷物所含的维生素高于大米,其蛋白质中含较多的色氨酸和蛋氨酸。医学临床观察发现,吃小米有防止衰老的作用。如果平时常吃点小米粥、小米饭,将有益于脑的保健。

# 如何制作防感冒和提高免疫力的食物

有些食物中所含的元素和营养素,能够帮助人体预防各类疾病,女性不妨以此做食材,制作出美味的食物,既能预防疾病,又能保健。

1. 如何制作提高免疫力的食物

保健,是现代女性时刻不能放松的主题,这里介绍几款简单方便的凉拌菜,有利于提高人体免疫力,女性不妨一试。

(1) 凉拌海带丝

将海带300g洗净,切成细丝后煮半小时,捞出放凉,不需加盐,加蒜蓉、香油、醋、味精等调料后,即可食用。海带是一种海洋蔬菜,含碘、藻胶酸、甘露醇等,可防治甲状腺肿大、克汀病、软骨病、佝偻病。现代药理学研究表明,吃海带可增强单核巨噬细胞活性,增强机体免疫力和抗辐射能力。

(2) 凉拌芦笋丝

鲜芦笋30g洗净,削去老皮,然后切成细丝,加入适量的盐、麻酱等调料拌匀,即可食用。芦笋的抗病能力很强,在生长过程中无须打农药,是真正的绿色无公害蔬菜。芦笋含有多种维生素,烟酸以及多种微量元素。现代药理研究证实,芦笋有调节免疫功能、抗肿瘤、抗疲劳、抗寒冷、耐缺氧、抗过氧化等保健作用。

(3) 凉拌萝卜丝

白萝卜300g洗净,削去老皮,然后切成丝,加入适量盐、香油、味精等调料,拌匀即可食用。白萝卜属十字花科植物,含有大量纤维素、多种维生素及微量元素和双链核糖核酸。

纤维素可促进胃肠蠕动,防治便秘。双链核糖核酸能诱导人体产生干扰素,增强人体免疫力。胡萝卜含有更多的胡萝卜素,也可做药膳用。

(4) 凉拌鱼腥草

将鱼腥草300g洗净,切成约3cm长的段,加入盐、黄酒、香油、味精等调料拌匀,即可食用。鱼腥草因含有大量挥发油而有一种特殊的味道。研究证实,鱼腥草有抗病原微生物、增强单核巨噬细胞活性、增强非特异性免疫力和抗过氧化等作用。

(5) 凉拌枸杞菜

将枸杞菜300g洗净,切成段,约2厘米长。用水焯过,捞出放凉,然后加入食盐、香油、醋、味精等调料拌匀,即可食用。枸杞菜含甜菜碱、芳香苷、维生素C、多种氨基酸、胡萝卜素、核黄素、烟酸等,可增强免疫力。

2. 选用预防感冒的食物

含有生物活性物质，能整体或局部刺激免疫力，并能增强中性白细胞与巨噬细胞的吞噬作用，提高机体对外界病原体的抵抗力。坚持每日食用 2~3 次蜂蜜，每次 30g 左右的人，对病毒性感冒的抵抗力能提高 3~4 倍，不易感冒。对于已感冒及其他病毒性疾病的患者，食用蜂蜜，也有利于康复。

国外有学者用维生素 C 片剂在感冒征兆期服用或以维生素 C 制剂滴鼻来预防感冒，也取得较好效果。因此，富含维生素 C 的各种蔬菜水果可以说是预防感冒的天然药食同源的食物。

适当多吃些富含锌元素的海产品如牡蛎等，对调节机体的细胞免疫状态来防御感冒也有益处。

此外，长期多食富含饱和脂肪酸的食物，如肉类、人造黄油等，而谷物、蔬菜、水果吃得少，会降低机体免疫细胞的抗病毒能力，引起感冒。食菜太咸也是引发感冒的一个诱因，盐吃多了一是会减少唾液分泌，使病毒在口腔里有落脚的机会；二是钠盐渗透性高，口腔和咽喉部上皮细胞的防御功能会被抑制，易使感冒病毒侵入人体，引起感冒，严重的还会引起上呼吸道和肺部感染。

因此，平时多吃清淡饮食，少食高脂肪食品也不失为一条预防感冒的有效措施。

## 如何选择更年期女性的食材

女性更年期是 45~55 岁的妇女停经前后的一段生理过程，由于体内雌激素分泌减少，加速骨质的流失，内脏机能也会逐渐衰竭，长期缺乏运动、累积过大压力和营养不均衡，都可能加重更年期症状，因此除寻求专业医师治疗外，均衡饮食和运动也是保健方法之一。

步入更年期的女性，应减少吃脂肪、胆固醇高的食物，而多吃一些瓜果蔬菜，因为很多瓜果蔬菜都是餐桌上的天然"降脂药"，对健康十分有利。

有的更年期女性会出现一些症状，如月经紊乱、头晕、乏力、水肿、心慌、失眠、肥胖等，这又称更年期综合征。因此，更年期的饮食应根据个人的具体情况加以调整。

对于停经前月经频繁，经血量过多，并因此引起贫血，出现面色苍白、气短、头晕、眼花、全身乏力等症状的女性，在饮食上应注意。因此，女性在家庭烹饪中，要为更年期女性选用预防疾病的食材，制作出美味的食物。

1. 选用有针对性的食材

（1）以黄瓜为食材

黄瓜清脆可口，具有清热、解渴、利尿作用。它所含的纤维素能促进肠道排出食物废渣，从而减少胆固醇的吸收。黄瓜中还含有一种叫"丙醇二酸"的物质，可以抑制体内糖类转变成脂肪，有减肥和调整脂质代谢的功效。

（2）以茄子为食材

茄子含有多种维生素，特别是紫茄中含有较多的维生素 P，能增强细胞黏着性，提高微血管弹性。医学研究表明，茄子能降低胆固醇，还能防止高脂血症引起的血管损害，可辅助治疗高血压、高脂血症、动脉硬化等病症。

（3）以绿豆为食材

绿豆是夏季消暑佳品，具有降低血脂、保护心脏、防治冠心病的作用。动物实验证明，绿豆能有效降低血清胆固醇、甘油三酯和低密度脂蛋白，明显减轻冠状动脉粥样硬化病变。临床实践也证明，高脂血症患者每日适量食用绿豆有明显降胆固醇的作用。

（4）以香菇为食材

番茄具有消食、去脂、降压等功效。其中所含的纤维素能促进胃肠蠕动，防止便秘，减少肠道对胆固醇的吸收。常食香菇能降低总胆固醇及甘油三酯。

（5）以番薯为食材

营养学研究发现，适量食用番薯能预防心血管系统的脂质沉积，预防动脉粥样硬化，使皮下脂肪减少，避免出现过度肥胖。要注意的是过多摄入番薯可使进食的总热量增加，反而不利于降低血脂。

（6）以山楂为食材

山楂主要含有山楂酸、柠檬酸、脂肪分解酸、维生素C、黄酮、碳水化合物等成分，具有扩张血管、改善微循环、降低血压、促进胆固醇排泄而降低血脂的作用。山楂不宜空腹食用，也不宜过多久食，最好在饭后食用。

（7）以苹果为食材

国外有项研究表明，一天吃一个苹果，可使冠心病死亡的危险性下降一半。这归功于苹果中所含的类黄酮。类黄酮是一种天然抗氧化剂，通过抑制低密度脂蛋白氧化而发挥抗动脉粥样硬化的作用。此外，苹果中的果胶也可以降低胆固醇水平，因此有利于预防动脉粥样硬化。

2. 可选用的其他食材

①最好选用营养价值高的动物性蛋白质，如牛奶、鸡蛋、动物内脏和瘦的牛、羊、猪肉等，因为这些食物不仅含有人体所必需的氨基酸，还含有维生素A、维生素B、维生素E等。特别是猪肝，含有丰富的铁及维生素A、维生素B等，是治疗贫血的重要食物。

②新鲜水果和绿叶菜。如苹果、梨、香蕉、橘子、山楂、鲜枣以及菠菜、油菜、甘蓝、西红柿、胡萝卜等。这些食物不仅含有丰富的铁和铜等矿物质，还含有维生素C、叶酸和胡萝卜素等多种维生素，对防治贫血、抗氧化等有较好的作用，维生素C还能促进铁和钙等的吸收利用。

③食欲较差的女性不宜食用油腻食物，可用红枣、桂圆加红糖，做成红枣桂圆汤，或用红枣、赤小豆、糯米做成红枣小豆粥，亦可用红枣、莲子、糯米煮粥食用，都可以收到健脾、益气、补

血的效益。

④有水肿、血压升高、头晕心慌和失眠等现象的更年期女性,在饮食上应注意摄取足够的B族维生素。比如粗粮中的小米、玉米、麦片等以及蘑菇、香菇、动物的肝肾、瘦肉、牛奶、绿叶蔬菜和水果等,均含有丰富的B族维生素,对神经系统的健康、增加食欲及帮助消化有一定的作用。

3. 更年期女性的饮食要点

①多食用新鲜、易于消化的食物。

②食物切成碎末、小块、细丝、薄片,利于老年女性咀嚼和消化,亦可选用豆腐、蒸蛋等软食,少用或不用油炸和油腻食品。

③饭菜品种,荤、素、粮、菜搭配,注意色、香、味,改善口味,以增加食欲。

④豆制品中富含的赖氨酸,是老年女性最佳蛋白质的供应来源。

⑤水产类食品富含不饱和脂肪酸,易吸收,适合老年女性。

⑥选用脂肪含量低的瘦肉,避免肥肉、蛋黄和动物内脏。

⑦碳水化合物摄入以谷物为主,少用甜食和蔗糖等单糖制品,做到细粮和粗粮搭配。

⑧多吃富含各种维生素和膳食纤维的新鲜蔬菜和瓜果。

⑨植物性食物和动物性食物混吃,多种食物搭配。

⑩调味少用糖和盐,可用些醋或少量辣味。每天食盐量在5~6g之间。

⑪一般可一日三餐,餐间相隔5~6小时。体弱、有病的更年期女性,可实行一日四餐,间隔4~5小时。

⑫食品量的分配,通常全天的热量分布,早餐占总热量25%~30%,午餐40%,晚餐35%~30%,做到"早餐好,午餐饱,晚餐少"。

⑬养成良好的进餐习惯,进食时要细嚼慢咽。各类食品都应适量摄取,克服偏食的,以免引起营养失衡,营养缺乏,影响健康。

4. 水果的食用禁忌

更年期女性在食用水果时要注意,有些身患疾病的更年期女性吃了水果会加重病情。

(1)苹果

苹果含有大量的糖类和钾盐,摄入过多不利于心、肾保健。患有冠心病、心肌梗死、肾病、糖尿病的人,不宜多吃。

(2)香蕉

香蕉性寒,含钾、镁较多,患有慢性肾炎的更年期女性尤应慎吃。由于香蕉含糖量大,糖尿病病人亦应少吃。

(3)柑橘

柑橘性寒,脾胃、大肠及肺虚寒的老人不可多吃,以免诱发腹痛、腰膝酸软等症状。橘子性温,吃多了容易上火,引起口舌生疮、目赤肿毒,诱发痔疮。

(4)荔枝

连续大量地食用荔枝,会使人脸色苍白,产生头晕、心慌、出冷汗、打哈欠、乏力等症状,这是由于荔枝引起外源性低血糖反应所致，医学上称之为"荔枝病"。

## 哪些饮料应该每日必喝

女性每日喝一些保健饮料，对自己的身体大有帮助。那么，哪些饮料有利于保健呢？

1. 白开水

早晚都要喝一杯，早上起床后，空腹喝一杯白开水，既可以清洁肠道，又可以补充夜间失去的水分；晚上睡前三小时喝一杯白开水，起到延缓衰老的作用。因为它能保证一夜之间血液不至于因缺水而过于黏稠。

正是因为血液过分地黏稠才加快大脑的缺氧以及易形成血栓发生意外，所以，睡前的一杯水也是非常必要的。

2. 茶

女性每日饮用一杯茶，有诸多好处，尤其对于那些想要减肥的女性来说，茶是天然、有效的减肥剂，再没有什么比茶叶更能消除肠道脂肪的了。同时，茶能使人振奋精神，增强思维和记忆力。茶能消除疲劳，促进新陈代谢，并有维持心脏、血管等正常机能的作用。此外，饮茶对防止龋齿有很大的好处。

绿茶还有抑制恶性肿瘤的作用，饮绿茶能明显地抑制癌细胞突变。茶叶中含有对人体有益的微量元素。饮茶能抑制细胞衰老，使人延年益寿。饮茶能防止动脉硬化、高血压和脑血栓。

茶可以说是中国人的"国饮"，饮茶始于传说中的神农氏，至今已有数千年历史。饮茶不分阶层，平民百姓饮茶解渴消暑，达官贵人品茶以示风雅。而现在，我们仍然需要茶来调剂生活。对爱美的女性来说，饮茶还可以美容养颜、调剂身心。最新的研究表明，适当饮茶还可以起到抗辐射和防癌的作用。

茶容易吸附气味，如果女性喜欢纯正的茶香，在保存茶叶时，就需要用锡罐密封，防潮防串味。反之，如果女性喜欢茶叶带有别的味道，大可以发挥想象，在茶叶中放入水果，茶就会有水果的香气；放入鲜花，则会带有鲜花的香味。

（1）泡茶的温度

有的茶需用沸水冲泡，第一次泡茶时注意倒出浮在表面的杂质，或是冲泡之前先用少量热水将茶叶涮一遍。如果用自来水泡茶，最好将水静置一段时间，散发氯气。有的茶用80℃水泡，水温高会破坏营养成分。因此，女性应按不同茶的要求冲泡。

（2）饮茶的时间

尽管饮茶可以醒脑提神，但早起空腹喝茶会刺激肠胃，引起不适。同样的，饭前饭后喝茶也是不合适的，饭前喝茶会冲淡味觉，饭后喝茶会妨碍蛋白质和铁的消化和吸收。肠胃消化功能不好的女性不适合多饮茶，更不适合喝浓茶。

饮茶时间一定要把握好，上午10点左右和下午4点左右正是饮茶的好时机，对上班族女性来说，也是需要提神醒脑、补充养分的时间。

（3）茶的种类

①黑茶。

黑茶是产自云南、广西等地的发酵茶，颜色乌黑，茶汤深红，能有效抑制小腹脂肪堆积。以云南普洱茶最为有名。取茶叶10~15克，用沸水冲洗后，加入500毫升的沸水冲泡即可饮用。在大鱼大肉之后饮用黑茶有降脂解腻的效果。

②绿茶。

绿茶是茶树新叶不发酵制成，茶汤鲜绿，性凉，最适合消夏解暑。有名的如西湖龙井、洞庭碧螺春等。绿茶味道清淡，一般按1∶60的比例放入茶叶和水，也可根据个人口味微调。对电脑族女性来说，绿茶是最好的抗辐射饮品。

③红茶。

红茶是茶鲜叶发酵制成，干茶和茶汤的颜色均为红色。红茶性热，有暖胃养胃、助消化的功效，适合脾胃不佳的女性饮用。有名的红茶有祁门红茶等。冲泡红茶，茶与水比例为1∶50，饭前饭后也可饮用且不伤胃，现喝现泡最好，不宜放凉之后饮用。

④白茶。白茶是茶叶保留白色绒毛烘干而成，未经炒揉，保留茶多糖最完整。有白毫银针等名品。冲泡白茶，茶水比例为1∶60，冲泡的温度不宜过高，80℃左右的热水即可，对便秘、中暑有疗效。

（4）饮茶的禁忌

茶最好不与白糖、酒、药同饮，也不要和羊肉、鸡蛋同食。冷茶偏凉，浓茶含咖啡因、茶碱过量，隔夜茶中有害物质增加，都对人体健康有害。

茶叶中含有咖啡因，睡前饮浓茶会让人精神异常亢奋，妨碍正常睡眠，对神经衰弱和失眠的女性来说危害极大。茶在热水中浸泡的时间越久，微量元素流失越严重，茶的保健作用也越小。茶水不能用来服药，茶叶中的鞣酸会和某些药物相互作用，产生不良反应。

此外，不是每个时段、每个时期都能喝茶的，女性喝茶时应注意。

①怀孕期间不宜饮茶。

浓茶中咖啡因浓度很高，会增加孕妇的心跳次数，也会加重孕妇的心与肾的负荷量，更可能会导致妊娠中毒症，因此孕妇最好不喝茶为妙。如女性有性情暴躁、睡眠品质差等现象，此时，喝太多茶会加重这些症状，所以最好适度。

②月经期间不宜饮茶。

女性在月经期间，经血会消耗掉不少体内的铁元素。因此女性此时更要多补充含铁元素丰富的蔬菜水果，像猪肝、菠菜、葡萄和苹果等。而茶叶中含有的鞣酸会妨碍肠黏膜对铁元素的吸收，因而在肠道中很容易和食糜中的铁元素或补血药中的铁结合，产生沉淀的现象。

3. 醋

女性每日食醋，不仅可以起到延缓血管的硬化、降低血脂、消除疲劳的作用，同时，它还可以调节血液的酸碱平衡，维持人体内环境的相对稳定，还有抗衰老的作用。醋具有很强的杀菌能力；可以增强肝脏机能，促进新陈代谢；可以使体内过多的脂肪消耗掉，并促进糖和蛋白质的代谢，帮助消化，有利于食物中营养成分的吸收，可防治肥胖；食醋中还含有抗癌物质。可见，醋的作用不容忽视。

4. 新鲜牛奶

目前，我国居民最缺乏的营养素就是钙，人均钙的摄入量还达不到需求量的50%。因此，喝牛奶是补钙的最好方式。一般100毫升牛奶中含钙104毫克，每天食用400~500毫升牛奶可有效地补足体内的钙，同时还可美容。喝牛奶对防止骨质疏松功不可没。

牛奶含丰富的蛋白质和硫氨基酸，能增强人体的免疫能力，调节内分泌，改善体内微循环。牛奶也是驱铅的好食物，20%的乳清蛋白存于牛奶的蛋白质之中，它能与人体内的铅形成水溶性的化合物，把它排出体外，从而达到美白效果。此外，由于女性的生理周期特殊，在经期有大量的经血流失，每月总有几天情绪烦躁，牛奶里有一种可以抑制神经兴奋的成分，可以帮助缓解情绪。

女性关爱自己的身体，关爱自己的形体，牛奶中含有将近5%的乳糖，可促进人体对钙和铁的吸收，胃肠蠕动，促进排泄，起到通便利尿作用，帮助女性保持窈窕身材。然而，饮用牛奶也是有讲究的。喝牛奶要注意以下几个方面的问题。

（1）忌饮用煮沸的牛奶

煮沸会引起牛奶中蛋白质变性，阻碍消化吸收。袋装的牛奶，只需投入热水中浸泡5~10分钟，即可饮用。

（2）忌空腹喝牛奶

空腹时，胃肠蠕动很快。此时喝牛奶，会导致牛奶中的营养来不及吸收，就已进入大肠被排泄。

（3）忌喝"冰"牛奶

到了炎炎夏季，喝冰镇牛奶被人们认为是养生消暑一举两得的好事儿。然而事实并非如此，冰牛奶会引起腹泻，也会导致胃、胆囊、肠等疾病。

（4）忌用保温瓶存放牛奶

把喝剩的牛奶储存在保温瓶内，几个小时后就会有细菌繁殖，使其变质而不能食用。

（5）忌与酸性食物同食

牛奶和酸性同饮，酸性饮料在胃内能使牛奶中的蛋白质凝固成块，影响营养成分的吸收。所以，喝牛奶后，最好隔一段时间再食用其他酸性食物。

5. 咖啡

咖啡是褐色的液体，带着微苦的香气，天然醇厚的味道，从袅袅白雾中弥漫出来。深吸一口，女性会觉得精神一振。这就是咖啡，上班族女性不可或缺的提神饮料，还可以加入牛奶，很小资地将其优雅地捧在手心，与精致的小点心一同品味。

咖啡受产地和环境的影响很大，不同的地方出产的咖啡带有不同的特质；来自巴西的咖啡适于混合调配，它的口感圆润，浓度适中，带有适度酸味；来自哥伦比亚的咖啡品质优良，香醇浓郁，口感独特丰富，微酸带甜；产自牙买加高地的咖啡，是世界顶级咖啡之一，具备咖啡的全部优良特质，甘、酸、苦，三种味道完美调和，是最正宗的蓝山咖啡的材料；生长在夏威夷康那岛上的咖啡香浓甘醇，带有独特的葡萄酒香，口感同样丰富醇厚。

（1）喝咖啡的益处

咖啡的主要成分是咖啡因，咖啡因能够振奋精神，消除女性的疲劳。咖啡中含有烟碱酸、B族维生素、游离脂肪酸、单宁酸等，能为人体提供一定营养。咖啡能促进人体新陈代谢，帮助消化，对治疗便秘有很大功效，能有效改善皮肤状况，还能达到减肥效果。咖啡能加快酒精中乙醇的分解速度，从而达到解酒护心的效果。

咖啡有减肥的作用，前提是女性能尽情享受它微涩带苦的口感。如果女性更喜欢加入奶精、方糖或是牛奶，再配上丰富的点心的话，则绝不会达到减肥的效果。

女性品饮咖啡应有度，维持在一定量内，每天不超过3杯咖啡，那么，女性就可以尽情地享受咖啡浓郁的香气和提神醒脑的作用。

（2）多饮咖啡的害处

尽管咖啡的益处明显，但如果多饮咖啡，害处同样明显。每天喝5杯以上咖啡的人，患心脏病的概率比正常人高两倍。咖啡因具有利尿效果，同人体中的游离钙结合后排出体外，导致骨质疏松。

适量咖啡因有助于全面提升人体的反应能力，但超量的咖啡因如同兴奋剂，会造成神经过敏，心理焦虑的人过量饮用更会加剧焦虑反应。女性饮一杯咖啡后，血压会保持升高状态长达12小时，因此女性高血压患者不宜饮用咖啡。

此外，孕妇过量饮用咖啡可能导致胎儿发育障碍，还可能造成流产。

## 烹调中怎么使用调味品

葱、姜、蒜、花椒是家庭烹饪中基本的调味品，女性要学会善于使用这些调味品，做出美味的菜肴和鲜汤。

做菜时用的调味品五花八门，可葱、姜、蒜、花椒这4样很多时候都少不了，有些人不管做什么菜，都要放一点，殊不知，针对不同的食物，它们的调味作用也是不同的，烹调时应有所侧重。

1. 姜适合烹调鱼类

鱼类不仅腥味重，而且性寒，生姜则性温，既可缓解鱼的寒性，又可解腥，增加鱼的鲜味。一般来说，老姜适宜切片，用于炖、焖、烧、煮、扒等做法中，新姜辣味淡，适宜切丝，可做凉菜的配料。姜属于温性食物，烹调带鱼、鳝鱼等温性鱼类时要少放。

2. 葱适合烹调贝类食品

葱不仅能缓解贝类的寒性，还能避免吃了贝类后咳嗽、腹痛等过敏症状。小葱更适合烹制水产品、蛋类和动物内脏，可以很好地去除其中的腥膻味。

3. 蒜适合烹调鸡、鸭等禽肉

因为蒜能提味，可使禽肉的香味发挥得更充分。此外，大蒜的杀菌、解毒作用对于禽肉中的细菌或病毒能起到一定的抑制作用。不过，生蒜杀菌作用更大，可在食物做熟后将蒜切碎放进去。

4. 花椒适合烹调肉食

花椒它有健胃、除湿、解腥的功效，可除去各种肉类的腥膻臭气，并且能促进唾液分泌，增进食欲。烹调中花椒的使用方法很多，可以在腌制肉类时加入，也可以在炒菜时煸炸，使其散发出特有的麻香味，还可以使用花椒粉、花椒盐、花椒油等。不过，花椒属于温性食物，烹调羊肉、狗肉时应少放一些。

# 如何选购大米

无论在我国南方还是北方的家庭，大米仍然是人们的主食，女性在每天烧饭时，也要与大米打交道。有时，女性会亲自去市场选购大米，什么样的大米才是好的大米呢？

1. 选购大米的窍门

（1）抓捏

抓一把大米反复揉搓，观察手中粘有糠粉的情况，合格大米糠粉较少。没有糠粉的大米也不正常。

（2）看色泽和外观

颗粒整齐、大小均匀、富有光泽、较干燥、无米虫、无沙粒、无粘连、无结块、碎米极少。"腹白"少或基本没有的是优质大米，腹白指米粒上呈乳白色不透明的部位。

（3）闻气味

手中取少量大米，向大米哈一口热气，或用手摩擦发热，然后嗅其气味。正常大米具有清香味，无异味。

（4）入口试尝

取几粒大米放入口中细嚼，正常大米容易被咬碎，微甜、无异味，能尝到淀粉的味道。

2. 如何鉴别陈化粮

陈化粮则是指长期储藏，已不能直接作为口粮的粮食。食用陈化粮对人的生命具有极大的危害性，主要是黄曲霉素，它是目前发现的最强的化学致癌物，尤其可以导致肝癌，其致癌性比亚硝胺类强75倍，它致癌所需时间最短为24周。

经"整容"过的陈米颜色发暗，在手中反复抓捏后，几乎没有米糠。进行抛光处理后的大米，往往会再加一层矿物油，以增加亮光，手摸会有黏的感觉，经温水冲洗后，加入的油渍、蜡渍会现出原形。

3. 包装好的大米如何鉴别

如果是包装好的大米，首先应查看包装上标注的内容。根据食品标签通用标准规定，包装上必须标注产品名称、净含量、生产企业、经销企业的名称和地址、生产日期和保质期、质量等级、产品标准号、"QS"标记、特殊标注内容。不要购买无"QS"标记的大米。

4. 如何妥善保存大米

家庭储存的大米要放在阴凉、通风、干燥处，避免高温、光照。用米桶或米缸装米时，在装米前，先用纸点火烘干、消毒容器。大米买回后，装进米桶或米缸把盖盖好，放在离地面一尺高的干燥、通风之处。

要经常暴晒盛米的空米桶和空米缸，清除缸内的糠粉、虫卵等。梅雨和盛夏季节，为防止受潮霉变生虫，可在盛米容器内放粒花椒包或大蒜头。如米已生虫应先清除米虫，然后将花椒和茴香用纱布包好放在大米表面，米桶不要马上盖严。

每年夏天，有些女性会把大米拿出来暴晒，以为这样可以防虫驱虫，实际上这种做法不仅无效，还严重降低了大米的食用品质。因为大米本身有较强的吸湿能力，放在太阳下暴晒会使米粒内的水分迅速失去平衡，从而丧失原有的吸湿性质，变得干燥没有光泽，有些颗粒完整的大米会一下变成碎米。

这样不仅大米，特别是碎米的食用品质会因此大打折扣，再放回潮湿的环境还更容易受潮、霉变和生虫。

大米不易长久存放，特别是在夏季不宜存放，如果购买的是真空包装大米，开袋后要尽快食用。

# 如何选购面粉

1. 面粉的分类

做美味的面食离不开面粉，如今的面粉种类很多，品质有高中低档之分。

（1）按性能和用途分类

面粉按性能用途分类，可分为专用面粉、通用面粉、营养强化面粉等。专用面粉，如面包粉、饺子粉、饼干粉等；通用面粉，如标准粉、富强粉；营养强化面粉，如增钙面粉、富铁面粉、"7+1"营养强化面粉等。

（2）按精度分类

面粉按精度可分为特制一等面粉、特制二等面粉、标准面粉、普通面粉、全麦粉等。

（3）按蛋白质含量分类

面粉按蛋白质含量多少可以分为高筋面粉、中筋面粉及低筋面粉。

2. 选购面粉注意事项

（1）品牌

女性在选购面粉时，要看其是否为名牌产品或知名大企业生产的，尽量选用标明"不加增白剂"的面粉。

（2）包装

包装封口线是否有拆开重复使用的迹象，如果有则为假冒产品。

（3）颜色

面粉的自然颜色为乳白色或略带微黄色，颜色越白，加工精度越高，但其维生素含量也越低。若颜色惨白或灰白，应为过量使用增白剂所致。如果保存时间过长,或面粉受潮,则其颜色加深。

(4) 气味

正常的面粉具有麦香味。若一打开面粉口袋就有一股异味,则为增白剂添加过量;若有一股霉味,表明面粉超过了保质期并遭到外部环境污染,酸败或变质。

(5) 水分

当用手揉摸面粉时,含水分正常的面粉有细腻滑爽之感,面粉干燥松散。含水分多的面粉,捏而有形,不易散,手插阻力大,且内部有发热感,容易发霉结块。

(6) 麸星

面粉加工时混入少量麸星是允许的,麦麸可食且对人体有益,但过多则是不允许的。

(6) 没有异味

面粉是会在空气中吸收及储藏气味的,所以在储存面粉的周围环境,不能有异味。

# 食用油的选购和保存

1. 食用油的分类

食用油可分为普通食用油、高级食用油两大系列,以及调和油、煎炸油、猪油等几种专用食用油。根据食用油材料品种的不同,又可分大豆油、菜籽油、花生油、玉米油、芝麻油、棉籽油、茶油、葵花子油、米糠油、橄榄油等品种。

(1) 普通食用油

普通食用油可分为一级油、二级油,一级油的色泽、杂质、水分、酸价等指标都优于二级油。

(2) 高级食用油

高级食用油主要是指高级烹调油和色拉油,两者品质和外观相近,主要区别在耐低温和用途上。

高级烹调油在0℃以下冷藏5.5小时就可能出现混浊,烹调油主要用于家常炒菜。色拉油在0℃以下冷藏5.5小时仍澄清、透明。色拉油主要用于凉拌蔬菜、调制色拉、蛋黄酱等生冷食品,在5℃~8℃以下能保持流动性。

(3) 橄榄油

橄榄油是色拉油中的佼佼者,不仅有独特的香味和色泽,还有独特的脂肪酸组成,被认为是一种健康的食用油,但由于橄榄油主要依赖进口,价格较高,消费受到限制。

(4) 调和油

调和油是由两种或两种以上的食用油经科学调配而成的高级食用油。市场上常见的调和油,一种是根据营养要求,将饱和脂肪酸、单不饱和脂肪酸和多不饱和脂肪酸按一定比例调配而成的。这种调和油大多采用菜籽油、大豆油、芝麻油、玉米胚芽油、红花子油、亚麻子油等植物油调配。

另一种调和油是根据风味调配而成，将香味浓郁的花生油、芝麻油与精炼的菜籽油、大豆油等调和而成，适合讲究菜肴风味的消费者食用。

（5）煎炸油

煎炸油过去主要应用于食品工业，家庭煎炸食品大多用烹调油。由于一般天然油脂尤其是含不饱和脂肪酸较多的植物油在高温煎炸条件下，很容易氧化分解，甚至产生有害物质，所以煎炸食品最好选择专用的煎炸油。

煎炸食物也可选用烟点高，230℃以上、稳定性较好的烹调油，但加工后要立即食用。

（6）猪油

猪油是我国生产量最大的动物性食用油，因其有特殊的香味，又有很好的起酥性和可塑性，广泛用于制作中式点心和糕饼类食品，家常的馄饨、面食、菜饭等中也少不了猪油。

因大家担心猪油中饱和脂肪酸和胆固醇含量较高，逐渐冷落了它，不过，现代食品工业已对猪油进行改良精制，生产出低胆固醇的猪油产品，以适应市场的需求。

2. 食用油的选购

女性在选购食用油时，从以下几方面进行鉴别。

（1）透明度

把食用油盛入透明的玻璃瓶中，在日光和灯光下观察，优质品透明度高，清亮无杂质，无云雾状和悬浮物，无分层现象，黏度小，这样的食用油是合格品。

（2）颜色

食用油的正常颜色应呈淡黄色、黄色或棕黄色，一般以浅色为好，香油、花生油除外，油的色泽深浅也因其品种不同而不同。油的颜色发深或发黑，则说明精炼度不高，油的品质低下。

（3）气味

不同的植物油有各自的气味，优质的油气味纯正，无异味。可在手掌上滴一两滴油，双手合拢摩擦，发热时仔细闻其气味。凡有哈喇味、臭味和其他异味的油为品质低劣的食用油，不能食用。

（4）滋味

用手指蘸油少许进行品尝，优质食用油滋味纯正，并带有油的香味，不能出现焦臭、酸、苦、辣、涩、麻等味道。

（5）水分

如果油中掺水或水分较大，油会混浊，这种油极易酸败变质。加热时，会出现大量泡沫和发出"吱吱"的声音，并带有辣嗓子的苦味油烟。取油层底部的油一两滴，涂在易燃的纸片上，点燃并听其响声。燃烧正常无响声，表明水分在0.2%以内，是合格产品。

3. 食用油的保存

①将花生油、豆油入锅加热，放入少许花椒、大料，待油冷后，倒进搪瓷或陶瓷容器中存放，不但久不变质，做菜用此油，味道也特别香。

②猪油熬好后，趁其未凝结时，加进一点白糖或食盐，搅拌后密封，可久存而不变质。

③小磨香油在储存过程中容易酸败、失香。把香油装进一小口玻璃瓶内，以每500g油加入精盐1g，将瓶口塞紧不断地摇动，使食盐溶化，放在暗处3日左右，再将沉淀后的香油倒入洗净棕色玻璃瓶中，拧紧瓶盖，置于避光处保存，随吃随取。要注意的是，装油的瓶子切勿用橡皮等有异味的瓶塞。

④食用油不要放在炉灶旁，这里温度较高，油脂长时间受热，就会发生分解变质。油脂分解出的亚油酸易与空气中的氧发生化学反应，产生醛、酮和其他的有毒物质。人食用这种油，会出现恶心、呕吐、腹泻等症状。同时，食用油会受高温影响，油脂中所含的维生素A、维生素D、维生素E等均被氧化，降低了营养成分。因此，食用油最好放在室温较低的地方。

4. 食用食用油时注意要点

女性在烹调时不要用荤油，如猪油，尤其是未经改良的、含饱和脂肪酸高的猪油。此外，不要固定食用一种食用油。女性不妨将脂肪酸组成不同的油轮换食用，比如，豆油多不饱和脂肪酸很高、单不饱和脂肪酸略低，而花生油单不饱和脂肪酸较高、多不饱和脂肪酸略低，不妨两者换着吃。

## 如何选购副食品

副食品是每一家餐桌上必然有的食品，女性在选购副食品时，如果能掌握一些基本常识和选购方法，便能挑选到新鲜、健康的副食品。

1. 怎么挑选猪肉

（1）如何识别种猪肉

公、母种猪劁后育肥的猪，肉质较低劣，煮不烂，味道差。识别方法是：带肉皮的，肉皮厚而硬，毛孔粗，皮肤与脂肪之间几乎分不清界限，这种现象在胛骨部位最明显。如去皮、去骨后皮下脂肪又厚又硬，几乎和带皮一样。瘦肉颜色呈深红色，肌肉纤维粗糙，纹路清，水分少，结缔组织较大，女性不要选购这种猪肉。

（2）如何识别注水猪肉

眼看：如果瘦肉淡红带白，有光泽，很细嫩，甚至有水外浸则是注水的，如果颜色鲜红则未注水。

手摸：用手摸瘦肉不黏手即注水的，如用手摸瘦肉黏手则未注水。

用白纸粘在肉上观察：取一块白纸粘在肉上，如纸很快被水湿透，就是注水肉；如果不容易湿透，纸上沾有油迹表明未注水。此法还可用于鉴别牛、羊肉是否注水。

（3）如何识别再冻肉

冻肉解冻后销售不完，再冻后销售，这种肉的品质大降，其识别方法是：看外形，脂肪呈深红色，肉表红色，劈开处齐整，指压可湿手指；摸硬度即肉无弹性，指压下陷后难以恢复。

2. 怎么挑选鲜虾

虾可分为海鲜品和淡水鲜品。海鲜

品有龙虾、红虾、对虾、白虾、毛虾，淡水鲜品有沼虾、草虾。市场上多见的有对虾、沼虾。

新鲜的虾色泽正常，体表有光泽，背面为黄色，体两侧和腹面为白色，一般雌虾为青白色，雄虾为蛋黄色。通常雌虾大于雄虾。

女性购买虾时，要从以下几方面进行识别挑选。

（1）胸节和腹节连接程度

在虾体头胸节末端存在着被称为"虾脑"的胃脏和肝脏。虾体死亡后易腐败分解，并影响头胸节与腹节接连处的组织，使节间连接变得松弛。

（2）体表色泽

在虾体甲壳下的真皮层内散布着各种色素细胞，含有以胡萝卜素为主的色素质，常以各种方式与蛋白质结合在一起。当虾体变质分解时，即与蛋白质脱离而产生虾红素，使虾体泛红。

（3）伸屈力

虾体处在尸僵阶段时，体内组织完好，细胞充盈着水分，膨胀而有弹力，故能保持死亡时伸张或卷曲的固有状态，即使用外力使之改变，一等外力停止，仍能恢复原有姿态。当虾体发生自溶以后，组织变软，就失去这种伸屈力。

（4）体表是否干燥

鲜活的虾体外表洁净，触之有干燥感。但当虾体将近变质时，甲壳下一层分泌黏液的颗粒细胞崩解，大量黏液渗到体表，触摸就有滑腻感。

沼虾，别名青虾生活在湖泊、池塘内。质量好的沼虾，虾体呈青绿色，有光泽，外壳清晰透明。头体连接得很紧密。肌肉为青白色，肉质细密。尾节伸屈性较强。质次的沼虾，色呈灰白，透明度较差。头体连接松，易脱离，尾节伸屈性差。无异味，仍可食之。变质虾，虾体瘫软，变色、变味，不能食用。

此外，海虾中的白虾又名晃虾、迎春虾、江禿。除鲜食外，还可加工成海米。这种海米有"金钩"美称。红虾又名红长臂虾、桃花虾、花虾，其肉坚实、发脆，除鲜食外也可晒制成海米，它有"银钩"的美称。

3. 怎么挑选花蚶

新鲜的蚶双壳往往自动开放，用手拨动它则双壳立即闭合。如外壳泥沙已干结，说明捕捞的时间较长。不新鲜的蚶，烫熟后血水不红，味不鲜美，有的伴有异味。如在一盆蚶中，发现有少量有异味、臭味的蚶，说明整盆蚶都不是新鲜的。

4. 怎么挑选蚝

餐馆、酒家所用的蚝，一般都是来自市场已开壳的鲜蚝。新鲜的蚝色泽青白，光泽明亮，气味正常。不新鲜的蚝呈乳白或乳红色，没有光泽，质浮软，有异味。

5. 怎么挑选螺类

螺类以活为鲜，活螺的螺头会伸出壳外，螺厣随螺头而动。螺厣若在水中不动，且螺尾有白色液汁流出，说明螺已死，若不及时处理，螺肉就要变味。

### 6. 怎么挑选蛏子

蛏子捕捞之后,需用淡盐水浸半天,让其吐出泥沙。鲜活蛏子张开壳后不断射水吐沙,拨动它则闭壳。若两壳张开,半露肌体,拨动或用手指捏住,毫无反应。说明蛏子已死去,不及时处理就会变味。

### 7. 怎么挑选薄壳

薄壳离开水和它所黏附的泥沙杂物之后,容易死亡,一般在洗去黏附物后。隔天薄壳双壳便开启,俗称开口,薄壳开口就不新鲜。

贝类的质量优劣固然以是否新鲜为最重要标准,但也要参看其他方面。一般来说贝类材料以大为好,以肥硕为好。这可以从其壳的大与小、圆与扁判别;已去壳的则可从其肉鉴定。贝类必须在捕捞后一两天内处理,尤其是夏天,否则就不会是新鲜的。

### 8. 怎么挑选海参

不完整的海参往往是商贩将腐败部分去除后剩下的,体形歪曲。

## 如何选购干鲜食材和保存新鲜蔬菜

女性居家过日子,每天离不开采购蔬菜,在挑选时,应该掌握一点小窍门。

### 1. 怎么挑选山药

山药含有淀粉酶,有助消化的作用。山药还有收涩的作用,因此大便干燥者不宜食用。

山药有长根种、块根种和扁根种三类。其中长根种和块根种品质较高,扁根种次之。

新鲜的山药一般表皮比较光滑,无异常斑点,颜色呈自然的颜色。

山药茎干笔直、粗壮肥嫩,分量较重,条长30厘米以上为佳,块状和扁状山药根据品种而定。

好的山药断面应呈白色,带有黏液。

另外,山药怕冻、怕热。山药一旦被冷冻过,黏液里面的多糖物质和游离氨基酸的含量,不但会受到损失,营养价值会有所减少,而且口感不佳。冬季买山药,可用手将其握几分钟左右,如山药出汗,就是受冻了,如发热就是未受冻的。掰开来看,冻过的横断面黏液化成水,冻过回暖的有硬心且肉色发红。

### 2. 怎样挑选紫菜

优质紫菜呈紫黑色、紫红色或紫褐色,光泽度好,片张厚薄均匀、清洁无杂质。有红色并夹杂绿色的较差。

好的紫菜有紫菜特有的香气,口感柔软,有芳香和鲜美的滋味,用火烤熟后呈青绿色。

分量重的品质较好。

### 3. 怎样挑选海带

一是到正规大商场、超市购买。

随着海带的营养价值和药用价值越

来越被人们所接受，海带小包装产品和深加工产品也逐渐进入大型超市，因此女性要尽量从大型超市或商场购买标签完整、有一定品牌的海带产品。

二是选购标有"QS"标志的产品。

具有"QS"标志产品的企业，国家已经对其生产必备条件、人员素质、质量管理体系等一整套过程进行了严格的审核，审核通过后其生产的产品才允许进入市场。

优质海带叶片宽厚完整，颜色浓褐或墨绿或紫中微黄，无枯叶黄叶，色红褐或稍带绿色稍次。加工捆绑后的海带卷无泥沙杂质，整洁干净，无霉变无虫蛀，手感不黏着。

干海带表面会有一层白色粉末，即甘露醇。甘露醇呈白色粉末状附在海带表面，不要将此粉末当作已霉变的劣质海带，没有任何白色粉末的海带反而质量较差。

颜色鲜艳，翠绿色的海带购买时要慎重。如果清洗后水有异常颜色，应停止食用。

4. 怎么保存蔬菜

由于蔬菜种类繁多，其生物特性不尽相同，因而其储存要求也各不相同。如青菜、黄瓜可洗净后放入保鲜袋放在冰箱内，大白菜根部朝下放在干燥处，花菜放在通风处还可在菜上洒些水，萝卜和胡萝卜放入保鲜袋扎紧袋口置于干燥处。

尽管蔬菜可以采用各种方法储存，可是原则上应该买新鲜吃新鲜，而不应当买一次吃一周，新鲜蔬菜放置几天，营养价值大打折扣。

## 怎么挑选燕窝

燕窝是营养价值比较高的食品，现在的家庭餐桌上经常出现燕窝，女性在选购燕窝时，要注意哪些呢？

1. 燕窝的形状

燕窝是成年金丝燕喉部分泌的黏稠且有胶黏性的液体凝结而成的，一般是不整齐的半月形，有的中部凹陷成兜形，质地坚硬，半透明，断面有镜面样光泽，略有角质感。

2. 燕窝的种类

市售的燕窝有红燕盏、龙牙燕盏、白燕盏、黄燕盏之分，其中黄燕盏较为稀有。

①纯正的燕窝，包括燕碎，无论在浸透后或在灯光下观看，都不完全透明，而是半透明状。

②燕窝的颜色与燕子的种类、食物、生长环境有关，官燕燕窝色泽微黄，呈丝瓜络样，毛燕燕窝颜色较暗。

③优质燕窝干净少杂质，多少带点毛，越少细毛越好，纤维紧密，纹理为丝状结构，由片块结构构成的不是真燕窝，含羽毛过多则质量较差。

④完整盏形的燕窝较为优质，盏形要明显，其两端的头脚越细越好，燕边、燕碎质地比较差。燕盏应干爽轻盈，含水量少，太湿不仅易重秤而且易发霉。

### 3. 怎样识别燕窝

燕窝有特有馨香，但没有浓烈气味。气味特殊，有鱼腥味或油腻味道的为假货。

用火点燃干燕窝片，如果是真燕窝就绝不会产生任何剧烈声响的飞溅火星。

燕窝的发头越大越好（发好的燕窝在重量上与干身时的差异，即"发头"）。上等燕窝的"发头"在6~8倍甚至10倍以上。

燕窝浸泡4小时，松软后取丝条拉扯，弹性差，一拉就断的为假货；用手指揉搓，没有弹力能搓成糨糊状的也是假货。

经过染色的燕窝，浸泡后水会变色。如果是以低价的白燕窝染成高价的黄燕窝或血燕窝，只需浸泡一下就可以识别。用猪皮冒充的燕窝，有油味且浸水时含有油渍浮在水面。有些不法商人把木薯粉、鱼胶粉、鸡蛋、树胶、糨糊等涂于劣质燕窝表面，使燕窝看起来更光亮、厚密，并增加重量，或用树脂或漂白的海苔等做成全假燕窝，则不易识别。

真燕窝煮炖后，有些溶化有些不溶化，口感爽滑。

如果长期食用，选择断燕条较为经济，燕条如果有黑色和零星杂质既可能是用碎燕或其他代用品黏合而成，也可能是没有仔细清洁所致。

## 怎样挑选水果

女性一般都比较喜欢吃水果，但在挑选水果上，却不一定都完全在行。那么，在购买水果时，应该怎样挑选呢？

### 1. 挑选水果四大诀窍

（1）买当令水果

时令水果多半新鲜、品质佳，而且价钱又合理。而不合时令的水果不但价钱高，而且极可能施加了大量化学药剂后才提前或延后上市，所以尽量少买这一类水果。

（2）买外形完好的水果

不论何种水果、果实饱满、外形完好、大小适中，表示果实发育完全、无碰伤及病斑等，都是基本的选择要点。果实拿上手沉甸甸、具有重量感，通常表示水分含量多，吃起来应是"香甜多汁"，如果拿起来轻轻的，可能已经储存了一段时间，里面的养分及水分已经丧失了。

（3）买色泽鲜丽的水果

成熟的水果多散发或浓或淡的果香，而色泽亮丽，尤其像杧果、菠萝、木瓜、苹果、香瓜、水蜜桃等，更要色、味双全才是佳品。其他一些特别的选择法，如葡萄宜选果粉明显、果蒂未干且未脱落者，颜色深的通常也比较甜。

（4）听声辨好坏

在选购某些水果时，需要先练一练弹指和辨声的功夫。如挑选西瓜时，如果声响清脆，表示成熟度正好，水分也充足。这种弹指听声法是被普遍采用的。又如选菠萝，用手指弹一弹，声音坚实厚重的才是好菠萝。

### 2. 常见水果的选购

（1）西瓜

挑选西瓜时，要看西瓜是否光滑、

形状是否好看、是否呈浅绿色，并且要纹路明显、整齐。若购买已切开的西瓜，就要注意果肉是否多汁、颜色是否浓厚而红，并要避免选购在浅色果肉上还出现白色条痕的西瓜。

（2）苹果

一般选择看起来坚实、颜色鲜明且表皮没有脱水现象的苹果即可。要避免选择有碰伤、软掉或肉有斑点的苹果。

（3）梨

女性在选购梨时，要注意果实坚实但不可太硬，并避免买到皮皱皱的，或皮上有斑点的梨。

（4）香蕉

若要马上吃，女性可选择黄皮带有一些褐色斑点的；若要过几天才吃，就要选颜色较黄绿的。

（5）菠萝

女性选购菠萝，要选择外形圆胖、果实坚实且较重、有浓郁果香的菠萝。避免购买表皮暗沉、碰伤、干瘪或有腐败气味的菠萝。

（6）樱桃

女性在选购樱桃时，要选购颜色呈深红色、表面圆胖、茎梗新鲜的。避免购买看起来暗沉、凋萎、干瘪或有坑洞的樱桃。

（7）葡萄

选购时可试吃最下面一颗，因为最下面一颗是最不甜的，如果该颗很甜，就表示整串葡萄都不会令人失望。女性在挑选葡萄时注意挑选颜色浓、果粒丰润、紧连着梗子的，避免购买凋萎、软塌、梗子变褐或容易掉粒的葡萄。

（8）草莓

女性在选购草莓时，要注意是否坚实、鲜红，并紧连梗子。不要选大块掉色或种子丛生的果实。斑点或变成黑褐色，草莓品质和风味已经遭到破坏。

## 如何选购抗衰老蔬果

现代生活的快节奏，导致女性心理压力过大，使得一些女性提早出现隐性更年期症状。专家指出：衰老的过程主要受遗传基因和环境因素的影响，而在诸多环境因素中，营养是其中极为重要的一环。女性不妨为自己和家人经常选购一些抗衰老的果蔬。

1. 猕猴桃

猕猴桃能显著延长果蝇的平均寿命，最高可延长26%。猕猴桃富含维生素C，可干扰黑色素生成，预防色素沉着，保护皮肤白皙。

2. 龙眼

龙眼有一定的抗衰老作用，它含有糖、蛋白质和多种维生素，是很好的滋补水果。

3. 菠菜

维生素含有丰富的维生素 C、胡萝卜素、蛋白质，以及多种矿物质，能阻止机体内部氧化过程。

4. 洋葱

洋葱所含有的大量营养成分，能消除体内废物，能延缓细胞的衰老，益寿延年。

5. 胡萝卜

胡萝卜富含 β - 胡萝卜素，可清除有害自由基，每天吃 100g 胡萝卜约可得到 15 克 β - 胡萝卜素，即能发挥抗老作用。

6. 生姜

生姜含姜辣素，在体内能产生抗老物质超氧化物歧化酶，抑制体内脂肪褐质色素的产生，其抗氧化作用比目前应用于食品的诸多抗氧化剂更为有效。

7. 番薯

番薯又称红薯，营养价值很高，被营养学家们称为营养最均衡的保健食品，有利于女性减肥、健美，对延缓衰老有一定作用。

8. 西红柿

番茄红素是很强的抗氧化剂，抵抗衰老，减少色斑。

9. 茄子

茄子具有抗氧化功能，女性经常食用茄子，能增强体内抗氧化物质的活性，降低自由基，达到抗衰老的目的。

## 如何选购食盐和酱油

食盐和酱油是烹饪中每天都要使用的，女性在购买时也要加以注意。

1. 如何选购食盐

（1）色泽

优质食盐应为白色，质次的呈红色、黄色或黑色。

（2）结晶

纯净的食盐结晶为六面体。含杂质多的盐为多面或不规则的结晶，凡晶粒较大，整齐而规则的质佳。

（3）尝咸味

纯净的食盐应有正常的咸味，而含有钙、镁等水溶性杂质时，其味稍带苦涩，含泥沙杂质时有牙碜的感觉。由于食盐吸湿性高，周围环境中湿度大时便会潮解，放久了会变得湿漉漉的。

2. 如何保存食盐

防止食盐返潮，简便的方法就是将盐炒热，让吸收潮气的氯化镁分解成氧化镁，就不会返潮了，也可将一小匙淀粉倒进盐罐里，和盐糅合在一起，这样味道不变，盐也不容易受潮。加碘盐中的碘易氧化挥发，故一般家庭存放碘盐的时间不宜过长，存放容器要选择带盖的棕色玻璃瓶，还要避免阳光对碘盐的照射，以防碘盐在阳光所致的高温下加速碘的损失。

3. 如何选购酱油

酱油的营养价值很高，含有 17 种人体所需的氨基酸。

（1）品牌

选择信用良好的厂商出品，且标识清楚，包括配料表、营养成分表、氨基酸态氮、质量等级、容量、保质期、制造厂商、地点等，包装完整的成品。

（2）品质

依照我国的国家标准，酱油的品质分为一级、二级、三级三个级别，其中以一级酱油为最优，尤其纯酿造的酱油，标识上都会特别加以注明，女性在购买时可以参考。

（3）包装

女性要依据家庭用量选择适当容量的包装，酱油在开瓶后最好三个月内用完，冷藏为佳。

（4）色泽

酱油的色泽以黑褐而略为透明红艳者为上品，将少许酱油倒入白色瓷碟中，置于阳光下观察，如呈光泽透明的品质较好。

（5）透明度

如果是瓶装酱油，将瓶子倒竖，观察瓶底是否留有沉淀，再将其竖正摇晃，看瓶子壁是否留有杂物，瓶中液体是否混浊，是否有悬浮物。优质酱油应澄清透明，无沉淀、沉渣、无白醭。同时摇晃瓶子，观察酱油沿瓶壁流下的速度快慢。优质酱油因黏稠度较大，流动速度稍慢。

（6）香味

好酱油有轻微的酱香及脂香味，味道鲜美、适口，没有霉味、焦味或其他异味。开瓶后，有自然温和的豆香飘溢，才是真正大豆纯酿造，加入化学香料的酱油会有刺鼻的香气。喜欢吃红烧食物、卤味、卤肉饭的女性，更应该使用纯天然酿造的酱油。

4. 如何保存酱油

酱油在夏天很容易长出一层白醭，这是由于一种叫作产膜酵母菌污染了酱油后，所引起酱油发霉的现象，食后对人体有害，所以不能食用长了白醭的酱油。

# 如何选购各种酒

在中国家庭餐饮中，离不开饮酒。酒的种类很多，但基本的种类只有几种，女性只要掌握基本的酒类选购方法，就能选购到自己满意的酒。

1. 怎么挑选白酒

鉴别白酒的品质如何，主要通过观、嗅、尝等方法，对白酒的色、香、味进行分析判断。

（1）色

白酒以无色透明，无悬浮物、混浊物和沉淀现象为好。

（2）香

不同香型的白酒，应有本酒特有的酒香。如茅台酒有独特的酱香风味，泸州老窖特曲有诸味调和的浓郁香气。

（3）味

醇厚无异味，无强烈刺激性的白酒质量较好。

2. 怎么挑选黄酒

质量好的黄酒，味道甘醇，清凉爽口，且含有丰富的营养，能满足人的嗜好，促进人体健康；而变质的黄酒，会对人体造成危害。所以要认真鉴别，尤其在高温季节，黄酒较易发生变质，女性购买时更应严格挑选。选购黄酒主要从以下几个方面进行分析。

(1) 色

优质黄酒清澈透明，光泽明亮，无混浊、无沉淀、无变色现象。

(2) 香

优质黄酒，香气浓郁。

(3) 味

优质黄酒，清凉爽口，甘醇味美，无辛辣、酸、涩等异味。

3. 怎么挑选啤酒

啤酒的品种很多，鉴别啤酒的质量主要通过观颜色、看泡沫、闻香气、尝味道等方面进行分析和判断。女性只要注意这几个方面，就能把握好其质量。

(1) 颜色

国内生产的啤酒，多为淡黄色。优质啤酒，清澈透明，呈金黄色。如果酒色混浊，透明度差，黏性大，甚至有悬浮物，则质量次。

(2) 泡沫

啤酒泡沫是啤酒区别于其他任何酒类和清凉饮料的特殊标志。优质啤酒，将瓶盖启开，能听到爆破音，接着瓶口有泡沫升起，刚刚溢出瓶口为最好。把啤酒缓缓倒入洁净的玻璃杯内，泡沫涌上杯口，泡沫洁白、细腻，持久挂杯，泡沫能持续四五分钟以上，泡沫散落后杯壁仍挂有泡沫。

如果泡沫粗大且带微黄，消散快，泡沫不挂杯，则质量差。

(3) 香气

将鼻子靠近啤酒，若是优质啤酒，可闻到浓郁的酒花香和纯净的麦芽香，如果闻到有生酒花味、铁腥味、酸味或其他异味，则质量劣。

(4) 口味

优质啤酒，入口感觉酒味醇正清爽，苦味柔和，回味醇厚，有愉快的芳香，并具"杀口力"感。"杀口力"是评酒风格。

不同的酒具有各自的保质期，选酒时一定要注意。

## 怎样挑选牛奶和奶粉

超市里货架上摆放了众多营养型、功能型牛奶和奶粉，究竟哪种更适合我们呢？女性应从成分、纯度、口味、包装四方面，挑选既营养又适合自己和家人口味的牛奶和奶粉。

1. 如何选购牛奶

(1) 纯度

蛋白质含量达标才能叫"牛奶"。纯牛奶是100%的牛奶，不含水，其蛋白质含量一般每100毫升3.3克左右。因此，购买时看清蛋白质含量，是挑选好牛奶的首要标准。

市场上还有一种含乳饮料，消费者选购时应注意两者的区别。一般来说，标有"饮料"、"饮品"、"含乳饮料"等字样的是含乳饮料，里面有少量牛奶。还勾兑了调味料、水等，营养价值比牛奶差得多，蛋白质含量仅为1%左右。儿童不可以长期把它当纯牛奶饮用。

酸奶是用纯牛奶发酵制成的，因此

也属纯牛奶。酸奶和牛奶的不同之处主要是它加了乳酸菌。研究发现，乳酸和钙结合时，最容易被人体吸收，因此酸奶很适合青春期在发育的青少年饮用。

（2）成分

功能饮料根据需求选在功能上，有特浓奶、高钙奶等。根据含脂量的不同，牛奶还分为全脂、部分脱脂和脱脂三类。低脂或脱脂牛奶特别适合需限制和减少饱和脂肪摄入量的成年人饮用，可降低罹患心脏病的风险。2岁以下婴儿脑部的发育需要额外脂肪，应该喝全脂牛奶。

（3）口味

根据是否含有添加物，牛奶还分为纯牛奶、调味奶两大类。往牛奶中加入一些果汁、麦芽、可可精等添加物，这类产品就是调味奶，一般牛奶含量在80%左右。从营养平衡、酸碱度、摄取糖分和保护牙齿的角度来说，不提倡儿童喝太多。

2. 怎么挑选奶粉

奶粉是以鲜奶为材料，经过杀菌、蒸发水分，而后干燥成脱水粉粒的奶制品。购买奶粉时，可用下列方法判断质量好坏。

（1）看包装

产品包装印刷的图案、文字应清晰，注有品名、厂名、生产日期、批号；然后是看产品说明，无论是罐装奶粉或袋装奶粉，其包装上都会有材料、执行标准、适用对象、食用方法等必要的文字说明。

（2）看制造日期和保质期限

一般罐装奶粉的制造日期和保质期限，分别标示在罐体或罐底上，袋装奶粉则分别标示在袋的侧面或封口处，消费者据此可以判断该产品是否在安全食用期内。一般奶粉从出厂到食用，不超过三个月为好，最好现吃现买。

（3）看奶粉颜色

正常奶粉色白略带淡黄，全部呈一色为好；如果颜色很深或呈焦黄色、灰白色为次。

（4）挤压

挤压一下袋装奶粉的包装，如果漏气、漏粉或袋内根本没气，说明该袋奶粉已潜伏质量问题。罐装奶粉密封性能较好，能有效遏制各种细菌生长。

（5）摇动

罐装奶粉可摇动罐体，通过上盖的透明胶片观察奶粉是否有结块。袋装奶粉可直接在包装外触捏，应手感松软平滑且有流动感，发出轻微的吱吱声。

（6）打开包装闻气味

正常奶粉有清淡的乳香气，有酸味、涩味或苦味等异味的奶粉不宜食用。

（7）冲调

买来的奶粉可以进行冲调检验。用水冲调奶粉可知奶粉的溶解性，从而鉴别奶粉质量的优劣。其方法是在玻璃杯中放一勺奶粉，先用少量开水调和，再多加点水调匀，静止五分钟，水、奶粉溶在一起，没有沉淀，说明奶粉质量正常。如有细粒沉淀，表面有悬浮物或有小疙瘩，不溶解于水，说明质量稍有变化；如产生奶粉和水分离，不能相混，说明质量低劣，不能食用。

# 第八章　日常起居生活健康料理

居室卫生搞不好，就会影响女性和家人的健康，甚至还容易患病。但再能干的主妇，居室也不会时常保持整洁和一丝不苟，家里的死角也不一定能够清理干净，而正是那些死角，特别容易滋生细菌让人生病。因此，女性应掌握必要的整理和清理居室的方法和技巧。

## 哪些衣物不适宜用洗衣机洗涤

女性在家做一些家务，包括清洗衣物。在清洗衣物时，如果能掌握一些技巧，不但可以使衣物清洗得更干净，还可以延长衣物的使用年限，起到事半功倍的效果。

用洗衣机洗涤衣物时，应注意洗涤时间不要长久。一般合成纤维和毛丝织物洗涤时间在3～4分钟，棉麻织物洗涤在6～8分钟，十分肮脏的衣物洗涤在10～12分钟。而洗涤后漂洗时间一般在3～4分钟。用洗衣机洗涤衣物时，还要注意如下衣物不适宜使用洗衣机进行。

1. 毛料衣物

毛料衣物在洗衣桶中旋转翻滚会因吸收水率不均而变形，因此，只适宜干洗或手洗。

2. 西装

不宜频繁洗涤，否则西装内部结构会受到一定程度的破坏，造成变形走样。一个季度洗2～3次即可。平时就要注意保持西装的整洁，如果不小心某个局部沾染污渍，可用蘸有少许溶剂的布轻轻擦拭。列于整体清洁，平时可用毛刷顺着服装由上而下轻轻地刷理。如果西装烟味太重，可用衣架晾挂在通风的地方，烟味会慢慢消失。

3. 丝绸衣物

丝绸质地薄软、耐磨性差，如果在高速运转的洗衣桶内洗涤，极易起毛，甚至在表面起绒球。

4. 嵌丝衣料服装

嵌丝衣料服装不可用力拧绞，不可用洗衣机洗涤及甩干，也不宜揉搓。只适合在中性肥皂液或合成洗涤液中浸泡，浸透后用手挤捏、翻动，待脏物洗掉后用清水洗净即可。

5. 牛仔服

牛仔服也不适合频繁用洗衣机洗涤，否则牛仔面料会被破坏，从而造成变形走样。如果用毛刷清洗牛仔服时，不要因为牛仔面料厚硬而使用过硬的刷子刷理，应选择柔软的毛刷，否则会把牛仔布料刷起毛，从而破坏布料。

由于牛仔服大多容易掉色，洗涤前可先将牛仔服浸泡在较浓的盐水中，30分钟后再洗涤。

## 厨具清理、食物存放及物品摆放

厨房是家居中最难清洁的地方，但如果女性掌握了一定的技巧，即使在孕期也能应对，同时还会获得事半功倍的效果。那么，如何清洁厨房？

1. 了解不同器具的清洁技巧

（1）陶器、玻璃器具

清洗陶器，可用醋与食盐的混合液擦洗。清洗玻璃油瓶时，可用茶叶渣擦洗。如果油垢较厚且有异味，则可将鸡蛋壳捣碎后放入瓶中，加入少量温水，拧紧瓶盖，上下摇晃几分钟后倒出，再用清水冲净。清洗印花图案玻璃器时，可用薄绵纸擦洗，切勿使用洗洁精，以免损坏器皿上的图案。

（2）不锈钢器具

避免使用钢丝球擦洗，否则会造成器具表面的刮痕。如果女性觉得抹布或海绵无法清除比较牢固的污垢，可以尝试使用做菜剩下的萝卜或小青瓜碎屑，蘸取醋液或清洁液进行擦洗，然后再用清水洗净。

（3）木质器具

用抹布蘸取适量的食醋与水的混合液，或用干净的抹布蘸取过期的牛奶，对木质器具的污渍处进行擦拭，然后再用清水擦拭。

（4）铜制器具

用抹布蘸取适量的柠檬汁与盐的混合液，对铜制器具污处进行擦拭，最后再用清水拭除。

2. 厨房常用物品的清洁技巧

（1）冰箱

在使用冰箱的同时，要经常对冰箱进行除尘、去污、排臭味等，使冰箱内保持清洁及干燥。清洗冰箱时，不要用有机溶剂、酸碱溶液、热水，不要用水冲洗内胆及冰箱外壳，也不要用锐器刮除污垢。

清理冰箱时，应先拔掉电源用软布蘸温水或肥皂水擦洗外壳和内胆，用软毛刷清除冷凝器上的积尘。如果积垢过多，也可用抹布与牙膏或洗洁精一起擦拭。门边较难处理的细缝处，可用硬毛牙刷。冰箱内部，可用稀释的消毒液擦拭，既易清洁又能杀菌。清理结束后，再存入食品及通电。

（2）厨具

用抹布蘸取适量食用碱与水的混合液，对微波炉、烤箱、热水瓶、水龙头等厨具进行擦拭，可去污除垢。如果用软布蘸取适量牙膏对厨具进行反复擦洗，还可恢复金属表面光泽。

（3）油烟机

油烟机算是厨房中最难清洁的物品，先将油盒里的油污倒掉，然后将油盒浸泡在清洁剂兑成的温水中20分钟左右，如果油污顽固，可浸泡40分钟。油网如果有少量油污可以直接用温水浸泡后洗净、擦干，如果油污较为严重，可以与油盒一起浸泡。

（4）砧板

砧板是细菌易于滋生的温床，因此，切菜时应注意生熟、荤素分开。清洗时，可在砧板上铺一层薄薄的卫生纸，将两匙食醋与2.0毫升温水混合液喷洒于卫生纸上，浸泡10分钟后把纸去掉并冲净。既可去污垢，又可杀菌去异味。

（5）微波炉

将一大碗热水放在微波炉中，持续煮沸，让蒸汽布满炉内，然后用湿抹布蘸取适量洗洁精对油污处进行擦洗，最后用干抹布拭干。

3. 哪些食物不宜在冰箱冷藏

（1）西红柿

西红柿经低温冷藏后，表面会出现黑斑，肉质会软烂，不易煮熟，无鲜味，严重者还会变酸变腐烂。

（2）新鲜荔枝

新鲜荔枝也不宜在冰箱内久存，否则表皮变黑、果肉会变味。

（3）香蕉

将香蕉储存在12℃以下的冰箱内，会发黑腐烂。

（4）巧克力

巧克力经冰箱冷藏后，一旦取出，在室温条件下，表面结出一层白霜，且极易发霉变质，失去原味。

（5）火腿

火腿经冰箱冷藏后，里面的水分会结成冰，脂肪析出，腿肉结块或松散，造成肉质变味、腐败。

（6）面包

随着放置时间的延长，柔软的面包逐渐变硬，这种现象叫变陈；变陈的速度与温度有关。在低温的冷存下，这种变陈现象会较快，因此面包不宜久放冰箱冷存。

4. 混放及禁忌

（1）食物混放禁忌

①茶叶。

茶叶会因吸收食用糖及糖果的潮气而变质。

②纯碱。

纯碱会使水果发热、腐烂，会使冰箱玻璃表面受腐蚀。

③生姜。

生姜气味会通过鸡蛋壳上的气孔钻入蛋内，从而使蛋变质。

④明矾。

明矾中含有较多铝，长期食用会对人体造成伤害，铝在人体中蓄积可造成中毒症状。

(2) 物品混放

①吊柜。

吊柜上面摆放不常使用的较重的物品，下面摆放经常使用的物品，并且能够从正面看到的摆放物品。

②吊架。

吊架可悬挂菜板，用于控水，或烹饪中作为辅助空间使用，可以在吊架上放上菜板。

③灶台下面的柜子。

灶台下面的柜子可摆放油、酱油、醋、料酒等调味料。

④灶台的一侧。

刀具等利器应放在一个不锈钢的盒子里，把盒子固定在灶台的一侧，如果家里有小孩子，那盒子最好安在橱柜门的内侧。

⑤柜门的背面。

女性可在柜门的背面粘上挂钩，将不经常使用的物品悬挂起采。

⑥水槽下。

水槽下是厨房最潮湿的地方，不适合放置食品、面粉、电器等，可摆放洗涤用品、盆、锅等，尤其是平底锅，如果架在平底锅架上摆放，可取放及清洗自如。

⑦木质的隔断。

将吊柜中的一部分上下分成几个隔层以及每个隔层的几个格子，把暂时不用的菜锅、托盘等放置在不易取放的隔层，每格摆放一件物品。把小件的厨房用具摆放在易于取放的隔层，每格摆放一件物品。

⑧碗柜的摆放。

瓶瓶罐罐、小器皿等较轻物品可摆放在不易取放的最上层，茶杯、饭碗、小碟等常用的东西，摆放在最容易取放的中层，一些较重且不常取放的物品，可摆放在需要弯腰下蹲的位置。

⑨炉灶上方的摆放。

把汤勺等用具挂在炉灶上方的挂钩上。如果炉灶上市的墙壁上未能安装挂杆或支架，也可在橱柜里安一个可抽拉的悬挂式挂杆代替使用。

⑩瓷面墙较易固定支架，可将小型锅子挂在支架上，十分方便取用及清洗。

## 客厅如何整理

客厅是家居形象，是我们居家生活中不可忽视的一部分，更是接待来访宾客的重要场所，在这里能让人看出整个居所的环境卫生、摆设品位以及装饰个性。因此，客厅的卫生显得格外重要，女性需对客厅的一些摆设、家具定期清洁。

1. 沙发

沙发上如果有油垢或污垢产生，或沾有啤酒、碳酸饮料、咖啡等物质时，应用抹布吸干液体，再用肥皂水擦洗，再用清水擦干净即可。

沙发上如果被人画上圆珠笔迹，应尽快用橡皮擦，如果圆珠笔油未干，可及时擦除，如果干了，则可用全棉抹布蘸取适量牙膏进行擦洗，如果仍未擦净，可用少许酒精擦拭。

在对沙发进行清洁时应注意：不要使用粗布、有线头或有纽扣的布等，这些物品容易损伤沙发表面，应尽量使用全棉、棉织品等吸水性好的湿布擦洗，干抹布在来回擦拭的过程中，会损伤沙发的表面，这些刮痕通常是用肉眼无法看到，但久而久之会导致沙发表面暗淡无光。

2. 灯罩

清洁客厅时，首先要清洁灯罩。如果灯罩是用木头、纸、布或竹子制成的，只需用海绵或全棉抹布蘸取适量清洁剂进行擦拭，对顽固污垢，可使用酒精清除，最后再用清水抹布擦净。如果灯罩是玻璃或金属等光滑材料制成的，则需将灯罩取下，浸泡在清洁剂中擦洗。

3. 硬质墙面

应每天擦去灰尘，定期使用喷雾蜡水，它既能清洁墙面，又能在表层形成透明保护膜。

4. 金属家具

清洁金属家具时应避免使用水擦洗，可用干抹布蘸取少许机油进行擦抹，也可以使用植物油擦洗，最后再用干抹布将油拭净。不锈钢家具可涂光蜡擦洗，既可保持整洁，又可延长使用年限。

女性在清洗过程中，应检查家具的连接、折叠等部位，是否有开裂、生锈、脱层等现象，一旦出现这些现象，应及时修复，以免家具严重损坏。

5. 白色家具

白色家具最容易脏，即使用抹布清洗也容易出现脏痕，可使用全棉抹布蘸取少量牙膏轻轻擦拭，避免用力过猛造成漆膜损伤，因为牙膏中的研磨粉具有很强的去污作用。

6. 漆面桌

用一块全棉抹布便可轻易地使漆面桌洁净，如果桌上放过湿茶杯，却常常会留下一圈难以拭除的水印。如何去除这个藏进漆膜里面的水印？可用一块干净的湿布铺在水印上，用熨斗在上面以较低的温度熨烫，这样就能使渗入漆膜里面的湿气蒸发出来，水印就会消失。但要注意，湿布不能太薄、熨烫温度不能过高，否则水印消失后就会留下一个印记。

7. 地毯

如果地毯上有毛发或细小灰尘绒毛，可用吸尘器顺着绒毛的方向清理，地毯上出现重物留下的压痕，可先用浸过热水并拧干的毛巾放在上面，10分钟后移除，用吹风机和细毛刷，一边吹一边刷理，压痕就会慢慢消失。

如果地毯局部污染，可用干洗剂擦拭，然后用湿布擦干；地毯不宜局部水洗，更不能使用汽油等有机溶剂擦洗，否则易褪色和损坏地毯绒毛。如果地毯在使用过程中出现倒绒，可用干净毛巾浸湿热水擦拭，再一边用吹风机吹干一边用梳子梳理顺直，如果不觉得麻烦，还可用熨斗垫湿布顺毛熨烫。

8. 地砖及水泥地

如果地砖或水泥地上洒到了墨迹等污物，可在污处倒上适量食醋，20分钟后用湿抹布擦拭，便可擦除。

9. 客厅柜

选择一款与客厅其他主要家具或整体风格一致的客厅柜，可将平时不常使用的物品集中收纳在一起。

10. 带抽屉的茶几

在沙发前摆放一个带有抽屉的茶几，抽屉里可以分别收纳不同的小物品。

## 卧室如何整理

卧室是女性和家人起居休憩的地方，女性经常保持卧室内干净整洁，能够使自己和家人心情舒畅，保障睡眠质量。

1. 床铺四周

床铺四周可摆放矮柜、五斗柜、化妆台等，这些家具既方便收纳物品，其高度正好使人方便拿东西。

2. 天花板、门、地板等

先将天花板、墙壁、地板等清洁干净，可用水洗的硬质表面，可用百洁布蘸取清洁剂刷洗，对顽固污垢，可使用酒精或消毒液，最后再用清水洗净，用抹布擦干。平时很少清洗的纱窗、铝门等，都可先用清洁剂彻底刷洗，再用清水洗净晾干。如果家中有小孩常在地上爬卧，更要注意保持地板洁净卫生，这样才能减少细菌滋生。

3. 床垫

在床垫的污渍处涂抹肥皂，先用毛刷进行刷洗，然后用布吸干水，最后用吹风机把水分吹干，如此清洁可避免产生异味及发霉。另外要注意，新买的床垫不宜保留塑料薄膜。因为人体一夜大约要通过汗腺等排出 1 升左右的水分，如果睡在包了塑料薄膜的床垫上，水汽就无法散发，而是附着在被子上，罩在人体周围，从而影响人体睡眠及健康。

4. 保洁垫

如果直接在床垫上铺床单，一床薄薄的床单是不足以阻隔汗液等脏物的，这极不利于身体健康。许多家庭喜欢在床垫上铺设褥子，其实这也并不适宜。不要以为铺一层褥子就可以阻隔灰尘等脏物污染肌肤，殊不知床垫本身时间长了也会藏污纳垢、滋生细菌。

如果有条件的话，可以在床垫和床单之间加一层保洁垫。保洁垫可防止潮气进入床垫内，并具有保暖、吸功能，且易于清洗，但保洁垫要保持清洁干燥。

5. 床罩和床单

在换洗床罩和床单时，可用吸尘器将上面残留的毛发等清理干净，这样更利于清洗床罩和床单。

6. 壁橱

为了节省卧室空间，可把衣柜做成壁橱，内置所需的吊杆、层板等。为了满足收纳需要，橱柜深度要在60厘米以上，且材质、造型、开关方式等需与卧室的整体造型相协调。

7. 床下储物篮

女性可充分利用床下空间，可以放置储物篮，它可以收纳许多相应大小、不常使用的物品。

8. 搁架

女性可充分利用卧室空间，适当摆放搁架，它可以摆放书刊、装饰品等，便于营造卧室里的气氛。

9. 床尾箱

女性可充分利用床尾空间，在床尾箱中摆放一些暂时不用的物品，如床上用品、换季衣服等。

10. 多抽屉斗柜

在摆放斗柜或抽屉式矮柜时，卧室内这样可将物品分类摆放，取放方便，更利于卧室空间整洁。

## 卫生间如何整理

在现代居室中，卫生间是必不可少的。卫生间通常应保持干净整洁，没有难闻的气味。女性每日整理清洁卫生间，就会使卫生间没有难闻的气味，更不会滋生细菌，影响人体健康。

1. 洗手台

可将清洁剂涂于污垢处，待污垢溶解后，再用百洁布及清水刷洗，也可用苏打粉或盐代替清洁剂使用。

2. 浴缸

在污渍处涂上适量清洁剂，待污垢溶解后，再用抹布擦除，最后用清水冲净。

3. 排水口

用热水浇淋一遍，再用酒精或消毒液涂在污垢处，约20分钟污垢溶解后，用扫帚刷洗，最后用清水冲净。

4. 淋浴喷头

如果淋浴喷头出水不畅，可将其拆下，浸泡在食醋溶液中，一小时后取出，用刷子清理。对于喷头上面的金属以及喷头处的污垢，用橘子皮或柠檬切片擦拭即可消除。

5. 水龙头

用橘子皮或者柠檬放在水中煮沸，然后用来擦洗水龙头，可去油污除黑垢。当然，也可以尝试使用牙膏或牙粉擦洗。

6. 镜面

用抹布蘸取适量清洁剂进行擦拭，对顽固污垢，可使用酒精清除，最后再用清水冲洗。

7. 墙壁和天花板

可用百洁布刷洗，对顽固污垢，可使用酒精或消毒液，最后再用清水洗净。

8. 坐便器

在坐便器污渍处涂上适量强力厕所洗净剂，待污垢溶解后，再用刷子刷除，最后用清水冲洗。去除卫生间的异味，可在洗净的坐便器附近摆放一小盒清凉油，清凉油味逸出，可使如厕者提神醒脑。

9. 死角

（1）浴室柜下的地面

可用全棉抹布包裹在细棍上，蘸取适量清洁剂对柜下深处进行清洁，对于顽固污渍，可用食醋或清洁剂进行清除。

（2）淋浴房玻璃

在淋浴房玻璃上的污渍处喷洒玻璃清洁剂，再用纯棉干抹布擦洗干净即可。

（3）瓷砖缝

可将酒精或消毒液涂在发霉的地方，待污垢溶解后，再用刷子或废弃牙刷洗一洗，最后用清水冲净。

（4）浴室柜面板

先在顽固污渍处撒上适量去污粉，

待污渍溶解后，再用废弃牙刷刷除；然后用全棉抹布擦拭整个柜面板。切勿随便使用钢丝球，尤其是有浮雕贴花的面板，以避免损坏柜面板表面。

（5）推拉门的轨道

在推拉门的轨道上撒上去污粉，食醋或纯碱也可，待污垢溶解后，用全棉湿抹布擦除，对于毛发或颗粒等脏物，可用吸尘器吸除。

（6）浴帘及柱门

沐浴后应及时拉开浴帘，以便空气流通，防止发霉，定期取下浴帘进行清洗。清洗时应将取下的浴帘放平，用毛刷蘸取肥皂水刷洗并晾干；沐浴间拉门轨道上的污渍，可用小毛刷或废弃牙刷蘸取清洁剂进行刷洗，柱门污渍可用全棉抹布蘸取清洁剂或食醋清洗。

## 如何清洁居室的地面

居室是女性最安静舒适的场所，家里是否舒适，洁净至关重要，清理、擦拭、吸尘、除菌，爱家的女性能从平日里的家居清洁劳动中找到乐趣。但是，清理居室地面是需要窍门的，就像一个人清洁自己的肌肤一样，不同肤质有不同办法。

1. 清洁木地板

强化木地板是比较好打理的，当然不能用水冲洗，应该用拖把或抹布拧干后拖擦，或者选择专用清洁剂和护理液。实木地板娇气一些，打蜡是必需的，并且应由专业人士进行。在日常护理中，最好用干布或吸尘器清理，不要接触潮湿的东西。实木复合地板的清洁可以参照实木地板进行。

2. 清洁石材地板

大理石或其他天然石材地面清洁起来最省事，只需一般的清扫或湿拖把擦洗。但是如果是孔隙较大的石材，应该在铺装的时候注意封油处理，以避免日后污渍浸入。

3. 清洁瓷砖

吸水性高的瓷砖一般空隙较小，致密度比较低，相反，吸水性低的瓷砖致密度就比较高。在客厅中要选择吸水性较低的瓷砖，因为频繁的活动可能会带来经常性的污渍，而稀松的砖孔很容易吸收水和污垢，从而带来不易清洁的痕迹。

4. 清洁地毯

①吸尘及擦拭。

女性给纯羊毛手工地毯做保洁工作，可用吸尘器或软毛刷沿顺毛方向清扫。对于污点，可用少量专用地毯清洗剂轻轻拭抹，然后用清水刷净。如毯面局部溅上污渍、油渍，也可用清洁的抹布加少量去油剂、去污剂擦拭，然后再用清水洗过的抹布轻轻擦揉几遍，最后用干布沿顺毛方向尽力将其擦净、晾干即可。

②送专业厂家清洗。

重度污染的地毯或使用时间较长没清理的地毯，可送到专业厂家清洗。

③茶水、咖啡、酱油或啤酒等污染。

对于被茶水、咖啡、酱油或啤酒等污染的地毯，可使用地毯专用清洗液、硼砂液或洗涤液等清洁剂，用毛刷反复清刷即可除掉，然后用清水清洗干净即可。

④番茄酱、酱汁等黏稠物污染。

在番茄酱、酱汁等黏稠物污染地毯时，可利用餐巾纸吸水性强的特性把污渍吸收、除净，之后用毛刷反复清刷，清水洗净即可。

⑤蛋清、牛奶、冰激凌等脂类物质污染。

当蛋清、牛奶、冰激凌等脂类物质污染地毯时，先用温水和洗涤液洗刷，然后使用专用的挥发性去油剂除去脂质物质。注意，不能使用热水。因为蛋白质受热容易固化，不易除去积垢，还会使地毯变形。

⑥米饭粒、口香糖等物踩在地毯上。

先用手将踩在地毯上的米饭粒、口香糖铲除，再擦净即可；儿童、宠物的尿液弄脏地毯，可使用餐巾纸、棉布或绵纸先进行吸附处理，然后用温水加醋清刷，之后再用洗涤剂清洗干净，最后用清水擦干净。

5. 怎样选购洗涤剂

女性要参照以下方法选购洗涤剂：

①餐具洗洁精在产品包装和商标上应明确标出符合国家标准（GB9985－2000手洗餐具用洗涤剂）的说明，并注明其实际用途。

②查看包装上是否有明确的注册商标、品名和生产厂家。

③正常洗涤剂的颜色，应是无色或微黄色，液体均匀透明不分层，香型与产品说明一致。

④在实际使用中，洗涤剂泡沫适中、除油污能力强、无毒、碱性适中、不刺激人体皮肤、清香宜人、易于冲洗。这样的洗涤剂适合使用。

⑤经常变换购买不同品牌的餐具洗洁精，有利于对各种品牌的性能进行对比。同时，不同品牌的餐具洗涤剂都有不同的杀菌作用，对于清洁消毒较为有利。

⑥最好不要买散装的洗洁精。

## 如何去除厨房内的油污

厨房的灶具、玻璃等处通常都会沾染油污，而女性每天也大多在厨房做饭。如何把地面上的油污清除干净，使厨房变得舒服、洁净呢？

1. 如何清洗燃气灶具

燃气灶具上很容易沾上油污。若用碱水洗，易洗掉油漆；如果用清水洗又洗不干净。

①用黏稠的米汤涂在灶具上，待干燥后，米汤结痂，会把油污粘在一起，这样，只需用木铲轻刮，油污就会随米汤结痂一起除去了。此外，用较稀的米汤、面汤直接清洗，或用乌鱼骨擦洗，效果也不错。

②将洗涤剂直接涂在靠近灶台墙壁的瓷砖，或吸油烟机的表面上，干燥后将形成一层透明的隔油膜，能起到隔离便于清洗的效果。清洗过后要记得再次涂抹。

2. 如何清洗地面油污

（1）用醋浸泡再擦洗

用醋浸泡严重油污的地面，过一会儿再擦洗。

（2）用水将干草木灰清洗

用水将干草木灰调成糊状，均匀铺在地面上，浸泡一夜，再用清水反复冲洗。

（3）去油污剂清洗

使用市场上带"喷雾枪"的去油污剂，根据不同需要和所需针对的污渍进行选择。要考虑去油能力、腐蚀性、易清除性等多种性能。

（4）用废弃的食用油清洗

用准备废弃的食用油，先涂抹一遍吸油烟机表面和灶具周围瓷砖表面的油污，过几分钟后再用常规的清洁方法清洗。这样可将长期顽固的油污软化，使之便于清洗。

（5）用少许纯碱清洗

将少许纯碱用热水溶化，并加入适量洗衣粉或洗涤剂进行清洗。

3. 如何清洗玻璃

（1）用去污粉擦拭

玻璃上的油污用报纸、抹布很难擦干净，可用去污粉擦拭，然后再用强力去污剂涂在玻璃上，过半小时再用布擦拭，玻璃就会变得光洁明亮。

（2）用西瓜皮擦拭

用吃剩下的西瓜皮、苹果核、黄瓜蒂等擦拭。

4. 如何清洗纱窗

（1）洗洁精清洗

用笤帚扫去纱窗表面的粉尘，再用15毫升洗洁精加水50毫升，搅拌均匀后用抹布在纱窗两面抹均，稍后再清洗。

（2）洗衣粉溶液中加牛奶清洗

在洗衣粉溶液中加少量牛奶，搅拌均匀后用抹布在纱窗两面抹匀，稍后再清洗。

5. 如何清洗手上的油污

双手沾到油污，用少许面粉擦洗，因为面粉有去除油污的效果，然后再用肥皂或洗涤剂清洗。

## 如何去除水垢和蚊虫

女性家中离不开水壶，但水壶中常常有水垢，如何清除这些水垢，这里推荐几种简便的除垢方法。

1. 清除水垢的方法

（1）白醋除水垢

在结了水垢的空水壶中放入白醋50毫升，使白醋与水垢全面接触，然后静置几分钟，水垢即除。

（2）水壶煮山芋除垢

在新水壶内，放半水壶以上的山芋，加满水，将山芋煮熟，以后再烧水，就不会积水垢了。但要注意水壶煮山芋后，内壁不要擦洗，否则会失去除垢作用。对于已积满了水垢的旧水壶，用以上方法煮一两次后，不仅原来的水垢会逐渐脱落，还能起到防止再积水垢的作用。

（3）煮鸡蛋除水垢

烧开水的壶，用久了积垢坚硬难除。如用它煮上两次鸡蛋，会收到理想的效果。

(4) 土豆皮除水垢

铝壶或铝锅使用一段时间后，会结有薄层水垢。将土豆皮放在里面，加适量水，烧沸煮10分钟左右即可除去水垢。

(5) 利用热胀冷缩除水垢

将空水壶放在炉上，在壶底有"嘭"响之时，将壶取下，迅速注入凉水，或用抹布包上提手和壶嘴，两手握住，将烧干的水壶迅速坐在冷水中，不要让水注入壶内。重复2~3次，壶底水垢会因热胀冷缩而脱落。

2. 怎么驱除蚊虫

①使用蚊香、电蚊香、电蚊拍、蚊帐、灭蚊窗纱涂剂。

②在房间里放上几盒开盖的风油精、清凉油，或在墙上涂点薄荷水。

③将樟脑丸磨碎、撒在屋内墙角。

④在室内的花盆里栽一两株西红柿，西红柿枝叶发出的气味会把蚊子赶走。其他驱蚊花卉有：杜鹃花、万寿菊、茉莉花、夜来香、除虫菊、薄荷等。

⑤在灯下挂一把香葱，或用纱袋装几根葱段，各种小虫都不会飞来。

⑥针对蚊子趋光、喜高温阴暗潮湿环境和昼伏夜出的习性，可在傍晚关闭室内灯光，打开门窗，待蚊虫飞到室外，再紧闭纱窗纱门，避免蚊子飞入。

⑦蚊子最怕橘红色光，室内安装橘红色灯泡，或用透光的橘红色玻璃纸或绸布套在灯泡上。

⑧使用灭蚊拍和捕蚊灯。这种方法无化学污染，适合有孩子的家庭使用。平时不用的时候，要把电池取出，放置在小孩接触不到的地方；扑杀蚊虫后，要用软毛刷轻刷，不能用水洗。

⑨在身上或枕头上洒些驱蚊花露水或香水。

⑩勤洗澡可以去除体表分泌物的味道，减少被蚊子袭击的可能。

## 居室及物品等如何防潮

我国南方春夏季多雨，在多雨的季节里，空气一般都很潮湿，如果空气湿气太重，女性应该想办法进行防潮，可采用如下方法。

1. 居室防潮方法

(1) 墙壁防潮方法

墙壁的建构做防水处理并加涂防水漆，除了使用除湿机外，也可以让电风扇24小时吹送。平日可尽量开窗让空气对流，但是雨天则应关窗以免湿气入侵。

(2) 卫生间防潮方法

①在卫生间墙面、地面进行贴铺瓷砖前，应先做防水层，石材铺设前要做背涂处理，减少"水渍"现象发生。处理地面面层流水要坡向地漏，不倒水、不积水，经24小时蓄水试验无渗漏，以免日后渗水殃及墙面返潮。

②吊顶建议用有微孔的铝扣板，以加强通风和预防冷凝水。若做石膏板吊顶，应先刷防水泥子，再刷防水涂料。PVC吊顶易产生冷凝水，因此要慎用。

③管道安装尽量避免改动原来的上下明管，装修时应做到横平竖直、铺设

牢固，坡度符合要求。明管刷防锈涂料，暗管刷防腐漆。给水管道与附件、器具连接严密，经通水试验无渗漏。

④在浴室应规避使用木质材料，确需使用时，应选用防火板或做全混油装饰，均可防水。在做吊顶或其他包裹装修时，暗藏的木龙骨均需刷防水涂料或防腐剂。

⑤装设浴帘或淋浴房，防止洗澡水飞溅。

⑥保持良好通风。选用质量较好的通风设备有助于水分、蒸汽迅速挥发。洗完澡离开浴室时应打开排风扇，并把门关上。

2. 锅具、碗筷防潮

清洗过的锅具、碗筷，竖立风干后，再摆入碗橱中。也可用干抹布擦干，或用烘干机烘一下。

3. 食品如何防潮

（1）干燥、低温、通风

干燥、低温、通风是对付食品潮湿、霉变的三大法宝，用生石灰吸潮的"传统方法"是防止香菇、木耳、花生、红枣和其他食品霉变最经济实惠的高招，但要注意放置妥当，不要污染食品。

（2）放置干燥剂

许多定型包装食品中都有干燥剂、抗氧化剂、杀菌防霉剂等"小袋袋"，可再次利用。

（3）存放在通风处

米、面粉等食品一次不要买太多，要存放在通风处。

（4）挂在通风较好的地方

香肠、火腿以及肉类腌制食物，在天气湿热时易长霉菌，产生致癌物质黄曲霉素，可以用棉签蘸上少许菜油，均匀地涂抹在表面，然后将其挂在通风较好的地方防止潮湿、霉变。

4. 药品如何防潮

家庭保存的西药中，糖衣片、颗粒剂、胶囊、泡腾片都容易受潮变质。糖衣片受潮后表现为糖衣色彩起花斑、变色；颗粒剂和胶囊内的颗粒受潮容易结块，粘连成条状；泡腾片本来就是遇水就迅速崩解溶化的剂型，在制作中，泡腾片还添加了助溶成分，更容易吸收湿气。

药品防潮有以下几种方法：

①将药品放入加盖玻璃瓶或密封的塑料盒、保鲜袋内储存。

②过于潮湿的环境或较易吸湿的药物，可选用干燥剂保存。

③中药材很容易变质，可集中存放在密封箱或冰箱内。

④较贵重的药材，如冬虫夏草、鹿茸等，可先用密封袋封装或防潮纸包裹，然后放入米缸底部。

⑤减少药材的移动次数，取出药材后应立即封存好，尽可能减少药材周围的空气流动。

5. 纸质收藏品防潮方法

（1）邮票防潮方法

晴天的下午，将邮票册竖立于近日照的阴处，将各页翻开晾晒，不要让太阳直接照射。再用两层保鲜纸包裹，放入电冰箱或有干燥剂的樟木柜里。邮票、票证如果已发霉，可用过氧化氢或鲜奶浸泡,轻刷去表面霉斑。再用清水洗一洗后晾干,切忌暴晒。

(2)书籍防潮方法

①书籍间可放置适量干燥剂。

书籍可采用专用的玻璃柜来储存,放置适量干燥剂,尽量少开柜门。

②给房间定期抽湿。

在雨水多的季节,女性应利用空调的抽湿功能给房间定期抽湿。

③不要用塑料膜、塑料箱保管书籍

切忌用塑料纸、塑料箱保管书籍,塑料膜、塑料箱不透气,长期接触书籍,会使纸张变软受潮发霉,使收藏价值大打折扣。

6. 家电如何防潮

①尽量将大的家电摆放在通风的位置。

②洗衣机最好移出浴室。

③每天早晚开启一次家电,特别是平时不常用的家用电器,如电脑、音响、电视、微波炉等,最好每天使用一次,用机身产生的热量达到除潮目的。

④用电吹风吹。一些家电如电视机、电脑等,外壳上会有许多小孔,时间久了,灰尘微粒便会通过这些小孔进入到电器内部。天气潮湿,潮气会与灰尘凝结在一起,导致家电出现断路、漏电等问题。对此,可用电吹风对着家电外壳的小孔上下左右吹一遍,将电器内部的灰尘和潮气驱散出来。

7. 应选择品牌且防水性能较好的产品

浴室电器应选择品牌且防水性能较好的产品,如长期在潮湿的环境下使用的沐浴暖灯,外壳应由不锈钢制成,防腐性能要好,而且带防水电源开关、电缆及插头,通电使用或断电时不怕水淋、水溅,不会造成漏电或损坏。此外,还需配备防水灯罩、防水插座等。

# 怎样清洁和保养木质家具

居室里离不开木质家具,有时家具上沾染一些油污,以及其他的痕迹,女性如何把这些油污和痕迹清除干净呢?

1. 木质家具清洁方法

(1)用残茶清洗

清除木制家具上的油污,残茶是极好的清洁剂,抹后再撒少量的玉米粉进行擦拭,最后将玉米粉抹净即可。玉米粉能吸附家具表面的脏物,使漆面光滑明亮。

(2)用醋清洗

清除木制家具上的油墨迹,可在一份水中加两份白醋,用海绵蘸混合液抹拭木制家具上的油墨,然后清洗并使其干燥。

(3)用抹布蘸牙膏抹拭

白色家具表面的白色油漆,日久会变黄。可用抹布蘸牙膏抹拭,注意不要用力过猛；也可把两个蛋黄搅匀，用软刷子往发黄的地方涂，干后用软布小心地抹干净就可以了。另外，要注意在使用中避免阳光长时间直射家具。

2. 家具损伤的处理

（1）刮伤的处理

如果木制家具不小心被刮伤，但未触及漆膜以下的木质，可用软布蘸少许溶化的蜡液，涂在漆膜伤处，覆盖伤痕。待蜡质变硬后，再涂上一层。如此反复多涂几次，即可将其伤痕掩盖。

（2）漆膜烧痕修复法

如果家具漆膜被烟头、烟灰或未熄灭的火柴等物灼伤，留下焦痕，而未烧焦漆膜以下的木质，可以用小块细纹硬布包一根筷子头，轻轻抹拭烧灼痕迹，然后涂上一层薄蜡液，即可除去焦痕。

（3）水印的处理

家具因滴上水没有及时抹净，过一段时间，水渗入漆膜空隙并积存，使漆膜泛起一片水印。这种情况下，只要将水迹印痕盖上一块干净湿布，然后小心地用熨斗压熨湿布，这样聚集在水印里的水会被蒸发出来，水印也就消失了。

3. 木质家具的保养办法

①经常用软布顺着木头的纹理，为家具去尘，去尘之前，应在软布上蘸点喷剂，不要用干布揩抹，以免擦花。

②实木家具在较干燥的环境下使用时，需采用人工加湿措施，如定期用软布蘸水擦拭家具。

③定期打蜡，每隔6～12个月，用膏状蜡为家具上一层蜡。上蜡之前，应先用较温和的非碱性肥皂水将旧蜡抹除。

④尽可能用垫子垫在热盘子下，以免食物汤料外溢，沾污或损坏木质家具漆面。

⑤尽量避免让家具面接触到腐蚀性液体、酒精、指甲油，等等。

⑥注意保持室内干燥，以免家具受潮霉变。

⑦切忌放在强阳光下暴晒木质家具，也不能放在过分干燥处，以防家具木料接缝处出现裂纹变形。

⑧大衣柜、书橱等家具，其顶柜不要压放重物，不然柜门会出现凹凸形状，使门关不严。

# 如何让居室显得宽敞

现在的居室设计通常房间面积较小，而客厅的面积较大。女性在布置居室时，如果采用一些方法，也可以使小面积的房间看上去比较宽敞。

1. 巧妙布置

（1）隔断术

如果想让狭小的空间既能体现功能区分，又不显得拥挤，最好的办法是巧用隔断，这样的阻隔方法能够令空间产生连贯性。还可充分利用空间。采用隔屏、滑轨拉门、帘幕来取代密闭隔断墙，无疑是一种好办法。

（2）挪移术

小户型的空间安排上最好多一些可变布局，让家居布置可以根据需要随时调整，最方便的方法就是选择"可移动"物件。如果到处都是柜子，会减少生活的空间，与其如此，不如买一些可灵活移动，随时能做变化的家具，让空间变得更丰富、有趣。而移动拉门也是节省空间的好方法，特别是在厨房的运用上。在有限的空间里，营造出游走自如的氛围。

（3）变形术

小户型的有限空间通常包括起居、会客、烹饪、储存、学习等多种功能活动空间，装修时既要顾及日常生活需要，也能让室内感觉整齐，这便需要合理规划空间。小户型的居室，对于性质类似的活动空间可进行统一布置，对性质不同或相反的活动空间进行分离。如会客区、用餐区等。都是人比较多、热闹的活动区，可以布置在同一空间；而睡眠、学习则需相对安静，可以纳入同一空间。

2. 运用采光和色彩

（1）采光术

明亮的空间会显得宽敞。虽然自然光更多地取决于房间的先天条件，但在装修的时候，要尽可能扩大窗户的面积，最大限度地迎进自然光。除此之外，可以使用轻薄的纱质窗帘，尽量减少人为对自然光的削弱。而室内的灯具，应该选择体积不大、造型简洁的，光亮度可以选用较强的。位置可注重墙灯和台灯的搭配运用。有个小窍门，就是在房间角落增加地灯、落地灯、夹式聚光灯等机动灯光，将主光源未及的部分凸显出来。

（2）调色术

色彩被确认有调节情绪的功效。利用色彩来调节小空间的氛围，往往能起到意想不到的作用。一般来说，浅暖色具有延伸空间的功能。因此，最保险的配色是：墙浅、地中、家具深，天花板的颜色浅于墙面或与墙面同色。总之，协调是最基本的要求，尽可能在色彩的选择上采用同一色系，避免强烈的视觉冲击，忌讳的是在墙壁上进行过多材质和过多色彩处理。

## 怎样选择合适的壁纸

墙面是否有大半空白，这些地方除了悬挂一幅画，其实也还可以挖掘"潜力"，从客厅到卧室到厨房，都可以装饰适合的好看的壁纸。

1. 购买壁纸怎样验货

在购买之前，务必先取一块较大的样品在家中墙壁上试一试，试验的样品面积越大越好，这样容易看出贴好后的效果。

要确定所买的每一卷壁纸都是同一批货，壁纸每卷或每箱上应注明生产厂名、商标、产品名称、规格尺寸、等级、生产日期、批号、可拭性或可洗性符号等。不要以为每一卷壁纸都会分毫不差，事实上，壁纸尽管是同一编号，但由于生产日期不同，颜色上便有可能出现细微差异，而每卷壁纸上的批号即代表同一颜色，所以一定要注意每卷壁纸的编号及批号是否相同。

壁纸中残留的有害物质如果超标，将严重威胁人的身体健康。可以通过看、摸、擦、闻四个方面检查壁纸的质量。

（1）看

要看所选的壁纸是否经过权威部门的有害物质限量检测，有无相关的检验报告，还要看其表面是否有色差、死褶儿、气泡，图案是否精致及是否有层次感，色调过渡是否自然，对花是否准确。

好的壁纸应看上去自然、舒适而且立体感强。

（2）摸

用手触摸壁纸，感觉其纸面图层是否厚实以及左右薄厚是否一致。

（3）擦

用微湿的布稍用力擦壁纸面，如果出现脱色或脱层现象说明其耐摩擦性能不好。

（4）闻

闻一下壁纸是否有异味，如气味较重则甲醛等挥发性物质含量可能较高，不宜购买。此外，建议多买一卷额外的壁纸，以防发生计数差错不够用或将来需要修补时用。

壁纸运输时应防止重压、碰撞及日晒雨淋，应轻装轻放，严禁从高处扔下。壁纸应储存在清洁、阴凉、干燥的地方堆放应整齐，不得靠近热源，保持包装完整，裱糊前再拆包。

开始动手工作之前，务必将每一卷壁纸都摊开检查，看看是否有残缺之处。

如果打算使用衬纸，在粘贴衬纸与壁纸时，尽量使用强度相同的胶水。无论是上胶或粘贴，都要以从上往下的方式进行。

2. 壁纸用量的估算

用量要算准，批号要一致。一般用房间的面积×3÷5.2＝一般所需卷数（一卷壁纸一般为52厘米宽、10米长、面积为5.2平方米）。为了保险起见，一般在所需卷数基础上再加一卷；由于个别房屋结构有异，在确定实际需要数量时，最好先请专业人员或施工单位在现场计算确认。

## 怎样装饰居室的墙面和阳台

居室的装饰美化能够调节女性和家人的心情，起到改善及缓和的作用。一个干净、整洁、安静、舒适的居室，会使女性从精神上感到愉悦，从而能更好地享受生活。

对于紧张又忙碌的现代人生活来说，装修是一个会占用大量时间和精力的过程。选择一种自己喜爱的颜色作为居室风格的设计主线，一切围绕这个主线来选择和搭配，这应该是一种省力又讨巧的办法，能把握自己心仪的色彩也是件比较有成就感的事。

但是，不同颜色对于长期身处其中的人会产生不同的心理影响，日积月累，这种影响将会变成一种不可忽视的力量，继而影响到生活的方方面面，所以在装修前女性要了解一些色彩方面的常识。

1. 怎样美化墙面

（1）刷涂料

这是对墙壁最简单也是最普遍的装修方式。通常是对墙壁进行面层处理，用泥子刮平，打磨光滑平整，然后刷涂料。上部与顶面交接处用石膏线做阴角，下部与地面交接处用踢脚线。这种处理简洁明快，房间显得宽敞明亮，但缺少变化。可以通过悬挂画框、照片、壁毯等，配以射灯打光进行点缀。

（2）贴壁纸

墙壁面层处理平整后，铺贴壁纸。壁纸的种类非常多，有几百种甚至上千种，色彩、花纹非常丰富。壁纸脏了，清洁起来也很简单。壁纸用旧了，可以把表层揭下来，无须再处理，直接贴上新壁纸就可以了，非常方便。

2. 怎样美化阳台

现在的住宅，几乎每户都有一个或两个阳台，不同的住宅，阳台虽大小不同，但有胜于无。在考虑居室装饰时，千万不要忘了对阳台进行美化。通风、透气、采光、纳凉、晒衣、晒物等，自然是阳台的一些功能，但除了这些外，盆栽花草，把生活点缀得更美，也是阳台不可忽视的重要潜在功能。为了防止仲夏时节阳光的照射，可以利用比较坚实的纺织品做成遮阳篷，遮阳篷本身不但具有装饰作用，还可遮挡风雨。

遮阳篷可用竹帘、窗帘来制作。遮阳篷应该做成可以上下卷动的或可伸缩的，以便按需要调节阳光照射的面积、部位和角度。同时也能使阳台一侧的房间免于强烈的照射，形成室内工作、休息的舒适环境。供休息、餐饮使用的阳台，少量的家具是必要的。由于阳台的面积和承重量都有限度，因此，阳台上的家具宜选用轻便型的折叠家具。

阳台是最适合家庭种植各种花草的地方，盆栽植物可置于阳台栏板上，但应注意安全，要加设护栏，以免花盆坠落伤人。在阳台上，可设置垂直的绳索、塑料管线等，种植葡萄、爬山虎等具有攀缘性能的植物，既美化了阳台，又可在盛夏季节起到遮挡阳光的作用。除绿色植物、花卉等能起到装饰阳台的作用外，阳台侧墙面、地面也是装饰美化的重点。例如，可在整齐的侧墙上挂置富有装饰韵味的陶瓷壁挂、挂盘、雕塑等装饰品，有的隔墙还可做成博古架的形式，以供放置装饰器物。

在平滑素雅的墙面上，也可挂置用柴、草、苇、棕、麻、玉米皮等材料做成的编织物作为装饰品，阳台的地面可利用旧地毯或其他材料铺饰，以增添行走时的舒适感。

如果因家庭住房较为紧张而需要把阳台进行全封闭而安排成孩子卧室或书房的话，也要下一番功夫巧妙构思，使之既实用又美观。即使是把阳台作为家庭的储藏空间，也要根据实际情况和阳台条件去设计装修及陈设方式，切忌

"室内室外两重天",因与室内装饰不般配而显得不伦不类。

女性在装修阳台时应该考虑到夜间照明问题,否则一到夜晚,阳台便掩入黑暗之中,所以应在阳台上装置一盏阳台灯。如果阳台门与阳台窗之间有间墙,可以装置一盏壁灯,安装高度宜距地面 1.8~2m;如果门与窗之间无间墙,可以在上一层阳台顶板装一只吸顶灯。由于阳台灯只供休息时照明,因此不必太亮。

## 怎样运用居室美化的技巧

美化居室离不开色彩,因此,色彩心理学家认为,不同颜色对人的情绪和心理的影响有差别。暖色系列,如红、黄、橙色能使人心情舒畅,产生兴奋感;而青、灰、绿色等冷色系列则使人感到清静,甚至有点忧郁。白、黑色是视觉的两个极点。研究证实:黑色会分散人的注意力,使人产生郁闷、乏味的感觉。长期生活在这样环境中人的瞳孔会放大,感觉麻木感,久而久之,对人的健康、寿命产生不利的影响。把房间都布置成白色,有素洁感,但白色的对比度太强,易刺激瞳孔收缩,诱发头痛等病症。

美国学者研究发现:悦目明朗的色彩能够通过视神经传递到大脑神经细胞,从而有利于促进人的智力发育。在和谐色彩中生活的少年儿童,其创造力高于普通环境中的成长者。若常处于让人心情压抑的色彩环境中,则会影响大脑神经细胞的发育,从而使智力下降。

女性正确地应用色彩美学,还有助于改善居住条件。宽敞的居室采用暖色装修,可以避免房间给人以空旷感;房间小的住户可以采用冷色装修,在视觉上让人感觉大些。

人口少而感到寂寞的家庭居室,配色宜选暖色,人口多而喧闹的家庭居室宜用冷色。同一家庭,在色彩上也有侧重,卧室装饰色调暖些,有利于增进夫妻情感的和谐;书房用淡蓝色装饰,使人能够集中精力学习、研究;餐厅里,红棕色的餐桌,有利于增进食欲。对不同的气候条件,运用不同的色彩也可在一定程度上改变环境气氛。

在严寒的北方,室内墙壁、地板、家具、窗帘选用暖色装饰会有温暖的感觉。反之,南方气候炎热潮湿,采用青、绿、蓝色等冷色装饰居室,感觉上会比较凉爽些。

1. 给居室来些色彩

女性布置家庭的居室,在进行色彩搭配上,应讲究简洁、温和、淡雅,也可以根据自己的个性选择不同的颜色。冷色调有益于舒缓急躁情绪,当女性从繁忙的环境回到家中,会感受到家中的安详和宁静,心情可以很快平静;如果女性的日常工作繁忙,可用浅粉色、淡黄色或淡褐色等暖色调,使紧张的心情在温暖的色彩中得到放松;白色给人以清洁、朴素、淳朴之感;淡蓝色、淡青色或浅绿色能带来深沉、清净、安详的感觉。

彩色的壁纸和图案直接影响房间的气氛，也可以影响人的情绪，对人的情绪有激活作用。壁纸的色调如果能与家具、窗帘、地毯、灯光相配衬，居室环境则会显得和谐统一。

一般来说，起居室宜选用清新淡雅颜色的壁纸；餐厅应采用橙黄色色系的壁纸；卧室则可以依据个人喜好，随意发挥：红色调壁纸可以创造兴奋的气氛，而蓝、青等冷色调壁纸有利于放松精神，黄色调壁纸是营造温馨浪漫的最佳选择。面积小或光线暗的房间，宜选择图案较小的壁纸。

此外，朝北背阳房间不宜用偏蓝、紫等冷色，而应用偏黄、红或棕色的暖色壁纸，以免冬季色彩感觉过于偏冷。而朝阳的房间，可选用偏冷的灰色调壁纸，但不宜用天蓝、湖蓝这类冬天看着不舒服的颜色。

2. 在居室内悬挂艺术作品

书法、美术作品可使人感受到美，并使人产生美好的遐想，形成良好的心理状态。各种作品不仅能增加房间的自然色彩，还能使人视野开阔，使紧张及疲劳得以消除。孕妇可根据自己的爱好悬挂国画、油画、儿童画片或照片等。

3. 做一些居室绿化

吊兰、万年青等绿植的点缀，能使居室显得雅致而舒适，有利于消除女性的疲劳，增添情趣。女性最好不要用大红大紫的花草，也不宜用香味过浓的花卉，防止引起情绪波动。需要注意的是，花草不应放在卧室里。

（1）绿色环保家装

绿色环保家装是为防止自然环境恶化、改善环境并使之适于人类劳动和生活的一项工作。

绿色环保家装体现着人类向往回归自然的美好追求，以及通过环境保护、装修后最终要达到的与自然和谐统一的目标。

近几年，绿色环保家装概念被引进家庭装饰行业，通过对居室环境的分析显示，居室内环境质量要达到一定的装修标准。虽然室内环境中一些相关因素如：光线、噪声、温度、湿度等同样影响着室内环境质量，但决定因素还是来自室内空气中有毒气体释放量的多少。

（2）绿色环保家装的标准

中国室内装饰协会室内环境监测中心根据我国目前实施的室内环境标准，提出"绿色居室"环境必须达到以下要求：

①居室内的氡浓度符合国家控制标准，低于 $100Bq/m^2$。

②居室内使用的建筑材料中放射性浓度比符合国家规定的 A 类产品要求。

③居室内空气中甲醛的最高浓度不超过 $0.08mg/m^3$。

④居室内苯释放量应低于 $2.4mg/m^3$。

⑤居室内氨释放量应低于 $0.2mg/m^3$。

⑥居室内空气中二氧化碳卫生标准值应低于 $2000mg/m^3$。

⑦居室内可吸入颗粒物日平均最高浓度为 $0.15mg/m^3$。

⑧居室内噪声值白天小于 50dB，夜间小于 40dB。

⑨居室内易挥发有机物的总释放量应低于 0.2mg/（mg/h）。

⑩居室内无石棉建筑制品。

⑪居室内无电磁辐射污染源。

⑫居室内不应有令人不快的味道。

## 装修居室有哪些窍门

女性要将一栋空房子甚至毛坯房，变成适合休息的温馨之家，就要付出体力上的、精力上的以及财力上的投资。怎样才能在装修过程中，尽量避免失误，装修出温馨、美观的家？女性要从以下几方面做。

1. 家庭装修步骤

（1）仔细考察房屋结构

要对房屋结构仔细考察，丈量实际面积绘制结构图。然后，上相关网站或者到已装修的朋友家去了解一下具体布局以及装修费用，有了这些资料后，就对房屋如何装修有了大致的思路。

（2）资金准备

根据自家的经济承受能力确定家庭装饰装修的档次。

（3）施工条件的准备

女性要到房管部门或物业申请施工审批手续，如拆改非承重墙等。

（4）居室的装修

居室房屋的原结构除了非承重者，其他部分绝对不能改动，否则会使建筑物安全存在严重隐患，威胁女性及家人和邻居的生命安全。

2. 装修注意事项

①不得拆改任何承重结构和抗震构件。

承重结构是指作为房屋主要骨架的受力构件，如承重墙、梁、柱、楼板等。

抗震构件如构造柱、圈梁等。

②在承重墙上不得随意开门窗洞，也不得拆除窗洞口两侧的墙体，扩大门窗的尺寸。

③房间与阳台之间的墙体，只允许拆除门窗，窗台下的墙体最好不要拆除。

④在钢筋混凝土墙、柱上不得开凿任何孔洞，更不得截断其中的钢筋。

⑤不得增加楼板静荷载。

⑥室内不得砌筑厚度大于 115mm 的普通黏土砖隔墙。

⑦如再砌隔墙，应选用轻质材料，例如石膏条板、加气混凝土块等。

⑧隔墙位置必须砌筑在梁上，不得砌在多孔楼板上。

⑨吊顶应先用轻质材料，拉杆的连接点应均匀分布。楼板不允许悬吊大型灯具及扇幅大于 1.2m 的吊扇。

⑩不得破坏防水层。

3. 厨房、卫生间的装修

①地面的防水层不得拆除或破坏，只允许装修地面，不允许将其他构造拆改。

②不能更动水、暖等配套设施。

③尽量少用木材、胶合板、细木工板等易燃材料。厨房里的橱柜，最好采用防火板。

### 4. 装修工程承包方式

（1）包工不包料

用户自备各种装修用材料，装修公司仅供施工。

（2）包工包辅料

用户自备装修主要材料，如地砖、涂料、釉面砖、壁纸、木地板、洁具等。装修公司负责辅助材料的采购，如水泥、石灰等采购。

（3）包工包料

装修公司按用户提出的装修设计及要求，全部承包装修工程任务的施工及其材料的采购。

### 5. 签订家庭居室装修工程合同

女性要和家人取得一致意见，选择切实可行的装修方案，与装修公司签订合同。合同中的各项要明确，比如以下几项：

①详细的工程施工说明。

②详细的材料使用清单，标明材料规格、品牌、型号、等级、价格。

③装饰企业要求预先收取的工程款，但不得超过总造价的70%。

④合同条款要清楚标明双方的权利、义务、违约处罚等条款。

⑤施工结束，装修公司应提供水电改造图。

## 居室内如何充分采光

室内采光主要由自然光源和人工光源两种，明亮的阳光是自然光线，非常有益身心健康。在家中享受美妙阳光的前提是窗户面积与地面面积之比不能小于1:7，卫生间窗口与地面面积之比不能小于1:10。窗户最好采用无色透明的玻璃。

此外，人工光源也必不可少。设计灯光首先要考虑功能性，根据室内空间分隔形式的特殊性来布置；其次在选择灯具时要根据室内设计的风格来设计灯光和选用灯具，与灯具本身的装饰功能结合起来。

### 1. 设计要点

在进行室内设计与家用设施的布置时，应考虑到以下几方面：

①起居室、会客室、书房，应设在采光及日照条件较好的房间，卧室的采光与日照要求稍低。

②在离门或窗较近的地方不宜放置高大家具及家用设施，以免挡住光线。

③在起居兼卧室内，人经常活动的区域应布置在窗与外门的附近，而床则应放在离窗与门较远的位置。

④在布置写字台等家具时，要根据天然光的照射方向保证左侧进光，以免挡光影响视线。

⑤家具、工艺美术陈设品、书画及图片等不应受阳光直接照射，以免褪色、变形。

⑥带有大块镜子与玻璃的家具，不宜将镜面直接正对主要光线进入的方向，以免产生强烈的反光而影响人的日常活动。

### 2. 居室各个空间的照明亮度

（1）起居室

起居室是人们经常活动的空间，所

以要亮，光线要强。

（2）卧室

卧室是休息的地方，亮度要求不太高。

（3）餐厅

餐厅要综合考虑。中等的亮度就够了，但桌面上的亮度应适当提高。

（4）厨房

厨房要有足够的亮度，而且宜设置局部照明。

（5）卫生间

卫生间的要求一般，如需要化妆，应配置局部照明。

（6）书房

书房则以功能性为主要考虑。为了减轻长时间阅读所造成的眼睛疲劳，应考虑光线较接近晨照和太阳光的光源。

3．不同房间的照明形式

根据室内家具、陈设、摆设，以及墙面来设置，整体照明与局部照明结合使用，同时考虑功能和效果。

（1）整体照明

这是一种传统的照明方式。这种照明往往功能作用大于装饰作用，目的明确。

（2）间接照明

这种照明往往是把光线射到房顶、墙面，或其他界面上，从而形成反射光后再投射到其他物体上的照明。这种光线一般较柔和，受光均匀，没有眩光。这种光线主要用于装饰和营造氛围，是常用的装饰照明方法之一。

（3）局部照明

这种照明多数用于居室的空间分割和对装饰柜以及墙壁艺术品的照明，化妆台的照明也往往采用这种方法。这种照明光线具有明确的投射方向。

（4）漫射照明

这是一种利用光源反射装置产生光照的照明方法，通常用顶棚透光材料，形成均匀照明。这类反射装置还有织物、薄纸、细纱等，经过滤后的光线达到柔和的效果，因此没有硬光斑及反光，给人细腻柔和的感觉。均匀漫射照明常用于浴室、客厅以及房间。

（5）结合家具的色彩和明度

各个房间的灯光设计既要统一，又要各自营造出不同的气氛。比如卧室照明，光源尽可能用暖色调，室内整体照度要低，而且要尽可能采用局部照明，如安装壁灯或台灯，也可以利用壁灯向上照射再由天花板折射的间接照明光，使卧房更加温馨。又如，在夏季，可以采用冷光源让人心理上感觉到几丝凉意。现代家庭也常用些彩色装饰灯来点缀起居室、餐厅，以增加欢乐气氛。

结合家具设计灯光，可加强空间感和立体感，从而突出家具的造型。比如在摆设柜前或摆设柜内设计灯光，这样更能突出摆设物，形成视觉重点。

## 怎样预防居室装修污染

现今，大家一提到自然界的污染，就知道它会损害人的身体健康。然而，居室污染对人的身体健康损害却鲜为人知。家庭居室污染会给人们的身体带来不少麻烦，现代人平均有90%的时间生活和工作在室内，很容易受到室内空气污染的危害。

室内装修主要有以下几个污染项，在家居设计中要引起注意，为健康生活提供保障。

1. 室内装修的污染

（1）建筑材料中的放射性物质

在现代家庭装修中普遍使用花岗岩、大理石等地面石材。专家研究发现，放射性物质及一次大剂量的放射线照射都有致白血病的作用。

（2）建筑、装修和家具中的化学物质

在室内装饰装修和家具中使用的胶、漆、涂料中含有的苯和二甲苯。研究证明，慢性苯中毒主要使骨髓造血机能发生障碍，可引起再生障碍性贫血。

（3）现代家用电器、电线等产生电磁场

国外医学专家通过调查发现，电磁波与癌症，尤其是脑瘤有直接的关系。

（4）化学和塑料等合成建筑材料

在使用PVC塑料作为装饰材料的家庭中，出现各种疾病的概率要高出没有这些装饰材料家庭的2～3倍。

（5）其他污染

其他污染如粉尘污染、光源污染、因装修设计烦琐，而造成的感观污染等，都严重地影响着室内环境。

2. 改善居室环境的有效手段

人的一生，绝大部分时间是在家中度过的，为了获得一个良好的休息环境，使人有充沛的精力投入到学习和生活之中，就必须充分保证居室内舒适的环境，其中包括居室的通风换气、采光日照、遮阳防尘、保暖保温、防噪声等。

（1）通风换气

住宅中的任何一个房间在温暖或炎热季节都需要通风，在寒冷或潮湿季节需要换气，这不仅可以增加女性和家人的舒适感、愉快感、轻松感，而且还可以减少疾病，排除污浊气体。

（2）天然采光与日照

联合国世界卫生组织最近对38个国家近20年的癌症发病情况进行了分析，结果表明，预防癌症最佳的方法是天然采光与日照，它能为人们提供良好的光照条件，获得最佳的视觉效果，使居室环境减少人为设置因素，更加贴近自然。

居室的采光及日照条件一般视房间的朝向、楼层及遮挡情况而异，同时也取决于居室的窗与外门的位置与大小。

3. 采用环保建材

女性在主持装修居室时，应采用环保建材，与一般建材相比，环保建材具有很多特点。

①环保建材采用低能耗制造工艺和不污染环境的生产技术。

②在配制或生产过程中不得使用甲醛、卤化物溶剂或芳香族碳氢化合物，产品中不得含有汞及其化合物；不得用铅、镉、铬及其他化合物作为颜料及添加剂。

③产品的设计是以改善生活环境、提高生活质量为宗旨，即产品不仅不损

害人体健康，而且应有益于人体健康，产品具有多功能性，如抗菌、灭菌、防霉、除臭、隔热、防火、调温、消声、消磁、放射线、抗静电等。

④产品可循环或可回收再生利用。

专家建议，到正规建材市场购买装修用品，仔细阅读所购材质的检测报告书，看看各项指标的检测结果与国家相关标准的对比是否达标。另外，装修完成后，如果室内的异味长期不能散去，居住人有不同程度的不适，心悸、气喘、流泪、难以入睡或瞌睡等，一定要请相关部门进行监测检查，找出原因所在。

4. 防噪声

噪声也是一种污染，女性在装修居室时，也应尽量考虑减少室外噪声的影响，保持良好的居住环境，同时，还应考虑不影响到邻居。

①门窗应为双层。

室外噪声主要是通过门窗传入室内的，因此在噪声大的区域，门窗应为双层，选用吸音性能较好的厚重物制作的门帘、窗帘，并且帘子的尺寸要大、褶皱要多，大量的褶皱可消耗噪声的能量，提高隔声能力。

②设计时考虑用隔声性能较好的轻质隔墙或组合家具来分隔房间。

③防止卫生间水箱噪声、垃圾道噪声、电冰箱噪声、电梯楼道噪声等的影响，应将卧室或床避开这些场所。

④放置音响设备的位置应以不影响周围邻居为宜。

## 怎样设计装修客厅和卧室

客厅是家庭居住环境中最大的生活空间，也是家庭的活动中心，它的主要功能是家庭会客、看电视、听音乐、家庭成员聚谈等。客厅内家具配置主要有沙发、茶几、电视柜、酒吧柜及装饰品陈列柜等。由于客厅具有多功能，面积大、活动多等特点，因此在设计中与卧室等其他生活空间需有一定的区别，设计时应充分考虑环境空间弹性利用，突出重点装修部位。

在家具配置设计时应合理安排，先充分考虑各功能区域的划分，然后再考虑灯光色彩的搭配以及其他各项客厅的辅助功能设计。

客厅装修的设计风格有欧陆古典式、中国古典式、现代派、富丽堂皇型简约式等，最为广大群众所喜爱的是线条简洁色彩明快的现代派。

由于客厅具有多功能性且面积大，通常在设计功能区域划分时采用隔断形式。通常采用的形式有木柜隔断、艺术屏风隔断、花格式隔断、地台式隔断、天花板造型分格、利用灯光照明强弱分区，等等。

1. 客厅装修要点

①客厅一般可划分为会客区、用餐区、学习区等。会客区应适当靠外一些，用餐区接近厨房，学习区只占居室的一个角落。

②在满足客厅多功能需要的同时，应注意整体的协调统一，各个功能区域

的局部美化装饰,应注意服从整体的视觉美感。客厅的色彩设计应有一个基调,以体现主人的爱好。

③一般的居室色调都采用较淡雅或偏冷的色调。向南的居室有充足的日照,可采用偏冷的色调,朝北的居室可以用偏暖的色调。色调主要是通过地面、墙面、顶面来体现的,而装饰品、家具等只起调剂、补充的作用。

2. 客厅照明设计

①家庭装修设计中,要给客厅设计不同用途的多种照明方案,使室内光线层次感增强,让空间气氛变得温馨。

②在日常生活中,整个房间需要均匀的照度,相反在聚会和家庭舞会时整个照度则需要降低,应在局部空间采取必要的照度,形成明暗之别。

因此在各个照明器具或不同组合的线路上要设置开关,采用落地灯、台灯和摇头聚光灯等可动式灯具来局部照明,与起居室使用形式相应,使之移动,能显示出变换气氛的设计。客厅要依照空间属性的不同,配置不同的灯,这样,平凡的空间便会因灯光的设置而与众不同。

3. 客厅灯光的两个功能

客厅的灯光有两个功能,实用性和装饰性。为使家人在日常的生活中,诸如阅读报纸、看电视、玩电脑时,都能有恰当的照明条件,必须在设计时就考虑各种可能性。

嵌入地板或墙壁中的布线以及墙壁上的插座应该仔细布置,因为台灯和落地灯的位置,还有其他电器,虽然可以灵活移动,但是如果拉了很长的电线就会影响美观,同时也不安全。根据客厅的各种用途,需要安装以下几种灯。

(1) 背景灯

背景灯为整个房间提供一定亮度,烘托气氛。

(2) 展示灯

展示灯为房间里的某个特殊部位提供照明,如一幅画、一件雕塑或者一组饰品。

(3) 照明灯

照明灯为某项具体的任务提供照明,如阅读报纸、看电视、玩电脑等。目前室内照明基本上是用钨灯,不过还有一些其他的选择。

(4) 荧光灯

荧光灯亮度高,可以放在灯盒内,作为泛光照明使用。无法调节亮度是它最大的缺点,限制了它的使用。

(5) 低压卤化钨灯

低压卤化钨灯价格贵,但是清晰明亮的高质量照明足以抵消这一缺点。它也是最接近日光照明的灯。现在已经有低压卤化物灯丝制成的台灯、顶灯、地灯和聚光灯,不过所有的低压灯都需要变压器。低压灯的另一个优点是灯泡发出的热量都被反光罩吸收,因此它更适合用作展示灯。

(6) 钨丝灯

钨丝灯使用最广泛,但是使用寿命相对较短而且功耗大。现在可以买到各种大小和色彩的钨丝灯泡:淡的粉红色和黄色给人温暖的感觉;浅的绿色和蓝色则适合冷色调的房间。女性一定要根据墙壁和天花板来选择照明，比如，深色的墙面会吸收光线，就需要较强的灯光。在选购灯具时，女性应该注意灯罩与灯光是否相配，一味注意外形，只会适得其反。

4. 吧台设计原则

①在室内设置吧台，必须将吧台看作完整空间的一部分，而不单只是一件家具，好的设计能将吧台融入空间。吧台的位置并没有特定的规则可循，设计师通常会建议利用一些角落空间，如果将吧台当作空间的主体时，便要好好考虑动线走向。良好的设计具有引导性，无形中使居住往来更加舒适。

②吧台位置当然也会影响电路和给排水设计，尤其是离管道间或排水管较远的角落时，排水就成了一大难题。排水管要有一定的倾斜角度。

如果吧台位置离室外近，可以将排水管接到户外，以单独的管线排水；如果需将管线接到管道间而倾斜度又不足，必须从天花板或者墙内安管时，施工就比较麻烦，费用也会随之提高。

③如果想在吧台内使用耗电量高的电器，像电磁炉等，最好单独设计一个回路，以免电路跳闸。

④利用角落而筑成的吧台，操作空间至少需要90厘米，而吧台高度有两种尺寸，单层吧台约110厘米，双层吧台则为80厘米与105厘米，其间差距至少要有25厘米，内层才能置放物品。

⑤台面的深度必须视吧台的功能而定，只喝饮料与用餐所需的台面宽度不一样，如果台前预备有座位，台面得突出吧台本身，因此台面深度至少要达到40～60厘米，这种宽度的吧台下方也比较方便储物。

⑥吧台应具有多少长度才方便使用呢？一般来说，最小的水槽需长60厘米，操作台面60厘米，其他则按自己的需要度量即可。

⑦设水槽的吧台在购买水槽时要注意，水槽最好是平底槽，放置杯子时才不会发生倾倒或撞坏，水槽深度最好在20厘米以上，以免水花四溅。

⑧酒柜设计要注意使用上的便利，每一层的高度至少是30～40厘米，置放酒瓶的部分最好设计成斜放，让酒能淹过瓶塞，使酒能储放更久。柜子深度不要太深，如果取杯子要越过其他物件则不方便。

⑨台面最好要使用耐磨材质，贴皮就不太适合，有水槽的吧台最好还能耐水；如果吧台使用电器，耐火的材质是最好的，像人造石等，是理想的材料。

5. 怎样设计卧室

家庭的各个房间中，在夜间使用最多的是卧室。下班之后，女性和家人在家的大部分时间其实是在卧室中度过的，而且是处在睡眠状态。正是由于使用时间和功能的特殊性，卧室在装修设计中有很多独特的地方。

（1）卧室的设计

①确定区域划分。

一般来说，卧室可划分为活动区、睡眠区、储物区、梳妆区、展示区、学习区等。毫无疑问，睡眠区是卧室中的重点，主要提供夜间休息睡眠的场所。其次是储物区，存放卧室中日常所需的衣物以及床上用品等。

卧室中还可以设置学习工作区和活动区，为平时晚间提供必要的私人活动空间。

由于卧室属于较为私密的空间，因此分区的总体原则就是依据房主的个人需要及房间的大小。而小房间可以选择一些节省空间的家具，也能帮助卧室划分更多区域。如使用隐藏式床具，就可以节省出活动空间，以划分出更多活动区。

如有些分区可以独立出去，则可以不必再行设计，如已有书房，则可以放弃学习和工作区；如已有起居室，也可以不另行设计活动区。

②整体布局。

在这一阶段，需要大致确定室内的家具结构安排和整体风格设计，以明确装饰风格，以便继续下一步的装修。

根据卧室的基本功能，床具和衣柜是不可缺少的基本家具，在设计时要确定床的基本样式，如单人床、双人床等。其余如床头柜、书柜、桌椅、梳妆台和电脑桌等，则可按照实际情况决定。

（2）卧室电路和照明的设计

①电路设计。

一般应为7支线路，分别为：电源线、照明线、空调线、电视天线、电话线、电脑线、报警线。床头柜的上方预留电源线口，并采用5孔插线板带开关为宜，可以减少床头灯没开关的麻烦。还应预留电话线接口，如果是双床头柜，应在两个床头柜上方分别预留电源和电话线接口。

梳妆台上方应预留电源接线口，另外考虑梳妆镜上方应有反射灯，在电线盒旁另加装一个开关。写字台或电脑桌上方应安装电源线、电视天线、网线、电话线接口。

照明灯光采用单头或吸顶灯，可采用单联开关，多头灯应加装分控器，根据需要调节亮度，建议采用双控开关，一个安装在卧室门外侧，另一个开关安装在床头柜上侧或床边较易操作部位。

在电视柜上方预留电源（5孔面板）、电视、电脑线终端。在卧室内可能占用电源线的电器有：电视、DVD、音响、电脑、电话、加湿器和台灯等。

在所有的空间装修中，如果在装修时无法确定日后所需的全部电器，则建议多预留几个电源接口，这样做最大的问题是会使电路改造的费用上升，而好处则是大大提高了未来房屋布置的灵活性，毕竟开墙动土是项劳民伤财的大工程，将来再反悔就比较麻烦了。

②照明设计。

卧室对照明的要求较为普通，主要由一般照明与局部照明组成。卧室的一般照明气氛应该是宁静、温馨、怡人、柔和、舒适的。那些闪耀的、五彩缤纷的灯具一般不宜安装在卧室内。

（3）卧室的局部照明应考虑要点

①书桌照明，一般采用书写台灯照明。

②阅读照明。

不少人喜欢睡前倚在床边架上阅读书报，因此要考虑选用台灯或壁灯照明。台灯的特点是可移动、灵活性强，且台灯本身就是艺术品，能给人以美的享受，灯光透过灯罩能在墙上形成优美的动感线条。壁灯的优点是通过墙壁的反射光，能使光线柔和。

③梳妆照明。

梳妆镜灯通常采用温射型灯具，光源以白炽灯或三基色荧光灯为宜，灯具安装在镜子上方，在视野60°立体角之外，以免产生眩光。

④沙发边的阅读照明。

沙发边的阅读照明，常采用落地灯照明，需要特别指出的是，由于灯饰中电光源是炽热的、带电的，从安全出发，安装在儿童卧室的灯具必须有一定高度，使儿童无法直接触及光源，并且更不宜在儿童卧室内安置台灯等可移式灯具。

6. 卧室的施工

普通卧室的施工工序较少，施工基本包括：

①电路改造。

②墙面装饰。

③吊顶。

④铺设地板。

这些施工过程与房屋整体施工基本一致，都可在整体施工中一并完成，不需特别关注。

7. 卧室的布置

（1）颜色的搭配

卧室色调以暖色调为宜，颜色搭配要看了令人觉得舒服。所谓令人舒服就是色彩统一、和谐、淡雅、温馨，比如床单、窗帘、枕套皆使用同一色系，尽量不要用对比色，避免给人太强烈鲜明的感觉而不易入眠。

卧室大面积色调，一般是指墙面、地面、屋顶三大部分的基础色调，家具织物为主色，天花板颜色宜轻不宜重，而地板的颜色则以稍深色为主，家具色彩要注意与房间的大小、室内光线的明暗相结合，并且要与墙、地面的颜色相协调，但又不能太相近，不然没有相互衬托，也不能产生良好的效果。颜色的搭配还应根据年龄的不同进行布局：老人房要祥和宁静，大人房要柔和温馨，儿童房要生动活泼。

（2）整体的布置

卧室的家具要简单实用，不宜过多。一般可采用二元或三元陈设。二元即卧具元和储物元。

卧具元包括床、床头柜，或视空间情况放一把安乐椅或一对小沙发等。

储物元即大衣柜或组合式壁橱，要求整体感强，装饰效果好。

三元即再加上化妆元，主要是梳妆台及梳妆台专用椅。

这其中，卧具元是核心，其余二元应围绕在卧具元周围。

安静是对卧室和卧具的空间位置、光线、隔声等因素的要求。如卧室的位置不应太近大门，不要让客人一进大门就看到卧具。床的位置有东西向、南北向、斜角向三种，要以冬暖夏凉为基本原则。而装有空调的卧室则可更多考虑使用上的方便和美观。

此外，床不宜放在靠近走廊或客厅的一边，以免外面的声音打扰室内的安静。

8. 卧室的装饰

卧室中摆放的小物件的颜色，也是营造舒适卧室的主要因素。卧室的装饰品和摆设可以用亮丽的色彩。但是，不能使用对比反差大、搭配不协调的色彩，它们会吸引目光，妨碍注意力集中。适宜卧室的摆设：布偶、书画作品、照片、盆景、海报、壁挂和壁毯等。

# 怎样布置儿童房间

科学地设计、布置儿童房间，是居室美化的重要内容。从心理学角度分析，给儿童独特的生活区域，有益于儿童提高自己动手能力，开发儿童的智慧。儿童卧室的布置，主基调应简洁明快、新鲜活泼、富于想象，营造童话式的意境，使儿童在自己的小天地里自由自在地安排课外学习和生活起居。

1. 儿童房间家具的选择和摆放

儿童房间家具的选择和摆放要科学、合理。

根据人体工程学的原则，家具的尺度要与人的身高配合，使用起来才能令人感到舒适、方便，并有益于身体健康。因此，女性为孩子选择家具的时候，应根据儿童的年龄和体形配备。写字台的椅子最好能调节高度，因为，儿童若长期使用高矮不合适的桌椅，会造成驼背、近视、脊柱侧弯等多种疾病，影响儿童的正常发育。

在家具设计中，要注意多功能性及合理性，如在给儿童做组合柜时，下部宜设计成玩具柜、书柜、书桌，上部宜作为储藏空间。床也可做成储藏箱式，以节省空间。

儿童天性活泼，其家具的颜色也要选择明朗艳丽的色调。如绿白相配的儿童组合柜，就显得清新明快，若室内再摆上色彩艳丽的灯具和学习用具，也能收到好的效果。鲜艳明快的色彩，不仅可以使儿童保持活泼积极的心理状态和愉悦的心境，而且还能改善室内亮度，处在其中，儿童能产生安全感和归属感。

切忌把淘汰下来的旧家具，尤其是那些阴暗沉重的老式的家具，放到儿童房间里去。阴暗的色调常常会使孩子产生恐怖的联想，以致变得胆小、忧郁。

此外，家具的造型对儿童性格也有一定矫正作用。有人通过试验证明，性格软弱、过于内向的孩子，宜选用造型略显粗犷、棱角分明、色彩对比强烈的家具；而对于性格比较急的儿童，采用线条柔和、色调淡雅的家具，则有助于塑造健康的心态。

在儿童房间的整体布局上，家具宜少而精，要合理利用室内空间。将单件家具连成一体还可节省空间。摆放家具时，要注意安全、合理，并设法给儿童留下一块活动空间。家具尽量靠墙壁摆放，书桌可安排在光线充足的地方，儿童的床要离窗户远些。所有的电线都应设计为暗线，电源插座应设置在儿童接触不到的地方。暖壶、玻璃器皿不宜放在儿童房间，儿童用的所有东西都应放在他容易找到的范围之内，常玩的玩具和常用的书籍最好放在开放式的架子上，便于儿童随时取用。

2. 好的居室色彩能为儿童房间增辉添彩

儿童心理特征是活泼、富有幻想、喜欢新鲜，在卧室、家具、墙壁、地面的色调统一的前提下做适当的变化，如浅粉色家具、浅蓝色地毯、迪士尼卡通图案的壁纸相配，就能很好地体现出儿童的特点。

儿童房间的窗帘也宜选择色彩鲜艳、图案活泼的面料，最好能根据四季的变化，配上不同花色的窗帘。儿童房间的墙壁也可以留白，不贴壁纸，因为贴了壁纸，就不容易用图画、艺术品或儿童自己的作品装饰了。要根据儿童的爱好，装饰出独特的情趣。墙体挂画不一定是正规的人物或山水画。而可挂些木刻动物画或抽象图画的挂毯等，色彩的多样化可以增进儿童的幻想，并提高儿童的智能。用孩子自己画的图画来美化墙壁，更富有情趣和特色了。

3. 摆设要兼顾观赏与实用

对于儿童所使用的一些实用工艺品，如台灯、闹钟、笔筒等，以造型简洁、颜色鲜艳为好，同时要安全耐用。装饰品要突出知识性、艺术性、充分体现儿童的特点，如绒制动物、泥娃娃、动植物标本，地球仪等都是理想的选择。此外，还可在室内装饰一两件体育用品，或摆放一两盆绿叶花卉，能使儿童的房间充满盎然的春意。

儿童卧室赋予人生理想的实质是指在精神功能上满足儿童的需要。如卧室中摆挂名人名言或富有积极向上精神的工艺品。

4. 儿童房间设计装饰的一般准则

①儿童房的设计要有利于儿童的身心健康。

儿童房间应有新鲜的空气、充足的阳光、适宜的室温。

②儿童房要有尽可能大的游戏空间。

儿童天性好动，大部分时间都在玩，因此，有一个可以无拘无束任意游玩的自由天地，便成为儿童迫切的需要。

为保证有一个尽可能大的游戏区，家具不宜过多，应以床铺、桌椅及储藏玩具、衣物的橱柜为限。

③儿童卧室的色彩要力求活泼，墙面与天花板以中性色调为好，家具可大

胆采用明快的原色，如纯正的红、黄、蓝、绿、紫。

④照明是创造良好室内气氛的重要手段。

良好的照明不仅能从心理方面安定儿童情绪，还能从生理方面保护儿童视力，此外，在必需的照明设施外，再准备一盏小夜灯（0.5W或1W），可给儿童带来安全感，也能为父母探望带来方便。

⑤摆设在美化空间的同时，还对儿童有潜移默化的作用。摆设的安排必须符合美学规律，力求整齐、和谐，以使儿童养成整洁的良好习惯。

温馨亲切的家庭是儿童健康成长的摇篮，而舒适优美的室内设计，能开阔儿童眼界，促进儿童身心健康发展。

## 怎样摆放家具和电器

一般装修完房子，接下来女性要考虑的就是家具添置以及摆设。家具应力求少而精、多功能、款式新颖、色调清新。

1. 怎样摆放家具

（1）双人床

双人床应放在较大面积的主卧室内，床头靠内墙，三面临空，床头两侧各放一个床头柜，床头不宜对着门。双人床宜靠近外窗或在房间中间部位，不宜在进门处。

（2）单人床

单人床应放在较小面积的次卧室内，床头宜靠内墙，南向卧室中床头也可靠外墙，北向卧室中床头不宜靠外墙。单人床应两面临空，床头一侧放床头柜。

（3）沙发

客厅面积较大的，应配置一个三人沙发及一对单人沙发。面积较小的，配置一对单人沙发。三人沙发配条形长茶几；单人沙发配小型茶几。沙发应放在客厅内，靠无门无窗的内墙面前。老人居住的卧室宜放一对单人沙发，位于阳光照射处。

（4）书桌

书桌应放在孩子、老人的卧室内，靠窗台放最好。书桌放在其他位置时，必须是左侧自然采光。如女性和家人也需要在家写作时，宜另辟一间房间作为书房，不宜将书桌放在主卧室内。

（5）餐桌

餐桌应放在餐厅内，无餐厅时可放在客厅一角。人口较少的，餐桌宜用长方形。人口多于6人，宜用圆形餐桌。按家中人口及来客数配置相应椅子数。长方形餐桌至多配6把椅子，圆形餐桌至多配8把椅子。

2. 怎样摆放电器

电视、电冰箱、电脑、手机等工作时，会产生电磁辐射，当电磁辐射超过一定强度后，即形成电磁污染，会致人头疼、失眠、记忆衰退、视力下降、血压升高或下降等，严重的可能引起孕妇流产、罹患白内障，甚至诱发癌症。因此，卧室尽量不要摆放电器。

①电视机旁不要摆放花卉、盆景。

花卉、盆景虽然美观，但放在电视机旁却会产生"两败俱伤"的后果。一方面潮气对电视机有影响；另一方面，辐射会破坏植物生长时细胞正常分裂，以致花木日渐枯萎、死亡。

②电视机与沙发对面放置时应有相应距离。

电视机与沙发对面放置时，距离应超过2米，否则电磁辐射将对人体造成伤害。

③电视机不宜与大功率音箱或电风扇放在一起。

否则音箱和电风扇将震动传给电视机，容易影响电视机使用寿命。

④洗衣机切忌放在潮湿的厕所、厨房等处。

否则长此以往铁皮会被锈蚀，同时电动机和电器控制部分也将很容易出现故障。

⑤冰箱不要放在角落里。

因为空气不流通，会使冰箱受到损坏。冰箱平时要散热，散热不畅，使用寿命也会缩短。因为冰箱在热的环境下，其压缩机会频频开动，使冰箱耗电量增加。冰箱也要远离取暖器、火炉等热源。

⑥电烤箱、电饭煲不能放在离电源插座太远的位置。

否则电源线太长，又需要经常移动，会引起电线外皮老化、脱落，容易造成触电事故，甚至引起火灾。

⑦家用负离子发生器，不宜放在空气不流通的地方。

⑧收音机上不宜放电子手表、机械表或电子表，否则会受到收音机磁场的影响，出现磁化。

⑨录音机、电唱机不要放在音箱上。

录音机、电唱机如果没有采取特殊减震措施，不要放在音箱上。因为震动会传导到唱头和磁头上，使放出的音质变差。

⑩不要将电子表或电子计算器放在枕头下。

使用电热毯的时候，切忌将电子表或电子计算器放在枕头下。高温会使液晶显示日益变黑，字迹不清。

# 第九章 居家用品的选购和保养

居家用品对女性及家人的身心健康是相当重要的,所以女性要注重居家用品的选购和保养。在选择自己合意的居家用品时,首先要选择质量可靠的,这是最为关键的一点。此外,还要选择环保的用品,这样才能保证自己和家人不会受到污染物的侵害,使健康受损。

## 怎样挑选家具

家具的种类很多,按材料来划分,凡木质制成的通称木家具;主体是金属制成的通称金属家具,包括铝合金家具等,凡塑料制成的通称为塑料家具,竹藤制成的通称竹藤家具。如果按用途划分,一般分民用家具、宾馆饭店家具、办公家具等。此外如果按用料细分,目前市场家具的种类还可以分成实木家具、人造板家具、弯曲木家具、软体家具、金属家具、聚氨酯发泡家具、玻璃钢家具,等等。

1. 家具选购的基本原则

①女性要选择消费者满意或售后服务信得过的家居市场。

②要货比三家,对同一款式、同一品牌的商品,女性要从质量、价格、服务等方面综合考虑。

③要向商家索要产品环保材料检测报告。

④木制家具产生的有害物质主要来源于人造木制板材和油漆涂料。女性要了解以下内容。有害物质限量:甲醛释放量 $mg/L \leqslant 1.5$,重金属含量(限色漆) $mg/kg$ 可溶性铅 $\leqslant 90$,可溶性铅 $\leqslant 75$,可溶性铬 $\leqslant 60$,可溶性汞 $\leqslant 60$。

2. 与室内背景相协调

女性购买家具时要考虑家具的色彩,要与居室背景相协调,可以将室内背景颜色与灯光作为主要的搭配。比如,如果居室的背景色调较浓重,那么,一般来说,便不宜选择色调深沉的家具,因为色调深沉的家具放在背景色调浓重的空间里会显得更沉重,且会吸收光线,形成昏暗沉重的室内气氛。另外,家具的色彩如果过于强烈,则不耐看,容易产生视觉疲劳。

3. 与地面材料相协调

如果居室是木地板则比较容易选配家具。如果是瓷砖、水磨石或大理石地面,则不宜选择金属家具,那样会增加室内冰冷的感觉,建议选用木质家具来调和，并在室内局部加铺地毯，以缓和冷而硬的感觉。

4. 家具板材和漆膜

家具面板用薄木和其他材料覆面时，要求严密、平整、不允许有透胶、脱胶。

家具表面漆膜应平整光亮，单体或成套产品色泽应相似，产品表面漆膜不允许皱皮、发黏和漏漆，产品内部及其他不涂饰部位应保持清洁。

5. 提高对甲醛超标的防范意识

购买家具时注意，刺激气味强烈的家具不要买。买时可拉开抽屉、打开柜门，如果刺激得让人流泪，就表明甲醛含量严重超标。

新买的家具不要急于放进居室，有条件最好放在空房间里，让家具里的有害气体尽快释放，过一段时间再用。

6. 仔细检查家具各部位

注意检查板材表面有没有虫蛀，柜门、拉手等是否牢固，抽屉滑轨是否合格。

7. 确保合法权益应做事项

发票、合同上必须注明家具的材质、规格、数量、价格、金额。

向商家或主办单位索要产品保修卡。

了解产品出厂的单位及厂家的名称、地址、联系人、电话，以便发生质量问题时能及时联系解决。

## 怎样挑选地毯

女性要从以下几方面挑选地毯。

①挑选地毯时需看清楚标签上的说明。

地毯的质料、织法结构和加工处理都是针对不同环境需要而决定的，女性选购时应根据不同空间挑选不同材质、颜色及规格的地毯。一般的地毯都附有标签，说明所适用的环境及承受走动频度的能力，挑选时需看清楚标签上的说明。

走动频繁的区域，如玄关、厅堂，就要选用密度较高、耐磨的地毯，如短毛圈绒、扭绒；活动量小的地方如卧室，就可以选择毛绒量较高、较软的地毯，如割绒、羊毛地毯等。

②选购毛绒质地的地毯，主要是羊毛地毯时，应注意脱毛现象，地毯表面与底衬的结合要结实，编织经纬线要紧密，不能有过大的拉伸性。地毯背面在转运及存放过程中有受潮发霉现象应注意，如果是带图案的块毯，要检查边线有无开线、断茬现象，挑选地毯的色彩及图案要与居室色彩搭配协调。

在检验地毯密度和弹性时，可用拇指按在地毯上，按完后能迅速恢复原状的，说明织绒密度和弹性都较好；也可以把地毯折曲，越是难以看到底垫的，越说明毛绒织得较密，比较耐用。

③挑选化纤地毯时应注意地毯的背胶有无开胶、脱胶现象，底衬的材料是棉麻还是化纤，纤维材料如何，是割绒还是捻绒，绒面厚度如何等，这都关系到地毯的质量及弹性，进而影响到化纤地毯的舒适程度。

④把地毯平铺在光线明亮处，颜色要协调，染色应均匀。从色泽度上也能

辨明材料的来源，如新西兰的羊毛纤维比较长，且为白色，易于染色，色泽度较高；而部分国产羊毛纤维短，颜色偏黄，色泽度就会相对差些。优质地毯的毯面不但平整，而且应该线条密、无缺疵。

⑤地毯的价格往往因产地、织法和材质的不同而有较大差别，比如尼龙、羊毛、蚕丝等可能有数倍至数十倍的价差。

⑥注意查验是否有厂方提供的防尘、防污、耐磨损、静电控制等保证。一般优质家用地毯，均经过耐磨损、防静电、防污的处理。

## 如何挑选窗帘

居室中的窗户都会配上窗帘和窗纱，女性总想为自家挑选合适的窗帘和窗纱，如何挑选才能如意呢？

1. 根据居室功能，选择窗帘品种

（1）客厅

较大的客厅宜用落地布艺窗帘并配窗纱，一般不需遮光布，款式上可加配帷幔。应尽量大气些，一定要有品位，体现出女性的性格。

较小的客厅可用透光的卷帘、布百叶帘及日夜帘等。

（2）卧室

卧室宜用布艺帘，加遮光布或窗纱。款式以简洁温馨为主。

（3）儿童房

儿童房宜用色彩鲜艳、图案活泼的面料做窗帘或布百叶帘，也可用印花卷帘。

（4）阳台

封闭式阳台的最佳选择是阳光卷帘、遮光又透气，还过滤紫外线，卷起时不占空间。阳台如和卧室相通，则安装一道布艺帘，以适合晚间使用。

（5）餐厅

餐厅不属于私密空间，如不受暴晒，一般用一层薄纱即可。窗纱、印花卷帘、阳光帘均为上佳选择，当然如果做罗马帘的话会显得更有档次。一般要选整洁、清爽的色泽，以此营造良好的用餐环境。

（6）书房

书房可选择自然、独具书香味的木质百叶帘、隔声帘或素色卷帘。

（7）浴室和厨房

浴室和厨房应选择防水、防油、易清洁的窗帘，一般选用铝百叶或印花卷帘。

2. 成品窗帘的分类

成品窗帘根据其外形及功能不同可分为：卷帘、折帘、垂直帘和百叶帘。

（1）卷帘

卷帘可分为：人造纤维卷帘、木质卷帘、竹质卷帘。其中人造纤维卷帘是由植物纤维特殊工艺编织而成的，可过滤强日光辐射，改造室内光线品质，有防静电防火等功效。

（2）折帘

折帘根据其功能不同分为：日夜帘、蜂房帘、百折帘。其中蜂房帘有吸音效果，日夜帘可在透光与不透光间任意调节。

（3）垂直帘

垂直帘根据其面料不同，可分为铝质帘及人造纤维帘等。

（4）百叶帘

百叶帘一般分为：木百叶、铝百叶、竹百叶等。百叶帘的最大特点在于可随光线不同任意调节角度，使室内的自然光富有变化。

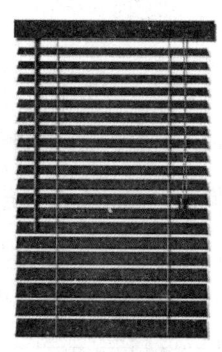

3. 布艺窗帘的选购

选购窗帘布可从面料、颜色、花形、质地四个方面选择。

（1）选择窗帘布面料

一般常见的窗帘布面料有印花布、染色布、色织布、提印花布四种类型。

①提印花布。

把提花和印花两种工艺结合在一起称为提印花布。

②染色布。

在白色胚布上染上单一色泽的颜色称为染色布，其特点：素雅、自然、挺括，符合流行趋势。

③印花布。

在素色胚布上用转移或圆网的方式印上色彩、图案称其为印花布，其特点是色彩艳丽，图案丰富，具有手绘般的印染效果和自然质感。

④色织布。

根据图案需要，先把纱线分类染色，再经交织而构成色彩图案称为色织布，其特点是色牢度强，色织纹路鲜明，立体感强。

（2）选择窗帘布颜色

窗帘布颜色与房间装修色两者应当相互协调，比较面料时可随身带一些边角料。窗帘布颜色有冷暖、深浅之分。女性可根据以下内容选择窗帘布的颜色：

①窗帘布颜色与木制家具。

面料颜色可增强、丰富木制品的自然色调，女性可根据木制家具选择窗帘布颜色。

②窗帘布颜色与情绪。

淡而柔和色调、中性色调和冷色调，如淡蓝色和某些绿色，可起镇静作用；明亮的色调和暖色调，如红色和黄色，有刺激作用；深色系令人感觉温暖舒适。

③窗帘布颜色与感觉。

在感觉上，选择浅色系窗帘布为背景使房间变暗；深色窗帘布使房间变浅；一暖色调可使物体显得较小。而且，较小的房间不可用两种截然不同的颜色。

④窗帘布颜色与房间朝向。

暖色调窗帘使朝北的房间感觉变得温暖；冷色调使朝南的房间感觉变得清凉。

⑤窗帘布颜色与耐脏程度。

浅色窗帘布比深色窗帘布更容易显得脏。

⑥窗帘布颜色与透光度。

浅色系窗帘布透光度较强，光线可

透过窗布在房内弥漫；深色系窗帘布透光度较弱，遮光效果好。

⑦窗帘布颜色与个性。

女性可以根据以各种颜色的性能与个人喜好去挑选颜色，并体现出个人风格。

（3）选择窗帘布花形

花形有大小之分，选择花形主要根据房间大小。

①房间大，窗帘布可选择较大花形，给人强烈的视觉冲击力，但会使空间感觉有所缩小。

②房间小，窗帘布应选择较小花形，令人感到温馨、恬静，且会使空间感觉有所扩大。

（4）选择窗帘布质地

①窗帘布的质地有粗糙、细腻之分，主要根据装修风格选择。

②窗布的质量好坏一般从手感、悬垂度、色泽等方面来识别，可进行搓揉，看是否因上浆而形成过度挺括，以手感软、悬垂度好、色泽自然为佳。

③布艺窗帘的面料有纯棉、麻、涤纶、真丝，也可几种材料混织而成。棉质面料质地柔软、手感好；麻质面料垂感好，肌理感强；真丝面料高贵、华丽，它是100%天然蚕丝构成，其以自然、飘逸、层次感强等成为最时尚的用品；涤纶面料挺括、色泽鲜艳、不褪色、不缩水。

## 如何挑选窗纱、毛巾

与窗布相配的窗纱不仅能给居室增添柔和、温馨、浪漫的气氛，而且具有采光柔和、透气通风的特性，它可调节心情，给人一种若隐若现的朦胧感。

1. 窗纱的面料

窗纱的面料可分为涤丝、仿真丝、麻或混纺织物等；根据其工艺可分为：印花、绣花、提花等。

2. 选购窗纱的要点

①单用窗纱的窗户或隔断，宜选用带花窗纱。

②卧室可选带粉色系列花纹的窗纱。

③客厅窗纱的色调和整体装修风格一致，可选绿色、蓝色或暗花纹的窗纱。

④花色窗布选配白色窗纱。

⑤素色、单色窗帘布选配带花或彩色窗纱，有色或带色窗纱应与窗帘布色彩搭配协调。

3. 怎样选购毛巾

毛巾的品种很多，品质的差距也很大，正确地选择毛巾应注意以下几个方面。

①到正规商店购买标识明确的毛巾。

商场、超市或各专卖店的货源一般为正规的生产厂家，合格的毛巾产品应有规范的标识，标明生产厂家、产地、电话、商标、执行标准、洗涤方式等。

②女性选购毛巾时，要看外观、摸手感、闻气味。

优质毛巾色彩比较鲜艳，图案印制清晰，毛圈均匀，缝边齐整；手感一般比较柔和，蓬松而富有弹性；合格的毛巾应无异味。

③在使用毛巾时也可做一些品质的鉴别，如滴在新毛巾上的水滴能迅速被吸收，则说明毛巾的吸水性好。

# 怎样挑选实木地板

现在很多人在装修居室时，采用环保的实木地板，女性在选购实木地板时，要注意哪些呢？挑选实木地板应注意以下事项。

1. 要看实木地板的等级

实木地板分为 AA 级、A 级、B 级三个等级，AA 级质量最高，色差最小。检验实木地板时，目测不能有死节、虫眼、油眼、树心等质量缺陷，活节的直径小于板宽 1/3，而且应少于 3 个，裂纹的深度及长度不得超过厚度和长度的 1/5，斜纹斜率小于 10%，无腐蚀点，图形纹理顺正，颜色须均匀一致。

2. 要检测加工质量

表面加工光滑，无翘曲变形，口榫加工统一、完整、规矩、无毛边、残损现象的为合格品。应仔细察看实木地板的尺寸标准和槽口拼接标准，将两块实木地板槽口相拼滑动，检查滑动是否流畅，板与板之间接合是否平整。

要检测木材的含水率，含水率高的地板，安装后容易变形，北方地区地板含水率应小于 10%，南方地区应在 12% 左右，否则不宜选用。辨别实木地板是否经过干燥处理，可用手摸感觉和用测湿仪进行测试。

3. 要根据自己的实际情况来定

①女性要根据自己房间的大小、楼层高低和居住时间长短等来选择实木地板的种类。例如客厅、餐厅等公共场所可选用强度较高的品种，如巴西柚木等，而卧室则可选择强度相对低一些的品种，如水曲柳、红榉木等。

老人房间则可选强度一般，柔和温暖的柳桉木、西南桦木等。

长条地板和拼花地板可以不用胶铺设，搬迁时易于拆装，短条拼花地板一般采用胶粘方法铺设，拆装较难。

②女性应以符合设计风格的要求来确定所选实木地板的木种，如颜色的深与浅、木纹的疏与密，等等。

③女性要根据自己的经济能力，在价格上定位。

4. 要重实效

女性在选择实木地板时，切莫以色差论好坏，实木地板是天然的材料，哪怕是一棵树上的木材，它的向阳面与背阴面也是有色差的。色差是天然材料的必然因素，它并不影响地板的质量，也不一定影响美观。

女性在选购时，也不要以实木地板的长短宽窄论优劣。长板对选材要求高、损耗大，故价格高，在施工过程中，稍有不慎极易变形。

短板材料利用率高、价格便宜，且不易变形，经济实用。选购实木地板数量应有盈余，作为消耗备用。

## 怎样挑选塑钢门窗和窗帘轨道

1. 如何挑选塑钢门窗

优质的塑钢门窗应该是青白色的，而不是通常人们认为的白色，塑钢门窗使用的是PVC型材，PVC的质量和档次决定着塑钢门窗的好坏。高档的PVC型材因为材料中含抗老化、防紫外线助剂，所以从外表上看颜色应该是白中泛青，这样的颜色抗老化性能好，风吹日晒30年都不会老化、变色、变形。

有很多人认为塑钢门窗越白越好，其实不是这样。中低档的型材防晒能力差，使用几年后会越变越黄，直至老化、变形、脆裂。

2. 如何挑选塑钢门窗

女性在挑选塑钢门窗时要看外观是否光洁无损、焊角是否清理整齐、五金件是否配齐、有无钢衬、是否是正规厂家的产品，等等。

塑钢门窗允许的尺寸偏差为：门窗框、门窗扇的外形尺寸，长度在1.5米以内的，误差不得超过2厘米；门窗对角线长度在1米以内的，误差不得超过3厘米；对角线长度在2米以内的，误差不得超过3.5厘米；对角线长度大于2米的，误差不得超过5厘米；相邻构件装配间隙不得超过0.4厘米；焊接处同一平面高低差不得超过0.6厘米，装配合页缝隙不得超过1.5厘米；门窗的框、扇搭接宽度误差不得超过1厘米；窗扇玻璃等分格误差不得超过2厘米。

3. 如何挑选窗帘轨道

窗帘轨道是窗帘整体外观效果与经久耐用的关键，它的坚固程度、顺畅程度、噪声大小是窗帘轨道质量好坏的主要评判标准，它的质量决定了窗帘开合顺畅与否。

①窗帘轨道根据其形态可分为：直轨、弯曲轨、伸缩轨等，主要用于带窗帘盒的窗户。最常用的直轨有重型轨、塑料纳米轨、低噪声轨。

②窗帘轨道根据其材料可分为：铝合金、塑料、铁、木头等。

③窗帘轨道根据其工艺可分为：罗马杆、艺术杆等，罗马杆、艺术杆适用于无窗帘盒的窗户，具有装饰功能。

## 如何挑选淋浴房和水龙头

现代居室都配有使用方便的卫浴设施，女性每天都会使用卫浴设施，如果能为自己挑选合适、方便的卫浴设施，在使用起来时，一定会觉得很舒服。因此，女性在精心挑选卫浴设施时，应注意以下几点。

1. 淋浴房的选购

（1）要有生产厂家的详细资料

女性一定要购买标有详细生产厂名、厂址和商品合格证的产品，这样才有质量保证。

（2）讲究颜色

注意淋浴房的色彩图案，应与卫生间装饰风格协调一致。其形状一般为对称的扇形，卫生间大也可选用方形淋浴房。大多数消费者喜欢外观有图案半透明的淋浴房，产品本身装饰性强，给人以美的享受，但也有一些人，选中布纹式淋浴房，外观似布质，较单调，但不透明，最大的好处是洗澡时家人可同时使用卫生间。

（3）辨别材质

淋浴房的主材为钢化玻璃，钢化玻璃的品质差异较大，如何辨别真伪？正宗的钢化玻璃仔细看有隐隐约约的花纹。

淋浴房的骨架采用铝合金制作，表面作喷塑处理，不腐、不锈。主骨架铝合金厚度最好在1.1毫米以上，门不易变形。同时注意检查滚珠轴承是否灵活，门的启合是否方便轻巧，框架组合是否用的是不锈钢螺丝。

（4）浴缸选择

浴缸分带缸高盆和低盆两种，带缸式可坐人，适合有老人或小孩的家庭，还可一缸多用，洗衣、盛水等，不足之处是搞卫生麻烦。相比之下，低盆简洁，价格也比高盆低。浴缸分木质亚克力、陶瓷等几种，女性可根据需要选择。

（5）比较售后服务

淋浴房一般为免费送货并安装，保修期一年。女性在购买时勿忘索取维修单，也有的是十年质保金卡。另有一些产品质量过硬、信誉好的商家推出保险公司承保服务。

2. 如何选购水龙头

女性在选购水龙头时，应从以下方面进行检查。

（1）外观

检查电镀涂层是否坚固、完整，光泽度够不够明亮。试试手感，品质优良的水龙头多采用精制铜，比较重。

（2）开关

检查开关是否流畅，有没有阻塞感。手感发涩和过于轻飘的开关都不宜选购。

（3）接缝处

注意主要零部件的接缝处是否结合紧密，有无松动。

（4）开启方式

水龙头按开启方式来分，可分为螺旋式、扳手式、手柄式和感应式。螺旋式一般要旋转很多圈，扳手式一般要旋转90°，手柄式只需往上一抬即可出水。

以上几种水龙头一般都采用目前较先进的陶瓷芯阀作为密封件，开关灵活、温度调节简便、使用寿命长、造型设计精巧华丽，品位较高。

感应式水龙头只要把手伸到水龙头下，便会自动出水。另外，还有一种延时关闭的水龙头，关上开关后，水还会再流几秒钟才停，这样关水龙头时手上沾上的脏东西还可以再冲干净。

## 如何选购坐便器

作为日常生活的必需品，一个舒适美观、质量上乘的坐便器不仅能够美化卫浴空间，还可以省去女性和家人不少不必要的烦恼。按照水箱和底座的连接方式，坐便器可以分为连体和分体两种。按照排水系统的不同来分，又可以分为冲落式和虹吸式。依照排水方式来划分，坐便器还可以分为横排式和底排式两种。

不论选择哪一种，以下一些小诀窍可以帮助女性选购到一款满意的马桶。

1. 没有凹凸不平的感觉

用手轻轻抚摸马桶的表面，如果没有凹凸不平的感觉，并且觉得釉面和坯体的手感都十分细腻，这表明坐便器的质量比较好。

如果是中低档次的坐便器，其表面的釉面和坯体会比较粗糙，颜色暗淡，在灯光的照射下会发现有小孔。

2. 搬动时会有沉甸甸的感觉

高档的坐便器因为烧制时的温度高，达到了全瓷化的要求，所以搬动时会有沉甸甸的感觉。而中低档的坐便器烧制时温度低，时间也短，所以没有达到全瓷化的要求。

3. 敲击声清脆

高温烧制的坐便器吸水率很低，因此不容易吸进污水、产生异味。而有些中低档的坐便器吸水率很高，当吸进了污水后很容易发出难闻气味，且很难清洗。时间久了，还会发生龟裂和漏水的现象。

在挑选的时候，可以用手轻轻敲击坐便器，如果敲击的声音沙哑，不清脆响亮，那么这样的坐便器很可能会有内裂，或是没有烧熟制成。

4. 内部光滑

在挑选的时候，还要用手伸进坐便器的污口处，触摸一下内部是否光滑。如果手感粗糙就表明内部没有釉面，这样的坐便器容易漏水。坐便器的密封垫应该是橡胶或是发泡塑料制成的，这样的密封垫弹性强，密封性能好。

5. 水封是否合格

国家标准对坐便器水封有明确规定，如果坐便器水封不合格，水道中有机废物发酵产生的废气逸出，容易环境污染，降低防臭能力，对人体健康有害。

6. 冲洗功能如何

女性在购买坐便器前都要先试冲水。在国家标准中，在小于或等于6升水的情况下，三次冲水，马桶至少要能够将五个注水的乒乓球冲出。

7. 防虹吸是否合格

如果防虹吸不合格，水箱中的水易倒流，造成水质污染。停水时，因为供水管中的负压，虹吸现象更易产生。

# 如何选购卫浴用品和瓷砖

装修卫生间时，有特色的卫浴配件常常使浴室增色不少。如今的卫浴配件大多是浴巾架、卷筒纸架、镜子、肥皂台、毛巾杆、衣钩等。

1. 选购卫浴配件的四大要素

（1）看实用

进口产品多为钛合金和铜质镀铬，色面光洁，精致耐看，但价格较贵。如今一些合资品牌和国产品牌的铜镀铬价格相对实惠，而不锈钢产品价格更为低廉。

（2）看材质

卫浴配件既有铜质的镀塑产品，又有镀铬产品，其中以钛合金产品最为高档，再依次为铜铬产品、不锈钢产品、铝合金镀铬产品、铁质镀铬产品等。

（3）看配套

卫浴三件套，浴缸、坐便器、面盆的整体格调相配套，也要与水龙头的造型及其表面镀层处理相吻合。卫浴配件用品的框架表面镀层，目前除少数采用镀塑外，大多采用抛光铜处理，更多的是采用镀铬处理。

（4）看镀层

在镀铬产品中，普通产品镀层为20微米，时间长了，里面的材质易被空气氧化。而做工讲究的铜质镀铬产品镀层为28微米，其结构紧密，镀层均匀，使用效果好。

2. 如何选购瓷砖

（1）看颜色

女性要看瓷砖有无针孔、斑点，瓷砖的质感，有无色差。

（2）看平整度

女性要看瓷砖是否变形，测量瓷砖的两条对角线是否相等。侧面平直的瓷砖铺起来容易，效果也好。

（3）看吸水率

用水滴在瓷砖背面，扩散面积越小，吸干时间越长的瓷砖，吸水率越低，质量越好。

（4）听声音辨密度

女性可以用手敲打瓷砖，声音清脆说明瓷砖致密度高，硬度强，质量好。

（5）掂重量

女性在挑选瓷砖时，用手掂一掂重量，瓷砖越重质地越好。

（6）开箱检验

将不同箱产品各抽一块，平铺后看有无色差，尺寸有无大小。

3. 浴缸的选购

女性在选购浴缸时，主要考虑的是尺寸、形状和款式、材料。

浴缸的大小要根据浴室的尺寸来确定。

安装在角落的扇形浴缸比一般长方形的浴缸多占用空间，另外，尺码相同的浴缸，其深度、宽度、长度和轮廓也并不一样，家中有老人或伤残人，最好选边位较低的，还可以在适当位置安上扶手。

浴缸有的有裙边，有的无裙边。如果要买有裙边的，一般是单面裙边的，要注意裙边的方向。要根据下水口和墙壁的位置，确定选左裙边还是右裙边的。如果买错了，就无法安装。

如果浴缸之上还要加上淋浴喷头，那么所选的浴缸要稍宽点，免得水溅到外面；淋浴喷头有挂墙式和入墙式两种款式，挂墙式比较适合家庭使用。

淋浴位置下面的浴缸部分要平整，且应选择经防滑处理的款式，这样才能保证安全。

如果选择按摩浴缸，因为它是用电泵来冲水的，一定要看是否符合安全标准，还要请专业人士代为安装。

浴缸材质的优劣主要是看表面是否光洁、手摸是否光滑来确定。钢板和铸铁浴缸，如果搪瓷镀得不好，会出现细微的波纹。浴缸的坚固度需要用手按、用脚踩来测试，看是否有下陷的感觉。材料的质量和厚度关系到浴缸的坚固度，光靠目测是看不出来的。

浴缸的喷头与配件，与坐便器、面盆配件一样，一定要选配套产品。其外观的挑选与其他卫浴产品大体相同。

## 怎样选购枕头

在人的一生中，差不多有三分之一的时间是在床上度过的。女性无论在求学，还是在工作的阶段，睡眠质量都是很重要的，如果有充足的睡眠，就能够保持旺盛的精力，自然有益于女性提升学习和工作效率。因此，床上用品是否舒适，是否有利于身体的健康，女性应加以重视。

购买枕头时，女性要到正规商店、商场、超市、各专卖店或专业的大型家居用品卖场。正规的产品应有规范的标识，明确标明生产厂家、产地、电话、商标、执行标准、洗涤方式等。

1. 枕头软硬度的选择

优良的睡枕软硬度适中，无论侧卧或仰睡均可填补头与脖子之间的空间，松弛头部肌肉，保持颈头部的自然生理形态。

2. 枕头高度的选择

一般在7～10厘米为宜，相当于自己一个拳头的高度。

3. 枕头硬度的选择

枕头的硬度要适中，太软或太硬都不好，会影响颈骨及椎骨的正常伸展。

选购时用手压一压，选择回弹力大的枕头。

4. 枕头长短的选择

枕头的长短，一般以侧睡时头睡在枕中央两旁枕上能各放一只手掌为宜。枕头不应该全是枕在头部，要结结实实地枕住颈部一直抵住肩部为度。

5. 枕头大小的选择

如果枕头太小，容易在睡眠翻身时滑落，枕头太宽容易使人枕得靠上，枕的下部有可能垫到肩下，使肩和颈同时被垫起，同样会使人感到不舒服。

6. 枕芯材料的选择

依填充物的不同，常见的有化纤枕、乳胶枕、荞麦皮枕、羽绒枕、保健枕等几种。现在市场上还出现了零压力记忆枕、慢回弹保健枕等新型枕头。

（1）荞麦皮枕

荞麦皮具有坚韧不易碎的菱形结构，而荞麦皮枕可以随着头部左右移动而改变形状，睡起来十分舒服。清洁的方法是定期放在太阳下照射。

（2）化纤枕

化纤枕由普通的人造纤维制成，优势在于易清洗且价格便宜。由于化纤材质不太透气，使用久了容易变形结成块，缺乏弹性，枕头呈现高低不平的状态，建议选购枕头时，尽量选弹性较好的知名品牌。

（3）乳胶枕

乳胶枕弹性好，不易变形、支撑力强。据说，乳胶对于骨骼正在发育的儿童来说，可以改变头形，而且不会有引发呼吸道过敏的灰尘、纤维等过敏源，有的乳胶枕还具有按摩和促进血液循环的效果。乳胶枕是理想的枕头，但价格较昂贵。

（4）羽绒枕

羽绒枕蓬松度较好，可给头部较好的支撑，也不会因使用久了而变形，而且羽绒有质轻、透气、不闷热的优点。羽绒枕是上好材质的枕头，缺点是不能水洗。

（5）保健枕

保健枕是将中国传统的中药材结合草料组合而成的药枕，让人在不知不觉的睡眠中安神健脑、清凉明目、防病强身。对于患有神经衰弱、高血压、头晕目眩、视觉模糊、鼻炎、感冒头痛以及暑热头晕的女性，尤其对颈椎患骨质增生的女性都具有一定效果，但保健枕的保健效果依个人情况而有所不同。

## 怎样选购被子和床垫

被子的填充物主要有蚕丝、羊毛、羽绒、化学纤维等，因而按照填充物分为蚕丝被、羊毛被等多种品类的被子。

1. 被子的品类

（1）羽绒被

羽绒被主要填充物是鹅绒和鸭绒两种。两者相比较，鹅绒被要比鸭绒被好一些。但不管哪种羽绒被，其主要质量指标为含绒量。

一般来讲，含绒50%以上的羽绒被，表现为重量轻而体积大。优质的羽绒被还应具备的指标有：无特殊异味、手感柔软又有完整的小毛梗，完全没有毛梗的很可能是伪品、拍打后无粉尘溢出、揉搓后没有或只有少量绒毛钻出、按压后回弹性好等。羽绒被保暖性好，并具有良好的吸湿性、透汗性，比较干爽。

羽绒被的重量比棉被等轻很多，不会对人体造成压迫感，因此比较适宜患高血压、心脏病、血液循环不良的女性及老人和儿童等。

（2）蚕丝被

蚕丝被的成分是动物蛋白纤维——蚕丝，蚕丝含十几种氨基酸，对人体有益。最好的蚕丝被应该是用100%的桑蚕丝做填充物。因蚕在生长过程中不能碰农药等化学物品，因此蚕丝被是"绿色"环保的被子。

（3）羊毛被

羊毛纤维具有良好的卷曲特点，因此羊毛的保温性是不容置疑的，而羊毛又具有很好的悬垂性，因此贴身性好，使用舒适。

（4）化学纤维被

化学纤维被的价格便宜，保暖性和

舒适度也相对要差一些，其中充填的化学纤维可分四孔、七孔、九孔等，纤维孔数越多其保暖性、弹性、透气性也就越好。女性在选购时应注意：若冬季室内温度较高，就不一定要选择孔数多的化学纤维被。

2. 被子的表面材料

被子的表面材料有色织纯棉、纯棉、高支高密提花纯棉、涤棉、真丝等，纯棉手感好，使用舒适，易染色，花型品种变化丰富，柔软暖和，吸湿性强，女性购买时要根据被子的大小，以免不合适。

3. 被子的保养

（1）送干洗店干洗

为防止被子被弄脏，拆洗麻烦，使用时应套被套，若已被玷污，羽绒被应送干洗店干洗，而一般纤维被可直接机洗。

（2）避免被尖锐物刺割被子

羽绒被的面料是经过防绒处理的，有一点小孔也会钻出羽绒，因此使用时要小心，避免被尖锐物刺割被子。

（3）将被子阴晾

女性应选择好天气，将被子晾在通风良好且无阳光直射的地方阴晾，以上午10点至下午3点为最佳时间。阴晾时最好将被套取下。

（4）放在通风良好的地方保存

收藏时要将被子充分干燥，并置于通风良好的地方保存，可适当放入防虫剂。

4. 如何选购床垫

一张好的床垫不但能使女性拥有舒适的睡眠，而且对身体也大有好处。

女性在选购床垫时，最好依据年龄来选择，婴幼儿推荐使用由柔软的上、下层和结实、牢固而富有弹性的中间层组成的中软度床垫，而不是通常认为的硬床垫。一方面，中间层可以给孩子的身体以必需的支撑，同时，它受到的由体重产生的压力又可以传递给柔软的下层，从而托起孩子的身体，而不致发生脊柱畸形。

年轻人选择硬式软床垫没有什么特别的讲究，一般来说体轻者适合睡较软的床垫，使肩部、臀部稍微陷进床垫，从而使腰部获得充分支撑，而体胖者则反之，有颈椎病的病人应该选择透气性好、柔软、富有弹性的床垫。

老年人应该使用硬一点的床垫，太柔软的睡床对健康非常不利。老年人的肌肉和韧带的弹性大大降低，其调整功能大部分丧失，长期睡在柔软的床垫上，椎间盘容易向后滑出，挤压椎管内神经根；椎体之间出现移位，形成滑脱，使局部椎管狭窄，导致行走困难和腰腿痛。

专家告诫，床铺的硬度要因人而异。尤其是属于成长发育期的婴幼儿，如睡过硬的床垫，反而会造成骨骼发育不良，甚至留下脊柱侧凸的隐患。

## 如何选购橱柜

整体橱柜已逐渐成为现代人们家居装修中不可或缺的重要组成部分。整体橱柜固然有着许多优点，但其价格不菲，如何选购一套质量合格的整体橱柜呢？

1. 察看板材的封边质量

橱柜的封边细腻、光滑、手感好，封线平直光滑，接头精细。专业大厂用直线封边机一次完成封边、断头、修边、倒角、抛光等工序，涂胶均匀，压贴封边的压力稳定，保证最精确的尺寸。

而作坊式小厂是用刷子涂胶，人工压贴封边，用裁纸刀来修边，用手动抛光机抛光，由于压力不均匀，很多地方不牢固，还会造成甲醛等有毒气体挥发到空气中。

2. 察看打孔情况

现在的板式家具都是靠三合一连接件组装的，孔位的配合和精度会影响橱柜箱体的结构牢固性。专业大厂用多排钻一次完成一块板板边、板面上的若干孔，这些孔都是一个定位基准，因此尺寸的精度有保证。

3. 察看裁板情况

裁板是橱柜生产的第一道工序，大型专业化企业用电子开料锯通过电脑输入加工尺寸，由电脑控制选料尺寸精度，而且可以一次加工若干张板，设备的性能稳定，开出的板尺寸精度非常高，公差单位是微米，而且板边不存在崩茬。

4. 察看门板情况

门板是橱柜的面子，小厂生产的门板由于基材和表面工艺处理不当，门板容易受潮变形。

5. 察看整套橱柜的组装效果

生产工序的任何尺寸误差都会表现在门板上，专业大厂生产的门板横平竖直，且门间间隙均匀，而小厂生产组合的橱柜，门板会出现门缝不平直、间隙不均匀，有大有小的现象。

6. 察看抽屉的滑轨

抽屉的滑轨虽然是很小的细节，却是影响橱柜质量的重要部分。由于孔位和板材的尺寸误差造成滑轨安装尺寸配合上出现误差，造成抽屉拉动不顺畅或左右松动的状况。此外，还要注意抽屉缝隙是否均匀。

## 如何选购、使用和维护电冰箱

现代家庭或多或少都有一些家用电器，而电冰箱大多是城乡家庭中所必备的。电冰箱通常都有既定的寿命，当添置或换新的电冰箱时，女性应该对商场里众多品牌的电冰箱进行必要的挑选，选择适合自己家庭的电冰箱。

1. 冰箱的分类

（1）按照门的多少分类

冰箱按照门的多少，分为单门冰箱、双门冰箱和多门冰箱。选购冰箱可根据使用人数和家庭的喜好、房间大小、生活习惯等来选择。

（2）按照制冷方式分类

冰箱按照制冷方式，分为风冷、直冷和风直冷混合式，风冷冰箱价位较高，冷藏室降温速度快、箱内温度均匀、食品冷藏质量好，但冷冻室冷却速度慢、耗电量大。

直冷冰箱价位较低，冷冻室冷却速度快、耗电少、噪声低，但冷藏室降温慢，箱内温度不均匀，冷冻室蒸发器易结霜。风直冷混合式冰箱，综合了前两种冰箱的优点，冷藏室为直冷式，食物水分不易流失，冷冻室为风冷式，不需要定期除霜。

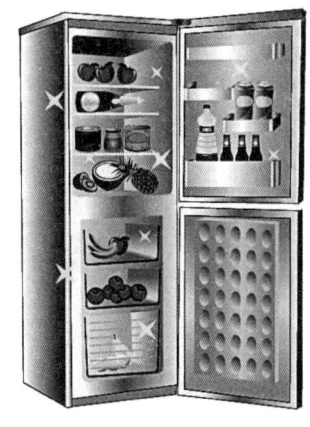

（3）按照温控方式分类

冰箱按照温控方式，分为电脑温控冰箱、机械冰箱、电子温控冰箱。

机械冰箱价位较低，电脑冰箱的价位较高，电子冰箱的温控较精确，可精确到每度。

（4）按照所用的制冷剂分类

冰箱按照所用的制冷剂，分为有氟冰箱（因污染环境的问题，现在已经不允许生产了）和无氟冰箱。

有氟冰箱制冷剂在运输过程中倾斜，容易造成制冷剂回流，堵塞毛细管，影响使用寿命。

无氟制冷剂则具有环保优点，无须定期充氟，但价格较高。

2. 冰箱的选购

女性应根据家庭实际需要，有效容积为200升的冰箱可以满足三口之家的需要，四口之家所需冰箱为200～250升左右。

冰箱容积包括冷藏室和冷冻室两部分，大容积的冷冻室不太适于北方地区。女性选择时也要考虑到地域、生活习惯等因素。同时由于冷冻室的温度要比冷藏室低5℃～10℃，因此冷冻室容积过大，也容易造成功耗增加。

相反，女性和家人平时吃的凉菜、喝的冷饮大多保存在冷藏室，而蔬菜、副食也需要保存在冷藏室中。因此女性最好选择冷藏室偏大的冰箱。当然选择时也要考虑到地域、生活习惯等因素，随着市场的繁荣，购物越来越方便，食物讲究随吃随买，大小适宜的容积也有助于养成健康的饮食习惯。

3. 冰箱使用方法

（1）仔细阅读产品说明书

女性在使用电冰箱前应先仔细阅读产品说明书，电冰箱使用时应放在平坦的地面上并调好螺丝，否则会造成冰箱晃动。

（2）放置在干燥、通风处

电冰箱应放置在干燥、通风处，不要靠近热源，或放在潮湿的地方，也不要放在阳光直射的地方。

（3）适当进行调温

一般冰箱温控器的档位需根据季节、环境温度、使用情况来适当进行调整。在夏季，温控器置于"1"或"2"较为合适；在春、秋季，温控器置于"3"或"4"较为合适。冬天当环境温度低于10℃时，需将冰箱的低温补偿开关打开。

(4) 尽量减少开门次数

在冰箱使用时，应尽量减少开门次数，缩短存取食品的时间。

(5) 热的食品需冷却

热的食品需冷却到室温后方可放入冰箱。

(6) 不要离出风口太近

对于间冷式冰箱，保存食品时，食品不要离出风口太近。

(7) 进行人工除霜

对于直冷式冰箱，当结霜厚度达5毫米时，需进行人工除霜。霜层越厚，制冷效果越差，因此女性需定期为冰箱除霜。

在清理过程中，最重要的是要把冷冻室内壁以及抽屉隔板等冰霜积霜清理干净。目前大部分冰箱都有自动融霜功能，冷冻室不会有太多陈冰，只需要用热毛巾"热敷"一下，薄冰就能融化。还有一个更为简单的办法，除掉陈冰后，等冰箱运转一段时间，在易结冰的地方贴一层塑料膜或者薄塑料布，下次除霜时直接撕膜就可以解决问题。

(8) 及时除异味

冰箱使用时间长又未做及时清理，就会出现难闻的异味，可在冰箱中放入柚子皮或橘子皮。

方法是将水果皮晾干，分别放置在冷藏室的各层上，每层100克左右，每半个月换一次。另外，泡过的茶叶沥干水分后，用小碟子盛着放在冰箱里，也可以吸收难闻的气味。用活性炭吸附异味也是不错的方法。每隔一到两周更换一次活性炭，取出的活性炭在光照充足的地方暴晒一下，以保证最好的吸附效果。

(9) 半年清洗一次

电冰箱门的密封条上容易积存污垢和细菌，一般半年清洗一次。最好用酒精浸过的湿布擦拭密封条，既可防止门上的细菌进入冰箱内部，又能延长密封条的使用寿命。此外，还要用冰箱专用消毒剂对滴水槽、隔板槽等死角进行喷洒消毒。

4. 如何维护冰箱

下面介绍一些电冰箱的维护常识。

(1) 请有专业技术资格的人员维护

电冰箱需要维修时，女性应与当地的维修技术服务中心联系，请有专业技术资格的人员进行维护。

(2) 应竖立平行移动

移动冰箱的时候应竖立平行移动，请勿倾斜，防止压缩机出问题。

(3) 放在通风干燥的地方

电冰箱在日常使用时，应放在通风干燥的地方，避免阳光直晒。

(4) 如何清洁冰箱外部

挂背式冰箱的冷凝器、压缩机都裸露在外，极易沾上灰尘，导致散热效果变差，缩短使用寿命。但该部件不容易清洗，而且用水或湿抹布擦洗，还可能影响绝缘。其实方法很简单：用电吹风等工具，吹掉冷凝器和压缩机表面的灰尘即可。

5. 保养方法

当电冰箱停止使用或暂不用时，可

用下面方法保养。

（1）用中性清洗剂和水清洗冰箱内部

将电冰箱的电源插头拔下来，除霜后用中性清洗剂和水清洗冰箱内部，用酒精将密封条擦洗干净，待冰箱充分干燥后再关上冰箱门。

（2）垫好冰箱门

冰箱门要用纸或其他的东西垫好，防止门封条与箱体粘连。

（3）如何调节

将温控器调节置于"0"或是"停"，延长其使用寿命。

（4）不要放在温度较高的地方

不要将冰箱放在温度较高的地方，因为电冰箱的制冷剂凝固点很低。

（5）不要用塑料袋将冰箱罩上

室内空气里含有一定量的水蒸气，如果用塑料袋罩上冰箱，那么冰箱吸取的潮气不容易散发，会腐蚀电器元件。

（6）每个月都给冰箱通上一次电

冰箱即使不使用，每个月也要通一次电，使压缩机正常运转半小时至一个小时后再关闭。

6. 冰箱如何省电

（1）放置在凉爽干燥的地方

冰箱应放置在凉爽干燥的地方，远离热源。冰箱周围的温度每提高5℃，其内部就要增加25%的耗电量。

（2）开门次数尽量少和时间短

开门次数尽量少和时间短，若以每次开门时间半分钟至1分钟计，箱内温度恢复原状压缩机就要工作五秒钟。如遇停电，更不要急于打开冰箱门。

（3）箱内温度调节适宜

冷藏室温度定为5℃，不要设置得太低，否则耗电较多。

（4）储存食物不宜过满过紧

食品之间与箱壁之间应有10毫米以上的空隙，以利于箱内冷空气对流使箱内温度均匀稳定，减少耗电。

（5）及时除霜

一般电冰箱内蒸发器表面霜层达5毫米时就应除霜，如霜太厚会产生很大的热阻，影响冷热交换，制冷效果差，耗电量增多。

（6）热的食品应先冷却

热的食品应冷却至室温，再放入冰箱，减少用电量和不必要的水分附着在冰箱内。

（7）制作冷冻食品使用冷开水

制作冷冻食品时应使用冷开水，忌用热开水，最好在夜间放入电冰箱，因夜间环境温度低。

（8）需冷冻的食品应用塑料袋包成小包装

在冷冻食材时应用小包装，如虾、肉类等，分成几份冷冻，可以很快冷冻，既不易发干，又免湿气变成霜，还取用方便。

（9）冷冻的食品二次利用节电法

需要解冻的食品，食用前最好有计划地把它转至冷藏室慢慢解冻，充分利用能量。

（10）包装好后先放在冷藏室

有内脏的鸡、鱼等挖去内脏，包装

好后先放在冷藏室，再移入冷冻室。

（11）冰箱内的照明灯可拧下不用

光线较好的房间，冰箱内的照明灯可拧下不用。

（12）经常保持冰箱背部清洁

冰箱背部的冷凝器和压缩机的表面灰尘影响散热效果，使耗电量增多，因此女性要经常打扫，保持清洁。

## 怎样选购、使用和维护空调

在城市里，不少家庭都安装了空调，到了炎热的暑季，可以使用空调来给居室降温防暑，或在寒冷的冬天给居室带来温暖。女性在选购空调时，应注意哪些问题呢？

1. 空调的种类

空调分为很多种，其中常见的包括壁挂式空调、立柜式空调、窗式空调和吊顶式空调等，这些产品的价格各不相同，所以女性在选购时一定要根据自己的需求来挑选。

（1）分体壁挂式

壁挂式空调不受安装位置限制，更易与室内装饰搭配，噪声较小，因而广受欢迎。

换气功能是最新运用在壁挂式空调的技术，保证家里有新鲜空气，防止空调病的产生，使用起来更舒适、更合理。此外，静音和节能设计也很重要。

如果打算选择冷暖型的壁挂式空调，要注意挑选制热量大于制冷量的空调，以确保制热效果。

（2）分体立柜式

功率大、风力强，要调节大范围空间的气温，比如大客厅或商业场所，立柜式空调最合适，但价格比分体挂壁式空调贵一些。

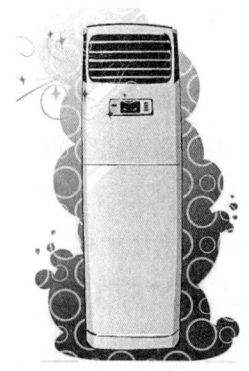

女性在选择空调时应注意是否有负离子发送功能，因为这能清新空气，保证健康。有的立柜式空调具有模式锁定功能，运行状况由机主掌握，对商业场所或家中有小孩的家庭会比较有用，可避免不必要的损害。

此外，送风范围是否够远够广也很重要。目前立柜式空调送风的最远距离可达15米，再加上广角送风，可兼顾更大的面积。

（3）窗式

窗式空调室内外机合为一体，安装方便，价格便宜，适合小房间。在选择时要注意静音设计，因为窗式空调通常较分体空调噪声大，所以选择接近分体空调的噪声标准的窗机好一些。现在除了传统的窗式空调外，还有新颖的款式，比如专为孩子设计的彩色面板儿童机，带有语音提示，既活泼又实用安全，也是不错的选择。

（4）吊顶式

吊顶式空调采用创新的空调设计理念，室内机吊装在天花板上，四面广角送风，调温迅速，更不会影响室内装修。

（5）移动式

移动式空调适用于局部制冷，可使用在许多场合，厨房、客厅、工地、办公室等，但噪声和窗式空调差不多。

以上空调按调温情况还可分为单冷型、冷暖型和电辅助加热型。

单冷型，仅用于制冷，适用于冬季较暖或冬季供热充足的地区。

冷暖型，具有制热、制冷功能，适用于夏季炎热，冬季寒冷地区，并且应注意选择制热量大于制冷量的空调以确保制热效果。

电辅助加热型，电辅助加热功能一般只应用于大功率柜式空调，机身内增加了电辅助加热部件，确保冬季制热强劲。

2. 空调的选购

女性选购空调应根据实际需要，从品牌、价格和质量、服务保障等各方面考虑，这样才能买到称心如意的好空调。

空调的基本功能是降温或取暖，最基本的要求是安全，必要的性能是宁静和节能。

知名品牌的空调，市场占有率高，质量比较稳定，售后服务有一定的保证，但一般价格较高，女性可以根据自己的消费能力酌情选择。对于那些没有名气的厂家生产的空调购买要慎重。

从价格上看，空调销售分淡旺季，一般来说，淡季购买比较有利，这是因为淡季价格较低，型号齐全，有较大的选择余地。

3. 如何验机

确定购买后，就进入验机这一重要环节了，可通过看、听、摸等办法初步检查空调的质量。

（1）外观检查

女性要目测空调各部件，应加工精细，塑料件表面应平整光滑、色泽均匀。各部件的安装应牢固可靠，管路与部件之间不能互相摩擦、碰撞。

（2）垂直、水平导风板检查

对手动的垂直、水平导风板应能上下或左右拨动，不能太紧，更不能太松，应拨在任何位置都能定位，不应自动移位。

（3）过滤网检查

过滤网是经常拆装的零部件，应检查拆装是否方便，过滤网是否破损等。

（4）各功能键、旋钮的检查

空调器面板上的旋钮应转动灵活、落位、不松脱、不滑动。

（5）通电检查

对整体式空调器，可通电检查。

（6）噪声和振动检查

空调器在制冷运动时，不能有异常的撞击声等噪声，振动也不能过大。

（7）电器性能检查

女性在检查时，看电源线、电源插头是否符合规范，用力拉电源线不应松动拉出。

(8) 附件、技术文件检查

女性应检查说明书、合格证等技术文件是否齐全，对照装箱单检查附件是否齐全。

4. 空调的使用

对空调进行正确的使用和经常性的维护，可以保持空调器良好的使用效果和正常的寿命。

(1) 不要频繁开关

女性不要因为房间温度已达要求值或高于要求值，而经常启动和关闭空调，而应当让空调通过自身的温度控制器来控制启动和关闭。

空调停机，如突然断电、人为停机等，由于一般空调均没有停机的时间延迟器，延迟时间约3分钟，对于有时间延迟器装置的空调停机后虽可马上开机，但需过3分钟后才能运转。

但对无时间延迟器的空调，停机后不能立即开机，务必过约3分钟之后，才能重新开启，否则可能造成启动电流过大，烧毁熔断丝，甚至导致烧毁压缩机电机的后果。睡觉及外出时，尤其要注意有效使用定时器，利用定时器使其仅在必要的时间内运转，以便省电。

(2) 经常检查

女性要注意电器插头和插座的接触是否良好，如果发现空调在运行时，电源引出线或插头发烫，可能是电器接线太细或插头、插座接触不良，应采取措施解决。

女性还应经常观察空调制冷剂管路，主要指分体空调的接口部位是否有制冷剂泄漏。如果发现有油渍，则说明有制冷剂漏出，应及时予以处理，以免长时间泄漏而造成制冷剂量不足，影响空调的制冷制热效果，甚至造成压缩机损坏。

(3) 经常清洁

在所有家用电器中，空调积尘污染是最严重的，有些用户自从装上空调后长年累月使用，从不清洗，直到发生故障，有相当一部分空调是由于缺乏清洗保养而过早损坏的。

①清洁空调面板和机壳的灰尘。

女性在清洁空调面板和机壳的灰尘时，一般应使用干布或清水擦拭，不要用50℃以上热水、汽油、挥发性油及腐蚀性溶剂擦拭。

②及时清洁过滤网。

过滤网一般2~3周左右清洗一次。女性应将过滤网抽出，轻轻拍弹或用吸尘器除去灰尘，如果过滤网积污过多，则可用水或中性洗涤剂冲洗，但不能用50℃以上的热水清洗，以免变形，也不要用海绵清洗，以免损坏过滤网表面，冲洗后放阴凉处晾干，不要暴晒或烘干。过滤网是消耗品，大约每四个月更换一次，如果过滤网阻塞，就会使滤清能力降低，减少空气循环量，从而降低制冷制热效果。

③定期清洗空调的冷凝器和蒸发器。

在空调日常运行中，要注意保护冷凝器与蒸发器的散热片，冷凝器与蒸发器的散热片是0.15m的铝片套入铜管后胀管而成，经不起碰撞，如果损坏了散热片，就会影响空调的散热效果，使制冷效率减低。

女性可使用软毛刷和吸尘器清理散热片上的灰尘，毛刷和吸尘器应沿盘管的垂直方向清扫，切勿沿水平方向清扫，以免碰坏散热片。

5. 空调的保养

保护好制冷系统，若损坏了制冷系统的部件或连接管路，就会使制冷剂泄漏，空调器就不能制冷，每隔半年应对室外冷却器用长毛刷进行灰尘清除。每年拆下机芯，对风扇电机轴承注入适当的润滑油，制冷系统不必处理，只要清除外表污垢即可。使用水冷式空调，当制冷系统工作时，不得关闭水源。

对装在室外的风冷冷凝器，每隔1～2个月要清除灰尘。冬季停机时，应将水冷式冷凝器内的存水排尽，以防冻裂。

6. 空调要正确选用熔断丝

应按产品说明书标明的额定电流来选择熔断丝的规格，熔断丝电阻过大不起保险作用，过小则常会断。

7. 空调的维护

在秋天，应将空调停用后进行维护。如何维护停用后的空调呢？

①选择干燥的晴天维护空调。

将空调器功能键选在"送风状态"，运转3～4小时，让空调器内部湿气散发干，然后关掉空调，拔出电插头。

②不要遮挡室外机的吹风口，防止浪费电。

室外机的吹风口处放置物品遮挡时，冷暖气效果降低，浪费电。善于利用风向调节，暖气时风向板向下，冷气时风向板水平，效果较好。

③空调与电风扇并用，可以给女性和家人带来舒适感。

④外出前30分钟关闭空调，关闭空调30分钟，室温不会有多少变化。

⑤夏季使用空调的节能模式是"冷气"、"除湿"两种功能的分开使用。不能单纯比较冷气和除湿功能耗电的成本，平时都调至冷气功能，而在闷热的天气，则使用除湿功能，分开使用可以节省电力。

⑥定时清洁空气过滤网。

如过滤网阻塞，会减少空气循环量，降低制冷制热效果，增加耗电。除自己动手清除过滤网上的灰尘外，每年应请专业人员对空调器的室外和室内机进行清洁工作，达到节能的目的。

## 如何选购、使用和维护洗衣机

几乎每个家庭都离不开洗衣，而女性更会经常使用洗衣机。现在全国各地都掀起了一股"节能减排"的热潮，在这股热潮的带动下，很多女性将目光转移到一些节能的家用电器上来，因此，选购一台适合自己的洗衣机是非常必要的。

1. 如何选购洗衣机

洗衣机的选择应当量入为出，按需消费，选择最适合自己的其实也是一种节能。

（1）选品牌

应当选择目前市场上的主流品牌，

以保证其质量和售后服务，而不必盲目迷信某些外资品牌。国产品牌和外资品牌在技术上并不存在什么巨大差距，相反，在某些方面，不少国内企业还掌握着更为领先的技术。

（2）波轮式和滚筒式的比较

①在洗净度和磨损率方面的比较。

波轮式洗净度比滚筒式高10%，其磨损率也比滚筒高10%。

②在耗电量和耗水量上的比较。

滚筒式如果水温加到60℃，一般洗一次衣服耗电在1.5千瓦·时左右，而波轮式的功率洗一次衣服只需1千瓦·时左右。在用水量上，滚筒式为波轮式的40%~50%。

③从功能上来比较。

波轮式一般只有洗衣、脱水的功能，部分也具有消毒除菌功能，但滚筒式除了洗衣、脱水外，目前基本上都具有消毒、除菌、烘干、水温加热的功能，有部分还具有蒸汽熨烫的功能，衣服洗完后拿出来就可以直接穿了。

④排水方式的比较。

滚筒式一般是上排水，波轮式下排水居多。家中没有地漏或污水排放不方便的，选择滚筒式可解决这个问题。

⑤价格的比较。

整体来说，滚筒式洗衣机价格稍高，但有些品牌的机型和波轮洗衣机的相差无几了。其实，究竟选择滚筒式还是波轮式，还是要根据自己平日的习惯、洗涤衣物的种类和家庭的实际需求等情况，不要盲目地跟风，以至于"只买贵的不选对的"。

如果家中毛料、丝绸衣物较多，建议选购滚筒式洗衣机；如以洗涤棉布衣服为主，则建议选择波轮式洗衣机。此外还要注意家庭的用电容量是否够大，如家中有热水水源，则不必选用有加热元件的滚筒式洗衣机。

（3）选择适合自己家庭的功能

挑选家电，人们往往喜欢功能更全的产品，这本来是正常的要求，但更多的功能也往往意味着更高的价格。

如今洗衣机的功能可以说是五花八门，"烘干技术"、"除菌技术"、"节能技术"、"速洗涤"、"预约功能"、"羊毛洗"、"儿童洗"、"静音"、"减震"等，几乎每一种洗涤需求都演化为一种功能，这里面有用得上的，也有始终都用不上的功能。因此，女性在选购洗衣机时一定要明确自己需要什么、不需要什么，没有必要为了追求功能全而浪费金钱，做到理性消费。

（4）注意洗净率

女性在选购洗衣机的过程中一定要注意洗衣机的洗净率，是否是100%清水漂洗。

（5）检查质量认证

洗衣机外壳上贴的质量认证也可以

作为购买参考。

（6）验机

验机时，女性还要观察洗衣机机体的油漆是否光洁亮泽，是否有磕碰、磨损的伤痕或污迹；玻璃电脑板是否透明清晰、无裂刮痕；功能选择和各个按钮是否灵活，等等。

2. 洗衣机的使用

（1）应尽量按照使用说明去使用

在洗衣机工作时，对水压和电压有一定的要求。洗衣机的控制中心是电脑板，而电脑板最好的工作状态是电压在180～230V之间。洗衣机运转时，要求水压不能太低，因为水压过低，流水慢会影响进水阀及电机的使用寿命。高层住宅的用户应尽量避免在用水高峰期使用洗衣机。

（2）衣物量应控制在规定的洗涤容量内

女性在洗衣时要注意，洗涤容量过大会加大电机的负担，降低洗衣机的使用寿命。

（3）将衣兜中的细小物品全部掏出

使用滚筒洗衣机时，女性一定要将衣兜中的细小物品全部掏出，这些细小物品容易从洗衣机内筒小孔进入内外筒夹层内，造成机器故障。

3. 洗衣机的维护

在非工作状态下，洗衣机的维护应注意以下几点：

①使用完洗衣机后，擦干外壳、打开门盖，让水分蒸发，保持洗衣机干燥。

②不要将洗衣机放置在潮湿的地方。如果只能放置于潮湿处，如卫生间，也要保持良好的通风。

③洗衣机出现故障时，不要自己解决，以免对洗衣机和用户本身造成损伤。

# 怎样选购、使用和维护家用热水器

家庭装置了热水器，在洗澡时，不用再使用烧水盆浴了，这样方便多了。尤其在寒冷的冬季，使用热水器洗澡，也不会感到寒冷，不会担心受凉感冒。女性对家庭添置热水器一定非常欢迎，不过，在选购热水器时，以下几点需要注意。

1. 家用热水器的分类

目前，市场上适合家庭使用的热水器有两类，一类是燃气式，另一类是电热式。燃气式热水器又分为液化石油气、人工煤气和天然气型，电热式热水器也有储水式和即热式之分。

其实，就最终的使用效果来说，如果安装得当、管线畅通，都能够令人满意，很难说谁优谁劣。所以，消费者在购买热水器对，不必人为地设定某种类型，应根据自己的实际情况进行选择。

购买热水器需要考虑的因素很多，但最基本的是以下几点：安全、安装、价格、使用方便、使用寿命、使用成本、使用环境、家庭人口、售后服务，等等。

（1）燃气式和电热式的对比

燃气式热水器的优点是价格低、加热快、出水量大、温度稳定，缺点是必须分室安装且必须由专业人员安装，不易调温，需定期除垢，在使用中易产生有害气体，使用液化石油气体和人工煤气型易产生轻度油烟。

目前市场上的产品，5升以下的已基本淘汰，6升以上的产品渐成主流，部分产品达到9升、10升。由于居民家中自来水的压力不同以及管线基本上以4分管为主的原因，购买6升/分钟出水量的产品是最适用的。

因为即使用8升/分钟以上的产品，由于管线直径和水压的限制，大部分家庭中出水量也只能达到6升/分钟的水平。实际上在相当一部分家庭中，使用的进水管与出水管还不能保证全部达到4分管的水流及压力水平。

电热式热水器的优点是干净、卫生、不必分室安装、不产生有害气体、调温方便，高档产品还有到达设定温度后自动断电、自动补温等功能，有的还内置了阳极镁棒除垢装置。多数产品采取了过压、过热、漏电三重保护装置，使用更安全。缺点是加热慢、占空间、不适合人口多的家庭使用，且价格略高。

了解上述内容之后，女性可根据自己的实际情况选择最适合自身情况的产品。

（2）根据使用的燃气种类进行选择

如果确定选择燃气式，必须再根据使用的燃气种类进行选择。一定要选购经国家相关部门检验合格的产品。一般情况下，市场上销售的燃气热水器应贴有技术监督局的报检推荐，报检准用防伪标志或其他相关标志。

2. 电热水器的选择

（1）耗电量

影响电热水器耗电量的关键因素是保温效果，所以，要选择效果最好的保温层。主要是看保温层的厚度和使用材料。

（2）质量

女性要选择质量好的电热水器内胆。档次最高、寿命最长的是不锈钢内胆，使用寿命可达15年以上。其次是搪瓷内胆，一定要选择工艺性好的，否则容易出现掉瓷现象，内胆很快会腐蚀穿孔，对热水器的使用寿命是一个很大的隐患。较低档次的是镀锌内胆涂附热固化树脂，由于内胆处于70℃的加热环境下，固化树脂易水解反映，锌保护层防锈能力又差，因而其使用寿命较短。

（3）安全性能

女性要选择具有可靠的安全装置的电热水器，尽量选择功能最齐全的。如接地保护、防干烧、防超温、防超压装置、漏电保护器，出水自动断电装置等。

（4）售后服务

女性最好在较大的商场购买品牌产品。商家可免费上门安装、上门设计咨询、免费移机等一系列服务。

3. 燃气热水器的安装与使用

（1）安装注意事项

①燃气热水器要安装在通风的地方。不可将燃气热水器装在浴室和密闭房间内。

②一定要请专业人员安装。安装必须符合当地燃气管理部门的规定和安全要求。

③安装的高度。要以人眼能方便地从观火孔观察到火焰为宜。

（2）使用注意事项

燃气热水器使用时一是要氧气助燃，二是要产生烟气。正常情况下，烟气中的一氧化碳含量是很少的，但是在空气供应不充足的状况下，烟气中的一氧化碳含量会大大增加。热水器在通风不良的情况下使用时，空气中的氧气越来越少，一氧化碳越来越多，缺氧使人窒息，一氧化碳使人中毒。

一氧化碳是一种无色、无臭、无刺激的有毒气体，中毒后除头痛、头晕、恶心外，还可有耳鸣、心悸、呕吐、四肢无力等症状。使用燃气热水器必须通风良好，万万不可粗心大意。

为了减少和避免事故发生，使用燃气热水器的女性要牢记正确使用注意事项，并做到以下几点：

①经常检查燃气管道。避免管道漏气，如果发现漏气，应及时关闭燃气阀，打开门窗，消灭火种。

②在使用燃气热水器前，女性应该检查安装燃气热水器的房间窗子、排气管是否安装好，通风是否良好。如果不能确保充足的空气，会有发生缺氧或一氧化碳中毒的危险。

③应按使用说明书正确操作。

在使用过程中，应按使用说明书正确操作，经常检查热水器在使用中是否正常燃烧，使用后必须调到熄火状态，关闭燃气阀。

④发现漏气要停止使用。

使用中发现有臭味或喷火现象，说明热水器及燃气管道漏气，必须马上停止使用，关闭燃气阀，打开门窗以防止发生危险。室内禁用明火和开关、拔插电器具，并及时检查修理。

⑤下部有火苗蹿出应暂停使用。运行时火焰溢出外壳或下部有火苗蹿出，应暂停使用。

⑥燃气热水器上部有火苗蹿出应停止使用。

燃气热水器上部有火苗蹿出，可能是燃气压力过高或气源种类不对，应停止使用并查明原因。

⑦燃气热水器上部冒黑烟应立即停用。

这种情况说明热交换器已经严重堵塞或燃烧器内有异物存在，应立即停用并送维修。

⑧安装燃气热水器的房间倒灌风。

刮风天气发现安装燃气热水器的房间倒灌风，或烟道式燃气热水器从烟道倒烟时，应暂停使用燃气热水器。

⑨寒冷季节对燃气热水器应注意防冻。

⑩排烟道应注意防止腐蚀，烟道不可堵塞。

⑪对未成年人、外来亲朋使用燃气热水器女性应特别注意安全指导，教会正确使用，不要大意。

⑫最好不要长时间连续使用燃气热水器，若有多人洗浴，应有一定的间隙。

⑬定期检查燃气热水器的各部件。

⑭用肥皂水泡沫在气路及各接头处涂抹，以检查燃气管道及外接胶管是否有裂纹、老化、松脱等现象。

⑮检查进水阀过滤纱网，使用时间一长，进水阀过滤纱网上易积水垢，造成进水阀堵塞。清除方法是将进水管路旋开，取出过滤纱网进行清洗。

⑯每半年或一年对热交换器和主燃烧器检查一次，看是否有堵塞现象。如果有，应及时进行清洗，否则会引起燃烧不完全，产生有害气体，严重时会发生中毒事件。

⑰检查火喷嘴与热电偶，如果长时间使用燃气热水器，火喷嘴与热电偶处易积炭，影响顺利点火。因此，在使用过程中，女性要经常检查火喷嘴与热电偶，发现积炭，要及时清除干净。

⑱燃气热水器每半年至一年，应由专业人员全面维修保养一次。

## 如何选购微波炉和电磁炉

很多家庭都在使用微波炉或电磁炉，它们使家庭生活更加便利了。女性在选购微波炉时，要首先知道微波炉的工作原理。所谓微波，它是一种电磁波，具有一定能量。任何一种能量持续地作用于人体都是有害的。所以微波炉的安全性能是至关重要的，特别是微波泄漏量必须控制在一定的范围之内。国际电工委员会（IEC）标准对微波炉的微波泄漏量有明确规定。

这就将微波可能对人体的伤害降低到了微乎其微的地步，所以使用微波炉对人体不会造成伤害。

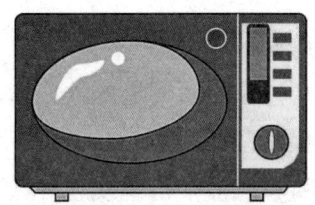

1. 微波炉的选购

选购时，测试微波泄漏情况：将一台中波收音机调到无台处，放在炉体旁，如听不到放电噪声，说明微波屏蔽良好，泄漏较少。

2. 微波炉的使用

在使用家用微波炉前应该先考虑一下微波炉的放置位置。女性应注意以下几个问题：

①由于微波炉加热和烹饪时，具有无油烟、清洁卫生的特点，所以微波炉可以放置在厨房，也可以放置在会客室里。

②微波炉应选择放置在干燥通风的地方，避免有热气、水蒸气和自来水进入或溅入微波炉。

③微波炉应放置在固定平稳的台子上，并在微波炉的上、后、左、右留有10厘米以上的通风空间。

④微波炉应尽可能不要太靠近电视机等家电，以免产生噪音影响到收视效果。

⑤最好给微波炉独立接一路专用电源，再配一个接地良好的三孔插座。

⑥认真阅读使用说明书，检查电度表和保险丝的容量是否满足微波炉的使用电压和输入功率，一般来说5A的电度表和10A的保险丝，就可以满足一般微波炉的要求了。

⑦再按照说明书上的注意事项和所规定的操作程序操作。

⑧检查微波炉的插头、导线和插座是否完好无损。

⑨炉门应轻开轻关，千万不要用重物敲击炉门，炉门的损伤和变形将可能引起微波泄漏。在烹饪时闻到食品的香味，这是正常的情况，因为微波炉在设计时，防止微波泄漏不完全靠密封，而主要是靠炉门结构上的抗流装置来实现的。

⑩用微波炉烹饪时，使用器皿不能用金属和搪瓷制品，因为金属对微波有反射作用。它不仅导致微波炉加热效率降低，加热均匀性差，还会使微波与金属接触产生火花，发生危险，严重时还会损坏磁控管。微波炉在没有放入食品之前，女性不要启动微波炉，以免空载运行时损坏磁控管。

⑪微波炉工作时，女性应提醒儿童，不要将眼睛紧靠微波炉去观看微波炉工作。因为眼睛对微波最敏感，以免受到不必要的伤害。

⑫烹饪时，应掌握好时间，不要一次将烹饪时间设得太长，以免引起食品过热、热焦或起火。万一起火请勿打开炉门，只要将定时器回调到零或拔掉电源插头，火焰会自动熄灭。

⑬带盖的密封容器放入炉内加热时，要拧开盖子。否则，容器内的空气会因加热后体积膨胀而产生爆裂，严重时可能产生爆炸。所以带硬质外壳的食品，如鸡蛋等不要放入微波炉内加热。当加热用塑料袋密封的食品时，应剪去一角作为出气孔。

⑭从微波炉内取出加热食品时，小心烫手。虽然微波对容器不会加热，但食品的热量会传递到容器上去。

⑮如果微波炉发生异常或故障，请不要自行拆修，因为微波炉中的高压电容内仍蓄有高压电，可能发生电击危险，即使是专业维修人员，也要先接地放电，才能进行维修。

3. 微波炉的清洁维护

任何一件家用电器都要注意日常的保养，微波炉也不例外。微波炉日常的保养是保证微波炉能可靠地工作，延长其使用寿命不可缺少的前提。用户日常保养的主要内容就是清洁工作。清洁时女性要注意以下几点：

①在清洁之前，请将电源插头从电源插座上拔掉。

②日常使用后，马上用湿擦布将炉门上、炉腔内和玻璃盘上的污渍擦掉，

这时最容易擦干净。如果日常没有及时清洁，多次使用后最好用容器将一些水加热成蒸汽，使炉内污垢软化，再用湿擦布擦，就容易清洁了。如果污垢严重时，也允许用中性洗涤剂或肥皂水擦洗，不允许冲洗但禁止用香蕉水、汽油以及硬质的布或毛刷擦洗。这样会破坏漆层，导致炉腔生锈。

③微波炉若用久后，腔内会有异味，可用柠檬或食醋加水在炉内加热煮沸，异味即可消除。

④不管微波炉在使用后，还是在清洁擦洗后，炉腔内都会残留水蒸气。因此，要用干布擦干或打开炉门使其通风干燥，都会大大降低微波炉故障率和延长微波炉的使用寿命。

4. 电磁炉的选购

电磁炉由于小巧、方便的使用特点，近年越来越受到很多家庭的关注。电磁炉是应用电磁感应原理进行加热的。电磁炉的炉面是耐热陶瓷板，电流通过陶瓷板下方的线圈产生磁场，磁场内的磁力线通过铁锅、不锈钢锅、搪瓷锅等底部时，产生涡流，令锅底迅速发热，达到加热的目的。这里介绍一下电磁炉的购买注意要点。

（1）可靠性与有效寿命

电磁炉的可靠性指标一般用 MTBF 表示，单位为"小时"，优质电磁炉应在 1 万小时以上。

（2）功率

家用电磁炉的功率一般在 800 以上，并分成若干挡。功率越大，加热速度则越快，但耗电也多，售价较高，选购时应根据用餐人数以及使用情况而定。

（3）品牌

选择技术力量雄厚、信誉度高的品牌，产品要通过 3C 强制认证。

（4）关键元器件

电磁炉质量好坏，取决于高频大功率晶体管和陶瓷微晶玻璃面板的质量。推荐购买高速、高电压、大电流、大功率晶体管的电磁炉，其质量好、性能优、可靠性高。如果采用几只大功率晶体管串联或并联使用的电磁炉问题较多。

（5）面板

选购正宗的陶瓷微晶玻璃面板的电磁炉，其特征是：乳白色，不透明，触摸面板上的印花图案手感凹凸明显。

（6）保护功能

选购的电磁炉应具有多种保护装置，包括小物件检测、过热自动停机保护、过压或欠压自动停机保护、空烧自动停止加热保护、2 小时断电保护、1~2 分钟自动停机保护以及声光报警显示等。选购时应按《使用说明书》有关检测方法，通电试机看其保护功能是否工作正常。

（7）检测电气性能

用配套的锅具加入 0.5kg 凉水，接通电源，按下"加热"按键，在常温下加热 4~5 分钟将其烧开，说明电磁炉加热基本正常。当水烧开之后仔细听，应只听到电机轻微转动声，不应有异常噪声或震动声。最后拔下电源插头，用手触摸电源插头为常温或稍有微温的，说明电磁炉电气性能良好。

# 如何选购、使用和维护抽油烟机等电器

抽油烟机在家庭中使用十分普遍，不过，市场上有各种品牌的抽油烟机，无论质量还是款式、功率都不一样，因此，女性在选购时应加以注意。

1. 抽油烟机的选购

女性选购抽油烟机，主要可从安全性、噪声、风量、主电机功率、外观、占用空间、操作方便性、售价及售后服务等方面考虑。

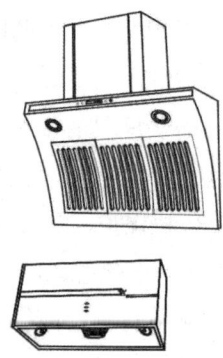

（1）3C认证

一般来讲，通过3C认证的抽油烟机，其安全性更可靠，质量有保证。

（2）外形

抽油烟机的外形有薄型、平背式和立式等产品。从造型上讲，薄型要比厚型的美观，安装起来也方便。平背式抽油烟机的电机为内藏式，外观好看，而且易于清洗表面。立式抽油烟机豪华，排气量大。

（3）噪声

国家标准规定抽油烟机的噪声不超过65~68dB。

（4）风量和电机功率

在达到相同抽净率的前提下，风机功率和风量越小越好，这样既节能省电，又可以取得较好的静音效果。应根据厨房大小和格局选择抽油烟机的功率，如果是敞开式厨房，就应该选择功率稍大的油烟机。

（5）功能

现在国产抽油烟机中的不少产品都增加了一些使用功能，如明火、煤气报警、自动开关等装置，对于这些功能要一分为二地看待。虽然功能增多使抽油烟机一机多用，但也增加了销售价格，增大了故障率，有的功能也并不实用。例如，自动开关装置实际上是由一个灵敏度很高的气敏开关组成，当它同油烟接触次数多了就会失灵。

此外，当油烟浓度达到一定程度后，它才会使抽油烟机自动开机，在此之前，部分油烟已散发，对身体不利，也达不到安装使用抽油烟机的目的。所以，女性在购买抽油烟机时，要选择有适用功能的产品。

2. 抽油烟机的清洗维护

（1）做菜后马上进行清洁

每次做菜后，不要马上关掉抽油烟机，让它继续运转，可将残留在空气中的油烟和水汽以及没有完全燃烧的一氧化碳抽走。

（2）洗洁精、食醋浸泡法

将叶轮拆下，浸泡在用 3~5 滴洗洁精和 50 毫升食醋混合的一盆温水中，10~20 分钟后，再用干净的抹布擦洗，外壳及其他部件也用此洗洁精溶液清洗。此法对人的皮肤无损伤，对器件无腐蚀，清洗后表面仍保持原有光泽。

（3）高压锅蒸汽冲洗法

把高压锅内冷水烧沸，待有蒸汽不断排出时取下限压阀，打开抽油烟机，将蒸汽水柱对准旋转扇叶，由于高热水蒸气不断冲入扇叶等部件，油污水就会循道流入废油杯里，直到油杯里没有油为止。

（4）肥皂液表面涂抹法

将肥皂制成糊状，然后涂抹在叶轮等器件表面，附着在皂液上的油污比较容易去除。

（5）在盒内先垫上一层保鲜膜

抽油烟机的储油盒使用前，可在盒内先垫上一层保鲜膜，保鲜膜的一部分留在盒外，每次污油积满时，只需换保鲜膜即可。此外，也可在盒内先倒洗涤剂垫底，这样污油总是浮在上面，清洗起来也容易。

（6）先喷上清洁剂

抽油烟机的面板清洗起来相对简单，可先喷上清洁剂，然后贴上纸巾，使清洁剂分解污垢，半小时后揭下，再用海绵轻轻擦拭。

3. 加湿器的选购

干燥的气候，使许多人出现了唇裂、上火、流鼻血、皮肤脱皮等症状，每天早晨起来也会有口舌干燥的现象出现，要想避免天气干燥给身体带来的不适，除了平时多喝水和吃水果外，最有效的办法就是购买一台加湿器，加湿器不仅可以科学驱除干燥、湿润空气，还可以过滤空气中的有害颗粒尘埃，加湿同时还净化空气、防止细菌和病毒传播，提高人体免疫力，保障女性和家人的健康。那么在选购加湿器时应该注意什么呢？

（1）根据房屋面积选择

在使用加湿器时，太干或太湿都不好，只有科学加湿，才能更好地呵护女性和家人的健康，所以房屋面积是购买前需要考虑的一个因素。比如 20 平方米的房间，适宜使用加湿量为 270ML/H 以上的加湿器，40 或 50 平方米的房间，则应选择加湿量为 540ML/H 的产品。

（2）选择可靠的品牌

目前市场上的加湿器品牌数不胜数，价位从几十元到几百元都有，最好不要购买太便宜的，大品牌更能保证产品质量和售后服务。除了加湿功能，最好还带有其他功能。

（3）根据功能来选

现在加湿器的功能越来越多，热气功能、抗菌功能、无菌加湿、银离子杀菌、自动恒湿功能等，这些功能比原来只有加湿功能的加湿器更有利于健康。

如何选择适合自己的加湿器要针对个别情况而言，女性想用加湿器滋润肌肤，养颜美容，那么可以选择具有热气功能的加湿器；如果女性想省心省力那么就可以选择自动恒湿功能的加湿器，它可以根据室内的湿度自动加湿或者停止加湿，使用起来更为方便，有的产品使用了湿度显示技术，人性化显示环境内温湿度。

（4）根据类型来选择

目前市场上的加湿器大致可分为电热式加湿器、超声波加湿器与纯净加湿器三种。由于电热式加湿器耗电量大、安全系数低，目前在市场已经很少见到，所以超声波加湿器与纯净加湿器成为市场主流。

①超声波加湿器。

超声波技术是世界上一种比较成熟的技术，已被广泛应用在各种领域。超声波加湿器采用超声波高频震荡，将水雾化为1~5微米的超微粒子，通过风动装置，将水雾扩散到空气中，使空气湿润并伴生丰富的负氧离子，能清新空气，增进健康，一改冬季暖气的燥热，营造舒适的生活环境。

超声波加湿器的优点是，加湿强度大，加湿均匀，加湿效率高；节能、省电，耗电仅为电热加湿器的1/10~1/15，使用寿命长，湿度自动平衡，无水自动保护；兼具医疗雾化、清洗首饰等功能。缺点是对水质有一定的要求，如果水质较硬，在使用中会产生白色粉末状杂质，因此最好使用蒸馏水或者纯净水加湿。

②纯净型加湿器。

纯净加湿技术则是加湿领域刚刚采用的新技术，纯净加湿器通过分子筛蒸发技术，除去水中的钙镁离子，彻底解决"白粉"问题。通过水幕洗涤空气，将空气加湿的同时，净化空气，再经风动装置将湿润洁净的空气送到室内，从而提高环境湿度。纯净型加湿器的优点是不受水质限制，无水雾现象，加湿更均匀，比普通加湿效率提高30%以上，尤其适合有老人、孩子的家庭。缺点是价格相对比较高。

总之，女性在购买之前，要根据以上所提到的几点结合自己的实际情况和需要来选择加湿器，不一定要买最好的，但一定要买最适合自己的。

4. 吸尘器的选购

女性应在大型商场选择知名品牌，质量和售后服务都有保障。

从吸尘器的功用来说，吸尘器比较适合清理浮灰，如果想用于厨房的清洁，可选用干湿两用的吸尘器。

从外形上看。手持式的外形比较小，功能较单一。立式比较适合空间较大的房间，卧式适合角落多和有床的房间。吸尘器一般都配有伸缩管或二接管，可以深入角落进行清理。立式即使可以用软管，最多也只配一二接管，相对比卧式的伸入距离要短。立式占地较小，地面吸盘直接接触地面，吸力强劲，并且依靠机器自重使吸盘和地面充分接触，清洁效果较好。

此外，女性在选购吸尘器时，要了解吸尘器的重要指标、结构，要检查结构，了解如何使用和维护吸尘器。

（1）吸尘器的重要指标

①功率，只代表耗电大小，真正重要的指标，应该是吸入功率。一只好的

吸尘器能将电能高效地转化为真空吸力，因此同样功率的吸尘器，真空吸力越大就越好。

②真空度。这是吸力大小的重要指标。该指标与功率也有很大关系。一般功率越大，该指标应该越高。以 1000w 为标准的话，该数值应在 20kPa 左右。

③风量。单位时间内通过吸尘器吸口的空气流量为风量。一个与真空度同等重要的指标，同样与功率相关。以 1000w 为标准，该数值应在 1.3 左右。

④噪声。1000w 左右的吸尘器，噪声一般都在 80dB 左右。

⑤温升。1000W 的吸尘器，长时间开动后，出风口的温度一般在 40℃ 以上。同样，小功率可以降低温升。

⑥寿命。一般吸尘器的寿命是 300 小时。

（2）滚刷结构

滚刷的作用主要是清洁地毯及毛纺织物件，用硬质尼龙毛滚刷可能将地板打坏，可选用软毛滚刷。

此外，女性要查看吸尘器滚轮是否转动灵活，并没有明显晃动。

（3）检查结构

①检查尘盒或前盖是否开启、关闭、锁紧顺畅。前盖如果能自由落锁为最佳状态；尘盒下盖应能在按下相应按钮后，因重力自动打开，轻甩尘袋，如能顺畅关闭锁紧则为最佳状态。

②检查过滤网和尘袋有无破损。

③检查附件，重点检查伸缩管是否伸缩自如；吸口接上风动地刷，地刷是否运转正常，声音大点是正常的，但不能有异声。一手提的话再检查下背带能否使用。

④如果带卷线器，将电源线全部拉出，然后分三次将线收入，检查有无收线异常。收线分段越多，应该越难收，一般到最后阶段，因为插头的重量，是最难收的，用手轻托电源线，能收入也算勉强通过。

⑤检查金属件是否有锈蚀，镀层脱落；塑料件间缝隙是否过大或不均匀，甚至有未安装到位的，塑料件不能有缺料、划伤；喷漆颜色均匀不脱落。

（4）如何使用和日常维护吸尘器

①使用前要核对使用场所的电源电压与吸尘器标明的额定电压是否一致。

②若吸尘器带有地线，应该接上再使用。

③使用前应当将被清扫场所中较大脏物、纸片等除去，以免工作时被吸入管内堵塞进风口或尘道，使吸尘器不能正常工作。

④一般干式吸尘器不允许吸潮湿泥土或污水，以免损坏电机。

⑤吸尘器不要处于长时间连续工作状态，一般不超过 2 小时，否则影响使用寿命。

⑥使用时一旦发现有异物堵住吸管，应立即停止使用。待清除异物后继续使用，否则会烧毁电机。

⑦吸尘器的储灰箱应经常清理，否则降低吸尘效率。

⑧某些吸尘器配有独立放气阀，当

尘土满时放气阀动作即发出异声，可别以为是吸尘器出故障。

⑨过滤材料的清洗时，将尘袋、尘盒内的驻物倒净，将过滤网取出冲洗晾干。在室外拍打尘袋，或将 HEPA 在地上磕打，直至没有灰尘散出；或将尘袋浸在水中洗净，水中可加洗涤剂类，注意千万不要把 HEPA 弄破，HEPA 的透气度会随使用次数逐步下逢，这是正常的。

# 家用电器使用常识

市场上各种家电产品很多，女性在选购家电时，除了根据品牌、性能、规格等方面进行选购外，各种质量认证标识也是购买产品时一个重要的参考项目。对于一款正规渠道上市的产品，铭牌上往往有很多认证标识，它代表该产品已经通过了相关认证机构的检验，这些认证标识往往是一个产品质量、安全、设计等方面的保证。作为一个成熟的消费者，掌握一些常见的认证标识是相当重要的。

1. 国内家电产品上常见的认证标识

（1）CCIB 标识

中国进出口商品检验局检验标识。凡进口家电产品必须有此标识才能在中国内地市场上销售，说明该产品是经正规途径进口的商品，质量可靠。（CCIB 标志现由 3C 标志代替）

（2）长城标志

中国电工产品认证委员会（CCEE）质量认证标志，长城标志现由 3C 标志代替。已经实施强制认证的产品有：电视机、收录机、空调机、电冰箱、电风扇、电动工具、低压电器。

（3）中国强制认证

中国强制认证（China Compulsory Certification）的英文缩写为"CCC 认证"，也就是通常所说的 3C 认证。它是中华人民共和国强制规定各类产品进出口、出厂、销售和使用必须取得的认证，只有通过认证的产品才能被认为在安全、EMC、环保等方面符合强制要求。中国强制认证标志实施以后，将逐步取代原实行的"长城"标志和"CCIB"标志。

（4）UL 标识

UL 标识是美国保险商实验所认证标志。

（5）CECC 标识

CECC 标识是欧洲电工认证标志。

2. 家庭使用电器常识

（1）每个家庭必须具备一些必要的电工器具，如验电笔、螺丝刀等，还必须具备适合家用电器使用的各种规格的保险丝具和保险丝。

（2）装有总保险

每户家用电表前必须装有总保险，电表后应装有总闸和漏电保护开关。

（3）严禁用铜、铁丝代替保险丝

在任何情况下都严禁用铜、铁丝代替保险丝，保险丝的大小一定要与用电容量匹配。更换保险丝时要拔下瓷盒盖更换，不得直接在瓷盒内搭结保险，不得在带电情况下，未拉开刀闸更换保险丝。

（4）查明原因才能再合上电源开关

保险丝烧断后，必须查明原因才能

再合上电源开关。任何情况下不得用导线将保险短接或者压住漏电开关跳闸机构强行送电。

(5) 认真查看产品说明书

购买家用电器时,应认真查看产品说明书的技术参数,如频率、电压等,是否符合本地用电要求。

(6) 要清楚耗电功率是多少

要了解家庭已有的供电能力是否满足要求,特别是配线容量、插头、插座、保险丝具、电表是否满足要求。

(7) 及时更换改造配电设备

当家用配电设备不能满足家用电器容量要求时,应予以更换改造,严禁凑合使用。否则超负荷运行会损坏电气设备,还可能引起电气火灾。

(8) 了解电器绝缘性能

购买家用电器,还应了解其绝缘性能是一般绝缘、加强绝缘还是双重绝缘。如果是靠接地做漏电保护的,则接地线必不可少。如果是加强绝缘或双重绝缘的电器设备,不得再接地或接零,以免破坏其独立性。

(9) 要注意家用电器的散热条件

对带有电动机类的家用电器,还应了解其耐热水平,是否可长时间连续运行。

(10) 注意对安装环境的要求

在安装家用电器前,应查看产品说明书对安装环境的要求,特别注意不要把家用电器安装在湿热、灰尘多或有易燃、易爆腐蚀性气体的环境中。

(11) 火线、零线应标识明晰

在室内配电时,火线、零线应标识明晰,并与家用电器接线保持一致,不得相互接错。

# 现代女性生活百科全书

珍藏版

吕长青 | 编著

化妆 美容 服饰 居家 保健 美食 恋爱 婚姻 家庭
心理 交际 礼仪 孕期 育儿 职场
安全 投资 理财

（下卷）

XIANDAI NÜXING
SHENGHUO BAIKE
QUANSHU

北京工业大学出版社

图书在版编目（CIP）数据

现代女性生活百科全书：全2册/吕长青编著.—北京：北京工业大学出版社，2016.9
ISBN 978-7-5639-4770-6

Ⅰ.①现… Ⅱ.①吕… Ⅲ.①女性—生活—知识 Ⅳ.①Z228.4

中国版本图书馆CIP数据核字（2016）第161235号

# 现代女性生活百科全书（下卷）

| | |
|---|---|
| 编　　　著： | 吕长青 |
| 责任编辑： | 符彩娟 |
| 封面设计： | 书心瞬意 |
| 出版发行： | 北京工业大学出版社 |
| | （北京市朝阳区平乐园100号　邮编：100124） |
| | 010－67391722（传真）　bgdcbs@sina.com |
| 出 版 人： | 郝　勇 |
| 经销单位： | 全国各地新华书店 |
| 承印单位： | 大厂回族自治县正兴印务有限公司 |
| 开　　本： | 787毫米×1092毫米　1/16 |
| 印　　张： | 24 |
| 字　　数： | 463千字 |
| 版　　次： | 2016年9月第1版 |
| 印　　次： | 2016年9月第1次印刷 |
| 标准书号： | ISBN 978-7-5639-4770-6 |
| 定　　价： | 88.00元（上、下卷） |

版权所有　翻印必究

（如发现印装质量问题，请寄回本社发行部调换 010－67391106）

# 目录

**第一章 时尚女性要拥有美丽的外表** ………………………………………… 2

美发标准和类型有哪些 ………… 2
梳头洗头与健康有关吗 ………… 4
按摩能达到美发目的吗 ………… 7
如何应对白发、烫发 …………… 8
哪种发型最适合自己 …………… 9
护发美发食谱有哪些 …………… 11
形体美的基本要素和标准 ……… 14
女性如何获得美丽的外表 ……… 15
怎样做颈部、肩膀、腹部健美操 ………………………………………… 18
怎样做臀部、手臂健美操 ……… 19
怎样做腿部、脚踝健美操 ……… 21
怎样做各类腿型的健美操 ……… 22
如何纠正"八"字脚和驼背 …… 24
消瘦女性如何变丰满的食谱 …… 25
女性瘦身误区有哪些 …………… 28
女性如何正确减肥 ……………… 32
关于减肥药的知识 ……………… 35
减肥者的饮食注意事项 ………… 35
少女和孕妇可以减肥吗 ………… 38
产后如何恢复身材 ……………… 40
瘦背、瘦腰健美操及脸部保健 … 41
做瘦身汤的方法 ………………… 43
女性快速减肥食谱 ……………… 45

**第二章 各种场合优雅礼仪** ………… 49

个性女人礼仪魅力在哪里 ……… 49
女性如何展现优雅的身姿 ……… 51
女性社交的表情礼仪和手势礼仪 ………………………………………… 55
女性如何学会微笑和握手 ……… 57
送往迎来的礼仪有哪些 ………… 59
优雅谈吐的礼仪有哪些 ………… 61
打招呼的礼仪有哪些 …………… 63
就餐应注意哪些礼节 …………… 64
点餐时的礼节 …………………… 66
了解上菜的礼仪 ………………… 68
使用餐具的礼仪 ………………… 69
食用西餐礼仪 …………………… 71
饮酒应注意哪些礼仪 …………… 74
公共场合应注意哪些礼节 ……… 77
乘飞机时应注意哪些 …………… 77
乘车驾车等应注意哪些礼仪 …… 78
在剧院、酒店注意哪些礼仪 …… 80
跳舞要注意哪些礼仪 …………… 82
在办公室应注意哪些礼仪 ……… 83
女性秘书应注意哪些礼仪 ……… 88
会客时应注意哪些礼仪 ………… 90
谈判时应注意哪些礼仪 ………… 92
称呼礼仪 ………………………… 95
赴约、拜访的礼仪 ……………… 95

接待客人时有哪些礼仪 …… 96
送贺礼的时机与方式 …… 99

## 第三章 时尚品位离不开化妆和服装…
…… 100
如何化妆提升自身形象 …… 100
化妆与卸妆注意哪些 …… 102
眼部化妆技巧 …… 104
如何巧饰双眼 …… 106
如何修饰鼻子 …… 107
如何美唇 …… 107
如何修正脸型 …… 108
如何给面颊和眼睛化妆 …… 110
如何修饰眉毛 …… 112
如何通过化妆弥补唇部缺陷 …… 113
化妆时如何避免皮肤过敏 …… 114
女性怎样着装才合礼仪 …… 115
孕期职业女性着装风格 …… 118
女性在孕期的服务搭配技巧 …… 120
起到美体效果的服装搭配 …… 122
服装色彩如何搭配 …… 124
佩戴首饰应注意哪些 …… 126
女性如何搭配鞋子与袜子 …… 129
包与服装怎样巧妙搭配 …… 132
发型、脸型、帽子的搭配技巧 …… 133
帽子、围巾、手套如何搭配 …… 133
如何选购合适的鞋 …… 135
太阳镜的搭配技巧 …… 138

## 第四章 女性衣物的选购与清洁 …… 142
女性文胸的选购 …… 142
如何挑选合适的肩带 …… 143
怎样挑选文胸、内衣 …… 144

怎样选择整形内衣 …… 145
怎样挑选内裤和睡衣 …… 146
怎样选择内衣质料 …… 147
怎样洗涤和保养羽绒服装 …… 148
如何去除化妆品的污渍 …… 149
生活中如何去除污渍 …… 150
工作中如何去除污渍 …… 151
怎样选购孩子服装 …… 152
女性怎样为自己选购时装 …… 153
怎样选购面试装 …… 154
如何选择合适的职业装 …… 155
如何选购合适健美的运动装 …… 156
怎样选购冬季服装 …… 157
怎样选购真丝服装 …… 158
如何选购羽绒服装 …… 158
怎样选购牛仔裤 …… 159

## 第五章 现代女性的人际交往和心态…
…… 162
怎样的"第一印象"最完美 …… 162
人际交往的基本技巧有哪些 …… 163
如何建立自己的社交圈 …… 164
社交的技巧有哪些 …… 166
怎样才不会陷入"是非圈" …… 167
有几类人应远离 …… 168
社交中语言艺术有哪些 …… 169
女性在人际交往中的"心理防卫"
…… 171
交朋友原则有哪些 …… 173
与人交往要把握好相处距离 …… 174
如何了解自己和他人属于什么类型…
…… 174
主动调整自己的心态 …… 175

职场女性的快乐减压法 …………… 177
中年女性积极应对心理危机 …… 181
及时驱除轻生心理 ………………… 182

## 第六章　如何正确对待恋爱婚姻家庭…
………………………………………… 186
你属于哪种爱情性格 …………… 186
如何理性地看待友谊和爱情 …… 187
彼此的身体吸引力重要吗 ……… 190
择偶面面观 ……………………… 191
女性如何应对失恋 ……………… 192
怎样做好结婚的心理准备 ……… 194
如何选择结婚的季节 …………… 195
婚礼流程一般有哪些 …………… 196
怎样在婚姻中做个好女性 ……… 199
如何使自己的婚姻美满 ………… 202
女性怎样保持魅力 ……………… 204
女性如何避免成为"第三者" ……
…………………………………… 205
女性成了第三者怎么办 ………… 209
女性如何应对婚姻危机 ………… 210
吵架时怎样保持理智 …………… 214
老夫老妻怎样给爱情保鲜 ……… 216
婆媳相处之道有哪些 …………… 219
如何做好女儿又做好母亲 ……… 221

## 第七章　意外事故自救与逃生 …… 223
如何应对"天灾" ……………… 223
如何应对意外车祸 ……………… 226
野外遭遇灾祸如何应对 ………… 228
触电、溺水后如何急救 ………… 231
毒蛇咬伤如何急救 ……………… 234
狗、猫咬伤如何自救 …………… 235

被其他小动物咬伤如何自救 …… 236
遭遇身体伤害如何急救 ………… 238
食物中毒怎样自救 ……………… 246
如何应对煤气和汽油中毒 ……… 250
如何应对突发的火灾 …………… 251
如何应对鞭炮炸伤 ……………… 253
职业危害对女性安全与健康的影响 …
…………………………………… 255
职业女性安全与健康常识 ……… 258
如何预防粉尘的危害 …………… 261
高温、低温环境对职业女性的危害 …
…………………………………… 264
噪声环境对女性的危害 ………… 268
流水线作业对女性的危害 ……… 269
负重作业伤害及防护 …………… 271
有毒物质对职业女性健康的危害与预
防 ………………………………… 273
如何预防普通行业的职业危害性 ……
…………………………………… 284

## 第八章　女性自我安全防范和维权……
…………………………………… 290
女性何时易遭遇扒窃 …………… 290
怎样识别和防备扒窃 …………… 292
女性怎样防范入室盗窃 ………… 293
遭遇偷窃时如何应对 …………… 296
女性如何应对抢劫 ……………… 297
女性如何避免成为抢劫目标 …… 298
遭遇抢劫时应该怎么办 ………… 299
女性如何防范被拐卖 …………… 300
女性发现被拐卖该怎么办 ……… 301
女性如何应对"碰瓷"敲诈 …… 303
如何应对"艳照"敲诈 ………… 305

女性如何应对微信敲诈 …………… 306
女性如何应对网络诈骗 …………… 307
如何防范电信行骗 ………………… 309
如何应对非法传销 ………………… 311
如何应对职场性别歧视 …………… 313
怎样维护遗产继承中的权益 ……… 314
受到家庭暴力，妇女如何维权 …… 315
女性消费者如何维权 ……………… 316
女性整容纠纷如何维权 …………… 317

## 第九章　会理财的女人更幸福 … 319
理财是女性的必修课 ……………… 319
女性如何做理财高手 ……………… 321
如何确定投资理财方向 …………… 324
如何制订理财计划 ………………… 326

风险可以预测与规避吗 …………… 328
女性如何谨慎投资 ………………… 330
如何进行家庭投资理财 …………… 331
怎样做个会存钱的女性 …………… 336
怎样买房 …………………………… 340
出租或卖房怎样才能获得好价钱……
 ……………………………………… 343
如何驾驭股市风云 ………………… 344
女性如何网上炒股 ………………… 347
投资债券有"门道" ……………… 350
投资基金常识 ……………………… 353
投资黄金常识 ……………………… 357
投资外汇常识 ……………………… 360
收藏是很好的理财方式 …………… 366

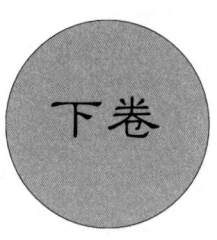

　　优雅、时尚，在人群中光芒四射是每一个女人的追求。而要想达到这一点，女人们就要下一番苦功夫了，不仅要注重自己的外表修饰，还要注重自己的言谈举止，更要注重修炼自己的内涵，处理好各方面的人际关系。面对问题与危险时，她们还要冷静以对，善于保护自己。

# 第一章　时尚女性要拥有美丽的外表

任何女性都想拥有美丽的外表，而要想外表美丽就要注重修饰自己，无论是自己的头发还是身材，都要与时俱进、追求时尚、追求个性，要多运动，不能让自己走向肥胖的道路。

## 美发标准和类型有哪些

女性拥有一头乌黑稠密、富有光泽的发丝，可使自己显得朝气蓬勃，妩媚动人，给人以美的感受，而且也是身体健康的标志。头发长在身体最显著的部位，尽管不是女性身体十分重要的部分，但却是女性美所不可缺少的要素之一。

毫无疑问，头发对女性的美丽起着很重要的作用。一头浓密、乌黑、闪亮的头发，是女性美丽的亮点。

1. 美发的标准

①头发旺盛，疏密得当，并有一定厚度。

②色泽统一，发根和发尾没有出现两种颜色，尤以乌黑为宜。

③粗细、软硬适中，不分叉、不打结。

④发干光润，丝丝可见光泽，具有弹性。

⑤整齐、清洁，没有头垢、头屑。

人体患上疾病会影响头发的健康，使头发表现为病态，如脱发、头发早白、头发枯黄、头发分叉等，这些都影响女性的美。

脱发是机体患有疾病或头发缺乏营养所致。女性每天梳头，可能掉落一些头发。如果每天掉头发在 50～100 根，属于正常的生理现象，是头发的新陈代谢，不属于脱发。春秋两季还可能多脱落一些，这也是正常现象。持续的、较大量的脱发，则应引起注意。这可能是机体患某些疾病的"信号"，如患系统性红斑狼疮，就容易出现脱发现象。

头发分叉的出现有两种情况：一是因头发很长，呈自然的生理性分叉；二是头发并不长，却因为机体营养不良或其他疾病而引起头发分叉。前一种情况是正常的，后一种情况应到医院检查。

头发早白多属于遗传性，有家族性表现，即家中有多人头发早白，就会遗传下一代出现头发早白，或叫少白头，这不属于疾病。也有的因营养不良或情绪导致头发早白，这种情况属于病态性早白。

头发黄也有遗传性，如果是头发枯黄，则大多数是由于缺少某种营养成分而引起的。有些疾病也可直接导致头发营养不良而使头发变得枯黄或呈枯白色。

机体的营养状况与头发健美有着密切的关系。锌、铁、硒、碘等微量元素，维生素E、B族维生素、蛋白质等营养成分如果缺乏，就会直接影响头发的健美，使其失去光泽。

2. 发质的几种类型

（1）柔软型

女性拥有柔软型发质，表明女性身体发育是健康的，质地柔软常给人以美的享受，也就是说，柔软型发质本身就有美的表现。许多健康的少女和青年女性的头发发质，都属于此种类型，这种发质有着"美的优势"，梳妆打扮时比较容易，可以梳理成各种发式。

（2）硬直型

这种头发呈典型的圆柱状，显得粗而直。女性中，有这种发质的人不太多见。这种发质的女性，最好剪短发。

（3）卷曲型

这种发质与遗传因素有关，在黑种人、白种人之中，卷曲型的头发较多。这种类型的发质也有"美的优势"。有自然卷曲头发的女性，可利用这一自然形态，做出多种漂亮的发式，不用专门烫发，即可出现烫发的效果，而且更自然、省事。

（4）细小型

细小型头发较细，头发的根数较少。具有这种发质的女性，多为营养不良或者其他疾病所致。因此，要注意补充营养和保护头发，不可随意烫发，不可多洗发，要控制梳头的次数。

3. 头发需要的营养

脱发、白发及头发过细、过干都与机体缺乏某种营养成分有密切关系。营养饮食是美发的重要因素。女性想要拥有美发，应注意在饮食中摄入以下营养成分：

（1）铜

铜元素是头发合成黑色素必不可少的元素，人体内铜含量低于正常水平时，除引起新陈代谢紊乱和贫血外，还会使头发生长停滞、褪色和生白发，出现少白头。

（2）锌、铁

锌、铁元素防治脱发，锌元素在抗衰老及毛发美化方面也起到重要作用，缺锌会导致脱发，脱发与机体的铁元素缺乏有关。这是因为铁是构成血红蛋白的主要成分，血液又是养发的根本。所以，为使头发健美，从饮食上注意补铁是非常必要的。

（3）碘

碘可使头发乌黑秀美，微量元素碘可以刺激甲状腺分泌甲状腺素，甲状腺素可以使头发乌黑秀美，光亮而有光泽。

（4）胱氨酸

胱氨酸是头发的重要营养成分，人体缺乏胱氨酸是头发脱落的原因之一，首先表现为头油较重，头发油亮，然后渐渐干枯变脆或分叉，最后脱落。所以，女性在膳食中增加胱氨酸的摄入量有助于养发。富含胱氨酸的食物有黑米、燕麦、面筋、玉米、黑豆、黄豆、花生米、葵花子、西瓜子、南瓜子等。

（5）蛋白质

富含优质蛋白质、维生素C、维生素E、B族维生素的食物都具有营养头发的功效。优质蛋白质和B族维生素可增加机体营养，对皮肤、头发正常生长发育有利。

## 梳头洗头与健康有关吗

女性梳头不仅仅是为了使头发美丽整洁，而且对人体的健康和养护头发有益。此外，女性梳头还利于卫生，除此之外，女性常梳头保护发型，清洁头发都有好处。

女性头发长，而且造型多样，如果不及时梳理，因为睡觉、劳动等原因，发型会受到破坏，甚至杂乱无章，整个人看起来蓬头垢面，不利于美容。头发长期暴露在外，空气中的灰尘和微生物很容易粘在头发上。这些杂物与头部皮脂腺分泌液混合在一起，便会形成头屑和污垢，既不卫生，又容易引发皮肤病。每天梳头可以除去部分头屑和污垢，有利于人体和头发健康。

人的头部是身体穴位最密集的地方之一，每天梳头的时候，梳子轻轻划过头皮，会对头部穴位有轻微的按摩作用。每天梳头100下，还能促进脑部活力，保持身体健康。不过凡事都有度，梳头也要适度，才有养生保健的效果。如果蛮干一气，反而会对头皮和头发造成伤害，梳头虽事小，其中也有大讲究。

1. 梳头的好处及注意事项

（1）梳头有益健康

梳头不仅仅是梳理头发，梳头的重点应该是按摩头皮，促进头皮血液流动，保证脑部血液供应，有降低血压、减轻头痛、防止脱发的功效。

女性梳头具有防止头发早脱和乌发的功效，梳头用木梳轻划头发和头皮，对头皮是一种轻柔舒适的按摩，从而促进了头皮的血液循环，增加了对头部皮肤和毛囊的营养供给，有利于头发的生长，增加了头发的弹性和韧性，并保持头发的光润、乌黑，防止头发折断、分叉和早脱，还可预防头发早白。

头发的营养主要来自头皮，头皮血液畅通，头发获得的营养自然更丰富，会更有光泽，更柔软。女性头发凌乱的时候，先用大齿梳或手指轻轻理顺头发，从发梢处开始。切记不要使用蛮力拉扯打结的头发，用力过大不但会造成头发断裂，还可能损伤头皮。

理顺头发之后，再用密齿梳从上而下梳理头发，从头顶往后颈部缓慢梳理。梳头的力度适中，以头皮感觉到压力，但不觉得刺痛为宜。干性的头发可以稍微多用力，以刺激头油分泌。油性头发则力度要放轻，避免头油分泌过多。

此外，尽管梳理头发有益健康，但梳头的次数不宜过多。次数过多可能会让发丝与梳子之间摩擦加剧，损害发质；还可能过分刺激头皮，导致皮脂腺分泌过多。

(2) 梳头利于提神

女性勤梳头可以醒神益智，驱除疲劳，梳头能够刺激神经末梢，经神经传导给大脑而产生兴奋，这对于提神、益智，提高学习和工作效率十分有益。常梳头可促进血液循环，从而对氧气的输送和废物的及时排出起到促进作用，有利于机体新陈代谢。

梳头次数最好每天3次，分早、中、晚各1次。每次梳理3~5分钟，把全部头发梳理一遍，头皮全部轻刮1次，达到头发整洁光亮，头皮舒适不痒。

(3) 梳头要使用清洁的梳子

在梳理头发时，需要注意使用清洁的梳子。梳子在梳头时，会沾染上头皮屑和头油，这些污垢会滋生细菌，如果头皮接触到不洁的梳子，可能感染皮肤病。因此每次洗头时最好用小刷子将梳子刷洗干净。

梳子能清理头发上附着的污垢，但污垢脱离头发之后又会附着到梳子上。将梳齿插入尼龙丝袜中，上下梳理几次，污垢就会粘在尼龙丝袜上，是及时清除梳子污垢的好方法。

购买梳子时，用手指按压梳齿，以打磨圆润且不扎手的梳齿为佳。此外，还需要注意选购防静电的梳子，牛角梳或黄杨木梳能防止静电，对头皮的保健效果更佳。

(4) 梳子不要过尖、过密或过疏

梳子的梳齿不宜过尖，以免在梳头时划破头皮。过密的梳子则使梳齿夹头发，容易断发、掉发；梳子过疏达不到梳理和清洁头发的目的。用塑料梳子梳头时容易产生静电反应，也会伤害头发。最好用木梳子，不软不硬，头发适应，头皮舒服。还要注意每个人专用，以防传染头癣及其他皮肤病。梳子要经常刷洗，保持干净卫生。

(5) 梳头切忌用力过猛、过快

梳头过猛、过快会伤害头发和头皮。还要注意不可湿梳头发，因易拉断头发。洗完头以后，要待头发干后再梳理，则易于梳透、梳通。

有一种手指梳头法，其方法是每天早、晚运动后，以双手十指自额上发际开始向上、向后梳拢头发至后发际，动作缓慢柔和，边梳边搓头发，每次10分钟即可。此法有近似按摩头皮的功效，能使血液流畅，头皮舒适，头发光润，可防治脱发、白发。

2. 洗头

头皮上的油脂分泌比全身其他部位的油脂要多，头发接触尘埃也比身体的其他部位多得多，加之头发的存在使头皮上分泌物连同脱落的上皮细胞，即头屑和外界的污物、灰尘等散落发丛，不易清除。所以，坚持定期洗头是头皮卫生和头发清洁的重要环节。尤其是女性更要重视洗头,因为女性的头发比男性长,更容易藏污纳垢。

头发的洗护是一个完整的过程,护发是洗发的一个重要步骤。头油的排出有其固定的周期,周期的长短因人而异。在洗完头发之后,每天注意观察头发是否因睡觉变得扁平,触摸发根,检查是否出现油腻,如果是,就应该及时清洗头发。长时间不清洗会堵塞头皮毛孔,出现掉发;清洗得太勤也会损伤发根,让头发变得分叉。

洗发前,先将头发理顺,再用温度略高的水清洗。注意不要在头皮上直接使用洗发水,而应该先取少许,在手心搓揉起泡后,涂抹在发根,手指稍微用力,按压头皮,帮助头皮毛孔排出污物。然后另取洗发水涂抹在头发丝上,从发根往下梳理头发,用温水冲洗。

冲洗之后,将头发合拢,用手指挤出水分,取毛巾擦拭到头发半干,再从距离发根 5 厘米的位置开始涂抹护发素,注意不能让护发素沾到头皮上,涂抹完护发素之后,再从上而下地用手指梳理头发,将头发盘在头顶,过 10 分钟左右清洗头发即可,洗净之后,可避开发根,用温度略低的水清洗发丝,帮助毛鳞片闭合。

用毛巾擦拭发丝,注意同样需要从上往下,顺方向擦拭,不可乱揉,或者使用干发帽,挤出头发中的水分。如果使用电吹风,需要将电吹风放置在头皮 5 厘米远的位置,从上往下吹,不宜用强热风快速吹干,可用暖风慢慢吹到头发七成干。

头发的洗护是一体的,因此,每次洗发之后使用护发素都非常必要,需要坚持为头发做保养。

(1) 洗头不可少,但也不宜过多

洗头发的次数多少取决于头皮、头发的清洁度以及头屑和油脂的多少。夏天油脂多、皮屑多的人,就要勤洗头,可以隔 1~2 天洗 1 次,但尽量少用洗发水。冬天头屑少则宜少洗头,可隔 2~3 天洗 1 次。其实,洗头要根据头发的性质、人的生活环境和工作条件以及季节等方面的情况灵活掌握。

(2) 洗头最好选用洗发水

洗发水碱性小,不伤害头发。不要用肥皂、洗衣粉及碱水洗头,碱性物质能使头皮的油脂大量丧失,使头皮过于干燥、头发黄焦和干枯。同时,碱性物质又能刺激头皮的上皮细胞角质化,产生更多的头屑,头发也会变质发脆,易于折断。

(3) 洗头最好用软水、温水

先把水烧开,然后降温到适宜温度,就为软水。洗头的水温在 37℃~38℃ 最为适宜。水太热易使头发受损、变脆,易折断;水太凉或用冷水洗头,则去污效果差,洗不干净。洗头换水时,水温要大体相当,一冷一热或一热一冷都会影响洗头效果。

(4) 洗头时不可过猛用力抓头发

洗头发时如果用力抓头发,会影响头发的生长及折断头发,还可能抓破头皮，发生感染。洗头时要用手均匀地轻揉，不断用水冲洗，对头皮施以适度的刺激，促进头皮的血液循环。

洗完头发要让其自然风干或用干毛巾吸干，不要用强电吹风吹，因为电吹风也会损害头发。如用电吹风要用较弱的风量，每个部分只能停留3秒钟。用毛巾用力擦也会损伤头发。

## 按摩能达到美发目的吗

女性拥有健康美丽的头发，可以通过按摩来实现。按摩可促进头皮血液循环，使头发营养供给充分，从而保证头发乌黑、滋润、光泽，同时还可以达到健脑的效果，使头脑感到清醒。

1. 按摩的好处

（1）保证头发乌黑

按摩能促进头皮血液循环，使头发营养供给充分。

（2）去除头皮屑

头皮屑是头皮上不断脱落的糠麸样的小片鳞屑，是头发新陈代谢的产物。一般情况下，每个人的头皮都会产生头屑，这是正常的生理现象。但是，如果产生头屑过多，就应引起人们的注意。女性乌黑的长发上，经常像小雪花似的飘落头屑，会影响美观。

头屑有两种类型：一种是大而带黏性的，属于油脂性的；一种是细而干燥的，属于干性的。油脂性头屑是由于皮脂分泌过多，皮脂与头皮脱落的角质化细胞以及外界尘土混合而成；干性头屑是由角质化

细胞脱落直接形成。头屑过多，不仅影响美观，而且还会引起头皮发痒。

按摩可使头皮血液循环加速，促使新陈代谢恢复正常，同时可使头皮的附属器官如皮脂腺、汗腺、毛囊等发挥正常功能，使头屑逐渐减少，达到减少头屑的目的。

2. 按摩的几种方法

①五指分开，轻缓揉捏头皮，越过发际线、太阳穴、鬓角，逐渐向后移到头顶的百会穴，然后从百会穴向后按摩。此法往返做10次。

②双手从眼眉上方的发际处开始向头后按摩，沿直线按摩，直到后发际处。然后再顺颈部两侧到两肩的肩井穴，用拇指和中指捏肩井穴5秒钟。此方法往返做10次。

③双手中指分别点头维穴，即鬓角发际直上2厘米，右手中指按百会穴，右手拇指和食指分别按压二侧风池穴，即后发际颈部两侧凹陷处，双手食指按肩井穴。每穴点压5秒钟。

④用食、中、无名指指尖从前发际处向后发际轻轻敲打，共20次。

⑤取坐位，用双侧或单侧手指指腹从前额发际处向枕部来回转动按摩，往返做20~30次，使头皮有发热感为佳。

⑥单手四指，即食指、中指、无名指和小指并拢弯曲成90度，从前发际处向后轻轻敲打，往返5~10次，使头部有微痛和轻松感为佳。

以上按摩法每天做2次，每次做5分钟即可。一般在5~10天内即可见效。

可在见效后再继续做几次，以巩固疗效。按摩时要注意手法宜轻，动作要柔和，并注意剪去长指甲，以防划破头皮。

按摩之后，最好洗一次头，但不要洗头太勤，这样就会洗去油质，头皮容易干燥，就会出现头屑。一般不出汗，3天左右洗一次头最好。配合使用去头皮屑的洗发水。几种洗发水轮换使用，效果会更好些。

除了按摩，女性还可以使用球头梳子梳头，以免较利的梳齿刺激头皮，容易产生头屑。

3. 饮食调理

（1）注意碱性食物的摄入

碱性食物可以中和体内过多的酸性成分，从而有利于头部皮肤的供养，就会减少头皮屑的脱落。注意富含B族维生素食物的摄入，对蛋白质和脂类的正常代谢具有重要作用，从而有利于预防油脂性皮屑的产生。

（2）少吃富含脂肪的食物

少吃富含脂肪的食物，尤其是油脂性头屑者更应注意少吃脂肪。如果头屑太多，用以上方法不见功效，就可能是真菌作怪，应请医生诊断治疗。

## 如何应对白发、烫发

年轻女性早早出现白发，影响美丽，常常造成精神压力和烦恼。头发早白有很多因素，但主要是营养和精神两个方面的原因。日常饮食中铜元素的摄取不足，是引起头发早白的一个重要原因。

1. 如何应对白发

（1）按摩法

每晚临睡前，用手指按摩头皮5~10分钟。

（2）揉、按压法

每天梳头前，用手指用力揉头皮，再轻轻拍头或轻轻拉头发，或用手指压太阳穴，促进头皮血液循环。

2. 按摩方法是什么

（1）预备

静坐闭目，排除杂念，平心静气，适当运气，使心绪平静。

（2）头部按摩

两手互摩至热，随之用两手十指指腹紧触头皮，从前发际起，经头顶按摩至枕部发际下，重复操作20~30次；然后沿头顶中正线用双手向左右两侧推头皮至后发际，重复操作20~30次。至此可将全部头皮按摩一遍，头皮也有发热感。

（3）抓握头发

两手由前向后抓握头发，轻轻向上提拉，将全部头发都提拉1次。

（4）叩打头部

用双手十指指端，自前向后有节奏地轻轻叩打整个头部，反复叩击3遍。

（5）推擦面部

用双手自面部前额向下擦脸至下颌，再由下向上推擦面部，反复3次。

3. 头发早白的治疗方法

①应注意摄入富含铜、铁、氨基酸的食物。

②将鲜生姜切成薄片，在脱发处用姜片擦，每天3次，擦完也可以贴一会

儿，有一定的治疗效果。

4. 不宜多烫发

（1）多烫发的害处

有许多女性喜欢烫发或染发，烫发药水、染发剂中的化学成分会使头发表层的鳞片遭到破坏，角质蛋白发生变性，强度降低，头发内部的水分和营养流失，乌黑的头发变得枯槁蓬松。再加上高温吹风，容易使头发的内部结构遭到破坏，头屑增多，毛发焦化和脱落。因此，女性不宜经常烫发或染发。

（2）烫发、染发时要注意哪些

①烫发后不宜焗油。烫发后从保养头发的角度看，应该经常焗油，但不可马上进行。烫发时已经破坏了头发的部分结构，如果再焗油会加重头发结构的破坏。

②烫发后不宜梳理。烫发后的当天不要用力梳理，在3天之内最好别洗发或使用卷发器，否则会影响烫发的效果，而且对头发的损伤也很大。

③不宜重复烫发。有的女性烫完头发不满意，马上又进行重烫。反复烫发会使头发变得脆弱，两次烫发最好间隔半年。烫发、染发应该间隔进行，否则会影响烫发效果，也会影响染发色彩的持久性。

## 哪种发型最适合自己

发型是一个女性整体造型中最重要最关键的部分，它能凸显女性整体造型的时尚，也能使女性显得灰头土脸。与服装、饰物等相比，发型最能突显一个人的气质及个性。想要展现你什么样的气质，可通过造型来实现。既然发型如此重要，那么，女性如何选择最适合自己的发型？爱美的女性不妨参考以下造型技巧，同时还结合发型的流行趋势，列举了几款不同气质的造型。

1. 不同脸型适合的造型

发型与脸型之间的关系，好比衣装与人的体型之间的关系，合适的发型就像合体的衣装一样可以遮掩及弥补脸型的缺陷，当然，不合适的发型也会暴露甚至突显你的脸型缺陷。那么，什么样的造型最适合自己的脸型。

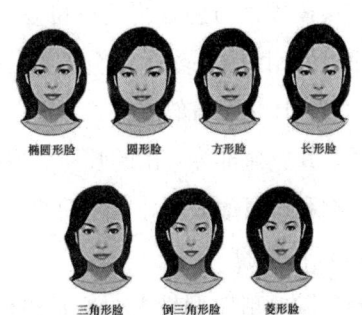

根据发型的造型特色，现列举以下几种常见的脸型，进行分析及造型技巧介绍。

（1）瓜子脸

瓜子脸即椭圆形脸，是东方女性崇尚的标准脸型。瓜子脸显得脸小，比较上相，因此照片多数比本人好看，且适合各款发型。瓜子脸给人追求完美之感，因此可据年龄身份大多使用淑女、典雅、端庄的造型。

### （2）圆形脸

圆形脸又称娃娃脸，这种脸型无论从哪个角度都显得稚气。可利用刘海儿或在头顶增加上方高度，在视觉上将脸形拉长。如果脸形又大又圆，也可采用中分的发型，让头发自然下垂以遮住过大的脸颊，再加上轻薄的刘海儿，使脸部显得瘦而修长。

### （3）方形脸

脸部线条明显清晰，尤其是下颌咬肌较突出。男性大多拥有这种脸型，有庄重威严、干净利落之感，女性拥有这种脸型，则显得过于硬朗，缺乏女性的柔美。可增高头顶，从头顶高点开始一直到眉毛，出现大面积凌乱刘海儿，使过于严肃硬朗的方脸显得俏皮可爱。

也可使用曲线手法，斜分刘海儿微微向上翻卷，让长发自然垂披，下巴两侧留少许微卷并遮掩部分突出的咬肌，发丝弧度自然柔和，可增加面部线条的柔美。

### （4）长形脸

长形脸一般脸型较大、五官也较大，看起来显成熟及沉稳，缺乏生机和灵气。微向前收齐的刘海儿可显得年轻及可爱，发型中间两侧微微往外翻卷上翘，这种发型可加宽脸形，缩短脸长的视觉感，注意不能再增加头顶高度。

### （5）三角形脸

上窄下宽的脸形，给人以很强的爆发力感，让人难以靠近。造型时应增加头部上方的饱满度，把刘海儿留得较厚一些，以增加脸上部的宽厚分量感，以缩减脸形下宽的视觉效果。

### （6）倒三角形脸

上宽下窄的脸形，给人秀气文雅之感，同时过于尖细的下巴又突现几分尖酸刻薄。这种脸型比较时尚可爱，只要造型恰当，往往能有妩媚动人的效果。可把两侧的头发弄得略微蓬松，顶部的头发略微制作出高度，使整个头形显得圆润饱满；与唇部平齐处略下部位的头发可制造出往外飞翘的动感，既可拉宽尖尖的下颌，又可使尖锐的下巴看上去变得柔和。如果头形饱满，也可采用休闲手法修饰，如扭绳、飞尾、打结等。

### （7）菱形脸

菱形脸使人看上去过于瘦削，如果血色不好，或者营养不良，则呈现病态。造型时可用刘海儿遮掩或拉宽额头，覆盖额头与颧骨之间形状的明显差异；下区两侧增加发量宽度，使脸部看起来饱满宽厚一些。忌露出全额、束发或采用发髻，只能使用休闲类发型。

### 2. 各种类型的气质

#### （1）干练

没有什么比露出干净整洁的额头，更突显你的干练气质。中分刘海儿简单束发，或随性马尾，将一丝不苟的发丝全部拢到脑后，是职场最常用的干练发型。当然，用一个洁白的发箍箍住刘海儿不留下一丝发丝，然后将棕黄色的卷发全部拢在一侧的肩部，既能彰显妩媚，也不失干练气质。

#### （2）文静淑女

留斜分刘海儿或齐眉齐刘海儿，用卷梳把头发吹直，直顺的长发发尾卷上

1/4即可，利用发蜡抓出向内发尾的线条感；将部分发丝搭放在两侧肩部，能突显文静淑女的气质。

（3）时尚

亮泽的黄色染发，配合中等韩式高发髻，造型既时尚又优雅，使你充满潮女气质。内卷的齐刘海儿或四六分的斜分刘海儿，略卷的短发，用发蜡抓出向内发尾的线条感，吹风机风口朝上吹，固定住发尾往上翻的俏皮感。

（4）清纯

刘海儿呈圆弧形，紧贴额头，后部发型成U形，随颈部起伏，能表露出一股刚踏入社会的清纯活泼的气质。

（5）妩媚

斜分的刘海儿，自然优美的大卷弧度长发自然下垂，显出一副迷人的气质。

（6）温柔甜美

一款梨花头，厚重内卷的发尾增添浓浓暖意。整款发型动感时尚中不失温柔甜美。

（7）优雅

刘海儿二八分向两侧，发量多的一侧刘海儿自然遮盖部分额头，露出单耳。头顶是直发，将两侧梳出蓬松感来，使头型饱满，整款造型充满了恬淡与优雅的气质。

（8）稳重大方

整个发型从上至下，由优美的螺旋大卷弧度，慢慢过渡到小卷，然后自然洒落在肩上，显得稳重而又大方。

（9）风情迷人

头发洗净吹干至八成，发根喷上少许膨松剂，用大梳从后往前倒梳，待头发干后自然垂下；用吹风机把前额凌乱发丝吹顺，再用一个略宽的烫发卷卷住头发前面中的削发，使其成外翻的微波浪形；最后，用吹风机略吹干，摇乱发卷，使其有被风掠过的感觉，整款造型风情迷人。

（10）老板范儿

老板往往给人很严肃的感觉，但温柔干练的女老板则会有更好的人缘。将刘海儿斜偏向一侧，将后面头发随意简单地扎于脑后并斜侧向一方就立刻具备了这种老板范儿。

## 护发美发食谱有哪些

有些食物中的元素对女性护发美发有益处，女性要了解这些，多吃这些食物。既能使女性补充营养，达到健身的目的，又能护发美发。

1. 注意补充富含铜、铁元素的食物

①多吃核桃、芝麻、卷心菜、胡萝卜、植物油以补充维生素A和维生素E。

②多吃些花生、杏仁、西瓜子、葵花子、栗子、松子、莲子、菱角等食物，不仅含铜元素多，还含有泛酸。泛酸也可促进机体的黑色素颗粒的形成，是乌发的重要营养物质。

③常食核桃肉、松子仁或黑芝麻，可预防和治疗头发早白。

④把黑豆淘洗干净，经反复煮后晒干，贮存于瓷瓶内，每天食用2次，每次食6克。

## 2. 美发、乌发的食谱

有些食物与中草药有美发、乌发功效，结合制成药膳，可以起到美发、乌发的作用。

食谱一：

材料：

桑葚2 500克，上好蜂蜜250克。

制作方法：

将桑葚洗净，煎成浓汁，加入蜂蜜，搅匀，冷却，保存在冰箱内备用。每天食用2次，每次食20毫升，用温开水送服。

食谱二：

材料：

何首乌、黑豆、红枣、桑葚、苍术各1 500克，地骨皮、蜂蜜各5克，白酒、白醋各500毫升。

制作方法：

将何首乌、黑豆、红枣分别洗净，同煮后捞起，晒干；将地骨皮、桑葚焙干研末；将苍术用白酒、白醋浸制，焙干。将上述食材混合在一起，共研细末，炼蜜成丸，如梧桐子大小。口服，每次50丸，每天2次，用温开水送服。

食谱三：

材料：

何首乌250克，菟丝子、当归各150克，牛膝50克，枸杞子200克，茯苓、补骨脂各100克，黑豆500克。

制作方法：

先将何首乌加黑豆蒸晒3次，然后与诸药相结合，焙干，研成细末，炼蜜为丸，如梧桐子大小。每天早、晚各服1次，每次服30丸，用温开水送服。

食谱四：

材料：

何首乌50克，大枣60克，粳米100克，冰糖25克。

制作方法：

先将何首乌洗净，放入砂锅内，用旺火煎取浓汁，去渣，用其汁加入大枣、粳米、冰糖用文火共煮成粥。每天早、晚餐各服1次，坚持数月即可见效。

食谱五：

材料：

胡桃肉20个，粳米50克，冰糖25克。

制作方法：

将胡桃肉捣碎，加入粳米，下入锅中加水文火煮粥，快熟时加入冰糖，和匀即成。每天早、晚餐吃此粥，坚持食用数月。

食谱六：

材料：

何首乌100克，鸡蛋2个，盐、料酒、葱、味精各适量。

制作方法：

将何首乌洗净，切成小长条状，放入锅中加水煎20分钟，再打入鸡蛋，加入葱、盐、料酒，改用文火煮，蛋熟时加味精起锅即成。每天清晨吃2个，坚持数月。

食谱七：

材料：

黑芝麻500克。

制作方法：

拣净黑芝麻，放入锅内用文火炒香，起锅、晾凉、捣碎，装入罐内备用。每天早、晚各服1次，用适量白糖配2汤匙黑芝麻粉，加温开水，调成糊状，内服。

食谱八：

材料：

黑豆150克，核桃仁、黑芝麻各10克，白糖120克，猪油100克。

制作方法：

核桃仁碾碎备用；将黑豆洗净，入沸水中，用旺火煮30分钟，捞起，剥去外皮，放入大碗中，加水淹没豆仁，再上笼蒸90分钟，待豆烂熟时，取出滤去水，将豆仁捣成豆泥；将黑芝麻拣净，放入铁锅内用文火炒香，研成细末。

起热锅，上旺火，放入猪油，待油热时，先倒入黑豆泥，翻炒；炒至豆泥将干时，加入白糖，继续翻炒；炒至不粘锅时，放入黑芝麻粉、白糖、少量猪油、核桃仁，再混合拌炒，至熔化炒匀时即成。每天早、晚各服一次。

食谱九：

材料：

玫瑰糖10克，冰糖60克，黑芝麻120克，山药20克，粳米60克，鲜牛奶适量。

制作方法：

将粳米洗净，放入清水中浸泡60分钟，捞出滤干；将山药洗净，切成小颗粒状；拣净黑芝麻，放入锅中用文火炒香。将以上3物放入瓷盆内，加入适量水和新鲜牛奶，拌匀，磨浆，将浆液用纱布过滤，挤滤出"细蓉"。起热锅，加清水、冰糖，煮沸；改文火，加入"细蓉"、玫瑰糖，边煮边搅匀，熟时起锅即成。每天清晨服1次，当早餐用。

食谱十：

材料：

女贞子、桑葚、枸杞子、何首乌、黑芝麻各500克，杭菊花200克，旱莲草250克，蜂蜜1 000克。

制作方法：

将材料中的7种食材焙干，共研成细末，炼蜜为丸，如梧桐子般大小。每天早、晚各服1次，每次30丸，用温开水送服。

食谱十一：

材料：

黑豆500克，白果30粒，黑芝麻100克，何首乌150克。

制作方法：

将黑豆淘洗干净，晾干；将白果研碎炒熟；将黑芝麻、何首乌炒熟研末；四种材料混合放在瓶子里，每天早饭后服用30～50克。

食谱十二：

材料：

核桃肉500克，桑葚250克，黑芝麻125克，蜂蜜1 250克。

制作方法：

将核桃肉、桑葚、黑芝麻一起研成细末，然后加入蜂蜜，搅拌均匀，放入瓷瓶内备用。每天2次，每次50克，用温开水送下。

# 形体美的基本要素和标准

女性的形体美表现为一种曲线美，它主要是通过女性的身体轮廓线条显现出来的，因此女性通常很注重自己身体的曲线。女性健身的目的，一方面是为了健康，另一方面则是为了保持或达到身体的曲线美。

身体有优美曲线的女性，所有的线条都显示为流畅变化的曲线。不错，从人体结构来看，人体几乎没有一根直骨，所有的骨骼都向不同的方向弯曲，而肌肉、脂肪也是朝着不同的方向缠绕在骨骼上的。

所以女性身上肌肉、脂肪的多少、均匀与否，会直接影响女性形体曲线美的变化，女性的乳房、臀部、腰身更构成了其独特的身体曲线。

1. 女性形体美的基本要素——对称

女性形体的对称，是指身体上下、左右两部分在大小、形状、数量等方面尽可能完全吻合，同时又分别朝相反方向展开，才可形成对称美。

正常人体从正中线垂直做一直线，从上到下，体表两侧的部位、器官、四肢无不是对称的，肩要端平，腿要长短一致，眼要张力平衡，嘴左右两角要高低一致，女性乳房要大小相似，等等，才能形成对称性的美。

对称美主要是指腰部的粗细、背部的宽窄、臂和腿的粗细、乳房的大小、臀部的突出等方面而言。下栏提供一些数据，以供参考：

| 身高（厘米） | 胸围（厘米） | 腰围（厘米） | 臀围（厘米） | 大腿（厘米） | 上臂（厘米） |
|---|---|---|---|---|---|
| 152 | 76 | 58 | 86 | 43 | 23 |
| 155 | 80 | 60 | 88 | 44 | 23 |
| 157 | 81 | 61 | 89 | 46 | 23 |
| 160 | 83 | 62 | 90 | 47 | 23.5 |
| 162 | 85 | 63.6 | 91 | 48 | 24 |
| 165 | 86 | 61 | 93 | 49 | 25 |
| 170 | 89 | 57 | 95 | 50.7 | 25 |
| 172 | 90 | 69 | 97 | 50.8 | 25 |
| 175 | 91 | 70 | 98 | 51.4 | 26 |
| 182 | 93 | 71 | 99 | 51.4 | 26 |

通常来说，女性身高代表了身体发育的营养情况和骨骼的发育状态。对女性来说，拥有修长的身材，显得亭亭玉立，无疑是漂亮的标志之一。虽然女性的身高受到多种先天因素的影响，但后天的营养、锻炼以及精神状态等也有很大的作用。

女性的肌肉并不要求和男性一样发达，只需要表现为富有弹性和显示出人体形态的强健、协调即可。过胖、过瘦、臃肿松软，或肩、臂细瘦无力，胸部平坦以及由于某种原因造成的身体某部位肌肉过于松弛，都会缺乏美感。

2. 女性形体美的标准

（1）骨节

身体各部位的骨骼、关节不显得粗大突出，身体各部分均匀对称，没有过于粗大的骨节，没有某部分骨骼过长、过短或过粗、过细。

（2）肌肤

皮下脂肪适当，不过于堆积；肌肤柔润、嫩滑而富有弹性，体态丰满而不显肥胖臃肿。

（3）五官

五官端正并与脸型协调配合，眼距适当，眉毛粗细得当。

(4) 双肩

双肩浑圆，微显瘦削，无缩脖或垂肩之感，两肩平衡，无高低现象。

(5) 脊柱

脊柱背视成一直线，侧视则具有正常的形体曲线，肩胛骨无翼状隆起和上翻的感觉。

(6) 乳房

女性乳房丰满而不下垂，富有弹性。

(7) 腰身

腰身微呈圆柱形，腹部呈扁平，标准的腰围应比胸围约细1/3，形成杨柳细腰，但与上下身协调均衡。

(8) 臀部

臀部浑圆，微微上翘，不显下坠；臀略比腰、大腿肥大，但肌肉、脂肪应分布适当、协调。

(9) 腿部

两腿并拢时正视和侧视均无屈曲感；小腿要长于大腿，又较大腿细；下肢由上到下渐细，呈圆锥形。

(10) 臂部

下臂略长于、细于上臂；上臂均衡顺直；双手柔软，十指纤长。

人的姿势主要包括站姿、坐姿、走姿等，这些姿势正确与否，直接关系到形体美。如果一位身材匀称、面容姣好的女性，站没有站相，坐没有坐相，走路东摇西晃，那么她的美丽指数肯定会降低。此外，长期保持不正确的姿态，可形成一种习惯，出现驼背、斜肩等定势，严重者可使脊柱变形，矫正困难。

挺胸、抬头、收腹、腰板挺直，两眼平视，下巴内收。如果站立时间较长，两腿可做"稍息"状，或微微分开两腿站立，或一脚稍向前伸出，但上身一定要挺直。站立时两腿不应摆动或一条腿抖动，更不应浑身乱颤，不可歪身扭腿。

## 女性如何获得美丽的外表

女性拥有美丽的外表，就要有一副健美的身材，首先要有较高的身高。调查显示，较性感的女性身高通常在165厘米至170厘米，但在现实中，很多女孩子都达不到这样的身高。那么，女孩子如何能达到这样的身高呢？

通常来说，人的身高主要取决于遗传因素，一般父母较高，其子女也高，女性也不例外。但是，后天因素对女性身高的影响也不容忽视。身高的增长取决于骨骼的生长发育，一般到20岁时，女性的骨骼基本停止增长，身高也就基本定型了。

女孩子进入青春发育期，在10～12岁以后，开始身高突增期，至17～18岁突增期结束，身高增长就开始变缓慢。应充分利用这个时期促进骨骼增长，争取较高身高。营养、体力活动与骨骼的生长发育有关，故应补充足够的营养，如多食用富含蛋白质、维生素和钙、磷等矿物质的食物；要多在户外活动，多照射阳光，要进行体育锻炼，尤其要多进行弹力和伸展性的运动，适当负重也是需要的。

## 1. 女孩子发育期如何增高

### （1）保证蛋白质的摄入

蛋白质是生命的基础，是保证人体正常生长发育的最基本因素。所需蛋白质中至少有50%应为完全蛋白质。完全蛋白质又称优质蛋白质，其所含人体必需氨基酸种类齐全、数量足、比例适宜，即其氨基酸模式接近人体组织蛋白质，易于吸收利用，有利于人体生长发育。所有动物蛋白质都是完全蛋白质，大豆蛋白也是完全蛋白质。因此，身体长高阶段要注意摄取蛋白质，多吃些瘦肉、蛋和大豆制品。

### （2）保证热量供给

热量是生命活动的动力，热量是保证人体生长发育的先决条件。人体不可缺少热量，热量可满足肌肉细胞高速增长和肌肉骨骼发育的需要。人体所需热量主要来源是食物中的碳水化合物、蛋白质和脂肪。

### （3）适当摄入脂肪

适当摄入脂肪很必要，人体的高矮与脑垂体有着密切的关系。脑垂体前叶能分泌多种激素，对于机体的生长发育，特别是对骨骼的生长起着很重要的作用。而脑组织的组成成分中有60%是由脂肪构成的，保证脑的脂肪供给对长高有利。因此，在身体长高阶段因担心身体发胖而不摄入脂肪是不对的，不可完全拒绝脂肪，应适当地摄取。

### （4）注意钙、磷、锌的摄入

长高要注意钙、磷、锌的摄入，钙和磷是骨骼构成的主要成分，含钙丰富的食物有乳类、蛋类、银耳、木耳、大豆、豌豆、蚕豆、标准面粉、标准米、海带、虾皮、核桃仁、白菜、香菜、雪里蕻、动物骨等；含磷丰富的食物有动物瘦肉、肝脏、奶粉、蛋类、鲤鱼、鲫鱼、虾仁、虾皮、大豆、花生、核桃仁、西瓜子、白菜、香菜等。

锌是人体许多重要酶的组成成分，能促进机体发育，可促进细胞生长、分裂和分化。人体含锌不足，就会生长迟缓，发育停滞，出现身材矮小现象。含锌丰富的食物有牡蛎、酵母、牛肉、茶叶、鸡肉等。

### （5）补充维生素D

维生素D的主要生理功能是促进小肠对钙、磷的吸收，调节钙、磷代谢，维护血浆钙、磷的正常浓度，促进钙、磷在骨骼中沉积，从而促进骨骼的生长发育。富含维生素D的食物有乳类、蛋、肉、鱼肝油、牛肝、黄油等。人体接受阳光照射可以产生维生素D，所以适当接受阳光照射也是帮助长高的有利条件。

### （6）补充维生素C

维生素C能促进人体生长发育，可防止骨质疏松和牙齿松动。富含维生素C的食物主要是蔬菜和水果，如雪里蕻、辣椒、白菜、油菜、花菜、菠菜，以及山楂、柚子、枇杷、枣、桂圆、柿子等。

(7) 通过运动锻炼增高

女孩子的个子不完全靠遗传，也可以在发育期通过运动锻炼进行增高。由于女性的关节韧带比较松弛，柔韧性好，有利于通过锻炼实现长高的目的。

①跑、跳。

跑、跳不仅能帮助女孩子增强胸肺功能，还能够练习增加下肢力量，提高肢体发育，发展机体灵敏度和协调能力。原地跑跳时，可结合扭髋动作一起进行，能改善盆腔的血液循环，有助于腿部骨骼和肌肉的生长。

②徒手操。

徒手操能够锻炼身体各部分的关节、韧带活动，并使内脏器的机能水平逐步提高，避免肌肉损伤和韧带拉伤。

③踢腿。

单手扶住支撑物，做前踢腿、侧踢腿练习。

④压肩、压腿。

支撑物做压肩练习和单腿压腿，轮流练习，有助于提高身体的柔韧度，促进四肢发育。

⑤腹肌、背肌锻炼。

仰卧做腹肌锻炼和俯卧做背肌练习，可伸展背部肌群和脊柱。

⑥上肢力量的练习。

用俯卧撑和哑铃锻炼，是伸展臂部肌群、强化手臂骨骼的有效方法。

2. 女孩如何锻炼体型

(1) 锻炼站姿

身体背靠着墙站好，后脑、肩、腰、臀部及脚跟与墙壁紧密接触；或将书本顶在头上，为使书本不掉下来，就会自然地把颈部挺直，下巴向内收，上身挺直。

(2) 锻炼坐姿

首先要保持腰板挺直，两腿应根据座位的高矮成一定角度，双膝自然并拢，双腿正放或侧放。双肩放松，两臂自然弯曲，双手放在膝上或座椅扶手上。坐下来应安静，切勿左右摇动，与人交谈不可将上身过于前倾，不要用手支撑下巴。切忌两脚向外分开，呈外八字形，也不要两脚尖朝内，呈内八字形；两腿相叠而坐时，悬空的脚尖应向下，切忌脚尖朝天抖动。

伏案姿势：伏案工作、学习时，身体距离桌沿 10～15 厘米，上身稍稍前倾，双手伏案，眼睛离桌面应保持 35 厘米左右的距离。切忌趴在桌子上看书、写字，也不要歪着身子、一手托腮靠在桌边看书。

(3) 锻炼走姿

女性在走路时，脚尖向着正前方，脚跟先落地，脚掌紧跟着落地；走路要挺胸，两脚之间距离等于自己的脚长；膝盖屈伸要富有弹性，肩膀自然摆动；步速与呼吸应配合呈规律的节奏。要挺胸收腹，精神集中，两眼注视前方，步伐平稳有力，步幅大小适宜。除了散步和漫步游览之外，平时走路步伐可略大些、快些，双脚落地平稳，双手摆动自如，不可大摆手，也不可乱摇手。切忌颠碎步，扭腰摆臀，步伐忙乱，歪身斜肩或心不在焉。穿裙子的女性在走路时，步幅不可太大，穿裤子步幅可大些。

# 怎样做颈部、肩膀、腹部健美操

做健美操能使女性的全身活动，骨骼和肌肉得到充分拉伸，有利于全身骨骼、肌肉的发育，可使身体长高，机体柔韧性增加，女性更显修长和匀称。很多女性都喜欢做健美操或跳广场舞等，健美操的锻炼项目多样化，吸引了更多女性参与其中。

1. 锻炼颈部的健美操

匀称挺直的颈部，可使人昂首挺胸，下颌微收，体现出亭亭玉立的风姿。颈部裸露在外，因此需要必要的保养。颈部健美操可以增强颈伸肌能力，减少颈部脂肪，加强椎间关节的稳定性，保持诸关节的平衡，提高椎间软组织的适应力，有利于颈部健美。做颈部健美操的方法有：

（1）左顾右盼

采用站位，两脚分开与肩同宽。双手叉腰，头颈部向左后、右后充分转动，双目扫视肩后某一目标。

（2）双手擎天

采用站位，两脚分开，两手手指交叉置于腹前，掌心向上。颈部充分前屈，下颌接触胸前，眼看掌心，然后缓缓抬头，同时两手翻掌并向头顶伸展，眼看手背。

（3）前俯后仰

采用站位，两脚分开，双手手指交叉置于枕部，完成颈部前俯、后仰的屈伸动作。

女性每天可练习2~3次，每次5~10分钟。运动中应用鼻吸口呼，呼吸应深长而充分。

2. 锻炼肩膀的健美操

当女性立正站好时，两肩应该端平，纵向线应是垂直的，横向线应是水平的。如果两个肩峰连线不是水平的，而是一头高一头低，人体就显得不对称，失去平衡美，不但影响形体美，而且还妨碍身体的正常发育和内脏的正常功能。

有些女性经常用一侧肩挎背包、书包或肩扛、挑、手提重物等，使一侧肩关节周围的软组织长时间地处于紧张状态，久而久之，则使该侧肩部肌群紧缩，出现两肩不平。严重时还会使颈项向一侧歪斜，甚至引起脊柱向一侧弯曲。

此外，在日常生活中不注意保持正确的姿态，如站立时习惯用一只脚支撑身体，坐或行走时上身常向一侧倾斜，久而久之，会因脊柱弯曲而出现肩不平。

因此，女性想要拥有一副健美的肩膀，就要经常做健美操。下面介绍如何锻炼肩膀的健美操：

（1）单杠练习

①双肩。

悬垂10~15分钟。

②肩膀。

偏低的一侧单臂悬垂10~15分钟。

（2）徒手练习

①两臂侧平举，再向前和向后交替绕环各4次，重复2~3遍。

②两肩轮流上提，肩膀提2次后再换另一侧。共做3~4组。

(3) 跨杠练习

①将一侧腋窝跨在单杠上或床栏杆上，蹲下2分钟，再起身，再蹲下，连续做5次。

②将肩膀偏低的一侧跨在单杠或床栏杆上，蹲下3分钟，再起身，再蹲下，连续做5次。

(4) 其他器械练习

①拉力锻炼

可用弹簧拉力器，肩膀偏低一侧的手臂多用力，多做几次。

②哑铃锻炼

手提哑铃，两肩侧平举、上举，肩膀偏低一侧多举4~6次。

女性预防两肩不平，主要是在平时生活、学习、工作中或在站、走、坐的姿势上要正确，背包要两肩交换，手提物要两手交换，使负重均衡，站立时也要两腿用力，站平、站稳。

3. 锻炼腹部的健美操

女性要想使腹部健美，就必须消除腹部多余的脂肪，使腹肌发达，并保持一定的紧张度，避免出现悬垂腹和大腹便便的状态。锻炼方法如下：

(1) 仰卧位

双膝关节弯曲，两脚掌平放在床上，双手轻放于腹部，进行深呼吸运动，吸气时鼓腹，呼气时收腹。此动作反复进行多次。

两手抱于脑后，腹部稍抬起，两腿伸直做上下交替抬起运动，从小幅度到大幅度，从慢到快，连续做50次左右。

两臂向上伸直，两腿同时抬起，膝关节不要弯曲，脚尖要绷直，两腿与身体成90°角，稍停一会儿再落下。此动作反复做20次左右，直至腹肌发酸为止。

两手放在身体的两侧，用腹肌的力量，使身体坐起来，然后再躺下。每天做10~20次。若开始有困难，可以借助手的力量扶床坐起。

两手平放在身体两侧，用手支撑住床面，两膝关节弯曲，两脚蹬住床，臀部尽量上抬，三四秒钟后放下。休息一会儿再抬起臀部，反复练习多次。

手放在身体两侧，两腿尽量上抬，然后做蹬自行车动作，直至腿和腹部酸痛为止。

露出腹部肌肤，将两手搓热后按摩腹部，直至局部发红、发热为止。

(2) 跪位

跪在床上，两手扶床，胸部尽量向下压，腹部尽量收缩，同时呼气，然后挺胸鼓肚。练习5~10次。

(3) 站位

两脚轮流高抬，膝关节弯曲，大腿与身体成直角，然后放下，像原地踏步一样高抬腿走路，每天坚持100步。

# 怎样做臀部、手臂健美操

有些女性在工作中经常长时间保持坐姿，臀部肌肉得不到锻炼，使脂肪堆积，或出现臀部下垂，破坏了形体的整体美感。所以，臀部健美，也是形体美不可忽视的问题。

## 1. 臀部健美操

经常做臀部健美操，可以使臀部脂肪减少，肌肉结实，变得丰满而有弹性，增强女性的曲线美。

①坐在床上或地上，双腿伸向前方，双手放在膝盖上，先提起右臀及右腿，膝部微屈将右脚滑向前方。

②再提起左臀左腿，膝部微屈，将左脚滑向前方。如此用臀部向前行走10步，然后交替移动左右臀向后退行10步。

③坐在床上，双腿伸直并拢，脚尖朝上，两手撑床。

④滚动左臀，将全身重量放在左臀上，右臂举过头顶，然后滚动右臀，体重落在右臀上，左臂举过头顶。

⑤两腿交叉坐在床上，双臂伸向背后，双手握一皮球，用臀部向后压皮球，数5个数，还原。

⑥坐在床上，上体挺直，两腿并拢前伸，脚尖朝上，两手扶住大腿，然后上体向前弯曲，两手顺大腿、小腿一直向前滑，至脚踝后沿原路线返回。

## 2. 手臂健美操

手臂是身体的一部分，手臂外观不佳必然影响形体的整体美。尤其是女性在夏天时手臂多裸露在外，因此拥有一双肌肤光滑、匀称、富有弹性的手臂，才能为美丽加分。

（1）手臂是活动最多的部位

日常生活中，手臂是活动最多的部分，但活动的方向大多为向前或向侧，较少向后运动，因此手臂容易肌肉松弛、脂肪堆积、缺少弹性。美臂锻炼可拉伸肌肉、消耗脂肪，改善肌肉和脂肪的分布，使手臂富有弹性。

（2）手臂健美操的具体做法

①肘部弯曲。

持站位，一侧手臂的肘部弯曲，手掌贴住颈后部，抬起另一侧手臂，伸向空中，回到原来的姿势。双臂交换进行，各做15次。

②举手臂。

两脚张开与肩同宽，两手弯曲，举到与肩同高处，由耳边慢慢将一手直直举起，数5秒后换手。

③抬手臂。

两脚张开比肩膀微宽，轻轻放松膝盖，微蹲，两手握拳，其中一手慢慢将手肘举向天花板，缓缓放下后换手。

## 3. 手部健美操

漂亮的手要修长、柔软、细腻、富有弹性。女性用一双漂亮的手与人握手时，会给人以美的感受，显示自身魅力。女性应注意保养双手。

指甲是手的显眼部位，干净、修剪整齐的指甲会给美手加分。

为了手的关节灵活，可每天用3～5分钟做手部保健操：

①两手前伸，用力握拳，然后迅速伸直十指。此动作连做12～15次。

②两手前伸，手背相贴，手指不断张开、合拢，重复做5～10次。

③两手前伸，手掌相贴，腕关节靠拢，十指直伸，重复10～15次。

④十指交叉，一个大拇指绕另一个大拇指转动15～20次。

⑤模仿弹钢琴动作，连做3~5分钟，可有快有慢，十指上下左右弹动。

⑥两手手指分开，用左手按摩右手手背和手指，再用右手按摩左手手背和手指。然后，手指朝上，自由抖动指骨和掌骨，放松手指。

⑦两手大鱼际对搓，一只手固定，用另一只手的大鱼际搓，大约搓1~2分钟，两手交替进行。

⑧用拇指压食指2次，中指1次，无名指3次，小指4次；接着再压无名指3次，小指4次；接着再压无名指3次，中指1次，食指2次，返回原位。双手交替进行。

⑨双手虎口交叉，以一手的拇指用力按压另一手的大鱼际，左右手交替放在上方。

⑩用吹风机的热风吹手掌，直到发热时为止。先用热风反复吹6~7次，再用冷风吹3次，并用同样的方法刺激手背，使周身感到温暖为止。

⑪两手手掌相合，互相搓擦，使手心发热为止。刺激手掌可以减轻压力，有利于入睡，减少失眠。最好是躺在床上，睡前搓手掌2~3分钟即可。平时感到压力大时，也可随时搓手掌。

⑫双手握拳，右手拳头由里向外拧，左手拳头由外向里拧，就如同拧毛巾一样，两手交换拧的方向。

## 怎样做腿部、脚踝健美操

女性拥有两条匀称修长的美腿，特别有魅力，女性美腿主要体现在膝盖、小腿肚、脚踝等方面。

膝盖部位若有多余脂肪，会使腿显得又短又粗；腿显得长的关键在于小腿肚处最粗部位的位置，如果这个位置高，就能奇迹般地使小腿显得很长；如果脚踝没有突然紧收，腿部仍然没有线条感。因此，做美腿健美操时要注意对这三个部位进行锻炼。

1. 膝盖的按摩

可以每日按摩膝盖，并涂抹一些护肤乳加以改善和滋润，也可将一个柠檬切成两半，放在膝盖处搓皮肤，这些做法可使膝盖皮肤光滑滋润，脂肪减少，使膝盖健美。

女性可针对膝部肌肉松弛做一些健美操：坐于床上，双腿伸直，两手撑于臀后，左腿屈膝，右腿伸直上抬15厘米左右，膝盖向外侧转动，脚背绷直，将右腿尽可能地向外侧伸展，至右腿无法移转时再提高5厘米，然后回至原位，但仍保持15厘米的高度不变。

重复10次后，换左腿操作。此法每天练习5次，每次1分钟，经常坚持做，能改善膝部肌肉松弛的状况。

2. 小腿的健美操

小腿讲究的是弧度美，通过有针对性地做操，可以改善小腿的弧度。如坐下后不断伸直双腿，足趾向上勾曲。线条不十分明显的小腿还可以通过赤脚走路和穿平底鞋来塑形。

每天可做一些弹跳运动，并逐渐增加弹跳次数，加快节奏。抬起脚跟静止

5秒钟后放下，左右轮流上抬，每条腿要做60次。侧立桌子或椅子旁，左手抓住椅背，以支撑身体，伸出右腿，并让左膝尽可能弯曲下蹲，直至身体离地面30厘米左右，保持这种姿势约5秒钟。然后换左腿操作，各做3次。

双手背在身后，一蹲一起，每天50次。

3. 脚踝的健美操

在做脚踝的健美操时，先用温度较高的热水泡脚，浸泡5分钟，这样可以软化脚部的皮肤，用手指轻搓脚面、脚底和脚趾缝，使脚彻底清洁。如果在水中放入少许柠檬汁和苹果醋，也有软化死皮、舒缓放松全身的作用。

将两手掌心相对搓热，然后用掌心分别擦两脚前1/3的涌泉穴，擦时缓缓转圈100次，以睡前洗脚后操作为宜。这有利于促进脚部血液循环，还具有湿肾暖足和舒体明目之功。

在双脚涂上按摩油，双手拇指呈扇形交替按摩脚背；用拇指及食指捏住脚尖顺时针打圈，十趾依次进行；双手拇指呈扇形交替按摩脚心；用拇指和中指对脚踝进行揉捏；绷脚、勾脚各做5次，脚踝由里向外转圈各5次。按摩完毕后，洗掉油脂，涂上乳液。

4. 脚趾的健美操

脚趾甲长了要及时剪掉，剪脚趾甲不可过深，女性不要留长趾甲。可用甜杏仁油、蜂蜡或乳霜敷在脚趾甲上，防止趾甲干燥。脚的皮脂腺不发达，皮肤容易干燥，甚至脱皮、皲裂。洗完脚后，用润肤油将全脚涂抹均匀，套1个塑胶袋，再把脚浸入热水中，热水会使毛孔张开，滋养成分会被很好地吸收，能有效防止脚部皮肤干燥和干裂。

用脚趾捡起地上的弹珠或小卵石，每次捡1粒，捡起后投入篮内或盆内，可增加脚趾的柔软性。可用刺激性较弱的肥皂清洗整个脚部，再用磨脚石轻轻转圈打磨脚垫，这样可磨去少量脚垫，但切忌一次去掉太多使脚失去保护层。

防止皲裂：睡前用清水洗脚，擦干后，涂上护肤油，重点涂在长脚垫的部位。

防止脚出汗：脚爱出汗的人易受真菌感染和生鸡眼。洗完脚后要彻底擦干，特别是注意趾间部位要擦干。穿透气性好的鞋袜，有助于防止脚出汗。

## 怎样做各类腿型的健美操

有些女性天生两条不怎么健美的腿，对于这些腿型，可以根据其特征做健美操，长期坚持下去，一定会获得理想的效果。

1. "O"形腿的健美操

女性出现"O"形腿，主要和坐、立、行的姿态不正确以及和一些运动方法不当有关，如走路"外八字"、长期穿高跟鞋等。"O"形腿不仅影响女性的健美，而且还会使女性的膝关节受力不均，出现局部磨损，引发关节炎症。因此，女性除在日常生活中要注意坐、立、行的姿态外，也可通过一些锻炼进行矫正。根据女性身体生理发育特点，年龄越轻，越容易矫治。以下是"O"形腿健美操的方法：

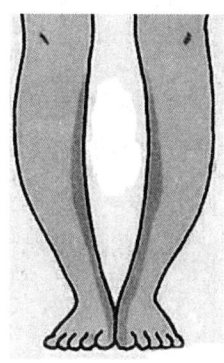

(1) 两腿直立

两脚做内"八字"、外"八字"互相交替的横向移动，每天反复练习10次以上。

(2) 两膝之间夹物下蹲

先用厚垫子放在两膝间，用力夹紧，慢慢下蹲，然后慢慢起立，要求膝间夹物不掉下来。每次反复做10~20次，每天做2次。

(3) 站立

分腿站立，半蹲下，两膝内旋，两手用力压小腿外侧，停几秒钟，起立放松，反复做10次，每天做2次。

(4) 平踢

左右小腿轮流向外侧平踢，20次为1组，共做3组。

女性在做这几个动作时，可以同时按次序进行，也可以选择其中一两个多做几次，但要求每天要练习2次。

2. X形腿的健美操

有一种腿型和"O"形腿相反，人站立时，上身保持正直，两手自然下垂时，两腿不能自然站直，两膝能紧紧靠拢，从膝盖下两小腿向左右分开，两踝、两脚不能靠拢，像英文字母"X"，人们把这种腿型叫作X形腿。X形腿影响美观，可对膝关节造成不利影响。下面介绍一套健美操，可以预防X形腿。以下是预防X形腿的健美操：

(1) 用脚带动腿做操

坐在椅子上，两臂后撑，大腿呈水平状态，两小腿垂直，两脚掌着地。用一软垫子放在两踝之间，两踝用力将垫子夹紧，脚跟用力，脚尖下压，用脚带动腿慢慢离地，尽量向前伸，使小腿和大腿成一直线，两踝所夹垫子不能掉落，稍微停顿3~5秒钟，再慢慢将小腿放下，复原放松。反复做10~15次。

(2) 两小腿向前伸直举起

坐在椅子上，两臂后撑，大腿呈水平状态，两小腿下部用松紧带缠住，慢慢将两小腿向前伸直举起，两膝尽量用力缓慢外分，略停几分钟后，复原放松。反复做8~10次。

(3) 用力将两膝慢慢下压

正坐床上，两腿弯曲外分，两脚掌相对顶紧，两手置于两膝内侧，用力将两膝慢慢下压，稍停4~5秒钟，复原放松。反复做8~10次。

身体直立保持站位，小腿向内平踢，动作如同踢毽子一样，小腿要踢到水平状态。两小腿轮流交替各踢20次为1组。每做完一组，左右小腿各向前踢4次，放松。共做3组。

# 如何纠正"八"字脚和驼背

1. "八"字脚的健美操

正常人走路、跑步以及站立时，两脚尖基本是向前的，如果脚尖是偏向外侧或者偏向内侧，好像是一个倒写或正写的"八"字，这就是人们常说的"八"字脚。女性出现"八"字脚多与行走姿势不正确有关，应加以防范。

平常走路时，要有意识地纠正脚尖迈出的方向，脚尖应向正前方向迈出，使大腿、小腿和脚掌始终在一条直线上。就是站立或坐下时，也要坚持脚尖朝前，使自己的脚掌每步都落在线上，脚尖、脚跟和线的方向一致，踩在线上的脚印必须和直线平行，发现和直线不平行时，立即纠正。以下是纠正"八"字脚的健美操：

（1）从台阶上或跳箱上往下跳

找一个高台阶或者运动场上的跳箱，台阶下是软质土，跳箱下铺上软垫子。练习者从台阶上或跳箱上往下跳。这种练习方法可以提高下肢内收、内旋肌群力量，有利于外"八"字脚的矫正。

（2）踢毽子

用脚向内侧踢毽子，内"八"字脚者用脚向外侧踢毽子。

（3）做内旋或者外旋动作

找一根橡皮筋，一端固定，如拴在树上，另一端套绑在小腿下端。练习者侧立，进行内收或外展大腿的练习，可以加上内旋或者外旋动作。一条腿练习10分钟为1组，再换另一条腿。皮筋松紧度以每组只能做10次为宜，每天可以集中做3组。练习时膝关节要伸直，皮筋力量比较大时，可手扶椅子或栏杆以保持上身稳定。

2. 预防驼背的健美操

女性的健美表现在行走、站立、坐下时，都应挺胸抬头，腰板直立，眼望前方，这样才会显得精神抖擞，精力充沛，充满魅力。

（1）女性驼背不健美

但如今有许多女性总是含胸、低头、弯腰，形成驼背。驼背不但影响体形的挺拔健美，而且由于脊柱的变形还会妨碍心肺的功能。

（2）生活中注意驼背的预防

不论是站立、坐下还是行走，都要挺直腰板，挺胸，抬头平视前方。看书写字时不要趴在桌子上，上身可稍前倾，头略低，两臂可搁在桌沿上支撑上身，桌椅的高度要适宜。骑自行车时，车座不要调得太高，否则会使上身向前弯曲；开车时要把驾驶座调好，否则也会形成弯腰开车。劳动时，不能肩挑、背扛过重的物品，以免脊柱因负担过重而变形弯曲。

（3）做健美操预防驼背

①做单杠或双杠运动锻炼。

利用单杠或双杠做悬垂，双手把杠，身体放松，头后仰，眼睛注视上方，坚持30～40分钟，每天做1～2次。

②在椅子上运动锻炼。

坐在椅子上，背靠椅背，双手向臀后抓住椅面两侧，向前挺胸，向后张肩，头尽量后仰，3秒钟放松一下，并反复做5~7次。每天做1组。

③站立运动锻炼。

背靠墙站立，距墙30厘米左右，两脚分开同肩宽。两臂上举后伸，同时仰头，手触到墙后还原，反复做10次。每天做1~2组。

④仰卧运动锻炼。

仰卧于硬板床上，在背部垫一个5~7厘米高的物体，可使用枕头或硬垫；头后仰，全身放松，两肩后张。每次静卧15分钟左右。每晚睡觉前做1次。

## 消瘦女性如何变丰满的食谱

一定年龄段的女性有一定的体重标准值，女性的体重如果高于这个体重标准值20%以上的，则为肥胖；如果低于这个体重标准值10%的为偏瘦；但如果低于这个值20%的，则为消瘦了。消瘦的女性骨骼发育基本正常，但肌肉和脂肪组织发育却很差。

过度消瘦的女性，身体缺乏营养成分，容易患多种疾病，损坏机体健康。过度消瘦者常表现为面色苍白或灰暗，毛发干枯、稀疏，皮肤干燥、松弛、无弹性，肌肉萎缩，脂肪缺少，骨骼显露，甚至整个体形发生变化，严重影响美观。

1. 过度消瘦的女性应怎样吃

（1）少食多餐

过度消瘦的女性应注意少食多餐、不偏食、不暴饮暴食，不宜过多摄入脂肪。

（2）多吃蛋白质丰富的食物

多吃蛋白质丰富的食物，因为人的一切生命活动最基本的进行单元是细胞，细胞的主要成分是蛋白质。蛋白质对身体的构成，对增强体能、充沛精力是最重要的物质。

所以，身体瘦弱的女性要补充足够的蛋白质，以利增重丰肌，改变消瘦体形。

2. 宜吃的食物

（1）性味平和或温补的食物

如黑木耳、白木耳、香菇、花生、核桃、芝麻、泥鳅、兔肉这样的食物可以刺激食欲，有利于身体吸收。

（2）健胃食物

瘦弱者多有肠胃功能较差等现象，应适量多吃些具有补脾健胃功能的食物，如莲子、山药、扁豆、紫米、薏苡仁、红枣、蜂蜜、鲫鱼、猪肚等。

（3）其他宜多吃的食物

松子、桃、葡萄、豇豆、大豆、花生、羊肉、牛肉、枸杞子、百合、糯米、鸡肉、鸭肉、鹅肉、核桃、黄鳝以及卷心菜、菠菜、哈密瓜、牛奶、鸡蛋等也可多吃。

3. 不宜吃的食物

瘦弱者应少食含纤维素较多和不易消化的食物以及燥热、辛辣、酸冷食物，如韭菜、芹菜、高脂肪食物、辣椒、姜、蒜、虾、蟹、山楂、酸梅、醋等。

4. 食谱

（1）当归羊肉羹

材料：

羊肉250克，生姜60克，当归15

克，面粉 50 克，葱、盐、味精各适量。

制作方法：

①将羊肉洗净，切片；生姜切片；葱切成小段；当归洗净。

②锅内加清水适量，放入羊肉片、当归、姜片、葱段，置旺火上烧开，撇去浮沫，改用文火炖煮 2 小时左右，捞出当归、生姜片，继续炖煮片刻，放入盐，然后边下面粉边搅拌，待成羹时，加入味精即成。

（2）牛肉粥

材料：

牛肉 100 克，大米 100 克，五香粉、盐各少许。

制作方法：

①将牛肉洗净，切薄片；大米淘洗干净。

②锅上火，加适量清水，放入大米、牛肉片，用旺火煮沸后，改用文火煮粥，待肉烂粥熟后加入五香粉、盐调好口味即可。

（3）栗子炖鸡

材料：

公鸡 1 只，栗子 200 克，甜杏仁 12 克，红枣 5 颗，核桃仁 20 克，白糖 4 克，姜丝、葱段、料酒、酱油、味精各少许，猪油、盐各适量。

制作方法：

①栗子切成两半放入沸水中煮至壳与衣可剥掉时捞出，剥去壳衣；甜杏仁、核桃仁放入碗内，用沸水浸泡后撕去皮，捞出沥干水，放入温油锅内炸至呈金黄色，捞出，待冷后将甜杏仁碾成末。

②鸡宰杀后去毛、内脏，洗净，斩成 9 厘米见方的块。

③锅上火，加入猪油，烧至六成热，放入鸡肉块煸炒，加入料酒、葱段、姜丝、白糖、酱油煸炒至上色后，再加适量水、核桃仁、红枣烧沸，改用文火加盖炖 1 小时左右，加入栗子、盐再焖至鸡肉熟烂。将锅中核桃仁、红枣、栗子捞出放入盆中，再把鸡肉捞出放在上面，将汤放入味精调味，浇在鸡肉上，撒上杏仁末即成。

（4）黄芪乌鸡汤

材料：

乌骨鸡 1 只，黄芪 30 克，姜块 15 克，葱节 20 克，鲜汤 50 克，盐、料酒各适量。

制作方法：

①将黄芪去净杂质，烘干，研成细末；乌骨鸡宰杀后，去毛、内脏，剁去脚趾、嘴尖、尾翅，洗净，放入水中氽 1 分钟后捞出。

②将黄芪粉抹入鸡腹腔内外，放入蒸碗内，加鲜汤、盐、料酒、姜块、葱节，用湿棉纸封住碗口，置蒸锅或蒸笼内，用旺火沸水蒸熟透即成。

（5）芪枣煨鹅肉

材料：

鹅肉 750 克，土豆 150 克，肉汤 1.5 千克，桂圆肉 50 克，料酒 40 克，植物油 750 克，葱、姜、盐、酱油各适量，胡椒粉、味精各少许。

制作方法：

①鹅肉洗净，入沸水中氽去血水，

切成 4 厘米见方的块；生姜洗净拍破；葱洗净，切段。土豆去皮洗净，切成滚刀块。

②锅置火上，倒入植物油，烧至六成热时下入鹅肉块，炸呈金黄色捞起，再下入土豆块炸 3 分钟。

③锅内留适量底油烧热，下姜、葱煸出香味，再烹入料酒，放入盐、酱油、胡椒粉、鹅肉块、肉汤，旺火烧沸，改用文火烧至鹅肉六成熟时，放入土豆、桂圆肉，烧至肉烂土豆酥软时，拣出葱、姜不用，放入味精，收汁装盘即成。

（6）参芪鸭条

材料：

净鸭 1 只，重约 1.5 千克，猪瘦肉 100 克，清汤 500 克，党参 15 克。黄芪 15 克，陈皮 10 克，植物油 750 克（约耗 100 克），酱油、料酒、葱段、姜片、盐、味精各适量。

制作方法：

①党参、黄芪洗净，陈皮切丝。

②净鸭去脚，鸭皮用酱油抹匀，下入八成热的油锅中炸至皮呈金黄色，用温水洗去油腻，盛入砂锅内。

③猪肉洗净，切成块，下沸水中氽一下捞出，再洗去血污放在砂锅内，加入料酒、姜片、葱段、党参、陈皮丝、黄芪、盐、味精、酱油、清汤，用中火烧沸，改用文火焖至鸭肉烂熟后取出，滗出原汤，用纱布滤净待用。

④将鸭子拆去大骨，斩成 1.5 厘米宽的条块，放入大汤碗内摆好，注入原汤即成。

（7）五香黄豆

材料：

黄豆 300 克，盐、姜末、葱花、花椒、桂皮、八角、小茴香各少许，香油适量。

制作方法：

①黄豆用水浸泡，泡开后淘洗干净。

②黄豆入锅中，加入适量清水，上火烧沸后撇去浮沫，加入八角、小茴香、花椒、桂皮、葱花、姜末，用小火烧至黄豆熟烂，加盐再烧一段时间，入味后，出锅装盘，淋上香油即成。

（8）牛奶炖花生

材料：

牛奶 1.5 千克，花生米 100 克，枸杞子 20 克，水发银耳 30 克，冰糖适量。

制作方法：

①将银耳、枸杞子、花生米洗净。

②将牛奶放入锅内，加银耳、枸杞子、花生米、冰糖，煮至花生米烂熟即成。

（9）红枣鸡蛋汤

材料：

鸡蛋 2 个，红枣 60 克，红糖适量。

制作方法：

①红枣洗净，去核。

②锅置火上，加水 600 克，放入红枣用文火煮沸 1 小时，将鸡蛋打入，勿搅拌，片刻后加红糖溶化即成。

（10）红枣大米粥

材料：

红枣 50 克，大米 100 克。

制作方法：

①将红枣洗净，用温水泡 20 分钟；大米淘洗干净。

②锅置火上，放入适量清水烧沸，然后下入大米、红枣同煮，米烂粥稠即成。

此外，体形消瘦的女性还要经常进行运动锻炼，因为运动锻炼可增进食欲，促进肌肉和脂肪的增加，使身体健壮，改变消瘦的状态。增重锻炼一般应采取大重量、多组次、少次数的健身运动原则。

女性在运动锻炼时，应避免快速动作，因为快速猛烈的活动只能使肌肉突出，但不能增加肌肉的体积。每次锻炼时间要长一些，有利于全身肌肉组织和各器官的锻炼。

由于运动锻炼能够强化消化系统功能，所以这类女性要选择有利于增强消化系统器官功能的运动项目，如散步、腹式呼吸以及腹肌和背肌的练习，其作用在于增强胃肠消化吸收功能，使人食欲增强。

## 女性瘦身误区有哪些

误区一：

瘦身衣能瘦身

有些女性为了减肥，经常穿瘦身衣，希望自己的体形变得瘦一点。其实，瘦身衣的主要调整方式是将背、肩、腋下的赘肉转移到前胸，使胸部饱满；通过对背部、腰部的设计重塑，使身材挺拔，避免含胸、驼背。

而瘦身裤则是将臀部赘肉收紧，与塑身腰相结合，引导腰腹和大腿赘肉向臀部转移，从而塑造出优美的臀形。

瘦身衣所塑造出的苗条身段只是暂时的。肥胖是由于体内脂肪积聚过多，只有减去，方才能达到减肥的目的。如果非要选择瘦身衣，一定要合体，透气性要好，且不要长时间穿在身上。如果感到不适，一定要尽快停用。因为瘦身衣存在着多种隐患，如引发妇科病、压迫内脏、有碍皮肤呼吸、产生缺氧反应、不利于乳房发育等。

误区二：

吃米饭会影响减肥

白米饭是属于六大类食物的主食类，具有热量及营养素，我们常见减肥的人采取不吃米饭的方式减肥，这是错误的做法。其实减肥的人跟正常人相同，都需要六大营养素：糖类、脂肪、蛋白质、维生素、矿物质和水。

糖类、脂肪、蛋白质所产生的热量是为了人体所需的热量，而维生素、矿物质、水则参与重要的生化反应。

对于减肥的女性来，摄入适量的糖类才可以正常地进行正常的生命活动，不然，人就会感到头晕、疲乏，甚至营养不良。

所以，可适量减少主食的摄入量，但不能完全不吃。减肥一定要在保证营养均衡、合理，保证不影响健康的基础上进行。

误区三：

节食能瘦身

现实中，不少女性通过节食的方法使自己瘦身。其实，节食会使身体的新陈代谢率降低，新陈代谢率降低容易使身体积蓄脂肪，节食者不仅体力会变差，而且饿过头反而容易暴饮暴食。再者，节食减去的是肌肉，反弹后长回来的却是脂肪，这就是所谓的溜溜球效应，而在一消一长之间，外表上看起来反而比原来更胖。

许多急于瘦身的女性，总是认为要减少淀粉的摄取量，这也有失偏颇。每克糖类提供的热量远低于每克油脂提供的热量。另外，淀粉食物能提供饱腹感，不吃淀粉食物很容易出现饥饿感，但摄取过多油脂却不见得会有饱腹感。

因此，如果想减少摄入的热量，则可从减少油脂摄取下手，除了饮食上秉持少油的原则之外，还可选择肉类脂肪较少的部位，或多吃脂肪含量较低的鸡肉、鱼肉等。以下是降低食物油脂的几种方式：

①烹调食物时尽量选择蒸、煮、卤、烤、凉拌、清炖等方式，外出就餐时也应选择这类食物，以免摄取过多油脂。此外，应少吃油炸、油煎等食物。

②吃肉时将明显可见的白色油脂部分去除，吃鸡肉时要去皮。若是喝肉汤，则可先将肉汤冷冻，再把上面的油脂去除。

③餐馆的菜如果过于油腻，则可先用清汤或开水过水后再食用。

④使用调味料时也要小心，各种色拉酱、奶油或其他调味料也都含有大量油脂，应避免食用或少量摄取。

误区四：

熬夜能减肥

既然肥胖是因为营养过剩，导致体内热量过多，引起脂肪堆积，那么是不是只要消耗掉那些脂肪，就能达到减肥的效果呢？有些女性认为，睡太多就是长胖的根源，为了减肥，她们不是选择运动，而是选择减少睡眠。熬夜真的能减肥吗？人体在什么情况下，才能消耗掉更多的热量呢？

有些女性相信熬夜减肥的说法，也许在现实中有的女性在熬夜之后的确瘦了。但是，如果真的把熬夜作为一种减肥方法，却是对身体有害的。这些伤害表现在以下几方面：

①熬夜会扰乱人的消化系统。

身体在保持清醒的时候，会消耗更多的能量，熬夜会扰乱人体消化系统，让人食欲减少，也会造成一定程度的脱水，让体重减轻。

②熬夜妨碍肌肉的生长。

晚上9点到凌晨3点是肌肉纤维的生长时间。肌肉消耗能量的速度是脂肪的两倍。人体需要增加肌肉，减轻脂肪来达到减肥的效果。如果肌肉减少，那么人体消耗能量的速度就会降低，对减肥没有益处。

③熬夜妨碍新陈代谢。

睡眠不仅有益肌肉的生长，还能保证人体器官在睡眠的时间里完成新陈代谢、排出有害物质。睡眠减少会让肌肉松弛，失去弹性，也就意味着身体的衰老。熬夜会消耗大量视紫质，让视力快速下降，还可能扰乱人体生物钟，破坏内分泌系统、神经系统的正常运行。

长期熬夜会让身体毒素积淀，皮肤暗淡无光，还有可能长痘，黑眼圈会牢牢地占据你的眼眶，让你成为"国宝"级美女。对着电脑熬夜，还可能造成掉发等不良反应。

熬夜之后的一整天，你会精神萎靡，疲倦不堪，直接影响正常的工作和生活。熬夜变瘦，只会让你变得憔悴。

误区五：

不吃早餐能减肥

不少女性把减肥与节食画等号，因此，一日三餐对她们来说，就成为减肥的最大阻碍。丰富的夜生活让都市女性习惯晚睡，更习惯晚起，每天起床之后，匆匆洗漱就赶着上班。有时间就在路上随便吃一点，没时间就空着肚子去上班，一直到吃午饭。一次两次的没时间，渐渐变成习惯，你会振振有词地说，不吃早饭有助减肥。

实际上这样做对身体无益。

如果你在下午6点左右吃晚餐，早上7点左右起床的话，你的身体就已经超过12个小时没有补充任何能量。虽然晚间消耗的能量不多，但你的肠胃肯定已经在急迫地等待食物的进入，尽管你可能会觉得没有食欲，却并不是说身体不需要食物。

一天之中，人体需要的能量，早餐应该提供40%以上。因为它承接睡觉时间的能量消耗，又必须为整个上午的工作提供必要能量。即使你不吃早餐，那么在午餐和晚餐的时间里，身体也会支配你自动补足早餐缺少的养分。这对减肥丝毫无益。

相反，营养早餐能帮助减肥。

一个人不吃早餐，勉强坚持到上午10点左右，就会感觉饿了。此时只好以各种零食填饱肚子，或者熬到中午再大吃一顿，零食的热量远高于一份正常的早餐，还会让糖分和脂肪在身体中堆积。中午大吃一顿虽然可以消除一上午的饥饿，补充早餐的营养，但不均衡的进食会让胃酸腐蚀肠胃，患上消化器官慢性病。

更多不吃早餐的女性把午餐当作一天中的第一顿饭，并在晚餐之后，睡觉之前补上一顿消夜。而减肥的饮食原则之一是，过了晚上8点就尽量不要再进食。比起用消夜补充一天营养的方式，显然按时进一日三餐更能达到减肥的效果。一份营养的早餐会确保你工作所需的能量，并让身体自动减少午餐、晚餐的摄入。

误区六：

水果能减肥

水果富含各种维生素群、纤维素、氨基酸与微量元素钙、钾、铁、锌等营养物质，并且热量和脂肪含量极低，美容养颜效果突出，味道酸甜可口，既可作为零食满足口腹之欲，又能达到养颜润肤效果，是减肥女性热爱的食物。不少减肥餐直接以各种水果为主食，食用者宣称减肥效果极好。减肥效果撇开不谈，餐餐只吃水果，后果是不堪设想的。

不少爱吃水果的女性都很疑惑，为什么自己每天只吃水果，还是不见变苗条？在减肥女性的心目中，水果富含各种维生素、氨基酸、果酸、纤维素等营养物质，并且几乎不含脂肪，热量又低，简直是减肥养颜的不二选择。

不过，当你拒绝正餐，大吃特吃水果的时候，有没有想过热量多少其实是一种相对的概念呢？是的，水果热量低，但你一口气吃上一两斤水果，恐怕热量也不见得比一顿饭低。女性都更偏爱甜味重的水果，这些水果中含有大量果糖，如果摄入过多，果糖就会转化成脂肪堆积起来。

更别说长期只吃水果不吃饭导致的营养不良。没有蛋白质、膳食纤维、微量元素，人体就会出现内分泌失调、气血亏损等不良症状。

吃水果确实能减肥，但要实现长期减肥的目标，主要还得靠均衡饮食与适量运动。那么，水果怎么吃才能减肥呢？

①把苹果当作零食。

女性如果早饭没吃饱，上午工作又繁忙，那么带一个苹果当作早餐与午餐之间的加餐就是很不错的选择。苹果是公认减肥效果最好的水果之一，可以有效调节水肿，消耗热量，对对付腹部肥胖最有效果。在因减肥嘴馋的时候，苹果也是不错的减肥零食。

②把柠檬汁当饮料。

新鲜的柠檬切片后用来泡水喝，其释放的柑橘类香气能抑制进食欲望，柠檬汁还有杀菌、美容、降血脂的效果，能促进新陈代谢，提高减肥效果。

③把香蕉作为临时主食。

香蕉口感甜糯，经常被误认为含有过高的热量，事实上一根香蕉的热量只相当于半碗米饭。此外，香蕉含有的维生素与矿物质丰富全面，还有大量食物纤维，能暂时替代主食，增加饱腹感。不过，香蕉不适宜长期做主食，还需要搭配蔬菜与高营养高蛋白的食物，才能避免营养不良。

误区七：

蔬菜能减肥

蔬菜是所有食物中含膳食纤维最丰富的一类。膳食纤维能帮助消化，促进肠胃蠕动，扫除多余的脂肪，清除肠胃废物。因此，蔬菜是减肥一族必不可少的座上宾。但如果你的餐桌上只剩下蔬菜，你很快会发现这并不是一个明智的选择。蔬菜的减肥效果，建立在摄入的营养保持平衡的基础上。

女性每天掉落一些头发是正常的新陈代谢,失去营养源的头发断裂掉落,然后新的头发会随之生长出来。不过,女性如果每天梳头的时候,都有大量头发掉落,就不属于正常的情况了。尽管用药不当、精神压力过大、内分泌不调都可能引起掉发,但如果你以前并没有掉发的情况,而是在吃减肥餐后突然出现掉发,恐怕你就得好好调整一下了。

每天只吃蔬菜沙拉或水果蔬菜沙拉减肥的女性,容易出现大量脱发。摄入的营养跟不上身体的消耗,就会出现掉头发和血气不足的虚弱症状。

头发生长,需要铁、铜、锌等微量元素以及蛋白质、脂肪酸等营养物质,其中蛋白质又是头发的主要组成成分。

蔬菜中含有各种微量元素,但几乎没有蛋白质,失去营养支撑的头发自然就会像砍断的树木掉叶子一样脱落严重。

长期只吃蔬菜,造成的危害还远不止脱发,蔬菜无法补充钙质,身体钙质流失会让骨骼松脆易折,更甚者会造成器官衰竭。

## 女性如何正确减肥

女性的身体过度肥胖,会使身体变得臃肿,从而失去女性形体的曲线美。而且,女性身体过度肥胖,活动起来也不方便,还会引发一些疾病。有些女性之所以会肥胖,有可能是遗传因素所致。如果双亲都较肥胖,子女一般容易长得肥胖;如果双亲都较瘦,子女肥胖的可能性就小得多。

不过,父母肥胖,但如果子女在各方面进行有效的控制,也可以拥有一副健美的身材。所以,肥胖虽然有遗传原因,但这种遗传也是可以适当改变的。除了遗传因素外,肥胖还有后天的因素,如:

第一,摄入过多。

肥胖的另一个原因,是女性机体长期处于能量的过度吸收状态,即脂肪摄入过多,消耗过少,通俗的说法是"吃得多,活动少"。当女性从食物中摄取了大量的热能,不能消耗掉的热能则变成脂肪,贮存在体内各部位,导致产生肥胖体形。特别是甜食、油炸食品、零食摄入过多,是女性肥胖的重要原因。所以,应控制饮食。

第二,活动少。

肥胖的女性通常都不太喜欢参加体力活动,包括进行体育运动或劳动等,因而体内能量消耗少,导致脂肪积聚过多。所以,有些女性肥胖,与很少进行体力劳动或进行体育运动有很大关系。

针对以上原因,女性要想正确减肥应从以下两方面入手:

1. 控制饮食

(1) 控制热量的摄入

饮食应以高蛋白、低脂肪和低碳水化合物为原则。蛋白质虽然也产生热量,但它是人体不可缺少的营养素,同时人体也需要一定的热量,由蛋白质供给可谓一举多得。

（2）控制饮食量

控制饮食量主要是控制食物的摄入量，每顿饭以吃七八分饱为宜，特别是晚饭应控制，不可吃得过多。

（3）多吃富含纤维素的食物

当纤维素随食物进入人体后，纤维素在胃内由于吸水而膨胀，产生饱腹感，并缠裹部分脂肪，带出体外，减少人体对脂肪的吸收，同时形成缓泻，达到减肥目的。动物性食品和植物油中不含纤维素，唯有植物性食品中才含有纤维素，如粗粮、蔬菜、水果等。但水果含糖较高，对减肥不利，故只有蔬菜、粗粮为减肥佳品。海带所含纤维素在胃内停留时间较长，可减轻饥饿感，减少进食，有利于减肥。

（4）低盐饮食

盐在人体内过多，就会造成体内水潴留，使身体水肿。

（5）防止饮食不规律

日常应做到定时、定量，切忌暴饮暴食。还要注意三餐合理安排，难于消化的肉类食物等，应尽量在早餐、午餐食用，晚餐应多吃些蔬菜和清淡食物，少吃主食和热量高的食物。

2. 运动锻炼

减肥瘦身的方法有很多，但有的方法对女性的健康不利，所以，如果从长远的角度或身体健康方面来看，女性减肥瘦身应选择健康的方式，而运动瘦身是一种最好的方式。

运动类型一般分为有氧运动和无氧运动，有氧运动燃烧脂肪的效果最好，不过，即便只是在日常生活中增加活动量也都有消耗热量的效果。

肥胖的女性应该通过运动锻炼减肥，经常的运动能使女性增加热量的消耗，促使体重下降，是防止肥胖不可缺少的手段。

女性如果体质好，可以选择运动量较大的项目；如果体质较差，但却十分肥胖，可选择运动量较小的项目。如跑步，前者可选中、长距离，后者可由快走逐步转变为慢跑，适应后再快跑。

运动锻炼项目要适合自己的身体条件，比如，女性在日常生活中多走路、不乘电梯改爬楼梯、以走路买午餐取代订快餐、饭后散步等方式，都有助于消耗热量。女性只要在日常生活中利用时间多活动，一天下来也能积累可观的活动量。

运动时间也要由短到长，如开始跑10分钟，以后逐渐增加到30分钟。每天安排2次运动，这样才有利于减少脂肪在体内的堆积。

此外，有利于减肥的项目还有：体操、跳舞、散步、慢跑、游泳、球类、太极拳等。

现实生活中，有些身材肥胖的女性很想使自己瘦下来，于是，便使用各种方法想要达到这一目的。有些女性甚至病急乱投医，不管有没有副作用，拿来即用，结果不仅没有达到减肥的目的，反而使自己的身体变差。比如，现在市面上出现不少减肥药，一些身材肥胖的女性不加辨别，就买来吃下，这样是十分有害的。

（1）走路

只要懂得诀窍，你在轻松走路的同时，也可以达到瘦身的功效。不过这种瘦身方式要成为一种习惯，效果才会明显。

①抬头，挺胸，收腹，收起下巴。
②头摆正，两眼正视前方。
③手臂随着步行自然地摆动。
④迈腿健而有力，快速前行。

走路是最简单的运动方式，如果想要消耗较多的热量，走路时可大跨步快走，宽度约等于肩膀宽，速度为每分钟100～120步。

（2）腹式蹲吸运动

简单的腹式呼吸运动不但可以让腹围变小，也可达到运动效果。做法是吸气时让胸腔扩张，吐气时收小腹，让腹部肌肉往内收缩，缩到肚子摸起来是硬的。无论是走路还是坐公交车，都可做这个运动。这种运动还可以帮助肠胃蠕动，使排便较为顺畅。

（3）有氧运动

运动时涉及的肌肉越多，或涉及身体越重要的肌肉，例如腿部的肌肉或臀部肌肉，那么心肺就需要输送越多氧气，使得氧气消耗量越大，进而燃烧越多的脂肪。这类运动称为有氧运动，包括骑脚踏车、游泳、快走、慢跑、登山、舞蹈等。

（4）无氧运动

无氧运动属于瞬间爆发力较强的运动，包括举重、各种重量训练、短跑等，其目的在于训练肌肉。无氧运动可以增加身体的肌肉组织，有助于提高身体的新陈代谢率。减重前期应先进行有氧运动，而后再搭配无氧运动，可使减重效果更理想。

交替进行有氧运动与无氧运动时，建议两者时间比例为2:1至3:1。以一个小时为例，也就是先做40～45分钟的有氧运动，再搭配上15～20分钟的无氧运动。

不过，无氧运动较有氧运动激烈，如果平日没有运动习惯，就应先进行有氧运动，而且从自己能负荷的运动做起，慢慢增加强度，而后再尝试无氧运动。无氧运动最好能在专业教练的教导下进行，以免受伤。

（5）床上瘦身运动

女性躺在床上休息时，也可以做做这些小动作，可以使自己达到瘦身的目的。

①平躺在床上，两脚打开与肩同宽，膝盖屈起，脚掌紧紧地踩于床面上，头部及肩部着实于床面上，使整个身体处于同一水平面上。

②慢慢吸气，将腰及臀部往上撑起，使腰臀部处于腾空状态，吐气，保持此

状态约 5 秒，然后慢慢放下，重复操作 10~20 个回合，可提臀及瘦腹。

## 关于减肥药的知识

减肥药按照不同原理，通常可以分为下面几种类型：

1. 抑制吸收类

这类药品一般作用于肠胃，通过阻碍身体吸收营养物质达到减肥效果，一般是阻碍身体吸收糖分。也有一些中药类减肥药，通过刺激肠道引起腹泻来阻碍营养吸收。它可能引发的副作用是低血糖或肠胃不调，长期服用会直接损伤消化系统，停用后可能造成体重反弹。

2. 控制食欲类

这类型减肥药中含有刺激人体食欲的药物，服用之后食欲就会降低，是最早使用的减肥药。对无法控制食欲的肥胖患者来说，它无疑是一种福音，但是它的副作用同样显著，长期使用，可能永久性地损伤食欲，造成厌食症、食欲低下等疾病。

通过刺激脑部神经降低食欲的这类药品，已被证实会引起精神紊乱、神经衰弱等疾病，因此，这类减肥药属于限用药品。

3. 燃烧能量类

一类减肥药通过提高新陈代谢，加速脂肪的分解和消耗。这类药品如果控制在人体能承受的新陈代谢范围内，副作用较小。不过，超出的份额就可能影响心脑血管，同样需要慎用。目前市面上热销的左旋肉碱就属于这类产品。尽管它确实能安全减肥，并无毒副作用，但这类减肥药必须配合运动才能生效，在运动中，它才能更好地提高脂肪转化率。

减肥药并不适合所有的女性。

尽管每个身材较胖的女性都希望自己能够尽可能苗条，但减肥药不是减肥的捷径，它首先是一种药物，其次才是减肥的辅助手段。只有那些体重超过标准体重20%的，经诊断确实患有中度或严重肥胖，且身体不排斥药物反应的人，才能在医生的指导下服用减肥药物。

第一，处于发育期的少女最好不要服用减肥药。

第二，处于哺乳期、生理期的女性不能服用减肥药。

有些女性即使可以服用，但如果长期服用减肥药，也会使女性产生依赖性，造成不可挽回的器官功能损伤。

## 减肥者的饮食注意事项

1. 哪些零食不能减肥

（1）甜食

蛋糕、糖果、蜜饯与含糖饮料中的糖分过多地积累在身体中，就会逐渐转化成脂肪堆积起来，因此，甜食是立志减肥的女性绝不能触碰的零食禁区。

（2）油炸食品

炸鸡块、炸丸子、酥肉、鱼排等油炸食品经高温之后，吸收了大量油脂与引发肥胖的饱和脂肪酸，长期食用危害极大，可能引起高血压、血管阻塞等慢性病，是造成肥胖的元凶之一。

（3）膨化食品

爆米花、薯片、威化饼干等膨化食品分量虽然很轻，但热量可一点也不低，经过高温炮制的食品中的含盐量和脂肪含量都非常高。因此，绝不能因为分量轻就放心食用，它是导致肥胖的重要因素。

对减肥一族来说，即使有众多小零食可以辅助减肥，但仍需严格控制零食的数量，任何有益减肥的零食一旦超标同样会转化成增肥的食物。

2. 女性应吃什么才减肥

女性通常都喜欢吃零食，但又担心自己会发胖，因此，她们多少次发誓从此再也不吃零食，但又败在零食的诱惑之下。其实，有些食物既能满足口腹之欲，又能保持减肥的效果。

（1）有助减肥的食物

①坚果。

比如核桃、松子、葵花子、花生、杏仁等坚果，含有丰富的不饱和脂肪酸、优质蛋白质、氨基酸、B族维生素和钙、磷、钾等微量元素。在忍不住想吃零食的时候，食用适量干果，不但有极好的饱腹作用，还能为大脑补充营养，提高记忆力，改善脑血管。

②浆果。

比如草莓、葡萄柚、葡萄、桑葚、石榴等浆果，都能够减肥。一些口感偏酸的水果减肥效果更好，酸味水果中糖分更低，热量更少，并且含有丰富的维生素C和维生素E，能够改善皮肤状况，促进新陈代谢。在午餐和晚餐之间食用适量水果能够减少晚餐热量摄入，帮助减肥。

③蔬菜。

比如西芹、西蓝花、番茄、黄瓜、甘蓝等蔬菜，番茄和黄瓜能当水果食用，其他蔬菜可以做成蔬菜沙拉。在午餐前食用蔬菜沙拉，不仅能补充身体需要的膳食纤维，帮助清扫人体废物，还能填饱肚子，减少热量摄入。

④肉干、豆干。

肉干、豆干富含蛋白质和铁、锌等微量元素，在早餐和午餐之间感觉饥饿时可以为身体补充能量，提高饱腹感。

⑤豆浆、牛奶、酸奶、蜂蜜水。

早起服用蜂蜜水，有排毒减脂的效果。早餐饮用牛奶或豆浆，能为身体补充水分和能量。在三餐中间喝酸奶，也有减脂助消化的功能。

（2）通过饮食减肥

①冬瓜。

冬瓜自古以来被称为减肥佳品，冬瓜不含脂肪，含钠量极低，有祛湿的功效。冬瓜中含有丙醇二酸这种物质，能抑制糖类转化为脂肪，对健美减肥有重要作用。

②黄瓜。

黄瓜是一种多水分、低脂肪、低糖的减肥蔬菜，为低热量的食物。多吃黄瓜可以促进新陈代谢，帮助热量消耗，减少脂肪储存在体内。黄瓜也含有一种名为丙醇二酸的物质，有防止肥胖的作用。

③韭菜。

韭菜是一种含高纤维素的减肥食品，可增加饱腹感，停止或减少进食欲望，控制食物的摄入。韭菜中的纤维素有通便作用，可将肠内过剩的食物排出，达到减肥目的。韭菜还含有挥发性的精油及硫化合物，具有降低血脂的作用，对继发性肥胖症者尤为适宜。

④白菜。

白菜含有大量纤维素和水分，有助于减肥，是一种低热量、低糖的蔬菜。

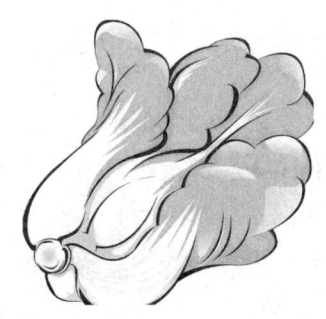

⑤青蒜。

青蒜，即大蒜的嫩茎叶，是一种高纤维素蔬菜，食后可增加饱腹感，减少进食欲望。青蒜可促进胃肠蠕动，减少对脂肪的吸收，可轻身减肥。

⑥辣椒。

辣椒可促进胃肠蠕动，加速新陈代谢，有助于食物的消化和排泄。辣椒含辣椒碱等，可促进人体脂肪的新陈代谢，加速脂肪分解，使皮下脂肪不易堆积，为减肥佳品。

⑦莴笋。

莴笋含脂肪低，但钙、磷、铁、维生素含量较丰富，纤维素含量也较多，是减肥佳品。

⑧芦笋。

芦笋含脂肪较少，维生素、纤维素多，其减肥功效明显。

⑨绿豆芽。

绿豆芽含水分多，进入人体内产生的热量少，更不易形成脂肪堆积于皮下，是减肥佳品。

⑩大豆。

大豆及大豆制品含有丰富的不饱和脂肪酸，能分解体内的胆固醇，促进脂肪代谢，使皮下脂肪不易堆积。

⑪芹菜。

芹菜水分含量很高，碳水化合物含量较低。所以，芹菜是高水分、低脂肪、低糖的减肥佳蔬。芹菜还含有大量的纤维素，可以促进胃肠蠕动，加快新陈代谢，有利于减肥。

⑫竹笋。

竹笋是一种低脂肪、低糖、高纤维素的理想食品，其减肥功效在于吸附脂肪，促进肠蠕动，助消化，去积食。多吃竹笋不但可以去脂瘦身，还可以补充维生素和矿物质，有利于身体健康。

⑬白萝卜。

白萝卜是热量低的蔬菜，含维生素、矿物质丰富，并含有芥子油。芥子油与萝卜中的酶一起作用，能促进肠蠕动，从而可将多余脂肪和有害物质迅速从体内排出。白萝卜既能增进食欲，又可排出脂肪，对人体有益，特别是可避免体内多余脂肪堆积皮下，起到很好的减肥作用。

⑭山药。

山药不含脂肪，还可以向人体提供大量黏液蛋白，这是一种多糖蛋白质的混合物，能避免肥胖。山药中还含有消化酶，能促进蛋白质和淀粉的分解，促进新陈代谢，分解多余脂肪。

⑮红薯。

红薯中富含纤维素、钙、磷、铁及多种维生素，含有的大量胶原体物质能保持人体动脉血管的弹性，避免过度肥胖。

（3）减肥的膳食要合理

对靠饮食减肥的女性来说，摄入均衡的营养是必需的，健美身材的基础是健康的身体。没有健康，再怎么苗条纤细都不会拥有美丽的身体曲线。尤其是一起采用节食与大量运动瘦身的女性而言，一定要摄入足够的主食、肉类、水果、蔬菜、奶类食物。一份合理的减肥膳食是这样的：

①主食。

主食即五谷杂粮，含有丰富的碳水化合物，应该占据50%的分量，每天摄入400克左右。

②蔬菜、水果。

蔬菜占15%，水果占5%，蔬菜和水果中含有维生素、矿物质和膳食纤维，每天共摄入200克左右。

③肉类、蛋类、鱼类。

肉类、蛋类、鱼类占10%，它们含有大量蛋白质，每天应摄入150克左右。

④豆制品。

豆制品占15%，牛奶4%，它们含有丰富的植物蛋白和钙质，每天应摄入200克左右。

⑤糖分、盐分、油脂。

糖分、盐分、油脂占1%，主要提供脂肪，每天摄入量应低于25克。

女性摄入的食物种类越多，越有助于保持身体健康，也有助于减肥。蔬菜对减肥有好处，但只吃蔬菜其实起不到很好的减肥效果。最好的方法是，保持膳食平衡的基础上，减少油脂摄入，增加蔬菜比重。

## 少女和孕妇可以减肥吗

青春期的少女处于女性性征发育时期，在这个阶段，女孩单薄的身形会变得丰满起来，胸部进一步发育，臀部线条变得圆润，腿部更修长。为补充发育所需营养，青春期的少女食量更大，体重也有所增加。可是这种正常的发育却被一些女孩看成长胖，为了避免长胖，她们往往采取节食的方式，削减体重。殊不知，发育被打断比长胖更可怕。

1. 少女不宜减肥的理由

（1）少女要有一定的体重

到了青春期，少女会因为雌性激素的增加产生皮下脂肪增厚，胸部、臀部脂肪堆积的情况，这些正常的生理发育会让体重有所增加，少女应该认识到这种增加是身体发育的必然，不要草木皆兵地开始减肥。

身高厘米数减去100再乘以90%，就是人体的标准体重。在标准体重上下

10%内浮动的体重都是正常的，完全没必要减肥。如果确实对体重介意，只需在日常饮食中多加注意，不要暴饮暴食，不要摄入过多零食、膨化食品、油炸食品等高脂肪高糖分的食物即可。或者增加慢跑、健美操、瑜伽、普拉提等有氧运动，增加肌肉比重，让身体线条更优美。

（2）少女要有一定的脂肪

对青春期少女来说，脂肪不仅能帮助人体保持正常体温，保证身体的健康发育，还能逐步展现女性的曲线美，增加女性魅力。

脂肪是一种重要的营养物质，如果为避免摄入脂肪去掉肉类、油脂类食物，人体就会因缺乏营养而出现生长发育迟缓、大脑反应迟钝、内分泌失调等多种问题。对发育期的少女来说，脂肪减少还会导致个子矮小、骨骼脆弱、性器官发育不完整等影响终身健康的疾病。

与男性相比，女性身体中的脂肪含量在正常的情况下会更多，因为女性还承担着生育后代的责任。只有脂肪含量超过体重的五分之一，女性才可能正常受孕、怀胎、哺育后代。青春期的到来就意味着身体开始为生育后代做准备，因此脂肪增加是正常的。

对体重和脂肪有正确的认识，才能更合理地保持身体的健美，拥有健康的身体。

（3）不是所有少女都适合减肥

在提倡苗条纤细为美的时代，最瘦的女性也从来不放弃减肥的想法。没有最瘦，只有更瘦，瘦了还要再瘦，疯狂减肥的女性只关注体重秤上减少的数字，却没发现自己的健康已经亮起了红灯。一味追求苗条纤细，绝不是保持身体健康的好方法。女性应该对自己的体重有正确的认识，只有体重真正超标的人，才有减肥的必要。如果已经足够瘦，再减肥就会损伤身体的元气。

2. 女性在孕期、哺乳期不应减肥

（1）孕期要补充大量营养

孕期是除青春期外女性体重急剧变化的一个阶段，这一时期，女性承担生育后代的职责，身体需要补充大量营养，体内激素分泌情况也有很大的改变，一旦缺乏营养，母体会消耗自身营养保证胎儿的需求，对身体的损耗极大。而胎儿缺乏营养会直接导致发育不良，造成畸形或器官缺失等严重病症。因此，即使体重每天都会增加，孕期女性也绝不能节食减肥。

（2）哺乳期也不宜减肥

有的女性认为，既然孕期不能减肥，那么孕期之后，哺乳期间总该注意减肥了吧？其实不然，生下小孩之后，女性身体营养负担减少，也不需要过多的补品。但并不意味着就能节食减肥或运动减肥。此时女性身体自身有一个调整恢复的过程，在这个过程中，同样需要适量的营养，才能补充身体流失的血气，才能为小孩正常哺乳。其实，哺乳期适当注意营养的摄入，辅以适当的运动，就能轻松恢复体重。过分的节食或运动只会增加身体负担，妨碍身体恢复。

# 产后如何恢复身材

女性在分娩生产后,由于活动量小,营养丰富,大多身体变胖。如果想要恢复身材,不妨采取下列方法:

1. 多喝水

口渴的时候务必要大量喝水、牛奶或果汁,多吃水果和蔬菜,因为饮料和蔬果中也含有大量的水分。如果体内缺乏水分,将导致脱水、肌肉无力,并且损失宝贵的维生素和矿物质。

2. 仰卧式运动

产妇仰卧,屈膝移到胸前,头部躺在地板上,可在地板上铺上一个垫子,十指交叉枕在头下。吸气时双腿向上伸直,后背部位紧贴在地板上,肚脐部位向内收,贴地越紧,动作越容易完成,伸直双腿,双脚放平就感觉好像站在天花板上一样,不要屏息,保持这个姿势,以感觉舒适为限度。

结束姿势时,呼气,慢慢放下双腿到地面。如果新妈妈感觉这样做很难,可以先屈膝到胸前,再把脚放到地面上。练习到某个时候,腹部肌肉力量增强,就可以逐渐把腿直接放下来了。

3. 仰卧扭腰式运动

产妇仰卧,屈膝到胸前,两手两侧自然打开,与身体成直角,掌心朝下。吸气、呼气时两膝慢慢倒向右侧,膝盖尽量着地,同时左侧臀部尽量不离开地面,头向左转看左手,双肩平放在地面上,扭转腰部,保持这个动作呼吸5~8次,然后吸气,头和双膝慢慢回复到起始位置。呼气,双膝倒向左侧,头向右转看右手,保持呼吸5~8次。吸气,头和双膝回复到起始位置。练习时,双膝左右脚踝和双脚要靠紧。

4. 扭脊式运动

产妇将腿向前伸直坐在地板或垫子上,弯曲左腿,左脚跟靠近会阴部位,然后弯曲右腿,把右脚放在左大腿上。新妈妈也可以坐成莲花座,如果新妈妈觉得这样做不舒服,也可以把右脚放在左脚前的地面上、左手放到右膝上,如果右脚在左大腿上,可以试试把右手放到后背看能否抓到右脚的大拇指。

吸气,抬升胸骨。呼气,左手拉住右膝,身体向右扭转。如果新妈妈能抓到右脚,可以利用拉右脚带动身体扭转,右肩向后运动,左肩尽量向前,眼睛朝右肩方向望去。闭上眼睛,保持姿势,做8次呼吸,最后一次呼气时身体慢慢转向前,放松双腿并抖动。另一侧重复练习。

5. 臀部平衡式运动

产妇坐在垫子上,双腿前伸,抓住脚踝,抬升胸骨。吸气时把双脚抬离地面,与身体成"V"形。也可以抓住脚掌或大脚趾,如果都够不到,双手在膝盖下相握也可以。

6. 犬式运动

产妇从跪立开始,将双手放在地上,抬高臀部;吸气,伸直双腿,尽可能伸直双手臂,保持你的手掌压在地上,呼气时脚跟和肩膀下压,脚跟尽量踩到地板上，注意保持背部伸直，尾骨朝上，保持呼吸 8 次。

这个动作能够消除疲劳，减慢心率，强化腿部力量，加强腿部伸展，缓解肩胛部僵硬感，缓解肩关节炎，缓解头痛、失眠、背痛等症状。这个体式温和地刺激新妈妈的神经系统，经常练习这个体式可以使新妈妈的整个身体"返老还童"。

7. 产后瑜伽

产后瑜伽练习是促进盆腔血液循环的运动，经常练习，能够增强会阴肌肉的弹性，促进子宫收缩，预防子宫、膀胱下坠及阴道松弛，并使子宫恢复至正常位置。不仅如此，产后瑜伽的诸多动作均有塑造身材、拉伸肌肉的作用，对塑身健美很有帮助。不过，需要注意的是，因生产方式、个人体质的不同，每个人开始练瑜伽的时间都不一样。一般来说，自然生产者在产后 2 个月左右，剖宫产者在产后 3 个月左右即可开始瑜伽练习。开始时运动量不宜过大，时间不要太长，待身体适应后再加量，如有腹痛、出血等症状时，应停止练习。

8. 眼镜蛇式运动

产妇采取俯卧的姿势，双脚并拢，脚背着地，收下腭，额头触地，弯曲手肘，双手平放胸侧，调匀呼吸。吸气，下腭慢慢抬高，头部向上后仰，上身同时慢慢离开地面，感觉是把脊柱一节一节向后弯曲，用腹肌力量而不是用臂力，肚脐与腹部着地，眼望前方，保持正常呼吸。

呼气时，背部继续往后弯曲，头部尽量后仰，腹部仍然贴地，眼望上方，眼球可同时左右转动。放松，上身从骨盆、腰椎、胸椎、颈椎、下腭到额头的顺序慢慢还原到卧姿。

这个动作能够促进甲状腺与肾上腺机能正常，增加肺活量，消除疲劳，舒缓身心，更可强化颈、肩、背部肌肉，具有收腹，健胸以及美化背部的功效。

## 瘦背、瘦腰健美操及脸部保健

身材较胖的女性可以坚持做背部、腰部和脸部健美操，进行瘦身运动，这类健美操不拘场所，也不需要专门抽出时间进行，只要有空闲时间都可以去做。

1. 瘦背健美操

（1）开始

双手向后，位于腰部，掌面相合，指尖向上；指尖沿脊柱缓慢向上移动到极限，坚持 15 秒后一手从肩上向后伸向背部，另一手从腰旁向后伸向背部，两手在背部尽量十指相扣，夹紧肩胛部，坚持 10 秒后，放松，换另一侧做。

（2）仰卧位

屈膝，双脚掌平放于床上，双手自然放在身体两侧。提臀，腰和臀部离开接触面，直到只依靠双脚、头部和肩部支撑，坚持15秒后放松。

2. 瘦腰健美操

人们都喜欢用"杨柳细腰"来形容女性体形的线条美，腰部的确是女性体现曲线美的一个重要部位。腰并不是越细越好，重要的是，腰的两侧形成一定的内凹弧度，和臀线形成"梨形"比例。如果腰围与臀围之比低于0.72，是完美的比例。因此，女性应注意对腰部线条的健美，防止腰部赘肉的出现。

（1）开始

跪在床上，身体后仰，仰卧于床上，双膝弯曲压于身下，双手放于身体两侧。以双腿为支点，双手支撑在床上，将身体慢慢抬起，再放下，连续10次。

（2）仰卧位

双腿伸直，两臂自然放于身体两侧，掌心向下。右腿屈膝后向左倾，膝部触地，左腿保持原位，吸气，然后还原，呼气。换左腿做相反方向的动作，每条腿做10~15次。

（3）左侧卧位

左膝微屈，右腿伸直；左前臂支撑床面，上身抬起，右手自然放于身体前侧。右腿向上抬起，放下。重复20次。然后换左腿做相同动作。

坐于床上，上身正直，两腿伸直分开，两臂体侧平举，上体慢慢左侧屈、右侧屈。左右侧各做6次。放松休息片刻，均匀呼吸。做3~4组。

3. 脸部保健

（1）瘦脸按摩

女性在做瘦脸按摩之前，不要觉得按摩是一件浪费时间又很难独立完成的工作。至少瘦脸按摩不会占用你过多的时间。

一边洗脸一边按摩，既能达到瘦脸的效果，又能保持皮肤洁净健康，是爱美的女性不能错过的两全其美的好办法。用温水润湿面部，然后涂上洁面乳，用从下到上的打圈按摩方式轻轻按摩面部，注意动作要轻柔，感觉手指推动面部肌肉即可，按摩的圆圈需从大到小，慢慢展开。按摩3分钟左右，用温水洗掉洁面乳。

取热毛巾一块，轻轻敷在脸上，然后用手指拍打两颊，半分钟即可取下热毛巾，重复两三次即可。然后用冷水轻轻拍打面部，感觉皮肤紧绷即可。坚持洁面按摩，不但能更好地清洁皮肤，保持皮肤弹性，还能消除面部水肿的状况。

（2）瘦脸健美操

在工作的间隙，花上几分钟的时间，张大嘴型，用夸张的方式朗读a、i、u、e、o五个字母，即可有效锻炼面部肌肉，保持肌肤紧致，突出肌肤线条感。

（3）高温蒸脸法

人体在高温下会排出大量水分，因此泡温泉也有瘦身的效果。高温泡澡也是不错的瘦身方法，每天在40摄氏度左右的温热水中泡半小时，不但可以瘦身，还能达到瘦脸的效果。如果没时间泡澡，可用60摄氏度左右的热水熏蒸面部，直到感觉出汗为止，注意不要让过高温度的水烫到自己。热水熏蒸后用温水洁面，再用冷水帮助收缩，有不错的瘦脸效果。

## 做瘦身汤的方法

有些身材肥胖的女性为自己过于肥胖的体形而烦恼,以至于"病急乱投医",虽然吃了很多减肥药,还不惜以饿肚子来减肥,但最终未能如愿。其实,这些女性不如采用食用瘦身汤的方法减肥,不仅能达到自己的心愿,还能增加营养,使自己保持健康的身体。

制作瘦身汤比较简单,这种汤味道清淡,富含多种食材,一般只对食材做最简单的加工,最大限度地保留食材的营养。汤品中既可以有肉类、鱼类、蛋类,也可以加入多种蔬菜,甚至水果,营养非常全面。因此如果汤品的食材搭配得当,饮汤会对减肥和健康有极大的帮助。

1. 白菜豆腐汤

小白菜 200 克,洗净备用。老豆腐 150 克,切成小块备用。新鲜虾仁几个,切成小粒。火腿两片,切成小粒。锅中加入少许橄榄油,放入姜末、蒜末炒香,再放入虾仁粒、火腿粒翻炒,之后放入豆腐翻炒,加入清水,烧开后放入小白菜,煮开后加盐调味即可食用。

小白菜含有丰富的 B 族维生素和多种微量元素,能有效缓解压力过大引起的疲劳、心理倦怠。豆腐中富含大豆蛋白,是女性最好的养生食品。这道汤也有清脂清肠的效果。

2. 冬瓜鲫鱼汤

冬瓜 100 克切片,鲫鱼一条,重约 250 克。鲫鱼去鳞,去鳃,洗净肚腹。用厨房纸吸去鲫鱼表面的水分,放入烧热的油锅中两面煎成淡黄色。出锅后再用厨房纸吸去多余的油脂。在锅中放入清水和大葱段、姜片、两片番茄,待水开后放入煎好的鲫鱼,水沸后再加入冬瓜片,等汤熬成乳白色后,加入适量盐调味即可食用。冬瓜有消除水肿、瘦身减脂的效果。鲫鱼中富含蛋白质,但脂肪极少,有利于减肥。

3. 山药排骨汤

山药 250 克,去皮切成小块。排骨一根,切成小块后清洗干净,加入适量盐、姜片、葱段码味半小时左右。油锅烧热,放入码好味的排骨,加清水、两片番茄烧开,小火煮半小时后再放入山药和几颗红枣,山药软熟后加盐调味,即可食用,起锅后放入香菜末味道更佳。

山药能为人体提供大量的黏液蛋白,可以防止脂肪堆积,保持血管弹性,能有效避免肥胖。它营养丰富,热量极低,食用后可以增加饱腹感,是一种极为有效的纤体美食。

4. 高纤蔬菜汤

番茄三个,去皮切成大块。西蓝花一朵,切成小块,甘蓝一个,洗净后撕成大片,芹菜一棵,切成小段。玉米两个,切成小段。小南瓜一个,切成小块。胡萝卜三个,切成小块。洋葱一个,切块。在炒锅中放入适量橄榄油,加入洋葱翻炒,然后倒入全部蔬菜翻炒片刻,再将全部蔬菜倒入炖锅中,加入大量清水与高汤，大火烧开后，将蔬菜全部煮熟煮软，再放盐调味即可。

以上蔬菜都是高纤蔬菜，能最大限度地增加饱腹感。每顿一碗蔬菜汤，再加上半碗米饭，坚持一周即可看到减肥效果。不过，蔬菜汤中缺乏蛋白质和脂肪，不宜经常食用。

5. 鸡丝芋头汤

芋头 300 克，去皮洗净切成大块。鸡胸肉 200 克，滚水汆烫两分钟，放凉后撕成肉丝。将芋头放入油锅中煎炒成淡黄色，加入清水、姜片，放入鸡丝。大火烧开后，改用小火焖煮两小时左右，加入少许盐调味即可，起锅后放入葱花更佳。

芋头富含蛋白质、淀粉及多种维生素与矿物质，含钾量较高。人体吸收钾元素后，即可排出多余的钠元素，有降血压、清水肿的效果。鸡丝也属于高营养低脂肪食品，对减肥有帮助。

6. 黄瓜皮蛋汤

黄瓜一根，洗净去皮切成大片，皮蛋两个，都切成八瓣。锅中倒入少许橄榄油，放入皮蛋翻炒，为保持皮蛋完整，炒至蛋白部分起泡即可，加入清水烧开，放入黄瓜片，水沸后用小火炖至汤色雪白，加入适量盐调味即可。

这道汤适合夏季饮用，皮蛋和黄瓜都有不错的清热解暑效果，也能消除身体水肿现象。在其他季节食用时，还可放入少许肉片，以补充营养。

7. 山珍养生汤

香菇、平菇、鸡腿菇、金针菇等新鲜菇类各取 50 克，切成薄片备用。西芹 50 克切成末。筒子骨（猪腿骨）一副，洗净敲断。姜片、葱段、两片番茄、红枣与筒子骨一起熬制高汤，时间越长越好。熬好汤底之后，放入新鲜菇类，大火烧开再用小火炖煮至熟烂，放入盐调味，出锅后放入香菜末和葱花即可食用。

这道汤味道鲜美，菇类中富含氨基酸和纤维素，能帮助身体排除毒素，提高免疫力。

8. 山楂胡萝卜汤

材料：

山楂 10 克、麦芽 15 克、槐花 10 克、枸杞 10 克、胡萝卜一根。

制作方法：

①把胡萝卜削皮切成小块。

②用 1 500 克水以大火煮沸后放入胡萝卜。

③待水滚时转成小火，直到胡萝卜煮熟。

④最后加入用纱布包着的其他药材，再煮 15 分钟，取汤饮用。

功效：

此汤除营养丰富外，还具清食散瘀、降血脂、消除体内过剩脂肪的功效。经多年医学研究证明，山楂泡茶喝能起到显著的减肥功效，能有规律地使肠管道紧张度增高、肠蠕动增强，缩短食物在肠道的存留时间，利于食物代谢及废物的排泄。因此，山楂胡萝卜汤可消脂排便。

# 女性快速减肥食谱

1. 一周减肥餐饮

周一餐饮：

早餐：红豆米粥一碗，凉拌小菜一碟，如黄瓜、胡萝卜、海菜等，苹果半个。

午餐：番茄炒蛋、清炒凤尾各50克，米饭半碗。乌龙茶一杯。

晚餐：菠菜猪血豆腐泡汤一碗，清炒莲白、清炒土豆丝各50克。

周二餐饮：

早餐：煮玉米一个，水煮蛋一个，牛奶一杯。

午餐：豌豆尖煮丸子汤一碗，全麦面包两片，橙子半个。

晚餐：麦片粥一碗，苦瓜炒蛋、清炒四季豆各50克。

周三餐饮：

早餐：豆浆一杯，全麦面包两片，荷包蛋一个，煎火腿一片。

午餐：凉拌胡萝卜丝、青笋丝、海带丝等50克，清炒空心菜50克，米饭半碗，四分之一个葡萄柚。

晚餐：虾仁炒冬瓜50克，小白菜豆腐汤一碗，蒸红薯半个约100克。

周四餐饮：

早餐：花生核桃粥一碗，白水煮蛋一个，酸辣萝卜丝一小碟。香蕉半根。

午餐：山药炖排骨汤一碗，荞麦馒头半个，橙子一个。

晚餐：香菇菜心、白灼青菜各50克，米粥半碗。

周五餐饮：

早餐：豆浆一杯，杂粮馒头半个，荷包蛋一个，苹果半个。

午餐：蒸蛋一碗，蘑菇肉片汤一碗，玉米窝窝头半个，草莓3颗。

晚餐：豆皮炒青椒、清炒西蓝花各50克，米粥半碗。

周六餐饮：

早餐：豆腐脑一碗，白水煮蛋一个。

午餐：黄瓜皮蛋汤一碗，四季豆焖米饭半碗，白灼虾三只，番茄一个。

晚餐：清炒丝瓜50克，小白菜丸子汤一碗，米饭半碗。橙子半个。

周日餐饮：

早餐：南瓜粥一碗，凉拌豆芽一碟，豆腐乳一块，核桃仁一小把。

午餐：牛肉炖胡萝卜50克，虎皮青椒50克，米粥半碗，葡萄十来个。

晚餐：芹菜炒鸡丝、白灼凤尾各50克，四季豆粥半碗。

2. 三日快速减肥A套餐

第一天减肥套餐：

早餐你需要一杯由核桃、花生、黄豆打成的豆浆，注意豆浆中不要加糖，豆渣也一起食用。还需要一枚白水煮的鸡蛋。外带半个苹果加餐。

午餐可食用米饭半碗，外加牛肉炖胡萝卜一小碗，约100克，餐后水果是一个橙子。晚餐是半碗米饭，外加少油的青菜，约200克，去皮鸡肉切丝炒芹菜约100克。

第二天减肥套餐：

早餐是番茄胡萝卜汁一杯，全麦面

包一片，坚果 50 克。午餐是米饭半碗，牛肉干 2~3 片，西蓝花、甘蓝、芹菜焯水做成的蔬菜沙拉 100 克。晚餐是米粥半碗，少油青菜 100 克，香蕉一根。

第三天减肥套餐：

早餐是白粥半碗，白水鸡蛋一个，牛奶一杯。午餐是蔬菜切细，加入去皮鸡肉末做成的米粥一碗，凉拌小黄瓜一碟，约 100 克。晚餐是蔬菜鸡肉粥一小碗，番茄蛋花汤一小碗。

3. 三日快速减肥 B 套餐

第一天减肥套餐：

早餐，葡萄柚四分之一个，花生酱一勺蘸全麦面包两片，不加糖的咖啡一杯。午餐是清蒸鱼肉 100 克，全麦面包夹生菜叶一片，番茄两片。晚餐是四季豆、西蓝花焯水后做成蔬菜沙拉 200 克，葡萄 100 克。

第二天减肥套餐：

早餐，白水煮蛋一枚，苹果半个，全麦面包一片，不加糖咖啡一杯。午餐是酸奶一杯，杂粮饼干两片，香蕉半根，无糖咖啡一杯。晚餐是黄瓜约 100 克，切片，加生鱼片五片左右，蘸芥末食用。全麦面包一片。

第三天减肥套餐：

早餐，纤维饼干五片，牛奶一杯，苹果半个。午餐是全麦面包两片，白水蛋一个，一杯咖啡。晚餐是热狗一个，蔬菜沙拉 100 克。

4. 仅供参考的减肥食谱

食谱一：

材料：

鲜嫩黄瓜 5 根，山楂 50 克，蜂蜜 10 克，白糖少许。

制作方法：

①将山楂洗净，用纱布包好，加水适量先后熬两次，共取汁 80 毫升。

②将黄瓜洗净，去头、蒂，削去皮，去瓤，切条，入沸水中煮熟。

③将山楂液、白糖入锅，小火慢熬，待糖化净时，再加蜂蜜收汁，倒入黄瓜条中，拌匀即成。

食谱二：

材料：

芹菜 150 克，鲜竹笋 50 克，味精、盐、醋、香油各适量。

制作方法：

①将芹菜去叶，洗净，切为斜 1 厘米的小段；竹笋洗净切丝备用。

②炒锅上火，放入适量清水，沸后将芹菜段、竹笋丝放入水中略焯，晾凉，装入盘中，撒上味精、盐、醋，淋上香油拌匀即成。

食谱三：

材料：

芹菜叶适量，豆腐 1 块，酱油、盐、味精各适量，色拉油适量。

制作方法：

①将芹菜叶洗净，用沸水烫半分钟后捞出，放冷水中过凉，沥净水备用。

②豆腐切成 1 厘米见方的丁，用沸水烫过。

③炒锅上火，放油烧至六七成热时，放入豆腐丁不断翻炒，待豆腐丁呈金黄色时，放入芹菜叶同炒，然后放入酱油、盐、味精，翻炒几下出锅即成。

食谱四：

材料：

绿豆芽 400 克，韭菜 100 克，植物油 50 克，盐 6 克，葱、姜各少许。

制作方法：

①将豆芽掐去两头，放入凉水内，淘洗干净，捞出，控净水分；将韭菜择好，洗净，切成 3 厘米的段；葱、姜切成细丝。

②将锅放在旺火上，放入油烧热后，用葱、姜丝炝锅，倒入豆芽，翻炒几下，再倒入韭菜，放入盐，翻炒几下即成。

食谱五：

材料：

鲜嫩芹菜 300 克，海米 15 克，植物油 15 克，香油 10 克，姜丝 6 克，花椒 3 克，味精、白糖、盐各适量。

制作方法：

①将芹菜去叶，洗净，取中段部分切成小段；将海米洗净泡发，一定要发透备用。

②将芹菜段放入沸水锅内焯约 10 秒钟，迅速捞出，用凉水冲凉。然后沥去水，加适量盐稍腌，挤去部分水分，加上味精、白糖、香油拌匀，把泡好的海米及姜丝放在芹菜上待用。

③炒锅上火，烧热，放入植物油和香油，烧至七成热时，放入花椒炸至深红色，捞出花椒，待油烧至九成热后，迅速将油淋在海米和姜丝上，调拌均匀后，将容器盖好，一二小时后即可食用。

食谱六：

材料：

香菇 4 片，洗净后在香菇盖上切出十字花形，嫩白菜心 200 克，肉末少许。

制作方法：

在炒锅中倒入少许橄榄油，加入肉末、姜末、蒜末煸炒出香味后放入香菇翻炒，再加入白菜心，加少许高汤，勾芡，待芡汁收拢后加入适量盐调味，撒上切细的香葱即可。

功效：

香菇可以降低胆固醇，菜心中含有丰富的膳食纤维，是一道不错的减肥美食。

食谱七：

材料：

鸡肉丝 50 克。黑木耳泡好后去掉根部，切成细丝，青笋一根，也切成丝。

制作方法：

炒锅中倒入少许橄榄油，加入姜末、蒜末煸炒出香味后放入肉丝，肉丝变色即可放入木耳丝、青笋丝翻炒，出锅前加入少许盐调味即可。

功效：

鸡肉中脂肪含量低，木耳有降脂消脂功效，青笋丝膳食纤维丰富，也是一道有益减肥的家常菜肴。

食谱八：

材料：

南瓜 200 克，切成薄片，百合 100 克，剥开洗净。

制作方法：

在锅中放入适量清水，烧开后放入百合片汆烫两分钟左右，沥干水分放凉备用。炒锅加入少许橄榄油，烧热后放入蒜末，煸炒出香味后，放入南瓜片翻炒，再加入适量清水，没过南瓜片为宜，焖煮至八成熟，再放入百合焖煮片刻，收干水分后，再翻炒两分钟，加少许盐调味即可。

功效：

南瓜能降低血糖，有减脂作用，百合也可降糖减脂，且富含多种微量元素，是秋季减肥佳品。

在食用减肥菜品时，辅以适量的运动，减肥效果更佳。

# 第二章 各种场合优雅礼仪

女性在公共场合或职场中的一颦一笑、一言一行都关系着自己在人际交往中的形象。因此,女性切不可轻视自己的言谈举止、文明礼貌,要学会社会各个场合的礼仪,并使之成为良好的习惯。

## 个性女人礼仪魅力在哪里

你经常能一眼就看到个性女人:当她们进房间时,就带来了一种气氛,并且她们总是恰到好处地出现,她们具有一种使敌意消除的礼仪魅力,同时向周围扩散着吸引人心的形象魅力。她们向人们投射发自内心的激情。

最重要的是,个性女人是坦率和友好的,她们懂得微笑是打开心扉的通用语言,可以消除戒备,并省去一千句话语。微笑是照亮你心灵之窗的一盏灯,它告诉别人这里有着谅解、关怀、同情。

个性女人知道,第一印象是最有力的,它影响着他人对一个人的最终看法。她们懂得,在与陌生人会谈刚开始的4分钟,就决定了人与人之间的关系是可能建立还是破裂。

个性女人通过自己的经历学会了哪些是适当的,哪些是不适当的。人们投射和回应一个发自内心的感觉,是瞬间完成的。许多谈判、销售和其他重要的交易活动,都是在协商或谈判的最初就被决定下来了的。

个性女人懂得每一个人都是通过各自不同的编码程序去设计、去接受。就像我们每一个人都有自己的私人物品一样。因此,生活中的个性女人体会到,她们最大的希望是在与他人的交往过程中得到一个平衡的理解水平。

个性女人看起来总是处于最佳的状态,因为她们知道钟表的指针在不停地转动,时间的小鸟永远在飞翔。她们已经没有时间去失败了,为什么不向着成功全力以赴呢?

个性女人尊重事实。作为女人,她们通常在外表上设计自己。可是,怎样在内心中感觉自己呢?当身体感到不适时,皮肤和精神面貌看上去就不好,我们会上医院或美容院;相应地,当心境或情绪感到不好时,虽然有精心修饰的面容和华丽的衣着,却不能给人留下一个好的印象。可见,真正的魅力是内心与外在的协调统一。

成功自我实现的一个重要方面，就是把自己介绍给别人。个性女人在第一次交谈中，无论是面谈还是在电话中，总是以报出自己的名字开始："你好，我是××。"这看起来很简单，但它却正面说明了对自己名字的肯定态度并投射自我价值，同时提醒别人，请把我们当作重要的人物去记住。

个性女人总是首先向别人伸出手，因为她们知道，这是尊重别人的方法。随着热情的握手、目光坦然的接触和发自内心的微笑，个性女人在社会中投射着友好的气氛，清楚地显示出一个成功者的形象——这便是一个轻松的微笑，一张充满友谊的面孔，主动说出自己名字的姿态，握手时坦率的目光……

个性女人通过积极的聆听，学到投射她们自己的艺术。当介绍自己的时候，她们就准备好了要成为听者。因为她们知道，听者可以学到大量的东西，而说者则一无所获。当个性女人想要提出问题时，不是自己去提问，而是诱使其他人去提问——她们举出事例，巧妙地让别人提问题。为了问题的明了和理解，她重复别人已做出的说明。因为个性女人懂得，给予别人尊重是社交中最大的技巧。

"我要使他快乐"的态度适合于生活的全部内容。一个个性女人面对顾客、对手或潜在的朋友时，或是当她听电话时，她的态度是服务对方而不是服务自我，她的关心是为了别人而不是为了自己。

当我们心中对别人感兴趣时，别人都能体会到这一点。他们也许不能用语言去表达他们的这种体会，但他们会在行动中表现出来。当人们同一个心中只有自己的人谈话时，会有一种不轻松的感觉。

个性女人说："你同我谈话我将使你快乐。"这是成功的自我把握。当你在那些你见到的人当中听到这样的话语时，你就可知道自己在生活中已开始成为一个真正的成功者。"当我同你在一起时，我更喜欢自己了。"让我们相互帮助，一起成功吧！像一个成功者那样，把握自己的每一天！

个性女人每天都在表现她们最好的自我，这包括她们看、走、听和反应。她们专门研究真实有效的社交活动，负起了百分之百的责任。她们不仅热心向别人传递信息和思想，而且也积极地从接触到的每一个人那里接受信息和真实的含义。

对一个个性女人你可以这样说："当我同你在一起时，我的自我感觉最好。"一个个性女人的明显标志是她的发自内心的微笑、一张热情的脸以及主动讲出自己名字，同时同人握手的那种坦率的态度，她们热忱地关心着别人，个性女人懂得尊重别人的最好的社交技巧。

个性女人身上最引人注目的地方便是其交际魅力。那么，女性的交际魅力究竟在哪里，又该如何展示呢？

1. 适当地修饰打扮

女性的打扮艺术，不是简单的涂脂

抹粉，也不是挥洒高级香水，而是对自身形象的整体构思和谐调，是一种自信和雅致，是人格的外化。得体自然，恰到好处的打扮，是对自己的牢牢把握，也是对社交场合的驾驭。

女性的形体美是优于男性的一大特色。因此，在适当的场合尽量减少服装的层次，以展露出婀娜窈窕的身段。当然，身材欠佳的要巧于掩饰，注意一些被一般人疏于美化的地方，更能显示出你的特殊的美。

出席舞会，在众多的色彩浓烈的服饰中，追求一份淡幽的雅装，穿着打扮上以素雅为重反而有一定的魅力。可谓"红装素裹，分外妖娆"。

女性的发型和头饰，是能引起人们眼睛一亮的。自然、舒展而又与自然脸型、体型、年龄、职业相符合的发型美，能衬托出女性的神采和风姿。

相对而言，女性的外表形象比男性更重要，也更为同性和异性所注目。女性的风采在交际中的作用是不可忽视的。

2. 给人自然的微笑

笑是嘴边的一朵花，女性的微笑，是最好的介绍信，是袒露善良心地的佳作。它传递的是热情，捎带的是温馨。自然的微笑能缩短与对方的距离，是交际的传导体。对陌生人的微笑，表示你的随和；对冒犯你的人微笑，表示你的宽容；对钟情你的人微笑，表示你的倾心；对周围的人微笑，表示你对生活环境的适应。

在交际活动中，当出现进退两难的尴尬场面时，可让微笑去冲淡这紧张的气氛，取得周旋的余地，把握住交往的主动权；当一种态势逼得你出场时，善意的微笑便是一种"力量"，也是放松神经、活跃思维、征服对方的最佳缓冲方案。

3. 显示自我介绍的风韵

女性的自我介绍，是充分展示交际魅力的"开场白"。仪表美再加上一个恰当的自我介绍，是一次成功的自我推销的基础，会使人产生想与你交往的愿望。在做自我介绍时，首先要有充分的自信和自尊，其次要以姿态、声音、表情的恰到好处打动人心。

在介绍自己的姓名时，声音要清晰、明朗、语速不要太快。同时，满面春风的表情，更容易给人良好的第一印象。即使介绍时稍有失误，微笑的表情也会帮你摆脱尴尬。

4. 显示温柔的特色

日常生活中，许多人很喜欢"大姐姐"的热情和周到。她们之所以被人称为大姐姐，显然是因为她们经常把感情倾注于交际中间，善良、温柔成了"大姐姐"形象的内核。

温柔、善良是女性的特质。温柔而善良的女性，往往散发出浓浓的感情芬芳，释放出吸引人的强大磁性。

## 女性如何展现优雅的身姿

女性拥有得体而高雅的身姿，可以使自己显得有教养，给他人以美的好印象。那么,什么样的身姿才是优雅、得体的呢?

1. 站姿

(1) 正确的站姿

正确的站姿不仅让你倍感自信,更能让你赢得他人的尊重。对于优雅女士而言,站立时,要把肩膀向后靠,收回腹部。同时,让脖子与背部保持在一条直线。两手自然下垂或在腹前交叉,双腿挺直,膝盖放松,脚跟并拢,脚尖张开成"V"字形。

(2) 不正确的站姿

现实生活中,有不少女性的站姿很随意,既给人素质差的印象,又给人一种消极、不自信的感觉。

①脖子、脑袋向前倾。

②驼背站立。

很多女性认为这样比较舒服,其实是缺乏自信心的表现,不想引人注目。事实上,当你驼背时,人们的关注焦点会是你的不自信与自卑感,而忽略了你的美丽。然而,抬头、挺胸、收腹能帮助你从内到外展现一个人的自信与风采。

③腹部外凸。

一些女性在与人交谈时,往往会不由自主地把胸部与腹部同时凸出来,还误以为这样就是抬头挺胸。

④双臂交叉抱于胸前。

女性以这种站姿与人交谈时,面对的大多是熟人或亲友,其实,即使是面对熟人或亲友,也应该有正规的站姿,这样才显示出你尊重对方。

⑤双手背在身后或插入口袋。

女性站在那里,双手并不是自然地垂下,而是背在身后或插入口袋,这种姿势也是对交谈的对方很不尊重的。

⑥身体依靠在桌椅或墙壁。

这些姿势显出女性懒散、消极,给人的感觉很不好。

2. 坐姿

女性的精神状态如何,完全可以通过她的坐姿看出来,女性正确的坐姿可以给人端庄稳重的感觉。

(1) 正确的坐姿

优雅的坐姿,其具体要求为:从45度的位置,斜斜地向椅子走去,同时用余光确定椅子的位置。坐下时,不要往后看,更不可倾斜上身,而应使上身保持直挺,从容不迫地坐下,先坐三分之一,再慢慢调整,坐在椅子的二分之一或四分之三处。

在交谈过程中,我们应该将身体微微前倾,双膝自然并拢,双腿正放或者侧放。特别是在倾听别人说话时,这样的动作会让对方觉得你正在认真倾听。而且也显示出你是一个易于接近的人。

如果是职场孕妇,上班时也要讲究坐姿,当然,要尽量让自己坐得舒适一点，这对职场孕妇很重要。上班时，把办公室的椅子调到舒服的高度，在腰、背后放上舒服、颜色又鲜艳的靠垫。

对于长时间要坐着工作的职场孕妇来说，还有一些方法可以让自己工作得更舒适。如把座位换到一个空气比较流通的地方，尽量靠边上坐，不要坐在一大堆电脑中间，被很多电脑包围着，那样只会受到更大的辐射。

现在的公司都是开放式的格子间，应坐在出入比较方便的地方。孕妇可以告诉上司自己随时有可能孕吐，要求调换到出入方便的座位。

（2）不正确的坐姿

①弯腰驼背坐着，头和身体与桌面的距离太近。

②跷腿，坐在那里跷着二郎腿，甚至一边说话一边抖腿。

3. 优雅走姿

无论在社交场合还是日常生活中，走路是女性最常见的肢体动作，它体现的是女性的动态美，也最能体现女性的优雅和魅力。

（1）正确走姿

优雅女性的正确走姿应该是抬头，挺胸，收紧腹部，肩膀往后，双手自然地放在体侧，跟随身体轻快的步伐，做轻轻的摆动。

如果你觉得自己的走姿不够优雅，不妨采用模特的初步训练法，在自己的头上放一本书，然后挺直后背，双臂小幅摆动，步履均匀地往前走，等你训练到顶着一本书能身姿正确地在屋里自由地走来走去时，你的走姿就算过关了。

不仅如此，经常保持这样的走姿，你的身体线条也会漂亮许多，走起路来，视觉效果也会好许多，人也越来越有信心了。

优雅的走姿要"从容"，即，走路时不紧不慢、从容大方。两眼直视前方，两腿有节奏地向前迈步，并大致走在一条直线上。这种走姿如风行水上般轻盈、优雅。

（2）不正确走姿

走路时东张西望。

4. 优雅蹲姿

（1）正确的蹲姿

站在所取物件的旁边，两腿并拢，腰伸直，原状蹲下去，这样的蹲姿就显得优雅大方了。

女性在修炼优雅举止的同时，更要保持自己的个性。只有如此，才能拥有与众不同的韵味，成为一个让人一见难忘的人。而那些刻意模仿、临时突击的人则是难以从根本上改变个性的，弄不好"画虎不成反类犬"，落入东施效颦的境地。

（2）不正确的蹲姿

①突然下蹲。

蹲下来的时候，不要速度过快。当女性在行进中需要下蹲时，特别要注意下蹲时不要离人太近，应和身边的人保持一定距离。和他人同时下蹲时，更不能忽略对方，以防彼此"迎头相撞"或发生其他误会。

②方位失当。

女性在他人身边下蹲时，最好是和他人侧身相向。如果正面面对他人，或者背部面对他人下蹲，通常都是不礼貌的。

③毫无遮掩。

在大庭广众面前，尤其是身着裙装的女士，一定要避免下身毫无遮掩的人，下蹲时要防止大腿叉开。

④蹲在凳子、椅子上。

由于各地风俗不同，有些地方的人有蹲在凳子或椅子上的生活习惯，然而在大多数地方的公共场合这么做，却是不可取的。

⑤蹲下系鞋带时。

在现实生活中，女性蹲下捡东西或者系鞋带，是司空见惯的现象，此时，女性一定要注意自己的姿态，尽量保持大方、端庄的蹲姿。

5. 眼神的要求

对于女性处于社交场合中时眼神的要求一般有如下方面：

（1）掌握好注视的时间

①表示友好。

向对方表示友好时，应不时地注视对方。注视对方的时间应占全部相处时间的1/3。

②表示重视。

向对方表示关注，应常常把目光投向对方那里。注视对方的时间约占相处时间的2/3。

③表示轻视。

目光常游离对方，注视对方的时间不到全部相处时间的1/3，否则就意味着轻视。

④表示敌意。

目光始终盯在对方身上，注意对方的时间占全部相处的2/3以上，就会被视为有敌意，或有寻衅滋事的嫌疑。

⑤表示感兴趣。

目光始终盯在对方身上，偶尔离开一下，注视对方的时间占全部相处时间的2/3以上，同样也可以表示对对方较感兴趣。

（2）掌握好眼神注视的角度

女性注视别人时，目光的角度，即目光从眼睛里发出的方向，表示与交往对象的亲疏远近。

①眼神平视。

眼神平视也叫正视，即视线呈水平状态，常用在普通场合与身份、地位平等之人进行交往之时。

②侧视。

侧视是一种平视的特殊情况，即位于交往对象的一侧，面向并平视着对方，侧视的关键在于面向对方，如果为斜视对方，即为失礼之举。

③仰视。

仰视即主动地居于低处，抬眼向上

注视他人，以表示尊重、敬畏之意，适用于面对尊长之时。

④俯视。

俯视即向下注视他人，可表示对晚辈宽容、怜爱，也可表示对他人轻慢、歧视。

（3）注视的部位

女性在注视对方时，目光不要在对方身上乱瞄，应注视几处常规部位：

①对方的双眼。

女性应注视对方双眼，表示自己重视对方，但时间不要太久。

②额头。

女性应注视对方额头，表示严肃、认真、公事公办。

③眼部与唇部。

女性应注视对方的眼部与唇部，表示礼貌，尊重对方。

④眼部与胸部。

注视这一区域，多用于关系密切的男女之间，表示亲密、友善。

⑤任意部位。

对他人身上的某一部位随意一瞥，多用于在公共场合。

女性的眼睛最能有效地传递信息和表情达意，在交际礼仪中，女性如果正确地运用目光，就能恰当地表现出内心的情感。因此，只有把握好自己的内心感情，目光才会很好地发挥作用。

## 女性社交的表情礼仪和手势礼仪

1. 笑容礼仪

笑是一种常见的面部表情，笑很有讲究。女性在社交中利用笑容可以消除与他人之间的陌生感，打破交际障碍，为相互沟通和交往创造有利的氛围。

（1）笑的种类

女性在人际交往中，合乎礼仪的笑容大致可以分为以下几种：

①含笑。

不出声，不露齿，只是面带笑意，表示接受对方，待人友善，适用范围较为广泛。

②微笑。

唇部向上移动，略呈弧形，但牙齿不外露，表示快乐、充实、满意、友好，具有一种磁性的魅力，适用范围最广。

③轻笑。

嘴巴微微地张开一些，上齿显露在外，不发出声响，表示欣喜、愉快，多用于会见客户、向熟人打招呼等情况。

④浅笑。

笑时抿嘴，下唇大多被含于牙齿之中，多见于年轻女性表示害羞之时，通常又称为抿嘴而笑。

⑤大笑。

由于表现太过张扬，一般不宜在商务场合中使用。

（2）笑的方法

笑的共性是面露喜悦之色，表情轻松愉快。但是，如果女性在交际时发笑的方法不对，那就或许笑得比哭还难看，或者会显得非常假，甚至显得很虚伪。

①声情并茂。

笑的时候，要做到表里如一，使笑

容与自己的举止、谈吐有很好的呼应。

②发自内心。

笑的时候要自然大方，显出亲切。

③气质优雅。

笑的时候，要讲究笑得适时、适度、尽兴，更要讲究精神饱满、气质优雅。

④表现和谐。

从直观上看，笑是人们的眉、眼、鼻、口、齿以及面部肌肉和发音系统所进行的协调动作。

2. 其他表情礼仪

女性的眉毛、鼻子、嘴巴、下巴、耳朵都可以独立地显示各自的表情。在这些表情中，也有礼仪。

（1）眉毛的表情

女性以眉毛的形状变化所显示的表情，一般用作眉语。除搭配眼神外，眉语也可单独地表意。

①皱眉型。

双眉紧皱，多表示困窘、不赞成、不愉快。

②耸眉型。

眉峰上耸，多表示恐惧、惊讶或欣喜。

③竖眉型。

眉角下拉，多表示气恼、愤怒。

④挑眉型。

单眉上挑，多表示询问。

⑤动眉型。

眉毛上下快动，一般用来表示愉快、同意或亲切。

（2）嘴巴的表情

女性嘴巴的不同动作，往往可以表示不同的心理状态。在交际场合中常见的有：

①张嘴。

嘴巴大开，表示惊讶。

②抿嘴。

含住嘴唇，表示努力或坚持。

③噘嘴。

噘起嘴巴，表示生气或不满。

④撇嘴。

嘴角一撇，表示鄙夷或轻视。

⑤拉嘴。

拉着嘴角，上拉表示倾听，下拉表示不满。

（3）神情表现

女性的神情表现是指女性面部所显示出的综合表情，它对眼睛和笑容发挥着辅助作用，同时也可以自成一体，表现自己的独特含义。一般情况下，通过面容所显示的表情，既有面部部位的局部显示，也有它们的彼此合作，综合地显示人的情绪和思想。

①表示严肃。

嘴角抿紧下拉，眉毛拉平，注视对方的额头。

②表示兴趣。

嘴角向上，眉毛上扬，眼睛轻轻地一瞥。

③表示快乐。

眼睛大，嘴巴张开，眉毛常向上扬。

④表示兴奋。

眼睛大，眉毛上扬，嘴角微微地上翘。

⑤表示敌意。

嘴角拉平或向下，皱眉皱鼻，眼睛稍稍地一瞥。

⑥表示发怒。

嘴角向两侧拉，眉毛倒竖，眼睛大睁。

⑦表示观察。

微笑，眉毛拉平，平视或视角向下。

⑧表示无所谓。

平视，眉毛展平，整体面容平和。

3. 手势礼仪

手势是传情达意的工具，它集形象、情意、指示等多种表达功能为一体，是日常交际中使用频繁的肢体语言。不同的手势表达不同的含义，如果能够恰当地运用手势表情达意，会为交际形象增辉。

（1）自然得体

手势要与语言表达相一致，要符合对象、场合的需要，不能刻意模仿别人的手势，以免妨碍自己思想感情的表达。

（2）简洁明确

运用手势，要使人看清、看懂，并能根据你的手势领会你的心理，不能含混不清。

（3）动幅适度

打手势的运动轨迹要柔和协调。一般来说，手势的活动范围大体有三个区域：上区，即肩部以上，表达出一种理想、希冀等积极肯定的思想；中区，即肩部至腰部，多表示叙事和说明等比较平静的思想；下区，即腰部以下地区，通常表示否定、消极的思想。手势的动幅过大或手势过多，会使人觉得浮躁张扬，过小又会显得暧昧不清，手势太生硬会使人敬而远之。

（4）和谐统一

手势要与整个面部表情和谐一致，下意识的动作要坚决避免。

（5）要注意区域性差异

不同国家、不同地区、不同民族，由于文化习俗的不同，手势的含义也有很多差别，甚至同一手势表达的含义也不相同。所以，女性在打手势之前，要了解手势表达的含义，才不至于无事生非，必须合乎礼仪。

当然，人体是一个有机整体，各个部位是相互配合、相互协调的，同时也是变化多端的。手势应该在实践中综合地掌握，灵活地运用。

# 女性如何学会微笑和握手

1. 微笑

女性在社交场合脸上流露出自然的微笑，能表现出一种个人魅力，可以说，微笑就是你的最佳名片。自然的微笑，是一种能令人感觉愉快的面部表情，不仅可以缩短人与人之间的心理距离，而且可以为深入沟通与交往创造温馨和谐的氛围。

美国希尔顿酒店董事长康纳·希尔顿在五十多年的经营里，不断地到他设在世界各地的希尔顿酒店视察，每一次视察，他都会问下属这样一句话："你今天对客人微笑了没有？"

微笑不仅能提升你的魅力，也能向周围人传递你的自信。观看环球小姐的赛事，我们都有过这样的感触，姑娘们的笑容是否漂亮，无不是评委评价她们的一个重要标准。如果在笑容的背后，多了几分甜美与真实，更多了几分自信与果敢，这样的女子又怎么会得不到评委的认可呢？

女性请学会微笑吧，即使这种表情一开始是刻意为之的，但是当你对着镜子练习微笑的时候，你会情不自禁地从内心驱走所有的烦恼，这就是微笑的魅力所在，这更是你的魅力所在。

（1）掌握微笑的技巧

学会微笑其实是很容易的，最简单的办法就是通过调整上下嘴唇的位置，来达到最佳的效果：当你微笑的时候，上嘴唇的位置很关键，最理想的位置是覆盖掉不超过四分之一的上排牙齿，而下嘴唇则可以刚好碰到你的上牙，当然，也可以微微留出一条缝隙。虽然这样的细节能够提升你微笑的质量，但你也不必墨守成规来遵守，要知道，最重要的还是在于"笑"这个动作本身给人的感染力。

（2）养成微笑的习惯

要知道，面部表情僵硬的女性往往会让人产生疏远感，在人际交往中也往往不受欢迎。而聪明女性不仅懂得微笑，同时还养成了微笑的习惯，因为微笑是女性社交的秘密武器，能帮助她们取得极佳的社交效果。当微笑成为习惯，一切就会迎刃而解，微笑不仅会让自己获得更多的关注和赞许，同时还能带动周围朋友的情绪，使快乐和谐的气氛围绕在整个交往过程中，陌生的朋友也会忍不住受到你的吸引。

（3）妙不可言的目光交流

在我们和陌生人交谈时，有的人会带给我们舒服愉悦的感觉，有的人则会令我们感到别扭，甚至还有一些人会让我们觉得不可信赖，不想再交谈下去。这些感觉的产生都是从眼神开始的，只有当两个人彼此眼神相交时，才算是真正开始沟通和交流。

其实，无论是面对陌生人，还是面对熟悉的人，女性刚开始报以微笑，接下去就要以目光进行交流了。

目光交流处于人际交往的重要位置。人们相互间的信息交流，总是以目光交流为起点。可以说，目光交流发挥着信息传递的重要作用。如果说眼睛是心灵的窗户，那么目光就是心灵的语言。

在社交场合，不论是偶然相遇还是如期约会，目光的交流总是在先。由于目光受情感制约，所以只有把握好自己的内心情感，目光才能充分发挥作用，温和的目光总会让对方易于接纳。

2. 握手

多数女性都以为握手时她只需伸出自己的手指，其实，这么做是错误的。握手其实是一门很深的学问，比如如果是双手握手，应等双方右手握住后，再将左手搭在对方的右手上，这也是经常用的握手礼节，以表示更加亲切，更加尊重对方。

(1) 应该站着握手

在正式的社交场合，人们应该站着握手。如果你是坐着的，有人走来和你握手，你必须站起来。如果情况特殊，你不能站起来，一定要说："对不起，我不能站起来。"

(2) 注意伸手的次序

女性在与对方握手时，应注意伸手的次序。在和女士握手时，男士要等女士先伸手之后再握，如果女士不伸手，或无握手之意，男士则点头致意即可，而不可主动去握住女士的手；在和长辈握手时，年轻者一般要等年长者先伸出手再握；在和上级握手时，下级要等上级先伸出手再趋前握手。

(3) 握手时的力度

与对方握手时，力度要适当，过重过轻都不宜，尤其是握其他女性的手，更不能太重。因为有时候，她们很可能戴着戒指，如果你的握力太重，或是握得太紧，都会使她们感到不舒服。

(4) 不要拒绝对方握手

在任何情况下，拒绝对方主动要求握手的举动都是无礼的，但手上有水或不干净时，应谢绝握手，同时必须解释并致歉。

(5) 握手前要先脱下手套

女性如果戴着手套，在握手前要先脱下手套。如果实在来不及脱掉，应向对方说明原因并表示歉意。不过，在隆重的晚会上，如果女士穿着晚礼服，并且戴着长手套，则可不必脱下。

(6) 握手的持续时间

握手时间以1~3秒为宜。如果漫不经心地接触一下对方的手，然后就放开，这是不礼貌的。如果是一般关系、一般场合，双方握手时稍用力握一下即可放开；如果关系亲密、场合隆重，双方的手握住后应上下微摇几下，以体现出你的热情。

## 送往迎来的礼仪有哪些

送往迎来，是我们生活中司空见惯的场合，女性也不例外。不过，要想在送往迎来中赢得对方的好感，首先必须懂得基本的礼仪和常识。

1. 问候

社交中，女性在与他人相见时，以专用的语言或动作向他人问好，表示友善。在社交活动中需要问候对方时，应注意以下几个问题。

(1) 规范问候内容

通常来说，问候的内容是丰富多彩的，可因人、因时、因事而有所区别。比如：

①每天根据不同时间问候客人："您好！""早上好！""中午好！""下午好！""晚上好！""晚安！"

②在与宾客见面时，应主动说："您好，欢迎您到来！""您好，欢迎光临！""您好，见到您很高兴！"

③与多位宾客会面时，可说："大家好！""各位好！"

④遇到生日、节日等喜庆日子，应说："祝您生日快乐！""祝您节日快乐！""新年好！"

⑤向客人道别或给宾客送行时，应说："祝您一路平安！""谢谢光临，欢迎再来！"

（2）讲究问候顺序

在社交活动中，女性与他人会面问候的先后顺序，应该是很有讲究的。

①主人应先问候客人。

职位低者先问候职位高者。

晚辈先问候长辈。

男士先问候女士。

②在向多人问候时，可以"由近而远"或"由尊而卑"依次进行。

③对方如果首先向自己进行问候，女性应立刻回应。

（3）注意问候态度

女性在问候客人时，态度要热情、友好、真诚，做到"眼到"、"口到"、"意到"。问候时一定要正视对方的双眼，表示自己全神贯注；声音清晰响亮，表现内心的真诚；面带微笑，表示衷心的欢迎。

问候的礼节，要求接待客人时要亲切、热情而又有分寸，致意的问候语要蕴含着对对方的尊敬之意和关心、关怀之情。适时恰当的问候能为人与人之间的友好相处搭起一座情感的桥梁。

2. 称呼

女性在送往迎来中，首先要称呼对方，而如何称呼，也有学问和讲究，女性也要把其中的学问和礼仪弄明白，才能在社交中得心应手。

（1）对亲属的称呼礼仪

在人际交往中，与对方交谈时称呼自己的亲属，可根据不同的情况采取谦称；而对对方的亲属则采取敬称，但必须合乎常规，合乎礼仪。女性对本人的亲属可采用谦称，对辈分或年龄高于自己的亲属，称呼时可在其称呼前加"家"字，比如，"家父"、"家兄"等；对辈分或年龄低于自己的亲属可直呼其名，或使用其爱称。在家庭内直接称呼时，则不必加"家"。

对他人的亲属应采用敬称。对其长辈可在其称呼前加"尊"字，比如，"尊母"、"尊兄"等。对其平辈或晚辈，可在称呼前加"贤"字，如"贤兄"、"贤妹"、"贤侄"等。

（2）对不熟悉的人的称呼礼仪

对不熟悉的人称呼时，应用"您"来称呼，以表示对对方的尊敬之意。

（3）对年长者和资深人士的称呼礼仪

称呼年长者和资深人士可在其姓名后加"公"或"老"字，如"李公"、"王老"等。

（4）对有身份者的称呼礼仪

对有身份者可用"先生"相称，在"先生"之前加上被称呼者的姓氏，如

"郑先生"、"唐先生"等。

（5）对邻居、至交的称呼礼仪

可以用类似有血缘关系的称呼来称谓，以示亲切。比如，"大爷"、"伯伯"、"阿姨"、"大姐"等。

（6）对平辈、熟人的称呼礼仪

对平辈、熟人可以直接以姓名来称呼对方。为了表示亲切，可以在被称呼者的姓氏前加上"老"、"大"、"小"字，而不直呼其名，比如，"老柳"、"大罗"、"小张"等。

## 优雅谈吐的礼仪有哪些

女性拥有优雅的谈吐，谙熟谈吐的礼仪，会使对方情不自禁地感到欢愉，并会对说话者产生好的印象，这时说者与听者之间的心理距离就会因此而缩短，自然就为接下来的顺利交往创造了必要的前提条件。

优雅的谈吐礼仪不仅指言谈的内容，还包括言谈的方式、姿态、表情、速度、声调等。优雅女性的谈吐是学问、修养、聪明、才智的流露，是气质的来源之一。与人交谈，既有思想上的交流，又有感情上的沟通，语言的贫乏、枯燥无味、粗俗浅薄都会使人感到厌恶。

1. 掌握说话时的礼仪要点

（1）嗓音

女性与人说话时，除了要有亲切的语气、得体的言辞、落落大方的态度外，还要有动听的声音。即使你的谈话内容很平淡，但女性优美动人的嗓音，对听者来说也是一种享受。

（2）表情

女性能够通过诚挚的表情和真诚的态度获得人们的信任，加深与对方的了解，增进彼此的友情。当你与人交往时，目光坦然、亲切、有神，还能把自己的想法和感受通过点头、微笑、手势、神情、体态等方式做出积极的表达，这才是女性应有的交际形象。

（3）笑容

女性面带笑容与人说话时，会使对方感到你十分乐意与之交往，这样会使对方感到轻松，增进说话的融洽气氛。当然，笑也要掌握分寸，如果不区别时间、地点与对象，就很容易失礼。

（4）说话要有节制

在社交场合中，如果女性说话过多，又不能达意抒情，则可能让别人认为你缺乏自制力、虚伪，令人生厌。如果女性能适当地使用优雅的语言来表达思想，就会展现自己的独特个性，吸引他人的目光。此外，女性的沉默有时也是一种交际语言，会收到意想不到的效果。

2. 学会使用敬语、谦语和雅语

语言具有多变性，女性面对不同的时间、场合和对象，要表达不同的信息和情感时，需要不同的表达方式、不同的沟通语言来体现丰富多彩的内心世界。女性谈吐优雅的关键，在于尊重对方和自我谦让，要做到礼貌谈吐，就必须灵活使用敬语、谦语和雅语。

（1）使用敬语

敬语又被称为"敬辞"，女性在与

人交谈时使用敬语，可表示对人的尊敬与礼貌，也能反映出女性的文化修养。比如，我们经常听到的"请"、"您"、"贵姓"、"贵方"、"您好"、"久仰"、"请教"、"包涵"、"拜托"、"高见"等，这些都是敬语。

（2）使用谦语

谦语又称为"谦辞"，是向人表示谦恭和自谦的一类词语，多用于自己及自己的家人。比如，称自己"愚"，称自己的家人为"家父"、"家母"、"家兄"、"家嫂"等。女性在交谈时自谦，是显示文明的重要表现，使用谦语能够表现出女性的谦虚和诚恳，会得到人们的尊重。

（3）使用雅语

雅语是指一些比较文雅的词语，常常在一些正规的场合以及有长辈和女性在场的情况下使用，被用来替代那些比较随便甚至粗俗的话语。在待人接物中，如果你正在招待客人，在端茶时，应该说："请用茶。"

当女性先于别人结束用餐，应该向其他人打招呼说："请慢用！"女性多使用雅语，能体现出一个人的文化素养以及尊重他人的素质。

3. 掌握恰当的说话声音

说话的声音是女性的另一副容颜，一般来说，慷慨激昂的演讲，声情并茂的朗读，甚至是如泣如诉的哀求，都会给人留下深刻的印象。对女性来说，声音好比她的第二张脸。如果一个女性外表举止很美，说话声音却差强人意，那么，她给人的印象不免要打一些折扣。在女性诸多魅力之中，声音的魅力相对来说是最容易修炼和保持的。

在开始修炼之前，首先要认清自己的声音，尽管很多人认为这么做有一定难度，但是你可以用录音的方式，把自己说的话录下来，然后进行检查。

（1）说话速度不可太快

语速要不疾不徐，如果语速太快，就可能会给人一种神经质的印象。

（2）说话语速不可太慢

你说得很慢吗？如果是，可能会给人一种你对自己所讲缺乏把握的印象。

（3）说话不可含糊其词

你是否含糊其词，支支吾吾？这是一种缺乏安全感的明确标志。

（4）不应带着牢骚抱怨的语调说话

你是否带着牢骚抱怨的语调说话？这是一种自我放任和不成熟的标志。

（5）说话的声音不可尖利刺耳

你的声音尖利而刺耳吗？这是神经质的又一种标志。

（6）不可透出傲慢专横的意味

如果女性说话的声音中透出一种傲慢专横的意味，这表示女性是固执己见的。

（7）不可声音显得做作

女性说话的声音不要显得做作，因为这是一种害羞的标志。

声音是由音色、音调、响度构成，有魅力的声音将显示出你独特的个性，抑扬顿挫、轻重缓急恰到好处，听起来如珠落玉盘，并带有感情色彩及冷暖温度，让人听后有余音绕梁之感。

4. 优雅的声音也需要练习

在社交场合，女性说话的声音清晰、语调抑扬顿挫、音质甜美，可以折射出女性独特的性格魅力，并且能大大改善交流的效果。特别是第一次通过电话交谈，善于倾听的人更能从最初几分钟内"阅读"到女性声音中的许多内容。

女性如果经常参加一些会议或是谈话场合，在需要演讲，需要与客户沟通的时候，对于声音的把握就更为重要了。此外，为了引起对方对你的关注，千万不要把声音提得高高的、尖尖的，又带着点软软的感觉，也许在女性看来，这种抑扬顿挫的夸张既有魅力，又能达到效果，其实反而让人觉得这是一种做作的行为。

不妨留意一下电视里的主持人和播音员，女性就会发现，他们运用的声音其实都是很低沉的，而且很有力度，是从腹腔里发出的声音，自然而绝不做作。因此，在这些场合下，声音一定要有力，而不在于"高"。

## 打招呼的礼仪有哪些

女性在遇到熟人、亲友时，往往都要打招呼，即使对于仅有一面之缘的人，通常也要打招呼。打招呼是联络感情的手段，是沟通心灵的方式和增进友谊的纽带，主动打招呼所传递的信息是："我眼里有你。"是一种尊重对方的表示。

1. 不能轻视打招呼

有些女性不重视打招呼，觉得天天见面的同事，或关系亲密的朋友、家人，用不着每次都打招呼；而对于不太熟悉的人，又觉得打招呼怕对方认不出自己会造成尴尬。还有些女性不愿意先向别人打招呼，她们总是心想："我为什么要先向他打招呼？"其实，我们完全可以通过打招呼让自己更有人缘，更有魅力。

女性如果主动和单位的同事打招呼持续一个月，那么，她在单位的人气很可能会迅速上升。要知道，主动向同事打招呼，不仅让同事心情畅快，更重要的是可以为你创造一个良好的工作环境。女性在一个领导赏识、同事认可的环境里工作，自然会有很好的发展。女性要永远记住，眼里有别人，别人才会心中有你。

2. 灵活选择打招呼的方式

打招呼的方式是多种多样的，可以是微笑、点头、握手、招手、拥抱等，当然，这要根据亲疏程度和地域文化的不同而选择不同的方式。

女性要根据具体情况来决定打招呼的方式。

（1）在职场中打招呼

在职场中，跟别人打招呼的方式要根据当时的具体情况来决定。

（2）在路上打招呼

如果正在行走过程中，在跟别人打招呼时，要停下脚步或者放慢行走速度。

（3）坐在座位上打招呼

如果你坐在座位上，跟同事打招呼

时，可以微笑着点点头或者欠欠身。

（4）相遇时打招呼

如果在室外跟同事相距一定距离而相遇，要微笑着向对方招手，或者高声说一声"你好"。

（5）回应时打招呼

如果遇到同事向你打招呼或是目光相遇，应适时地点头、微笑，甚至回应，绝不可视而不见。

3. 打招呼时也应微笑

无论以哪种方式打招呼，都应该面带微笑，当然也包括握手的时候。事实上，微笑本身就是打招呼的一种方式。因此，不论什么时候，打招呼都要面带微笑，眼睛看着对方，这样才会给人真诚的感觉，让人感觉你不是敷衍了事。

4. 不同场合的打招呼方式

（1）特殊场合

在一些特殊场合，比如很多人的集会或者不便深入接触的时候，可以用招手的方式打招呼。

（2）正式场合

在某些正式场合，要依据文化习俗，可能还需要拥抱。

5. 有特色的打招呼

对于中国人而言，还有一些有中国特色的打招呼语言，例如两个中国人见面经常会问："你吃了吗？"其实这个问候语的意思并不是非要问对方吃了没，或是吃的是什么，而是表示"我看见你了，跟你打招呼呢"。对方简单地做一下回应即可。不过，在问候外国人时，不应当用这种打招呼的语言，否则对方可能会不明所以。

6. 对不同的人打招呼的方式

（1）关系亲密的

对于好久不见的同事或朋友，彼此见面时，我们应当说："好久不见，最近忙吗？"如果对方说："挺忙的。"你要注意接下来的回应，如果是关系比较好的同事，你可以进一步问："在忙什么？"

（2）关系一般的

如果是关系一般的同事，你就不应该追问对方具体忙什么，而应该礼貌地说"那你要注意身体"之类的关心和问候的话。

## 就餐应注意哪些礼节

1. 预约订餐注意事项

在现代社会，女性在外就餐的现象司空见惯。除了社交的需要，家庭成员也常常在外就餐。可是，因为不习惯预约，去餐厅都是由于吃饭时间到了，自己或家人想去就去了，因此难免会碰上餐厅生意火爆，没有包间或者没有位子的情况。于是，这家没位子就换一家吃饭吧。而餐厅方面也常常会觉得接受预订很麻烦，不但要排时间，还要安排桌子等候，反倒不如客人谁先来，谁就先坐容易得多。因此，在现实生活中，除了大型酒楼、餐厅，接受结婚喜宴、寿宴、大型聚餐等，往往是没有预约吃饭的习惯的。

其实，女性在外就餐养成事先预约的好习惯，不仅可以减少时间浪费，提高做事效率，还能充分规划及运用宝贵时间。这样与人方便自己也方便，是现代女性都应有的基本生活态度。

那么预约订餐要注意什么呢？

①要视餐厅等级决定是否需要事先预约。

一旦预约，就应准时到达餐厅用餐，以免逾时太久，桌位被取消。

②预约时应清楚告知自己的用餐日期、时间、人数。

如果是订生日宴、满月宴、婚宴、素食宴等酒宴时，务必要详细告知宾客，以便餐厅提早做好准备。

③最好提前一周预约。

预约用餐越早越好，最好提前一周预约，以免等待太久。

④有事预先通知。

如果因故不能准时到场，务必尽快通知餐厅，并告知对方可能会延迟抵达，请餐厅保留座位。如果用餐人数有变时，也要尽早通知餐厅。

预约用餐如果因故不能举行，务必给餐厅打电话通知取消。

⑤预约方式可多样化。

预约订餐可以通过电话进行，当然也可以亲自登门预订，顺便看看餐厅环境是否适合举行此次聚餐。少数餐厅也可以使用传真或计算机网络预订。

⑥预约时可以同时预订特殊、费时饮食，也可以预先订下特定想坐的桌位。

⑦如果需要餐厅方面加以配合或需要特别布置场地等，也应在预约时先和餐厅的有关人员商量妥当。

2. 餐桌上入座礼仪

吃饭入座虽然是一件小事，但是从这件小事上可以看出女性是否懂得社交礼仪。

在中餐宴请活动中，往往采用圆桌。不单是在不同位置摆放的圆桌有尊卑的区别，每张圆桌上不同的座次也有尊卑之分。记住这些原则，在中餐礼仪中非常重要。

女性赴宴入座，如果是在高级饭店或酒店，通常由接待员带位入座，参加宴席则应听从主人或接待人员安排落座，有些宴会已安排好客人的桌次和座位卡，即可依照指示入座。通常中餐的餐桌摆放分为两种情况：

（1）由两桌组成的小型宴请

通常是两桌横排或两桌竖排的形式。当两桌横排时，面对正门右边的桌子是主桌；当两桌竖排时，距离正门最远的那张桌子为主桌。

（2）由三桌或三桌以上组成的宴请

在安排多桌宴请的桌次时，除了要注意上面提到的规则外，还应兼顾其他各桌距离主桌的远近。通常距离主桌越近，桌次越高；距离主桌越远，桌次越低。

3. 席位安排以主为先

宴请时，每张餐桌上的具体位次，也有主次尊卑的分别。排列位次的基本方法有以下几点：

①主人大都在主桌就座,并面对正门而坐。

②举行多桌宴请时,每桌都要有一位主桌主人的代表在座。位置一般和主桌主人同向,有时也可以面向主桌主人。

③各桌位次的尊卑,应以与这桌主人的距离远近来定,离主人比较近的位置比较尊贵。

④一般来说,主人座位右边的位置比较尊贵。

⑤如果主宾身份高于主人,为了表示尊重,可以安排坐在主人位子上,主人则坐在主宾的位子上。

4. 座位的次序细节

(1) 用餐也应长幼有序

用餐时通常主宾坐定后,依序次主宾再坐下,最后才是主人坐下。如果有长辈在场,当然由长辈先入座,坐定后晚辈再坐下。如果没有长辈和主宾,就由女士优先就位,服务员或邻近男士应替女士或年长者拉开椅子,然后自己再以右手拉开自己的椅子,从椅子左边入座。

(2) 平辈用餐不必太过拘泥

平辈同事、朋友聚餐或用工作餐时,不必太过拘泥座次,通常主人礼让客人坐较好的位置即可,餐厅中较好的位置,就是面向整个餐厅、远离厕所和厨房、非客人经常走动的过道或靠窗等位置。

(3) 避开主桌

中式喜宴、寿宴一定会有主桌,通常设在台下最前列,客人要避开勿坐,贸然落座非常失礼。

(4) 不可用脚踢开椅子

入座时要用手来拉开椅子,不可用脚踢开椅子。

(5) 要从椅子左侧入座

为什么要从椅子左侧入座呢?古时的西方男女都佩剑防身,如今我们依然可以在某些欧洲王室的护卫队演习中看得到这个传统。因为佩剑是挂在左腰间的,所以为了使剑身不妨碍入座,当时的人们都有站在椅子的左边,然后右脚向前跨一步后入座的习惯。时至今日,这个站在椅子左侧的入座方式也自然而然地成了餐桌礼仪的一部分。

# 点餐时的礼节

女性到餐厅用餐不可避免的就是要点餐,那么在点餐时需要注意些什么礼仪呢?

1. 将菜单供客人传阅

在点菜时,如果时间允许,你应该等大多数客人到齐之后,将菜单供客人传阅,并请他们来点菜。

2. 不同用餐方式的点菜礼仪

如果是用工作餐,你可能会担心预算的问题,因此,你的首要工作就是选择合适档次的请客地点,这样客人也能很好地领会你的预算。如果是你来埋单,客人也不太好意思点菜,都会让你来做主。

如果你的老板也在宴席上,千万不要因为尊重他,或是认为他应酬经验丰富,而让他来点菜,除非是他主动要求。

否则，他会觉得不够体面。如果你是赴宴者，在点菜时你不应该太过主动，而是要让主人来点菜。如果对方盛情难却，你可以点一个不太贵又不是大家忌口的菜。记得一定要征询一下桌上人的意见。

点菜后，可以请示"我点了菜，不知道是不是合几位的口味，要不要再来点其他的"，等等。总之，点菜时，一定要做到心中有数。

3. 点菜时的规则

（1）人均一菜

一般来说，人均一菜是比较通用的规则，如果是用餐的人较多，可适当加量。

（2）菜肴组合

一般来说，一桌菜最好是有荤有素，有冷有热，尽量做到营养丰富，种类全面。如果桌上男士多，可多点些荤食，如果女士较多，则可多点几道清淡的蔬菜。

（3）宴请的重要程度

如果是普通的商务宴请，普通预算就可以接受。如果宴请的是比较关键的人物，那么则要点上几个够分量的菜。

4. 不可忽略的点菜细节

（1）为主人着想

自己请客时，在预算内可以请客人尽量点菜；但是别人请客的时候，一定要为主人着想，千万别乱点昂贵的菜肴。

（2）考虑同桌者的口味

为了尊重客人，点菜时还要考虑到同桌在座者的口味及宗教习惯，如果有人不吃辣，就别都点辣的菜；如果有人习惯吃素，就多点些素食菜肴；如果有人信奉伊斯兰教不吃猪肉，就一定不要点猪肉菜肴，甚至根本不应该到普通餐馆，而应该去清真餐馆。

（3）吃自助餐也要注意礼仪

如果吃自助餐，可以用吃西式套餐的方式，先取冷开胃菜，吃完再取热开胃菜，想喝汤就拿汤，再吃沙拉和主菜，最后品尝甜点、咖啡，这样吃得既优雅又舒适。

不要一次把甜的、咸的、冷的、热的食物全放在一个盘里，不但不能好好品尝美味，还会让人觉得你老土不懂礼仪。

女性在吃西餐自助餐时，也要注意礼仪。西餐自助餐，又称冷餐会，是目前国际上通行的一种非正式的西式宴会，在大型的商务活动中尤为多见：宴会中，不预备正餐，由就餐者在用餐时自行选择食物、饮料，然后或立或坐，自由地与他人在一起或是独自一人用餐。

与正规的西餐相比，自助餐没有那么多的讲究，但掌握一些基本的用餐礼仪还是很有必要的，它能使你在宴会上、交际中更加随心所欲地展现个人魅力。

①在取菜之前，先要准备好一只食盘。

轮到自己取菜时，应以公用的餐具将食物装入自己的食盘之内。切勿在众多的食物面前犹豫再三，让身后之人久等，更不应该在取菜时挑挑拣拣。

②使用干净的盘子去布菲台取食物。整个用餐过程中，请尽量使用干净

的盘子去布菲台取食物,并用每道食物指定的公用餐具去取食。

③依照自助餐的取菜顺序去做。

通常自助餐的取菜顺序应当是:冷菜、汤、热菜、点心、甜品和水果。在取菜时,最好先在全场转上一圈,了解情况后再去取菜。如果不了解这一点。取菜时完全自行其是,难免会使咸甜相克,令自己吃得既不畅快又不舒服。

④一次取食不宜过多。

在自助餐上,一次取食不宜过多。如果遇到自己没尝过的美食,可以先盛一小部分试食,喜欢的话多拿几次也无妨。

⑤葡萄酒先试饮。

如果就餐者点了葡萄酒,应该先让服务人员倒入杯中试饮,品尝没有问题再倒给其他朋友。在与朋友碰杯时,杯子稍微向左倾斜;饮用时抓住杯柱而不是杯身,以免手的温度影响葡萄酒的口感;在品尝之前先轻晃杯身,让葡萄酒的香味散发出来,并用鼻子深吸。

在自助餐上,交际往往也是一大目的,特别是在商务活动中,应该找机会认识更多的人,扩大自己的交际面。为此,在参加自助餐会时,不妨多换几个类似的交际圈。在每个交际圈,都要待上一会儿时间。

自助餐是招待会上最常见的一种形式,也是进行交际活动的好机会。为了主动寻找机会,可以做一些事:其一,是请求主人或圈内之人引见;其二,是寻找机会,借机加入;其三,是毛遂自荐。

5. 要优先考虑的菜肴

一顿标准的中式大餐,通常为凉菜、热菜、主食、汤,如果感觉吃得有点腻,可以点一些餐后甜品,最后上果盘。在点菜中要顾及各个程序的菜式。当然,也有一些优先要考虑的菜肴。

(1) 有中餐特色的菜肴

宴请外宾的时候,这一条尤要重视。像炸春卷、煮元宵、饺子、狮子头、宫保鸡丁等菜肴并不是佳肴美味,但因为具有鲜明的中国特色,所以受到很多外国人的推崇。

(2) 有本地特色的菜肴

比如北京的烤鸭、西安的羊肉泡馍,湖南的毛家红烧肉、上海的红烧狮子头,在这些地方宴请外地客人时,点上这些特色菜,恐怕要比千篇一律的生猛海鲜更受好评。

(3) 本餐馆的特色菜

很多餐馆都有自己的特色菜,上一份本餐馆的特色菜,能说明主人的细心和对被请者的尊重。在安排菜单时,还必须考虑来宾的饮食禁忌,特别是要对主宾的饮食禁忌高度重视。

# 了解上菜的礼仪

1. 中餐的上菜顺序

西餐是很讲究上菜顺序的,其实正规的中餐也是讲究严格的上菜顺序的。假如你是一场宴会的邀请方,那么,中餐的上菜顺序是什么?中餐中上菜又讲究什么?事先了解清楚这些,宾客才会吃得可口满意。

(1) 上菜的程序和规则

中国地方菜系很多，宴会的种类也很多，如全鸭席、全羊席、燕翅席、海参席、全素席、满汉全席等。宴会席面不同、地方菜系不同，菜肴设计安排也不同，在上菜程序上也不会完全相同。要根据宴席的类型、特点及需要，因人、因时、因事而定，但又要按照中餐宴会相对固定的上菜程序来进行。

一般来说，中餐宴会上菜的程序是：

第一道菜：

凉菜或冷盘（约八分钟后上下一道菜）。

第二道菜：

开胃汤（分汤后，换盘与碗等）。

第三道菜：

头菜（一般为宴会的代表性菜点）。

第四道菜：

主菜（较为昂贵的名菜）。

第五道菜：

热菜（可细分为先熘爆炒菜，后烧、烤菜，再素菜，最后是鱼）。

第六道菜：

汤菜（即正式的汤，例如婚宴中的两汤、四汤或六汤）。

第七道菜：

甜菜（随点心上）。

最后在主食之后上水果。

中餐宴会上菜的基本规则是：先冷后热、先菜后点、先咸后甜、先炒后烧、先荤后素；先干后汤、先菜后汤；先清淡后肥厚、先优质后一般以及遵循一般的风俗习惯。中式粤菜的上菜顺序不同于其他菜系，通常是先汤后菜。如果客人对上菜有特殊要求，还应灵活掌握。

2. 上菜的时机和速度

(1) 上菜的时机

为了保证菜品的火候、色泽、温度等质量，使宾客吃得可口满意，如果你是邀请方，就必须了解不同餐饮方式的上菜时机和速度。如果菜上得慢了，会造成菜品冷得过快；如果菜上得过快，会使宾客吃不好。

冷盘应在客人点菜十分钟之内上桌，20分钟或15分钟之内上热菜，宾客较少时，一般30至45分钟左右上完全部菜品，也可以根据客人要求灵活掌握。一般宴会的热菜上菜要注意观察宾客的进餐情况，并控制上菜的节奏。如果是婚宴，要快速在30至45分钟之内上完所有的热菜。

(2) 上菜的速度

如果没有特殊情况，多半视宾客进餐情况决定上菜速度，不宜过快或过慢，太快了服务员来不及分派，客人也来不及品味；太慢了显得台面菜品不丰盛，或出现客人空等的现象。因此，掌握好上菜的速度很有必要。

## 使用餐具的礼仪

作为优雅女士，参加一些宴会是免不了的，了解餐具的使用礼仪也是一种很高的修养。中餐餐具，即用中餐时使用的餐具，可分为主餐具与辅餐具。主餐具即指进餐时主要使用的往往必不可少的餐具。通常包括筷、匙、盘、碟、碗、杯等，中餐的餐具虽然比较简单，但是使用起来的礼仪细节也有很多讲究。

1. 使用筷子的礼仪

筷子是中餐最主要的餐具。筷子通常必须成双使用。以下一些筷子的使用方式是非常不礼貌的：

（1）架筷

用完筷子不将筷子放在筷架上，而架在碗碟上。

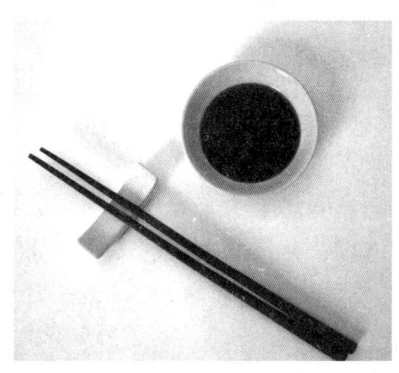

（2）迷筷

拿着筷子犹豫不决夹哪道菜。

（3）探筷

用筷子在碗盘里翻找。

（4）滴筷

在夹汤汁多的菜肴时，用筷子抖掉汤汁。

（5）插筷

把筷子竖插在食物上面。

（6）敲筷

用筷子敲打碗盘的边缘。

（7）塞筷

一次性夹着多种菜肴塞到口中，这种做法实在是狼狈。

（8）空筷

已经用筷子夹起了食物，但是不吃又放回去。

（9）舔筷

用舌头去舔筷子，不论筷子上是否有残留食物。

（10）磨筷

拿着筷子相互摩擦筷尖。

（11）转筷

用筷子在汤碗中不断搅拌混合。

（12）寄筷

用筷子将碗挪到自己面前。

（13）指筷

与人交谈时，一边说话一边像指挥棒似的挥舞着筷子，甚至用筷子指着别人，而不是将筷子暂时放下。

2. 使用匙的礼仪

匙也是常见的餐具，一般情况下，用匙取食物时，不宜过满，免得溢出来弄脏餐桌或自己的衣服。如果需要，可在舀取食物后，在原处"暂停"片刻，待汤汁不再滴流后，再移向自己享用。另外，使用匙时，还有一些举止要格外注意：

①当食用匙里盛放食物时，尽量不要把匙塞入口中，或是反复吮吸。

②用匙取用食物后，应立即食用，不要把食物再次倒回原处。

③如果取用的食物过烫，不可用匙将其折来折去，也不要用嘴对着它吹来吹去。

3. 使用盘子的礼仪

（1）盘子的摆放

盘子在中餐中主要用以盛放食物，

使用方面的讲究，与碗大致相同。盘子在餐桌上一般应保持原位，不被挪动，而且不宜多个叠放在一起。

需要着重加以介绍的，是一种用途较为特殊的被称为食碟的盘子。它的主要作用是用来暂放从公用的菜盘里取来享用的菜肴。

(2) 食碟的使用

一是取放的菜肴不要过多，避免看起来繁乱不堪；不要将多种菜肴堆放在一起，弄不好它们会彼此"相克"，相互"串味"，不优雅，也不好吃。

二是不宜入口的残渣，如骨、刺等不要吐在地上、桌上，而应将其轻轻取放在食碟前端，必要时再由侍者取走、换新。避免让"废物"与菜肴交错，搞得杯盘狼藉，否则颇为不雅。

(3) 碗的使用

碗主要是用来盛放主食、羹汤的，所以要注意以下一些礼仪细节：

一是不能双手端起碗来进食，那样看起来不雅观；二是不能向碗里乱扔废弃物；三是不能将碗倒扣在桌上。

4. 辅餐具

辅餐具通常是指进餐时可有可无、时有时无的餐具，主要在用餐时发挥辅助作用。最常见的中餐辅餐具有：水盂、水杯、湿巾、牙签等。

(1) 水盂

有时，品尝中餐者需要手持食物进食。在餐桌上，则会摆上一个水盂，也就是盛放清水的水盂。里面的水并不能喝，只能用来洗手。在水盂里洗手时，不要乱甩、乱抖，优雅的做法是：两手轮流沾湿指尖，然后轻轻浸入水中刷洗。洗毕，将手置于餐桌之下，用纸巾擦干。

(2) 水杯

中餐中所用的水杯，主要供盛放清水、汽水、果汁、可乐等饮料。需要注意的，一是不要用水杯盛酒；二是不要倒扣水杯；三是喝入口中的饮料不能再吐回水杯中去。

(3) 湿巾

一般来说，比较讲究的中餐会为每位用餐者准备一块湿毛巾。湿巾只能用来擦手，绝对不可用以擦脸、擦嘴、擦汗。擦过之后，应将其放回盘中，由侍者取回。

在正式宴会结束前，还会再上一块湿毛巾。与之前不同的是，这次只能用它来擦嘴，而不宜擦脸、抹汗。

(4) 牙签

牙签主要用作剔牙之用，用餐过程中，请尽量不要当众剔牙。如果是非剔不可，应以另一只手掩住口部，切勿大张"血盆大口"。剔出来的东西，切勿当众观赏或再次入口，也不要随手乱弹，随口乱吐。剔牙之后，不要长时间叼着牙签。

## 食用西餐礼仪

西餐和中餐有着本质的区别，如果到了一家吃西餐的餐厅，你没有遵守吃西餐应该遵守的礼仪，在别人眼里你就是一个没有礼貌的人。可是，在西餐厅里,看着大大小小的杯子、盘子,各式各样的叉子、勺子,我们常常会头晕目眩。另外,晚宴、鸡尾酒会、便宴,那就更让人头晕了。所以,在明白西餐礼仪之前,认识一下西餐厅是大有必要的。

1. 西餐的餐具

(1) 大餐盘

大餐盘位于餐桌的中央。

(2) 杯子

将高脚水杯放置在客人正餐刀的上方,将细长的香槟酒杯放置在水杯和其余杯子之间。拿红葡萄酒杯时,因杯弧较大,可以用手掌托住其底部;而白葡萄酒杯的杯脚更长,杯肚像一个圆柱体,举杯时,只能握住其杯脚。如果餐桌上有雪利酒杯,可能会被放置在葡萄酒杯的右边,这也预示着雪利酒将会和汤一起上。

(3) 刀叉

西餐中,刀叉都是根据一道道不同菜品的上菜顺序合理摆放的,你只要从外到内使用就可以了。沙拉叉放在大盘碟左侧2.5厘米的地方,由外向内依次是肉叉(主菜叉)、鱼叉(如果有鱼)。大盘碟右边由外向内依次是汤匙、沙拉刀、肉刀(主菜刀)、鱼刀,刀锋都应面向盘碟摆放。

刀叉以三套的居多,依次是吃开胃菜用的、吃肉用的以及吃鱼用的。而吃水果的刀叉横着摆放在餐盘的正上方。一旦开始用餐,已设置好的餐具就不可随意改变位置,只能被放在盘子里。不过,如果你是左撇子,可将刀叉互相更换使用。

(4) 餐巾

西餐的餐巾也很有讲究,如果参加的是正式宴请,一定要牢记:只有女主人把餐巾铺在腿上之后,才是宴会开始的标志,这也意味着餐巾暗示着宴会的开始或结束,如果女主人把餐巾放在桌子上,便是宴会结束的标志。一般而言,就餐时,餐巾要铺在腿上,并且叠成长条形或者三角形,为着装保洁是餐巾的第二个作用。

如果你中途要离开一下,回来还接着吃的话,餐巾就要放在你座椅的椅面上。而把餐巾直接放在桌上,则等于告诉别人自己不吃了。此外,餐巾还可以用来擦嘴,但是不能擦刀叉和擦汗。

(5) 黄油和黄油刀

面包和黄油都放在小盘子里,这个盘子通常在左边叉子的上方。黄油刀则横着摆放在黄油盘上的顶部,而刀刃一面切记要向着自己。

(6) 盐瓶和胡椒瓶

盐瓶和胡椒瓶往往成对出现,只要记得盐瓶是一个孔的,胡椒瓶是两个或者三个孔的,就可以简单地把它们区分开。一般将盐瓶和胡椒粉瓶置于整套餐具的最上边或者是两套餐具之间,这是为了方便大家共用。另外,在正式场合,一般会将盐放置在盐皿中,以便客人控制盐的用量。在盐皿中还会放一个小勺子,客人可以用它在食物上撒盐。

(7) 沙拉盘

盛沙拉一般用沙拉盘,平盘深盘都可以。讲究的餐厅要摆上刀和叉,即使有些人只习惯用叉而不用刀。沙拉如果同主食一起上,沙拉盘通常放在主菜盘的左侧,这时一般只放一把叉子。如果有比较大叶的蔬菜时,则要先用刀子和叉子折起来,然后再用叉子入口。

(8) 洗指碗

通常在很正规的晚宴上才能看到洗指碗,它是指餐桌上洗手指的碗。服务员在上必须用手取用的菜或甜点之前,或是在客人吃过如蜗牛、龙虾、烤鸡之类让手指变得脏兮兮的食品后会上洗指碗。

2. 起坐有礼的用餐姿态

进餐时,要注意一点,西方人认为弯腰、低头、用嘴凑上去吃是很不礼貌的。除了餐桌上吃的礼仪,也要注意自己姿势方面的礼仪,以一个完美全面的淑女形象给人留下得体文雅彬彬有礼的印象。

(1) 就座时身体要端正

不要趴在餐桌上,手臂不要放在餐桌上,也不要张开妨碍别人,两个胳膊肘也不能架在桌子上;不要跷腿,也不要靠在椅背上。

与餐桌的距离以便于使用餐具为佳。

正确的姿势是只有一只手在桌上用餐。头要保持一定的高度,不能太低,不能过多地移动头部。

(2) 使用刀叉进餐时要规范

从外侧往内侧取用刀叉,要左手持叉,右手持刀;切东西用左手拿叉按住食物的左端,固定,顺着叉子的侧边,右手执刀将其切下约一口大小的食物,然后,左手拿叉将食物直接扎起送入口中。

(3) 喝汤时不发出声音

喝汤时不要啜,不要咂嘴发出声音。如果汤菜过热,可待稍凉后再吃,不要用嘴吹。喝汤时,用汤勺从里向外舀,汤盘中的汤快喝完时,用左手将汤盘的外侧稍稍翘起,用汤勺舀净即可。吃完汤菜时,将汤匙留在汤盘中,匙把指向自己。

(4) 吃鱼等带刺或骨的菜肴时不直接外吐

吃鱼等带刺或骨的菜肴时不要直接外吐,可用餐巾捂嘴轻轻吐在叉上放入盘内。如果盘内剩余少量菜肴时,不要用叉子刮盘底。吃面条时要用叉子先将面条卷起,然后送入口中。

(5) 面包应掰成小块送入口中

不要拿整块面包咬。抹黄油和果酱时也要先将面包掰成小块再抹。

(6) 吃鸡腿时不用手拿着吃

吃鸡腿应先用力将骨去掉,不要用手拿着吃;吃肉时,要切一块吃一块,块不能切得过大,或一次将肉都切成块;吃鱼时不要将鱼翻身,要吃完上层后用刀叉将鱼骨剔掉后再吃下层。

（7）喝咖啡时要小口地喝

喝咖啡时如果愿意添加牛奶或糖，添加后要用小勺搅拌均匀，然后再小口地喝。

3. 使用刀叉的礼仪

（1）进餐过程中

如果你想休息一下或是和朋友聊会儿天，那就把刀和叉的柄放成一个倒"V"字。这是一个惯用的暗号，表示所享用的菜还未结束，只是小憩片刻。

（2）用餐中间谈话时

千万不可手执刀叉在空中挥舞摇晃；也不可一手拿刀或叉，而另一只手拿餐巾擦嘴；也不可一手拿酒杯，另一只手拿叉取菜。

（3）用餐完毕后

刀和叉应并排放在盘子的右边或中间，欧洲人的叉子是面向下的，但美国人不在意叉子朝上或朝下。当你这么做，侍者就明白你用餐结束，小勺放在咖啡的垫碟上。喝的时候，应右手拿杯把，左手端垫碟，直接用嘴喝，不要用小勺舀着喝。

吃水果时，不要拿着水果整个去咬，应先用水果刀切成四或六瓣，再用刀去掉皮、核，用叉子叉着吃。

4. 美式和欧式使用刀叉的礼仪

有两种用刀叉的方法：美国式的和欧洲式的。

（1）美国式

切完肉，把刀放大盘子上，叉子从左手换到右手，然后用叉子叉起切好的肉，放入口中。

（2）欧洲式

始终是左手拿叉，右手拿刀。可以用刀子往叉子上按食物。另外，把刀子握在手里取食品并送入口，无论是美式还是欧式，都不应该这样做。

5. 那些容易被忽视的就餐细节

①不可在餐桌边化妆，用餐巾擦鼻涕。

②用餐时打嗝儿是最大的禁忌，万一发生，应立即向周围的人道歉。

③取食时不要站立起来，坐着拿不到的食物应请别人传递。

④就餐时不可狼吞虎咽；不可在进餐时中途退席，如有事确需离开应向左右的客人小声打招呼。

# 饮酒应注意哪些礼仪

女性在社交活动中，有时会参加宴会，依照中国的餐饮文化、习俗，宴会上肯定要饮酒，女性如果不"入乡随俗"，会使宴会现场的气氛大打折扣。但多数女性不胜酒力，而且，饮酒过多也会失态，怎样饮酒才能恰到好处呢？女性就要学习饮酒礼仪。

1. 选酒

一般来说，吃中餐，要喝白酒、黄酒、药酒，这些酒往往由小麦、米或药材制成；吃日本菜，要喝清酒，这也是一种米制成的酒；西方的酒除了啤酒，大部分是由葡萄制成的，所以，吃西餐，就要选葡萄酒。

(1) 吃西餐选用葡萄酒

西餐中，常用的葡萄酒有雪利酒、苦艾酒、香槟酒和鸡尾酒。雪利酒是红色的，加白兰地调制而成，酒劲较大；苦艾酒是白葡萄酒的代表，有生津开胃的作用，以意大利产的最为有名；香槟酒原产地是香槟地区，故名"香槟"，香槟一定要冰冻的。

在西餐厅与人共进晚餐，很多人都喜欢点一瓶葡萄酒。从点酒这件事上，也能看出一个人的素质、品位和修养，所以在西餐厅点酒时应掌握一定的点酒技巧。如果你是葡萄酒爱好者，必定知道如何点酒。如果你对此知之甚少，可以请懂酒的服务人员推荐。

(2) 吃便餐选用啤酒

啤酒作为一种普通的酒，一般在吃便餐时，才会饮用，外国人只喝冰冻的啤酒。当然，还有伏特加（俄罗斯的烈酒），要把整个瓶子放在冷冻箱内，喝的时候要冰冰的。

酒的价格变化很大，从几美元到上千美元都有，主要看酒来自哪一个酒庄和酒的年份，要根据你的经济实力点酒。如果很多人喝酒，你可以点一瓶或者几瓶；如果只是你一个人喝酒，也可以按"杯"要酒。当你点好了酒之后，服务人员会把红酒送到桌前，请你辨认这瓶酒是不是你所点的？只有你在确认是以后服务人员才会开瓶。

2. 酒与菜的搭配

在正式的西餐厅或者大型宴会上，酒水常常是主角，不仅因为它最贵，而且它与菜肴的搭配也十分严格。一般来讲，吃西餐时，不同的菜肴要配不同的酒水，吃一道菜便要换上一种新的酒水。西餐中所上的酒水，可以分为餐前酒、佐餐酒、餐后酒等几种，它们各自又拥有许多具体种类。

(1) 餐前酒

餐前酒别名开胃酒，是在开始正式用餐前饮用，或在吃开胃菜时与之搭配的。一般情况下，人们喜欢在餐前饮用的酒水有鸡尾酒、味美思和香槟酒。

(2) 佐餐酒

佐餐酒又叫餐酒，是在正式用餐期间饮用的酒水。西餐里的佐餐酒多为葡萄酒，而且大多数是干葡萄酒或半干葡萄酒。在正餐或宴会上选择佐餐酒，有一条重要的讲究即"白酒配白肉，红酒配红肉"。

白肉，即鱼肉、海鲜，吃它们时，须以白葡萄酒搭配；红肉，即牛肉、羊肉、猪肉，吃这类肉时，以红葡萄酒搭配。

3. 鸡尾酒会的礼仪

在现代社交场合，有时女性会被邀请参加鸡尾酒会，因此，女性应该对鸡尾酒和鸡尾酒会有所了解。在参加鸡尾酒会时，才能够娴熟地遵守礼仪。

鸡尾酒实际上是一种合成酒，现在有些大中城市比较盛行。虽然红酒和啤酒仍然是备受欢迎的饮品，但是鸡尾酒这种混合型的饮品也受到不少人的追捧。各种时尚发布会也纷纷以鸡尾酒会作为点睛之笔，鸡尾酒更因此成为一种社交符号。

鸡尾酒会的最大特点是参与者可以自由随意地走动。在一个圈子一段时间的交谈后，一句"不好意思，我去和那边的朋友打个招呼"，或是"抱歉，失陪一下"都可以让你不失礼节地穿梭在不同的谈话中。

会上以酒水为主，略备一点小食品放在小桌或茶几上，或者是服务生拿着托盘，把饮料和小食品端给客人。不设座椅，客人可随意走动。当然，在这优雅的场所中，约定俗成的礼仪还是相当重要的。

（1）复函

当你收到一个鸡尾酒会的邀请时要及时回复，对于邀请置之不理是很不礼貌的行为。在正式的邀请函里，包括邀请函以及主办方的地址和一些简单的相关信息。这样一来可以让被邀请人清楚明了，同时也便于被邀人回复。如果没有收到正式的邀请函，也可以通过邮件或者电话进行回复。

（2）着装

鸡尾酒会有丰富多彩的形式，通常以半正式或者是临时的餐酒会为主，打个招呼，随心地坐下来聊聊天。最不正式的就是鸡尾酒自助餐。着装均无特别正式的要求。

鸡尾酒会的特点就是开胃小食会贯穿始终，让来宾交流的同时也能享受美食。大部分的鸡尾酒会都是半正式的，来宾可以按照自己的需要或站着或坐着，在这样的场合不必过分地拘谨。但是鸡尾酒会的接待员很多都是身着正式的服装。

（3）沟通

酒会是西方社会非常重要的组成部分。商务酒会上，你如果善于交流，一来可以加强跟老客户的联系与交流，二来可以结交到不同的商业朋友，为日后的生意打下坚实的合作基础。因此，在鸡尾酒会上，你可以尽可能地和你想认识的人交流，不必受拘束，这会为你提供一个广阔的可以互相交流和建立新的关系纽带的平台。

（4）食物

鸡尾酒会一般不设置座位，为了促进彼此间更好的交流，服务人员会手捧托盘，穿梭在人群中，为宾客提供精致的食物和丰富的酒类饮料。

所有食物都是小块的，有的用牙签串起来，有的是直接放在瓷勺里，而且大多数都是用手拿的。如果提供牙签的话当然最好，那就尽量快速地嚼，因为可能随时有人和你说话。如果食物需要你用手去拿，进餐前一定要先拿一张纸巾，以保证手的干净。

不过，如果附近没有烟灰缸、盘子或废物箱，那就把你用过的牙签放在纸巾里，交给服务员或放在他们的托盘里，或在你离开以前丢进废物箱里，千万不要丢在地上。用过的酒杯也不要随意乱放，找到服务员交给他们即可。

（5）饮品

鸡尾酒会上，一定要用酒杯喝饮品，绝不要从易拉罐里直接喝。握玻璃酒杯也是有讲究的，一般应该握住它的杯脚，轻呷一口。不喝时拿在手上，不要把酒杯放在桌子上，避免酒杯里的酒洒出来。为了避免失礼，拿饮料需用左手，这样当你用右手和别人握手的时候，才能保持干净。

（6）谈吐

鸡尾酒会这样的场合不适合讨论过于激烈的话题，也要避免谈论涉及体重、婚姻和宗教等敏感的问题。在和别人谈话时要注意力集中，在适当的时候，使用肢体语言是个很好的方法，能够促进和别人愉快地交流。当然，千万不要随便说别人的闲话。

（7）举止

鸡尾酒会上，即使酒水再好喝，也不要贪杯，喝得过多，很容易醉。即使是朋友盛情难却，也要小心礼貌为好。临别时，一定要和主办活动的主人告别和道谢，当然也要和别的宾客道别。这是一个非常好的机会来回敬自己受到的邀请。

## 公共场合应注意哪些礼节

在男女平等的现代社会，女性和男性一样在公共场合出入。由于公共场合都有相关的规则和规定，因此，女性应该自觉遵守这些规则和规定。除此之外，还有一些约定俗成的规定和礼节，女性也应该自觉遵守，才能显示女性的素质。

在公共场所应遵循的礼节有以下几点：

（1）注意自身的清洁

一个人在头发、口腔、鞋子和身体上有不好的味道，也是对别人的不尊重，尤其是在夏天。如果是试图用很多香水来盖住这种体味，未免不可靠。最好的办法就是勤洗澡、勤换衣，不连续两天穿同一双鞋，让鞋子有时间充分干燥。

（2）慎用手机

这是老生常谈的话题，却还是要一提再提。为此，你需要注意以下几点：打电话时要尽量控制音量；在公共场合关掉手机铃声，比如开会时；避免用手机频繁发送短信，这些都是不合礼仪的。

（3）主动排队

以等车为例，如果你是第一个，那就请主动站在队首的位置，这也是给后面的人一个信号，即这里是需要排队的。它显示了你对公共秩序的认可和主动遵守。

（4）注意公共场合的着装

公共场合的着装也要遵循礼节，现在吊带背心和热裤大概是公众能接受的底线，若是穿着过于暴露的服装，甚至奇装异服，就不适合日常的公共场合了。

这是一个人群自由流动的时代，公共交通的方便快捷，更为这种流动提供了便利。如果我们能多一点公共交通的礼仪，它们就会更便利，为我们提供更好的服务。

## 乘飞机时应注意哪些

乘坐飞机时，行李千万不要又小又多，零零碎碎好几件，不方便携带，给人印象也不得体。这种情况下最好是准备一个大点的箱子托运，然后手提一个拎包，拎包里边放置重要的证件和随身物品，在你需要的时候就可以马上拿出来用。

如果你用作托运的箱子看上去很普通，请挂一个有特色的行李牌，现在很多时尚品牌都有设计别致的行李牌卖。在这个行李牌上，你可以写上自己的名字和联系电话，这样可以在众多行李中一眼发现自己的，避免别人误拿行李。如果行李不慎丢失，也有希望期待好心人能与你取得联络。

在换取登机牌时，要提前准备好各种证件，尽量别到了柜台前才急匆匆地翻找。

上飞机后，放行李时如果遇到麻烦可以向空乘人员或身边的男士求助，给他们一个当绅士的机会。飞机起飞前，一定要认真系好安全带。有时候飞行途中会遇到意想不到的气流和颠簸，一旦出现危险情况要沉着冷静。如果你是靠窗的，就要打开遮光板；如果是靠走廊坐，注意手肘不要探出太多，以防被餐车碰伤。

在飞机上绝对禁止使用手机。就算你的高级手机有"离线功能"、"飞行模式"，也还是不要用，这很可能会给空乘人员及所有乘客带来困扰。如果你对高科技如此感兴趣，就把手机内容和笔记本电脑同步好了。飞行时你可以使用笔记本电脑，但一定确保在飞机转入平稳飞行之后。

在飞行途中，如果你想躺低点休息的话，一定要先向坐在你后面的乘客打个招呼。如果你想把鞋子脱下来，最好先确定你的脚、袜子和鞋子足够干净，而且袜子上没有破洞。当然，为了舒服，你也可以带一双轻便的拖鞋。如果你要使用洗手间，请尽可能缩短时间，要知道，当你在洗手间里坦然化妆的时候，外面可能还有很多人在焦急地等待呢。

## 乘车驾车等应注意哪些礼仪

女性外出乘公交车和地铁时，是最容易考验女性素质修养的时候。我们不止一次看见就算开过来的是空车，等着的乘客都会有座位，一些人却还是争先恐后蜂拥而上。

由于公交车、地铁上通常聚集的人很多，尤其是上下班高峰期，出现车厢拥挤是在所难免的事情，所以，要尽可能做到相互谦让，相互谅解。

1. 女性在公交车、地铁上的礼仪

在公交车、地铁上，因为距离他人很近，所以不要在车内吃东西，不乱丢垃圾，更不可随意脱鞋、袜。如需携带有异味的、容易污染的物品上车，应当事先将物品包装好。在公交车、地铁上接听电话的声音要轻，避免大声随意聊天。

2. 女性乘火车时的礼仪

坐火车尽量带轻便的行李，可以拉动的最好，因为行李基本都会随身带，不用托运。小件的行李请放上行李架，大件的放在座位下面。

在进入候车室时，要全力配合安检。

把行李全部放在检测仪上，完毕后，别忘了把自己的行李拿好，不要遗漏物品。检票时，养成排队的习惯，不要拥挤。要配合工作人员检票。

T恤加上宽松的牛仔裤大概是坐火车最好的着装，如果是夏天，建议带件休闲外套，因为车厢里的空调有可能很凉。如果是卧铺，记得穿一双舒服且便于穿脱的鞋子。

在长途旅行中，坐在一起的乘客通常会聊天，注意控制你们的音量——当你们相谈甚欢时，别忘了还有人在兴致勃勃地看书或者睡觉呢。在火车上要自觉维护公共卫生，果皮、纸屑等东西要放在桌上的托盘里，乘务员过来打扫的时候请主动帮助他们。

3. 女性乘电梯时礼仪

在电梯上的时间也许只是几十秒钟，却同样能反映一个人的礼仪修养。如果乘坐的是直升电梯，进电梯后要面朝电梯门；如果站在按键附近，可以礼貌地说一句"您去几楼"来主动帮助站在里面的人。要特别注意，当电梯即将关门时，如果有人跑过来，一定要按开门键等他一下。

在人潮高峰乘坐滚梯时，有些地方会要求"左行右立"，即靠右侧站立，扶好扶手，左边留给着急的人上下。如果你不赶时间，那就请扶好扶手站好即可。

4. 女性自驾车的礼节

大城市的交通拥堵现象较为常见，造成拥堵的原因之一就是大部分司机的不文明开车行为。比如较为严重的行为有不按交通线路行驶，随意超车、任意并线，相互剐蹭后，大家又谁也不愿意把车开到旁边再解决问题，从而导致后面的车辆发生连锁反应，造成大面积拥堵。因此，为了自己和他人的安全，要有一个文明的驾车礼仪。

女士驾车通常会有两个阶段，最开始是技术一般的时候，常被别人说"面"，等到技术熟练了的时候，就变成了"女魔头"，比男人还生猛，一路横冲直撞。为此，女性如果驾车技术不好的时候，一定要多加练习，熟练了再上路。

技术娴熟了以后，也要时刻记着谁都是从新手过来的，礼让别人你并不会损失什么，反而更能体现你处处为别人考虑的素养，更能得到别人的尊重。

要专心致志地开车，不要左顾右盼，不要因流连于观赏周围的景色、交谈、打手势，分散了注意力。如果别人的车从身边驶过时，应放慢速度，不要加速，更不要朝别的司机大喊大叫。

如果因违反交通法规而被交警拦下，态度要礼貌、友善，即便你认为没有违反交通法规，也要平心静气地说明自己的理由。如果你确实是违反了交通法规，适时的道歉常会为你带来意想不到的结果。此外，还要注意以下几点：

（1）当驾车到某人家中接某人时

接人时应下车按主人家的门铃，而不是按汽车喇叭，除非是事先约定或是有紧急事情。

（2）车开过污水坑时

不要飞快地驶过离马路边很近的污水坑，使污水飞溅到行人的身上。

（3）路过学校时

孩子的行动是不可预测的，当你在学校附近或者操场附近驾车时，必须特别机警，注意那些在步行或在骑单车的小孩们。

（4）当你加油时

当你加油时，如果前面的位置能加，就到前面去，不要一进去就停在最后一个加油位，导致前面的油枪空着，后面的车辆却要等待。

（5）当你驾车去超市买东西时

如果把手推车推到了车前卸东西，请记得把手推车推回去或放到不碍事的地方。

# 在剧院、酒店注意哪些礼仪

在很多的国际大都市都有很多的剧院，在这里可以全身心地投入去欣赏作品，不会有人迟到或早退，不会有电话铃声响，不会有吃零食的声音，不会有小孩子在过道里跑来跑去，也不会有人交谈，连咳嗽和清嗓的声音都没有。有些音乐会的老听众，在翻看节目单时都会尽量做到小心，生怕发出一点响动。的确，即使是最小的、最短暂的噪声也是噪声。

1. 去音乐厅或剧院听音乐会、欣赏歌舞戏剧的礼节

（1）应选择较隆重的装束

女士以样式优雅的裙装为上选，配以首饰。长西裤也被允许，但记住不要穿牛仔质地的裤、裙。妆容应比晚宴妆淡些，比日妆浓些，而且要与着装相配。

（2）在开演前手机一定要关机

手机要关机，至少也应调至确定不会发出声响的静音或振动。照相机最好不要带。在演出期间，使用这些设备均会对表演者构成影响，还会妨碍到其他观众。

（3）提前十分钟到达现场

你最好至少提前十分钟到达现场，从容地找到自己的座位，并留出足够的时间去洗手间整理一下。还可看看休息区的方位，以便幕间休息时算好时间用些小点心、饮料之后，在下半场开演铃声响起时能及时归位。若迟到，绝大多数的剧院只能在幕间休息时方可入场，你也只有无条件服从。

（4）不要窃窃私语

剧院的座位设计最大限度地保证了每位观众都能看清舞台上的演出。所以，如果你长时间地凑过头去和同伴交流，既影响了后排观众的视线，窃窃私语之声还妨碍了他人的欣赏。

（5）注意鼓掌的恰当时间

无论是交响乐还是独奏或协奏曲，乐章间的停顿是不应鼓掌的。如果是歌舞剧，每幕演完应给予掌声。哪怕遇到你非常熟悉的乐曲，都不可得意忘形跟着低声哼唱。不是谢幕后加演的曲目且得到表演者的应允，也不可跟着节奏鼓掌。

（6）退场离座的时间

不到幕间休息，一般不宜离座。如

果实在有紧急状况，需跟邻座先说声"对不起"，再躬身出行，最好一路以极低的声音说"对不起"至最边上那位观众。如果演员还在演出，无论你对节目多么不感兴趣，一定要懂得尊重他人。等演员出来谢幕退场了，才可退场。

2. 入住酒店的礼仪

酒店是人们在日常生活中不可缺少的环节，在开始关于酒店的话题之前，请记住一点，再贴心的酒店也并不是你的家，它只是你作为客人暂时租用的一个地方，不论你花了多少钱入住，仍要遵守规定，保持必要的礼貌。

（1）入住酒店

入住酒店前，最好提前通过电话或网络预约，告诉服务人员准备哪天入住，入住几天，需要什么样的房间，申请住房人的姓名，当然一定要问清房价。

大多数酒店都会在一定的时间内保留你的预订，如果你比预订时间到达晚得多，为了避免被取消，要尽快电话通知酒店方。另外，如果你要取消房间，也要有礼貌地及时打电话取消，酒店也可以把房间租给别人。

（2）在客房

客房不是你的私有财产，从如何对待你租用的房间也能看出你的人品和文化修养。入住客房后，不要在墙上涂写乱画，不要弄脏家具和地板，也不要在床上抽烟。电视的音量要适中，不可太早或太晚开电视，注意不要影响别人的休息。

还应该注意交谈的音量，不要影响到其他客人的休息。使用完卫生间以后，要随手清理干净，就算做不到专业清洁人员那样，也要至少把自己落在洗手间里的随身小物件收拾妥当。

现在很多酒店除了熨洗衣服外，设施和服务越来越齐全，比如，送餐到客房、取送传真文件、邮寄信件及包裹、按摩、旅游向导以及订购机票之类，如果你有这方面的需要，可以打电话到服务台询问相关办理事宜，或是认真阅读客房里的服务说明书。

（3）在酒店的公共区域

在酒店里，客房之外都是公共场所，与在街道上行走一样，不要穿着睡衣或浴衣在走廊或大厅里转来转去。不要在这些地方大声说话或吵闹，只要入住酒店，就要考虑到无论什么时候都会有客人正在休息。如果身边有小朋友，也要教育他们轻声说话、轻手开关门，不要在过道或电梯里追逐打闹。

（4）要按顺序排队等候

无论是在大厅办理手续还是吃自助餐，如果有人在你前面，就要按顺序排队等候。如果你去酒店高级餐厅进餐，不论是否订位，都应在餐厅入口处请服务人员把你的大衣、帽子以及雨伞等寄存在衣帽间。如果希望饭店送食物进客房，可要求"房间服务"，不过这比在餐厅吃要贵一些，而且小费也要付现金，尤其是在国外，付小费是你对为你服务的人表示的一种赞赏和感谢。

（5）退房时的礼节

在准备退房之前，可以先给前台打

个电话通告一声,尤其是赶上正午,退房结款的人往往会比较多。如果行李很多,可以请酒店安排服务人员来帮你提行李。如果不小心弄坏了饭店的物品,也不要隐瞒,而是勇于承担责任。结完账,礼貌地致谢、道别。

# 跳舞要注意哪些礼仪

现代女性是不拒绝舞会的,而且有很多人通过跳舞交友,在舞会上会友。不过,舞会上也讲究礼仪,女性一定要熟悉这些礼仪,否则,就会遭到别人的白眼。

1. 舞会应注意的礼仪

(1) 不要轻易拒绝他人的邀请

女性在参加舞会时,不要轻易拒绝他人的邀请。如果女士不愿意和某位"感觉不佳"的邀请者跳舞,或不熟悉某种舞步而不想跳舞,而且,确实想休息一会儿,可以借一些理由推托,如"对不起,我觉得有些累,想休息一下","谢谢,不过我的朋友正在找我,我只好失陪","这支曲子我不太熟悉"。

(2) 精心装扮自己

正规的舞会上,头发最好盘起来,梳成发髻;参加一般的舞会,发型则可随意,可以是直发,也可以将长波浪吹得蓬蓬松松的。穿戴打扮完毕,别忘了洒些香水,使舞会中的你芬芳高贵,但使用香水不要过量,味太浓可能使舞伴反感。

此外,无论参加什么舞会,舞会前不要吃蒜、韭菜等带刺激气味的食品,也不要喝酒或大量吸烟,最好漱一下口,或嚼几片口香糖,否则满身异味会使你的舞伴受不了的。

(3) 遵守公共秩序

舞会是公共活动场所,所以在舞会上应遵守公共秩序和公共道德,不要高声谈笑,随意喧哗,不要跷起"二郎腿",跟着音乐"抖动",无论是站起、坐下、走动、喝水、更衣,动作都要轻缓。

(4) 得体地离开舞会

如果你想提早离开,只要悄悄地向周围的人招呼一声即可。在离开时,如果有别的同伴要送你回家,而你又是和另一位同伴前来的,请注意:不要撇下他不管。

2. 喷洒香水要注意哪些

女性参加舞会,一定不要忘记在自己身上喷洒一些香水,因为如果女性身上有汗味或其他的异味,舞伴就会反感,甚至会被对方看作不懂礼仪。

① 香水可以喷在干净、刚洗完的头发上。

女性如果头发上有尘垢或者油脂,

会使香水变质。

②把香水抹在裙摆的两边是不错的主意。

女性可以在熨衣服的时候加一点香水，办法是在熨衣板上铺一条薄手帕，喷些香水，然后再放衣服在上面熨。但要注意，余香不容易消失。

③香水喷在羊毛、尼龙的衣料不容易留下斑点。

不过香味留在纯毛衣料上会较难消散。

④不要把香水喷在棉质、丝质衣服及皮毛上。

棉质、丝质衣物很容易留下香水的痕迹。同时也千万不要把香水喷在皮毛上，因为香水不但损害皮毛，皮毛的颜色也会改变。

⑤尽早处理被玷污的衣物。

女性如果不小心用香水玷污了衣物，应尽早地处理。可把干毛巾托在衣服上，用棉花蘸少许酒精，轻拭衣服上的斑点。由于香水不是水溶性的，用清水去洗是无济于事的。

## 在办公室应注意哪些礼仪

在办公室中，女性与同事之间相处，如果处理不当，不仅会给女性本人带来麻烦，而且还会对工作带来一定的影响。所以，女性掌握一些在办公室与人相处的礼仪及原则是十分必要的。

1. 办公室举止、交谈的禁忌和礼仪

办公室是一个充满原则、纪律，讲求策略的场合，更是一个充满利益冲突的是非之地。既然如此，在办公室里，女性要知道在各种场合要怎样做以及哪些话题是忌说的。

（1）午间休息时

午间休息时，女性不妨伸个懒腰，或趴在办公桌上打个盹儿，不要懒洋洋地把脚跷到桌上，这是很不文明的表现。

（2）递交物件时

女性向上司或向同事递交物件等，要把正面、文字对着对方的方向递上去。如果是钢笔，要把笔尖朝向自己，使对方容易接着；如果是剪刀等利器，应把刀尖向着自己。

（3）经过通道、走廊时

女性无论在自己的公司，还是在访问的公司，在通道和走廊里切不可一边走一边大声说话，更不得唱歌。在通道、走廊里遇到上司或客户，要懂得礼让，不能抢行。平时经过通道、走廊也要放轻脚步。

（4）忌聊私人生活

在办公室里聊天，如果只是为了说起来痛快，不看对象，事后往往会懊悔不迭。尤其是千万别聊私人问题，也别议论公司里的是非短长。你以为议论别人没关系，可是用不了几个来回就能绕到你自己头上，引火烧身，那时就显得被动了。职场就是竞技场，每个人都可能成为你的对手，尽量不涉及私人话题，你能获得更好的人际关系。

（5）忌谈同事的薪水

有些女性总会碰上喜欢打听薪水的

同事，如果遇到这种情况，最好早做打算，当对方把话题引上工资时，你要尽量打断，说公司有纪律不谈薪水；如果对方语速很快，没等你拦住就把话都说了，也不要紧，不妨用外交辞令冷处理："对不起，我不想谈这个问题。"有来无回一次，就不会有下次了。

（6）忌说野心勃勃的话

野心人人都有，但是位子有限。女性如果对同事或上司公开自己的进取心，就等于公开向公司里的同僚和上司挑战。女性在办公室要低姿态一点，这才是自我保护的好方法。在办公室里，有工作的积极性、进取心固然是好的，但脚踏实地才是最重要的。能人往往能在做大事上，而不是能在说大话上。

（7）忌谈私人家庭财产

女性在同事面前无论露富还是哭穷，在办公室里都显得做作，与其讨人嫌，不如知趣一点，不该说的话就不要说。就算你刚刚买了别墅或利用假期去欧洲玩了一趟，也没必要拿到办公室里来炫耀，有些快乐，分享的圈子越小越好。

2. 与异性同事相处的礼仪

（1）语言礼仪

女性和异性在办公室要注意交谈的分寸。

（2）衣着礼仪

办公室不是约会场所，也不是居家环境，更不是显示你女性魅力的地方。因此，女性更要注意自己的穿着，千万不能张扬自己的性感，如穿着超短裙和太暴露的衣服。

（3）动作礼仪

作为女性，不能做一些挑逗性动作，尤其是肢体语言。比如，在男性面前梳玩头发，触摸男性的衣服，用头发垂打男人的面颊等。尽管你是无意的，但其结果却是给对方发出了性的信号，引发不必要的误会。

（4）交际礼仪

在办公室里，要把握好自己和异性同事交往的分寸。如果你们是工作上密切合作的同事当然可以多些交流，但最好不要把自己的私生活带入办公室。尤其是在婚姻上的不如意，更不宜对异性同事过多倾诉，否则会被对方认为你有移情的想法。如果同事把你当成忠实的听众，你不妨向对方多谈谈自己婚姻生活中美好的一面，使对方尽早避免对你情感上的投入。

其实，同事与同事之间的关系是一种很微妙的化学反应，也许一件小事就能让你和对方的关系很好，也可能很坏，关键是在于这个度。

3. 吃工作餐的礼仪

现代社会，工作节奏很快，公司员工不可避免地会在办公室中用餐。在办公室中，女性与同事一起进餐，不仅是件方便的事而且还是件愉快的事，但有些礼仪需格外注意，以免破坏了你在同事中树立的良好形象。

（1）吃饭声音不宜太响亮

女性吃起午餐来，如果发出"咯吱、咯吱"响的声音，对自己来说可能感觉更带劲，但对周围同事来说会是一种噪声，难免会引入厌恶。

（2）不要一边咀嚼一边说话

女性如果嘴里正咀嚼着食物，最好不要贸然讲话。如果他人嘴里含有食物，最好等对方咽完再对其讲话。大家围坐一堂，难免有人讲笑话，因此为了防止出现大笑喷饭的情形，每口所含食物不宜太多。

（3）吃饭时间不要太长

女性在办公室吃饭，拖延的时间不要太长。他人可能要即时进入工作，也可能有性急的客人来访，难免会让双方感到不好意思。

（4）清理餐桌

女性如果长时间地把类似开口的饮料罐之类的食物摆在桌上，总会有损办公室雅观，应尽快扔掉。如果不想马上扔掉或者想等会儿再喝，就要把它藏在不被人注意的地方。

（5）不要携带有强烈气味的食品

女性尽量不要将有强烈味道的食品带到办公室，即使你喜欢，也会有人不习惯的。而且这种食物的气味会弥散在办公室里，还是很损害办公环境和公司形象的。

（6）扔掉垃圾

女性吃的食物如果掉在地上，要马上捡起扔掉。餐后将桌面和地板打扫一下，是必须做的事情。

女性既然选择了在办公区就餐，就有责任把餐后残渣清理干净。尤其是一些罐罐瓶瓶，即使没喝完也不要随便丢放在办公桌上，这样不仅会有损办公室美观，更能反映你在生活中的不严谨。

（7）常备餐巾纸

女性就餐后，千万不要用手擦抹嘴上的油污，这对你的形象可能会打折扣，应该养成随时用餐巾纸擦拭的习惯。

（8）及时将餐具洗干净

女性用完餐后，应把一次性餐具立刻扔掉，不要长时间摆在桌子或茶几上。如果有突发事情耽搁了，也记得礼貌地请同事代劳。非一次性的餐具要洗干净，收起来。

4. 开门与关门礼仪

女性一个小小的不文雅动作，很可能会让长久建立起来的美好形象消失殆尽。所以，要想成为一个举止得体的优雅女性，就不要小看这个每天都不知要重复多少次的动作。

（1）敲门的礼仪

女性在办公室区域，入室敲门，为的是尊重他人的领地。反之，不敲门就直接闯入，不但无礼而且非法。下面这些细节就不可不知：

①如果门开着仍然要敲门。

②如果门是虚掩着的也应当先敲门，得到主人的允许才能进入。敲门可视作通报，门关不关不要紧，要紧的是入室须经主人同意。若不敲门，若不获准，如何知道主人方不方便，合不合适？

③敲门的次数。

敲门，最优雅的做法是敲三下，隔一小会儿，再敲几下。如果有门铃，可轻轻按一下，如果没有反应，再重复一次。但不要长时间地按门铃。

④敲门的响度。

敲门的响度要适中，敲得太轻，别人听不见；敲得太响，不仅有失礼貌，还会引起别人的反感。

⑤注意敲门的方式。

敲门时绝对不要"嘭嘭嘭"乱敲一气，更不能用拳捶、不能用脚踢。

⑥要相互谦让。

门敲开后，女性如果与同级、同辈者进入，要互相谦让一下。

⑦为后面的人拉门。

打开门后，女性如果走在前边，要为后面的人拉着门。如果是不用拉的门，女性最后进来，应主动关门。

⑧主人不在时要等候。

如果对方正在开会，或者对方不在办公室，或者对方正与人交谈，你都不应进入，可在门外等候，过一会儿再进去。如果等候时间过长，可留下名片或便条，另行约定。必要时，还可事先电话约定。

（2）开门的礼仪

一般情况下，女性无论是进出办公大楼，还是进出办公室的房门，都应用手轻推、轻拉，态度谦和、讲究顺序。进出房门时，开关门的声音一定要轻，"乓乓乓乓"地关开门是十分失礼的。如果与尊长、客人一起进入，应视门的具体情况随机应变。

这里介绍通常的几种方法：

①朝里开的门。

如果门是朝里开的，那你应先入内拉住门，侧身再请尊长或客人进入。

②朝外开的门。

如果门是朝外开的，你应打开门，请尊长、客人先进。

③旋转式大门。

如果陪同上级或客人走的是旋转式大门，应自己先迅速过去，在另一边等候。

女性无论进出哪一类门，如果负责的是接待引领工作，一定要口与手并用，而且十分到位。同时，要说诸如"您请"、"请走这边"、"请各位小心"等提醒语。

（3）关门的礼仪

办公室礼仪不仅体现在开门上，更体现在关门上，很小的细节却能反映出很大的问题，在职场上关门礼仪更是与我们的工作息息相关。

①握住把手轻轻推门进入。

女性得到允许进门后，应握住把手轻轻推门进入，然后转身轻轻把门关上，不能反手带门。

②随手关门。

女性如果离开他人的房间，也要随手关门。关门应该面向门里将门轻轻关上，不能背对着屋里的主人关门。

③先把东西放下。

女性如果手里拿着东西，或者恰好赶上其他不方便的时候，可以先把东西放下，再开门或关门，也可以请别人为你帮忙。但千万不要用脚，甚至膝盖来帮忙。

5. 接、拨电话的礼仪

女性在办公室接听电话时，如果铃

响超过三声后去接听，就要礼貌地说一句"抱歉，让您久等了"。当来电话的人说明要找谁之后，女性的应对礼仪如下：

①对方找的刚好是接电话的女性本人，女性应该这么回答："我就是，请问您是哪位？"

②对方要找的人在旁边或在单位，接电话的女性应说："他就在旁边，请稍等。"或者说，"请稍等，我帮您转过去。请问您贵姓？"

③对方要找的人不在办公室，接电话的女性要这么说："对不起，他刚好出去。您需要留话吗？"

不要只说一声"不在"，就把电话直接挂掉，如果打电话者需要留话，就清晰地报出姓名、公司、回电号码和留言，表达的时候，一定要言语简洁，节约时间。

④如果女性正在别人的办公室里谈话，此时电话突然响了。

当该办公室主人突然接到一个紧急电话时，女性应该知趣地问："请问，我是不是该出去一会儿呢？"

当女性不得不要接电话的时候，应该这么说："对不起，我得接个电话。"需要注意的是，在你通话时，注意背景不要太吵。如果是有太闹的电视，请尽量调低一点音量。

对于打电话的人而言，最好在别人方便的时候打给对方，而不仅只是你方便的时候。谈话开场可以这样说："请问，×先生，我想和您商量一下合同的事情，您看现在说话方便吗？"

至于什么时候结束交谈，一般应当由打电话的一方提出，然后彼此客气地道别，说一声再见。另外，在即将挂电话时，也不可只管自己讲完就索性挂断。在听到对方挂断电话后，自己再挂断电话，是非常尊敬对方的表现。

6. 电梯空间里的位置

现在，很多写字楼中都配有电梯，进入有人值守和无人值守的电梯时，需要遵守不同的礼仪规则。

（1）出入有人控制的电梯礼仪

出入有人控制的电梯，如果你是陪同者，应后进后出，让客人先进先出。把选择方向的权利让给地位高的人或客人，这是走路的一个基本规则。如果客人初次光临，对当地环境不熟悉，应该为他们指引方向。

（2）出入无人控制的电梯的礼仪

出入无人控制的电梯时，如果你是陪同人员，应先进后出，并控制好按钮。如果感觉电梯里可能会超员，就要请客人先上，如果自己上电梯后超员的铃声响起，自己应迅速地出来。如果有个别客人迟迟不进入电梯，影响了其他客人，在公共场合也不应高声喧哗，可以利用电梯的唤铃功能提醒他。

（3）不要强行挤入

电梯关门时，不要强行挤入。在电梯人数超载时，不要心存侥幸，非进去不可。与不相识的人同乘电梯，进入时要讲先来后到，出来时则应由外而内依次而出，不可争先恐后。

（4）多说敬语

如果电梯里有很多人，自己的位置不方便按电梯按钮，可以对靠近电梯门的人说："请您帮我按下某层的按钮。"

当别人帮你按了之后，应该面带笑容说一句"非常感谢"。出电梯的时候，如果人很多，要礼貌地对周围的人说："对不起，我要出去。"

和在公交车里一样，站在门口的人为了不妨碍里面的人出去，可以先走出电梯让出空间。

（5）与他人共乘电梯的礼仪

进入电梯后，要主动按下他人要去的楼层按钮。如果电梯行进中，有其他人员进入，可主动询问要去几楼，并帮忙按下按钮。电梯内可视情况是否寒暄，如没有其他人员时可略做寒暄，有外人或其他同事在时，可斟酌是否有必要寒暄。

## 女性秘书应注意哪些礼仪

办公室秘书是一个单位的窗口，很多人都是通过这个职务来认识该单位的形象的。作为一名办公室秘书，要懂得基本的礼仪。

办公室秘书通常都是由女性来担任，在平日的工作中，秘书接听电话时，首先要能区分什么电话需要她本人直接转给老板，什么电话需要她自己来处理，而什么电话又需要转给其他的人。换句话说，作为秘书，一定要多了解本单位，清楚什么人负责什么事，以便当老板不在的时候，知道将电话转给其他也有能力解决此类问题的人，这对秘书职业素质的培训至关重要。

1. 女性秘书要注意电话礼仪

（1）不可让对方等待

在接通电话时，不要让对方等待的时间达到5秒以上，如果不得不持续时间长一点，那就礼貌地告诉来电的人，你会在几分钟之内回电给他，然后务必要做到。

（2）做好电话留言

当别人给你打电话时，礼貌的做法是当天回电给对方。如果你没接到电话，最好是两天之内回电。如果你实在没办法回电，那么，在两天之内，请别人替你回电。

在办公室里，当你接听恰好外出办事的同事的电话时，要替同事做好电话留言，包括来电者的姓名、电话。在家中也是一样。无论是生活中，还是工作中，我们都应当多替他人着想。

现在很多人都在电话上安装了录音装置，外出时将其打开，就可以把打来的电话留言录下来。在录制自己的话音时，要注意措辞。如果是公司电话，可以这么说："您好，这里是××公司，我们的办公时间是工作日早九点到晚五点。请您听到提示音后留言，谢谢！"如果是住宅电话，直接说："您好，请留言，谢谢！"而不必过多透露个人信息。

2. 使用仪柬的礼仪

秘书在日常工作中，会使用或收到各类礼仪文书，这些文书被称为"仪柬"。礼仪文书讲究格式与规范，直接影响交际效果，是不容忽视的。

（1）名片

名片是最普遍、用量最大的一种"仪柬"。现如今，人们常用两种名片：一种是印有名字、联络电话、传真和地址、职衔的商务名片；另一种则只有名字和通信方式。具体到名片的功能，最常见的有两种：

①用于会见。

在普通的交际场合中，当女性需要介绍自己时，就可以向对方送上自己的名片，这是名片使用频率最高的场合。

②用于求见。

如果在双方见面之前，你没有事先打个电话预约，就在拜访前在自己名片上加上"求见某某人"的字样，并交由门卫人员传送，以示要求。当然，最正确的做法是首先打个电话，以示敬意。

作为名片的使用者，当女性向别人介绍自己时，一定要用双手向对方送上自己的名片。如果向一大堆陌生人递交名片，不要漫无目的地散发，而要做到有选择、有层次，以便让你的名片最有效地发挥作用。当你收到别人的名片后，也要认真地看一下再收起来，千万不要看都不看就放入口袋，或是顺手往桌上一扔。

3. 使用传真礼仪

在商务交往中，经常需要将某些重要的文件、资料、图表即刻送达身在异地的交往对象手中。于是，传真便应运而生。但是面对来自各方面的传真，很多女秘书却不知道怎样处理，在这里我们就来谈谈正规传真的标准是什么。

（1）记住自己和对方的传真机号码

秘书在利用传真对外通信联络时，本单位所用的传真机号码，应被正确无误地告知自己重要的交往对象。对于对方的传真号码，也必须认真地记好，为了保证万无一失，在有必要向对方发送传真前，最好先向对方通报一下。这样既提醒了对方，又不至于发错传真。

（2）问候语与致谢语不能忘

在发送传真时，要有必要的问候语与致谢语。发送文件、书信、资料时，更是要谨记这一条。此外，人们在使用传真设备时，最为看重的是它的时效性。因此在收到他人的传真后，应当在第一时间内即刻采用适当的方式告知对方。需要办理或转交、转送他人发来的传真时，也不可拖延时间，耽误对方的要事。

4. 使用电子邮件的礼仪

电子邮件可以说是当今最快捷的仪柬，但使用时要特别慎重，因为得当与否就在一键之间,一旦发出错误信息就无法挽回。

在使用电子邮件时,很多人喜欢使用"设置自动回复"的功能,如"感谢您的来信。我的电邮很多,但是我会认真阅读每一封邮件,如果方便,我会尽快回复"。对于设置者而言,也许认为自己在很礼貌地提醒对方,可能回复会比较慢,即便你是出于好意,还是会给人一种居高临下的印象。女秘书在写电子邮件时,应该注意些什么礼仪呢?

①要确保没有错误的语法,没有拼错或写错字,没有用不敬的字。

②不要在邮件中开玩笑、散布谣言、伤害别人。

③尽管很多邮箱都支持发送大邮件,但考虑到接收方可能会花费很多时间去收取,尽量发一些小文件,实在很大的话就分成多次发送。

④"收件人"不要写太多,不然容易被系统认为是"垃圾邮件"而直接转入"垃圾邮件夹",结果收件人会不易找到。

## 会客时应注意哪些礼仪

很多女性在单位被放在重要位置,进入企业或公司的各级管理层。女性担任管理人员后,要经常参加会议,与各类人员打交道。此时,就要注意礼仪。这不仅能给自己的形象加分,也有利于工作。

良好的礼仪能够增强彼此交往的认可度和信任度,而位次是商务礼仪的重要部分,反映出个人或公司的基本素养。通过恰当妥善的位次安排,来宾能感受到被认可和尊重的地位,以及细致的工作作风和态度。相对于静止的座次礼仪,社交中在陪同、接待来宾或领导时,行进时的位次也是十分重要的。

1. 会客的礼仪

身为企业或公司管理人员的女性,因为工作关系要与客户见面会谈,此时,应该注意哪些礼仪呢?首先,要注意会见时的座次安排大致有如下几种:

(1) 并列式

宾主双方并排就座,以示双方地位相仿、关系密切。实际生活中,也有两种情况:

①双方一同面门而坐。

这种就座方式讲究"以右为上",即主人要请客人就座在自己的右侧。如果双方不止一人,双方的其他人员可各自分别在主人或主宾的一侧,按身份高低依次就座。

②双方一同在室内的右侧或左侧就座。

这种就座方式讲究"以远为上",即距门较远之座为上座,所以应当让给客人;距门较近之座为下座,应留给主人。

(2) 相对式

宾主双方面对面而坐,不仅主次分明,而且易于宾主双方公事公办。这种方式多适用于公务性会客,通常又分为以下两种：

①双方就座后，一方面对正门，另一方背对正门。

按中国传统礼仪，"面门为上"，即面对正门之座为上座，应请客人就座；而背对正门之座为下座，宜由主人就座。

②双方就座于室内两侧，并且面对面地就座。

此时讲究进门后"以右为上"，即进门后右侧之座为上座，应请客人就座；左侧之座为下座，宜由主人就座。

（3）居中式

居中式意思是说，当多人并排就座时，讲究"居中为上"，即以居于中央的位置为上座，请客人就座；而其两侧的位置为下座，由主方人员就座。

（4）主席式

主席式主要适用于主人一方同时会见两方或两方以上的客人，场合较为正式。一般应由主人面对正门而坐，其他各方来宾则在其对面背门而坐。有时，主人也可坐在长桌或椭圆桌的一端，而请各方客人坐在他的两侧。

（5）自由式

自由式会见时，有关各方均不分主次、不讲位次，而是一律自由择座。自由式通常适用于客人较多，座次无法排列，或者大家都是亲朋好友，没有必要排列座次等情况。自由式的座次排列在进行多方会面时常常采用。

2. 会议座次的排定

女性身为管理者，在工作中必不可少的一件事情，就是要组织会议、主持会议或者参加会议。熟练掌握会议的礼仪，是女性的一种有效的社交手段，也是一门必须要认真对待的学问。

在准备召开的会议上，不仅应当布置好会议室或厅的环境，预备好相关的用品，而且还要特别重视礼仪性很强的座次问题。会议的座位次序安排往往与参加会议者的职务、身份、威望有一定的关系。所以在这方面不可有一点的疏忽。

在会议进行时，会议主持人在自己一方居中而坐。其余人员应遵循右高左低的原则，依照职位的高低自近而远地分别在主持人的两侧就座。如果有翻译，可以安排就座在主持人的右边。具体而言，可遵照下面几种座次排定的方式来安排。

（1）环绕式排位

不设立主席台，把座椅、沙发、茶几摆放在会场的四周，不明确座次的具体尊卑，与会者在入场后自由就座。这一安排座次的方式，与茶话会的主题最相符，也最流行。

（2）散座式排位

座椅、沙发、茶几四处自由地组合，甚至可由与会者根据个人要求而随意安置。这样容易创造出一种宽松、惬意的社交环境。常见于在室外举行的茶话会。

（3）圆桌式排位

在会场上摆放圆桌，请与会者在周围自由就座。常见下面两种形式：一是适合人数较少的，仅在会场中央安放一张大型的椭圆形会议桌，而请全体与会者在圆桌前就座；另一个是在会场上安放数张圆桌，请与会者自由组合就座。

（4）主席式排位

在会场上，主持人、主人和主宾被有意识地安排在一起就座。

3. 女性主持人须注意的礼仪

各种会议的主持人一般由具有一定职位的人来担任，如果担任会议主持人是女性，更要注意礼仪，显得会场气氛庄重、严肃。

（1）女性主持人衣着

女性主持人应衣着整洁、大方庄重，切忌不修边幅、邋里邋遢。

（2）走路的步伐

女性主持人走上主席台应步伐稳健有力，速度因会议的性质而定。一般来说，对热烈的会议步频应较慢。

（3）站立主持的姿势

入席后，如果是站立主持，应双腿并拢，挺直腰背。持稿时，右手持稿的底中部，左手五指并拢自然下垂。双手持稿时，应与胸齐高。如果是坐姿主持，应挺直身体，双臂向前，两手轻按于桌沿。主持过程中，切忌有搔头、揉眼，甚至不停抖腿等不雅动作。

（4）言谈

主持人的言谈应口齿清楚，思维敏捷，简明扼要。

（5）主持人打招呼礼仪

主持人对会场上的熟人不能打招呼，更不能寒暄闲谈。但是在会议开始之前，或是会议休息时，可互相点头、微笑致意。

（6）善于调节会议的气氛

主持人应根据会议性质调节会议的气氛，或沉稳，或活泼，或庄重，或幽默。

4. 在会议上发言的礼仪

会议发言有正式发言和自由发言两种，前者一般是领导报告，后者一般是讨论发言。

（1）正式发言礼仪

女性在正式发言时，应衣冠整齐，走上主席台应步态自然，刚劲有力，体现一种成竹在胸的风度与气质。发言时口齿清晰，简明扼要。

（2）自由发言礼仪

自由发言则较为随意，但要注意发言时应观点明确、言简意赅；与他人有分歧，应态度平和，听从主持人的指挥。

（3）对发言人提问，应礼貌作答

如果有会议参加者对发言人提问，应礼貌作答，对于不能回答的问题，应机智礼貌地说明理由，认真听取提问人的批评和意见，即使提问者的批评是错误的。

（4）发言时注意观众的反应

女性参加会议，如果在会议上发言，不仅要做到仪态落落大方，掌握好语速、音量，还要时刻注意观众反应，当会场中人声渐大时，则意味着发言人该压缩内容，尽快结束。而且在发言完毕后，还应向全体与会者表示感谢。

# 谈判时应注意哪些礼仪

女性身为管理者，有时会参与商务

谈判。虽然商务谈判分为各种类型和档次，但不管哪种类型、档次，参与谈判的人都要讲究礼仪。有礼仪的谈判者会给对手以好感，增加谈判的筹码。尤其是多边谈判时，更要注意礼仪。所谓"多边谈判"，是指由三方或三方以上人士所进行的谈判。

1. 谈判注意事项

（1）多边谈判的座次排列

①自由式座次排列。

在谈判时，各方人士自由就座，无须事先正式安排座次。

②主席式座次排列。

在谈判室内，面向正门有一个主席位，由各方代表发言时使用。其他各方人士则一律背对正门、面对主席之位分别就座。各方代表发言后，须下台就座。

（2）谈判时的着装

如果出席正式谈判，着装一定要简约、庄重，切不可标新立异。一般而言，女士参与谈判时，妆容应当淡雅清新，自然大方，不可以浓妆艳抹；发型要端庄、雅致，不宜染过于鲜艳的彩发；择深色套装、套裙，白色衬衫，并配以黑色皮鞋。

（3）谈判时要有风度

举行正式谈判时，谈判者尤其是主谈者的临场表现往往直接影响到谈判的现场气氛。在谈判者的临场表现中，最为关键的是衣着规范、保持风度、礼待对手。所以，女性在参加谈判时，如果能显示出你的教养和风度，就会很快赢得对方的尊重，并为谈判成功打下良好

的基础。

①做到心平气和、冷静处事。

在谈判桌上，每一位成功的谈判者都应做到心平气和、不急不躁、冷静处事。在谈判中始终保持心平气和，是一位高明的谈判者所应保持的风度。

②善于妥协。

谈判往往是一种利益之争，因此谈判各方无不希望在谈判中最大限度地维护或者争取自身的利益。然而从本质上说，真正成功的谈判应当善于妥协，即以相互让步为其结局。

（4）礼待对手

谈判不应当以"你死我活"为目标，而应使有关各方互利互惠，实现双赢。在谈判中，只注意争利而不懂得适当地让利于人，只顾己方目标的实现，而指望对方一无所得，既没有风度，也不会真正赢得谈判。

（5）签字桌上的礼节

在商务交往中，"签约"意味着各方在互惠互利的基础上，对某次商务合作达成了一致见解，使各方在业务进展及相互关系上取得了实质性的成果。因此，签约仪式极受双方重视，签字礼仪也格外规范，不允许出现一点差错。

2. 如何布置签字厅

布置好签字厅，也是一种讲究礼仪的方式。女性作为管理者，应该予以重视。当然，除了专用签字厅，会议厅、会客室也可以按照签字厅的规范进行布置。

（1）签字桌的摆放

正规的签字桌应该为长桌，面向房

门，横放于室内。

（2）椅子的摆放

如果是双边合作，桌子后面应摆放两把椅子；如果签署的是多边合同，可以为每位签字人摆一把椅子，也可以只摆放一把椅子，供签字人轮流就座。如果签署的是双边合同，当随行人员较多时，可以在每位签字人的对面摆放椅子，供随行人员就座。

在签字厅内，除了上述必要的签字用桌椅外，还应事先放好待签的合同文本、签字笔、墨水、吸水纸等文具。签署国际性商务合同时，应在签字桌上摆放各方的国旗。

（3）合同文本的准备

在正式签署合同之前，商务各方应对合同的任一条款以至细节都达到一致的认同。签约仪式的主方应提供待签合同文本，为了稳妥起见，还可向各方提供一份副本。

在准备的过程中，主方可以会同各方指定人员一起进行文本的校对、印刷和装订等准备工作。正式合同文本应尽量精美，内页以高档的白纸印刷，文本封面可由软木、真皮等材料制成。

（4）签字人员的服饰

签字仪式是非常正规而严肃的，因此，各方签约人员也应格外重视自己的服饰礼仪。签字人、助签人以及各方随行人员都应穿着正式的商务套装。女士可以穿西服套裙类的礼仪性服装。究竟由谁来签字？签字人视合同的性质由各方确定，一般由谈判代表出任。各方签字人的身份应大体相当。参加签字仪式的随行人员，一般由各方参加会谈的人员组成，人数也应大体相等。

3. 签约时的座次

（1）签署双边合同时现场的座次

主方签字人应坐在签字桌的左侧，客方签字人坐在签字桌的右侧。双方各自的助签人应站在己方签字人的外侧，以便在签字过程中随时对签字人提供帮助。

至于双方的其他随行人员，可以按照职务高低列成一排站在签字人的身后。排列时主方自右向左、客方自左向右。如果一行位置有限，可以继续排列站在第二行、第三行。

（2）签署多边合作协议时现场的座次

签署多边合作协议时常以签字桌后面设一把座椅的情况居多，各方签字人可以依照事先约定的顺序，依次前去签约。各方的助签人应遵照"以右为尊"的惯例，站于签字人的左侧。其他各方的随行人员应按照一定的顺序，面对签字桌站立或就座。

4. 签字的过程

当签字仪式按照预定的时间开始后，各方签字人员需按一定的顺序进入签字厅，并按座次礼仪在既定的位置上就座。

在正式签字之前，由助签人协助翻开文本，指明签字处。然后，各方应首先在己方的文本上签字，再交由他方签署，交换的工作应由助签人来完成。在己方文本上签字时，应当使自己名列首位，这样在次序排列上可以使有关各方都有机会居于首位,以示各方平等。如果签署的是多边合同,一般由主方代表先签字,然后依一定次序由各方代表签字。

签字完成后,助签人换回各自的文本,各方签字人相互握手,随行人员应起立鼓掌表示祝贺。有时候,签字人会交换各自刚刚使用的签字笔,作为纪念。此后,礼宾人员应端上香槟酒,大家共同举杯,相互祝愿。这是国际上所通行的增加签字仪式喜庆色彩的一种常规做法。

## 称呼礼仪

职场女性在工作中,按照约定俗成的习惯称呼上司或下属的职务,称呼对方职务时,有些礼仪是必须注意和遵循的。

对人的称呼有以下几类:

(1) 职务性称呼

职务性称呼具体有三种情况:一是仅称呼其职务;二是在职务前加其姓氏;三是在职务中加其姓名。

(2) 职称性称呼

职称性称呼具体也有三种情况:一是仅用职称称呼;二是在职称前加上姓氏;三是在职称前加上姓名。

(3) 学衔性称呼

学衔性称呼具体有四种情况:一是仅称学衔;二是在学衔前加上姓氏;三是在学衔前加上姓名;四是根据社交场合的具体需要,将学衔具体化进行称呼,如"物理学博士×venue×"、"化学硕士×××"等。

(4) 行业性称呼

行业性称呼具体有两种情况:

一是用其职业进行称呼:"×老师"、"×律师"、"×医生"等;二是对商业、服务行业的人员按约定成的称呼,如"小姐"、"女士"、"先生"等。

称呼他人有一些应注意的问题:

在人际交往中,称呼他人时要注意避免以下几个问题:

①避免使用错误的称呼,如将未婚女性称为"夫人"等。

②不要使用过时的称呼,如用"长官"、"大人"等称呼政府官员等。

③避免使用地域性称呼造成误会,如山东人喜欢称人"伙计",南方一些地方喜欢将小孩子称为"小鬼"等,这些对不同地区的人来说容易造成误会。

④不要使用不当行业称呼。

一些特定行业的称呼在其他行业使用,不但无法表示亲近,反而会令人产生反感。

⑤避免使用庸俗低级的称呼,如正式场合,不能使用"兄弟"、"哥们"、"姐们儿"等一类的称呼。

⑥不要使用绰号称呼。

使用绰号称呼对别人不礼貌,不尊重。

⑦不要使用侮辱性、歧视性的称呼。

## 赴约、拜访的礼仪

1. 遵时守约

女性在赴约时,要按事先约定的时

间如期赴约，不要迟到，最好也不要早到。万一因故不能准时到达，务必及时通知对方，并在到达时郑重地向对方致歉。

2. 礼貌登门

登门拜访要注意进门、问候、服饰、入座等礼仪。

3. 做客有礼

无论是到办公室还是寓所拜访，一定要做到彬彬有礼、衣冠整洁、谈吐得体。进入室内，应该先敲门或按门铃，待到有回音或有人开门相让，才可以进门。入室前，有鞋垫要先在鞋垫上擦净鞋底，不要把污物带进室内。戴有帽子或墨镜，进入室内应该脱下帽子和墨镜。当主人上茶时，应欠身双手相接并致谢。喝茶应慢慢地品饮，不要一饮而尽。不要随便抽烟，更不能把烟灰、纸屑等污物随意扔在地上或茶几上。不要翻动别人的书信和工艺品。

4. 交谈讲究技巧

入座寒暄后，要主动地开始谈话，珍惜会见的时间。在交谈过程中，谈吐要清晰，用词要准确，既要表达自己的观点，又要认真倾听对方谈话的内容，观察对方的情绪变化，并注意应对，不要急于出示你随身所带的资料，只有在对方感兴趣时才可出示。

谈话要精练，注意把握好时间。如对方谈兴正浓，交谈时间可适当长些，反之则短些。谈话要诚实、坦率，要有节制，始终要保持相应的热情。如果对方资历比较浅，学识比较低，自己就要格外留心自我优越感的外露。为了避免对方自愧不如，在介绍自己时应谨慎一些，交谈中切忌出现说教的口气。

5. 适时地告辞

拜访一般不宜久留，谈完该谈的事，叙完该叙的情，就应及时地起身告辞。特别是如果遇到以下几种情况，应及时告辞，以免妨碍他人办事。一是对方话不投机，或是与你谈话时主人反应冷淡；二是主人有反复看钟表的动作；三是主人心不在焉，或是长吁短叹，或是有急事心情烦躁；四是主人将双肘抬起，双手支于椅子的扶手时；五是被拜访者把谈话做了小结，并说出以后再继续交流的话；六是快到就餐时间或休息时间。

拜访是公关活动中的一种重要方式，也是社交的一种重要手段，在人与人之间、社会组织之间、个人与组织之间都是必不可少的。怎样让拜访做得更得体、更具效果，是女性在拜访时必须考虑的问题。

## 接待客人时有哪些礼仪

职场女性在单位有时要进行工作接待，在接待之前，要记清来访者的基本情况和到访的具体原因及时间，制订迎送来宾的具体计划，并根据接待规格、接待规范，事先做好场地、接站、食宿和交通工具等准备工作；根据客人的年龄、性别、爱好，备好茶水、果品和点心等待客的必备物品；做好接待的仪容仪表方面的准备工作，创造一个舒适的待客环境，营造一个良好的氛围，使客人有宾至如归的亲切感。

1. 热情迎客

俗话说："出门看天气，进门看脸色。"主人对任何客人的态度都要亲切，不管对方是什么样的人，都应一视同仁。对于来访的客人，主人可根据情况亲自派人提前到大门口、楼下、办公室或住所门外等处等候、迎接，迟到是很不礼貌的。对远道而来的客人，可告知对方后，主动地到车站、码头、机场迎接。接到客人时，应致以问候和欢迎，同时做自我介绍。

客人到来时，要立即请客人入室，室内的人都应起身相迎，切不可端坐不动，主人要热情相迎，亲切招呼，主动地同客人握手问候，表示欢迎，对所有客人都要一一招呼，热情相待。

如果客人带有重物，女性作为主人，应主动地接过来，对老者或身体不太好的客人应上前搀扶。主人要主动地帮客人脱下外衣、帽子，放在适当的位置。如有同事、亲朋在场，主人也要一一介绍，然后安排引导客人就座，要把最佳的上座位置让给客人坐。

客人入座后，应及时地给客人上茶、敬茶，呈上果品、点心等。茶水与果品应双手送上。茶具要洁净，茶水浓度要适中，茶水量以八分满为宜。敬茶时应从客人的左边上茶，右手递上，按级别或长幼依次敬上。

交谈时，要以客人为中心，紧扣主题，并注意谈话的态度和语气，要认真聆听客人的谈话，并适时地以点头或微笑做出反应，对客人的谈话要表示出浓厚的兴趣。切不可无精打采，心不在焉，或频频看表，打哈欠，边谈话边看电视，以免对方误解为你在下逐客令。

2. 交谈的礼仪

女性在送往迎来中，离不开交谈，而交谈离不开语言，女性在口头语言交流中，只有注重礼仪，根据时间、场合、对象的不同，采取不同的表达方式，才能收到最佳的交流、沟通的效果。

（1）交谈表情

女性在与人交谈时，所表现出来的种种表情，往往是女性此时的心态、思想动机的无声反映。女性在交谈时要神态专注、表情自然，要目视对方，聚精会神，既要注意对方的表情变化，又要用声音做出适时的回应，充分地表现自己的诚意和热情。女性在交谈时应注意以下几点：

①目光要专注。

或注视对方，或凝神思考，以便与对方进行心灵上的交流和沟通，切不可眼神呆滞，也不可目光游离。

②要面带微笑。

微笑可以表达对对方的尊重、赞同、理解和欣赏的态度。

③表情要适当。

适当地运用眉毛、嘴、眼睛等器官的形态变化，表明自己对对方言谈的专注之情，表情要与交谈的内容及对象相吻合。

④言行举止文明。

与尊长交谈应恭敬而大方，与同辈或晚辈交谈要亲切而温和，与异性交谈更要言行举止文明。

（2）肢体语言

肢体语言即人体语言，它是以人的表情、手势、姿态等传递信息的一种无声语言。女性在交谈时，可以借助肢体语言进一步表达自己的思想和态度。比如，适度的动作既可表达敬人之意，又有利于双方的沟通和交流。如果女性此时肢体语言过分、过多，如动作幅度过大，手舞足蹈、拉拉扯扯、拍拍打打等，则是不礼貌的。

女性在与异性交谈时，一定要注意保持一定的距离，不要过分亲密或做出一些不适当的肢体语言。

（3）交谈的态度

态度是人内心世界的真实反映，女性在交谈时，应本着以诚相待、以礼相敬、主动热情的态度，以取得对方的好感，营造融洽的交谈气氛。因此，我们在注意口头语言礼仪的同时，还应注意目光语、微笑语、手势语、首语等肢体语言的礼仪。

（4）交谈的技巧

①善于聆听。

聆听是交谈者的一种修养，真正有智慧、有思想、有内涵的人，在正规的场合，所说的话并不一定多，但要说到点子上，要善于倾听别人的讲话。聆听对方的谈话，要神态专注、表情自然，两眼要正视对方，要全神贯注倾听。切不可心不在焉、漫不经心、左顾右盼。

②真诚赞美。

赞美是一种能引起对方好感的社交方式。真诚、热情的赞美能赢得对方的心，可以创造出一种热情友好的交谈气氛。值得注意的是：第一，赞美一定要发自内心、出自真诚、源自真心，是真情的流露，要实事求是、恰到好处；第二，赞美要注意场合，适合对方，讲究效果；第三，赞美宜有感而发，忌陈词滥调、过分夸张。

③感情交流。

在他人讲话时，应尽可能地以柔和的目光注视着对方，既要注意对方的神情，又要注意自己的"体态语言"，适时地用声音、动作去呼应配合对方，与对方进行心灵沟通，使对方感受到无声的鼓励或赞许，以赢得好感。

一般情况下，倾听者应注意以下几个问题：一是倾听对方说话时，身体应稍稍倾向说话人，面带微笑；二是谈话者谈到要点或其观点需要得到理解和支持适时地点点头，以示赞同；三是多人在一起交谈时，要注意用目光适当照顾在场的其他人。

④虚心请教。

高明的听众是懂得虚心向他人请教的人，在交谈过程中，不但要善于倾听，还要善于提问。当然，聆听者所提的问题应是对方所专长的，也是自己所了解的，确实需要请教的问题。不应提出对方所不专长的问题，也不可生硬地追问或跳跃地乱问。

3. 礼貌送客

要热情迎客，更要礼貌送客。送客重在送出一份友情，送客要做到礼貌到位，能进一步提高整个接待工作的效果。

无论接待什么样的客人，当客人提出告辞时，主人应婉言相留，表示希望客人再坐一会儿；如客人执意要走，要尊重客人的意见，不要强行挽留，以免客人为难。客人起身告辞并主动与主人握手道别时，主人要送客到大门口或楼下，分手时应热情地招呼客人"慢走"、"走好"、"再见"、"欢迎再来"等。送别时要行注目礼，并挥手致意，目送客人远去，等客人的身影消失后再返回。

如果是远方来的客人，最好把客人送到机场、车站或码头，并为客人准备一些旅行中吃的食品。送客到机场，最好要等客人通过安检后再返回。送客到车站或码头，要等火车启动、轮船驶离，方可离开，要使客人产生强烈的恋恋不舍的心情。如果有事不能等候，应向客人解释原因，表示歉意。如果客人坚决谢绝主人相送，则可以遵照客人的意愿，不必强行送客。

接待和拜访一样，做得好同样可以起到提高工作效率、交流感情、沟通信息的作用，是个人和单位经常运用的社会交往方式。在接客、待客、送客的过程中，怎样才能礼貌周到地接待来客，又不会因此影响工作呢？这就需要根据来客身份来确定一定的礼仪规范。

## 送贺礼的时机与方式

礼尚往来是正常的生活现象，但送贺礼也有讲究，礼物一般应当面赠送，有时参加婚礼，也可事先送去礼品。送礼时，可自己把礼品送上门，也可以邮寄。如果对方是不太熟悉的人，在送礼时，应随礼品附上自己的名片。

也可手写贺词，装在大小适当的信封中，信封上注明受贺人的姓名，贴在礼品包装皮的上方。通常情况下，不要当众只给一群人中的某一个人赠礼。那样做不但会使受礼人有受贿和受愚弄之感，还可能让没有受礼的人有受冷落和受轻视之感。

# 第三章 时尚品位离不开化妆和服装

女人的时尚品位不仅仅出自美丽的体型，也出自整体的妆容效果。女性体型的美丽常常是一目了然的，而好的妆容是女人运用技法精雕细刻出来的。此外，如果懂得服装穿着与搭配技巧，那么每位女性都能成为时尚的女人。

## 如何化妆提升自身形象

现实中，女性办事能干，又会打扮，再加上修长的身材和修饰娇好的容貌，就会给他人留下一个出众的印象。如果表现出对对方的尊重和礼貌，会使他人更加尊重并以礼相待。因此，现代女性很重视自己的形象，通过化妆来提升自己的形象，给自己的形象加分，就成为一种很正常的事情了。

可以说，化妆是女性的一种职业、身份的需要。对于某些特定的职业女性，适度化妆美容，既体现修养水平，又能得到他人的认可和尊重，对工作有利。

化妆就要使用化妆品，市场上化妆品琳琅满目，适合什么样的化妆品和怎样使用化妆品，不仅关系到美容问题，也关系到人的健康。因此，喜欢化妆的女性要掌握一定的化妆品知识。

1. 化妆品的分类

化妆品按剂型不同可以分为化妆液类、乳液类、膏霜类、粉类等。

（1）化妆液类

化妆液又叫化妆水，是一种透明液态的化妆品，涂抹在皮肤的表面，用来清洁肌肤、保持肌肤的健康。可以分为爽肤水、柔肤水、收敛水等。

（2）乳液类

乳液是一种液态霜类化妆品，它通常呈乳白色，所以叫乳液。乳液具有良好的润肤作用，也有保湿效果，特别适合干燥的春、秋两季使用，如果肌肤是中性，也可以冬季使用。

（3）膏霜类

膏霜类化妆品使用的历史较长，它的主要成分是油脂类和水形成的乳状液。它能在皮肤上形成一层保护膜，供给皮肤适当的水分、油脂和营养剂，从而保护皮肤不受外界不良因素的刺激，延缓衰老，维护皮肤健康。

（4）粉类

粉类化妆品是面部化妆品中的一个大家族，是面部化妆的基础用品。粉类化妆品具有良好的遮盖力，敷在皮肤上，能遮盖住皮肤的瑕疵。主要包括粉底、香粉、胭脂等。

化妆品的分类形式还有以下几种：

按效果分类，可以分为清洁型化妆品、护肤型化妆品、基础型化妆品、美容型化妆品、疗效型化妆品等。

按用途分类，可分为肤用化妆品、发用化妆品、美容化妆品、特殊功能化妆品等。

按对象分类，可分为婴儿用化妆品、少年用化妆品、男用化妆品、孕妇化妆品等。

按功能性分类，可分为普通化妆品（又称非特殊化妆品）和特殊类化妆品。

**2. 女性化妆时要注意哪些**

女性用化妆美容弥补自身形象的不足，是司空见惯的事情。女性适宜的化妆可凸显优点，弥补不足，增强自信，展现魅力。因此，化妆的女性，首先应认识自身容貌的优点和缺陷，通过化妆进行修正。

化妆能滋润女性的皮肤，女性正确化妆，合理使用化妆品，会使柔嫩的皮肤显得更加细腻、润泽和富有弹性，比如白皙的皮肤，稍加红艳的彩妆品修饰，就会显得白里透红，富有青春气息，而且也能增强女性的自信心。

许多化妆品兼有营养和治疗效果，使用者可以从中摄入维生素、微量元素、氨基酸和蛋白质等营养成分以及祛斑杀菌的药物成分，对皮肤起到促进新陈代谢、改善血液循环、延缓衰老和杀菌作用，不但滋润皮肤，还可防治皮肤病，具有既美容又治病的双重功效。

化妆能使女性精神振奋，情绪乐观，减轻精神压力。正确地化妆后，女性会感到自己更加漂亮，在他人面前自觉不逊色、不自卑，增强了自信心、自尊心，其精神面貌会有明显改观。

化妆又是一种文明的表现，现代女性的社交活动明显增加，在社交场合中适宜的化妆，既能体现一个人的气质和品位，也是对他人的一种尊重。相应地，得体的妆容也会得到他人的尊重，这对于开展工作和社交成功将有一定的助益。

但是，女性在化妆过程中，要注意以下几点：

（1）不要化成白里透青

如果脸上使用油脂化妆品，再搽上一层香粉，使之白里透青，阳光中的紫外线就无法被吸收，影响体内维生素 D 的合成。

（2）香水不要涂于面部

因为香水中含少量酒精，一旦太阳光线照射到搽香水的部位就会引起反应，皮肤红肿刺痛，严重者可致皮炎。

（3）不要经常拔眉毛

经常拔眉毛不仅会损害生理功能，而且会破坏毛囊，导致局部感染。

（4）不使用一种粉底

单一的粉底颜色有时会比脸部的肤色过深或过浅，所以应该多备几种粉底，随四季肤色的改变而不断调整。

（5）口红不可多涂

口红中含有油脂，它在吸附空气中飞扬的尘埃、各种金属分子和病原微生物的同时，还能够渗入人体皮肤。这时，各种病菌乘机进入口腔，引起病症。

（6）眼圈不要涂厚重的眼影粉

当天气热时，汗水会将眼影粉冲入眼内，损害视觉器官，引起沙眼、红眼病等病症。

（7）眉毛和睫毛上不涂面膜

拉抻式面膜粘在眉毛和睫毛上，当揭面膜时很容易将眉毛和睫毛一起拔掉。

（8）不使用他人的化妆品

不要成为疾病传染的受害者，因此，既不要将自己的化妆品借给他人，也不要乱用他人的化妆品。

## 化妆与卸妆注意哪些

女性给自己化妆，看起来是一件很简单的事情，但真正要画出自己满意的妆容，还是有一定的讲究的。化妆前先要准备好一套工具。

1. 准备化妆工具

女性化妆少不了使用化妆工具，下面介绍几种常用化妆工具的特点及使用方法：

（1）海绵扑

海绵扑可多备几块，以备不同的需要，比如涂粉底时，一个上粉，一个抹匀。也可用于涂化妆水，使用卸妆水卸妆等。

海绵扑不可使用时间过长，当发现侧面出现海绵的硬质颗粒时，或者正反面出现许多小裂缝而且经常有颗粒脱落时就要更换。海绵扑每次使用后可以用低碱性的洗洁精清洗干净，并且要阴干，不可晒干。

（2）眉钳

眉钳是用来拔掉多余的眉毛的。眉钳头的样式有斜的和平的。眉钳在每次用后要清洗干净。

（3）眉刷

眉刷是美化眉毛的必备小工具。一般是先用眉刷扫掉眉毛上的毛屑，再用眉笔描出眉形，然后再用眉梳沿眉毛方向轻梳，使眉毛深浅一致，自然协调。

（4）修眉刀

修眉刀可以像剃刀一样将眉毛齐根割断，修出的眉形比较整齐，也可以方便地修掉眉毛或眼睑上大面积的汗毛。

（5）粉扑

粉扑可以很容易地给暴露在外的脖颈、肩部、背部、胸部扑上一层若有若无的薄粉，比使用普通的海绵扑更均匀，也更好用。

为了保持粉扑的清洁，应经常进行洗涤。但是，一个粉扑往往只能洗一两次，多洗几次就会变硬不能使用。因此，粉扑使用一段时间后就要更换。

（6）吸油纸

对于油性皮肤的女性来说，无论是

冬天还是夏天脸上都容易出油，而随身携带吸油纸就方便得多。吸油纸盒为名片盒大小，使用和携带方便。用吸油纸吸去脸上的油质，不但干净，显得清爽，还不会破坏原来的彩妆。

（7）湿巾

湿巾在外出时使用很方便，可以擦去手上、脸上的污物、汗渍，还可以湿润皮肤，并有消毒的作用。

（8）唇刷

使用唇刷涂口红更灵巧，颜色会更均匀、细致。如果有几支口红，可以借助唇刷调出新的颜色，使唇色更漂亮多变，与众不同。

（9）化妆棉

化妆棉的用处很多，可以用来卸指甲油，也可以用于修眉毛后消毒或耳孔消毒，或者用于卸掉残留的化妆品。

（10）指甲油和睫毛膏

指甲油是用来美化指甲的，但很容易变干，可加入乙酸乙酯或丙酮稀释。睫毛膏为涂抹于睫毛的化妆品，目的在于使睫毛浓密、纤长、卷翘以及加深睫毛的颜色，通常包含刷子以及内含涂抹用印色且可收纳刷子的管子两大部分的组合，按质地可分为乳状膏体和粉状膏体。

（11）眉笔、眼线笔和睫毛夹

眉笔用于修饰眉形，修复不完整的部分或颜色较浅的部位，使眉毛看起来更加立体。

眼线笔可根据要求在眼缘画线，使眼睛看起来更有神。

睫毛夹能令睫毛又挺又长，使人感到眼睛更清亮精神。假睫毛有整只的，也有一小撮一小撮可以自行修剪到合适的长度和形状的。

（12）眼影刷

虽然眼影棒也可以上妆，可是眼窝要打底，使用眼影刷比较有效果。眼影刷的样式比较多，以面积较大、刷头半圆形的更为实用。

（13）粉底刷

与粉扑相比，粉底刷更为专业，刷出的效果自然、匀称，也更节省时间。

（14）腮红刷

腮红刷的效果是可使腮红均匀、自然，效果更好，但只能用于粉状腮红，对于膏状腮红则不适合。

2. 化妆和卸妆

化妆和卸妆都必须按照一定的程序进行，不能想怎么涂抹就怎么涂抹，想怎么洗就怎么洗。

（1）化妆程序

①先用温水洗净脸，要使用洁面膏彻底地清洁；然后用手轻轻按摩面部2～3分钟，做好化妆准备。

②用海绵扑蘸取化妆水轻拍脸部，目的是收缩皮肤。

③使用眼霜或眼部精华涂在眼部，可滋润眼部皮肤，防止皱纹出现。

④使用面部精华或面霜，以滋润皮肤，并形成保护膜，防止彩妆对皮肤的损害。可加涂防晒霜。

⑤用手指、手掌点染晕抹粉底，在额、鼻、两颊、下颏涂上少许，然后均

匀涂抹粉或霜，目的是调整肌肤色泽，显出主体色调。

⑥自下而上扑上干粉底，目的是抑制粉底霜的光泽，增加透明致密感。

⑦用眼影色晕染鼻影，强调鼻部立体感，并弥补鼻部的缺陷。

⑧涂眼影用海绵点抹眼影，用眼影刷扫开，目的是使眼睛明亮、柔美。

⑨用眼线笔沿睫毛底线描画眼线。

⑩用睫膏棒轻涂睫毛或修整假睫毛。

⑪用修眉工具修整眉形，眉笔描画，可使眉形柔美，并弥补眼、睫毛、眉毛的不足。

⑫用腮红刷在腮部轻轻刷点腮红，目的是补充血色，加强立体感。颜色不可与整个面部颜色相差太多。目的是创造鲜嫩艳丽的形象，口红不可太重。

⑬看妆面是否完整，口红是否晕染唇周，粉底是否均匀，然后适当调整修改。

上述化妆程序只是提供一般参考，具体操作可因人而异，适当取舍，灵活运用。每个女性化妆都会因脸形、肤色不同而有所侧重。

（2）卸妆程序

①用海绵扑浸蘸眼、唇专用卸妆水，擦掉眼、眉周围的化妆品和睫毛上残存的睫毛膏；取另一块海绵扑蘸卸妆水擦去口红。

②在额、颊、鼻和下巴处涂一层卸妆油，由内向外反复揉搓，使其和粉底充分融和；用软纸将面部彻底擦干净，用温水充分洗脸；用洁面乳再次清洁面部，用水冲洗干净。

③涂一层厚厚的按摩膏，进行脸部按摩，然后擦掉按摩膏，再涂上晚霜或奶液。

有的女性为了省事，晚上睡觉前不卸妆，这是一种不良习惯，对皮肤健康不利。卸妆是为了使疲劳了一天的皮肤得以休息，晚上睡觉前一定要卸妆。错误的卸妆方法会使皮肤变得粗糙或出现色斑。所以，不可小看卸妆，认为洗掉了彩妆的颜色就可以了。卸妆是女性化妆中不可缺少的一部分。

## 眼部化妆技巧

女性天性爱美，尤其是对眼睛的得体修饰会让人眼前一亮。

1. 眉毛的整形与修饰

女性如果觉得自己的眉毛稀少而且没有形，不妨用眉笔轻描眉毛，画出自己心目中标准理想的眉形，再清除杂乱的眉毛。操作方法如下：

（1）定好部位

用笔定好眉头、眉尾、眉峰三个部位。

（2）找眉尾

找眉尾时，在与上眼尾角处成90度角的位置轻画一条斜向上的细线，沿着眉头朝眼角处轻画一水平线，两线的交叉点即眉尾位置。

（3）找眉峰

找眉峰时，先在歪眉头2/3、眉尾1/3处画上垂线。如果你是标准脸，垂线与眉尾成80度的交叉点即为眉峰位置；如果你是圆脸，垂线与眉尾成60度的交叉点即眉峰位置；如果你是瘦长脸，垂线与眉尾成90度的交叉点即为眉峰位置。

（4）用眉线连接三个位置

将眉头、眉尾、眉峰的三个位置用眉线连接起来，按照三个部位构成的线形画出一整条眉毛的基本轮廓。

（5）拔除杂毛

用拔眉器顺着画好的眉形，将眉形以下的杂毛一根一根拔除。拔眉毛时要扶住毛根部，速度要快，整个眉形修拔好后可涂点化妆水，含少许酒精，可杀菌消炎，尽早搽上护肤品。

（6）刷匀眉形

最后，用与眉笔同色款的淡色眉粉轻轻扫在眉色较淡的位置处，用硬毛刷轻轻将整条眉形刷匀。

2. 画眼线

亚洲人的眼部轮廓一般不太明显，要画出一对既出神又迎合潮流的眼部轮廓，可以将彩色眼线妆流行将黑色与彩色、单线与多线混合使用，其传神的效果会更加明显。几种眼线妆的画法如下：

（1）单色眼线妆

以上深下浅的原则分别在上眼线和下眼线画上同色系但深浅不同的眼线，妆容不显得夸张，达到悦目的效果。

（2）双色眼线妆

以一深一浅的色彩组合为原则，不同的眼线笔重复使用，可以凸显眼睛的线条作用，令眼睛看起来更大。贴近睫毛的眼线选用深色系列，可以填补睫毛间空隙，取代传统的黑眼线，发挥勾画眼形轮廓的功效。

浮在上面的面线，则宜选用浅色或鲜艳色系为佳，既能创造出对比色调和鲜明的效果，又不用担心浅色眼线盖过深色的底线，而破坏整个眼妆。具体操作方法如下：

①用左手中指和无名指轻轻地将上眼皮拉高，这样可以拉平眼睑部位的皮肤，出现皱褶，上色时就会均匀顺畅。

②执眼线液，由眼头向眼尾画成直线。

③画下眼线时，用中指轻轻地将眼睑往下拉，然后从眼尾向眼头方向画上眼线液。

④为防止溶化和出界，可将眼线画于内眼线位置。

3. 画睫毛

卷翘的睫毛不仅能让双眸看起来明亮有神，而且能让脸部表情看起来更生动。怎样拥有卷翘的睫毛？不妨按照以下的方法去做：

（1）选用睫毛膏

睫毛膏依功能分为浓密型、卷翘型、防水型、透明、彩色等类别。

（2）选用透明睫毛膏

选择睫毛膏的种类，可根据自己睫毛的先天状况将几种睫毛膏搭配使用。如，捷毛特别短的人，可先使用加长型睫毛膏，再刷上一层卷翘型睫毛膏，就能弥补睫毛太短的缺陷。

（3）夹睫毛

夹睫毛千万别忽略了眼头及眼尾。夹眼头的睫毛时可将眼皮稍微向后拉，而夹眼尾的睫毛一定要将眼皮稍微往前拉，如此一来就能让每根睫毛都自然卷翘。

（4）让睫毛根根分明

先准备一支小发夹，最常见的黑色小发夹与打火机，先将发夹前端加热约10秒钟，利用发夹加热后的温度，将睫毛由下往上提升，既可溶解纠结的睫毛膏，又可固定睫毛的弯度。

# 如何巧饰双眼

一对大而有神的眼睛，是让你成为令人羡慕对象的必要条件。下面根据不同类型的眼型，画出一对漂亮的双眼。

1. 如何根据不同眼型修饰双眼

第一类型：黑白分明、轮廓清晰的大眼睛

使用不同的眼线笔，重复使用，可以突显眼睛的线条作用，使眼睛看起来更大。如用深色的炭黑笔把眼线加深再加深，可以让眼部充满强烈的智慧和纯情的诱惑。

第二类型：立体感十足的双眼皮或丹凤眼

用富有异国风情的金色和棕色涂满眼窝，色彩浓度可视场合或深或浅，但睫毛要根根分明并上翘。

第三类型：爆眼球、宽眼眶的双眼

上下眼线画得越清晰越好，睫毛也要显得浓密厚重。可先将一张面巾纸挡在脸颊处，以防过多的眼影粉在描画下眼睑时散落，难以用粉刷清扫干净。

第四类型：甜美可爱的单眼皮、洋娃娃般的圆眼睛

可使用单一的彩色眼影来渲染整个眼部，也可以用多种颜色以渐变的方式来描画出梦幻般的感觉，但要注意过渡柔和，不显突兀才好。

第五类型：任意眼型

依据春夏秋冬四季推出的各大彩妆品牌，同时结合自己的风格综合使用，既可展现"冷色系"的清澈细致，又可展示"烟熏系"的高贵神秘。

2. 单眼皮如何画出魅惑眼妆

如果你是天生的单眼皮女性，不要羡慕双眼皮的漂亮，只要掌握方法，同样可以打造出魅惑的双眼。方法如下：

（1）上单色眼影

着色范围紧贴眼球位置的弧形，想掌握好方位，可先闭上眼睛，轻触眼皮感觉眼球的凹凸，将眼影粉涂于上半部分。尽量不要选用有彩妆效果的眼影，因彩妆莹亮的效果在没有阴影的衬托下，只会令眼部轮廓变得更平、更缺立

体感。

如果想要使自己的双眼看起来更大、更亮,可借助眼线及睫毛液,最好是用有增长效果的睫毛液。

(2)加深眼部轮廓

上色时试试浅咖啡色,可塑造出较明显的凹陷效果,但要避免着色过深,让人一眼便看破。其方法是用一支毛质柔软的化妆帚取色,由眼尾至2/3眼头处,来回将眼影粉扫匀,注意要紧贴眼球的弧线位。

如果想使自己的眼部看起来更加立体,可在弧线处与眼线中间的半圆处涂上浅色眼影,如白色或浅粉紫,再配上眼线及睫毛液,双眼便魅惑迷人了。

## 如何修饰鼻子

有些女性可能会因为长胖,而觉得自己的鼻子显得扁平了,希望把自己的鼻子修饰得高而有形,增加脸部的立体感,让脸庞显得更有形。以下列出几种常见鼻子的化妆修饰,让你摆脱这种缺陷。

(1)鼻梁低陷的修饰

在整个面部涂上粉底霜,从鼻根到眉头抹深棕色眼影,由眉毛向鼻子两侧打一些阴影,然后在两眉之间的鼻梁上抹一道亮色眼影,并尽量向两侧晕开,阴影与亮色形成鲜明的对比,原来低陷的鼻梁会显得突出起来。

(2)长鼻子的修饰

要缩短鼻子,就要降低眉头的高度,这样就可以使鼻根相应偏低;因此,化妆的要点就在眉毛了,在画眉毛时,眉头要加画几笔,或在眉头下涂上与鼻影颜色相近的眼影。鼻影的颜色比眼影稍微淡一些,不要延伸至鼻翼。

(3)短鼻子的修饰

鼻子往往显得脸部臃肿。鼻侧影涂深颜色,鼻梁涂一窄条亮色,可以使鼻子显得长些。另外,和长鼻子正好相反,在眉头下不要刻意涂抹。

## 如何美唇

女性都希望自己拥有一张性感迷人的嘴唇,这样不仅能够增强自信,而且在与人交谈时,会使对方对你的话题更感兴趣,会使更多的人喜欢与你交流。那么,怎样化出完美、性感的嘴唇?

可采用以下几种美唇化妆法:

1. 雾光唇妆

唇形不明显、厚厚的双唇,与雾光唇妆很吻合。无光泽的雾光唇膏,涂抹后可持续6~8小时不褪色,且极不容易擦掉。操作方法如下:

①用手指蘸粉底在双唇上打一层薄薄的粉底;

②用与唇膏一致的唇线笔将唇线描在双唇之外;

③在双唇上涂满雾光唇膏。

2. 油亮唇妆

含有金盏草及甘菊精华成分的滋润唇膏很有光泽感,还能湿润并保护干燥的嘴唇,使双唇光泽细腻。操作方法如下:

①先涂上一层唇彩；

②用纸巾轻拭掉唇上的浮色；

③再涂上一层唇膏，这样，油亮度更高，也不易掉色。

嘴唇对改变脸形和气质很有影响，将上唇线画高，脸形会显长，将唇峰画低，脸形就变圆。另外，脸部轮廓也会随唇线的改变而改变。

对于平直形唇的人来说，可以在勾画上唇线时，描画出明显的唇峰，把下唇画成船底形或圆弧形。对于嘴角下垂的人来说，用遮盖霜涂于唇轮廓周围，尤其是唇角部位，再用唇线笔勾画轮廓线，改动唇两侧的轮廓线使唇具有上翘的趋势。

对于嘴唇突出的人来说，唇角略向外延，嘴唇中部的上下轮廓线都尽量画直，收敛过于突出的感觉，唇膏宜选用偏冷色。对于嘴唇过厚的人来说，要用深色唇线笔沿唇角勾画，保持嘴形本身的长度，将其厚度轮廓向内侧勾画。

## 如何修正脸型

一般所说的脸型修饰，是将脸型修正成标准的蛋形脸。由于每个人的脸型各有不同，所以在修饰上重点也各有不同。

（1）不同脸型的修饰

以下针对几种常见的脸型，依据基本化妆的步骤进行必要的修饰。

①标准脸型。

特征：颧骨比较不明显，脸型长短宽窄配合最适宜。

方法：打上肤色粉底，再在两颊加上深色粉底，便可使脸型显得更具立体感。

②长形脸。

特征：脸部较长，有的是额部长，有的是下巴长，给人脸长而不柔和的感觉。

方法：在脸上打好均匀肤色粉底，在两腮和下巴部位加上深色粉底，能使脸看起来不会太长，显得比较秀气。

③圆形脸。

特征：脸形太圆太宽，而且下巴及发际都呈圆形，缺乏立体感。

方法：在两腮和额头两边加深色粉底，并且以长线条的方式刷染，强调纵向的线条，拉长脸形。下巴和额头中间则加上白色粉底，这样会使圆脸感觉修长立体。

圆脸女性可以在脸部两侧面有骨骼转折的部位，采用人工暗影的方法，达到收缩的视觉效果。操作方法如下：

首先，做一个嘬腮的动作，在两侧最凹的部位涂上深色粉底。

其次，将小海绵以与上一步相同的动作，将粉底向周围扩散涂匀。

最后，用手指或海绵蘸基础底色修整边缘，直到看不见痕迹。

（2）脸型的局部修正

①在施用粉底前，必须保持面部清洁与干爽。

②做好基础保养，将少量修正粉底点在需要调整的部位。

③用指肚像涂护肤品一样轻轻揉开。

④观察整个脸部肤色是否统一。

别小看这一层薄薄的底色，当你肤色暗淡，毛孔明显，或有痘痘出没的痕迹，它就能发挥巨大的功效，让你一步步接近完美无瑕。

（3）脸部的整体铺色

在整个脸部涂一层透明的保湿粉底，以调整脸部整体肤色，松软的大块海绵可能比手指更方便使用。

①取蚕豆粒大小的粉底液，均匀分布在整个脸部。暖色调肤色一般用"暖灰中粉底"，冷色调肤色一般用"冷灰中粉底"。

判断肌肤色的方法：站在阳光下，伸出手腕，仔细观察血管颜色，如果血管偏蓝偏紫，属冷色调肤色；如果偏绿偏橄榄色，属暖色调肤色。如果肤色冷暖混合出现，如脸上出现或浓或淡的深褐色斑点或色素，整体可视为暖色调肤质来处理。

②把手上残余的粉底抹在海绵上，从额头开始将液体打散、涂匀。注意与发际和颈部要自然衔接。

③以肌肤没有痛感为宜，需要打亮色和暗影的部位，基础底色越薄越好。

（4）脸面肤色修饰

通常肤色修正液有淡紫、淡绿和淡杏黄三种颜色，根据互补色的原理应用，淡紫色适合泛黄的肌肤，淡绿色适合遮盖红斑，淡杏黄则适合遮盖偏紫色的斑点和黑眼圈。如果你只有一个颜色的粉底液，只能拥有一成不变的肤色；如果有深浅不同的3款粉底液，你不仅可以刻画时髦的骨感脸形，更能体验到百变无穷的新鲜快感。

不要像涂粉底一样在整个脸部使用修正液，只有在脸面肤色有问题的局部，使用对应颜色的修正液才会有效，可用海绵块或化妆棉轻轻地搽开，在自然光下再检查一遍遮瑕膏和粉底之间的衔接情况。

（5）细节点缀

女性可采用点缀的方法遮盖脸面肌肤表面上的斑斑点点，是使妆容保持透明质感的关键。其方法如下：

①使用小号化妆笔或取遮瑕膏，颜色要与瑕疵部位粉底的颜色一致。

②如果是凹陷的痘疤，应多蘸些遮瑕膏将其填平。

③黑眼圈和大面积的斑点，可以先用海绵着色，再以化妆笔修饰边缘。

（6）局部提亮

女性可选择一块紧实有弹性的小块海绵，依照以下方法去操作：

①在需要突出的脸面部位，涂少许比基础底色明亮的粉底。

②海绵以点按的动作，使亮色与之前的底色融为一体。

③最后用手掌轻轻地拍按肌肤，使粉底更为自然。

（7）定妆完成

选择透明质感的蜜粉，使它像一层薄纱一样，罩住刚刚完成的底妆，保持粉底的色彩和层次，使妆容不易脱落。其操作方法如下：

①用一支柔软的大号化妆刷，蘸满蜜粉。

②闭上眼，感觉刷毛轻轻扫过每一块肌肤。

③将多余的蜜粉扫掉，用粉扑或小一点的刷子查缺补漏。

女性采用以上方法，修饰脸上的重要部位，就会使自己拥有一副标致的脸庞，使自己的容颜不会因为缺陷而打折扣。

## 如何给面颊和眼睛化妆

女性面颊和眼睛是重要部位，能够给人深刻印象。因此，女性精心为脸颊化妆，只要化妆得当，就能够巧妙地突出脸部的优点，使眼睛更加传神，也使自己显得更漂亮、更靓丽。

1. 如何给自己的面颊化妆

给面颊化妆，这里指涂抹胭脂，有大红、玫瑰红、粉红、桃红、水红等不同色调，使用时可根据肤色、部位等实际情况选用。

其关键技巧在于抹胭脂时操作要轻，胭脂分布要匀，色彩过渡要自然，并以使用后不产生人工涂抹的痕迹为宜。胭脂着色的中心位置应掌握在颧骨附近。操作时要用胭脂扑或胭脂扫，以颧骨为出发点往耳朵上缘方向轻轻抹去，接着用手掌轻柔地把胭脂匀开。需要提醒的是，开始涂抹时胭脂用量要少，少到几乎看不出明显的效果，匀开后似化妆未化妆。以后手法熟练时，再根据实际需要逐步地做适当的调节。

由于每个人面部的肤色、身体状况各不相同，使用胭脂就得按需选用。如原来面颊过红，就需用多扑些妆粉来弥补，使红色淡化，然后再用粉红色的胭脂匀开，尽可能使红色与周围的肤色协调，减少色调上的强烈反差。比如，在面色苍白时，宜选用桃红色的胭脂，匀开面广一些，这样就可以避免整个面颊部位色调有明显的反差。如果使用油脂型胭脂，还可使皮肤呈现出一点光泽。

在面颊部位化妆，并注意涂抹的浓淡以及涂抹的范围，可使面部的两颊泛出微微的红晕，产生健康、艳丽、楚楚动人的效果。

2. 如何给自己的眼部化妆

眼部化妆，重点在色彩组合。在隔离和粉底、定妆完以后，在睫毛根部画一条均匀的眼线，再在上眼睑均匀平铺提亮的白色眼影，尤其在眉弓处加重，注意眼角不要忽略。

如果你皮肤偏黑的话，比较搭配的就是暗色的眼影，先用亚光棕色眼影从睫毛根部开始往上匀，范围是眼窝，要重点加强眼尾。如果觉得不够暗，可以在此基础上从睫毛根部再添加一些黑色眼影。

平时化妆如果时间够的话，可以画一条眼线，用眼影匀开，再涂睫毛膏。如果用偏橘色的腮红和唇彩，会使你的眼妆简单而有精神。

如果眼部有缺陷，则可以画点儿点睛之笔加以掩盖。

（1）眼睛细小的人化妆方法

可以在上眼睑画大约1厘米的影子，眼线则以5毫米左右的宽度画至眼角再伸出一点，然后使用染睫毛油，眼睛看起来大而有神。

（2）眼睛距离大的人化妆方法

可使用眉笔在眼角画线，然后从眉头至眼角，使用棕色的眼影，以指尖画上，看起来就会好看而且显得自然。

（3）眼窝深的人化妆方法

眼窝深的女性总是给人一种疲劳的感觉，因此，应尽量做较明朗的化妆。在上眼睑涂比影子还要淡的粉膏，轻画眼线，涂染睫毛油，眉头须画粗一点，末端则依着弧线逐渐地变细。

（4）眼角下垂的人化妆方法

眼角下垂的女性表情上缺少生气，因此与吊角眼的人相反，应该将上眼睑眼尾的影子涂成模糊状态。画眼线时，将眼尾画粗一点，同时要稍微往上翘；眉毛则要画得柔和一点。也可在上眼睫毛中央单独贴一串小小假睫毛，上下睫毛刷上睫毛膏，上眼睑涂上白色眼影。

（5）眼尾上翘的人化妆方法

眼尾上翘的女性给人一种严肃的感觉，这种人的化妆法，是在眼尾涂眼影后，延伸成为朦胧状。画眼线时，在眼尾稍微往下画。眉毛也以接近水平的角度，很柔和地保持平衡画下来。这样的化妆看起来会较柔和。

（6）单眼皮的人化妆方法

单眼皮女性画眼线时，在上眼睑的跟睫毛的发际稍微画粗一点，眼尾需稍微向上。画眼影时，将跟睫毛的边缘画浓一点，但是上面则要画淡一点，同时旁边要涂成朦胧状态。

眼部是面部表情最为丰富的地方，根据社交场合的需要，对眼部进行适宜的修饰，就等于你在悄悄地向他人诉说你的美丽并增强仪容美。

（7）圆眼睛的人化妆方法

假睫毛应靠近外眼角，在上下眼线处，刷上睫毛膏，涂中间色彩的眼影，并可将眼线往外拉长些。

（8）突眼睛的人化妆方法

涂中间色彩到深色彩的眼影，并用睫毛膏，使睫毛显示出立体感。

（9）眼睛细长的人化妆方法

先用淡白色眼影涂在眼睛四周，然后用软毛摩擦，几乎看不出化妆的痕迹。

（10）眼距宽的人化妆方法

上眼睑的内眼角涂上较浓的眼影，并略超过内眼角。两条眉毛画得靠近些，与眼间距对称。

# 如何修饰眉毛

女性的眉毛如果稀疏不匀，或者粗而杂乱，或者中间断眉，或者眉梢不到位，就需要进行一番修饰整理。在修饰时必须注意眉毛的粗细、深浅，也要结合自己的脸形、鼻形、双眼以及个人性格来确定，达到整个面部协调美丽。

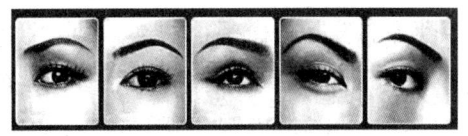

1. 眉毛修饰要根据不同脸型

（1）两眼灵活、脸形宽大、个性活泼的女性

这种条件的女性可采用稍浓的粗线条的眉形，如果原有眉毛很浓密，只需要在眉毛下方稍加修理，但切忌从上面修理，以免破坏了眉的自然生长方式，给人以修饰感，不够自然。

（2）五官小巧、瓜子脸、身材适中的女性

这种情况的女性，必须配以柔和的眉形，采用平圆弧形、眉头稍粗黑，然后逐渐细淡的眉，以给人一种小巧玲珑娇美的感觉。同时结合头发的色泽来调理眉毛的颜色，一般以浅棕色或淡灰色为宜。

（3）方形脸的女性

方形脸的女性不妨采用稍有角度的、眉头粗、中间或末端细长的眉形，使脸形更协调，更富有魅力。但是要注意，千万不要形成粗硬的弧度，以免降低人的灵气。

（4）三角形脸的女性

正三角形脸的女性，应该把眉毛画得细长些，眉梢离开些，以免眉与脸形不协调。倒三角形脸的女性，眉的修饰应参照方形脸的画法。

（5）眉毛中间或两头不到位的女性

此种情况应把缺眉部分补足，并根据脸形要求修饰眉毛。

2. 女性文眉的利与弊

眉毛除具有保护眼睛的功能之外，更重要的是与容貌表情有关。人在表达感情时，眉毛也会随着面部表情改变；眉毛的颜色与形态，还影响着人的脸形和容貌。现代女性在化妆美容中，有相当多的人在眉毛上下功夫，企图把自己的眉毛文成更满意的形状。文眉已成为女性加强容貌美丽的常用手段，成为近些年来许多女性热衷的美容项目。

文眉的利与弊如下：

（1）文眉的好处

有的人眉毛过于纤细，且与面部不协调，或眉毛缺失、脱落过多，还有的人眉毛杂乱无章、过多或方向不一、两侧眉毛不对称，这时可以考虑用文眉来修饰。

（2）文眉的弊端

文眉、文眼线所用的颜料，对有些人可能产生过敏反应，使文眉区出现水肿、溃烂或发痒、红疹形成、嘴角发麻等症状。有的颜料中含有重金属离子，进入表皮后被机体吸收，可出现记忆力减退、脱发等慢性中毒现象。

此外，拔眉毛对眼眶周围神经末梢

和微血管也是一种恶性刺激，会使肌肉运动失调，眼睛出现复视，眼睑皮肤松弛，形成抬不起眼皮的现象。

文眉是一项技术性很强的工作，要有专门器具、消毒卫生设备以及训练有素的从业人员。

所以，一定要到设备条件好的美容医院，请专业化妆师去做，以保证实现健康美丽的目的。

3. 修饰眉毛的程序

（1）修眉

眉部修饰，首先要修眉，就是把过长、多余的眉毛剪去、拔除，方法如下：

先将眉毛用眉刷顺向进行梳理。

接着使用眉毛钳除去长得位置不好、形态不好的眉毛。

对眉形做适当的修整，不宜多剪、多拔，以保留自然的眉毛为主。

然后再用眉毛梳从下而上倒梳眉毛，剪除过长、不齐的眉毛，再梳平复原。

（2）画眉

①画眉的要领是要画在眉毛上，而不要画在眉毛外。

②画眉毛时，用眉笔将已整修过的眉毛做勾描、加深处理，使眉毛显得完美、逼真。

③要顺着眉毛生长的方向画，而不要逆向涂抹。

④要仔细、慢慢地进行，而不要粗略地涂上几笔。

⑤要尽量使眉毛的形状通过修饰显得柔美自然。

需要提醒的是：切忌做过分的修改，不然会造成虚假、夸张、走样的后果，失去画眉的本身意义。

（3）整理

①眉毛画好后，应对着镜子检查一下两条眉毛是否对称，粗细是否恰当。

②用眉刷将画好的眉毛轻轻地顺着眉毛生长的方向刷一下，扫去残留的墨粉，清洁一下眉部。

修饰眉部，要根据自己的实际情况选择好适当的眉形，才能达到美化面容的目的。如果不顾脸形与眉形的和谐，不恰当地偏爱细眉或欣赏浓眉，都会影响面部化妆的整体效果。

## 如何通过化妆弥补唇部缺陷

女性嘴唇有大、小、厚、薄之分，通过勾勒唇线，使用不同颜色的口红，就会改变唇形，使面部妆容更加协调、生动。

唇部化妆主要是涂唇膏，它可用来增强嘴唇的艳丽。有时候一天忙碌的工作会让你看起来无精打采，如果画一个精致的樱唇，就会让你看起来更加出色。

（1）唇部化妆的第一步

先用唇线笔按自己设计的唇形或自然唇形勾勒一圈，用作定型和防止唇膏外溢。

（2）唇部化妆的第二步

第二步开始涂口红，要领是把唇膏涂在唇线内。

（3）注意事项

①为了方便喝水、用餐，不妨用餐

巾纸轻轻地按一下嘴唇，使口红固定下来，避免染到杯子和餐具上。

②若要使嘴唇在涂好口红后有立体反光感，可用无色亮光的唇膏在唇中央凸起处轻轻地点几点即可。

(4) 针对性化妆方法

由于各人的唇形不同，涂口红时可采取一些针对性的措施，以争取达到预期的效果。

①嘴唇太小、太薄者的化妆方法。

这类嘴唇宜使用大红、玫瑰红、猩红等色彩浓的唇膏，用唇线笔勾勒唇形应稍微放宽些，即在天生的唇线外0.5~1毫米处勾一圈，涂唇膏时要尽量遮盖掉原来的唇线。这样就可克服小而薄的"先天不足"。

②嘴唇又大又厚者的化妆方法。

这类嘴唇宜采用另一种方法处理，唇膏色宜淡不宜深，淡红色的唇膏是首选的色调，加上用粉底做掩饰，把嘴唇变得小些。关键的方法是，勾勒唇线要沿天生的唇线内0.5~1毫米处画一圈。这样可相对地克服嘴唇原来大而厚的印象。

③嘴角下垂者的化妆方法。

如果是嘴角下垂的情况，就需用改变唇形的方法来解决。其要领是将唇中部的曲线稍微向上下扩大些，从视角上他人冲淡对唇角下垂的注意。在勾勒唇线时，要把下垂部分适当地提高些，延长些。下唇使用的口红颜色可比嘴唇稍暗一些。

还可用色调鲜明的口红，将嘴角自然地向上描。上唇靠嘴角的部分要涂得浓些，下唇要淡些。

唇部化妆不仅可以让双唇得到滋润，不让嘴唇干燥，更重要的是它能充分吸收嘴唇的水分，让你的双唇看起来更加有立体感，使你看起来更加丰盈。

④嘴角上翘者的化妆方法。

可用色调鲜明的口红，将嘴角自然地向下描，即可掩盖上翘的嘴角。

使用两种同一色系但不同色彩的口红，下唇涂浅唇的化妆很重要，在化妆时要注意其大小适中、薄厚相当，特别是在颜色上要考虑与肤色相协调，色差不可太大，以免造成假唇现象。

## 化妆时如何避免皮肤过敏

女性在化妆时，要注意皮肤对化妆品的反应，谨防发生过敏性皮炎，使用前可进行局部试用。化妆品过敏是在使用化妆品过程中引发的反应。其发生主要有以下表现：

化妆品中的人工合成化学物质，可直接刺激皮肤引起瘙痒症、神经性皮炎等；或是化妆品中的香料为光感物质，在阳光暴晒下会发生细胞损伤，引起炎症反应，出现红斑、丘疹、肿胀；或某些化妆品在光的作用下可使皮肤细胞老化，皮肤弹性减退、松弛、干燥、皱纹增多，甚至发生萎缩；或是引发皮肤色素沉着，颊部或前额出现浅棕色斑点或斑块，有的甚至连接成片。

避免化妆品过敏的发生，首先在使

用化妆品前要仔细阅读说明书，看化妆品含有哪些主要成分，适合不适合自己使用，然后再按照说明书的要求去做。

在使用一种化妆品前，将少量化妆品涂抹在前臂内侧进行化妆品试验，观察有无不良反应，如有反应，不宜使用。

如果使用某种化妆品引起如燃烧般的感觉，或有皮疹出现，即应停止使用，如果情况严重，要请医生检查治疗。

## 女性怎样着装才合礼仪

女性着装整齐、整洁、合身、新颖，是体现时尚美的必然要求。当然，女性完美着装必须兼顾一些原则。首先必须符合本国的道德传统和常规做法，在正式场合，忌穿着过透、过短和过紧的服装。身体部位的过分暴露，不仅失敬于他人，更有失自己的身份。

要求着装的各个部分相互映衬、自然协调，特别是要恪守服装本身之间的搭配，在整体上尽可能做到完美、和谐，展现着装的整体要求。女性着装适应自身形体、年龄、职业的特点，扬长避短，可以在不违背规范的前提下，在某些方面体现出与众不同的个性，从而创造出自己独特的装饰，但不要盲目地追逐时髦。

合适的着装不仅体现着女性的仪表美，而且能显示女性的交际魅力，给人留下良好的印象，使人愿意与其深入交往。

1. 西服的穿着规范

（1）讲究规格

西服有单件上装和套装之分，女性在非正式场合，可穿单件上装，配以各种西裤等；如果在半正式场合，女性应着套装，可视场合气氛在服装的色彩、图案上选择合适一些的；在比较正规的场合应穿同质、同色的深色毛料套装，而且穿着两件时最好不能脱下外衣。

按照穿着西服的习俗，西服里面不能加毛背心或毛衣。在我国，至多能加一件"V"字领羊毛衣，否则显得十分臃肿，以致破坏西服的线条美。

（2）穿好衬衫

衬衫是与西装配套的，必须挺括、整洁、无皱褶，尤其是领口。衬衫不要翻在西装外，不能有污垢、油渍，其下摆要放在裤腰里，要系好领扣和袖扣。衬衫衣袖要稍长于西装衣袖。通常要伸出0.5~1厘米，领子要高出西装领子1~1.5厘米，以显示衣着的层次。如果不系领带，可不系领扣。

（3）系好纽扣

西服纽扣有单排、双排之分，纽扣系法有讲究：双排扣的西服要把纽扣全部系上，以示庄重。单排两粒，只扣上面一粒纽扣，三粒扣则扣中间一粒，坐下时可解开。西方人士认为衣服纽扣的数目必须保持单数。

（4）穿好皮鞋

穿西服一定要穿皮鞋，并要上油擦亮，而且裤子应盖住皮鞋鞋面。便鞋、布鞋和旅游鞋都不合适。皮鞋的颜色要与西装相配套。穿皮鞋还要配上合适的袜子,使它在西装与皮鞋之间起到一种过渡作用。

随着社会经济的发展和世界各国人民的友好交往,西服已成为当今国际上最标准的通用礼服,一套合体的西服,可以使着装者显得潇洒、精神,风度翩翩。

2. 职业装的穿着规范

女性穿着职业装,会使自己具有一种职业的自豪感、责任感。此外,从服饰上可体现其职业精神,同时也是对服务对象的一种尊重。职业装的穿着要求挺括、整齐、清洁、大方。

(1) 挺括

女性穿着的职业装不能皱巴巴的,穿前要烫平,穿后要挂好,做到上衣平整、裤线笔直。

(2) 整齐

女性职业装必须穿着合身,袖长至手腕,裤长至脚面,裙长过膝盖,尤其是内衣不可外露。衬衫的领围以插入一指大小为宜,裤裙的腰围以插入五指为宜。此外,不卷裤,不漏扣,不掉扣;领带、领结、飘带与衬衫领口要吻合;领带不能系歪,如果有号牌或标志牌,要佩戴在左胸正上方,有些岗位还要戴上帽子与手套。

(3) 清洁

女性职业装要时刻保持清洁,表面要无污垢、无油渍、无异味,领带与袖口处要保持干净。

(4) 大方

女性职业装应显得大方、简练、高雅,线条自然流畅,便于女性岗位接待服务。

3. 穿鞋礼仪

女性在职场上,最好穿黑色半高跟鞋;在礼仪场合,绝对禁止穿露脚趾的皮凉鞋。旅游鞋、布鞋、各式时装鞋等,与职业装都是不相配的。在西方国家,正规场合和会议、谈判、舞会、庆典等重要的贵宾场合,都是绝对不允许穿凉鞋的,否则会被认为缺乏教养和礼貌。

4. 穿袜子礼仪

女性穿袜子也是很讲究的,无论在礼仪场合,还是在职场上,女性绝不能光着脚穿鞋。女性穿着旗袍,应配以肉色长筒丝袜最为得体,浅肉色可以使皮肤罩上一层光泽,显得细腻娇嫩,深肉色可以给人以一种修长健美的感觉。长筒袜的高度一定要高于裙子下部边缘,且留有较大余地,否则一走动就露出一截腿来,极不雅观。因此,在礼仪场合,短袜配短裙是不适宜的。

正式场合着裙装,不穿袜子也是很不礼貌的。职业女性都应当在办公室或工作场所预备好一两双袜子,以备袜子钩破时换用。外出工作时最好也备用几双袜子,尤其在和日本客人打交道时更应如此,因为在进他们的餐厅时,如果女性脱掉鞋子换上拖鞋,而此时袜子有破洞或不整洁,就显得很尴尬了。

总之,鞋袜的选择要注意与整体装束搭配,其颜色至少应当与皮带、表带等保持一致,这样才能体现出穿着的整体美。"脚部时装"在西方国家通常指鞋子和袜子,足见鞋子在整体着装的重要地位。一双得体的鞋子,不仅能够映衬出服装的整体美,还能增加人体本身的挺拔俊美。

5. 女性着裙装的禁忌

(1) 裙子、鞋子和袜子不搭配

通常着装必须配套化、系列化,比如,穿裙子的时候,应该穿制式皮鞋,即黑色的或者其他单色的、高跟的或者半高跟的皮鞋。

(2) 在商务场合穿着黑色皮裙

女性这样的穿着,会让人啼笑皆非。因为在外国,常常只有街头女郎才如此装扮。所以当你与外国人打交道时,尤其是出访欧美国家时,绝对不可以穿黑色皮裙。

(3) 重要场合光腿

女性在正式的高级场合不应光腿,尤其是出席隆重正式的庆典仪式,光腿不仅显得不够正式,而且会使自己的某些瑕疵见笑于人。特别是在国际交往中,一定要避免这个问题。在国外,如果女人光腿穿套裙,那就是在卖弄性感。

(4) 露出半截腿

女性穿半截裙子时穿半截袜子,袜子和裙子中间露一段腿肚子,这就成了袜子一截,裙子一截,腿肚子一截。这种穿法,术语叫作恶性分割,它容易使腿显得又粗又短。这在国外往往会被视为没有教养的妇女的基本特征。

在塑造职业女性形象方面,没有任何一种女装能像套裙一样"一览众山小"。对于女性来说,适宜地穿好裙装,形象立刻就会光鲜百倍。将气质和风度显现出来,事业也就拥有了更多成功的契机。而一些着裙装的禁忌,不可不察。

6. 女性戴文胸的禁忌

(1) 忌文胸外露

女性在与人交往中,随时要注意自己的文胸是否外露。此外,女性应有良好的卫生习惯,每日要换洗文胸。文胸是女性不可缺少的服饰之一,选择与穿戴合适的文胸,不仅能显现女性的曼妙身材,更能体现一个女人的品位与个性,其前提是穿戴文胸一定要注重礼貌和卫生。

(2) 忌在公共场合不加掩饰地随意整理文胸

如果感到文胸戴着不舒适,应该到卫生间内去处理。

(3) 忌在长辈的视线内整理文胸

这是缺乏教养的行为。

(4) 忌在身份高的人或上司面前整理文胸

因为这是举止轻浮的表现。

（5）忌在异性面前整理文胸

这是极不稳重的行为，如果的确是无意识的行为，则显示出其受教育程度较低，文化素养较差。

（6）忌在小辈面前整理文胸

女性在晚辈面前应起到良好作用，如果在小辈面前整理文胸，小孩都不尊重你了，那是最悲哀的事情。

## 孕期职业女性着装风格

女性在孕期仍然会对自己的脸形、面容、身材、姿态很留意，希望将自己扮靓，正在上班的职业女性，如果处在孕期，应该如何穿着呢？

1. 孕期职业女性着装要领

孕期的职业女性，也应选择穿着正式的职业套服，不同的企业有着不同的企业文化，做教师的当然不能穿着吊带装，而时尚杂志的编辑记者也不要打扮得很古板，所以，要根据职业环境来着装。如环境较为宽松，则可选择造型感稳重、线条感轻快、富有质感和挺感的服饰，服装的质地应尽可能考究，色彩应纯正，不易起皱褶。

服装应以舒适、方便为主，以适应整日的工作强度。办公室服饰的色彩不宜过于张扬耀眼，不要干扰工作环境，影响整体工作效率。应尽量考虑与办公室的色调、气氛相和谐，并与具体的职业分类相吻合，服饰款式的基本特点是端庄、简洁、稳重和亲切。

2. 量体选衣

孕期的职业女性要根据自身特点选择服装，别人穿着好看的衣服，而自己穿着却很紧窄，这样是不合适的，所以量体选衣是必要的。体型娇小的女性适合简洁流畅风格的服装，可以使身型显得修长。身材不高但丰满的女性适合同一色系的衣服，这样可以有使身材变高的感觉，不适合闪光发亮的衣料或带有夸张图案的面料。

在这里，不推崇过分时髦，对于现代女性来说，热衷于流行时装是很正常的现象。身处于这样的大潮之中，即使在孕期，也不妨去追求时尚。不过，要避免过分花哨、夸张的款式，对于极端保守的服饰，可以增添一些配饰点缀一下，这可以免于死板之感。

流行的东西是美的，但并不是在所有场合都能收到好的效果，公司里的美主要体现在工作能力上，而并非赶时髦。所以，作为一个成功的职业女性，对于流行的选择不能盲目，要有正确的判断力。

3. 掌握色彩技巧

不同色彩会给人不同的感受，如深色或冷色的服装，会让人产生视觉上的收缩感，显得严肃庄重，浅色或暖色调的服装会有扩张感，使人显得年轻活泼。还要根据自己的肤色来选择服装的色调。

一般而言，皮肤白皙的女性，对服装的色彩要求并不严格，适应面较宽。肤色较深的女性既不适合着太过鲜艳的也不适合黑色的服装，可选择白色或海军蓝。皮肤微黄的女性适合粉红色、浅紫色的服装，这种色彩会使脸增加亮度。

此外，服装的色彩与个人的性格也要相协调。沉静内向的女性适合选用素净的色彩，这与她沉静、淡泊的心境相吻合。活泼好动的女性宜选择色彩强烈的服装，以体现她的青春气息，也可选择蓝色调的服饰来增添一些文静的气质，性格内向的女性也可选择粉色调的服装来增加活泼亲切的气质。

另外，服装的色彩要随季节的变化而变化。春天适合明亮的色彩，如黄色、浅绿色；夏天适合素色，给人清凉之感，如白色、蓝色、玉色；秋天适合中性色彩，如金黄色、米色；冬天适合深沉的色彩，如黑色、古铜色、深灰色。

4. 孕期的职业女性着装大忌

工作场合不应着过分暴露的服装，夏天来临，孕期的职业女性认为穿着比较暴露的衣裳显得宽松、舒服，这是不适宜的，甚至会被他人认为轻浮。

因此，再热的天气孕妇也应注重自己仪表的整洁大方，不应着过分暴露的服装，这与紧张严肃的工作氛围不协调，所以这样的穿着是非常不合适的。

5. 孕期服装如何搭配

女性在孕期由于体形的变化，需要穿着较为宽松、舒适的衣裳，所以，在服装搭配上，要遵从这个原则。此外，还要遵从以下的搭配原则：

原则一：融合自己的个性品位。

只有融合了个人气质、涵养、风格的穿着才能体现出自己独特的个性，而个性是穿衣之道的最高境界。因此，选择服装时千万不要被千变万化的潮流所左右，而应在自己的审美基调中加入当时的时尚元素，融合成自己的穿衣品位。

原则二：与自己的年龄、身份、地位等相称。

随着年龄的增加、身份及地位等的改变，你的穿衣打扮也应与之相称。有专家认为：在人与人的互动行为中，别人观察你时，有7%是注意你的谈话内容，38%是观察你的表达方式和沟通技巧，却有55%是判断你的外表是否与你的表现相称。

原则三：与自己的体形、肤色、气质等相符合。

在孕期，女性应了解自己正在发生变化的体形、肤色，甚至性格、喜好等，不要盲目迷信模特身上或陈列在货架上的漂亮衣服，因为再好看的衣服并不一定适合正处在孕期的你。所以，一定要选择与自己体形、气质等相匹配的服装。

此外，着装是人的品位、感性、心态、个性等的集中物化，即使是孕期的女性，也一定要把握好这一点。在选择最适合的着装时，还要注意不要走入误区。

一是不要过于节俭，一年365日只穿两套洗得泛白的套装。如果你认为花费在上班服的金钱是无谓的投资，那就大错特错。你沉闷单调的外表，会给人一种呆板及不愿与时俱进的印象。所以，为避免因小失大，不妨多为自己添置一些服饰，既可给别人带来新鲜感，又可以令你的自信大增。选几身最适合你的套装,如果将几组套装做巧妙的搭配穿着,不仅是现代化的穿着趋势,也是符合经济原则的装扮。

二是不要过分崇尚名牌。质料的讲究已经是不折不扣的事实,所谓质料是指服装采用的布料、裁制手工、外形轮廓等条件的精良与否。职业女性在选择套装时一定不要忽视它,但并非只有名牌服装才质地好,也别认为名牌货一定适合任何人,购买前也需清楚该品牌的风格及剪裁跟你配合与否。若是外国品牌,更应考虑其设计是否适合东方人的身形,否则买回来的服饰需要左改右改,既糟蹋了衣服又浪费了金钱。

三是不能无视自己身材的缺点。你需要有面对自己身形缺点的勇气,例如腿粗的就别着短裙,身材肥胖的也别着紧身衣物。当然,如果你坚持这样的穿法,也不是罪过,但不会是令人赏心悦目的搭配。此外,过分性感或暴露的服装绝不能出现在办公室中,这会惹出不必要的麻烦,更会给人留下"花瓶"的印象,而失去升职的可能。如果看重自身的职业或事业心重的女性,千万要注意这一点。

四是别过分自信。服饰搭配很讲求自信,但也不表示你需要谢绝所有评语,漠视别人的建设性意见。过分坚持太过自我的装扮,其实并不代表你会穿出最符合自己理想的形象。职业女性还必须注意,除了穿着应该考究以外,从头至脚的整体装扮也宁讲究,强调"整体美"是现代穿着中最流行的字眼儿。

现代职业女性生活状态非常活跃,需要经常花心思在服装的变化上。所以,懂得如何以巧妙的装饰来免除更衣的问题,是现代职业女性必须明了的。在出门前,最好先略做安排以为万全之计。一套剪裁得体、质地优良、色彩和谐的服装,再加上恰到好处的饰品,瞬间便会塑造出一个风采出众的女性。着装之于女性,如同绿叶,它使国色天香的牡丹更显雍容华贵。掌握好着装的学问,将使美丽女性拥有一份难得的个人资本。

## 女性在孕期的服装搭配技巧

女性在孕期时,由于缺少运动,过多摄入营养物质,加上肚腹的隆起,导致体型变胖。这时,女性应该如何穿着,才使自己看上去并不那么臃肿,依然青春靓丽呢?只有巧妙地进行服装搭配,才能掩饰缺点,要学会根据自身特点搭配不同的服装。

女性在孕期仍然想拥有一张娇美、精致的面孔,不妨采用巧妙的穿衣技巧,这也能轻而易举地实现,可试试以下的服装搭配。

1. 使脸瘦一点的服装搭配

(1) 深色系服装搭配

深色系服装能像一片阴影一样,从视觉上隐藏掉面部两侧的部分面积,使面部显得瘦削一些。

(2) 有领子的服装

大翻领服装、高领毛衣或修身小立

领外套等，不但能显得面部小巧精致，还能根据不同的服装色调衬托出美妙的肤色。

（3）有蝴蝶领结的服装搭配

胸前或领口有蝴蝶领结的服装，也有拉长修饰脸型的效果，使脸看起来变得瘦削、小巧一些。

（4）V领服装搭配

V领服装能从视觉上使脸形变得小巧，如果配合选择白色或粉色色款，则能突显脸部的小巧精致。

2. 使脸丰满一点的服装搭配

如果女性的脸骨比较瘦小，或者面部比较瘦削，看起来既不精神又不健康，而且离精致小巧的"巴掌脸蛋"也相差甚远。如何通过穿衣来补救这种缺陷？可试试以下几款服装：

（1）上衣不要出现分量过重的装饰物

如大型胸花、肩饰等，会使脸型显得更瘦、更小。还应选浅色系服装，能把面部衬得更明亮、更饱满一些，如白色或粉色等。

（2）高领束脖或紧口小立领的服装

如高领束脖毛衣，或修身紧口小立领外套，不但能突显面部的小巧精致，还能根据服装的色调衬托出健康精神的肤色。

（3）圆口领或"一"字领服装

圆口领或"一"字领服装，可从视觉上突显瘦脸的饱满。"一"字领可露出脸部下方更多的肌肤，视觉上增加脸形的面积，使脸形变得很大。如果是黑色系"一"字领，突显脸形要大而效果更明显。

3. 不同脖子类型的女性的服装搭配

一般情况下，脖子的缺陷主要体现在粗、细、长、短上，要想获得粗细长短适中的脖子，可利用衣领的搭配技巧来美化脖子。

（1）脖子较短

选择领深在锁骨以下的领子款式，且越简单越好，如果领子有花边，花边在领口以下；如深V领，可使颈部产生延伸感。

（2）脖子较长

选择至少能把脖子掩盖一部分却不显露其长的领子，如立领、"一"字领或有装饰的高领等。

（3）脖子较僵

选择深开的V领、大圆领、其他宽大开领或V领的衬衫等，可使脖子变得细长。

（4）脖子较细

选择"一"字领、小圆领、翻领、竖领或者叨以掩盖脖子的高领等。

4. 有瘦腰效果的服装搭配

选购服装就像选老公一样，适合自己的才是最好的。合体的服装既能遮掩腰部的赘肉，又有收腰的功效，让女性穿出纤细的小蛮腰。女性在孕期身材会发生明显变化，尤其是腰腹部。在孕早期，女性可通过一些服装搭配技巧遮掩日渐加粗的腰身。那么，哪些服装能达到瘦腰的效果？现罗列以下能达到瘦腰效果的主要款式：

（1）略微夸开的裙摆

双排扣式的复古款上衣，加上略微夸开的裙摆，立刻能起到视觉收腰的神奇效果。

（2）腰带装饰

腰带既能塑形又能提高腰线，使下肢比例更显修长。根据自己的身材可挑选宽窄不同的腰带来进行装饰，身材本来就高大粗壮者最好使用宽腰带，身材娇小者可以选择很细的腰带。

将腰带系在胸下，可以突显胸部的丰满，同时能对比出腰部的纤细。如果是硬朗风格的大衣，一款硬朗的腰带，有瘦身的效果，使整个人看起来更苗条一些。

（3）优雅裙式大衣

宽松的样式可以掩盖腰粗或凸起的腹部，个子矮小的女生穿上更显得娇小可爱。

（4）上身呈倒三角的服装

上身宽松，到腰间缩口，使上半身接近一个倒三角状，可突显腰部纤细，如收腰的蝙蝠衫。

（5）胸部褶皱腰部平整的款式

上半部带些褶皱而腰部却是平整的设计中，褶皱可突显胸部丰满，而平整的腰部设计可使腰部突显纤细。如果平整的腰部设计使用黑色面料，则更突显腰细，因为黑色能给人显瘦的视觉效果。

## 起到美体效果的服装搭配

1. 有收腹效果的服装搭配

女性如果在孕期肯定会有一个恼人的大肚子，注意选择以下款式的服装，可以帮你起到遮盖凸起肚腹的效果。

（1）A字裙

宽松的A字裙是你最佳的选择，它能轻而易举地遮盖腹部的所有赘肉。

（2）T恤

可以隐藏你的腹部，无论怎样搭配，都非常显瘦而且十分可爱，算是一款百搭服装。

（3）宽松长款上衣

宽松的长款上衣可以遮盖大腹的缺陷，同时可以百搭出多种显瘦的效果，或俏皮或甜美，如长款的V领棒针开衫。

（4）宽版外套

宽版外套既可遮掩腹部，又可突显你体型的娇小。春夏之际的吊带装，可配一款合宜的宽版外套，显出一种性感；秋冬之际的衣装、毛衫等也可配一款合宜的宽版外套。

2. 有瘦臂效果的服装搭配

有些女性手臂较粗，上半身也比较肥胖，甚至整个体型比较粗壮，应避免选择图案繁杂或过于瘦身、过于宽大、圆领、横条纹或面料光泽等类型的上衣，尤其不要穿无袖类服装。以下是几款瘦臂修身类服装：

（1）泡泡袖装

无论是泡泡袖上衣还是裙装，都能突显身材娇小玲珑，尤其是突显手臂的纤细。如，翻领的泡泡袖外套，突显身形纤巧玲珑的同时，还能产生犹如人被包裹起来的感觉。

（2）长袖或分袖装

如果要选择短袖，最好是七分袖、五分袖，或者干脆选长袖，这样可以掩盖过胖的手臂。

（3）袖口宽松的素色上衣

袖口宽松能显得手臂略瘦。如果选择的上衣图案面积大，或带有花边等，会让人把注意力集中到胖的上身。当然，可选简单的刺绣或蕾丝等。

3. 有瘦腿效果的服装搭配

有些女性上半身不是很胖，但腿却很粗，这个问题成为此类女性最为困扰的，她们如何穿着，才看上去很美呢？可尝试以下几款瘦腿类服装：

（1）深色下装

无论是哪种体型，深色的下装都可以从视觉上达到收缩腿粗的效果，包括短裤、长裤或者裙装。

（2）连衣裙

有些女性身材不是很胖，下半身却很胖，尤其是腿部很粗，可穿连衣裙，长及小腿。如果再搭配一款修身小外套，会显得上身小，使整个体型比例协调、身材修长。

腿骨偏粗者，一般上身会偏瘦，臀部会较宽较肥，体形近似A形，挑选服装时挑选A字形裙子或裤子，可以遮掩下身肥胖的缺陷。

（3）短风衣或斗篷

如果是体型较匀称，但腿部较粗的女性，可以选择短风衣或斗篷，来平衡视觉。

4. 有美臀效果的服装搭配

如果你正为臀部扁平瘦小而穿衣烦恼，或者因为臀部过于肥大而东挑西选时，可试试以下美臀类服装。

（1）臀部肥大者

臀部肥大者不宜选择臀部有装饰的下装，应选择简洁款式，否则醒目的装饰更会突出臀部的缺陷；如果腰细，不要系太宽或太紧的腰带，以减少与臀部之间的差距对比；不要选择过短的上衣或具有收缩肩宽的衣服，要选择高腰紧身裤或锥形裤，它们都会突显臀部占整个体型的比例，使臀部肥大的缺陷暴露无遗。

第一款：低腰肥腿裤。

低腰的款式可在视觉上缩小臀部面积，适当地掩饰臀部肥大的缺陷。

第二款：散摆的下装或高腰线的连衣裙。

散摆的下装可巧妙地掩盖肥大的臀部。

第三款：搭配有装饰的上半身衣服。

搭配有装饰的上半身衣服，可达到全身上下视觉平衡的效果。

第四款：盖过臀部的上衣。

盖过臀部的上衣能轻而易举地掩饰臀部。

第五款：后部开襟的长款上衣。

长款上衣能很好地遮盖肥大的臀部，如果后部开襟，则能若隐若现地显出臀部，从而突出臀部的性感曲线。

第六款：下摆呈喇叭状的裙装。

下摆呈喇叭状的裙装，既能很好地遮掩臀部缺陷，还能拉长腰身，突显修长优雅的身材。

（2）臀部扁平瘦小者

臀部扁平瘦小者不宜穿紧窄贴身、暴露臀形的服装，应穿的服装有以下两种类型可选：

第一类：裙装。

百褶裙、碎折裙、格子裙、塔裙、大摆裙等能掩饰臀部缺陷，是臀部扁平瘦小者的首选。

第二类：裤装。

如果喜欢穿裤子，可选臀部有口袋的款式，会使臀部显得丰满一些；也可以选择格子或带花图案的休闲裤子，可起到转移视线、掩饰缺陷的作用。

5. 有美胸效果的服装搭配

当女性正为胸部扁平瘦小而穿衣烦恼，或者因为胸部过大而无法体现玲珑曼妙的体形，试试以下美胸类服装：

（1）胸部扁平瘦小者

胸部扁平瘦小者穿衣时不宜太紧或太松，太紧会暴露胸部缺陷，太松则会显得更瘦、更小。

①上衣有装饰的服装，或上衣其他地方做了一些装饰，如胸花、肩部独特的装饰品。

②褶皱腰部平整的款式，腰部却是平整的设计。褶皱可突显胸部丰满，而平整胸前饱满的褶皱设计，不仅可以让胸部显得丰满，而且显得瘦身。

③质感丰富的布料服装。

选择一些质感丰富的布料服装，如镂空、蓬松质感或有蕾丝边的服装。

（2）胸部过大者

不宜选择太过宽松的服装，否则不但不会突显胸部丰满的优势，反而会使整个体型显得体积过大；可选择低胸、深色的服装，突显苗条及性感。

①"V"字领收腰装。

略低的"V"字领可突显胸部丰满的优势，收腰的款式可突出细腰的效果，此款服装可塑造凹凸有致的曲线美。如果是"V"字领收腰长裙，或是下装搭配喇叭状长裙，则能在曼妙曲线中又增添几分淑女气质。

②腰带装饰。

根据身材比例选择合适宽度的腰带，系在胸部稍靠下，可以突显胸部的曲线，同时可提高腰线使下肢比例更显修长。

③上身呈倒三角的服装。

上身宽松，到腰间缩口，使上半身接近一个倒三角状，既可遮掩过大的胸部体积，又可突出腰部纤细，如收腰的蝙蝠衫。

## 服装色彩如何搭配

女性服装与颜色是分不开的，五彩缤纷的颜色总能装扮出美丽的女人来。不过，由于女性肤色、脸型、身材等方面的不同，选择的服装色彩也不相同。

但女性要想突出自身的优点，就必须搭配好适合的色彩。根据近年来的服装流行趋势，现罗列以下服装色彩的搭配技巧：

1. 黄色

高彩度黄色为富贵的象征，符合秋季气氛；中明度的黄色适合夏季使用；低彩度黄色则为春季最理想的色彩。浅黄色与粉红色搭配容易造成冲突，而橘黄色与蓝色也是不和谐的搭配，应该注意避免。

（1）浅黄色＋咖啡色

浅黄色上衣可与咖啡色裙子、裤子搭配，浅黄色的衣服上接上浅咖啡色的蕾丝花边，使衣服的轮廓更为明显。

（2）浅黄色＋白色

浅黄色上衣搭配白色的下装，能产生柔和的效果。浅黄色的纱质衣服，具有浪漫气氛，因此不妨采用作为长的晚礼服或睡衣。

2. 红色

深红色是最理想的秋天颜色，穿红色衣服时，要尽量避免使用太多的红色，这样就会显得过分孩子气。

（1）浅红色＋深红色

浅红色的格子花裙，可搭配深红色的上衣外套。

（2）艳红色＋白色或蓝色

红色最容易搭配的颜色就是白色，白色可使红色更显眼。艳红色给人一种极为强烈的印象，可作为背心主色，再搭配白色的上衣。艳红色的上衣若与蓝色牛仔裤搭配，也会收到不错的效果。

（3）浅红色＋白色或米黄色

浅红色的长裤或裙子，常与白色或米黄色的上衣相搭配，如果用深红的胸花或别针为点缀，能起到与红色下装相呼应的效果。

（4）大红＋黑色或灰色

大红的外套大衣可与黑色或灰色长裤、长裙搭配，但外套里的上衣最好为白色。

3. 白色

（1）白色＋淡紫色

深色衬衣配白色长裤，再搭配淡紫色西装，可充分显示白领的自我个性。另外，白色与淡色休闲衫搭配也是一种成功的配色。

（2）白色＋红色

这种搭配是一种大胆的色彩搭配，在强烈的对比下，白色分量越重，红色看起来会越柔和，一般白上衣配红裤、红裙，或红上衣配白裤、白裙，如白色休闲衫搭配红色，给人温柔飘逸的感觉，淡粉红色上衣配白色褶裙，会显得温柔恬淡。

4. 黑色

（1）黑色＋强烈对比色

在服装方面，黑色不失为各种颜色最佳的搭配色。对于体型高大肥胖者，黑色更是一种最具收缩效果的颜色，在黑色的伪装下，看起来要比真实的体型苗条许多。

黑色的裙子、裤子可搭配红色、橘色、白色、黄色等较为强烈对比色的上衣。黑色与中间色的搭配却突出不了效果，如淡草绿、淡蓝、粉红、灰色等柔和的颜色与黑色搭配，将失去黑色的强烈收缩效果，从而使搭配缺乏个性。

(2) 黑色+另一种颜色的配件

如果全身都是黑色，应以另一种颜色的配件来缓和单调感，如搭配一件短外套也是不错的选择，或者搭配一款金黄色的围巾、红色的手镯。穿全身黑色，如果配上有羽毛的胸花，最能表现出羽毛的轻柔感。

5. 蓝色

(1) 深蓝色+白色

深蓝色搭配白色或深蓝色与白色、深红色这三种颜色组合成的条形图案，可提高鲜明度。

(2) 蓝色+蓝紫色

蓝色可搭配紫蓝色，如果是这两种颜色的小碎花图案，更可产生浑然一体的和谐效果。

6. 绿色

(1) 浅绿色+红色

绿色与红色搭配会显得过于土气；绿色与黑色搭配显得过于沉闷，而与蓝色搭配显得犯冲，所以搭配时一定要注意这些。

(2) 绿色+白色

绿色最理想的搭配颜色是白色，绿裙或绿裤搭配白色上衣或外套效果会不错。

(3) 绿色+银色

绿色上衣或外套也可搭配银色裙或银色裤，女性如果穿整套绿色，搭配白色的皮包、皮鞋会起到很不错的效果，银灰色的效果次之。

## 佩戴首饰应注意哪些

女性佩戴的首饰种类很多，为人们所熟知的常见首饰主要有项链、手镯、戒指、胸花等。优雅得体的穿着，再加上富有个性的饰品，将会使你显得更加光彩照人。然而，女性佩戴首饰也是要遵循一定的礼仪要求的。

1. 佩戴首饰应注意哪些

(1) 佩戴首饰要注意场合

女性在上班期间，应不戴或少戴首饰。运动、旅游、出门拜访时不宜戴太多的首饰。只有在交际活动中佩戴首饰才最为合适。

(2) 应当遵从有关的传统和习惯

女性在社交场合，最好不要靠佩戴首饰去标新立异。

(3) 不要使用粗制滥造之物

在社交场合中，戴不戴首饰无所谓，要戴就应戴质地、做工俱佳的。

(4) 佩戴首饰并非多多益善

一般情况下，女士可以戴两种或两种以上的首饰，而男士只宜佩戴结婚戒指一种。近年来，佩戴首饰已成为服饰中的重要组成部分，值得注意的是，首饰的佩戴绝不应一味地堆砌，不要以为多多益善。

2. 佩戴服饰品的原则

(1) 具有对比色的服饰品更动人

这样的服饰品更能显示个性化，就

拿女士们都喜欢的胸花来说吧，一般来说，衣服是淡色的，胸花宜选用鲜艳的颜色；如果衣服是深色的，胸花宜选用浅淡的颜色。春秋两季，女孩多喜欢穿漂亮的羊毛衫，如果穿一件玫瑰红色的羊毛衫，别一个银白色的胸针，就能给人以活泼俏丽、艳而不俗的美感。

（2）服饰品要与服装的式样、色调、风格统一

穿着一身笔挺的西装，却趿拉着一双拖鞋；身着一件高贵的翻毛裘皮大衣，却戴了一顶绿军帽；穿着朴素的学生装，却挎一个珍珠包。这些类似的穿着和佩戴，是极不协调的。穿西装时一定要换上皮鞋，穿裘皮衣时应配顶与之协调的裘皮帽，穿学生装时可以背一个活泼的书包。如此一来，整体效果就好多了。

（3）饰物要有利于弥补自己生理上的某些不足

身材瘦小的女性戴一顶过大的帽子，会给人头重脚轻之感；而脸大的女性，最好不要戴太小的帽子，那样显得头小脸更大。双腿较短的人，服装与袜子、鞋最好选用同一种颜色，能给人以修长之感。脖子较短的人，宜选用细长的项链。脖子细长的人，宜佩戴多层次或较短的项链。

（4）佩戴服饰品要根据时间、场合、个性的不同而不同

服饰品是服装美不可缺少的点缀，正确而有效地利用服饰品，才能为你的着装锦上添花。不合时宜的服饰，不仅不符合人们的审美习惯，而且对身体健康也不利。

要根据季节变化而变换服饰，如果女性在严冬仍穿着短裙和单鞋，就毫无美感可言。佩戴服饰品还要考虑不同场合。在国外，一些庄重华丽的服装和闪光的饰物，是专为晚间活动时使用的。

如果在白天穿戴就很不合适，在晚会上或娱乐休息场所，可以打扮得漂亮一些；而在课堂上，就要讲究朴素整洁，不宜把自己打扮得珠光宝气。服饰品更要依据自己的个性特征进行选择佩戴，与自己个性不搭配的东西千万不要往自己身上戴，那样做只能给人不伦不类的感觉。

服饰品选择的主要原则，是要从服装整体美着眼，使服饰品起到点缀、美化服装的作用。所以服饰品要巧妙、合理地选择。

3. 佩戴饰物的常识

（1）佩戴项链

女性在戴项链时，要与服装、颈部肤色相协调。夏天，因女性衣着单薄，佩戴金、银、珠宝项链都很美。浅色的毛衫要佩戴深色或艳一些的宝石类项链；深色的毛衫可佩戴紫晶或红玛瑙项链。脖子较粗的人应选择较细的项链，脖子较细的人则应选宽一些的。一般来说，老年女性宜选质地上乘、工艺精细的项链；年轻女性可以选择质地颜色好、款式新颖的项链。

（2）佩戴戒指

女性戴戒指和穿衣服一样，是以自

身的条件为依据的。只有与身材、肤色、脸形相互和谐、相互衬托的饰物，才能使佩戴者显得美丽动人。

戒指的形状与手指必须相配合，比如，手指粗短者应选择椭圆形的戒指，可使粗短的手指显得较为修长；细长的手指可选择圆形的戒指；手指过长者可戴一朵有花纹或两枚重叠形戒指。褐色皮肤的手，戴上金戒指比较协调，有高雅感；手背肤色偏黑，可选暗褐色或黑色宝石戒指。

（3）佩戴耳环

耳环也叫耳坠，是女性耳垂的特殊饰物，种类繁多。一副摇曳多姿的耳环，可以使女性分外妖娆。然而，如果佩戴不当，反而会给人以轻浮浅薄和庸俗不堪的感觉。合理地佩戴耳环注意以下几点：

①注意与发型配合的原则。

这个原则是既要醒目、漂亮，又不使人感到杂乱无章。比如，梳高发髻，再戴串珠耳环，会给人面部过于拉长的错觉；而长波浪式发型因耳际头发波浪太多，如果再戴环式耳坠，则会使人产生一种杂乱的感觉。短发而面圆的女士，可佩戴卵形或长菱形的耳环；如果将头发盘于后脑，不妨选对白色或有色彩的大型耳环，更显得艳丽醒目。对于剪了一头短发的女性，可露出的耳垂又不是很好看的话，白色月牙形耳环是最理想饰物；对于梳了发辫的女性，悬垂式钻石耳环会更神气。

②注意耳环与服装的配合。

耳环与服装配合也是休戚相关的，如果配合得恰到好处，就会有牡丹绿叶之功。从色彩上讲，耳环应和服装的颜色相近，即应选用调和或近似色彩的耳环，如选择色调反差强烈的耳环，会给人以不伦不类的感觉。

③耳环的款式，也有讲究。

西服端庄，适宜戴单调耳环；夏季素净的服装，戴上宝石耳环则赏心悦目。珍珠被称为"皇后的珠宝"，它能配合各种服装，显出它的多面性。钻石耳环如配合秋装，则刚柔并重。对于冬装，灵巧活泼的大圈耳环会使佩戴者轻盈而有生气。

④应根据用途佩戴耳环。

比如，参加婚礼、宴会之类的喜庆仪式，应佩戴高档的耳环，宝石颜色要鲜艳，款式要比平时戴的严谨些，大一些。同时，对季节因素也要考虑，夏季可以选择轻质、小型的耳环，陶瓷、有机玻璃尽可使用，但冬天以使用金属类为好。

（4）佩戴手镯和手链

手镯和手链一般戴在右臂上，表明佩戴者是自由而不受约束的；如果在正式场合，女性左手戴玉镯一只或左右手各戴一只，则表明她已经结婚。

一般来讲，一只手上不宜同时戴两只或两只以上的手镯、手链，也不要一只手腕既戴手表又戴手镯。如果戴手镯、手链和耳环等首饰，一般可以省去项链，或只戴短项链为宜，以免三者争辉，影响美感。

（5）佩戴胸花与胸针

选用胸花，应根据服装的色彩、面料、款式。红色的衣裙配以黄色、粉色的胸花，形成暖调的和谐美；白色的衣裙配上天蓝色或翠绿色的胸花，形成冷调的协调美。

穿着高贵质料服装时，如果再配上一枚镶着宝石的别针，将会显得格外靓丽。胸针可别在胸前，也可别在领口、襟头等位置。胸针的选择要以质地、造型、做工精良为标准。胸针式样要注意与脸形协调。长脸形宜配圆形的胸针；圆脸形应配以长方形的胸针；方脸形适宜用圆形的胸针。

①穿着裤装、裙装和便装时，可以戴动物、人像、瓜果设计图案的胸针。

②年纪较大的女性，最好佩戴嵌有珠宝而富价值感的胸针，可以衬托出一种高雅持重的气质。

③年轻的女孩则不宜戴得珠光宝气，应选式样活泼或景泰蓝质料的胸针，如戴贵重的别针，反而会显得老气。

④胸针的颜色最好与衣服颜色产生深浅对比，以收牡丹绿叶之效。

饰物佩戴的目的是提升人的气质，增加美感，达到锦上添花的效果。当然，佩戴饰物并非是随意性的，通常有着约定俗成的意义。只有了解佩戴饰物的规则，才能在达到高雅美丽的同时，又合乎礼仪规范。

## 女性如何搭配鞋子与袜子

女性即使在孕期对穿着仍然很重视，即使有的孕妇体型发生了变化，甚至出现足部水肿等现象，也仍然不会对穿鞋穿袜马马虎虎。的确，女性的丝袜轻如蝉翼，给人一种神秘、妖冶的视觉效果。与袜子成为天生搭档的是鞋子，穿一双合适的鞋子，不仅走路稳当，而且给人一种端庄、美丽的感觉。而为了体现整体效果，袜子、鞋子一定要与女性整体的装束相搭配。尤其是在不同场合，鞋袜的穿着搭配，都要有一定的原则。

1. 鞋袜穿着搭配的原则

（1）孕妇不要穿太高太细的鞋

在工作中尤其是社交场合，孕妇不要穿太高太细的鞋，会使你走路掌握不好平衡而东摇西晃、步履不稳，更不宜搭配窄裙，会使女性显得做作而不自然。

（2）不要穿露着脚趾的凉鞋、拖鞋

在社交场合，不要穿露着脚趾的凉鞋、拖鞋；袜子的颜色以单一色调为佳，不宜穿带图案的袜子，也不宜穿白色运动袜。

(3) 鞋袜的颜色要保持一致

鞋袜的颜色,至少应与腰饰、丝巾、腕饰等保持一致。

(4) 注重合适的搭配效果

浅色或中间色系的鞋子,应配上较明亮的衣着,明亮、中性色系的鞋子,可搭配中性色衣着,中间色系或较暗的鞋可搭配较深颜色的衣着。

(5) 在办公室里不宜穿皮靴

在办公室里不宜穿皮靴,即使要穿也要注意让裙摆盖住皮靴的筒顶。

(6) 穿长筒袜时要长短一致

平时穿长筒袜时应注意长短一致;袜口不能露在外面,避免腿上一部分肉露出来。穿裙应配长筒丝袜或超薄的连裤袜,不宜配太厚的袜子,且以肉色、黑色为主。腿瘦的女性可穿浅色袜,腿粗的女性可穿深色袜,匀称修长美腿的女性则最适合穿透明丝袜。

(7) 在工作场合不宜穿长筒袜

在工作场合不宜穿长筒袜,因为当你走几步它便有可能往下掉。也不要穿起球或已挂丝的袜子,可在工作场合备一双易搭配的中色系袜子,一旦掉线可及时换掉,千万不要让腿上的肉从破洞中露出来。

2. 要选购一双合脚的鞋

女性不仅要穿既时尚又漂亮的鞋,更重要的是要舒服、稳当,如果穿上鞋时你都感到脚部肿胀,而且不稳当,有一种不舒服的感觉,那证明它并不适合你。

漂亮的鞋子为女性添色不少,一双不合脚的鞋能使女性寸步难行,甚至很危险。要挑选喜欢且能为你添色的鞋,合不合脚是先决条件。如何为自己选购一双合脚的鞋?

(1) 测量足部尺码

如果找人代买鞋子,应注意量准自己足部尺码。大概2/3的人两只脚大小不一致,可以较大的一只脚为准,将足印印在白纸上,拿着足印去选合适的鞋子。

此外还要测量足部厚度,有些人的足码确定了,但脚也会有胖瘦之别,所以也要测量足部厚度,以免买回来的鞋子不能合适地容纳足的厚度。

(2) 试鞋时间

最好在下午3点至6点左右选鞋,因为脚部在此时会稍微肿大,如果这时穿着不觉得小,一天中其他时间穿着也不会有问题。

(3) 试穿时应注意哪些

①试穿时应站立,因为站立时,鞋会比坐着时稍大。

②试穿时不能只穿进去对着镜子看一下就买,一定要来回走动几步,充分感受鞋的舒适度,尤其是鞋的稳定性与大小。

3. 标准的款式设计

(1) 鞋跟高度

理想的鞋跟高度应在2~4厘米之间,最好不要超过6厘米。

(2) 必须合脚

鞋跟与足底凹陷处的弧度必须合脚,踝骨与脚尖不应碰触到鞋子,前脚趾要有一定摆动伸展的余地,但后跟不能有摆动，尤其是不能有拔出感。

（3）选择轻巧的鞋子

应尽量选择轻巧的鞋子，因为鞋的重量每增加 1 克，对足部造成的负担相当于在人的脊背上增加几十克的重量。

（4）以舒适度为准

合脚的鞋应以购买时的试穿舒适度为准，不要妄想多穿几日就能磨合，因为磨合过程不但使你经受痛苦，也易使脚部变形，以致今后再也不能适应任何一双规范的好鞋。

4. 检查质量好坏

选鞋时最好摸两边的皮料，看一看厚薄是否均匀，因为皮质的好坏不在鞋头而在鞋帮子。

5. 自备舒适干净的丝袜

另外备一双丝袜便于试鞋时使用，既可减少感染细菌的机会，又可避免试过的鞋沾染汗迹。

6. 你适合搭配哪一款鞋

（1）坡跟鞋

如果你的腿又瘦又短，可以选择一双坡跟鞋。坡跟鞋的高度不但可以从视觉上拉长你的腿，比起其他尖跟的高跟鞋，坡跟使你的瘦腿显得更稳健踏实。若搭配带褶皱的短裙（裙长不要过膝，否则会使短腿消失），可突显身材匀称、腿部修长纤巧，修饰又瘦又短的腿部缺陷。

（2）经典的交叉绕带设计的凉鞋

缠绕的设计可使腿部显得纤巧，如果是长款修身裙或者下装是长款，最好鞋跟也是坡跟设计，因为它可拉长腿形，使你腿部纤巧而修长。

（3）鞋身流线修长类鞋

当别人开始留意你的腿部时，鞋子的修长的流线设计，可让人一眼看到你的鞋身，转移别人对你腿部的注意力，同时，修长的线条可在视觉上产生线条修长的视觉印象；如果再搭配长款衫来盖住大腿的位置，或带点蕾丝、荷叶边等，可与鞋身流线装饰遥相呼应，既起到装饰效果又使腿部显得纤巧玲珑。

（4）长筒靴

长筒靴可以遮盖腿部的一切缺陷，如果腿又瘦又长，宜选择平跟的休闲款式；如果腿又瘦又短，则宜选择高跟的时尚款式。腿瘦应搭配突显肉感的白色或肉色连裤袜，而超短迷你裙是长筒靴的最佳搭配。因为超短迷你裙能露出部分大腿，让腿部在长长的筒靴外面显得修长性感。

（5）平跟扣拇指胶底凉鞋

如果你的腿又瘦又长，可以选择平跟扣拇指胶底凉鞋。平跟不会使你的腿部产生再被拉长的视觉效果，扣拇指设计既能装饰也能遮掩你暴露的瘦脚。如果搭配可爱的迷你裙，能更好地展现臀部到大腿的曲线，从而拥有修长却肉感丰满紧实的双腿，使你展现"瘦而不柴"的体型。

# 包与服装怎样巧妙搭配

在众多的饰物中,包是必要的饰物之一,它不仅是女性生活中实用的必需品,也是一种装饰品。女性出门之前,一定要会配上自己的包,对着镜子多照几番。但如果使包与自己的穿着搭配完美,需学会以下搭配方法:

1. 根据某款服装配包

如果你想选购一款服装搭配一个合适的包,或者你就差一个与你身上服装相匹配的包,那么,可参考以下几种方法搭配:

(1) 色系搭配

可以选择一款与服装同一个色系的包,它可使你整体造型十分协调、典雅。

(2) 对比色搭配

可以选择一款与服装色彩具有强烈对比效果,使你的服饰搭配个性,又可以使你成为抢眼的时尚焦点。

(3) 缀色搭配

色彩明亮艳丽的包可起到点缀的效果,使服装穿着更得体。可选择服装同一色系或与服装花色中某一个相同的花色,作为包的颜色进行点缀。

2. 根据某款包配服装

如果你十分喜欢某一款包,配一款服装,可参考以下搭配技巧及原则:

(1) 白色包

白色包可与任何色系的服装搭配。

(2) 黑色包

黑色包可与白色、米色、灰色、黑色、蓝色、深咖啡色等服装搭配。

(3) 灰色包

灰色属保守稳重的中性色,可与任何色系的服装搭配。

(4) 米色包

米色包可与白色、米色、蓝色等服装搭配。

(5) 绿色包

绿色包最适合搭配黑色、白色、深绿色、浅绿色服装,也可着浅黄等的服装。

(6) 蓝色包

蓝色包可与白色、黑色、蓝色或成熟稳重的中性色服装搭配。

(7) 红色包

红色包可与红色、黑色、白色、绿色、黄色、蓝色等服装搭配。

(8) 粉色包

粉色包可与黑色、白色、深粉色、浅粉色、玫瑰红等服装搭配。

(9) 紫色包

紫色包可与深紫色、浅紫色、黑色、白色、黄色、灰色等服装搭配。

(10) 咖啡色包

咖啡色包可与深咖啡色、浅咖啡色、黑色、白色、灰色等服装搭配。

(11) 褐色包

褐色包适合与褐色、白色服装搭配,当然,褐色也属保守的中性色,如果配红色、蓝色等色彩鲜明的服装,也能起到不错的效果。

(12) 橙色包

橙色包可与橙色、深黄色、白色、

黑色、绿色等服装搭配。

（13）玄色包

玄色是指赤黑色，即黑中带红的颜色，是一种稳重中带神秘的色彩。玄色包可与白色、黑色、蓝色、深咖啡色等服装搭配。

3. 选购一款合适的包

女性在为自己购置包时，如果不是针对现有的某一款服装，而是希望能够搭配多款包，那么应该针对平日里的着装特色选购包。

（1）休闲衫、运动服类服装搭配的包

休闲、运动类服装宜搭配厚帆布类硬包。

（2）个性时尚、色彩流行的服装搭配的包

此类应为个性时尚且与流行色彩相协调的包。

（3）修身 T 恤、牛仔类服装搭配的包

此类应为牛仔、厚帆布类硬包。

（4）大衣、棉袄、羽绒服等分量厚重的服装搭配的包

此类应为皮质、厚帆布类硬包。

（5）编织衫、雪纺衫、衬衫类服装搭配的包

此类应为蕾丝、麻或棉类软包。

## 发型、脸型、帽子的搭配技巧

根据搭配帽子时适合出现的典型发型，现将发型、脸型与帽子之间的搭配技巧介绍如下：

1. 短发的搭配

短发可以弥补脸长缺陷，选择帽子时应选择较大的款式，大且横向的帽子形态可平衡脸部的长度，如各款张扬、帽檐上翘的帽子。

2. 卷发的搭配

卷发可以弥补方脸的缺陷。选择帽子时应选择西瓜帽，帽形大而圆，戴上后会令脸部看起来更圆满一些，同时，线条也不会显得太硬朗。

3. "小犄角"的搭配

可爱的"小犄角"最适合尖脸。选择帽子时不宜选太大顶或帽檐太低的帽子，否则脸会显得更尖瘦。

4. 披开的长碎发的搭配

披开着的长碎发可以遮盖圆脸的缺陷，选择帽子时应选贼仔帽，斜斜地戴上有助于脸形更有立体感；或者选择有帽檐的，不应选择太贴头形的，否则会使你的脸看起来更圆。

## 帽子、围巾、手套如何搭配

爱美的女性都少不了几顶帽子，一顶适合自己的帽子，不仅能起到很好的装饰作用，还可以掩饰缺点。

1. 帽子的选购和搭配

（1）根据脸形选择

宽脸的人不宜选宽顶或低顶的帽子，那样的帽子会使脸部显得更宽，最好选择小檐帽或帽顶较高的帽子；长脸形的人忌戴高顶帽和小帽，否则脸会显得更

长，宽边的帽子会使脸显得协调一些。脸部较胖的人最好选戴高筒帽，或形高一些、颜色深些的帽子，将脸衬得拉长些。

（2）根据身高、年龄、性格来选购

矮个子不要戴平顶宽檐帽；高个子不宜戴高筒帽。年轻人和热情开朗的人选择帽子要注意式样新颖，色彩明快；中年人最好选样式简单、稳重、颜色较深的帽子。戴眼镜的妇女不要选有花饰的帽子，而且帽顶要小一些。

2. 围巾和服装的搭配

①穿红色毛衣，应配黑色透明围巾。

②穿乳白色毛衣，应配玫瑰红的围巾。

③穿银灰色衣服，胖人应配以黑绿色围巾，瘦人应配以大红色围巾。

④穿蓝灰基调的西服，应配色彩艳丽的尼龙绸围巾。

⑤穿藏青色西服，应配纯白色的绸围巾。

⑥穿黄色毛衣，应配淡雅素色围巾。

⑦穿毛呢大衣、裘皮大衣，应配钩针编制的花样复杂的大围巾。

⑧大衣颜色深的，围巾应选用色彩鲜艳的。

⑨大衣颜色淡的，围巾用素雅稳重的。

3. 不同身材搭配不同的围巾

（1）O形身材

腹部和腰部特别突出的，比如孕妇或者肥胖者，可以选择简单的纵向系法，用较深的颜色。不能用大格纹，大格纹会有夸张感。脖子比较短的可以把围巾弧度松一松。

（2）正三角身材

溜肩、胯部臀部很突出的就是正三角，这种身材需要提升肩部的视觉力量，围巾的中心要向上移动，可以做成披肩式的，使肩部与臀部平衡。

（3）娇小身材

这类身材的女性不要搭配超长围巾，不然会显得更矮，要用围巾把重心往上提，比如不要让两端垂在胸前，而是甩到背后，且面料要细，织法要密。

（4）胸部不够丰满

这类身材的女性，可以用围巾做成一个悬垂，系在胸前做一个悬垂领，即可增加胸部的丰满度。

4. 手套如何巧妙搭配

手套有不同色泽、不同款式，女性只要恰当使用，可以为自己增色添彩。具体搭配可参考以下几方面：

（1）颜色搭配

①穿西装或运动服装，应选择锦纶手套，且要选择与之色彩一致的。

②穿深色服装，应戴黑色手套。

③女性穿浅褐色服装，应戴褐色手套。

④使用彩色手套时，最好选用色彩鲜艳的防寒服搭配。

（2）与个人气质的搭配

①有气派的中年女性、潇洒的年轻女性，应选具有稳重感的皮手套。

②性格稳重的女性，适合戴深色手套。

③年轻活泼的女性，适合戴浅色或彩色手套。

（3）与个人体形的搭配

身高臂长的女性，选用长手套会显得英武豪放，身矮臂短的女性选用短手套会显得精明能干。

（4）与场合的搭配

绒线质地的手套比较适合在溜冰、滑雪等运动场合；薄薄的纱手套十分适合在交际场合佩戴，它能突显手指的柔美。薄丝手套、薄纱手套、网眼手套等适合参加舞会、宴会佩戴；当然，穿西服套装或穿夏令时装时，也可选戴网眼手套或薄纱手套。

当穿短袖或无袖上衣参加舞会时，搭配长手套能显得风度翩翩，搭配短手套则会显得十分难看。

（5）与其他饰物的搭配

手套应被衣袖盖在下面，戒指、腕饰等都不宜戴在手套外面。

（6）佩戴礼节

当人们握手寒暄时，男士如果戴着手套就会被认为是不礼貌的；而且，一旦进入室内，应马上脱下手套。而在这两种情况下，女士都不必脱下手套。只是在需要饮茶、吃东西、吸烟或化妆时，应提前脱下手套。

# 如何选购合适的鞋

调查发现，我国每 7 个人中就有一双畸形脚，其中大多数是由于后天穿鞋不当引起的。因此，女性在穿鞋时要加以注意。

1. 女性穿鞋时的注意事项

①鞋要跟脚，脚底的受力要均匀，脚弓要适当托起。

②不要去穿那些看上去漂亮但穿着很不舒服的鞋。穿鞋时脚面不能有被压迫的感觉，脚尖也不能被挤压。

③鞋跟高度要适宜，鞋跟超过 5cm，只能短时穿着，高跟鞋的足弓必须有足够的硬度。

④如果鞋跟歪斜，就应该及时修补或更换。

⑤不提倡女孩过早穿皮鞋。孩子的脚处于生长阶段，非常柔软，因此，鞋的硬度应当适中，应当对足弓有适当的托起，对脚有适当的保护，而不应当过于柔软。

2. 怎样保养皮鞋

（1）新买来的皮鞋擦一遍油再穿

皮革表面充满了细毛孔，先用油将其填满，以后擦起来就省力多了，一擦就亮。

（2）皮鞋每月擦油不要少于 4 次

旧皮鞋的鞋面已经起皱发裂，更需要多擦油，易折皱处适当多擦。

（3）用柔软的布和刷子

擦油时，用柔软的布和刷子，最好

是前一天晚上涂上鞋油，第二天清晨再擦，使油充分被吸收。但一次擦油不要过多，注意厚薄均匀，否则皮鞋会走样，皮面会发花。

（4）保持清洁

皮鞋要经常保持清洁，不沾污泥，避免与酸、碱类化学物质接触。

（5）不可用水或汽油擦拭

皮鞋的表面有了污垢，切不可用水或汽油擦拭。

（6）浸水后要立即用软布擦干

皮革如果浸水，要立即用软布擦干，在干燥通风处晾干，再擦上鞋油。切忌在烈日下暴晒或在煤炉旁烘烤。

（7）垫一副厚些的鞋垫

如果脚出汗过多，可垫一副厚些的鞋垫，避免鞋里面潮湿，产生异味。

（8）有两双轮换着穿

不要总穿同一双皮鞋，最好有两双轮换着穿，使皮革得到休息。

（9）久搁不穿要保养

皮鞋若久搁不穿，皮革已发硬，可涂些凡士林再收藏，能起到滋润的作用。

3. 怎样识别真假皮革

①猪皮革毛孔粗大，一个毛孔三根毛，呈三角排列，毛眼相距较远。由于皮层表面不平整，革面显得粗糙，柔软性差，一般都经修面后再使用。

②牛皮革毛孔细小，呈圆形，分布均匀而紧密，毛孔伸向里边，手感坚实而富有弹性。

③羊皮革分山羊皮、绵羊皮两种，山羊皮革面纹路是半圆弧形，上排2~4个粗毛孔，周围大量绒毛孔；绵羊皮革皮板薄，手感柔软，毛孔细小，呈扁圆形，由几个毛孔构成一组，排成长列，分布均匀。

④马皮革毛孔呈椭圆形，但不明显，毛孔比牛皮革略大，斜入革内呈山脉形状，有规律排列，革面松软，色泽昏暗，不如牛皮革光亮。

⑤仿皮革外观和手感都类似皮革，但细看无毛孔，底板非动物皮，用针织物经人工合成。

4. 怎样鉴别皮鞋质量

很多女性对鞋子的质量是非常关心的，但在选购鞋时却不得要领。鞋的质量好与坏，受鞋材质量、制造加工质量、鞋的式样结构、服饰的配套问题、穿着时跟脚与否、鞋的功能等多种因素的影响。

鞋材质量包括鞋面材质和鞋里材质两部分，应辨别皮革的真伪。

（1）如何辨别真皮

天然皮革即是真皮，是有毛孔的，一般用眼难以看清时，可用大拇指按压皮面，查看在拇指旁边是否有细密的皮纹纹路。有细密的纹路、放开手后细纹消失、皮鞋表面丰满弹性好的为较好的天然皮革，有较大较深皱纹的是皮质较差的天然皮。

如果没有细小的纹路，就不是天然皮革，其中包括两层修面贴膜皮革在内。天然皮革的另一显著特点，是皮面上有瑕疵。一般天然皮革的鞋面，在鞋的内侧和其他不显眼的地方，有少许轻微的瑕疵，比如皮纹粗细不均等。

天然皮革的横截面有疏密不同的三个层次：表皮层非常细密柔韧，中间有致密的真皮层，下面是比较疏松的肉面纤维层，而且层与层之间无明显分界。

皮鞋的鞋里，是为了防止延伸变形并改善脚面触感而使用的补强性材料。要求鞋里材料具有细腻的触感、透气、优良的吸湿排湿性、不掉颜色等性能。中高档皮鞋的鞋里均采用天然皮革和棉布制作。

如果鞋面是天然皮革，鞋里却是人造代用革，只能算是中低档鞋。多数消费者忽视了对鞋里材料的选择和鉴别，这是错误的。

（2）查看鞋帮缝合线和帮底黏合缝

女性可以通过查看鞋帮缝合线和帮底黏合缝，来鉴别加工制作的质量。看是否有断线、鞋帮缝合线是否整齐规范。特别是胶黏皮鞋帮底结合部位，应该黏合平整无沟坎，无虚缝和开胶迹象。

（3）用手触摸鞋的内腔

看鞋里面和内底上，是否有凹凸不平现象。凡是能接触脚的地方不能凹凸不平，不然脚会起疱。鞋内必须有鞋垫，它是为了保持鞋内清洁而设的。

（4）用手掐鞋帮后跟部位

看是否硬挺而有弹性。要求后跟硬挺部位不能有沟坎痕迹，脚踝下方弹性良好，不能过硬，否则损伤脚踝。

（5）按压鞋的内底

看是否坚硬。鞋的内底是鞋的躯干和骨架，用力按压内底，以纹丝不动为好。骨架和躯干不硬挺，鞋子必然变形走样、损害脚形。

（6）查看鞋是否平稳

将鞋随意平放于桌面或玻璃板上，查看鞋是否平稳。当鞋被放于桌面上时，应立即停止左右晃动。

（7）查看前翘高度是否合适

用中指指尖插入鞋底前尖下面，查看前翘高度是否合适。当鞋尖的翘头正好够中指的指肚厚度时，表明鞋尖的前翘正合适。鞋尖的前翘过大时，稳度降低；前翘过小时，鞋掌磨损快，鞋易变形，脚易疲劳。

（8）看鞋底和鞋跟接触是否平稳

用手托住鞋子，看鞋底和鞋跟接触是否平稳。将鞋底和鞋跟轻靠桌子或柜台侧边，让鞋的侧面朝上，查看鞋底接触部位，以鞋掌，即鞋底最宽处和整个鞋跟平面与桌的侧边接触为好，否则鞋易变形和掉鞋跟。

（9）查看是否端正

将鞋平放在桌面上，从前后两个方向查看是否端正。先从鞋头朝后，看鞋底内外边沿距离桌面翘起的尺寸，应该差别不大，以保持平衡一致为好。再从鞋的后跟朝前，查看鞋的后跟上下是否竖直，以不向内侧或外侧倾斜为好。

（10）查看外踝部位鞋帮高度

用食指竖立在浅帮鞋后帮外侧，查看外踝部位鞋帮高度。食指的指尖朝下接触鞋的内底，让食指靠近外踝部的鞋帮，看食指的第二指关节线是否与外踝的鞋帮高度一致。

(11) 查看鞋面部件的对称性

从上朝下俯视鞋面，查看鞋面部件的对称性，以及鞋口轮廓是否变形。以鞋尖和鞋跟中点之间的直线为对称轴线，看鞋面上各部件是否对称，以内外相互对称不向前向后挪位为好。鞋口轮廓线应朝鞋内抱拢，平滑圆顺者为好；扭曲成荷叶形的为劣质鞋。

# 太阳镜的搭配技巧

女性喜欢佩戴一些小巧、漂亮的饰物。小饰物如果能与服装巧妙搭配，就能锦上添花，使女性保持美丽。

1. 太阳眼镜的搭配方法

太阳镜又叫墨镜，是在强光下保护眼睛的"劳保"用品，可以阻挡紫外线和红外线，同时，外界环境的颜色并不改变。20世纪好莱坞明星艺人最早戴上墨镜是为遮光，后来成为出门必用装备，继而带动了墨镜潮流。直到现在，墨镜不但仍然作为一种保护武器，也是最能体现时尚与个性的物品。如何为自己挑选合适的墨镜？可参考以下技巧。

（1）选购墨镜前须知

①应到光学专业眼镜店、正规眼镜店选购优质的太阳镜。

②目前在市场销售的太阳镜主要有两种，是遮阳镜和浅色太阳镜。浅色太阳镜是近几年比较流行的品种，主要起到装饰作用，当阳光不强时可使用。遮阳镜应到正规眼镜店选择正规厂家生产的具有防紫外线功能的太阳镜。

人体有自我保护的本能反应，眼睛遇到强光时，瞳孔会自然变小，使得进入眼睛的紫外线量减少，一旦戴上没有防紫外线功能的眼镜，只会降低透光度从而使瞳孔放大，眼睛等于门户大开，任凭紫外线进入，对眼睛伤害极大。

③应根据自己的喜好及需求选购太阳镜，但应注意：劣质镜片会使人出现恶心、健忘、失眠等视力疲软现象。劣质太阳镜让镜片透光度严重下降，使瞳孔变大，紫外线反而会大量射入，令眼睛受损。

④乘坐汽车最好使用偏光太阳眼镜，因为它们能够减弱刺眼的强光。

⑤在阴天、黄昏以及室内时没有必要戴上太阳镜，尤其是看电视、电影时不宜戴上太阳镜，否则会加重眼睛调节的负担，引起眼肌紧张和疲劳，使视力减退、视物模糊，严重时会出现头晕、眼花等症状。

⑥婴儿、儿童等不宜佩戴太阳镜，因为他们的视觉系统发育尚不完善。

2. 选择墨镜的质量标准和适合的脸型

眼睛长时间暴露在阳光下，受到强烈紫外线的伤害，会增加白内障的危险。因此，在选择墨镜时，要先考虑其紫外线过滤功能，过滤功能越强，保护效果越好。当然，并不是镜片颜色越深防紫外线功能就越强。

镜片颜色越深，镜片透光度严重下降，佩戴者的瞳孔放得越大，紫外线反而会大量射入，会使眼睛受损。因此，镜片颜色深浅的选择，应据所需活动的场所而定。不同的光源和场合，镜片的颜色也会影响其遮光效果。要使太阳镜能有效遮挡强光，镜片颜色应有足够的深度，但骑车或驾车者，不宜选颜色太深的镜片。一般来说，以浅灰色、茶色或轻烟色为上乘，其次是绿色、蓝色等，红色只适合在日光浴或雪地上使用。

（1）国家对墨镜的质量标准

能吸收95%以上的紫外线，透光率应在5%~30%左右，双侧镜片颜色均匀且差异不大于5%，视物清晰不变形，对颜色鉴别不失真，能准确辨识信号灯，佩戴舒适亮丽。

（2）墨镜质量的鉴别方法

①鉴别镜片度数。

太阳镜镜片的度数应满足平光镜片的要求。

可将太阳镜置于眼前，透过镜片观察远处目标，如窗框或门框等，再将眼镜上下前后移动，目标事物不应有摆动及波浪形变形。

②鉴别镜片的颜色失真率。

太阳镜镜片的颜色不能偏，否则视物颜色会失真。先观察红、绿、黄等颜色的物体，然后戴上太阳镜，两次观察的颜色不能偏色，否则所买的镜片视物会失真，更会降低识别交通信号灯的能力。

（3）不同脸型适合佩戴的镜框

墨镜是整个面部的焦点，不同形状的镜框，能为你衬托出不同效果的脸部轮廓。肤色白者可选黑色镜框，肤色暗黄者可选淡雅的蓝色、紫色等镜框。

①小脸形。

小脸形适合佩戴细框或无框架眼镜。

②胖长脸形。

胖长脸形适合选择边框较宽的椭圆形或圆形镜，能把人们的视线拉宽拉大，打破又胖又长脸型的局限。

③瘦长脸形。

瘦长脸形适合选择边框较细的椭圆形或圆形镜，能把人们的视线拉短缩窄，打破又瘦又长脸形的局限。

④椭圆形脸。

椭圆形脸又称鹅蛋脸，属标准脸型，适合任何镜框，推荐使用与脸部比例相衬的正方形镜框。

⑤心形脸。

心形脸适合选择多角形的轻巧镜框，以与面部轮廓相衬。

⑥菱角形脸。

菱角形脸适合片式形镜框。

⑦圆形脸。

圆形脸适合选择长方形镜框，以勾勒出轮廓；若是大圆脸，可配较大的墨镜。

⑧三角形脸。

三角形脸适合选择上方下圆的镜框。

⑨大脸型。

大脸型外观轮廓为黑框的眼镜，能

起到减小脸型的效果。

（4）不同用途应选用的镜片颜色

根据目前市面上常见的款式，将其主要特色列举如下：

①黄色镜片。

黄色镜片可吸收100%的紫外线，并可让红外线和83%的可见光穿透镜片。最大的优势是，它可以吸收大部分的蓝光。太阳光照过大气层时，主要是以蓝光表现，黄色镜片吸收了蓝光以后，可以使自然界的景物更清楚，因此，黄色镜片常用来当作"滤光镜"。在多雾和黄昏环境下，佩戴黄色镜片还可提高对比度，提供更准确的视像，因此，其又被称为夜视镜。

②灰色镜片。

灰色镜片可吸收红外线和98%的紫外线，最大的优势是，可以非常有效地降低光线强度，但并不会使景物原来的颜色因镜片而改变。

③绿色镜片。

绿色镜片与灰色镜片一样有效，吸收红外线和99%的紫外线。但绿色镜片会使某些景物的颜色变形而扭曲，且其阻隔光线的效果略逊于灰色镜片。当然，绿色镜片也属一种优良的防护镜片，还能最大限度地增加到达眼睛的绿色光，有令人凉爽舒适的感觉，适合眼睛容易疲劳的人使用。

④墨绿色镜片。

墨绿色镜片可吸去热气，带来清凉感觉。但透光度及清晰度较低，适合晒太阳时佩戴，不宜驾驶时戴。

⑤粉红色镜片。

粉红色镜片能吸收95%的紫外线和一些波长较短的可见光。它是一款非常普遍的颜色，具有更大的防护效果，因此能赢得不少女性的青睐。

⑥棕色镜片。

棕色镜片吸收的光线种类和绿色镜片的差不多，但比绿色镜片吸收更多的蓝光。棕色镜片造成颜色的扭曲程度比灰色、绿色镜片还要大，所以人们对它的满意度一般不高。但它提供了另一种颜色的选择，且能略减蓝光的光晕，使影像更清晰。

⑦茶色镜片。

茶色镜片可滤除大量蓝光，改善清晰度。尤其适合在空气污染严重或多雾情况下佩戴，一般能挡住表面的反射光线，令戴眼镜者仍可看清细微部分，是驾驶员的理想选择。

⑧蓝色镜片。

蓝色镜片能有效滤去海水及天空反射的浅蓝色，十分适合在海边沙滩游玩时佩戴。但开车时应避免使用蓝色镜片，因为它会使你辨认不清交通信号的颜色。

⑨蓝灰镜片。

蓝灰镜片与灰色镜片相似，但颜色更深，可见光吸收率更高。

⑩水银镜片。

水银镜片表面采用高密度的镜面镀膜，能更多地吸收紫外线，反射可见光，十分适合户外运动佩戴。

⑪浅蓝色、浅粉红等镜片。

此类镜片属装饰性镜片，大多为年

轻人佩戴使用。

3. 能戴出"明星范儿"的墨镜

大号深色墨镜基本已成为明星们出门必配的装备，深色墨镜的好处是，能让别人看不到自己的眼神，而自己却可以在眼镜的遮蔽下观察四周；大号的墨镜戴在脸上，脸小的几乎能遮住半张脸，脸大的也能遮个一半或三分之一，既显派头又显个性。

4. 能戴出"时髦味"的墨镜

最近流行的墨镜要属超大的糖果色塑胶镜框墨镜，镜片大到遮住半张脸，酷似明星，派头十足。这种镜片够大，能有效挡光、防紫外线辐射。

当然，要选一款时髦的墨镜，也要注意镜脚的设计、镜片的颜色以及镜框的材质等。金属镜脚装饰以人造水晶与商标设计抢风头，浅色镜片比什么都看不见的黑色镜片更添佩戴者的神秘感。

据专业验光师分析，亚洲人不如西方人鼻梁高挺，因此，金属镜框、塑胶镜脚更适合亚洲人佩戴。

# 第四章　女性衣物的选购与清洁

内衣虽然不为人看见，但对于现代女性来说，仍然很重要，因为女性内衣的功能不仅仅是穿上后便于行动，而且还能调整自己的体态，起到修饰外表的作用。因此，追求时尚的现代女人，不但要学会选择内衣，而且在清洁内衣上也不可疏忽大意。

## 女性文胸的选购

女性都要穿文胸，如果文胸选购不好，不仅会影响健美，也会影响乳房健康。那么，女性如何选购合适的文胸呢？应根据胸型选择合适的文胸：

1. 胸部下垂型

胸部下垂者往往是因为胸部较高，但乳房肌肉松弛，不穿戴文胸，时间久了就产生胸部下垂。要想恢复胸部原有的健美，首先要选择比平时大一号的文胸，并尽量使用带钢圈和侧部有加强功能的文胸，使之加强衬托，由下往上地支撑。但要注意，肩带的宽度是否能符合所托的重量，使乳房提升到合适的位置，并要注意把乳房全部圆满地填入罩杯内。此种类型的女性最适宜选择全罩杯文胸，因为全罩杯文胸，有能力将下垂的胸部托起来。

2. 胸部扁平、外散型

胸部扁平、扩散所造成的外溢，是有很多种原因的，除天生之外，有些是因为长时间不穿文胸，使胸部任意生长，从而形成胸部外溢。

有些女性因为不知如何选择合适的尺寸，文胸尺寸太小，包容不住胸部，把本来漂亮的胸部给弄得扁平；也有些女性是因为款型没有选好，致使胸部无法集中，造成扩散。因此，以上情况的女性请选用集中型的文胸，也就是3/4罩杯的文胸，它能使你的胸部集中，衬托出挺拔的曲线。

3. 胸部娇小型

胸部娇小可以用功能文胸来进行弥补，不要认为自己的胸部太小，就可以不穿文胸或穿着较紧身的文胸，要知道，不穿文胸的后果将使胸部更平坦，太小的文胸会限制胸部的发育，应穿戴略大一点的文胸，让胸部血液流通，加大它的活动空间让它朝合适的位置和空间发展。

针对胸部娇小的女性，市场上有许多健胸款式供你选择，如有按摩型文胸，有促进血液循环的微元素无纺布文胸，它们对健胸都有一定的作用，另外还可选择定型罩杯文胸，它们都比较适合娇小胸部的女性。

4. 胸部丰满型

丰满女士最好穿黑色或白色系，即乳白、牙白、漂白、灰白等颜色的内衣。中性色或各种加灰色系，都会减弱丰满女士的光彩。

同时，黑色或白色的内衣，与各色外装搭配都比较容易配色。轻、薄、丝质面料，适合做丰满女士的内衣。运用蕾丝、荷叶边等做装饰，可以体现女性的柔美和浪漫。薄的弹性面料是这类内衣的常用品，不仅使人舒适，而且不显累赘，使丰满体形具有现代时尚的风格。

最好不选纯棉质内衣，因为虽然棉质有吸汗、透气的优点，但对于丰满体形来说，容易造成臃肿、落伍的不良效果。最好不选加内垫的文胸，因为它会给人厚重的造作之感。

胸部丰满的女性，在选择文胸时，最好选深罩杯和3/4、4/4型，宽肩带、加钢丝托，有利于丰胸的造型。如果选择1/2罩杯，可能会承托不住丰满的乳房，容易出现乳房上溢，显得松垮。

## 如何挑选合适的肩带

女性在佩戴文胸时，肩带是必不可少的。肩带款式在形式上是为搭配不同外衣而设计的，它给我们穿戴文胸带来很多方便。女性穿戴文胸是否舒适、合体，通常取决于肩带的不同款式。如果肩带常常滑落，在公共场合会让人十分尴尬。

1. 肩带的功能和选择

（1）肩带的功能

肩带最主要的作用首先是提拉乳房，其次是为了胸部及身材造型。无论是固定还是造型，使乳房挺拔是最基本的。为了把乳房拉起，肩带要使用编织紧密并有一定厚度的丝带。但勒得太紧，会使肩部肌肉不适。所以肩带又要有一定弹性，使我们在活动时更加轻松。

（2）不同肩型的肩带选择

①厚肩。

厚肩即肩膀弧度适中，肩部肌肉较厚，锁骨、肩胛骨不明显。并非只有胖人才有这种肩，骨架大的女性一般肩也比较厚。选文胸要选宽一点肩带的，拉力足够，肩膀也舒服。肩带位置最好选居中或靠里侧一些的，太偏外侧容易滑落，而且对胸部丰满的女性来说，造型上会显得比较松散。

此外，厚肩女性选肩带时要注意一下织物密度。肩带前段没有弹性的那种，可以更好地拉起乳房，并且不会因穿戴几次后肩带松弛下来而失去强拉力。需要注意的是，厚肩型女孩一般体型比较丰满，选3/4或全罩杯加宽肩带的文胸造型效果更好。

②薄肩。

薄肩即肩膀弧度适中，肩部的肌肉不厚，锁骨、肩胛骨明显。一般女性都是这种肩型。选文胸的时候，可以选肩带略靠外侧的设计，肩带宽度可以窄一些，这与单薄的肩膀比较相称。还可以选择中间位置的肩带设计，使乳房提升力稳定。需要注意的是，薄肩体型者要让肩带贴住上胸部，试穿时看看肩带与身体间有无空隙。

③斜肩。

斜肩俗称美人肩，因为这类体型的女性都显得杨柳细腰、婀娜多姿。这类肩膀弧度较大，无论肩部肌肉多不多，肩胛骨都不突出。

斜肩与薄肩不同，由于肩部坡度大，肩带很容易滑落，所以最好不选肩带偏向外侧的文胸。但过于偏里侧的肩带不大舒服，要选肩带中间设计的那种。穿上后，肩带正好在前后锁骨交叉部位。略宽一些的肩带有利于稳定，不易滑落，同时，肩带背面有塑胶的那种，加强了摩擦力，也是首选的款式。

此外，对于斜肩女性来说，选择背部为U形设计的肩带，比垂直型设计的肩带，更加舒服，还不易滑落。当然了，如果你需要可摘下肩带的文胸，唯有垂直型肩带的那种了。

④平肩。

平肩俗称将军肩，因为这种体型比较英武威风。这类肩膀弧度较小，肩胛骨比较明显。与斜肩相对，平肩女性戴文胸，肩带不容易滑落。在解决滑落问题上，平肩主要注意肩带的里、外侧位置就可以了。

2. 从胸部造型角度考虑

（1）平肩体型

平肩看上去四四方方的，可以通过胸部的调整使体型不那么呆板。

（2）窄肩型平肩

可通过戴偏外侧肩带的文胸，来使乳房向两侧扩展一些，使体形看上去舒展一些，但要注意使乳房最高点与前锁骨中部在一条线上。

（3）宽肩型平肩

戴那种肩带偏里侧的文胸，使乳房集中一些，可使体型看上去更苗条。但要注意别使乳房过于集中，乳沟太明显不好看。

# 怎样挑选文胸、内衣

女孩子到了青春发育期，意味着从幼年走向成年，这对于女孩子来说是一个重要时期。但这一时期的女孩仍是懵懂的，因为女孩子此时生理及心理都处于不稳定的时期，是一个依赖性与独立性、幼稚性与自觉性并存的特殊而复杂的时期。

1. 女孩子在青春发育期身体形态的变化

①乳头变得明显。

②跑动时乳房晃动。

③乳房轮廓明显。

此时，母亲应引导和帮助孩子选择穿戴适体的文胸，它的作用在于适应成长期发育的需要，保护逐渐发育的乳房，使孩子将来拥有丰满的胸部、完美的体型。可以说，女孩从青春发育期开始戴上生平第一件文胸起，就与文胸结下了不解之缘。

2. 如何选择文胸

（1）纯棉质地的文胸

这样的文胸有优质的弹力棉，对保护肌肤有好处。

（2）背心式文胸

穿戴这类文胸没有紧箍的感觉，它们柔软、舒适，附有衬垫，不会使乳头凸现，充分包裹胸部。

3. 怎样选购保暖内衣

面对市场上众多品牌的保暖内衣，选购一款性能、价格比较合适的产品已成为广大消费者最关心的问题。在实际选购过程中消费者可以从以下几方面入手：

（1）试弹性

新一代保暖内衣正向保健、抗菌等多功能发展，更加注重开发符合人体曲线的当代审美观念的新产品，其中一大突破就是使保暖内衣具有优良的回弹性。这种内衣在面料和底料中均加入了莱卡，内衬芯层采用高弹性的高分子聚合物，虽然价格高于普通产品，但穿在身上，贴身感良好，没有臃肿感觉，各关节的活动也十分自如。

（2）看面料

一件内衣内外面料的好坏，是影响穿着舒适与否的关键。目前市场上的保暖内衣可按高、中、低档三类来分，其使用的面料有40支全棉、32支全棉、涤棉（棉含量在30%~40%之间）、纯化纤等多种，其中以内外表层均使用40支以上全棉的产品为优，其柔软性、细腻度、透气性、光泽度均较好，而且洗涤后不会起球起毛，长期穿着也不会有衣物断丝、抽丝的现象。

（3）听声音

老式保暖内衣是用在保暖内衬中加一层超薄热熔膜俗称PVC塑料膜的方式来增强抗风能力，但这种产品穿着时容易发出"沙沙"声，且透气性受影响，会有燥热感，易起静电。新一代保暖内衣产品，使用新材料、新工艺取代了热熔膜，基本上克服了上述缺点。选购时只需轻轻抖动或用手轻搓，听一下是否有"沙沙"声即可判别。

（4）凭手感

优质内衣对中间保温层使用超细纤维织造，成衣既柔软舒适又有良好的保暖性能，用手揉捏时，手感柔顺且无异物感。中间体的梳理、复合工艺也较先进，成衣表层和中间体的一体感强，穿着性能也更好。

（5）选品牌

知名企业生产的内衣，从材料选用、纺纱、织布、染色、复合、缝制到检验出厂，各个环节、工序都须严格把关，使产品的保暖率、透气性以及抗菌、弹性等各项指标均符合标准。因此，消费者选购保暖内衣，首先看价格，再看功能，应注重选购实力雄厚、品牌卓越、商誉卓著的企业的产品，以确保购买后无后顾之忧。

## 怎样选择整形内衣

市场上推出了一些品种的整形内衣，

女性穿上这些整形内衣，可以使自己的身体得到约束，从而保持较好的体形。

1. 对腰部进行整形的内衣

（1）弹性紧身束腰衣

这是用来收细腰身的专用紧身内衣，有一根调节带可调节松紧。

（2）高腰腹带

这种腹带不仅对腹部、臀部有整形功能，而且对腰部也有整形作用。如果与长及腰的紧身胸衣式乳罩组合穿用，效果更好。

（3）贴身连衣裤

这是把乳房、腰和臀全部包起来进行整形的整身连体内衣，集乳罩、弹性紧身腰衣和腹带三种内衣于一体。这种连衣裤品种有以下类型：

①硬型。

这种类型对身体进行强制性调整。

②软型。

这种类型比较柔和自然。

③压腹式。

该类型对腹部有加强整形作用。

④前方拉链式。

该类型穿脱方便。

⑤组合型。

该类型可与腹带相组合。

2. 对臀部、腹部进行整形的内衣

（1）腹带

腹带的种类很多，有柔软的自然型，也有强制性的整形型，有对腰部进行整形的高腰腹带，也有对大腿进行整形的带裤腿的腹带，可根据各自的需求自由选择。

腹部凸出者，应选用前面有菱形加强布的压腹式腹带，臀部下垂者穿上腹带可在一定程度上使臀部上提，特别是长腹带要比短腹带捉臀效果更好。

（2）臀垫

把海绵或棉花包起来做成的垫子，一般穿在三角内裤和腹带之间，用来弥补臀部下垂者或臀部不够丰满者的体形缺陷。

尽管上述整形内衣的确可在一定程度上调整体形，但必须指出的是，这只不过是一种弥补手段，真正优美的体形还要靠平时的积极锻炼。

## 怎样挑选内裤和睡衣

有些臀部丰满的女性，为了使自己更显苗条，专门穿着一些紧绷短小的内裤，一个原先柔美的身躯，被层层绷紧的内裤挤压，使本来浑圆性感的臀部，变得余肉横生，并呈下垂之势。

选择内裤的大小时，对自己的臀部一定要有准确的认识，选购时应用手撑开内裤，看看后片和弧形是否足够。如果以舒适度来选择内裤，质料以棉织品为佳。

1. 怎样挑选内裤

女性经常穿着的内裤可分为以下几类：

（1）低腰型内裤

并非所有体型的人都适合低腰内裤，腰比较粗且腹部松弛的女性穿上它，不但不美观，还会有损体型。

（2）无痕内裤

当今流行趋势是穿着后臀不留裤痕的内裤，这类内裤是采用提臀剪裁，修饰臀部赘肉，使臀部曲线自然托高，展示美好臀形的新一代内裤。这种内裤多采用莱卡面料，有部分镂空，并有独一无二的弹性纤维特质贴身，穿在身上格外吸汗透气，适合各种年龄的女性穿着。

（3）迷你内裤

迷你内裤又称"T"形裤，这种内裤的后片部，是嵌入臀部内的超细条设计，突破了传统观念，宜于搭配牛仔裤和紧身裤。它适合20至35岁臀围较丰满的女性穿着。穿"T"形裤的女性，常感到自己的臀部外形丰满性感，吸引人，增加自信心。

合适的内裤既能修饰小腹，又能表现臀部的线条美。女性不仅要拥有、依赖内裤，还要深刻地了解它，使用它，走出内裤穿着的误区，使每位女性的臀部健康结实，性感漂亮，从而拥有一个美丽的外形。

2. 怎样选购睡衣

比较理想的睡衣是针织睡衣，因为这种睡衣既轻薄柔软，又有一定的弹性。材料质地最好是全棉织物或以棉为主的合成纤维。因为棉料吸湿性强，可以很好地吸收皮肤上的汗液。棉料睡衣柔软、透气性好，可以减少对皮肤的刺激。棉料不同于人造纤维，不会引起过敏和瘙痒等现象，所以，这样的衣料贴身穿最舒适。丝绸睡衣虽然柔滑舒适，漂亮又性感，但不能吸汗，作为情趣睡衣倒是不错的选择。

（1）颜色要选淡雅的

首先因为深色染料对健康无益，淡雅和轻浅的色彩，既适合家庭穿着又有安神的作用，而鲜红等艳色的睡衣会影响人心情的松弛，从而影响休息。因此，睡衣的颜色以选择各种粉色的为宜，如粉红、淡粉、粉黄等。

（2）款式要选有充足阔度的

睡衣的背幅和前幅，应有充足的阔度，绝不能过小或刚刚好。因为紧束着胸部、腹部和背部等部位睡觉时，人通常会做噩梦。另外，睡衣还应易穿、易脱和易洗。

# 怎样选择内衣质料

英国一家生产内衣的公司有一种观点："内衣不应是女性的服饰，而应是女性的伙伴。"内衣的伴侣功能不仅仅是穿上后便于行动，而且是穿上后能调整体态，那么，其中也就少不了修饰作用了。

对于一个消费者来说，不同的季节、不同的场合、不同的搭配、不同的习惯，常有种种不同的需要。既然每位女性的内衣使用量将提高到每年5~7件,那么,这其中肯定不会只有一种质料。不同的女性可能偏爱不同的品牌,同时不止偏爱一种面料。女性的内衣就需要多些功能、多些款式、多些色彩、多些情趣、多些面料种类。在挑选时,要注意内衣质料的种类。

1. 棉质

最舒适的面料仍当数棉质,内衣经常使用的也是棉布。因此,今天的女士们依然偏爱棉质内衣,这当然因为棉布本身独一无二的透气性和天然性,使女性穿着感受绝不同于其他面料。

从美感来说,平织棉布的印花效果和针织棉布的染色效果,都有一种天然淳朴的青春气息,为其他面料所难取代的。

2. 莱卡

美国杜邦公司于20世纪60年代开发的莱卡,即弹性纤维面料,其细密薄滑的质感和极好的弹性,把"第二皮肤"演绎得淋漓尽致,也难怪其风靡业界。

加入莱卡面料的文胸、内裤、泳衣以及袜子,其贴身的体感和抢眼的视感,都使人赞不绝口。再配以各式各样漂亮的蕾丝,内衣可谓达到了无与伦比的境界。

有人推测,莱卡将取代其他面料成为内衣首选面料,这话并非没有道理。然而,从一个消费者的眼光看,却又不尽然。

3. 丝绒

丝绒面料比棉布更久远,但用于内衣却较晚。丝绒具有棉布所没有的典雅华贵。丝绒的天然滑爽感,也是莱卡所缺少的。

以法国蕾丝或瑞士刺绣与丝绒进行装饰搭配,所能达到的华丽效果,恐怕任何一种面料都难做到。

4. 化纤质地

涤纶、尼龙、氨纶类化纤材料,虽在弹性方面较莱卡差些,但仍各自具有吸湿性、不变形、伸缩性等特点,为莱卡所不能取代。

# 怎样洗涤和保养羽绒服装

女性天性爱美,对服装有着本能的爱好,但是,再漂亮的服装,如果不善于保养,也不能穿出风度、穿得长久,因此,女性要学会保养服装。保养服装就要及时晾晒和洗涤,下面是如何洗涤羽绒服装。

1. 羽绒服装的洗涤

(1) 要手洗

羽绒服装不要干洗,一定要手洗,因为干洗用的四氯乙烯药水,会影响羽绒的保暖性能,同时烘干工艺容易使布料老化。在羽绒服内侧,都缝有一个印有保养和洗涤说明的小标签,细心人会发现,90%的羽绒服标明要手洗,切忌干洗。

如果采用机洗和甩干,易导致填充物薄厚不均,使得衣物走形,影响美观和保暖性。

（2）应在30℃温水中漂洗

女性先将羽绒服放入冷水中浸泡20分钟，让羽绒服内外充分湿润，将洗涤剂溶入30℃的温水中，再将羽绒服放入其中浸泡一刻钟，然后平铺在干净台板上，用软毛刷蘸洗涤液轻轻刷洗。漂洗也要用温水，以利洗涤剂充分溶解在水中，漂洗不少于3遍。

（3）最好使用中性洗涤剂

中性洗涤剂对衣料和羽绒的伤害最小，使用碱性洗涤剂，如果漂洗不净，残留的洗涤剂会对羽绒服造成损害，并且容易在衣服表面留下白色痕迹，影响美观。去除残留碱性洗涤剂，可在漂洗两次之后，在温水中加入两小勺白醋，将羽绒服浸泡一会儿再漂洗，醋能中和碱性洗涤剂。

（4）使用洗衣粉浓度不能过高

在没有中性洗涤剂的情况下，才选择洗衣粉，通常两脸盆水放入4~5汤匙洗衣粉为宜，如果浓度过高，难以漂洗干净，羽绒中残留的洗衣粉，会影响羽绒的蓬松度，大大降低保暖性。

（5）不能拧干

羽绒服洗好后，不能拧干，应将水分挤出，再平铺或挂起晾干，禁止暴晒，也不要熨烫，以免烫伤衣物。晾干后，可轻轻拍打，使羽绒服恢复蓬松柔软。

（6）汽油揩拭

如果羽绒服不太脏，用毛巾蘸少许汽油在领口、袖口、前襟等处轻轻揩拭，油污去除后，再用干毛巾揩拭沾有汽油处，待汽油挥发干净后即可穿用。

2. 羽绒服的保养

（1）放于通风干燥的衣柜内

羽绒服清洗后，用透气的物品，如整理袋包好，放入一粒樟脑丸，然后存放于通风干燥的衣柜内，避免重压。

（2）雨季过后拿出来晾

夏秋雨季过后，最好把羽绒服拿出来晾一晾，防止霉变；如果发现有霉点，可用棉球蘸酒精擦拭，再用干净的湿毛巾擦洗干净，晾透后再妥善收藏，但不要放在阳光下暴晒。

## 如何去除化妆品的污渍

女性服装上常见的污渍是化妆品污渍，尤其是年轻女性大多化妆，不过有些中老年女性也会给自己化一点淡妆。一些女性在化妆时会不小心把化妆品弄到衣服上，污渍看上去比较显眼，这使她们颇感苦恼。以下是去除化妆品污渍的方法：

1. 去除口红渍

通常先用小刷子蘸汽油轻轻刷擦。去净油脂后，再用洗涤剂溶液洗除。

严重的污渍，可先置于汽油内浸泡揉洗。再用中性洗涤剂洗除。

刚沾上的口红渍可立即用纱布蘸些酒精擦拭。放在溶有洗涤剂的温水中搓洗即可。

2. 去除唇膏渍

①用钝刀尽可能多地刮去唇膏。
②放在热的不含肥皂的洗涤液中洗涤。

③严重的污渍，可在洗涤前用甘油揩擦。

④对于不可用水洗的织物，可用海绵蘸油溶剂揩擦。

3. 去除指甲油渍

用海绵蘸丙酮或卸甲水揩擦。

再用干净的布揩擦。

4. 去除香水渍

新沾上的香水渍，可立即用热的清水洗净。

对于干的污渍，可用甘油揩擦。

然后再用清水洗净。

5. 去除油渍

（1）去除油渍的物质

下列物质可以除掉油渍：

①酒精。

②食盐溶液。

③柠檬汁。

④牙膏。

等都可以除油渍。

（2）其他去油方法

还可以用草酸溶液洗涤，最后用清水漂。

# 生活中如何去除污渍

女性在日常生活中，常常会把一些东西泼洒到自己的衣服上，如果用水去洗，有可能是洗不干净的，那么，用什么办法把这些恼人的污渍清洗干净呢？

1. 去除牛奶渍

①衣物上新沾的牛奶渍，可用冷水洗。

②柔软织物上的污渍，可将其浸在等量的甘油和热水的溶液中轻轻擦洗。

③当污渍化开时，再用温肥皂水洗涤。

④将污渍处浸入甲醇溶液中约两分钟，然后用肥皂液洗涤。

2. 去除果汁渍

①羊毛织物可用稀氨水擦洗。

②其他织物可用酒石酸或双氧水洗。

③新染上的果汁渍，可先撒些食盐，轻轻用水润湿。

④浸在肥皂水中洗涤。

⑤在果汁渍上滴几滴食醋，用手揉搓几次。

⑥再用清水洗净。

⑦合成纤维布上的水果痕迹，可先在痕迹的下面垫上一块吸水布。

⑧然后用棉花蘸上柠檬汁擦拭就可以了。

3. 去除鞋油渍

①可用汽油、松节油或酒精擦拭。

②如不净，再用含氨的浓皂液洗除。

4. 去除黄泥渍

①待衣服上的泥渍干后，用刷子刷去泥粉。

②再用碎生姜涂擦污处，最后用清水洗净。

5. 去除呕吐渍

①先用汽油擦拭衣物上的呕吐渍。

②再用5%的稀氨水擦拭，最后用水洗涤。

③用10%的氨水，将衣物上的呕吐迹湿润。

④再用酒精和肥皂的混合液擦拭。

⑤然后用洗涤剂洗、清水过净。

⑥丝、毛服装上的呕吐迹,可用酒精与香皂的混合液进行擦洗。

⑦再用中性洗涤剂洗涤。

⑧污迹洗不掉时,再用5%的氨水溶液洗。

6. 去除酒渍

①衣物刚染上的酒渍,可用清水洗去。

②如果是陈酒渍,可用肥皂10份、松节油2份、氨水1份的混合液擦拭。

③用清水冲净。

④酒渍还可用藕汁洗除。

⑤如果白衬衣上留下了酒渍,可用煮沸的牛奶擦拭。

⑥化纤织物沾了白酒、啤酒渍,可以先用酒精浸润,再加甘油轻擦,1小时后用水冲净。

⑦啤酒渍必须用温水才能洗净。

7. 去除尿渍

①刚刚沾染的尿渍,可用水洗除。

②或用10%的氨水液刷洗。

③再用稀醋酸液洗。

④用清水漂洗。

⑤白色织物上的尿渍,可用10%的柠檬酸溶液润湿。

⑥1小时以后再用清水漂洗干净。

## 工作中如何去除污渍

女性在工作中,有可能与机油等材料打交道,有时不小心会把这些材料沾染到衣裳上,如果不清洗干净,看上去会显得污迹斑斑,很难看。下面是如何清洗这类工业材料沾染的污渍的办法:

1. 去除沥青渍

①先用小刀将衣服上的沥青轻轻刮去。

②在四氯化碳中略浸一会儿。

③再放入热水中揉洗。

④用松节油反复涂擦多次。

⑤再浸入热的肥皂水中洗涤。

⑥还可将花生油、机油涂在被玷污处,待沥青溶解后,就容易擦掉了。

2. 去除煤油渍

①在污渍表面撒上白垩粉或氧化镁粉末。

②几天以后,再将粉末取下。煤油污渍即会消失,不留痕迹。

③白色织物染上煤油,先用汽油湿润污渍处。

④再用10%的氨水洗,最后再用酒精擦除。

⑤沾有煤油的衣物,可用橘皮擦抹沾污之处。

⑥再用清水漂洗,就可将其味去掉。

⑦可用特制去油剂除渍,比如现在市场上出现了不少特制的油污清洗剂、粉、皂等,可买来按产品使用说明使用。

3. 去除机油渍

①被浅色油沾染的衣服,可先用汽油洗刷。

②然后在衣服油污处的上下各垫一块吸墨纸。

③熨烫,直至油污被吸尽为止。

④再用洗涤剂洗。

⑤被重油沾染的衣服，应先用优质汽油搓洗，再用洗涤液冲洗，最后用温水漂净。

4. 去除蜡油渍

①去除衣服上的蜡油，可将衣服平放在桌上。

②让有蜡油渍的一面朝上。

③在上面放一两张纸。

④用熨斗在上面反复熨几下，即可去掉衣服上的蜡油。

⑤用卫生纸盖在衣服的蜡油渍处。

⑥用低温熨斗熨。

⑦蜡油渍即会被卫生纸吸去。

⑧把衣物上蜡油渍处浸入汽油中，也可去除。

## 怎样选购孩子服装

十月怀胎，一朝分娩。等到宝宝降生了，新妈妈就要忙着给宝宝选购衣裳。随着孩子慢慢长大，也要不断给孩子添置衣物。那么，怎样给自己的孩子挑选到合适的服装呢？

1. 选购婴儿服装

（1）应选择正规厂家的产品

选择正规厂家的产品，并注意其产品各类标识是否齐全。

（2）注意健康性

在考虑到服装美观的同时，也要注意健康性。中国服装协会专家说：由于婴幼儿的肌肤非常娇嫩，加上宝宝好动，喜欢咬嚼和吮吸衣物，如果衣物容易褪色或布料所含有害物超标，就会对宝宝造成不良刺激甚至伤害。所以，最好选择浅色纯棉质地的，特别是内衣。新衣服浸泡、清洗过后再给宝宝穿着，以减少衣物中残存的甲醛等有害物质。

（3）是否适合宝宝的生理特征

注意所选的衣物是否适合宝宝的生理特征，和是否有益他的生长发育，比如一两个月大的婴儿，就不宜选择背后有纽扣的衣服，因为他还不会翻身，大部分时间都是仰躺着的。

（4）检查衣服上纽扣等

检查衣服上纽扣、系带等配件的牢固度，仔细检查内外缝合处是否有线头，以免被宝宝误食。

2. 选购少儿服装

儿童和大人一样，都是爱美的，家长们也期望自己的孩子穿得既漂亮可爱又安全健康。给幼儿选购服装，需要考虑这个年龄段孩子的特性。他们活泼好动，生活自理能力差，选购服装时要考虑到衣服穿在孩子身上要便于他们活动，要便于他们自己穿脱，要适合他们在幼儿园里的集体生活。父母可依据以下原则去给孩子选购服装。

(1) 服装应合身

服装应大小合身，便于孩子活动和玩耍。

(2) 造型应简洁明快

造型应简洁明快，夏天轻便，冬天舒适、保暖。

(3) 舒适宽松

膝部、腰部、腋下及身体其他部位都不要太紧，尤其是裤裆不能太紧，不然会影响孩子血液循环和生长发育，并使孩子的活动受到阻碍。

(4) 要易穿易脱

要让孩子自己穿脱衣服，培养他们自理生活的能力。

(5) 尽可能在前面开襟

尽可能在前面开襟，纽扣钉在幼儿能看到和摸到的地方，纽扣宜用中号的，数量不宜太多。

(6) 注意服装上各种辅料、配料的质地

如拉链是否滑爽、扣子是否牢固、合扣是否松紧适宜等。

(7) 有无脱胶、起泡或渗胶等现象

注意有黏合衬的表面部位如领子、驳头、袋盖、门襟处有无脱胶、起泡或渗胶等现象。

(8) 请教专家

对服装产品的面料成分也要注意，自己实在搞不清楚的，可请教专家并保留好发票及服装上的标牌，一旦与商家发生纠纷，可凭此向有关部门投诉。

(9) 注意服装的穿着安全

服装面料在印染和后期整理等过程中，需加入各种染料、助剂、整理剂，尤其是棉、麻、丝面料的服装产品，穿用时易起皱，尺寸稳定性较差，所以现在有些产品经过免烫、防皱、防缩等特殊工艺整理，以达到在一定时期内洗后免熨的效果，但在这些整理中所用的整理剂，或多或少地会有或产生对人体有害的物质。

所以，一般对新买回来的服装及标明免烫、防皱、防缩之类的服装产品，尤其是直接接触皮肤的服装，穿用前最好进行水洗一次，或用少许中性洗涤剂进行清洗，可将一部分有害物质和灰尘冲洗掉，以便放心穿着。标注干洗的服装除外。

## 女性怎样为自己选购时装

女性似乎"永远都缺一件衣服"，这成了女性在出门前常常拿来自嘲的一句话。不过不要紧，只要你够勤奋，真正地认识自己并读懂服装的语言，每个人都会成为美丽的女人。

1. 确立自己的着装风格

客观对待流行风格能够让女性成为给他人留下深刻印象的穿衣高手。不论是设计师还是名人，其形象醒目的原因只有一个，就是他们创造了自己的风格。

尽管大部分女性都不是专业时尚人士，也不能因为这个就放弃对时尚的关注，选择几本喜欢的报纸和杂志，定期阅览，不断刷新自己的敏感度和判断力，时间长了，眼界自然会不同。另外，现在也有很多专业的造型设计师，有问题时也可以求助于他们。还有，你身边有没有公认的"会穿"的女性朋友？不要不好意思，多听听别人的经验之谈也会少走一些弯路。总之，勤奋和天分的道理也适用于穿衣之道，只要你用心了，你就一定美丽。

2. 进口服装尺寸识别

国外服装的规格标识与我国服装号型的表示有所区别。国外服装的号型规格常用英文字母和一个数字表示。

（1）体型标志

①Y 型表示胸围、腰围差 16cm。

②YA 型表示胸围、腰围差 14cm。

③A 型表示胸围、腰围差 12cm。

④AB 型表示胸围、腰围差 10cm。

⑤B 型表示胸围、腰围差 8cm。

⑥BE 型表示胸围、腰围差 4cm。

⑦E 型表示胸围、腰围差 2cm 或相差很小。

（2）身高标志

①1 表示身高 150cm。

②2 表示身高 155cm。

③3 表示身高 160cm。

以此类推，数字每增大一代表身高增加 5cm，身高最大的代表数是"8"，代表身高 185cm，例如"AB5"表示服装适于身高 170cm，胸围、腰围相差 10cm 的人穿用。

（3）号型标志

国外服装的号型规格也有简化或英文字母，英文标志如下：

①L 表示大号服装。

②M 表示中号服装。

③S 表示小号服装。

# 怎样选购面试装

女性在面试时大多要穿面试装。如何为自己选择合适的面试装，使自己的形象加分，增加应聘成功的概率，其中大有学问。

那么，如何选择面试装呢？

参加面试时的装扮以整洁美观、稳重大方为总原则，服饰和配件的色彩、款式要和自己的年龄、气质、体态以及所应聘的职业岗位相协调一致，搭配出最为得体的衣装，为女性的面试加分，但最关键的还是女性自己有好的仪态和气质。

（1）深色系服装

深色系服装给人一种真诚稳重踏实感，不过要避免全身上下都是深色的，那样会让女性变得太老气，可以用一些小饰品来点缀一下。

（2）裁剪合体的小西装

女性穿着小西装是最佳选择之一，不用过分花哨，只要在基本款上添加一两点小细节、小装饰就好了。

（3）套装

女性穿着套装自然是省力又美观的选择了，因为不用为上下间的搭配而苦恼。

（4）大方的裙子

略带中庸的及膝裙让女士重拾往日的温情，既不失现代的淑女风范，又自然地保留了流行的味道，是面试装扮的好选择。

（5）干练的裤子

女性穿着直筒长裤能显示出一种干练的中性魅力，和各种体型也都容易搭配，也是面试着装的一种好选择。

（6）鞋子

前封口高跟凉鞋要穿长筒丝袜，穿靴子时要么不穿丝袜，要么直接穿羊绒袜。

（7）手提包

手提包最好体积较小，质地要好。格子包大方又美观，是不错的选择。

（8）围巾

选择合适的丝巾，在胸前系个简简单单的结就好了，美观又大方。过于休闲或者前卫的丝巾系法都是不恰当的。

（9）饰品

夸张饰品是不适合的，简洁大方的饰品可以为女性带来不少的魅力分。

## 如何选择合适的职业装

选择职业装的原则，要体现职业女性的稳重与干练，并与自己的气质、年龄、职位相一致，充分表现出个人的专业素养。

1. 面料上乘

面料最好既是纯天然的又质量上乘。面料光洁、柔软、匀称、平整、滑润、悬垂、挺括，不仅有弹性，手感要好，而且应当不起皱、不起毛、不起球。上下装最好选择同一面料。

2. 色彩宜少

基本要求是以冷色调为主，借以体现出着装者的优雅、端庄与稳重。与此同时，还须使之与正风行一时的各种流行色保持一定的距离，以示自己的传统与持重。一套服装的全部色彩至多不要超过两种，不然就显得杂乱无章了。

3. 图案简洁

在正式场合穿着的套装，可以不带有任何的图案，也可以是格子和条纹图案。

4. 点缀不宜多

不宜添加过多的点缀，否则极有可能显得琐碎、杂乱。有时还会使穿着者有失稳重。

5. 整体和谐

比如服装颜色如果不一致，就应该遵循上浅下深的原则，否则会产生头重脚轻的感觉。

6. 裙长

年轻的女性，裙长至少要及膝，坐下时足以遮住大腿，否则给人轻浮印象。年龄大些的女性，裙长最好不要超过膝盖。虽然有时流行长裙，但并不适合正式的公务场合。

7. 注意鞋的搭配

鞋是整体衣着搭配要特别注意的地方，深色衣服配浅色皮鞋会感觉不稳重。

8. 注意饰物的搭配

手表式样典雅大方就可以，不必太华贵，不要选休闲的运动表或是闪光的金表。首饰和丝巾常常是成功服饰的点睛之笔，但款式颜色都要简洁素净。皮包或笔记本等也要注意，这些东西都会反映使用者的风格，也会影响到给人的第一印象。

## 如何选购合适健美的运动装

现在爱好运动的女性很多，从年轻女性到老年女性，都有很多人参与到运动锻炼活动中来。如何给自己选择合适的运动装，是有一定讲究的。在冬季运动锻炼时，不少女性穿上皮革质料的运动装，皮革服装怎样挑选都需要一定的知识和经验。

1. 如何选择一般的运动装

选择运动装要从色彩、线条设计等各方面配合自己的身材，以弥补缺点为原则。尽管现在运动服装中融入了很多的时尚元素，但是我们在选择的时候，仍旧首先要关注它的功能性，要便于从事体育运动。

那么，从哪些方面选择呢？

（1）材质

服装材质合适与否是首先要考虑的，棉质是最适合的质料，质轻、透气、吸汗。但是，能营造运动风格的面料，已不单单是纯棉一种。高品质的微纤维面料不仅有形，而且触感细腻、穿着舒适。

（2）颜色

运动时各种艳丽的色彩都可以穿在身上，不过，女性在夏季运动时，上装选择浅色系的，可以反射光热。

（3）款式

根据体型来选择，只要是合身的或者是贴身剪裁，就是可以的。选择合适的运动装款式，女性也可以展现自己的身材。

其他运动装基本与徒步旅游行装相同。衣服最好穿较轻便的绒衫、夹克衫或专门的登山防风衣、冲锋衣，必须穿弹性好的长裤，以免被划伤、咬伤，又可防冷风。寒冷天气最好准备抓毛绒的夹克和背心。抓毛绒质轻、保温性好，优于羊毛制品。

抓毛绒的导汗性也很不错，缺点是防风性较差，在有些地方不能直接穿着，还必须加上一层防风外套。

抓毛绒夹克加上防风防雨外套这一组合，已成为户外运动中非常流行的穿着方式。有时还要在内层穿着速干衣，洗后10～15分钟即可变干。因为剧烈运动后衣服内层会积聚大量汗液，容易着凉感冒，在登山或极地探险活动中还可能造成冻伤。

2. 如何选择水上活动的运动服

这里说的水上活动是指划艇、木筏和漂流等。这种旅游另有一番风味，可荡漾在微波或搏击在急流中,使人时而惊心动魄,时而心旷神怡。

水上活动个人行装基本与徒步旅游相同,但鞋最好是长筒胶鞋或高腰球鞋,划桨时最好戴棉线手套,如果是木筏,则戴帆布手套撑竿为宜。救生器材是水上活动不能缺少的物品,在船上的每个成员必须穿上救生衣或救生坎肩,以防万一发生事故。

## 怎样选购冬季服装

冬季服装通常是指滑雪衫和皮革服装,女性在选购这类服装时,要懂得这类服装的常识。

1. 滑雪运动的服装选择

滑雪运动最好穿防风、保暖、轻便的厚毛衣、羊绒衫或夹克衫,穿紧腿裤、厚袜,戴毛线帽、防风面罩、有色眼镜或防风镜。

最好穿着专门的连体滑雪衫。鞋有特殊要求:要有鞋帮、宽头,鞋底前头稍往前伸出、略呈方形;在鞋底的伸出部分有稳钉等,以便与滑雪板固定器上的稳钉相吻合,通过弹簧将鞋压在固定器上。最好选择比平常穿的鞋大一号码,以便穿两双袜子保暖。

2. 皮革服装的种类

皮革服装面料一般分为牛皮革、山羊皮革、绵羊皮革、猪皮革、马皮革等。山羊皮革纤维结构比绵羊皮革纤维结构细致,强度也高于绵羊皮革,是皮革服装首选面料。

皮革服装的质量主要表现在以下几个方面:染色牢度、涂层黏着、用料、皮革强度、加工等。消费者在购买皮衣时,要注意以下几点:

(1) 认明皮衣的商标、规格等

女性消费者不仅要认清皮衣的商标、规格,还要认清皮衣的生产企业名称及厂址,不要买没有注册商标、没标明生产厂家的产品。

(2) 要看皮革服装有没有掉色、裂浆、掉浆等

皮革服装不应有掉色、裂浆、掉浆等现象,手感应该饱满而有弹性,整件衣服色泽一致,无色差、色花,皮面光滑,粒面细致。

(3) 选购时要做到"摸"、"闻"、"看"

①所谓"摸",就是要手感柔软、饱满、弹性好。

②所谓"闻",要无浓重的异味,以无味为好。

③所谓"看",要看整衣是否过薄,有无松面、起壳、皮青脱落等。

一般三四头猪或五六头羊的皮,制成皮革后才能缝制一件皮衣,所以皮衣的整体效果要薄厚、粗细、颜色搭配得当,主次要部位差别越小越好。

(4) 皮革质量感官检验的要点

皮革质量感官检验的要点是饱满和无松面,皮革手感饱满就是加工过程中皮纤维分散适度,没遭受过多损失,使皮纤维仍保持一定的空间构形和良好的弹性。

松面是指皮革的粒面层纤维空松，密度降低，检验时，可将皮革的粒面向内弯曲90度，粒面上就出现较大皱纹，放平后，皱纹不能完全消失即为松面。

皮衣寿命很长，皮衣辅料质地要求很高，拉链、扣子一般都是铜质优等品，皮衣衬里多采用优质丝绸制作。优质皮衣手感柔软、润滑、有弹性，用手压出的皱褶能很快消失，衣服各部分皮革厚薄均匀，穿着舒适、平伏、挺括，不板硬或绵软。

采用油光革生产的皮衣手感柔软，粒面清晰、光滑、粒光感强，已成为优质皮衣生产的主料，而且普遍采用双针缝纫。

## 怎样选购真丝服装

真丝服装在质料上比较好，因此，女性在选择这类服装时，应该仔细检查质料是否靠谱，如果其中掺了假，就不能购买，或者已经购买了质料掺假的服装，一定要向有关部门投诉。那么，如何选购到合适的真丝服装呢？

1. 根据自己的特征选购

女性要根据自己的年龄、性格、爱好、体形确定自己喜爱的颜色及花样的面料。

2. 看质料和质量

选购丝绸面料时，先看匹绸的绸边是否平洁光挺，有没有抽皱、松紧不一或毛丝多的现象，一般来说绸边质量好，绸面质量也会好，然后看绸面有没有明显的织疵和印染疵点。

3. 考虑缩水率

真丝织品缩水率一般较大，选购衣料和服装时，一定要考虑这一因素，购买真丝衣料时，衣料的尺寸最好加上8%～10%的缩水率。如1米长的真丝衣料，加上缩水率应为1.1米的长度为佳。

特别是真丝双绉下水后经纬间都会出现缩水现象，所以选购真丝服装时一定要加大一档规格为宜，如穿的确良衬衣是64×96的规格，选购真丝双绉衬衫就要66×98的规格为好。

4. 掌握穿大不穿小的原则

真丝衣料和服装的选购，必须掌握穿大不穿小的原则。因为衣着适当肥大不仅舒适，而进一步突出真丝衣料的洒脱、柔软、华贵的特点。

5. 巧妙选配

真丝衣料的品种很多，人们要根据不同的服装款式，如连衣裙、旗袍或民族服装等巧妙选配，以体现真丝衣料的雍容华贵、轻盈飘逸的美感。

## 如何选购羽绒服装

（1）看生产厂家的真实资料

女性选购羽绒服装时，必须看服装生产厂家的真实资料，如厂名、厂址、面料里料的成分含量、羽绒的种类、含绒量、充绒量、洗涤标识、质量等级、执行标准代号等。

（2）要看款式

款式要新颖、别致、适体、大方、

实用，以脱卸式为好。

（3）要看价格

一般以价格适中为宜，如价格过低，则羽绒的质量无法保证。

（4）要看含绒量与充绒量

女性应选购适合自己需要的含绒量和充绒量的服装，羽绒服的含绒量一般以70%及以上的为宜，具有一定的蓬松度和轻柔感。充绒量的多少，涉及羽绒服的保暖程度，应根据自己穿着的需要来确定。

（5）看回弹性如何

将蓬松的羽绒服压一下，再松开，迅速回弹恢复原状的，说明羽绒的蓬松度良好。如含绒量低，掺有一定量的毛梗或粉碎毛的，回弹性就差，羽绒服拎在手里比较重。

（6）看防钻绒性能怎样

羽绒制品面里料应具有防钻绒性能，如果女性拍一拍就会发现钻绒的羽绒制品肯定是劣品。由于羽绒具有柔滑的特性，有少量的绒丝从缝线中溢出是正常的。

（7）看透气性好不好

羽绒服不能钻绒，但也要具有一定的透气性，包括面料、里料、胆料。有的厂家为了压低成本，用蜡质棉布代替全棉防绒布面料和里料，有的干脆就在一般布料上涂一层塑料膜，识别起来也不难：衣服多穿几分钟，看自己的内衣是否有潮湿感。

（8）有没有难闻的气味

女性在购买时还要闻一闻，紧贴羽绒制品做深呼吸，闻一下里面的气味，避免选购味重刺鼻的商品，但由于是动物羽毛，有一定气味是正常的。鼻子凑近羽绒服仔细嗅一嗅，如有明显的腥味或异味，说明所用羽绒材料没有经过严格的工艺处理和消毒。

（9）看辅料

一件羽绒服上有不少辅料，如拉链、金属扣等，是否美观光滑、完整顺畅。

（10）识别真假羽绒

①假羽绒服往往在靠面料的一面絮一层羽绒，靠里子的一面是腈纶棉，仔细摸摸，如果内外手感不一样，一面毛硬，另一面非常柔软则有可能是伪品。

②摸捏羽绒，如有过大、过粗的长毛片，则质量较差。如果手感很软，摸不到毛梗，很有可能不是真品。因为真品羽绒中或多或少都会含有一定比例的毛梗。轻轻拍打，如果针脚处有粉尘溢出，则可能为粉碎毛或灰沙绒所制成的伪品。

③用双手分别从面与里的同一部位，把内中填充物向同一方向拍赶，如果内中絮的都是羽绒，就会因拍赶使一部分羽绒集中，而另一部分出现夹层，冲着光线充足的地方一照，就会发现那个部位透亮，如果内中絮的腈纶，就不会出现夹层现象。

## 怎样选购牛仔裤

有不少女性喜欢穿牛仔裤，因为牛仔裤可以更加显示自己下部身材的曲线，而且也让人显得很精神。女性在选购牛仔裤时，要注意以下几点：

1. 牛仔裤的款式应选用直筒或窄脚型

女性成熟后的体形往往变圆，要想显得腿部修长，应选择直筒或窄脚的裤子，如果裤脚太大呈喇叭状的话，容易显得俗气。如身材纤瘦高挑，直身或微喇叭形剪裁的牛仔裤是必然选择。身材较矮小的女士，则宜选择较贴身并比脚踝长一些的款式，以求"拉长"全身比例。

牛仔裤的臀部应有些设计。臀部才是牛仔裤的"门面"，穿得好不好看全看背后的观感。臀部的口袋或标牌，可以修饰臀形并使腿部看起来长一些。

2. 牛仔裤的面料应有一定厚度

有弹性的牛仔布因为穿着舒服而广受欢迎，但如果弹性太好会变得像紧身裤一样将体形暴露无遗。成熟女性还是选择有一定硬度的面料为宜，硬挺的面料能有效遮掩体形，略微累赘的臀部在挺身的牛仔裤包裹下也会显得挺拔。

3. 腰部不要用腰带

有些女性用最流行的宽腰带来束腰，希望能把自己的腰衬托得很苗条。其实，那种有流苏和打孔的宽腰带，只会让略胖的女人上下一体，看着像个水桶。

带有珠绣的牛仔装容易脱落，在购买之前，女性应当反过来检查一下线头是否牢固。如果有条件，可以在买回家之后重新缝一遍，否则如果珠片脱落，则会影响整件衣服的美观。印花的牛仔裤质量相差很大，所以要特别注重印花的质量，选择时可以用指甲在布面上划一下，如果划痕很快消失，就说明印花质量比较好，反之则最好不要选择。

4. 购买牛仔裤时要仔细察看

工字纽即裤头纽，原装正版牛仔裤必有其特制的纽扣，多呈古铜色。后袋车花是每个品牌牛仔裤独有的注册商标，线条流畅，一气呵成。撞钉是钉在小裤袋上的铁钉，正面与背面印有不同的字样。原装正版牛仔裤都会在重要部位把缝线加固，在原有的基础上多缝一行，如在髋部、裤裆处等。

每个牌子牛仔裤的拉链扣都刻有自己独特的标志，这种拉链扣向下压，可锁死裤链，防止下滑。此外，正牌牛仔裤的裤脚与内外两侧缝合处的水磨效果，也是冒牌货难以企及的。

5. 低腰牛仔裤的标准

低腰牛仔裤如今大行其道，但究竟低腰的标准是什么？标准腰线应位于女性肚脐上三根手指宽度的位置。一般来说，只要是在腰线以下者，都可称为低腰服装。完美的低腰裤曲线，靠的不是纤腰，而是臀围。

因此，选购低腰裤时，臀部线条饱满者较容易达到满意效果。如果臀部曲线不尽理想，可选择裤裆前低后高，约相差5cm的低腰裤。如此一来，不仅可以包覆臀部使之托高，更可避免因裤裆前后高度一致，使得后裆容易翻起，或蹲下后容易露出内裤的顾忌。

体形上半身比下半身长者，则宜避免穿低腰裤，而以中腰，即齐腰线的裤子为主。由于东方女性身材上有大腿普遍偏粗、臀围偏大而下垂的限制，因而在选择低腰牛仔裤时，最好先量臀围及大腿围的宽度而非腰围，才能准确选择。

年龄稍大的女士，不要和年轻的女孩子争穿低腰牛仔，因为低腰不但使小肚子无处藏身，如果上衣短的话，还会看见那些被挤压出来的橘皮组织，这些都会随时出卖你的年龄。除非你对这些部位依然自信。

# 第五章　现代女性的人际交往和心态

现代女性不再仅仅是居家主妇，她们需要参与到社会的各种交往之中。要想在复杂的社会人际关系中如鱼得水，赢得好人缘，就必须掌握社交的基本常识，时常保持一种平常的心态。

## 怎样的"第一印象"最完美

在现实生活中，无论是与人交往还是工作上的合作，第一印象往往决定了今后的发展关系。在第一次与人交往时，没有给对方留下好的印象，或者没有留下什么难忘的印象，那么，在以后的交往中，对方对你的这种印象也就很难有所改观。而女性给别人留下的第一印象，直接影响着别人对她的评价，女性的言谈举止是影响人们对她直接评价的主要因素。

第一印象的烙印非常深刻，很长一段时间都不会改变。有许多人在初次与人交往时，就很快被对方所接受，有的成为事业上的伙伴，有的成为学业上的师友，有的成为思想上的启蒙者，有的成为人生中的伴侣。

可以说，好的第一印象并不是依靠金钱来堆砌的，只要向众人展示一个真实的你就足够了。一个微笑、一个动作，都会给人留下好的印象。那么，怎样才能给人留下良好的第一印象呢？

1. 态度诚恳

与人交谈的过程当中，保持冷静是必要的，但是如果说每一句话都声音极小，连自己听起来都有些困难，估计这会让对方有种不舒服的感觉。所以，要态度诚恳、大方地与人交谈，别人不喜欢与一个态度迟疑的人打交道，切记与人打交道小心谨慎的同时，要肯定地表达自己的观点。

2. 放松心情

与人交谈的过程中，要使自己足够放松，这样也会让别人感到轻松自在。

3. 做真实的自我

一个善于与人交往的女性，是不会受到场合限制的，她不会因为场合的不同而改变自己的性格。在何时何地，她都做最真实的自己。同时，她会向别人展示自己的最佳状态，无论是发表演说还是与人亲切地交谈，她都会保持自己固有的本色。

4. 努力发挥自己的长处

在认清自己长处的前提条件下，尽

量将它发挥到极致。如外貌、精力、说话风格与速度、声音的高低与语气、手势等引人注意的能力。给别人留下深刻的印象正是通过这些长处的发挥得以实现。当你发挥了长处,别人会喜欢与你在一起,很容易和你产生合作关系,所以,要充满自信地与人交往。

5. 先听后说

无论是参加会议还是面试,都要先了解一下现场情形后再发表自己的意见。特别是面试时,要先了解一下公司的氛围。面试时把注意力集中在对方身上,在听懂对方问题后再做回答。

6. 善用眼神

与对方交谈时,眼睛要望着对方。当进入一个人较多的房间时,要举目四顾,微笑着用目光照顾到所有人,而不要避开众人的目光,这会让你显得轻松自如。

## 人际交往的基本技巧有哪些

女性在人际交往中,要学会一些人际交往的技巧,这样才能获得对方的好感,使交往深入下去。在人际交往中,哪些技巧应该学会并需掌握呢?

1. 学会幽默

在生活中或社交场合,幽默都是营造优雅谈吐的必备素质,而女性的幽默修炼是有技巧的。

(1) 要注意场合和对象

不看对象的幽默,难免会造成谈话双方的难堪。一般来说,在亲人、熟人、同乡、同学之间,可以开开玩笑,说些幽默风趣的话。在正式社交场合,与不太熟悉的人则不宜。

(2) 还要掌握分寸

不要刻意借着幽默去挖苦和嘲讽别人,更不要拿别人的隐私当笑料。女性如果能够适时适地因人而异地运用幽默,不但会为自己的言谈锦上添花,而且也能创造出一个和谐融洽的人际环境,从而助你在交际中事半功倍。

2. 学会赞美

女性学会赞美,也是使自己的谈吐变得优雅的重要方面。但学会赞美必须注意以下几点:

(1) 赞美要依据事实

缺乏事实根据的赞美,只是庸俗的奉承,反而会使对方感到反感。

(2) 说赞美的话时要因人而异

人的素质有高低之分,年龄有长幼之别,说赞美的话,要因人而异,把话说得贴切、中肯,让对方听着舒服。

(3) 无论大小,都应该给予适当的赞美

芸芸众生中,每个人都只不过是沧海一粟。所以在生活中不能对某些小事熟视无睹,只要是好事,无论大小,都应该给予适当的赞美。这样不仅会给对方出乎意料的惊喜,而且可以让对方感到你是一个体贴入微的女性。

(4) 明暗并举

"明",就是指当面的赞美;"暗",就是指背后的赞美。在赞美别人时,虽然当面的赞美是必要的,但是背后的赞美则显得更为重要。

（5）翔实具体

在赞美别人时，用语愈翔实具体，说明你对对方愈了解，对他的优点和成绩愈看重。这样，对方就会愈发感到你的真挚、亲切和可信，你们之间的距离就会越来越近。如果只是含糊其词、笼统空泛地赞美别人，是不会给人留下什么印象的，更是难以感动对方的，甚至还会有吹捧和阿谀之嫌。

3. 不在背后议论同事的隐私

隐私，与个人的名誉密切相关，大体上我们每个人都有隐私，知道的不要说，不知道的不要问，因为这是于你无益而对他人有损的事。而那些在背后议论他人隐私的人，不但会损害他人的名誉，还会引起双方关系的紧张甚至恶化。因而，这绝对是一种不光彩的、有害的行为。

4. 对同事的困难表示关心

对同事的困难，应主动问询，对力所能及的事应尽力帮忙。这样，不但会增进双方之间的感情，而且还会使同事之间的关系更加融洽。

5. 物质上的往来应一清二楚

同事之间朝夕相处，钱、物或馈赠礼品等物质上的往来，相应也会频繁一些。但千万不要认为这是很小的事情，而不放在心上，必须刻意地把每一项都记得清楚明白，并提醒自己及时归还，必须意识到：在物质利益方面，无论是有意或者无意地占对方的便宜，都会在对方的心理上引起不快，从而使自己的人格在对方的心目中降低。

6. 主动道歉

对自己的失误或同事间的误会，应主动道歉说明。同事相处之中，一时的失误在所难免。如果出现失误，应主动向对方道歉，求得对方的谅解；对双方的误会应主动向对方说明，不可小肚鸡肠，耿耿于怀。

7. 与异性同事相处要把握分寸

在社交场合与异性相处时，行为举止要注意把握好分寸。如果是要好的同事，当然可以多些交流，但最好不要把自己的私生活带入工作中。特别是如果在婚姻上不如意，对异性同事不宜过多倾诉，否则会被对方认为你有移情的想法。

8. 大声说出你的私心来

人们通常都会以自我为中心，其实这不是件坏事，这使得我们可以保护自己。不要假设没人知道你的私心，把对你来说是最重要的事说出来，问问别人什么对他们来说是最重要的，这会给你们的沟通打下良好的基础。

9. 提高你的倾听能力

好多人认为他们的听力很好，但事实是大多数的人根本就没听。他们只是说，然后想下一步该说什么。倾听意味着提出好的问题，排除杂念。

# 如何建立自己的社交圈

现代女性都善于建立自己的交际圈，她们能在多种类型的交际圈中游刃有余，这是女性自信的表现。要想拓宽人脉，首先需要培养自己高尚的人格，充分发挥女性特有的社交魅力。

如果目前你的主要交往对象中有一半以上是你自己结识的，而且他们在人生经历、教育背景和对事物的看法上都跟自己很相近，这说明你在建立社交圈上太过于狭隘。这种方式虽然能让你生活得更轻松随意，但是却缺少变化，从长久看来并不利于自己的发展。

女性一生总会有几个从小玩到大的闺中密友，她们在结婚前一直分享着彼此的喜怒哀乐。不过，随着时间的流逝，她们各自都有了自己的家庭，生活的重心也随之发生了转移。她们不再经常相约，而是各自守护着自己的家庭。这期间的女性在情感上非常敏感，一旦遇到一些突发事件，就会感到万分的无助和脆弱。所以，这个时期的女性更应该多为自己拓展几个交际圈，让自己能在"低潮期"调整好自己的情绪。

女性参与社交的益处：

（1）寻求友谊

女性寻求友谊的高峰，是同心理上的断乳期相伴随的。特别是在青春期后，女性自我意识加强，女性对友谊的渴求愈加强烈，女性对交际的需求也就与日俱增。

（2）发展个性

现代心理学研究表明，女性个性的构筑，明显地纵横着交际的经纬。因为人的交际十分醒目地涂抹着个性的色彩，使得个性的调色板上沾着社会人际的颜料。

（3）沟通感情

情感沟通是交际得以维持，并向更密切的关系发展的重要条件。女性在交际中多输出一些感情，就可能多一份回报，同时情感交流使得交际进展。

（4）满足需求

人类交往的目的是为了使社会成员实现个人的需求，完成社会赋予的责任。女性在社交中，也吸收了他人的经验和物质、精神力量，以满足自身需求和弥补不足。

（5）获得生存

人类的发展影响着劳动的分化，每个人用自己的劳动贡献于社会，同时又从社会中享受他人的劳动。没有交际，就没有劳动成果的交换，就没有现代水平的生活。

好的人际关系应该是一种平等、信任、和谐的互相合作关系。当女性有了良好的人际关系网时，那就意味着有广泛的信息来源。

如何搞好人际关系呢？以下是几点建议：

表达能力强的人总是引人注目的，并且很容易引起别人的兴趣，并进一步得到赏识。这样，个人的才能才有得以发挥的机会，个人的价值才有得以实现的可能。进行社交的基础是掌握一定的表达能力。表达自己的真诚与友好是获得朋友和友谊的最佳途径。

情谊不是一朝一夕的事情，要经得起时间的考验。一个人襟怀坦荡、光明磊落、正直大方，自然就会受到人们的敬重。只有人格的力量，才能真正征服人的心灵。人品高尚，朋友也会真诚，人缘才会好，人缘好则真朋友就多。

一个人如果口是心非、利欲熏心、爱挑拨离间，正派的人不嗤之以鼻才怪。而敢于坚持真理、伸张正义、遇事不斤斤计较的人，必然会得到人们的敬重。

人与人之间的交往总不可能是一成不变的，它必然是不断向前发展的，因为社会在不断发展，而事物在不停地变化发展。

人们必须学会自己控制自己，调节自己的心理状态适应变化了的环境，这样才能跟得上时代的脚步。新情况新问题永远会让女性措手不及，它们会突然从某些不为人所注意的角落来到女性的面前，女性要很好地应付它们，就必须有很强的应变能力。

而在交往中随时间、场合的变化出现的各种名目繁多的意外难题，就更要求女性有一个判断力和果断灵活的处理措施。所以，女性在交往中还要掌握与各阶层不同人物打交道的本领，这样女性才能立于不败之地。

现实生活中，一些传统的女性把大把的休闲时间用在泡吧、学礼仪、健身、购物，等等，最常见的是邀几个好友在家里打麻将。虽然生活得很惬意，但通过这些事情建立起来的圈子，往往不是从精神层面出发的，而是出于交际和打发时间的需要。传统的女性交际圈子的中心仍只有一个：家庭。家庭占据了一个女性生活的大部分时间和空间。

社交圈子应该是女性社会生活的延伸，而不是用来打发时间的一种工具。女性应该有自己的兴趣和爱好，勇敢地追求自己的理想，让自己在生活的舞台上看得更远。

## 社交的技巧有哪些

善于社交的女性，都会掌握一些社交场所的小技巧，这样才能让自己在社交圈里更好地表现自己。

1. 不要说悄悄话

在公开的场合中，单独对某个人耳语是对周围人的不信任，最好避免发生类似情况。如果确实是有重要的事情，可以把谈话对象单独叫开。

2. 不要做失态的事情

在社交场所，要保持仪态的端庄，例如听到了一个令人忍俊不禁的笑话，只需报之以一个微笑即可，前仰后合就大可不必。

3. 不要过于侃侃而谈

与人攀谈时，你需要保持落落大方

的态度，简洁明了地回答几句，不可滔滔不绝，否则会被别人认为是"长舌妇"。

4. 不要说三道四

在社交场合说长道短的女性，会很快引起别人的不快，使周围的人对她产生不良印象。

5. 学会尊重他人

绝大多数女性都希望有关系密切的好朋友，而不希望成为一个孤家寡人。也就是说，绝大多数女性都有社交欲望，这就需要你学会尊重他人。要学会尊重他人，在对方向自己表示友好之前，你应该首先向对方表示友好。

6. 交友不可操之过急

在争取获得对方的承认方面，如果操之过急的话，那么对方反而会对你敬而远之。如果你过分热情、过分执拗地想与对方亲近，并且努力取悦对方的话，对方反而会认为你别有用心。

急于寻求友情的人，肯定是要碰壁的。因为她们在这种心态下总是担心对方不喜欢自己，或者不愿意做自己所期待的事情，总是怀疑自己。而这些担心和怀疑，对方是能够感觉到的。所以，最好是在轻松愉快的气氛中，心态平和、面带笑容、充满自信地与人打交道。

7. 注重个人形象

个人形象不仅仅影响到别人如何看你，而且也反映了你如何看待自己。如果你具有出色的能力、非凡的魅力，就会非常自信，更加认可自己的价值，同时会得到别人的尊重。

当然，形象不仅仅限于服饰，也应该表现在谈吐、举止等内在修养上。得体的服饰和优雅的举止是女性提升形象的重要"法宝"，内外兼修能体现出女性独特的个人魅力。

## 怎样才不会陷入"是非圈"

俗话说"三个女人一台戏"，通常人们会认为女性是非太多。难道女性圈就必定会是一个"是非圈"吗？

要想当一个有魅力的女性，就一定要注意避免陷进各种是非当中。那么，怎样才能摆脱是非的侵扰呢？有的人天生就喜欢挑起是非和争端，虽然不能把这些人从身边踢开，但是可以避免让这些人把自己的生活搞糟。在不得不与是非之人打交道时，不妨采用以下一些方法试试。

适当地对对方的看法、立场、挫折和困境表示理解。有的人喜欢挑起是非，目的只不过是引起别人的注意。这时即使你只是假装对其表示同情，以满足他的心理需求，也会有助于你成功地摆脱对方，同时要适当地鼓励对方讲话，并在恰当的时候且适当问一些有助于澄清对方观点的问题。

有些时候，一味地躲闪不是办法。很多怀有敌意的"是非"之所以升级，就是因为一方试图阻止另一方讲话。理总是越辩越明，你可以提出有助于澄清事实的问题，让对方不停地解释清楚，这样对方在阐明观点上花费的精力越多，剩下来挑拨是非的精力就会越少。

如果听到有人在传播自己的是非，或对自己进行恶意中伤，要以自信而沉着的身体语言，再辅以清晰而不含敌意的注视，在此时此刻你所发出的身体和视觉信号足以让对方明白，你不会被任何夸张和不实之词吓倒。

当然，适当的语言表达也是非常重要的，可以为自己设立一道理性的底线，一旦对方有什么出格的言行，就不必继续无原则地忍让下去，而要平静地向对方指出来。如果对方拒不改正，就坚决退出谈话，这个办法既简单又有效。那么，如何避免陷入社交"是非圈"呢？

1. 及时沟通

有了误会要及时沟通，解释清楚。否则双方的误会不断地被放大、不断地被传播，误会就越来越深。

2. 与人相处时要有一个度

一方面，凡事只要自己能办到的，就不要把自己的责任转嫁给别人，没有人愿意替别人承担责任或背负重担。另一方面，不可热心过度，总想包办对方的一切，使对方有一种被压迫感。即使是亲如姐妹的好朋友，相互之间也必须留有一定的距离。

3. 要尊重对方的隐私

既不主动探求对方的隐私，也要尊重自己的隐私，不要随便在别人面前谈起，因为这样的举动有点逼迫对方向你透露隐私的感觉。如果你不知道自己要讲的话题是不是对方的隐私，自己对这个话题又非常感兴趣，那就可以巧妙地想办法试探一下，如果属于对方的隐私，那么就此打住，不再将话题继续延伸。

4. 在金钱往来上要慎重

物质利益在人们的生活中有着极大的影响，双方交往时，一旦涉及金钱的事情，就一定要说明白，公事公办。首先，要客观地评估一下这种金钱往来会对自己的生活带来什么影响，然后再去考虑是否同意这种往来。千万不要拿自己的钱去冒险，也不要轻易去借别人的钱，以免引起各种不必要的纠纷。

5. 在与异性朋友交往时，同样不可疏忽

异性朋友可能会是很谈得来的朋友，但一定要注意保持一定的距离，不可交往过密，更不可影响对方的生活。尤其是婚后，与异性朋友交往的事情不应向配偶隐瞒，还可以介绍双方认识，以避免引起误会，影响夫妻感情。最重要的是，与异性朋友交往时落落大方，既不要引起对方产生非分之想，也要避免旁人产生错觉，引来闲话。不要轻易谈论别人的不是，小心"祸从口出"。有些人一旦发现别人的过失，就喜欢指指点点，数落一番，却不考虑别人的感受和自尊，总在有意或无意中伤害别人。另外，你也不要轻信别人的谣传，更不要传播谣言。相信做到以上几点，一定可以使自己远离"是非"的旋涡。

# 有几类人应远离

在人际交往中，女性怎样建立一个

良好的人际关系，是困扰许多女性的问题。要想建立一个良好的人际关系，女性就要远离以下几类人。

1. 远离八面玲珑的人

人无完人，在这个世界上没有一个人能够被所有的人都欣赏。因为我们周围的人都是各式各样的，每个人都有不同的价值观和行为准则，人们根本不可能符合每一个人的要求。相反，一个人要是真的被所有人欣赏，那他会是多么的圆滑和虚伪。

2. 远离自卑、多疑的人

生活中，有些人缺乏对自己的正确评价，往往对自己过于苛求，自我评价太高。如有些青年感到自己的身体、相貌缺乏魅力，或感到自己能力欠缺，产生自卑心理，这样的人，对自己没有一个清晰的认识，要远离他们。

3. 远离说到做不到的人

生活中，常见一些不守信用的人，他今天答应给你买火车票，结果到时候连他的影子都找不到；他明天又邀请大家聚餐，而到时候赴宴的全来了，唯独他本人不到场。试想，长此以往下去，又有谁会愿意和这种人交往呢？人与人之间的社会交流，是以相互信任为基础的。说到做不到的人，社交场里最终是不会有他们的位置的。

4. 远离自私的人

生活中有这样一种人，在人际交往中目中无人，自己高兴时高谈阔论、手舞足蹈，不高兴时郁郁寡欢或乱发脾气。人际交往中的功利性使有的人在与别人交往时处处为自己的利益着想，只关心自己的需要和利益，强调自己的感受，把别人当作自己达到目的、满足私欲的工具。要远离这种自私的人，永远也不要与他建立牢固、持久、良好的人际关系。只有那些心地善良、待人以诚、能设身处地为人着想的人，才可以交往。

5. 远离冷漠、孤僻的人

一些人认为世事很无聊，令人厌倦，平淡、无意义。他们往往持有一种孤傲处世的态度，只注重自己的内心体验，他们的行为和习惯有时令人难以理解。他们在心理上建立了一道屏障，把自我封闭起来的同时，也封闭了与外界的沟通。无论你怎样敞开自己的心扉，用热情、坦诚去赢得他的理解都是徒劳的，所以要远离这些人。

6. 远离易怒的人

易怒会伤和气和感情，还会失去朋友之间的信任和亲近。随意发怒，是一种不尊重他人和不讲文明礼貌的行为。能够抑制自己的情绪，是一个人的理智战胜感情的表现。

7. 远离恶语伤人的人

"良言一句三冬暖，恶语伤人六月寒。"对于满口尽是轻蔑粗鲁的语言之人要远离，与他交往不但会让你染上骄横高傲的习气，还会使你的朋友远离你。所以平时尽量避免恶语损害别人的尊严、刺痛别人的神经和破坏彼此之间的关系。

## 社交中语言艺术有哪些

你有没有注意过，为什么有的人说

话那么动听,有的人说话却很糟糕,总是得罪人?这就是一个人会不会说话的区别。无论是谁,其说话的技巧和分寸直接影响到他是否具有吸引力,关系到他是否具有良好的人缘,同时还影响到他能否从容自如地与别人沟通。

组成魅力语言的内容是十分广泛的。说话时的内容、语气、语调、手势、表情等,诸如此类的种种因素都可以反映出一个人说话是否有魅力。

要想做一个有魅力的女性,首先就必须培养自己良好的言谈举止。所谓语言风度,是一个人内在气质的言语表现,是一个人涵养的外在表现。良好的语言风度,往往具有很大的吸引力,是增强自己语言魅力的重要途径。

同样,也不要为了风度而矫揉造作、故作姿态。应该结合自己的个性、身份以及谈话对象和所处场合,恰到好处地表现出自己的风度。

其次,说话的态度也是"魅力语言"非常重要的决定因素。如果态度好,即使与对方有不同看法,也不妨碍双方继续谈下去。而如果态度不好,再美好的语言也无法使话题继续下去。除了以上谈到的几点之外,还需要掌握哪些说话技巧来展示自己的魅力呢?

### 1. 说话的时候礼貌、得体

说话的时候礼貌、得体,注意为自己树立良好的第一印象。

### 2. 凡事要学会说"谢谢"

这无形中会提升自己的魅力,当然,这个"谢"字必须是诚心诚意的,一句真心的感谢,会让人满心欢喜。

### 3. 尽可能地赞美他人的优点

多谈论些愉快的事情,赞美和鼓励会使别人对你满怀好感和谢意。当然要避免吹捧和奉承,因为这样会令人反感。

### 4. 艺术地表达不同意见

要诚恳地表达自己的看法,同时又不得罪人,就要求语言要温和、委婉,在不触怒对方的前提下给对方足够的面子,同时还要让他明白你的想法。

### 5. 善于捕捉对方的情感

同别人谈话时,要根据对方的心理及时调整自己的方式,注意自己的神态举止和措辞,让别人乐于听到你讲话。

### 6. 要学会聆听

不只是听语言,还要听语调。一个会说话的人同时也是一个高明的听众。因为聪明的人会在"听"中调整自己的态度、语言、神情等,这样才能获取对方的好感,对方才会把自己当作知心朋友,愿意吐露心扉。

### 7. 灵活地运用你的身体语言

聪明的人常常善于运用身体的语言来代替难以说出的话或弥补语言的不足,表达难以言状的情感。

### 8. 措辞尽量简洁、高雅

不要滥用术语、口头禅或说一些让人难以理解的话。同样的言辞不可用得太频繁。尽量使用适合对方、使对方感觉轻松愉悦的话,简明扼要地表达自己的意思。

### 9. 不要过分地自夸

一般来说,人们总是对自己所经历

的事情感兴趣，而对与自己无关的事不会太关心。在与别人交谈时，尽量少谈自己，不要喋喋不休地夸耀自己，这样容易招人腻烦。

10. 开玩笑要学会适可而止

开玩笑前要注意你所选择的人是不是能接受你开玩笑的程度。要注意开玩笑的分寸，不要因为一句玩笑话使双方难堪。

11. 多听、多看

多听、多看你才能有新鲜的话题，而且能吸引更多的人与你交谈。

## 女性在人际交往中的"心理防卫"

与他人的交往不是总能让女性自己满意的，有时，别人的一句话可能让女性暴跳如雷；有时，别人做的一件事会让她气急败坏。但是，为了不让别人说自己"太没有修养"或"太没有水平"，在别人的心目中维持自己的"光辉形象"，女性往往在不知不觉中，用容易被他人所接受的方式来发泄情绪，从而不至于引起心理上的痛苦和不安，而且良好的形象也没有受到损害。

这种"心理防卫"方式多是在潜意识当中进行的，一般说来几乎每个人都在不知不觉中使用过。但要想使用得十分巧妙，让对方看不出蛛丝马迹，觉得你在整个过程中一直"平安无事"，达到自己"想控制印象"的目的，就需要下一番功夫了。

能被女性用来"控制印象"的心理防卫方法很多，比较常见的有压抑作用、否定作用、曲解作用、退行作用、幻想作用、转移作用、隔离作用、抵消作用、合理化作用、补偿作用、幽默作用和升华作用等。女性心理防卫方法通常有以下几种：

1. 压抑作用

女性把不能被意识所接受的念头、感情和行动，在不知不觉中抑制到潜意识中去的作用即压抑作用。这是最基本的心理防卫方法。在交往中，你有时会有一些不堪忍受的或能引起内心冲动的念头、情绪和行动，但是，早在你尚未觉察之前就已经被抑制到无意识当中去了，心的安宁没有受到影响。这种压抑作用在交往中经常用到，但是并不被自己所注意，自己也根本不知道自己干了什么。

例如，一个女性被邀在一周后参加某个晚会，由于要参加晚会的一些人令她非常讨厌，所以她不愿意参加，那么一周后就会把参加晚会的事情"忘"得干干净净，这就是"压抑作用"的结果。

显然，作为一种心理防卫的压抑作用与一般人所说的"压抑"不是一回事。这种生活中的所谓"压抑"，其整个"工作过程"更多是有意识控制或有目的控制。

2. 否定作用

否定作用是把已发生的不愉快的事加以"否定"，认为根本没有发生，以求得心理清静。在交往中，如果你不喜欢一个人，你就"目中无人"似的，"不会"看到人群中的这个人，以减轻心理上的负担。一般说来，压抑作用和否定作用都完全在潜意识当中进行。

3. 曲解作用

曲解作用就是一种"有意识"的心理防卫，它是把现实世界曲解变化以符合内心的需要。在交往中，当受到冷遇而产生挫折感和不安时，可以采取一些自我解嘲的方式来消除自卑和痛苦。

4. 退行作用

退行作用是当遇到挫折的时候，会放弃已学会的成人方式，而恢复使用比较幼稚的方法，以应付事情，得到他人的同情和照顾，回避面对现实问题和痛苦。生活中常见的女性的撒娇就有退行作用的意味。

5. 转移作用

转移作用是指因某种原因当你无法直接向某一对象表白情感时，有时会转移到其他较为安全或较为大家所接受的对象身上。交往中有时你会被一个地位或体力比你强的人责备，一肚子的气难以直接发泄，你就可能会迁怒他人。这种做法既减轻了挫折感，又让与自己冲突之人和环境也相安无事。

6. 隔离作用

隔离作用是把部分事实从意识境界中加以隔离，以免引起精神上的不愉快。通常被隔离的是与事实相关的感觉部分。例如朋友聚会或吃饭时，你会说"出去有点事"等，而不直说"上厕所去"，因为在这些场合显得太不文雅。用别的话代替"上厕所去"，虽然大家都知道指的是什么，可是说起来和听起来都舒服多了。

7. 补偿作用

补偿作用是因生理或心理方面有缺陷而感到不适时，力图用其他方法来弥补缺陷，以减轻不适感。例如，有些人在交往中因相貌一般不被更多的人喜欢，就会很重视发展内在美，在交往技巧方法勤学苦练。

8. 幽默作用

幽默作用是指在处境困难或尴尬之时，用幽默化解困境，这是一种比较积极的心理防卫方法。在一次大哲学家苏格拉底和客人谈话时，他脾气暴躁的太太忽然跑进来，大声骂苏格拉底，接着又转身从房外拿了一桶水，猛地往苏格拉底头上一倒。这时，苏格拉底淡然一笑，若无其事地对客人说："我早就知道，打雷之后必定会下雨的。"本来很难为情的尴尬场面，经过他这么一说，就烟消云散了。

9. 升华作用

升华作用也是一种积极的心理防卫，它是在原有的欲望或行动不能直接表现时，把这些行动或欲望导向比较崇高的方向，具有很大的社会意义。

纵观这些心理防卫方式，有些是在你"不知不觉"中进行的，有些是你能察觉或你"有意"去做的。如果在某种特别的情境中，你为了维护自己的形象，而一时又找不到更好的方法时，就可以用心理防卫方式来"控制印象"。

## 交朋友原则有哪些

如果一个女性一生中没有朋友，那真是一个悲剧。交朋友是人的一种内在需求，也是人际交往的重要目的，对于女性来说尤其如此。家庭成员的交友，是家庭对外交往的重要内容。女性交友的心理现象错综复杂，其中补偿心理、崇拜心理和共鸣心理最为常见。

1. 女性交友的心理现象

（1）补偿心理

女性在交友中，心理共鸣不可或缺，互补心理动机也很常见。日常生活中，也常常有两个在个人特征上差异很大的女性成为心心相印的莫逆之交。比如，性格乐观开朗的人常和心理抑郁的人成为知己，办事果断的人常有优柔寡断的朋友，有钱有势的人也常常会有一帮穷哥们，等等。其实，交友中的补偿心理是在心理共鸣的基础上产生的，只有双方的需要及对于对方的期望正好成为互补关系时，才会导致友谊的萌发。

（2）崇拜心理

所谓崇拜心理，就是人们在交友中喜欢结交有名望者的心理倾向。名人周围总是围着一帮朋友，就是这种心理作用的结果。崇拜心理主要源自人的自尊心，女性也是这样，每个人都希望得到别人的尊重，尤其是尊重者很有名望的时候，自尊心就会获得很大的满足。朋友有名望，自然也标志着自己的非同一般。但是崇拜心理往往使人陷入势利小人的泥坑而受人非议。

（3）共鸣心理

人际交往中，性格气质、兴趣爱好、社会阅历、社会经济地位、文化水平、信仰、职业、年龄等方面相似的人很容易产生心理共鸣，而结交为好朋友。

心理共鸣是人们选择朋友的重要内在动力，心理共鸣包括人格共鸣、思想共鸣、兴趣共鸣、经历共鸣等多种类型。心理共鸣之所以左右人的交友，关键在于人们通过人格、思想、兴趣、经历等方面的交流契合，使人的心灵找到了回响的对象，因而在彼此沟通中能获得新的人生力量和理想。

2. 女性交友原则

（1）以德交友

女性希望交到真心的朋友，就要拿出自己的真心，以真诚、善良来交往。如此得来的朋友，在最紧要关头时，大都能同甘共苦。所谓"患难见真情"，在最困顿的时候，还能不变初衷地支助扶持，才是真正的朋友。

（2）以诚交友

女性交朋友要的就是知心、坦诚和肝胆相照，双方以真实的言语、真实的感情交往，屏除利害关系，拥有手足般的情谊，能相知相惜，相互关爱，彼此扶助，就是真正的肝胆相照了。如战国时的隐士田光，为助燕太子丹刺秦王，举荐荆轲，更为守秘而刎颈，田光之忠诚，可谓肝胆相照。

（3）以知交友

见识广博或具有专业知识的人，会受到朋友的尊重与信赖。同样，女性要结交有内涵的朋友，也要先充实自己的内涵；懂得随时吸取新知的人，智能容易开启，也会吸引许多见多识广的人到身边来。

## 与人交往要把握好相处距离

女性在交往中，需要与人保持一定的距离似乎是人人都知道的道理。可最佳的距离是多少，恐怕知道的人就不多了。最佳距离的是多少，首先取决于你交往的对象是谁。美国学者研究发现，46厘米至61厘米范围内是一个人的私人空间，其女友或男友可以安然地待在私人空间内。

如果一个人发现有第三者待在自己男友或女友的私人空间内，这个人肯定会吃醋，甚至大发雷霆。私人空间可以延伸到76厘米至122厘米，这个空间最适合讨论个人问题。当你与爱人约会的时候，和对方之间的距离最好不要超过46厘米，否则对方会觉得受到了你的冷淡，可能引起误会。

女性与同事或领导讨论公事，最佳的空间距离为122厘米至213厘米；大于这个距离，对方会误认为你态度不认真；小于这个距离，对方会觉得你有逼迫之意。和非亲密朋友交谈，较佳空间距离是213厘米至366厘米；小于此距离，对方会觉得你盛气凌人；大于此距离，对方会觉得你没礼貌。这个空间距离也是与普通朋友交谈的适当距离。

演讲者与听众之间，或有矛盾的人之间的谈话距离一般在336厘米以上。最佳距离的多少还与交往者的文化背景有关。比如你如果与一位美国人交谈，距离不得小于60厘米，否则他会觉得你不友好；如果与一名阿拉伯人交谈，就要小于60厘米，否则他也会觉得你不友好，可能会出现他会不断向你靠近以示友好而你则不断后退的有趣场面。

究其原因，是不同文化背景所致。另外，心理学家还发现了如下的规律：人们离他喜欢的人比离他讨厌的人更近些，要好的人比一般熟人靠得更近些；同样亲密关系情况下，性格内向的人比性格外向的人保持较远些的距离；两个女性谈话总比两个男人谈话挨得更近些，异性谈话比同性相距远一点。

知道了最佳距离的道理，合理运用，我们会收到意想不到的交往效果。

## 如何了解自己和他人属于什么类型

女性在交友时，要了解自己和他人是属于什么类型的人，这样才有利于今后的交往。现实生活中，女性和他人都有不同的"型"，在职场中表现得尤为明显，一般有屈从型、攻击型和超脱型三种，他们处理人际关系的风格各不相同。女性通常有以下几种类型：

1. 屈从型

屈从型的女性，习惯于忍气吞声，不去表达自己的需要，不去维护自己的权益，和他人的矛盾却也不见得少，人际关系也好不到哪里去。顺从别人、讨好别人，而不去维护自己的权益，其实会令人感到很不舒服。

如果你是屈从型的人，要敢于表达自己的需要、维护自己的权益，即使害怕也要去做；要心平气和真诚地去和人交涉。但是注意不要走向极端，而去攻击别人。

2. 攻击型

攻击型的人倾向于通过攻击的方式和人断绝人际关系。此类人的家教一般很严厉，父母希望他们长大成为一个重要人物，一旦做不好就会被责备。长大后，他们容易成为既谨小慎微又叛逆的人，常与人搞不好关系。

父母的严厉使他们想反抗，可是自己的道德观念又不允许反抗父母，于是把生活中的权威当作父母来反抗，以发泄心中被父母压制的愤怒。

如果你是攻击型的人，要先了解自己的特点以及自己性格的形成原因，努力走出过去、完善自我，如此才可能搞好人际关系。

3. 超脱型

超脱型的人，不关心周围的世界，好像什么都与他无关，容易被别人理解为冷漠、不合群，导致被疏远，搞不好人际关系。超脱型的人要主动对人敞开心扉，增加参与精神，要敢于表达自己的意见，如此才能处理好人际关系。

女性不能缺乏"交际"这一课，因为交际是女人生命的亮点，它不仅照亮女性，也让身边的人感到光艳夺目。女性对人的交际很敏感，这是女性的天性。当然女性的社交有着女性的特点，男人的社交重心在于事业，女性社交重心更多地体现在情感。虽然现代社会也出现了不少的女强人型人物，但女性整体的社交重心依然在情感上。

女性学社交，在社交的舞台上表现自我，都必须懂得它的规则，它的艺术。和不同的人打交道，在不同的场合散发你与众不同的魅力，如一句谚语中所描写的一样，社交中的女性是"香气四溢的花丛中，自然有蜂儿像云朵一般地聚集"。没有社交的女人是可怜的，然而没有女性的社交更是可悲的。

## 主动调整自己的心态

现实生活中，有不少女性用悲观的心去思考问题，用消极的眼光去看待世界。当一个女性想着幸福时，她很可能就会获得幸福；当她想着不幸时，她很可能就会不幸。同样，当一个人期望得多，她获得的也多，期望得少，她获得的也少。一个能够自我调整心态的人会创造幸福，而一个悲观的人也总会招至不幸。

其实,一个幸福的女性通常都会主动调整自己的心态,厘清情绪,用适当的方法给心灵解压,这样,一切的烦恼都会随时被清理干净。生活在你的眼中,就会出现一番崭新的面貌。

那么,女性如何学会给心灵解压呢?

### 1. 不要对人对己要求过高

对丈夫要求不要太高,不要一方面希望他能够抽出很多的时间陪你,给你精神抚慰,另一方面又希望他能为家庭提供生存保障。人无完人,不要让这种求全心理影响夫妻关系。同时,对自己要求也不要过高,整天考虑自己的工作、体重,还有每个家庭成员的健康,如此,哪里还有时间去做其他事情,这也是导致身心疲惫的原因。

### 2. 一次做一件事情

集中精力一次做好一件事情,把工作和生活分开,工作时就认真工作,把其他的事情一概抛在脑后。同时,也要做到劳逸结合,在工作间隙可以抽出一刻钟放松一下,散散步和伸伸懒腰,享受生活时就彻底地放松,不再想工作中的事情。

### 3. 杞人之忧不可有

在这里,提倡"我行我素"的作风,遇到什么事情都担心,前怕狼后怕虎,最后只会让自己陷入担心的汪洋大海之中,无法自救。不妨把这些担忧记在日记里,或与朋友一起谈一谈,就不会感觉孤独和无助。

### 4. 锻炼是最好的减压方式

女性坚持体育锻炼,不仅对健身有益,而且还可以减压。研究发现,锻炼后的人压力水平下降了25%。女性进行的锻炼的方式有许多,可以选择去健身房,或者在楼下小区慢跑、散步,或做一些肢体伸展运动。

### 5. 结交闺中密友

女性平时结交几位同性的朋友,在不顺心的时候,找个知心女友倾诉一番,此时,压力与烦恼就会减少许多。

### 6. 学会放下,懂得付出

脆弱的女性为情烦,虚荣的女性为利恼,情感与名利都是身外之物,有得必有失。对于浮华之事,不如放开胸怀,少去索取,多去付出,你的内心就不会焦躁烦闷。烦恼是心灵的垃圾,是成功的绊脚石,是快乐生活的病瘤。

人的压力也源于烦恼,不要庸人自扰,将烦恼放下,就会有所收获。学会给心灵解压,是女性高情商的一大表现。尽量做到思想开放,心胸开阔,谦虚处世,宽厚待人,这样不仅有益于身心健康,也利于提高道德修养和思想水平,对人对己百利无害。

### 7. 用八分心去追求完美

当你对自己的要求过高、对世事苛求完美时,一旦没有达到,你就会产生紧张、负面的情绪或是觉得快要失去控制了,此时,请你马上停止。永无止境地追求完美,只会让你的焦虑情绪有增无减。所以,你要用八分心去追求完美。

### 8. 不过分地迎合他人

你要去见自己比较心仪的人,在前一天晚上你就失眠了,开始担心、焦虑,且自己有失控的情绪,请你停止取悦他人吧!如果为了取悦、迎合他人而失去了自己的愉悦,是很不值得的。假如,以后与他在一起的时候,你感觉不开心的话,即使他令你心仪,你还会长期过这种生活吗?把你最自然的一面展示给他,合则来,不合则分。

9. 被人看到你的脆弱又如何

连男人也有脆弱的时候,何况是女性。当有一些负面的情绪出现时,不必刻意去掩饰,假装坚强。如果对于太多的责任与压力,感觉自己并不能应付,你不要将这份痛苦默默地隐藏于心,你大可以放下一些责任,或者选择少做一些,这样做,并不能减损你个人的能力。

10. 心动不如快行动

当你决定去做某事时,就要立即采取行动。在行动的过程中,会遇到困难,这时,你要坚定信念,千万不要被这些困难吓倒,更不要向它妥协,如果轻易地就选择退缩,你心里不会感觉很舒服,相反会很不愉快。所以,心动不如快行动,且行动的步伐要坚定。

11. 以不同方式对付压力

当感觉自己的压力大到无力承担时,不妨将手中的事情放下,去外面散散步,到郊外走走,到大自然散心,极目绿野,让心回归自然,荡涤心中的烦恼,清理一下混乱的思绪,使疲惫的心灵得到净化,找回失去的理智与信心。

(1) 听歌、唱歌

一段悠扬的旋律,可以引发起你对过去的美好回忆,对未来的无限憧憬。

(2) 读书

徜徉于书的海洋中,将往日的忧愁悲伤统统扫去,让你的视野更加开阔。看一部电影,购买一件漂亮的衣服,不知不觉之中,就会让你的心不再是情绪的垃圾场,这时,你会发现,被情绪所左右,真是人生一大憾事。

## 职场女性的快乐减压法

大戏剧家莎士比亚曾说:"女人,你的名字是'软弱'。"其实,相对于男人来说,女性只是更感性一点而已。委屈、挫折或是领导的一顿训话,都会让她们的心理产生明显的波动。然而在职场这种地方,你越是感触多,就越会觉得压力大。所以,女性有时会觉得自己"伤痕累累",压力已经达到了极限。

女性感觉有压力,不如抬起头,睁开眼,暂时跳出职场这个圈子,给自己的心情放放风,给自己的心理减减压。女性减压的方法如下:

1. 逛街购物减压

女性出于天性,大多喜欢逛街。心情不好的时候,看看商场窗口里琳琅满目的商品,情绪就会不自觉地发生改变。

当沿着街道继续走下去时，忽然眼前一亮，看到了自己惦记已久的可心产品，坏心情好像一下子就被抛到了脑后，烟消云散了。

这时，不妨狠下心，掏出自己的钱包，买下它，给自己换上一份全新的心情。于是，笑容悄悄地爬上了女人的脸，哪里还记得压力的事啊？而后，女人回家会对镜自省，喃喃地说："没什么大不了，以后一定宽宏大度，凡事想开。"

2. 到餐馆吃饭减压

女性压力大、心情不好的时候，千万不要饿肚子，因为身体的空虚会与心里的不畅搭成一伙，让你很郁闷。不妨免去回家做饭的烦琐，索性找上一家餐馆，进去大吃一顿。肚子饱了，身体暖了，你的情绪自然会趋于转好。

3. 锻炼出汗减压

女性总是喜欢舍弃一些自己身上的附加物来比喻抛掉不好的事，比如说，当她们想要忘记过去、重新开始的时候，往往就会把自己最喜爱的长发剪掉。

依此看来，锻炼出汗是缓减压力的一个好方法。你可以跑跑步，跳跳操，蹬蹬健身车，甚至可以打打沙袋。汗，带着坏心情、重压力，慢慢地从肌肤里渗出来，流到体外。最后再冲个澡，心情焕然一新，于是，一切不好的事情就全部结束了。

4. 大哭一场减压

女性大哭，也和锻炼出汗有异曲同工之效，甚至更强于前者。一切的不满、一切的委屈、一切的压力以排山倒海之势涌出来。方法虽然很老套，但是却很有效。如果一时哭不出，可以自己创造一些环境，想想伤心的事，放放伤感的曲子，等等。女性哭个痛快，对身体做一次由内到外、从肉身到精神的彻底洗礼。当哭得酣畅淋漓后，抹抹自己哭花的脸，拢拢浸着泪水的湿发，一切就都重新开始了。

5. 聊天也是很好的减压方式

当女性被工作压得面无表情的时候，当女性被工作杂事烦得皱紧眉头的时候，还有什么比和朋友们一起聊天更能缓解女性的压力呢？

三个女人一台戏，和姐妹们聚在一起的时候，话题总是特别多，明星的绯闻、新出的电视剧、刚上映的电影，家长里短什么都可以说。娱乐新闻会让你心情变好，露出笑容。只要关注娱乐圈，女性就能拥有说不完的八卦消息。女性通过聊天，释放了压力，就从自己低落的情绪中走出来了。

6. 发泄不满

女人们聚在一起，话题总离不了工作和家庭。把上司、同事以及合作伙伴的行为习惯、工作表现拿出来闲聊一下，说说那些工作中无法开口的抱怨和不满，说说这家的上司和那家的主管，无论是善意的嘲讽还是恶意的批评，至少都达到了一个效果，让女性发泄掉心中的不良情绪。

女性会发现，不止她一个人为工作烦恼。当女性说完自己的极品上司时，说不定朋友的上司比自家上司更极品。

诉诉苦，打打趣，女性会发现那些让你如鲠在喉的烦心事就在笑闹声中烟消云散了。

7. 调剂心情

"你有什么不开心的事，说出来让我开心一下。"这句话正是所有损友的心声。女性在聊天中既能体验人生的喜怒哀乐，又不会对自己造成大起大落的损害，何乐而不为呢？

聊天不会只有一个固定的主题，姐妹们总是飞快地从一个话题跳跃到另一个话题，你不需要有充分的谈话准备，也不用担心被斥责，可以随心所欲、天马行空地说出自己想到说的一切，尽情享受轻松愉快的气氛。不知不觉间，你会发现，听到那些职场乌龙时，你的脸上早已满是笑容，心中的焦虑、担忧早就消失不见了。

不要觉得喜欢聊天的都是搬弄是非的长舌妇，事实上，普通朋友之间的聊天内容绝大部分都是无关紧要的闲谈。正是这些看起来无关紧要、无足轻重的闲谈，帮助我们增进友情、放松心情、传递信息、消除焦虑、缓解抑郁。

8. 跳舞也能减压

舞蹈是姿态最优雅、动作最协调的运动，女性伴着音乐翩翩起舞，会觉得僵硬死板的肢体与消沉低落的心情一起活跃起来。抬头，挺胸，收腹，踮起脚尖，舒展双臂，露出微笑，没错，女性感到自己就是全场最闪亮的舞者。

当女性在职场唯唯诺诺的时候，遭遇到上司和同事冷遇的时候，女性开始失去信心并怀疑自己的能力。你低垂着头，微驼着背，简直就是现代版的灰姑娘。

不过，有了舞蹈就不一样了。无论哪一种舞蹈，都是形体美与姿态美的集中表现。当你习惯挺直肩背、收紧腰腹的时候，你的整个身体就体现出一种积极向上的姿态，就好像笔直挺拔的松树、亭亭玉立的莲花。舞蹈就把这种自信的姿态传递给你，让你有信心、有勇气去面对职场的压力。

舞蹈是一种全身运动，一个舞蹈姿势往往兼顾头、颈、背、腰、肩、腿。整天僵坐在电脑前的你，要把动作跳得协调优美，就必须调动全身肌肉的控制力，从头到脚，从腹部呼吸到手指尖的力度。

你必须集中注意力，才能踏着连贯、流畅且优雅的舞步，跳出灵动而有韵律感的舞姿。当你全身心地投入舞蹈的节奏和韵律之中时，心情自然伴着舞姿飞扬，职场的疲惫紧张一扫而空。

比起难度较大的瑜伽和动作单调的健身操，灵活多变的舞蹈显然更受女性欢迎，舞蹈种类繁多，可以满足不同性格、不同年龄阶段的女性的需求，性感如钢管舞，时尚如街舞，优雅如国标，奔放如拉丁。舞蹈是随心的，不在于动作有多么标准，只要流畅即可；不在于姿态有多么优美，只要协调即可。

如果心情愉快，你的步子一定轻快活跃。反之，如果心情不好，不妨试试踮起脚尖，轻快地舞蹈，脚步轻快了，心情也会轻快起来。因此，女性应该张开手臂，伸展躯体，舞动心情，释放压力。

### 9. 借助音乐减压

女性是否觉得每到周一就心情烦躁，火气上涌？是否一想到起床之后的上班，就感觉心慌意乱，焦虑不堪？如果是，女性就需要减压了。身处噪声污染严重的城市，寻找一方净土已成为梦想，那么，女性怎么赶走那些盘旋在脑海中的烦躁和焦虑呢？如果是喜欢音乐的女性，不妨利用欣赏音乐的机会，来释放压力。

感觉是人类最早发育成熟的器官之一，当我们还是胎儿的时候，我们就能够接触音乐并做出反应。音乐是对各种自然之声的模拟，而我们有亲近自然的天性，所以每个人都对音乐有本能的喜爱。

音乐能最大限度地表现人心中极度复杂多变的情绪，它能唤醒那些深藏在我们记忆中的美好事物，使我们的情绪随着音乐的起伏或喜或忧，如果你想发泄，那么高亢激昂的音乐是你的首选；如果你想放松，那么低回温婉的音乐伴你入眠；如果你想哭泣，那么轻松活泼的音乐为你解忧。当你欢笑时，你会哼出欢快的曲子；当你悲伤时，你会想起低沉的曲调。

当你决定亲近音乐时，不妨挑个阳光明媚的午后，走进洒满阳光的琴房，可以选择乐器之王钢琴，它的音域最宽广，表现力最丰满；可以选择古典的琵琶或古筝，轻抚琴弦，这样就能感受到高山流水的优雅情调。

工作之余，女性不妨尝试自己弹奏乐器，你会发现不一样的乐趣。或许作为初学者的你只能弹出断断续续的曲调，但是你的心情会变得轻松愉快、宁静淡然。

### 10. 吃零食减压

心情不好的时候，糖果、巧克力、薯片、爆米花等零食可以帮助女性赶走烦恼，恢复快乐。当女性用力地把零食当成烦恼咬的时候，随着"咯吱咯吱"的咀嚼声，烦恼就被女性吞进肚子里，直接消灭掉了。咀嚼这个动作本身，就具备转移大脑兴奋点的作用，而进食的过程又能达到自我抚慰的效果，职场的紧张和焦虑，内心的烦躁和孤独，都能通过吃零食得到缓解。

不过，吃零食虽然是一种很好的减压方式，但是，女性还需要警惕那些潜在的危险。热量超标、糖分超标、脂肪超标，减压工具就变成健康杀手，这不是女性想要的结果。

吃零食最好选择大豆制品、酸奶、坚果、水果、高纤食品等。大豆富含大豆异黄酮，可以激活雌激素，调节内分

泌。酸奶营养丰富，又易于消化，能为身体提供充足钙质。坚果富含胡萝卜素、B族维生素和维生素E，既能保护脑血管，又能保持大脑兴奋。水果水分充足，美容养颜效果显著，热量和脂肪的副作用为零，是最健康的零食之一。

对于另一些零食，女性最好坚决地说"不"，比如，膨化食品、果脯、肉干、冰激凌等都是高糖分、高热量、高脂肪、增肥效果最佳的食品，也是位居前列的健康杀手。油炸食品对肌肤的杀伤力也不可小觑。

不管是健康还是非健康的零食，女性都要记得食之有度，暴饮暴食不但会损伤肠胃，还会导致身材走形。心理压力减小，健康压力增加，就得不偿失了。

选择合适的时机吃零食，最佳零食时间是上午十点和下午三点，这两个时间段正好在正餐的间隔期。上午十点，早餐不够丰富的你正好为接下来的工作补充一些能量。下午三点吃些零食，又能够避免晚餐吃得过多。

此外，我们还需要避开晚上八点之后的时间。晚上活动减少，零食吃得过多会导致消化不良，也容易长胖。

此外，还要选择适宜的吃零食地点。如果在办公室吃零食，那么你还需要注意影响问题，避免引人注意，不要制造太多垃圾和噪声。此外，优雅地吃零食也是必需的，保持形象很重要。香味四溢的零食绝对不是工作时间的好选择。

女性对精致的包装和甜蜜的味道诱惑没有免疫力，进食产生的饱腹感会让女性产生心理上的满足感。爱零食是一种本能，不过请记住，有节制的爱，才是持久健康的爱。有节制地吃零食，才会帮助我们缓解心理压力，才不会增加健康压力。

## 中年女性积极应对心理危机

中年女性上有老，下有小，又处在工作、事业的巅峰状态，无论从生活、家庭、还是从工作、事业上来看，都面临着前所未有的压力，因此，发生心理危机的可能性很大。这类女性只有不断进行自我心理调整，才能成功地迈过这道坎。那么，如何自我减压，进行心理调整呢？

1. 家庭与事业两不误

中年女性都期望做到家庭与事业两不误，要想做到这一点，在心理的天平上，不要让事业与家庭畸轻畸重。中年女性即使在事业上有了成就，依然不要舍弃家庭义务和责任，这是社会对女性的要求，也是家庭对女性的期待。中年女性千万要注意：无论何时，都不能置家庭于不顾。待到家庭即将瓦解时，再来挽救，麻烦就大了。

2. 对事业要量力而行

中年女性在工作、事业上虽然到达顶峰，但面对辉煌和忙碌，自己要掌握一个"度"。心理专家指出，职业的压力对女性身心的伤害是直接的、巨大的。女人尤其要在身心两个方面好好呵护自己，凡事尽力而为，否则超负荷的运作必将导致疲于奔命，积劳成疾。

3. 学会随时调整心态

中年女性会遇到各种紧张刺激的场面或矛盾冲突的情况，对此，除了努力使自己保持豁达、宽容之心外，还要将内心的失衡加以调整。如暂时脱离不良环境，外出学习或旅游，参加体育及文娱活动等，来转移注意力，从而达到缓解内心矛盾冲突的目的。要善于把心中的痛苦和烦恼向特定的对象倾吐，将消极情绪释放出来，使自己长期保持一种良好的心境。

每天，中年女性不妨做以下几个小动作，缓解心中的压力：

（1）床上伸展操

晨起穿衣服之前，坐在床上做简单的伸展操，慢慢地转转头、转转颈，深深地吸一口气再起身，会有种舒畅感。

（2）为家人做顿早餐

中年女性是家庭中的顶梁柱，早起为家人做顿早餐，给家人带来温馨。同时，也会得到家人的感谢。

（3）洗个舒缓浴

忙碌一天回到家里，不妨泡个澡，水温不宜太高，时间也别拖太长，选一些带有柑橘味的沐浴品，对于提振精神是最好的。如果是淋浴，告诉你一个消除肩膀肌肉酸痛的小秘方，在肩上披上毛巾，以可容忍的热度，用莲蓬头水柱冲打双肩，每次10分钟，每周3次以上，效果好。

（4）尝尝自己做的点心

女性吃甜食有助抚慰沮丧情绪，如果你的厨房设备很简单，就做一道好吃的米布丁吧。在小锅中加入适量米和水同煮，接着加入适量牛奶继续煮至米熟软，待牛奶汁略干时加入糖，加上一个蛋黄，享用时，撒上葡萄干就可以了。

（5）抹灰

厨房的碗筷堆得快冒出水池了，窗上积了一层灰，脏衣服满地都是。与其惹得自己心烦意乱，不如花点时间整理一下。

（6）远离电视

研究发现，以看电视为生活重心的人，比较不快乐。有时候躺在沙发上，盯着电视一整天，最后感觉好像什么也没看到，什么也没记住，然后就开始懊恼后悔，不该让看电视占了那么多的时间。

（7）买件礼物送家人

买一件礼物送给年迈的父母或丈夫、孩子，你会收获惊喜和感谢，此时，你的内心也充满了愉悦，工作中的烦恼和压力，也减少了许多。

# 及时驱除轻生心理

轻生心理，不仅是一种心理现象，

同时又是一种社会现象。轻生并非是一种正常的死亡，它是一种被自身迷乱心理攫取了理智之后，个体有意地结束自己生命，自己动手让自己死亡的行为。通常，人们把任何由死者自己完成并知道会产生这种后果的某种积极的或消极的行动，并由此而直接或间接引起的死亡，称为轻生。

轻生绝不是"自由"地死去，轻生者，大多数是由于生活中遭遇困境而产生激烈的内心冲突，或被太多的"解决不了"的问题所困扰，陷入危机状态难以承受，导致心理异常或被逼无奈才选择轻生的一种自毁行为。

除了被某些邪教组织洗脑者之外，绝大多数轻生者是自私的，他们全然不顾及亲人、朋友以及别人的思想和感受，一意孤行。轻生者更是懦弱的，他们缺乏战胜挫折的勇气和力量。当然，轻生现象的背后，也进一步折射了社会、学校和家庭的问题以及教育的失败。

世间百态，每个人的人生经历都是他人所无法也不可能替代的。同理，任何人也都不可能替代别人去寻找生活的乐趣和真谛。有些人被满脑子的轻生想法纠缠得无法呼吸，被一种濒死的绝望感压垮，然而他们却并不懂得如何向身边的人寻求帮助，因此陷入了孤军作战的境地。而那些生活在他们周围的人，由于缺乏相关知识，并不能识别或发现他们的求救信号或行为异常，最终导致悲剧的发生。

令人惊讶的是，轻生这种消极绝望的观念，还有着超乎想象的传染力。它会在不知不觉中传染给轻生者身边的人，并使得他们陷入与轻生者相同的心理误区之中。事实上，每发生一次轻生事件，无论既遂还是未遂，都会严重影响平时与轻生者关系密切的人。身边非常熟悉的人意欲轻生，并且真的命归黄泉，活着的人自然很难保持心理平衡。并非所有的人都能随着时间的流逝跨越这层心理障碍，有些人还会因此患上抑郁、神经衰弱、创伤后应激障碍等病症，甚至到了必须接受心理治疗的境地。最严重的情况是，它还有可能引发更多人相继轻生的连锁反应。

现实生活中的确存在一些自己感觉非轻生不可的人，这些人就算幸运地被救活，也很可能还会重复同样的行为。轻生成功的背后，隐藏着无数的轻生未遂。而在轻生未遂的背后，或许还隐藏着更多有过轻生意念却还没有实施的人。

轻生，不仅对当事者家庭是一个无可挽回的沉重打击，同时也是一种触目惊心的社会事件。虽然人类的轻生行为，古今中外并不罕见，但当今社会的轻生率却呈现出上升的趋势。随着社会竞争的日趋激烈和压力的不断增加，有轻生倾向的人也越来越多，这在青少年人群中尤其如此。关于我国青少年学生的轻生意念究竟有多高的检出率，每年究竟有多少青少年学生采取了轻生行为，又有多少青少年学生死于轻生，目前缺少权威性的调查统计和研究。

但是，我国心理学界在不同层次、

不同范围内对此做过大量的研究。尽管研究的方法、研究的取样有所不同，但研究的结果基本上是一致的。因此我们必须重视心理健康，及时给自己减压。

1. 坦然面对失望

坦然面对失望，可以说是女性人生中的一门必修课。梦想的破灭，期望的落空，这些人类最古老的情感经历，在无数历史文献中有过记载，在很多文学作品中有过描述。众所周知，人类历史的发展中存在无数没有成果的希冀。我们生活中也总会被或大或小的失望所环绕，正可谓失望是无所不在、无时不在的，有时它甚至会伴随某些人的一生。

一个人只要有想象、向往、期待，就会有失望。失望会从许多方面向人们发起攻击，有时来自一个突然破碎的梦想，有时却来自没有达到预先的期望值。短暂的失望体验也许无法避免，而且那种体验总是伴随着一种无助感。

但当一个人对失望这种情绪具备一定的认知，了解到个性特征在其中的作用以及社会力量对期望值的影响，失望对个人幸福的影响程度就可以得到某种程度的减轻。由此看来，失望反倒成了我们生活中的伙伴，它以其严厉的教训，教会我们懂得如何调适自己，使自己更有弹性地来适应这个持续变化的世界。

2. 目标不要设定太高

女性在设定目标的时候，应该做到适中、恰当，并做好多种思想准备。一个人上学读书的目的，在于增长知识和才干，不断提高自己的能力，以便更好地创业或从事自己感兴趣和力所能及的职业，为社会做出自己应有的贡献。然而学习的道路有多种多样。

女性上大学、读中专、自学，都可以达到成才的目的。当然，如果有条件接受大学教育，固然很好，可以在相对优越的条件下，通过正规的专业知识学习和训练，不断增长自己的能力和才干，为将来走向社会打下良好的基础。但是，一个人的成功，并非只有上大学这一座独木桥，正所谓"条条大路通罗马"，还有成千上万条道路可供选择。

无数事实证明，世间任何一条有益于社会、有益于人类的道路，都可以使人取得成功，达到著名心理学家马斯洛关于人类需求层次论"自我实现"这个最高层次和阶段，并获得所谓的高峰体验。

古今中外自学成才的例子不胜枚举，无数人已经为我们做出了表率。伟大的苏联作家高尔基生于一个木工家庭，因家境贫寒，他只上了两年学，但他喜欢读书，在做工之余刻苦自学和练习写作，从1892年起他开始发表文学作品。

高尔基的早期作品大多描写俄国沙皇制度下人民的痛苦以及他们对美好生活的憧憬。先后出版《福玛·高尔杰耶夫》、《三人》等中篇小说，《小市民》、《底层》、《野蛮人》等剧本，以及《奥古洛夫镇》、《马特维·克热米亚金的一生》等长篇小说，这些作品成功地刻画了资产阶级、小市民和城市贫民的形象。

高尔基的《海燕》等散文诗，反映出激荡的革命情怀，他的代表作《童年》、《在人间》、《我的大学》自传体三部曲，感动和影响了当时一大批正在成长的热血青年。

1901年起，高尔基因参加革命斗争几次被捕，1906年他发表了长篇小说《母亲》，反映俄国工人阶级的革命斗争，被视为第一部社会主义现实主义作品。十月革命胜利后，他积极参加社会主义文化活动，并写出了反映资产阶级家庭三代历史的长篇小说《阿尔塔莫诺夫家的事业》、描写革命前四十年间资产阶级知识分子生活和思想的长篇小说《克里姆·萨姆金的一生》以及许多政论、特写、回忆、文学论文等。1934年他主持第一次苏联作家代表大会，并当选为苏联作家协会主席。

女性可以从高尔基自学成才的事例获得启示和激励，要想成才，不一定非要上大学不可。考不上大学，只要喜爱读书，能够坚持刻苦自学，是完全能够学习到不少知识的，也完全能够成才的。

3. 在社会交往中寻求帮助

人的一生，从婴儿到老年，都生活在人际关系之中。人是社会关系的总和。人只要活在世上，就离不开与人的交往。良好的人际资源是一个人可以终身享用的宝贵财富，因此，女性要学会与人打交道。

心理学认为，人际关系是指人与人在相互交往过程中所形成的心理关系。众所周知，当一个人得到快乐，需要有人来分享；有了烦恼、心事，需要与人倾诉和沟通。如果自我封闭，不与人交往，或很少与人交往，自己的喜怒哀乐得不到适当的渠道予以宣泄，消极的情绪就会不断在头脑中堆积，久而久之，心理就会受到极大的压抑，就可能会引发心理障碍或导致心理疾病。

卡耐基曾经说过，一个人事业的成功，80%归因于与别人相处，20%才来自自己的心灵。人是群居动物，人的成功只能来自他所处的人群及所在的社会。只有在这个社会中游刃有余、八面玲珑，才可为事业的成功开拓宽广的道路。一个人如果没有非凡的交际能力，就免不了处处碰壁。因此，只有不断扩展自己的人际关系网络，才会使自己立于不败之地。

女性平日里如果能经常与周围的人，进行积极的思想交流或良性互动，从大家的积极情绪和行为中获得有益的启示或帮助，不断改善自己的内心世界，心理就会逐渐变得坚强。即使有些女性脑海中出现一些危险的念头或不当的想法，也可能在与别人的交流中适当流露或得到宣泄，从而可能引起别人的注意和警觉，帮助她们渡过难关，悲剧也许就不会发生。

# 第六章　如何正确对待恋爱婚姻家庭

每个女性都想拥有一份刻骨铭心的爱情，美好的爱情会让女人更美丽、更有女人味。婚姻家庭不能缺少爱，但更需要精心维护与经营。生活中，只有善于处理恋爱婚姻家庭关系的女人，才能拥有真正的幸福。

## 你属于哪种爱情性格

有人说："女人是为爱情而生的。"这句话虽然有失偏颇，但女性确实很看重属于自己的那份爱情。如果把爱情与性格联系到一起，女性的爱情性格也各不相同。

1. 感情细腻丰富的爱情性格

这类性格的女性感情细腻而丰富，像水一样的多情。正因如此，她的恋情从未曾断过，仿佛她是为爱而生，一生只为恋爱生活。她温柔而又体贴的个性，总是在不自觉之中让异性为她深深着迷。她的频频放电，使她在情路上无往而不胜。

对异性来说，这类女性的柔情是一种致命的吸引力，而对于她自己来说，有时也是一种致命伤。固执的她，总是认为只要温柔以待，就能得到真爱，可是她并没想到对方有时不吃这一套。当他拂袖而去时，她就会接连不断地找朋友倾诉内心的苦闷，把自己的情感寄托于艺术创作和自己感兴趣的事情上，或静心等待下次的爱情。

2. 敢想敢爱的爱情性格

这类性格的女性是敢想敢爱的人，爱得果断、爱得爽快。即使与他分手了，依然会让他一生都难以忘怀自己的样子，她的影子会时常出现在他的回忆里。然而，这并不代表她的情路畅通无阻，她们爱的时候轰轰烈烈，散的时候也是惊天动地的。

尽管她的身上散发着恋爱的魅力，可是她依然摆脱不了被甩的命运，而且概率很高。对待感情，她总是很投入，以至于当对方已经抽身，她还被蒙在鼓里，一切浑然不知，当她意识到情况不对时，早已人事全非。这时候的她会低迷、颓废一阵子，不理睬任何人，不关心任何事。何时她会自然痊愈呢？当然是寻觅到下一个对象的时候。

3. 内敛深沉的爱情性格

对异性来说，她是个很神秘的人，总给人一种若即若离的神秘感，让别人猜不透她的心思，因为她既内敛又深沉。说实话，与她在一起，会让她的情人有一种"痛并快乐"的感觉。对方一方面迷恋她的距离感，另一方面又为了不懂她而觉得痛苦。

她时刻地保护着自己，不会轻易地把情感表现出来。一旦发生情变对她来说，是一种巨大的打击。因为当她好不容易愿意为对方付出时，却遭遇情变，她必须用好长好长的时间来恢复。至于她的疗伤方法，当然是选择让自己更沉默、更自闭，在一个人的世界里慢慢咀嚼情变的苦涩。等她准备好了，自然会再重出江湖。要多长时间，当然要看她的心结何时能够解开了。

4. 有责任心的爱情性格

这类女性遇事愿意负责任，在任何场合总会扮演好自己的角色。凡事都会从乐观的角度思考，对待爱情也是一样，认为自己既然要和对方在一起，就应该百分之百地忠诚和信任。

这类女性绝对不会相信自己遭遇了情变的事实，除非是自己亲眼所见。如果很不幸事实的结果的确是悲剧一桩，她也不会自暴自弃或怨天尤人。也许她必须度过一个低潮期，但是她会选择用包容和时间来淡化痛苦的记忆，而且她终究还是相信世间是存在着真爱的。

## 如何理性地看待友谊和爱情

女性对友谊十分重视，这种亲密关系提供了相互的支持和鼓励，增进了女性与他人之间深厚的感情。研究表明，现实中女性比男性更关心自己的朋友。而且，不论友谊对于男女的重要性如何，人们与朋友达成亲密关系的方式会存在不同。男性会通过和朋友的共同活动来发展亲密关系，女性则会更多地通过彼此分享思想和感受，来达到这一目的。

女性表现出的对友谊、情感的重视，可以通过几种方式反映出来。成年和青春期女性与男性相比，会向朋友袒露得更多、表达出更多的亲密信息。当帮助朋友解决问题时，女性比男性更可能对朋友的问题表现出较多的同情和理解。而且在婚后，女性的友谊继续保持情感亲密性的特点。但是，女性与朋友之间最好不要保持过分的亲密关系，应有一定的空间和距离，否则，会因为过分亲密而导致友谊破裂。

男性在这一方面比女性显得较有理性，心理学家通常用经验和态度塑造友谊的特点，来解释友谊的情感亲密性和表达性方面的性别差异。如父母更倾向于鼓励女儿的情感表达，却不鼓励儿子这样做。美国一位心理学家认为，由于情绪表达被视作一项女性化特质，许多男性想到同性恋男性具有女性化特质，把女性间情感亲密性和同性恋联系起来，这种联想令人退避三舍，所以通常男性不愿向同性朋友表达情感。

女性在爱情上同样也很倾心，她们通常把爱情与婚姻幸福联系在一起。纵然追求幸福美满的生活是每个人的权利，不过，女性似乎对爱情与婚姻幸福更为看重。

事实上，有些女性在追求爱情的过程中，由于太重视情感，而理性不足，因此没有能把握住自己的幸福，以至于酿成婚后的痛苦。因此，关键在于理性的选择。

众多人婚姻生活的经验，往往导致女性对自己的爱情和择偶标准的反思和调整，经过实践后的新认识，会重新修正择偶标准。

择偶和恋爱是婚姻的序幕，是未来家庭生活的基础。择偶和恋爱更是一门学问。正如某些人所言："我们都有一个共同的简单的愿望，找一个自己真正爱的人。虽然愿望很简单，但实现它的过程却往往非常复杂。其理由是，在找寻能和我们和谐相处的人的道路上，有许多障碍。"当女性步入青春期后，如果得不到社会、学校以及家庭在婚恋方面科学的、系统的指导和帮助，就会产生各种误区和困惑，并由此而导致许多心理问题，影响自己的学习和成长。有些人迫于家庭和社会压力，草率成婚，促成了越来越多的"爱情快餐式"婚姻家庭。

婚姻专家认为，"闪电相识"后迅速谈婚论嫁，双方缺乏婚前深层次的了解，是出现"短婚夫妻"的主要原因。有的人盲目择偶，在双方相互之间并未真正了解的情况下迅速结婚，结果把婚姻变成了爱情的坟墓，在毫无情趣的生活中苦苦挣扎，深深地陷入痛苦之中。还有的人由于择偶不当酿成了婚姻悲剧，甚至为此而丧失了自己最为宝贵的生命。

有资料显示，犯有杀人罪的女犯，10%以上是因为家庭暴力所导致的，近些年这个数字呈上升趋势。据××市妇联统计，一年中涉及家庭暴力的投诉就占30%以上。因此，择偶的关键在于对人的识别。

唐代著名诗人白居易认为"辨材须待七年期"，说明知人之难。孔子也认为，人心难知，甚于跋山涉水，甚于知天察地。上天尚有日月星辰、春夏秋冬可以考察，而人的面貌却是千差万别、内涵甚深，难以把握。但人类的智慧和人类不断认识自我、开发自我的需要，为人类自身提供了无限的可能性。只要我们不断学习、深入体察，汲取过来人的经验教训，真正认识和了解一个人并不是不可能的，所以恋爱的过程，就应该是考察和识别一个人的过程。

新加坡国立大学社会学家保林·斯特劳恩通过对1026名已婚者和827名离婚者的调查研究发现，恋爱时间越长婚姻越持久。他分析原因主要有两个：第一，随着女性经济上日趋独立，男女双方都要求能从婚姻中获得心灵上的满足、感情上的寄托和个性上的契合，这就需要一段时间去发掘。第二，长时间的交往，双方可以比较从容地讨论一些长远的婚姻问题。因此他认为，对一般情侣来说，谈恋爱的时间最好不要短于6个月。

也有的婚姻专家奉劝年轻女性，婚前应慎重选择，不要沉溺于所谓的爱情中，应该把婚姻、家庭的责任放在最重要的位置来考虑，如不能承担婚姻的责任，就不要急着结婚，双方婚前需经一年以上的"深层次"了解，否则婚后很容易迅速解体。

女性由于在感情上缺乏理性，当感情危机出现后，往往选择轻生。感情危机会让这些女性产生强烈的情绪冲动，以至于不顾一切而一意孤行。恶劣情绪的累积，也会使人心理失衡。在一连串的感情挫败之下，人会逐渐丧失信心，对自己产生怀疑，甚至自暴自弃。

恋爱，本来就是两情相悦的事，任何一厢情愿的行为，都无济于事。俗话说"强扭的瓜不甜"，上面所说的遭遇感情危机后就轻生，其实是一种非理智的表现。

心理学认为，对事物的要求绝对化、过分概括化、情感的极端化，是非理性信念的三个显著特点。对事物的要求绝对化，是指人们以自己的意愿为出发点，对某事物怀有必定会发生或不会发生的信念。

这种信念通常是与"必须"和"应该"这类字眼儿联系在一起的，如"我必须拥有一切"、"事情应该是这样的"，等等。怀有这样信念的女性极易陷入情绪困扰。

过分概括化，是一种以偏概全的非理性思维方式的表现。过分概括化的一方面，是女性对其自身的不合理的评价，以自己做的某一事情的结果来评价自己整个人，评价自己作为人的价值。

现实中，虽然人人都有好的期待，但却未必事事都能成功，任何人都避免不了会与挫折相伴。因此，这种女性一旦遇到挫折，通常会产生自责自罪、自暴自弃的心理以及焦虑和抑郁的情绪。过分概括化的另一方面，是对他人的不合理评价，即别人稍有差错就认为该人很坏，这便会导致一味地责备他人以及产生敌意和愤怒等不良情绪。

情感的极端化，是一种负面化的想法。有这种理念的女性总是认为，任何与自己愿望、想象相反的事的发生，都将是非常可怕、非常糟糕的，是一场灾难。这种想法将会导致个体陷入耻辱、自责自罪、焦虑、悲观、抑郁等极端不良的情绪体验之中而难以自拔，进而可能走上轻生的道路。

对于存在非理性信念的人，人们可以运用20世纪50年代美国心理学家埃利斯创立的理性情绪疗法对当事人进行心理危机干预，帮助危机事件当事人改变这种极端的思维方式，而代之以理性的思维方式，以减少他们陷入情绪障碍的可能。

理性情绪疗法，又称合理情绪疗法，是指借助理性思考方式，即理性信念的合理思考方式，来对抗人的非理性思考方式，即非理性信念的不合理思考方式，以消除由于非理性思考而导致的情绪困扰和心理疾病的心理治疗方法。

由于它也结合采用行为治疗的一些方法，因而也被称为认知行为疗法。这对于帮助危机事件当事人，尤其是女性调节不良情绪，理性地改变自我认知，正确地对待友谊和爱情，能够起到很好的作用。有鉴于此，可采取以下步骤进行心理干预：

1. 找出思维方式和信念中不合理的地方

女性应认清自己的情绪和行为为什么会这样，是什么原因导致了目前的状况，厘清不合理的信念与他们的情绪困扰之间的关系。

2. 找出情绪困扰之所在

女性应找出情绪困扰之所在，认识到不是由于事件本身或早年生活的影响，而是由于她们自身所存在的不合理信念所致。

3. 认清自己的信念不合理性

女性不妨通过与不合理信念的辩论、质疑、对抗等，认清自己的信念不合理性，进而放弃这些不合理的信念，并在认知层次上发生改变。

4. 坚决放弃不合理信念

女性应认清并放弃某些特定的不合理信念，学会以合理的思维方式代替不合理的思维方式。女性对自己的心理干预完成后，不合理信念及由此而引起的情绪困扰乃至情绪障碍，就可能逐步消除，将会以较为合理的思维方式代替不合理的思维方式，从而减少不合理的信念的困扰。

心理干预过程的关键是干预，干预不力，非理性信念和不合理思维方式就难以被否定。在进行理性情绪干预的过程中，只有真正找到了自己所存在的不合理的信念，女性才能在干预时做到有的放矢，否则容易出现在外层转圈子而难以深入的现象。不仅如此，对于自己的非理性信念还要有足够的耐心，一个一个地去找，并采用各个击破的原则，千万不能指望一锤定音，一了百了。

## 彼此的身体吸引力重要吗

男女在恋爱对象身上寻找什么呢？尽管男女均看重身体的吸引力，但男性比女性更强调对方的外表，男女所写的个人征婚广告，就能很好地说明这种性别差异。假如有这样一个广告：本人富有魅力、苗条、金发，寻求经济稳定的配偶。想想看，你会马上联想到这是男性还是女性？研究表明，男女的征婚广告彼此互补。女性更可能凭借自己的外表追求经济稳定的配偶。

相反，男性更可能追求对方的身体吸引力，包括具体的面部和身体特征，比如，相貌姣好、长腿、身材苗条。过分看重自己的外表，容易给女性带来很不幸的后果。它不仅会引起扭曲的身体印象和进食障碍，也会误导女性更重视外在特征而忽视行为和成就。强调人不能控制的特点，比如，面孔的吸引力，而非那些可以实现的品质,会降低人的自尊,这对残疾女性尤其具有负面影响。

由于社会对女性身体吸引力的过分强调,女性会比男性花费更多的时间为约会做准备。这种行为和恋爱关系的特点一致,女性努力使自己对男性有吸引力,让男性为得到她们的青睐而竞争。

尽管随着时间的推移,人们对于女性适当的行为和角色的观念变得越来越平等,但男女仍然对恋爱的约会抱有传统的期望。和社会的传统观点一致,男性更喜欢"衣着有女人味"和"温柔"的女性。当女性想打动一位男士时,她们会更加注意"努力表现得有女人味"。

在人们对第一次约会中男性的适当行为的看法中,我们可以看到传统观念的作用和对男性的传统看法一致,恋爱中的人们会期待男性扮演更主动的角色,期待他们积极计划约会以及实施这些计划,少数人还认为男性应该在约会中付账。

这些对约会中的适当行为的看法,不仅反映了男性应该主动这一观念,而且提示恋爱中的约会关系仍然具有男女权力不均衡的特点。

有研究表明,受访者对异性恋关系中的权力分布的看法多种多样。一些约会中的情侣认为,男女之间的关系是平等的,每个人至少有特定类型的权力。而另一些人则认为,存在权力不平等性。

当存在不平等性时,谁被认为更具有控制力呢?和社会上男性具有更强大的权力一致,情侣们更可能认为男性是有具有权力的一方。由于社会赋予男性的地位和价值给他们提供了人际资源,因此他们通常会认为可以控制同女性的浪漫关系。

## 择偶面面观

爱情是一对男女基于一定的客观物质条件和共同的人生理想,在各自内心形成的对对方的最真挚的倾慕,并渴望对方成为自己终身伴侣的最强烈、稳定和专一的感情。它有时会成为超越年龄的一种真正的感情。如果是基于这种以爱情为基础的婚姻,一般来说应该是幸福的一对。在今天的现实生活中,人的择偶观是不相同的。

1. 错误的择偶观

(1)唯美型

择偶的一个标准是唯美型,一些人不看自己长相如何,择偶的唯一标准就是对方必须漂亮。这一观点对不对呢?追求美丽本身并不错,谁都喜欢看着漂亮的人,但是,漂亮的人心灵不一定都漂亮。有的人虽然相貌不凡,可张嘴粗话连篇,人生追求的目标除了钱别无一物,不要说交朋友了,就是跟他小坐一会儿,别人都觉得心里不舒服。

生活是很具体的,每天都要面对柴米油盐酱醋茶,都要面对双方的父母,面对亲戚朋友,他长得漂亮就能够帮助你挑起生活的重担吗?所以,选择人生中的另一半,只用漂亮的脸蛋作为唯一的标准显然是不够的。

择偶时注意对方的长相不算错,是人的正常心理反应;考虑对方的经济实力也有一定的道理。但是,这都不应该作为择偶的唯一标准。

(2) 现实型

有的人非常现实,不少年轻且有些姿色的女孩,不愿意靠自己的奋斗来得到幸福婚姻生活,而只想找比自己年龄大很多,并且有一定经济地位的人作为伴侣,甚至不惜拆散他们已有的家庭。因为她们一旦进入婚姻生活,马上就能得到几百平方米的大房子、豪华的轿车。

其实,这是一种错误的择偶标准,这种婚姻也是不稳固的,因为这些女孩在将来很可能面临成功男人的抛弃。

2. 择偶要考虑的诸多因素

(1) 对方的心地是否善良

对方的心地是否善良很重要,这是今后你们婚姻生活的试金石。对女性而言,如果丈夫不够善良,他就不可能真正对你好,就不可能善待你的父母,你的家庭也必然危机四伏。至于长相,双方看着顺眼就行。

(2) 家庭现实的经济基础

这也不能作为选择一个人的唯一标准,而要考虑该人将来有没有发展前途。虽然他的家庭今天可能是一贫如洗的,可是也许凭借他的才能,不久的将来你们就会走出困境,去迎接属于你们的美好生活。

3. 恋爱的误区

年轻男女相互吸引,进入恋爱过程,这个过程是美好的,但是一旦出现问题,比如分手、失恋或出现别的状况,有些年轻人就会钻牛角尖,走进恋爱的误区。以下例举几个误区:

(1) 恋爱就得结婚

恋爱就得结婚吗?这可不一定。其实,恋爱双方可能会走向结婚,也可能最终分道扬镳。双方谁提出分手的可能性都有,千万不要认这个死理,否则,钻进去就不容易走出来了。

(2) 陷在失恋的旋涡里走不出来

茶不思、饭不想、痛苦、酗酒、萎靡不振,这些都没有必要。即便你真的轻生,不爱你的人也绝对不会可怜你,岂不是白白送掉了自己的性命,还连累自己的亲人痛不欲生?

(3) 失恋报复

你不跟我好,那我也不让你好,置对方于死地而后快,大错特错。他死了,你能好吗?你的父母和对方的父母能好吗?所以,千万不要做出这些傻事。

(4) 殉情

恋爱的一方或双方父母不同意,恋爱的当事人做出殉情之傻事,太不值得了。你为什么不大胆追求自己的幸福?只要你们真爱,就坚持到底,最终老人是会妥协的。这是千古不变的真理。

## 女性如何应对失恋

失恋的女人喜欢从此把自己封闭起来,不去过问感情,过单身生活。她们只会沉浸在无边的痛苦之中,无法自拔。当别人劝慰她们时,她们会说:"你又不是我，你怎么知道我的感受，真是站着说话不腰疼。"

失恋的女人习惯于对爱情不再抱有任何希望。她们认为任何男人都不可靠，都不值得信赖，所以一旦遇到真正关心她们的异性，她们也会在内心深处画无数个问号，充满了猜疑，充满了警惕与防备之心，正所谓"一朝被蛇咬，十年怕井绳"。

她们有时会用残忍的方式来对待自己，去追忆那段恋情。比如她们会选择自虐、绝食，还一副十分悲壮的神情：爱情都没有了，活着还有什么意思呢？

女人，请爱自己一些，分手说明你们彼此相遇的时间不对，太过执着终将造就一段孽缘。不爱了，就不要对他苦苦哀求，不要拉着他的衣角不放，更不要用他的冷漠及逃避来惩罚你自己。早一天放手，早一天成全爱，成全自己，成全他人，不是很好吗？

女性要通过修炼自己迷人的个性来应对失恋。

（1）装扮要适合自己

每一个女人都是一个独立存在的个体，生来就和别人不一样，你就是你，你不是别人，别人也不会是你。你应该始终保持自己的清醒和独立，时时刻刻都敢于表露自己与众不同的迷人个性。因此，你应该懂得根据自己的身材、皮肤以及适合出入的场合来装扮自己，而不要一味地追逐潮流或盲目地模仿他人，只有这样，才能突出你与众不同的个性，才能给人留下深刻的印象。

（2）对他人以诚相待

无论对何人，女人都应以诚相待、落落大方，不矫揉，不做作。即便是在陌生人面前，也不要拘束不安、躲躲闪闪，而要表现得从容不迫，才能让自己的个性得到张扬。

（3）做事有主见

女人要想突出自己的个性，就不能一味地随声附和别人，而应敢于表达你的观点或见解，勇于向传统、向别人提出不同的意见，而且在面对一切束缚和不喜欢的事时要敢于说"不"，做到不唯书、不唯洋、不唯上，等等，做有主见的人。

（4）用知识充实大脑

在信息发达、知识爆炸的时代，女人只有不断学习和思考，用知识充实大脑，才能避免被淘汰的噩运，也只有不被淘汰，才能有展示自我、张扬个性的机会。

总之，宁愿不做外表重复的美女，也要做个性不同的女人，才可以让他人见过不忘，也才可以永远随着心情绽放自己的风采，让自己的人生始终与自由、洒脱做伴，让自己尽快走出失恋的阴影。

# 怎样做好结婚的心理准备

男女在恋爱时山盟海誓，决心终身厮守在一起，但真的要走入婚姻殿堂时，却要承担新家庭的责任，这对于没有经历过婚姻的年轻男女来说，既是崭新生活的开始，又是生活、爱情对自己的考验，可是你的心里是否真的准备好了呢？

1. 能否宽容对方

结婚后，两人在一起生活，遇到矛盾时，要学会宽容对方，谁也别想试图改变谁。恋爱时，由于情人眼里出西施的缘故，男女在彼此的心目中都是最美好的，即便在交往中发现了对方的一些缺点，但都能够原谅对方，希望等到结婚以后慢慢帮助对方改掉这些小毛病。试想，一个人在他的父母身边已经过了20多年，其脾气秉性基本已经定型。尤其是少时养成的一些坏习惯，一般会沿袭终生，你想改变他是不可能的。

2. 必须准备应对未来的一切

当未来的生活中出现艰辛、苦难，甚至意想不到的灾难时，你是否真的能和他无悔终生呢？真的能够做到不论贫富贵贱，无论生老病死你都能与他相守一生吗？生活是很具体的，它需要经济作为支撑。

即便有些年轻夫妻现在所拥有的房子、车子和一些生活的必需品，是老人们为他们积攒和铺垫的，但是他们终究不能靠老人养活一辈子。只有用自己的双手构筑的爱巢才更温馨。但是这样的生活有时还很辛苦。

比如，当小两口都在外面忙碌了一天，拖着疲惫的身体回家，谁来做饭、谁来洗衣服、谁来照顾孩子等一大堆琐碎的事情摆在小两口面前的时候，女性是否敢于面对，敢于承受？

不仅如此，万一小两口的生活入不敷出的时候，女性能否坦然面对，与丈夫同商共渡难关的大计，勇于挑战困难，走出困境呢？

3. 需要共同面对

要创造一个温馨的家庭，需要双方去共同努力。如果女性是一个勤劳肯干的人，而女性的另一半恰好是一个好吃懒做的人，女性能情愿伺候他一辈子吗？如果女性是一个温文尔雅的人，而女性的另一半虽然也受过高等教育，但却刁蛮成性，女性能容忍他一辈子吗？

如果女性是一个非常爱干净的人，而女性的另一半却是邋遢，东西摆放无序的人，女性若是心甘情愿地把他弄脏的地方也收拾干净了，他不但不领你的情，反而抱怨由于你的干净，他的东西找不到了，女性能容忍吗？

如果女性是一个不拘小节的人，而女性的另一半却是一个比较自私、斤斤计较的人，由于女性稍有小错，他便喋喋不休地唠叨或埋怨，女性能受得了吗？如果对方恰恰就是这样的人，在女性即将步入结婚殿堂的时候，是否能够承受这一切呢？

4. 人都有双重父母

当女性走进结婚殿堂以后，就拥有

了四位家长，女性必须懂得对待对方的父母应该如同自己的父母一样，否则不可能处理好与他们的关系。

处理不好与对方父母的关系，就处理不好与丈夫的关系。女性总不能结婚以后，不赡养对方的父母吧。

如果即将考虑步入结婚殿堂，女性应向自己的头上泼上一盆冷水，问问自己的心里是否真的准备好了。

## 如何选择结婚的季节

结婚是人生中的一件大喜事，在举办婚礼时，双方的亲戚朋友都会来祝贺。因此，最好选择晴和的天气举办婚礼。那么，一年中应选择哪一天结婚好呢？通常来说，一年四季有不同的气候条件，对婚礼的举行有一定的影响。虽无人规定哪些季节可办婚礼，哪些季节不可办婚礼，但人们举办婚礼的时间却呈现出一种季节性的规律。

夏季时，天气炎热，气温很高，不适合举办婚礼。春季时，温度适中，百花盛开，秋季天气凉爽，晴空万里，都是比较适合举办婚礼的。冬季虽然温度低，寒风凛冽，从气候条件来看，不太适合举办婚礼，但每年冬季举办婚礼的却很多，这主要是我国人民一年中最重要的节日即春节是在年初一二月份的缘故。

当然，气候对举行婚礼的影响不是一概而论的，而应该具体对待。如举行水上婚礼，夏季较好；举行冰上婚礼，冬季最佳；旅游结婚，春秋最好。所以，

男女双方在确定婚礼日期时，应该考虑到气候对举行婚礼的影响，并且根据自己选定的婚礼形式，具体分析应该选择哪一季节。

1. 如何选择婚礼的日期

结婚登记后，情侣即是合法夫妻。这时要慎重选择一个良辰吉日，作为夫妻新生活的开始。怎样挑选最适合的婚礼日期呢？

（1）不要过于迷信

依照中国的传统，结婚应该选择一个黄道吉日，在这一天举办婚礼会大吉大利，新婚夫妻也会白头到老。其实，婚姻的幸福与否在于两个人感情基础是否坚实，并不取决于某个"吉日"，需要从科学的角度做出安排。

（2）尊重双方父母

挑选日期这样的事情，老人们都会很在意。一定要尊重双方父母，最好是和他们一起商议再做决定。

（3）尽早定下结婚日期

要为婚礼的筹划准备充裕的时间，切忌仓促行事。一旦定卜婚礼吉日就不要轻易更改。

2. 选择婚期的具体方法

（1）尽量避开婚礼高峰期内的高峰日

先了解一下所在城市的婚礼高峰期及高峰期里的高峰日，尽量避开这些日子。这样，对选择司仪、摄像、花车、酒店、礼服等会有很大好处，也会直接降低婚礼预算，提高婚礼的质量。

其实有时只需提前或推后一天，就

可以选到最理想的饭店，订到心仪已久的婚车，请到最好的司仪，连亲戚朋友也不用为同时应付几场婚礼而为难。可从一年之中挑选一个对新人来说值得纪念的日子，比如初吻纪念日等。

（2）考虑婚礼当天的天气状况

目前部分大城市的气象中心可以提供一些特色的服务，如30天内的天气趋势预报，10天或7天之内的气象预测，3天之内的气象信息等，还可在各地气象台获得及时的婚礼当日天气信息，做到未雨绸缪。

（3）避开新娘的月经期

由于男女生理上有差异，选择婚期时应多为新娘考虑。如果婚礼当天正好是新娘的月经期，对双方来说，都不是一件愉快的事。加上婚礼应酬多，新娘难免身体劳累，心情紧张，以致经期延长，不适感加重。

此外，经期子宫内膜脱落，宫腔内创面较多，如有性生活，很容易造成盆腔感染。所以婚期最好选择在新娘的月经后期，即月经干净后两周左右，这也是女方精神上和生理上的最佳时期。避开新娘月经期的方法有两种：

①如果新娘的生理周期很规律，可以计算出她的月经期。

②如果新娘生理周期不规律，可以在婚期来临前10天向医生请教，如果没有禁忌证，在医生的指导下于婚期前服用药物，一般可以将月经期往后推移。

（4）考虑双方的工作计划

在筹备婚礼和举行仪式、婚宴的那些日子里，新人往往无法专注于工作。所以，在选择婚礼日期时也要参考自己的年度工作计划，不要选择工作高峰期或出差前后的日子，可以避免因突发工作事件无法如期举行婚礼或是因筹备婚礼而影响工作。一般选择一些较长的节假日，这样即使是外地的朋友也可以有时间赶过来参加婚礼了。

（5）参考"吉日"的传统规则

一般认为，农历八月是最适合办婚礼的月份。另外还有一些讲究，如父母生辰的正日不宜嫁娶，在该月份内结婚却绝对适宜。现在流行选择偶数日作为吉日良辰，意即"好事成双"，比如择22日暗喻早生贵子、择6日代表婚姻顺利。

## 婚礼流程一般有哪些

在举办婚礼之前，准夫妻都会忙着筹措婚礼，布置新房。当这些都结束后，便择定了结婚的吉日。到了举行婚礼的这一天，双方的亲戚朋友都会来祝贺，小夫妻通常会在酒店摆若干酒席，请大家吃一顿。随着生活条件的提高，现代婚礼也讲究一点。这里给新娘们提供一个婚礼各项活动的模板，具体到民风婚俗的细节，因地域差别会有所不同。

1. 婚礼举办前应做的事情

（1）婚礼筹备计划

①决定婚礼日期、地点、仪式及婚宴方式。

②确定婚礼预算。

③草拟客人名单。

④召集亲朋讨论婚礼计划，成立婚礼筹备组。

⑤最好制订一份婚礼项目计划书，明确筹备组分工。

⑥确定主婚人、证婚人、伴郎、伴娘。

（2）婚礼前的准备

①就婚礼筹备计划和进展，与父母、亲友及婚礼的参与者沟通。

②发喜帖给亲友、电话通知外地亲友。

③及时反馈亲友受邀信息。

④再次确认主婚人、证婚人。

对于重要亲友再次确认。

⑤布置新房。

彻底打扫新房并布置。

⑥结婚物品采购，包括：新家布置用品、家电、家具、床上用品等。

⑦婚礼用品订购，包括：结婚戒指、新娘化妆品、礼服婚纱、喜帖、红包、喜字、瓜子、茶叶、水果、彩带、拉花、喷雾、烟、酒、饮料、糖、花生、录像、照相设备、鲜花、蛋糕。

⑧新郎新娘形象准备。

新娘开始皮肤保养，新郎剪头发。

⑨拍婚纱照。

挑选婚纱影楼、预约拍摄日期、拍照、选片、冲印或喷绘。

⑩沟通。

就婚礼当天计划和设想与婚礼主持人沟通。

⑪婚宴预约。

估计来宾人数、估计酒席数量、选择婚宴地点、确认酒席菜单和价格、确认婚宴现场的音响效果、与酒店协调婚宴布置等细节、预订酒席。

⑫婚礼化妆预约。

选择化妆地点、与发型师化妆师沟通、确认婚礼当天的造型、预约化妆具体时间。

⑬婚庆车辆预约。

确定婚车数量、选定婚车司机、预约扎彩车时间地点、确定婚礼当天婚车行进路线及所需时间、预约婚车。

⑭婚庆摄像预约。

确定摄影摄像地点、路程和数量，选定婚礼当天摄影摄像人员，安排摄影摄像分工，准备摄像器材，预约摄影摄像。

⑮其他。

调换崭新钞票，确定滚床儿童，为远道而来的亲友准备客房。

2. 婚礼前一天准备

①与婚礼的所有项目人沟通。

②就婚礼准备工作完成情况与父母沟通。

③就婚礼准备情况和婚礼当天分工与筹备组最后沟通。

④就婚礼当天仪式进程与主持人最后沟通。

⑤与伴郎伴娘再次沟通，确认帮忙的亲友。

⑥最后确认婚宴、车辆、摄影摄像、化妆等的准备情况。

3. 确认婚礼当天要发言人的准备情况

①主婚人、证婚人发言准备情况。

②父母代表发言准备情况。

③来宾代表发言准备情况。

④抢亲时新娘提问准备。

⑤新郎新娘在仪式上或闹洞房可能会遇到的问题。

4. 最后确认婚礼当天所有物品准备情况

①结婚证书。

②戒指。

③要佩戴的首饰。

④红包。

⑤最后试穿所有礼服。

⑥将婚礼当天要穿的所有服装分装。

⑦准备两瓶假酒。

⑧准备婚礼当天新郎新娘的快餐干粮。

⑨新娘的新鞋。

⑩新娘补妆盒。

⑪糖、烟、酒、茶、饮料。

⑫焰火道具。

⑬最后检查所有物品并交于专人保管。

5. 新郎新娘特别准备

新郎新娘反复熟悉婚礼程序；预演背新娘动作；预演婚礼进行台步；预演喝交杯酒动作；放松心情，互相鼓励；注意睡眠，早点休息。

6. 准备闹钟

确认一只正常工作的闹钟，将闹钟调到5：30。

7. 婚礼举办当天的流程

①5：30：（起床）新娘起床梳洗（伴娘、化妆师开始准备，联系摄影师到位）。

②6：30：（新娘化妆）伴娘和摄影师到位，安排人员拿新娘头花，新娘需约一个半小时的化妆时间。

③7：30：（扎花车）婚车做花（注意配备嘉宾胸花及新娘手花、头花，整个扎花车的过程约四十分钟）。

④8：10：新娘家人提前进餐，家人小聚，准备新娘迎接时的一些水果、甜品及鞭炮等物品。

⑤8：30：新郎车队出发前往新娘家迎亲，带足红包，还有新娘手花、胸花、嘉宾胸花，到新娘家时燃放的鞭炮、礼花（摄影师和伴郎、伴娘到位）。

⑥8：50：新郎迎亲车队抵达新娘家，伴郎给新郎开车门，另外安排人员燃放鞭炮、礼花。

（新娘家人给新郎出难题，新郎给伴郎、伴娘发红包，进门准备红包分给新娘家中的亲朋好友，新郎进门后单腿下跪向新娘献手捧花，在这个过程中注意和摄影师的配合，动作不要太快了。）

⑦10：10：新郎给新娘的父母及亲友敬烟、敬茶（注意敬烟时要求是双数出手，烟不能直接对着客人，只能横着敬烟）。

⑧10：20：新娘的母亲将新娘要更换的新鞋拿出来，新郎给新娘换上新鞋后，背着新娘上花车，伴郎安排新娘家的亲友上车后，新娘家人燃放鞭炮，婚

礼车队前往新郎家。

⑨10：40：迎亲车队抵达新郎家中。（准备茶水、甜品、水果，安排人员燃放鞭炮，伴郎迅速下车为新郎开车门，新郎下车后为新娘开车门，将新娘抱上楼，过程中新娘不能落地，动作不能太快，以防在行走的过程中绊倒。）

⑩10：50：新娘拜见公婆。（新郎父母回赠红包，此时的红包根据情况也可以到酒店后给）。

⑪11：05：婚礼车队出发前往酒店（要求酒店接待的亲友准备好必需的香烟，及掌握酒水的到位情况）。

⑫12：00：婚礼开始，司仪宣布婚礼开始，婚礼进行曲响起，新娘与新郎手牵着手正式步入婚礼殿堂，摄影师开始捕捉人生中最精彩的时刻。

⑬12：05：新人在司仪的引导下交换戒指（备好证婚词、戒指、轻音乐），证婚人士上台为新人做证婚发言。

⑭12：10：新郎、新娘在司仪的引导下行拜堂仪式，新郎的父母（或是亲友）上台致答谢词。

⑮12：15：司仪宣布婚宴正式开始（新娘更换礼服，补妆，此时司仪继续主持节目，来宾也可以一起参与）。

⑯13：30：婚宴进入尾声，新人稍作休息后，到门口送宾客离去。

⑰13：40：婚宴结束（新人此时可以进餐）。

⑱14：00：准备离开酒店，安排人员结清酒店的账款，清理现场物品回家。

⑲14：20：婚礼举行完毕。

## 怎样在婚姻中做个好女性

夫妻在生活中体贴、照顾对方，并不会使自己在婚姻中没有地位。家庭是讲温情的地方，不必弄得像冷冰冰的战场一样，也不要只知索取不知付出。一方付出温暖，另一方才会以呵护回应对方。想要营造一个温馨的家庭，做一个婚姻中的好女性，就要先把自己的温暖传递给对方。

一个事业成功的女性在婚姻中应该懂得，男人是自己的爱人，而不是自己的手下。夫妻之间应该是平等的关系，而不是谁屈服于谁。不要把工作中的硬作风拿到家庭生活中来，这样会让男人对自己有种畏惧心理，他们也许不会说出来，但会刻意减少与妻子的接触。所以一个女性如果爱自己的家庭，就要用温柔去营造和谐的家庭气氛。

世人给男人戴上了无形的枷锁，使他们在挫折和忧郁面前不能尽情地发泄自己的情绪。一个好女性应该有足够的观察能力看出丈夫的失落。这个时候女性要做的不是指责和讽刺，而应该是理解男人，积极地帮助男人走出阴影，想办法疏导男人的情绪。女性的温柔是让男人情绪变好的最佳工具。

婚姻中的女性有时缺乏安全感，这使她们更加在意男人身边的异性朋友。女性应该知道，一个好男人必定很有女人缘，不会与异性相处的男人，大多不会和妻子很好地相处。而且女性过多地干涉男人的朋友圈只会让男人感到厌烦。一个成功的女性应该是充满自信的，她有自己的生活圈和朋友圈，不会在意男人有多少异性朋友。

好女性总能让自己的生活多姿多彩。女性天生的资本是温柔善良，但只有这一种，总是让生活有些乏味。一个好女性除了具备天生的资本，还应该具有一种幽默的本领，因为幽默是枯燥生活的最佳调剂品。

很多结了婚的女性认为，男人在婚姻中应该负担起全部的经济责任。但是她们忘记了夫妻本应该是同体的，自己也是婚姻中的一员，也应该为家庭出一半力。事实上，在男人需要帮助的时候，在他的事业处于低谷的时候，女性也应该付出努力，不要弃他于不顾，不要让他孤军奋战。

男人在社会中承受的压力一般比女性大，他们在走向成功的路上总避免不了受各种挫折。每个女性大概都有做成功男人背后那个女性的想法，但许多有这样想法的女性在男人真正面临困境的时候却退缩了，把压力留给男人自己承受。男人在处于事业低谷的时候，正是最需要关爱的时候。但他们一般不会采用倾诉的方式来发泄内心的不快，他们可能会装作若无其事来掩饰自己内心的痛苦。有些女性往往会埋怨男人不知上进或是不知该如何安慰男人。

处于事业低谷中的男人会觉得没面子，他们感觉压力很大。这个时候女性要做的就是像以往一样爱他，信任他。女性要帮助男人疏导他的负面情绪，让男人感觉他不是一个人在奋斗，还有人关注他，欣赏他。女性是男人最好的倾听者，当男人愿意说出自己的压力时，女性可以提出一些自己的看法，可以讨论分析，在男人从挫折中站起来的时候，女性做得最有意义的事情就是为他喝彩。

当代社会中的女性多是双重身份，她们整日奔波于职场和家庭之间，要把握好多重角色的变换，对于女性来说，是个不小的挑战。

一个女性只拥有事业不算成功，还要拥有和谐的家庭生活，只有两者兼顾的女性才是真正意义上成功的女性。做一个事业与家庭双赢的成功女性，是所有女性的追求目标。每个漂泊在职场中的女性，都应该有属于自己的美好家庭生活。

无论在哪方面的成功，对女性来说都很重要。但比成功更重要的是快乐，如果成功了却没得到快乐，那么在别人眼里的成功对于自己而言就是失败，永远不要把自己局限于别人的成功中。

许多女性对成功的定义是家庭美满、事业有成。但同时，她们又在心底认为鱼与熊掌不可兼得。其实她们低估了自己的能力。女性应该相信自己，只要自己全力以赴，就能做到家庭和事业双丰收。在做女儿的时候，就做一个孝顺体贴的好女儿；在做母亲的时候，就做一个关怀孩子的好母亲；在做妻子的时候，就做一个贤惠的妻子；在做强者的时候，就做一个精明的女强人。

1. 不要把工作中的情绪带到家中

家庭和职场是两个不同的环境，面对的也是不同的人。一个成功的女性不会让情绪影响自己的工作和家庭生活，她们不会把家庭的情绪带到工作中，也不会把工作的情绪带到家庭中。就像某位成功的女企业家说的："在工作中，我像巨人一样地战斗，但是回到家中，我不会让他感到我有丝毫的锐气。"

2. 在不同的场合扮演不同的角色

女性在面对生活时，不要只局限于某一个角色中。在不同的场合，女性要扮演不同的角色。在踏入家门时，女性可以换上微笑的面孔，温柔体贴地照顾自己的爱人；在出入职场的时候，女性可以变成刚毅果断的精英人物。可以说，善于进行角色切换的女性才是真正意义上成功的女性。

3. 女性要善于经营家庭

女性在现代社会中占领了半边天，为了实现自己的理想，她们和男人一样在职场中拼搏，在实现理想的过程中，她们不断提高和完善自我，不再是依附于男人的小女人。但有时女性往往只顾竞争，让自己成了铁娘子，却忽视了妻子的身份。身为现代社会的成功女性，不仅要在职场上挥洒自如，也要善于经营自己的家庭，在家庭中做一个温柔的妻子。

家庭生活不全是美好的，家庭生活总不如工作一样井井有条，事业上成功的女性总有对家庭失望的时候。这时不要轻易放弃自己的家庭，如果主动放弃，家庭就注定破碎。有许多事是不可以回头的，不要让自己的一时冲动毁掉自己的家庭。如果在家庭生活中有不如意的地方，要以自己的智慧改变它，别忘了自己也是家庭中的一员，也有让家庭关系变好的义务。

4. 女性要学会宽容

当爱人所做的事情伤害到自己的时候，女性要学会宽容爱人。其实理由很简单，因为自己还爱他。对爱人的错误揪住不放反而会使对方放弃家庭和爱情。而从某种意义上讲，宽容有时候是一种以退为进的手段。女性退让了，爱人可能会觉得以前做的事情伤害到妻子，在以后的生活中会对女性加倍地好。

人与人之间的差异很小，只是人们对待问题的态度不同才造就了各种各样的人生。女性由于同时承担着家庭和事业的双重压力，两者之间产生矛盾就在所难免，但处理问题的心态却可以使结果有天壤之别。一个生活态度积极的女性会主动化解自己遇到的矛盾，放大幸福，时刻给人以充满阳光的笑容，这种心态有利于家庭和谐。

男人向往成功，女性向往幸福，但有些女性不知道，成功和幸福往往都藏在自己的嘴巴里。一些本来应该有作为的男人，有时会因为自己在乎的女性一句泼冷水的话而丧失斗志。也有许多看似陷入低谷的男人，因为自己在乎的女性说了一番激励的话，就能过关斩将，突出重围。

善待丈夫的家人是对丈夫尊重的一

种形式。没有哪个人不爱自己的家人，而且一个连自己的父母都可以不要的男人，一定不是好男人。聪明的女性会对婆婆比对丈夫还要好，这样丈夫肯定会更疼爱自己。

## 如何使自己的婚姻美满

如果我们把幸福婚姻看作一件艺术品的话，那么经营婚姻和爱情就应该是永无止境的艺术创作过程。它需要高度的创造能力和精湛的艺术技巧，需要爱的双方用锲而不舍的精神去精心地雕琢。

此外，女性还应该意识到，婚姻既然是一个活的有机体，那么它就需要养分。关心和爱护才能使其茁壮成长，并发挥其最大的生命力。与此同时，人们也不应该忘记，婚姻还是一个矛盾体，是两个也许具有极大差异的人，在积极地投身于对彼此的探索。

婚姻是平等的，需要相互尊重，但双方可能在家庭背景、教育程度、个人经历等诸多方面存在着不同，在婚后必然会发生一些矛盾和摩擦，既尊重双方各自的特性，又在保持各自特性的基础上协调相互之间的差异，是十分重要的。

为了使婚姻尽可能美满，一个人不仅需要了解配偶，更重要的是还要充分了解自己，做到真正"知己"，同时又全方位了解对方，做到真正"知彼"。女性必须懂得，为了夫妻两个人的利益，双方应该怎样适应婚姻的要求，而不再是简单地分享各自从前的生活。

同时，女性还应该明白，在择偶中什么才是最重要的，知道如何提高择偶的艺术和能力，懂得如何增强自己选择合适配偶的信心，进而学会发现、识别和改善婚姻中的问题，掌握解决问题的有效方法和途径，促使婚姻危机向正面转化，实现自己真正美好的人生理想并享受生活。

毫无疑问，当代女性的爱情观、婚姻家庭观念、择偶标准、婚前性态度及其观念的变化，将对我国未来的婚姻和家庭模式产生不可估量的影响。因此，女性只有把握婚姻随社会变革而变化的趋势，了解婚姻变革的本质和特点，学习有关现代婚姻的各种知识，才能树立正确的婚姻观，调整自己的心理状态，适应变化了的形势，防止出现婚姻问题，成功驾驭自己的婚姻，创造美满的人生。

女性如果想让自己的婚姻之树常青，就要随他一起融进这个大圈子中来，就像你也有自己的生活圈子一样，你也不希望被他束缚。给他自由，给他空间，也是在给你自己自由与空间。

所以说，当你想同爱你的男人结婚并共度一生时，一定要做好心理准备。因为你不仅仅是同他结婚，也是同他的各种轨迹结婚，包括家庭背景、社会背景以及他的生活习惯。请你一定要十分清楚明白的是：你选择的男人、你所选择的生活绝不仅仅是他单独的一个个体，而是他的家庭成长环境以及与他有着千丝万缕交往背景的那个复杂的社会团体。

同事关系、朋友关系、婆媳关系、夫妻关系等都需要女性去处理。而把夫妻关系处理好，对于女性而言则是其中最为重要的。夫妻关系不好，很容易伤害彼此的感情，严重时还会落得家庭破裂，事业也会相应地受到影响。所以，对于女性来讲，处理好夫妻关系是重中之重的大事。在此，有几点营造和谐夫妻关系的秘诀：

1. 用心去体贴丈夫

当丈夫在事业上受到挫折，回到家心情不好，妻子要用疼爱的心治疗他的创痛；丈夫从外地出差回来，身心显得很疲惫，妻子就应该主动一点，或为他倒上一杯热茶，或打来一盆洗脸水，清洗他旅途的疲劳。这样会给丈夫以宽慰和无比的惊喜，丈夫会觉得你非常在乎他，于是他会愈发地爱你、呵护你。

2. 包容丈夫的缺点

男女双方谈恋爱时，彼此之间往往是将自己最美好的一面展现给对方。可一旦结了婚生活在一起后，各自的缺点就开始暴露无遗了，夫妻给对方的都是本真的自我。可"金无足赤，人无完人"，凭什么以完美要求自己的丈夫呢？爱一个人，便意味着全身心地、无条件地接受并包容他的一切，包括他的缺点。因此，对丈夫的缺点，妻子不要太过较真，求全责备，而应该多体谅、多包容，这样彼此相处才会和谐，婚姻才会得以延续。

3. 多多赞美丈夫

现实生活中，一些女性不但不愿赞美自己的丈夫，反而会经常挑剔、指责丈夫，甚至还会拿自己的丈夫与别的男人进行比较。既然你选择他做你的丈夫，那么你一定是欣赏他身上的某些优点和超过别人的长处。所以，作为妻子，你不要总拿自己的丈夫和别人做比较，更不要挑剔、数落丈夫，而应该时常温柔地鼓励他，赞美他："你真了不起，我以你为荣！"使丈夫重新建立起奋斗的信心和勇气。

4. 不要轻易猜疑丈夫

信任是夫妻间关系稳固最重要的原则，夫妻之间如果没有了信任，互相猜疑，家庭的气氛肯定是阴霾密布。女性要想使婚姻生活永远和谐温馨，就不能轻易猜疑自己的丈夫，而应该充分信任自己的丈夫。

5. 与丈夫培养共同的爱好

共享每一件东西，包括某一种信仰，可以使人与人之间的关系更加密切。适应与分享爱人的嗜好和偏爱，这是获得美满幸福婚姻的重要因素。

如果夫妻两人经常把谈话的焦点集中在孩子或工作上，慢慢地就会发现，除此以外你们可谈的东西很少。这时，你们不妨抽出时间来培养一些共同的兴趣，并一起参与其中，这样做不仅能为索然无味的婚姻增添几多乐趣，也能使夫妻之间的共同语言与日俱增，夫妻间的感情自然也会愈来愈深。

6. 与丈夫保持适当的距离

夫妻之间能够朝夕相伴是幸事，但也要注意适当地保留一点距离，比如分床而居，既有利于休息，又会使夫妻双方保持各自的神秘和魅力，让相互的爱情在若即若离、不冷不热中久远维持。除了保持地理距离外，夫妻间保持一定的心理距离是更重要的。谁也不要试图去改造对方，而是要设法适应对方，让对方有独立的人格、独立的个性和适度自由的生活圈。

## 女性怎样保持魅力

女性都希望自己有魅力，然而，随着年龄的增长，时间的推移，原有的魅力却在逐渐消失，使女性感到很苦恼。女性怎样做才能永久地保持自己的魅力呢？

1. 要有自己的生活圈子

不要把所有的重心都放在丈夫身上，他累你也累，要独立。

2. 做一个善良、正直的女性

善良、正直是一个人美好的品格，当你拥有这种品格时，一定会得到周围人的喜爱，包括你心仪的人。

3. 关爱他人

学会在一些小事上付出，虽然这没有费多少力，却显示你时刻在关爱他人。

这可以使丈夫感动并记得你的好，换来的是他更深挚的关爱。

①在他身心疲惫的时候，你为他冲杯热咖啡并静静地守候在他身旁。

②学会做几道他喜欢的菜，让他感受你的关心。

4. 保持你的神秘感

对方一旦了解了你的全部事情，兴趣也会随之急速冷下来。因此，一定要做到亲密有间，不用事事都对他说得清楚明白，在婚姻中保有一种神秘感。比如，少说关于自己的事情，不让他陪自己参加同事或同学聚会，等等。

5. 学做几道拿手好菜

对于丈夫喜欢的几道菜，你一定要做得出色。在这里，并不要求你会做什么满汉全席，什么山珍海味，只要求你有针对性地做几道自己丈夫所钟情的菜肴。不妨照着菜谱学习学习，也可以向他人取取经。最好的效果是，当他到外面去吃同样一道菜时，他会认为还不如你做的好吃。

6. 永远做最美丽的自己

外部形象的美丑与魅力并没有直接的关系，正如有人说，世界上没有丑女人，只有懒女人。任何男人都希望陪伴在他身旁的女性永远是美丽的。在这里，请你记住，无论自己有多大的年龄，也无论在什么场合，都要注意自己的穿衣打扮，也要了解他所喜欢的穿衣风格。

7. 做他最好的贤内助

要保证他每天都换干净的袜子，不

能让他穿臭袜子。把他的每双皮鞋都擦得干干净净。要保证他要穿的内衣，有你处理过的香气，要知道他的整洁与干净，都反映出你的勤劳与体贴。

8. 有一个让他爱你的理由

每一个已婚女性都希望自己的爱情之船会平稳顺畅地行驶，然而，在这个浮躁的社会，有许多的诱惑存在。尤其是当你的男人成熟又优雅，既多金又有风度时，有许多的女性会像蝴蝶一样扑过来，这是无可避免的。

这时，你的年华已老去，在那些鲜亮的女性面前，你必须拥有一个让老公爱你的理由。或许是你长得漂亮，要是不漂亮，你就要有气质，如果没有气质，就要有才华，才华也没有，你就要性格好，性格不好，就要善良。总之，你要有一样拿得出手的优点。

## 女性如何避免成为"第三者"

在不同的社会状态下，会出现不同的婚姻家庭问题，而"第三者"问题是近年婚姻家庭方面所出现的一个情感现象。它是一个复杂的社会问题，不管如何众说纷纭，"第三者"往往会受到道德的谴责，由此引发伤害行为还会受到法律的制裁，有些伤害甚至还会导致对人身和心理的摧残。

因此，女性要远离他人诱惑，避免成为其他家庭的"第三者"，这也是女性保护自己婚姻家庭的一个重要方面。

1. "第三者"产生的原因

（1）生活单调乏味

夫妇婚后的生活让人感觉单调乏味，其中一方便会去寻找刺激或以其他方式来让自己的心理获得平衡。此外，长期分居的夫妻，看到别的夫妻都天天在一起，美满幸福地生活，便会滋生失落和不平衡感，因此容易找"第三者"来寻求感情上的平衡。

夫妻生活过于单调，缺乏新意，每天都在重复相同的事情，很容易使感情渐渐变得平淡无味，生活也渐渐失去了乐趣。"第三者"的刺激就更容易俘获人心，使人在眷恋中无法自拔。

（2）感情方面不和

夫妻的感情基础是婚姻生活最重要的支撑点，如果夫妻感情不和，就很容易出现各种各样的问题。如果夫妻缺乏情感沟通，那么，他们就很容易在情感空虚中，寻求符合自己爱慕标准的对象而获取情感慰藉，以求情感上的所谓"补偿"。

(3) 喜新厌旧

由于这是人性的一种弱点，所以当这种天性失去了控制后，就会转化为恶习。正是因为人性的这一弱点，当男人在缺失法律规范的约束时，一旦放松了自身要求，便会踏出婚姻，在外找情人，从而产生了"第三者"问题。

(4) 信息化社会的发展

随着信息技术的不断发展，网络已渐渐成为婚恋交友的重要载体，然而在婚恋、交友的目的之下，也不乏一些寂寞无聊的有家庭的男女，借此寻求刺激，邂逅艳遇，"第三者"就这样出现了。

2. "第三者"引发的犯罪

由于"第三者"的问题而招来"杀身之祸"的现象，在现实中时有发生。对于该"祸"是由谁来实施的，具体可以分为两类情形：

(1) 出轨者实施偏激、极端行为

出轨者实施偏激极端行为，如杀人而导致犯罪，主要问题在于出轨者本人。具体来说，由于存在各种利益因素，出轨者在以自身价值观全面权衡之后，会做出一系列趋利避害的行为，来保全自己的利益，随之而来，其行为如果侵害到"第三者"的利益，那么这就是第一类"祸"。

在出轨者同"第三者"交往的过程中，两者的交往应该是正常的，他们对于自身的利益而言，是共存的关系，出轨者和"第三者"可以说是"一条绳上的蚂蚱"，自己的利益如果丧失掉的话，那么对方也不会有什么好的结果。

在这种所谓的"利益链条"上，出轨者的利益如果损失到一定程度，触及自己的底线的话，他必定会采取一定的手段和措施来保护自己的利益。此时，如果自己的利益得到保障了，对方的利益就会因此而减损。因此，在保护自己的过程中，损害"第三者"的生命健康就会成为出轨者所考虑的重要方面，当出轨者着重考虑自己的利益，而置"第三者"利益于不顾时，便会导致"杀身之祸"惨剧的发生。

(2) 出轨者家属实施极端行为

由出轨者家属实施的极端行为，如杀人而导致的犯罪，主要问题在于出轨者的家属。一个幸福的家庭，需要家庭成员的共同经营和呵护。家庭责任感较强的中国人，在潜意识中，是难以接受任何家庭以外的人破坏自己家庭完整的。具体来说，在面临种种挑战和压力的情况下，出轨者的家属为了能够维持当前的婚姻，追求自己的幸福或是出于报复"第三者"等目的，往往会由于冲动而采取过激行为。如果侵害到"第三者"的利益，那么这就是第二类"祸"。

一般来说，相对于第一类由出轨者造成的祸患来说，第二类由出轨者家属带来的祸患会对"第三者"生命安全造成更大的威胁，造成的结果也会更为严重。毕竟，出轨者家属都将整个家庭的幸福置于一个很高的地位，在知道出轨者，也就是自己的丈夫背叛家庭之前，自己一直是幸福家庭的坚定维护者，可以说，整个家庭就是自己生命的所有。

当出轨者的家属发现自己的丈夫已经出轨时，内心会产生强烈的对比和反差。由此而产生的冲动，极易使出轨者的家属不计后果地实施侵害行为，"第三者"招来杀身之祸也因此具有了较大可能性。

3. "第三者"为什么会引来灾祸

"第三者"往往引起诸多家庭矛盾和社会矛盾。

家庭是社会的细胞，在很大程度上，社会的安全源于家庭的稳定。家庭如果不稳定，对社会治安也有较大的影响。人类的婚姻和情感，要求伴侣在一定时期内的排他性，这种心理不论男女完全一样。

如果性在婚外完全自由，则势必产生相关当事人的情感冲突，成为社会矛盾激化的因素，影响社会其他方面的正常稳定发展。一般而言，人们都会对自己的配偶与第三人发生性关系难以接受，相关当事人经受感情、性和社会压力等方面的折磨时，情绪、情感易处于极度不稳定的状态，对自己的感情难以调节及控制，从而时常被情绪、情感所困扰或感情用事，在这种状态下做出的行为通常具有盲目性、冲动性和残酷性，往往会造成相当严重的社会危害后果。

有不少夫妻因一方有外遇而整天打架、闹离婚，心理承受能力差的当事人很有可能会做出不理智的行为。个别严重的，甚至会触犯刑律，后果非常严重。

因此，女性成为"第三者"的问题，不仅带来许多直接或间接的危害后果，而且更具有社会危害性。它会直接影响家庭和睦和社会稳定，小则导致家庭破裂，大则造成公共安全问题，甚至引发刑事犯罪问题。"第三者"不但会受到社会的谴责，也会引来"杀身之祸"。

4. 如何避免悲剧的发生

在社会生活中，越来越多的女性已经开始意识到"第三者"问题对于自己生活的影响。有人跃跃欲试，有人理智清醒，有人困惑不解。那么，女性如何保持自己的理性，不做"第三者"呢？

（1）增强自我修养与道德观念

女性应该增强自我修养与道德观念，克制情感冲动。女性的自身修养，主要靠后天努力，自身修养提高，会使自己在社会生活中更加成熟稳重。每个人都有一种寻求新奇事物的心理，如果一种体验长期都不改变，就会感到乏味，逐渐地由习惯转变为淡漠，甚至是反感，这就如同每天吃山珍海味，终究也有吃到厌烦的时候，此时反而喜欢窝窝头、咸菜。

女性的注意力如果被另一个男人吸引时，也正是思想容易出轨的时候。因此，女性要警惕被已婚男士对婚姻的倾诉或所谓关怀指导的假象所迷惑，不要以为自己找到了真爱，从而成为涉足别人家庭的"第三者"，等自己意识到问题的严重时，为时已晚。

（2）与已婚男保持适当距离

提高安全意识，与已婚男士保持适当距离。尤其是单身女性更易受到侵扰，陷入不测。而年轻女孩，由于涉世不深，缺少社会经验，很容易被已婚男人诱惑，陷入窘境。所以，在日常的学习、工作和生活当中，与已婚男士保持一定距离，是单身女性需要切记的。

可以与他们做普通朋友，但是作为自己的追求者，是不可以的，其严重后果，上面的分析中，已经进行了相关的阐述。如果遇到已婚男士的表白或追求，要正面明确地拒绝，千万不要态度暧昧。对于单身女性来说，与已婚男士保持一定距离，是没有坏处的。

当女性作为"第三者"，去追求某位成熟男士时，自己面临的压力是非常大的。不仅伤害了他人，也伤害了自己；不但得不到大家的祝福，也得不到法律的保护。这样的爱情是一种不平衡的爱情，也是一种失去尊严的爱情，最终不会有真正的幸福。

如果女性很年轻，出于一时的冲动，没有考虑到不堪的后果，做了"第三者"，其结果常常是付出惨重的代价。所以克制情感冲动对于女性而言，是非常重要的，只有加强自我修养，树立正确的价值观，自尊自爱，才能保护好自己，免受其辱与伤害。

5. 与异性交往要注意

女性在不知对方是否已婚的情况下，主要注意以下两个方面：

（1）交友谨慎，充分了解对方底细

女性在结交异性朋友时，一定要小心谨慎，合理怀疑，可通过其亲属、朋友充分了解其底细，缓慢推进两人的关系。特别需要提醒的是，在没有彻底了解对方并做好万全准备的时候，最好不要与对方发生性关系。因为发生性关系后，情感力量会更加牢固，会促使女性愿意和对方保持更亲密的关系，一旦失去这一关系，就会更加痛苦。

（2）发现受骗后怎么办

恋爱对方隐瞒自己有家室，当女性发现受骗后，要保持清醒和理性，要在思想上彻底认识如果继续下去是难有好结果的，必须立即终止彼此关系的发展。为此，要果断采取措施。

（3）不要给自己找借口，使婚外情死灰复燃

关系终止后，要把和他有关的物品收藏或彻底销毁，以免睹物思人，难以割舍；要多和朋友接触，或者采取其他适当的方式，如读书、旅游等，开阔视野，丰富自己的生活，尤其是自己的精神生活，准备迎接下一段美好恋情。

（4）女性要扩大社交范围

增进情感交流，抑制精神空虚。特别是单身女性在日常生活中一般以女性朋友为主，所以社交范围相对狭窄，如果想提高自己与人交往的能力，扩大自己的社交范围是非常重要的。

扩大社交范围，更重要的一点，在于充实个人生活，抑制精神空虚。许多单身女性对于个人问题，是有很多想法的，然而想法再多，生活都是要继续的。如果单纯是为了相亲的话，反而会把自己搞得筋疲力尽。

如果自己扩大社交范围，扩大自己

的朋友圈，结果反而更好，在社交过程中，会结识更多的男士，如果自己感觉合适的话，再从朋友做起，慢慢相处。所以，归根结底，还是提高自己的修养，培养成熟稳重的性格。这一点对于女性而言，是非常重要的。当自己精神空虚时，不妨主动踏出家门，扩大自己的社交范围。

## 女性成了第三者怎么办

女性身不由己地爱上了一个男人，却发现对方已经有家室，这时注定女性的爱情之路会经历痛苦，而最好的办法还是忍痛离开他。因为不管是有心或者无心，介入别人的婚姻都是一种错误。两个人的爱情是甜蜜的，三个人的爱情却只有痛苦。

女性如果不小心成了"第三者"，不管你认为自己的爱情多么崇高、多么与众不同，还是把那份爱藏在心里吧，爱情并不是生活的全部，"第三者"不是一个聪明女性应该扮演的角色。

"第三者"是个很不光彩的称呼。而且"第三者"的处境永远是见不得光的，也永远是尴尬和痛苦的。她们往往一直在等待对方爱情的回应，而到最后等来的却只会是失望和怨恨。但有一些女性明知对方不能给自己未来，不能给自己幸福，却仍然如飞蛾扑火般投入这样的恋情中，这样做的结果自然是三个人都受到伤害。

她们的爱在自己看来也许轰轰烈烈，因为她们可以不求名分，而且甘心消耗自己的青春，她们甚至觉得自己是伟大的。但是她们却因为自己的爱情伤害到无辜的人，这种奋不顾身不仅毫无意义，也是为世人所唾弃的。"第三者"在爱情中没有享受公平的权利。

对方可以背叛与自己相守的妻子，就随时有可能背叛"第三者"。而处于"第三者"位置上的女性，如果看着对方变心或者花心，连最基本的质问的权利都没有，因为自己也曾经是他变心的对象。这样的爱情只能让自己烦恼和痛苦，等到爱情消失的时候，女性的青春也一并消失了。而且将心比心，当自己拥有婚姻的时候，如果有人破坏自己的爱情，自己会有怎样的心情？要知道，每个人的东西都不愿意让别人抢走，正所谓"己所不欲，勿施于人"。

也许有的女性做"第三者"的原因并不单是为了爱情，也许她爱对方的钱，但是对方的钱再多，存折也不会交到家庭以外的地方。如果因为爱对方的名气做"第三者"，即使他的名气再大，也永远不会介绍"第三者"是自己的夫人，也不会光明正大地带"第三者"出席正式场合。

每个人都有权利拥有属于自己的爱情，有些女性却因为爱情而身心疲惫，背负骂名。这一切，只源于她们介入了属于别人的爱情，爱了一个不该去爱的人，她们成了爱情中的"第三者"。也许女性很爱一个男人，但是为了自己应有的权利，请管理好自己的感情，不要甘愿做"第三者"，这样不仅拯救了他的妻子，也拯救了自己。

人的一生会面临很多选择，有些事情可以做，有些事情不可以做。爱情也是一样，有些爱情是不被允许的，一个自尊自爱的人不会去做"第三者"。

女性要管住自己的心，理智地控制感情，不要沦为感情的奴隶。自己的青春没有必要浪费在一段阴暗的爱情中，不做第三者，既是尊重别人，也是尊重自己。不必徘徊于这样的恋情，只有属于自己的感情才会让自己一生幸福。

在遇到错误的恋情时，聪明的女性懂得放手，懂得从"第三者"的队伍中把自己拯救出来，懂得忘掉伤痛，去寻找属于自己的爱情。能把自己的爱情经营得成功的女性，就是一个成功的女性。

## 女性如何应对婚姻危机

婚外情一直受到世人的排斥，但每天都不断有新的故事上演。人无完人，金无足赤，每个人都有犯错误的时候。夫妻间的感情甜蜜而脆弱，想要维持这种甜蜜的感觉，就需要细心地呵护婚姻。

1. 在婚姻出现危机时，女性要靠自己挽救婚姻和爱情

男人产生婚外情一般有三种情况：第一种是与婚姻无关，只是追求浪漫和刺激，这种人的道德标准相对较低；第二种是对婚姻的一种补偿行为，他们因为某些原因对家庭生活产生不满，但不愿意失去婚姻，出轨可以让他们找到平衡的感觉；第三种情况的婚外情是对婚姻的不认可，他们希望结束婚姻。如果是前两种情况，两个人的爱情是可以挽回的。

在婚姻中发生出轨的事情是谁也不愿意看到的，但当这种事情意外地来临时，每一个想要追求幸福的女性都应该知道，丈夫的一时冲动不一定是不爱自己的表现，选择宽容地对待丈夫不仅是饶恕了丈夫的罪过，也是对自己仁慈。

婚外情通常前三个月处于热恋状态，这时候用冲动的方法干涉只会让自己失去婚姻。在半年后，男人如果还爱自己的家庭，婚外情自然会结束。这时"第三者"虽然已经退出他们的生活，但却印在女性的心上，即使事情过去很久，她还是会有意识地监视丈夫的行为，并时不时就拿出来抨击一番，这样的女性既让自己的伤口不能愈合，也让丈夫怀疑自己回头是否正确。"第三者"的阴影始终纠缠在他们的婚姻生活当中，这样的婚姻是不幸的。

许多婚外情发生的原因，都是因为当事者对自己的家庭不满，只是有人采取了错误的方式对待。"第三者"之所以出现的原因，从根本上来说还是夫妻间的感情有了问题，如果夫妻间和和美美，"第三者"就没有立足之地。

当女性发现自己的丈夫在婚姻生活中产生婚外情的时候，不该一味地责怪丈夫或者"第三者"，而应该先反思自己的婚姻中出现了哪些漏洞，一个聪明的女性应该学会用宽容和智慧挽救自己

的家庭。

当婚外情发生时，女性要保持冷静的头脑，不要因为自己受到伤害而做出激烈的反应，不要急于把事情宣扬出去，让所有人都知道自己的委屈，这样做无异于火上浇油。尽管男人出轨首先是他不对，但他很在意自己在别人眼中的形象，如果他的形象被自己的妻子破坏了，爱情也就消失殆尽了。

如果一个女性还爱自己的丈夫，爱自己的家庭，就不要把事情变得无可挽回。应该先让自己冷静下来，和丈夫推心置腹地沟通，分析丈夫出轨的原因，再做下一步打算。

当婚外情发生时，女性千万不要因为一时冲动产生以牙还牙的想法，丈夫找情人，自己也采取同样的办法。要知道对方是自己的丈夫，而不是敌人，这样的报复不仅会把自己推向深渊，使自己看起来像个笑话，也会把事情推向无可挽回的地步，这样做全无意义。

当婚外情发生时，女性也不要一味迁就。一直装作不知道，有可能让丈夫的出轨行为愈演愈烈，直到最后演变成无法控制的局面，后悔就来不及了。女性应该保持自尊，适时正式地给予丈夫警告，并在他愿意回心转意时帮助他脱离出轨的窘境。

婚姻对女性很重要，对男人也同样重要。对于婚外情的诱惑，妻子其实是处于有利的位置的。因为妻子和丈夫有家、有爱，外遇就像冰山一角，正好显示出婚姻中存在的问题，女性可以利用智慧把这场危机转化成对婚姻不足的改进。

如果爱自己，也爱自己的丈夫，就用爱让他回到自己身边。不要过于重视"第三者"，把自己的生活过好，爱自己，也爱自己所爱的人才是最重要的。第三者不过是个外人，一个聪明的女性不会在一个外人身上浪费精力。一个丈夫在出轨后，对妻子往往心存愧疚感，这时如果女性自己还不想结束这段婚姻，就应该学会用爱感化对方、宽容对方，这样做比其他手段有效得多，通常会让丈夫很快回到自己身边。

2. 理解爱人是女性的智慧

女性与婚姻似乎是分不开的话题。每个女性都渴望得到美满幸福的婚姻，但并不是靠想就可以得到美满幸福的家庭的。女性需要懂得生活中的艺术，具有爱情的智慧，要知道爱一个人不要仅以爱情维持彼此的关系，也不要以为一直付出就能得到爱情，这样的感情多数不会长久。爱人之间需要相互了解，也需要相互理解，学不会理解爱人的女性通常很难长久地留住爱情。

一个聪明的女性应该知道在结婚以后，男人通常希望女性能从哪些方面理解和体谅自己。

在男人的身体里隐藏着一种类似儿童的心理，他们有时会沉迷于某种娱乐活动中不能自拔，甚至忘记时间。更何况每个人都应该有自己的兴趣爱好。

在男人心里，事业不只是为了谋生，也是实现他们人生价值的一种手段，所以他们会对事业过于投入，有时会忽略家庭，冷落自己的妻子。聪明的女性应该有自己的生活，不应该为丈夫忙于事业而抱怨，有时正是由于丈夫的忙碌才使家庭生活有保障。女性应该为此感到安慰，并学会从身心上体贴男人。

事业同样成功的女性往往在经济上都很独立，但男人通常认为当女性在需要大宗消费的时候，应该征求一下自己的意见。女性应该理解这点，并不是丈夫不允许自己支配金钱，而是婚姻中的两个人在遇到比较大的事情时需要彼此沟通一下。

男人通常性格比较爽朗，朋友很多，其中不乏女性眼中的"狐朋狗友"。但聪明的女性不会干涉男人的交友自由，因为人生不是只由爱人组成的，每个人都需要朋友。

男人与女性相比，不太重视语言上的功夫，有些男人说话口气很重，比较直接，也很伤人。对此，女性应该理解他们，也许他们说的话并无恶意，不必往坏的方面猜想，看他的行为而不要计较他的语言。

美丽的东西人人都喜欢，男人、女性都喜欢看漂亮的异性，这本是人之常情。男人总会留意身边走过的漂亮女性，这其实是生理上的本能反应，就像女性也同样会看长相帅气的男人一样，不要因此而断定男人就是好色或者是花心的。

事业型的女性往往由于工作忙而把所有的家务都推给丈夫，这倒是无关紧要的，但女性起码应该有关心家庭的态度。男人在同样繁忙的工作中抽出时间照顾家庭时，女性应该多表示自己的歉意，并适时给予赞赏。

几乎每个男人都有一段难忘的感情经历让他们回味，但他们绝对不想拿出来和现在的妻子或女朋友分享。一个有智慧的女性不应该在乎这些，每个人都有自己的小秘密，只要不妨碍生活，就让男人珍藏自己的秘密吧，不管当初他们多么甜蜜，那毕竟是过去的事情，逼男人说出来的后果是两个人都不愉快。

男人认为的幸福往往在于得到别人尤其是心爱的人的信任。在失意时，爱人一句鼓励的话，可以让男人信心百倍；在得意时，爱人的一盆冷水可以让男人顿时失去力量。聪明的女性会理解爱人为事业的奔波和为家庭的付出。在他不如意的时候，女性的理解会让男人重新振作起来。

有时候语言可以帮助女性成功，但有时候语言也可以把女性的成功毁于一旦。

很多女性的婚姻得不到幸福，关键就是在于女性让男人心碎的批评。男人再怎么坚强，也承受不住身边最亲密的人的批评。经过女性不断的责骂和抱怨，男人总会有一天讨厌女性，甚至离开女性。

在婚姻当中，女性无意义的批评可以杀死男人的自信，许多男人充满浪漫色彩的梦想都是因为女性而破灭的。

一个有智慧的女性不会因为男人的一点小事而对男人无情地批评，不会一味地以为自己还是婚前对方手心里的宝，她会认识到结婚以后，双方就是真正地生活在一起，需要彼此的关心和体贴。

女性要想婚姻幸福就要从自己的语言中下手。美国一个两性专家迪克斯说："在所有婚姻中，有50%以上的不幸福是因为浪漫梦想的破灭。其元凶之一，就是那些毫无建设性却令人心碎的批评。"

所以，不管在任何情况下，都不要给以男人无情的批评和责骂。男人再怎么坚强，也会有软弱的一面。不要用"刀子嘴"来伤害自己的丈夫。一旦男人的心灵受到了伤害，女性再怎么努力也无法挽回以前幸福的婚姻。

3. 做一个贤惠的妻子

每个成功的男人背后都有一个伟大的女性。一个成就伟大事业的男人，必定有一个支持他的妻子，必定有一个温暖的家庭。

一个温柔贤惠的妻子是一个成功男人的坚强后盾，虽然她并不伟大，也不风光，但她在生活中扮演着极其重要的角色。在某种意义上说，做好一个好妻子，就是一个成功的女性。但如何才能做一个好妻子呢？女性可以试着从以下这些方面入手。

一个贤惠的妻子在婚姻中不会表现得脆弱，男人也渴望得到呵护关心。在他脆弱的时候，需要妻子给自己安慰。女性在接受丈夫呵护的同时，不要忘记同样关心丈夫。

一个好妻子要在精神上带给家人快乐，并且学会制造快乐。尽管一个女性要承担许多家庭责任，难免要忍受一些别人的不理解，但是不要把这些不好的情绪带给自己的家人，要让家人看到自己高兴的一面。这样的女性会让男人有种踏实的感觉。

家务事看起来简单，做起来却很繁杂，常常让人头痛。一个好女性不管自己多累，也会把家里收拾得一尘不染、井井有条，并带着微笑做好一桌可口的饭菜等丈夫回家。因为她希望自己的丈夫在回来时能感受到这种洋溢着温暖的气氛。

男人在外面拼搏，回到家中，都想放松一下，一个好妻子应该理解丈夫已经累了一天，有时会忽略自己的感受，原谅他也无妨。在男人身心疲惫时，说上几句贴心的话，会让男人感到无限的温情。夫妻间相互理解才能让家庭有温馨的感觉。

夫妻二人长时间相处，不发生冲突几乎是不可能的事情。发生冲突是正常的事情，事情过去了，就没必要放在心上。丈夫的亲人和朋友是其生活中的一部分，应该试着参与他们的活动，与他们成为一个团体。

人与人相处需要沟通，夫妻沟通的意义显得尤其重要。一个聪明的妻子从不放过与丈夫沟通的任何机会。心理距离决定着夫妻关系的好坏，正是这种沟通缩短了夫妻之间的距离。

女性对丈夫期望值过高只会增加他的压力。有许多望"夫"成龙的女性由于对男人期望值过高，而使男人承受很大的心理压力。这样过高的期望不仅会让自己失望，也会让男人有力不从心的感觉。

婚姻中的女性不必总想着为对方好。有些妻子认为只要对丈夫温柔体贴，凡事为他着想，就会让对方感到自己的爱意。这样的女性有时即使压抑自己也要满足丈夫的要求，这种想法是很幼稚的。其实有时这种不计代价地为对方着想反而使对方厌倦。人与人之间因为差异才互相吸引，而这样的女性往往失去了自己的个性，反而会让男人有逃离她们的欲望。

总而言之，一个好女性是善解人意、热爱生活、热爱家庭、懂得体贴却又不会迷失自我的女性，这种女性总让男人有一种想回家的感觉，也更善于应对婚姻危机，挽回男人的心。

## 吵架时怎样保持理智

俗话说：勺子没有不碰锅边的。恩爱夫妻也一样，夫妻共处时难免会遇到不快的事，甚至相互间会有发生冲突争吵的时候。如果女性不想损伤对方的自尊心，想要维护家庭幸福，就要学会保持理智，必要时就必须学会说"对不起"或者"原谅我吧"。

在日常生活中，我们有时会遇到这样的情形：一些夫妇动辄发怒，事后又不分析原因，不设法解决。对此，许多夫妇颇有微词，并称之为婚姻上的"慢性轻生"。而他们则认为，一味地忍耐，不发生任何口角和冲突，夫妻关系就会好。这样表面看似乎平静了，实则已走向了另一个极端。

回头看看他们的二人世界，关系的确"好"，但他们之间却不会温暖和体贴，不会经常有爱情的火花迸发。因为他们忽略了这样一个事实，所有的家庭都存在着一定程度的矛盾，你的配偶也许不会每时每刻都对你充满柔情蜜意，但彼此希望满足某些要求是合理的，只要这些要求不苛刻就行。

正确的做法应该是，既认识到偶尔的生气和冲突是一种正常现象，又注意保护你应该具有的权利。

夫妻吵架无输赢之分，谁是谁非不可能明明白白。有时只不过是做某一个选择，而这个选择往往来自一方的让步。懂得了吵架的艺术，夫妻就能虽吵犹亲，爱情的纽带也将越来越紧。怎样才能做到这一点呢？

1. 允许对方偶尔生气

如果你认识到，彼此间爱慕的一对夫妇也不免会有嫉妒、烦恼和生气的事情发生的话，那么当这些情绪来临时，你就不会惊惶失措，因为这并不意味着他已经"没有感情"了。也许你的配偶是因为上司对其责怪的缘故而情绪低落，没有向你表示缠绵之情，但即使这暂时的不快不是你的过错，你也应该问："亲爱的，我做了什么事惹你生气了吗？"如果回答是否定的，你可以再问："那么，我能为你分忧吗？"

如果对方不需要，你就不必打扰。要知道，这些问候是你给予的最好的安慰。

2. 努力理解对方的观点

我们时常可以看到，夫妻之间一旦产生了意见分歧，双方都只顾强调自己的道理，而不注意听取对方的道理，这是使矛盾激化的常见原因。这时，你应冷静下来，思考对方的意见，如果发现对方的观点正确，你就应放弃你个人的意见，"在真理面前人人平等"，这样，矛盾自然不会激化。

3. 心平气和地阐述个人的意见

耐心听取对方意见后，如果仍然认为有必要把自己的观点讲清楚，以说服对方，则阐述时一定要心平气和，尽量放慢语气把自己的道理讲清楚，即"晓之以理，动之以情"，不可把自己的观点强加给对方，否则对方会产生反感，听不进你的意见。

4. 以冷对热

以冷对热的关键就是你吵我不怒。在一方感情激动控制不住的时候，任他发火，任他暴跳如雷，不去理睬他。"一只巴掌拍不响"，一个人吵就吵不起来，等他情绪平和以后，再和他慢慢说理，他就容易接受。

5. 说话要有分寸

即使忍不住争吵起来，说话也要有分寸，不能说绝情话，不能讥笑对方的某些缺陷，或揭对方的伤疤，更不能在一时气愤之下，破口大骂，不计后果。比如有的人吵架时言语不留余地："你是不是问得太多了？""我要你怎么干就怎么干！"

6. 直接表达自己的期望

如果一方想表达自己的某种强烈愿望，最好直说自己的想法。

7. 就事论事

为了哪件事吵，说清这件事就行了，不要翻旧账、上纲上线；也不要无限扩大，将陈芝麻烂谷子一股脑儿翻出来，把一场架吵成几场架，搅成一锅粥，是极不明智的做法。

8. 不要以辱骂代替说理，更不能动用武力

夫妻之间之所以发生争吵，主要是因为一方的观点没能说服另一方。因此，要想使争吵得到解决，唯一的办法是双方都冷静下来通过充分说理，使观点达到一致。如果一方只求个人的一时痛快，采取简单、粗暴的办法，甚至不惜用辱骂、殴打的手段以制服对方，虽然暂时占了上风，却可能在感情上造成更大的裂痕。

9. 主动退出

不少夫妻在争吵过程中，总有一种占上风的心理，就是都要以自己有理来

压服对方，结果谁也不服谁，反而越说越有气。其实，夫妻之间的争吵，一般没有什么原则问题，许多是是非非纠缠在一起，难已分清，特别是在头脑发热、情绪激动时更不易讲清。如果争吵到了一定时候和一定程度，发现这样下去还不能解决问题，那么有一方就要及时刹车，并告诉对方休战。这并不是屈服、投降，而是表示冷静和理智。比如可以用幽默打破僵局，或者干脆严肃地说："我们暂停吧，这么吵也解决不了问题，大家冷静点，以后再说。"之后，任凭对方说什么，也不再搭腔。

10. 学会克制与容忍

婚姻中需要容忍，在容忍中细心地体谅对方，进而了解对方。大家都知道世上没有完美的人，每个人免不了都会有缺点，那么既然夫妻双方彼此相爱，走进了婚姻，就应该因为"爱"而容忍，由容忍而了解，由了解而宽恕，慢慢地你就会上升到一种境界，知道对方是老毛病了，不予理睬，过两天就会好的。此时，你们的婚姻就可以称得上美满了。

人难免会在争吵中激动，激动是失去理智的一个因素。人生不如意之事十有八九是对现状的不满、内心的浮躁让激动变得更容易。激动会让人的思维偏激。平静时看似平常的问题，在激动中时常会变成另外的事情。

学会忍耐是避免激动的一种方法，忍耐不是懦弱无能。毕竟婚姻中的矛盾，绝大部分是不可能导致离异的。在争吵过后，仍然要继续生活，依然要过那份平淡的日子。与其针尖对麦芒，让激动主导自己，让激动之中的语言成为事后后悔的目标，不如在一方激动的时候，忍耐再忍耐。

一方的忍耐，有助于问题的解决，有助于把事情的原本阐述清楚，更有助于双方心理的协调。

夫妻之间的争论，毕竟还要由夫妻两人解决。学会忍耐有时可能会变得很难。在激烈的争吵中，昔日的冷静往往会丧失。平时知晓应当忍耐，在激动时也会抛之脑后。多注意原则，多注意平时性情的陶冶，忍耐终会在关键时刻发挥作用。

# 老夫老妻怎样给爱情保鲜

老夫老妻在一起久了，感情的确稳定下来，但时间也让年轻时的浓烈之情，慢慢转为清淡。当年的小夫妻激情似乎已成记忆。其实，爱情也要不断创新，也要不断增添新的激情，就像炉膛之火，需要不断添柴加薪才能越烧越旺，不要幻想靠年轻时的那把"柴"，就能把夫妻之间的爱情之火燃烧到生命的终点。要知道持久、美满的爱情，不会自然而然地发生，而需要双方把更多的时间、精力继续投入双方的甜蜜爱情之中。

1. 两人世界也要增添新的激情

夫妻之间情爱能长久保持下去，主要在于时间、精神和感情的投入，夫妻间只有朝暮相处，互相眷恋，在彼此之间形成一个亲密无间的氛围，才能永远保持缠绵甜蜜的柔情状态。

增添新的激情，体现在日常生活中的许多情节中。比如，夫妻最好同时就寝，入睡前聊聊天，话题可以小到身边的闲言碎语、一天的所见所闻，大到重要的事情；如果丈夫在伏案工作，妻子不妨奉上一杯温茶，这对丈夫是一种体贴和关怀，对自己则是一种调剂和休息；平时，如果去菜场买菜是丈夫的任务，妻子不妨时常也抽空和他一起去，帮他拎拎菜篮子。

此外，还可以利用周末或节假日，安排一些共同活动，如坐在一起看看电视，谈谈电视的内容，或是找个话题讨论讨论，还可以一起看看电影，逛逛公园，散散步，一起欣赏音乐，跳一曲华尔兹，一起上街买买东西，等等。

现实生活中，一些老夫老妻的共同时光常常被工作所侵占，工作毫不留情地占用了彼此的许多的时间和精力。其实，共享时光和忠于爱情是紧密相连的。假如你没有时间与自己的伴侣共同做事，他就可能有空余时间和精力去寻找刺激、寻找婚外韵事。这是身为女性特别需要注意的事。

2. 做一个知心的情人

要想夫妻生活依然充满温情和依恋，那么，女性在婚后必须继续扮演恋爱时的情人的角色，这是婚姻持久的秘诀之一。

结婚后同样应该像恋爱时那样注意自己的形象，尤其是做妻子的更不可忽视这一点。

作为妻子，女性如果能够掌握男性的微妙心理，花上一些钱，适时地给自己买一件新潮服装，然后像恋爱时的情人那样，其情感一定能历久弥新。

其实，做一个情人并不难，无须你刻意去做作。爱情并不是很昂贵、很难维系的东西，关键是感情上不能迟钝老化，行为上不能粗率邋遢，你只需要时时刻刻告诉自己应该像情人那样语言温柔含蓄就行了。试着送一束鲜花给爱人；试着在走进家门时，像情人那样自豪地走近他，他会以你拥有他而感到幸福，也会以同样心情舒畅地做出积极的反应；试着上班前向他道一声普普通通的"晚上见"。

这些非常简单的生活细节，对每一对伴侣来说都是轻而易举的，关键是看你会不会运用，会不会当一个名副其实的情人。

3. 激起伴侣激情的涟漪

流水不腐，户枢不蠹。伴侣的情感若能像流水一样时常处于流动之中，婚姻生活的激情便会永远无枯竭之日。相反，如果夫妻间一切都在朝夕相处中按部就班，节奏单调，情感自然会因习以为常而变得无聊、木然。

打破规律化的生活，往往会富有浪漫色彩。夫妻可以适时改变固有的生活环境和生活习惯，使凝固的情感重新沸腾起来，就像回到初婚时的时光。

长期厮守在一起的伴侣，可以利用外出学习、开会或公差等机会，和爱人暂时别离一段时间，离别可以使夫妻双方意识到没有对方的空虚，并经常想到对方的种种好处，并且发现对方忽然间变得更富魅力。夫妻不必吝惜暂别，暂别孕育了勃勃发展的爱情生机。

4. 坦诚交流

随时保持彼此情感的沟通交流。有时你心中有很多事，想说却不知道该怎么开口，找不出适当的语言来表达。有时，你以比较含蓄、暗示性的口吻，或是以别的方式婉转地把心中的感受说给丈夫听，希望他能够了解自己的心意，为自己分忧解愁。若是他听不出弦外之音，你便会感到孤独寂寞，所以伴侣之间坦诚交流是非常重要的。

比如当你觉得心中不痛快时，完全可以直言不讳地告诉他："我今天感到非常心烦。"而不需要以砸东西、踢小狗小猫、打孩子出气或拿别的事借题发挥。如何沟通夫妻情感是有讲究的。比如，一对夫妻这样沟通交流：

丈夫说："我知道我晚上外出使你心烦，但我没有办法。"

妻子答道："可是你几乎每天晚上都外出，很少在家陪我和孩子，我感到十分寂寞。"

丈夫又说："我看出了你心烦，也知道你寂寞，但我又不得不在晚上处理一些工作上的事情。"

妻子理解地说："我也了解你不能不去，因为这是你的工作。"

夫妻这样沟通，就达到了一致，抒发了负面感受后，丈夫再承认妻子的感觉和他自己的感受，这使妻子也理解了丈夫的苦衷，于是，夫妻以前的冲突，就在这样的沟通交流中悄然地化解了。

由此可见，伴侣之间任何一方心中不快或有了意见分歧，都可畅所欲言或心平气和地让对方把话讲完，以及时把心中的信息传递给他。可以来一次炉边夜话，或在临睡前两人坐在床上谈上半个小时。熄了灯，在黑暗中一切问题似乎都变得好商量了。

5. 让生活丰富多彩

夫妻生活的色彩最忌单一，色彩的缺乏必然导致伴侣对未来生活的厌倦和失望，从而淡化彼此的情意。因而，很有必要把夫妻的精神生活搞得丰富多彩充满活力。比如，在鸟语花香的初春，可以踏青观景；在炎热沉闷的夏天，可以去游泳戏水；在挂红铺金的深秋，可以到田野或公园欣赏秋天的景色；在落雪玉砌的寒冬，可以去按下银色世界的镜头；在星光闪烁的夜晚，可陪着伴侣去散散步，欣赏美丽的月光，朦胧的夜色；等等。

每逢节假日或结婚纪念日，孩子不在身边时，夫妻双方促膝而打开那个存放情书的神秘盒子，边读、边回忆当年写这些情书的情景。这时，一股暖流就会在周身涌动，这也是抒情的好办法。

饭后闲暇翻翻婚后的照片，特别是两人的合影。一张照片是一个多情的画面，一段幸福的交往。看后夫妻双方发出令人会心的回味，仿佛又回到了当年拍摄照片时的青山绿水、碧草红花的美景中去了，心灵深处自然荡起爱的波浪。

夫妻交流是必需的日常功课。

许多夫妻之所以走向离异，主要是因为平时悬而未决的小矛盾长期累积的结果。为什么会发生矛盾累积？最主要的原因是缺乏一种经常性的、面对面的心灵交流和沟通。

每天给爱人10分钟，在这短暂的时间最适合夫妻干的事，莫过于交谈了，这也是最有效地保持爱的方法了。

夫妻应以积极的态度，来表达生气和烦恼，在观点不同时，不夸张事实，不进行人身攻击；尽力控制情感的爆发和激烈的争吵；在争论中永远不要互相躲避；在对方说话时，尽量不要打断对方；当对方正在说话时，要仔细、用心地听；不要以一个人过去的失败来衡量、刺激对方。

夫妻缺少沟通，与两人性格有关，有的女性生来不喜欢用语言表达，再加上害羞，没信心坚持自己的意见，特别是两人性格一强一弱，性格弱的女性一开口就会被对方抓住，久而久之就不愿开口表达。

还有的夫妻，一开口就变成带火气的批评和指责，没办法沟通，这常常与夫妻沟通的不正常有关。夫妻关系应该是互相平等，互相尊重的，能理智地讨论问题。

在夫妻沟通中，要注意说话的艺术，在对别人提要求时，首先应体会对方的感受并表示理解，如，"我知道你很累，但是你应该就事论事，不要把对其他事情的不满一起说出来"。

在表示不满的同时，要提出你对下一步的建议，如，"你回家晚了也不打电话，家里人很不放心，下次最好能事先通知家里一声"。把埋怨变成希望，不要提高嗓音，不用讽刺的腔调，更不要拉长了脸，指责对方。如果你坦诚地讲出了自己想说的话，而对方生气了，态度很恶劣，你不要把球"踢回去"，别以为忍让就是自己吃亏。

夫妻之间过多的争论，只会伤害感情。你指责对方，既使你指责的是对的，但是这种指责，往往会伤了对方的心，你还是错了。

最好不要多指责，而要多赞扬，多建议，把埋怨变成希望。最能伤害夫妻关系的，莫过于不正确的沟通方式。女性一味的唠叨是为婚姻挖掘坟墓，而批评则会令人心碎。沟通可使双方互相联系，心灵契合。假如连基本的日常沟通都无法进行下去，二人的关系早晚会出问题。在沟通的过程中，知道不该说什么，恐怕比知道该说什么更重要。有什么话不该对配偶说，这是需要及早明白的。

## 婆媳相处之道有哪些

除夫妻关系外，婆媳关系处理不好也是很容易导致家庭内部矛盾出现的，更有甚者，一个好端端的家庭可能就此鸡飞蛋打。在现实生活中，女性由于不能协调好同婆婆的关系，使得夫妻和睦的家庭平添烦恼，甚至毁掉两个人辛辛苦苦垒起的爱巢的例子屡见不鲜。

婚姻不是单纯两个人的结合，而是一个家庭和另一个家庭，一些亲缘关系和另一些亲缘关系的结合。婆媳关系处理得好并不容易，尤其是作为儿媳妇，与婆婆融洽相处更不容易。那么，如何与婆婆融洽相处呢？

1. 用爱感化婆婆

爱是伟大的，爱能化解一切。作为儿媳妇，不妨用你的包容与理解，用你的爱心去感化婆婆。有的婆婆年轻时曾受公婆的气，现在她总算有出头之日了，当看到你，她的报复心理在作祟，当然要整整你，不会便宜了你。你要体谅她，平时多关心她，不要和婆婆对着干。但也不要让自己陷入任人宰割的境地，要运用你的聪明才智去化解。

2. 多找婆婆的优点

老人经历丰富，对于人生有深刻的感悟。作为儿媳妇，你可以请求婆婆讲讲她的过去，一方面可以更多地了解婆婆，另一方面你也可以从中了解到自己丈夫曾经有个什么样的童年，有个什么样的成长轨迹。或者可以与婆婆谈谈有关工作、家庭、社会等方面的话题，你从中可以感受到她的思想倾向，她理解问题的角度，从中也或多或少地了解到她的性格。

同时，你也可以谈谈自己，让她更多地了解你。对于婆婆的优点，你要及时地给予赞美。一些看似不起眼的赞美，都可以使她充满喜悦，但是不能奉承她，一些虚假的话语在老人那里是行不通的，是会使她生厌的，赞美要真诚，要发自内心。

3. 心中不要有成见

有些媳妇会认为婆婆欺负儿媳、对儿媳不好等是司空见惯的，因此对婆婆怀有成见。其实，"家有一老，如有一宝"，媳妇如果把婆婆当成自己的妈妈一样对待就好，这是对婆婆充满爱的表现。同时，对于婆婆身上的缺点，不要当众指出，这会让她感觉自己的自尊受到了侵犯，这会让婆媳关系急剧恶化。

4. 与婆婆争执有分寸

与婆婆相处久了，哪有舌头不碰牙齿的时候呢？当与婆婆发生矛盾时，你要保持理智，不要惊动他人，争吵过后，你不能将家庭矛盾向外界宣扬，你要心平气和地解决，你需要通过冷静的思考来进行自我调适，然后主动去向她道歉。在这种情况下，她一般是不会计较的，不过话说回来，与别人吵架是件很丢脸的事情，你会让这种事情发生在自己的身上吗？

5. 适当沟通交流

每个人均有不足，妄加评论亲人的不足，不但被人背后讥讽，还将引起亲人的不满，有百害而无一利。对方有错，但由于自己不提出而得不到纠正，长时间积于心中，会成为交往的障碍。

所以，婆媳之间要念好"相处经"。在摸清对方脾气的情况下，可以挑选合适的时机，面对面地沟通，但应注意把握分寸，切不可言语激烈；如果对自己提出的结果尚无把握，可由丈夫或儿子代劳，自己参与，共同把话题谈开，以消除彼此之间的不理解，而使相互关系融洽。

媳妇是女性，有女性要满足的各种需要；婆婆更是女性，比媳妇还懂女性需要的是哪些，只是碍于长辈的面子，不能像媳妇那样表现得那么张扬。所以当媳妇的，就得是显微镜，就得是放大镜，把婆婆的心理先研究个透彻，再寻求跟婆婆的和平相处之道。

## 如何做好女儿又做好母亲

婚后的女性在家庭中既要做父母的好女儿，又要做子女的好母亲。对于年迈的父母，你一句简单的问候、一次亲切的关爱，也会温暖父母的心。如果等到父母不在了，那就像一只断了线的风筝，孤零零地飘在无人牵挂的天空，才后悔当初对父母疏于关爱。

此外，婚后的女性还要做子女的好母亲。母亲甘愿把自己全部的爱默默地倾注在孩子身上。

1. 在家庭中怎样做一个好女儿

（1）爱父母要有实际行动

对父母的爱，不仅要体现在言行上，而且要体现在生活的点点滴滴中。如按时给父母寄生活费；当父母操持家务时，自己应主动参与并请父母休息一下；当父母外出时，应提醒父母是否遗忘东西或注意天气变化；当父母生病时，应主动照护，多说宽慰话等。

（2）利用节假日与父母团聚

在双休日、节假日，应尽量回家与父母团聚，和他们一起说说话，陪父母走走、逛逛，让父母在浓浓的亲情中安享晚年。当你在外地时，也应打个电话向父母说声祝福，往往一个电话、一封信、一声问候就会温暖、滋润父母的心。

（3）关心父母的精神世界

老年人对精神的需求远远大于对物质的需求，而子女却很少关注父母的这些需求。做子女的不仅应该在物质上给父母以帮助，更应该从精神上关心父母，比如时常抽空陪父母谈谈心，谈谈生活和工作中所遇到的趣事，谈谈相互之间的感受和体验等。

（4）记住父母的生日

在父母生日那天，不管自己有多忙，也要在第一时间为他们送上祝福。记得给他们一个热情的拥抱、一张甜甜的笑脸、一句温馨的祝福、一束最美的康乃馨，虽然这些都很平常，微不足道，却都饱含着子女浓浓的亲情。"谁言寸草心，报得三春晖。"这些对于父母来说，有着不一般的意义。你的笑脸与问候，对他们来说是最大的安慰。

（5）鼓励父母参加力所能及的社会工作

父母还有劳动能力的时候，如果他们愿意，子女应鼓励父母继续参加力所能及的社会工作，要时时使他们感觉自己有用。在某种程度上说，让父母感觉自己有用是爱父母的重要方式。

## 2. 女性作为母亲，要怎样爱自己的孩子

（1）不吝惜自己的微笑

微笑像太阳，能照亮所有看到它的人，能带给人光明和温暖。孩子们都喜欢爱笑的人。你对他微笑代表着："我爱你！我喜欢你！你使我快乐。我很高兴见到你。"做母亲的女性即使再忙、再累、再烦，也要对孩子微笑，对孩子来说，母亲的微笑非常重要，从小在微笑中长大的孩子，容易形成乐观、积极的心态。

（2）要看孩子的长处

作为母亲，你应该发现自己孩子的长处。首先，要发现自己孩子的与众不同之处。爱迪生小时候喜欢拆东西，在旁人眼中这是调皮的表现，但他的妈妈却坚信这是儿子最大的优点。正是因为受到鼓励，爱迪生的动手能力越来越强，最终成为伟大的发明家。那么，你发现自己孩子的与众不同之处了吗？如果你还没有发现，你很有可能在无意间扼杀了一个天才。

（3）给他一些渴望

现今社会，物质生活水平有了很大的提高，对于孩子来说，他们什么都得来得轻而易举，于是对这一切大多感觉无所谓，既不珍惜也不兴奋。对一个渴得要命的人来说，一杯清水胜于金子。如果一个孩子总没有渴望得到某个东西的机会，该是多么不幸。要真正对孩子负责，就给孩子留一点渴望的余地吧。

（4）多说鼓励孩子的话语

母亲对待子女，应改变"一训二骂三打"的态度，要用爱的语言来鼓励自己的孩子。如，"你真行"，"真棒，该庆祝一下"，"知错就改，挺好"，"别泄气"，等等。不断对孩子进行鼓励，终将会发生奇迹。

（5）倾听孩子的心声

孩子的内心是纯洁的，孩子的情感是细腻的。母亲要与孩子为友，就要去倾听他们真挚的声音。孩子常常希望父母能分享他的快乐，分担他的烦恼。做个会倾听的好母亲，首先要与孩子平视，不可居高临下。其次要表现出听的兴趣，要将你专注倾听的态度适时传达给孩子，也可用表情变化来传达，比如，保持微笑，并常常做出吃惊的样子，也可用语言表达。

（6）管教约束孩子

身为母亲，你必须把爱和管束紧紧地结合在一起。

（7）用爱的胸怀包容孩子

作为父母，要容得下那些学习差、淘气的孩子和所谓的问题孩子，让孩子有一个更宽松的成长空间。真正爱孩子的母亲，要在孩子面前表现得弱一点，给孩子一点爱他人的机会。别总把自己看成高山，把孩子看成小草，让孩子靠着你、仰视你、惧怕你。

# 第七章 意外事故自救与逃生

*俗话说："人有旦夕祸福。"生活中常常会出现一些意外事故和灾祸，如天灾、车祸、触电、动物咬伤、食物中毒、煤气中毒等。当面临险境时，要冷静以待，善于运用有利条件进行预防与自救。尤其是那些在高危、有毒的环境中工作的女性，更要懂得保护自己。*

## 如何应对"天灾"

人类在生活、工作中，会遇到意想不到的伤害，女性也不例外，当伤害发生时，女性应该如何应对，把伤害的程度降到最低？平时多学习一些应对伤害的知识，在关键时刻就能用上。

1. 如何应对雷雨天气

雷暴天气是一种自然现象，如同刮风、下雨一样，也可能对人类造成极大的危害，其对人类造成的最大危害是对生命的剥夺。女性在生活、工作、劳动中也可能遭遇到雷雨天气，因此一定要有预防措施。

（1）雷雨来临时在室内

①不站在阳台、平台和楼顶上。

②不要看电视，不要使用、修理各种电器，不能接打电话。

③切断一切电源，拔掉电话插头。

④不用喷头淋浴，以免水流导电。

⑤雷电天气时，关紧家中门窗，防止雷电侵入家中。

⑥远离金属类管道，如煤气、自来水管道等。

（2）雷雨来临时在室外

①不要打伞行走。

②避开金属物体及电力设备。

③不要将手中物体举过头顶。

④远离建筑物外露的水管、煤气管等。

⑤不要打球、踢球、骑自行车或狂奔，安静地等待雷雨天气过去。

（3）雷雨来临时在旷野中

①人在空旷的地面或水面上，会成为所在平面的凸起点而被雷电击中，这时候不要游泳或做其他水上运动。

②不要进行户外球类运动，如高尔夫球、足球等。

③雷雨天气时不要停留在山顶或高楼平台上，在空旷处不宜进入孤立的棚屋、岗亭等。

④不宜在孤立的大树下躲避雷雨。

大树潮湿的枝干犹如一个引雷装置，如果用手扶大树，就像用手去摸避雷针一样危险。打雷时最好与树干保持5米距离。

⑤立即下蹲。

当你站在一个空旷的地方，如果感觉到身上的毛发突然立起来，皮肤感到轻微的刺痛，甚或听到轻微的爆裂声，发出"叽叽"声响，这就是雷电快要击中你的征兆。

遇到这种情况，你应马上蹲下来，身体倾向前，把手放在膝盖上，曲成一个球状，千万不要平躺在地上。

不要用手撑地，应同时双手抱膝，胸口紧贴膝盖，尽量低下头，因为头部较之身体其他部位更易遭到雷击。

看见闪电几秒钟后就听见雷声，也说明正处于近雷暴的危险环境，此时应停止行走，两脚并拢并立即下蹲，不要与人拉在一起，最好使用塑料雨具、雨衣，不要使用金属雨具。

⑥坐在干燥的绝缘物上。

如果来不及离开高大物体，应马上找些干燥的绝缘物，如非金属物品，放在地上，并将双脚并拢坐在上面，切勿将脚放在绝缘物以外的地面上，因为水能导电。

⑦出门穿胶鞋。

暴雨天气出门时，最好穿胶鞋，可以起到绝缘的作用。

⑧不要拿着金属物品在雷雨中停留。

不要手持金属体高举头顶，如在旷野中打伞，或高举羽毛球拍、高尔夫球棍、锄头等。丢掉身上佩戴的金属饰品，如钥匙、发卡、项链等，放在5米以外的地方。

⑨不宜在水边、洼地停留。

水体导电能力好，易遭雷击，要迅速到附近干燥的房子中去避雨。山区找不到房子，可以在岩石下或山洞里避雨。

⑩不宜快速开摩托、快骑自行车和在雨中狂奔。

⑪避开断裂的高压线。

如果看到高压线遭雷击断裂，应提高警惕，因为高压线断点附近存在跨步电压，身处附近的人此时千万不要跑动，而应双脚并拢，跳离现场。

⑫不要在打雷时拨打或接听手机。

打雷时最好关掉手机电源，因为雷电的干扰，手机的无线频率跳跃性增强，很容易诱发雷击和烧机等事故。但公共聚居地都装有避雷装置，人们处在这种环境中相对安全，雷电仅仅会干扰手机信号，顶多也仅是损坏芯片，对人体不会造成致命伤害。

一旦处于空旷地带时，人和手机就会成为地面明显的凸起物，手机极有可能成为雷雨云选择的放电对象。

⑬打雷时可躲在有金属顶的各种车辆及金属壳体的船舶内。

躲避时，千万不能将头、手伸出车船外，人坐在车内一般不会遭遇雷电袭击，因为汽车是一个封闭的金属体，具有很好的防雷电功能。

（4）雷雨来临时在游泳

①尽快上岸。

突然遇到狂风暴雨、雷电交加，游泳者无法躲避时，必须尽快上岸。

②不要在大树底下。

千万不要在大树底下躲避或换衣。

2. 如何应对洪水

洪水袭来，应是突发的天灾，女性面对汹涌而至的洪水，要镇定以对，及时采取适当的措施。

（1）增强安全意识

洪水来临一般都有预兆，比如连降大雨、堤坝开裂、山体滑坡，等等，因此，当这些预兆出现时，应该及时撤离。如果来不及撤离，应该按照预先制定的防范措施积极应对。

（2）按照预先选择好的路线撤离

在洪水到来之前，按照预先选择好的路线撤离易被洪水淹没的地区。

（3）爬上高处

如果洪水来势凶猛，已来不及撤离时，可爬到屋顶、墙头或附近的大树上，等候救援。但土墙、干打垒住房或泥缝砖墙住房，经水一泡随时都有坍塌的危险，只能当作暂时的避难场所，因此，还应想别的办法逃生。

（4）吃些高热量食品

如果有可能，可吃些高热量食品，如巧克力、饼干等，喝些热饮料，以增强体力。避难时，应携带好必备的衣物以御寒，特别要带上必需的饮用水，千万不要喝污水，以免传染上疾病。

（5）发出求救信号

可使用手电筒、哨子、旗帜、鲜艳的床单及衣服等工具发出求救信号，以引起营救人员的注意，前来救助。

（6）可借助物体漂浮

如果水灾严重，水位不断上涨，可借助木板、木床、箱子等可以在水上漂浮的东西逃生，但须注意，不到万不得已不要用这种办法。

（7）不要徒步走过水流

洪水过后，不要徒步过水流很快、水深已过膝盖的小流。

此外，洪水过后，还应按照当地卫生防疫部门的要求，服用预防药物，搞好自己和周围的环境卫生，以预防传染病及防止蚊蝇滋生。

3. 如何应对地震

地震是一种自然现象，是地下岩石发生破裂，并释放弹性波传到地表所引起的振动。地震发生时，女性如何逃生呢？应按照以下方法进行：

（1）要镇定、沉着

不要惊慌失措，更不要恐惧、绝望，以免导致精神上的全面崩溃。

（2）采取自我保护措施

地震发生时若在平房住宅里，应迅速钻到桌子下，床下或墙根下，不要靠近窗口,也可头顶被褥、枕头、棉衣等。这样,即使房子倒塌,也不会造成很大的伤亡。

(3) 不要到容易倒塌处躲避

如果住在楼房中,除了钻到桌子下、床下之外,也可到厨房、厕所去。因为厨房、厕所的面积小,顶板与四面墙体咬结较紧,而且上下水管、暖气管道也能起一定的支撑作用,不至于完全倒塌而被压伤。

(4) 到空旷处躲避

如果地震发生时在公共场所,如电影院、舞厅、商场、展览厅等,若距离大门口较近,可迅速离开房屋,到空旷处躲避。若离大门口较远,就不要挤到门口人堆里,以免被拥挤的人群挤伤踩伤;可以先躲到适合的地方,如椅子下、桌下、橱柜下,等人群疏散后再离开。

(5) 要避开高大建筑物

如果在户外,要避开高大建筑物,赶往没有电线杆和大树的空旷地区。

(6) 不要在废墟中大喊大叫

如果不幸被建筑物压埋,首先要稳定自己的情绪,分析自己所处的环境,一方面可以试着寻找出路,但注意切勿在废墟中大喊大叫,以免吸进烟尘,对呼吸道不利。

同时还要节省体力,减少能量的消耗。当听到外面有人经过时,再大声呼喊或发出敲击声让别人来救援。另一方面,要耐心等待救援,努力寻找各种食品、饮料。

# 如何应对意外车祸

女性在路上行走或乘车时,被机动车辆所撞,可能会导致身体受伤,轻则擦伤、碰伤,重则常引起多器官受损的复合伤,如果现场急救不及时,致残致死率很高。

此外,驾驶私家车的女性日益增多,由于各种原因而导致车祸的现象,屡有发生。

1. 车祸造成的伤害

车祸所致的伤害,大多分为紧急刹车导致的减速伤、两车相撞的撞击伤、车内致伤、碾挫伤、压伤、跌仆伤等。

2. 车祸受伤的症状

车祸可致各类骨折、软组织挫裂伤、脑外伤、各种内脏器官损伤。

3. 对车祸的急救处理

当车祸发生后,应立即拨通120急救电话,报告出事地点、受伤人员及伤情,同时应根据具体情况对伤者进行现场急救。

（1）现场自救方法

①迅速抱住头部并缩身成球形。

车祸意外发生时通常十分突然，女性来不及做缓冲动作，就应迅速抱住头部并缩身成球形，这样可以减少头部、胸部受到撞击。

②两腿微弯用力向前蹬地。

紧紧握住面前的扶手、椅背，同时两腿微弯，用力向前蹬地，这样，即使身体有被碰撞的可能，只要双手用力向前推，撞击力被人消耗在手腕和腿弯之间，能缓解身体前冲的速度，从而减轻受伤害的程度。

（2）互救措施

①就地取材。

就地取材，固定骨折的肢体，防止骨折的再损伤。

②清除口鼻中的异物。

对失去知觉者，宜清除口鼻中的异物、分泌物、呕吐物，随后将伤者置于侧卧位以防窒息。

③现场施行心肺复苏。

对心跳、呼吸停止者，现场施行心肺复苏。

④应加压包扎。

对出血多的伤口应加压包扎，有搏动性或喷涌状动脉出血不止时，暂时可用指压法止血，或在出血肢体伤口的近心端扎止血带，上止血带者应有标记，注明时间，并且每20分钟放松1次，以防肢体的缺血坏死。

⑤速送往医院诊治。

不论伤势如何，伤者都应急速送往医院诊治。

4. 如何预防车祸

①女性作为行人，要走人行横道，不乱穿马路，过马路时先看左再看右，等等。

②女性作为司机，不喝酒，不疲劳驾驶，开车时集中精神，过人行横道时礼让行人，不超速驾驶等。

③不管是女性行人还是女性司机，遵守交通规则，为自己更为他人生命负责任。

4. 车辆落水

现在驾车的女性很多，有时也会不慎发生车辆落水的事故，这时，女性应该如何应对？最重要的一点就是尽快离开车辆。

（1）摇下车窗逃生

如果车门不能打开，将手摇的机械式车窗摇下后，从车窗逃生。

（2）保持清醒的头脑

汽车刚落水时，在车内的人千万不要惊慌，应迅速辨明自己所处的位置，确定逃生的路线方案。

（3）从车后座逃生

汽车入水过程中，由于车头较沉，所以应尽量从车后座逃生，客车的话直接从最近的窗口逃生。

（4）尽量贴近车顶上部保证足够空气

对于目前多数电动式车窗，很可能已经短路无法打开，如果入水后车窗与车门都无法打开，这时要保持头脑清醒，将面部尽量贴近车顶上部，以保证足够空气，等待水从车的缝隙中慢慢涌入，车内外的水压保持平衡后，车门即可打开逃生。

（5）采用砸窗的办法

如果车门和车窗确实无法打开的话，也可以采用砸窗的办法逃生。

（6）猛砸车辆侧窗

使用工具猛砸车辆侧窗。最好是尖嘴槌或类似物品。

注意不要去砸挡风玻璃，它是砸不穿的；侧窗破碎时碎玻璃会连水冲入车内，注意避免划伤。

离开车的时候，尽量保持面朝上，这样通常比较顺利。如果汽车有天窗的话，也可以选择砸碎或推开天窗逃生，特别是在车辆未沉没的时候，从天窗逃生是最好的路径。

（7）离车后应尽量浮上水面

如果不会游泳的话，离车前应在车内找一些能浮的物件抓住。如果有条件，可找大塑料袋套在头上，注意不要漏气，扎紧脖子，塑料袋内的空气可以成为上浮的氧气。

## 野外遭遇灾祸如何应对

1. 如何应对压埋伤

女性在野外如果被松土或石块等压埋，会造成压埋伤。有许多被压埋的人体表并未见伤损或出血，但很快进入昏迷或休克。其原因多为内脏破裂所致的内出血，或者头部压震后的颅内出血，也有的因伤后肌肉释放出一些有毒的化学物质，当压力去除后，这些物质迅速扩散到身体其他部位，导致急性肾衰竭和严重休克而死。

（1）遭遇压埋伤的症状

女性遭遇压埋伤后，通常伤势较重，头颅、胸腹、脊椎、四肢均可伤及，可造成颅内、内脏破裂大出血或四肢骨折乃至脊椎骨折后瘫痪，甚至发生窒息而导致死亡。

（2）受伤后的急救处理

女性遭遇压埋，一旦被救出后，虽然看上去伤情不重，也要当成重伤来救治，千万不可麻痹大意。

①救治时不可生拉硬拽。

被埋者或被重物压伤者，在从压埋物体中向外抢救时，绝对不可生拉硬拽，应先将埋土或重物迅速搬除，使被压埋者外露后，再逐步将他移出，否则被压埋者易致骨折或造成下身截瘫，有的还可形成新的撕裂伤。

②立即进行人工呼吸与心肺复苏。

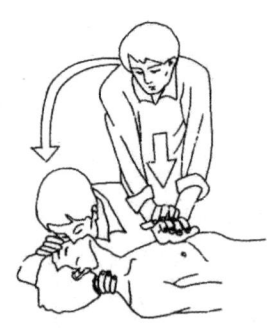

被压埋者全身被压埋时，不要用铁器等硬物猛挖或锤击，只能将土、石等轻轻扒开。伤者露出头部后，即应迅速将其口、鼻处泥土除掉，以保证其呼吸。

如救出后患者已无呼吸、心跳,可立即进行人工呼吸与心肺复苏,直至患者恢复呼吸与心跳为止,如在人工呼吸与心脏按压30分钟后,仍未见呼吸恢复与心跳时则只能放弃。

③立即送医院救治。

呼吸和心跳恢复后要迅速检查伤者有无脊椎骨折,是否下身瘫痪,能否说话,有无伤口流血不止。如有脊椎骨折,应立即放平其身体,切勿急骤搬动,并设法用布类、衣物等将夹板、木棍或卷席包裹后,置于伤者身体两侧,将他稍加固定后,迅速送医院救治。

如发现有伤口大流血,应按外伤包扎、止血法,将伤口包扎固定好后,再送医院救治,送院途中一定注意保暖。

④记录其压埋持续时间和解压时间。

所有被压埋的伤者,在救出后都要严格记录其压埋持续时间和解压时间,并告知医院,主要为防治内脏出血、伤后瘫痪做救治参考依据。

(3)如何预防

女性不要在危房危屋里居住、停留过久,在工作和劳动中,要远离那些即将倒塌的山崖、土石方等,也不要擅自挖洞,以免洞窟倒塌。

2. 如何应对冻伤

冻伤是指人体遭受严寒侵袭,全身降温所造成的损伤,伤者表现为全身僵硬,感觉迟钝,四肢乏力,头晕,甚至神志不清,知觉丧失,最后因呼吸循环衰竭而死亡。在生活中,女性在野外劳动时,可能遭遇寒流的袭击,会突然被冻伤。

(1)自救处理的方法

受伤者可用手在自己的红肿部位,进行搓、摩、按压,先轻后重,促使红肿消散。每日做2~3次,每次10分钟。按摩时切忌用手指抓,以免损伤皮肤造成溃烂。同时,尽快就近就医治疗。

(2)喝开水、泡脚

女性发生冻伤时,如有条件应立即进入温暖的房间,喝几杯开水,使自己的体温尽快提高。同时将冻伤的部位浸泡在38℃~42℃的温水中,水温不宜超过45℃,浸泡时间不能超过20分钟。

如果冻伤发生在野外,无条件进行热水浸浴,可将冻伤部位放在自己或救助者的怀中取暖,同样可起到热水浴的作用,使受冻部位迅速恢复血液循环。在对冻伤进行紧急处理时,绝不可将冻伤部位用雪涂擦或用火烤,这样只能加重伤情。

3. 如何应对雪崩

女性在落满积雪的山坡上劳动,或者去雪山旅游、登山,等等,有时会遭遇雪崩。所谓雪崩,是山坡积雪内部的内聚力,因抗拒不了它所受到的重力拉引,便向下滑动,引起大量雪体崩塌,这是一种自然现象。雪崩在有人居住的地方或滑雪场等地,是一种严重的灾害,常会造成房倒屋塌和人员伤亡。

(1)女性在活动中如何防范雪崩

①尽量避免背风坡。

现在,很多女性参与到雪山旅游或探险的活动中。活动中,女性无论是选择登山路线还是选择营地，应尽量避免背风坡。因为背风坡容易积累从迎风坡吹来的积雪，也容易发生雪崩。

行进时如有可能应尽量走山脊线，走在山体最高处，可以免去雪崩威胁。在选择行进路线或营地时，要警惕所选择的平地可能就是"陷阱"。因为在陡峭的高山区，雪崩堆积区最容易表现为相对平坦之地。

②判断登山路线上有无雪崩痕迹。

女性在行进过程中，要正确判断登山路线上有无雪崩痕迹，要注意识别易发生雪崩的区段，以及雪面上是否有雪团滚落而留下的条痕轨迹。

③避免走雪崩区。

女性在行进时，要避免走雪崩区，实在无法避免时，应采取横穿路线，切不可顺雪崩槽攀登。在横穿时要以最快的速度走过，并设专门的瞭望哨，眼睛紧盯雪崩可能的发生区，一有雪崩迹象或已发生雪崩要大声警告，以便赶紧采取自救措施。

④大雪后近期不要登山行进。

大雪后近期不要登山行进，至少在大雪以后1～2天内不要登山行进，应该等待新雪崩塌殆尽后再登山。大雪之后常常伴有好天气，必须放弃好天气等待雪崩过去。这是一种很难的选择，只有随机应变，视具体情况而定了。

⑤应在上午10点以后穿越雪崩区。

实在不可避免时，应在上午10点以后，再穿越雪崩区，因为此时太阳已照射雪山一段时间了，若有雪崩发生的话，也多在此时以前，这样也可以减少危险。

⑥把积雪轰下来。

在人们经常有活动的地段，也可以用炮轰的手段，主动把雪崩形成区的积雪轰下来。在高山行进和休息时，不要大声说话，以减少因空气震动而触发雪崩。

⑦女性身上系一根红布条。

行进中，女性身上最好系一根红布条，以备万一遭遇雪崩时，易于被人发现。

去雪山旅行和探险，是一项综合性极强的活动，任何一个小的疏忽都可能酿成大祸。当然，在遇险时也需要冷静，有时必须有承认失败的勇气，一味地逞强和赌气是危险的。

（2）女性遇险自救方法

①抛弃身上所有笨重物。

如背包，滑雪板，滑雪杖等比较笨重，带着这些物件，如果陷在雪中，活动起来会更加困难。

②向旁边跑较为安全。

有些女性遇险时，会一直朝山下跑，但冰雪也向山下崩落，而且时速能达到200公里。向下跑反而更危险，更易被冰雪埋住。可以避开雪崩，或者跑到较高的地方。

③可用滑雪的办法逃生。

如处于雪崩路线的边缘，可以采用此法可疾驶逃出险境。

④要闭口屏息。

如果赶上雪崩，无法摆脱，切记闭口屏息，以免冰雪涌入咽喉和肺引发窒息。

⑤抓住山坡旁任何稳固的东西。

可抓住如矗立的岩石之类的东西，即使有一阵子陷入雪中，但冰雪终究会泄完，那时便可脱险了。

⑥要尽力爬上雪堆表面。

如果被雪崩冲下山坡，要尽力爬上雪堆表面，平躺，用爬行姿势在雪崩面的底部活动，休息时尽可能在身边造一个大的洞穴。在雪凝固前，试着到达表面，扔掉一直不能放弃的工具箱，它将在被挖出时妨碍抽身。

节省力气，当听到有人来时大声呼叫，同时以俯泳、仰泳或狗爬法逆流而上，逃向雪流的边缘。

被雪掩埋时，冷静下来，让口水流出从而判断上下方，然后奋力向上挖掘。逆流而上时，也许要用双手挡住石头和冰块，但一定要设法爬上雪堆表面。

## 触电、溺水后如何急救

女性在生活和工作中，有时会遭到意外的触电或溺水事故，此时，女性应懂得自救，使自己及时摆脱险境。

1. 遭遇触电怎么办

触电是指强大的电流直接接触人体并通过人体的组织伤及器官使它们的功能发生障碍而造成人身伤亡。

（1）触电、电击伤的原因

女性不慎接触带电的家用电器，特别是它们的开关，或误触断裂的通电线路，就会发生触电。而电击伤通常是指发生在雨天的雷电击伤。不论是电击伤还是触电，其病理过程是一致的，只是损伤的程度不同而已。电击伤所造成的损伤程度与电流的强弱、电压高低、电流接触时间长短以及电流经过人体的途径和是否有绝缘保护、穿胶底鞋、站在干燥的木板有关。

触电和电击伤有多种原因：不懂安全用电常识，自行安装电器，家用电器漏电而手接触开关、灯头、插头等；因大风雪、火灾、地震、房屋倒塌等使高压线断后接触地表，10米内都有触电危险；在房檐下或大树下避雷雨，衣帽被雨淋更容易被雷击；在电线上晒衣物；救护时直接用手拉触电者等。

（2）受伤后的症状

①轻伤者有头晕、心慌、面色苍白、恶心、四肢无力等症状，可及时脱离电源，安静休息，注意观察，不需特殊处理。

②重伤者呼吸急促，心跳加快，血压下降，昏迷，心室颤动，呼吸中枢麻痹以致呼吸停止，皮肤烧伤或焦化、坏死等。

（3）急救处理措施

女性一旦发生触电事故，应争分夺秒地进行抢救。

①如果触电者还有知觉，应奋力跃起，离开地面。因为手脚脱离了带电的导体和地面后，流经人体的电流由于失去导电的线路，就等于自行摆脱了危险。

②抢救者应立即关闭电源开关，或拔掉电源插头，如果一时拉不开电源开

关的，就应该用带绝缘的钳子、刀斧等刃具将电线截断。

③触电者如果是被漏电电线，或被刮断、割断的电线击倒，抢救者可用木棍、竹竿或带木柄的铁器将电线挑开，或手戴绝缘橡皮手套、站在木板或木凳上，将触电者拖开。

④如果触电者呼吸、心跳微弱而不规则，甚至已停止，在脱离电源后，应立即进行口对口人工呼吸、胸外心脏按压等心肺复苏抢救。

⑤如果触电者离开电源后，自己还能呼吸，但因触电时间较长或曾经一度昏厥，可将其抬到温暖安静的地方躺着休息，并速请医生诊治或送往医院诊治。

（4）抢救触电者应注意哪些

①碰上触电事故时，切勿贸然用手去接触伤者。因为触电者自身就是良好的导电体，直接用手去拉，同样会引起自身触电。这种不正确的救人意外事故是经常发生的，应该引起人们的高度重视。

②切断电源拨开电线时，切勿用湿的、导电的物体去拨。这样很容易再引起自身触电。

③不要轻易放弃抢救。

触电者呼吸、心跳停止后恢复较慢，有的长达4小时以上，因此，抢救者要有耐心。

④施行人工呼吸和胸外心脏按压法不得中途停止。

即使在救护车上也要进行，一直等到急救医务人员到达，由他们接替，并采取进一步的急救措施。

（5）如何预防触电

①不在电线上搭晒衣物。

②禁止在潮湿的地板上修电器。

③发现电线、开关等有问题时，请专业人员修理。

④家用电器最好接有地线。

⑤远离大风刮断的高压线。

⑥掌握家电知识，自己不拆卸安装电器。

2. 溺水后如何自救

女性如果不慎落水，水、泥、沙会阻塞呼吸道，或因呼吸道痉挛而引起缺氧、窒息、死亡。落水被淹后一般4~6分钟即可致死。

（1）女性溺水原因

女性溺水以误落水中为多，偶有投水轻生者，意外事故如遇有洪水、船只沉翻等也是重要原因。

（2）溺水症状

女性溺水轻度的，落水时间短，口唇四肢末端易青紫，面肿，四肢发硬，呼吸浅表。

女性溺水重度的，1分钟内即出现低氧血症。落水时间长，面色青紫，口、鼻腔充满血性泡沫或泥沙，四肢冰冷，昏睡不醒，瞳孔散大，呼吸停止。

（3）溺水急救处理

①溺水者仍浮在水面时，抢救者可向水中抛投木板、竹竿等救护器材，让溺水者抓住这些器材游上岸或船上。

②如果溺水者已下沉水底，抢救者应迅速潜入水中急救，如果溺水者还在

挣扎，最好不要从正面接近，以免被溺水者抱住而无法施救，甚或被抱入水底。抢救者可以从侧面托住溺水者的腋窝部或下颌，然后将溺水者拖带出水面，并采用仰泳法将溺水者拖上岸或船。

③溺水者上岸后，不论其清醒与否，均应清除其口、鼻中的泥沙、杂草，取下假牙，把舌尖拉出口外，松解衣领，以免影响呼吸。

④取俯卧位。

取溺水者取俯卧位，抢救者两手把溺水者的腰部提高，头部下垂，这样能把呼吸道及胃中的水从口中倾倒出来，以保持呼吸道通畅。

⑤心肺复苏术。

如果溺水者呼吸、心跳微弱或已停止，应立即对其进行心肺复苏术，人工呼吸应采用举臂压背人工呼吸法。

⑥可将其双脚朝天提起。

如果溺水者肺、胃内的水在平躺或俯卧时难以倒出，可将其双脚朝天提起，使其肩部、头部、双上肢下垂，就可将水倒出。

也可由抢救者将溺水者拖起，右手提起其腰，左手扶住其头，并将其腹部置于抢救者右膝上，使其头与双上肢下垂，这样也会使溺水者肺、胃内的存水流出。

采用以上几种方法抢救的同时，应始终注意溺水者的保暖，以减少并发症的发生，并尽力将溺水者送医院继续治疗。

（4）如何预防溺水

①不要独自一人外出游泳。

要组织几个人一起去游泳，而且其中必须有熟悉水性的人，以便互相照顾。如果集体组织外出游泳，结束后都要清点人数。

②游泳前要了解自己的身体健康状况。

平时四肢就容易抽筋者，不要参加游泳，或不要到深水区游泳以防发生危险。心脏不好的、感冒未愈的、皮肤溃烂的、有中耳炎的，不能游泳。

③不到有关部门和单位禁止游泳的地方游泳。

要到专门的游泳场游泳，并选择好的游泳场所，了解游泳场哪些地方是浅水区，哪些地方是深水区，水下有无礁石、杂草，有无渔网等，以及水域是否卫生。不到不了解情况的水域贸然游泳。

④下水前要活动身体。

如水温较低，应先在浅水处用水淋湿身体，适应后再下水游泳。

⑤正确估计自己的水性。

水性不熟、游泳水平不高的在浅水区游泳，千万不能逞强到深水区去。

⑥对水底情况不明时绝不能贸然跳水，防止伤及身体，不到有急流、漩涡的水域去游泳，禁止酒后和精疲力竭时游泳。

⑦遇险要立即上岸或呼救。

游泳过程中，如果突然感觉眩晕、恶心、心慌、气短或四肢抽筋，要立即上岸或呼救。

⑧当发生腿部或脚部抽筋，切不可惊慌，可采用用力蹬腿，用手拽抽筋的脚趾的办法解除抽筋，也可迅速改为仰泳姿势，发生抽筋的腿部保持不动，迅速上岸，然后对抽筋部位进行按摩。

# 毒蛇咬伤如何急救

女性承担着繁重的家务劳动，还要外出工作，农村女性还要参加田间地头的劳动。对于这些劳动女性来说，经常在野外劳动，有时难免会遭遇动物的伤害。即使是城市中生活的女性，有的也偶然被宠物所咬伤。当发生这些意外伤害时，要有积极的应对措施。

我国有各类毒蛇50余种，其中伤人最多，危害最大的有10多种。这些毒蛇绝大部分生长在长江以南的广大山区与农村，毒蛇咬伤多发生于夏、秋两季。毒蛇与非毒蛇的主要区别是：前者有毒牙、毒腺，而后者则没有。在这些地区生活、劳动的女性，要慎防被毒蛇咬伤。如果不慎被毒蛇咬伤，必须立即救治，否则会危及生命，甚至很快死亡。

1. 毒蛇咬伤的症状

通常观察，如伤口上有两个较大和较深的牙痕，才可判断为毒蛇咬伤。如果无牙痕，并在20分钟内没有局部疼痛、肿胀、麻木和无力等症状，则为无毒蛇咬伤，只需要对伤口清洗、止血、包扎，再送医院注射破伤风针即可，如果为毒蛇咬伤，不同的毒蛇咬伤有不同的症状表现。

2. 蛇毒类型

蛇毒按其性质可分为：神经毒、血循毒、混合毒三大类。

（1）金环蛇、银环蛇、海蛇等主要含神经毒素

女性患者被咬伤后，伤口局部无炎症表现，仅有轻微刺痛、微痒、麻木、感觉减退，往往不引起注意而耽误诊治。全身中毒症状出现较迟，一般在咬后1~6小时才开始，一旦出现，病情发展迅速，可出现全身不适、头晕眼花、呼吸困难、视力模糊等症状，如不及时抢救可危及生命。

（2）蝰蛇、尖吻蝮、竹叶青等主要含血液循环毒素

女性被咬伤后，伤口局部红肿、疼痛剧烈、流血不止，肿胀迅速向肢体上端蔓延，常有水疱、瘀斑，中毒严重者可引起血压下降、心律失常、少尿、无尿，最后因循环衰竭而死亡。

（3）眼镜蛇、眼镜王蛇、蝮蛇等主要含混合毒素

女性被咬伤后，伤口周围红肿疼痛，范围迅速扩大，伤口流血不多，但很快闭合变黑，伤口周围有血疱。全身中毒症状于咬伤后2~6小时出现，常有困倦思睡、呕吐、畏寒、吞咽困难、语言障碍、心律失常等表现。

3. 如何急救处理

（1）捆扎伤肢

在伤口肢体近心侧 5~10 厘米处，用止血带、绳子、带子、腰带、手帕、布条等，紧捆患肢，以保持动脉血流不受阻为度，阻断静脉血和淋巴液回流，以减少毒素扩散与吸收。但捆扎后必须每 30 分钟放松，以防肢体坏死，并可在捆扎的同时对伤口进行处理。

（2）保持安静

被蛇咬伤后应勿动，就地休息，减少体力活动，防止其毒素向全身扩散。

（3）伤处冷敷

如有冰、雪、冷水，可用冰袋或毛巾等在患处上冷敷，以减缓毒素扩散与吸收。

（4）迅速就医

救治者应迅速送伤者就近就医治疗。

4. 如何预防毒蛇咬伤

①平时应熟悉各种蛇类之特征及毒蛇咬伤急救法。

②进入有蛇区应着厚靴及厚帆布绑腿。

③夜行应持手电筒照明，并持竹竿在前方左右拨草将蛇赶走。

④野外露营时应将附近之长草、泥洞、石穴清除，以防蛇类躲藏。

## 狗、猫咬伤如何自救

农村和城市都有狗，城市现在有不少人在养宠物狗，所以被狗咬伤是常见的外伤之一。一般分为疯狗咬伤和一般狗咬伤，疯狗咬伤以 6~8 月份多见。

1. 被狗咬伤要及时治疗

女性如果被普通的狗咬伤，一般仅造成局部皮肉损伤，不会有生命危险；如果被疯狗咬伤，而且未进行及时有效的处理，常能引起狂犬病。

（1）患狂犬病的原因

狂犬病主要是人被疯狗咬伤所致，同时，带有狂犬病毒的病猫、病狼、病狐、病鼠和吸血蝙蝠，也可传播这种病。当这些动物咬到人时，它们将存于其牙齿或唾液中的狂犬病毒注入人的伤口内，狂犬病毒随之传入人体，不断生长繁殖，如不注射狂犬疫苗，病毒繁殖到一定数量后，就开始发病。一般说来，被这些带病毒的动物咬伤后，经过短则 3~10 天，长 1 年，最长达 5 年的潜伏期后，就会突然发病。一旦发病将很难治愈。

（2）狂犬病的症状

狂犬病发病的主要症状与体征大体分 3 个阶段，各阶段的症状如下：

①发病初期。

大多数病人有低热、头痛、倦怠、恶心和烦躁症状出现。这时原来被动物咬伤的部位局部发痒、麻痛或有蚁走感等不适的异常症状出现。

②发病中期。

病人由倦怠、不安等症状很快转为恐惧、怕风、怕声、怕光、流涎、咽喉痉挛、吞咽与呼吸渐难、出大汗、心慌、气喘、血压升高，常叫喊饥渴，但又不能进水进食，甚至一见水就全身抽搐，惊恐不安。

③发病晚期。

从发病初开始大约3~6天，此时出现极度怕水、怕声、怕风、怕光，吞咽、呼吸困难等症状，进而肢体软瘫，昏迷躁动，最后因呼吸、循环衰竭而死，一般从发病到死亡约为3~10天。但由于医学科学的进步和新技术的采用，仍有极少数狂犬病人可被救活直至康复。因此，对狂犬病患者应采取一切救治办法，尽可能减少其痛苦，延长其生命，千方百计提高救活率。

（3）如何进行急救处理

①伤口不要缝合。

除大血管被咬破需缝合血管外，伤口不要缝合，不要先止血。

②迅速就医注射狂犬疫苗。

不论是否属于疯狗等动物咬伤或抓伤，均务必设法在2~3小时内注射狂犬疫苗，尤其是被咬伤的头、颈、四肢伤口大而深者。

（4）如何预防被狗咬伤

有些女性被狗咬伤后，常常不能马上确定咬人的狗是不是疯狗，即使是被外观健康的狗咬伤，也不易鉴别是不是健康带毒狗。因此，为了确保女性安全，应严防被狗咬伤。

①家庭最好不要养狗。

发现病狗要严格处理，特别是患狂犬病的病狗应立即击毙。

②定期给狗注射狂犬疫苗。

被病狗咬伤是很危险的，经常有人被咬伤后导致狂犬病而死亡，故要定期给狗注射狂犬疫苗。

2. 被猫咬伤如何自救

农村和城市的家庭都饲养了猫，猫平时很温和，但一旦被激怒，锐利的牙齿和爪子也会咬伤和抓伤人。

（1）被猫咬伤后会怎样

猫咬伤后10~20日左右，可发生细菌或病毒感染。

（2）猫咬伤后的症状

女性如果不慎被猫咬伤，主要症状是局部出现红肿疼痛，严重时引起其他病症。

（3）猫咬伤如何急救处理

①如果肢体被猫咬伤，应该在伤口的上端扎止血带，以免毒素扩散，待伤口处理完毕即放松止血带。

②被猫咬伤以后，应立即去医院请医生治疗。

（4）予以重视

猫咬伤的伤口虽然不大，但后果严重，必须引起重视。重要的是有些野猫还有患狂犬病的可能，更应予以注意。

# 被其他小动物咬伤如何自救

生活中，有些小动物咬伤人后，也会给人带来伤害，从而引起各种疾病，甚至中毒，导致伤残、致死。因此，女性在被这些小动物咬伤后要及时自救。

1. 被老鼠咬伤如何自救

由于老鼠能传播多种疾病，女性在生活中、劳动中，不慎被老鼠咬伤，应及时处理。

（1）被老鼠咬伤后会怎样

女性被鼠咬伤、抓伤，或食用被老

鼠污染的食物，吸入鼠类排泄物、分泌物挥发入空气所形成的气溶胶，都可以感染严重病症。

（2）被老鼠咬伤后的症状

由于老鼠喜欢吃带有奶味的婴儿嫩肉，所以婴儿被老鼠咬伤的事时有发生。当熟睡的婴儿突然啼哭时，父母要仔细检查一下婴儿，看看婴儿有没有被老鼠咬伤。被老鼠咬伤的伤口很小，容易被忽视。

（3）鼠咬伤后的急救处理

被老鼠咬伤后，伤者应及时就医。

（4）如何预防

①如果发现家中食物有被老鼠啃咬的痕迹，一定不要食用。

②在捕捉老鼠时要做好个人防护措施。

③养成良好的饮食卫生习惯，要经常洗手、不吃不干净的食物，蔬菜、瓜果一定要洗干净。

2. 被蜈蚣咬伤如何自救

农村中蜈蚣较多，蜈蚣俗称"百脚虫"，它的身体长而扁，躯干由许多环节构成，每个环节有一对足，第一对足呈钩状，内有毒腺，能分泌酸性毒液。因此，在农村中生活的女性，要预防被蜈蚣咬伤。

（1）蜈蚣咬伤的病因

蜈蚣分泌的毒汁含有组胺和溶血蛋白质，当人被它咬伤时，其毒汁通过它的爪尖端注入人体而中毒。

（2）蜈蚣咬伤的症状

蜈蚣越大，毒性也越大，被小蜈蚣咬伤时仅有局部红肿和剧痛；被热带型大蜈蚣咬伤则可引起局部坏死，出现头痛、眩晕、恶心、呕吐等症状。

（3）如何医治蜈蚣咬伤

被蜈蚣咬伤的中毒者应立即送医院救治。

（4）如何预防

①搞好环境卫生，保持室内的通风干燥。

②如果要去山区树林工作，应穿长袖衣衫，扎紧袖口、裤腿，戴上手套，必要时随身携带急救药品。

3. 被毒蜘蛛咬伤如何自救

人被普通的蜘蛛咬伤后，除了伤口局部轻微的疼痛外，一般不会发生严重不良反应。但是，如果被红斑蛛咬伤，则会发生较严重的全身反应。红斑蛛又叫"黑寡妇"，它的第一对附肢上端尖细部位有螯牙，当其咬人时，能把人的皮肤刺伤，然后将毒腺中所分泌的毒液注入伤口，使人中毒。

（1）被毒蜘蛛咬伤会怎样

毒蜘蛛的毒液中含有神经毒蛋白，

人被它咬伤后，伤处会发生肿胀、肤色变白，有剧烈痛感，同时会引起严重的全身反应。

（2）被毒蜘蛛咬伤的症状

中毒后会全身软弱无力、头晕、恶心、呕吐、腹肌痉挛、发热、盗汗、畏寒等，严重者呼吸困难、神经反射迟钝、神志不清、惊厥、昏迷、休克，甚至死亡。

（3）被毒蜘蛛咬伤后的急救处理

①立即用止血带或绳子、手帕、裤带等紧扎伤口上方肢体近心端，每隔15分钟左右放松1分钟。

②应尽快送往医院抢救。

4. 被蜂类蜇伤如何自救

有些女性在劳动中，或到野外游玩时，不慎被蜂子蜇伤。有的蜂子毒性很厉害，因此，女性应该及时医治，以防伤情加重。

蜂的种类有很多，如大黄蜂、蜜蜂、黄蜂、土蜂等。雄蜂是不伤人的，因为它没有毒腺及螫针；蜇人的都是雌蜂，雌蜂的腹部末端有与毒腺相连的螫针，当螫针刺入人体时随即注入毒液。

（1）被蜂子蜇伤后会怎样

蜂类毒液中主要含有蚁酸、神经毒素和组胺等，能引起溶血及出血，对中枢神经系统具有抑制作用，还可使部分蜇伤者发生过敏反应。

（2）受伤后的症状及治疗

严重者可出现头晕、头痛、发热、恶心、呕吐、烦躁不安等全身症状，黄蜂刺伤还可引起溶血或出血，而对蜂毒过敏者还可发生过敏性休克。

伤者应尽快就医治疗。

（3）如何预防

在野外活动时最好穿长袖衬衣和长裤，必要时穿上棉布长袜，可防止蜇伤。

5. 被毛毛虫蜇伤如何自救

有毒毛毛虫毒毛入人体皮肤后，往往随即断落，放出毒素。女性在野外劳动、游玩时，可能不小心被毛毛虫所蜇，虽然后果不太严重，但也会使女性感到疼痛。

（1）被蜇伤的症状

被毛毛虫蜇伤后，初期感到局部瘙痒刺痛、烧灼感，一段时间后患处痛痒加重甚至溃烂。严重者还可引起荨麻疹、关节炎等全身反应。

（2）被蜇伤的急救处理

①先在放大镜观察下，用刀片顺着毒毛方向刮除毒毛，然后在患处涂蛇药。

②症状严重者，应尽快到医院诊治。

# 遭遇身体伤害如何急救

生活中，身体伤害经常会发生，女性也不例外，当女性遭遇身体伤害时，应该学会自救，及时把伤害的程度降到最低。

1. 消化道异物

消化道异物系指各种原因造成的非自身所固有的物质滞留于上消化道内。小而光滑的异物对机体影响不大，可自行排除，较大和锐利的异物会对消化道黏膜造成一定伤害，严重者可导致消化道穿孔。内视镜下取异物具有方法简单、并发症少、成功率高等优点。目前,多数异物可以通过内视镜取出,减少了患者的痛苦和医疗费用。

（1）消化道异物伤害的原因

女性在生活中导致异物进入消化道的原因很多,如进餐仓促,边进食边谈笑,未嚼细即咽,或食物中混有鱼刺,或吃黏东西把假牙咽下。有些幼儿也常口含玩具打闹,使其误咽。常见异物有硬币、纽扣、小骨块、果核、图钉、钥匙、证章、小玩具等。异物的大小、形状与症状有关。

（2）异物伤害的症状

①吞咽困难。

多由异物嵌顿所致,其程度与异物停留的部位、形状和有无继发感染等因素有关。病情较轻时仍可进食半流质食物。如异物较大或合并感染时,吞咽困难较明显,严重时可能饮水也感到困难。小儿患者常有流涎症状。

②吞咽疼痛。

异物较小或较圆钝时,常仅有梗阻感。尖锐性异物或有继发感染时,吞咽疼痛常较明显。异物位于食管上段时,疼痛部位常在颈根部或胸骨上窝处,位于食管中段的异物常导致胸骨后疼痛。

③呼吸道症状。

异物较大、向前压迫气管后壁时,或异物位置较高,未完全进入食管内,外露部分压迫喉部时,均可出现呼吸困难,需予以妥善处理,以保持呼吸道通畅。尖锐、粗糙不规则的异物,如不及时取出,可继发感染,或并发食管穿孔。

（3）如何急救处理

①排便时排出异物。

通常情况下,当异物进入消化道后,除少数带钩、太大或太重的异物外,大多数诸如棋子、硬币、纽扣等异物,都能随胃肠道的蠕动与粪便一起排出体外。为防其滞留于消化道,可多给患者吃些富含纤维素的食物,如韭菜、芹菜等,以促进肠道的生理性蠕动,加速异物排出。

多数异物在胃肠道里停留的时间不过2~3天,也有少数经三四周后才排出。每次患者排便都应仔细检查,直至确认异物排出为止。在此期间,患者一旦出现呕血、腹痛、发烧或排黑色稀便,说明有严重的消化道损伤发生,必须去医院急诊治疗。若经三四周仍未发现异物排出,则应去医院请医生检查处置。

②去医院检查处置。

如果患者吞入碎玻璃、钉子、假牙等尖锐的、带尖带钩的异物,很难像一般异物那样顺利排出,必须火速去医院检查处置。

因为这些异物随时可能钩住甚至穿破消化道壁,造成严重的消化道损伤;对于较大的异物,如手表等,很可能误咽时卡在食管或胃的入口处。

所以,当病人咽下异物后,感到胸口或上腹部疼痛并且有吞咽困难,就应立即停止进食进水,以防异物继续下落损伤消化道,同时速去医院检查由医生将异物取出。

患者吞下的异物不大，但是较重，如金戒指等，进入胃内以后因其过重而沉入胃的最低处，无法随胃蠕动进入肠道被排出，时间长了可引起胃黏膜损伤、出血甚至发生穿孔，故吞金者必须及早去医院请医生帮助将其取出。

（4）如何预防

女性误吞异物后，只要留心，消化道异物是完全可预防的。

①进食时要细嚼慢咽。

牙齿脱落较多或用假牙托的女性尤应注意，损坏的假牙要及时修复，以免进食时松动、脱落，误吞成为异物。

②改正口中含物的不良习惯。

女性不要有口中含物的不良习惯，如发现小儿口内含物时，应婉言劝说，使其吐出，不要用手指强行挖取，以免引起哭闹而吸入气道。

③重视昏迷病人的护理。

使其头偏向一侧，以防呕吐物吸入下呼吸道，全麻或昏迷病人，应将活动的假牙取出。

④尽早明确诊断，及时取出异物，对防止并发症的发生有重要意义。

2. 呼吸道异物

有些女性在工作中、生活中，喉部、气管或支气管内不小心误吸入异物，造成呼吸道部分和完全阻塞，前者又可分为换气良好和换气不良两种类型。

换气良好者，常能强力咳嗽，可听见咳嗽间有喘鸣音和嘈杂的空气流动声；换气不良者，咳嗽微弱无力，吸气末带有高调喘鸣音，出现呼吸困难并逐渐加重，口唇和面色发绀或苍白。

最严重的是呼吸道完全阻塞，患者突然不能说话、咳嗽或呼吸，不能回答询问，脸色迅速发绀或苍白，呼吸极度困难，可发生缺气性昏迷，肺内残气耗尽而死亡。

异物阻塞呼吸道时，患者出现一种特有的窒息痛苦样表情，即患者表情十分痛苦，用拇指、食指掐住颈部，以示痛苦和求救。

（1）呼吸道异物受伤的原因

①成年人大多发生在进餐时，因进食急促、过快，尤其在摄入大块的、咀嚼不全的食物时，若同时又大笑或说话，很易使一些肉块、鱼团、菜梗等滑入呼吸道。

②大量饮酒时，由于血液中酒精浓度升高，使咽喉部肌肉松弛而吞咽失灵，食物团块极易滑入呼吸道。

③个别老年人因咳嗽、吞咽功能差，或不慎将假牙或牙托误送入呼吸道。

④婴幼儿和儿童常有嬉笑和口含异物的习惯，且因防御咳嗽能力弱、反射功能差，一旦嬉笑或啼哭时，可因深吸气而将口腔中的物品吸入呼吸道。

⑤昏迷病人，因舌根坠落，胃内容物和血液等返流入咽部，也可阻塞呼吸道入口处。

（2）受伤的症状

①一个意识清楚的人，尤其在进食时，突然强力咳嗽，呼吸困难，或无法说话和咳嗽，并出现痛苦的表情和用手掐住自己的颈部，很可能为呼吸道异物

受伤。

②凡昏迷患者在呼吸道被打开后，仍无法将空气吹入肺内时，即可能为呼吸道异物受伤。

(3) 如何急救处理

①上腹部轻压椅背。

女性受伤者将上腹部迅速倾俯于椅背、桌角、铁杆和其他硬物上，然后做迅猛向前轻压的动作，造成人工咳嗽，以驱出呼吸道异物。

②咳嗽法。

异物仅造成不完全性呼吸道阻塞，患者尚能发音、说话、有呼吸和咳嗽时，应鼓励患者自行咳嗽和尽力呼吸，不应干扰患者自己力争排出异物的任何动作。自主咳嗽所产生的气流压力比人工咳嗽高4~8倍，通常用此方法排除呼吸道异物的效果较好。

③腹部手拳冲击法。

女性受伤者一手握拳置于自己上腹部，相当于脐上远离剑突处，另一手紧握该拳，用力向内、向上做4~6次快速连续冲击。

(4) 互救中的拍背法

①意识欠清或不清的患者。

应使患者屈膝蜷身，背向急救者侧卧，头低于胸部水平，急救者以膝和大腿抵住患者臀部，然后迅速、用力地拍背6~8次。

②意识尚清楚的患者。

可取立位或坐位，急救者站在患者的侧后位。一手置患者胸部以围扶患者；另一手掌根在患者肩胛区脊柱上给予6~8次连续急促拍击。拍击时应注意，患者头部要保持在胸部水平或低于胸部水平，充分利用重力使异物驱出体外；拍击时应快速而有力。

(5) 互救中的腹部手拳冲击法

手拳冲击腹部时，使腹压升高，横膈抬高，胸腔压力瞬间增高后，迫使肺内空气排出，形成人工咳嗽，使呼吸道内的异物上移或驱出。

①意识清楚的患者。

取立位或坐位，急救者站于患者身后，用双臂环抱其腰部。一手握拳以拇指侧腹部，位于腹中线脐上远离剑突处，另一手紧握该拳，并用力快速向内、向上冲压6~8次，以此造成人工咳嗽，驱出异物。注意施力方向，防止胸部和腹内脏器损伤。

②意识不清楚患者。

将患者放置于仰卧位，使头后仰，开放气道。急救者以双膝夹住患者两髋部，呈骑跨式，或跪于患者一侧，以双膝抵住患者一侧的髋部，急救者用力方向应向上、向内，切勿偏斜或移动，以免损伤肝、脾等器官。

(6) 互救中的胸部手拳冲击法

该法适宜于十分肥胖患者或妊娠后期孕妇，急救者的双手无法围扶患者腰部时。

①意识清楚的患者。

患者取立位或坐位，急救者站于患者背侧，双臂经患者腋下环抱其胸部，一手的手拳拇指侧顶住患者胸骨中下部，另一手紧握该拳，向后做6~8次快速连续冲击。

②意识不清的患者。

取仰卧位，屈膝，开放气道。急救者跪于患者一侧，相当于患者的肩胛水平，用掌根置于其胸骨中下1/3处，向下做6~8次快速连续冲击。每次冲击须缓慢，间歇清楚，但应干脆利索。

（7）互救中的手指清除异物法

①该法一般只适用于咽部可见异物，且为昏迷患者。急救者先用拇指及其余四指紧握患者的下颌，并向前下方提牵，使舌离开咽喉后壁，以使异物上移或松动。

②急救者的拇指与食指交叉，前者抵于齿列，后者压在上齿列，两指交叉用力，迫使口腔张开。急救者用另一手的食指沿其颊部内侧插入，在咽喉部或舌根处轻轻钩出异物。

③用一手的中指及食指伸入患者口腔内，沿颊部插入，在光线充足的条件下，看准异物夹出。

④手指清除法不适用于意识清楚者，因手指刺激咽喉可引起患者恶心、呕吐。钩取异物动作宜轻，切勿动作过猛或粗莽，以免反将异物推入呼吸道深处。

（8）幼儿呼吸道异物受伤的急救

①对意识清楚的幼儿急救。

一是背部拍击法：妈妈将幼儿骑跨并俯卧于自己的手臂上，头低于躯干手握住其下颌固定头部，并将其手臂放在妈妈的大腿上，然后用另一手的掌根部用力拍击幼儿两肩胛骨之间的背部4~6次，使呼吸道内压力骤然升高，有助于使异物松动并排出体外。

二是胸部手指猛击法：妈妈让幼儿取仰卧位，抱持于自己手臂弯中，头略低于躯干。妈妈用两手指按压两乳头连线与胸骨中线交界点下一横指处4~6次。

②对意识不清的幼儿急救。

妈妈先对幼儿进行2次口对口或口对鼻人工呼吸，如果胸廓上抬，说明呼吸道通畅，相反，则呼吸道阻塞。

幼儿应注意开放气道，再施以人工呼吸。轮换拍击背部和胸部，连续数次无效，可试用手指清除异物法。如此反复进行，直到救护人员接替。

3. 鼻腔异物

外来物通过前鼻孔、后鼻孔或外伤进入鼻腔称鼻腔异物。

（1）鼻腔异物受伤的原因

幼儿一般会因为鼻腔异物受伤，因此，妈妈要注意幼儿会将石块、果核、果仁、花生、豆类、昆虫、泥土、纽扣、玻璃珠、纸圈、小玩具、螺丝帽、药片、笔帽、纱条、果壳、小鱼、瓜子、玻璃球等物塞入鼻腔引起受伤，或因呕吐、打喷嚏等将食物呛入鼻内导致受伤。

（2）鼻腔异物受伤的症状

异物不论以何种方式进入鼻腔，常出现堵塞、脓血分泌物有异臭味、流涕、头痛、头晕、鼻前庭红肿等。患者可出现一系列恶性病症。

（3）如何急救处理

①堵住一侧的鼻孔，大力地呼气擤鼻，便可以使另一侧的鼻孔中异物脱出。

但应注意在擤鼻时不要太过大力，以免引起耳朵鼓膜的疼痛。

②如果可以看到异物时，可用小镊子等用具取出，但必须小心，不要弄伤鼻腔。特别是幼儿，应充分注意安全，小心地挖取以免损伤其他部位。

③如症状严重者速到医院抢救。

（4）如何预防

①培养儿童养成不把小东西向耳朵、鼻子、口腔里乱塞的习惯。

②进食时，不谈笑讲话。

③发现有鼻腔症状时速到医院就医。

4. 皮肤擦伤

擦伤是皮肤表面被粗糙物擦破的损伤，最常见的是手掌、肘部、膝盖、小腿的皮肤擦伤。

（1）皮肤擦伤的原因

擦伤是由于皮肤和粗糙的物质发生剧烈摩擦后，导致表面甚至真皮的损伤。

（2）皮肤擦伤的症状

擦伤后可见表皮破损，创面呈现苍白色，并有许多小出血点和组织液渗出。由于真皮含有丰富的神经末梢，损伤后往往十分疼痛，但表皮细胞的再生能力很强，如伤口无感染则愈合很快，并可不留疤痕。

（3）如何急救处理

①清创。

由于擦伤表面常常沾有一些泥灰及其他污物，清洗创面是防止伤口感染的关键步骤。可用淡盐水，1000毫升凉开水中加食盐9克，浓度约0.9%，没有条件也可用自来水、井水边冲边用干净棉球擦洗，将泥灰等污物洗去。

②消毒。

有条件者可用家庭常备的消毒液如消毒酒精消毒伤口周围，沿伤口边缘向外擦拭，注意不要把消毒酒精涂入伤口内，否则会引起强烈的刺激。

③涂药。

送医院对伤口进行进一步的涂药等处理。

5. 指甲受伤

指甲由位于软皮内侧指骨附近的甲床部位生长，从前端顶出来。指甲无论是脱落还是受到外伤，只要甲床存在，就可再生。

（1）受伤的原因

指甲因伤脱落后十分疼痛，还容易引起化脓。重新长出指甲，需要几周时间。在日常生活中，常有指甲被挤掉的意外事故发生，但更多的时候，常常因意外而发生指甲缝破裂出血的现象。

（2）受伤的症状

①指甲脱落。

虽然指甲不会重新接在手指上，但为有效地压迫止血，最好还是按住脱落的指甲。

②出现大血疱。

当重物砸在指甲上或被什么夹住指甲时，指甲下面的血管就会破裂，1~2天后出现紫黑色的血疱。由于血疱受到指甲的压迫，大多会引起疼痛。

（3）如何急救处理

①指甲如未完全脱落，不要强行将其剥离。用冷毛巾冷却患处，使手指放

在与心脏同高的位置，可以减轻疼痛。

②如果血泡不太痛，可以不去管它。随着新指甲的生长，血泡会自然消失。

③指甲周围受伤或者指甲内嵌使皮肤受伤时，细菌会进入伤口引起化脓。化脓后大多疼痛剧烈，所以应在尚未化脓时就去医院治疗。

④将掀开的指甲恢复原位，用纱布按压，再用胶布或绷带包紧，送医院就诊。

（4）如何预防

①平时不要把指甲剪得太秃，否则会造成指甲缝破裂出血。

②有指甲破裂出血史的人，还应在日常的膳食中注意多吃些含维生素 A 比较多的食物，如白菜、萝卜、韭菜和猪肝等，以增加皮肤的弹性。

6. 关节脱位

所谓关节脱臼即关节脱位之俗称，通常是暴力使骨端关节的相互关系发生错位，叫作外伤性关节脱位，如果脱位的关节面彼此完全不能接触，叫作完全脱位；尚有部分接触时，叫作不完全脱位。

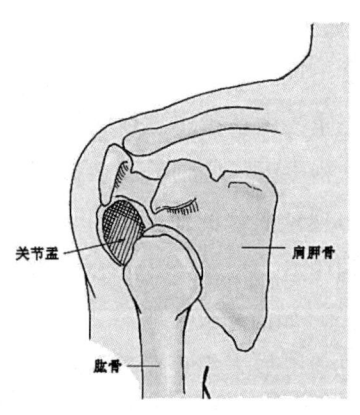

（1）关节脱位的原因

在日常生活中或劳动、体育训练中，因外伤或用力不当，可造成关节脱位，发生脱位时，可能会发生突然的声音，关节部变形，不能活动或感到疼痛等自觉症状，但如果是小孩子或婴儿便较难发觉。一般下颌、肩、肘、髋关节容易发生脱位。

（2）关节脱位的症状

①常有明显的外伤病史，要仔细地回忆受伤情况，认真地进行分析判断。

②外伤性脱位者均感疼痛，常很剧烈，活动时疼痛加重，触摸时亦感疼痛。

③脱位关节常有肿胀，伤后时间较久者肿胀加剧，严重时局部皮肤可出现水疱、皮下瘀血等。

④关节形状可有改变，因骨端位置改变引起，而且还可有受伤肢体变长或缩短。

⑤关节活动受限制，自己不能活动，别人帮着也难活动，且会感到有一种弹性的抵抗，称弹性固定。

⑥触摸受伤关节与健侧，有的部位可凹陷空虚，有的部位则突出鼓起。

（3）如何急救处理

①令患部安静地保持最舒适的位置。

②不要自行强硬地将脱出的部位整复原状。

③脱臼有可能会连带骨折事故，应及早送医院接受医生的治疗，整复原状。

（3）如何恢复功能及预防再次脱位

注意功能锻炼，一般于复位后即可开始，要经常练习关节周围肌肉的收缩活动和伤肢其他关节的活动，待固定解除后，可逐渐扩大受伤关节的活动范围，以防再次发生脱位。

7. 下巴脱臼

在日常生活中，常有这样的事情发生：有的人在一阵大笑之后，张嘴过大，突然闭不上嘴，上下牙也合不上了，而且还流口水，说起话来也支支吾吾地听不清楚，下巴向下垂，脸明显地长了，这就是人们通常所说的下巴脱臼。

（1）下巴脱臼的原因

人们的张嘴和闭嘴是通过颞下颌关节的活动来完成的，但是这种活动有一定的限度，如果超出它的活动范围，就会出现脱位。

（2）下巴脱臼的症状

下巴脱臼以耳前关节区疼痛、不适，下颌不能正常活动为特征。

（3）下巴脱臼的急救处理

下巴脱臼后应及时复位，复位后限制下颌活动。这需要就医接受专业治疗。

8. 烧伤

烧伤是指火焰、炽热金属造成的烧伤和各种热液、蒸汽所造成的烫伤。

（1）烧伤的原因

热力烧伤如开水、热蒸汽、火焰、热稀饭、热金属等造成的烧伤；化学性质烧伤如强酸强碱造成的烧伤；电烧伤如触电、雷电击造成的烧伤；物理性和放射性烧伤如激光、核能等造成的烧伤。

（2）烧伤的症状

烧伤一般分为三度。

Ⅰ度：表皮受伤，局部发红、肿胀、疼痛，表面较干而无水疱。

Ⅱ度：表皮全层坏死，局部红肿、疼痛剧烈、有明显水疱；如创面愈合，会留有轻度疤痕。

Ⅲ度：表皮全层以及皮下组织、肌肉、骨骼均损伤，局部疼痛消失，组织呈黑色焦痂，不起水疱。如创面愈合，留下疤痕或造成残废。

（3）烧伤的急救处理

①迅速远离火源并脱去着火的衣物，或用冷水浇正在着火的衣服，还可就地滚动灭火。

②用大衣、棉被、毯子覆盖使火熄灭，或直接滚、跳入池塘、水池、水沟内灭火。

③创面须用清水冲洗后，用干净布包扎或敷病因创面，防止感染。

强酸强碱和沥青烧伤皮肤时，应用清水充分冲洗。

④迅速送医院接受治疗。

（4）如何预防烧伤

①注意厨房用火、烹调安全。

②平时应安排好发生火灾事故时的紧急出逃路线，贴于房内明显处，并有意识地与家人或同房间工作人员演练。

③尽快脱离热源，如脱去尚有火星的衣物、被热水浸渍的衣物。

④化纤纺织品易燃性高，且燃烧时粘着皮肤，加重烧伤，不宜用作贴身衣裤。如果衣服着火，千万不能用手扑打，更不能奔跑呼叫。应该停住脚步，卧倒在地，双手捂着脸，然后连续滚动，以压灭火焰或争取时间等待救援。

⑤不要乱拉电线，使用电器不要超过电路负荷。特别要防止儿童玩弄电器、电线、插头、插座等。

⑥家庭房屋装修的同时，应安装烟雾警报器，警报器应每月检查，每年更换新电池，每10年更换新警报器。

⑦特别照看好儿童，严禁儿童使用火柴、打火机、煤气灶、微波炉等；茶壶、热水瓶等应放置在儿童接触不到的地方；儿童不要进入厨房工作区；用澡盆、浴缸给孩子洗澡时，应先放冷水，后加热水，调好水温后再让小儿接近。

⑧吸烟者如果使用大而深且无插孔的烟灰缸，每次吸烟后离开房间前仔细检查以确认烟头已经熄灭，有助于提高安全性。

⑨发现火灾立即报警。

⑩如果手边没有治疗烧伤的特效药，无论什么原因引起的烧伤，伤后都可立即用清洁的凉水冲洗创面。如果是接触了干燥的化学物品，应先去除化学物品后再用水冲洗。

# 食物中毒怎样自救

中国人大多以植物为主要食物，因此，女性如果不知道哪些植物含有毒成分，就会被食物中所含有的毒素毒到。

1. 芦荟中毒

芦荟是一道美味的菜，又可以制成中药，能够泻下通便。芦荟属百合科多年生草本植物，夏、秋开淡橘红色花，有产在非洲的好望角芦荟、产在南美洲的库拉索芦荟和我国南方诸省区的斑纹芦荟。

芦荟全株均含有毒成分芦荟碱和芦荟泻甙，即芦荟大黄素甙，入丸、散用每次1.5～4.5克，过量者可引起中毒发生。

（1）导致中毒的病因

芦荟全株有毒，对胃肠黏膜有强烈刺激作用，其液汁或干燥品0.25～0.5克即可引起强烈腹泻、盆腔器官充血，甚至可以引起肾脏损害。

（2）中毒的症状

过量服用芦荟后，可出现流涎、恶心、呕吐、腹痛、腹泻、腰痛，严重者可出现呕血、便血、水肿、血尿、蛋白尿、少尿等，可致流产、早产。

（3）如何急救处理

①大量误服后应立即手法或药物催吐，催吐后服蛋清、牛乳。

②有呕血症状者不要急于催吐。

③出现中毒症状者要尽快到医院就诊。

（4）如何预防

芦荟品种众多，但可食用的仅有几类，要仔细鉴别，且食用不宜过量。

2. 发芽马铃薯中毒

马铃薯俗称土豆，又叫洋芋、山药蛋。如果贮藏不当，它便发芽或表皮变成黑绿色，含有一种叫龙葵素的毒素，大量食用便会引起中毒。

（1）中毒的原因

食用发了芽的土豆或绿皮土豆，会引起中毒。毒性物质是土豆本身产生的一种生物碱——龙葵素。

（2）中毒的症状

中毒后，一般10分钟至数小时发病，首先有抓痒感，或口发干、心口部疼痛，其次出现胃肠炎症状，严重吐泻可至脱水及血压下降，体温上升，有头痛、昏迷、发汗及恐怖感，脉速上升，也可有瞳孔放大、耳鸣等症状，最后有呼吸困难、意识丧失、全身抽搐的症状，儿童能引起抽风、昏迷。个别重症者可因心脏衰竭、呼吸中枢麻痹而致死。

（3）如何急救处理

①中毒较轻者。

可大量饮用淡盐水、绿豆汤、甘草汤等解毒。

②适当饮用一些食醋，也有解毒作用。

中毒较严重者应尽快送往医院进一步救治。

（4）如何进行预防

土豆应在低温、无直射阳光处储藏，变绿或黑色皮的土豆不能再食用，生芽较少的土豆，应彻底挖去芽和芽眼，并将芽眼周围的皮削掉一部分，浸于冷水中30~60分钟。不宜炒丝或炒片吃，宜炖着吃，加些醋，可促使毒素尽快破坏。

3. 苦杏仁中毒

杏仁有两种，甜杏仁大而扁，杏仁皮色浅，味不苦，无毒；苦杏仁个小，杏仁厚，皮色深，近红色，苦味，有毒。

（1）中毒的原因

其有毒成分叫苦杏仁甙和苦杏仁甙酶，桃仁、梅仁、木薯等也含该物质。杏仁甙在人体内可水解出一种剧毒的氢氰酸，引起中毒。

（2）中毒的症状

女性如果吃了苦杏仁数小时后，就会出现中毒症状。

①轻者头痛、头晕、无力和恶心，4~6小时后症状消失。

②中度中毒者呕吐、意识不清、腹泻、心慌和胸闷等。

③重度中毒者不但上述症状更为明显，而且还会出现颈部发绀，气喘，痉挛，昏迷，瞳孔散大，对光反射消失，最后因呼吸系统麻痹而死亡。

（3）如何急救处理

①轻者用筷子或压舌板刺激咽喉部催吐，然后用绿豆汤进行解毒。

②重者应尽快求救或送医院。

（4）如何预防

女性为防中毒，平时不要生吃苦杏仁。如食用必须用热水浸泡半天到1天，要勤换水，去皮去尖，然后用清水浸泡数天，直到完全无苦味为止，然后煮熟或炒熟再吃，一次也不能多吃。

4. 四季豆中毒

四季豆因地区不同又称为豆角、菜豆、梅豆角、芸扁豆等，是人们普遍爱吃的蔬菜。但因烹调方法不当，食用四季豆中毒的事件时有发生。

（1）中毒的原因

四季豆中含有一种叫皂素的生物碱，这种物质对消化道黏膜有较强的刺激性，会引起胃肠道局部充血、肿胀及出血性炎症。此外，皂素还能破坏红细胞，引起溶血症状。

（2）中毒的症状

四季豆中毒的潜伏期为数十分钟至数小时，中毒症状主要为胃肠炎表现，如恶心、呕吐、腹痛、腹泻、排无脓血的水样便。呕吐少则数次，多者可有10余次。多数中毒者有四肢麻木、胃烧灼感、心慌和背疼等感觉。此外，还有头晕、头痛、胸闷、出冷汗和畏寒等神经系统症状。四季豆中毒的病程较短，一般在1~2天内，甚至数小时内就可恢复健康。

（3）如何急救处理

①轻症中毒者。只需静卧休息，少量多次地饮服糖开水或浓茶水，必要时可服镇静剂。民间用甘草、绿豆适量煎汤当茶饮，有一定的解毒作用。

②中毒严重者如果呕吐不止，造成脱水，或有溶血表现，应及时送医院治疗。

（4）如何预防

皂素主要在四季豆的外皮内，只要加热至100℃以上，使四季豆彻底煮熟，就能破坏其毒性。

5. 蚕豆中毒

蚕豆病俗称胡豆黄，是一种由于进食蚕豆后引起的急性溶血性贫血。

（1）中毒的原因

有的人在收获蚕豆时，大量进食新鲜蚕豆，使摄入的裂解素和多巴醌等有毒物质，超过一定数量，而引起中毒发病。

此外，有的人本身患有"遗传性血红细胞膜缺陷症"，在进食新鲜蚕豆或吸入蚕豆花粉后，摄入了一些有毒物质，可使体内血红细胞被氧化破坏而发生溶血性病变。

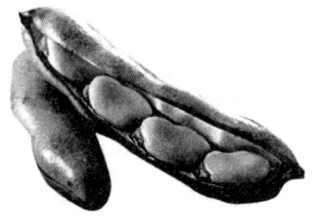

（2）中毒的症状

蚕豆病起病急，大多在进食新鲜蚕豆后1~2天内发生溶血，最短者只有2小时，最长者可相隔9天。如因吸入花粉而发病者，症状可在数分钟内出现。

潜伏期的长短与症状的轻重无关，本病的症状大多很严重，症状有全身不适、疲倦乏力、畏寒、发热、头痛、厌食、恶心、呕吐、腹痛等，巩膜轻度黄染，尿色如浓红茶甚至如酱油。一般病例症状持续2~6天。最重者出现面色极度苍白，全身衰竭，脉搏微弱而速缓，血压下降，神志不清或烦躁不安，少尿或尿闭等急性循环衰竭和急性肾衰竭的表现。

(3) 如何急救处理

中毒者应尽快送医院救治。

如果不及时纠正贫血、缺氧和电解质平衡失调，可以致死；但如能及时给以适当的治疗，仍有好转希望。

6. 豆浆中毒

生大豆中含有一种胰蛋白酶抑制剂，进入人体后抑制体内胰蛋白酶的正常功能，并对胃肠有刺激作用。

(1) 中毒的原因

生豆浆加热不彻底，其中的有害物质未被破坏，饮用后可造成中毒。

(2) 中毒的症状

豆浆中毒潜伏期一般为30分钟至1小时，主要表现为腹胀、腹泻、恶心、呕吐、腹痛，一般不发热，愈后良好。

(3) 中毒的急救处理

轻者不需治疗，重者可进行催吐、导泻处理。

(4) 如何预防

①胰蛋白酶抑制素在豆浆沸腾后即被破坏，但豆皂素较耐热，在100℃的高温下才能破坏。豆皂素在受热后很容易膨胀，并浮在豆浆上层，形成一种"开花"的假象。这时豆浆只有80℃，是半生半熟的，很容易被人们误认为豆浆已经煮沸，这是一种假煮沸现象，下层豆浆中仍有很多豆皂素，吃了对人体有害。因此，一次"开花"的豆浆不宜喝，应捞去泡沫，让豆浆继续加热煮沸3~5分钟，当豆浆真正被煮熟，没有豆腥味了，没有毒物成分了，才可以放心饮用。

②不要用煮沸的豆浆与生豆浆掺和一起喝，或在煮沸的豆浆锅中加生豆浆。这种豆浆虽有一定的热度，但其中的有毒物质未被破坏，人进食后仍会发生中毒。

7. 黄变米中毒

受真菌代谢产物污染后米粒变黄，称为黄变米。

(1) 中毒的原因

由于青霉菌寄生于稻米上，条件适合时产生多种毒素，如黄绿青霉素、黄天精、橘青霉素等，由此引起米变黄，人食用后而中毒。

(2) 中毒的症状

不同种类的黄变米毒素产生的临床症状不同，黄绿青霉黄变米中毒，表现以中枢神经麻痹为主，最初是肌力弱，出现以后对称性下肢瘫痪，波及全身，严重的发生呼吸麻痹。黄天精引起的黄变米中毒，主要侵犯肝脏，引起脂肪肝，最后演变为肝硬化。

橘青霉黄变米对肾脏毒性大，中毒后有肾脏肿大、肾小管扩张及坏死等。

(3) 如何急救处理

①轻者不需治疗，重者可送医院治疗。

②出现狂躁、惊厥、抽搐均属重症，应送医院治疗。

(4) 如何预防

黄变米肉眼可辨认，如果手拿一把黄变米能闻出一股特殊臭味，因此少量的黄变米可以挑出来。

# 如何应对煤气和汽油中毒

1. 如何应对煤气中毒

女性在生活中遭遇意外事故的概率比较高,比如,很多女性成家后都会操持家务,下班后都会下厨做饭,如果使用煤气灶,很容易发生煤气泄漏等事故。当这些意外事故发生后,女性应该如何应对呢?

(1) 煤气中毒的原因

现在家庭厨房中使用的煤气,通常含有大量的一氧化碳,此外,液化石油气、管道煤气、天然气泄漏,都能导致在厨房中做饭的女性中毒。有的住房冬天使用煤炉取暖,因为门窗紧闭,排烟不良,也会导致中毒。

煤气中含有大量的一氧化碳,它是一种无味、无色、无臭、无刺激性的气体,不易为人们所察觉。这种有毒气体比空气轻,一般都浮在空气的上面。当一氧化碳被女性吸入溶于血液,其对红细胞中的血红蛋白有很强的亲和力,因此很快就与血红蛋白结合成为稳定的碳氧血红蛋白,而碳氧血红蛋白没有携氧能力,结果就造成人体严重缺氧。

(2) 煤气中毒的症状

煤气即一氧化碳中毒的症状有轻、中、重之分。

①轻度中毒症状。

轻度中毒者仅有头晕、头痛、心慌、胸闷、眼花、腿软、耳鸣、恶心等症状。如果及时将中毒者移出中毒环境,使之吸入新鲜空气,这些症状很快就会消失。

②中度中毒者。

中毒者除了具有轻度中毒者的一些症状外,呼吸、脉搏增快,颜面潮红,四肢冰凉,嗜睡,全身无力。

中度中毒者的口唇、胸部与四肢皮肤潮红,如樱桃颜色,这是煤气中毒后的典型体征。若及时让中毒者吸入新鲜空气或氧气后,中毒者可很快苏醒,一般不会留下后遗症。

③重度中毒者昏迷。

中毒者呼吸困难,大小便失禁,全身软瘫,瞳孔也散大,皮肤呈青紫色或灰白色。这是由于中毒时间过久,吸入一氧化碳量大,导致脑水肿、肺水肿、心肌损坏而造成的。这时即使抢救成功,也会留下后遗症。

(3) 如何进行急救处理

①立即把现场的门窗打开。

迅速将中毒者移出现场,转移到空气新鲜之处,解开衣扣,但要注意保暖。有条件的可直接给中毒者吸氧。

②进行人工呼吸和心脏按压。

中毒者的呼吸、心跳如果已停止,应及时进行人工呼吸和心脏按压。要注意将中毒者的头偏向一侧,清除其口、鼻中的呕吐物及分泌物,摘下假牙。

③喝一点饮料。

中毒者如果能饮水,可喝一点热糖茶水或其他热饮料。

④多休息。

轻度中毒者,在空气新鲜处休息2~3小时后可基本恢复正常。

中、重度中毒者经上述紧急处理后，应及时送往医院进一步抢救、治疗。

(4) 如何预防

①临睡前要关闭煤气。

在寒冷季节室内生炉取暖时，应装置排烟管道，让烟气充分排出，用煤气红外线炉时，橡皮管要不漏气，临睡前，一定要关闭煤气。

②加强通风。

产生一氧化碳的空间，要加强通风，并用一氧化碳快速检气管定期测空气中一氧化碳浓度。

2. 如何应对汽油中毒

如今，很多女性驾驶私家车，她们在给车子加油或给车子进行小修时，都难免会接触汽油，在此过程中，如何避免汽油中毒呢？

(1) 汽油中毒的原因

汽油在日常生活中，是一种用途很广的燃料、溶剂、脱脂剂和清洁剂，也是一种容易中毒的物质。

(2) 汽油中毒的途径

①蒸气吸入。

②直接入口中毒。

汽油具有溶解脂肪和类脂质性能，女性吸入后，对机体的神经系统有很大的损害。

(3) 中毒者的症状

女性汽油中毒后，会感到口渴，咽及胃部有烧灼感，恶心呕吐，上腹部剧痛，常伴有头晕无力、酒醉样感，步态不稳，视物模糊，肢体震颤，神志恍惚。有的女性中毒者还表现为精神失常，傻笑，哭泣等。重度中毒者很快意识丧失，进而导致中枢神经系统功能紊乱、呼吸系统损伤等。

(4) 如何预防

①严禁用嘴吸取油料，特别是含铅汽油。此外，还应禁止用含铅汽油灌装打火机，禁止用含铅汽油洗涤汽车零件和衣服。

②接触汽油的操作应穿工作服戴防护手套。

女性在工作中，接触汽油的操作应穿工作服戴防护手套，下班时要用肥皂、清水洗净手、脸，有条件最好洗澡；不要接触汽油后就立即吃食物、抽烟。

③中毒时应立即停止工作。

工作中发现有头晕、头痛、呕吐等汽油中毒症状时，应立即停止工作，到空气新鲜的地方休息。严重者应尽快送到医院。

## 如何应对突发的火灾

火灾使人致死的原因，大多是火焰烟雾中毒所致的窒息。因为大火烟雾中含有大量的一氧化碳及塑料化纤燃烧产生的氯、苯等有害气体，火焰又可造成呼吸道灼伤及喉头水肿，这些因素足可使浓烟中的罹难者，在3～5分钟内中毒窒息身亡。此外，还有直接被大火吞没烧死或跳楼坠亡的。

当火灾突然降临时，女性不要惊慌，应根据火势实情选择最佳自救方案，只有镇静以对，才能快速逃离，才能幸存下来。此时，女性不要大呼小叫，而是根据火势、房型，冷静而又迅速地选择最佳自救方案，尽量争取最好的结果。

1. 家庭火灾逃生自救方法

①遇有火灾，应大声呼救，或立即打"119"电话报警。

②报警时，要报清火灾户主的姓名，区、街、巷、门牌号数，以及邻近重要标记。最好应派人在巷口等处为消防队带路，以免耽误时间。

③如在火焰中，头部最好用湿棉被包住，不用化纤的棉被包，露出眼逃生。

④身上的衣服被烧着时，用水冲，再用湿被捂住，或就地打滚，以达到灭掉身上火的目的。

⑤遇有浓烟滚滚的火灾时，把毛巾打湿紧按住嘴和鼻子，以防高温、烟呛和窒息。

⑥浓烟常在离地面 30 厘米以上弥漫，女性逃生时，身体姿势要尽可能低，最好爬出浓烟区。

⑦女性逃出时，即使忘了带出东西，也不要再进入火区。

⑧家门口平时不要堆积过多的东西，以便逃路通畅；老人小孩应睡在容易出入的房间。

⑨火灾发生时，通常容易发生各种损伤，间接损伤如玻璃的破碎、房屋的倒塌造成各种外伤，直接损伤有浓烟刺激导致发生喉咙痛，睁不开眼，咳嗽，呼吸困难和窒息。应及时救助，或拨"120"请急救中心来急救。

2. 地下建筑火灾的逃生自救方法

（1）增强逃生的意识

进入地下建筑的人员，一定要对其内部设施和结构布局进行观察，熟记疏散通道安全出口的位置。

（2）立即开启排烟设备

地下建筑一旦发生火灾，要立即开启排烟设备，迅速排出地下室内烟雾，以降低火场温度和提高火场能见度。

（3）迅速撤离险区

采取自救或互救手段将人群疏散到地面、避难间、防烟室及其他安全地区。

（4）灭火与逃生相结合

严格按防火分区或防烟分区，关闭防火门，防止火势蔓延和封闭窒息灭火，把初起之火控制在最小范围内，并采取一切可能的措施将其扑灭。

（5）不能盲目乱窜

火灾初起时，女性在逃生时，要坚决服从工作人员的疏导，绝不能盲目乱窜，已逃离地下建筑的女性不得再返回地下。

（6）低姿势前进

逃生时，尽量低姿势前进，不要做深呼吸，在可能的情况下用湿衣服或毛巾捂住口和鼻子，防止烟雾进入呼吸道。

（7）想办法延长生存时间

疏散通道被大火阻断，应尽量想办法延长生存时间，等待消防队员前来救援。

3. 地铁火灾的逃生自救方法

车站工作人员到来前，乘客应保持镇静，不要任意扒门，更不能跳下轨道。可用车厢内的消防器材，奋力将小火控制、扑灭。

（1）按响车厢内紧急报警装置

如果发现车厢停电，并有异味、烟雾等异常情况，应立即按响车厢内紧急报警装置通知司机。

（2）禁止吸烟

不能倚靠在车上，禁止在地铁内吸烟或携带易燃易爆物品。

（3）注意看指示灯标志

疏散时注意看指示灯标志，地铁站都会设有事故照明灯。

（4）捂住口鼻

用携带的衣物、毛巾等捂住口鼻，身体贴近地面，有序往外疏散。

（5）按照指引疏散

乘客只要按照广播以及司机、车站工作人员的指引，将能很快地安全有序地疏散到地面。

4. 公车火灾的逃生自救方法

（1）有序下车

当发动机着火后，女性驾驶员应开启车门，令乘客从车门下车。然后，组织乘客用随车灭火器扑灭火焰。女性乘客应该跟随其他乘客，有序下车。

（2）重点保护驾驶室和油箱部位

如果着火部位在汽车中间，女性驾驶员应打开车门，让乘客从两头车门有秩序地下车。在扑救火灾时，要重点保护驾驶室和油箱部位。

（3）组织乘客用衣物蒙住头部

如果火焰封住了车门，女性驾驶员应组织乘客用衣物蒙住头部，从车门跳下。

（4）组织乘客砸开就近的车窗

如果车门线路被火烧坏，开启不了，女性驾驶员应组织乘客砸开就近的车窗翻下车。

（5）衣裳着火的对策

在火灾中，如果女性乘客衣服被火烧着了，不要惊慌，应冷静地采取以下措施：如果来得及脱下衣服，可以迅速脱下衣服，用脚将火踩灭；如果来不及脱下衣服，可以就地打滚，将火滚灭；如果发现他人身上的衣服着火时，可以脱下自己的衣服或其他布物，将他身上的火捂灭，切忌着火人乱跑，或用灭火器向着火人身上喷射。

## 如何应对鞭炮炸伤

在节日期间，为营造节日氛围，人们大放烟花、大点鞭炮，常不慎而造成伤害。在春节时这类情况发生较多，因此要有应对炸伤的应急措施。

（1）导致被炸伤的原因

①在燃放鞭炮时，手持放炮。

②捡"瞎炮"燃放。

(2) 发生炸伤的症状

①轻者受伤多见于手、面、眼、耳部，伤口小、浅，有少量出血。

②严重者可伤及肌肉、骨及关节，手掌、手指大部被炸掉，失去原形。

③导致眼伤，眼睛多有剧痛、出血、眼中有异物；重者眼球出血、失明。

④爆炸性耳聋，伤后双耳听力下降或听不到声音。

(3) 如何急救处理

①用自来水冲洗。

女性一旦被鞭炮烟火烧伤，除应立即脱离现场外，要迅速脱掉着火的衣服，用自来水冲。农村无自来水处应跳入附近浅塘、河湾，或者用不易着火的覆盖物如大衣、毛毯、雨布、棉被等覆盖灭火。如果穿的衣服很紧，就穿着衣服做冷水浴，难脱的衣服勉强脱会增加损伤的程度。

②头脸烧伤。

如果是头部烧伤，可取冰箱中冷冻室内的冰块，用打湿的干净毛巾包住做冷敷。绝不要怕用冷水冲烧伤处，尽快冲冷水可以防止烧伤面积扩大。如果没有消毒纱布，可以用熨斗熨几次或用电吹风吹过的干净毛巾代替，轻轻盖在伤口上。千万不要去涂什么狗油、酱油、烟丝或油膏之类，这样做最易引起细菌感染，到医院后医生还要花大力气清洗，既浪费时间、药物，又增加痛苦。

③及时就诊。

当发生烧炸伤后除做上述处理外，还应检查一下鼻毛有无烧焦，如被烧焦，有可能会烧伤呼吸道，如果不及时去看医生，可能会发生肺水肿，引起呼吸困难。

此外，要注意有无睫毛烧煳变卷，如有则可能烧伤眼球，这均要及时在就诊时告诉医生。如果炸伤眼睛，千万不要去揉擦和乱冲洗，最多滴入适量的消炎眼药水，并平躺，拨打120或急送有条件的医院。

④及时包扎。

如手部或足部被鞭炮等炸伤流血，则应迅速用双手为其卡住出血部位的上方，有云南白药粉或三七粉可以撒上止血。如果出血不止又量大，则应用橡皮带或粗布扎住出血部位的上方，抬高患肢，急送医院清创处理。但捆扎带每15分钟要松解1次，以免患部缺血坏死。

(4) 如何进行预防

①燃放鞭炮时要注意安全。

不可手持放炮，放炮时头后仰，不可立刻去捡瞎炮。

②提倡过节禁烟花爆竹。

过节最好不要燃放鞭炮烟花，如要燃放，也应该选择威力小的鞭炮。

# 职业危害对女性安全与健康的影响

改革开放后，大量女性进城进厂打工，工作劳动在生产第一线上。有不少人在工作的过程中，接触各类职业危害。主要的职业危害有：各类工业毒物、粉尘和物理危害，如噪声、电磁辐射、高温等。某些职业危险、有害因素对职业女性的健康，特别是生殖系统的健康会有不良影响，不仅影响女性自身的健康，还会影响胎儿发育甚至孩子出生后的健康。另外，作业场所和生产工艺操作过程中，机械伤害、物体打击、火灾、爆炸等多种风险也同样会给女职工带来危险。

女性职工在生产过程中，接触职业危害因素，如铅、汞、铬、苯、甲苯、二硫化碳、氯仿、二甲基甲酰胺、三硝基甲苯、强噪声、全身振动、低温、重体力劳动等可导致月经异常，使自然流产率和早产率增高。

孕期接触强烈噪声及抗癌药、氯乙烯、铅、苯系列化合物者，妊娠高血压综合征的发病率以及孕期贫血发病率明显增高。这些危害还会导致胎儿先天缺陷，如接触汞、激素及苯的职业女性，在化工、塑料等行业中从事有毒有害作业的职业女性，在橡胶企业的职业女性，接触二硫化碳的职业女性等，其子代先天缺陷患病率较其他人群有大幅提高。

孕期接触致癌物还可导致儿童期恶性肿瘤的发生，母亲孕期接触苯、农药，其子代的急性淋巴细胞及非淋巴细胞白血病的发病率均增高。

此外，接触职业危害因素的职业女性患其他疾病，包括宫颈炎、附件炎、阴道炎、乳腺增生及乳腺和子宫肿瘤的患病率都有所增高。

那么，职业危害对女性安全与健康的影响都有哪些呢？

1. 易导致多种妇科疾病

作业活动中接触有害因素对女性最为常见的影响是引起月经失调。影响月经正常的工业化学物质有70多种，常见的为砷、苯、甲苯、二甲苯、铅、汞、二硫化碳、三硝基甲苯、烟碱、三氯乙烯、苯乙烯等。月经不调在年轻的未婚女子中较为多见，多数为暂时性的，以后逐渐恢复正常。

月经不调持续较长时间，达半年以上甚至数年，这种情况多见于慢性中毒的职业女性。接触化学物质还可能使职业女性更年期提前，更年期综合征发病率增高。接触不同职业有害因素会导致多种妇科疾病的发生。

（1）乳腺癌

美容行业、制药工业和化工厂的女性职工，由于工作中接触一些潜在的毒性物质，如染发剂、有机粉尘、含有致癌物的有机溶剂等，患乳腺癌的危险度明显增高。工作中接触极低频电磁场也有增加发生乳腺癌的可能。

（2）月经相关疾病

月经相关疾病除表现为月经异常

外，还有些表现为初潮延迟和早发绝经。过早参加体力劳动会使初潮延迟，从事重体力劳动时痛经较为常见，接触苯、二硫化碳易出现月经过多综合征，接触铅、汞及放射线易出现月经过少综合征，接触噪声主要表现为月经周期不规则等。

(3) 生殖器炎症

生殖器炎症主要包括阴道炎，如滴虫性、霉菌性、细菌性阴道炎等，宫颈慢性炎症，如宫颈糜烂、息肉等，附件炎和盆腔炎等。女性集中的单位，使用公共浴池及公共坐式马桶易引起妇科疾病患病率增高；从事汽车运输的女司乘人员，由于全身振动性作业导致盆腔器官血管紧张度下降，静脉瘀血，以及工作中不能保证月经期合理地进行卫生处理，会使宫颈炎、阴道炎、附件炎和盆腔炎的患病率显著升高。

2. 对女性生殖机能的不良影响

某些化学物质可影响正常的激素平衡，雌激素有使子宫内膜增生、宫颈黏液分泌增加的作用。宫颈黏液有周期性改变，宫颈黏液可为精子提供能量，其性质发生改变可导致不孕。雌激素又有加强输卵管蠕动的作用，有利于精子和卵子的运行。故雌激素功能不足可影响生殖机能。

职业性有害因素可对生殖系统，或对生殖机能产生不利影响，造成女性不孕或受孕能力下降。如接触氯乙烯单体、接触己内酰胺的锦纶纤维以及接触氯仿的制药厂职业女性，原发性不孕的相对危险均增高。即使卵细胞发育成熟可以排卵，受有害因素影响，受精卵也可能发育不良，不能着床，导致自然流产。例如，氯乙烯作业工人的妻子，其自然流产率明显偏高。

职业性生殖危害因素不仅会影响女性自身健康，还会影响到所怀胎儿的健康。例如，怀孕头3个月内有害因素会引起胎儿发生先天畸形或流产，而在怀孕后6个月，主要会引起胎儿生长发育缓慢、大脑发育受影响、早产等。

但职业性生殖危害因素并不一定影响每一个工作者或每次妊娠，这主要与女性接触有害因素的时间、剂量、途径等因素有关。

有毒化学物质可以造成畸形与基因突变。如果突变发生在生殖细胞，则可影响生殖机能，因影响程度的不等可以发生不孕、自然流产、死胎、畸胎或其他先天缺陷。这种致突变作用发生在受精前，所引起的先天缺陷可以遗传给下一代。如果突变发生在胚胎细胞，则可干扰胚胎的正常发育。突变发生在胚胎发育的早期时，可导致畸形的发生，突变发生在胎儿期或出生后则可导致癌变的发生。

3. 影响妊娠母体和胎儿的正常发育

接触工业毒物的职业女性，妊娠早期易出现妊娠呕吐，在妊娠中期易出现妊娠高血压综合征。妊娠期间的健康状况对胎儿的正常发育关系很大。外界环境中的各种有害因素可以直接作用于胚胎或胎儿，也可以通过对母体的不良影响损害母体健康而间接地对胎儿产生不利影响，影响胎儿的正常发育。化学物质进入母体后，有的可以通过胎盘屏障进入胎儿体内，对胎儿产生毒作用，从而引起胚胎或胎儿死亡而发生流产或死胎。有致畸作用的化学物质，还可以使胎儿出现畸形或机能的缺陷，如智力低下等。

（1）妊娠时机体对有害因素的敏感性增高

妊娠时为适应妊娠的需要，孕妇机体的生理机能发生一系列的变化：子宫增大，体重增加，能量消耗增加，对氧的需要量加大，肺通气量增加，较平时易于吸入较多的毒物。孕期总循环血量增加，心率加快，每分钟心脏的搏出量增加。

循环加快的结果，又可促进机体对有毒物质的吸收。妊娠时新陈代谢加快，肝脏的负担加大，胎儿的废物需经母体排泄，肾脏的负担也增加。而肝脏是化学物质在体内进行转化、降解的主要器官，肾脏是毒物排泄的主要器官，妊娠时接触有毒物质，肝、肾均易受到损害。妊娠时神经系统的紧张度发生改变，且往往出现生理性贫血。凡能使能量消耗增加、需氧量加大的生产作业对孕妇都会产生不利的影响。

由于上述一系列的改变，孕妇往往可出现对某些有害因素特别是某些毒物敏感性增高的现象。而妊娠母体的中毒、缺氧等，对胎儿的正常发育都会产生不良影响。

（2）有害因素能促进妊娠及分娩并发症的发生

从事某些工业生产的职业女性，妊娠及分娩并发症较多见。其中，妊娠高血压综合征在接触化学物质的职业女性中多见。如接触二硫化碳的人造丝工厂职业女性，接触汽油的橡胶制品厂职业女性以及接触苯、甲苯、二甲苯、三氯乙烯等的职业女性，其妊娠高血压综合征的发病率均高于普通人群。

接触己内酰胺、甲醛、烟碱、有机氯的职业女性，胎儿出现宫内窘迫的比例较高，接触己内酰胺及二硫化碳的职业女性，分娩活动无力较多见。

4. 对婴幼儿哺乳的不良影响

许多化学物质可以从乳汁排出，如铅、汞、钴、氟、溴、碘、砷、苯、二硫化碳、烟碱、三硝基甲苯、氯丁二烯等。母乳排出毒物是使婴儿接触毒物的重要原因。新生儿对环境中有害因素的不利影响非常敏感，如接触铅的作业工人在没有很好防护的情况下，其乳儿的患病率及死亡率高。

5. 造成人体伤害

在生产过程中，女性除了本身的生理特点可致的职业病以外，还由于所处环境和女性的体力与男性的差异、文化教育程度、应急中的响应能力等方面明显不足，在面临同样危险时会受到更大的伤害。如面临火灾、爆炸导致的伤害，或在操作时受到物体打击、机械伤害等危险，女性受到伤害或其他损失的风险更大。

一般来说，在工作中女性也会面临生产、作业环境中发生的意外损失或灾祸。如发生有毒有害气体泄漏，造成意外的人员伤亡，导致安全生产事故。

在这些事故中，按照导致事故发生的原因分类，可将工伤事故分为20类，分别为物体打击、车辆伤害、机械伤害、起重伤害、触电、淹溺、灼烫、火灾、高处坠落、坍塌、冒顶片帮、透水、放炮、瓦斯爆炸、火药爆炸、锅炉爆炸、容器爆炸、其他爆炸、中毒与窒息和其他伤害等。

其中女职工较为常见的有物体打击、车辆伤害、机械伤害、触电、淹溺、灼烫、火灾等事故造成的伤害。这些都要引起女性职工的重视，做好防范。

## 职业女性安全与健康常识

职业女性月经、妊娠、分娩、哺乳等特殊生理时期，接触危险、有毒作业活动中，可导致生理机能发生改变，对女性本身的健康带来不良影响，此外，还可通过妊娠及哺乳而影响胎儿、婴儿的发育、成长与健康。而且，当职业性有害因素的强度或浓度对母亲尚未引起明显的毒害作用时，已对胚胎及胎儿产生不利的影响。所以，基于女性机体固有的生理特点要对女性进行特殊的安全与健康保护。

1. 职业女性的"四期"保护

职业女性的"四期"保护是指女性经期、孕前期及孕期、产前期及产后期、哺乳期的安全与健康保护，有的还规定了"五期"保护，增加了更年期。对经、孕、产、乳四期的保护在女性安全与健康法规中已有具体规定。除规定了四期的禁忌范围和产假时间外，在《女职工保健工作规定》中还根据安全与健康的需要，提出了具体要求。

（1）月经期健康保护

1993年颁布、2011年修订的《女职工保健工作规定》第七条第二款规定：女职工在100人以上的单位，应逐步建立女职工卫生室，健全相应的制度并设专人管理，对卫生室管理人员应进行专业培训。女职工每班在100人以下的单位，应设置简易的温水箱及冲洗器。对流动分散工作单位的女职工应发放单人自用冲洗器。

我国在某些产业部门，对女性职工在月经期间给予1~2天的休息公假。对负重作业工种，需登高工作的工种，手部长时间接触冷水、低温的作业以及野外或其他无固定工作场所的露天作业工种，月经高潮时应给予1~2天的休假。

对经期伴有较重症状的女性，尤其是青年女职工，经期应给以适当照顾，或适当减轻工作量，或允许利用公休日倒休。对患有痛经、非经期出血，月经过多或过少、闭经，月经周期紊乱等月经异常的女职工应进行系统的观察，建立观察记录，作为职工健康档案材料的一部分，并要进行检查，确定月经异常是功能性的还是器质性的，与工人所处的劳动条件有无联系，与职业病有无关系等，以便采取相应的防护措施。

对患有严重月经障碍的病人，临床上查不出明确的原因，经反复治疗无效，如果在工作中接触某些职业性有害因素且浓度或强度超过卫生标准较多时，可与有关部门磋商，暂时调离有毒有害作业岗位。

（2）孕前健康保护

患有射线病、慢性职业中毒或于近期内曾有过急性中毒的职业女性，均暂时不宜受孕，须经治疗痊愈后再怀孕。如从事铅作业的职业女性，由于铅被吸收入血后，可蓄积在骨骼内，当食物内缺钙或体液酸碱度改变时，骨内的铅又可随骨钙转移到血液，使血铅浓度升高，因此接触高浓度铅的职业女性，即使没有中毒表现，或是以往曾从事过铅作业目前已经脱离者，最好在经驱铅试验后，再决定可否怀孕，即应进行有计划的妊娠。长期接触有毒物质的作业，最好应在脱离工作后一段时间再进行受孕。

（3）孕期健康保护

孕期健康保护是职业女性健康保护中最重要的工作内容，对保证胎儿质量，保护母婴健康，降低围产死亡具有重要意义。

①定期产前检查及孕期保健指导。

女性妊娠时，对有害职业因素的敏感性增高，有毒有害作业职业女性，孕期除应进行常规的产前检查外，还应进行内科的系统检查，特别要注意肝肾功能的改变，除一般的血液及生化检查外，根据所接触的有毒有害因素不同，必要时还应进行其他职业病学的检查。

在孕早期曾接触可疑致畸物的职业女性，应做产前诊断，如母血甲胎球蛋白（AFP）测定，B型超声检查等，必要时可考虑羊水检查。孕期应加强营养，除保证蛋白质和热量的供给外，对钙、铁以及多种维生素需要量的供给也要保证。铅作业职业女性补充钙，镉作业职业女性补充锌，都有积极的预防作用。

②孕早期的健康保护。

孕早期的健康保护对预防出生缺陷，防止流产、早产及孕期并发症等都具有重要意义。早期发现怀孕，以便及早进行保护。月经登记卡在发现早孕方面有一定作用。同时要做好宣传教育，使女职工于月经超期时能及时检查，及早确定妊娠，及时进行监护。

接触具有胚胎毒性作用及致癌作用的化学物质、强烈的全身震动、放射线等的工种，或是在生产中接触化学物质浓度超过国家规定的卫生标准时，确定妊娠后，应暂时调离。从事重体力劳动的工种，应适当减轻劳动。自确定妊娠起即进行系统的防治观察，对妊娠反应较重者，应给以照顾，如减少工作时间，上下班时间可适当灵活，安排工间休息，必要时适当给予休假等。

③孕后期的健康保护。

孕后期健康保护，一般是指孕期第8~10个月，对预防妊娠中毒症，预防早产及低体重儿的出生，降低围产死亡有重要意义。

从事重体力劳动的工种，立位作业以及工作中需频繁弯腰、攀高的工种，对妊娠也会有影响，孕后期应调换轻工作或减轻工作量。对生产中接触有胚胎毒性作用危险物质的妊娠职业女性，如孕期未能调离有毒有害的作业岗位时，应按高危妊娠进行管理。

加强妊娠中毒症的预防，除定期产前检查中要注意血压、水肿、蛋白尿的检查外，还要重视体重的管理，如每周体重增长超过 250 克时，就应注意有否隐性水肿等。还要预防早产，采取预防措施，如预防妊娠中毒症、产前出血、内科并发症的发生；预防外伤、跌摔、负重过度及过劳等。

④产前产后的健康保护

夜班作业可导致食欲下降、胃肠机能减弱、血红蛋白含量减少，对孕妇及胎儿均有不利影响。因此，在《中华人民共和国劳动法》中已经有相应规定，孕妇不应做夜班及加班。

孕末期胎儿发育迅速，孕妇机体负担大，应注意产前休息。分娩后，生殖器官及盆底组织的恢复约需 6～8 周，可按国家有关于产假日期的规定进行适当的休息。产后休息不足，对母体健康及乳汁分泌有明显影响，并可因此而影响乳儿的发育和健康。在产假期满恢复工作时，应采取逐渐增加工作量的做法，使职业女性能有短时期的适应过程，使哺乳母亲逐渐适应边工作边哺育婴儿的双重负担，以不致影响乳汁分泌及职业女性本身的健康。

⑤哺乳期的健康保护

哺乳期的健康保护是为了保护乳儿的健康，首要问题应注意不得因母亲参加有毒有害作业而影响乳汁的质和量，影响乳儿健康。所以，除须保证法定的哺乳时间外，哺乳母亲应暂时脱离接触有毒物质的作业。工厂哺乳室内，应有必要的卫生设备，保证母亲于哺乳前能用温水、肥皂把手洗净及在哺乳时能脱下工作服或穿上清洁罩衫。对乳母不得要求加班加点工作，应禁止乳母上夜班。

⑥更年期的健康保护

女性在更年期，卵巢分泌雌激素的功能减退，不少女性于此时出现或轻或重的神经系统功能紊乱，出现潮红、潮热、心悸及假性心绞痛以及忧郁、易激动、失眠，有时甚至出现喜怒无常等精神神经症状等，即更年期综合征。症状严重时可影响工作，约有 10%～15% 的人需要治疗。更年期一般可分为绝经前期、绝经期及绝经后期。

由于个体差异，很难肯定每个人更年期开始的确切时间，一般说来绝经前期开始于 45 岁左右，持续 2～4 年或稍长的时间即进入绝经期。一般认为年龄超过 45 岁，停经一年以上时，最后一次的月经即可称为绝经期。月经停止后至卵巢内分泌功能完全消失的时期称为绝经后期，一般可持续6~8年。整个更年期的持续时间一般为8~12年，因人而异。

对更年期女性，保健措施中最主要的是了解女性更年期的生理知识，消除不必要的忧虑，树立起对自己健康状况的信心，以乐观的态度对待这一生理过程。当她们出现某些神经功能失调的症状时，要给以同情和安慰，对她们提出的问题耐心地给予指导。

同时也应使更年期女性工作岗位及周围的同事，适当了解她们的情况，对她们给予照顾和鼓励。更年期女性要特别注意劳逸结合，症状较重者应适当减轻工作并进行治疗。

接触某些有毒、有害因素，有可能使女职工出现早发绝经，即在40岁以前绝经。有报道说，经常接触甲苯、二甲苯的女油漆工，人造丝厂接触二硫化碳的女职工中有人出现早发绝经。

也有人注意到更年期女性对某些毒物的敏感性增高，这使更年期综合征的症状加重。对接触工业毒物或噪声的女职工，如更年期综合征症状明显时，经治疗效果不明显，可考虑暂时调离有毒有害作业。

2. 职业健康安全监护

职业女性职业健康监护的内容，包括职业健康档案、职业健康检查等方面。

（1）健康监护档案

①个人健康基础资料。

②职业史和疾病史。

③职业性危害因素的监测结果及接触水平。

④职业健康检查结果及处理情况。

女职工有权查阅、复印本人职业健康档案，离开用人单位时，有权索取本人的健康档案的复印件；用人单位应当如实、无偿提供，并在提供的复印件上签章。如果确诊患有职业病，女职工可以通过法律等手段维护自身的权益。

（2）职业健康检查

职业健康检查可分为就业前健康检查和就业后的定期健康检查两种形式。此外，在调换工作、从事特殊工种时用人单位也应进行健康检查。劳动者职业健康检查和医学观察费用由用人单位承担。职业病普查也是一种健康检查，主要是对接触某种职业危害因素的人群，普遍地进行一次健康检查。通过普查发现职业病，还可检出有职业禁忌证的人和高危人群。

## 如何预防粉尘的危害

女性职工长期在充满生产性粉尘的工厂、场所劳动或工作，应该关注粉尘对自己身体的危害。所谓粉尘，是指在生产过程中形成的并能较长时间悬浮在生产环境空气中的固体微粒。

粉尘不仅是严重危害女性职工健康的主要职业性有害因素，而且还可污染周围环境，危害其他人的健康。在生产作业过程中，女性职工接触粉尘可导致疾病，尘肺就是在生产过程中长期吸入粉尘而发生的以肺组织纤维化为主的疾病。

不同的粉尘可致不同的尘肺类型，如在纺织厂工作的职业女性经常会吸入棉、亚麻等粉尘，可引起棉尘症。粉尘还可致粉尘性支气管炎、肺炎、哮喘性鼻炎、支气管哮喘等。粉尘可引起堵塞性皮脂炎、粉刺、毛囊炎、脓皮病。粉尘还可导致中毒，如含铅、砷、锰等的粉尘。

1. 接触粉尘的行业

粉末状物质的混合、过筛、包装、搬运等行业，如调制型砂、包装水泥等均可产生粉尘。固体物质的破碎或机械加工行业，如矿石的钻孔、爆破和粉碎，金属的切削和研磨以及粮谷的脱粒和磨粉等，均可产生粉尘。

可燃性物质的不完全燃烧，例如煤炭燃烧时可产生烟尘。

某些物质加热时产生的蒸气在空气中冷凝或氧化，如熔炼含锌的黄铜时，可产生氧化锌的烟尘。

此外，沉积于车间的降尘由于振动或气流的影响又悬浮于空气，也可成为生产性粉尘的来源。

尘肺是我国目前很严重的一种职业病，在矿山、水电等建设过程中，可能发生尘肺的主要工种有：风钻爆破工，水泥搬运、拆包工，破碎工，筛分工，电焊工，喷砂除锈工以及其他生产过程中接触各种粉尘的工种。

2. 生产性粉尘对人体健康的影响

粉尘颗粒进入呼吸道后，通过截留、撞击、沉降、弥散等方式，阻留在呼吸道各部位，但可通过人为各种清除功能，绝大部分被排出体外，仅有2%~3%沉积在体内。

人体对吸入的粉尘虽然有各种清除功能，但女性职工如果长期吸入高浓度的粉尘，而使尘粒过量沉积，则可对人体产生不良影响，甚至形成疾病。

（1）局部刺激

吸入的粉尘颗粒首先作用于呼吸道黏膜，可引起咽炎、喉炎、气管炎和支气管炎等呼吸道炎症；刺激性强的粉尘，如石灰、砷、铬酸盐尘等，可引起鼻黏膜糜烂、溃疡等。进入眼内的粉尘颗粒，可引起结膜炎等；金属和磨料粉粒可引起角膜损伤，导致角膜感觉低下和角膜混浊。附着于皮肤表面的粉尘颗粒，可堵塞皮脂腺，易于继发感染而引起毛囊炎等。

（2）中毒

吸入铅、锰、砷等毒物粉尘，可引起全身中毒。

（3）变态反应

棉、麻、对苯二胺等粉尘，可作为致敏原引起支气管哮喘、湿疹等。

（4）光感作用

附着于皮肤的沥青粉尘，在日光的照射下可引起光照性皮炎等。

（5）致癌

放射性物质、镍、铬酸盐等的粉尘可引起肺癌。

（6）感染

旧布屑、谷物和兽毛等粉尘能携带

病原菌，如丝菌、放射菌和炭疽杆菌等，可引起肺霉菌病或炭疽病等。

(7) 致纤维化作用

长期吸入矽尘、石棉尘等，可引起肺组织的进行性、弥漫性的纤维组织增生而发生尘肺。

3. 尘肺的种类与危害

尘肺是长期吸入生产性粉尘，而引起的以肺组织纤维化为主的全身性疾病。按粉尘的性质可将尘肺分为以下几类：

(1) 混合性尘肺

混合性尘肺是指由于长期吸入含有游离二氧化硅和其他某些物质的混合性粉尘所引起的尘肺，例如，煤矽肺、铁矽肺等。

(2) 炭尘肺

炭尘肺是指由于长期吸入煤炭、炭黑、石墨等粉尘所引起的尘肺，例如，煤肺、炭黑尘肺、石墨尘肺、活性炭尘肺等。

(3) 矽酸盐肺

矽酸盐肺是指由于长期吸入结合状态的二氧化硅粉尘所引起的尘肺，例如，石棉肺、滑石。

(4) 矽肺

矽肺是指由于长期吸入游离二氧化硅粉尘所引起的尘肺。

(5) 其他尘肺

其他尘肺包括由于长期吸入铝及其氧化物所引起的铝尘肺、长期吸入电焊烟所引起的电焊工尘肺等。国家现行《职业病分类和目录》中规定的尘肺有13种：

①矽肺
②煤工尘肺
③石墨尘肺
④炭黑尘肺
⑤石棉肺
⑥滑石尘肺
⑦水泥尘肺
⑧云母尘肺
⑨陶工尘肺
⑩铝尘肺
⑪电焊工尘肺
⑫铸工尘肺
⑬根据《尘肺病诊断标准》和《尘肺病理诊断标准》可以诊断的其他尘肺。

4. 尘肺病的主要表现

(1) 咳嗽

早期不明显，随着病情的发展，病人多合并慢性支气管炎，晚期病人多合并肺部感染，均会使咳嗽明显加重。另外，咳嗽还与季节、气候有关。

(2) 咳痰

一般咳痰量不多，多为灰色稀薄痰。如合并肺内感染及慢性支气管炎，痰量会增多，痰呈黄色黏稠状或块状，常不易咳出。

(3) 胸痛

尘肺病人常感觉胸痛，部位不一，且常有变化，多为局限性。一般为隐痛，也可胀痛、针刺样痛等。

(4) 呼吸困难

随着肺组织纤维化和并发症的发生，会明显加重呼吸困难。

除上述呼吸系统症状外，还有程度

不同的全身症状，常见有消化功能减弱等。

5. 尘肺病的预防

工业粉尘如不加以控制，将破坏作业环境，危害工人身体健康，损坏机器设备，并污染大气环境。《工业企业设计卫生标准》规定了车间空气中粉尘的最高允许浓度。粉尘作业的安全与健康管理应采取三级防护原则。

（1）一级预防

①定期检测。

定期检测作业环境的粉尘浓度，以达到国家标准规定的允许范围。

②综合防尘。

改进生产工艺、生产设备，将手工操作转变为机械化、密闭化、自动化和遥控化操作；尽可能采用不含或游离二氧化硅含量低的材料；在工艺许可的条件下，尽可能采用湿法作业；使用个人防尘用品，做好个人防护。

③就业前健康体检。

根据国家有关规定，对工人进行就业前的健康体检，对患有职业禁忌证者、未成年人、职业女性不得安排从事禁忌范围的工作。

④宣传教育。

加强宣传教育，普及防尘基本知识。

⑤维护和管理

加强对除尘系统的维护和管理，保持完好、有效的状态。

（2）二级预防

①建立专人负责的防尘机构，制定防尘规划和制度。

②对在职从事粉尘作业职工，必须定期进行健康检查，发现不宜从事粉尘工作的职工，要及时调离。

（3）三级预防

①对已确诊为尘肺病的职工，应及时调离原工作岗位，安排治疗或疗养。

②工作期间进行健康检查，早期发现尘肺病人，及时采取防治措施。

③定期对粉尘作业环境进行监测，了解作业场所劳动条件，及时落实或改进防尘措施，改善劳动条件。

④加强粉尘作业工人的个人防护，常用的个人防护用具有防尘口罩、防护面具、防护头盔和防护服等。粉尘作业工人必须养成良好的个人卫生习惯，如勤换工作服、下班后洗澡、保持皮肤清洁。还应加强营养，劳逸结合，生活有规律。

# 高温、低温环境对职业女性的危害

1. 高温环境对女性的影响

人在高温环境下作业时，身体内可出现一系列生理功能改变，主要为体温调节、水盐代谢、循环系统、消化系统、神经系统、泌尿系统等方面的适应性变化。高温可导致急性热致疾病和慢性热致疾病。根据人体实验结果，在高温下人机体的反应是有性别差异的。

一般来说，女性发汗量低，在高温条件下机体的水分及盐分消耗，按每公斤体重计算，低于男性。体温增高程度也低于男性，但疲劳症状较男性明显。在高温下进行体力劳动时女性循环系统的负担大于男性。

（1）高温作业接触行业

高温作业分为三种类型：

①高温、强热辐射作业型。

其特点是气温高，热辐射强度大，相对湿度低，形成干热环境。

②高温、高湿作业型。

气象特点是气温、湿度高，而辐射强度不大，形成湿热环境。

③夏季露天作业型。

除夏季太阳的辐射外，还有被加热的地面及周围物体放出的辐射热，形成高温热辐射作业环境。

高温、高湿作业的场所主要有印染、缫丝、造纸等工业中液体加热或蒸煮等作业车间，气温常可达35℃以上，相对湿度达90%以上。如通风不良，就会形成高温、高湿和低气流的湿热环境。

（2）对女性生理功能的影响

我们知道，人体向外散热的方式主要是传导、对流、辐射和蒸发。气温在30℃以下而低于皮肤温度时，人体主要通过对流和辐射散热。

当气温升高到与皮肤温度接近的33℃、有较强的辐射源存在时，对流和辐射方式散热即受到限制，人体只能靠出汗蒸发来散热。

女性在高温生产环境里，特别是炎热季节，如果劳动强度大，体内产热多，必须蒸发更多的汗液才能维持机体的热平衡。但如果排出的汗液不是以蒸发的方式散出，而是以成滴的汗液淌下来，则不但起不到蒸发散热的作用，还可能造成机体蓄热而引起中暑。

（3）对女性体内循环系统、消化系统的影响

在长期的高温作用下，女性由于体内水分损失，血液浓缩，以及为增加散热而向高度扩张的皮肤血管网内输送大量血液，使心脏负担加重、血液温度增高、心率增加；长期在高温环境下劳动，心脏经常处于紧张状态，久之会使心脏生理性肥大、血压下降。

在高温下作业，女性还会引起消化道贫血，并会出现唾液分泌减少，淀粉酶活性降低，胃蠕动减弱，胃液分泌减少，从而造成食欲减退；高温条件下口渴会引起饮水中枢兴奋，抑制食物中枢，引起食欲减退。此外，由于大量排汗和氯化物的损失，会引起胃液酸度减低，再加上口渴，大量饮水，胃酸被稀释会导致消化不良及其他胃肠道疾病。

（4）对女性的泌尿系统、神经系统产生影响

高温环境作业，由于大量出汗，水盐大部分经汗腺排出，经肾脏排出量大大减少，如果水盐供应不足，会使尿液浓缩，增加肾脏负担，引起肾功能不全。在高温、热辐射环境下作业，还会出现中枢神经系统抑制，注意力不集中，反应迟钝，动作的准确性降低。

（5）高温引起的热痉挛、热衰竭和日射病

热痉挛是由于水和电解质平衡失调

所致，女性在高温作业时，由于大量出汗，引起缺水、缺盐，而发生肌痉挛。痉挛以四肢肌、咀嚼肌及腹肌等经常活动的肌肉为多见。痉挛成对称性、阵发性，伴有肌肉收缩痛。轻者不影响工作，重者剧痛难忍，体温多正常，患者神志清醒。热衰竭也称热昏厥或热虚脱。

一般认为是由于热引起外周血管扩张和大量失水，造成循环血量减少，导致颅内供血不足。一般起病迅速，头晕、头痛、心悸、恶心、呕吐，有便意、大汗、皮肤湿冷，体温不变，脉搏细弱，血压下降，面色苍白，继而昏厥。

日射病是中暑的一种类型，多发生于炎热夏季露天作业时，日射病是由于太阳辐射或强烈的热射线直接作用于无防护的头部，致使颅内组织受热，脑膜温度升高，脑膜和脑组织充血等变化而引起。它表现为剧烈头痛、头晕、眼花、耳鸣、恶心、呕吐、兴奋不安、意识丧失、体温升高等症状。

（6）对女性生殖机能及子代的影响

高温对女性生殖机能及胚胎发育有很大的影响，由于女性蒸发散热量较男性低，使中心体温与体表体温差别变小。另外，女性的心输出量低于男性，因此，不利于通过血循环将体内代谢产生的热量带至皮肤散发。

女性体温调节还受内分泌和月经周期的影响，女性体液含量较男性低，从而使女性对热耐受性较低，易受高温作业环境的不利影响，引起月经异常；高温是人类致畸因素之一，会导致子代先天缺陷或发育异常，其与神经管缺陷的发生有关。

（7）中暑预防

中暑的治疗原则是，迅速离开高温和热辐射的环境，到通风良好的阴凉地方安静休息，解开衣服。降低体温，口服含盐清凉饮料。如有头晕、呕吐或腹泻者，可选用解暑片、藿香正气水等解暑药物。防止休克，纠正水电解质紊乱，对症治疗。如果出现重症中暑，应迅速送医院救治。

①适当调整劳动休息时间。

高温季节，应根据生产特点和具体条件，适当调整劳动休息时间，增加工间休息次数，缩短劳动持续时间。高温车间附近应建立休息室，以供工间休息之用。

②改善劳动条件。

根据国家卫生标准，合理设计和改进工艺过程，尽量实现机械化和自动化生产，可以从根本上改善劳动条件，避免工人在高温或强辐射条件下劳动，减轻劳动强度。

③及时补充水分和盐分。

高温作业的女性，需要合理供给清凉饮料，及时补充水分和盐分。饮料种类有盐汽水、盐茶水等，一般每人每天需补充水 3~5 升，盐 20 克左右，其中包括从膳食中摄入的量。

④补充热量和蛋白质。

高温作业时，女性能量和蛋白质消耗增加，需从膳食中补充足够的热量和优质蛋白质，供给足量的动物肝、鱼、蛋、鸡、瘦肉，以及植物性食物黄豆、毛豆等，以保证补足丢失的微量元素铁、锌等。同时还应增加维生素的摄入，特别是B族维生素和维生素C的摄入。

⑤应穿透气性能好的工作服。

高温作业的女性，应穿导热系数小、透气性能好的工作服，适当佩戴防热面罩、防护眼镜、工作帽、手套、鞋套、护腿等防护用品。特殊的高温环境，需特制的隔热服、冷风衣、冰背心等。

⑥进行健康检查。

女性在高温作业前和入暑前，应进行健康检查，有就业禁忌证、重病恢复期、年老体弱者，不宜从事高温作业。

2. 低温作业环境对女性健康的损害

（1）低温作业接触行业

国家标准规定：在生产劳动过程中，其工作地点平均气温等于或低于5℃的作业为低温作业。低温作业多见于：寒冷季节从事室外作业；某些需要在低温环境下操作的作业，如食品、药品生产加工；冬天室内无采暖的情况下的作业；冷冻冷藏室或冷库中的作业。

国家标准规定：在生产劳动过程中，操作人员接触冷水温度等于或低于12℃的作业为冷水作业。冷水作业多见于捕鱼、打捞、水产品养殖、水产品或海产品加工、农副产品加工、餐饮业、冷冻冷藏等生产劳动中。

国家有关标准规定女职工在月经期间时，不能从事低温、冷水作业。

（2）低温对女性健康的影响

低温使人脑高能磷酸化合物的代谢降低，神经兴奋性与传导能力减弱，出现痛觉迟钝，如嗜睡状态。长时间的寒冷条件，会导致循环血量、白细胞如血小板减少，引起凝血时间延长，血糖降低，血管长时间痉挛，易于形成血栓。

女性如果全身过冷，会引起身体组织血液供应障碍，免疫力降低，抵抗力下降，而易患感冒、肺炎、心内膜炎、肾炎及其他传染性疾患。

女性在低温条件下，易引起肌肉酸痛、神经痛、肌炎、神经炎、腰腿痛和风湿性疾病等。

低温环境，首先使女性感觉不舒适，长时间的低温，可能引起女性身体的暴露部位如颜面、耳朵、手和脚发生冷损伤，重时肢体局部会出现坏死。最易发生冻伤的环境温度在0℃~10℃的潮湿阴冷环境之中。

（3）低温对职业女性的健康影响

女性较男性每千克体重产热量低，因此低温环境下，为保持一定体温而增加的机体负担大于男性；虽然女性皮下脂肪丰富，对防止体热外散有一定作用，女性耐寒能力优于男性，但低气温下女性在皮肤血管收缩的同时内脏瘀血，会使月经时的症状如痛经加重，所以在寒冷作业环境下工作的职业女性，患痛经及白带多者较多。

由于这个原因，职业女性月经期不适宜参加低温作业。

## 噪声环境对女性的危害

噪声对中枢神经系统有强烈刺激，可使中枢神经系统机能失调而出现一系列症状，如神经衰弱综合征，自主神经机能失衡，出现心率快、血压不稳、血管紧张度增高等。消化系统可出现胃功能紊乱，食欲不振，胃液分泌减少，蠕动减慢。噪声对听觉器官影响的结果是，可引起噪声性耳聋。

噪声强度越大，频率越高时，对女性身体的危害越大，持续性噪声比间断性噪声影响大，接触时间长且连续接触时影响大。当振动、高温或寒冷及有毒物质与噪声共同存在时，能加强噪声的不良作用。

（1）对女性听力的影响

①噪声在 50 dB 以上，就对女性的睡眠和休息产生影响了，特别是年纪较大和患病的职业女性对噪声更敏感。

②噪声在 70 dB 以上，会干扰交谈，妨碍听清声音信号，造成心烦意乱、注意力不集中，影响工作效率，甚至发生意外事故。

③噪声在 90 dB 以上，如果长期接触，会造成女性听力损失和职业性耳聋，甚至影响其他系统的正常生理功能。

④如果连续接触高噪声，女性病情进一步发展，语言频段的听力开始下降，达到一定程度，即会影响听清谈话。

女性一旦出现了语言聋的现象时，其耳聋的病理变化是不可逆转的。有些噪声作业如爆破、武器试验等，由于防护不当或缺乏必要的防护措施，会因爆破所产生的强烈噪声和冲击波，造成女性急性听觉系统的严重损伤而丧失听力，称为爆震性耳聋，会出现鼓膜破裂，中耳听骨错位，韧带撕裂，内耳螺旋器破损，甚至出现脑震荡。患者主要表现为耳鸣、耳痛、恶心、呕吐、眩晕。

检查会发现，女性听力存在严重障碍甚至全聋；如内耳未受严重损伤，听力可全部或部分恢复。

对噪声性耳聋目前还没有有效的治疗方法，故早期进行听力保护，加强预防措施非常重要。

（2）对女性生殖机能及子代的影响

①接触高强度噪声会导致月经异常，表现为月经紊乱、经期延长。

②接触高强度噪声，特别是100dB以上强噪声的怀孕女工，妊娠中毒症的发病率会明显增高。

③孕妇在怀孕期间接触强烈噪声，在100dB以上，会使婴儿听力下降的可能性增大，这可能是由于噪声对胎儿正在发育的听觉系统有直接的抑制作用。

④定期对接触噪声的工人进行听力及全身的健康检查，如发现高频段听力持久性下降并超过了正常波动范围（15～20dB），应及早调离噪声工作岗位。新工人就业前体检，凡有感音性耳聋及明显心血管、神经系统器质性疾病

者，不宜从事噪声作业。

⑤治疗噪声聋尚无特殊疗法，所以应加强预防，发现前期征兆应脱离噪声环境。在治疗中首先要调节中枢神经系统的功能，纠正自主神经功能紊乱，可适当给予镇静剂；如出现高血压、血管痉挛，可给予降血压药物治疗，同时可用维生素治疗，患者可常服维生素A，以促进内耳神经细胞的核酸代谢。

近年来临床常用血管舒张疗法，促进毛细血管扩张，加速血流及细胞的新陈代谢，增强内耳听细胞对噪声的耐受性。

## 流水线作业对女性的危害

作业时间过长，作业强度过大，劳动制度与劳动组织不合理，长时间强迫体位劳动以及流水线作业等，都会对作业人员的健康造成损害。

随着经济的发展和工业化程度的不断提高，以流水线生产加工的方式越来越普遍。尤其是从事流水线作业的人员中女职工非常多。在每个生产岗位的工人只完成规定且有限的工作内容，所在岗位的分工十分明确，重复同一种劳动过程，动作单一，机械重复。流水线作业能够大大提高工作效率，但对作业工人的身心健康也存在一定的危害。

流水线作业在现代企业应用十分广泛，尤其是采用传送带式生产流水线的作业方式。例如在某种复杂的电子产品的组装过程，工人分坐在传送带一侧或两侧，每个工人只完成自己有限的部件组装任务即可，如组装电子元件、焊接线路、安装部件、拧紧螺丝等。虽然操作内容简单，但有时间和速度要求，即要求快且准确，不能影响整体操作工序流程进度和产品质量。

流水线作业工人分工明确，容易熟练掌握操作技术，有助于提高劳动效率和产品质量。但由于工作内容单一，协作单调，使工作人员较易产生一种刻板、厌烦和淡漠的心理感觉，主要表现是对工作提不起兴趣，女性在工作中难以集中精力，产生紧张烦躁、无奈的感觉，心情烦闷，倦怠疲劳，甚至打瞌睡。

一般在上班开始工作一段时间后，女性感觉的敏锐性、反应能力和速度开始下降。在生产流水线的压力下，为了完成工作任务，女性往往不得不强迫自己振奋起来继续坚持工作，但实际上人的心里有疲劳感。女职工由于其生理特点，从事此类工作也会带来相应的影响，痛经、月经不调、感染等机会增加。

心理疲劳能使女性的警惕性降低，感觉与反应的能力和速度下降，变得迟钝，动作的准确性和灵巧性降低。这样不仅影响女性生产劳动的效率，工伤事故也会增加。如果心理疲劳长期得不到恢复，也会造成累积性疲劳，导致女性的身心健康水平下降，劳动能力下降，甚至影响工人的业余生活、家庭生活和社会活动。

有些生产流水线的操作，需要作业人长时间采取强迫体位，而不是自由体位。强迫体位或者被动体位首先易使人某些特定部位产生疲劳,进而导致全身性疲劳。

流水线作业的女性,身体易于出现疲劳的部位与工作体位有密切关系。坐位操作易疲劳部位有颈部、肩部、背部、腰部、前臂、手腕和手指;站立位和蹲位操作易于疲劳的部位除腰背外,主要是腿、脚部位,多表现为肌肉酸痛、僵硬,动作不灵活,影响工作效率,甚至业余活动。

女性如果长期在强迫体位下工作,可能引起慢性肌肉骨骼损伤、腰肌劳损、肩肘腕关节综合征、膝关节痛、骨质增生等工作相关疾病。

职业紧张对女性身心健康的影响表现早期主要是功能性失调,如心理不良反应有焦虑、厌烦、疲劳、脾气暴躁、孤独、无奈等;生理不良反应有胸闷、心悸、食欲不振、腹胀、腹泻或便秘、失眠多梦等;行为不良反应有吸烟、酗酒、冲动与对抗行为等。

女性长期处于职业紧张状态,会导致内分泌功能失调,引发心身疾病,也称之为工作相关疾病,例如,高血压病、冠心病、胃溃疡、群肠痉挛、结肠炎、神经性头痛、甲状腺功能亢进、糖尿病等。工作相关疾病往往是由多因素所致,需要采取综合措施来预防控制。

1. 对女性生理的影响

女性在流水线工作中,长期立位作业,容易发生痛经。长期从事立位作业的职业女性,还容易发生扁平足及下肢静脉曲张、子宫位置异常,如子宫后倾或下垂等病症;长期从事坐姿工作也影响下肢静脉血回流,易使盆部器官充血,易发生痛经及使盆腔炎症加剧。强制的劳动体位对青年女性的生长发育更为有害,可能造成骨盆发育畸形和性器官位置异常。

2. 预防控制措施

(1) 按岗选人

从事生产流水线岗位的员工,其适应性、耐受性和感受也是不同的,有人感觉紧张疲劳,有人则反应不明显,这主要与工人的体质和个性特质、对该作业的态度、职业技能训练的熟练程度等诸多因素有关。

劳动人事组织管理部门在安排工位或配备岗位人员时应进行个人能力测评,测评内容包括心理素质、身体素质、智能和技能等。根据每个员工的个人特点和能力,按需设岗,按岗选人,既要顾全生产线又要照顾个体差异,量才录用,最大限度地发挥个人的能力。

(2) 适当调整工作内容

劳动组织部门要和工艺技术部门紧密合作,按生产工艺过程分阶段合理布岗,定期进行工作分析和岗位评价,适当调整、丰富工作内容,尽量减少工作内容过于单调的现象。

(3) 改善工作环境

降低工作环境噪声,改善照明条件和工作环境色彩,同时要考虑温度和湿度、通风条件、空气质量、生产性粉尘、有毒化学性污染物等因素应符合卫生学标准。生产流水线的工艺流程设计、岗位布局、操作台的高度、座椅高度、仪器仪表摆放位置等应符合人体工效学要求。

(4) 合理安排工间休息时间

适当调整生产流水线的工作速度，工作节奏要适合大多数人的能力和愿望；要有适当的工种间歇；要合理安排工间休息次数和时间，以利于精神紧张和身体疲劳的恢复。

(5) 定期轮换工作岗

定期轮换工作岗位，使操作人员有新鲜感，有利于缓解心理疲劳，并可使他们学到新知识、新技术和操作技巧，增加工作热情，消除厌烦心理。

(6) 学会自我保健

加强女性职工的健康教育，使女性职工懂得自我保健；加强对女性职工的职业兴趣培养教育，提高女性职工的团队精神和工作热情，要使她们有成就感；开展工间操活动和情趣健身活动，使她们在工作中保持心情愉快、工作轻松。

## 负重作业伤害及防护

在我国目前的生产条件下，女性从事负重作业和重体力劳动的现象虽已减少，但在许多生产单位，尤其是在个体私人企业中仍然存在。

所谓负重作业，是指在劳动中伴有需提举搬抬重物的作业，重体力劳动是指在劳动时劳动强度和体力消耗较大的作业，这两者在以体力劳动为主的作业中往往同时存在，如纺织厂中运送棉卷及布匹的工作，铸造车间中运送砂型的工作，陶瓷工厂的成型工或拣选工的工作等。在这些岗位上，仍然有女性在工作。

1. 负重及重体力劳动对女性健康的影响

女性由于身体结构的特点，长期从事重体力劳动，特别是搬运重物的负重作业，对人体会产生不良影响。职业女性在负重劳动时，工间应安排休息时间，以消除疲劳，有助于减少因负重而引起的女性疾病。

长期从事重体力劳动，特别是搬运重物时由于腹压增高，盆腔内生殖器官受压发生移位，可引起子宫后倾、子宫下垂，严重者可发生子宫脱垂；孕妇从事较重体力劳动，易导致流产、早产、胎儿发育迟缓及胎儿或新生儿死亡率增高；长期负重可引起月经失调，出现痛经、月经过多或月经不规则；负重作业职业女性慢性肌肉关节劳损及骨关节疾病较多，如慢性腱鞘炎、肩周炎、腰痛等。具体如下：

①职业女性从事超过负重能力的劳动，可引起腹压增高、盆腔瘀血，往往导致月经障碍。从事重体力劳动的女性月经失调较为多见，可出现痛经、月经过多，少数可表现为月经不规则、闭经等，附件炎的发病率也较高。

②从事重体力劳动特别是负重作业时，由于腹压增加，子宫、阴道等盆部器官被压向下，可呈一时性的下垂，长

期持续重复此种作用的结果,可发生子宫移位及生殖器官下垂。子宫脱垂是由于子宫支持组织松弛再加上腹压增加而发生。当子宫因分娩出现产伤时可造成病理性松弛。此时如附加以腹压增加的因素,如负重、久蹲、久咳或用力大便等,则易发生子宫移位或暂时性下垂,负重时可出现子宫脱垂。

③孕妇从事负重作业或重体力劳动,易导致流产、早产的发生。由于劳动时的工作体位使得自子宫流入胎盘的血流减少,所以孕期从事重体力劳动可使胎儿生长发育迟缓及胎儿或新生儿死亡率增高,并且使婴儿出生时体重低于一般水平。

④负重作业工人中,慢性肌肉劳损以及骨关节疾患的发病较多,如前臂的慢性腱鞘炎、肩周炎等,腰痛也较常见。女性有骨盆内脏器,腹压增加时易发生瘀血。且子宫周围的韧带中存在脊髓神经的末梢,当这个部位受到压迫和牵引时,易出现腰痛。

当腹压增加,骨盆内血液循环受到影响时,可引起子宫内膜慢性瘀血,月经期可使痛经加重或引起腰痛。

2. 女性负重作业安全与伤害预防

女性不能负重过量,这是由其生理特点决定的。一方面,女性的肌肉不如男子发达;另一方面,女性的血液循环、心肺功能等不如男子发达。这些都限制了女性的负重量。

因此,《女职工劳动保护规定》,以及《女职工禁忌从事的劳动范围》都规定:第四级体力劳动强度的劳动是全体职业女性都应禁止从事的劳动;第三级体力劳动强度的劳动是经期、怀孕期和哺乳期的职业女性禁忌从事的劳动。上面所说的第三级和第四级体力劳动强度,是国家标准局发布的我国体力劳动强度的分级标准(GB 3869—1997)规定的。该标准将体力劳动强度划分为四个等级:

第一级是劳动强度指数小于等于15的劳动,就是8小时工作日平均能量消耗为3558.8千焦耳/人,劳动时间率为61%,净劳动时间293分钟的劳动。它属于轻劳动。第二级是指劳动强度指数大于15小于20的劳动,即8小时工作日中人体平均能量消耗为5560.1千焦耳/人,劳动时间率为67%,净劳动时间320分钟的劳动。它属于中等强度劳动。第三级是指劳动强度指数大于20小于25的劳动,即8小时工作日中人体平均能量消耗为7310.2千焦耳/人,劳动时间率为73%,净劳动时间为350分钟的劳动。它属于重强度劳动。第四级是指劳动强度指数大于25的劳动,即8小时工作日中人体平均消耗11304.4千焦耳/人,劳动时间率为71%,净劳动时间为370分钟以上的劳动。它属于极重强度的劳动。

所谓重体力劳动就是指第三级以上体力劳动。具体的劳动强度等级,可以请有关部门的监测机构进行测试。

3. 女性负重作业时的保护措施

为了自身的安全与健康,女性在负重作业时应采取以下保护措施:

(1) 改善劳动条件

搬运工作力求自动化、机械化。不可能进行机械化作业时，应借助简单的工具或装置尽量做到省力化。

(2) 对负重量应有一定限制

对作业类型要考虑是间断作业还是连续进行负重作业。一般说来，连续作业时的负重量应相应地降低。负重方式，如对徒手搬抬和肩挑、背负应有不同的要求。搬运工作面是否有坡度，在有坡度的倾斜面上负重作业，应适当减轻负重量。搬运距离也有一定的关系。并且，除对一次负重的负重量有所限制外，还应对累积负重量规定限制。对成年女性、未成年女性及孕妇乳母应有不同的负重量限制。

(3) 合理的劳动制度

规定一个工作日内的累积负重时间，注意合理地安排劳动和休息。加强经期、孕期、产后期的安全与健康工作；限制不适于参加重体力劳动的女性，如患有子宫位置不正、慢性附属器炎症、痛经、功能性子宫出血及骨关节疾患的女性从事负重作业。

(4) 要考虑个体差异

性别、年龄、身高、体重、肌肉发达的程度、机体的健康状况等对负重作业的作业能力均有影响。在选拔工人时，要进行机能测验，选择体力上适于从事负重作业的人参加工作。

同时，对参加负重作业的职业女性，应在参加工作前进行适当的训练，使其经过一个适应、提高作业能力的阶段后再正式工作。不要认为工作简单，谁都可以干而忽视了进行培训的重要性。这对防止外伤也有积极的作用。

劳动强度、工作条件、工作环境和管理水平等，都会影响到作业者的身心健康。因此，使作业者与工作条件和工作环境的关系更加科学、合理、和谐，既可达到提高效率的目的，又可达到保护自己身心健康的目的。人机工效学即是在生产活动中，实现人与机器和工作环境的最佳匹配，创造更好的工作环境和条件，以便提高生产劳动效率、产品质量，同时也可保护作业者的身体健康和工作安全。

在现代工业化生产过程中，人们为了提高生产效率，往往采用机械化流水线作业，使用机器或现代工具。当劳动工具不适合和不利于操作，流水线布局不合理，或者工作环境条件不适合人体生理、心理条件时，不仅会影响生产效率而且还可能损害我们的身体健康和人身安全。这些都需要在分配劳动任务时考虑。

## 有毒物质对职业女性健康的危害与预防

职业女性在生产工作的过程中，可广泛接触各种化学物质，如化学工业中的石油加工及橡胶、合成纤维、塑料、药品、油漆、染料等生产，机械工业中的电焊、电镀、喷漆等作业，纺织工业中的印染、人造纤维及化学纤维生产，以及印刷品、温度表及仪表制造等工业，女职工均占有一定比例。化学实验室、医院手术室、牙科诊室、干式洗衣店工作女工、美容美发人员在生产使用农药时也会接触化学物质，具体如下：

1. 有机溶剂

有机溶剂种类繁多，包括苯乙烯、丙酮、变性酒精、苯、甲苯、二甲苯、二氯甲烷、烷基苯等，工业用途很广。有机溶剂可对人胚胎产生毒性反应。调查发现，母亲接触有机溶剂者，幼儿中枢神经系统畸形的概率相当于母亲为非接触者的6倍。

（1）苯、甲苯、二甲苯

苯及甲苯、二甲苯三者均为无色透明有芳香味的液体，挥发性强。在生产环境空气中，苯、甲苯、二甲苯常同时存在。

女性职工如果在石油化工厂工作，在生产中可接触苯、甲苯、二甲苯，三者主要用作溶剂及化工材料。橡胶、油漆、喷漆、制药、涤纶、染料、农药、人造革生产以及印刷业中均可接触苯。

甲苯毒性较苯低，近年来大量被用来代替苯作为橡胶、树脂的溶剂及油漆、喷漆、油墨等的稀释剂，也用于炸药、制药及其他化工生产。二甲苯毒性较甲苯小，常用作油漆、农药的溶剂，染料、涤纶的材料及苯、甲苯的代替品。

（2）苯中毒危害

①急性中毒。

轻度中毒时可出现眼及呼吸道黏膜刺激症状，不久出现头痛、头晕、酒醉感、倦怠、无力及恶心、呕吐，继之神志恍惚，步态不稳，此时如立即脱离现场，短期内可恢复。重度中毒时可发生昏迷、惊厥、呼吸表浅、脉搏细速，最后可因呼吸麻痹而死亡。

②慢性中毒。

这时除出现轻重不等的神经衰弱综合征外，主要为造血系统的变化。初期白细胞总数可增高，随着中毒的发展，周围血液中白细胞、红细胞和血小板皆减少，发展为全细胞贫血。患者早期即出现出血倾向，如鼻出血、齿龈出血，黏膜及皮下出血，月经过多等。晚期则发展为再生障碍性贫血。

苯作业工人白血病发病率比一般人群高约20倍，苯中毒时可出现白血病。甲苯蒸气主要经呼吸道侵入人体，皮肤仅能微量吸收。甲苯对皮肤黏膜有较强刺激作用。急性中毒时表现为对中枢神经系统的麻醉作用，慢性中毒时出现神经衰弱综合征。二甲苯的侵入途径同甲苯，急性毒性主要为对中枢神经系统的麻醉作用，对皮肤黏膜具有较强刺激作用。长期慢性作用可引起神经衰弱综合征和自主神经机能失调。

（3）苯、甲苯、二甲苯对女性生理的影响

接触后苯、甲苯、二甲苯会引起女

职工月经异常，临床表现为月经过多、经期延长、周期缩短、周期紊乱、痛经等，其中以月经过多及经期延长较多见。随着作业场所空气中苯、甲苯、二甲苯浓度的升高，月经异常患病率增高。

孕期接触甲苯、二甲苯及苯系混合物，妊娠高血压综合征、妊娠呕吐及妊娠贫血等妊娠并发症的发病率显著提高。孕期接触甲苯，发生自然流产的风险亦增加，扩音器制造、制药及制鞋工人和接触甲苯的实验室工作人员的自然流产率增高。苯、甲苯、二甲苯可透过胎盘屏障而直接作用于胚胎组织。苯可自乳汁中排出。

苯、甲苯、二甲苯会造成母亲及其幼儿的血色素偏低。研究认为，接触者幼年子女的言语、社会认知、身体素质与动作技能四项能力都明显下降。近年来各地的皮革制造业、玩具生产中的女职工发生严重苯中毒者很多见。苯还可以造成自然流产，新生儿低体重（体重低于2 500克）等。

因此，女职工怀孕期及哺乳期必须调离苯作业岗位，以免对胎儿产生不良影响。

近些年，制鞋女职工再生障碍性贫血罹患率较高。制鞋女职工在操作过程中，首先使用制作黏合剂的溶剂——纯苯，之后又用含有这种苯、甲苯和二甲苯的"苯胶"作为黏合剂贴鞋底、鞋帮。女职工多用手工刷胶，而苯系混合物都是极易挥发的物质，加之缺乏局部抽风排毒设备，则易于使人出现多种中毒症状。

(4) 苯中毒的预防

①改革生产工艺。

改革生产工艺，改善劳动条件，以无毒或低毒物质代替苯，如喷漆作业改用无苯稀料，制药工业以酒精代替苯作为萃取剂，用无苯胶制鞋，采用静电喷漆等；在生产苯和大量使用含苯化合物的车间，安装局部抽风设施，加强通风。

②个人防护。

进入通风不良的贮罐、车间、船舱内喷漆时，应预先打开送风设施，并实行间歇作业制度，必要时，需戴好送风式防毒面具。在加料、开盖、分装时，尽量减少出口；不用苯洗刷机件和手；不直接用口虹吸胶皮管；必要时，可在工作前使用聚乙烯醇皮肤防护膜，涂抹双手，作业后用清水冲去；不在工作场所休息、进食。

③就业前体检。

血象指标接近或低于正常值下限者、各种血液病患者、月经过多或功能性子宫出血者、全身严重皮肤病患者以及肝、脾疾病患者，都不宜从事苯作业。从事苯作业的工人应每年定期体检一次。

④在进行室内装饰时，一定要选用符合国家标准的油漆、涂料、粘胶和防水材料，如选择水性木器漆，不要用油漆封墙底等，使用含苯较高的油漆、涂料的工艺会造成长时间的室内苯污染。另外，一般在装修后不要立即入住，应通风后达到较为安全时为好。在进行装修时最重要的条件是充分的通风。

为了预防苯系混合物对女职工的危害，最根本的措施在于改善劳动条件，使工作场所空气中苯系混合物的浓度达到国家卫生标准。为此，可从两方面采取措施：严禁用纯苯作为溶剂，使用苯作为化工材料的生产设备要最大限度实行密闭化、自动化，开敞部分要有局部抽风设备；制鞋厂及喷漆作业等首先应考虑使用低毒物质代替苯做溶剂或稀释剂，同时要安装有效的抽风排气设备。

我国有关安全与健康法规规定，女职工孕期禁忌从事工作场所空气中苯浓度超过国家卫生标准的作业；已婚待产孕的女职工禁忌从事苯作业场所属于《有毒作业分级》标准中第Ⅲ、第Ⅳ级的作业。苯作业女职工孕期除须进行定期的孕期检查和产前检查外，还应进行1~2次系统的内科检查。

我国目前接触苯系混合物的职业女性人数较多，应加强安全与健康工作。除一般的预防措施外，实验室工作中，有苯、甲苯和二甲苯挥发的作业，应尽量在通风橱中操作，并注意通风换气。

2. 二硫化碳

二硫化碳是工业上应用广泛的化学溶剂，也用于粘胶纤维、四氯化碳、农药生产等，为无色易挥发的液体。二硫化碳经呼吸道进入人体，也可经皮肤和胃肠道吸收。女性职工进入体内后，10%~30%仍经肺排出，70%~90%经代谢从尿排出，重者脑水肿出现兴奋、谵妄、昏迷，可因呼吸中枢麻痹死亡，个别可留有中枢及周围神经损害，慢性中毒主要损害神经和心血管系统。

（1）接触行业或作业

接触二硫化碳的作业主要有人造（粘胶）纤维和包装用的玻璃纸制造业。人造纤维的材料有二硫化碳，全部生产过程均释放二硫化碳和硫化氢。二硫化碳还用作矿石浮洗剂、油脂溶剂和化工材料。

二硫化碳用在为羊毛去脂的羊毛加工业，用作衣服去渍剂的干洗业。在种库、粮仓，二硫化碳用作熏蒸剂为粮食消毒、灭虫。

（2）二硫化碳中毒危害

由于二硫化碳对金属、木质及橡胶等都有较强的腐蚀作用，因此生产设备、管道极易受腐蚀而发生跑、冒、滴、漏或突然破裂等意外事故，导致急性中毒发生。在通风不良环境中作业过久而吸入大量高浓度二硫化碳气体，会引起中毒。

①急性中毒。

急性中毒仅见于生产事故时。轻者为酒醉样表现，有眩晕、头痛、恶心、步态蹒跚及精神症状；重者开始呈兴奋状态，会出现谵妄，随后表现为意识丧失、痉挛性震颤，终至呼吸循环衰竭。二硫化碳对皮肤和黏膜有刺激作用，会引起疼痛、充血、红斑和大疱形成。

②慢性中毒。

神经系统常见有神经衰弱综合征，如头晕、头痛、失眠、乏力、记忆力减退、心悸、手足多汗、血压波动等。中毒性多发性神经炎较多见，早期表现为感觉障碍、四肢麻木，病人常诉有戴

"手套"或"袜套"样异常感觉；随后会有肌张力减退，偶伴有沿神经干通路的肌肉疼痛等，记忆、判断、概念形成、操作速度和共济失调等。

重症中毒时可出现精神障碍和中毒性脑病，患者可出现癫痫样发作及震颤麻痹等。心脑血管系统常见有脑血管弹性减退、动脉粥样硬化等。眼常见有视力障碍、球后视神经炎或视网膜炎，眼底微血管瘤发生率增高。也可出现消化系统症状，食欲不振，腹痛，便秘或腹泻。还可出现肝大。

（3）二硫化碳对女性生理的影响

二硫化碳作业职业女性月经机能障碍较多见，临床表现为月经期异常、周期延长或缩短、痛经、经期延长以及月经血量过多，也有少数人表现为月经过少等，其中以月经过多综合征经量过多、经期延长、周期缩短较多见。如果是未成年即参加二硫化碳作业的职业女性，月经异常患病率明显高于成年后开始参加二硫化碳作业者。有研究报道，接触二硫化碳的职业女性，出现早期绝经，即还不满40岁绝经。

接触二硫化碳的职业女性可出现卵巢内分泌机能障碍，对性激素的分泌有一定影响，同时可使孕妇的自然流产率和妊娠高血压综合征的发病率明显增加。有资料报告，接触高浓度的二硫化碳会大大增加继发性不孕率。

二硫化碳可以通过胎盘屏障进入胎儿体内，有胚胎毒性，可增加新生儿先天缺陷危险性，以先天性心脏病、腹股沟疝及中枢神经系统缺陷为多见。另外，二硫化碳可自乳汁中排出。

（4）女性职工如何预防中毒

①加强个人防护。

进入高浓度危险地带操作，如洗涤粘胶搅拌器、投料、管道疏通或反应炉炉顶加料等，必须事先穿戴好防毒面具，塑料手套和防护衣服，防止皮肤接触。

②每年职业性体检一次。

对二硫化碳作业人员，应进行就业前和每年一次的职业性体检，对患有器质性精神神经系统疾病、严重神经官能症、视网膜疾病及肝、肾疾病者，或怀疑有慢性中毒者，均不得上岗作业。

③通风、排气。

二硫化碳易挥发，易燃，易爆，因此在制造和使用本品的车间里，通风、照明、电源系统均须有防火、防爆装置。禁止在车间里抽烟或以明火取暖，还应安装有效的通风、排气设备。

④应在容器内加入水。

在运输或贮存二硫化碳的容器内应加入大量的水，以封闭液面，防止液体和蒸气逸出。

⑤进行回收处理。

在粘胶化纤生产厂，二硫化碳与硫化氢同时存在，设备、容器、管道等应尽量改用水泥、陶瓷、塑料管，对废气、废液，应安装二硫化碳冷却塔进行回收处理。

⑥哺乳期女性不宜参加接触二硫化碳的作业。

我国目前规定的车间空气中，二硫

化碳最高允许浓度为 10 mg/m³，二硫化碳对女性机能及胚胎发育有不良影响，那些长期职业接触二硫化碳的应降低最高允许浓度，乳母不宜参加接触二硫化碳的作业。

3. 铅

铅矿开采、金属冶炼、熔铅、熔锡，蓄电池制造与修理，印刷行业，油漆颜料生产与使用，焊接、造船，塑料制造，制造四乙基铅，陶瓷釉料、玻璃、景泰蓝生产，农药制造，制造合金、轴承合金、电缆包皮与接头，铅槽与铅屏蔽物修造，镇重物如铅球等制造，军工生产等行业生产作业，都会接触铅。

（1）铅中毒对女性及幼儿的影响

铅能引起神经衰弱综合征，表现为头晕、头疼、失眠、健忘、记忆力减退。严重者会出现周围神经损害，导致垂腕；造血系统损害，出现贫血；对消化系统影响表现为，食欲减退、便秘或与腹泻交替、腹隐痛甚至绞痛。职业性铅中毒是由于接触铅烟或铅尘所致的，以神经、消化、造血系统障碍为主的全身性疾病。

铅中毒可分为观察对象轻度、中度、重度中毒。轻度、中度中毒应及时治疗，治愈后恢复原工作，不必调离铅作业岗位；重度中毒治愈后，必须调离铅作业岗位，并可根据病情给予休息。慢性铅中毒严重并长期存在时，可导致中毒性肝病及肾损害。

铅作业职业女性月经障碍的频率高，铅作业职业女性及男工妻子不孕、自然流产、死产、早产及婴儿死亡率增高，新生儿出生体重轻、婴儿发育迟缓、智力低下的频率也增高。铅是神经毒物，可作用于中枢及周围神经系统，而发育尚未成熟的神经系统对铅的神经毒性作用更为敏感，胎儿、乳儿神经系统尚未发育成熟，易受损伤，如果母体接触铅可发生缺陷。

铅作业职业女性妊娠并发症的发病率较高，主要为先兆流产及妊娠中毒症，这些并发症均可影响胎儿发育。铅经由母亲乳汁可引起乳儿铅中毒。由于婴儿较成人对毒物敏感，在母体出现中毒症状之前，乳儿已有中毒的表现。

铅作业女工还可能造成家庭中的婴幼儿铅中毒，主要是通过工作服将生产场所的铅尘携带至家中造成家庭环境的污染。

小儿铅中毒的临床表现一般为慢性，早期表现为消化机能紊乱，食欲减退，恶心、呕吐、腹泻、便秘等，同时有腹痛，婴幼儿则表现为无故哭闹和厌食，常同时伴有中枢神经系统机能失调；小儿烦躁不安或冷漠厌动、倦怠、思睡，较大儿童可出现智力障碍，由聪敏变为呆滞，注意力涣散，理解力低下等。

（2）如何预防铅中毒

①用无毒或低毒物质代替铅，如铁红代替铅丹。

②降低空气铅浓度。

用机械代替手工浇铸，铸造机、涂片机进行密闭式生产，熔铅、铸字机安装吸尘排气罩。

③加强个人防护。

操作时穿防护服、戴滤过式铅烟口罩；车间内严禁吸烟、进食；禁止穿工作服进入食堂、宿舍；饭前洗手、班后洗澡；坚持湿式清扫制度等。

④做好健康检查。

做好上岗前、定期及离岗时健康检查，严禁有职业禁忌证的人员从事铅作业，发现铅中毒应及时治疗。

⑤限制女性职工接触铅。

为防止胎儿及乳儿受铅的影响，对妊娠期及哺乳期女性，我国目前规定的铅及其化合物的最高容许浓度为 $0.0015mg/m^3$。

4. 汞及其化合物

汞为银白色液态金属，熔点为 $-38.8℃$，沸点 $356.6℃$，常温下即能蒸发，温度越高蒸发量越大。汞蒸气可被墙壁、工作服吸附，洒在地面上成为小汞珠，流入缝隙，难以清除，可成为不断污染空气的来源。汞有三种形态存在于自然界中，即金属汞、无机汞化合物和有机汞化合物。

（1）接触汞的行业和作业

汞矿的开采及冶炼，用汞齐法提炼金、银等贵重金属，警表、仪器如各种温度表、血压计、汞整流器以及荧光灯的制造均接触到汞。化学工业中用汞做电极、做催化剂。此外硝酸汞用于毛毡制造，升汞用于印染、鞣革，雷汞用于军火生产，有机汞化合物如甲基汞、氯化乙基汞等为农药杀菌剂，用于种子消毒。

（2）汞中毒危害

在生产条件下，汞及其化合物主要通过呼吸道进入人体。有机汞则多由于食用被农药污染了的食品经口进入人体。吸入的汞蒸气经肺泡入血，分布于周身，主要蓄积在肝、肾中。金属汞及甲基汞可以在脑中达到适当的含量。汞主要通过肾及肠道经粪便及尿排出，少量可由唾液、汗腺及乳汁排出。

汞进入人体后，易储存在富于脂质的器官和组织内，可通过血脑屏障进入脑组织内及侵犯神经系统。职业性汞中毒多为慢性，急性中毒仅见于意外事故及特殊的作业，如镏金时。接触较低浓度的汞数月或数年，可发生慢性汞中毒。

①急性中毒。

短期内大量吸入汞蒸气可发生急性中毒，患者起病急，出现头疼、头晕、睡眠障碍、易激动、手指震颤、无力、低热等全身症状。

有明显的口腔炎症状，如流涎、口干、齿龈和口腔黏膜肿胀、溃疡、出血、疼痛等，伴有恶心、呕吐、食欲不振、腹痛、腹泻等症状；呼吸道刺激症状有咳嗽、咳痰、胸痛、胸闷、气急，重者会发生化学性肺炎。

可有蛋白尿、尿汞增高；可伴有皮炎或全身性红斑、丘疹，可融合成片形或成水疱渗出；少数患者在吸入大量汞蒸气后可发生间质性肺炎。

②慢性中毒。

长期接触汞，可发生慢性中毒，出现睡眠障碍、情绪不稳定等；随着中毒症状的加重会出现疲劳、注意力不集中、记忆力减退、流涎及出汗多、肌颤，以眼睑、舌、手指明显；重者出现肌张力改变，部分患者会感觉异常，也可能出现口腔炎、牙根松动、牙齿脱落。

(3) 汞对女性生理及子代的影响

①汞对胎儿发育有影响。

汞可通过胎盘进入血循环，甲基汞是已经证实的人类致畸物。汞可由胎盘转运，接触汞可影响胎盘活性，因此，不能忽视孕期接触汞对胎儿的不利影响；汞可由乳汁传递，乳儿对汞的吸收率高于成人，并易聚于组织中，对其发育及神经功能有一定影响。

②汞引起月经异常。

随着汞接触水平的增高，月经异常的发生率也随之递增。汞作业职业女性自然流产、早产及妊娠中毒症的发病率也较高。先兆流产及妊娠中毒症的发病人数，随工龄增加及汞浓度均增高而有增加。

(4) 如何预防汞中毒

①汞灌注、分装作业应在通风橱内进行，操作台设置吸风。为减少房子汞污染和沉积，车间地面、墙面、天花板、操作台应使用光滑材料。操作台和地面应有一定倾斜度，地面应修大槽，减少汞的蒸发和便于汞收集。

②建立卫生保健制度，加强个人卫生防护，提倡戴防毒口罩或防护口罩，工作服不应带出车间。

③有神经系统疾病者、精神病患者和患有肝、肾疾病的人，都不宜从事汞接触工作。

④定期检测作业场所空气中汞浓度，该值应不超过国家规定的金属汞浓度：$0.02mg/m^3$。汞对胎儿有潜在危害，生育年龄女性，职业接触汞的限值应更低。

⑤职业女性在孕期及哺乳期间，应暂时调离作业岗位。

5. 砷

砷于自然界多以化合物形态混杂于各种金属矿石中，砷化合物分类很多，常见者为三氧化二砷、五氧化二砷、砷酸铅等。砷单质不溶于水，无毒，砷化合物有毒。

(1) 接触砷的行业和作业

熔炼或焙烧含砷矿石时，砷以蒸气状态逸散于空气中，迅速形成氧化砷；砷酸铅为农药，用于杀虫；三氧化二砷即砒霜，农业上用于杀虫灭鼠，皮毛工业中用于消毒防腐，玻璃工业中用作脱色剂。染料工业可使用偏砷酸铜制成含砷颜料；我国医学中应用雄黄、三氧化二砷为外用药治疗皮肤病。

(2) 砷中毒

砷的氧化物和盐类可经呼吸道、消化道或皮肤进入体内。女性职工职业中毒主要由呼吸道进入引起，常称砒霜中毒，多因误服或药用过量中毒。生产加工过程吸入其粉末、烟雾或污染皮肤中毒也常见。砷主要经肾排出，还可经毛发、汗腺、乳汁排出，粪便排出不多。砷影响细胞正常代谢，导致细胞死亡，因而引起神经系统及其他系统的功能与器质性病变。

①急性中毒。

在工业中急性中毒很少见，主要为口服中毒。女性职工主要表现为胃肠炎症状，开始口内有金属味，继之恶心、呕吐、腹泻，大便呈"米泔样"，有时混有血。患者极度衰弱，脱水，腓肠肌痉挛，体温下降，虚脱。

严重时出现神经系统症状、躁狂、谵妄、昏迷、惊厥，可因呼吸麻痹而死亡。

②慢性中毒。

慢性中毒主要表现为周围神经炎、肝炎、胃炎的症状和贫血，皮肤黏膜病变易发生于皮肤皲裂处或湿润处，如口角、腋窝、腹股沟等处出现皮炎，也可引起四肢皮肤过度角化，及引起鼻炎、结膜炎、喉炎、气管炎等。目前认为长期接触高浓度含砷粉尘可引起肺癌及皮肤癌。

（3）砷对女性生理和子代的影响

接触砷的职业女性绝经期提前。对妊娠及胎儿的影响方面，有调查显示，由于先天畸形致使婴儿死亡率增高。妊娠时于金属熔炼厂等工厂中工作的职业女性产下新生婴儿中先天畸形高于孕期不在此类工厂中工作的女性，自然流产率也高于其他女性，且熔炼厂职业女性的新生儿体重轻。砷可经胎盘转运给新生儿，也可自乳汁排出。

（4）砷中毒预防

①加强个人防护。

接触砷蒸气或砷尘的工人，应佩戴防毒面具和适当的个人防护设备；做到班后彻底清洗并更换工作服；禁止在工作场地吸烟、进食等。

②就业前体检。

接触砷的工人，应进行就业前体检，患有呼吸系统疾病、肾疾病的工人禁止从事砷作业。就业人员应定期体检，建立健康档案，一旦发现中毒患者，应立即调离作业岗位，并进行治疗。

③部分人员忌在砷化合物浓度高的场所劳动。

化合物对多种动物有致畸作用，我国规定，孕妇、乳母忌从事作业场所空气中砷化合物浓度超过最高容许浓度的劳动。

④改革工艺流程和生产设备。

加强通风排气，如果条件允许，工艺过程和操作均应密闭，采取自动化操作；定期测定车间空气中砷的浓度，我国规定车间空气中砷化氢的最高容许浓度为 $0.3 mg/m^3$。

6. 农药

农药种类繁多，目前全世界实际生产和使用的农药品种繁多，使用量巨大，主要是化学农药。按其主要用途可分为杀虫剂、杀菌剂、杀鼠剂、除草剂、植物生长调节剂等。

常见的化学性农药按化学成分可分为有机磷农药、有机汞农药、有机氯农药、有机砷农药、有机氟农药、有机硫农药等。

在炎热的天气，空气中农药浓度增高，手及衣服污染引起中毒的情况也经常发生。农药对女性机能的影响也很大。化学农药可通过胎盘屏障，到达胎儿体内，对发育中的胚胎或胎儿产生影响。

农药进入女性体内，可引起遗传性的或非遗传性的损伤。对人体发生的影响常常自第二代甚至第三代时才开始出现。

（1）有机氯农药

有机氯农药近年来广泛用于农业及卫生工作，是一种高效、价廉的杀虫剂。常用的有机氯农药有DDT、六六六、艾氏剂、氯丹、毒杀芬等。这类农药曾经是应用最广、用量最大的农药，由于其性质稳定，不易分解，可长期残存在土壤及人畜体内。长期大量使用可造成对环境的污染，破坏生态平衡，危害人类健康。目前我国及欧美、日等国已禁止使用。

有机氯杀虫剂一般为结晶或黏稠液体，不溶于水而易溶于多种有机溶剂、植物油和动物脂肪中，性质稳定，对人、畜毒性低，但对人的脑、肝和肾脏仍有很大损伤。

①急性中毒。

急性中毒多由于误服或大量集中喷药所致，轻度中毒时有头痛、头晕、视力模糊、恶心、呕吐、腹泻、出汗、失眠、噩梦、全身乏力、肌肉轻度震颤等症状。有时出现明显的神经系统兴奋性增高，可突然发生肌束颤动，严重中毒时发生痉挛。有的严重病人在强烈和反复发作后陷于木僵、昏迷和呼吸衰竭。

②慢性影响。

长期接触有机氯农药可引起全身倦怠、四肢无力、头痛、头晕、食欲不振等消化系统症状，严重时还可引起震颤，对肾产生损害，有时出现末梢神经炎。

③对女性生殖机能的影响。

在职业接触各种有机氯农药的女性中，月经障碍、不孕、宫颈糜烂和子宫纤维瘤的发病率增加。另外，有机氯农药可透过胎盘到达胎儿体内，有明显的蓄积作用。有机氯农药可经乳汁排出。

（2）有机汞农药

农业上有机汞主要用作杀菌剂，用于麦种的灭菌消毒，主要有西力生（氯化乙基汞）、赛力散（醋酸苯汞）、谷仁乐生（磷酸二乙基汞）、富民隆（磺胺汞）等。但这些农药因毒性大，作用持久，容易污染粮仓、土壤及水源，不易去除，我国已禁止生产、进口和销售。在生产、包装、运输等过程中由于密闭不严，有毒气体或粉尘大量泄漏，会对人体造成危害。

①对人体的危害。

有机汞是亲脂性毒物，侵入人体后主要侵犯神经系统。有机汞中毒的主要表现：无论任何途径侵入（吸入、食入、经皮肤吸收），均产生口腔炎，口服者引起胃肠炎。精神症状有神经衰弱综合征、神经障碍、昏迷、瘫痪、震颤、共济失调、向心性视野缩小等。可致皮肤发生剥脱性炎症。

②对女性生殖机能的影响。

有机汞能通过胎盘导致有缺陷的胎儿出生。孕妇本人无明显中毒症状，血清及头发中汞的含量也不高，但胎儿对有机汞的毒性作用比母亲更敏感，出生后易畸形。

（3）有机磷农药

有机磷农药是目前农业上使用比较广泛、用量较大的一类农药，品种很多，具有杀虫效率高、防治范围广、成本低、对植物药害小、很少蓄积中毒、选择作用高等优点。近年来，高效、低毒的有机磷杀虫剂，已部分替代有机氯杀虫剂。

有机磷农药属有机磷酸酯类化合物，是使用最多的杀虫剂。它的种类较多，包括甲拌磷（俗称3911）、内吸磷（别名1059）、对硫磷、特普、美曲膦酯、乐果、马拉松（又名4049）、甲基对硫磷（又名甲基1605）、二甲硫吸磷、敌敌畏、甲基内吸磷（甲基1059）、氧化乐果、久效磷等。

有机磷农药除少数品种为固体（如美曲膦酯）外，多数为油状液体，工业品呈淡黄色至棕色，具有大蒜样特殊臭味。一般不溶于水，而溶于多种有机溶剂及油中，遇碱易分解破坏，但美曲膦酯能溶于水，在碱性溶液中可变成毒性较大的敌敌畏。

有机磷农药能通过消化道、呼吸道及完整的皮肤和黏膜进入人体，迅速分布到全身各器官与组织，进入体内的有机磷农药经氧化及水解而迅速破坏，主要经肾脏排出。有机磷化合物的毒作用主要是引起神经功能紊乱。

①轻度中毒。

可出现头痛、头晕、恶心、呕吐、多汗、视物模糊、无力、胸闷、瞳孔缩小等症状。

②中度中毒。

除上述症状加重外，还可出现肌肉震颤、轻度呼吸困难、腹痛腹泻、流涎、瞳孔明显缩小等症状。

③重度中毒。

重度中毒可出现呼吸极度困难、肺水肿、肌肉震颤、瞳孔缩小如针、昏迷、脑水肿等。

急性中毒早期可出现恶心、呕吐、多汗、流涎、瞳孔缩小、视力模糊、呼吸道分泌物增多，病情进一步发展可出现肌纤维震颤以及中枢神经系统症状，一般表现为头昏、头痛、乏力、失眠等，重者出现昏迷、抽搐，因呼吸中枢或呼吸肌瘫痪而危及生命。

④对女性生殖机能的影响。

在大量使用有机磷的女性中常出现不孕、月经障碍及绝经早等病症。有机磷对子代发育也有影响，对美曲膦酯的作用最敏感的是骨髓系统。空气中较低浓度的美曲膦酯，即可引起胎儿的脊髓不正常弯曲及四肢骨骨化不全。当浓度增高时，不仅骨骼障碍的概率增加，且出现各种内脏畸形、脑发育不全、颈动脉扩张、各种局部的出血等。

(4) 农药危害的预防

①加强农药的安全生产、运输及保管。

在农药的合成、加工、包装等生产过程中，生产设备应密闭，防备药剂溅出，污染空气。在出料、分装及检修时，空气中农药浓度较高，而且经皮肤接触的机会也较多。因此，对农药经皮肤吸收的危害性应有足够重视，防止农药污染衣服经皮肤侵入。

在运输过程中，农药不得与粮食及其他食物、日用品混合装载，卸时应注意安全，防止包装破损渗漏。被污染的地面、包装材料、运输工具等应及时清理。

②严格遵守安全操作规程。

严格掌握农药使用范围、剂量和浓度，尽量选择高效、低毒农药逐步代替毒性较高的农药。配药、拌种应在露天场所进行，要远离水源、粮食仓库及住宅等，并需有专用容器和工具，在上风侧操作，避免吸入农药。喷洒农药要按照顺风喷药、逆风走路的原则及采取隔行喷洒等办法，防止农药污染皮肤、衣服，要正确掌握用药浓度。

拌过农药的多余种子应妥善保管，各种容器、工具应在指定地点清洗，防止污染水源、鱼塘等。施药工具应有专人负责保管、维修。生产和使用农药要戴口罩、眼镜、手套、穿长衣长裤，之后要及时洗手，更换衣物。

③女性于妊娠期和哺乳期应避免接触农药。

## 如何预防普通行业的职业危害性

在一些普通行业，对于女性职工来说，同样存在着不安全因素以及对身体的危害，因此，在这些行业工作的女性要注意防护，把危害的程度降到最低。如果身体受到侵害，就要及时就诊和治疗。

1. 美容美发行业

在每一座城市的大街小巷，几乎都能看到美容美发的店铺，且从事这一行业的有很多是女性。所谓美容美发，主要是对人们的脸部皮肤和头发等部位进行清洗和美化，由于这种服务必须直接接触这些部位，因此，一切服务用具和用品甚至工作人员的双手都必须符合卫生要求。否则，一旦污染很容易引起感染。

（1）接触感染

最常见的接触感染，是由于用具使用后没有清洗，工作人员双手皮肤已有感染，或是化妆品在生产和使用过程中已受到微生物的污染，这样就会在顾客与顾客之间以及工作人员与顾客之间发生传播，引起手癣、头癣、眼结膜炎、化脓性毛囊炎、化脓性皮炎、鼻尖部螨虫感染等多种皮肤疾患，有的顽疾很难治愈。

（2）使皮肤过敏或中毒

化妆品除了受到生物性污染以外，其本身还含有多种化学成分，有的会使皮肤过敏或中毒。有的重金属，例如汞、砷、铅等能通过皮肤进入人体内，在体内蓄积，引起长期危害。

（3）对眼睛和呼吸道产生强烈的刺激作用

有些烫发剂、染发剂、化妆品还会释放出多种有害的挥发性有机化合物，例如氨基甲醛等，不但对眼睛和呼吸道产生强烈的刺激作用，而且人将其吸入体内后，还会影响肺部和全身。所以，理发、美容时直接接触皮肤、毛发的用具，在用完后要清洗和消毒，工作人员要勤洗手，或戴手套工作，以免相互感染，一切能接触到上述部位的所有化妆品，都必须符合相应的卫生标准。

不允许使用劣质产品，以免对顾客健康造成损害。室内应加强通风换气，既要保持室内的舒适又要保证室内空气质量的清洁。国家对美容店制定了卫生标准《理发店、美容店卫生标准》。

（4）染发剂大多含有致癌物

染发对人体有害，主要原因在于染发所使用的染料。染发剂大多含有致癌物，长期使用可能致癌。染发时染料长时间地涂在头上，染料不可避免地会通过头皮进入皮肤，并渗透到人的血液中，随着染料数量的日积月累，就可能诱发癌症或其他疾病。

2. 美甲行业

从事美甲行业的女性，每天都要与指甲油打交道。但指甲油的毒性是很大的，女性在接触时，必须做好防护。

（1）指甲油的毒性成分

指甲油是用有机化学药品经过加工制成的，基本上是以硝化纤维为本料，配上丙酮、醋酸乙酯、乳酸乙酯、邻苯二甲酸酯类等化学溶剂制成。其中含有大量的对人体有害的有机或无机物质，如苯、甲苯、铝，甚至汞等。

这些有毒物质可以穿过指甲，到达手指末端的血管中，通过血液循环进入人体，而对人体造成伤害，会造成头晕、头痛、恶心等不适。

指甲油涂在指甲上，能使指甲红艳润泽，并长期不褪色，受到人们喜爱。但由于这些材料大都有一定的生物毒性，应避免进入人体，造成慢性中毒。

指甲油的危害成分中，邻苯二甲酸酯会妨碍正常的激素平衡，会导致严重的生殖损害和其他健康问题，而苯和甲醛均是致癌物质。

指甲油中的一些成分可能对胎儿的健康产生影响，因而要引起高度注意。

（2）工作中如何防护

最好的办法当然就是尽量不用，如果已经用了，也不必慌张，用酒精洗掉，下次就不要用了。

（3）不要用涂上指甲油的手拿食品

涂用指甲油后，不要用手拿食品，

以免把指甲油粘到食品上,杜绝"毒从口入"。特别需要注意的是含油多的油条、蛋糕等油脂性食品,更不能用手拿着吃,因为指甲油所含的化合物,属脂溶性化合物,容易溶解在油脂中,因此要格外当心。

(4) 孕妇忌用

指甲油含有的一种名叫邻苯二甲酸酯又称酞酸酯的物质,这种物质若长期被人体吸收,不仅对人的健康十分有害,而且最容易引起孕妇流产及生出畸形儿。

所以,孕期或哺乳期的女性都应避免使用标有"酞酸酯"字样的化妆品,防酞酸酯引起流产或婴儿畸形。另外,这种有害物质还会危害婴儿腰部以下的器官,引起生殖器畸形。因此,母亲哺乳期间使用含这种物质的化妆品,孩子长大后,可能患不孕症。

### 3. 纺织行业

纺织行业中职业女性占很大的比例,纺织女工常见的职业病有职业性耳聋,职业性近视以及缫丝女工的职业性皮炎。织布女工的子女围产期死亡率显著高于一般家庭女性,织布女工月经异常、妊娠高血压综合征的发病率,都显著地高于一般女性人群。

纺织加工生产过程中存在的主要危险、有害因素包括以下几方面:

(1) 化学中毒

化学纤维的粘胶人造丝生产中用到二硫化碳,锦纶生产中接触己内酰胺及联苯-联苯醚,涤纶生产中接触苯二甲酸二甲酯、乙二醇、邻苯二甲酸酐等,腈纶生产中接触丙烯腈,等等。使用苯胺染布、印花、干燥和蒸化过程中,均可接触苯胺蒸气和液体,防护不好容易中毒,苯胺类染料有致癌作用。

(2) 细菌感染

丝绸生产中可接触真菌、白僵菌,毛纺织生产中可接触布氏杆菌,受到这些细菌的感染易致病等。

(3) 粉尘

开棉、混棉、清棉及梳棉,都可产生粉尘,除植物性粉尘外,还夹杂有矿物性粉尘。在粉尘的长期影响下,女性职工易患慢性鼻炎、咽炎,接触棉、麻粉尘的疾病,有职业性发热、咳嗽、急性呼吸道病和棉尘症。

(4) 高温、高湿

纺织工艺要求一定的温度和湿度,使棉纱紧固并维持一定的弹性及润滑性,减少断头的机会,因此大多在温度24℃,相对湿度45%~80%之间,夏季如不采取防暑降温措施,容易造成高温高湿环境。

(5) 噪声和振动

织布车间的生产噪声最大,可达100 dB,其次是细纱车间,也有95 dB左右。由于噪声的强度大,暴露时间长,这些车间耳聋者较多。

(6) 不良的工作体位

纺织女工大多数需要站立的工作体位并来回走动,扁平足、下肢静脉曲张、腰背痛可能与站立工作有关,由于两手肌肉不断处于紧张状态,易引起腱鞘炎。另外,还会造成关节炎、血压低或高、心动过速、慢性胃炎等，也应予以重视。梳棉、粗纱、细纱、毛纺、纺丝、织布等生产中均要不断地巡回行走或站立作业，穿扣、修补等工种则为长期坐卧。

（7）视力紧张

纺织需要视力紧张的工种很多，照明不合理会使女工视力减退，造成职业性近视。

（8）安全方面的危险因素

在开棉、混棉、清棉及梳棉的各工序操作中，除了上述的各种有毒有害因素外，还有设备运行中带来的安全方面的风险，如物体打击、绞手、机械伤害和火灾、棉尘爆炸等危险。操作时应严格按照安全操作规程进行，并了解应急避险和自救互救的方法。

4. 服装加工行业

服装加工主要有裁剪、缝纫和熨烫三个工序，成批生产多采用流水作业。

（1）噪声的危害

缝纫机转动产生噪声，机器越密噪声越强。

（2）工作体位的危害

缝纫工长期保持坐姿前倾姿势操作，会发生腰腿痛。熨烫工长时间手拿熨斗，会发生右肢酸痛，工龄长的工人甚至发生腕部腱鞘炎、肩周炎、颈椎病等。如照明不足，会影响视力。

长时间坐着的工作体位，可影响盆腔内器官血液循环，同时，在一个工作日内，手指、腕及前臂可能要完成上万次的动作，长期从事这种职业，手指及腕部腱鞘炎的发病率会增加。另外，由于需要因长时间保持同一个坐姿，肌肉没有机会伸缩，容易造成腰背酸痛等。

（3）面料的有毒成分的危害

传统面料，如棉、化纤等，本身对人体无害，但使用一些荧光增白剂、固定剂等，可能会由于产生化学刺激或导致变态反应，使人体皮肤发炎、生湿疹、发痒，严重时还可形成小疱和脓疱。如果使用二甲基甲酰胺进行布料的表面处理，如果处理不当或不完全，则可导致二甲基甲酰胺中毒，出现急性中毒性肝病。

革类面料，如天然革和人造革，一般对人体无害，但加工过程中应避免使用含有毒物质的胶黏剂。因此，服装加工过程要注意合理地组织劳动，适当增加工间休息次数，遇有不明原因的气味、产生刺激症状时要格外注意，避免发生伤害事故。

（4）其他危害

在熨烫过程中，持续处于高温环境，会对人体健康带来危害。在裁剪、缝纫和熨烫过程中还有机械伤害、灼烫、火灾等危险存在，应予以识别并采取相应的控制措施，预防火灾尤为重要。

5. 服务行业

近年来，由于第三产业的发展，大量女性涌入服务业，在这些新领域，职业女性在工作中常常受到多种有害因素的影响，而引发多种疾病，也应引起足够重视。

我国商业及饮食服务业中，职业女性占职工总数的比例很大。女售货员劳动条件所造成的危害,最主要的是长时空气流通欠佳,空气中二氧化碳含量增高引起的危害。此外,节假日顾客多,销售量大时售货员需动手、动口、动脑连续工作,容易疲劳。

现在不少超市处于地下室中,这里人稠密地窄,空气流通状况欠佳,如果没有良好的通风设备,可导致空气中的二氧化碳的含量增高,氧气的含量降低。据某市疾控部门对超市空气质量测定显示,地下超市营业高峰时,空气的清洁度明显下降,有害物质明显增高,如二氧化碳的浓度高达 $0.2\% \sim 0.3\%$。这样的浓度虽然不至于使人体发生急性中毒,但当二氧化碳大于 $0.1\%$ 时,长时间在这种环境下,可以发生头晕、头痛、脑胀、面部潮红,容易感到疲劳。

地下超市一般湿度较高,可达 80% 左右,而适合人体要求的湿度为 70%,湿度高,冬天会使人感到湿冷,夏天又感到闷热。在高湿环境中病菌容易生长繁殖,造成疾病的传播。地下超市的服务员,长期生活在人造灯光之下,灯光中缺乏自然光所含的多种光线,光线的强度也与自然光线不同,所以对人的视力和身体健康有一定的影响。

服务人员以立位作业为主,必须整天站式服务,这种职业强迫体位,常使服务员易发生静态性肌肉劳损,出现腰酸、背痛、全身倦怠,又因重力关系,血液回流不畅,易发生下肢静脉曲张。另外,立位作业的女服务员,因盆腔瘀血而至月经过多等的发生率比非立位作业者高。

服务行业的员工每天要接待为数众多的顾客,要使每位顾客都感到称心如意,就要付出相当程度的心理"劳动",要充分调动自己的情感。通过面部表情、语言、姿势等来与顾客进行沟通,在这种长时间的心理"劳动"中,有时服务员出现上班和下班后的情感落差,上班时情绪饱满,表情丰富,下班后急躁易怒,或呆板淡漠,对什么事都不感兴趣。

这种情绪可进一步影响员工的家庭生活和社会活动,造成人际间的关系紧张或误解。反过来,这种负性心理又会加重员工的精神负担,影响自身的身心健康。月经期的女性,或原来患有神经衰弱的人,情感疲劳综合征表现更为明显。

餐饮场所的特点是人员集聚,顾客多,流动性大,火灾风险最大。防止电器火灾和其他物品的安全也非常重要。尤其是应急响应时的人员快速疏散的方法和应急知识十分重要。

6. 娱乐场所

歌舞厅是社交娱乐的场所之一,人通过唱歌、跳舞能使血流加快,肺活量增大,促进新陈代谢,从而增大了呼吸量。所以,唱歌、跳舞既是一种娱乐的活动,也是一种促进呼吸量加大的活动。

跳舞时,舞池都很拥挤,人与人距离很近,因此首先要求歌舞厅的空气质量符合卫生标准要求。歌舞厅空气中有害的化学因素主要来自吸烟、人的呼出气、装修装饰材料以及各种家具摆设、各种清洁剂、空气消毒剂、地板蜡等。空气中病原体主要来自呼出气以及剧烈跳舞时扬起的灰尘。所以歌舞厅也应加强足够的新风量的引进。国家对歌舞厅等娱乐场所制定了卫生标准《文化娱乐场所卫生标准》。

歌舞厅的音响和照明往往过强，也会给人带来不良影响。闪烁速变的灯光，往往使人头晕目眩、视力疲劳，如果长期受影响，视力就会下降而难以恢复。歌舞厅的音响普遍高于90分贝，尤其是跳迪斯科的音响更高。跳舞者或旁观者往往由于音响而引起头晕，心跳加快，有全身震动感，心慌，甚至血压升高，长期接触这种有害因素，就会引起全身乏力、失眠、耳鸣、记忆力减退、听力下降、免疫力下降等。可见，娱乐场所的有害因素除了生物性和化学性以外，物理因素引起的健康危害也不可忽视。

7. 教师、礼仪小姐和商场售货员

教师、礼仪小姐和商场售货员在工作中都需要站立，而静脉曲张主要发生在这类需要长期站立的工作人群。女性做这些工作如果时间久了，会发现腿上出现细细的"小蚯蚓"，这就是曲张的下肢静脉。长时间的站立姿势，由于重力作用使血液压力作用于静脉瓣，容易引起静脉曲张。

这些行业的工作女性体检时，要注意检查是否有静脉曲张。如果确诊有静脉曲张的现象，应做以下的防护：

①尽量少站多坐多活动。

②睡觉时不妨把腿垫高缓解病情。

③睡前用热水泡脚，热敷一下小腿。

# 第八章 女性自我安全防范和维权

女人并不是弱者的代名词,在面临意外的伤害时,敢于应对并积极防范,从而达到保护自己的目的,才是现代女性正确的选择。因此,女性朋友必须懂得生活中必要的安全防范知识,敢于运用法律武器,来保护自己,维护自己的正当权益。

## 女性何时易遭遇扒窃

女性外出,有时不小心成为盗窃分子的目标,尤其是一些防范意识不强的女性,轻易地露出自己的钱包,或把钱包随意地放在外衣口袋里、提包中,给盗窃分子以可乘之机。

1. 防范意识不强的表现

女性防范意识不强主要表现在以下方面:

(1) 外衣口袋中放手机、钱包

女性外出总会拎着包,一些女性为了方便,就将手机随手放在外衣口袋或者牛仔裤中,殊不知这一图方便的习惯,却给小偷带来了方便。小偷主要使用的工具就是镊子,放置在外衣口袋的手机和钱包很容易得手,而且扒窃时对方甚至一点都感觉不到。因此女性在外出时,一定要将财物放在内衣口袋里,或者放在有拉链的袋子里,并把袋子放在自己的胸前。

(2) 在公共场合打瞌睡

有些女性习惯于在公交车上、火车上、候车室等公共场合打瞌睡,而小偷多利用受害者的疏忽乘机偷窃财物。特别是女性在没有同伴的情况下,在车站候车室、公交车等处打瞌睡,最容易成为受害目标。人在睡眠的时候警惕性丧失,小偷会装作旅客或者乘客接近,在侧面或者后面坐下,等到附近的人没有注意时,实施扒窃,并迅速离开。而且相对于其他人,女性让小偷更大胆不忌讳,就算被发现也跑得掉。

每当放假、过节时,车站里等待回家的女学生和打工妹,是小偷们最喜欢下手的目标。所以女性朋友长途旅行,最好能找个同伴,相互照应。在列车上休息的时候也可以互相轮流休息,不至于在自己休息的时候财物无人看管,给小偷留下可乘之机。

(3) 接打电话或听音乐时疏于防范

当人在接打电话或者专注地听音乐的时候,警惕性会下降,此时小偷作案手法多是通过手机耳机线拽出手机,拔下耳机后将手机窃走。当手机被窃之后,许多失主还以为是手机出了问题,等意识到失窃时,小偷已快速转移赃物逃离。

(4) 在上下车时常难以防范

上下车的瞬间乘客非常多,非常拥挤,此时小偷正好利用机会浑水摸鱼。大部分小偷都是在车门处进行扒窃的。

上下班高峰期间的地铁换乘站通道,近年也成了盗窃分子作案的地方。乘客一窝蜂扎堆儿往通道里拥,给盗窃分子提供了下手的最佳机会。

换乘通道比较长,还有狭长的扶梯或步梯,乘客在走动时会放松警惕,冬天着装一厚更不易发觉东西被掏,窃贼此时甚至不需要配合,一个人就可以实施盗窃。

公交车上扒窃,一般是团伙作案。小偷利用老乡或者亲戚关系,作为纽带形成团伙,行动时相互配合,一旦得手立刻转移赃物,所以当你在上车时被人挤在中间,就要小心是否被盗窃团伙围攻了。有些女性防范意识不强,此时身上的财物最容易被盗。

2. 扒窃高发地段

(1) 购票、购买物品或者付款的地方

购票、购买物品或者付款的地方,经常是人群拥挤的地方,而且在那儿的人口袋里都有钱。在售票厅、集市和公交车上,小偷通常会利用女性身旁没有同伴照看,便乘人群拥挤之机扒窃。甚至有的小偷身上还携带有刀具之类的凶器,万一目标反抗,不惜伤害对方。

(2) 城市公交车、地铁

城市公共交通具有人员流动性大,现场稍纵即逝,证据难以收集的特点,公交扒窃具有作案手段隐蔽很难被发觉的特点。然而由于一般公交扒窃数额小,很难立案,导致很多群众对这种扒窃视若无睹,助长了小偷的气焰,败坏了社会的风气。

现今,公交扒窃作案团伙向纯职业化、暴力化、智能化发展,而且聋哑人作案数量增加,给公安侦破工作带来了很大的难度。城市公交扒窃的作案对象以妇孺为主,特别是女性老年人所携带的财物更多,而且防范意识也比较差。

(3) 大商场、步行街、夜市等人员密集区

繁华的商业中心人流量较大,一般市民出来购物、消费,身上带的钱物较多。市民逛街时一般心情放松,防范心理较弱。尤其是背着包的女性更容易成为目标。在这些地方,小偷通常都是团伙作案,先尾随目标一段时间,等到目标掏出钱包或者付账之后,由几个人去将目标女性围住,伺机下手,得手之后迅速将财物转移给其他人,马上撤离,失窃者甚至在很长一段时间内都不能发觉。

(4) 学校周边

学校周边多是一些小摊贩,人群密集。学生拿着手机和钱包来这些地方,加之学生的防范意识差,因而这些地方也成为扒窃的高发地区。

(5) 医院周边和医院里面

医院人流量大，一般去医院看病的市民口袋中都会带较多的现金。医院里发案数量较高的地方分别是电梯、食堂、挂号处。病人家属或者病人本人一般此时都会心烦意乱，不太会注意自己的钱物，警惕性下降。警方在扒手作案录像中发现，一名扒手拿着一个塑料袋遮挡，在4秒内从受害人口袋中偷走了手机。而此时，周围的群众各自忙着自己的事，无人发现。

## 怎样识别和防备扒窃

扒窃者不同于抢劫犯，他们一般以年轻女性或老人为对象，他们善于观察人，因为小偷也害怕遇上拼命三郎型的或者是生猛有力的人，那样即使小偷看到钱了也不敢下手。小偷毕竟做贼心虚，因此一般都会选择一些东西来遮挡，从中就可以分辨出小偷的一些特点。

1. 如何识别小偷

（1）从穿着上识别

小偷通常穿着大衣，或穿着厚衣裳，手臂上还搭着一件深色衣服，是故意往人群里挤的人。小偷一般以镊子作为行窃工具，在行窃时要用一件衣服挡住。因此，根据天气判断，对在不适当的时候带着厚衣服的人就要加倍小心了。

特别是这样的人还一个劲往人群里面挤，就十有八九是小偷了，因为一般人是不喜欢往人群里挤、不喜欢别人靠自己太近的。小偷的这些反常举动，如果加以细心观察是能够发现的。

（2）从行为上识别

小偷常常在公交站、火车站出口和地铁车厢里长期逗留，并且有3~5个人不时走来走去使眼色打招呼。现在小偷大部分都是结伙作案，一般有3~7个人站在人群拥挤的地段互相照应，一个人靠近扒窃对象试探，得手后会迅速转交给接应的人，然后离开。因此，在这些地方遇到几个人一起的就要加倍小心了。当在地铁车厢里看到两边有很多人的时候，那就一定要低头注意每个人的手，同时护好你的包和口袋，正常人都会主动给你让点空间，避免你挤到他身上，但小偷一定会抓紧这个机会靠近你，所以只要你发现人群中有人在故意靠近你，那么这个人很有可能是小偷。

（3）从眼神上识别

扒窃分子寻找行窃目标时，两眼总是贼溜溜地盯着乘客鼓起的口袋、漂亮的背包和腰间的手机，且特别留心外地人、妇女和中老年人。选准目标后，小偷一般要环顾四周，如果没有他人注意，便迅速下手。

（4）从语言上识别

扒窃分子之间联系，通常会使用一些暗语、黑话，把上车行窃叫作"挖钱"，把上衣胸前口袋叫"天窗"，下衣兜称为"平台"，裤兜叫作"地道"，等等。

2. 怎样防止自己的财物被偷

（1）准备好公交卡或者零钱

坐车前将公交卡或者零钱准备好，

避免拿出钱包被扒手盯上。上车前要检查口袋的拉链，手机要放入包内或握在手中。同时，对于拿报纸、雨伞、塑料袋等，且多次重复上下车、行为反常的人要特别注意。

（2）不要露财

女性外出时，尽量不要在人群多而杂的地方掏出自己的钱包和手机，有很多女性觉得自己一个人太无聊，就玩起了手机，殊不知这样就给不法分子留下了重要的信息。一是你警惕性不高，还沉浸在玩手机之中；二是你应该是一个人，因为你显得无聊；三是你已经打开了包，显示了你身上的财物放在哪里。

（3）不要将钱、护照等重要物品放在挎包里

抢东西的小偷会夺走挎包，掏腰包的小偷会手伸进去或割裂挎包。后裤兜是最不安全的，前裤兜可能是最好的。腰包不错，尽管它们可能使你显得臃肿，而且如果你不脱下外衣你很难取钱，因此，腰包是最安全的置物方式之一，将包置于前方自己的视野范围之内，临时休息或就餐时，包不要随处一扔，乱放置，使包脱离了自己的视线。应把包放在自己视野之内，且不容易被他人顺手拿走的位置。

（4）单独时不要看书或者玩手机

单独一个人的时候尽量不要看书或者玩手机，专注于看书或玩手机会分散自己的注意力，很难觉察到周围的小偷，而且一个人的时候保持警觉性，不分心，会让小偷感觉到下手困难，增加其扒窃的难度。

# 女性怎样防范入室盗窃

歹徒入室盗窃，通常选择家中无人时下手。但如果女性在家，就要学会正确防范和应对，如果防范和应对不当，不但会导致被侵犯而造成人身伤害，更有甚者会导致恶性杀人案件的发生。

1. 入室盗窃的特点

（1）作案时间规律性

入室盗窃案件的发案时间大体可划分为3个时间段：一是上午9点至11点；二是下午2点至4点；三是深夜2点到4点。盗窃犯白天选择前两个时间段是抓住人们的活动规律，多数人在此期间上班或外出办事，人去屋空，作案成功率较高；选择凌晨时间作案，主要是根据人们的生理特征，这期间大部分人都在睡觉，而且睡得最沉、最香，不易被发现。也有在其他时间发生入室盗窃的，但相对较少。

（2）盗窃目标集中性

入室盗窃案件主要集中在城区的居民区，尤其是老旧的、开放式的、物业

管理松散的小区。

①小区人口众多、复杂。

开放式小区一般人口众多，人员出入随意且流动性大，出口四通八达，嫌疑人可以从任何通道进入小区。由于小区人员复杂，很难分辨出犯罪嫌疑人的特殊身份，给犯罪嫌疑人踩点作案提供了可乘之机。

犯罪嫌疑人往往通过敲门找人或者灯光来判断室内是否有人，或者通过门边张贴的小广告、宣传手册等标志判断户主的离开时间，针对长期闲置或者等待出租的空房，犯罪嫌疑人会将室内财物洗劫一空。

②安防设施差。

老旧小区一般安防设施比较差，许多居民家中安装的都是老式栅栏防盗门，由于老式栅栏防盗门一般非钢结构，价格比较低廉，做工比较粗糙，接合处往往留有一定缝隙，无疑给犯罪嫌疑人留下可乘之机。

这种防盗门虽然不具备防盗功能，但由于低廉的价格却被大多中等以下收入的人家所使用。户主们为了使用方便，甚至只在防盗门里层安装一层防蚊窗纱，出门时将内扇木门反锁，外扇防盗门带上则可。因此，盗窃嫌疑人只需将纱网捅破，用塑料插片或撬棍等简单工具便可将防盗门锁舌打开。

③监控设施不到位。

物管薄弱小区一般监控设施不到位，保安人数和质量都达不到安全标准，容易被不法分子抓住漏洞。犯罪嫌疑人作案前一般都有踩点的习惯，他们一般会特别注意小区保安，对小区保安的数量、巡守次数以及巡查规律都做到心中有数，而且一般不会选择有监控设备的场所下手。一旦发现小区保安责任心不强，经常出现漏岗或者开小差现象，他们就会大胆、连续地在该小区作案。

（3）作案手段习惯性

入室盗窃犯作案一次就洗手不干的极少，多数都是长时间多次作案的惯犯，随着犯罪经验的不断积累，犯罪手段也就逐步趋于成熟、固定，最终形成各自的习惯性作案手段。

①攀爬入室作案。

具有攀爬技能的，多选择夜间作案，犯罪嫌疑人一般利用楼房墙体外的下水、暖气管道和防护栏为攀爬条件，尤其是外悬式防护栏，有的盗贼可以利用它从一层一直爬至楼顶，这类盗贼一般不携带专门作案工具，只携带手电照明，以免被夜间巡逻的人员查获。

他们利用住户阳台、厨房、卫生间的窗户不关或关不实，开窗入室盗窃，也有极少数利用工具破坏防护栏入室作案。入室后翻找衣物、橱柜，一般以盗窃现金、手机、首饰等便于拿走的物品为目标，不搬动大件物品。

为了不被发现，他们数分钟之内如果找不到财物就会放弃，听到声响后大多会选择逃跑，甚至会从二层楼上跳下逃跑。这些人一般连续作案，一夜之间侵害多户居民，从而对社区造成较大影响。

②撬门入室作案。

利用撬门入室或技术开锁的盗窃，大多发生在白天，其中有的甚至配备车辆，结伙实施"搬家式"盗窃，只要是有一定价值的物品一律不放过。此外，犯罪嫌疑人原有的职业习惯、生理特征也会表现在作案过程中。

2. 如何避免家中被盗

（1）安装防盗门和防盗网

尽量安装防盗门和防盗网。目前，农村入室被盗的事件时有发生。有些案件还伴有性侵害，大多数受害人都是一个人在家的妇女。农村有些房子是木制的大门和窗户，有些人家外出都不锁门，晚上也不关窗户，加之房屋都是单独的一层或者两层，给小偷带来了入室盗窃的机会。建议家住农村的居民有条件的话尽量安装防盗铁丝网或者防盗门，特别是有留守妇女和儿童时，更要注意安全。也可以在家中大门内上方和窗户边上装几个大铃铛，一旦有人进入就会碰到铃铛，一般小偷就会害怕逃走了。

养狗也是不错的选择，如果家里有狗也肯定会叫起来，吓跑小偷。

（2）防攀爬铁钉

居住在五楼以下的住户，是夜晚最容易遭到小偷光顾的，因为高度相对较低，容易攀爬。住户可以将若干铁钉倒插固定在一定长度的皮条状铁皮、塑料等材料上，做成一个防攀爬铁条，然后用强力胶固定在围墙、窗口下沿，钉子扎手，可以形成一道防攀爬的屏障，且不影响小区环境美观和居民视线。

（3）摆放花盆

为防止窃贼趁人睡熟之后爬上阳台行窃，翻越护栏，可在阳台上摆放花盆。摆放的花盆将使其难以逾越，给住户带来安全感。还可以在阳台上安装感应灯，在临睡前打开开关，一旦有人攀爬上阳台或有声响，灯会亮起，这样可以起到震慑的作用，吓跑小偷。

（4）夏天不可开窗睡觉

很多人因为夏天太热所以开窗睡觉，这其实是很不安全的，夏天可以开空调，不要为了省电而因小失大。

（5）卧室门反锁，门上不要插钥匙

有些女性习惯把手提包、手机、手提电脑等物放到卧室内，此外，为了图方便，将居室内各个房间的钥匙都插在门上，殊不知这也是一个很大的安全隐患，夜晚睡觉的时候一定要记得把卧室门上的钥匙取下来，因为一旦有小偷进入室内，卧室是最安全的地方，一般小偷还不会大胆到去主人身边偷东西。

如果把卧室门锁上也是十分有必要的，一旦发现家里进了小偷，可以在卧室拨打报警电话，最好不要出去和小偷面对面搏斗。

（6）邻里互相照看

如今邻里之间的关系很让人尴尬，有的住户甚至住了好多年了连对门邻居都不认识，见面连招呼都不打，关上门更是两耳不闻窗外事，大大拉开了人与人之间的距离。女性不妨在空闲的时间串串门，与邻居互相增进了解。在出门的时候可以托邻居照看，还可以在整个单元、整幢楼或整个小区组建一个组织或协会，出资由空闲人员轮流照看。

（7）外出时不要拉窗帘

一般小偷在盗窃前都会踩点，观察住户一段时间，等住户不在家时进行盗窃。对于一些没有踩点的盗窃，小偷通常是通过观察来判断家里是否有人。很多女性外出时，会将家里的窗帘都拉得严严实实，其实这样会给小偷一个信号，就是家里没人。因此，女性平时外出或者上班时不要将家里的窗帘全部拉上，不过窗户还是应当关紧的。

（8）把刀具藏起来

尽量不要把刀具放在随手能拿到的地方，避免被小偷利用。睡觉之前最好把刀具之类的东西都锁在橱子里，防止小偷顺手拿到。

## 遭遇偷窃时如何应对

女性在遭遇偷窃时，尽量不要大喊大叫，因为你的过激反应会让小偷觉得有危险。歹徒会采取一些极端措施保护自己，如打你或拿刀子捅你，所以你要做的就是威慑到他，但不能激怒他。那么怎样才能避免过多的伤害和不必要的财产损失呢？其实很简单，遇到小偷的时候，不要惊慌，要知道小偷也是人，他也有心理弱点，他也有害怕的地方，看到胆大冷静的人，他也会知难而退。

所以，当你确定他就是小偷的时候你不必表现得很畏惧，你可以大方地和他对视。在你们的对视中，他会发现你已经注意到他了。在这种情况下，他一般就不会向你下手了，而你的大方又让他觉得你是个很大胆的人，惹你那简直就是自找麻烦，所以他肯定不会打你的主意了。

1. 外出时遭遇盗窃怎么办

（1）给自己留下回旋余地

女性为了自己的安危，不要一时情急，把小偷逼到绝路上，不要在遭遇小偷的时候大喊"抓小偷"之类的话，这样很容易激怒对方，使对方狗急跳墙，从而伤害你。如果和他是对面，你可以微笑地对他说："大哥，别开玩笑了！"如果被扒窃的对象是你的朋友或亲人，不妨大方地拍拍小偷的肩膀，坦白告诉他："不好意思啊，大哥，手下留情啊。"这种说话方式，就是给小偷留下回旋的余地，同时又让他摸不清你的底细。

（2）立刻向乘务员和司机反映

如果在公交车上发现盗窃，应立刻向乘务员和司机反映，要求停车，并拨打110报警，叮嘱司机不要让任何乘客下车，把小偷控制在车内，等警察来。

（3）不要让扒窃变成抢劫

小偷在扒窃时很可能已经被女性发现，却没有畏惧收手，反而露出凶狠的目光，这时女性要小心，要舍财保命，因为很多扒窃案都是团伙作案，同伙就在不远处接应，他们以女性为目标，就是利用了女性在体力上处于弱势的特点。

此时，如果寡不敌众，就要让自己冷静下来，分清一个道理：钱可以再赚，但生命只有一次。如果一旦反抗或抗争，扒窃就很可能发展为抢夺或者抢劫，女性在这两种犯罪中都是处于不利地位的，所以不妨暂时不吭声，事后再报警处理。

2. 在家中遭遇小偷怎么办

（1）巧妙与之周旋

由于女性天生柔弱，面对小偷不可强攻，要以智取胜，与犯罪分子巧妙周旋，化险为夷。

（2）保持勇敢、冷静

在家中与小偷遭遇，首先不要害怕，你要明白这儿是你的家，你是正义的一方，如果害怕，反而会让小偷占了上风，但不要与小偷发生正面冲突，因为冲突很可能刺激到他，导致犯罪升级。

（3）注意保护被盗现场

这是保护自己权益，配合公安机关破案的关键，而且我国刑事诉讼法规定，任何单位和个人，都有义务保护犯罪现场，为公安机关勘验工作创造条件。因此作为失主，要冷静，不要惊慌失措，让人在门窗外看守好，禁止无关人员进入现场。

对于室内的东西，不要乱摸乱动。对于现场周围可能是罪犯出入的道路或活动的地方，也要划出范围，加以保护。对于现场留有的犯罪分子手印、脚印及遗留物等，要特别加以保护。

（4）向公安机关报案

在保护好现场的同时，应立即向公安机关报案，在随后的调查中，要配合公安机关，讲明案件发生的地点、被盗的时间及经过，失窃财物的数额、品种、特征等，及发案前后现场变异情况等。

（5）查找被盗原因

要查找家中被盗的原因，如门窗是否关好、生活规律是否被小偷掌握等。查找原因后，要有针对性地进行改进和预防，以免类似事件发生。

# 女性如何应对抢劫

女性由于体力弱、胆子小等弱点，比较容易成为歹徒的抢劫或抢夺的对象。为此，女性在明确怎样才不易成为犯罪分子抢劫、抢夺目标的基础上，更要掌握遭遇抢劫、抢夺时的恰当处置方法。

1. 抢劫案件易发生的时间和地点

（1）抢劫易发生的时间

夏季夜深较晚，人的熟睡时间多在深夜2点至3点，因此夏季入室抢劫多发生在深夜2点至3点，并伴有性侵害。冬季入室抢劫多发生在子夜0点至深夜2点。室外抢劫多发生在凌晨。

（2）抢劫多发地点

①有电梯的高层楼房是抢劫多发地点，因为此种类型的楼房一般是一梯几户，且住户一般都相互不认识，给陌生

人进入提供了机会。除了小区大门口有监控以外,有些小区楼梯都没有监控,楼层更没有。消防通道长期没有灯光,且直通地下室,犯人作案后容易迅速撤离。

②城市周边的老式建筑街道或者楼道也是抢劫多发地点。

城市周边房价和租金较为便宜,成为很多刚工作的单身女性的首选,然而老城区人员密集的公园和其他场所较少,相应公共设施不齐全,犯罪现场多无路灯或者灯光昏暗,来往人员稀少,为犯罪分子提供了可乘之机。

③银行等金融机构门口也易发生抢劫。

抢劫刚从银行取钱出来的人,对犯罪分子来说犯罪成本较低,成功率较高,特别是单身女性带着包从银行出来,犯罪分子认为肯定带有大量现金。

④单身女性家中易发生抢劫。

部分犯罪分子利用单身女性熟睡之际,入室进行抢劫,有时甚至见色起意,进而引发强奸。

2. 容易成为犯罪分子侵害目标的女性

（1）衣着较少的女性

夏季发生抢劫案的数量远远高于冬季,分析其原因,夏季人们衣着较少,财物很容易外露,如手机等,犯罪分子往往抢夺不成就演化为抢劫。加之女性独自一人,往往不是男性犯罪分子的对手,使抢劫更容易得手。因此,女性一个人外出时,尽量不要穿行走不便的高跟鞋,也不宜穿过分暴露的裙子、紧身衣裤等,以免惹人注意。

（2）社会交际面复杂,经常出入娱乐场所的女性

女性遭遇抢劫的案件,特别是入室抢劫,通常不完全是陌生人作案,有很大一部分作案者与受害人有交际,不是很熟就是刚认识。

因此,单身女性不宜经常和社会闲散人员来往,这样会使自己成为他们抢劫的目标。

3. 上下班时间特殊并且有规律的女性

上下班时间有规律本来是件好事,但如果上下班时间特殊,就很危险了,犯罪分子往往实施观察,有计划地进行抢劫。因此,深夜上班的女性最好能够结伴而行,或让家人接送。

# 女性如何避免成为抢劫目标

女性会成为被抢劫的高发人群,很大一部分原因是女性体力弱。歹徒通常觉得一个男人肯定能制服一个柔弱的女性。男性的力量确实大于女性,一个女性反抗一个同等体格的男性是很难成功的。在此情况下,女性就要尽量避免一个人在一些特殊的时段,如半夜时分,在一些特殊的地段,如在偏僻的小巷子里行走。

1. 避免去偏僻人少的地方居住

很多女性由于贪图省钱,多去城郊或者老城区租房居住,加之此处公共设

施不齐全，路灯昏暗，道路狭窄，报警后警察难以及时赶到。于是，这些地段就很容易成为犯罪分子理想的作案场所。

因此，女性应该少去这些地方，应选择有路灯、人多热闹的街道通行，不要紧靠路边行走，对路边的黑暗处要有所戒备。租住可以选择几个人在一起住，切记安全比省钱更为重要。

2. 不要露财

女性在外出时，不要暴露自己携带的钱财，尽量不戴或少戴名贵的装饰品。女性一般都习惯随身带上一个背包或者挎包，既美观，也方便携带东西，但这从另一方面也为犯罪分子提供了可乘之机，因为犯罪分子很容易利用自己的力量将包直接抢走，如遇反抗，甚至使用暴力伤害当事人。

女性要注意，贵重装饰品尽量不要佩戴在显眼的地方，如硕大的金耳环、金手镯等，这样避免自己成为潜在的受害者。

3. 随身携带一些必要的武器

女性随身携带的包里，除了化妆品，也要装上一些必要的"武器"，如辣椒水、防"狼"喷雾器等，它的作用是防止歹徒的侵害动作，使对方出现暂时性的失明，呼吸道极度难受，使对方中止犯罪行动。这些小东西并不贵，但所起的作用是很大的。

4. 手提包不要放在车篮里

晚上骑自行车，不要把电筒、手提包放在车篮里面。如果东西太多一定要放，也要能随时拿出来。钱包要放在贴身的口袋里，在路上要多看前面路边是否有异常现象。

## 遭遇抢劫时应该怎么办

女性在遭遇抢劫时，千万不要和犯罪分子硬碰硬，因为心理分析显示，犯罪分子在实施犯罪时内心是极度紧张的，遇到反抗就可能会狗急跳墙伤害被害人。

在此种情况下，被害人应当及时妥协，交出财物，如果情况允许要记清对方的车牌号码、车型、车颜色以及犯罪分子的外貌、服饰、体型、口音等特征，要设法取得犯罪分子作案的物证，并尽快报案，协助公安机关迅速追击罪犯。

1. 及时报警

遇到抢劫后，一定要迫使自己冷静，如果不能逃跑，尽量不要反抗犯罪分子，交出财物后，记下犯罪分子的长相、穿着、口音等特点，待犯罪分子离开后及时报警，避免犯罪分子继续危害他人。犯罪心理学研究表明，当罪犯侵犯的是一个惊慌失措、胆小的女性时，反而会刺激他更肆无忌惮地实施犯罪；当犯罪分子遇到一个从容冷静的受害者时，他反而会有所忌惮。

2. 不要过多和犯罪分子交谈

犯罪分子在实施犯罪时，心里往往十分紧张，此时受害者应该按照犯罪分子的指示行事，不要犹豫啰唆，过多的言语反而会刺激犯罪分子，导致更为严重的后果。

### 3. 不要立刻就大喊大叫

将财物交给犯罪分子之后，不要立刻大喊大叫，要善于迷惑犯罪分子，让他以为你已经被吓住。

### 4. 抓住时机反抗歹徒

有些女性认为自己有信心战胜歹徒，但战胜歹徒也要讲究策略，不可蛮拼。此时，要尽量向歹徒靠近，因为靠得越近力气越大，然后抓起地上的土往歹徒的眼睛里丢，再乘机逃跑。这招是万不得已时才用的，因为如果犯罪分子手中有利器，万一没迷住眼睛，受害人的危险就很大了。

当抢劫犯从背后劫持女性时，如果女性穿的是高跟鞋，那么应立刻退后一步，使劲全身力气用高跟鞋踩犯罪分子的前脚掌，这一脚下去是非常疼的，趁犯罪分子疼痛得弯腰松手后，再赶紧跑，切记往人多的地方跑。

# 女性如何防范被拐卖

有些歹徒为经济利益诱惑，铤而走险，干下拐卖妇女的罪恶勾当。这样的新闻已经屡见不鲜。对于女性来说，多了一个不安全因素。因此，女性在外出求学、求职时，要注意防范，以防自己被犯罪分子盯上。

### 1. 导致女性被拐卖的因素

（1）歹徒被经济利益驱使

被拐卖的妇女大多家住经济贫困落后的地区，被拐卖到经济相对富裕发达的地区，犯罪分子通过拐卖一个妇女，得到不菲的收入。而被诱骗拐出的妇女除了卖给他人做妻子外，还被歹徒通过暴力手段控制并逼迫从事卖淫活动，从而让歹徒赚取高额利润。在高额利润的诱惑下，犯罪分子无视法律，大肆进行拐卖妇女的犯罪活动。

（2）受害人法律知识欠缺

在公安机关办理的类似案件中，大多数妇女被拐卖后，其亲属一般不会首先想到求助于法律、政府或社会，而是在多方寻找未果后才向公安机关报案，有的甚至不报案，往往耽误了最佳破案时间。最后虽然经公安机关多方努力，能够破获案件并成功解救了受害人，但由于在拐骗过程中受害人受到犯罪分子的迫害，使其身心受到巨大伤害。

（3）处理存在误区

由于宣传不到位，社会上打击处理人贩子的活动尚未造成威慑声势，特别是取缔买方市场方面缺乏严密管理措施和有效手段。在现实打拐行动中，对人贩子的处罚都比较严厉，但对收买者则处罚较轻或者网开一面，只要收买者不妨碍司法机关执法，其被处罚的程度都会相应减轻。这样就是治标不治本，使得买方市场始终存在，仍然给人贩子一个重新犯罪的机会和空间。

### 2. 拐卖妇女犯罪的特点

（1）从拐卖对象来看

被拐卖妇女多为 14~45 岁的女性，她们由于涉世不深缺乏社会经验和自我保护意识，或者受到婚姻变故而感情遭受打击，容易受到各种各样的诱惑和欺骗，也更容易被犯罪嫌疑人盯上。

（2）从犯罪主体来看

现在的犯罪主体已呈现出年轻化趋势，这些犯罪青年往往没有正当职业，也没有稳定的经济收入，由于受到电视网络中一些暴力色情等不良内容的影响，产生了拐卖妇女赚钱的念头。他们与以往传统的"媒婆"骗婚的形式不同。他们的智商更高，思想更加现代化，作案手法更为先进和隐秘，并且具备一定的反侦查能力。

（3）从发案的区域来看

拐卖妇女案件多发生在经济落后、生活贫困的偏远地区，这些地区的女性受到的教育比较少，接触社会少，对外面的世界充满向往和好奇。犯罪嫌疑人往往抓住她们的这种心理特点实施犯罪。再加上这些地方的群众法律知识欠缺，缺乏对拐卖妇女犯罪的认识，致使案件屡屡发生。

（4）从作案的手法来看

作案的手段愈加多样化，已涉及利用网络等形式的犯罪，犯罪手法更加隐秘。在以往拐卖妇女的案件中，犯罪嫌疑人惯用的作案手法是以物质引诱等取信于受害人。近些年来，一些犯罪嫌疑人往往采取网络聊天、金钱利诱、假借恋爱为名等，欺骗手法更加多元化。

3. 如何避免自己被拐卖

女性如果想外出找工作，一定要谨记几条：

①找工作应通过信得过的亲戚、朋友介绍，或者到正规的中介机构，通过合法途径。

②不要盲目外出打工，不要轻信随处张贴的招聘广告以及非法小报。

③如确定外出打工，最好结伴而行。

④不要轻信以帮忙找住宿、介绍工作或代替你的亲友接站等为由的谎言，跟随不熟悉的人到陌生地方。

⑤遇到火车站、汽车站及其他场所的拉客行为，应坚决拒绝。

⑥保管好自己的身份证及其他重要证件，不要把原件随便给任何人，包括雇主。

## 女性发现被拐卖该怎么办

女性在外出打工或求学时，如果发现自己被坏人拐卖，首先应该冷静下来，不要轻易惊动人贩子，针对自己所处的实际情况，想出行之有效的方法自救。

1. 打工时发现自己被拐卖怎么办

①如果在公共场合发现受骗，应立即向人多的地方靠近，并大声呼救。

②如果发现已被控制人身自由，要保持镇静。

③设法了解人贩子、买主和所处场所的真实地址及基本情况。

④向人贩子、买主及有关人员宣讲国家法律，告知严重后果。

⑤伺机外出求援或逃走。

⑥采取写条子等方式向周围人暗示自己的处境，请求外人帮助，设法与外界取得联系。

⑦寻找机会向公安机关报案，采用拨打电话、发送短信等与外界联系的方式，尽快报警，说明自己所在的地方、联系电话、人贩子及买主的情况。

2. 出外求学时发现被拐如何应对

女大学生还会被拐卖，是她们智商太低，还是骗子手段太高明呢？残酷的现实告诉我们，发生女大学生被拐卖这样的事件，已经不是罕见的了。大学生作为高智商的人群，被拐卖的问题却屡屡发生。

（1）女大学生被拐卖的原因

①想找个好工作。

有的是因为想找个好工作，轻信人贩子能给自己安排一份好工作的许诺而上当被拐卖。

②缺乏生活常识和阅历。

有的是因缺乏生活常识，失去警惕，喝了人贩子下有迷药的饮料，在不清醒状态下被拐卖。

③交友不慎。

有的是因为交友不慎，轻信所谓的朋友的甜言蜜语，从而上当被拐卖。

④占便宜心理作祟。

有的因想占便宜，轻信人贩子丰厚利益许诺被拐卖。

⑤缺乏警惕性。

安全防范意识薄弱，对初识或陌生人轻易相信，思想上失去防线。

（2）人贩子惯用的拐卖伎俩

①花言巧语。

人贩子常麻痹女大学生的思想警惕性，解除其思想防线，通过小恩小惠或者花言巧语，首先取得女大学生对其好的印象，消除她的戒备心理。

②投其所好。

违法犯罪分子会以各种利益、名誉进行诱惑，通过接触或事先了解，针对女大学生的思想和需要，投其所好，给出许诺，设法使其上钩。

③假交朋友。

违法犯罪分子往往会以交往做朋友为借口，获取女大学生的年龄、联系方式、地址等基本信息，针对女大学生的爱好诱惑其上当受骗。

（3）女大学生的自我保护措施

造成这种悲剧的原因，肯定不只有一方面。学校在进行正常的文化教育的同时，也应该给学生增加安全防范方面的教育，让学生增强安全意识，提高自我保护的意识。

此外，大学毕业生们在大四求职时一定要保持正常心态，工作肯定会有，只是早晚的事情，做好自己的准备工作，踏踏实实地去找工作，总会找到令自己称心的工作。千万不能心急，慌不择路，更不能投机取巧，轻易相信别人的介绍或者一些中介信息。

即使在网上找工作的时候，也应该认真辨别信息的真伪，不能盲目地相信，更不能轻易去对方指定的地方面试，要确定招聘信息是真实的才能前往。

①慎重选择交往对象。

与不了解的人保持距离。

外出时尽量少喝酒。

不要向陌生人介绍自己的家庭、亲

属和个人爱好等个人信息。

与陌生人打交道时，拒绝接受陌生人的食物、饮料，要保持警惕。

不轻信其甜言蜜语，不贪图便宜，不接受小恩小惠。

在外出途中，一旦遇到危险，及时向公安民警和周围群众求助；外出期间，把自己所在的地址和联系方式及时告诉家人和朋友。

②慎重与网友会面。

爱使用微信交友的女性朋友，为防止上当受骗，要做到以下几点：

第一，可在微信隐私设置里进行设置，保护自己的隐私。

第二，使用微信交友时要保持警惕，提高防范意识，不要轻信，也不要轻易见面。如果见面，最好选择在繁华场所，并注意手机、钱包等贵重物品要贴身存放。

第三，如果对方提出借手机、借钱，要三思而后行，防止上当受骗。

## 女性如何应对"碰瓷"敲诈

随着社会的不断发展，各种犯罪现象沉渣泛起，敲诈犯罪也日益猖獗，敲诈名目和手法也在不断花样翻新。很多敲诈犯罪都是针对女性的，因此，女性要对敲诈侵害有所警惕，并加以防范。

敲诈是指以非法占有为目的，对他人实行威胁或要挟，索取数额巨大的钱财。所谓威胁方法，是对被害人及其亲属的生命、身体自由、名誉等进行侮辱、毁灭，使对方产生恐惧。威胁的结果，是被害人为了保护自己更大的利益而处分自己数额较大的财产。所谓要挟方法，通常是指抓住被害人的某些把柄，胁迫对方交付财物，如以揭发不光彩的事实等，实施敲诈。

"碰瓷"敲诈也是其中之一，而且，敲诈手法还正在不断演化，违法犯罪分子的技术水平越来越高。尤其近几年来，其花样不断翻新，犯罪分子演技也越来越好。一般来说，违法犯罪分子具体操作时，具有非常高的演技水平，并且能将人迷惑得看不出其中破绽。此种敲诈术的表现手法有许多，主要有"驾车碰瓷"、"踩脚碰瓷"等。

近年来，公安机关渐渐发现，"碰瓷"已呈现出团伙作案的趋势。在一些大中城市，已经出现以"碰瓷"为生的人，在广州、北京等地较为猖獗，已严重影响了人们的日常生活。同时他们的作案工具也已经逐渐发生改变，由破瓷器变为平光眼镜、假手表、报废车辆、废旧的手提电脑等物，并且作案动机和手段更加恶劣，团伙作案的趋势更为明显，如敲诈不成，便会转为对事主进行殴打，并转化成抢劫、抢夺，严重危害社会稳定和公民人身财产安全。

"碰瓷"是我国民间的一种说法，实际上就是敲诈勒索行为的一种表现方式。这类问题绝大多数是发生在私家车主身上，即"驾车碰瓷"，但近年来已有多种衍生的"碰瓷"现象，比如"走路碰瓷"、"骑车碰瓷"等。

"驾车碰瓷"是犯罪分子故意制造交通事故，进而要求受害者进行高价赔偿。"驾车碰瓷"具有很大的危害，对于公安机关维护社会治安秩序，具有很大挑战。如今，女性私家车主日益增多，犯罪分子便渐渐盯上了她们，女性司机为了息事宁人，只好忍痛给予高价赔偿。那么，女性如何应对歹徒的"碰瓷"行为呢？

1. 集中精力

女性驾车至交通秩序混乱的路段时，一定要集中精力，不要开小差，更不要有交通违法行为，以防有口难辩，落下把柄，授人口实。当确认这起事故与自己无关时，一定要注意保留好现场证据，包括人证以及物证。

特别是想办法与目击证人取得联系，不要私自移动现场。如果是在视线不太好的夜间，女性朋友驾车发生事故，不要急于下车，而是首先弄清情况，确认自身安全后再下车处理，发现异常状况时，要及时拨打110电话报警。

2. 要冷静、镇定

自己一定要镇定，不要慌张，对于所谓调停的人的建议，不要轻易接受，他们也许是对方的"托"。他们往往故意虚张声势，以引起路人的同情和注意。有些当事人虽然明知错误不在自身，然而自己却害怕被围观，更害怕警察到场，对公安机关充满畏惧。

事实上，违法犯罪分子更害怕路人看穿其骗人伎俩，这时候当事人要有信心，坚持到底，以诚恳的态度去争取围观群众的同情，相信一定会出现有利于自己的局面。

3. 坚决主张先去医院为其治疗

如果是造成对方"受伤"，一定要坚决主张先去医院为其治疗，否则其余事项免谈。另外，应该尽快通知自己车辆所投保的保险公司，收管好相应票据以及事故处理部门的相关证明材料，从而由保险公司承担其相应的费用，使自己的损失能够得到一定程度的降低。

4. 坚决不能"私了"

当车辆与行人发生碰撞，或者是外地车辆在本地车辆发生交通事故时，坚决不能"私了"。这种情况下，"碰瓷"敲诈勒索的行为，是非常容易产生的。一般而言，"碰瓷"的行人，会对驾驶人进行所谓的"据理力争"，而本地人往往认为外地人对本地不熟悉，往往会打外地车辆的主意，对外地车辆进行敲诈勒索。当事人需要保管好相关的发票单据和公安机关的证明材料，由保险公司承担部分责任，减少自己的相关责任承担。

# 如何应对"艳照"敲诈

"艳照"敲诈是指某些不法分子通过上网收集女性当事人的图片,使用计算机软件进行处理,将其变为"艳照",之后用威胁、要挟手段,迫使女性当事人私了此事,否则,便公开照片。当事人往往愿意息事宁人,答应违法犯罪分子的要求,违法犯罪分子就势得逞。

也正因为如此,此类案件发生率逐年上升。在现实中,女性由于生理上和心理上存在的弱势,会遇到种种问题,加上女性爱面子,因而被犯罪分子钻了空子,趁机制作"艳照"进行要挟,达到犯罪目的。女性需要掌握一定的方式方法,避免犯罪分子的敲诈目的得逞。

1. "艳照"敲诈有哪些类型

(1)索财型

索财型即违法犯罪分子通过"艳照"敲诈的方式,索要当事人的钱财,使得女性陷于恐惧和害怕当中,从而在心理上产生了畏惧,向违法犯罪分子妥协。

(2)报复型

违法犯罪分子凭借自己手上的"艳照",对当事人实行威胁恐吓,以达到其报复对方的目的,女性因为之前或许得罪于违法犯罪分子,而不得不向违法犯罪分子妥协。

(3)设局型

这与前两种情形截然不同,违法犯罪分子使用此种手段,并不是因为自己贪财或是与对方有深仇大恨,而是故意制造一个圈套,使女性钻进来,以达到某种目的。

2. 如何鉴别合成"艳照"

(1)判断照片中的前景和背景

由于相机拍照的位置不同,照片中的图像也存在着一定的距离,前景、背景差距太大或太小,看起来都很不自然。

(2)从图像质量上看

原图片和处理过的图片,可以说是有非常明显的区别的,在原图片和处理过的图片背景比较中,原图片比较粗糙,而处理过的图片则比较细腻。这样在衔接过程中,会有很明显的差别,这种背景的对比会体现得比较明显,容易观察出来。经过处理的照片,人的皮肤颜色并不会随着光线过渡而变化。

(3)从色调上看

因为拍摄照片的环境不同,照片色调会有差异,比如在室外拍的有些风景图片色调发青,而室内图片则发亮,室内光线对比度强,室外较弱,如果硬把室内外的景物放到同一图中,就容易被看出来了。观察人物的眼角、颈部、颧骨等部位,物品边缘处是否出现模糊,颜色是否过于均匀等效果。

(4)从光源上看

在光源方向和光源强度方面,可以说,原图片和处理过的图片很难完全一致,只要观察处理后的照片是否在阴影方向和深浅大小方面有不同就可以了。

# 女性如何应对微信敲诈

微信是当下非常流行的手机聊天软件,因其操作简便,能广交好友,成为女性的"交友利器",但不法分子也开始利用微信进行"约会诈骗"。

近年,不法分子使用微信工具交友聊天实施诈骗的案件发生概率非常大,微信工具的"摇一摇"功能,将不同城市、不同阶层、不同追求的人联系到了一起。这样一种简单的交友方式,也给了骗子可乘之机。

网上聊天有潜在的威胁,这一点已经被人们认识得很清楚,现如今已经引起了人们的高度重视。交友聊天存在危险,不仅是在告诫我们要谨防敲诈勒索,还要告诫我们在其他方面都要提高防范意识。

不错,微信的出现更加满足了人们对于聊天的需求,改变了原有的交往方式和认识途径,可是这也让不法分子有了可乘之机。在这类通过微信、QQ等聊天工具实施违法犯罪行为的案件中,受害者多以年轻单身女性为主。

违法犯罪分子往往会通过"打招呼"拿准对方心理等,使她们放松警惕。

单身女性由于自身心理的特点,容易被违法犯罪分子所利用。她们容易对对方产生依赖、信赖的情感,待她们放松警惕时,违法犯罪分子便开始敲诈勒索。而大部分单身年轻女性,因为这方面牵涉到自己的隐私,所以如果发现自己被骗,也往往不会宣扬出去,更不会拨打电话求助,这给违法犯罪分子提供了更多的可乘之机。

相对于QQ而言,微信更容易使人上当受骗。微信可以"摇一摇",寻找好友,也可以根据地理定位,而后找到"附近的人",在"100米以内"、"1000米以内"等范围,均可以找到并且筛选符合自己交友条件的聊天好友。微信大大增加了在网上认识陌生人的机会,并以很快的速度,实现由虚拟世界到现实世界的近距离转变。

然而,当前社会所存在的安全隐患,并不能保证每对微信好友见面后都能够成为现实中的好朋友。因此,微信用户为了自身安全考虑,不要透露给对方自己的个人信息。保护好自己的隐私,就是保护自己的个人安全,只有提高安全防范意识、合理地使用微信,才能使自身的安全得到保障。

1. 不要轻易向陌生人透露自己的真实信息

微信丰富了人们的生活,拉近了人们的距离,但是女性在使用微信时,应该时刻提高警惕,保护好个人信息和隐私。对于自己的个人基本信息,不要轻易向任何陌生人透露,更不能轻易将自己的个人身份证件交给对方或是由对方代为保管。个人信息安全对于女性而言特别重要,一旦被违法分子所获,后果不堪设想。

2. 不要轻易与微信好友见面

如果要见面,选择在白天人群较多

的地方。很多人就是用微信查附近的人，或用"摇一摇"摇到一个讲话投机的人，女性在心理上便会觉得这是缘分。然而，实际上这很可能招来违法犯罪分子，他们使用微信工具，寻找年轻女性为侵害对象，通过网上聊天方式，约网友见面，并随即开始实施敲诈勒索等违法犯罪活动。

因为存在空间距离，所以很容易让人放松警惕。犯罪分子正是利用了这种心理进行敲诈勒索。

## 女性如何应对网络诈骗

近年，随着我国经济的快速发展，人们的生活水平大大提高，少数不劳而获的歹徒趁机进行犯罪活动，获取赃款，然后大肆挥霍。而少数防范意识不强的女性，便成为一些犯罪分子的欺骗对象。在科技日益发达的今天，骗子们一改从前惯用的欺骗伎俩。而借助众多最新科技手段，产生了诸多新类型的诈骗形式，如网络诈骗、电信诈骗、传销诈骗等，使得女性利益遭受损害。

现代社会中，女性必须提高自己的防范意识，随时提高警惕，才能使自身利益得到更大限度的维护。

网络诈骗是近年出现的比较隐蔽的诈骗形式之一，属于高科技骗术，即使用"盗号木马"、"网络监听"以及制造虚假用户的个人基本信息，如银行账户、密码信息和其他人的账号，以"网购"、通知中奖等方式，欺骗客户，获取不法利益。

这种网络欺骗行为正在逐渐发展，花样翻新，并迅速形成气候。网络购物类钓鱼网站内容五花八门，主要包括假冒淘宝网、假药网站、网游交易、模仿iPhone等品牌官网、假机票假火车票网站，甚至还有假冒网上银行等。其中假冒淘宝网的钓鱼网站数量最多，所占比重达到60%。不法分子伪造商品页面诱骗消费者进行消费，而受骗的消费者大多是女性。

女性消费者往往由天性单纯、不设防的本性，成为众多骗子的侵害对象，特别是一些单身女性，父母一般不在身边，又没有男性的提醒和照顾，对这类骗局很难防备。据统计，单身女性被"钓"的比例已经占到总数的55%，可见，这类受骗上当案例已经成为危害单身女性合法权益的重要方面。

针对这类"网络钓鱼"问题，公安机关从诈骗者的违法犯罪动机出发，深刻分析"网络钓鱼"现象的成因。

从表面来看，诈骗者本身貌似是对被骗者的个人基本信息、银行账户信息、密码信息有兴趣，但是实际上，这些信息并不是他们所真正想要的，他们所关注的，是这些信息背后的利益。

可以说，这些信息背后都是一系列的经济利益，包括账户的余额、基本保险、亲戚朋友关系等。为了这些背后的利益，诈骗者冒着很大风险骗取个人信息，从基本信息入手，进行下一步的违法犯罪行为。

正是"网络钓鱼"背后巨大的利益诱惑，吸引和促使诈骗者不择手段，铤而走险，将网站做得如此"动人"，欺骗了众多女性，使其经济利益受到损失。他们成功一次，就能获得很高的利润，然而，被骗的女性就会很惨。

成本低收益高，已成为"网络钓鱼"违法行为的重要特点之一，施骗者只需在电脑前操作，便可得到大量信息资料，从而获取更多经济利益。因此，这类网站渐渐增多，并成了气候，越来越多的施骗者加入这个行列，并越做越专业。

从"网络钓鱼"对于我们的危害来看，它不仅使国家利益遭受重大损失，也扰乱了正常的市场秩序、商品交易秩序，而且使集体和个人利益损失巨大。因此女性要提高安全防范意识，在上网消费时，要警惕多种形式的"网络钓鱼"，使自己的切身利益免受侵害。

1. "网络钓鱼"的形式

（1）以电子邮件形式

施骗者发送虚假信息，引诱女性用户上当受骗，这些骗子经常以电子邮件的形式发送大量行骗邮件。邮件的内容大多以对账、中大奖等，让用户在诈骗邮件中填入自己的个人信息，包括银行账号、信用卡号、密码等。或者以某些紧急的理由，如家人病危、朋友重病等，骗取女性的同情心，继而要求收件人在诈骗邮件上填入自己的个人信息，从而窃取被诈骗人财产，获取更多财产利益。

施骗者通过发送电子邮件来窃取个人基本信息时，约有5%的人会对邮件做出一定的反应，从而导致个人基本信息被施骗者所窃取。随后犯罪分子就会利用这些个人基本信息，进行违法犯罪活动，窃取他人的经济利益。

（2）建立"钓鱼网站"

施骗者通过假冒的网上购物网站、网上银行网站，骗取个人信息，用窃取来的个人账号和密码等信息，通过银行将财产转出。

违法犯罪分子建立钓鱼网站，同正规网站极为相似，很容易引起人们的误解，让受骗者将自己的个人信息泄露给诈骗者，诈骗者继而通过网上银行，将资金转出，盗窃卡上的资金。还有的是通过正规网站存在的程序上的问题，在其中某些网页中，插入针对性的恶意代码，屏蔽客户的真实个人信息，并利用这些信息将资金转出，盗窃卡上的资金。

2. 女性如何防范被"钓鱼"

①不要轻易把自己的身份信息资料，包括身份证号、手机号、银行账号、密码等个人信息，暴露给对方，否则后果会很严重。违法犯罪分子会通过上述手

如传销组织在邀约时所强调的"断其后路"。传销组织一般每人每天都要交生活费，还要交电话费、买生活用品等，他们一天的开支实在不小。如果女性把钱花光，又骗不到别人，只有想办法离开了。

做到以上两个方面以后，如果想及时把进入传销组织的亲朋好友解救出来，就要进行说服，并争取他们的家人出面做工作。陷入传销的人，如果已经执迷不悟，是不会心甘情愿地走出传销组织的，只有争取他们的家人一起去劝说，必要时报警，把他们强制带回家。

在行动之前，要先取得他们的信任，不要引起他们的怀疑，这样才有可能达到目的。

（3）伺机报警

陷入传销迷途的人，通常是很难被说服的。此时，女性就要灵活对待，伺机报警。在公安机关上门捣毁传销组织，把传销人员强制带走时，要保护好自己，不可轻易泄密，因为有些痴迷于传销的亲朋好友会对你十分反感，会认为你是他们"成功"路上的绊脚石，是在坏他们的好事，是在阻碍他们的财路。如果这样，你就会面临险境。

因此，在解救的过程中，要谨慎从事，要做好突发情况的应对工作。当遇到突发情况时，要冷静，要想方设法寻求更多帮助。公安机关、工商部门是提供帮助的重要力量。在紧急关头，特别是在遭到传销人员"围追堵截"时，一定要把事情闹大，高声向路人求助，主动寻求一切可以利用的力量。要知道，邪始终不压正，正义始终在自己这边。

## 如何应对职场性别歧视

新中国成立后，我国妇女在身份、地位等各个方面，都获得了和男性一样的待遇，改革开放后，由于生产力的解放，大批农村女性进入城市和职场，与男性一起打拼。

然而，在现实中，女性在职场中有时仍会受到不同程度的性别歧视。比如，有些用人单位在招聘员工的时候，明确提出不要女性，只要男性，或者对女性要求的条件可能在学历以及技能方面要高于男性，甚至提出女性在就业之后，几年之内不能结婚、几年之内不能生育，这些都是明显的就业歧视的条款。

1. 女性在应聘时，应该懂得维护权益

①保留应聘时企业的一些招聘条件文本，注意上面是否有歧视性别的规定。

②要注意做工作记录，比如应该明确自己的工作职责是什么，月度、季度、年度的考评成绩达到什么程度？如果能够完成上级指定的工作，且每月、每季度、每年的考评中都能取得很好的成绩，但在晋升或者公司有人员变更的时候被淘汰，这些都可以作为受到不平等对待、受到歧视的证据。这样，第一可以向有关部门进行投诉，第二可以申请劳动仲裁，来主张自己的权利。

《中华人民共和国劳动法》规定女

性在孕期、产期和经期内受特殊保护和保障，比如规定女职工生育享有不少于90天的产假，女职工在孕产期、哺乳期，单位不得解除劳动合同。但在实际情况中，很多职业女性都经历过休不满产假，或生育后被企业不明原因辞退。遇到这样的情况，女性可以拿起法律武器维护自己的权益。

2. 务工女性如何保障自己的权益

大批农村妇女，尤其是年轻妇女涌入城市打工，但作为劳动者，她们的合法权益却难以得到保障：休息权利被剥夺、工资没保障、没有保险、受工伤被辞退，法律赋予劳动者的权利，特别是对妇女的特殊照顾被置若罔闻。

究其原因是进城务工女性的知识水平较低、法制观念淡薄，且维权意识比较差，在就业时，不注重甚至不懂得要签订劳动合同，保护自己的权益。因此，上当受骗的案例呈现上升趋势。

①要了解从业环境等具体情况。

②应该咨询有关专业的法律法规和行业规定。

③要认真签署劳动合同，千万不要相信口头承诺。因为一旦出现工伤事故、意外事故以及工资欠发等权利被侵犯的情况，拿出合同作为重要证据是最关键的。

3. 遭遇工伤如何维权

不少女性务工人员，由于平时缺乏自我保护意识和维权能力，不了解工伤索赔的程序，花费了很多时间和精力，甚至得不到赔偿。女性劳动者维权的步骤具体如下：

（1）签订合同、保留证据

女性劳动者应要求与用人单位签订合同，并保留相关用工证据，出现工伤纠纷时，有关的用工合同、上岗证都可以证明劳动者与用人单位之间的劳动关系。需要指出的是：用人单位不与劳动者签订劳动合同是违法的，只要女性劳动者与用人单位形成劳动关系，即使没有签订劳动合同，职工受伤企业也应该赔偿。

（2）要求劳动部门进行工伤认定

女性职工发生事故伤害或者按照《中华人民共和国职业病防治法》规定被诊断、鉴定为职业病，所在单位应当在24小时内，通知统筹地区劳动保障行政部门及其参保的社会保险经办机构，并自事故伤害发生之日或者被诊断、鉴定为职业病之日起30日内，向统筹地区劳动保障行政部门提出工伤认定申请。

女性职工遇有特殊情况，经报劳动保障行政部门同意，申请时限可以适当延长。用人单位未按前款规定提出工伤认定申请的，女性工伤职工或者其直系亲属、工会组织，在事故伤害发生之日或者被诊断、鉴定为职业病之日起1年内，可以直接向用人单位所在地统筹地区社会保险行政部门提出工伤认定申请。

## 怎样维护遗产继承中的权益

现实生活中，一些老年人重男轻女，虽然女儿对自己很孝顺，但在家庭财产分割上却偏向儿子，女儿没有继承到应有的财产。一些农村女性受封建残余思想的影响，不去争取自己的权利，也助长了一些男性在财产方面歧视女性的思想。现在女性担负起和兄弟一样的赡养义务，而且《中华人民共和国继承法》也规定，男女在继承财产方面权利平等，女性和男性有同样的继承权。所以，女性维权要靠自己争取。

1. 在法定继承中应如何分配遗产

在法定继承中，有第一顺序继承人的，由第一顺序继承人参与遗产分配；第二顺序继承人无权参与遗产分配；没有第一顺序继承人或第一顺序继承人均已放弃继承或继承权丧失的，由第二顺序继承人参与遗产分配。

2. 在分配遗产时应遵循哪些原则

（1）同一顺序继承人一般应当均等分配遗产

在没有特殊情况时，各继承人应分得相同遗产。需指出的是，在农村，有的地方对出嫁女儿不分或少分遗产的做法是错误的，出嫁女儿也有平等的继承权，应分得相同的遗产份额。

（2）在一定情形下可以多分或少分遗产

如对生活有特殊困难的缺乏劳动能力的继承人，可以适当比其他继承人多分一些遗产；对被继承人尽了主要抚养义务或与被继承人共同生活的继承人，可以多分一些遗产；对有抚养能力和抚养条件的继承人，不尽抚养义务的，应当不分或少分遗产，但若有抚养能力和抚养条件的继承人愿意尽抚养义务，而被继承人因有固定收入和劳动能力并明确表示不要求其抚养的，则不应因此而减少其遗产分配份额。

此外，有关司法解释还指出，有抚养能力和抚养条件的继承人即使与被继承人共同生活，但对需要抚养的被继承人不尽抚养义务的，可以少分或不分配遗产。

另外，要改变男女不平等现象，需要全社会，尤其是妇女本身提高维权意识，树立正确的人生观，面对伤害，勇敢地说"不"。当女性自强、自尊、自立的时候，她们就是一个个独立的社会个体，享有和男性一样的权利。

## 受到家庭暴力，妇女如何维权

现代社会中，女性在家庭中遭遇暴力的现象已大大减少了，但由于各种原因，婚内暴力现象仍然存在，而受害者大多是女性，所以，当女性遭遇婚姻暴力时，要学会用《中华人民共和国婚姻法》赋予的法律权利为自己主持正义。

《中华人民共和国婚姻法》第43条规定：实施家庭暴力或虐待家庭成员，受害人有权提出请求，居民委员会、村民委员会以及所在单位应当予以劝阻、调解。对正在实施的家庭暴力，受害人有权提出请求，居民委员会、村民委员会应当予以劝阻；公安机关应当予以制止。实施家庭暴力或虐待家庭成员，受害人提出请求的，公安机关应当依照治安管理处罚的法律规定予以行政处罚。

受害妇女可以向人民法院提起上诉，而对因暴力导致受害妇女重伤、死亡的，受害妇女或其近亲属可以向公安机关报案，由公安机关侦查，人民检察院提起公诉。对于受害妇女因受强制、被恐吓等原因不能告诉或由于年老、患病、盲、聋、哑等原因不能亲自告诉，其法定代理人、近亲属可代为告诉。受害妇女还可以向妇女组织投诉，妇女组织应当要求有关部门或单位查处，以保护妇女的合法权益。

## 女性消费者如何维权

在购物市场上，女性是很大一部分消费群体，但是一些女性消费者在购物中遭遇陷阱或欺骗时，却不懂得如何运用相关法律为自己维权。女性消费者在购物时，遇到问题或遇到自己的权益受到侵害应该怎么办呢？

消费者和经营者发生消费者权益争议的，可以通过下列途径解决：

1. 向消费者协会投诉

消费者投诉以文字材料为准，要把投诉人的姓名、地址、邮政编码和被投诉单位名称、地址，受损害事实，所购商品的名称、牌号、规格、数量、价格、生产单位及交涉经过等内容写清楚，并提出自己的要求。特别提醒的是，未经消费者协会同意，不要邮寄票证、单据和实物，以防丢失。但是，以下几种情况之一的投诉，消费者协会是不予受理的：

①不符合国家有关规定。

②司法、行政部门已受理。

③购买商品不是用于自己消费，而是用于生产或销售，不含农民购买自用的生产资料。

④企业或个体工商户之间的经济纠纷。

⑤个人私下交易商品，属于违约纠纷。

⑥提供不出被投诉者的名称、地址和必要证据。

2. 与经营者协商

消费者在找经营者协商之前，应了解《中华人民共和国消费者权益保护法》、《中华人民共和国产品质量法》、新"三包"规定及其他相关的法律、法规，弄清经营者在哪些方面损害了自己的权益，然后携带法规和实物、发票与经营负责人交涉，陈述自己购物及发现质量问题的经过，并依法提出索赔要求。经过协商，能得到满意解决最好。如协商不成，可寻求其他解决途径。

3. 向有关行政部门申诉

消费者权益受损害后，若与经营者协商不成，也可选择行政部门，一般是工商所申诉。这需要直接向经营者的行政主管部门或所在地行政执法部门出示证据，陈述受害经过，提出索赔要求。有关部门在查清事实的基础上，依法做出赔偿等决定。

4. 向人民法院起诉

在以下情况下，消费者可向人民法院起诉：

①经营者拒不执行已做出的调解和赔偿决定。

②与经营者协商不成。

③对消费者协会调解或行政部门已做出的赔偿决定，女性消费者不满意。

④女性消费者向消费者协会投诉后，经调解不成，消协可支持受损害者向人民法院提起诉讼。

## 女性整容纠纷如何维权

现在很多爱美的女性都参与到整容的行列中，但由于整容行业良莠不齐，也会遭遇到一些陷阱或纠纷，当遇到这些问题时，她们就会茫然无措。其实，只要拿起法律武器，这些问题就会迎刃而解。

1. 严格审查相关材料

从事医学美容项目的美容院必须到有关部门进行执业登记，领取《医疗机构执业许可证》后方可营业。同时，国家对医学美容院的美容师的要求也非常严格，必须是具备较高的医学知识，有一定的临床经验的专业人士才可上岗。消费过程中要主动审查美容机构提供的材料，对不合格的整容机构坚决抵制。

2. 术前照相

对任何美容整形手术都要进行符合医学摄影要求的局部照相，一是作为院方资料保存，以便手术前后对比，供科学研究用；二是作为法律资料保存，一旦出现医疗纠纷可作为证据出示。

3. 保存每次就医资料

当你决定进行美容手术后，一定要留下每次就医的资料，例如收据、挂号单、书面就医记录等，这也是万一纠纷发生时民众可以申诉维护个人权益的基本证明。就诊的病历记录也是很重要的证据，虽然法律规定病历记录必须保存10年，但院方篡改或销毁病历也不无可能。如果担心自己的病历被篡改，可直接提起诉讼，由法院出面调走病历，这样可以降低或避免病历被篡改的危险。

4. 签订手术协议书

手术协议书内容包括手术方式、过程、术中可能出现的情况、术后短期反应或可能出现的并发症等，如果是青少年接受手术或手术规模较大还需家属签字。手术协议书是实施手术者和接受手术者之间取得共识所形成的一种书面文件，以便术后出现医疗纠纷时，作为处理纠纷法律文件依据。签订手术协议书既显示出手术的严肃性，同时也对美容者提供了法律保障。

### 5. 毁容后及时索赔

如果该整形美容机构未经登记核准，或者不具备相应资质，或者实施手术人员无医师资格，那么就属于欺诈行为，依据《中华人民共和国消费者权益保护法》，美容院应给予消费者相应补偿。受害人可与美容院协商解决赔偿问题，也可依法向人民法院起诉。

如果该整形美容机构的经营经过卫生行政部门登记核准，可根据《医疗事故处理条例》，申请医疗事故鉴定，并提出赔偿手术费、护理费、交通费以及整个过程中的误工费。如果消费者受到的伤害已经符合伤残评定标准，还可在鉴定后要求美容院承担伤残补助费，也可直接向人民法院提起民事诉讼，请求法院判令美容院赔偿上述损失。

女性如果因手术给消费者造成了很大的精神痛苦，而且这种痛苦将相伴终生，受害人可以要求对方赔偿精神损失。

# 第九章　会理财的女人更幸福

俗话说，你不理财，财不理你。现代女性要想让自己的生活更有质量、更有品位，就必须学会理财。当然，要想成为一个理财高手，必须经历一个学习的过程。在学习理财时，首先要沉下心，刻苦学习理财知识，积累相关经验。

## 理财是女性的必修课

很多女性喜欢到商场购买琳琅满目的商品，以解除自己的烦恼和压力。在大把大把花钱的时候也许没有什么感觉，但回家后发现花销超支的时候，女性通常会苦恼不已，不知道自己该怎么计划今后的生活。所以，为了让自己能够明确地了解日常的消费情况，并抑制不良消费，就要养成理财的好习惯，不要让钱财浪费在无形之中，让理财成为自己不得不修的一门功课。

1. 女性要学会消费

（1）一定要牢记够用就好的原则

首先，要用发展的眼光看待自己的未来。如果这样想，就可以先买小的房子住，剩下的钱可以买车，也可以做别的投资。其次，买东西要少而精。对于心仪的物品，比如看到了自己钟爱的手机，购买之前要货比三家。

（2）要善于投资

理财是一门学问，要学好这门学问，就应该建立一种正确的投资方向。女性买衣服的过程也是一种投资，不管是做大的投资，还是做小的投资，都应该有正确的投资态度。

投资要多元化，这样既可以分散风险，又能够为人们带来意想不到的财富。拥有正确的态度才可以在投资中得到财富。

女性应该学会将眼光放远，进行平

均投资。女性是感性的动物,大多数时候比较情绪化,所以在投资的过程中一定要懂得控制自己的情绪,应该理性地面对一切后果,不要悲观,不要怀疑,也不要在发生不好的结果时恐慌。在投资中,人们的心态很重要,而女性更重要的是控制好自己的情感,只有理性地面对,才会找到更好的投资机会。

2. 女性要拥有正确的理财观

(1) 不要错误地认为自己不是理财的料

很多女性总是对自己没有信心,对理财很恐惧。其实,时代在发展,女性的收入能力可以超过男人,更应该在理财上胜过男人。

(2) 不要错误地认为自己现在还很年轻

有些女性认为自己现在还很年轻,用不着这么快就理财。其实,女性应该把眼光放远,不要等到不得不去面对的时候才去面对这些问题。女性在年轻的时候应该把理财作为生活的一部分,为自己年老的生活做打算。

(3) 不要只把钱存在银行里

女性追求的是安稳的投资理财,通常是把钱放在银行里储存,这样虽然可以降低风险,安稳地获取利息,但是通货膨胀可能会把利息都吃掉,如果通货膨胀严重的话,可能连自己的本钱都会赔进去。

(4) 不要错误地认为会员卡消费可以节省开支

现在各种会员卡席卷而来,还不断地打出优惠的口号,女性往往就会因为优惠而对消费情有独钟。在很多的情况下,用卡消费确实可以省钱,但有时却会适得其反。例如,很多的卖家规定,消费到一定的金额时才可以办理会员卡,才能享受到会员的优惠。如果仅仅是为了取得会员卡而进行一次性消费的话,那么自己的钱就会在无形中溜掉。

(5) 不要错误地认为随大家投资肯定没有问题

大部分人常常和自己的亲朋好友一起投资,却忽略了自己的财务需要,不恰当的理财会造成财务危机。

理财是女性不得不修的一门课程,它要求女性懂得如何投资,而且在投资的过程要懂得摆正自己的心态。理财需要持之以恒,只要适当调整自己的消费习惯,女性们完全可以将自己的钱财打理得井井有条。

女性天生心思细腻,所以在理财方面是天生的圣手,有很多女性都成为家里的"聚宝盆",为家庭带来了不少的财富。

但是,有些女性在理财方面比较冲动,造成了不必要的浪费;有些女性则优柔寡断,错过了理财的大好机会。那么怎样才能合理有效地进行理财,使自己的财富不断增值呢?其实,女性应该结合自己的爱好、承担风险的能力、个人的收入、家庭的状况及不同的年龄段合理地投资,风险与收益兼顾,保证稳健投资。

未婚的女性大多还没有理财的观念,

而且惯于率性用钱，能挣多少就花多少，她们自信能够养活自己，被称为"月光女神"。

"月光女神"手上有了钱，就去办一大堆的卡，消费时常常不节制。因此，建议年轻的女性把那些没有必要的信用卡注销掉，手上留一到两张就可以了。年轻的女性投资时必须要选定自己的目标，比如要购房、要结婚、要再学习等都需要一定的钱。所以应该选择适当的投资方式，比如定期定额基金。

已婚女性，随着家庭成员的增加，开始对生活进行重新规划。很多女性在消费的问题上发生了巨大的变化，不再像刚工作的时候大手大脚地花钱。

一个家庭的支出远远比一个人的支出要高得多，不仅是因为家庭成员的增加，还因为人们都追求高品质的生活，要买房子、买车，还要配置一些家用电器。所以女性在这个时候应该提早规划，保持家庭的收支平衡，保证高质量的生活。此时中高收益的基金是理想的选择，应该选择增加寿险保额投资。寿险保额投资可以作为预备的手段，未雨绸缪，以防不测。它也可以作为积累的手段，为了支付未来比较大的消费而有目的地存钱。

中年女性比较忙碌，她们既要工作又要照顾家人，承受很大的精神压力和经济压力。这个阶段的女性比较善于持家，在收支的控制上能够把握好。但是她们往往缺乏一种理财的意识和经验。

这个年龄段的女性应该筹措教育金，购买女性险。因为在这个阶段孩子的支出，比如养育费、教育费等，都需要家庭来承担。如果能够在这个阶段投资，那么以后孩子教育经费的问题就可以得到解决。

年龄再大一些的女性所考虑的就是如何养老。

在这个阶段，理财、管理最重要。在投资上应该选择低风险的，比如国债、货币基金、人民币理财和外币理财。

女性在理财的过程中应该采用"三三三原则"，即三分之一用于日常的开支，三分之一用来进行定期定额的投资，三分之一用作一般的储蓄。从可以赚钱时就开始规划投资，结合自己的状况分阶段实施。

## 女性如何做理财高手

有些女性是天生的理财高手，很多男人都把钱交给女性管，男人要投资，总是会问女性是否可行。这些都表明女性有理财的天赋。其实，如果女性愿意，她也可以成为投资和理财的专家。

1. 女性在投资理财方面的优势

（1）女性总有一种直觉

不管面对什么事情，女性总是能够掌握好时间，因为女性是家庭中处理烦琐事情最多的一个人。女性白天要上班，晚上忙于家庭事务，这就锻炼了她们在时间上的分配能力。所以女性利用时间管理上的优势可以占得投资理财的先机。

(2) 女性会精打细算

有的女性对于自己所花的每一分钱都心里有数，连每次进入超市买东西所花的钱也计算得很准确。能收入多少或能投资多少，女性心中早有预算。

(3) 女性不会盲目投资

大多数女性不喜欢冒险，她们会寻求投资的安全感，降低投资风险。在这点上男人就不一样，男性比较喜欢冒险，而女性这种保守的心理使理财投资更保险。

现代的女性不仅要求稳健投资，还会进行多样化的投资。这种投资的心态能把亏本的概率变小，既不亏本又赚钱，使女性立于不败之地。

(4) 女性有耐性，心思缜密

这种特质使女性在投资理财之路上更易取得成功。投资理财需要细心和耐性，对每一次投资，每一次支出都要精心地计算好。

(5) 女性能够在投资理财方面积累经验和知识

其实理财也和学习一样，需要不断地学习和积累，积累的知识越多，那么人在理财上知道得就越多，就越精通理财。运用理财的知识会使女性在投资中略胜一筹。

(6) 女性一般比较愿意听取别人的意见

因为女性在投资的初期经验少，所以选择听取投资顾问的意见是明智之举。有的女性，就算是积累经验后也会继续选用理财顾问。

不少女性认为自己对数字不敏感，在理财和投资上有一定的欠缺，认为只凭直觉去投资会影响到理财。其实不然，投资理财是一种艺术，如果女性能够学会理性分析，那么在投资理财方面定会受益甚多。

2. 女性是这样智慧理财的

一个家庭的日常生活，离不开收入和支出，也离不开充满智慧的理财，女性要当好"家庭财务官"。现代社会，女性在家庭中的地位不断地提高。在她们人格独立的同时，经济地位也开始走向独立。然而，除了努力赚钱之外，为了更好地拥有财务的自主之权，就要有一个良好的理财观念来导航。在这里，积少成多尤为重要，也就是"涓涓细流汇成大海"。如果想保证这个大海的水源永远也不干涸，就要有一个良好的水流循环，在源源不断地向其投入海水的同时，也要防止它的过度消耗。以下智慧理财方法供读者参考。

(1) 尽量不在餐馆吃饭

女性要尽量在家里做饭就餐，因为去外面就餐消费很高。同时，去外面就餐并不是每一次都很合口味，而且卫生方面也不一定过关。另外，在外就餐也少了一些乐趣，自己下厨会有别样的风味，也能体会自己动手丰衣足食的成就感。有时，照着菜谱做一些自己感兴趣的菜，会为生活增添很多色彩。此外，在购买食物和日常用品时，不提倡零买，而是一起采购，因为一起采购要比零买便宜很多。

（2）购买房产要谨慎

当你打算买房的时候，不妨找一些专业人士咨询一下，寻求他们的帮助。仅凭自己对楼市的认识是远远不够的，房产市场的变数很大，所以在购买时需要谨慎操作。

（3）选择合适的智力投资

由成长历程来看，父母对于子女的投资是无期的、无限量的且不求任何回报的一个极其漫长的投资。每一个婴儿的诞生，都意味着父母花钱计划侧重点的改变。不妨为孩子买一些实用的保险，例如健康、教育、意外伤害之类的保险。教育保险里面含有奖学金，对于未来孩子的教育投资，都是无法估算的数字，所以未雨绸缪地选择几种教育保险，让孩子将来能够轻松地面对学业也是必要的。

（4）以钱生钱

"以钱生钱"，在这里的意思是不提倡把钱变成"死"的，而是把它变"活"。可以改变一下以往将它存入银行就保险的顽固念头，不妨尝试把三分之一的存款用来投资，可以买些风险不是很大的基金或者股票，或者去做一些小的风险投资，因为这样做所取得的收益往往要大于存入银行的利息，而且也会给你带来意外的惊喜。

（5）进行一些必要的健康投资

年轻的时候，如果因为工作累出了颈椎病、肩周炎，到老了，这些病痛会成为很大的麻烦。所以，抽出时间去医院做定期的检查是必要的。即便没有感觉哪里疼痛，也要做这种检查，防患于未然，就是这个道理。如果不想因为生病而毁了大好前程，就不要对此置若罔闻。身体是自己的，生命也是自己的。同时，也可以考虑买一份医疗保险，为健康做一次投资。

（6）通信开支要节约

如果业务比较繁忙，月消费在千元之上，不妨去选择一些网络的套餐，这会节约起码一半的钱。而且这种业务会不断地推陈出新，可以时常地关注一下新的办法。一般情况下，网络运营商推出的政策会日益优惠，不要嫌麻烦，可以随时加入新套餐。也不要以为那些短信很省钱，有时，一个电话就能说得明明白白，何必还要浪费发短信的时间？

（7）美容开销也要适当

女为悦己者容。爱美之心，人皆有之，尤其对于女性，更是如此。在关注服饰的同时，她们也会花费金钱和精力在自己的面子装扮上。有时，你可能没能力消费一件时尚的衣服，但买一支心仪的口红可以毫不费力。在这里，请注意，并不是越有名气的产品就越好，也不是越贵的产品就越好，而是只有适合你的才是最好的。根据自己的皮肤特质，选择一些适合的产品，会有利于皮肤的保养。

如今，女性上美容院洗一次头收费不少，护一次发则更贵了。如果女性买材料在家洗、护、染发，可就便宜多了。

（8）出门少搭出租车

别小看打出租车，一天搭个两三趟，

一个月下来就支出不少钱了。如果多走几步，改乘地铁或公交车，健身又省钱。一旦养成习惯，就会减少打出租车的开销。

（9）非折扣期间照样享受折扣

在非折扣期间，除了贵宾有折扣之外，如果你能多多利用店家开张前后或节假日促销的机会去消费，通常有额外的折扣。

（10）不要挤在高峰时间去消费

在很多娱乐场所，如KTV、保龄球馆、电影院、游戏场所或部分餐饮业，只要你选择在非高峰时间消费，都会有折扣。非高峰时间消费，既可避开人潮、不用等候，又可省钱，真是一举多得。

（11）学会讨价还价

通常商品定价很少有整数，有时一口气买了好几样，总价也都有零头，比如1 680元就请老板算1 500元，最差的情况也至少算成1 600元。如果每次购货时，都学会讨价还价，去掉零头杀价，虽然只是少个零头，却积少也能成多。

## 如何确定投资理财方向

女性在家庭投资理财时，常常不能很好地把握投资的重点，资本金不但没有增值，反而亏了本。面对众多的理财方式该如何去选择呢？最重要的是要看这种方式是否真正适合你，换句话说，要因人而异，因"时"而异、因地而异。

1. 如何确定投资方向

（1）以实力决定投资方向

俗话说："看菜吃饭，量体裁衣。"假如你手中有几万元，你只能选择投资小见效快的方式，如升值潜力可观的邮票、磁卡等；假如你手中有几十万元，就可考虑买住房，既可供自己居住，也可以在出租的同时保值增值。

（2）以能力决定投资方向

如果你对股市比较熟悉，并且信息比较灵通，还有足够的时间去逛股市，那么选择股票作为投资重点无疑是上乘选择。对于不熟悉的领域，最好不要投资或仅以少量投资用来学习经验。

（3）以年龄决定投资方向

人在各年龄段的责任、需求、抱负、承受能力有所不同，所以有人把理财分成五个阶段，即寻求期、探索期、建立期、平稳期、高峰期，每个阶段都有各不相同的理财方式和理财需求。年龄的大小决定了投资理财的差异，年轻人在投资的路上即使摔倒也照样能爬起来再走，而老年人由于受身体、年龄等各种因素的限制，一旦失败就难以再有机会。

因此，年轻人可以选择风险较大、收益较高的投资理财品种；而年龄较大者，在选择投资理财品种时就要注意安全性、收益稳定性。

(4) 以个性决定投资方向

个性决定着自己的兴趣、爱好，同时也决定着一个人是保守型、稳健型还是冒险型。各个投资理财品种都相对存在着优点与缺点，如储蓄、国债、保险收益稳定，风险系数小，比较适合稳健型的人去投资；股票是高风险、高收益，让你大悲大欢、忽喜忽忧，适合有冒险精神并有很强的心理承受能力的人去投资。

2. 投资理财会遇到哪些风险

女性在进行投资理财时，都会经历风险。我们应该将每一种投资或投资项目潜在的风险进行细心分析，看一看有什么办法可以降低风险，避免损失。但最重要的仍是分散投资及攻守兼备，这样才是最完善的理财之道。无论我们如何处理自己的金钱，包括用最原始的办法在家中掘一个洞埋入，存入银行，或者用来炒期货、炒股或买债券，都有一个共同问题，就是风险。当我们将资本或现钱用作分散投资时，都应该考虑一下，运用资金时会遇到什么样的风险。那么，女性投资会遇到哪些风险呢？

(1) 过于集中的风险

不要把所有的鸡蛋放在一个篮子里。我们可以将资金分成房产、储蓄金、股票、债券，另外一些炒期货、外汇等。除了这样的分散投资之外，在个别投资或理财项目上，也不可以太过集中，比如买股票就不应该全部买入地产股或任何一类股票。

(2) 经济循环风险

经济有盛有衰，循环不息，经济景气的时候，物业、股票、收藏品、期货甚至贵重金属都会升值。不过经济不景气的时候，拿着现钱和债券就更有利，而股票却会跌价。也就是说，经济景气或衰退，都会有些投资升值，有些投资跌价。一个完善的理财模式，是自保又出击的组合，应该包括不同的投资项目，在什么情形下都以自保为先。

遇到经济形势好，可以把握时机，赚得更多。全部投资在容易受经济衰退影响而大幅贬值的项目上，比如股票，就不是那么理智。分散投资可以降低经济循环风险。

(3) 财务风险

女性有时觉得自己投资时，把钱拿了出来，可能就没有机会收回了。无论国内国外，以往投资在股票上的股东都曾有血本无归的情况。就算去买保险，保险公司也确有破产的先例。买入单位信托基金，基金有意外也不是新闻。

所以，在未订投资计划之前应先要考虑以下问题：

①投资进去的银行或公司不会倒闭？

②委托的经纪方是否可靠？有没有侵吞客户价款，有没有假单？存钱进去，他会不会携款潜逃？

③他们的管理阶层是否可信？投资公司总是要获利的，买的不如卖的精是常理？

如果对这三个问题有疑问的话，就不要去做，即使已经投资了，也要把钱收回来。

(4) 行业风险

有时经济本身景气，但某些行业却越来越萧条。比如航运业在20世纪80年代，无论你什么时候去投资，都逃不过亏本厄运。就算内行人以专家身份也一样因看不清楚前景而惨败。作为局外人，就更加不要集中投资在一两个项目上。理财三角模式教我们去守防攻战，其实就是运用了分散投资、降低风险的原理。

(5) 通胀风险

有时投资在数字上是赚钱的，但是通货膨胀率超过你获利回报率的话，金钱上购买能力的损失还高于利润上的得益。要避免通胀风险吞食资金的购买力，就一定要在理财组合里面包括一些专门在通胀期不易贬值的投资项目，比如黄金。其他的组合内的现金存款、债券等可能会出现追不上物价指数的现象。但只要把资金做适当的分配，拉上补下，仍然不致有损失。

(6) 利率风险

利率上升，会打击股票、债券、房产的价值。但理财三角模式已经将利率风险预计在内，将利率风险减到最低程度。

(7) 外围风险

风险并不局限于本地政治经济范围，其实全世界没有一个角落绝对安全。如果存外币，一定不可以只存一种，外国也一样会出现政治经济的动荡。所以投资于外国的基金或债券也不要只投资于一个国家。如果只是存美元，在1985~1989年之间美元兑所有其他币种都持续下跌的那种感受，一定能使人们深刻地了解和领教这个风险。

## 如何制订理财计划

凡是计划，都要有目标。理财计划是指为实现个人所有的理财目标，而制订和施行的协调一致的总体计划。它的核心是个人的总体财务目标。

要有效地制订理财计划，首要工作就是要找出自己当时的财务目标，因此在制订计划前，我们应该理性地确定自己的财务目标到底是什么，是防范个人风险以备不时之需，还是为家庭或子女的教育做积累资金；是为了养老做准备，还是投资及财产管理的需要。每个人所处环境不同、需求不同，答案自然也不同，对资产分配的比例也不同，所以需要及时修正，及时调整。

确立自己的理财目标只是理财的第一步，接着要选择适当的理财手段及工具去实施你制订的理财计划。不同种类的理财手段和工具有不同的特点，我们根据自己的实际情况进行比较后慎重选择。

生活中，很多人都习惯了随心所欲地花钱直到囊中羞涩，然后伸长脖子等待着发工资的那一天。他们虽然也会考虑将来，但却从来没有好好地为将来的生活计划过。要把握自己未来的生活，你必须有一个好的个人理财计划。

1. 制订理财计划的步骤

以下的步骤相信会对你大有裨益。

（1）确定目标

定出你的短期财务目标，如1个月、半年、1年、2年，等等，或长期财务目标，如5年、10年、20年，等等。抛开那些不切实际的幻想。如果你认为某些目标太大了，就把它分割成小的具体目标。

（2）排出次序

确定各种目标的实现顺序，和你的家人一起讨论，哪些目标对你们来说是最重要的。

（3）所需的金钱

计算出要实现这些目标，你需要每个月省出多少钱。

（4）个人净资产

计算出自己的净资产。

（5）了解自己的支出

回顾自己过去3个月的所有账单和费用，按照不同的类别，列出所有费用项目。对自己的每月平均支出心中有数。

（6）控制支出

比较每月的收入和费用支出。哪些项目是可以节省一点的？哪些项目是应该增加的？

2. 理财计划的内容

一般来说，一个完备的理财计划包括以下几个方面：

（1）消费和储蓄计划

你必须决定一年的收入里有多少用于当前消费，多少用于储蓄。与此计划有关的任务是编制资产负债表、年度收支表和预算表。

（2）职业计划

选择职业是人生中第一次较重大的抉择，特别是对那些刚毕业的大学生来说更是如此。

（3）债务计划

很少有人在他的一生中都能避免债务。债务能帮助我们在长长的一生中均衡消费，还能给我们带来购物便利。但我们对债务必须加以管理，使其控制在一个适当的水平上，并且债务成本要尽可能降低。

（4）保险计划

当你年轻没有负担时，你必须保证自己不会丧失工作能力，为此需要有残疾收入补偿保险。随着你事业的成功，你拥有越来越多的固定资产，汽车、住房、家具、电器，等等，这时你需要更多的财产保险和个人信用保险。为了你的子女在你离开后仍能生活幸福，你需要人寿保险。更重要的是，为了应付疾病和其他意外伤害，你需要医疗保险。

（5）投资计划

当我们的储蓄一天天增加的时候，最迫切的就是寻找一种投资组合，能够把收益性、安全性和流动性三者兼得。

（6）退休计划

退休计划主要包括退休后的消费和其他需求，及如何在不工作的情况下满足这些需求。要想退休后生活得舒适、独立，必须在有工作能力时积累一笔退休基金作为补充，因为社会养老保险只能满足人们的基本生活需要。

（7）遗产计划

遗产计划的主要目的是使人们在将财产留给继承人时缴税最合理：这个问题在国外比较突出。遗产计划的主要内容，是一份适当的遗嘱和一整套税务措施。

（8）紧急备用金

在正常的收入与支出范围内，一个家庭每月或多或少会有结余，但是当收入突然中断时，如果没有一笔紧急备用金可动用，就会捉襟见肘，陷入一时的财务困境。紧急备用金可以帮我们渡过难关。

①应对失业或其他问题。

应对失业或其他原因导致工作收入中断失业后难以顺利找到工作而面临的经济环境和经济周期困境。为了应付失业，至少应准备3个月的固定支出，较保守可准备6个月固定支出。支出包括每月的生活费用。

此外，因为意外伤害或身心疾病等原因导致暂时无法工作，虽然通过社会保险可以降低长期丧失劳动能力的风险，但最少也要准备3个月无债期、用作固定支出的紧急预备金，而未投保残疾收入者，则以准备6个月为限，更长的应对时间可以是1年。

②应对紧急医疗或意外灾变所导致的超支费用。

有时家庭会出现自己或家人的紧急医疗费用或因天灾、盗窃导致的财产损失，也需要一笔紧急备用金。

## 风险可以预测与规避吗

风险虽然不确定，但并不意味着在做出决策时，投资者就无能为力，没有较好的办法。其实投资正如踢足球，不可预测。但人们还是承认，大多数情况下仍是实力强者占据场上优势。对于投资风险，投资高手们自然能想尽办法来预测和规避。

当然，作为普通的家庭主妇，要计算出投资活动中各种风险的概率，并根据其做出一定的决策是一项不现实的事情。

1. 投资的不可预测性

（1）风险本身具有复杂性和多变性

投资者甚至不明白和不能估计在投资过程中会发生哪些风险。

（2）投资者本身风险意识的强弱会影响到这种预测的准确性

因为进行这种预测是需花费一定的金钱和时间的，而风险意识较弱者一般不愿意支付这笔费用。

（3）预测者本身所具有的知识有限

进行预测者所掌握的有关信息如国际金融形势、国家宏观政策变动、市场行情的变动等可能不完全，预测者本身所具有的知识可能不足以把握这项工作。

尽管风险预测很复杂，但家庭主妇们仍应根据自己的情况理性地对风险进行预测。如黄金价格变动对投资者而言虽然存在不规律性，但一个理性投资者绝不会在自己估计通货膨胀率会下降时仍大量购进黄金。更何况，不同投资的风险程度是不一样的。

2. 各类风险情况

（1）基本上没有风险

如果对未来的某种投资决策只有一种可能的结果，那么一般认为这种决策除了通货膨胀风险或税收损失外没有其他风险。比如，投资国债，其收益由财力雄厚的国家财政担保，债券到期便可按规定的利息率取得预期利息，因而其收益几乎是固定的，不可能产生高于或低于这种收益的其他结果。这样，投资国债就几乎没有任何风险。

（2）不完全风险

这种情况即对未来的情况不能完全确定，但概率是已知的或可以估计的投资决策。在这种情况下，投资者对于未来的结果虽不确定，但对于哪些结果会出现，每种结果出现的可能性即概率，每种结果出现后的收益情况应有一定的了解，那么这种决策存在的风险是一定的，并可以较好地预测出。

（3）完全风险

这种风险会影响到我们的各个生活层面，包括健康、工作、家庭生活、交友和休闲等。我们经常看到、听到一些炒股的人因为在股市上赔了钱，导致夫妻反目、家庭不和；还有人"堤内损失堤外补"，股市上赔了钱，就去牌桌上赢，走上赌博的道路。

所以，当我们投资时，必须考虑自己能够或愿意承担多少风险，这牵涉到个人的条件。

3. 自我测试面对风险的态度

一个人面对风险所表现出来的态度，通常可分为四种类型：进取型、中庸型、保守型和极端保守型。

进取型的人愿意接受高风险以追求高利润；中庸型的人愿意承担部分风险，求取高于平均水平的获利；保守型的人则往往为了安全或获取眼前的利益，放弃可能高于一般水平的收益；极端保守型的人几乎不愿意承担任何风险，宁可把钱放在银行生蝇头小利。

下面一组问题是用来测验你在面对风险时所采取的态度的，不妨仔细想想，根据过去的生活经验，试回答下列问题。

①你经常患得患失吗？

②你是不是喜欢自己做决定？

③站在股票大厅，你还能控制住情绪吗？

④你喜欢赌博吗？

⑤你会不会在投资亏损的压力下还能吃饱睡足？

⑥你是否宁可买一只风险甚高的股票，也不愿把钱放在银行里生小钱？

⑦你对自己的决定是不是乐观、自信？

分析：

如果你的答案有6个或7个"是"，你就是进取型的人；如果只有一两个"是"，应该算是极端保守的人；答案若有3~5个是肯定的，可能是中庸型或保守型。肯定的答案越少，越倾向于保守。

4. 自我测试承担风险的能力

下面一组测验可测出个人面对风险

的态度，但真正要确定承受风险的程度，还必须考虑其他的客观因素，像家庭的收入、开销等。很多情况下，就算你心态上是进取型的，但现实的情况却让你没有能力去承担风险。

①如果你在股市中损失了部分钱，你能忍受吗？

②万一你失业了，你有没有其他稳定的收入来源？

③你有足够的收入以应付家庭的基本所需吗？

④你和家人的人寿健康保险够吗？

⑤万一你急需要钱，你有把握能筹措到足够的钱，维持足够长的时间，以缓解财务困难吗？

分析：

如果5个问题的答案都是肯定的，就有资格把自己归为进取型的人；只要有一个否定的答案，就应该把自己归为极端保守型的人，因为你没有本钱来冒险。在选择你的投资方式时，最好将自己的主观态度和客观条件一并加以考虑。

## 女性如何谨慎投资

女性在选择投资项目时，越是对各种投资项目不了解、不熟悉，越是习惯于打听何种投资项目回报率高，或听信其他人的介绍进行投资。在这种情况下，女性如果进行投资理财，其风险可想而知。

投资活动是无形的，由于现在各种各样的推销策略和推销人才的产生，许多投资项目能很容易地从推销员手中转到投资者手中，而投资者似乎常常因为其高收益而不会拒绝。同时，对许多众所周知高收益的投资项目，投资者也缺乏可靠、充分的检测手段，因而投资者常常尚未体会到高收益就已先体验了因追逐高收益伴随而来的高风险。如大家都根据上市公司的年度财务报告来分析判断某公司股价的应有水平，从而做出自己在股市中的各种决策。

但市场的情况往往是各种假消息、小道消息满天飞，这些都给投资收益的获得增加难度，而投资风险也正是暗藏其中。因此，女性在投资之前，必须注意以下几点：

1. 不要相信道听途说的信息

通常情况下，投资者不熟悉、不了解自己进行的投资项目，只能任其波动，放任自流，这正是风险发生的最大突破口。投资者不熟悉去进行的投资项目，也只能听信其他人的介绍或相关信息，而道听途说或轻信正是投资者进行投资的大忌。

2. 选择自己熟悉、了解的投资项目

选择自己不熟悉的投资项目，其收益越高，风险也越大，此时，有些对收益的追求可能压倒担心和谨慎。相对来说，选择自己熟悉的投资项目，充分利用自己已有的专业知识和成功经验，是投资稳定成功、安全获益的有利因素。

3. 把信息列出清单

谨慎投资可行的办法是，在每次投资前，投资者将自己目前所掌握的有关投资信息列出清单，并依次分析自己的熟悉程度与获利可能性，避免投向那些趋于跌值，并可能造成重大损失的捉摸不定的投资项目。

4. 不应急于求成

投资不应该急躁，绝对不能在与他人第一次交谈时就同意投资。

5. 全面考证对方

在与任何人进行投资交易之前，要完全弄清对方及其所代表的公司的详细情况，对其信誉等进行全面的考证。

而对于一些自称是经纪人或代理人的人所提供的相对有吸引力的投资细节，要对其进行宏观层面的分析，即从大处着眼对其思考，如价格便宜的房地产是否存在着质量上的问题，而高收益的债券是否其信誉度很低。只有弄明白了有关问题，投资者真正达到了熟悉该产品的程度时，才可下决心投资。

## 如何进行家庭投资理财

女性在家庭中大多掌握着财政大权，手中握有一定的资金。如何盘活资金，让钱生钱，增加家庭收入？这是女性所要面临和思考的家庭问题之一。理好财，让钱生钱，就要看准投资项目，但是，投资市场是复杂多变的，充满了风险，这就需要女性进行必要的谋划。有了投资计划，女性才能有条不紊地实施自己的投资步骤，才不会方寸大乱，手足无措。

1. 制订投资计划之前要理性分析

女性在家庭投资理财时，首先要进行理性分析，做到"知己知彼"，才不会失误。说到投资，无非就是平衡资金收益、安全和流动性。对于普通的家庭来说，我们可以把资金分为两类：

（1）第一类

如买房、买车、结婚、生育、教育、养老等有明确支出去向的资金即为第一类。实际上我们大多根据资金使用时间，选择银行存款、银行理财产品、国债、债券型基金等安全性较高的理财产品，或者小部分尝试股票型基金、信托等产品。

（2）第二类

第二类为无明确支出去向的资金节余。可以根据客户的风险偏好来选择适合的产品。目前普通投资者可选择范围还是比较有限的，所以需要注意理财产品的同质风险。如：有些客户持有大量股票的同时还选择持有关联性较高的股票基金。很明显，这两类资金可承担风险的能力是不同的。

2. 认清自己的实际情况

（1）性格

投资是一个克服自己性格缺陷的过程，很多人在投资过程中遭遇失败就是因为不能很好地克服自身性格上的缺陷。

一部分投资失败者的经历往往都是他们性格弱点的大暴露。比如，有的投资者原本做好了充分准备购买一只股票，但在第二天开盘后，发现这只股票走势很糟糕，顿时开始自我怀疑，进而推翻之前自己所做的所有决定。

更糟糕的是，在这样的情况下，有

的投资者听信别人购买了一只根本不熟悉的股票，结局基本上只有一个，即造成投资失误。

因此，这里要告诫投资者的是：永远不要投资在自己不熟悉的领域。在投资时，一定要坚决地按照自己原定的计划走，只有这样，才能减少损失、增加收益。

（2）心态

什么人都可以赚钱，唯有贪婪和恐惧的人赚不了钱。对女性投资者而言，最要不得的心态就是太患得患失。在投资过程中，千万不要过于恐惧，也不能过于贪婪，要学会止损，更不要忘记适时止赢。

（3）心理因素

在投资过程中，投资者的心理素质有时比资金的多寡更为重要，优柔寡断、多愁善感性格类型的投资者，应该避免进行风险较大的投资。

（4）机遇

机会总是留给有准备的人，这个道理对投资而言，应该是老生常谈了，但却是一条永远不变的真理。其实，当你决定进行投资时，一定要在行动之前进行充分的准备，在这样的情况下，成功概率也会相应增大。

（5）知识储备

女性要成功理财，必须学习一些理财方面的经济常识，多看书，多实践。

### 3. 分析家庭财务收支

分析家庭财务收支，做到心中有底。作为新时代的女性，家庭理财已经被提上日程，做好家庭理财不仅有利于维持家庭的稳定，也有利于家庭的发展。但在理财之前，你必须清楚了解自家的财务状况，这个财务状况包括你的月收入、支出等一些情况，以便采取最优的理财方案。

但在生活中，很多人对自己的财务状况知之甚少，以至于他们消费的时候总是犹豫不决，不知道这钱该花还是不该花，是否超出了自己的消费能力。还有很多人则不知道自己的财务状况如何，更不知道怎样对其进行优化。更有甚者，连自己有多少资产都稀里糊涂的。

其实，相对于个人和家庭的理财，了解自家的财务收支是最基础的一步。知己知彼，方能百战不殆。只有摸清了自己的家底，你才能对症下药，明确自己的理财需求和目标。至于什么资产规划、投资组合，这些都是后话了。

不过，摸清家底并不是要你搞清楚银行存款的数量这么简单，也不仅仅是每天记账就能理清头绪，你需要做的主要有以下几件事情：

（1）分别列出你的家庭资产和负债

资产是指你拥有所有权的各类财富，可以分为金融资产和实物资产两类。用家庭资产减去负债算出家庭的净资产，净资产才是你真正拥有的财富价值。

看看你的净资产究竟有多少，这就是看你的资产结构是不是合理。

但是，净资产规模大并不意味着你的资产结构完全合理，甚至可能并不是一件好事。如果你的净资产占总资产比率过大，就说明你还没有充分利用其应债能力去支配更多的资产，其财务结构仍有进一步优化的空间。

对于净资产占总资产比率较低的人来说，应采取扩大储蓄投资的方式提高净资产比率。而那些净资产接近零甚至为负值的人，如何尽快提高资产流动性并偿还债务才是当务之急。

（2）看看自己的结余比率

这是决定净资产提高能力的一种手段，列出你一年中收入和支出的明细，用年结余除以年收入计算你的年结余比率，这样就可以知道你提高净资产的能力，从而为你的结余资金做一个合理的规划。

10%是结余比率的重要参考值，如果比这个比率大，说明你的财富累积速度较快，在资金安排方面还有很大的余地。如果比这个比率小，则要从收入和支出两个方面进行衡量，是收入太低，还是支出太高。收入太低就想办法开源，支出过高就得节流。

（3）看看自己的清偿比率

它是衡量财务安全度的一条准则，除了上述两个重要比率，还有一些数据对财务状况分析也很重要。比如清偿比率，从这个数据能够看出你的偿债能力如何，资产情况是否安全。这个比率一般应该保持在50%以上，如果远远超过50%的标准，一方面说明家庭的资产负债情况极其安全，同时也说明家庭还可以更好地利用杠杆效应以提高资产的整体收益率。

而负债收入比率则可以反映你的短期债务清偿是否有保障，这个比率一般保持在40%比较合适。投资资产与净资产的比率主要是了解你目前的投资程度，这个值不宜过高，过低当然也不合适，按照经验测算，一般在50%左右比较合适。

（4）看流动性比率

如果收入稳定，流动性比率可以小点。如果收入不稳定，或者不可预料的支出很多，那么应该保持较高的流动性比率。一般情况下，保持流动性资产能支付3~6个月的支出即可。

（5）对收入以及支出情况进行预测

最后，还需要对你未来的收入以及支出情况进行预测。这样，综合起来，你就对自己的财务状况有一个很全面的认识，同时也可以针对结构上的不足进行优化。

4. 家庭理财要注意哪些

人的一生拥有的资源是有限的，如果现有的资源无法满足个人需要，理财规划就要帮助我们去取舍，根据每个需求，排定重要性和实际性，使资源发挥最大的功效。理财规划是没有统一的对错标准的，每个人的实际情况是有很大差别的。现实社会，瞬息万变，女性应该审视自己的理财规划，及时做出调整。

在家庭层面，女性就是持家过日子或管家，似乎自古以来家庭理财都是女性的专职。从一定意义上讲，理财决定着家庭的兴衰，维系着一家老小的生活和幸福，尤其对于已成家的工薪阶层来说，更是一门重要的必修课。家庭理财要注意哪些？

（1）备足家庭备用金

家庭备用金主要用于预防家庭突发事件，要求可以随时支取。这部分资金要求很高的流动性，一来保证应急能力；二来可以避免为突发事件而套现其他资产，影响投资收益。备用金能满足家庭3～6个月的家庭日常开支就比较合理。

家庭持有过多的现金资产，势必影响资金的使用效率，导致资金再增值能力不强。而部分家庭却较偏向定期或其他投资，备用金储备不足，潜存一定的财务风险。

家庭备用金的持有形式除了现金和银行活期存款，也可以考虑采用货币市场基金的形式持有，如果金额较大，部分也可以存为三个月定期，这样既可以保证使用的灵活性，又可以最大可能地利用该部分资金。

（2）多种途径防止过度开支

在理财规划中，我们一般都不太建议客户缩减家庭开支，因为这与生活水平息息相关，如果理财规划意味着势必降低生活水平，规划本身具有的意义也不太大。但如果家庭日常开支达到收入的50%，这就是一个较危险的信号。开支太大，储蓄水平将受到直接影响，这决定着以后的家庭资产增值的后劲。

年轻家庭出现过度开支的情况比较多，这很难在理财师的规划中得到很好的建议。比较普遍的做法就是通过记账逐渐养成良好的消费习惯。

对于自我约束能力较差的个人，我们通常会建议进行银行定期储蓄，可能的话将工资账户开通银行定期转存功能，工资一到账就转为约定期限的储蓄。当然，激进点的做法也可以选择基金定投。

（3）科学购物

同一品牌、规格、等级的商品，在不同的时间、地段和不同规模的商场都有不同的价位。科学购买商品，一是货比三家，在较便宜的地方购买；二是利用季节差价，过季促销的商品大多物美价廉；三是有些需要量大的物品不如批发来得划算；四是学会砍价；五是别忘记投保附加险。

（4）制订保险计划

保险由于其特殊的性质，普通人不太容易理解，所以也是出问题较多的部分。一般来说，理财师都会建议保险的费用占家庭收入的10%～15%，但最终还需要根据家庭实际情况来判断，投入过高将增加家庭负担，过低可能存在保障不足的风险。这里我们也用生命周期原理来简单介绍。

单身期、家庭形成期以及创业时期，面临的人身风险较大，寿险和意外险是

必不可少的。但是这些时期的人收入有限，不能严格按 10%～15% 来投保。经济能力强的可以选择终身寿险，经济能力较弱的建议选择定期寿险。

此时的保险主要预防自己出现不测，而为了预防自己的父母或其他亲属陷入生活困境，可以根据这些人的生活需求来确定保险金额。最后再来考虑健康保险等，选择定期还是终身也可以根据自己的经济状况来决定。

成长期和成熟期都是家庭责任最重的时期，此时需要在原来人寿保险的基础上调高保险金额，以与自己承担的家庭责任相适应。同时，这个阶段的人由于逐渐步入中年，应该提高对健康问题的关注，重大疾病保险和医疗保险都不能少。根据现在的医疗条件，重大疾病保险达到 10 万以上才能起到一定的保障作用。

最后就是养老的问题，养老金关系到以后几十年的生活问题，所以安全性尤为重要，建议选择非投资类险种为宜，而分红保险可以起到一定的预防通货膨胀的作用，可以重点关注。

（5）控制不必要的开销

现实生活中，有些女性盲目消费、随意消费，浪费掉大量金钱，给家庭造成了经济危机，给家庭的资金积累带来很大的隐患。有这种消费习惯的女性，应该吸取教训。在以后消费购物的时候，可以先列一个计划清单或只带一点有限的钱在身上，以制约消费欲望。一个家庭的好主妇应当是一个家庭理财的专家或高手，控制自己的消费欲望是成功理财的第一步。

根据家庭需要，女性应该把合理的消费提前预算并列出明细账来，为家庭量身制订新的收支计划。新的一年一开始，首先把这一年中的固定开销列支出来，诸如房租、食品费用、水电费、保险费、交通费等项目，然后再计划必要的开销，诸如置衣费、医药费、教育费、交际费，等等，在列支项目时不要一个人说了算，要和爱人多商量，共同来执行。

女性如何依照家庭需求确定合理的预算，对家庭理财来说是很重要的一步。很多女性都知道，这不是件容易的事情，所以预算计划必须得到全家人的合作，才能得到合理的预算结果，同时还需要具备坚定的决心和严谨的自制力。

女性一进入商场总是控制不住自己的消费欲望，看见每一件物品都是家庭所需要的，可是在买回家以后，却发现并不是很重要的，也不是必需的用品。所以，女性最好放弃这种消费行为，特别是避免购买一些昂贵的衣服、首饰、装饰品，而把节省下来的钱用来更换早已经老化的电视机或其他的电器。

勤俭持家是中华民族的传统美德。虽然我们的生活条件比从前要好很多，但是也不能丢掉勤俭持家的传统习惯，它不仅是"传家之宝"，也是我们积累资金，为家庭获得更大投资资本而积累原始资金的主要资金来源，也是我们改善家庭生活，提高生活质量的重要组成部分。

不少家庭过日子，只注意怎样增加收入，如何赚取更多的财富，却忽视了对家庭支出的管理，就是赚得再多，也会入不敷出，这就需要女性对家庭的日常开支做一个合理的规划。事实上细心的女性特别注意日常开支，这对家庭提高生活水平有着极其重要的作用。每一个家庭中的"财政大臣"都应该做到精打细算，不冤花一分钱。

其实每个家庭就是一个小小的"独立核算单位"。家庭有收入，量有支出。俗话说："由俭入奢易，由奢入俭难。"在今天，勤俭持家对于家庭消费经济效益的提高，更具有重要意义。

此外，在现实的生活中，会有许多意想不到事情发生，这都是无法想象和避免的，例如突然生病了、同事要结婚，等等，这些无法预知的事情，是在做家庭计划时绝对想不到的。把这些无法预料的费用预留下来，然后再计划必要的开销。

## 怎样做个会存钱的女性

在我国，大多数家庭的理财方式是储蓄，很多女性认为储蓄是最稳妥的理财方法。储蓄理财是"积蓄与增值"的结合体，虽然增值不多，但稳妥可靠，而且当家庭急需用钱时，取用也很方便。

女性搞好家庭理财，首先要学会储蓄，这是十分必要的，因为储蓄就是一个从无到有，积少成多的理财方式，慢慢将零碎的资本集成一笔可观并能助你达到目标的资本。但是，理财绝不仅仅是等于呆板地让你去储蓄，像守财奴一样守护着自己的钱财。如果什么都不做，有钱就储存起来，从理财的角度去看，这是一种极其愚昧的行为。理财是要善于运用钱财，如果一味盲目储蓄，反而使自己的资产受到通货膨胀的无情侵蚀。

储蓄理财时，女性比男性更具优势，这与女性特有的沉稳、细心不无关系，最重要的是，女性不冒失行动。这应该是一个很大的优点。

利率相对较高的时候，应是存款的好时机；利率低的时候，则应多选择凭证式国债或中、短期存款的投资方式。对于记性不好，或去银行不方便的客户，还可以选择银行的预约转存业务，这样就不用记着什么时候该去银行，存款会按照约定自动转存。

夫妻双方对理财的认识和掌握的知识不同，会精打细算、擅长理财的一方，应作为和银行打交道的"内当家"。同时，如今许多银行开设了个人理财服务项目，你还可以把钱交给银行的理财中心，让银行为你代理理财。

在很多人的心目中，储蓄一直是最稳健的理财方式，也谈不上有多大风险。然而，与其他的投资方式一样，储蓄同样存在风险，只是这里的风险有一点不同。具体操作上，对于女性来说，可以参考以下方案：

1. 建立家庭开支账本

精打细算的人在自己心里总有"一本账"，每月的收入进账之后，就应该精打细算，安排出合理必要的开支项目。可以列出一张家庭收支表，所列的项目因人而异，可多可少。总的原则是花钱要有计划，用钱要有记录。这样长年累月地通过记账，可以从中发现哪些开支合理、哪些不合理，不断地进行调整，使家庭的每一笔钱都用在点子上。

（1）分配好自己的工资

如果女性是个"月光族"，那么就需要好好反思一下。不管你现在一个月挣多少，这不是你成为"月光族"的借口。如果你银行账户基本处于"零"状态，而穿的是名牌，用的也是名牌，而且经常在饭店吃饭的话，那么你根本就不懂理财。

从心理上来分析，这表现出来的是一种不成熟的心态。"月光族"往往都比较年轻，而且是单身，已经拥有家庭的人不会这样不计后果地消费。实际上道理很简单，因为他们没有太多的责任，而且眼前没有太大的风险，所以他们不会为自己的未来做打算。

理财和女性挣多少钱没有关系，从现在起，女性就应该开始理财。转变自己以往的观念，控制自己的消费，合理地分配自己的收入，这样才能改善自己的经济状况。

有些女性出外打工需要租房，租金必须要从收入中支付，这也是日常开销的一大项。不管你是按季度还是按年交付，你都必须要从当月的支出中预留出来，否则就必然会影响到你以后需要交租或者还贷时那个时段的理财规划，整个理财规划都要打乱或者泡汤。

（2）应对卡债

信用卡的推出确实方便了许多的持卡人，买东西时刷卡大部分人都不会心疼，偶尔透支一下，也挺爽的。但是，你也别爽过了头，到了该还账的时候就该难受了。所以，你的支出里面也应当将你所欠的卡债部分算进去，否则，过期之后的利息可不低。

（3）应酬所需

现代女性都会有一些应酬，因此，少不了这笔日常开销。女性平时与朋友、同事在一起吃饭、唱歌、泡吧、买礼物、凑结婚份子等，样样都需要钱，因此在准备这笔开销的时候，要先看看这个月有多少人要请、有几个人要过生日、有哪些人要结婚等，先将这些钱预留出来，否则难免会出现"月初花得很开心，月末四处补亏空"的情景。

（4）爱美投资

女性爱美，天经地义。商场里刚上货的新款衣服、鞋子、化妆品、首饰、包等，无不在诱人地向女性们招手。在这方面，女性的抵抗力是非常弱的。既然抵抗不住诱惑，那么就必须先预留出一部分来备着。

2. 选择银行发行的保本理财产品

一般情况下，保本型理财产品会比定期存款利率高出 0.9~2 个百分点。然而，天下没有免费的午餐，相对高的回报也伴随着相对高的风险。虽说是保本型，它对本金的保证也是有期限的，即在一定期限内对投资者的本金提供保证。如果是提前赎回，在市场不尽如人意的情况下，则有损失本金的可能。

而且，保本型理财产品的保本也只是对本金而言，并不保证盈利，也不保证最低收益，对本金的承诺保本比例也可以低于本金，如只保证本金的95%。

3. 学会打理银行卡

很多现代女性的钱包里，都会装着好几张银行卡：有发工资的，有还住房按揭的，有缴水电费、煤气费的，还有在特约商户打折的专用银行卡。一开始，拿这么多卡觉得很时尚，很潇洒，丝毫不考虑这小小的银行卡也能帮助我们理财。巧妙地利用银行卡来理财，将使你的财富越来越多。

目前，银行卡的综合服务功能越来越完善，客户只需到银行开办"一卡通"业务，一张银行卡即可囊括取款、缴费、转账、消费等所有功能。此外，持有不同银行的银行卡容易造成个人资金分散，需要对账、换卡和挂失时，更是要奔波于不同的银行间，浪费了大量的时间。

因此，手中银行卡较多的女性朋友要尽量将多张卡的功能进行整合。对于不同银行的银行卡，应根据自己的使用体会，综合比较，选择一家用卡环境好、服务优良、收费低廉的金融机构。

如果你经常出差，可以选择一家股份制银行的银行卡，不少股份制银行不收开卡费和年费，有的银行异地取款还免收手续费。但如果经常去小城市出差，还是用大银行的卡比较好一些，因为这些银行的网点比较多，取款更为方便。

对于不常用的银行卡，如果是挂在存折账下，可到银行办理脱卡手续；如果自己手中的卡已经不用了，则应及时到银行销户。

在小额账户和银行卡要收费的情况下，适当清理手中的银行卡是很有必要的。一些朋友持有多张银行卡是因为用途不一样，比如 ATM 支取工资、扣缴住房贷款、代缴水电费要分别使用不同的银行卡；有的人因考虑取款方便等原因还办有牡丹卡、金穗卡、长城卡等分属不同银行的银行卡，这样从表面上看是给自己带来了方便，但实际上不利于个人资金的管理。

各银行和银联组织经常会推出用卡消费积分奖励等促销举措，女性朋友们应尽量刷卡埋单，这样可多赢得刷卡消费积分。为了鼓励刷卡，不少银行规定刷卡多少次就可以免去下年年费。有的银行还规定，刷卡几次以上不但能免年费，还可以按照年费的160%返还给客户现金奖励。所以，刷卡消费不但能省钱还能赚钱。

4. 让银行卡为自己管家

家庭中缴水电费、煤气费等这些琐事，让女性很头疼。现在银行都开通了银行卡"管家"功能，可以授权银行自动从卡中扣收水电、煤气、电话、手机等费用，甚至可以自动定期定额向老人以及外地的学生账户划转赡养费和学费。这就省下了自己不少的时间，在时间就是金钱的时代，节省时间就等于赚钱。

同时，我们还可以让银行卡为我们解忧，有的时候，我们会出现身边没钱的状况。这时，我们就可以办理一张具备授信功能的贷记卡，以解燃眉之急。

有固定职业和收入的人都可以向银行提出办理贷记卡的申请，银行会根据办卡人的综合情况核定信用额度，在此信用额度内，持卡人可以先划卡消费，然后在规定的到期还款日前偿还透支款，便可以按还款金额恢复相应的信用额度，持卡人可继续重新使用新额度。

贷记卡的最大特点是可以享受免息还款，持卡人在信用额度内透支消费，从信用消费日至银行规定的到期还款日为免息还款期，持卡人可以享受最短25天、最长56天的免透支利息待遇。在还款日前偿还全部透支款的，无须支付透支利息。

银行卡作为一种电子货币，已经渗入了人们生活的方方面面。除了以上几种银行卡的基本功能以外，银行卡还具有电子汇款、拨打长途电话、购买福利彩票以及个人自助贷款等各种各样的功能。有的银行卡还为开车的人带来了方便，咪表泊车自动刷卡、高速公路开车过站免停车自动收取路桥通行费、在特约加油站享受油价优惠、保险理赔、卫星定位、自驾车旅游等多种优惠服务。

5. 巧用网银实现财富管理

存款利率上调，各种变化不断的投资渠道扩展，常常引发新一轮的炒股热和转存热，大量市民涌向银行。同时，银行也不断推出各类金融产品，业务大量增加，这些都给银行柜面服务带来很大压力，使得银行出现排队长龙的情况愈演愈烈。在这种压力下，银行业务从柜面银行向网上银行转移成为大家所期待实现的发展方向。

许多外企工作的女白领都有将自己的任何生活开支，记录在一张报表或者是一个专业的小账本的习惯。她们将自己的支出和收入报表，大到房屋，小到卫生纸牙刷，各项支出一览无余。一方面这样做可以在任何时候了解到自己某样东西或某项支出的支付时间，另一方面这种做法也的确可以帮助自己慢慢形成良好的理财习惯，避免不必要的开销。

其实，如果你更习惯于通过电子支付方式来完成各项支付，比如手机费、水电费、房贷等，那么这项工作将变得更加简单易行，而且可以轻松实现整个家庭的财富管理目标。除了支出以外，各项投资理财情况也都清晰显现。

相对于柜台办理业务而言，使用网上银行最大的好处在于个人可将自己在银行开立的借记卡、活期一本通、定期一本通、活期存折、存单、凭证式国债等授权给家人，供其通过网上银行查询账户余额、活期账户交易明细、收支表、资产负债表或资产表等财务信息。

获得其他家庭成员授权后，个人还可查看整个家庭的合并收支表和合并资产负债表，从而实现对未成年子女零用钱账户的有效监控及家庭财务的集约化管理。此外，个人还可根据资金管理需要和家人建立资金汇划关系以实现家庭成员之间资金的灵活调度和集中管理。

女性除了日常的财富管理，还可以利用网上银行轻松参与更多领域的投资，并且可以节省更多的投资成本，为财富保值增值。

如果女性是个上班族，肯定不可能在上班时间去银行排队买国债、买基金。但周末休息了，这些回报更高的理财产品也就停止销售了。利用网上银行则可以轻松解决这一问题，只要利用手边的电脑轻点鼠标，炒汇、炒股、国债、基金都可以尽在掌握。

此外，在股市行情出现震荡或者有大宗支出尚未做出决策前，经常会有流动资金较多的储户抱怨没法在定期存款和活期存款之间取得平衡。明明知道定期存款的利率高，可是为了应付不时之需，总要在手头保留一部分活期存款，数额还不小。

这笔钱可能好几个月甚至几年没有用，白白损失了利息收入，可要是存为定期，也不能保证临时的需要，还是要提前支取。其实这种情况完全可以通过网上通知存款来解除烦恼。

一般而言，银行的网上通知存款可以为客户提供24小时全天候服务，女性只要在柜台申请并开通了网上银行业务，就可以自助办理通知存款账户的开立、设立或取消提款通知、通知存款提前转出等业务，既享受了便利的资金流动性，同时也享受相对较高的存款利息。

对于普通的网银用户来说，安全性是大家最为关注的问题。一般来说，如果只办理普通的查询、转账、汇款、缴费等金融业务需求，使用网上银行的地点也相对固定，那么直接在银行柜台开办普通的网银服务就可以轻松满足你的需要。

## 怎样买房

女性买房大多为了自己和家人居住，但如果自己和家人收入高，家中饶有资财，不妨投资房产。房产投资在现今仍然是稳妥的投资方式，虽然要花费大笔资金，但买了放着总有一天会涨。只要女性自己不急不躁，就绝对不会有损失。

如果在好地段买房，增值的空间会更大，虽然炒房获取高利的时代已经过去，但只要选得对，还是有盈利空间的。然而，如果选错了，不仅卖不掉，房子还可能成为一个烫手的山芋。

据有关数据统计，现在房价的上涨幅度，已经远远超过了人们收入的增长幅度。对于工薪阶层而言，如果要靠薪资购买首套住房，可能需要不吃不喝几十年才能把房子买下来。显然，对于大多数人而言，一下筹备数额如此巨大的资金是不现实的，如果购房的时候只准备一部分首付款，然后再加上每月支付的贷款利息，这样的负担对很多上班族而言，是可以接受的。

如果女性及家人在此期间，更换另一份工作或收入中断，将面临非常严重的资金问题。由此可见，对大多数人来说，身负的购房压力是很大的。对于年轻人来说，现在，买房不是一件容易事。不少开发商在地产广告宣传、房产合同中存在着虚假、夸大等种种陷阱。

1. 女性在购房时要注意哪些

（1）实地考察

开发商为吸引购房者，往往把自己的地段位置说得过于优越。女性在购房时，不要受广告诱惑，要实地进行考察，同时还要有发展的眼光，更要到国土部门了解城市的规划。有些地段目前较偏，但随着城市的发展，可能只需两年的时间就会变得繁华；有的地段当时很旺，但未来可能会被用于开发公园或造立交桥，其优势不复存在。

（2）了解开发商背景

购房者在购房前要查清开发商的背景、主管部门、注册资金及有无建设部门颁发的房地产开发资格证书等情况。许多房地产公司虽然挂的是国有或合资的大招牌，但实际上是个人所有或个人承包，完全靠购房者预付的购房款完成楼盘开发。

（3）看其报价是否有虚

开发商往往在广告显眼位置标上一个令人心动的价格，而在角落里注明"价格不包括审批费、配套费、绿化费等"，结果实际支付的款项大大超出购房预算，因此，购房者在购房时应切记：一般房价不包括公证费、"土地使用权证"和"房屋使用权证"的工本费、管理费、土地合作费等费用。

（4）看其产权证件是否齐全

"国有土地使用权证"、"建设用地规划许可证"、"商品房预售许可证"这三个证件是办理产权证的必要条件，缺一不可。因此购房者在购房前必须查看房地产开发公司的这三个证件是否齐全，否则，买了房有可能拿不到产权证。

（5）交房时是否"五通"

购房者在签订购房合同时，一是要写明交房日期，同时注明通电、通气、通车、通水、通邮等条件，要明确双方违约责任，避免日后不必要的麻烦。

（6）小区规划是否有"猫腻"

按规定，房屋间距与房屋高度比例最低是1:1，因为房子的间距是会直接影响居室的采光、通风、视野、绿化等方面的。而有的开发商为了降低成本，追求利润，随意缩小房子的间距，给购房者的居住带来不应有的烦恼，同时也会使得房产的品质和内在价值降低。

（7）物业收费是否合理

女性在买房时，一定要问问，物业公司是否进入了项目，何时进入项目。一般来说，物业公司介入项目越早，买房者受益越大。如果在住宅销售阶段，物业公司还没有介入，开发商在物业管理方面做出许多不现实、不合理的承诺，如物业费如何低、服务如何多等，待物业公司一核算成本，根本达不到，承诺化为泡影，购房者就会有吃亏上当的感觉。

其实，一些开发商将低物业收费作为卖点，实在没有什么可信度，因为物业收费与开发商根本没有什么太大关系。项目开发、销售完毕，开发商就走人了，住户将来长期面对的是物业管理公司，物业管理是一种长期的经营行为，如果物业收费无法维持日常开销，或是没有利润，物业公司也不肯干下去。

2. 如何考查房产中介资质

现在居高不下的房价，使很多人将目光投向了二手房市场，选购二手房除了注意交通位置、周边环境及房屋的产权、质量、物业管理、房价、升值空间等因素外，如果二手房的买卖是通过中介进行的，还需要对所经手的中介资质进行全面核查。

（1）中介公司营业执照

验证该公司的营业资质。

（2）公司名称、经营地址

查看中介公司是否有明确的公司名称、长期经营的地址。

（3）中介公司的注册资金

查看中介公司营业执照，确定它的注册资金。

中介公司注册资金不能低于买卖一套房子的价格。中介公司为品牌公司，拥有良好的诚信，一旦发生纠纷，作为消费者的客户能得到妥善解决。

（4）合法的房地产经纪人资质

查看该中介公司是否拥有具备合法的房地产经纪人资质的从业人员，是否是有房地产经纪人资格的业务员在提供中介服务。

（5）房屋合同是否经过备案

查看该中介公司与你签订的房屋合同是否经过备案。

女性买房者从这些方面的考查中，便可以看到房屋中介公司的情况。

无论是对一手房，还是二手房而言，买房置业都是一笔巨大的开销，特别是在房价不菲的一、二线城市。对处在事业起步阶段的年轻人来讲，即便已经拥有一定的经济实力，贷款买房前也要慎重衡量自身的还款能力，对于购房者来说，想要在贷款购房的同时，保证生活质量，其月供额度一般不宜超过其收入的一半。

如果女性是月收入在5000元左右的首次置业者，月供不应超过3000元；如果月收入在8000元左右的，月供一般控制在5000元左右比较适宜。

女性在买房后，自己或家庭的整体消费，包括房贷在内，负债比例最好不要超过50%。此外，对于首次置业需要支付的首付，有经济实力的购房者，如果没有其他收益稳健的投资渠道，可以选择多付一些首付款，一来可以节省需要偿还的房贷本金，二来可以节省累积的利息支出。因此，应根据不同的女性，采取不同的还贷方法。

## 出租或卖房怎样才能获得好价钱

有些女性家中有多余的房子，想要将其租出去或卖出去，那么，怎样才能获得好价钱呢？其中也有一些小窍门。这个小窍门其实很简单，就是把老房子装修一下。

1. 家庭再装修的方式

（1）遵循实用主义的装修原则

这种方式如添一个节能热水器或修复漏雨的墙面，比较实用且节省资金。

（2）将资金投入某些舒适的奢侈品

如添置采暖地板等措施资金耗用量大。

这两种思路的装修，对提升住宅的市价效果是迥然不同的。无关紧要的奢侈品投资一般无法收回。

2. 可以获得高回报的装修项目

（1）创造新空间

增加房间空间的功能，比简单地粉刷房间更有价值，开销也不大。如，将房间里原有的空间改造成卧室的套间。通常改造费用的绝大部分可得到补偿。

（2）基础设施的维修和改进

基础设施的完善，是房屋物有所值的保证。如果屋子里的厨房装修一新，非常漂亮，但水龙头是漏的，怎么可能卖出好价钱呢？因此，如果决定出售房屋的话，一定要先解决房子结构和配套系统的问题。虽然这些问题可能比较棘手，或处理起来比较麻烦，但也必须先处理完毕，然后再动脑筋，使其焕然一新，卖出个好价钱。

（3）重新油漆

打算卖房子的话，粉刷一新的房屋在市场上更受欢迎。没有人买看上去陈旧脏破的房子，而粉刷油漆能弥补这一缺点。

（4）厨房的再装修

对大多数买家而言，厨房是住所不可忽视的部分。因此，卖前整修厨房可起到事半功倍之良效。需要做吊顶或油漆，甚至重新铺地砖等基础工作。把油漆剥落并看上去脏乎乎的橱柜给换掉，花费不多，但会使厨房增色不少。

女性买房者如重新装修，还是尽量

采用传统的设计,这不易过时,并尽量使用国产名牌。这样既经得起岁月考验,又可以得到买主的认同。同时,重新整修厨房的花销还能在房屋的卖价中得到补偿。

(5) 安装宽敞的新窗户

用新型的标准尺寸的塑钢窗户,替代老式的铁窗,会使二手房卖出意想不到的好价钱。但是,新装的窗户讲究的是标准尺寸,而不是花哨的形状和样式。

(6) 增加一个盥洗室

在家里增添一个设施齐整的盥洗室,包括洗脸盆、吊顶、浴缸和淋浴设施等。出售住宅时,会得到很大的补偿。

## 如何驾驭股市风云

中国股市虽然起步较晚,但也经历了几十年的风风雨雨。在浩浩荡荡的股市大军中,女性炒股者众多,无疑是一支生力军。尽管股市变幻莫测,风险极大,但股市也不失为一个投资的好场所。一个懂得投资理财的女性,不应放过股市这个可以一展所长的投资场所。如今股票市场日趋规范,但是在规范过程中不时会暴露出一些风险,如果盲目炒股,弄不好就会遇到熊市,就会遭受大损失。

从事股票投资就是要买进一定品种、一定数量的股票,但是面对交易市场上令人眼花缭乱的众多股票,到底买哪种或哪几种好呢?这涉及的问题很多,其实股票投资,关键就是解决买什么股票、如何买的问题。

1. 炒股应遵守的基本原则

(1) 要选择各类股票中具有代表性的热门股

通常来说,在一定时期内表现活跃、被广大股民瞩目、交易额都比较大的股票,常被视作热门股。因其交易活跃,因此买卖容易,尤其在做短线时获利机会较大,抛售变现能力也较强。

(2) 选择业绩好、股息高的股票

这类股票的特点是具有较强的稳定性,无论股市发生暴涨或暴跌,都不大容易受影响,这种股票尤其是对于做中长线者最为适宜。

(3) 选择知名度高的公司股票

对于不了解其底细的名气不大的公司股票,应持慎重态度。无论做短线、中线、长线,都是如此。

(4) 选择稳定成长的公司股票

这类公司经营状况好,利润稳步上升,而不是忽高忽低,所以这种公司的股票安全系数较高,发展前景看好,尤其适于做长线者投资。

2. 怎样才能选好股票

一些市场上的散户高手总结了炒股经验,女性炒股者不妨作为投资时的参考:

①好股票要有机构投资者看好,从公开信息中可以看到流通股大股东,如有QFII(合格的境外机构投资者)、基金、保险或社保基金进驻的。

②是行业龙头或垄断行业的,这是近年来机构投资者选股的基本条件之一。

③现金流、公积金充足的,显示企

业基本财务状况较好。

④市盈率较低，最好是在 10 倍左右，表明未来还有一定上升空间。

⑤"含权"能高分配的。

⑥了解背景，不受宏观调控影响的。

⑦有业绩发展、有良好扩张预期的。

女性炒股者要对上述条件综合考虑，符合的条件越多越好，将选好的个股放入"自选股"先进行跟踪考察一段时间，用长线指标进行观察，最后才能确定是否"下单"。这要求股民在做好功课的基础上来精选个股。不能道听途说，不能轻信股评；一定要冷静观察、仔细分析、看准趋势、把握方向，自己选股。

3. 如何炒股挣钱

在股市上，太多投资人注目的一线绩优股，其实会令人感到负担沉重。对业余投资人来说，也得不到多少机会。冒险投入，最后都落得一场空。

股票市场是一个迷人的地方，它造就了无数的财富神话。它可以让你大赚一把，也可以让你赔得血本无归。当人们在为变化莫测的价格曲线着迷的时候，股票散发着的魅力正在吸引越来越多人加入其中。

购买股票的收益有如下两种：

(1) 分红派息

发行股票的公司每隔半年或一年，根据本公司的经营情况从利润中拿出一部分，按股份比例分给股东。如果公司经营情况不错，那么每股的分红可以在一元左右，而如果公司经营情况一般，可能每股只有几分。在前一种情况下，投资所分得的红利，可能比银行利息高出了很多。进行股权登记后，股票将要除权除息，也就是将股票中含有的分红权利予以解除，除权除息都在股权登记日的收盘后进行，除权之后再购买股票的股东将不再享有分红派息的权利。

在股票的除权除息日，证券交易所都要计算出股票的除权除息价，以作为股民在除权除息日开盘的参考。因为在收盘前拥有股票是含权的，而收盘后的次日，其交易的股票将不再参加利润分配，所以除权除息价实际上是将股权登记日的收盘价予以变换。

(2) 资本利得

一些女性炒股者在购买了股票后，没有多久就卖掉了，期间没有分红和送股，但是你的购买价是每股 3 元，而卖出价是每股 10 元，这个买卖差价我们叫作资本利得，是投资人购买股票的一项重要收入。

4. 掌握股票买卖的方法

炒股的规则只有两个字：买和卖。所以，炒股看起来很简单，其实取胜的概率并不高，是一项不太好赚钱的投资活动。炒股者为了保证自己的投资没有错，会尽量问更多的人，不让投资出现问题，结果你会发现问的人越多自己越糊涂。询问 100 个人会有 100 个不同的观点和答案。所以，无论你问多少人，都找不到明确的答案。

炒股需掌握一个重要操作原则，那就是"涨时重势，跌时重质"。通货膨胀对于股市是很有好处的，一方面适度的通货膨胀可以刺激上市公司的业绩提升，另一方面通货膨胀也是市场上资金增加的一个佐证。资金的供应充足，是股市牛市的最大基础。所以说，在通货膨胀开始显现的时候，投资者也应该增加自己的股票投资。

事实的确如此，股票也有致命弱点，就是缺乏投资安全性。投资股票常伴随着风险，变动性也很大，最糟的情况是，接连几天跌停板。下面是炒股的程序：

（1）办理开户手续

①到证券公司开户，办理上证或深证股东账户卡、资金账户、网上交易业务、电话交易业务等有关手续。然后，下载证券公司指定的网上交易软件。

②到银行开活期账户，并开通银证转账业务，把钱存入银行。

③通过网上交易系统或电话交易系统，把钱从银行转入证券公司资金账户。

④在网上交易系统里或电话交易系统，可以买卖股票，缴纳手续费。

⑤买股票必须委托证券公司代理交易，所以，你必须找一家证券公司开户。买股票的人是不可以直接到上海证券交易所买卖的。这跟二手房买卖一样，是由中介公司代理的。

办理开户手续需要注意以下几点：

第一，女性必须本人办理开户手续，并根据证券交易所的规定，办理指定交易，然后方可在营业部进行股票买卖。

第二，女性开立证券账户，须持本人身份证原件及复印件，开立资金账户还须携带证券账户卡原件及复印件。如需委托他人操作，需与代理人，即代理人也须携带本人身份证，一起前来办理委托手续。

第三，一张身份证只能开立一个证券账户，如果女性已在其他证券公司开户，那么，女性需要在该证券公司办理撤销指定交易和转托管手续之后，再办理开户，开户时仅需开立资金账户和办理指定交易即可。

（2）办理委托手续

作为一个股民，女性是不能直接进入证券交易所买卖股票的，而只能通过证券交易所的会员买卖股票，而所谓证交所的会员就是通常的证券经营机构，即券商。女性可以向券商下达买进或卖出股票的指令，这被称为委托。

在办理委托手续时，女性必须凭交易密码或证券账户。这里需要指出的是，在我国证券交易中的合法委托，是当日有效的限价委托。

股民向证券商下达的委托指令，必须指明以下几点：

①股东姓名。

②资金卡号。

③买入（或卖出）。

④上海（或深圳）。

⑤股票名称。

⑥股票代码。

⑦委托价格。

⑧委托数量。

这一委托只在下达委托的当日有效。

股票的简称，通常为四至三个汉字，股票的代码为六位数，委托买卖时股票的代码和简称一定要一致。

（3）委托的方式

①柜台递单委托。

柜台递单委托就是你带上自己的身份证和账户卡，到你开设资金账户的证券营业部柜台填写买进或卖出股票的委托书，然后由柜台的工作人员审核后执行。

②电脑自动委托。

电脑自动委托就是你在证券营业部大厅里的电脑上亲自输入买进或卖出股票的代码、数量和价格，由电脑来执行你的委托指令。

③电话自动委托。

女性用电话拨通自己开设资金账户的证券营业部柜台的电话自动委托系统，用电话上的数字和符号键输入自己想买进或卖出股票的代码、数量和价格，从而完成委托手续。

④远程终端委托。

女性通过与证券柜台电脑系统联网的远程终端或互联网，下达买进或卖出指令。

除了柜台递单委托方式是由柜台的工作人员确认你的身份外，其余三种委托方式，则是通过女性的交易密码，来确认自己的身份，所以一定要好好保管你的交易密码，以免泄露，给你带来不必要的损失。

当确认自己的身份后，便将委托传送到交易所电脑交易的撮合主机。交易所的撮合主机对接收到的委托进行合法性的检测，然后按竞价规则，确定成交价，自动撮合成交，并立刻将结果传送给证券商，这样你就能知道你的委托是否已经成交。

不能成交的委托按"价格优先，时间优先"的原则排队，等候与其后进来的委托成交。当天不能成交的委托自动失效，第二天用以上的方式重新委托。

## 女性如何网上炒股

女性如果想要在网上炒股，自己先要选择一家证券公司。拥有自己的股东代码后，你就可以在证券公司开办网上炒股业务了。你可以根据具体证券公司的软件进行下载，只需到公司提供给你的网址上下载软件安装后就可以开始网上炒股了。

在网上炒股之前，公司会给你一个操作手册，其中会告诉你怎样看大盘走势、看消息、分析行情等，非常多也非常详细，你要自己钻研。当然如果自己感觉看不太懂，你可以每天关注各个地方电视台的股评，他们也会告诉你一些分析的方法。同时购买证券报或杂志，关注最新动向，早点入门。

1. 做好网上炒股必备的安全措施

虽然网上炒股以其方便、快捷等优势赢得了越来越多的投资者的青睐，但作为在线交易的一种理财方式，其安全问题一直受到人们的关注。有些投资者由于自身风险防范意识相对较弱，有时因使用或操作不当等原因会使股票买卖出现失误，甚至发生被人盗卖股票的现象。因此，掌握一些必要注意事项，对于确保网上炒股的安全性是非常重要的。

（1）正确设置交易密码

如果证券交易密码泄露，他人在得知资金账号的情况下，就可以轻松登录你的账户，你的个人资金和股票就没有安全可言了。所以对网上炒股者来说，必须高度重视网上交易密码的设置和保管，密码忌用吉祥数、出生年月、电话号码等易猜数字，并应定期修改、更换。

（2）谨慎操作

网上炒股开通协议中，证券公司要求客户在输入交易信息时必须准确无误，否则造成损失，证券商概不负责。因此，在输入网上买入或卖出信息时，一定要仔细核对股票代码、价位的元角分以及买入或卖出选项后，方可点击确认。

（3）及时查询、确认买卖指令

由于网络运行的不稳定性等因素，有时电脑界面显示网上委托已成功，但证券商服务器却未接到其委托指令；有时电脑显示委托未成功，但当投资者再次发出指令时，证券商却已收到两次委托，造成了股票的重复买卖。所以，每项委托操作完毕后，应立即利用网上交易的查询选项，对发出的交易指令进行查询，以确认委托是否被证券商受理或是否已成交。

（4）及时退出交易系统

交易系统使用完毕后如不及时退出，有时可能会因为家人或同事的错误操作，造成交易指令的误发；如果是在网吧等公共场所登录交易系统，使用完毕后更

要立即退出，以免造成股票和账户资金损失。

（5）开通电话委托

网上交易时，遇到系统繁忙或网络通信故障，常常会影响正常登录，进而贻误买入或卖出的最佳时机。电话委托作为网上证券交易的补充，可以在网上交易暂不能使用时，解你的燃眉之急。

（6）不过分依赖系统数据

许多股民习惯用交易系统的查询选项来查看股票买入成本、股票市值等信息，由于交易系统的数据统计方式不同，个股如果遇有配股、转增或送股，交易系统记录的成本价就会出现偏差。因此，在判断股票的盈亏时应以个人记录或交割单的实际信息为准。

2. 关注网上炒股的优惠举措

网上炒股业务减少了证券商的工作量，扩大了网络服务商的客户规模，所以证券商和网络公司有时会组织各种优惠活动，包括赠送上网小时数、减免宽带网开户费、佣金优惠等措施。因此大家要关注这些信息，并以此作为选择证券商和网络服务商的条件之一，不选贵的，只选实惠的。

3. 注意做好防黑防毒

目前网上黑客猖獗，病毒泛滥，如果电脑和网络缺少必要的防黑、防毒系统，一旦被攻击，轻者会造成机器瘫痪和数据丢失，重者会造成股票交易密码等个人资料的泄露。因此，安装必要的防黑防毒软件是确保网上炒股安全的重要手段。

4. 妥善控制股市风险

现代社会中充斥着种种冒险游戏，特别是在经济领域，投资意味着风险，而炒股票的风险就更大。但经济原理告诉我们：风险越大，收益的绝对值越大。

"股市有风险，入市须慎重。"对于股票投资者来讲，风险控制远比获取利润更为重要。而某些投资者却没有任何风险控制的意识，尤其是很多新股民，也包括不少老股民，大都是抱着"在股市里面捡钱"的想法而入市的，他们对投资股票的风险几乎没有任何意识。他们关心的永远只是"该股能涨多少"，却从来不关心"该股会跌多少"。可见，这种没有任何风险控制的投资，往往最终使得自己损失惨重。

所以，女性股民要引起重视，在投资之前，认清风险，正视风险树立风险意识，做好规避股票交易风险的准备工作。成功的风险控制主要分为以下几类：

（1）掌握必要的证券专业知识

股民要了解起码的股票常识，必须熟读五本以上与股票相关的书籍，熟悉股票投资的相关用语。别人觉得不错的书籍，就要买来仔细阅读，不知不觉间知识储备就会大增，书中的内容也能很快融会贯通了。

①坚守停损卖出。

停损卖出是让损失降到最小，获利放到最大的几个秘籍之一。就算失败了九次，只要有一次成功，就能获得大胜。要做到这一点，必须坚守停损卖出才可能达到。即使是那些炒股高手，在设定了停损点，停损卖出时也绝不踌躇。

②树立自己的原则。

股票投资没有正确的答案，只要适合自己就行了，这就是原则。不同的人、不同的倾向、不同的环境，会造成不同的投资条件。一个固定的原则反而成了无用之物，因此才会需要个人独有的原则与买卖技巧。比如，家庭主妇和上班族的未婚女性，投资原则就完全不同。

（2）企业价值决定股票长期价格

这句话可以理解为价值投资理论的简单概括。价值投资理论告诉我们，投资股票既需要坚持研究股票，又要保持一颗平常心。投资者自己必须要有一套对股票价格高低的判断标准，即使使用的是一些简单的判断标准也没关系。重要的是你一定要有对市场的价格高低的看法。

如果你没有自己的标准去评估一只股票的价格高低，就会使你失去判断而跟随着别人。供给与需求创造价格短期波动，企业内在价值决定长期波动方向。

（3）不要轻易预测市场

专家说过："判断股价到达什么水准，比预测多久才会到达某种水准容易。不管如何精研预测技巧，准确预测短期走势的概率很难超过60%。"这就是说如果你每次都去尝试，错了就止损退出市场，不仅会损失你的金钱，更会不断损害你的信心。

从基本面入手寻找一些有长期价格潜力的股票，结合一些技术方法适当控制风险尽量长期持有股票，而对于长期的市场走势给予一个轮廓式的评估。这样的投资方式更为科学。

（4）股价的下跌是正常现象

股价的下跌说明了股票市场的周期性，有些人对股票市场的涨跌感到惊讶，其实股票市场的涨跌起伏是十分正常的，只是我们的市场有时春天太短，冬天太长。

新入市的股民来到股市只有先想到风险，才能活得长久。股票有涨有跌，涨多了会跌，跌多了会涨，这是股市的本质。不要害怕下跌，这是再正常不过的事情了。

5. 远离市场，远离人群

炒股者最好不要推荐股票，少去谈论股票，与市场的人群保持距离，与每日的价格波动也要尽量远点，不要让行情机会搅混你本已清澈的交易理念。在股市这个嘈杂的市场里，是最应该自守孤独的地方。知止而后能定，定而后能静，静而后能安，安而后能虑，虑而后能得。由于股市投资不同于其他传统行业，注定了多数人的结局必为亏损，所以，如果你想不同于他人而获得成功，就必须远离失败者，因为他们会影响你的情绪和判断力。

## 投资债券有"门道"

债券是一种有价证券，是社会各类经济主体为筹集资金而向债券投资者出具的并且承诺按一定利率支付利息和到期偿还的债权债务凭证。

低利率时代的到来，对债券投资人来说，反而是个好消息。银行利率是决定债券价格最大的变动因素，利率低的话，债券价格就会涨；相反，利率高的话，债券价格就会下跌。因此，低利率就代表债券价格的上升。

近几年来，债券市场取得长足的发展，债券品种也从原来的国债、政策性金融债、企业债和可转债扩展到次级债、普通商业银行金融债、外币债券和企业短期融资券等。面对种类繁多的债券品种，投资者不免眼花缭乱。那么，究竟哪些品种投资者可以参与呢？

实际上，不同债券流通场所决定了个人投资者介入债券市场的途径。我国债券市场分为交易所市场、银行间市场和银行柜台市场。交易所市场通过交易指令集中竞价进行交易，银行间市场通过一对一询价进行交易，银行柜台市场则通过挂牌价格一对多进行交易。

交易所市场属场内市场，机构和个人投资者都可以广泛参与，而银行间市场和柜台市场都属债券的场外市场。银行间市场的交易者都是机构投资者，银行柜台市场的交易者则主要是中小投资者，其中大量的是个人投资者。

目前在交易所债券市场流通的是记账式国债、企业债和可转债，在这个市场里，个人投资者只要在证券公司的营业部开设债券账户，就可以像买股票一样来购买债券，并且还可以实现债券的差价交易。

而柜台债券市场目前只提供凭证式

国债一种债券品种,并且这种品种不具有流动性,仅面向个人投资者发售,更多地发挥储蓄功能,投资者只能持有到期,获取票面利息收入。不过有的银行会为投资者提供凭证式国债的质押贷款,提供一定的流动性。

女性投资者要想参与更广泛的债券投资,就只好到银行间市场了。除了国债和金融债外,债券市场创新的所有品种都在银行间债券市场流通,包括次级债、企业短期融资券、商业银行普通金融债和外币债券等。这些品种普遍具有较高的收益,但个人投资者尚没法直接投资。

但这并不意味着个人投资者无法参与到银行间市场债券市场。个人投资者可以通过储蓄存款、购买保险、委托理财等渠道,把资金集中到机构投资者手里,间接进入银行间市场。

近年来,基金管理公司发展迅速,除了非银行金融机构设立的基金管理公司外,商业银行设立的基金管理公司也已经起航。基金被认为是个人投资者进入银行间债券市场的一种更为规范的做法。

**1. 债券的特征和基本要素**

购买债券与把钱存入银行,几乎没有什么区别。而且,目前几乎所有的证券营业部门或银行部门都开设债券买卖业务,且收取的各种费用都相应较低,十分方便债券的交易,增强了其流动性。

债券尽管种类多种多样,但是在内容上都要包含一些基本的要素。这些要素是指发行的债券上必须载明的基本债券内容,这是明确债权人和债务人权利与义务的主要约定,具体包括:

(1) 购买债券的安全性

与股票相比,债券通常规定有固定的利率,与企业绩效没有直接联系,收益比较稳定,风险较小。此外,在企业破产时,债券持有者享有优先于股票持有者对企业剩余资产的索取权。

(2) 购买债券的收益性

债券的收益性主要表现在两个方面,一是投资债券可以给投资者带来利息收入;二是投资者可以利用债券价格的变动,买卖债券赚取差额。

(3) 票面价值

债券的面值,是指债券的票面价值,是发行人对债券持有人在债券到期后应偿还的本金数额,也是企业向债券持有人按期支付利息的计算依据。债券的面值与债券实际的发行价格并不一定是一致的,发行价格大于面值称为溢价发行,小于面值称为折价发行。

(4) 偿还期

债券偿还期,是指企业债券上载明的偿还债券本金的期限,即债券发行日至到期日之间的时间间隔。公司要结合自身资金周转状况及外部资本市场的各种影响因素来确定公司债券的偿还期。

（5）付息期

债券的付息期，是指企业发行债券后的利息支付的时间。它可以是到期一次支付，或1年、半年、3个月支付一次。在考虑货币时间价值和通货膨胀因素的情况下，付息期对债券投资者的实际收益有很大影响。

（6）流动性

债券持有人可在交易市场随时卖出或转出债券收回本金，也就是有很强的灵活性。

（7）与企业的经营管理无关

债券是债权证书，代表着债券投资人与发行人之间的债权债务关系，它的持有者可据此定期获得利息，但无参与经营管理的权力。

2. 把握好债券投资法则

债券是很好的投资工具。

债券一旦上市流通，其价格就要受多重因素的影响而反复波动。这对于投资者来说，就面临着投资时机的选择问题。机会选择得当，就能提高投资收益率。反之，投资效果就差一些。

债券投资者要学会掌握购买债券的时机，使收益率上升，债券市场价格达到新的平衡点，而此时的市场价格比调整前的市场价格要高。因此，在债券新发行或新上市时购买，然后等待一段时间，在价格上升时再卖出，投资者将会有所收益。

3. 信用评级

信用评级即测定因债券发行人不履约，而造成债券本息不能偿还的可能性。其目的是把债券的可靠程度公诸投资者，以保护投资者的利益。

4. 避免债券风险

目前，股票市场震荡，为了寻求风险和收益的平衡，很多投资者都把目光投向了相对稳定的债券。可是债券作为一种理财产品，同样是有风险的，只是相对小一些。因此，正确评估债券投资风险，明确未来可能遭受的损失，是投资者在投资决策之前必须要做好的工作。具体来说，投资债券存在以下几方面的风险：

（1）利率风险

利率是影响债券价格的重要因素之一，当利率提高时，债券的价格就降低，此时便存在风险，并且债券期限越长，利率风险越大。

对于利率风险，应采取的防范措施是分散债券的期限，长短期配合。如果利率上升，短期投资可以迅速地找到高收益投资机会，如果利率下降，长期债券却能保持高收益。总之，不要把所有的鸡蛋放在同一个篮子里。

（2）购买力风险

购买力风险即由于通货膨胀而导致货币购买力下降的风险。通货膨胀期间，投资者实际利率应该是票面利率扣除通货膨胀率。如果债券利率为10%，通货膨胀率为8%，则实际的收益率只有2%。购买力风险是债券投资中最常出现的一种风险。

（3）违约风险

违约风险是指发行债券的公司不能按时支付债券利息或偿还本金，而给债券投资者带来的损失。

违约风险一般是由于发行债券的公司经营状况不佳或信誉不高带来的风险，所以在选择债券时，一定要仔细了解公司的情况，包括公司的经营状况和公司以往的债券支付情况，尽量避免投资经营状况不佳或信誉不好的公司债券。在持有债券期间，应尽可能对公司经营状况进行了解，以便及时做出卖出债券的抉择。同时，由于国债的投资风险较低，保守的投资者应尽量选择投资风险低的国债。

（4）再投资风险

再投资风险是指购买短期债券，而没有购买长期债券，会有再投资风险。例如，长期债券利率为14%，短期债券利率13%，投资人为减少利率风险而购买短期债券，但在短期债券到期收回现金时，如果利率降低到10%，就不容易找到高于10%的投资机会，还不如当期投资于长期债券，仍可以获得14%的收益。归根结底，再投资风险还是一个利率风险问题。

对于再投资风险，应采取的防范措施是分散债券的期限，长短期配合，如果利率上升，短期投资可迅速找到高收益投资机会，若利率下降，长期债券却能保持高收益。也就是说，要分散投资，以分散风险，并使一些风险能够相互抵消。

总之，债券投资是一种风险投资，那么，投资者在进行投资时，必须对各类风险有比较全面的认识，并对其加以测算和衡量，同时，采取多种方式规避风险，力求在一定的风险水平下使投资收益最大化。

# 投资基金常识

有些女性既有投资的欲望，又担心炒股的风险太大，对于这些女性，不妨选择购买基金。基金的种类很多，主要有开放式和封闭式两种，开放式基金可以直接在基金公司网站或通过各个银行购买。而封闭式基金必须开通股票账户，像买卖股票一样购买。

1. 开放式基金类型

开放式基金的投资方式有两种：单笔投资和定期定额投资。所谓基金"定额定投"指的是投资者在每月固定的时间（如每月10日）以固定的金额投资到指定的开放式基金中，类似于银行的零存整取方式。由于基金"定额定投"起点低、方式简单，所以它也被称为"小额投资计划"或"懒人理财"。

基金定期定额投资具有类似长期储蓄的特点，能积少成多，平摊投资成本，降低整体风险。投资股票型基金做定投永远是机会，但有决心坚持到底才能见功效。

（1）股票型

股票型和混合型基金申购和赎回费最高，股市下跌时基金亏损概率大，但如果股市上涨，收益也远超其他类型基金。

（2）债券型

债券基金是一种以债券为投资对象的证券投资基金，它通过集中众多投资者的资金，对债券进行组合投资，寻求较为稳定的收益。按所投资的债券种类不同，债券基金可分为以下四种：

①政府公债基金，主要投资于国库券等南政府发行的债券。

②市政债券基金，主要投资于地方政府发行的公债。

③公司债券基金，主要投资于各公司发行的债券。

④国际债券基金，主要投资于国际市场上发行的各种债券。

债券型基金申购和赎回费比较低，收益一般大于货币型，债市不好的时候短期有亏损可能，从长期看这几年债券产品年平均收益达到6%左右。

（3）货币型

货币型基金无申购赎回费，收益相当于半年到一年期存款，可以随时赎回，不会亏本。

（4）指数型

指数型基金是一种以拟合目标指数、跟踪目标指数变化为原则，实现与市场同步成长的基金品种，按照证券价格指数编制原理构建等资本组合，进行证券投资的一种基金。

从理论上来讲，指数基金的运作方法简单，只要根据每一种证券在指数中所占的比例购买相应比例的证券，长期持有即可。指数基金仍然成为众多投资者喜爱的金融工具。随着我国证券市场的不断完善以及基金业的蓬勃发展，指数基金在中国将有很大的发展潜力。

指数基金的绩效表现基本上与标的指数代表的大势一致，对于女性投资者来说，看准了大势之后，就可以购买指数基金，保证指数上涨就可以赚钱。

（5）混合型

混合型基金是指投资于股票、债券以及货币市场工具的基金，且不符合股票型基金的债券型基金的分类标准。根据股票、债券投资比例以及投资策略的不同，混合型基金又可以分为偏股型基金、偏债型基金、配置型基金等多种类型。

对于女性来说，如果平时上班忙，对基金又把握不准，一个最简便的办法就是，通过网络，采取基金定投的理财方式，网络会帮忙自动从你所设定的账户中扣款，投资于一些证券投资基金，养成长期投资的习惯。

女性的电脑只要具有基金网络交易的功能，就可以自行选择每月当中任一天作为投资的日子。薪水入账日就是很好的时机。薪水一下来，就将部分金额转入基金投资，这样可以养成长期投资的习惯，不会因为有钱就乱花而成为"月光族"，如此贴心的设计，可以让现代年轻女性不必担心因为忙碌而忘记投资，耽误了理财大计，也能因此一步步成为聪明的理财专家。

2. 基金的认购、申购和赎回

在选择基金时，女性投资者有多种选择标准，可以以风险和收益为选择的依据，也可以以我们自身的年龄和婚姻状况作为选择的依据，还可以根据投资期限来选择购买哪种基金。

基金认购是指投资者在设立募集期

内购买基金的行为。申购是指基金成立后，向基金管理人购买基金的行为。赎回是指基金投资者向基金管理人卖出基金的行为。投资者可以在开立基金交易账户的同时办理购买基金，在基金认购期内可以多次认购基金。投资者拿到代销机构的业务受理凭证仅仅表示业务被受理了，但业务是否办理成功必须以基金管理公司的注册登记机构的确认为准，投资者一般在T（申请日）后两个工作日才能查询到自己在T日办理的业务是否成功。

理论上，网上交易可以24小时下单，直接到柜台交易的话只要在正常工作时间都可以下单。但下单不代表能买，因为开放式基金的申购价格是按照当日股市收盘后基金公布的净值来确定的。也就是说，如果是在正常工作日当日的下午3点前申购的基金，那么按照当日收盘后基金公司公布的基金净值来确定申购价格。如果是在工作日当日下午3点后申购的基金，那么，按照下一个正常工作日收盘后，基金公司公布的基金净值，来确定申购价格。

在办理开放式基金业务时，需准确提供相关资料，并认真填写相关的表格，如填写有误，申购申请有可能会被拒绝。此外，开放式基金在基金契约、招募说明书规定的情形出现时，会暂停或拒绝投资者的申购。

在基金认购期，基金份额需在基金合同生效后才能确认；在正常工作日，投资者提出申购两个工作日后确认申购份额。如果是在银行柜台买的，你可以到那去打印交割单。也可以直接到相应的基金公司网站上查询。

认购申购基金采用的是金额认购，一般最低限额是1000元。一般申购基金确认到账后即可要求赎回，但具体受理时间银行和基金公司是不同的。投资人可以要求基金公司将赎回款项直接汇入其在银行的账户，或是以支票的形式寄给投资人。

同一投资者在每一开放日内允许多次赎回，可以部分赎回。当然各个基金都规定了持有份额的最低数量。例如，有的基金规定剩余份额不低于100份，否则在办理部分赎回时自动变为全部赎回。

收取赎回费的本意，是限制投资者的任意赎回行为。为了应对赎回的现金支付压力，基金将承担一定的变现损失。如果不设置赎回费，频繁而任意的赎回将给留下来的基金持有人的利益带来不利影响。而目前我国的证券市场发展还不成熟，投资者理性不足，可能产生过度投机或挤兑行为，因此，设置一定的赎回费是对基金必要的保护。

基金风险虽低，但并非没有风险。投资中最大的风险常常是来自投资者本

身。作为基金投资者，我们在投资基金的同时既要明了基金是有风险的，同时也要加强自身的基金理财知识储备，做一个理性的基金投资者。

现在，基金市场仍在持续扩大，种类也越来越多样化，除了房地产投资之外，连期货、期权之类的衍生商品基金也应运而生。另外，黄金之类的实物资产交易的基金，也成了新的投资趋势。

因此，投资基金也需要选择，选适合自己的基金，则提高自己的收益，反之收益则不是那么理想。

3. 如何选择合适的基金

（1）选择适合自己的基金

适合自己的基金才是最好的。买基金，我们要看招募说明书中阐述的投资理念、投资范围，要看年报、季报中基金的投资情况，要看基金公司的投资团队，根据自身的理财规划来确定适合的产品类型，合理进行资产配置和基金类型配置。

（2）不熟不做，不懂不进

投资基金不是为了赌一把而来，我们应从最基础的知识学起。可以先到书店购买相关书籍，到网上查找相关资料，慢慢地搞明白。把基金知识和自己的需要结合起来，不光知道自己想要什么，还要知道自己不能做什么，了解哪些基金能满足自己的需要，明确怎样买基金才能更好地实现自己的目标。其实，所谓的基金实际就是专家理财，基金的优势就是专业优势、团队优势和规模优势。

（3）投资基金要有足够的耐心

每个基金公司都有自己的投资理念，每支基金都有自己的风格。在同样的市场条件下，基金会有不同的表现。因此，我们要始终看淡一时的涨跌，相信自己的判断。

此外，投资基金不应该有一种"炒"的心态，而应该抱着一种"捂"的心态。只要相信基金，相信自己，长期持有就可以有效地化解风险。

（4）学会适时进行基金转换

长期持有并不是说一味地消极等待。我们也可以进行基金转换，把高收益同时也是高风险的基金品种转换为低收益但同时也是低风险的基金品种来规避风险，耐心持有加主动操作，实现资金的保值增值。

4. 选择基金的注意事项

女性选择基金需要注意以下几方面问题：

（1）根据风险和收益

不同类型的基金给投资者带来的风险各不相同。其中，股票型基金的风险最高，混合型和债券基金次之，货币市场基金和保本基金的风险最小。

即使是同一类的基金，由于投资风格和投资策略不同，风险也会不同。比如在股票型基金中，与成长型和增强型的股票型基金比起来，稳健型、指数型的风险要低一些。同时，收益和风险通常有较大的关联度，两者是成同比变化的。也就是说，要想获得高收益往往要承担高风险。

因此，根据投资者抗风险能力的高低不同选择投资不同的基金。对于抗风险能力较低的投资者，宜选择货币市场基金；如果投资者抗风险能力稍强，可以选择混合型基金和债券基金；如果投资者的抗风险能力较强，且希望收益更大，可以选择指数基金；如果投资者的抗风险能力很强，可以选择偏股型基金。

（2）根据投资者年龄

不同年龄段的每个投资者的投资目标、所承受的风险程度和经济能力各有差异。

人在青年时期，没有家庭和子女的负担，收入大于支出，风险承受能力较高，股票型基金或者股票投资比重较高的平衡型基金都是很好的选择。

女性在中年时期，家庭和收入比较稳定，可以选择开放式基金。但她们在此阶段大多承担的家庭责任较重，抗风险能力减弱，投资时应将投资收益和风险综合起来考虑。宜选择多样化的投资组合，将风险最大限度分散。

女性在老年阶段，抗风险能力较小，这一阶段的投资以稳健、安全、保值为目的，宜选择部分平衡型基金或债券型基金等安全性较高的产品。

（3）根据投资期限

女性投资期限在5年以上，可以选择股票型基金之类风险偏高的产品，这样可以防止基金价值短期波动的风险，又可获得增值的机会，有较高的预期收益率。保本基金的期限也较长，一般为3～5年，为女性投资者提供一定比例的本金回报保证，只要过了期限就能绝对保本，因此也适合长期投资。

女性投资期限在2～5年，除了选择股票型基金之类高风险的产品，还可以投资一些收益比较稳定的债券型或平衡型基金。这是为了保证资金具有一定的流动性。但由于申购、赎回程序都要缴纳不菲的手续费，这对于投资者而言是要考虑的问题。

投资期限在两年内，女性最好选择债券型基金和货币市场基金这两类风险低、收益比较稳定的基金，特别是货币基金具备极强的流动性，又因其不收取申购、赎回费用，投资者在需要资金时，可以随时将其变现，在手头宽裕时又可以随时申购，是做短期投资的首选。

## 投资黄金常识

女性投资黄金，需要一定的资金，如果资金不多，投资黄金所获得收益相应就少。在现今，投资黄金，对于手头持有一定数量资金的女性来说，显然是不错的理财项目。有些资金雄厚的女性，不仅大量购买金条、金砖，还购买价格不菲的黄金首饰、宝石等，这些东西不仅能够升值，还能够佩戴在身上当饰品，实在是投资的好点子。

因此，一段时间以来，投资黄金骤然升温。黄金投资的热度在近年提升明显，但其中表现出的一些非理性投资冲动现象，也需要引起女性投资者的关注。目前的黄金市场的确进入了一个高速发展的黄金时期，经过各方准备，交易的外部环境已经具备。但从另一角度来说，个人投资黄金在战术上还需谨慎从事。

1. 黄金价格为何会上涨

（1）市场的不稳定性

每当出现政治、经济危机之际，被当成安全资产的黄金需求量就会暴增。因为当政局不安定时，通常人们是不会想赚钱的，而只想守住现有资产。

黄金的变现性是其最大的优点，因此黄金也算是货币的一种，可以不必报税，还可以永久储存。

（2）美元疲软

这是造成金价上涨的核心因素，在美元价格走弱，股市不振之际，黄金的需求量就会增加。当美元无法扮演国际货币角色时，黄金就会取而代之，价格也跟着上扬。一般人基于美元弱势避险的立场，才会大举买入黄金。

目前，从国际范围来看，黄金价格已经上涨了相当一个阶段，而国内却仍然是方兴未艾。随着国内国际市场的进一步融合，黄金价格接轨已成必然趋势，在这种情况下，国内黄金投资者在关注身边价格走势的同时，必须考虑国际因素的影响、考虑价格的周期性波动规律。

投资黄金升温，除了黄金可抵御通货膨胀风险，还与市场稳定有关。目前，黄金价格仍处在上升时期，今后也无疑将会有很大获利空间。

对于一些不明白黄金投资的女性投资者来说，在决定涉足黄金投资之前，一定要先了解一下黄金投资的相关知识，以此来增加对黄金投资市场的认识，这对女性投资者在黄金投资市场上获得利润将大有裨益。

2. 黄金品种

（1）金条、金块

金条和金块虽然也有一定的制造加工费用，但这样的加工费用通常情况下是很少的。不过，如果是纪念性质的金条金块，其加工费用就比较高，如曾经热销的"千禧纪念金条"之类，其溢价幅度就比较高。而加工费用低廉的金条和金块，既具有优点，也有缺陷。

①优点是附加支出不高，主要是佣金等，金条、金块的变现性非常好，并且在全球都可以很方便地买卖，大多数地区都不征交易税。

②缺点是投资金条金块会占用较多的现金，保管费用以及对安全性的考虑，都让人比较费心。

投资金条、金块比较适合的投资者是：

第一，有较多闲散且可以长期投资的资金，不在乎黄金价格短期波动者。

第二，对传统投资黄金方法有偏好者。

（2）纯金币

投资纯金币与投资金条、金块的差别不是很大，投资者在购买纯金币时，要注意金币上是否铸有面额。通常情况下，有面额的纯金币，要比没有面额的纯金币价值高。

①投资纯金币的优点是因纯金币大小重量不一，所以投资者选择的余地比较大。较小额的资金也可以用来投资，并且纯金币的变现性也非常好，不存在兑现难的缺点。

②纯金币的缺点是保管的难度比金条、金块大，如不能使纯金币受到碰撞和变形，对原来的包装要尽量维持，否则在出售时要被杀价，等等。

投资纯金币比较适合的投资者是：对金币有一定欣赏要求，并且投资的资金大小可以灵活控制者。

（3）金银纪念币

金银纪念币是钱币爱好者的重点投资对象，其主要优点是，虽然金银纪念币是以金银为材料加工制造而成的，但其严格的选料、高难度的工艺设计水准以及相对要少得多的发行量，使金银纪念币具有了艺术品范畴的美学特点，并且其丰富的内涵以及由此传递出的众多信息，使金银纪念币的投资价值大为提高。

投资金银纪念币仍然要考虑到其不利的一面。金银纪念币的溢价一般都很高，远超过金银材质本身的价值。另外我国钱币市场行情的总体运行特征是牛市短熊市长，一旦在行情较为火爆的时候购买，投资者的损失比较大，所以其中孕育的政策性调控风险也是很大的。

投资金银纪念币比较适合的投资者是：更看重金币收藏价值，对于金银纪念币行情以及金银纪念币知识有较多了解者。

（4）金银饰品

通常来说，从投资的角度去看，投资金银饰品的收益风险比较大。所以，很少有人会以专门的投资角度去投资金银饰品的。其实，金银饰品由于具有实用性的突出优点，其美学价值比较高，所以仍值得女性投资者去投资。

因为黄金质地较软，一般金首饰要以合金来制造，常见的合金饰品有24K、18K、14K等。另外，从金块到金饰，金匠或珠宝商要花费不少心血加工。金饰在生产出来之后，作为一种工艺美术品，要被征税，在最终到达购买者手中时，还要加上制造商、批发商、零售商的利润。一切费用都将由消费者承担，其价格当然要超出金价本身许多。

除此之外，金银首饰在人们的正常使用当中，总会受到不同程度的磨损和碰撞，如果将使用一段时间的金银饰品出售，其价格自然要比购买时跌去不少。虽然如此，在实现了使用价值之后，金银首饰仍可以部分保值，这正是金银饰品不同于其他金银制品的方面，也是它本身的一大特点。

（5）纸黄金

个人投资黄金可以概括为两大形式，即纸黄金和实物黄金。所谓"纸黄金"，也可以称为"记账黄金"。纸黄金业务不用缴纳税金,是一种账面上的虚拟黄金。放在黄金投资账户内的黄金,不计付利息,而账户内的现金则按活期储蓄利率来计算利息。

①优点:

交易网点多,提现存现容易。

开户容易,操作简单,不存在实物金的储藏问题。

投资门槛低,10克黄金即可交易,实物金与期货金的投资起点都为100克以上重量的黄金。

没有"放大"功能,操作风险较小。

②缺点:

不具备实物金的硬通货性质,无法提货,仍存在做市商投机的可能性。

手续费为所有黄金投资品种中最高。

## 投资外汇常识

女性手头上资金充裕,如果对外汇有充分的了解,不妨投资外汇,获得收益会更高。投资外汇,首先要熟悉外汇。

1. 外汇的含义

外汇的概念具有双重含义,即有动态和静态之分。

外汇的动态概念,是指把一个国家的货币兑换成另外一个国家的货币,借以清偿国际债权、债务关系的一种专门性的经营活动,是国际汇兑的简称。

外汇的静态概念,是指以外国货币表示的可用于国际结算的支付手段。国际货币基金组织的解释为:"外汇是货币行政当局(中央银行、货币管理机构、外汇平准基金组织和财政部)以银行存款、财政部库券、长短期政府债券等形式保有的在国际收支逆差时可以使用的债权。"按照我国2008年8月修订通过的《中华人民共和国外汇管理条例》规定,外汇,是指下列以外币表示的可以用作国际清偿的支付手段和资产:

①外币现钞,包括纸币、铸币;

②外币支付凭证或者支付工具,包括票据、银行存款凭证、银行卡等;

③外币有价证券,包括债券、股票等;

④特别提款权;

⑤其他外汇资产。

人们通常所说的外汇,一般都是就其静态意义而言。

2. 外汇的种类

(1)自由外汇

自由外汇即不需要经货币发行国批准,就可以兑换其他国货币或向第三国支付的外汇。国际货币基金组织规定自由兑换条件为:

①实行单一汇率。

②经常项目资金无限制。

③在其他国要求下,有责任以对方

可接受的货币或黄金,回购对方在经常项目下积存的本币。

(2) 记账外汇

记账外汇,是指记账在双方指定银行账户上的外汇,不能兑换成其他货币,也不能对第三国进行支付。

3. 外汇汇率

外汇汇率是一国货币换成另一个国家货币的比率、比价或价格。汇率实际上是把一种货币单位表示的价格翻译成用另一种货币表示的价格,从而为比较进口商品和出口商品、贸易商品和非贸易商品的成本与价格提供了基础。汇率之所以重要,首先是因为汇率将同一种商品的国内价格与国外价格联系了起来。

对于一个中国人来讲,美国商品的人民币价格是由两个因素的互相作用决定的:

①美元对人民币的汇率。

②美国商品以美元计算的价格。

因此,当一个国家的货币升值时,该国商品在国外就变得较为昂贵,而外国商品在该国则变得较为便宜。反之,当一国货币贬值时,该国商品在国外就变得较为便宜,而外国商品在该国就变得较为昂贵。

4. 汇率的标价方式

汇率的标价方式分为两种:直接标价法和间接标价法。外汇市场上的报价一般为双向报价,即由报价方同时报出自己的买入价和卖出价,由客户自行决定买卖方向。买入价和卖出价的价差越小,对于投资者来说意味着成本越小。

(1) 直接标价法

直接标价法,又叫应付标价法,是以一定单位的外国货币为标准来计算应付出多少单位本国货币。这相当于计算购买一定单位外币应付多少本币,所以叫应付标价法。在国际外汇市场上,日元、瑞士法郎、加元等均为直接标价法。比如,日元 119.05 表示 1 美元兑换 119.05 日元。

在直接标价法下,若一定单位的外币折合的本币数额多于前期,则说明外币币值上升或本币币值下跌,叫作外汇汇率上升;反之,如果用比原来较少的本币即能兑换到同一数额的外币,这说明外币币值下跌或本币币值上升,叫作外汇汇率下跌。

(2) 间接标价法

间接标价法,又称应收标价法。它是以一定单位的本国货币为标准,来计算应收若干单位的外国货币。在国际外汇市场上,欧元、英镑、澳元等均为间接标价法。如欧元 0.9705 即 1 欧元兑换 0.9705 美元。

在间接标价法中,本国货币的数额保持不变,外国货币的数额随着本国货币币值的对比变化而变动。如果一定数额的本币能兑换的外币数额比前期少,这表明外币币值上升或本币币值下降,即外汇汇率上升;反之,如果一定数额的本币能兑换的外币数额比前期多,则说明外币币值下降或本币币值上升,即外汇汇率下跌。

5. 汇率分析方法

汇率分析的方法主要有两种：基础分析和技术分析。基础分析是对影响外汇汇率的基本因素进行分析，基本因素主要包括各国经济发展水平与状况，世界、地区与各国政治情况，市场预期等。技术分析是借助心理学、统计学等学科的研究方法和手段，通过对以往汇率的研究，预测出汇率的未来走势。

在外汇分析中，人们基本不考虑成交量的影响，即没有价量配合，这是外汇汇率技术分析与股票价格技术分析的显著区别之一。因为，国际外汇市场是开放和无形的市场，先进的通信工具使全球的外汇市场连成一体，市场的参与者可以在世界各地进行交易（除了外汇期货外），某一时段的外汇交易量无法精确统计。

6. 怎样合法获得外汇

股市中，A、B股的价格存在着巨大的差异，B股以其较低的市盈率和价格受到了广大投资者的青睐。国内投资者想要加入B股投资的队伍，首先须合法持有外汇。国内居民合法取得外汇，有如下渠道：

（1）年金、退休金

居民个人从境外可获得外汇年金、退休金、雇员报酬，居民个人为非居民提供劳务可取得外汇收入。

（2）利润、红利

居民个人对外直接投资的收益及持有外币有价证券而取得的红利为外汇。

（3）专利、版权收入

居民可将属于个人的专利、版权许可或转让给非居民而取得外汇。

（4）稿酬

居民个人在境外发表文章、出版书籍可获得外汇稿酬。

（5）咨询费

居民个人为境外提供法律、会计、管理等咨询服务而取得的外汇。

（6）保险金

居民个人从境外保险公司可获得赔偿性外汇。

（7）利息

居民个人境外存款利息及因持有境外外币或有价证券而取得的利息收入为外汇。

（8）遗产

居民个人继承非居民的遗产可取得外汇。

（9）赡家款

居民个人接受境外亲属提供的用以赡养亲属的货币为外汇。

（10）捐赠

居民个人接受境外无偿提供的捐赠、礼赠为外汇。

（11）居民个人从境外调回的、经国内境外投资有关主管部门批准的各类直接投资，或间接投资的本金为外汇。

值得注意的是，国内居民如果投资B股，必须将外汇汇到证券公司指定的银行保证金账户内。投资者切不可太过心急，而到黑市非法换汇。那里陷阱多多，投资者很容易上当受骗。

### 7. 外汇交易指南

不对外汇的形式做详细的了解，也没有做好充分的心理准备，只是一心想着赚大钱的话，恐怕早晚要吃亏。因为投资外汇需要投资者事先对外汇有一定的了解，炒外汇也需要一定的专业知识。

汇市投资者一定要耐心学习，循序渐进，不要急于开立真实交易账户，可先使用模拟账户进行模拟交易。在模拟的学习过程中，你的任务就是要找到属于你自己的操作风格与策略。当你的获益概率日益提高，就可以开立真实的交易账户进行外汇交易了。在做模拟的时候也要以真实交易的心态去对待，因为这样最容易了解自身状况，也可以快速找出可应用于真实交易的投资技巧。

外汇市场是经营外汇业务的银行等金融机构以及个人进行外汇买卖和调剂外汇余缺的交易场所。从全球角度看，外汇市场是一个国际市场，它不仅没有空间上的限制，也不受交易时间的限制，各国外汇市场之间已经形成了一个高度发达、迅速而又便捷的通信空间网络。

目前，世界上有30多个主要的外汇市场，遍布于世界各大洲不同国家和地区。根据传统的地域划分，可以分为亚洲、欧洲、北美洲等三大部分，其中最重要的有欧洲的伦敦、法兰克福和巴黎，美洲的纽约和洛杉矶，大洋洲的悉尼，亚洲的东京、新加坡和香港等。每个市场都有其特点，但所有市场都有共性。

各个市场被距离和时间所间隔，它们敏感地相互影响又各自独立。一个中心每天营业结束后，就把订单传递给别的中心，有时就为下一个市场的开盘定下了基调。这些外汇市场以其所在的城市为中心，辐射周边的其他国家和地区。由于所处的时区不同，各外汇市场在营业时间上此开彼关。它们之间通过先进的通信设备和计算机网络连成一体。市场参与者可以在世界各地进行交易，外汇资金流动顺畅，市场间的汇率差异极小，形成了全球一体化运作、全天候运行的统一的国际外汇市场。

进入21世纪以来，特别是互联网技术的快速发展，使得个人投资者进入外汇市场成为可能，这也进一步推动外汇交易成为全球投资的新热点。

### 8. 外汇交易方式

在外汇交易中，一般存在着即期外汇交易、远期外汇交易、外汇期货交易以及外汇期权交易等四种交易方式。

（1）即期外汇交易

即期外汇交易又称为现货交易或现期交易，是指外汇买卖成交后，交易双方于当天或两个交易日内办理交割手续的一种交易行为。即期外汇交易是外汇市场上最常用的一种交易方式，即期外汇交易占外汇交易总额的大部分，主要是因为即期外汇买卖不但可以满足买方临时性的付款需要，也可以帮助买卖双方调整外汇的货币比例，以避免外汇汇率风险。

（2）远期外汇交易

远期外汇交易与即期外汇交易相区别，是指市场交易主体在成交后，按照远期合同规定，在未来按规定的日期，一般在成交日后的 3 个营业日之后交易的外汇交易。远期外汇交易是有效的外汇市场中必不可少的组成部分。20 世纪 70 年代初期，国际范围内的汇率体制从固定汇率为主导转向以浮动汇率为主，汇率波动加剧，金融市场蓬勃发展，从而推动了远期外汇市场的发展。

（3）外汇期货交易

随着期货交易市场的发展，原来作为商品交易媒体的货币（外汇）也成为期货交易的对象。外汇期货交易就是指外汇买卖双方于将来时间（未来某日），以在有组织的交易所内公开叫价（类似于拍卖）确定的价格，买入或卖出某一标准数量的特定货币的交易活动。

其中标准数量指特定货币（如英镑）的每份期货交易合同的数量是相同的。特定货币指在合同条款中规定的交易货币的具体类型，如 3 个月的日元。

（4）外汇期权交易

外汇期权是指交易的一方（期权的持有者）拥有合约的权利，并可以决定是否执行（交割）合约。如果愿意的话，合约的买方（持有者）可以听任期权到期而不进行交割。卖方毫无权利决定合同是否交割。

9. 外汇交易途径

随着外汇市场的发展，进行外汇交易的门槛越来越低，一些引领行业的外汇交易平台只需要 250 美元就可开始交易，也有一些交易需要 500 美元就可以开始交易，这便在某种程度上大大方便了普通投资者的进入。对于一些想投资外汇市场的朋友来说，一般可以通过以下三个交易途径进行外汇交易：

（1）通过银行进行交易

通过中国银行、交通银行、建设银行或招商银行等国内有外汇交易柜台的银行进行交易。这种交易途径的时间是周一至周六。交易方式为实盘买卖和电话交易，也可挂单买卖。

（2）通过境外金融机构在境外银行交易

这种交易途径的时间为周一至周六上午，每天 24 小时。交易方式为保证金制交易，通过电话进行交易（国际长途免费），可挂单买卖。

（3）通过互联网交易

这种交易途径的时间为周一至周六上午，每天 24 小时。交易方式为保证金制交易，通过互联网进行交易，可挂单买卖。

需要注意的是，网上外汇交易平台上的交易都是利用外汇保证金的制度进行投资的，也是绝大多数汇民采取的交易途径。在外汇保证金交易中，集团或交易商会提供一定程度的信贷额给客户进行投资。如客户要买一手 20 万欧元，他只要给 2 万欧元的押金就可以进行这项交易了。当然客户愿意多投入资金也可以，集团和交易商只是要求客户做这项投资时把账户内的资金维持在 2 万欧元这个下限之上，这个最少的维持交易的押金就是保证金。在保证金的制度下，相同的资金可以比传统投资获得相对多的投资机会，获利和亏损的金额也相对扩大。如果利用这种杠杆式的操作，更灵活地运用各种投资策略，可以以小博大、四两拨千斤。

在保证金制度下，因为资金少于投资总值，所以不会积压资金、不怕套牢。除了周六、日外，外汇市场一个时区接着另一个时区，全天候24小时运作。另外手续费低，少于五千分之一的手续费使获利机会更高。

10. 影响汇率变化的因素

影响外汇市场汇率变化的因素非常复杂，最基本因素主要有以下几种：

（1）利率

利率作为一国借贷状况的基本反映，对汇率波动起决定性作用，利率水平直接对国际的资本流动产生影响，高利率国家发生资本流入，低利率国家则发生资本外流，资本流动会造成外汇市场供求关系的变化，从而对外汇汇率的波动产生影响。一般而言，一国利率提高，将导致该国货币升值，反之，该国货币贬值。

（2）国际收支及外汇储备

所谓国际收支就是一个国家的货币收入总额与付给其他国家的货币支出总额的对比。如果货币收入总额大于支出总额，便会出现国际收支顺差，反之，则是国际收支逆差。国际收支状况对一国汇率的变动能产生直接的影响。发生国际收支顺差，会使该国货币对外汇率上升，反之，该国货币汇率下跌。

（3）通货膨胀

一般而言，通货膨胀会导致本国货币汇率下跌，通货膨胀的缓解会使汇率上浮。通货膨胀影响本币的价值和购买

力，会引发出口商品竞争力减弱、进口商品增加，还会对投资者产生心理影响，削弱本币在国际市场上的信用地位。这三方面的影响都会导致本币贬值。

（4）政治局势

一国及国际的政治局势的变化，都会对外汇市场产生影响。政治局势的变化一般包括政治冲突、军事冲突、选举和政权更迭等，但你只要在下单前先设好止损点，坚持操作纪律，顺势而为，就能够巧妙解套。

11. 外汇投资注意事项

（1）不要期待最低价位

一般来说，当人们见到了高价之后，对市场回落时出现的新低价会感到相当的不习惯。但是纵然各种分析显示汇市将会再跌，市场投资气候十分恶劣，投资者在这些新低价位水平前，非但不会把自己所持的外汇售出，还会觉得价格很低而有买入的冲动，结果买入后便被牢牢地套住了。因此，不要期待最低价位。

（2）建仓资金需留有余地

外汇投资，特别是外汇保证金交易的投资，由于采用杠杆式的交易，资金放大了很多倍，资金管理就显得非常重要了。满仓交易和重仓交易者实际上都是赌博，最终必将被市场所淘汰。所以，外汇建仓资金一定要留有余地。

（3）不要过量交易

女性投资外汇要想成功，其中一项原则是随时保持2~3倍以上的资金，以应付价位的波动。如果你的资金不充足，就应减少手上所持的买卖合约，否则就可能

因资金不足而被迫"斩仓"以腾出资金来，纵然事后证明眼光准确也无济于事。

(4) 善于等待机会

投资者并非每天均需入市，初入行者往往热衷于入市买卖，但成功的投资者则会等待机会，当他入市后，感到疑惑或不能肯定时也会先行离市，暂抱观望态度。

(5) 关注盘局中的机会

盘局指市价波动幅度狭窄，买卖力量势均力敌，暂时处于交锋拉锯状态的情况。无论是上升行情中的盘局还是下跌行情中的盘局，一旦盘局结束，突破阻力位或支撑位，市价就会破关而成突破式前进。对于有经验的投资者，这是入市的良好时机。如果盘局属于长期关口，突破盘局时所获必丰。

(6) 不要为几个点而耽误事

外汇买卖中，获利时不要盲目追求整数，在实际操作时，有的人在入市后给自己定下一个盈利目标，比如要赚够200美元再离开，总在等待这一时刻的到来。盈利后，有时价格已接近目标，此时获利平盘的机会很好，只是还差几个点未到位，本来可以平盘收钱，却碍于原来的目标在等待中错过了最好的价位，坐失良机。

(7) 交叉盘解套不是万能的

做交叉盘是外汇市场上实盘投资者经常使用的一种解套方法，在直盘交易被套牢的情况下，很多投资者不愿意止损，而选择交叉盘进行解套操作。

交叉盘，就是不含美元报价的货币对，比如欧元/英镑、英镑/日元等都是交叉盘，平时多数投资者都喜欢看直盘，其实交叉盘上机会也有很多，尤其是在套牢时，转做交叉盘会更灵活一些。如果投资者做欧元/美元被套，那他可以考虑做交叉盘来解套，方法是将资本转换到比欧元强势的货币上，比如在欧元/英镑中，欧元在跌，英镑在涨，那么可以转换为英镑，以此类推，可以转换为日元、澳元等，待获利后再转向欧元，持有欧元数量增加，则视为成功的交易。

通常情况下，交叉盘的波动幅度都要大于直盘，走势相对也比较简单明快，转做交叉盘常常会有出人意料的收获。当然，交叉盘尽管波幅大，机会多，但风险同样很大。

(8) 急升时不宜贸然跟进

在外汇市场上，价格的急升或急跌都不会像一条直线似的上升或下跌，升得过急总会调整，跌得过猛也要反弹。调整或反弹的幅度比较复杂，并不容易掌握，因此在汇率急升二三百点或五六百点之后要格外小心，宁可观望，也不宜贸然跟进。

(9) 市场逆价，立即斩仓

有时随市进行买卖，但入市时已经接近尾声，这时就要注意，一旦发生逆转，见势不对，就要反戈一击。比如，在多头市场买入后，随即市场急跌。当时不要惊慌，最好反思一下。如能认定目前是逆转势，就要立即斩仓，反戈一击。

## 收藏是很好的理财方式

有些女性收藏者喜欢收藏古玩和其

他的藏品，不仅能够从中获得知识和乐趣，还可获得升值的回报。由此可见，收藏是一个很好的投资理财项目。以下列举几项常见的收藏项目：

1. 钱币收藏

钱币不失为一种家庭投资理财的方式之一。钱币作为法定货币，在商品交换过程中充当一般等价物的作用，执行价值尺度、流通手段、支付手段、贮藏手段和世界货币五种职能，这是钱币作为法定货币在流通领域中具有的职能。如今，很多人抛开其作为法定货币的角色，将其作为一种艺术品和文物进行收藏，钱币又具有了另一种价值。

钱币市场的交易向来都是十分活跃的，但各种钱币的成交价格仍然还较低，这正是集币爱好者拾遗补阙和钱币投资者逢低建仓的大好时机。广大钱币投资者要经常进行横向比较，若能适时购进一些物有所值的品种，很有可能获得可观的回报。

（1）钱币收藏的投资技巧

投资者将钱币作为投资对象，既可能赢利也可能亏钱。如何才能有效降低投资风险、提高投资回报呢？

①投资和投机相结合。

正因为币市行情容易受到政策方面的影响而变化，所以投资者在具体的币市投资操作中，可以将投资与投机的理念、手法结合起来。因为对普通的投资者而言，单纯的投资操作虽然可以减少市场风险，但是投资获利不多，时间成本较大。

纯粹的投机性操作，虽然踏准了牛市的步伐会很快暴富，但是暴涨暴跌的行情毕竟是难以把握的。理想的操作思路和操作手法应该是投资、投机相结合，以投资为主，以投机为辅，或者熊市之中以投资为主，牛市之中以投机为主。

②看清大势，顺应大势。

钱币的行情与其他投资市场行情相同的地方是行情的涨跌起伏变化，并且较长时间的行情运行趋势可以分成牛市或者熊市阶段。行情的大趋势，实际上已经综合反映了各种对市场有利或者不利的因素。投资市场行情运行趋势一旦形成，通常情况下是不会轻易改变的。

所以，能够看清行情大的运行趋势并且能够顺大势操作者，其投资成功的概率就高，而其所承受的市场风险却要小得多。由于目前的钱币市场本质上是政策市场，所以政策面的变化对市场行情影响最大，也是钱币市场行情容易暴涨暴跌的根本原因。另外，从宏观方面分析，股票市场和房地产市场行情的好坏，也直接或者间接从资金方面对钱币产生影响。

③重点研究精品。

随着币市可供投资选择的品种越来越多，投资者在投资或者投机时，始终有一个具体品种的选择问题。不同的投资品种一段时间以后的投资回报有高有低。

在钱币市场上，人们经常可以看到有些金银纪念币面市的价格很高，随后却一路往下走，也有些品种在市场行情处于熊市时面市，面市价格也不高，随后其市场价格却能够不断上涨。虽然这些品种短时间里市场价格的高低受到较多因素的影响，但是长期价格走向却是由其内在价值决定的。而内在价值通常则是由题材、制造发行量、发行时间长短等综合因素决定的。

④资金使用安全。

任何投资市场皆存在不可避免的系统或者非系统风险。币市行情由于具有暴涨暴跌的特点，其市场风险在某些时间段还相当大。

所以，币市投资者首先应该有风险意识，尤其是短线投机性炒作时。其次，应该采取一定的投资组合来回避市场风险，因为除了价格下跌有套牢的风险外，一旦行情启动还有踏空的风险。

（2）钱币收藏的注意事项

①钱币收藏不要冲动办事。

女性收藏者在购买古钱币时，一要看真假，二要看品相，三要问价格。要学习掌握购买钱币的交易技巧，在钱币市场或金店内发现自己喜欢的藏品，不要喜形于色，直奔目标，不惜重金买下。而是暗中观察，不动声色，迂回接近，不妨先探问其他钱币的价格，以分散卖者的注意力，然后不经意询问价格，故意把它说得一文不值，俗曰：褒贬是买家，把价格砍到最低时再成交。

女性收藏者藏金银币时首先要了解起码的常识，如金银纪念币是国家法定货币，只能由中国人民银行发行；纪念币带有国名、面额和年号，通常每枚纪念币均附有中国人民银行行长签字的证书；纪念币发售前，中国人民银行将通过其官方网站对外公布。

②防范假冒纪念币。

第一，通过权威媒体获取信息。

从中国人民银行网站及其公告中，确定相关纪念币的样式、特点。

第二，从正规销售网点购买。

认准中国金币总公司分支机构或中国金币特许零售商，不在临时性场所买纪念币。

第三，从纪念币发行要素入手鉴别。

主题、图案、面额、规格、式样、鉴定证书等要素缺一不可。

第四，通过工艺质量特点辨真假。

在浮雕造型、喷砂效果、彩印效果、材质、重量及专用防伪工艺等方面一一进行比对。

第五，通过鉴定证书辨真假。

真证书有中国人民银行行长签名，采用专用的防伪纸，文字编号清晰，图案颜色轮廓清楚，层次感好。

消费者对所买纪念币仍不能确定真伪时,可先到当地中国金币总公司分支机构和特许零售商处进行初步鉴定。如需进一步鉴定,可拨打中国金币总公司客服中心电话咨询和预约。如确认是假货,消费者可到购买地或消费者所在地的公安机关报案,以设法挽回损失。

③买本纪念币收藏册。

对于纪念币收藏爱好者而言,收藏纪念币应从自己的经济能力出发,量力而行,先易后难,先从最近发行的纪念币入手,最好还要买本纪念币收藏册,每购入一枚都应及时放入收藏册内,以防钱币氧化。

④选好包装手段。

女性收藏者应选好包装手段,这是金银纪念币收藏的基本功,可选包装有不属聚氯乙烯的塑料盒、聚酯薄膜袋、纸袋等。可选的材料有聚乙烯、聚酯薄膜等。关键是不能选用含聚氯乙烯的材料包装存放纪念币。

为了隔离空气,一般有气密和真空封装两种方法。气密封装隔离空气但不抽净包装内空气,真空封装使包装材料与纪念币表面紧密接触。纪念币中手接触过的地方,一定是首先腐蚀变黑的地方,如确要拿放纪念币,应用干净的软纸或布隔开手,轻拿纪念币的边缘。

2. 瓷器收藏

瓷器作为火与土的艺术,因其既能给居家增添文化氛围和美的享受,又能给人们带来增值效应,因此,历来便备受人们的青睐。

然而,尽管人人皆知瓷器收藏的好处,可真正称得上一个合格的收藏者,尤其是面对数不胜数的古今瓷器物件,能切实明白哪些才最值得购藏的人,其实并不多。某单位曾请几个工艺美术大师制作一批瓷器作品,结果因对瓷器市场整体情况缺乏了解,策划者竟不知道如何定价;不少本可优先获得者,也因茫然不知未投资收藏,而在得知这些瓷器作品价格猛升时,只好无奈地慨叹错过了一次赚钱的机会。这样的例子虽然特殊,但绝非个别。仔细推究原因,关键就在于许多人对不同瓷器的价值、价格缺乏了解。

一般来说,瓷器的价值大小决定了价格高低,而不同的价格对应了瓷器的价值档次。从目前的市场情况看,古今瓷器的价格结构大致可如下分档:

就年份已久的古旧瓷器而言,位列第一的当推各个朝代的官窑瓷器件,其中又以"官窑"和名头特别响的器件价格为高,因而也最具收藏价值。多年来的市场表现表明,明朝各代官窑瓷器器件和"清三代"即康熙、雍正、乾隆时期的器件,最受市场追捧;官窑之外,各种带堂名款的器件居首,工艺精湛的民间窑器次之,其市场价格也相应依次往下排。

从瓷器的胎体、釉质、烧结、纹饰来看,一般收藏家认为,彩色釉、低温单色釉的价格比青花瓷高;器形特殊的器件,例如官窑的灯、瓶、炉等杂件瓷的价格比一般碗、盆、碟等常用器件的价格高。

在宋代五大名窑中,只有定窑烧制白瓷,而汝、官、哥、钧窑都是以青釉取胜。然而,定瓷精品之所以珍贵,倒不仅仅在于其如雪似银的胎釉,而在于它精美的划花、刻花和印花的纹饰。而汝瓷的精美,可谓宋代瓷艺百花苑中一朵奇葩。元代青花瓷和清代彩釉瓷器,也都以精美而闻名,虽然在民间有一定的藏量,但价格也都不菲。

随着岁月流逝,明、清及以前的古旧瓷器件会越来越少,而且因为市场价格越来越高,其赝品也越来越多,女性收藏者如没有把握,还是不要轻易介入,改为购藏现代瓷为好。须知,今天是明天的昨天。

女性瓷器收藏者如果把收藏作为一项投资生意,就一定要心态好,因为收藏是个累积的过程,而乐趣就在这真真假假当中体现出来。加上对文化的认知,收藏者逐渐感悟到收藏所带来的乐趣。如果能看准,这类收藏是一定会大有收获的。

3. 邮票收藏

邮票收藏原来只是一种消遣娱乐行为,现在已经受到众多投资者追捧。邮票比古董字画更容易兑现获利,受场地限制很小,而且也节省家庭很多的投资时间,因此邮票收藏队伍一直在逐渐扩大。邮票收藏投资不会很大,可以作为业余爱好,加上邮票也给收藏者带来视觉上的高度愉悦感,所以这是比较适合年轻人投资的一种方式。

邮票投资的回报率较高,在收藏品种中,集邮普及率也是最高的。但是邮票投资并不是一本万利的,作为一种投资,它还是存在风险的。而且对投资者的专业知识也有一定要求。有些邮票受人为炒作,价格不容易把握,波动大。

(1) 邮票投资原则

邮市是一个收藏型的市场,邮品的增值要遵循市场经济规律,暴涨或暴跌都是不正常的现象。邮市应该建立在服务于集邮者的基础上,唯有这样的邮市才能发展繁荣。那么,投资者究竟应该如何投资邮票呢?

邮票是很多女性喜爱的一项收藏,但女性对于邮票投资,应遵循"量力而为、抓住重点、注重品相、避免盲从"的原则,这样才会有所收获。

①坚持抓住重点的原则。

由于每套邮票的选题、设计、表现形式、发行量、面值和发行年代不同,从美学鉴赏的角度就有不同的结论。有的邮票选题符合大众心理,设计精良,发行量小，面值低，受到大众的普遍认同和欢迎，市场价格就看好。

而有的邮票选题重复，表现形式平平，发行量大，面值又高，这样的邮票一般在相当长的一个时期内，价格不会发生变化，就是在今后，升值的机会也相对要小，来得要慢，甚至比不上银行利息，即使价格在一个时期被带上来，收集的人也不会很多，还是卖不出去。

因此，邮票投资切不可全面铺开，而要集中有限的资金，瞄准专题集邮队伍这个目标，实施重点突破，以提高投资的效益。一般来讲，1991年之前的老纪特邮票（新中国成立以后到"文革"期间开始发行"文革"邮票为止，其间所发行的纪念邮票和特种邮票的统称）存世量少，消耗很多，基本上都沉淀在收藏者手中。因此，老纪特邮票的价格都较高，保值、增值比较稳定，受市场波动的影响较小，是长期收藏投资群体的首选。

②坚持量力而为原则。

投资邮票，最重要的一点就是钱的来源应当是自己积蓄的，是暂时闲置没有急用的。如果靠向亲戚朋友或银行借贷，一旦遇上外部环境的变化，邮市不振，资金被套牢将是非常糟糕的事情。因为集邮热从降温到再度升温，这个周期短的一般要一两年左右，长的要十年左右，而且这个周期长短如何，并非为一般人所能左右的。

③坚持注重品相的原则。

品相是邮票的生命，是决定其收藏价值的重要因素之一。珍贵的邮票，如果有全品相，那么，它今后升值的可能性就可以得到保证。如果邮票被严重污染或出现破损、被折坏，即使是珍贵邮票，价格也是要大打折扣的。如果是低档邮票，一旦出现品相问题，那么就是降价也很少有人接受，因为这样的邮票从投资的角度是没有前途的。

④坚决避免盲从众原则。

邮票投资者在一个新的集邮热刚兴起时，可以大量购进邮票，待集邮热发展到一定程度后，可以脱手手中的邮票。当集邮温度达到临界点后，许多邮票的价位会出现波动或下滑。如果这时手中还有部分高价购进的邮票没有出手，处理的方法有两个：一是在价格悬殊不太大的情况下，赶快抛售；二是干脆将邮票收藏起来，以待下一个高潮的到来。

当邮市进入萧条状态，邮票价格跌入谷底时，邮票投资者应把握契机，当机立断，以低价位大量购进有前途的邮票。

（2）保护邮票的窍门

①不用手直接触摸的邮票。

再干净的手指皮肤表面总会渗出一些分泌物。如果用手直接触摸邮票，就会将分泌物沾到邮票上，为霉菌的生长提供了条件。这在当时是看不出发生什么变化。但若干年后，邮票被你的手摸过的地方，就会出现不同程度的脏污或霉变。所以应尽量使用镊子夹取邮票，养成不用镊子不动邮票的习惯，并且使用专用的邮票镊子，不能随便使用其他的镊子，更不能用医生用的尖头镊子来夹取邮票，那样会刺破邮票，镊子内部又有锯齿纹，会在邮票上留下痕迹，损坏品相。

②使用护邮袋护邮。

护邮袋是透明材料制品，用它存放邮票既便于随时观赏，又可保护邮票。

③邮票表面有印油时，用脱脂棉蘸少许汽油或酒精轻轻擦拭，洗净后置于吸水性较好的纸张上吸干。

④邮票表面有污垢，可用照相器材商店所售的定影液浸泡五六分钟，然后用清水漂净并晾干，置于吸水纸之间夹紧，过数日取出即可。

⑤邮票表面有蓝色墨水时，可将小苏打和漂白粉等量溶入水中，将邮票浸入，墨迹可消除。

⑥邮票表面有泥污，先轻轻拭去污渍，将其夹入宣纸吸干，等充分干燥后可用绘画专用橡皮擦去泥污。

⑦邮票为蜡所污染，可将邮票放在两张吸水纸之间，用电熨斗稍微熨烫一下即可消除蜡迹。

⑧梅雨季节，将集邮册成扇形置于桌上，用吹风机轻吹，可除潮防霉。

⑨有皱的邮票，可在清水中浸泡10～20分钟后，置于两张吸水纸之间用玻璃板夹紧，干后即可恢复平整。

4. 石头收藏

现在有不少女性热衷于收藏奇石，所谓奇石，大多是指有观赏价值的石质艺术品，包括造型石、纹理石、矿物晶体、生物化石、纪念石、盆景石、工艺石、文房石等。体量上有大中小之分。它们以奇特的造型、美丽的色彩及花纹、细腻的质地、比较稀少的产量而受到人们喜爱。奇石的分类是一项很复杂的工作，从不同的角度出发，可以有多种分类方法。

（1）奇石的分类

①依体量及陈列的方式分类，可以分为供石、雨花石（及其他适宜供养于水中观赏的卵石）、生物化石等三大类。

依采拾的地域，可以分为山石、平原石、溪河石、海石四大类。

②依欣赏的眼光，可以分为景观石、象形石、抽象石、图案石、生物化石等类。

③依石态所呈现的主题，可以分为具象与抽象两大类，也就是中国传统美学中的写实派和写意派。

（2）观赏石种类与欣赏

①鸡血石。

鸡血石为印材中的霸主。鸡血石首先要求血色要活，红色处于其他颜色当中，要结合得无界限，要像"渐融"的一样。其次红色要艳、要正，浅色不行，发暗与发褐也不行。再次血色成片状，不能成点散状或线状、条状。最后要求鸡血石地子温润无杂质，色纯净而柔和。

②雨花石。

雨花石很有盛名，雨花石之美在于质、色、形、纹的有机统一，世界上诸种观赏石以此四者比较，没有能超过雨花石的。

③太湖石。

太湖石，又称贡石，久负盛名，长江三角洲太湖地区的岩石为最佳。

④大理石。

该石是一种被溶蚀后的石灰岩，以"漏、瘦、透、皱"为几大特色。大理石既是一种建筑材料，又是很好的观赏石。它是一种变质岩石。大理石品种主要有云石、东北绿石和曲纹玉。

⑤菊花石。

该石由天然的天青石或方解石矿物构成花瓣，花瓣呈放射状对称分布组成白色花朵；花瓣中心由近似圆形的黑色燧石构成花蕊，活似天工制作之怒放盛开的菊花，故名菊花石。菊花石周围的基质岩石为灰岩或硅质砾石灰岩，灰岩中偶尔含有生物化石，给菊花石增添了生命活力。

菊花花瓣为多层状，具立体感。花朵大小不一，最大者直径30厘米，最小者3厘米，一般10厘米左右。花形各异，有绣球状、凤尾状、蝴蝶状等。因它本身就是一幅天然美丽的图画，若以它精工雕琢成工艺品，更是锦上添花，精美绝伦。我国是世界上绝无仅有出产菊花石的国家。

⑥田黄石。

田黄石是目前印材中的珍稀、绝品石种。此石属叶蜡石，产自福建省福州市寿山乡，一千年前即有开采。至明、清两代，田黄石更称名于世。在鉴别田黄石时，往往要观其色泽。

田黄石有橘皮黄、枇杷黄、鸡油黄、黄金黄、熟粟黄等色别，尤以橘皮黄为上品。此外，还有田白、田红、田黑、田绿数种。

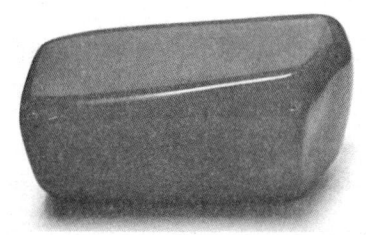

因田黄石弥足珍贵，历来不少古董商人及文物贩子，以各种黄石稍事加工而充之，殊不知田黄石存在着一种其他石头没有的特征，即半透明状的石肌里，隐现萝卜纹，或叫"瓜瓤纹"，其色外浓而内淡，间有红色水格纹，故有"无纹不成田"、"无格不称田"之说。

⑦艾叶绿。

该石产于福建、浙江、辽宁等地，石色如同艾叶般翠绿。艾叶绿是名贵上品，除质地温透精绝外，它的颜色更是浓艳鲜嫩，翠绿无比。辽宁产的艾叶绿是最上品。

⑧青田石。

该石产于浙江青田县，青田石的石性、石质和田黄石不大相同。青田石以青色为基色主调，田黄石则红、黄、白数种颜色并存。青田石的名品有灯光冻、鱼脑冻、酱油冻、风门青、薄荷冻、田墨、田白等。

(3) 石品的高下优劣分辨

分辨石品的高下优劣，可以按照一定的评价标准来衡量。这里既有统一而概括的普遍标准，也有按不同类别、不同石种进行同类对比的分类标准。无论是普遍标准还是分类标准，都应包括科学、艺术两大因素，这是缺一不可的。同时，由于各石种的形、色、质、纹等观赏要素和理化性质互不相同，风格各异，因而它们的欣赏重点和审美标准也有所区别，我们评品单个石品时也尤其需要注意。

当然，奇石毕竟是自然的产物，因此不能墨守成规、一成不变。

①完整度。

完整度指石品的整体造型是否完美，花纹图案是否完整，有没有多余或缺失的部分，以及色彩搭配是否合理，石肌、石肤是否自然完整，有没有破绽。

供石一般不允许切割加工，须尽量保持它天然的体态，如有人为雕琢造型或修饰，则属于石雕艺术。有的赏石家要求极为严格，连切底行为也不允许，认为底部的安定只能由底座来加以调节。不过，有些石种，比如英石，若不切底，就无法取材。所以切底行为不能一概而论。

在评价一块供石之前，先要从上下、前后、左右仔细端详它的完整度，若有明显缺陷，则应弃而不取。特别要注意有否断损。

②造型。

造型是指供石的形状，这是具象类供石与抽象类供石首先要评介的内容。

皱：

石肌表面波浪起伏，变化有致，有褶有曲，带有历尽沧桑的风霜感。

瘦：

形体应避免臃肿，骨架应坚实又能婀娜多姿，轮廓清晰明了。

漏：

在起伏的曲线中，凹凸明显，似有洞穴，富有深意。

透：

空灵剔透，玲珑可人，以有大小不等的穿洞为标志，能显示出背景的无垠，引人遐想。

丑：

较为抽象的概念，全在于选石、赏石时自己领悟，"化腐朽为神奇"。庄子在战国时代即提出把美、丑、怪合于一辙的"正美"，以图"道通为一"。后世苏东坡、郑板桥又提出了"丑石观"。其意义在于，千万不要以欣赏美女的情调来赏石，要超凡脱俗。

秀：

强调的是鲜明生动，灵秀飘逸，雅致可人，避免蛮横霸气。

奇：

指造型为同类石种中少见，令人过目不忘，个性极其独特。

雄：

指气势不凡，或雄浑壮观，或挺拔有力。

稳：

前后左右比例匀称，符合某一景观自然天成的状态。同时底座要稳定，安如泰山，不能给人一种不安定的感觉。